Finanz und Steuern
Band 13
**Bewertungsrecht,
Erbschaftsteuer,
Grundsteuer**

SCHÄFFER
POESCHEL

Finanz und Steuern
Band 13

Bewertungsrecht, Erbschaftsteuer, Grundsteuer

von

Dr. Harald Horschitz

Professor a. D.
an der Hochschule für öffentliche Verwaltung
und Finanzen Ludwigsburg

Walter Groß

Professor a. D.
an der Hochschule für öffentliche Verwaltung
und Finanzen Ludwigsburg

Peter Schnur

Professor
an der Hochschule für öffentliche Verwaltung
und Finanzen Ludwigsburg

17. neu bearbeitete Auflage

2010 SCHÄFFER-POESCHEL VERLAG STUTTGART

Bearbeiterübersicht:
Horschitz: Kapitel 1 Teile A, B, D, H
Groß: Kapitel 1 Teile C, E, F; Kapitel 2 Teile A–C, E
Schnur: Kapitel 1, Teil G; Kapitel 2 Teile D, F

Bibliografische Information der Deutschen Nationalbibliothek
Die Deutsche Nationalbibliothek verzeichnet diese
Publikation in der Deutschen Nationalbibliografie;
detaillierte bibliografische Daten sind im Internet über
<http://dnb.d-nb.de> abrufbar.

Gedruckt auf chlorfrei gebleichtem, säurefreiem und
alterungsbeständigem Papier

ISBN 978-3-7910-2899-6

Dieses Werk einschließlich aller seiner Teile ist urheberrechtlich geschützt. Jede Verwertung außerhalb der engen Grenzen des Urheberrechtsgesetzes ist ohne Zustimmung des Verlages unzulässig und strafbar. Das gilt insbesondere für Vervielfältigungen, Übersetzungen, Mikroverfilmungen und die Einspeicherung und Verarbeitung in elektronischen Systemen.

© 2010 Schäffer-Poeschel Verlag für Wirtschaft • Steuern • Recht GmbH

www.schaeffer-poeschel.de
info@schaeffer-poeschel.de

Typografie: Hans Peter Willberg und Ursula Steinhoff
Satz: media office gmbh, Kornwestheim
Druck und Bindung: Kösel, Krugzell
www.koeselbuch.de
Printed in Germany
März 2010

Schäffer-Poeschel Verlag Stuttgart
Ein Tochterunternehmen der Verlagsgruppe Handelsblatt

Vorwort zur 17. Auflage

Das Bewertungsrecht ist in Ausbildung und Praxis ein wichtiges, für eine Reihe von Steuerarten verbindliches und dennoch meist unbeliebtes Gebiet des Steuerrechts. Das Erbschaft- und Schenkungsteuerrecht ist eine Steuerart, die auf vielfache Art und Weise mit dem Bewertungsgesetz verknüpft und daher in seinen Rechtsgrundlagen etwas verwirrend ist. Bei der Grundsteuer ist dies in ähnlicher Weise so.

Die Verfasser stellen das Bewertungsgesetz und das Erbschaft- und Schenkungsteuergesetz so anschaulich wie möglich dar und zeigen hierbei insbesondere im Erbschaft- und Schenkungsteuerteil die Verbindungen zwischen Bewertung und Erbschaft- und Schenkungsteuer auf. Die Ausführungen basieren auf der umfangreichen praktischen und langjährigen Erfahrung der Verfasser an der Hochschule für öffentliche Verwaltung und Finanzen Ludwigsburg und der Fachhochschule der Sächsischen Verwaltung Meißen.

Der Band enthält eine umfassende Darstellung zur Bedarfsbewertung für den Grundbesitz, das Betriebsvermögen und die nicht notierten Anteile an Kapitalgesellschaften sowie zum übrigen Vermögen für die Erbschaft- und Schenkungsteuer und zur Einheitsbewertung des Grundbesitzes für Zwecke der Grundsteuer. Außerdem beinhaltet das Lehrbuch je einen Teil über die Grundzüge des Erbrechts, des Erbschaft- und Schenkungsteuerrechts sowie des Grundsteuerrechts. Die Bereiche Bewertungsrecht für Erbschaft- und Schenkungsteuer sowie die Darstellung des Erbrechts und des Erbschaft- und Schenkungsteuerrechts befinden sich im Kapitel 1 und die der Einheitsbewertung des Grundbesitzes und des Grundsteuerrechts im Kapitel 2. Durch Aufnahme von einfachen, aber auch umfangreicheren Beispielen und Fällen soll sowohl Anfängern der Zugang zu der Materie geöffnet als auch Fortgeschrittene auf Prüfungsniveau geführt werden. Für die Anwendung in der Praxis hat sich das Buch ebenfalls bestens bewährt.

Soweit das Bewertungsgesetz mit der Abkürzung »BewG« zitiert wird, handelt es sich um die Fassung vom 01.02.1991, zuletzt geändert durch das Erbschaftsteuerreformgesetz vom 24.12.2008 (BGBl I 2008, 3018 und BStBl I 2009, 140). Gesetzesfassungen vor Ergehen des Erbschaftsteuerreformgesetzes werden als »BewG a.F.« zitiert. In dem Buch sind bereits die Änderungen zum Erbschaft- und Schenkungsteuerrecht, die auf Grund von Art. 6 des Wachstumsbeschleunigungsgesetzes vom 22.12.2009 (BGBl I 2009, 3950) eingetreten sind, eingearbeitet. Die Erbschaftsteuer-Richtlinien 2003 vom 17.03.2003 (BStBl I 2003 Sondernummer 1, 91) sind nur noch insoweit zitiert, als nicht auf Grund des Erbschaftsteuerreformgesetzes und der hierzu ergangenen einheitlichen Ländererlasse Änderungen verfasst wurden.

Soweit in diesem Buch die Einheitsbewertung in den neuen Bundesländern angesprochen ist, versteht man hierunter den Teil des Landes Berlin, in dem das Grundgesetz vor Wirksamwerden des Beitritts nicht gegolten hat, sowie die Länder Brandenburg, Mecklenburg-Vorpommern, Sachsen, Sachsen-Anhalt und Thüringen nach dem Gebietsstand vom 03.10.1990 (Beitrittsgebiet). Hierunter fallen auch die durch Gebietsreform in die bisherigen Bundesländer angegliederten Gebiete. Dieses Gebiet wird auch als Beitrittsgebiet bezeichnet.

Ludwigsburg, im Januar 2010   Die Verfasser

Inhaltsverzeichnis

Vorwort V
Abkürzungsverzeichnis XXVII

Kapitel 1 – Erbschaft- und Schenkungsteuer

Teil A Erbrecht 3

1	**Verknüpfung von Erbschaftsteuerrecht und Zivilrecht** 3
2	**Zivilrechtliche Regelungen** 3
2.1	Erben 3
2.1.1	Gesetzliche Erbfolge 3
2.1.2	Das Erbrecht des Ehegatten und des eingetragenen Lebenspartners 5
2.1.3	Gewillkürte Erbfolge 9
2.1.3.1	Das Testament 9
2.1.3.2	Der Erbvertrag 11
2.1.3.3	Die Einsetzung von Erben 12
2.1.3.4	Der Ausschluss von Erben 13
2.1.3.5	Vorerbe und Nacherbe 13
2.1.3.6	Vermächtnis und Auflage 14
2.1.3.7	Rechtsgeschäft unter Lebenden auf den Todesfall 15
2.1.3.8	Schranken des letzten Willens 16
2.1.3.9	Erbrecht und Unternehmensnachfolge 16
2.1.3.9.1	Einzelunternehmen 16
2.1.3.9.2	Personengesellschaft 17
2.1.3.9.3	Kapitalgesellschaft 17
2.1.3.10	Die Anfechtung einer letztwilligen Verfügung 18
2.1.4	Der Pflichtteil 19
2.1.5	Die Erbengemeinschaft 23
2.1.6	Haftung und Haftungsbeschränkung 24
2.1.7	Der Erbschein 25
2.2	Die Schenkung 25

Teil B Erbschaft- und Schenkungsteuerrecht 29

1	**Allgemeines** 29
2	**Steuerpflicht** 30
2.1	Persönliche Steuerpflicht 30
2.1.1	Unbeschränkte Steuerpflicht 30
2.1.2	Beschränkte Steuerpflicht 31
2.1.3	Erweiterte beschränkte Steuerpflicht 31
2.2	Erwerb von Todes wegen 32
2.2.1	Erbfolge 33
2.2.2	Teilungsanordnung und Vorausvermächtnis 34
2.2.3	Vermächtnis 35
2.2.4	Pflichtteilsanspruch 36
2.2.5	Schenkung auf den Todesfall 37
2.2.6	Ausscheiden eines Erblassers aus einer Personengesellschaft zum Buchwert ... 38
2.2.7	Vermächtnisgleicher Erwerb 39

2.2.8	Erwerb durch Vertrag zu Gunsten Dritter	40
2.2.9	Sonstige Erwerbe von Todes wegen	41
2.3	Fortgesetzte Gütergemeinschaft	42
2.4	Zugewinnausgleich	44
2.5	Vorerbschaft und Nacherbschaft	46
2.6	Schenkungen unter Lebenden	52
2.6.1	Freigebige Zuwendungen	53
2.6.2	Gemischte Schenkung	53
2.6.3	Schenkung unter Auflage	54
2.6.4	Mittelbare Grundstücksschenkung	55
2.6.5	Andere Arten der Schenkung im Sinne des § 7 Abs. 1 Nr. 1 ErbStG	56
2.7	Die übrigen Schenkungstatbestände des § 7 ErbStG	58
2.7.1	Vollziehung einer vom Schenker angeordneten Auflage	58
2.7.2	Vereinbarung der Gütergemeinschaft	59
2.7.3	Abfindung für einen Erbverzicht	60
2.7.4	Stiftung	60
2.7.5	Zweckzuwendung	61
2.8	Entstehen der Steuer	61
3	**Wertermittlung**	**62**
3.1	Die Bereicherung	63
3.1.1	Erbfall	63
3.1.2	Schenkung	63
3.1.3	Übertragung von Anteilen an vermögensverwaltenden Personengesellschaften	64
3.1.4	Übernahme der Schenkungsteuer durch den Schenker	64
3.2	Bewertungsstichtag	65
3.3	Übersicht über die Wertermittlung der Bereicherung	65
3.4	Abrundung	70
3.5	Steuerbefreiungen	70
3.6	Die Verschonung des Betriebsvermögens	74
3.6.1	Begünstigtes Vermögen	74
3.6.2	Grundsatz des Verschonungsabschlags	75
3.6.2.1	Regelverschonung	75
3.6.2.2	Optionsabschlag	75
3.6.3	Verwaltungsvermögen	75
3.6.4	Verstoß gegen die Behaltensregeln, § 13a Abs. 5 ErbStG	77
3.6.5	Verstoß gegen die Lohnsummenregel	78
3.6.6	Verstoß gegen Behaltens- und Lohnsummenregelung	79
3.6.7	Anzeigepflichten, § 13a Abs. 6 ErbStG	79
3.6.8	Übergang während der Behaltensfristen	79
3.7	Verschonung des Grundvermögens (§ 13c ErbStG)	79
4	**Berechnung der Steuer**	**81**
4.1	Berücksichtigung früherer Erwerbe (§ 14 ErbStG)	81
4.2	Steuerklassen (§ 15 ErbStG)	84
4.3	Freibeträge (§ 16 ErbStG)	84
4.4	Besonderer Versorgungsfreibetrag (§ 17 ErbStG)	85
4.5	Steuersätze (§ 19 ErbStG)	87
4.6	Tarifbegrenzung nach § 19a ErbStG	89
4.7	Mehrfacher Erwerb desselben Vermögens, § 27 ErbStG	91
5	**Renten- und Nießbrauchslasten**	**92**
6	**Erbengemeinschaft**	**92**
7	**Steuerfestsetzung und Erhebung, § 20 ErbStG**	**94**
7.1	Steuerschuldner	94
7.2	Anzeige des Erwerbs (§ 30 ErbStG), Steuererklärung (§ 31 ErbStG) und Steuerfestsetzung (§§ 22, 23 ErbStG)	94

Teil C Allgemeine Vorschriften zum Bewertungsrecht 96

1	**Begriff und Aufgabe der Bewertung**	96
2	**Bewertungsvorschriften**	96
3	**Entstehung und Entwicklung des Bewertungsgesetzes**	96
3.1	Entstehung	96
3.2	Durchführungs-Verordnungen	97
3.3	Verwaltungsanordnungen	98
4	**Aufgabe und Bedeutung des BewG**	99
5	**Gliederung und Geltungsbereich des BewG**	99
5.1	Geltungsbereich des Ersten Teils (Allgemeine Bewertungsvorschriften)	100
5.1.1	Grundsatz	100
5.1.2	Ausnahmen	101
5.2	Geltungsbereich des Zweiten Teils (Besondere Bewertungsvorschriften)	101
5.2.1	Abgrenzung nach Steuerarten	101
5.2.2	Abgrenzung nach Vermögensarten	102
5.3	Abgrenzung nach Belegenheit	103
5.4	Verhältnis der Teile und Abschnitte zueinander	103
5.5	Übersicht zu §§ 1 und 17 BewG	105
6	**Bewertungsgegenstand**	106
6.1	Allgemeines	106
6.2	Wirtschaftsgut	106
6.2.1	Begriff	106
6.2.2	Das einzelne Wirtschaftsgut als wirtschaftliche Einheit oder als Teil einer solchen	107
6.3	Wirtschaftliche Einheit	108
6.3.1	Einheitliches Eigentum	108
6.3.1.1	Grundsatz	108
6.3.1.2	Ausnahmen von dem Grundsatz des einheitlichen Eigentums	109
6.3.1.2.1	Wirtschaftsgüter der Ehegatten	109
6.3.1.2.2	Besonderheiten beim Grundbesitz im Rahmen der Einheitsbewertung	110
6.3.2	Verkehrsanschauung	110
6.3.2.1	Verkehrsanschauung und einheitliche Zweckbestimmung	110
6.3.2.2	Geteilte Zweckbestimmung	112
6.3.3	Einheitliche Vermögensart	113
6.4	Bestimmung der wirtschaftlichen Einheit durch Spezialvorschriften	113
6.5	Bewertung der wirtschaftlichen Einheit im Ganzen	114
6.5.1	Bewertung der zusammengesetzten wirtschaftlichen Einheit	114
6.5.2	Ausnahmen von dem Grundsatz der Bewertung im Ganzen bei einer zusammengesetzten wirtschaftlichen Einheit	115
6.5.3	Bewertung einer gemeinschaftlichen wirtschaftlichen Einheit	115
6.6	Zurechnung	116
6.6.1	Sicherungsübereignung	117
6.6.2	Treuhandverhältnisse	117
6.6.3	Eigenbesitz	118
7	**Bewertungsmaßstäbe und Bewertungsmethoden**	119
7.1	Allgemeines	119
7.2	Bewertungsmaßstäbe	119
7.2.1	Arten	119
7.2.2	Anwendung der verschiedenen Bewertungsmaßstäbe innerhalb der einzelnen Teile des BewG	120
7.3	Bewertungsmethoden	121
8	**Bewertungsmaßstab gemeiner Wert**	122
8.1	Bedeutung und Anwendungsbereich	122
8.2	Begriff und Merkmale	122

8.2.1	Erzielbarer Veräußerungspreis	122
8.2.2	Gewöhnlicher Geschäftsverkehr	123
8.2.3	Umstände, die den Preis beeinflussen	123
8.2.4	Ungewöhnliche Verhältnisse	124
8.2.5	Persönliche Verhältnisse	124
8.3	Ermittlung des gemeinen Werts	125
9	**Bewertungsmaßstab Teilwert**	125
9.1	Bedeutung	125
9.2	Begriff	126
9.3	Ermittlung des Teilwerts	126

Teil D Spezielle Vorschriften für die Bewertung einzelner Wirtschaftsgüter (§§ 4–8, 11–16 und 121 BewG) ... 128

1	**Bedingung und Befristung**	128
1.1	Begriff der Bedingung und Befristung	128
1.2	Bewertungsrechtliche Behandlung von Bedingung und Befristung	129
1.2.1	Aufschiebend bedingter Erwerb	129
1.2.2	Auflösend bedingter Erwerb	130
1.2.3	Aufschiebend bedingte Lasten	131
1.2.4	Auflösend bedingte Lasten	132
1.2.5	Befristungen	133
1.2.6	Übersicht	133
2	**Bewertung der Wertpapiere und Anteile (Allgemeines)**	136
2.1	Anwendungsbereich des § 11 BewG	136
2.2	Begriff und Abgrenzung	136
2.2.1	Wertpapiere	136
2.2.2	Schuldbuchforderungen	138
2.2.3	Anteile, die nicht durch Wertpapiere verbrieft sind	138
2.2.4	Beteiligungen	138
2.2.5	Investmentzertifikate	138
2.3	Stichtag für die Bewertung	139
2.4	Bewertungsmaßstäbe	139
2.5	Übersicht	140
3	**Bewertung mit dem Kurswert im Einzelnen**	142
3.1	Allgemeines	142
3.2	Börse und Kurs	142
3.3	Freiverkehr	142
3.4	Maßgeblichkeit des Kurswerts	143
4	**Bewertung von Anteilen mit dem gemeinen Wert im Einzelnen**	144
4.1	Ableitung des gemeinen Werts aus Verkäufen	144
4.2	Schätzung nach anderen Verfahren	145
4.2.1	Ermittlung des gemeinen Werts	146
4.2.2	Stichtag für die Bewertung von Anteilen an Kapitalgesellschaften	147
5	**Bewertung von Investmentzertifikaten im Einzelnen**	147
6	**Bewertung von Kapitalforderungen und Kapitalschulden**	147
6.1	Begriff der Kapitalforderungen	147
6.2	Anwendungsbereich des § 12 BewG	148
6.3	Der Nennwert als Bewertungsgrundsatz	148
6.4	Bewertung über dem Nennwert	148
6.4.1	Voraussetzungen	148
6.4.2	Einlage eines stillen Gesellschafters	149
6.5	Bewertung unter dem Nennwert	151
6.5.1	Uneinbringliche Forderungen	151

6.5.2	Unsichere (zweifelhafte) Forderungen	152
6.5.3	Unverzinsliche Forderungen	152
6.5.3.1	Besonderheit für Steuererstattungsansprüche	155
6.5.4	Niedrig verzinsliche Forderungen	155
6.5.5	Andere wertmindernde Umstände	155
6.6	Bewertung der Kapitalschulden	156
6.6.1	Allgemeines	156
6.6.2	Besonderheiten	157
6.7	Bewertung von noch nicht fälligen Ansprüchen aus Lebens-, Kapital- oder Rentenversicherungen	157
6.7.1	Begriffe	157
6.7.2	Bewertungsmaßstäbe	158
6.8	Bewertungsstichtag	158
7	**Bewertung der wiederkehrenden Nutzungen und Leistungen**	158
7.1	Begriffe	158
7.2	Ermittlung des Jahreswerts wiederkehrender Nutzungen und Leistungen	159
7.2.1	Grundsätze	159
7.2.2	Begrenzung des Jahreswerts bei Nutzungen eines Wirtschaftsguts	161
7.2.2.1	Nutzungen	161
7.2.2.2	Sonderfälle	162
7.3	Bewertung von Nutzungen und Leistungen auf bestimmte Zeit	164
7.3.1	Berechnung nach Tabelle 7	164
7.3.2	Begrenzung des Kapitalwerts	165
7.4	Bewertung immerwährender Nutzungen und Leistungen	165
7.5	Bewertung von Nutzungen und Leistungen von unbestimmter Dauer	166
7.5.1	Allgemeines	166
7.5.2	Vorrang des § 14 BewG	167
7.5.3	Konkurrenz gegenüber § 14 und gegenüber § 13 Abs. 1 BewG	167
7.6	Bewertung lebenslänglicher Nutzungen und Leistungen	168
7.6.1	Grundsätze	168
7.6.2	Abhängigkeit der Nutzung von der Lebenszeit mehrerer Personen	169
7.6.3	Berichtigung der nicht laufend veranlagten Steuern bei vorzeitigem Wegfall	171
7.7	Der gemeine Wert wiederkehrender Nutzungen und Leistungen in Ausnahmefällen	172
7.8	Bewertungsstichtag	173
8	**Übriges Vermögen**	173

Teil E Verfahrensrechtliche Vorschriften für die Bedarfsbewertung 174

1	**Vorbemerkungen und historische Entwicklung der Bedarfsbewertung**	174
2	**Allgemeines zur Bedarfsbewertung für Zwecke der Erbschaft- und Schenkungsteuer**	177
2.1	Begriff, Zweck und Zeitpunkt der Bedarfsbewertung	177
2.2	Regelungen zur Ermittlung der Bedarfswerte	178
2.3	Maßgebender Bewertungsmaßstab	178
2.4	Abgrenzung der einzelnen Vermögensarten	179
3	**Verfahrensrechtliche Durchführung der Bedarfsbewertung**	179
3.1	Gesonderte Feststellungen für bestimmte Fälle der Bedarfsbewertung	179
3.2	Feststellungen im Feststellungsbescheid	180
3.3	Zurechnung der gesondert festzustellenden Bedarfswerte	181
3.3.1	Zurechnung der wirtschaftlichen Einheit des Grundbesitzes	181
3.3.2	Zurechnung des Werts des Betriebsvermögens oder des Anteils am Betriebsvermögen einer Personengesellschaft	182
3.3.3	Zurechnung des Werts nicht notierter Anteile an Kapitalgesellschaften	183
3.3.4	Zurechnung der Beteiligung (des Anteils) an einer vermögensverwaltenden Gesellschaft	183
3.4	Gesonderte Feststellungen bei mehrmaligem Erwerb innerhalb eines Jahres	184

3.5	Weitere Besonderheiten bei der gesonderten Feststellung von Bedarfswerten für das Betriebsvermögen oder eines Anteils am Betriebsvermögen einer Personengesellschaft oder des Anteils an einer Kapitalgesellschaft 184
3.6	Vorläufiger Verzicht auf die gesonderte Feststellung eines Grundbesitzwerts 184
3.7	Besonderheiten bei der Feststellung eines Grundbesitzwerts für das land- und forstwirtschaftliche Vermögen 185
3.8	Mitteilungen der Betriebsfinanzämter 185
4	**Örtliche Zuständigkeit für die gesonderten Feststellungen** 185
5	**Erklärungspflicht, Verfahrensvorschriften für die gesonderte Feststellung, Feststellungsfrist** 186
6	**Beteiligte am Feststellungsverfahren** 187
7	**Rechtsbehelfsbefugnis** 188
8	**Außenprüfung** 188
9	**Abrundung der Bedarfswerte** 188
10	**Beziehung der Grundbesitzbedarfswerte zu den Einheitswerten des Grundbesitzes** ... 188

Teil F Bedarfsbewertung des land- und forstwirtschaftlichen Vermögens 190

1	**Rechtsgrundlagen** 190
2	**Begriff und Abgrenzung des land- und forstwirtschaftlichen Vermögens** 190
2.1	Begriff der Land- und Forstwirtschaft 190
2.2	Wirtschaftliche Einheit des land- und forstwirtschaftlichen Vermögens 190
2.3	Zum land- und forstwirtschaftlichen Vermögen gehörende Wirtschaftsgüter 192
2.4	Bestimmte Wirtschaftsgüter, die nicht zum land- und forstwirtschaftlichen Vermögen gehören 193
3	**Abgrenzung des land- und forstwirtschaftlichen Vermögens gegenüber den anderen Vermögensarten** 194
3.1	Abgrenzung gegenüber dem Grundvermögen 195
3.1.1	Abgrenzung des Grund und Bodens 195
3.1.2	Abgrenzung der Wirtschaftsgebäude 196
3.1.3	Besondere Abgrenzungsregelung für den Grund und Boden 196
3.1.3.1	Abgrenzung nach § 69 Abs. 3 BewG (Bauland) 197
3.1.3.2	Abgrenzung nach § 69 Abs. 2 BewG (Betrieb als Existenzgrundlage) 198
3.1.3.3	Abgrenzung nach § 69 Abs. 1 BewG 198
3.2	Abgrenzung gegenüber dem Betriebsvermögen 199
3.2.1	Nebeneinander von Betrieb der Land- und Forstwirtschaft und Gewerbebetrieb 200
3.2.2	Land- und forstwirtschaftliche Tätigkeit als Teil eines Gewerbebetriebs 200
3.2.3	Gemischte Betriebe 201
3.2.4	Absetzung der Erzeugnisse über eigenes Handels- oder Dienstleistungsgeschäft 202
3.2.5	Tierhaltung und Tierzucht mit nicht ausreichend bewirtschafteten Flächen 203
3.2.6	Beherbergung von Fremden 203
3.2.7	Verwendung von Wirtschaftsgütern außerhalb des Betriebs 204
3.2.8	Energieerzeugung 204
3.3	Abgrenzung gegenüber dem übrigen Vermögen 204
4	**Gliederung sowie Umfang und Bestandteile des Betriebs der Land- und Forstwirtschaft** 204
4.1	Allgemeines 204
4.2	Wirtschaftsteil 204
4.2.1	Gliederung des Wirtschaftsteils 206
4.2.2	Begriff und Umfang der einzelnen Bereiche des Wirtschaftsteils 206
4.2.2.1	Begriff und Abgrenzung der land- und forstwirtschaftlichen Nutzungen 206
4.2.2.2	Begriff und Abgrenzung der Nebenbetriebe 208
4.2.2.3	Begriff und Abgrenzung des Abbaulands, Geringstlands und Unlands 208
4.2.2.4	Sonderfall: Stückländereien 208

4.2.2.5	Abgrenzungen der Tierbestände der landwirtschaftlichen Nutzung von der gewerblichen Nutzung	209
4.3	Betriebswohnungen	211
4.4	Wohnteil	212
5	**Bewertungsstichtag**	212
6	**Bewertung des Wirtschaftsteils**	213
6.1	Bewertungsmaßstab und Wertermittlungsverfahren für den Wirtschaftsteil	213
6.2	Ermittlung der Wirtschaftswerte im Reingewinnverfahren	216
6.2.1	Grundsätze	216
6.2.2	Ermittlung des Reingewinns für die landwirtschaftliche Nutzung	217
6.2.3	Ermittlung des Reingewinns für die forstwirtschaftliche Nutzung	219
6.2.4	Ermittlung des Reingewinns für die weinbauliche Nutzung	219
6.2.5	Ermittlung des Reingewinns für die gärtnerische Nutzung	220
6.2.6	Ermittlung des Reingewinns für die Sondernutzungen Spargel, Hopfen und Tabak	220
6.2.7	Ermittlung des Reingewinns für die sonstigen land- und forstwirtschaftlichen Nutzungen sowie für die Nebenbetriebe und das Abbauland	221
6.2.8	Reingewinn für das Geringstland und Unland	221
6.2.9	Ab- und Aufrundung	221
6.3	Ermittlung des Mindestwerts	221
6.3.1	Grundsätze	221
6.3.2	Getrennte Wertermittlung für Grund und Boden und übrige Wirtschaftsgüter	221
6.3.3	Ermittlung des Mindestwerts für den Grund und Boden	222
6.3.4	Ermittlung des Mindestwerts für die übrigen Wirtschaftsgüter (Besatzkapital)	222
6.3.5	Berücksichtigung von Verbindlichkeiten und Zusammensetzung des Mindestwerts	222
6.3.6	Sonderfall: Ermittlung des Mindestwerts für Stückländereien	223
6.3.7	Ermittlung des Werts von Anteilen an gemeinschaftlichen Tierhaltungen	224
6.3.8	Ab- und Aufrundung des Mindestwerts	224
6.4	Ermittlung und Ansatz des Wirtschaftswerts mit dem Fortführungswert	224
6.4.1	Grundsatz	224
6.4.2	Ausnahme: Nachgewiesener niedriger gemeiner Wert	224
6.5	Liquidationswert als abweichender rückwirkender Bewertungsmaßstab (Liquidationswertverfahren)	225
6.5.1	Fälle für den rückwirkenden Ansatz des Liquidationswerts	225
6.5.2	Ermittlung des Liquidationswerts	226
6.5.2.1	Grundsätze	226
6.5.2.2	Veräußerung des ganzen Betriebs	226
6.5.2.3	Veräußerung einzelner Wirtschaftsgüter	226
6.5.3	Vermeidung des Liquidationswerts (Reinvestitionsklausel)	227
7	**Bewertung der Betriebswohnungen und des Wohnteils**	227
7.1	Grundsätzliche Wertermittlung	227
7.2	Ermäßigung zur Berücksichtigung von Besonderheiten	228
7.3	Nachweis eines niedrigeren gemeinen Werts (Öffnungsklausel)	228
8	**Grundbesitzwert des Betriebs der Land- und Forstwirtschaft**	228
8.1	Zusammensetzung des Grundbesitzwerts	228
8.2	Wertansatz für einen Betrieb Stückländereien	229
8.3	Aufteilung des Grundbesitzwerts bei Personengesellschaften oder Gemeinschaften	229
9	**Bewertung von land- und forstwirtschaftlichen Körperschaften, Personenvereinigungen und Vermögensmassen**	230

Teil G Die Bedarfsbewertung des Grundvermögens (§§ 176 bis 198 BewG) ... 231

1	**Rechtsstaatliche Grundlagen einer verfassungsgemäßen Grundvermögensbewertung**	231
1.1	Der Verkehrswert und seine zulässige Streubreite	231
1.2	Die zu bewertende wirtschaftliche Einheit	232
1.3	Die Verantwortungsverlagerung bei der Wertfindung auf die Gutachterausschüsse der Gemeinden	233
1.4	Die Einrichtung und Zusammensetzung der Gutachterausschüsse	234
2	**Die Bewertung unbebauter Grundstücke**	235
2.1	Definition der unbebauten Grundstücke	235
2.2	Die zu bewertende wirtschaftliche Einheit	236
2.3	Die Bewertung unbebauter Grundstücke nach § 179 BewG	236
2.4	Weitergehende Verwaltungsanweisungen zur Bewertung unbebauter Grundstücke	236
3	**Die Bewertung bebauter Grundstücke**	237
3.1	Definition des bebauten Grundstücks	237
3.2	Zuordnung zu einer Grundstücksart des § 181 BewG	238
4	**Die Bewertungsverfahren bei bebauten Grundstücken**	238
4.1	Die Anwendung der einzelnen Bewertungsverfahren bei bebauten Grundstücken	238
4.2	Das Vergleichswertverfahren	239
4.2.1	Die Struktur des Vergleichswertverfahrens	239
4.2.2	Die Anwendung des Vergleichswertverfahrens	239
4.3	Das Ertragswertverfahren	240
4.3.1	Die Struktur von Ertragswertverfahren	240
4.3.2	Die schematische Darstellung des Ertragswertverfahrens §§ 184–188 BewG, §§ 13–20 Wertermittlungsverordnung	242
4.3.3	Die Anwendung des Ertragswertverfahrens	243
4.3.4	Die schematische Darstellung der Ermittlung des Gebäudeertragswertes gemäß § 185 BewG (§ 16 WertV)	245
4.3.5	Anwendungsbeispiel Ertragswertverfahren	246
4.4	Das Sachwertverfahren	247
4.4.1	Die Struktur von Sachwertverfahren	247
4.4.2	Struktur und Entwicklung von Sachwertverfahren im Bewertungsrecht	248
4.4.3	Definitionsübernahmen aus DIN 277	249
4.4.4	Die schematische Darstellung des Sachwertverfahrens §§ 189–191 BewG, §§ 21–25 Wertermittlungsverordnung	250
4.4.5	Die Anwendung des Sachwertverfahrens	250
4.4.6	Die schematische Darstellung der Ermittlung des Gebäudesachwerts gemäß § 190 BewG	251
5	**Sonderfälle der Grundvermögensbewertung**	252
5.1	Das Erbbaurecht	252
5.1.1	Zivilrechtlicher Begriff und Allgemeines	252
5.1.2	Der Erbbauzins	253
5.1.3	Wirtschaftliche Einheiten in Erbbaurechtsfällen	254
5.1.4	Die Bewertung des Erbbaurechts	254
5.1.4.1	Die Bewertung des Erbbaurechts im Vergleichswertverfahren	254
5.1.4.2	Die Bewertung des Erbbaurechts außerhalb des Vergleichswertverfahrens	255
5.1.4.3	Die schematische Darstellung der Berechnung des Bodenwertanteils gemäß § 193 Abs. 3 und 4 BewG	255
5.1.4.4	Der Gebäudewertanteil	256
5.1.4.5	Der Wert des Erbbaurechts	256
5.1.5	Die Bewertung des Erbbaugrundstücks	256
5.2	Das Gebäude auf fremdem Grund und Boden	257
5.2.1	Zivilrechtlicher Begriff und Allgemeines	257
5.2.2	Wirtschaftliche Einheiten	257

5.2.2.1	Die Bewertung der wirtschaftlichen Einheiten »Grund und Boden« und »Gebäude auf fremdem Grund und Boden«	257
5.3	Gebäude im Zustand der Bebauung	257
5.3.1	Begriff und wirtschaftliche Einheit	257
5.4	Ermittlung des Grundstückswerts bei Grundstücken im Zustand der Bebauung	258
5.5	Gebäude oder Gebäudeteile, die dem Zivilschutz dienen	258

Teil H Bedarfsbewertung des Betriebsvermögens und der Anteile an Kapitalgesellschaften ... 259

1	**Grundsätzliches**	259
1.1	Vergleichsverkäufe	259
1.2	Vereinfachtes Ertragswertverfahren	259
1.3	Andere Methoden	260
1.4	Untergrenze: Substanzwert	261
2	**Bewertung von Einzelunternehmen**	261
2.1	Vergleichskäufe	261
2.2	Vereinfachtes Ertragswertverfahren	261
2.2.1	Abgrenzung des Betriebsvermögens	262
2.2.2	Jahresertrag	262
2.2.3	Kapitalisierungsfaktor	263
2.2.4	Gesonderter Ansatz mit dem gemeinen Wert	264
2.3	Substanzwert als Mindestwert	264
2.4	Anmerkung zum vereinfachten Ertragswertverfahren	264
2.4.1	Durchschnittsertrag	264
2.4.2	Kapitalisierungsfaktor	265
3	**Bewertung von Anteilen an Personengesellschaften**	266
3.1	Allgemeines	266
3.2	Gesamthandsvermögen	266
3.2.1	Sonderbetriebsvermögen	267
4	**Vermögensverwaltende Personengesellschaften**	268
5	**Anteile an Kapitalgesellschaften**	268
5.1	Kurswert	268
5.2	Vergleichsverkäufe	268
5.3	Weitere Wertfeststellungen	268

Kapitel 2 – Grundsteuer

Teil A Überblick über das Grundsteuerrecht ... 271

1	**Einführung**	271
2	**Steuerpflicht**	271
2.1	Steuergegenstand	271
2.2	Steuerbefreiungen und Steuerbegünstigungen	271
2.2.1	Arten	271
2.2.2	Steuerbefreiungen ohne zeitliche Begrenzung	272
2.2.3	Steuerbefreiungen mit zeitlicher Begrenzung	272
2.3	Stichtag für die Grundsteuer	272
2.4	Steuerschuldner	272
2.5	Haftung	273
3	**Festsetzung des Grundsteuermessbetrags**	273
3.1	Verfahrensstufen	273
3.2	Koppelung der Grundsteuer mit der Einheitsbewertung des Grundbesitzes	273
3.3	Steuermesszahl und Steuermessbetrag	274

3.4	Veranlagungsarten für die Grundsteuermessbetragsfestsetzung	274
3.5	Zerlegung des Grundsteuermessbetrags	275
3.6	Anzeigepflicht	276
3.7	Vorzeitige Erteilung von Steuermessbescheiden und deren Änderung oder Aufhebung	276
4	**Festsetzung und Erhebung der Grundsteuer**	276
5	**Erhebung der Grundsteuer für Grundstücke ohne Einheitswerte**	276

Teil B Allgemeines zur Einheitsbewertung 278

1	**Begriff und Zweck der Einheitsbewertung**	278
2	**Steuerliche und außersteuerliche Bedeutung der Einheitswerte**	279
2.1	Vermögensteuer (bis 1996)	279
2.2	Grundsteuer	279
2.3	Gewerbesteuer (bis 1997)	279
2.4	Einkommensteuer	280
2.5	Kirchensteuer	280
2.6	Buchführungspflicht	280
2.7	Außersteuerliche Bedeutung	280
3	**Die Einheitswertfeststellung**	281
3.1	Wertermittlung	281
3.2	Wertfeststellung (gesonderte Feststellung)	281
4	**Gegenstände, für die Einheitswerte festzustellen sind**	283
4.1	Einzelne wirtschaftliche Einheiten	283
4.2	Begriff des Grundbesitzes	283
4.3	Einheitliche Einheitswertfeststellung bei mehreren Beteiligten	284
4.4	Keine Einheitswertfeststellung bei fehlendem steuerlichem Interesse	284
4.5	Keine Einheitswertfeststellung bei Eintritt der Feststellungsverjährung	285
5	**Inhalt des Einheitswertbescheids**	286
5.1	Grundsätzliches	286
5.2	Wertfeststellung und Abrundung	286
5.3	Artfeststellung	287
5.4	Zurechnungsfeststellung	287
6	**Verfahrensrechtliche Auswirkungen der Einheitswertfeststellung**	288
6.1	Mehrere Verfahrensstufen	288
6.2	Bindungswirkung der Verfahrensstufen	288
6.2.1	Bindung an die Vorstufe	288
6.2.2	Bindung bei unrichtiger Einheitswertfeststellung	289
6.2.3	Unrichtige Übernahme in der nächsthöheren Verfahrensstufe	289
6.2.4	Einwendungen gegen die Einheitswertfeststellung	289
6.3	Folgen der Aufhebung oder Änderung von Einheitswertfeststellungen	289
7	**Dingliche Wirkungen der Einheitswertfeststellungen**	291
7.1	Eigentumsübergang nach Bekanntgabe des Einheitswertbescheids	291
7.2	Eigentumsübergang vor Bekanntgabe des Einheitswertbescheids	291
8	**Zuständigkeit für die Einheitsbewertung des Grundbesitzes**	292
9	**Erklärungs- und Auskunftpflicht**	292
10	**Das System der Feststellungsarten**	293
10.1	Feststellungsarten	293
10.2	Feststellungszeitpunkt (Stichtagsprinzip)	294
11	**Hauptfeststellung**	294
11.1	Begriff und Aufgabe	294
11.2	Hauptfeststellungszeitraum	295
11.3	Hauptfeststellungszeitpunkt	295
11.4	Steuerliche Anwendung der Einheitswerte der Hauptfeststellung	296
11.5	Nachholung einer Hauptfeststellung	296

11.5.1	Rechtslage bis 1997	296
11.5.2	Rechtslage ab 1998	296
12	**Nachfeststellung**	**297**
12.1	Begriff und Aufgabe	297
12.2	Entstehung einer neuen wirtschaftlichen Einheit	297
12.3	Erstmalige Heranziehung zu einer Steuer	299
12.4	Nachfeststellung zur Beseitigung von Fehlern	299
12.5	Nachfeststellungszeitpunkt	300
12.6	Nachholung einer Nachfeststellung	301
13	**Fortschreibungen**	**302**
13.1	Allgemeines	302
13.1.1	Sinn und Zweck	302
13.1.2	Begriff und Wirkung der Fortschreibung	303
13.1.3	Fortschreibungsarten und ihr Verhältnis zueinander	303
13.1.4	Fortschreibungen von Amts wegen	305
13.2	Wertfortschreibung	305
13.2.1	Begriff und Allgemeines	305
13.2.2	Wertfortschreibungsgrenzen	306
13.2.3	Wertverhältnisse bei Wertfortschreibungen für den Grundbesitz	308
13.2.4	Fehlerbeseitigung bei Wertfortschreibungen	308
13.3	Artfortschreibung	308
13.4	Zurechnungsfortschreibung	309
13.4.1	Allgemeine Voraussetzungen	309
13.4.2	Feststellungswirkung und Bekanntgabe des Zurechnungsfortschreibungsbescheids	310
13.5	Fortschreibung zur Beseitigung von Fehlern	311
13.5.1	Bedeutung	311
13.5.2	Voraussetzungen der fehlerbeseitigenden Fortschreibung	312
13.6	Fortschreibungszeitpunkt	313
13.7	Nachholung einer Fortschreibung	315
13.8	Auswirkung einer Änderungsfeststellung auf eine bereits durchgeführte Fortschreibung eines späteren Feststellungszeitpunkts	315
14	**Aufhebung des Einheitswerts**	**316**
15	**Erteilung von Einheitswertbescheiden vor dem Feststellungszeitpunkt**	**316**
16	**Änderung oder Aufhebung von Einheitswertbescheiden, die vor dem maßgebenden Feststellungszeitpunkt erteilt wurden**	**317**
16.1	Änderung von Einheitswertbescheiden	317
16.2	Aufhebung von Einheitswertbescheiden	318
16.3	Aufhebung oder Änderung eines Zurechnungsfortschreibungsbescheids	318
16.4	Aufhebung oder Änderung eines Nachfeststellungsbescheids	318
16.5	Aufhebung oder Änderung eines kombinierten Fortschreibungsbescheids	319
16.6	Funktion des § 24a Satz 2 BewG	320

Teil C Einheitsbewertung des land- und forstwirtschaftlichen Vermögens in den alten Bundesländern 321

1	**Bewertungsgegenstand**	**321**
1.1	Begriff und Abgrenzung des land- und forstwirtschaftlichen Vermögens	321
1.1.1	Begriff der Land- und Forstwirtschaft	321
1.1.2	Begriff und wirtschaftliche Einheit des land- und forstwirtschaftlichen Vermögens	322
1.1.3	Zum land- und forstwirtschaftlichen Vermögen gehörende Wirtschaftsgüter	323
1.1.4	Bestimmte Wirtschaftsgüter, die nicht zum land- und forstwirtschaftlichen Vermögen gehören	324
1.1.4.1	Zahlungsmittel, Geldforderungen, Geschäftsguthaben und Wertpapiere	324
1.1.4.2	Geldschulden	324

1.1.4.3	Überbestände an umlaufenden Betriebsmitteln	325
1.1.4.4	Bestimmte Tierbestände und hiermit zusammenhängende Wirtschaftsgüter	325
1.2	Abgrenzung des land- und forstwirtschaftlichen Vermögens gegenüber den anderen Vermögensarten	326
1.2.1	Abgrenzung gegenüber dem Grundvermögen	326
1.2.1.1	Abgrenzung des Grund und Bodens	326
1.2.1.2	Abgrenzung der Wirtschaftsgebäude	327
1.2.1.3	Besondere Abgrenzungsregelung für den Grund und Boden nach § 69 BewG (Sonderfälle)	328
1.2.1.4	Kleingartenland und Dauerkleingartenland	328
1.2.2	Abgrenzung gegenüber dem Betriebsvermögen	329
1.2.2.1	Nebeneinander von Betrieb der Land- und Forstwirtschaft und Gewerbebetrieb	329
1.2.2.2	Land- und forstwirtschaftliche Tätigkeit als Teil eines Gewerbebetriebs	329
1.2.2.3	Gemischte Betriebe	329
1.2.2.4	Absetzung der Erzeugnisse über eigenes Handels- oder Dienstleistungsgeschäft	330
1.2.2.5	Tierhaltung und Tierzucht mit nicht ausreichend bewirtschafteten Flächen	330
1.2.2.6	Beherbergung von Fremden	330
1.2.2.7	Verwendung von Wirtschaftsgütern außerhalb des Betriebs	330
1.2.3	Abgrenzung gegenüber dem übrigen Vermögen	330
1.3	Gliederung sowie Umfang und Bestandteile des Betriebs der Land- und Forstwirtschaft	331
1.3.1	Allgemeines	331
1.3.2	Wirtschaftsteil	331
1.3.2.1	Gliederung des Betriebs der Land- und Forstwirtschaft gemäß § 34 Abs. 2 BewG	331
1.3.2.2	Bestandteile des Wirtschaftsteils	332
1.3.2.2.1	Grund und Boden	332
1.3.2.2.2	Wirtschaftsgebäude und Wohngebäude der Arbeitskräfte	333
1.3.2.2.3	Betriebsmittel	333
1.3.2.2.4	Nebenbetriebe	334
1.3.2.2.5	Behandlung von sonstigen Flächen	336
1.3.2.3	Einbeziehung von Wirtschaftsgütern in fremdem Eigentum in den Wirtschaftsteil der wirtschaftlichen Einheit	337
1.3.2.3.1	Fremde Gebäude und Betriebsmittel nach § 34 Abs. 4 BewG	337
1.3.2.3.2	Anteile an Wirtschaftsgütern nach § 34 Abs. 5 BewG	338
1.3.2.3.3	Wirtschaftsgüter einzelner Beteiligter einer GdbR nach § 34 Abs. 6 BewG	338
1.3.3	Wohnteil	339
1.4	Zusammenfassende Darstellung des Bewertungsgegenstands des land- und forstwirtschaftlichen Vermögens	342
2	**Bewertungsstichtag**	343
3	**Bewertungsmaßstäbe**	343
3.1	Grundsätzliches	343
3.2	Begriff des Ertragswerts	344
3.3	Begriff des Wohnungswerts	344
3.4	Berechnungsgrößen ab 01.01.2002	344
4	**Bewertungsverfahren zur Ermittlung des Ertragswerts des Wirtschaftsteils (Wirtschaftswert)**	345
4.1	Zusammensetzung des Wirtschaftswerts	345
4.2	Verfahrensarten (Bewertungsmethoden)	345
4.2.1	Vergleichendes Verfahren	345
4.2.2	Einzelertragswertverfahren	346
4.2.3	Feste Wertansätze	346
4.3	Durchführung des vergleichenden Verfahrens mit Hilfe von Vergleichszahlen	346
4.3.1	Ermittlung der Ertragsfähigkeit in Form von Vergleichszahlen	346
4.3.2	Berücksichtigung der Ertragsbedingungen	347
4.3.3	Bewertungsstützpunkte zur Ermittlung der maßgebenden Vergleichszahlen	348

4.3.3.1	Schaffung von Bewertungsstützpunkten	348
4.3.3.2	Angleichung der Betriebe an die Bewertungsstützpunkte	348
4.3.3.3	Ertragsmesszahlen als Grundlage für die Ermittlung der Vergleichszahlen	348
4.3.3.4	Ermittlung der Vergleichszahlen	349
4.3.4	Ermittlung des Vergleichswerts (§ 40 BewG)	351
4.3.4.1	Ausgangs-Ertragswerte	351
4.3.4.2	Vergleichswerte	351
4.3.4.2.1	Errechnung der Vergleichswerte	351
4.3.4.2.2	Kürzungen	352
4.3.4.2.3	Einbeziehung anteiliger Flächen	353
4.3.4.2.4	Bekanntgabe der Ergebnisse der Bewertungsstützpunkte	353
4.4	Durchführung des vergleichenden Verfahrens ohne Vergleichszahlen	354
4.5	Der Vergleichswert als Gesamtwert	354
4.6	Korrektur des Vergleichswerts durch Abschläge und Zuschläge	354
4.6.1	Allgemeine Grundsätze	354
4.6.2	Halbierung des Zuschlags bei Tierbeständen ab 01.01.1989 nach § 41 Abs. 2a BewG	356
4.6.3	Besonderheiten bei Stückländereien	357
4.6.4	Nichtanwendung des § 41 BewG	357
4.7	Durchführung des Einzelertragswertverfahrens	358
4.8	Ermittlung des Ertragswerts mit festen Wertansätzen	358
5	**Ermittlung des Wohnungswerts**	358
6	**Einheitswert des Betriebs der Land- und Forstwirtschaft**	360
6.1	Zusammensetzung des Einheitswerts	360
6.2	Einheitswert bestimmter intensiv genutzter Flächen	361
6.3	Bewertungsmaßstab und Bewertungsverfahren (Übersicht)	363
7	**Besondere Regelungen für die einzelnen Nutzungen**	364
7.1	Besonderheiten der landwirtschaftlichen Nutzung	364
7.1.1	Ertragsbedingungen	364
7.1.2	Tierbestände	364
7.1.3	Gemeinschaftliche Tierhaltung	364
7.1.4	Sonderkulturen	364
7.2	Besonderheiten der forstwirtschaftlichen Nutzung	365
7.2.1	Umlaufende Betriebsmittel	365
7.2.2	Bewertungsstichtag	365
7.2.3	Ermittlung des Vergleichswerts	365
7.2.3.1	Ansatz von festen Werten	365
7.2.3.2	Ermittlung der Ertragswerte im vergleichenden Verfahren	365
7.2.3.3	Bewertung der forstwirtschaftlichen Nutzung	366
7.2.3.4	Minderung der ermittelten Ertragswerte nach § 55 Abs. 9 BewG	366
7.2.3.5	Abschläge und Zuschläge nach § 41 BewG	366
7.3	Besonderheiten der weinbaulichen Nutzung	366
7.4	Besonderheiten der gärtnerischen Nutzung	367
7.5	Besonderheiten der sonstigen land- und forstwirtschaftlichen Nutzung	367
8	**Bewertungsbeirat und Gutachterausschuss**	368

Teil D Einheitsbewertung des land- und forstwirtschaftlichen Vermögens in den neuen Bundesländern ... 369

1	**Einführung**	369
1.1	Rechtliche Grundlagen	369
1.2	Grundsätze	370
1.3	Nutzungseinheit des land- und forstwirtschaftlichen Vermögens	371
2	**Vermögensart land- und forstwirtschaftliches Vermögen**	372

2.1	Begriff des land- und forstwirtschaftlichen Vermögens	372
2.2	Abgrenzung gegenüber den anderen Vermögensarten	374
2.2.1	Abgrenzung gegenüber dem Grundvermögen	374
2.2.2	Abgrenzung gegenüber dem Betriebsvermögen	375
2.2.3	Abgrenzung gegenüber sonstigem Vermögen	376
2.3	Nutzungseinheit des land- und forstwirtschaftlichen Vermögens	376
2.4	Umfang des Betriebs der Land- und Forstwirtschaft	377
2.4.1	Allgemeines	377
2.4.2	Nicht zum land- und forstwirtschaftlichen Vermögen gehörende Wirtschaftsgüter	378
2.5	Gliederung und Bestandteile des Betriebs der Land- und Forstwirtschaft	378
2.5.1	Beschreibung der Nutzung von Flächen im Sinne von § 1 des Bodenschätzungsgesetzes (BodschätzG)	378
2.5.2	Hof- und Wirtschaftsgebäudeflächen, Wege, Hecken, Gräben, Grenzraine und dergleichen	378
2.5.3	Flächen sonstiger land- und forstwirtschaftlichen Nutzung	379
2.5.4	Zur Nutzungseinheit der Land- und Forstwirtschaft gehörende Wirtschaftsgüter, die nicht land- und forstwirtschaftlich genutzt werden	379
2.5.5	Bestandteile der Nutzungseinheit	379
2.5.6	Behandlung von sonstigen Flächen	379
2.5.7	Wohnteil	380
3	**Zusammenfassende Darstellung des Bewertungsgegenstands des land- und forstwirtschaftlichen Vermögens in den neuen Bundesländern**	381
3.1	Bewertungsstichtag	382
3.2	Bewertungsmaßstäbe	382
3.2.1	Grundsätzliches	382
3.2.2	Begriff des Ertragswerts	382
4	**Verfahren zur Ermittlung des Ersatzwirtschaftswerts**	383
4.1	Zusammensetzung des Ersatzwirtschaftswerts	383
4.2	Ermittlungsverfahren	383
4.2.1	Die Bewertung landwirtschaftlicher Nutzungen	385
4.2.1.1	Ertragsbedingungen	385
4.2.1.2	Bewertungsverfahren	385
4.2.2	Die Bewertung von Sonderkulturen, Hopfen	387
4.2.3	Spargel	387
4.2.4	Forstwirtschaftliche Nutzung	387
4.2.5	Weinbauliche Nutzung	388
4.2.6	Gärtnerische Nutzung	389
4.2.7	Selbstständige Kleingärten	390
4.2.8	Obstbau	390
4.2.9	Baumschulen	391
4.2.10	Sonstige land- und forstwirtschaftliche Nutzungen	391
4.2.11	Bewertung der Nebenbetriebe	393
4.2.12	Bewertung von sonstigen Flächen	393
4.3	Abrundung	393
	Teil E Einheitsbewertung des Grundvermögens in den alten Bundesländern	394
1	**Bewertungsgegenstand und Bewertungsmaßstab**	394
1.1	Begriff und Umfang des Grundvermögens	394
1.2	Abgrenzung des Grundvermögens vom land- und forstwirtschaftlichen Vermögen	394
1.2.1	Allgemeine Abgrenzung	394
1.2.2	Besondere Abgrenzungsregelung	395
1.2.3	Kleingartenland und Dauerkleingartenland	396

1.2.4	Maßgebende Feststellungsart bei Umbewertung	396
1.3	Das Grundstück als wirtschaftliche Einheit des Grundvermögens	396
1.3.1	Allgemeine Grundsätze	396
1.3.2	Die einzelnen Bestandteile des Grundstücks	397
1.3.3	Die Abgrenzung des Grundstücks von den Betriebsvorrichtungen	398
1.3.4	Einbeziehung von Anteilen an anderen Grundstücken	400
1.3.5	Gebäude auf fremdem Grund und Boden	401
1.4	Gebäude und Gebäudeteile für den Bevölkerungsschutz	401
1.5	Bewertungsmaßstab und Berechnungsgrößen	401
2	**Abgrenzung und Bewertung der unbebauten Grundstücke**	402
2.1	Abgrenzung der unbebauten Grundstücke	402
2.1.1	Nicht bebaute Grundstücke	402
2.1.2	Grundstücke mit Gebäuden von untergeordneter Bedeutung	403
2.1.3	Grundstücke mit zerstörten oder dem Verfall preisgegebenen Gebäuden	403
2.2	Besondere Grundstücksart: baureife Grundstücke	403
2.3	Bewertung der unbebauten Grundstücke	404
3	**Abgrenzung und Bewertung der bebauten Grundstücke**	405
3.1	Begriff	405
3.2	Grundstücksarten	406
3.2.1	Mietwohn-, Geschäfts- und gemischtgenutzte Grundstücke	406
3.2.2	Ein- und Zweifamilienhäuser	409
3.2.2.1	Begriff der Wohnung	409
3.2.2.1.1	Überblick	409
3.2.2.1.2	Wohnungsbegriff nach neuer Rechtsprechung (nach dem 31. 12. 1972 errichtete Wohngebäude)	409
3.2.2.1.3	Wohnungsbegriff nach früherer Rechtsprechung (vor dem 01. 01. 1973 errichtet)	411
3.2.2.1.4	Übergangsregelung nach dem Ländererlass vom 15. 05. 1985 Vgl. BStBl I 1985, 201 und Bew-Kartei Ba-Wü zu § 75 BewG Karte 12 Nr. 1	412
3.2.2.2	Wohnungen des Hauspersonals	413
3.2.2.3	Wohnungen von untergeordneter Bedeutung	413
3.2.2.4	Mitbenutzung eines Wohngebäudes zu anderen Zwecken	413
3.2.2.5	Weitere Besonderheiten	415
3.2.3	Sonstige bebaute Grundstücke	415
3.3	Bewertungsmethoden	415
3.4	Mindestwert	417
4	**Bewertung bebauter Grundstücke im Ertragswertverfahren**	417
4.1	Allgemeines	417
4.1.1	Bedeutung der Vervielfältiger	417
4.1.2	Bodenwertanteil	422
4.1.3	Grundstückswert bebauter Grundstücke im Ertragswertverfahren (Übersicht) (abgedruckt auf der vorhergehenden Doppelseite)	422
4.2	Die Jahresrohmiete	423
4.2.1	Allgemeines	423
4.2.2	Tatsächliche Jahresrohmiete	423
4.2.3	Übliche Miete als Jahresrohmiete	425
4.2.4	Maßgebende Jahresrohmiete bei Nachfeststellungen und Fortschreibungen	426
4.3	Die Vervielfältiger	429
4.3.1	Regelmäßige Vervielfältiger	429
4.3.2	Umstufung in andere Gemeindegrößenklassen	430
4.3.3	Vervielfältiger bei Veränderung der Lebensdauer des Gebäudes	430
4.3.4	Vervielfältiger bei verschiedener Bauart oder bei unterschiedlichem Alter	431
4.4	Außergewöhnliche Grundsteuerbelastung	432
4.5	Korrektur des Grundstückswerts in Einzelfällen	433
4.5.1	Allgemeines	433

4.5.2	Ermäßigung des Grundstückswerts	433
4.5.2.1	Beeinträchtigungen durch Lärm, Rauch oder Gerüche	433
4.5.2.2	Behebbare Baumängel und Bauschäden	434
4.5.2.3	Notwendigkeit baldigen Abbruchs	435
4.5.2.4	Sonstige wertmindernde Umstände	436
4.5.3	Erhöhung des Grundstückswerts	437
4.5.3.1	Größe der nicht bebauten Fläche	437
4.5.3.2	Nutzung des Grundstücks für Reklamezwecke	438
4.5.4	Höchstmaß der Ermäßigung und Erhöhung des Grundstückswerts	439
5	**Bewertung bebauter Grundstücke im Sachwertverfahren**	**440**
5.1	Grundsätze	440
5.2	Schematische Übersicht	441
5.3	Bodenwert	441
5.4	Gebäudewert	442
5.4.1	Grundsätze	442
5.4.2	Ermittlung des Gebäudenormalherstellungswerts	442
5.4.2.1	Durchschnittliche Herstellungskosten	442
5.4.2.2	Berechnung des umbauten Raumes	442
5.4.2.3	Bestimmung des Raummeterpreises	443
5.4.2.4	Veränderung des nach Raummeterpreis errechneten Werts	444
5.4.2.5	Durchschnittspreise und Zuschläge für bestimmte Ausstattungen	444
5.4.2.6	Abweichung von den Erfahrungswerten	444
5.4.2.7	Umrechnung auf Wertverhältnisse 01.01.1964	444
5.4.3	Wertminderung wegen Alters	444
5.4.3.1	Regelfall	445
5.4.3.2	Gebäude mit Gebäudeteilen verschiedenen Alters	447
5.4.3.3	Verkürzung der gewöhnlichen Lebensdauer	448
5.4.3.4	Verlängerung der restlichen Lebensdauer	448
5.4.3.5	Höchstsatz der Wertminderung wegen Alters	449
5.4.4	Wertminderung wegen behebbarer baulicher Mängel und Schäden	449
5.4.5	Ermäßigung und Erhöhung des Gebäudesachwerts	449
5.4.5.1	Ermäßigung wegen der Lage des Grundstücks	450
5.4.5.2	Ermäßigung wegen wirtschaftlicher Überalterung	450
5.4.5.3	Ermäßigung wegen der Notwendigkeit vorzeitigen Abbruchs	451
5.4.5.4	Ermäßigung wegen unorganischen Aufbaus	452
5.4.5.5	Ermäßigung wegen übermäßiger Raumhöhe	452
5.4.5.6	Erhöhungen des Gebäudesachwerts	453
5.4.5.7	Zusammentreffen mehrerer Ermäßigungsgründe	453
5.5	Wert der Außenanlagen	453
5.6	Angleichung an den gemeinen Wert	454
5.7	Schema	454
6	**Sondervorschriften**	**458**
6.1	Grundstücke im Zustand der Bebauung	458
6.2	Das Erbbaurecht	458
6.2.1	Zivilrechtlicher Begriff und Allgemeines	458
6.2.2	Bewertung des Erbbaurechts	458
6.2.2.1	Ermittlung eines Gesamtwerts	458
6.2.2.2	Verteilung des Gesamtwerts auf die beiden wirtschaftlichen Einheiten	459
6.2.2.3	Berücksichtigung einer vereinbarten Abbruchverpflichtung	461
6.2.2.4	Feststellungsarten bei der Bewertung von Erbbaurechten	462
6.2.2.5	Errichtung eines Gebäudes im Erbbaurecht auf mehreren wirtschaftlichen Einheiten	462
6.2.3	Behandlung des Erbbauzinses	463
6.2.4	Wohnungserbbaurecht und Teilerbbaurecht	463

6.2.5	Behandlung Heimfallanspruch bzw. Heimfallverpflichtung	463
6.3	Wohnungseigentum und Teileigentum	464
6.3.1	Zivilrechtlicher Begriff und Allgemeines	464
6.3.2	Bewertung	464
6.3.2.1	Abgrenzung, Grundstücksart und Bewertungsverfahren	464
6.3.2.2	Wertermittlung und Erfassung des gemeinschaftlichen Eigentums	465
6.3.2.3	Feststellungsarten	466
6.3.3	Dauerwohnrecht	466
6.4	Gebäude auf fremdem Grund und Boden	466
6.4.1	Begriff und Allgemeines	466
6.4.2	Bewertungsrechtliche Behandlung	467
6.4.2.1	Abgrenzung und Bestimmung der Grundstücksart	467
6.4.2.2	Bewertung der wirtschaftlichen Einheit »Grund und Boden«	467
6.4.2.3	Bewertung der wirtschaftlichen Einheit »Gebäude auf fremdem Grund und Boden«	468
6.4.2.4	Feststellungsarten	468
6.4.2.5	Errichtung eines Gebäudes auf mehreren wirtschaftlichen Einheiten	469

Teil F Einheitsbewertung des Grundvermögens in den neuen Bundesländern ... 470

1	**Rechtliche Grundlagen**	470
1.1	Grundsätze für die Anwendung der Einheitswerte	472
2	**Bewertungsgegenstand**	474
2.1	Begriff und Umfang des Grundvermögens	474
2.2	Abgrenzung vom land- und forstwirtschaftlichen Vermögen	475
2.2.1	Allgemeine Abgrenzung	475
2.2.2	Besondere Abgrenzungsregelung	475
2.3	Das Grundstück als wirtschaftliche Einheit des Grundvermögens	476
2.3.1	Allgemeine Grundsätze	476
2.3.2	Einzelne Bestandteile des Grundstücks	477
2.3.3	Die Abgrenzung des Grundstücks von den Betriebsvorrichtungen	478
2.3.4	Einbeziehung von Anteilen an anderen Grundstücken	479
2.3.5	Erbbaurechte und sonstige grundstücksgleiche Rechte	480
2.3.6	Gebäude auf fremdem Grund und Boden	480
2.3.7	Wohnungs- und Teileigentum	480
3	**Unbebaute Grundstücke**	481
3.1	Grundsätze	481
3.2	Wirtschaftliche Einheit	482
3.3	Zuordnung zu den unbebauten Grundstücken	482
3.4	Zuordnung zu den bebauten Grundstücken	483
3.5	Bewertung der unbebauten Grundstücke	483
3.6	Zusammenfassende Übersicht	484
3.7	Ermittlung der Bodenpreise zum 01.01.1935	485
4	**Bebaute Grundstücke**	485
4.1	Begriff	485
4.2	Wirtschaftliche Einheit	485
4.3	Grundstückshauptgruppen	486
4.3.1	Mietwohn-, Geschäfts- und gemischtgenutzte Grundstücke	486
4.3.2	Einfamilienhäuser	488
4.3.2.1	Wohnungen des Hauspersonals	489
4.3.2.2	Mitbenutzung eines Wohngebäudes zu gewerblichen, freiberuflichen oder öffentlichen Zwecken	489
4.3.3	Sonstige bebaute Grundstücke	491
4.4	Wohnungsbegriff	491

4.5	Bewertung	492
4.6	Feststellung der Einheitswerte	493
5	**Ertragswertverfahren**	494
5.1	Grundsätze	494
5.2	Wirtschaftliche Einheit	494
5.3	Ermittlung des Einheitswerts	494
5.4	Jahresrohmiete	495
5.5	Die Vervielfältiger	496
5.6	Ansatz der Jahresrohmiete und des Vervielfältigers	497
5.7	Ermäßigungen und Erhöhungen des Grundstückswerts in Einzelfällen	497
5.7.1	Ermäßigung wegen vorzeitigen Abbruchs	498
5.7.2	Erhöhung wegen der Größe der nicht bebauten Fläche	499
6	**Das Sachwertverfahren**	502
6.1	Grundsätze	502
6.2	Ermittlung des Einheitswerts	503
6.2.1	Bodenwert	503
6.2.2	Gebäudewert	504
6.2.3	Mögliche Abschlagsvariationen bei der Bewertung von Grundstücken des Grundvermögens	504
6.3	Besonderheiten bei der Bewertung von Einfamilienhäusern	508
6.4	Besonderheiten bei der Bewertung von Garagengrundstücken	510
6.5	Bewertung von Bank-, Versicherungs-, Verwaltungs-, Büro- und Hotelgebäuden sowie von vergleichbaren Gebäuden	511
6.5.1	Grundsätze	511
6.5.2	Besonderheiten zur wirtschaftlichen Einheit bei Hotelgrundstücken	511
6.5.3	Ermittlung des Gebäudewertes	511
6.5.3.1	Berechnung des umbauten Raums	511
6.5.3.2	Durchschnittlicher Raummeterpreis/m^3	512
6.5.3.2.1	Tabelle über die Raummeterpreise 01.01.1935	512
6.5.3.2.2	Zuschläge zu den Raummeterpreisen	513
6.5.3.2.3	Mitbenutzung für andere Zwecke	513
6.5.3.2.4	Raummeterpreise für Ferienheime und Feriendorfanlagen	513
6.5.3.2.5	Abschläge vom Gebäudenormalherstellungswert	513
6.6	Die Bewertung von Tankstellengrundstücken	514
6.6.1	Grundsätze	514
6.6.2	Besonderheiten bei der Bewertung von Tankstellengrundstücken	514
6.7	Bewertung von Gewerbegrundstücken	514
6.7.1	Grundsätze	514
6.7.2	Besonderheiten bei Fabrikgrundstücken	515
6.7.3	Durchschnittlicher Raummeterpreis/m^3 und Flächenpreise	515
6.8	Bewertung von Warenhausgrundstücken, Einkaufszentren sowie Grundstücken mit Großmärkten, SB-Märkten und Verbrauchermärkten und mit Messehallen	515
6.9	Bewertung der übrigen Geschäftsgrundstücke und der sonstigen bebauten Grundstücke	515
7	**Sondervorschriften**	516
7.1	Erbbaurecht	516
7.1.1	Zivilrechtlicher Begriff und Allgemeines	516
7.1.2	Wirtschaftliche Einheit	516
7.1.3	Ermittlung, Zuordnung und Aufteilung des Gesamtwerts	518
7.1.4	Fortschreibungen wegen Änderung der Verteilung des Gesamtwerts	518
7.2	Gebäude auf fremdem Grund und Boden	522
7.2.1	Zivilrechtlicher Begriff und Allgemeines	522
7.2.2	Wirtschaftliche Einheit	522

7.2.3	Einheitswert	523
7.2.4	Schematische Übersicht zu Gebäuden auf fremdem Grund und Boden (§ 50 Abs. 3 BewG-DDR)	524
7.3	Wohnungs- und Teileigentum	527
7.3.1	Zivilrechtlicher Begriff und Allgemeines	527
7.3.2	Wirtschaftliche Einheit	527
7.3.3	Bestimmung der Grundstückshauptgruppe	527
7.3.4	Feststellungsarten	528
7.3.5	Ermittlung des Einheitswerts	528
7.3.6	Bewertung im Ertragswertverfahren	528
7.3.7	Bewertung von Teileigentum im Sachwertverfahren	530
7.3.7.1	Bodenwert	530
7.3.7.2	Gebäudewert	530
7.3.7.3	Gemeiner Wert	531
	Stichwortregister	533

Abkürzungsverzeichnis

A	Abschnitt
a.a.O	am angegebenen Ort
Abs.	Absatz
Abschn.	Abschnitt
a. F.	alter Fassung
AfA	Absetzung für Abnutzung
AG	Aktiengesellschaft
AK	Anschaffungskosten
AktG	Gesetz über AG'en und KG a.A.
AMBlFin	Amtliches Mitteilungsblatt der Verwaltung für Finanzen des Vereinigten Wirtschaftsgebietes
AntBewVO	Anteilbewertungs-Verordnung vom 19. 01. 1977
AO	Abgabenordnung 1977
Art.	Artikel
Ba-Wü (BW)	Baden-Württemberg
BauGB	Baugesetzbuch
BB	Betriebsberater
BdF	Bundesminister der Finanzen
2. BerVO	2. VO über wohnungswirtschaftliche Berechnungen v. 18. 07. 1979
BewÄndG	Gesetz zur Änderung des BewG
BewG	Bewertungsgesetz
BewDV	Durchführungsverordnung zum Bewertungsgesetz
Bew-Kartei	Bewertungs-Kartei
BewR Gr	Richtlinien für die Bewertung des Grundvermögens
BewR L	Richtlinien für die Bewertung des land- u. forstw. Vermögens
BFH	Bundesfinanzhof
BGB	Bürgerliches Gesetzbuch
BGBl I	Bundesgesetzblatt Teil I
BodSchätzG	Gesetz über die Schätzung des Kulturbodens vom 16. 10. 1934
BStBl I, II, III	Bundessteuerblatt Teil I, Teil II, Teil III
II. BVO	II. Berechnungs-VO vom 12. 10. 1990 (BStBl I 1990, 735)
DB	Der Betrieb
DBA	Doppelbesteuerungsabkommen
DMBG	Gesetz über die Eröffnungsbilanz in Deutscher Mark und die Kapitalneufestsetzung (D-Mark-Bilanzgesetz)
DMEB	D-Mark-Eröffnungsbilanz
DStZ	Deutsche Steuerzeitung
DStZ/E	Deutsche Steuerzeitung-Eildienst
EMZ	Ertragsmesszahl
Erbbau RG	Gesetz über das Erbbaurecht (Erbbaurechtsgesetz)
Erbbau VO	Verordnung über das Erbbaurecht
ErbStG	Erbschaftsteuergesetz
ErbStR	Erbschaftsteuer-Richtlinien
ESt	Einkommensteuer
EStDV	Einkommensteuer-Durchführungsverordnung
EStG	Einkommensteuergesetz
EStR	Einkommensteuer-Richtlinien
EW	Einheitswert
FA, FÄ	Finanzamt, Finanzämter

FGO	Finanzgerichtsordnung
FinMin (FM)	Finanzministerium
FKPG	Gesetz zur Umsetzung des Föderalen Konsolidierungsprogramms vom 23.06.1993 (BStBl I 1993, 510)
FMBl	Amtsblatt des Bayerischen Staatsministeriums der Finanzen
FoR	Fortschreibungsrichtlinien vom 02.12.1971 (BStBl I 1971, 638)
Fortschreibungsgesetz	Gesetz des Wirtschaftsrates vom 10.03.1949 betr. Fortschreibungen und Nachfeststellungen von Einheitswerten des Grundbesitzes auf den 21.06.1948 (WiGBl 1949, 25; AMBlFin 1949, 118)
FR	Finanzrundschau
FVG	Gesetz über die Finanzverwaltung
GAL	Gesetz über eine Altershilfe für Landwirte vom 14.09.1965 (BGBl I 1965, 1449)
GwSt	Gewerbesteuer
GewStDV	Gewerbesteuer-Durchführungsverordnung
GewStG	Gewerbesteuergesetz
GewStR	Gewerbesteuer-Richtlinien
GG	Grundgesetz der Bundesrepublik Deutschland vom 23.05.1949
GmbH	Gesellschaft mit beschränkter Haftung
GmbHG	Gesetz betr. die Gesellschaften mit beschränkter Haftung
GrESt	Grunderwerbsteuer
GrEStG	Grunderwerbsteuergesetz
GrSt	Grundsteuer
GrStG	Grundsteuergesetz
GrStR	Grundsteuerrichtlinien
GVBl.NW	Gesetz und Verordnungsblatt für das Land Nordrhein-Westfalen
HFR	Höchstrichterliche Finanzrechtsprechung
HGB	Handelsgesetzbuch
HK	Herstellungskosten
h.M.	herrschende Meinung
HS	Halbsatz
InsO	Insolvenzordnung
i.S.v. (d.)	im Sinne von (des)
i.V.m.	in Verbindung mit
JStG 1997	Jahressteuergesetz 1997 vom 20.12.1996 (BStBl I 1997, 1523)
KapESt	Kapitalertragsteuer
KG	Kommanditgesellschaft
KG a.A.	Kommanditgesellschaft auf Aktien
KSt	Körperschaftsteuer
KStDV	Körperschaftsteuer-Durchführungsverordnung
KStG	Körperschaftsteuergesetz
KStR	Körperschaftsteuer-Richtlinien
KVStG	Kapitalverkehrsteuergesetz
LSt	Lohnsteuer
LuF	Land- und Forstwirtschaft
MinBlFin	Ministerialblatt des Bundesministers der Finanzen
NMV	Neubaumietenverordnung vom 18.07.1979 (BStBl I 1979, 549)
OFD	Oberfinanzdirektion
OFH	Oberster Finanzgerichtshof
OHG	Offene Handelsgesellschaft
RdF	Reichsminister der Finanzen
RdFErl	Erlaß des Reichsministers der Finanzen
RFH	Reichsfinanzhof
RGBl I	Reichsgesetzblatt Teil I

RStBl	Reichssteuerblatt
Rz.	Randziffer
SBV	Sonderbetriebsvermögen
SoLZ	Solidaritätszuschlag
StÄndG 2001	Gesetz zur Änderung steuerlicher Vorschriften vom 20. 12. 2001, BGBl I 2001, 3794 und BStBl I 2002, 4
StMBG	Gesetz zur Bekämpfung des Missbrauchs und zur Bereinigung des Steuerrechts vom 21. 12. 1993 (BStBl I 1994, 50)
Stpfl.	Steuerpflichtiger
StuW	Steuer und Wirtschaft
StW	Steuerwarte
Tz.	Textziffer
U	Urteil
UmwG	Umwandlungsgesetz
UmwStG	Umwandlungssteuergesetz
USt	Umsatzsteuer
UStG	Umsatzsteuergesetz
VA-II. WoBauG	II. Wohnungsbaugesetz i.d.F. vom 19. 08. 1994 (BGBl I 1994, 2137)
VO	Verordnung
VorSt	Vorsteuer
VSt	Vermögensteuer
VStG	Vermögensteuergesetz
VStR	Vermögensteuerrichtlinien
VZ	Veranlagungszeitraum
WEG	Wohnungseigentumsgesetz
WG	Wirtschaftsgut (Wirtschaftsgüter)
WGG	Gesetz über die Gemeinnützigkeit im Wohnungswesen vom 29. 02. 1940
WiGBl	Gesetzblatt der Verwaltung des Vereinigten Wirtschaftsgebietes
WwA	Wertminderung wegen Alters
ZPO	Zivilprozessordnung
ZVG	Gesetz über die Zwangsversteigerung und die Zwangsverwaltung

Kapitel 1
Erbschaft- und Schenkungsteuer

Teil A Erbrecht

1 Verknüpfung von Erbschaftsteuerrecht und Zivilrecht

Der Gesetzgeber hat seinem Kind den Namen Erbschaftsteuer- und Schenkungsteuergesetz gegeben (vgl. das Taufregister BGBl I 1991, 469). In § 1 ErbStG werden die beiden Begriffe Erbschaftsteuer und Schenkungsteuer noch einmal als Synonyme verwendet. Danach spricht das Gesetz nur noch von der Erbschaftsteuer. Allerdings wird deutlich, dass dabei stets auch die Fallgruppen der Schenkungen unter Lebenden in die jeweilige Regelung miteinbezogen werden. Wenn das Gesetz also beispielsweise in § 19 ErbStG die Steuersätze regelt, lautet der Wortlaut: »Die Erbschaftsteuer wird nach folgenden Vomhundertsätzen erhoben«. Daß diese auch für die Schenkungen unter Lebenden gelten, ergibt sich schon daraus, dass für die Schenkungen ansonsten keine besonderen Steuersätze aufgestellt werden. Wir folgen in diesem Kapitel der Vorgehensweise des Gesetzgebers: Wenn wir von der Erbschaftsteuer sprechen, ist die Schenkungsteuer für **Schenkungen unter Lebenden** immer **mit einbezogen**.

§ 1 ErbStG knüpft die hauptsächlichen Fälle der Erbschaftsteuer (Schenkungsteuer) an den Erwerb von Todes wegen und an die Schenkungen unter Lebenden. § 3 ErbStG bestimmt, dass als Erwerb von Todes wegen der Erwerb durch Erbanfall (§ 1922 BGB), durch Vermächtnis (§§ 2147ff. BGB) oder aufgrund eines geltend gemachten Pflichtteilsanspruchs (§§ 2303ff. BGB) gelten. § 7 ErbStG bestimmt, was als Schenkungen unter Lebenden zu gelten hat, wobei auf den zivilrechtlichen Begriff der Schenkung (§ 516 BGB) zwar nicht ausdrücklich Bezug genommen, dieser jedoch als bekannt vorausgesetzt wird.

Das Erbschaftsteuergesetz ist also eng mit den **zivilrechtlichen Regelungen** vor allem des Erbrechts und (in geringerem Umfang) des Schenkungsrechts verknüpft, so dass die Grundzüge der zivilrechtlichen Voraussetzungen der Erwerbe von Todes wegen und der Schenkungen unter Lebenden in einem besonderen Kapitel vorweg dargestellt werden.

2 Zivilrechtliche Regelungen

2.1 Erben

2.1.1 Gesetzliche Erbfolge

Die wichtigste Gruppe der Rechtsnachfolger von Todes wegen sind die Erben, die wiederum als gesetzliche Erben oder als vom Erblasser eingesetzte Erben denkbar sind. Die **gesetzlichen Erben** sind in den Vorschriften der §§ 1924 bis 1936 BGB erwähnt. Auf diese geht das Vermögen des Erblassers als Ganzes im Wege der **Gesamtrechtsnachfolge** über, § 1922 BGB. Das übergehende Vermögen des Erblassers wird auch als Nachlass bezeichnet. Zwischen den Begriffen Erbschaft, Vermögen des Erblassers und Nachlass gibt es keine rechtlich gezogenen Abgrenzungen. Alle Begriffe werden zumindest erbschaftsteuerlich stets in demselben Sinne verwendet.

Die **Erbfolge** ist die Rechtsnachfolge der Erben in das gesamte Vermögen des Erblassers einschließlich aller Verbindlichkeiten. Dies gilt auch dann, wenn das Vermögen negativ ist, weil die Schulden überwiegen. **Erbfall** ist der Tod des Erblassers. Daraus ergibt sich, dass eine Erbfolge nur nach dem Tod einer natürlichen Person eintreten kann. Mit dem Tod des

Erblassers geht dessen Vermögen unmittelbar auf den oder die Erben über, ohne dass es noch eines zusätzlichen Rechtsaktes bedürfte. Die Erben sind also die neuen Grundstückseigentümer auch ohne einen entsprechenden Grundbucheintrag, das Grundbuch ist entsprechend zu berichtigen. Der Erbfall tritt also ohne Wissen oder sogar gegen den Willen der Erben ein. Allerdings haben die Erben das Recht zur Ausschlagung der Erbschaft (§ 1942 BGB), sodass der endgültige Erwerb erst bei Annahme der Erbschaft oder Versäumnis der Ausschlagungsfrist eintritt (§ 1943 BGB).

Die gesetzlichen Erben werden verschiedenen **erbrechtlichen Ordnungen** zugeteilt, wobei die Regelung gilt, dass Verwandte fernerer Ordnungen nicht erben können, wenn ein Verwandter einer näheren Ordnung vorhanden ist. **Kein Verwandter** ist der Ehegatte, § 1589 BGB. Er ist auch nicht verschwägert (§ 1590 BGB). Er besitzt im Erbrecht eine Sonderstellung, auf die später eingegangen wird.

Gesetzliche Erben der ersten Ordnung sind die Abkömmlinge (Kinder, Enkel, Urenkel) des Erblassers (§ 1924 BGB). Lebt zum Zeitpunkt des Erbfalles ein Kind, so schließt dieses seine Kinder (die Enkel des Erblassers) aus, § 1924 Abs. 2 BGB. Ist ein Kind des Erblassers zum Zeitpunkt des Erbfalles bereits verstorben, so treten seine Kinder (die Enkel des Erblassers) an seine Stelle, § 1924 Abs. 3 BGB. Jedes Kind bzw. jeder durch ein Kind repräsentierte Stamm erbt neben den anderen zu gleichen Teilen (§ 1924 Abs. 4 BGB).

> **BEISPIEL**
> E (verwitwet) stirbt. Er hatte die Kinder A, B und C. A ist kinderlos, B hat die Kinder S und T. C ist vor E verstorben, er hat zwei Kinder X und Y.
> **LÖSUNG** Die Stämme A, B und C erben je 1/3. A erbt sein Drittel, B erbt sein Drittel und schließt damit S und T von der Erbschaft aus. Das auf C entfallende Drittel erben X und Y (mit je 1/6). Wäre dagegen C kinderlos verstorben, dann hätten A und B je 1/2 geerbt. Der Anteil des C wäre weder auf seine Ehefrau noch auf andere Verwandte übergegangen.

Abkömmlinge sind alle ehelichen und nichtehelichen Kinder, Enkel, Urenkel usw. des Erblassers. Ist der Erblasser eine Frau, dann sind ihre Kinder alle die Kinder, die sie geboren hat (§ 1591 BGB). Ist der Erblasser ein Mann, dann sind seine Kinder die, die während der Ehe mit der Mutter geboren wurden (es sei denn, er habe die Vaterschaft erfolgreich angefochten, § 1599 BGB), deren Vaterschaft er anerkannt hat oder deren Vaterschaft gerichtlich festgestellt wurde (§ 1592 BGB). Seit 01. 04. 1998 sind auch die **nichtehelichen Kinder** des Vaters, auf die eine der vorigen Alternativen zutrifft, neben den ehelichen Kindern voll erbberechtigt. Für Todesfälle bis 31. 03. 1998 vgl. Art. 225 EGBGB: danach wird das nichteheliche Kind neben den ehelichen Kindern und neben dem Ehegatten des Erblassers nicht Vollerbe, sondern es erwirbt lediglich einen schuldrechtlichen Erbersatzanspruch (§ 1934a BGB a. F.). Hier galt also der Grundsatz: Geldanspruch statt Erbteil. Auch als Kinder angenommene Kinder (Adoptivkinder) gelten als Abkömmlinge (§ 1754 BGB). Zu den Abkömmlingen zählt schließlich auch das noch nicht geborene, aber im Zeitpunkt des Todes des Erblassers bereits gezeugte Kind (Nasciturus, § 1923 Abs. 2 BGB).

Gesetzliche Erben der zweiten Ordnung sind die Eltern des Verstorbenen und deren Abkömmlinge (also die Geschwister des Verstorbenen, § 1925 BGB). Erben der zweiten Ordnung können aber nur Erben werden, wenn keine Erben erster Ordnung vorhanden sind, § 1930 BGB oder die Erbschaft ausgeschlagen haben (§ 1953 Abs. 2 BGB), einen Erbverzicht erklärt haben (§ 2346 Abs. 1 Satz 2 BGB), enterbt worden (§ 1938 BGB) oder für erbunwürdig erklärt worden sind (§ 2344 Abs. 2 BGB). Leben Vater und Mutter noch, so schließen sie die

Geschwister des Verstorbenen von der Erbfolge aus, § 1925 Abs. 2 BGB. Ist ein Elternteil verstorben, so gelangt dessen Anteil an die Geschwister des Erblassers, § 1925 Abs. 3 BGB.

BEISPIEL

a) Witwer W verstirbt kinderlos. Sein Vater V ist vor ihm verstorben, seine Mutter M lebt noch. Daneben leben noch die Geschwister A, B und C.
LÖSUNG Die M erbt die Hälfte, A, B und C erben zu je 1/6 die andere Hälfte.

b) Abweichung:
War W das einzige Kind von V und M, dann würde die M das ganze Vermögen des W erben.

c) Abweichung:
Hätte V ein Kind X aus 1. Ehe gehabt, während A, B, C und W aus zweiter Ehe mit der M stammen, dann würde M die Hälfte und die Kinder des V, nämlich A, B, C und X dessen Hälfte zu je 1/8 erben.

Gesetzliche Erben der dritten Ordnung sind die Großeltern des Verstorbenen und deren Abkömmlinge (§ 1926 BGB). Sie können nur erben, wenn gesetzliche Erben der ersten und zweiten Ordnung nicht vorhanden sind. Die väterliche und die mütterliche Großelternseite bilden je eine Gruppe, die je die Hälfte erbt. Leben alle vier Großeltern noch, dann erhält jeder 1/4 und schließt seine Abkömmlinge aus (§ 1926 Abs. 2 BGB).

Ist dagegen ein Teil eines Großelternpaares vor dem Erblasser gestorben, dann treten dessen Abkömmlinge an dessen Stelle und erben dessen Viertel. Hat der verstorbene Großelternteil keine Abkömmlinge, dann fällt sein Viertel an seinen noch lebenden anderen Großelternteil. Sind beide Großeltern einer Seite ohne noch erbberechtigte Abkömmlinge vorverstorben, dann erbt die andere Großelternseite diese Hälfte hinzu.

Als **gesetzliche Erben der vierten Ordnung** sind die Urgroßeltern und deren Abkömmlinge berufen (§ 1928 BGB). Hier und in den **folgenden Ordnungen** gilt aber dann der gradnächste Verwandte als Erbe. Leben noch alle acht Urgroßeltern, dann erben sie je 1/8. Lebt nur noch ein Urgroßvater, so erbt er allein; an die Stelle der weggefallenen Urgroßeltern treten nicht deren Abkömmlinge (§ 1928 Abs. 2 BGB). Dies ist erst der Fall, wenn kein Urgroßelternteil mehr lebt. Dann erben die Abkömmlinge der Urgroßeltern. Von diesen erbt dann der Gradnächste, § 1928 Abs. 3 BGB.

Fehlt jeglicher Erbe, auch ein testamentarischer, so ist als **letzter gesetzlicher Erbe** der **Staat** vorgesehen (§ 1936 BGB). Der Staat kann auch dann als letzter gesetzlicher Erbe zum Zuge kommen, wenn (etwa bei einem überschuldeten Nachlass) alle Erben die Erbschaft ausschlagen. »Der Staat« ist das Bundesland, in dem der Verstorbene im Todeszeitpunkt lebte.

Lebte er in mehreren Bundesländern, so erben sie zu gleichen Anteilen, § 1936 Abs. 1 Satz 2 BGB.

Dei Erbberechtigung des Fiskus ist an eine formale Feststellung gebunden, § 1964 BGB.

2.1.2 Das Erbrecht des Ehegatten und des eingetragenen Lebenspartners

Da der Ehegatte mit seinem Partner weder verwandt noch verschwägert ist (§§ 1589 f. BGB), musste das Erbrecht ihm eine **eigene Rechtsstellung** im Erbrecht verschaffen, §§ 1931 ff. BGB. Diese eigene erbrechtliche Rechtsstellung wird im Todesfall des Ehegatten noch ergänzt um eine familien- oder güterrechtliche Komponente, § 1371 (Zugewinngemeinschaft), § 1482 (Gütergemeinschaft), § 1931 Abs. 4 (Gütertrennung) BGB. Erbberechtigt ist nur der Ehegatte, der mit dem Erblasser zum Zeitpunkt des Todes in einer **bestehenden**

Ehe gelebt hat. Der Lebensgefährte einer nichtehelichen Lebensgemeinschaft zählt ebenso wenig zu den gesetzlich Erbberechtigten wie der geschiedene Ehegatte (zu den Besonderheiten, wenn die Ehegatten bereits die Scheidung eingereicht hatten, als der Erblasser starb, vgl. § 1933 BGB: Ausschluss des Erbrechts des Ehegatten; zum Unterhaltsanspruch des geschiedenen Ehegatten gegen die Erben, vgl. § 1586b BGB).

22 Der eingetragene (gleichgeschlechtliche) Lebenspartner hat gemäß § 10 Lebenspartnerschaftsgesetz (LPartG) ein dem Erbrecht des Ehegatten nachgebildetes Erbrecht. Da Lebenspartnern dieselben güterrechtlichen Regelungen wie Ehegatten offenstehen (§§ 6, 7 LPartG), gelten für sie auch die nachfolgenden Regelungen entsprechend, vgl. § 10 LPartG.

23 Der überlebende Ehegatte erbt **neben den Verwandten** der ersten Ordnung 1/4, neben Verwandten der zweiten Ordnung oder neben Großeltern 1/2, neben anderen Verwandten den gesamten Nachlass (§ 1931 BGB). Hier müssen aber sofort die güterrechtlichen Ergänzungen miterwähnt werden: Der Erbteil des § 1931 BGB erhöht sich für den Fall des gesetzlichen Güterstandes der **Zugewinngemeinschaft** durch den gesetzlichen Zugewinnausgleich des § 1371 BGB um nochmals 1/4. Dieser gesetzliche Zugewinnausgleich steht dem Überlebenden auch dann zu, wenn tatsächlich gar kein Zugewinn erzielt wurde. Das Erhöhungsviertel des § 1371 BGB steht im gleichen Umfang auch dem überlebenden Lebenspartner einer eingetragenen Lebenspartnerschaft zu, der mit dem verstorbenen Lebenspartner im gesetzlichen Güterstand der Zugewinngemeinschaft gelebt hat, § 6 LPartG. Für den Fall der Gütertrennung ist § 1931 Abs. 4 BGB (sind als gesetzliche Erben ein oder zwei Kinder berufen, so erben der überlebende Ehegatte und jedes Kind zu gleichen Teilen), für den Fall der Gütergemeinschaft sind die §§ 1412, 1482 BGB zu beachten. Gleiches gilt für die Gütertrennung von Lebenspartnern einer eingetragenen Lebenspartnerschaft, § 10 Abs. 2 Satz 2 LPartG sowie für deren Gütergemeinschaft, § 7 LPartG.

BEISPIELE

a) Der verstorbene Ehemann hinterlässt seine Ehefrau F und **ein** Kind A.
LÖSUNG
Zugewinngemeinschaft: F erhält 1/2 und A erhält 1/2 (§§ 1931, 1371 BGB).
Gütertrennung: F erhält 1/2 und A erhält 1/2, § 1931 Abs. 4 BGB.
Gütergemeinschaft: F erhält 1/4 und A 3/4, § 1931 BGB. Allerdings erhält die F aus ihrer güterrechtlichen Beteiligung bereits ihren hälftigen Anteil aus dem Gesamtgut zu Lebzeiten, § 1416 BGB, in den Nachlass fällt nur der Anteil des M am Gesamtgut, § 1482 BGB.

b) M und F haben **zwei** Kinder A und B.
LÖSUNG
Zugewinngemeinschaft: F erhält 1/2, A und B je 1/4.
Gütertrennung: F, A und B erhalten je 1/3.
Gütergemeinschaft: F erhält 1/4, A und B je 3/8.

a) M und F haben **drei** Kinder, A, B und C.
LÖSUNG
Zugewinngemeinschaft: F erhält 1/2, A, B und C je 1/6.
Gütertrennung: F erhält 1/4, A, B und C ebenfalls je 1/4.
Gütergemeinschaft: F erhält 1/4, A, B und C ebenfalls je 1/4.

b) M und F haben **vier** Kinder, A, B, C und D.
LÖSUNG
Zugewinngemeinschaft: F erhält 1/2, die Kinder je 1/8.
Gütertrennung: F erhält 1/4, die Kinder je 3/16.
Gütergemeinschaft: F erhält 1/4, die Kinder je 3/16.
Zu dem Erbteil des Ehegatten tritt möglicherweise noch ein Anteil am Hausrat und an den Hochzeitsgeschenken hinzu, vgl. § 1932 Abs. 1 Satz 2 BGB.

c) M hinterlässt seine Ehefrau F und seinen verwitweten Vater V. Ansonsten gibt es keine weiteren Verwandten.
LÖSUNG
Zugewinngemeinschaft: F erhält gem. §§ 1931, 1371 BGB 3/4, der V 1/4.
Gütertrennung: F erhält 1/2, V 1/2.
Gütergemeinschaft: F erhält 1/2, V 1/2.
Dazu kommen noch der Hausrat und die dem Erblasser ganz oder zu Miteigentum gehörenden Hochzeitsgeschenke als Voraus, § 1932 Abs. 1 Satz 1 BGB. Hausrat sind Möbel, Haushaltsgeräte, Einrichtungsgegenstände, Haushalts- und Bettwäsche, soweit sie dem Erblasser gehören oder anteilig mitgehören und nicht Grundstückszubehör sind.

d) M hinterlässt seine Ehefrau F und die Großmutter G mütterlicherseits; von väterlicher Seite sind die Großeltern zwar verstorben, aber es lebt noch ein Sohn (Onkel O des Erblassers).
LÖSUNG Hier trifft § 1931 Abs. 1 Satz 2 BGB eine verzwickte und zusätzlich noch äußerst umstrittene Lösung, die im Fall der Zugewinngemeinschaft noch umstrittener wird, weil streitig ist, wann die Erhöhung um 1/4 rechnerisch zu berücksichtigen ist. Insgesamt erbt die F im vorliegenden Fall für den Fall der Zugewinngemeinschaft 7/8 und G 1/8 (str.), bei Gütertrennung und Gütergemeinschaft erben F 7/8 und G 1/8 (vgl. Lange/Kuchinke, Lehrbuch des Erbrechts, 4. Auflage, 1995, Seite 242 f. m. w. NW.). – Gäbe es den Onkel O (der ja im vorigen Fall nichts erbte) nicht, dann erhielte die F bei Zugewinngemeinschaft 3/4, bei Gütertrennung und Gütergemeinschaft 1/2, da dann § 1931 Abs. 1 Satz 2 BGB nicht anzuwenden wäre. Insgesamt eine höchst unbefriedigende Regelung oder wie Edenhofer in Palandt, 67. Aufl. 2008 Rdnr. 7 zu § 1931 sagt: nicht plausibel.

Außerdem ergeben sich einige Besonderheiten:
a) Ein Verwandter oder Ehegatte kann bei **verzwickten Verwandtschaftsverhältnissen** mehrfach als Erbe berufen sein. Heiratet ein Onkel seine Nichte und stirbt er, so erbt sie als Ehefrau und (wenn Erben der ersten Ordnung nicht vorhanden sind) als Verwandte der zweiten Ordnung.

b) **Schlägt** ein Erbe **die Erbschaft aus** (§ 1953 BGB) oder wird er enterbt (§ 1938 BGB) oder für erbunwürdig erklärt (§ 2344 BGB) oder verzichtet er auf sein Erbrecht (§ 2346 BGB), so fällt sein Erbrecht grundsätzlich an seine Abkömmlinge (beim Erbverzicht gilt dieser jedoch »im Zweifel« auch für seine Abkömmlinge, § 2346 BGB). Sind solche nicht vorhanden oder schlagen sie ihrerseits aus, so erhöht dieser Anteil den der übrigen Erben (§ 1935 BGB). Gibt es Abkömmlinge des ausschlagenden, enterbten oder für erbunwürdig erklärten Erben 1. Ordnung, so sind diese ebenfalls Erben 1. Ordnung, sodass Erben 2. Ordnung nicht zum Zuge kommen können, § 1930 BGB.

c) Hat ein gesetzlicher Erbe schon zu Lebzeiten größere **Zuwendungen** erhalten, so muss er sich diese unter Umständen auf seinen Erbteil **anrechnen** lassen. Dies gilt im Zweifel (d. h. wenn der Erblasser nicht gleich bei der Schenkung etwas anderes angeordnet hat) für sog. Ausstattungen (§ 2050 Abs. 1 BGB). Als Ausstattung gilt gem. § 1624 BGB »was einem Kind mit Rücksicht auf seine Verheiratung oder auf die Erlangung einer selbstständigen Lebensstellung zur Begründung oder zur Erhaltung der Wirtschaft oder der Lebensstellung von dem Vater oder der Mutter zugewendet wird.« Da Zuschüsse und

Aufwendungen für die Schulausbildung und für ein Studium unter § 2050 Abs. 2 BGB fallen, die nur dann anzurechnen sind, wenn sie die Vermögensverhältnisse des Erblassers übersteigen, bleibt für die **Ausstattung** nach § 2050 Abs. 1 BGB regelmäßig die Aussteuer (Mitgift) und das Startkapital für einen beruflichen Anfang als Hauptanwendungsfall übrig. Nach h.M. wird in der schenkweisen Zuwendung eines Kapitalkontos als Mitgesellschafter des Erblassers kein Fall einer Ausstattung gesehen, da das Kind als Gegenleistung für das Kapital Haftung, Verlustbeteiligung und Geschäftsführungspflicht übernimmt, vgl. BGH WM 1977,864. **Zuwendungen anderer Art** als der Ausstattung und die die Vermögensverhältnisse des Zuwendenden übersteigenden Ausbildungskosten sind nur dann anzurechnen, wenn der Erblasser dies gleich bei der Zuwendung angeordnet hat (§ 2050 Abs. 3 BGB).

Die **Anrechnung** erfolgt über § 2055 BGB: Der Wert der Zuwendung wird nach den Wertverhältnissen vom Tage der Zuwendung dem Wert des Gesamtnachlasses hinzugerechnet, von diesem Gesamtwert wird der Anteil jedes Miterben berechnet und die Zuwendung wird vom Wertanteil des Begünstigten abgezogen. Allerdings findet die Ausgleichung nur unter Abkömmlingen des Erblassers statt, für andere Miterben, insbesondere den Ehegatten, ist die Ausgleichung ohne Bedeutung.

BEISPIELE

a) Wert des Nachlasses 1,0 Mio. €, Miterben die Kinder A und B. A hat eine Ausstattung von 500 000 € erhalten, die anzurechnen ist.
LÖSUNG Gesamtwert 1 500 000 €, auf A und B entfallen je 750 000 €. A erhält seine 500 000 € angerechnet, so dass A noch 250 000 €, B 750 000 € aus dem Nachlass zu beanspruchen hat.

b) Wert des Nachlasses 500 000 €, Wert der Ausstattung des A 1,0 Mio €.
LÖSUNG Auf beide entfallen 750 000 €, wobei sich A seine Ausstattung anrechnen lassen muss. Dies führt aber nur dazu, dass B den gesamten Nachlass für sich beanspruchen kann, eine darüber hinausgehende Ausgleichungspflicht besteht nicht (vgl. allerdings den Pflichtteilsergänzungsanspruch, §§ 2325 ff. BGB).

c) Wert des Nachlasses 1,0 Mio €. Erben sind die im gesetzlichen Güterstand lebende Ehefrau F und die Kinder A und B. A muss sich eine Ausstattung von 100 000 € anrechnen lassen.
LÖSUNG F erbt 500 000 € und A und B erben 500 000 €. Eine Ausgleichungspflicht besteht nur im Verhältnis A und B zueinander. Deren Anteil wird auf 600 000 € erhöht, wovon A und B je 300 000 € zu beanspruchen haben; auf die 300 000 € des A werden seine zuvor schon erhaltenen 100 000 € angerechnet. Aus dem Nachlass haben also zu beanspruchen: F 500 000 €, A 200 000 €, B 300 000 €.

d) Hat ein Abkömmling gegenüber dem Erblasser **besondere Leistungen** erbracht, so kann er verlangen, dass diese ausgeglichen werden (§ 2057a BGB). Ein Ausgleich findet jedoch nur unter den Abkömmlingen statt, der Anteil des Ehegatten ist daher nicht betroffen. Der Ausgleichsanspruch steht einem Abkömmling zu, der eine unentgeltliche oder nicht angemessen vergütete Leistung über einen längeren Zeitraum im Haushalt, Beruf oder Geschäft des Erblassers erbracht hat. Da der Ausgleichsanspruch vererblich ist, kann er bei Vorversterben auch von dessen Abkömmlingen geltend gemacht werden.

BEISPIELE

V stirbt. Seine Kinder waren Sohn S und Tochter T, von denen die T dem Vater jahrelang unentgeltlich den Haushalt geführt hat. T ist verstorben, sie hinterlässt ihrerseits die Kinder A und B. Als V stirbt, wird er in gesetzlicher Erbfolge von S (1/2), A (1/4) und B (1/4) beerbt. A und B können den in der Person der T entstandenen Ausgleichsanspruch gegen S geltend machen.

Dasselbe gilt bei mehrjähriger Pflegetätigkeit, die unter völligem oder teilweisem Verzicht auf eigene Einkünfteerzielung geleistet wurde, § 2057 a Abs. 1 Satz 2 BGB.

Wie bei den unter c) dargestellten Ausgleichsansprüchen kommen die Regelungen nur bei Erbfällen zur Anwendung, bei denen die gesetzliche Erbfolge eintritt. Hat der Erblasser eine Regelung zur gewillkürten Erbfolge getroffen, wird vom Gesetzgeber vermutet, dass er die Besonderheiten bei seiner gewillkürten Verfügung berücksichtigt hat.

e) Der sog. **Dreißigste** stellt einen Anspruch für die Personen dar, die mit dem Erblasser zum Zeitpunkt seines Todes in einem Hausstand lebten und von ihm Unterhalt bezogen haben. Der Anspruch richtet sich gegen die Erben und umfasst die Weitergewährung von Wohnung und Unterhalt im bisherigen Umfang bis zum 30. Tag nach dem Tod des Erblassers (§ 1969 BGB). Der Anspruch kann durch letztwillige Verfügung des Erblassers ausgeschlossen werden.

32–35 frei

2.1.3 Gewillkürte Erbfolge

Die gesetzliche Erbfolge lässt sich ausschließen oder ergänzen durch Testament (§ 1937 BGB) oder Erbvertrag (§ 1941 BGB) des Erblassers. Das Testament kann zur Niederschrift beim Notar, es kann aber auch gleichwertig privat eigenhändig geschrieben sein. Daneben gibt es eine ganze Reihe von Nottestamenten. Der Erbvertrag kann dagegen nur zur Niederschrift des Notars bei gleichzeitiger Anwesenheit beider Teile geschlossen werden.

2.1.3.1 Das Testament

Das Testament kann nur persönlich errichtet werden, § 2064 BGB. Eine Stellvertretung ist ausgeschlossen. Erforderlich ist die **Testierfähigkeit**, d.h. die Vollendung des 16. Lebensjahres (§ 2229 BGB, allerdings kann ein 16-jähriger ein Testament nur vor einem Notar machen, für ein eigenhändiges Testament muss er volljährig (18 Jahre alt) sein, §§ 2247 Abs. 4, 2233 BGB). Ein Testierunfähiger kann kein Testament errichten, auch nicht mit Zustimmung von Vertretern und Vormundschaftsgericht. Beim Erbvertrag muss der Erblasser zwar auch persönlich handeln (§ 2274 BGB). Dazu ist grundsätzlich unbeschränkte Geschäftsfähigkeit erforderlich (§ 2275 Abs. 1 BGB). Unter Verlobten oder Ehegatten aber kann auch der beschränkt Geschäftsfähige einen Ehevertrag schließen (§ 2275 BGB). Er bedarf dazu nur der Zustimmung seines gesetzlichen Vertreters (und, ist dieser ein Vormund, auch der Zustimmung des Vormundschaftsgerichts).

Es gibt unterschiedliche Formen von Testamenten:
- Das **private, eigenhändige** Testament muss vollständig eigenhändig geschrieben und unterschrieben sein (§ 2247 BGB). Ein maschinengeschriebenes und unterschriebenes Testament ist also unwirksam, § 125 BGB. Das Testament soll das Datum seiner Erstellung enthalten, ein Verstoß gegen diese Vorschrift macht das Testament jedoch nicht nichtig. Gibt es jedoch zwei vollständig eigenhändig geschriebene und unterschriebene einander widersprechende Testamente, ist nur das letzte Testament verbindlich. Lässt sich aufgrund der fehlenden Daten nicht feststellen, welches das Letzte ist, sind beide unter Umständen ungültig, § 2247 Abs. 5 BGB. Dies gilt auch, wenn nur auf einem der Testamente das Datum fehlt, sich aber nicht feststellen lässt, ob es vor oder nach dem datierten Testament errichtet worden ist. Auch ein handschriftlich errichtetes privates Testament kann auf Wunsch des Erblassers vom Amtsgericht in amtliche

Verwahrung genommen werden (§ 2248 BGB). (Nicht zu verwechseln mit dem einem Notar überreichten Testament, § 2232 BGB).

39
- Das **öffentliche** Testament kann dem Notar mündlich erklärt und von ihm niedergeschrieben sein (§§ 2231 ff. BGB).
- Es kann **dem Notar** aber auch als offene oder verschlossene Schrift **übergeben** werden (§ 2232 BGB). Übergibt der Erblasser eine offene Schrift, so wird der Notar von ihrem Inhalt Kenntnis nehmen (§ 30 Satz 4 BeurkG). Das verschlossene Testament bleibt auch dem Notar verschlossen, es wird erst nach dem Tod des Erblassers geöffnet.

40
- Als **Nottestament** kommen in Betracht: Das Bürgermeistertestament des § 2249 BGB (wenn zu befürchten ist, dass der Erblasser sterben werde, bevor die Errichtung eines Testaments vor dem Notar möglich ist, kann das Testament vor dem Bürgermeister und zwei weiteren hinzugezogenen Zeugen zur Niederschrift errichtet werden); das Dreizeugentestament des § 2250 Abs. 2 BGB (wer sich in so naher Todesgefahr befindet, dass er weder Notar noch Bürgermeister hinzuziehen kann, kann ein Testament durch mündliche Erklärung vor drei Zeugen errichten; diese haben die mündliche Erklärung in eine Niederschrift aufzunehmen); das Absperrungstestament des § 2250 Abs. 1 BGB (wer so abgesperrt ist, dass er ein Notartestament nicht errichten kann, kann nach seiner Wahl ein Bürgermeistertestament oder ein Dreizeugentestament errichten); das Seetestament des § 2251 BGB (wer sich an Bord eines Schiffes außerhalb eines inländischen Hafens auf hoher See befindet (kein Binnensee!), der kann ein Dreizeugentestament – auch bei ruhiger See und ohne aktuelle Gefahr – machen; nicht erforderlich ist, dass einer der drei Zeugen der Kapitän oder ein Offizier des Schiffes ist). Allen Nottestamenten ist gemeinsam, **dass sie drei Monate nach der Errichtung enden,** wenn der Erblasser zu diesem Zeitpunkt noch lebt (§ 2252 BGB). Solange der Erblasser jedoch außerstande ist, ein Testament vor einem Notar zu errichten, sind Beginn und Lauf der Frist gehemmt.

41 Das Testament ist auch als **gemeinschaftliches Testament** möglich, jedoch nur unter Ehegatten (§ 2265 BGB) und unter eingetragenen Lebenspartnern (§ 10 Abs. 4 LPartG). Das gemeinschaftliche Testament ist kein Vertrag, sondern eine von zwei Personen in einer Urkunde zusammengefasste, jeweils einseitige Verfügung von Todes wegen. Der Erbvertrag ist grundsätzlich unwiderruflich, das gemeinschaftliche Testament ist dagegen **grundsätzlich widerruflich.** Der Erbvertrag kann zwischen jedermann (aber nur vor einem Notar) geschlossen werden, das gemeinschaftliche Testament kann dagegen nur zwischen Ehegatten und eingetragenen Lebenspartnern (dafür aber auch als eigenhändiges Testament) geschlossen werden. Das gemeinschaftliche Testament eignet sich besonders, wechselbezügliche Erbeinsetzungen, Vermächtnisse oder Auflagen aufzunehmen, weil der Widerruf der einen Person dann die Unwirksamkeit der Verpflichtung der anderen zur Folge hat (§ 2270 BGB).

42 Die Ehegatten oder eingetragenen Lebenspartner können frei wählen, ob sie ihr gemeinschaftliches Testament in eingehändiger oder in Form des öffentlichen Testaments errichten wollen. Errichten sie es eigenhändig, dann können sie sich der Formerleichterung des § 2267 BGB bedienen, d. h. der eine Ehegatte/Lebenspartner errichtet das Testament eigenhändig und beide Ehegatten/Lebenspartner unterschreiben es. Stets muss aber der Wille, ein gemeinsames Testament zu errichten, erkennbar sein. Nur dann greifen die gesetzlichen Formerleichterungen (§ 2267 BGB), der Ausschluss einseitiger Rücknahme aus amtlicher Verwahrung (§ 2272 BGB) und die abhängige Verbindung der einen Verfügung von der anderen (§§ 2270, 2271 BGB). Das gemeinschaftliche öffentliche Testament kann nur zur Niederschrift eines Notars gem. § 2232 BGB erklärt werden. Nicht Voraussetzung ist die gleichzeitige Anwesenheit beider Teile, es kann auch erst der eine Teil eine Erklärung abgeben

oder übergeben und dann der andere Teil, sofern nur der Wille ein gemeinschaftliches Testament zu errichten, aus beiden Erklärungen ersichtlich ist. Der Wortlaut der beiden Erklärungen muss auch nicht identisch sein. – Das gemeinschaftliche Testament verliert automatisch seine Gültigkeit durch Scheidung der Ehe, § 2268 BGB. Ergibt aber die Auslegung der Verfügungen, dass sie auch für den Fall der Scheidung weiter gelten sollen, dann lässt § 2268 Abs. 2 BGB eine solche Fortgeltung zu.

Hauptfall des gemeinschaftlichen Testaments ist das sog. **Berliner Testament** (§ 2269 BGB). In ihm wird bestimmt, dass sich die Ehegatten oder eingetragene Lebenspartner (§ 10 Abs. 4 LPartG) zunächst gegenseitig als (Allein-) Erben einsetzen, dann aber zusätzlich bestimmen, dass der Nachlass nach dem Tode des zuletzt Versterbenden an einen Dritten (meist die Kinder) als Erben fallen soll. Beim Berliner Testament ist der überlebende Ehegatte oder eingetragene Lebenspartner nicht Vorerbe (mit den Beschränkungen der §§ 2112 ff. BGB), sondern **Vollerbe**. Eine anderweitige Bestimmung kann von den Eheleuten oder Lebenspartnern jedoch getroffen werden. Sie können auch die Bestimmung aufnehmen, dass der Nachlass im Falle der Wiederverheiratung des überlebenden Ehegatten oder Lebenspartners sofort an die Abkömmlinge fallen solle. – Da der überlebende Erbe Vollerbe ist, steht den dadurch im ersten Erbfall automatisch enterbten Abkömmlingen der Pflichtteil zu. Sind die Abkömmlinge zu Nacherben berufen, wird häufig im Testament eine Sanktion festgesetzt für den Fall, dass der vorläufig übergangene Abkömmling seinen Pflichtteil geltend macht (oder ausbezahlt bekommt). Zu denkbaren Sanktionen vgl. Edenhofer in Palandt, Rdnr. 13–15 zu § 2269 BGB.

43

Erstellen unverheiratete Paare oder Partner einer nicht eingetragenen Lebenspartnerschaft ein gemeinschaftliches Testament, dann ist dies regelmäßig unwirksam. Sie müssen sich der Form zweier Einzeltestamente bedienen oder einen notariellen Erbvertrag schließen. § 2275 Abs. 3 BGB sieht dies für Verlobte (auch für gleichgeschlechtliche Verlobte, die eine eingetragene Lebenspartnerschaft eingehen wollen) ausdrücklich vor.

44

45–50
frei

2.1.3.2 Der Erbvertrag

Der Erbvertrag kann nicht nur unter Ehegatten, Verlobten und eingetragenen Lebenspartnern, sondern **zwischen jedermann** geschlossen werden. Er kann auch mit anderen vertraglichen Gestaltungen verbunden werden, etwa als Ehe- und Erbvertrag (§ 2276 Abs. 2 BGB). Jede Vertragspartei, die in dem Erbvertrag eine Verfügung trifft, kann einen Erbvertrag **nur persönlich** vor dem **Notar** schließen (§§ 2274, 2276 BGB). Ist eine Vertragspartei hingegen nur Begünstigte, dann braucht sie nicht persönlich anwesend zu sein, sie kann sich dann auch vertreten lassen. Unbeschränkte Geschäftsfähigkeit ist nur bei Erbverträgen von Nichteheleuten und Nichtverlobten erforderlich, Eheleute und Verlobte können auch beschränkt geschäftsfähig sein; sie bedürfen dann der Zustimmung ihrer gesetzlichen Vertreter (ist dieser ein Vormund, dann bedarf er überdies der Genehmigung des Vormundschaftsgerichtes, § 2275 BGB). Erforderlich ist der Abschluss eines Erbvertrages vor dem Notar. Dass § 2276 Abs. 2 BGB für Eheleute und Verlobte, die gleichzeitig einen Ehevertrag abschließen, die für den Ehevertrag erforderliche Formvorschrift »genügen« lässt, bedeutet keine Erleichterung mehr: § 1410 BGB verlangt für den Ehevertrag ebenfalls den Abschluss vor einem Notar.

51

52 Der wesentliche Unterschied zwischen Testament (§ 1937 BGB) und Erbvertrag (§ 1941 BGB) ist, dass das Testament eine einseitige Willenserklärung darstellt, die daher jederzeit auch einseitig widerrufen werden kann, während der Erbvertrag ein zweiseitiges Rechtsgeschäft darstellt, das für den Erblasser bindend ist. Dies unterscheidet den Erbvertrag auch vom gemeinschaftlichen Testament, das erst für den überlebenden Ehegatten wirklich binden wird, § 2271 Abs. 2 BGB. Zu Lebzeiten beider Ehegatten ist ein einseitiger Widerruf beim gemeinschaftlichen Testament noch möglich, wenn auch mit der Folge, dass dann auch der Ehegatte oder Lebenspartner von seiner Verfügung frei wird, § 2270 BGB. Der Erbvertrag ist dagegen verbindlich, was etwa einem den Erblasser pflegenden Vertragspartner eine Sicherheit hinsichtlich seiner späteren Absicherung und Versorgung verschafft. In Ehegattenerbverträgen können verlässliche Nachfolgeregelungen getroffen werden. Der Erbvertrag ist daher sowohl als Verfügung von Todes wegen, als auch als echter Vertrag anzusehen (Doppelnatur). Allerdings ist der Erblasser durch den Erbvertrag nicht daran gehindert noch zu Lebzeiten über sein Vermögen zu verfügen, § 2286 BGB. Die Rechte der in dem Erbvertrag begünstigten Person entstehen erst mit dem Erbfall.

53 Der Erbvertrag ist nicht nur gegen den einseitigen Widerruf geschützt, auch abweichende spätere testamentarische Verfügungen sind konsequenterweise unwirksam, § 2289 Abs. 1 Satz 2 BGB. Allerdings ist zu beachten, dass in einem Erbvertrag mit bindender Wirkung nur Verfügungen über Erbeinsetzungen, Vermächtnisse und Auflagen getroffen werden können, § 2278 Abs. 2 BGB. Andere Verfügungen wie etwas Teilungsanordnungen, Enterbungen, Testamentsvollstreckungen sind zwar möglich, jedoch später wieder frei widerruflich, § 2299 BGB.

2.1.3.3 Die Einsetzung von Erben

54 Der Erblasser muss die Bestimmung seines Erben selbst treffen. Er kann sie nicht einem Dritten überlassen (§ 2065 BGB). Bestimmt der Erblasser, dass seine gesetzlichen Erben bedacht sein sollen, so sind dies dann nach der Auslegungsregel des § 2066 BGB diejenigen Erben, die auch ohne letztwillige Verfügung mit ihren jeweiligen Erbteilen nach Gesetz bedacht würden. Gleiches gilt, wenn der Erblasser seine »Verwandten«, seine »Kinder«, seine »Abkömmlinge« bedacht hat. Der Erblasser kann aber auch **jede andere Person,** auch juristische Personen, als Erben einsetzen. Er kann jemanden zum Alleinerben oder zu einem Bruchteil berufen (§§ 2087–2093 BGB). Er kann jemanden unter einer Bedingung oder unter einer Befristung berufen (§§ 2104 f. BGB). Er kann seine Erbeinsetzung auch auf einen Teil des Nachlasses beschränken (§ 2088 BGB), mit der Wirkung, dass für den Rest gesetzliche Erbfolge eintritt. Er kann jemanden als Ersatzerben bezeichnen mit der Wirkung, dass dieser nur zum Zuge kommt, wenn der eingesetzte Erbe beim Erbfall weggefallen ist (§ 2096 BGB).

55 Allerdings liegt in der Zuweisung bestimmter Gegenstände an bestimmte Personen keine Erbeinsetzung, § 2087 Abs. 2 BGB. Hier muss aus dem Gesamtzusammenhang durch Auslegung ermittelt werden, ob ein Vermächtnis, ein Vorausvermächtnis oder eine Teilungsanordnung vorliegt. Stellt der zugewendete Gegenstand praktisch das gesamte Vermögen des Erblassers dar, dann kann in der Zuwendung dieses Gegenstandes auch ausnahmsweise eine Erbeinsetzung gesehen werden (ebenso Haussmann–Hohloch–Everts, Handbuch des Erbrechts, 2008, S. 898).

56–60 frei

2.1.3.4 Der Ausschluss von Erben

Der Erblasser kann auch einen, einzelne oder alle gesetzlichen Erben von der Erbschaft **ausschließen**. Setzt er einen Erben zum Alleinerben ein, so hat er damit alle anderen gesetzlichen Erben, die ohne diese Verfügung zur Erbschaft berufen gewesen wären, automatisch ausgeschlossen, auch ohne dass er sie ausdrücklich enterbt hat. Ebenso kann der Erblasser über sein Vermögen vollständig verfügen und dabei einen gesetzlichen Erben bei der Bestimmung der Empfänger übergehen; auch darin liegt ein Ausschluss des Übergangenen. Enterbt der Erblasser ausdrücklich alle gesetzlichen Erben, ohne einen Empfänger zu benennen, dann erbt automatisch der Staat (§ 1938 BGB).

Wird ein **gesetzlicher Erbe enterbt,** der als Abkömmling, Ehegatte oder Elternteil gesetzlich erbberechtigt wäre, so entsteht für den Enterbten der **Pflichtteilsanspruch** in Höhe der Hälfte des Werts des gesetzlichen Erbteils (§ 2303 BGB). Gleiches gilt, wenn ein gesetzlicher Erbe auf weniger eingesetzt ist, als der Hälfte des Werts des gesetzlichen Erbteils entspricht (Zusatzpflichtteil, § 2305 BGB). Ein Pflichtteilsrecht steht gleichermaßen dem enterbten eingetragenen Lebenspartner zu, § 10 Abs. 6 LPartG. Näheres zum Pflichtteil siehe unten.

2.1.3.5 Vorerbe und Nacherbe

Nach § 2100 BGB kann der Erblasser anordnen, dass jemand erst Erbe wird (Nacherbe), nachdem zuvor ein anderer Erbe war (Vorerbe). Sowohl der Vorerbe als auch der Nacherbe gehören daher zu den Erben des Erblassers im Gegensatz zum Ersatzerben: bei ihm wird entweder der Erbe oder der Ersatzerbe Erbe. Lebt der Erbe zum Zeitpunkt des Erbfalls, geht der Ersatzerbe leer aus.

Bei der Gestaltung der Vor- und Nacherbfolge besitzt der Erblasser **weitgehende Gestaltungsfreiheit,** sowohl was die Personen als auch was die Erbteile betrifft. Sogar noch nicht gezeugte Personen können als Nacherben eingesetzt werden (§ 2101 BGB). Beim Tod des Erblassers fällt der gesamte Nachlass an den Vorerben, mit dem Nacherbfall an den Nacherben.

Der Umfang des dem **Vorerben** vererbten Nachlasses soll möglichst zusammengehalten werden, damit er **möglichst ungeschmälert** auf den Nacherben übergehen kann. Dem dienen eine ganze Reihe von Ordnungsvorschriften (§ 2111 Surrogation), als auch von Verfügungsbeschränkungen des Vorerben (§§ 2112ff. BGB). Verschenkt der Vorerbe Nachlassgegenstände, so ist die Schenkung unwirksam (§ 2113 Abs. 2 BGB), verkauft er Nachlassgegenstände, so fließt die Kaufpreisforderung bzw. der Kaufpreis in den Nachlass (§ 2111 BGB). Verkauft der Vorerbe absichtlich unter Wert, so sieht die Rechtsprechung dies als Schenkung an mit der Folge, dass die gesamte Verfügung unwirksam ist (BGH vom 16.03.1977 NJW 1977, 1631, zu dem subjektiven Moment BGH vom 23.11.1983 NJW 1984, 366). Das Interesse des Erwerbers wird bei diesen Regelungen nur durch die Regelungen über den gutgläubigen Erwerb berücksichtigt; dies setzt jedoch voraus, dass dem Erwerber die Vorerbenstellung unbekannt war.

Im **Innenverhältnis** ist der Vorerbe dem Nacherben gegenüber im Ergebnis zu ordnungsgemäßer Verwaltung verpflichtet, §§ 2130f. BGB; der Nacherbe hat über die §§ 2121, 2127 BGB Auskunfts- und über § 2128 BGB Sicherungsrechte. Der Erblasser kann den Vorerben von diesen **Beschränkungen** jedoch **befreien,** § 2136 BGB (dies gilt jedoch nicht für die Beschränkungen hinsichtlich unentgeltlicher Verfügungen, § 2113 Abs. 2 BGB, und der Surrogation, § 2111 BGB).

Der **Nacherbe** erwirbt bereits mit dem Tode des Erblassers eine **Anwartschaft** auf den Nachlass. Diese Anwartschaft ist ihrerseits vererblich (§ 2108 BGB). Tritt jedoch der Nacherbfall nicht spätestens 30 Jahre nach dem Vorerbfall ein, so erlischt die Nacherbschaft (§ 2109 Abs. 1 BGB); eine Regel, von der es jedoch auch wieder Ausnahmen gibt (§ 2109 Abs. 1 Satz 2 BGB). Der Nacherbfall kann nicht nur für den Fall des Todes des Vorerben bestimmt, sondern er kann auch an andere **Bedingungen** und **Befristungen** geknüpft werden. Fehlt jedoch eine Festlegung einer solchen Bedingung oder Befristung, so ist die Nacherbschaft im Zweifel erst für den Todesfall des Vorerben bestimmt (§ 2106 Abs. 1 BGB). Ist ein **gesetzlicher Erbe** nur als Nacherbe eingesetzt, dann kann er wahlweise die Nacherbschaft annehmen und hat dann keinen Pflichtteil, oder die Nacherbschaft ausschlagen und den Pflichtteil geltend machen (Palandt, Rz. 15 zu § 2306 und § 2306 Abs. 2 BGB).

67–70 frei

2.1.3.6 Vermächtnis und Auflage

71 Der Erblasser kann testamentarisch oder in seinem Erbvertrag bestimmen, dass jemandem aus dem Nachlass ein Vermögensvorteil zugewendet wird (**Vermächtnis**, § 1939 BGB). Der so Bedachte wird durch die Zuwendung eines Vermächtnisses nicht Erbe (§ 2087 Abs. 2 BGB). Allerdings ist es auch möglich, dem Erben durch ein Vermächtnis etwas im Voraus zuzuwenden (**Vorausvermächtnis**, § 2150 BGB), was anschließend nicht auf den Erbteil am Nachlass angerechnet wird. (Anders die Teilungsanordnung (§ 2048 BGB), durch die lediglich die Art und Weise der Erbauseinandersetzung innerhalb des Rahmens des Erbteils durch den Erblasser festgelegt wird). Der Unterschied zwischen Vorausvermächtnis und Teilungsanordnung ist gravierend. Erhält der Erbe ein Vorausvermächtnis, so führt dies zu einer Verschiebung der Wertanteile der Miterben, die nicht ausgeglichen werden müssen und gegen die der benachteiligte Miterbe nur durch den Pflichtteil geschützt ist (§ 2306 BGB). Die Teilungsanordnung dagegen soll nicht zu einer Verschiebung der Wertanteile führen; erhält ein Miterbe mehr als ihm nach seiner Erbquote zusteht, so hat er den Mehrwert bei der Erbauseinandersetzung auszugleichen. Außerdem kann das Vorausvermächtnis wie jedes andere Vermächtnis auch sofort geltend gemacht werden (§ 2176 BGB), während die Teilungsanordnung erst bei der Erbauseinandersetzung zur Anwendung kommen kann. Was der Erblasser dem Erben als Vorausvermächtnis vermacht hat, unterliegt bei Anordnung von Vor- und Nacherbschaft auch nicht den Einschränkungen der §§ 2112 ff. BGB (§ 2110 Abs. 2 BGB). Der Vermächtnisnehmer hat nur einen **schuldrechtlichen Anspruch** gegen den oder die Erben, er ist also im Verhältnis zu den Erben ein Außenstehender. Das Vermächtnis kann in einem Geldanspruch bestehen, es kann eine bestimmte Sache oder auch eine Sachgesamtheit, etwa ein Betrieb, zugewendet werden, es kann aber darüber hinaus in jedwedem Tun oder Unterlassen bestehen. Vermächtnisnehmer kann jede natürliche und jede juristische Person sein. Allerdings ist erforderlich, dass der Vermächtnisnehmer zum Zeitpunkt des Todes des Erblassers noch lebt, das Vermächtnis geht nicht automatisch auf die Erben des vorgesehenen Vermächtnisnehmers über (§ 2160 BGB). Der Erblasser kann jedoch einen Ersatzvermächtnisnehmer bestimmen (§ 2190 BGB).

72 Mit dem Vermächtnis **beschwert** ist in der Regel der Erbe (die Erben), jedoch kann der Erblasser auch einen weiteren Vermächtnisnehmer mit dem Vermächtnis beschweren (§§ 2147, 2186 f. BGB, Untervermächtnis). Es ist auch als sog. Nachvermächtnis denkbar (§ 2191 BGB), nämlich dann, wenn bestimmt ist, dass das Vermächtnis von einem bestimmten Zeitpunkt oder Ereignis an dem Nachvermächtnisnehmer zustehen soll (das Nachvermächtnis ist also nicht der Nacherbfolge nachgebildet). Die Vermächtnislast tragen diejenigen, denen sie der Erblasser auferlegt hat. Im Zweifel sind dies beim Geldvermächtnis als dem häufigsten Fall die Erben nach dem Verhältnis ihrer Erbteile; hat der Erblasser mehrere Vermächtnisnehmer mit einem Vermächtnis belastet, so sind sie im Zweifel im Verhältnis des Werts ihrer Vermächtnisse mit dem weiteren Vermächtnis beschwert (§ 2148 BGB). Für die Erben gehören die Vermächtnisse zu den Nachlassverbindlichkeiten (§ 1967 Abs. 2 BGB).

Der Vermächtnisnehmer hat das Recht, das Vermächtnis auszuschlagen (§ 2176 BGB). Das Vermächtnis wird daher endgültig erst durch eine ausdrückliche Annahmeerklärung erworben, § 2180 BGB. Diese erfolgt gegenüber dem Beschwerten. Eine Annahme- oder Ausschlagungsfrist besteht jedoch nicht (vgl. jedoch die Regelung des § 2307 Abs. 2 BGB beim Pflichtteilsberechtigten, der zugleich mit einem Vermächtnis bedacht ist; ihm kann der Erbe eine Erklärungsfrist über die Annahme des Vermächtnisses setzen).

73

Die Belastung des Nachlasses mit einer **Auflage** schafft für den Begünstigten keinen Anspruch auf die Leistung (§ 1940 BGB). Als Leistung einer Auflage kommen wieder alle Leistungen in Betracht, jedoch werden sich häufig Auflagen wie Grabpflege, das Lesen von Messen, das Unterlassen von Veröffentlichungen von Manuskripten des Erblassers, das Zugänglichmachen eines Bauwerkes für die Öffentlichkeit und ähnliche Bestimmungen finden. Da der Begünstigte die Auflage nicht durchsetzen kann, wird der Erblasser sie häufig in die Hand eines Testamentsvollstreckers legen (§§ 2197 ff. BGB).

74

75–80 frei

2.1.3.7 Rechtsgeschäft unter Lebenden auf den Todesfall

Der Erblasser kann auch ein Schenkungsversprechen eingehen unter der aufschiebenden Bedingung, dass der Beschenkte den Erblasser überlebt (§ 2301 BGB). Diese Konstruktion nennt man eine **Schenkung unter Lebenden auf den Todesfall**. Es sind dann, wenn die Schenkung nicht schon zu Lebzeiten erfüllt wird, dieselben Vorschriften anzuwenden, wie sie für die Verfügungen von Todes wegen gelten; dabei genügen die Formvorschriften des öffentlichen Testaments oder Erbvertrages ebenso, wie die des privaten handschriftlichen Testaments (eine andere Meinung wäre im Hinblick auf die jederzeitige Umdeutungsmöglichkeit eines formnichtigen Schenkungsversprechensvertrages in ein formgültiges Testament wenig praktikabel). Wichtig ist insbesondere die Heilung eines formnichtigen Schenkungsversprechensvertrages durch den Vollzug der Schenkung (§ 2301 Abs. 2 BGB).

81

Von der Vorschrift des § 2301 BGB nicht umfasst sind Lebensversicherungsverträge oder sonstige **Verträge zu Gunsten Dritter auf den Todesfall** des Erblassers. Diese Verträge unterfallen den Vorschriften der §§ 330 f. BGB. Ist in einem Lebensversicherungsvertrag eine bezugsberechtigte Person angegeben, dann fällt die Summe mit dem Todesfall automatisch an diesen Bezugsberechtigten, ohne zuvor in den Nachlass zu gelangen. Nur wenn kein Bezugsberechtigter angegeben wäre, würde die Summe in den Nachlass gelangen. Vor dem Todesfall hat der Dritte keinerlei Rechte, auch keine Anwartschaften. Der Versprechensempfänger kann über die Guthaben bei der Bank oder Lebensversicherung frei verfügen, Gläubiger des Versprechensempfängers können in seinen Anspruch, den er zu Lebzeiten hat, vollstrecken. Hat der Versprechensempfänger (= Schenker) einen Lebensversicherungsvertrag aufgelöst oder ein Konto abgeräumt, dann steht den Bezugsberechtigten (= Dritter) ein Ersatzanspruch gegen den Nachlass nicht zu.

82

83–85 frei

2.1.3.8 Schranken des letzten Willens

86 Zunächst einmal sind alle letztwilligen Verfügungen, die von einem Testierunfähigen stammen oder die nicht in der erforderlichen Form vorgenommen worden sind, nichtig (§§ 2229, 125 BGB). Die Nichtigkeit kann sich darüber hinaus auch aus einem Verstoß gegen die guten Sitten ergeben (§ 138 BGB). Sogenannte Geliebtentestamente sind in aller Regel nicht sittenwidrig, vgl. Palandt, Rz. 50 zu § 138 m.w.N. Daneben sind die letztwilligen Verfügungen des Erblassers aber auch anfechtbar (§§ 2078 ff., 2281 BGB).

87 Dem Erblasser sind aber auch durch andere Gründe Grenzen gesetzt. Insbesondere können sich solche Grenzen aus der Höchstpersönlichkeit eines Rechts ergeben; so ist beispielsweise eine Mitgliedschaft in einem Verein grundsätzlich nicht vererblich (§ 38 BGB).

88–90 frei

2.1.3.9 Erbrecht und Unternehmensnachfolge

2.1.3.9.1 Einzelunternehmen

91 Rein erbrechtlich macht die Vererbung eines Einzelunternehmens keine Probleme. Der oder die Erben werden die Rechtsnachfolger des bisherigen Einzelunternehmers. Die Kaufmannseigenschaft ist zwar nicht vererblich, aber sie entsteht bei dem oder den Nachfolgern neu.

92 Problematisch sind die Haftungsfragen. Während der Kaufmann oder die Kaufleute grundsätzlich unbeschränkt für Firmenschulden haften, können Erben ihre Haftung gem. den §§ 1967, 1975 ff. BGB beschränken. Eine Lösung in diesem Konflikt bietet die Vorschrift des § 27 i.V.m. § 25 HGB, die die kaufmännische Haftung bei Fortführung der Firma vorsieht, was auch dann gilt, wenn in die Firma ein Nachfolgezusatz aufgenommen wird. Die Haftung lässt sich aber durch eine Eintragung ins Handelsregister gem. § 25 Abs. 2 HGB einschränken, wobei diese Erklärung gegenüber dem Handelsregister unverzüglich abgegeben werden muss, sodass der Erbe nicht erst abwarten kann, bis er einen vollständigen Überblick über die Vermögenssituation des Erblassers hat.

93 Zu einer guten Nachfolgeberatung gehört aber in erster Linie, sich mit dem Erblasser über folgende Punkte klar zu werden: welche Qualifikationen haben etwaige Rechtsnachfolger, welches Alter haben sie, müssen vielleicht Zeiträume überbrückt werden, bis die erforderlichen Qualifikationen oder ein bestimmtes Alter erreicht sind. Muss vielleicht die Struktur des Unternehmens verändert werden, um eine Nachfolge auf verschiedene Nachfolger zu erreichen. Hier sind dann vielfältige Überlegungen anzustellen, wie z.B. Erteilen von Prokura, Einsetzen von Geschäftsführern, Gründung von Betriebsaufspaltungen, zeitweiligen Betriebsverpachtungen, Vor- und Nacherbfolge, Vermächtnis, Güterstandsänderung, Pflichtteilsverzichtvereinbarungen, Nießbrauchs- oder Wohnrechtsregelungen, Umwandlung in KG oder GmbH bis hin zur Betriebsveräußerung. Schließlich ist die steuerliche Belastung bei den verschiedenen Lösungsmöglichkeiten zu berücksichtigen.

94 Bedacht werden sollte auch, welche der beabsichtigten Maßnahmen schon zu Lebzeiten vorgenommen werden sollten, etwa im Wege der vorweggenommenen Erbfolge, die stets eine Schenkung unter Lebenden darstellt. Eine besondere Form ist, noch zu Lebzeiten mit den präsumptiven Nachfolgern eine Personengesellschaft zu gründen, da die Nachfolge in die Gesellschafterstellung eines persönlich haftenden Gesellschafters sich außerhalb der Erbengemeinschaft vollziehen kann.

2.1.3.9.2 Personengesellschaft

Bei einer **Personengesellschaft** hängt die Frage der Vererblichkeit der Rechtsstellung eines unbeschränkt haftenden Gesellschafters von der Gestaltung des Gesellschaftsvertrages ab. Bei der **Fortsetzungsklausel** ist im Gesellschaftsvertrag bestimmt, dass die Personengesellschaft im Todesfall unter den Altgesellschaftern fortgesetzt wird. In der Person des Erblassers entsteht lediglich ein Abfindungsanspruch, der in den Nachlass fällt. Dessen Höhe kann im Gesellschaftsvertrag geregelt werden, z. B. Verkehrswert, Buchwert. Die gesellschaftsrechtlich vereinbarte Fortsetzungsklausel kann nicht durch ein Testament außer Kraft gesetzt werden. Bei der **Nachfolgeklausel** sieht der Gesellschaftsvertrag dagegen die Nachfolge eines, mehrerer oder aller Erben vor (einfache oder qualifizierte Nachfolgeklausel). Beschränkt der Gesellschaftsvertrag die Nachfolge auf einen oder einige Erben, dann kann diese Beschränkung wiederum nicht durch eine letztwillige Verfügung umgangen werden. Bei der **Eintrittsklausel** ist schließlich im Gesellschaftsvertrag vereinbart, dass einer oder mehrere oder alle Erben ein Recht haben, in die Gesellschaft einzutreten. Die Eintrittsklausel kann wiederum nicht durch eine letztwillige Verfügung beseitigt werden. Denkbar ist jedoch, dass in allen Fällen der Gesellschaftsvertrag eine solche letztwillige Verfügung als relevant bezeichnet. – Sieht der Gesellschaftsvertrag für den Fall des Todes eines persönlich haftenden Gesellschafters einer **Handelsgesellschaft** eine Regelung überhaupt nicht vor, so gilt die Gesellschaft beim Tode als mit den Altgesellschaftern fortgesetzt; die Erben haben ohne Regelung im Gesellschaftsvertrag kein Eintrittsrecht. Anders die Regelung des § 177 HGB: Stirbt der Kommanditist, treten seine Erben an seine Stelle. Für die **GbR** gilt dagegen nach wie vor der Grundsatz, dass die Gesellschaft mit dem Tode eines Gesellschafters aufgelöst wird (§ 727 BGB), wenn nicht der Gesellschaftsvertrag etwas Abweichendes regelt. Diese Regelung gilt also insbesondere für alle freiberuflichen Zusammenschlüsse, falls auf sie nicht die Regelungen des HGB anzuwenden sind, wie etwa bei der Partnergesellschaft, vgl. § 9 Abs. 1 PartGG. Zu den ertragsteuerlichen Folgen vgl. Rz. 69–74 des Erlasses betr. die Erbengemeinschaft und Erbauseinandersetzung BMF vom 14. 03. 2006 BStBl I 2006, 253.

96–100 frei

2.1.3.9.3 Kapitalgesellschaft

Die Vererbung von Anteilen an Kapitalgesellschaften ist grundsätzlich unproblematisch. Wer 20 Daimler-Aktien besitzt, kann diese mühelos vererben. Das Problem steckt wieder im Gesellschaftsrecht, genauer gesagt in der Satzung der AG oder der GmbH.

In der Satzung kann eine Einziehungsklausel enthalten sein, §§ 237 AktG, 34 GmbHG, die zur Folge hat, dass die Gesellschaft unter den Altgesellschaftern fortgesetzt wird. Möglich ist auch eine Satzungsbestimmung, die die Einziehung auf bestimmte Fälle beschränkt, etwa wenn im Erbfall Familienfremde begünstigt sind. Die Zahlung der zu leistenden Abfindung darf nicht zu Lasten des Stammkapitals erfolgen, bei der AG sind die Vorschriften über die Kapitelherabsetzung zu beachten, § 237 Abs. 2 bzw. Abs. 3 AktG. Die Folge einer Einziehung ist der Wegfall des Kapitalanteils, d. h. der Anteil wird noch vererbt, dann jedoch von der Gesellschaft eingezogen. Durch die Einziehung erfolgt automatisch eine Anwachsung bei den übrigen Gesellschaftern. Dieser wird das Verhältnis der bisherigen Beteiligung zugrunde gelegt. Empfehlenswert ist, dass die Satzung eine Frist zur Ausübung des Einziehungsrechts vorsieht. Ansonsten wird den Erben eine angemessene Fristsetzung zugestanden. Läuft die Frist ereignislos ab, dann gilt das Einziehungsrecht als verwirkt. Die Satzung sollte auch eine Regelung enthalten, wie die Höhe der Abfindung berechnet wird (Verkehrswert, Stuttgarter

Verfahren, Buchwert, ja sogar ein völliger Ausschluss von Abfindungsansprüchen wird für zulässig erachtet, vgl. BGH GmbHR 1977, 81).

103 Die Satzung der GmbH kann auch Abtretungsklauseln vorsehen, d. h. die Erben müssen die Anteile an Dritte (Miterben, Gesellschafter, die GmbH selbst oder sonstige Dritte) abtreten. Eine solche Klausel ist bei der GmbH über § 3 Abs. 2 GmbH zulässig, bei der AG wegen §§ 54, 55 AktG unzulässig. Auch hier fällt der Anteil zunächst in den Nachlass, er muss aber schuldrechtlich an den Berechtigten abgetreten werden.

104 Eine Kombination von Einziehungs- und Abtretungsklausel bietet sich an, wenn die mit der Einziehung verbundene Anwachsung zu einer nicht erwünschten Überschreitung bestimmter Beteiligungsgrenzen (25 %, 50 %) führen würde. Während die Einziehungsklausel der Fortsetzungsklausel der Personengesellschaft entspricht, ähnelt die Abtretungsklausel der qualifizierten Nachfolgeklausel.

105
frei

2.1.3.10 Die Anfechtung einer letztwilligen Verfügung

106 Die Vorschriften über die Anfechtung gelten in erster Linie für die **Anfechtung eines einseitigen Testaments**, §§ 2078 ff. BGB. Anfechtungsberechtigt ist jeder, der durch eine Aufhebung der letztwilligen Verfügung einen Vorteil rechtlicher oder wirtschaftlicher Art haben würde, § 2080 BGB. Nicht anfechtungsberechtigt ist also der Erblasser – er bedarf eines solchen Rechtes auch nicht, da er sein Testament jederzeit widerrufen kann. Das Anfechtungsrecht eines einseitigen Testaments entsteht daher auch erst nach dem Tod des Erblassers. Dabei ist es möglich, nur einzelne Punkte eines Testaments anzufechten (§ 2085 BGB), wie z. B. eine Enterbung, eine Erbeinsetzung, eine Belastung mit einem Vermächtnis, eine Einsetzung eines Testamentsvollstreckers, eine Bestimmung bestimmter Quoten usw. Anfechtbar ist aber auch der Widerruf eines Testaments durch den Erblasser.

107 Das Gesetz benennt die **Anfechtungsgründe** in den §§ 2078 und 2079 BGB abschließend. Ein Anfechtungsgrund ist also der Irrtum des Erblassers. Dabei gelten dieselben Irrtumsfälle als relevant, die auch für die Vorschrift des § 119 BGB gelten. Relevant sind also sowohl der Erklärungsirrtum (der Erblasser hat sich verschrieben; er hat einen Namen eingesetzt, den er verwechselt hat; er hat einen Betrag eingesetzt, bei dem er eine null zu viel geschrieben hat) als auch der Inhaltsirrtum (er schreibt »Mutter« und will damit – wie schon zu Lebzeiten – seine Ehefrau bezeichnen). Darüberhinaus erkennt aber das Erbrecht auch eine Anfechtung wegen eines Motivirrtums als Anfechtungsgrund an (§ 2078 Abs. 2 BGB). Die Rechtsprechung hat diese Vorschrift in einem sehr weiten subjektiven Maße ausgelegt; sie gibt daher der Anfechtung eines Testaments einen breiten Raum. Anfechtungsgründe sind dabei auch **Erwartungen**, die der Erblasser bei Abfassung des Testament zwar nicht ausgesprochen, aber wie selbstverständlich zugrunde gelegt hat (bei Aussetzen eines Vermächtnisses also beispielsweise die Erwartung, dass sein Vermögen sich bei seinem Tode nicht wesentlich schmälert; oder die Erwartung, dass sich das Verhältnis zu einem enterbten Abkömmling sich bis zu seinem Tode nicht mehr einrenken wird; ähnlich auch die Erwartung, Grundstücken in der ehemaligen DDR werde kein wesentlicher wirtschaftlicher Wert mehr beizumessen sein). Einen Unterfall des Motivirrtums bildet der Fall des Übergehens eines Pflichtteilsberechtigten (§ 2079 BGB, der Erblasser war bei Abfassung seines Testaments noch nicht (wieder) verheiratet; oder er hatte von der Existenz eines nichtehelichen Kindes keine Ahnung). Einen weiteren Anfechtungsgrund bildet die arglistige Täuschung und die Drohung

(§ 2078 Abs. 2 BGB). – **Voraussetzung** ist stets, dass der Irrtum oder die Drohung bestimmend für die letztwillige Verfügung war. Wer aus einer Anfechtung Rechte für sich herleitet, muss diese Ursächlichkeit beweisen. Dagegen gilt für die in § 2079 BGB enthaltene weitere Bestimmung, dass der Erblasser die Person des Pflichtteilsberechtigten bei der Erbeinsetzung nicht in dieser Eigenschaft kannte und dass er bei Kenntnis eine andersartige Verfügung getroffen hätte. Hier muss also der Anfechtungsgegner beweisen, dass der Erblasser bei Kenntnis des Pflichtteilsberechtigten dieselbe (ausschließende) Verfügung getroffen hätte. Allerdings taucht natürlich in all diesen Fällen die Frage auf, weshalb der Erblasser trotz späterer Kenntnis sein Testament nicht geändert hat. Zweifel in dieser Hinsicht gehen bei allgemeinen Irrtums- und Drohungsfällen zu Lasten des Anfechtenden, bei Übergehen eines Pflichtteilsberechtigten zu Lasten des Anfechtungsgegners. Die Anfechtung ist **innerhalb eines Jahres** nach Kenntnis des Anfechtungsgrundes zu erklären (§ 2082 BGB). Die Ausübung macht die Verfügung im Umfang der Anfechtung unwirksam (§ 142 BGB).

Beim **Erbvertrag** hat dagegen auch der Erblasser ein **Anfechtungsrecht** (§ 2081 BGB), mit dem er sich von seinen bindenden Verpflichtungen lösen kann. Dieses Anfechtungsrecht gesteht die Rechtsprechung dem überlebenden Ehegatten **eines gemeinschaftlichen Testaments** hinsichtlich der ihn sonst nach § 2271 Abs. 2 BGB bindenden Teile des Testaments ebenfalls zu, vgl. BGH FamRZ 1970, 79. **108**

109–115 frei

2.1.4 Der Pflichtteil

Pflichtteilsberechtigt sind die Abkömmlinge, die Eltern und der Ehegatte des Erblassers (§ 2303 BGB), sowie der Lebenspartner einer eingetragenen Lebenspartnerschaft, § 10 LPartG. Nicht pflichtteilsberechtigt sind die sonstigen Verwandten. Ebenfalls nicht pflichtteilsberechtigt sind **frühere Ehegatten,** deren Ehe im Zeitpunkt des Erbfalles bereits geschieden ist; besteht beim Tode des Erblassers eine Ehe nur noch deshalb, weil zwar die Scheidung läuft oder gar schon ausgesprochen, aber noch nicht rechtskräftig ist, so entfällt neben dem Erbteil (§ 1933 BGB) auch das Pflichtteilsrecht, weil der Verlust nach § 1933 BGB kein Ausschluss im Sinne des § 2303 BGB ist. In diesen Fällen bleibt aber das Recht auf den Zugewinnausgleich nach § 1371 BGB unberührt (§ 2303 Abs. 2 Satz 2 BGB). Ebenfalls unberührt bleibt ein Unterhaltsanspruch bis zur rechnerischen Höhe des Pflichtteils, § 1586 b BGB. Dieselbe Regelung gilt hinsichtlich des nachpartnerschaftlichen Unterhalts, vgl. § 16 LPartG. **116**

Nicht pflichtteilsberechtigt sind die **Eltern,** wenn Abkömmlinge des Erblassers das ihnen Hinterlassene annehmen oder den Pflichtteil geltendmachen; dasselbe gilt für entferntere Abkömmlinge, wenn in ihrem Stamm ein näherer Abkömmling das ihm Hinterlassene annimmt oder den Pflichtteil geltendmacht (§ 2309 BGB). Das Pflichtteilsrecht des entfernteren Abkömmlings kann also nur bestehen, wenn der nähere Abkömmling seines Stammes enterbt wurde (§ 1938 BGB), die Erbschaft ausgeschlagen hat (§§ 1942, 1957 BGB), auf die Erbschaft verzichtet hat (§ 2346 BGB), für erbunwürdig erklärt wurde (§ 2344 BGB) und einen ihm zustehenden Pflichtteil nicht geltendmacht. Das **nichteheliche Kind** ist pflichtteilsberechtigt; im Verhältnis zur Mutter hat es dieselbe Rechtsstellung wie ein eheliches Kind; im Verhältnis zum Vater ist es erbberechtigt, wenn die Vaterschaft nach § 1592 BGB festgestellt wurde. Auch das Adoptivkind ist pflichtteilsberechtigt. **117**

Weitere Voraussetzung für das Entstehen des Anspruch auf den Pflichtteil ist, dass der Berechtigte »**von der Erbfolge ausgeschlossen**« ist (§ 2303 BGB). Ein solcher Ausschluss liegt **118** vor bei einer ausdrücklichen oder stillschweigenden Enterbung (§ 1938 BGB). Ist er als Vorerbe eingesetzt, so ist er gegenüber einem Vollerben beschränkt, daher gilt für ihn § 2306 Abs. 1 BGB. Dasselbe gilt, wenn der Erbe durch Teilungsanordnungen, Vermächtnisse oder Auflagen oder durch die Einsetzung eines Testamentsvollstreckers **beschränkt** wurde; in allen Fällen kann er darauf verweisen, dass die Beschränkungen nicht gelten, sofern sie seinen Erbteil unter den Wert des gesetzlichen Pflichtteils herabdrücken würden; er kann aber in diesen Fällen nach seiner Wahl auch die Erbschaft ausschlagen und stattdessen den gesetzlichen Pflichtteil verlangen. Trifft eine der genannten Beschränkungen für den Erben nicht zu, so führt die Ausschlagung der Erbschaft auch zum Verlust des Pflichtteils (anders beim Ehegatten, der bei Zugewinngemeinschaft immer die Erbschaft ausschlagen und stattdessen den Pflichtteil und den Zugewinnausgleich verlangen kann, § 1371 Abs. 3 BGB). Wurde der gesetzliche Erbe nur als **Nacherbe** eingesetzt, gilt für ihn § 2306 Abs. 2 BGB, d. h. er gehört zu den Pflichtteilsberechtigten, allerdings nur, wenn er die Nacherbschaft ausschlägt. Wurde dem gesetzlichen Erben nur ein Vermächtnis zugewendet, gilt § 2307 BGB, d. h. er kann das Vermächtnis ausschlagen und den Pflichtteil geltendmachen. Ist der gesetzliche Erbe auf weniger eingesetzt, als es seinem Pflichtteil entspricht, so kann er den fehlenden Rest als Pflichtteil geltend machen (§ 2305 BGB), sog. **Pflichtteilsrestanspruch** (nicht zu verwechseln mit dem sog. Pflichtteilsergänzungsanspruch der §§ 2325 ff. BGB). Wer für **erbunwürdig** erklärt ist (§ 2339 BGB), ist nicht von der Erbfolge »ausgeschlossen« worden; er ist daher nicht pflichtteilsberechtigt. Allerdings fällt er auch nur persönlich als Erbberechtigter weg, d. h. seine Kinder treten an seine Stelle (§ 2344 Abs. 2 BGB). Wer dagegen auf sein Erbteil **verzichtet** hat, hat damit auch auf seinen Pflichtteil verzichtet (§ 2346 Abs. 1 Satz 2 BGB). Der Verzichtende kann seinen Verzicht auch auf seinen Pflichtteil beschränken (§ 2346 Abs. 2 BGB; etwa wenn er weiß, dass er enterbt wird und sich jetzt auch noch seinen Verzicht auf seinen Pflichtteil »abkaufen« lässt). Der Verzicht bedarf der notariellen Beurkundung (§§ 2348, 312 Abs. 2 BGB). Er wirkt im Zweifel auch für seine Abkömmlinge, die damit ebenfalls von der Erbfolge und vom Pflichtteil ausgeschlossen sind (§ 2349 BGB).

119 Der Erblasser kann den Erben nicht nur jederzeit enterben, er kann ihm (allerdings nur beim Vorliegen besonders schwerwiegender Gründe) darüberhinaus auch noch den Pflichtteil entziehen (§§ 2333 ff. BGB).

120 Der **Wert des Pflichtteils** besteht in der Hälfte des gesetzlichen Erbteils (§ 2303 Abs. 1 Satz 2 BGB, § 10 Abs. 6 LPartG). Allerdings hat der Pflichtteilsberechtigte nur einen reinen Geldanspruch gegen die Erben, eine Realteilung kann der Pflichtteilsberechtigte nicht verlangen. Der Wertberechnung sind die gemeinen Werte zugrunde zu legen (§ 2311 BGB). Auch Grundstücke sind also mit ihrem Verkehrswert im Zeitpunkt des Erbfalles anzusetzen.

121 Besondere Schwierigkeiten macht in aller Regel die Bestimmung eines **Unternehmenswertes.** Die Summe der im Betrieb vorhandenen Einzelwerte (Substanzwert) wird dem inneren Wert des Unternehmens nicht gerecht. Auch die künftigen Gewinnchancen sind in den Wert des Unternehmens miteinzubeziehen. Dabei gibt es ungefähr so viele Methoden, wie es Lehrbücher gibt. Als Praktikermethode gilt seit BGH-Urteil vom 30. 09. 1981, NJW 1982, 575 eine Mittelwertmethode zwischen Substanzwert (das sind die Verkehrswerte der im Betrieb vorhandenen Wirtschaftsgüter abzüglich der Schulden) und Ertragswert (das ist der Barwert der zukünftigen Erfolge nach der Formel »Erwartetes Ergebnis R × 100 : Kapitalisierungszins i = Barwert der zukünftigen Erfolge«; beträgt also beispielsweise das jährlich zu erwartende Ergebnis R = 100 000 €, der Kapitalisierungszinssatz, den ein potentieller Erwerber bei einer Fremdkapitalanlage erzielen könnte 8 %, so ergibt sich nach der obigen Formel ein Ertragswert von 1 250 000 €. Beträgt nun etwa der Substanzwert 750 000 €, so sind nach BGH/NJW 1982, 575 Substanz- und Ertragswert zu addieren. Ob der Unternehmenswert voll mit 2,0 Mio. €

oder nur anteilig anzusetzen ist, ist sehr umstritten. Nach der sog. direkten Methode ist eine Herabsetzung nicht vorzunehmen. Zu dem gesamten Komplex vgl. Ernst/Schneider/Thielen, Unternehmensbewertungen, 2008, S. 5 ff.. Zu weiteren Methoden, den Ertragswert zu bestimmen, vgl. Band 1, Horschitz/Groß/Fanck; Bilanzsteuerrecht und Buchführung, 11. Aufl., S. 387.

Der Zugewinnausgleichsanspruch ist vom **Wert des Nachlasses** wie jede andere Nachlassschuld zur Bestimmung des Pflichtteilsanspruchs abzuziehen. Vermächtnisse, Auflagen und Pflichtteilsansprüche sind dagegen nicht abzuziehen, BGH vom 16.09.1987 NJW 1988, 136. Möglicherweise sind Zuwendungen, die der Pflichtteilsberechtigte noch zu Lebzeiten des Erblassers erhalten hat, auf den Pflichtteil anzurechnen. Dies ist der Fall, wenn der Erblasser dies bei der Zuwendung ausdrücklich so bestimmt hat (§ 2315 BGB). Möglich ist aber auch eine Ausgleichungspflicht in den gesetzlichen Fällen des § 2316 BGB. Eine weitere wertmäßige Erhöhung kann das Pflichtteilsrecht durch den Pflichtteilsergänzungsanspruch haben (§§ 2325 ff. BGB). Bei diesem kann der Pflichtteilsberechtigte verlangen, dass sich der Wert seines Anspruchs um den Betrag erhöht, der bei einer Hinzurechnung von Geschenken, die der Erblasser noch zu Lebzeiten gemacht hat, zum Nachlass anteilig auf ihn entfiele. Allerdings ist dieser Erhöhungsbetrag seit der Neufassung des § 2325 Abs. 3 BGB im Jahr 2008 nur noch teilweise zu berücksichtigen. Bei der Wertberechnung sind Miterben mitzuzählen, die von der Erbenstellung kraft letztwilliger Verfügung ausgeschlossen worden sind, ebenso solche, die die Erbschaft ausgeschlagen haben oder für erbunwürdig erklärt worden sind, nicht jedoch Miterben, die ohne Abkömmlinge vorverstorben sind oder auf ihren Erbteil (nicht nur auf ihren Pflichtteil) verzichtet haben (§ 2310 BGB).

122

Für den Ehegatten im gesetzlichen Güterstand der **Zugewinngemeinschaft** gilt: Wird der überlebende Ehegatte Erbe, so erhöht sich sein gesetzlicher Erbteil als Ausgleich des Zugewinns um 1/4. Neben gemeinsamen Abkömmlingen erbt also der im gesetzlichen Güterstand lebende Ehegatte grundsätzlich zu 1/2, neben den Eltern zu 3/4. Wird nun dieser Ehegatte durch letztwillige Verfügung neben gemeinsamen Abkömmlingen auf weniger als 1/4 (bzw. neben den Eltern auf weniger als 3/8) als Erbe oder Vermächtnisnehmer eingesetzt, so verbleibt ihm dieses 1/4 (3/8) als großer Pflichtteil nach der erbrechtlichen Lösung des § 1371 Abs. 1 BGB i.V.m. § 2303 Abs. 1 Satz 2 BGB. Dafür erhält dieser Ehegatte aber keinen gesonderten Zugewinnausgleich.

123

Wird der überlebende Ehegatte nicht Erbe oder Vermächtnisnehmer (was er durch Ausschlagung der Erbschaft oder des Vermächtnisses auch im Gegensatz zu anderen Erbberechtigten ohne Wirkung für den Pflichtteil selbst herbeiführen kann), so erhält dieser Ehegatte gem. § 1371 Abs. 2 BGB den **kleinen Pflichtteil** aus dem nicht erhöhten Erbteil (also neben Abkömmlingen zu 1/8) und daneben den rechnerisch richtig ermittelten Zugewinnausgleich nach der güterrechtlichen Lösung der §§ 1373 ff. BGB. Ein Wahlrecht hat der enterbte Ehegatte nicht, vgl. BGH vom 25.06.1964 NJW 1964, 2404. Er ist stets auf den kleinen Pflichtteil plus güterrechtlichem Zugewinnausgleich zu verweisen.

124

Bei der Gütertrennung errechnet sich die Höhe des Pflichtteilsanspruchs aus der Hälfte des nach § 1931 Abs. 4 BGB zustehenden gesetzlichen Erbteils.

125

> **BEISPIEL**
>
> Das Anfangsvermögen des Erblassers M betrug 100 000 €, das Endvermögen 800 000 €, das Anfangsvermögen seiner Ehefrau betrug 0 €, das Endvermögen 200 000 €. Aus der Ehe sind drei Kinder hervorgegangen. Die Ehegatten lebten im gesetzlichen Güterstand der Zugewinngemeinschaft.

LÖSUNG Ist die Ehefrau als Alleinerbin eingesetzt, so erhalten die Kinder je 1/12 als Pflichtteil (ihr gesetzlicher Erbteil betrüge 1/2, also beträgt ihr Pflichtteil zusammen 1/4, also für jeden der drei 1/12). – Ist die Ehefrau zu 50 000 € als Erbin eingesetzt, so kann sie noch weitere 150 000 € als Pflichtteilsrest fordern, da ihr Pflichtteil sich entsprechend §§ 2303, 2305, 1371 Abs. 1 BGB auf 200 000 € beläuft. Sie hat aber auch die Möglichkeit, gem. § 1371 Abs. 3 BGB die Erbschaft auszuschlagen und den kleinen Pflichtteil (ohne das Erhöhungsviertel allein aus § 1931 BGB) sowie zusätzlich den güterrechtlichen Zugewinnausgleich zu fordern. Bei der Berechnung ist zu beachten, dass der Anspruch auf Ausgleich des Zugewinns nach § 1371 Abs. 2 und 3 BGB dem Anspruch des Pflichtteilsberechtigten vorgeht. Er ist deshalb vom Aktivbestand des Nachlasses abzuziehen. Der Zugewinnausgleichsanspruch der Ehefrau beträgt also 250 000 €. Der Pflichtteilsanspruch berechnet sich dann von dem noch verbleibenden Nachlasswert von 550 000 €, er beläuft sich also auf 68 750 €. (Sein Zugewinn betrug 700 000 €, ihr Zugewinn 200 000 €, der Zugewinnausgleich beträgt also 250 000 €, § 1378 BGB. Der kleine Pflichtteil berechnet sich von dem nicht erhöhten Erbteil des § 1931 BGB, beträgt also die Hälfte von 1/4 = 1/8 von 550 000 €. Zur Berechnung vgl. Palandt, 68. Aufl., 2009, Rz. 6 zu § 2311; Weinreich/Klein, Familienrecht, 3. Aufl., 2008, Rdnr. 15 ff. zu § 1371). – Ist die Ehefrau voll enterbt, so kann sie gem. § 1371 Abs. 2 BGB nur den Zugewinnausgleich und den kleinen Pflichtteil fordern.

126 Der **Pflichtteilsanspruch entsteht** mit dem Erbfall (§ 2317 BGB). In den oben genannten Fällen, in denen ein Pflichtteilsanspruch erst eine Ausschlagung des Erbes oder eines Vermächtnisses voraussetzt (§§ 2306, 2307, 1371 Abs. 3 BGB), entsteht der Pflichtteilsanspruch erst mit dieser jeweiligen Ausschlagung (§ 2317 Abs. 1 BGB). Der Pflichtteilsanspruch entsteht nicht bei Erbverzicht oder Pflichtteilsverzicht, § 2346 BGB und bei wirksamer Pflichtteilsentziehung (§ 2333 ff. BGB). Die **Geltendmachung** des Pflichtteilsanpruchs wirkt zivilrechtlich nicht konstitutiv für die Entstehung (er ist aber ohne Geltendmachung für die Gläubiger des Pflichtteilsberechtigten wertlos, vgl. § 852 ZPO). Die Steuerschuld der Erbschaftsteuer entsteht allerdings erst mit der Geltendmachung des Pflichtteilsanspruchs, § 9 Abs. 1 Nr. 1 Buchst. b ErbStG. Umgekehrt kann bei der Erbschaftsteuer eine Belastung mit einem Pflichtteil erst ab dessen Geltendmachung abgezogen werden, § 10 Abs. 5 Nr. 2 ErbStG. Der Grund liegt darin, dass im Steuerrecht erst eine wirtschaftliche Bereicherung oder Belastung relevant wird, nicht schon eine reine Rechtsstellung.

BEISPIELE

a) Erblasser V hinterlässt drei Söhne: A, B und C. Da er sich mit A überworfen hat, verfügt er in seinem Testament, dass anstelle des A dessen Kinder S und T je 1/6 erben sollen. Wert des Nachlasses 900 000 €.
LÖSUNG A ist als gesetzlicher Erbe von der Erbschaft ausgeschlossen worden. Ihm steht somit ein Pflichtteilsanspruch gem. § 2303 BGB zu. Dieser beträgt 1/6 von 900 000 € = 150 000 €.
Fraglich ist, wer diesen Pflichtteilsanspruch zu erfüllen hat. Hier lässt die Vorschrift des § 2340 BGB dem Erblasser weitgehend freie Hand. Hat er eine letztwillige Verfügung über das Tragen der Pflichtteilslast nicht getroffen, so sind im vorliegenden Fall gleichwohl nicht alle Miterben belastet, sondern § 2320 BGB legt im vorliegenden Fall die Pflichtteilslast den Kindern des A auf; B und C sind mit der Pflichtteilslast nicht belastet.

b) Erblasser V hat zwei Kinder, S und M. Der M hat er bereits 15 Jahre vor seinem Tod die Hälfte seines Grundstücks geschenkt. Dem S vermacht er daher die verbliebene Hälfte als Vorausvermächtnis, den Rest sollen S und M zu gleichen Teilen erben. Die Hälfte des Grundstücks hat einen Wert von 900 000 €, der Restnachlass einen Wert von 100 000 €.
LÖSUNG Gem. § 2306 BGB gilt das Vorausvermächtnis der M gegenüber insoweit »als nicht angeordnet«, wie dadurch ihr Pflichtteilsrecht wertmäßig beeinträchtigt wird. Sie kann also im Ergebnis neben ihrem hälftigen Anteil an dem Nachlass (Wert 50 000 €) einen Restanspruch in Höhe von 200 000 € geltendmachen. – Die damalige Schenkung ihres hälftigen Grundstücks-

anteils braucht sie sich dabei nicht anrechnen zu lassen, da es insoweit an einer Rechtsgrundlage fehlt (§ 2315 BGB gilt nur, wenn der Erblasser die Anrechnung auf den Pflichtteil schon bei der Schenkung angeordnet hat).

127–130 frei

2.1.5 Die Erbengemeinschaft

Mit dem Tod des Erblassers geht dessen Vermögen als Ganzes auf die Erbengemeinschaft über (§ 1922 BGB, **Gesamtrechtsnachfolge**). Jeder Miterbe wird automatisch Mitglied der Erbengemeinschaft. Er kann sich dem nur entziehen, wenn er die Erbschaft **ausschlägt**, wozu ihm das Gesetz eine Frist von sechs Wochen setzt, gerechnet ab der Kenntnis des Erben vom Erbfall (§ 1944 BGB). Die Frist beträgt sechs Monate, wenn der Erbe sich bei Fristbeginn im Ausland aufhielt oder wenn der Erblasser seinen letzten Wohnsitz im Ausland hatte, ohne gleichzeitig noch einen Inlandswohnsitz zu besitzen, § 1944 Abs. 3 BGB. Die Ausschlagung der Erbschaft bedarf einer öffentlich beglaubigten Form (§ 1945 BGB). Schlägt der Erbe die Erbschaft aus, so gilt er rückwirkend zum Zeitpunkt des Erbfalles nicht als Erbe (§ 1953 BGB).

131

Der Erbe kann die Erbschaft auch ausdrücklich annehmen. Lässt er die Ausschlagungsfrist verstreichen, so gilt sie als angenommen (§ 1943 BGB).

132

Die Erbengemeinschaft ist eine **Gesamthandsgemeinschaft** (§ 2032 BGB). Kein Miterbe kann über einen einzelnen Nachlassgegenstand verfügen, dies kann vielmehr nur die Erbengemeinschaft, die das Recht hat, den Nachlass gemeinschaftlich zu verwalten (§§ 2040, 2038 BGB). Da § 2038 BGB auf § 745 BGB verweist, bedeutet das Verwaltungsrecht, dass einstimmiges Handeln nur notwendig ist bei einer wesentlichen Veränderung des Gesamtnachlasses, § 745 Abs. 3 BGB. Handelt es sich dagegen um die erforderliche Veränderung eines bloßen Nachlassgegenstandes (Grundstück, Unternehmen), der nicht gleichzeitig den gesamten Nachlass darstellt, so genügt ein Mehrheitsbeschluss. Die Mehrheitsverwaltung stellt also den Regelfall für die Nachlassverwaltung dar. Die Stimmrechte werden dabei gem. § 745 Abs. 1 Satz 2 BGB nach der Größe der Anteile bestimmt. Ist Gefahr im Verzuge, dann kann jeder Miterbe in Einzelverwaltung die erforderlichen Maßnahmen treffen, § 2038 Abs. 1 Satz 2 BGB. Dazu gehören nicht aufschiebbare Reparaturen oder fristgebundene Rechtsmittel. Die Maßnahme muss erhaltungsnotwendig und dringlich sein, ansonsten gilt wieder das Mehrheitsprinzip. Allerdings kann jeder Miterbe über seinen Erbanteil verfügen (§ 2033 BGB). Er kann also seinen Anteil veräußern, allerdings haben die übrigen Miterben dabei ein gesetzliches Vorkaufsrecht (§ 2034 BGB).

Jeder Miterbe kann auch jederzeit die **Auseinandersetzung** der Erbengemeinschaft verlangen (§ 2042 BGB), allerdings sind vor der Teilung von Gesetzes wegen erst die Schulden zu tilgen (§ 2046 BGB). Zu den Nachlassverbindlichkeiten zählen gem. den §§ 1967 ff. BGB auch die Pflichtteilsansprüche, die Vermächtnisse, die Auflagen und die Beerdigungskosten.

133

Der Erblasser kann durch **Teilungsanordnungen** im Sinne des § 2048 BGB Einfluss auf die Verteilung des Nachlasses nehmen. Daß diese Teilungsanordnungen auch unbedingt beachtet werden, kann er nur erreichen, wenn er gleichzeitig einen Testamentsvollstrecker einsetzt (§ 2204 BGB). Ansonsten können sich die Erben einvernehmlich über die Teilungsanordnungen hinwegsetzen. Will aber ein Miterbe, dass die Teilungsanordnung beachtet wird, so kann er sie gerichtlich durchsetzen.

Wichtig ist, dass die Teilungsanordnungen die **Erbquoten unberührt** lassen. Erhält also ein Miterbe durch Befolgung der Teilungsanordnungen wertmäßig mehr als ihm nach seiner

134

Erbquote zusteht, dann muss er den Mehrwert an den Nachlass zurückerstatten. Will der Erblasser dies nicht, so muss er den Erben entweder quotenmäßig begünstigen oder ihm ein Vorausvermächtnis zuwenden (§ 2150 BGB). Im letzteren Fall wendet der Erblasser dem begünstigten Erben zuerst einen Vermögensvorteil zu und lässt nur den Rest des Nachlasses quotenmäßig unter den Miterben zur Verteilung gelangen. Was der Erblasser gewollt hat, Teilungsanordnung oder Vorausvermächtnis, ist notfalls durch **Auslegung** des Testaments zu ermitteln. Bleibt nach Berichtigung der Vermächtnisse und der Nachlassschulden kein Vermögen mehr übrig oder mussten die Nachlassgegenstände, die zur Verteilung gelangen sollten, zur Berichtigung der Nachlassschulden versilbert werden (vgl. § 2046 Abs. 3 BGB), dann geht die Teilungsanordnung ins Leere.

135 Sind sich die Erben einig, so können sie den Nachlass auch unter Umgehung des Willens des Erblassers teilen. Sind sie sich uneinig, so kann jeder Miterbe die Teilung nach den gesetzlichen Teilungsregeln gerichtlich erzwingen und durchsetzen. Anzuwenden sind dabei die Regelungen der §§ 752 bis 757 BGB, denen allerdings Teilungsanordnungen des Erblassers vorgehen. Die **Teilungsvorschriften** sehen grundsätzlich eine Teilung in Natur vor (§ 752 BGB); lässt sich der Nachlass oder einzelne Nachlassgegenstände nicht in quotenmäßige Anteile zerlegen, so sieht § 753 BGB die Verwertung und Teilung des Erlöses vor. Zu beachten ist aber stets, dass vorrangig die Nachlassschulden zu berichtigen sind.

136 Die Miterben können auch zunächst einmal nur eine **Teilauseinandersetzung** durchführen und die Verteilung des restlichen Nachlasses aussetzen. Die Miterben können auch den gesamten Nachlass an einen oder mehrere Erwerber verkaufen, sog. **Erbschaftskauf** (§ 2371 BGB).

137–140 frei

2.1.6 Haftung und Haftungsbeschränkung

141 Der Erbe haftet für die **Nachlassverbindlichkeiten** (§ 1967 BGB). Er tritt also in die Schulden des Erblassers ein. Hat er die Erbschaft ausgeschlagen, so bedeutet dies wegen der Rückwirkung der Ausschlagung auch, dass er sich der Schulden des Erblassers entledigt hat. Eine Schuldübernahme kommt daher erst durch Annahme der Erbschaft zustande (wobei das Verstreichenlassen der Ausschlagungsfrist als Annahme gilt, § 1943 BGB).

142 Zu den Nachlassverbindlichkeiten gehören in erster Linie die Schulden des Erblassers. Zu ihnen gehören aber auch die Schulden, die durch den Erbfall verursacht wurden, also die Schulden, die sich aus dem Zugewinnausgleich, dem Pflichtteilsrecht eines Pflichtteilsberechtigten, dem durch ein Vermächtnis Begünstigten, sowie aus den Beerdigungskosten (§ 1968 BGB) ergeben. Dazu gehören auch die Nachlasskosten oder -verwalterschulden, die ebenfalls nur den Nachlass berühren.

143 Der Alleinerbe haftet für diese Schulden grundsätzlich mit seinem gesamten Vermögen, § 1967 BGB. Er kann jedoch die Haftung über die Gestaltungsmöglichkeiten der **Nachlassverwaltung** und des **Nachlassinsolvenzverfahrens** auf den übernommenen Nachlass beschränken (§§ 1975 ff. BGB). Bei der Nachlassverwaltung reicht der Nachlass zur Befriedigung der Gläubiger aus, beim Nachlassinsolvenzverfahren dagegen reicht der Nachlass nicht aus. Ist der Nachlass überschuldet, so ist der Erbe verpflichtet, das Insolvenzverfahren herbeizuführen (§ 1980 BGB). Andernfalls haftet er den Gläubigern gegenüber persönlich auch für den daraus entstehenden Schaden. Ist die Nachlassverwaltung oder das Insolvenzverfahren mangels Masse nicht eröffnet oder eingestellt worden, so kann der Erbe einem Gläubiger gegenüber die sog.

Dürftigkeitseinrede des § 1990 BGB erheben und damit seine Haftung auf den Nachlass beschränken.

Die **Miterben** haften für die Nachlassverbindlichkeiten als Gesamtschuldner (§ 2058 BGB). Die Miterben des ungeteilten Nachlasses können jedoch eine Begleichung von Schulden auf den Nachlass beschränken (§ 2059 BGB). Gleichwohl empfiehlt sich auch für die Miterben, für den hoch verschuldeten oder gar überschuldeten Nachlass die Nachlassverwaltung oder das Nachlassinsolvenzverfahren zu betreiben, da sich nur so eine zuverlässige Haftungsbeschränkung für den Fall der Teilung erreichen lässt (§ 2060 BGB). Die Nachlassverwaltung kann nach der Teilung nicht mehr beantragt werden, das Nachlassinsolvenzverfahren kann dagegen auch nach der Teilung noch herbeigeführt werden (§ 316 InsO).

144

Das Steuerrecht schafft sich in § 45 AO einen selbstständigen Haftungstatbestand, der jedoch die Möglichkeiten, die das BGB zur Haftungsbeschränkung eröffnet, nicht einschränkt (vgl. Tipke/Kruse, AO und FGO, § 45 Rdnr. 23 ff.).

145–150
frei

2.1.7 Der Erbschein

Der Erbschein gibt Auskunft darüber, **wer** Erbe geworden ist und zu welcher **Quote** er Erbe geworden ist (§ 2353 BGB). Er wird auf Antrag des Erben durch das Nachlassgericht erteilt. Der Erbe wird diesen Erbschein in aller Regel benötigen, um eine Berichtigung des Grundbuchs herbeizuführen (§ 35 GBO), oder um Forderungen oder Guthaben des Erblassers geltend zu machen. Der Nachteil des Erbscheins liegt in der Umständlichkeit seines in den §§ 2354 bis 2356 BGB geregelten Erteilungsverfahrens und in den Kosten, die seine Ausstellung verursacht. Ist ein **Testamentsvollstrecker** eingesetzt, so wird er, um Forderungen oder Guthaben des Erblassers einzuziehen, in aller Regel einen Testamentsvollstreckerschein benötigen (§ 2368 BGB).

151

152–160
frei

2.2 Die Schenkung

Zu unterscheiden ist die sofort vollzogene Schenkung (**Handschenkung**, § 516 BGB) und das **Schenkungsversprechen** (§ 518 BGB). Die Schenkung setzt eine unentgeltliche Zuwendung aus dem Vermögen des Schenkers in das Vermögen des Beschenkten voraus, bei dem sich beide Vertragspartner über die Unentgeltlichkeit einig sind. Allerdings sind auch **gemischte Schenkungen** als Schenkungen im Sinne des § 516 BGB denkbar: Dies ist der Fall, wenn der Wert der Gegenleistung nach dem Willen der Parteien unter dem Wert der Leistung liegt und sich beide Parteien über die Unentgeltlichkeit des überschießenden Teils einig sind. In solchen Fällen ist das Rechtsgeschäft zum Teil nach den Vorschriften über entgeltliche Rechtsgeschäfte (Kauf) und zum Teil nach den §§ 516 ff. BGB zu beurteilen. Häufige Formen der gemischten Schenkung sind die Schenkung mit Schuldenübernahme oder mit Übernahme einer Leistungspflicht (dauernde Lasten) oder des Nießbrauchs oder Wohnrechtsvorbehalts.

161

Ebenfalls Schenkungen sind die sog. **Schenkungen unter einer Auflage**. Von solchen spricht man, wenn die Schenkung mit der Bestimmung zu einem Tun oder Unterlassen des Beschenkten verknüpft wird (§ 525 BGB). Zu den ertragsteuerlichen Folgen einer gemischten Schenkung oder einer Schenkung unter Auflage vgl. insbesondere den Erlass über die vorweggenommene Erbfolge, BMF vom 13.01.1993 BStBl I 1993, 80 und zu den schenkungsteuerlichen Folgen BMF vom 09.11.1989 BStBl I 1989, 445.

162 Keine Schenkungen sind die **Ausstattung** im Sinne des § 1624 BGB und die sog. **unbenannten Zuwendungen** unter Ehegatten. Von einer solchen spricht man, wenn sich Ehegatten Vermögensgegenstände zuwenden, die ihren Rechtsgrund in der bestehenden Ehe haben. Als besonders häufiges Beispiel sei der Fall genannt, in dem bei der Zugewinngemeinschaft (die ja während des Bestehens der Ehe in einer Gütertrennung besteht) ein Ehegatte die gesamten Anschaffungs- und Finanzierungskosten eines eigengenutzten Hauses oder einer Eigentumswohnung trägt und dennoch damit einverstanden ist, dass beide Ehegatten im Grundbuch als Eigentümer eingetragen werden. Dasselbe gilt, wenn ein Ehegatte die Rentenbeiträge des anderen Ehegatten trägt, um diesem eine angemessene Altersvorsorge zu sichern.

163 Das **Schenkungsversprechen** im Sinne des § 518 BGB besteht in einer einseitigen Verpflichtung, einem anderen unentgeltlich eine Leistung zukommen zu lassen. Der Schenkungsversprechensvertrag bedarf zu seiner Gültigkeit der notariellen Beurkundung. Ohne diese Form kann der Versprechensempfänger nicht auf Erfüllung klagen. Allerdings wird der Formmangel durch den Vollzug der Schenkung geheilt. Das ohne Beachtung der Formvorschrift erfüllte Schenkungsversprechen führt also nicht dazu, dass die Schenkung wegen ungerechtfertigten Bereicherung zurückverlangt werden könnte.

164 Einige Besonderheiten seien noch angemerkt: Dem Schenker steht innerhalb der ersten zehn Jahre nach der Schenkung auch ohne Vorbehalt ein **Widerrufsrecht** zu, falls er außerstande ist, seinen angemessenen Unterhalt zu bestreiten und die ihm obliegenden Unterhaltspflichten zu erfüllen (§ 528 BGB). Der Beschenkte kann die Herausgabe des geschenkten Gegenstandes verweigern, wenn dadurch wiederum sein Unterhalt gefährdet wäre; außerdem kann er die Herausgabe durch Zahlung einer Unterhaltsrente abwehren. Der Herausgabeanspruch wegen Verarmung des Schenkers kann nach Überleitung gem. § 93 SGB XII auch durch den Träger der Sozialhilfe gegen den Beschenkten geltend gemacht werden (darauf weist insbesondere Carlé in KÖSDI 1994, 9795 hin).

165 Ein weiteres Widerrufsrecht steht dem Schenker gem. §§ 530 ff. BGB zu, wenn sich der Beschenkte dem Schenker gegenüber **grob undankbar** verhalten hat. Darüber hinaus kann der Schenker jede Schenkung unter einen **allgemeinen Vorbehalt** des jederzeitigen Widerrufs stellen. Ein solches allgemeines Widerrufsrecht wird ebenso wie ein vertragliches Rücktrittsrecht anerkannt. Ertragsteuerlich gilt aber eine solche unter Widerrufsvorbehalt gestellte Schenkung unter nahen Angehörigen als nicht vollzogen, der Schenker erzielt also weiterhin die Einkünfte, der Beschenkte wird nicht als Mitunternehmer angesehen, BFH vom 16.05.1989 BStBl II 1989, 877; schenkungsteuerlich wird die Schenkung jedoch in vollem Umfang als vollzogen angesehen, vgl. Vfg. der OFD Nürnberg vom 27.01.1994 DStR 1994, 467.

166 Weitere **Sonderformen** stellen der Vorbehalt der Zustimmung für den Fall der Weiterveräußerung oder Belastung oder für den Fall des Vorversterbens ohne Abkömmlinge oder für den Fall des Konkurses des Beschenkten dar. Für all diese Fälle kann sich der Schenker die Zustimmung vorbehalten oder gar eine auflösende Bedingung vereinbaren, die allerdings gerade bei Grundstücksschenkungen nur zu einem Rückforderungsanspruch führen, da die Auflassung bedingungsfeindlich ist; jedoch kann für den Fall des Eintritts der Bedingung bereits eine Rückauflassungsvormerkung in das Grundbuch eingetragen werden. Der Widerruf muss jeweils erst ausgeübt werden, die auflösende Bedingung wirkt automatisch.

Eine weitere automatische Folge der Schenkung ist der **Pflichtteilsergänzungsanspruch** des § 2325 BGB innerhalb einer gleitenden Ausschlussfrist während der ersten 10 Jahre nach der Schenkung. Zusätzlich kann der Schenker anordnen, dass sich der Beschenkte die Schenkung nach § 2050 Abs. 3 BGB auf den Erbteil oder nach § 2315 BGB auf den Pflichtteil anrechnen lassen muss (Anrechnung). Maßgebend ist der Verkehrswert der Schenkung zuzüglich einem Inflationsausgleich. Die Anordnung kann nur vor oder gleichzeitig mit der Schenkung erfolgen, also beispielsweise nicht mehr im Testament angeordnet werden.

Auch ohne ausdrückliche Anordnung findet die Anrechnung bei der **Ausstattung** im Sinn des § 1624 BGB statt, z. B. anlässlich einer Heirat oder zur Existenzgründung oder zur Erhaltung der Selbstständigkeit.

Zusammenfassend lässt sich sagen:
- Bei einer Schenkung erfolgt normalerweise keine Anrechnung auf das Erbe, außer auf Anordnung des Schenkers. Die Ausstattung wird im Normalfall angerechnet, dies kann jedoch ausdrücklich bei Vornahme der Ausstattung ausgeschlossen werden. Neuerdings kann der Erblasser früher bei der Schenkung getroffene Anordnungen durch letztwillige Verfügung wieder abändern, § 2050 Abs. 4 BGB. Außerdem werden Pflegeleistungen besser berücksichtigt, § 2057 b BGB.
- Ist der durch eine Ausstattung Begünstigte auf den Pflichtteil gesetzt, so muss er sich seine Ausstattung zwingend auf seinen Pflichtteil anrechnen lassen (§§ 2316 Abs. 3, 2050 Abs. 1 BGB). Der Beschenkte dagegen erhält seine Schenkung nur dann auf den Pflichtteil angerechnet, wenn der Schenker dies ausdrücklich angeordnet hat (§ 2050 Abs. 3 BGB).
- Ein anderer auf den Pflichtteil gesetzter gesetzlicher Erbe als der Beschenkte kann nicht verlangen, dass für ihn eine Pflichtteilsergänzung in Höhe der Ausstattung stattfindet (§ 2325 Abs. 1 BGB), da die Ausstattung ja gerade keine Schenkung ist. Dagegen kann er verlangen, dass eine Schenkung zu einer Ergänzung des Pflichtteils führt (§ 2325 BGB).

BEISPIELE

a) V schenkt seinem Sohn S ein Grundstück im Wert von 500 000 €. Später sind S und T seine Erben, der Nachlass hat einen Wert von 2,0 Mio. €.
LÖSUNG Im Fall der Schenkung braucht sich S die Schenkung nicht anrechnen zu lassen, er kann also aus dem Nachlass 1,0 Mio. € beanspruchen (V kann jedoch die Anrechnung bei der Schenkung anordnen).

b) V gibt S das Grundstück als Ausstattung.
LÖSUNG Erhöhung des Nachlasses um die Zuwendung auf 2 500 000 €. Dies ergibt bei hälftiger Teilung je 1 250 000 €. Darauf muss sich S 500 000 € anrechnen lassen. S kann also 750 000 € beanspruchen, T 1 250 000 €. Eine vereinfachte Berechnung führt zu demselben Ergebnis: Die T kann vorab den zugewendeten Wert von 500 000 € für sich beanspruchen, der Rest wird nach den Erbquoten mit je 750 000 € geteilt (Allerdings könnte der V bei Vornahme der Ausstattung verfügt haben, dass diese nicht anzurechnen sei).

c) Wie Beispiel a), aber S ist im Testament enterbt.
LÖSUNG S kann als Pflichtteilsberechtigter von T die Hälfte seines gesetzlichen Erbteils, also 500 000 € in Geld, verlangen (V hätte jedoch schon bei der Schenkung verfügen können, dass sich S die Schenkung auf seinen Erbteil oder seinen Pflichtteil anrechnen lassen müsse; in diesem Fall hätte die Berechnung gelautet: 2 500 000 € : 4 = 625 000 € ./. 500 000 = 125 000 €).

d) Wie Beispiel a), aber die T ist im Testament enterbt.
LÖSUNG Erfolgt der Erbfall innerhalb von 10 Jahren seit der Schenkung, dann kann die T verlangen, dass dem Nachlass der Wert der Schenkung hinzugerechnet wird. Ihr Pflichtteilsanpruch berechnet sich also mit 1/4 von 2 500 000 €, also auf 625 000 €.

e) Wie Beispiel b), aber S wird im Testament enterbt.
LÖSUNG Gemäß § 2316 Abs. 3 BGB muss sich S seine Ausstattung auf den Pflichtteil anrechnen lassen, also Berechnung mit 2 500 000 € : 4 = 625 000 € ./. 500 000 € = 125 000 €.

f) Wie Beispiel b), aber die T wird im Testament enterbt.
LÖSUNG T kann nicht verlangen, dass die Ausstattung in den Nachlass als Pflichtteilsergänzung einbezogen wird, sie kann also nur 500 000 € verlangen.

Je nach gewünschter Gestaltung sollte ein Schenker also überlegen, ob er nicht die etwas unmodern gewordene Form der Ausstattung im Sinne des § 1624 BGB wählen möchte. Allerdings ist darauf hinzuweisen, dass die Ausstattung zwar zivilrechtlich als eigenes Rechtsinstitut und nicht als Schenkung angesehen wird (ein Ausstattungsversprechen ist also auch ohne die Form des § 518 BGB rechtsverbindlich), jedoch besteht schenkungsteuerlich zwischen den beiden kein Unterschied.

170–200 frei

Teil B Erbschaft- und Schenkungsteuerrecht

1 Allgemeines

Die Erbschaftsteuer ist eine in die Substanz eingreifende Steuer, die unabhängig von der Ertragskraft des übergehenden Vermögens entsteht, deshalb kann man sie zu den Besitzsteuern zählen. Da sie aber stets an den Übergang von Vermögen anknüpft, wird sie im Allgemeinen zu den **Verkehrsteuern** gerechnet. Sie gehört zu den einmaligen, nicht laufend veranlagten Steuern.

Voraussetzung ist, dass eine natürliche oder juristische Person aufgrund einer unentgeltlichen Bereicherung (und hier vor allem eines Erbfalls oder einer Schenkung) Eigentümer eines steuerpflichtigen Erwerbs wird, § 10 ErbStG. Als Gegenstand der Erbschaftsteuer benennt § 1 ErbStG

- den Erwerb von Todes wegen,
- die Schenkung unter Lebenden,
- die Zweckzuwendungen (eine besondere Form der Auflage, vgl. § 8 ErbStG) und
- als besonderen Tatbestand die Besteuerung des Vermögens einer Familienstiftung oder eines Familienvereins im Zeitabstand von je 30 Jahren.

Die Erbschaftsteuer kann von ihrem Ansatz her mit **anderen Steuern** an sich **nicht zusammenfallen.** Die obigen Vermögensmehrungen unterliegen weder der Umsatzsteuer noch der Grunderwerbsteuer, § 3 Nr. 2 Satz 2 GrErwStG (bei einer teilentgeltlichen Zuwendung unterliegt allerdings der entgeltliche Teil der Grunderwerbsteuer, der unentgeltliche Teil der Schenkungsteuer). Wohl aber können erbschaftsteuerliche Tatbestände beim Erben mit der **Einkommensteuer** kollidieren. Beispielsweise können beim Erwerb einer Beteiligung im Sinne des § 17 EStG stille Reserven mit Erbschaftsteuer belastet sein, die später noch einmal der Einkommensteuer zu unterwerfen sind. Oder der Erblasser hinterlässt ein Grundstück, das der Erbe innerhalb der Frist des § 23 EStG veräußert; auch hier werden unter Umständen stille Reserven sowohl der Erbschaftsteuer als auch der Einkommensteuer unterworfen. Oder der Erbe eines Überschussrechners zieht Honorarforderungen ein, die dann sowohl der Erbschaftsteuer als auch der Einkommensteuer zu unterwerfen sind. Hätte sie noch der Erblasser eingezogen, dann wären sie zwar bei ihm ebenfalls zu versteuern gewesen, der Nachlass wäre aber um die entsprechende Einkommensteuerschuld geringer gewesen. Oder der Erbe zieht rückständigen Lohn oder rückständiges Gehalt des Erblassers ein. In all diesen Fällen sind die erbschaftsteuerlichen Erwerbe zusätzlich latent mit einer eigenen Einkommensteuer des Erben belastet. Für diese Fälle verbleibt es bei der Festsetzung der Erbschaftsteuer ohne Berücksichtigung der latenten Einkommensteuerbelastung. Allerdings sieht § 35 b EStG für Erbfälle (nicht Schenkungen!) seit 01.01.2009 (§ 52 Abs. 50 c EStG) eine Anrechnungsmöglichkeit innerhalb eines Anrechnungszeitraums von 4 Jahren vor.

BEISPIELE

a) E erbt am 01.10.2009 ein Grundstück, das er noch innerhalb der Zehnjahresfrist des § 23 EStG am 01.12.2013 veräußert. Da die Veräußerung innerhalb des Anrechnungszeitraums, der bis 31.12.2013 (und nicht etwa nur bis 30.09.2013) läuft, veräußert, ist § 35 b EStG anwendbar.

b) S erbt einen Betrieb mit einem Verkehrswert von 1 Mio Euro. S entscheidet sich für den Verschonungsabschlag von 85%. Im dritten Jahr nach dem Erbfall verkauft S den Betrieb mit einem Gewinn von 500 000 €. Darauf wäre Einkommensteuer festzusetzen in Höhe von

0,45 × 500 000 − 15 576 = 209 424 €. Auf Antrag wird die ESt um den prozentualen Abschlag des § 35 Satz 2 EStG ermäßigt.

204–205 frei

2 Steuerpflicht

206 Die Erbschaftsteuer unterscheidet zwischen der **persönlichen** Steuerpflicht des § 2 ErbStG und der **sachlichen** Steuerpflicht (Steuerentrichtungspflicht). Ob der persönlich steuerpflichtige Empfänger der Bereicherung am Ende auch tatsächlich Erbschaftsteuer entrichten muss, ist von einer Vielzahl von Faktoren, insbesondere von der Höhe des Werts der Bereicherung und von den zu gewährenden Freibeträgen, abhängig.

2.1 Persönliche Steuerpflicht

207 Das Gesetz spricht in § 2 ErbStG zwar nicht von der unbeschränkten und der beschränkten Steuerpflicht. Jedoch lässt sich diese Unterscheidung hinsichtlich ihrer Voraussetzungen und ihrer Rechtsfolgen mühelos treffen. Zu ergänzen sind diese Vorschriften noch um diejenigen einer erweitert beschränkten Erbschaftsteuerpflicht nach § 4 Außensteuergesetz (AStG). Persönlich steuerpflichtig ist **jeder Erwerber** einer Bereicherung, also sowohl natürliche als auch juristische Personen (AG, GmbH, Verein), darüberhinaus aber auch jede andere Art von Personenvereinigungen oder Vermögensmassen. § 2 ErbStG bestimmt aber nicht den Steuerschuldner (dieser ergibt sich vielmehr aus der Vorschrift des § 20 ErbStG), sondern soll eine Abgrenzung treffen, welche Art von Erwerben der deutschen Erbschaftsteuer unterliegen, wenn die Bereicherung auch persönliche oder sachliche Beziehungen zum Ausland aufweist.

2.1.1 Unbeschränkte Steuerpflicht

208 Unbeschränkte Steuerpflicht besteht, wenn entweder der **Erblasser** (Schenker) oder der **Erwerber Inländer** ist. Abgestellt wird dabei beim Erblasser auf den Zeitpunkt des Todes, beim Schenker auf den Zeitpunkt der Ausführung der Schenkung und beim Erwerber auf den Zeitpunkt des Entstehens der Steuer (§ 9 ErbStG). Als Rechtsfolge der unbeschränkten Steuerpflicht unterliegt der **gesamte Vermögensanfall** einschließlich der im Ausland belegenen Vermögensteile der deutschen Erbschaftsteuer. Steuerliche Erleichterung für das Auslandsvermögen schafft nur entweder ein DBA, das sich auch auf die Erbschaftsteuer bezieht, oder die Anrechnungsvorschrift des § 21 ErbStG.

209 **Natürliche Personen** sind Inländer, wenn sie im Zeitpunkt des Todes bzw. der Zuwendung bzw. des Entstehens der Steuer einen **Wohnsitz** (§ 8 AO) oder ihren **gewöhnlichen Aufenthalt** (§ 9 AO) im Inland haben. Haben sie also im Inland einen Wohnsitz oder ihren gewöhnlichen Aufenthalt, dann kommt es auf ihre Staatsangehörigkeit nicht an. Darüberhinaus schafft § 2 in Abs. 1 Nr. 1 Satz 2 Buchst. b und c für deutsche Staatsangehörige noch eine erweiterte Zuordnung zur unbeschränkten Steuerpflicht, wenn sie sich entweder nicht länger als fünf Jahre im Ausland aufgehalten haben oder (ungeachtet der Fünfjahresfrist) in einem Dienstverhältnis zu einer inländischen juristischen Person des öffentlichen Rechts stehen und Arbeitslohn aus einer inländischen öffentlichen Kasse beziehen.

210 **Juristische Personen,** Personenvereinigungen und Vermögensmassen sind Inländer, wenn sie ihren **Sitz** (§ 11 AO) oder ihre **Geschäftsleitung** (§ 10 AO) im Inland haben.

BEISPIELE

c) Der Schweizer Staatsangehörige A hatte bei seinem Tode einen Wohnsitz in Stuttgart und einen Wohnsitz in Zürich, seinen gewöhnlichen Aufenthalt hatte er in Zürich.
LÖSUNG Es besteht unbeschränkte Steuerpflicht, d. h. sein gesamter in- und ausländischer Nachlass unterliegt nach § 2 ErbStG der deutschen Erbschaftsteuer, auch wenn die Erben alle in der Schweiz leben – wenn nicht ein deutsch-schweizerisches Doppelbesteuerungsabkommen dafür eine andere Lösung vorsieht. In der Tat sieht das deutsch-schweizerische DBA zur Vermeidung der Doppelbesteuerung auf dem Gebiet der Nachlass- und Erbschaftsteuer vom 30.11.1978 dafür eine andere Lösung vor. Solche DBA auf dem Gebiet der Erbschaftsteuer bestehen aber nur zu wenigen Staaten. Ansonsten helfen nur Anrechnungsvorschriften, vgl. § 21 ErbStG.
Das in der Schweiz belegene Vermögen bleibt jedoch über die Vorschrift des § 19 Abs. 2 ErbStG für den deutschen Steuersatz von Bedeutung.

d) Der Erblasser ist Chilene, der im Inland weder Wohnsitz noch gewöhnlichen Aufenthalt hat. Erben sind seine neun Kinder, von denen ein Sohn in Heidelberg studiert. Der gesamte Nachlass befindet sich in Chile.
LÖSUNG Soweit es den in Heidelberg lebenden Sohn betrifft, besteht wegen dessen inländischen Wohnsitzes unbeschränkte Steuerpflicht. In Höhe seines Erbteils ist der Erbfall daher der deutschen Erbschaftsteuer zu unterwerfen. Für die Höhe des Erbteils ist chilenisches Recht anzuwenden. Zur Berechnung des anteiligen Werts des Nachlasses sind die §§ 31, 9 BewG anzuwenden. Eine evtl. zu zahlende chilenische Erbschaftsteuer wird nach § 21 ErbStG angerechnet.

2.1.2 Beschränkte Steuerpflicht

Sind weder der Erblasser (Schenker) noch der Erwerber Inländer im obigen Sinne, dann liegt beschränkte Steuerpflicht vor, wenn der Erwerb **Wirtschaftsgüter des Inlandsvermögens** im Sinne des § 121 BewG betrifft. Als Rechtsfolge wird dann nur der Erwerb dieses Inlandsvermögens der deutschen Erbschaftsteuer unterworfen. Als Freibetrag kommt nur ein Betrag in Höhe von 2 000 € in Betracht (§ 16 Abs. 2 ErbStG).

2.1.3 Erweiterte beschränkte Steuerpflicht

Die erweiterte beschränkte Steuerpflicht kommt in Betracht für Steuerpflichtige, die in den letzten 10 Jahren vor dem Ende ihrer unbeschränkten Steuerpflicht mindestens fünf Jahre lang als Deutsche unbeschränkt einkommensteuerpflichtig waren und ihren Wohnsitz zum Zeitpunkt des Todes oder der Ausführung der Schenkung in ein sog. Oasenland (ausländisches Gebiet mit niedriger Besteuerung) verlegt hatten und dennoch zum Zeitpunkt des Todes (Schenkung) noch wesentliche wirtschaftliche Interessen im Inland hatten (§ 4 AStG i. V. m. § 2 AStG).

Als **Rechtsfolge** beschränkt sich die Steuerpflicht nicht auf das Inlandvermögen im Sinne des § 121 BewG, sondern umfasst alle Teile des Erwerbs, deren Erträge nicht ausländische Erträge im Sinne des § 34c Abs. 1 EStG wären. Als solche weiteren Vermögensposten benennt der Anwendungserlass des BMF vom 02.12.1994 BStBl I Sondernummer 1/1995,19: Kapitalforderungen gegen einen Schuldner im Inland; Spareinlagen und Bankguthaben bei Geldinstituten im Inland; Aktien, Anteile an Kapitalgesellschaften, Investmentfonds, offene Immobilienfonds und Geschäftsguthaben an Genossenschaften im Inland; Ansprüche auf Renten und andere wiederkehrende Leistungen gegen Schuldner im Inland; Nießbrauchs- und Nutzungsrechte an Vermögensgegenständen im Inland; Erfindungen und Urheberrechte, die im Inland verwertet werden; Versicherungsansprüche gegen Versicherungsunternehmen im Inland; bewegliche Wirtschaftsgüter, die sich im Inland befinden; Vermögen, dessen Erträge nach § 5 AStG der erweiterten beschränkten Steuerpflicht unterliegen; Vermögen, das nach

§ 15 AStG dem erweitert beschränkt Steuerpflichtigen zuzurechnen ist. Diese Ausweitung findet nicht statt, wenn der ausländische Staat für diese über das Inlandsvermögen hinaus steuerpflichtigen Wirtschaftsgüter seinerseits eine Erbschaft- oder Schenkungsteuer erhebt, die sich auf mindestens 30 % der deutschen Erbschaftsteuer beläuft. Über § 5 Abs. 1 Satz 2 AStG i. V. m. § 8 AStG unterliegt auch das von einer ausländischen **Zwischengesellschaft** gehaltene Vermögen des Erblassers (Schenkers) der erweiterten beschränkten Steuerpflicht.

214 Da die unbeschränkte Steuerpflicht gem. § 2 Abs. 1 Nr. 1 Buchst. b ErbStG sich sowieso noch bis zu einem Zeitraum von fünf Jahren nach dem Wegzug erstreckt, beginnt die erweiterte beschränkte Steuerpflicht erst nach Ablauf von fünf Jahren nach dem Wegzug und endet 10 Jahre nach dem Wegzug, da in § 2 AStG das Ende auf 10 Jahre nach Wegfall der einkommensteuerlichen unbeschränkten Steuerpflicht festgelegt und in § 4 AStG auf diese Vorschrift für Zwecke der Erbschaftsteuer verwiesen wird. Hat der Steuerpflichtige zugleich mit dem Wohnsitzwechsel auch die deutsche Staatsangehörigkeit aufgegeben, so entfällt die fünfjährige unbeschränkte Steuerpflicht des § 2 Abs. 1 Nr. 1 Buchst. b ErbStG; in diesen Fällen beginnt sofort die erweiterte beschränkt Steuerpflicht des § 4 AStG.

215 Für unbeschränkt steuerpflichtige Empfänger verbleibt es aber bei ihrer unbeschränkten Erbschaftsteuerpflicht; für sie ändert sich nichts, wenn der Erblasser oder Schenker erweitert beschränkt steuerpflichtig ist.

BEISPIELE

a) Erblasser E ist Ausländer und wohnt in einem ausländischen Staat, mit dem kein DBA besteht. Sein Gesamtvermögen beläuft sich auf 1,0 Mio. €, von dem 100 000 € Inlandvermögen im Sinne des § 121 BewG darstellt. Seine Erben sind seine Kinder A und B zu je 50 %. A lebt ebenfalls im Ausland, B studiert in Deutschland und hat hier einen Wohnsitz.
LÖSUNG Da sowohl E als auch A beschränkt steuerpflichtig sind, unterliegt A mit seinem Anteil von 50 000 € Inlandvermögen der deutschen Erbschaftsteuer. Für ihn kommt nur der Freibetrag des § 16 Abs. 2 ErbStG in Höhe von 2 000 € in Betracht. Für den Steuersatz bestehen keine Besonderheiten.
Da zwar nicht E, wohl aber B unbeschränkt steuerpflichtig ist, unterliegt sein voller Anteil von 500 000 € der deutschen Erbschaftsteuer. Allerdings kommt auf ihn der volle Freibetrag von 400 000 € zur Anwendung. Für eine daneben etwa in dem ausländischen Staat zu zahlende Steuer besteht über § 21 ErbStG eine Anrechnungsmöglichkeit.

b) E zog am 01.01.01 in ein Steueroasenland, mit dem kein DBA besteht. Am 01.05.05 schenkte er seinem bei ihm lebenden Sohn S ein im Ausland belegenes Grundstück. Am 01.05.07 verstarb E.
LÖSUNG Zur Zeit der Schenkung am 01.05.05 war E noch unbeschränkt erbschaftsteuerpflichtig nach § 2 Abs. 1 Nr. 1 Buchst. b ErbStG, der Erwerb unterliegt also der deutschen Erbschaftsteuer (Schenkungsteuer). Zum Zeitpunkt des Todes unterlag der Erblasser der erweiterten beschränkten Steuerpflicht. Der deutschen Erbschaftsteuer unterliegt sowohl das Inlandvermögen im Sinne des § 121 BewG, als auch die in den §§ 4 und 5 AStG bezeichneten Vermögensteile.

216–220 frei

2.2 Erwerb von Todes wegen

221 Als ersten steuerpflichtigen Erwerbstatbestand der Erbschaftsteuer benennt die Vorschrift des § 1 ErbStG den Erwerb von Todes wegen. Welche Einzelfälle darunter zu verstehen sind, ergibt sich aus der Vorschrift des § 3 ErbStG. Das Gesetz knüpft auch hier an den Vorgang der Bereicherung an. Mit Erbschaftsteuer belastet sind daher nicht nur die Erben, sondern alle infolge eines Todesfalles Begünstigten.

Beim Erwerb von Todes wegen ist auf die **zivilrechtliche Eigentümerstellung** des Erblassers abzustellen. Eine wirtschaftliche Eigentümerstellung ist dem Erbrecht und dem Erbschaftsteuerrecht beim Erwerb von Todes wegen fremd, BFH vom 15.10.1997 BStBl II 1997, 820. Hat also der Erblasser kurz vor seinem Tode ein Grundstück gekauft und sind Nutzen und Lasten bereits auf ihn übergegangen, ist er jedoch noch nicht im Grundbuch eingetragen, so fällt nur der Sachleistungsanspruch in den Nachlass, nicht das Grundstück (wobei der Sachleistungsanspruch gem. dem o. a. Urteil des BFH mit seinem gemeinen Wert, also mit dem Verkehrswert des Grundstücks anzusetzen ist und nicht mit dessen Steuerwert. Der Sachleistungsanspruch ist nicht mit dem Verschonungsabschlag des § 13 c ErbStG begünstigt).

222

BEISPIEL
Erblasser E hatte kurz vor seinem Tode ein Grundstück gekauft, Abschluss des notariellen Kaufvertrags am 01.02.2009, Übergang der Nutzen und Lasten am 01.04.2009. Bis zum Todestag des E am 20.05.2009 war der Eigentumswechsel noch nicht im Grundbuch eingetragen.
LÖSUNG In diesem Fall fällt nicht das Grundstück in den Nachlass des S, sondern der Sachleistungsanspruch auf Übereignung des Grundstücks. Nach dem o. a. BFH-Urteil vom 15.10.1997 ist dieser Sachleistungsanspruch mit dem gemeinen Wert, also mit dem Verkehrswert des Grundstücks anzusetzen. Der Steuerwert, der nach den §§ 178 ff. BewG ermittelt wird, entspricht aber gem. § 177 BewG dem gemeinen Wert des § 9 BewG.

2.2.1 Erbfolge

An erster Stelle der erbschaftsteuerlichen Erwerbe steht naturgemäß der **Erbfall.** Gemeint sind damit sowohl die gesetzlichen Erben, als auch die testamentarischen Erben und die Erben infolge eines Erbvertrages. Nicht Erbe wird, wer die Erbschaft ausschlägt, § 1953 BGB; der ausschlagende Erbe ist daher auch nicht erbschaftsteuerpflichtig. An seiner Stelle wird Erbe, wer zur Erbfolge berufen wäre, wenn der Ausschlagende zum Zeitpunkt des Erbfalles nicht gelebt hätte (§ 1953 Abs. 2 BGB). Bei der **gesetzlichen Erbfolge** gilt also: Schlägt der Sohn des Erblassers die Erbschaft aus, so erben seine Kinder seinen Anteil; schlägt der Ehegatte die Erbschaft aus, so erben die Abkömmlinge seinen Anteil; bei der **gewillkürten Erbfolge** dagegen gilt, dass der Anteil des ausschlagenden Erben den übrigen eingesetzten Erben zuwächst, § 2094 BGB; nur wenn der eingesetzte Alleinerbe ausschlägt, gilt wieder die gesetzliche Erbfolge, Palandt, Rz. 5 zu § 1953 BGB.

223

Da Erbe gem. § 1923 BGB nur werden kann, wer zur Zeit des Erbfalles seinerseits noch lebte (§ 1923 BGB), ist der genaue **Todeszeitpunkt für das Entstehen des Erbfalls und damit der Erbschaftsteuer wichtig**. Bei gemeinsamen Unfällen kommt es also darauf an, wer welchen Erblasser zunächst überlebt hat. Gibt es dafür keinen Nachweis, so wird gem. § 11 VerschG gesetzlich vermutet, dass beide oder mehrere Verstorbene gleichzeitig gestorben sind, so dass eine Erbfolge untereinander ausscheidet. Umgekehrt kann auch Erbe werden, wer zum Zeitpunkt des Todes noch nicht lebte (§ 1923 Abs. 2 BGB). Gleiches gilt für den Nacherben, § 2101 Abs. 1 BGB, und für den Vermächtnisnehmer, § 2162 Abs. 2 BGB.

224

Als Erwerber von Todes wegen **gilt** auch, wer bei streitiger Erbfolge infolge eines Vergleichs wie ein Erbe behandelt wird (st. Rspr. vgl. BFH vom 24.07.1972 BStBl II 1972, 886 und zuletzt wieder vom 13.02.1997 BStBl II 1997, 535). Gleiches gilt, wenn die Erben aus Pietät eine unwirksame Erbeinsetzung als wirksam betrachten (§ 41 Abs. 1 AO). Wie ein Erbfall wirkt auch der Übergang eines Anteils an einer Personengesellschaft aufgrund einer einfachen oder qualifizierten Nachfolgeklausel oder aufgrund eines Eintrittsrechtes auf den Erben, vgl. BMF vom 29.11.1994 BStBl I 1994, 905.

225

226 Die Erbschaftsteuer bemisst sich nach der **Bereicherung** (§ 10 ErbStG). Das ist der Wert des übergegangenen Vermögens (§ 12 ErbStG) gekürzt um die persönlichen und sachlichen Steuerbefreiungen und um die zum Abzug zugelassenen Nachlassverbindlichkeiten. Die

227 **anteilige Zurechnung** richtet sich grundsätzlich nach der Quote, zu der der Miterbe am Nachlass beteiligt ist. Die spätere Erbauseinandersetzung ist dabei unbeachtlich. Im Gegenteil: Führt die Erbauseinandersetzung zu relevanten Abweichungen von der Erbquote und liegt diese nicht in der Beseitigung von Ungewissheit oder Streit über die Erbeinsetzung, so kann in dieser Erbauseinandersetzung ihrerseits wieder eine Zuwendung unter Lebenden liegen. Allerdings ist zu beachten, dass sich der Teilungsanteil durch notwendige Ausgleichsverpflichtungen nach den §§ 2050 ff. BGB verschieben kann.

> **BEISPIEL**
> Die Kinder S und T sind Erben zu je 1/2. Der Wert des Nachlasses beträgt 500 000 €. Der S hat als Kapitalstart zur Eröffnung eines Betriebes eine Ausstattung in Höhe von 100 000 € erhalten, die jetzt gem. § 2050 Abs. 1 BGB anzurechnen ist.
> **LÖSUNG** Die Zuwendung wird dem Nachlasswert hinzugerechnet (Wert also 600 000 €) und bei dem S vorab angerechnet. Auf S entfällt also ein Anteil in Höhe von 200 000 €, auf T ein Anteil von 300 000 €.

228 Da eine Ausgleichung gem. §§ 2050 ff. BGB zu Teilungsquoten führt, die von den Erbschaftsquoten abweichen (so ausdrücklich BGH vom 30. 10. 1985 BGHZ 96,174), sind diese Teilungsquoten der Erbschaftsteuer zugrunde zu legen (R 5 Abs. 5 ErbStR).

2.2.2 Teilungsanordnung und Vorausvermächtnis

229 Anders ist dies bei einer Teilungsanordnung, die der Erblasser nach § 2048 BGB getroffen hat. Eine solche Teilungsanordnung lässt die **Teilungsquoten unberührt.** Hat der durch eine Teilungsanordnung Begünstigte mehr erhalten als seinem Anteil entspricht, so hat er den Mehrwert an den Nachlass zu erstatten. Aus diesem Grund lässt eine Teilungsanordnung die Verteilung der Erbschaftsteuerlast unberührt (R 5 ErbStR). Dies gilt nicht nur hinsichtlich der Quote, sondern auch hinsichtlich der einzelnen Gegenstände.

> **BEISPIEL**
> Erben sind die Kinder S und T. Der Nachlass hat einen Wert von 800 000 €. Er besteht aus einem Grundstück (Verkehrswert 500 000 €) und Geldvermögen in Höhe von 300 000 €. Entsprechend einer Teilungsanordnung des Erblassers einigen sich S und T dahin, dass S das Grundstück und T das Geldvermögen erhalten.
> **LÖSUNG** Gleichwohl ist der gesamte Nachlass mit seinem Steuerwert von 800 000 € den Miterben S und T zu je 400 000 € zuzurechnen, vgl. BFH vom 05. 02. 1992 BFH/NV 1993, 100 und vom 01. 04. 1992, BStBl II 1992, 669. Da Ausgleichszahlungen nicht dem Erbfall, sondern der nachfolgenden Erbauseinandersetzung zuzurechnen sind, spielt es keine Rolle, ob S zum Ausgleich des Mehrwerts an die T eine Zahlung leistet. Wird darauf verzichtet, um den S nicht zu nötigen, das Grundstück zu verkaufen, liegt in dem Verzicht der T keine zusätzliche freigebige Zuwendung, wenn die Einigung zur Vermeidung eines Rechtsstreits erfolgt.

230 Teilungsanordnungen beeinflussen daher nicht die Erbschaftsteuer (vgl. R 5 Abs. 1 bis 3 ErbStR). Ergibt eine Testamentsauslegung, dass der Erblasser mit seiner Teilungsanordnung nicht nur eine Regelung zur Verteilung des Nachlasses innerhalb der Erbquoten erreichen, sondern darüberhinaus die Quoten verändern wollte, dann liegt die Anordnung eines Vorausvermächtnisses vor (R 5 Abs. 4 ErbStR). Bestimmt der Erblasser eine **vollständige**

Teilungsanordnung und bestimmt er gleichzeitig, dass kein Ausgleich zu zahlen sei, dann hat er ausnahmsweise damit die Erbquoten verändert, vgl. das Beispiel in H5 (2) ErbStR.

> **BEISPIELE**
>
> **Nach H 36 »Weitergabeverpflichtung« Erl. v. 25.06.2009 Beispiel 2:**
> Erblasser E setzt seine Kinder A und B zu gleichen Teilen als Erben ein. Der Nachlass besteht aus einem Grundstück mit einem Steuerwert von 900 000 € abzüglich 10 % Verschonungsabschlag nach § 13c ErbStG und aus Geldvermögen im Wert von 300 000 €. E bestimmt, dass A das Grundstück gegen Wertausgleichszahlung an B in Höhe von 300 000 € und B das Geldvermögen erhalten soll (Teilungsanordnung).
> **LÖSUNG** Als Erwerb durch Erbanfall sind bei A und B ohne Rücksicht auf die Teilungsanordnung jeweils die Hälfte des Steuerwerts des Nachlasses anzusetzen, also jeweils (1/2 von 1 200 000 € =) 600 000 €.
> Für A gilt:
> Sein Grundstücksanteil beträgt 450 000 + Werterhöhung Ausgleichszahlung »aus dem Nachlass« 150 000 € = 600 000 ./. Verschonungsabschlag § 13c ErbStG 60 000 €. Also Erbanteil A 600 000 ./. 60 000 = 540 000 €.

Bei einem **Vorausvermächtnis** wendet der Erblasser einen bestimmten Gegenstand einem der Erben ohne Anrechnung auf seinen Erbteil im Voraus zu (§ 2150 BGB). Der verbleibende Nachlass wird dann unter den Erben entsprechend ihrer Quote verteilt. Dieses Vorausvermächtnis muss daher zusätzlich zu der Erbquote der Bereicherung des begünstigten Miterben hinzugerechnet werden. Zu dem Bereicherungsgrund »Erbanfall« tritt also noch der Bereicherungsgrund »Vermächtnis« hinzu.

> **BEISPIEL**
>
> **Nach H 5 Abs. 4 ErbStR:**
> Erblasser E setzt seine Kinder A und B zu gleichen Teilen als Erben ein. Der Nachlass besteht aus Wertpapieren mit einem Steuerwert von 810 000 € und aus Geldvermögen im Wert von 600 000 €. E bestimmt, dass A die Wertpapiere (ohne Wertausgleichszahlung an B) und dass B das Geldvermögen erhalten soll.
> **LÖSUNG** Es liegt ein Vorausvermächtnis (des A) hinsichtlich des Anteils der Wertpapiere (des B), für den keine Wertausgleichszahlung zu leisten ist, vor. Das Vorausvermächtnis (des A) ist erbschaftsteuerlich wie folgt zu bewerten:
> Steuerwert des Vorausvermächtnisses des A (Wertpapieranteil des B)
> 1/2 von 810 000 €   = 405 000 €
> Für A und B ergeben sich somit folgende Erwerbe:
> Steuerwert des Nachlasses   1 410 000 €
> abzüglich Steuerwert des Vorausvermächtnisses des A   ./. 405 000 €
>   1 005 000 €
>
> | | A | B |
> |-----------------------------------|-------------|-------------|
> | Erbanteil je 1/2 von 705 000 € | 502 500 € | 502 500 € |
> | Vorausvermächtnis des A | + 405 000 € | +   0 € |
> | Erwerb von Todes wegen somit | 907 500 € | 502 500 € |

2.2.3 Vermächtnis

Der durch ein Vermächtnis Begünstigte ist **nicht unmittelbarer** Rechtsnachfolger des Erblassers, sondern er hat einen schuldrechtlichen Erfüllungsanspruch gegen die Erben, §§ 1939, 2174 BGB (in Ausnahmefällen auch einmal gegen andere Personen, bspw. gegen einen anderen Vermächtnisnehmer). Dies gilt auch im Falle des Vorausvermächtnisses (§ 2150 BGB).

Es sind folgende Formen von Vermächtnissen zu unterscheiden:
- **Geldvermächtnis** (auf Geld gerichtetes Vermächtnis; die am häufigsten praktizierte Form),
- **Sachvermächtnis** (auf Herausgabe einer Sache oder Übertragung eines Rechts gerichtetes Vermächtnis),
- **Rentenvermächtnis** (Anspruch auf Zahlung einer Rente),
- **Nießbrauchs- oder Wohnrechtsvermächtnis** (Anspruch auf einen Nießbrauch bzw. ein Recht auf Nutzung einer Wohnung) und
- **Verschaffungsvermächtnis.** (Der Bedachte kann verlangen, dass der Erbe ihm aus Mitteln des Nachlasses einen Gegenstand besorgt, § 2170 BGB; hinterlässt der Erblasser Geld, mit dem der Erbe dem Vermächtnisnehmer ein Grundstück verschaffen soll, so ist der gemeine Wert des Sachleistungsanspruchs und nicht der Steuerwert des Grundstücks zugewendet; die Regeln über die mittelbare Grundstücksschenkung sind auf diesen Fall nicht anwendbar, a.A. Meincke, Rz. 42 zu § 3.)

233 Obwohl also auch beim Sachvermächtnis der Vermächtnisnehmer nur einen schuldrechtlichen Erfüllungsanpruch hat, gilt als Wert des Sachvermächtnisses der Wert der zugewendeten Sache (vgl. R 92 Abs. 2 ErbStR). Die zugewendete Sache wird also einmal beim **Erben** als **Teil des Nachlasses** gem. § 12 ErbStG angesetzt, aber auch als **abzugsfähige Schuld** nach § 10 Abs. 5 Nr. 2 ErbStG berücksichtigt; **zusätzlich** wird sie beim **Vermächtnisnehmer** als **zugewendete Sache** nach § 12 ErbStG angesetzt.

BEISPIEL

Der Nachlass hat einen Wert von 1,0 Mio. €. Darin ist ein Grundstück mit einem Wert von 300 000 € enthalten. Dieses hat der Alleinerbe E an den Vermächtnisnehmer N herausgegeben. N hat als Zuwendung das Grundstück mit dem Wert von 300 000 € erhalten. E hat zunächst das Grundstück mit dem Wert von 300 000 € und die sonstigen Wirtschaftsgüter mit 700 000 € erhalten, kann aber das herauszugebende Grundstück mit seinem Wert von 300 000 € als Nachlassverbindlichkeit nach § 10 Abs. 5 Nr. 2 ErbStG abziehen.

234 Das Vermächtnis ist **mit dem Todesfall** zugewendet (§ 2176 BGB), die Erbschaftsteuer entsteht also bereits mit dem Todesfall, nicht erst mit Erfüllung des Vermächtnisses. Schlägt der Vermächtnisnehmer das Vermächtnis aus, so entsteht keine Erbschaftsteuerschuld. Da im Gegensatz zur Erbausschlagung (§ 1944 BGB) eine Ausschlagungsfrist nicht besteht, kann die Ausschlagung des Vermächtnisses auch relativ spät erklärt werden. Gleichwohl gilt auch in solchen Fällen das Vermächtnis als von Anfang an nicht angefallen (§ 2180 verweist insoweit auf § 1953 Abs. 1 BGB). Eine bereits festgesetzte Steuer entfällt gem. § 175 Abs. 1 Nr. 2 AO.

2.2.4 Pflichtteilsanspruch

235 Der Pflichtteilsanspruch ist stets auf eine **Geldsumme** gerichtet. Anspruchsberechtigt können nur
- Abkömmlinge,
- Eltern
- Ehegatten
- Lebenspartner einer eingetragenen Lebenspartnerschaft

des Erblassers sein, wenn sie nach der gesetzlichen Ordnung zur Erbfolge berufen wären, aber durch letztwillige Verfügung des Erblassers von der Erbfolge ausgeschlossen worden sind (§ 2303 BGB). Die Großeltern und die Geschwister sind nicht pflichtteilsberechtigt. Obwohl der Pflichtteilsanspruch zivilrechtlich zu seinem Entstehen keiner Geltendmachung bedarf, entsteht die **Steuerpflicht** gemäß § 3 Abs. 1 ErbStG erst dann, wenn der Anspruch auch tatsächlich **geltendgemacht** wird. Solange der Pflichtteilsanspruch nicht geltendgemacht ist, kann er beim Pflichtteilsberechtigten weder besteuert, noch beim Erben als Nachlassschuld abgezogen werden (§ 10 Abs. 5 Nr. 2 ErbStG). Dennoch richtet sich die Höhe des Pflichtteilsanpruchs nach dem Wert des Nachlasses im Zeitpunkt des Erbfalles und nicht der Geltendmachung. Der Pflichtteilsanspruch richtet sich auf die **Hälfte** des Wertes des gesetzlichen Erbteils (§ 2303 Abs. 1 Satz 2 ErbStG). Bei der Bestimmung sind auch andere enterbte Personen sowie für erbunwürdig erklärte Personen und Personen, die die Erbschaft ausgeschlagen haben, mitzuzählen. Dagegen sind Personen, die auf die Erbschaft verzichtet haben oder vorverstorben sind, bei der Bestimmung des Pflichtteils nicht mitzuzählen.

Erbschaftsteuerlich besteht der Pflichtteil in einer **Kapitalforderung,** auch wenn der Berechtigte später mit einem Sachwert aus dem Nachlass abgefunden wird. Wird der Sachwert gem. § 364 BGB an Erfüllungs Statt geleistet, so muss wohl dieselbe Lösung gelten (so jedenfalls BFH vom 25. 10. 1995 BStBl II 1996, 97 für das Geldvermächtnis, während BFH vom 17. 02. 1982 BStBl II 1982, 350 für den Pflichtteilsanspruch noch den Steuerwert des an Erfüllungs Statt hingegebenen Wirtschaftsguts als Besteuerungsgrundlage nahm; in dem Urteil vom 25. 10. 1995 lässt der BFH es offen, ob er an seinem Urteil vom 17. 02. 1982 bei Entscheidung eines vergleichbaren Sachverhaltes noch festhalten könnte).

236

BEISPIELE

a) V hinterlässt Sohn S und Tochter T. Er setzt den Sohn zum Alleinerben ein. Der Wert des Nachlasses beläuft sich auf 1 Mio. €.
LÖSUNG Die T hat einen Pflichtteilsanspruch in Höhe von 250 000 €. Dies ist auch der erbschaftsteuerliche Wert, wenn sie den Anspruch geltend macht. S erwirbt den Nachlass mit 1 Mio. € und zieht die 250 000 € ab, wenn die T den Pflichtteil geltend macht.

b) V hinterlässt seine Ehefrau M und Tochter T. V setzt die Ehefrau, mit der er im gesetzlichen Güterstand der Zugewinngemeinschaft lebte, zur Alleinerbin ein. Der während der Ehe erzielte Zugewinn beträgt für den Erblasser 1 Mio. €, für die Ehefrau 500 000 €. Der Wert des Nachlasses beträgt 1 Mio. €.
LÖSUNG T hat hier einen Pflichtteilsanspruch in Höhe von 187 500 € (der Zugewinnausgleichsanspruch ist vorab abzuziehen).
Die Ehefrau hat eine nach §§ 1373 ff. BGB berechnete fiktive Ausgleichsforderung von 250 000 €. Diese kann sie vom Wert des Nachlasses abziehen. Zusätzlich kann sie den Wert des Pflichtteils mit 187 500 € abziehen. Verbleibender Nachlasswert also 562 500 €.

237–240 frei

2.2.5 Schenkung auf den Todesfall

§ 2301 BGB spricht richtigerweise von einem Schenkungsversprechen auf den Todesfall, § 3 Abs. 1 Nr. 2 ErbStG dagegen von einer Schenkung auf den Todesfall. Da das Versprechen nur unter der Bedingung wirksam werden soll, dass der Beschenkte den Schenker überlebt, erwirbt der Beschenkte im Zeitpunkt des Todes des Erblassers einen Sachleistungsanspruch gegen den Erben.

241

Der wichtigste erbschaftsteuerliche **Unterschied** zwischen der Schenkung von Todes wegen und der Schenkung unter Lebenden besteht in der Behandlung von Verbindlichkeiten, die im Zusammenhang mit der Schenkung übernommen werden: Bei der Schenkung von Todes wegen handelt es sich um **Nachlassverbindlichkeiten,** die vom übernommenen Vermögen voll abziehbar sind, während es sich bei der Schenkung unter Lebenden um

242

gemischte Schenkungen handelt, die zu einer Beschränkung des Schuldabzugs führen (dazu 2.6.2), vgl. R 6 ErbStR. Sind die Ansprüche nicht auf Geld, sondern auf Übertragung einer **Sache** gerichtet, dann muss ebenso wie beim Sachvermächtnis der Steuerwert der geschenkten Sache maßgebend sein.

> **BEISPIEL**
>
> S erhält als Schenkung auf den Todesfall ein Grundstück, dessen Wert sich auf 500 000 € beläuft. S soll die mit dem Grundstückserwerb zusammenhängende Hypothekenschuld in Höhe von 150 000 € übernehmen.
> Der Wert der Bereicherung beträgt 350 000 €, vgl. H 6 ErbStR.

2.2.6 Ausscheiden eines Erblassers aus einer Personengesellschaft zum Buchwert

243 Ist im Gesellschaftsvertrag einer Personengesellschaft die **Fortsetzungsklausel** (Fortsetzung unter den alten Gesellschaftern ohne Eintritt eines Erben in die Gesellschaft) vereinbart (§§ 736 BGB, 138 HGB), so ergibt sich in der Regel dadurch ein Ausgleichsanspruch nach § 738 Abs. 1 Satz 2 BGB, der noch in der Person des Erblassers entsteht und der als **Geldanspruch** auf die Erben übergeht. Das Problem einer Bereicherung der Altgesellschafter ergibt sich in diesem Regelfall nicht.

244 Haben allerdings die Altgesellschafter nach dem Gesellschaftsvertrag weniger zu bezahlen, als es dem Wert des Anteils des Verstorbenen entspricht, dann sind die Altgesellschafter bereichert. Allerdings erfüllt diese Bereicherung nur dann den Tatbestand des § 3 Abs. 1 Nr. 2 Satz 2 ErbStG, wenn die Abfindung unter dem Wert des Anteils im Sinne des § 12 ErbStG liegt.

245 Fälle dieser Art finden sich besonders häufig, wenn der Gesellschaftsvertrag eine **Abfindung zu Buchwerten** vorsieht, jedoch ist die Regelung auch auf alle anderen Fälle einer Abfindung unter den Steuerwerten anzuwenden, ja selbst dann, wenn eine Abfindung überhaupt ausgeschlossen ist. Sie ist auch anzuwenden, wenn es nur noch einen verbliebenen Gesellschafter gibt, der die bisherige Gesellschaft nunmehr als Einzelunternehmer fortsetzt (R 7 Abs. 2 ErbStR). Nach BFH vom 01. 07. 1992 BStBl II 1992, 912 setzt der Tatbestand des § 3 Abs. 1 Nr. 2 Satz 2 ErbStG das subjektive Merkmal der Unentgeltlichkeit ausnahmsweise nicht voraus.

246 Eine Ausdehnung der Vorschrift des § 3 Abs. 1 Nr. 2 Satz 2 ErbStG auf **Fälle der GmbH** kommt schon deshalb nicht in Betracht, weil die GmbH-Satzung die Vererblichkeit von GmbH-Anteilen nicht ausschließen kann (§ 15 GmbHG). Gleichwohl kann auch auf diese Fälle die Vorschrift des § 3 Abs. 1 Nr. 2 Satz 2 ErbStG anzuwenden sein, nämlich dann, wenn gesellschaftsvertragliche Vereinbarungen bestehen, nach denen der Erbe verpflichtet ist, den durch Erbanfall erworbenen Geschäftsanteil auf die Gesellschafter oder die Gesellschaft gegen eine Abfindung zu übertragen, die geringer ist als der Steuerwert der Anteile (R 7 Abs. 3 ErbStR). Erwerber sind dann die begünstigten Gesellschafter oder die begünstigte Gesellschaft. War der Erblasser zu mehr als 25 % beteiligt, dann unterliegt der Erwerb den Vergünstigungen der §§ 13a, 19a ErbStG (wobei allerdings § 19a ErbStG nur auf den Erwerb durch eine natürliche Person anwendbar ist).

> **BEISPIELE**
>
> **a) Nach H 7 Abs. 2 ErbStR:**
> Gesellschafter der gewerblich tätigen X-OHG sind natürliche Personen A, B und C zu je 1/3. Im Falle des Todes eines Gesellschafters sieht der Gesellschaftsvertrag die Fortsetzung der Gesellschaft durch die verbleibenden Gesellschafter und die Abfindung der Erben zum Buchwert vor. Beim Tod des A hatte sein Gesellschaftsanteil einen steuerlichen Wert von 600 000 € und einen Buchwert von 500 000 €.

LÖSUNG Der Anwachsungserwerb von B und C unterliegt als Schenkung auf den Todesfall der ErbSt mit folgendem Wert:

Steuerwert des Gesellschaftsanteils A	600 000 €
abzüglich Abfindung an die Erben zum Buchwert	./. 500 000 €
Übersteigender Wert	100 000 €
davon entfallen auf B bzw. C (je 1/2)	50 000 €

Der Erwerb von B und C ist steuerbegünstigt nach §§ 13 a, 19 a ErbStG (vgl. R 51 und H 55 ErbStR).

b) Sachverhalt: A, B und C sind Gesellschafter einer OHG. Das Kapitalkonto des C in der OHG beträgt zum maßgebenden Besteuerungszeitpunkt 100 000 €, der Wert seines Anteils beläuft sich auf 800 000 €. C stirbt am 31.01.2009. Gesetzliche Erben sind seine beiden Kinder S und T.
aa) Der Gesellschaftsvertrag der OHG sieht vor, dass beide Kinder in die OHG nachfolgen können. Im Zuge der Erbauseinandersetzung erklärt T, dass sie nicht in die OHG als Gesellschafterin nachfolgen wolle. Sie wird daher mit anderen Wirtschaftsgütern aus dem Nachlass abgefunden.

Welche Konsequenzen ergeben sich aus dem Übergang des Gesellschaftsanteils des verstorbenen C aus erbschaftsteuerlicher Sicht? Dabei ist auf die Frage einzugehen, wer bereichert ist und auf welchen Wert sich die Bereicherung hinsichtlich des Gesellschaftsanteils des C beläuft.
Dabei ist außerdem von Folgendem auszugehen:
Weiteres Vermögen im Sinne des § 13 a ErbStG ist nicht vererbt worden, eine Bestimmung hinsichtlich des Freibetrags nach § 13 a Abs. 1 ErbStG wurde nicht getroffen, Vorerwerbe haben in den letzten 10 Jahren nicht stattgefunden.
bb) Der Gesellschaftsvertrag der OHG sieht vor, dass nur S in die OHG nachfolgen kann. C hat in seinem Testament verfügt, dass T als Erbin wertmäßig aus dem übrigen Nachlass gleichzustellen sei und dass S den vollen Freibetrag des § 13 a ErbStG erhalten soll.
Welche Konsequenzen ergeben sich in diesem Fall für S und T?
cc) Der Gesellschaftsvertrag sieht vor, dass die OHG beim Tod eines Gesellschafters unter den Altgesellschaftern fortgesetzt wird. Als Abfindung braucht nur der Buchwert erstattet zu werden.
LÖSUNG aa) Es liegt ein Fall einer einfachen Nachfolgeklausel vor (kein Fall des § 3 Abs. 1 Nr. 2 Satz 2 ErbStG). In diesem Fall geht der Anteil des verstorbenen Gesellschafters C auf beide Miterben S und T über. Es liegt ein Erwerb von Todes wegen durch Erbanfall nach § 3 Abs. 1 Nr. 1 ErbStG und nicht nach § 3 Abs. 1 Nr. 2 Satz 2 ErbStG vor.
S und T erben also je 1/2 des Werts des Anteils des C an der OHG, also je 400 000 € als Wert der Bereicherung.
Da testamentarisch nichts anderes verfügt wurde, erhalten beide erbende Kinder die Verschonungsregel des § 13 a Abs. 1 Nr. 1 ErbStG.

bb) Es liegt ein Fall der qualifizierten Nachfolgeklausel vor. Diese wirkt erbschaftsteuerlich wie eine Teilungsanordnung des Erblassers, die die Erbquote nicht beeinträchtigen soll (R 5 Abs. 3, R 55 Abs. 2 ErbStR).
Nach R 55 Abs. 2 ErbStR liegt bei der qualifizierten Nachfolgeklausel ebenfalls ein Erwerb durch Erbanfall nach § 3 Abs. 1 Nr. 1 ErbStG vor.
Die Lösung ist also dieselbe wie im Fall aa)

cc) S und T erben einen Geldanspruch über (zusammen) 100 000 €. A und B sind um zusammen 700 000 € bereichert, § 3 Abs. 1 Nr. 2 ErbStG.

2.2.7 Vermächtnisgleicher Erwerb

Unter die Vorschrift des § 3 Abs. 1 Nr. 3 ErbStG fallen Erwerbe, die häufig als gesetzliche Vermächtnisse bezeichnet werden. Hierzu gehört das Recht des überlebenden Ehegatten gem. § 1932 BGB, die zum Haushalt gehörenden Gegenstände und die Hochzeitsgeschenke im Voraus ohne Anrechnung auf den Erbteil zu übernehmen (**Voraus**). Dazu gehört auch das Recht von Familienangehörigen des Erblassers, die zum Zeitpunkt des Todes mit ihm in einem

Hausstand gelebt und von ihm Unterhalt bezogen haben, in den ersten dreißig Tagen nach dem Erbfall Fortsetzung der Unterhaltsgewährung und die Benutzung der Wohnung und der Haushaltsgegenstände von dem Erben zu verlangen (§ 1969 BGB, **Dreißigster**). Dazu gehört des Weiteren der Anspruch aus einer letztwilligen Verfügung im Bereich der fortgesetzten Gütergemeinschaft (§ 1514 BGB). Auch der Anspruch auf Ausbildungsmittel, der den durch den Zugewinnausgleich benachteiligten Stiefkindern gem. § 1371 Abs. 4 BGB zusteht, dürfte zu diesen Ansprüchen gehören (so Palandt-Edenhofer, Rz. 1 zu § 1939 BGB).

2.2.8 Erwerb durch Vertrag zu Gunsten Dritter

248   Unter dieser Vorschrift sind in erster Linie Ansprüche aus einer vom Erblasser auf den Todesfall abgeschlossenen **Renten- oder Lebensversicherung** zu erfassen. Ist der Begünstigte in dem Versicherungsvertrag benannt, so entsteht sein Anspruch unmittelbar mit dem Erbfall aufgrund der Vorschrift des § 331 BGB, sodass der Anspruch auf die Versicherungssumme von vornherein gar nicht in den Nachlass gelangt. Der Bezugsberechtigte ist daher erbschaftsteuerpflichtig nach § 3 Abs. 1 Nr. 4 ErbStG, und zwar unabhängig davon, ob es sich um Ansprüche auf Einmalzahlungen oder um Ansprüche auf wiederkehrende Leistungen handelt. Verzichtet der Dritte gegen Abfindung auf den Anspruch, dann fällt dieser in den Nachlass, die Abfindung ist bei dem Dritten zu versteuern, § 3 Abs. 2 Nr. 4 ErbStG, bei den Erben ist die Abfindung mit dem Anspruch verrechenbar.

249   **Nicht** unter diese Vorschrift fallen dagegen Sozialversicherungsrenten und Hinterbliebenenansprüche aus dem Beamtenverhältnis, da es sich insoweit um **gesetzliche Renten** und nicht um vertragliche Ansprüche handelt. Diese Erwerbe sind daher erbschaftsteuerfrei. Dasselbe gilt für die Versorgungsbezüge aus gesetzlich vorgeschriebenen Versorgungswerken von Angehörigen freier Berufe sowie für das Sterbegeld aus der gesetzlichen Krankenversicherung. Dasselbe gilt, wenn sich Ansprüche auf eine betriebliche Alters- oder Hinterbliebenenversorgung aus Tarifverträgen, Betriebsvereinbarungen oder ähnlichen Rechtsgrundlagen ergeben (R 8 Abs. 2 ErbStR). Sind sie dagegen **individual-arbeitsrechtlich** vereinbart, dann fallen sie an sich wieder unter die Vorschrift des § 3 Abs. 1 Nr. 4 ErbStG. Sie sollen jedoch nach BFH vom 20. 05. 1981 BStBl II 1981, 715 ebenfalls nicht der Erbschaftsteuer unterfallen. Der BFH hat dieses Ergebnis gegen den Wortlaut schon der Vorgängervorschrift des § 3 Abs. 1 Nr. 4 ErbStG nach dem Sinn und Zweck der Norm und im Sinne einer am Gleichheitsgedanken orientierten verfassungsgemäßen Auslegung gewonnen. Die Verwaltung hat dieses Ergebnis übernommen, jedoch auf die Fälle einer angemessenen Versorgung beschränkt. Als angemessen sollen dabei nach R 8 Abs. 3 ErbStR Hinterbliebenenbezüge gelten, die 45 % des Brutto-Arbeitslohnes des verstorbenen Ehegatten nicht übersteigen.

250   Bei den **Versorgungsbezügen** nach dem Tod von **Gesellschaftern** ist zu unterscheiden, ob es sich um Gesellschafter einer Kapitalgesellschaft oder einer Personengesellschaft handelt. Bei den Gesellschafter-Geschäftsführern einer **Kapitalgesellschaft** kann Steuerfreiheit durch Nichtanwenden des § 3 Abs. 1 Nr. 4 ErbStG nur angenommen werden, wenn der Gesellschafter eine arbeitnehmerähnliche Stellung innehatte, BFH vom 31. 12. 1989 BStBl II 1990, 323. Ist er dagegen beherrschender Gesellschafter, so sollen die Hinterbliebenenbezüge von § 3 Abs. 1 Nr. 4 ErbStG erfasst werden (R 8 Abs. 3 Satz 4 ErbStR). Die Finanzverwaltung hat eine solche beherrschende Stellung in einem gleich lautenden Ländererlass vom 21. 01. 1991 BStBl I 1991, 141 dann angenommen, wenn folgende Voraussetzungen vorliegen:

a) der Gesellschafter besitzt einen Kapitalanteil von mindestens 50 % oder er besitzt durch besondere Vereinbarung in einem Gesellschaftsvertrag eine Sperrminorität, durch die er eine Beschlussfassung gegen sich verhindern kann oder
b) der Gesellschafter besitzt zwar einen Kapitalanteil von weniger als 50 %, aber doch von mehr als 10 % **und** er erreicht, dass er zwar zusammen mit anderen eine Mehrheit erreichen, die anderen aber nie allein gegen ihn entscheiden können;
c) eine faktische Beherrschung soll vorliegen, wenn der Gesellschafter-Geschäftsführer von dem Selbstkontrahierungsverbot des § 181 BGB befreit ist oder er als einziger die erforderlichen Branchenkenntnisse besitzt, die zur Führung dieses Betriebes erforderlich sind oder wenn er Großgläubiger der Gesellschafter ist.

Liegt eine dieser Voraussetzung bei Eingehen der Hinterbliebenenversorgung vor, dann unterliegen die Versorgungsansprüche der Hinterbliebenen der Erbschaftsteuer nach § 3 Abs. 1 Nr. 4 ErbStG.

Versorgungsbezüge von persönlich haftenden Gesellschaftern einer **Personengesellschaft** hingegen unterliegen nach der Rechtsprechung des BFH in der Regel der Erbschaftsteuer. Dies ist nur dann ausgeschlossen, wenn ausnahmsweise einmal eine arbeitnehmerähnliche Stellung vorliegen sollte. Wegen der unbeschränkten Außenhaftung müsste eine sehr starke Einschränkung im Innenverhältnis der Gesellschaft vorliegen, um eine solche arbeitnehmerähnliche Stellung annehmen zu können. Es lässt sich also sagen, dass die Versorgungsbezüge von Hinterbliebenen von persönlich haftenden Gesellschaftern einer Personengesellschaft regelmäßig der Erbschaftsteuer unterliegen werden (R 8 Abs. 4 ErbStR). Dies hielt das Bundesverfassungsgericht in seinem Beschluss vom 05.05.1994 BStBl II 1994, 547 für unproblematisch.

2.2.9 Sonstige Erwerbe von Todes wegen

Als sonstige Erwerbe unterliegen nach § 3 Abs. 2 ErbStG der Erbschaftsteuer folgende Fälle:
- Der Erblasser hat die Übertragung auf eine von ihm gegründete **Stiftung** angeordnet, § 3 Abs. 2 Nr. 1 ErbStG. Dasselbe gilt, wenn die Stiftung erst nach seinem Tod gegründet wird. Gem. § 84 BGB gilt sie dann dennoch als bereits vor seinem Tod entstanden. Die Zuwendung ist jedoch nach § 13 Abs. 1 Nr. 16 Buchst. b ErbStG steuerfrei, wenn die Stiftung ausschließlich und unmittelbar kirchliche, gemeinnützige oder mildtätige Zwecke verfolgen soll.
- Erwerb durch Vollziehung einer **Auflage** oder durch Erfüllung einer **Bedingung** des Erblassers. Da der Auflagenbegünstigte keinen Anspruch gegenüber dem Erben erwirbt (§ 1940 BGB), entsteht in diesem Fall die Erbschaftsteuer erst mit der Vollziehung der Auflage, siehe auch § 9 Abs. 1 Nr. 1 Buchst. d ErbStG. Anders wenn der Kreis der Adressaten der Auflage nicht bestimmbar ist. In diesen Fällen kann eine Zweckzuwendung vorliegen, für die die Vorschriften der §§ 1 Abs. 1 Nr. 3, 8 ErbStG anzuwenden sind.
- Erwerbe bei staatlicher Genehmigung einer Zuwendung, die bei juristischen Personen im Ausland außerhalb der EU unter Umständen einzuholen sind (vgl. Art. 86 EGBGB). Diese Zuwendungen gelten dann als erbrechtliche Zuwendungen von Todes wegen (§ 3 Abs. 2 Nr. 3 ErbStG).
- Abfindungen für **Pflichtteilsverzichte**, für **Erbausschlagungen** oder **Ausschlagungen von Vermächtnissen** sowie von Ansprüchen aus einem Vertrag zugunsten Dritter, wenn die Zahlungen im Zusammenhang mit dem Erbfall durch den Erben oder von dritter

Seite erfolgen (§ 3 Abs. 2 Nr. 4, 5 ErbStG). Auch diese Entgelte gelten als vom Erblasser zugewendet. Die Zuwendungen sind, wenn sie der Erbe geleistet hat, bei ihm nach § 10 Abs. 5 ErbStG abzugsfähig. Die Motive können vielfältiger Natur sein: Der Erwerber eines Geldvermächtnisses kann die Erbschaftsteuer günstig beeinflussen, wenn er auf sein Vermächtnis verzichtet und sich dafür ein anderes Wirtschaftsgut zuwenden lässt. Oder der Vermächtnisnehmer verschiebt den Besteuerungszeitpunkt, da der Verzicht rückwirkend wirkt, während die Abfindung erst bei Ausschlagung wirksam wird (§ 9 Abs. 1 Nr. 1 Buchst. f ErbStG).

255
- Entgelte für die **Übertragung von Anwartschaften**. Der **Nacherbe** wird nicht unmittelbar Erbe, sondern er erwirbt zunächst eine Anwartschaft auf eine Erbschaft. Der Vorerbe ist dagegen durch die Nacherbschaft in vielfältiger Hinsicht in seinen wirtschaftlichen Möglichkeiten, über den Nachlass zu verfügen beschränkt (§§ 2112 ff. BGB). Überträgt der Nacherbe seine Anwartschaft auf den Vorerben oder auf einen Dritten, so unterliegt das Entgelt gem. § 3 Abs. 2 Nr. 6 ErbStG der Erbschaftsteuer.

256
- Schließlich die Wirtschaftsgüter, die der überlebende Partner eines Erbvertrages oder der Schlusserbe eines gemeinschaftlichen Testaments von jemandem herausverlangen kann, die dieser von dem Erblasser zugewendet bekommen hat. Anspruchsgrundlage für die Herausgabeansprüche ist die Vorschrift des § 2287 BGB bzw. des § 2288 Abs. 2 BGB; er besteht nur für Schenkungen, die der Erblasser in der Absicht vorgenommen hat, den Vertragserben bzw. Schlusserben zu beeinträchtigen. Die Beeinträchtigungsabsicht ist nur dann zu verneinen, wenn der Erblasser ein anzuerkennendes Eigeninteresse an der Schenkung hatte. – Auch die Erbschaftsteuer für diesen Anspruch entsteht nur mit Geltendmachung des Anspruchs (§ 9 Abs. 1 Nr. 1 Buchst. j ErbStG) und auch nur dann, wenn der Vertragserbe tatsächlich etwa erlangt hat (§ 3 Abs. 2 Nr. 7 ErbStG).

257–260
frei

2.3 Fortgesetzte Gütergemeinschaft

261
Im Normalfall ist der Güterstand der Gütergemeinschaft mit dem Tode eines der beiden Ehegatten oder Lebenspartner einer eingetragenen Lebenspartnerschaft beendet. Der Anteil des verstorbenen Ehegatten oder Lebenspartners am Gesamtgut (§ 1416 BGB) fällt in den Nachlass und wird dort den Miterben nach ihrer Erbquote zugerechnet (§ 1482 BGB).

262
Allerdings können die Ehegatten oder Lebenspartner auch durch Ehevertrag vereinbaren, dass die Gütergemeinschaft mit dem Tode des zuerst Versterbenden nicht beendet sein, sondern mit den **gemeinschaftlichen Abkömmlingen fortgesetzt** werden soll (fortgesetzte Gütergemeinschaft, §§ 1483 ff. BGB). In diesem Fall treten beim Tode des ersten Ehegatten oder Partners die gemeinsamen Abkömmlinge in die Gütergemeinschaft ein, die bei gesetzlicher Erbfolge als Erben berufen sind. Der Anteil des verstorbenen Ehegatten oder Lebenspartners geht also **direkt** auf diese gemeinsamen Abkömmlinge über, er gelangt gar nicht erst in den Nachlass (§§ 1483 Abs. 1 Satz 3, 1503 BGB). Die erbschaftsteuerliche Regelung des § 4 Abs. 1 ErbStG knüpft mit ihrer Steuerpflicht unmittelbar an diese zivilrechtliche Regelung an, verdeutlicht aber, dass die anteilsberechtigten Abkömmlinge zur **Erbschaftsteuer** von Todes wegen herangezogen werden.

263
Die Regelung beachtet jedoch nicht, dass der Erblasser den Anteil eines jeden Abkömmlings an der fortgesetzten Gütergemeinschaft durch letztwillige Verfügung jederzeit bis auf die Hälfte des ihm normalerweise zustehenden Anteils gem. § 1512 BGB herabsetzen oder

unter bestimmten Voraussetzungen sogar gem. § 1513 BGB ganz entziehen kann. Den dadurch **freiwerdenden Anteil** kann er dann einem beliebigen Dritten durch letztwillige Verfügung zuwenden (§ 1514 BGB). Allerdings benötigt er zur Wirksamkeit einer solchen Aktion die Zustimmung des anderen Ehegatten oder Lebenspartners, § 1516 BGB. Macht ein Ehegatte oder Lebenspartner von dieser Möglichkeit Gebrauch, so ist der dem Dritten zugewendete Teil diesem Dritten nach § 3 Abs. 1 Nr. 1 ErbStG zuzurechnen, sodass die Vorschrift des § 4 Abs. 1 ErbStG insoweit einschränkend auszulegen ist.

Eines besonderen Hinweises bedarf auch die Vorschrift des § 1483 Abs. 2 BGB. Während § 1483 Abs. 1 BGB festlegt, dass die Gütergemeinschaft für den Fall des Todes eines Ehegatten nur mit den gemeinsamen Abkömmlingen der Ehegatten fortgesetzt wird, bestimmt § 1483 Abs. 2 BGB, dass dies gegenüber den **nicht gemeinschaftlichen Abkömmlingen** (etwa aus einer anderen Ehe oder nichtehelichen Abkömmlingen mit einer anderen Frau) hinsichtlich ihres Erbanteiles nicht gelten solle. Daraus folgt, dass die nichtgemeinschaftlichen Abkömmlinge eine Aufteilung nicht nur des Vorbehalts- und Sonderguts, sondern auch des Gesamtguts verlangen können (a.A. Meincke, Rz. 7 zu § 4, der die nichtgemeinschaftlichen Abkömmlinge auf einen Geldanspruch gegenüber den gemeinschaftlichen Abkömmlingen beschränken möchte; dem widerspricht jedoch die Vorschrift des § 1485 Abs. 1 BGB, aus der sich ergibt, dass die nichtgemeinschaftlichen Abkömmlinge eine Realteilung des Gesamtgutes in Höhe ihres Erbanteils verlangen können; wie hier wohl auch Palandt-Brudermüller, Rz. 3 zu § 1483, Rz. 1 zu § 1485; Schulze zur Wiesche, ErbSt, 4. Auflage, 1997, Rz. 82). Auf die gemeinschaftlichen Abkömmlinge entfällt dann nur der ihnen verbliebene Anteil, auch insoweit bedarf die Vorschrift des § 4 ErbStG einer einschränkenden Auslegung. **264**

Stirbt während des Bestehens der fortgesetzten Gütergemeinschaft ein **anteilsberechtigter Abkömmling,** dann gehört dessen Anteil an der fortgesetzten Gütergemeinschaft nach § 1490 BGB zivilrechtlich nicht zu seinem Nachlass, sondern sein Anteil geht wiederum güterrechtlich auf seine Abkömmlinge, sind solche nicht vorhanden auf die übrigen Abkömmlinge in der fortgesetzten Gütergemeinschaft und sind solche nicht vorhanden, auf den verbliebenen Ehegatten oder Lebenspartner als Berechtigte über. Demgegenüber bestimmt § 4 Abs. 2 ErbStG, dass der Anteil in den Nachlass falle. Über § 4 Abs. 2 ErbStG soll aber nicht die Vorschrift des § 1490 BGB beseitigt werden; § 4 ErbStG hat vielmehr überhaupt keine zivilrechtliche Wirkung; die Regelung bringt nur zum Ausdruck, dass die Berechtigten des § 1490 BGB erbschaftsteuerlich von Todes wegen bereichert sind. **265**

Stirbt bei der fortgesetzten Gütergemeinschaft der **überlebende Ehegatte oder Lebenspartner,** so fällt sein Anteil am Gesamtgut der Gütergemeinschaft in seinen Nachlass, seine Erben unterliegen der Erbschaftsteuer nach § 3 Abs. 1 Nr. 1 ErbStG. **266**

Soweit der erstverstorbene Ehegatte oder Lebenspartner neben Gesamtgut auch Sondergut oder Vorbehaltsgut besaß, stellt dieses auch zivilrechtlich einen Nachlass dar. Dieser geht auf die Erben des Verstorbenen nach § 1483 Abs. 1 Satz 3 BGB über; dieser Teil wird daher bereits durch § 3 Abs. 1 Nr. 1 ErbStG erfasst. **267**

Ungeachtet der Tatsache, dass der überlebende Ehegatte oder Lebenspartner keine Zuwendung aus dem Gesamtgut erhalten kann (von den Ausnahmefällen der §§ 1490 Satz 2 BGB einerseits und 1514 BGB andererseits einmal abgesehen), so wird er über § 20 Abs. 2 ErbStG doch (neben den begünstigten Abkömmlingen) zum Steuerschuldner der Erbschaftsteuer für das Gesamtgut des § 4 ErbStG und über § 31 Abs. 3 ErbStG sogar zum alleinigen Verpflichteten zur Abgabe einer Steuererklärung gemacht. **268**

269–270 frei

2.4 Zugewinnausgleich

271 Im gesetzlichen Güterstand der **Zugewinngemeinschaft** (§§ 1363 ff. BGB) leben die Ehegatten immer dann, wenn sie entweder keinen anderen Güterstand vereinbart haben, oder einen solchen zwar einmal vereinbart hatten, dann aber den vereinbarten Güterstand aufgehoben und stattdessen den Güterstand der Zugewinngemeinschaft vereinbart haben. Dasselbe gilt gem. § 6 LPartG für die Lebenspartner einer eingetragenen Lebenspartnerschaft.

272 **Endet** der gesetzliche Güterstand der Zugewinngemeinschaft, so erwirbt der überlebende Ehegatte bzw. Lebenspartner einen Anspruch auf den Zugewinnausgleich. Während des Bestehens der Ehe bzw. der Lebenspartnerschaft besteht beim gesetzlichen Güterstand der Zugewinngemeinschaft faktisch Gütertrennung, sodass beide Ehegatten bzw. Lebenspartner (ungeachtet des Rechts, Wirtschaftsgüter zu gemeinsamem Eigentum zu erwerben) in unterschiedlichem Umfang Vermögen erwerben und bilden können.

273 Endet die Ehe bzw. die Lebenspartnerschaft durch **Scheidung,** so wird das Endvermögen eines jeden Ehegatten festgestellt und mit dem Anfangsvermögen verglichen; überschreitet das Endvermögen das Anfangsvermögen, so bildet der überschreitende Betrag den sog. Zugewinn (§§ 1373 bis 1377 BGB). Der Ehegatte bzw. Lebenspartner mit dem geringeren Zugewinn hat gegen den Ehegatten bzw. Lebenspartner mit dem höheren Zugewinn gem. § 1378 BGB einen Geldanspruch in Höhe der **Hälfte des Differenzbetrages,** den sog. Zugewinnausgleichsanspruch. Diese Art der Berechnung des Zugewinnausgleichsanspruchs wird als die **güterrechtliche Lösung** der Berechnung bezeichnet.

274 Endet die Ehe bzw. die Lebenspartnerschaft durch den **Tod** des Erblassers, dann ist diese güterrechtliche Lösung nicht die Regel. Regelfall ist vielmehr gem. § 1371 Abs. 1 BGB die sog. **erbrechtliche Lösung**, wonach sich zum Ausgleich des Zugewinns der nach § 1931 BGB zustehende Erbteil des überlebenden Ehegatten bzw. Lebenspartners kurzerhand um 1/4 erhöht – ohne Rücksicht darauf, ob der verstorbene Ehegatte bzw. Lebenspartner überhaupt einen Zugewinn erzielt hat, oder ob sein Zugewinn den des überlebenden Ehegatten bzw. Lebenspartners auch wirklich übersteigt.

275 Eine konkrete Berechnung nach der güterrechtlichen Lösung erfolgt dagegen in den Ausnahmefällen des § 1371 Abs. 2 und 3 BGB; wurde der Ehegatte bzw. Lebenspartner enterbt und ist ihm auch kein Vermächtnis zugewendet, so kann er gem. § 1371 Abs. 2 BGB einen Ausgleich des Zugewinns nach der güterrechtlichen Lösung verlangen und erhält den Pflichtteil nur in Höhe von 50 % von dem nicht erhöhten Erbteil (**kleiner Pflichtteil**). Auch im Falle der Ausschlagung der Erbschaft steht dem Ehegatten bzw. Lebenspartner nur der Zugewinnausgleich nach der güterrechtlichen Lösung und der kleine Pflichtteil zu (§ 1371 Abs. 3 BGB).

276 Die Erfüllung des Zugewinnausgleichsanspruchs im Falle der Scheidung ist kein Fall der Schenkung (§ 5 Abs. 2 ErbStG), der »Zuwendung« fehlt das Merkmal der Freiwilligkeit. Daher stellt die Erfüllung des Zugewinnausgleichsanspruchs im Todesfall auch keinen Erwerb von Todes wegen dar. Gleiches gilt gem. § 5 Abs. 1 ErbStG auch dann, wenn der Zugewinnausgleichsanpruch über die erbrechtliche Lösung des § 1371 Abs. 1 BGB erfolgt.

277 Zur **Berechnung** des **steuerfreien Teils** des Zugewinnausgleichs im Todesfall wäre es für den Normalfall des § 1371 Abs. 1 BGB am einfachsten, das Erhöhungsviertel steuerfrei zu stellen (so auch frühere Fassungen des ErbStG). § 5 Abs. 1 ErbStG geht diesen einfachen Weg nicht. Er sieht vielmehr vor, dass die Höhe des Zugewinnausgleichsanspruchs für die Zwecke der Erbschaftsteuer auch bei einem Ausgleich nach § 1371 Abs. 1 BGB konkret nach den Grundsätzen der güterrechtlichen Lösung berechnet werden muss. Dieser konkret berechnete Betrag bleibt dann für die Erbschaftsteuer steuerfrei (Freibetrag).

Entspricht jedoch der Verkehrswert des Endvermögens für die Berechnung des Zugewinnausgleichsanspruchs nicht dem Steuerwert der Erbschaftsteuer, dann bestimmt § 5 Abs. 1 Satz 5 ErbStG eine Anpassung des steuerfreien Betrages an den Steuerwert nach der Formel:

$$\text{Steuerfreier Betrag nach § 5 Abs. 1 Satz 5} = \frac{\text{Ausgleichsforderung} \times \text{Steuerwert Endvermögen}}{\text{Verkehrswert Endvermögen}}$$

Dies war insbesondere für Erbfälle bis 31.12.2008 von Bedeutung, da hier der Verkehrswert und der Steuerwert von Grundstücken regelmäßig stark differierten.

BEISPIELE

Der Nachlass des Erblassers E besteht aus einem Mietwohngrundstück (Verkehrswert 700 000 €, Steuerwert gem. § 13c ErbStG 630 000 €) und aus Geldvermögen in Höhe von 300 000 €. Die Ehegatten lebten im gesetzlichen Güterstand der Zugewinngemeinschaft. Erben sind die Ehefrau F und der gemeinsame Sohn S. Frau F hat kein Vermögen, das Anfangsvermögen des E betrug 200 000 €.
a) Dies ist in einem Inventar festgehalten.
b) Dies ist nicht in einem Inventar festgehalten.
Zivilrechtlich gibt es für die F zwei Möglichkeiten:
1. Sie kann das Erbe annehmen, dann erbt sie wertmäßig 500 000 € und S erbt 500 000 €.
2. Oder sie schlägt das Erbe aus und macht den güterrechtlichen Zugewinnausgleichsanspruch in Höhe von a) 400 000 €, b) 500 000 € (§ 1377 Abs. 3 BGB) geltend sowie zusätzlich den kleinen Pflichtteil (= 1/8) von dem um den Zugewinnausgleich bereinigten Nachlass, also im Fall a) 1/8 von 600 000 €, im Fall b) 1/8 von 500 000 €. Im Fall a) erhält sie also bei dieser Lösung 475 000 €, im Fall b) erhält sie 562 500 €.
Steuerlich ist dagegen auf jeden Fall und ungeachtet der zivilrechtlichen Entscheidung der F der Zugewinnausgleichsanspruch wie folgt auszuscheiden:
LÖSUNG Der Nachlass hat einen Steuerwert von 930 000 €, während bei der Berechnung des Zugewinnausgleichs nach § 1371 Abs. 2 BGB von einem Endvermögen von 1 000 000 € auszugehen ist. Das Mehr an Zugewinn des E gegenüber dem Zugewinn der F beträgt also 800 000 €, führt also zu einem Ausgleichsanspruch von 400 000 €. Von dem Steuerwert des Nachlasses hat der S entsprechend seinem Erbanteil 465 000 € zu versteuern. Denselben Betrag hätte die F zu versteuern. Davon ist nun noch der Zugewinnausgleichsanspruch abzuziehen. Dieser fiktive Ausgleichsanspruch ist jedoch gem. § 5 Abs. 1 Satz 5 ErbStG lediglich in Höhe des Verhältnisses von Steuerwert zu Verkehrswert des Nachlasses, also mit 372 000 € abzuziehen (vgl. R 11 Abs. 5 ErbStR, H 11 Abs. 5 ErbStR (Berechnung der fiktiven Ausgleichsforderung)). Hätte der E über sein Anfangsvermögen kein Inventarverzeichnis aufgenommen, so würde gem. § 1377 Abs. 3 BGB gesetzlich vermutet, dass er kein Anfangsvermögen hatte. Im Falle einer Scheidung oder eines Zugewinnausgleichs nach § 1371 Abs. 2 und 3 BGB wäre also von einem Zugewinn des E in Höhe von 1 Mio. € auszugehen gewesen. Da jedoch § 5 Abs. 1 Satz 3 ErbStG die gesetzliche Vermutung des § 1377 Abs. 3 BGB ausschließt, muss für Zwecke der Erbschaftsteuer immer ein Anfangsvermögen ermittelt werden, wobei der überlebende Ehegatte gem. § 90 AO zur Mitwirkung verpflichtet ist. Der auf bloßen Wertsteigerungen infolge Kaufkraftschwundes beruhende Vermögenszuwachs ist dabei nach Ansicht der Verwaltung aus dem Zugewinnausgleichsanspruch auszuscheiden, indem der Wert des Anfangsvermögens um diese Wertsteigerung erhöht wird; die dabei zu verwendenden Indices finden sich in H 11 Abs. 3 ErbStR (Wertsteigerungen infolge des Kaufkraftschwundes).

Ehevertragliche Vereinbarungen über die Berechnung der Ausgleichsforderung, die gem. § 1408 BGB zivilrechtlich zulässig sind, sind für Zwecke der Berechnung des Ausgleichsfreibetrages nicht zu berücksichtigen (§ 5 Abs. 1 Satz 3 ErbStG).

Vereinbaren die Ehegatten zunächst den Güterstand der Gütertrennung und heben sie diesen später rückwirkend zum Tag der Eheschließung auf, dann ist eine solche Vereinbarung zivilrechtlich zulässig, § 1408 BGB. Für die Zwecke der Erbschaftsteuer ist einer solchen Vereinbarung jedoch die Rückwirkung zu versagen (§ 5 Abs. 1 Satz 4 ErbStG).

281 Weitere Einzelheiten können dem nachfolgend abgedruckten Verwaltungsbogen zur Ermittlung des steuerfreien Betrags bei Zugewinngemeinschaft entnommen werden (S. 520 f.).

282–290 frei

2.5 Vorerbschaft und Nacherbschaft

291 § 2100 BGB bestimmt, dass der Erblasser einen Erben in der Weise einsetzen kann, dass dieser erst Erbe wird, nachdem **zunächst ein anderer** Erbe geworden ist. Mit dem Tode des Erblassers erbt dann zunächst der Vorerbe. Nach dem Vorerben erbt dann der Nacherbe. Meist wird der Nacherbfall mit dem Tod des Vorerben eintreten, er kann jedoch auch von einer Bedingung (Nacherbfall bei Wiederheirat des Vorerben) oder Befristung (18. Geburtstag des Nacherben) abhängig gemacht werden.

292 Mit dem Erbfall geht der Nachlass **als Ganzes** auf den (oder die) Vorerben über (§ 1922 BGB). Erst mit dem Nacherbfall geht dann der Nachlass auf den Nacherben über (§ 2139 BGB). Obwohl der Vorerbe, wenn er nicht durch den Erblasser befreit wurde, eine sehr **eingeschränkte Rechtsstellung** innehat, die ihm kaum mehr als ein Nutzungsrecht belässt, gilt er doch als Vollerbe (§ 6 Abs. 1 ErbStG). Die Verfügungsbeschränkungen, denen der Vorerbe unterworfen ist, wirken sich auf die Bewertung des Nachlasses und auf die Höhe seiner Erbschaftsteuer nicht aus (§ 9 Abs. 3 BewG, der über § 12 Abs. 1 ErbStG auch für das Erbschaftsteuerrecht von Bedeutung ist). Allerdings erfährt der Vorerbe insoweit eine gewisse Entlastung, als er die Erbschaftsteuer aus dem Nachlass entrichten darf (§§ 20 Abs. 4 ErbStG, 2120 BGB).

293 Der Nacherbe hat zwar bereits mit dem Tod des Erblassers eine **Anwartschaft** erworben, über die er schon verfügen könnte, jedoch ist er vor dem Nacherbfall noch nicht erbschaftsteuerpflichtig. Verzichtet er gem. § 2142 BGB zu Gunsten des Vorerben auf seine Nacherbenstellung gegen eine Abfindung, so unterliegt diese Abfindung allerdings gem. § 3 Abs. 2 Nr. 4 ErbStG der Erbschaftsteuer. Überträgt der Vorerbe zum Nachlass gehörende Gegenstände bereits vor dem Nacherbfall auf den Nacherben, so liegt eine Schenkung unter Lebenden vor, § 7 Abs. 1 Nr. 7 ErbStG.

294 **Erbschaftsteuer** für den Nacherben fällt erst mit dem **Nacherbfall** an. Zivilrechtlich wird der Nacherbe Rechtsnachfolger des Erblassers (§ 2100 BGB). Dagegen scheint die Vorschrift des § 6 Abs. 2 Satz 1 ErbStG zu stehen, der besagt, dass der Erwerb des Nacherben als vom Vorerben stammend zu behandeln sei. Tatsächlich ist die erbschaftsteuerliche Rechtslage jedoch komplizierter:
- Der Erwerb des Nacherben gilt als **vom Vorerben** bezogen (§ 6 Abs. 2 Satz 1 ErbStG). Für die Steuerklasse des § 15 ErbStG ist also der Verwandtschaftsgrad zum Vorerben maßgebend.
- Der Nacherbe hat aber ein **Wahlrecht,** die Erbschaft als vom Erblasser stammend zu behandeln (§ 6 Abs. 2 Satz 2 ErbStG). Hat der Nacherbe also zum Erblasser einen vorteilhafteren Verwandtschaftsgrad, so wird er von diesem Wahlrecht Gebrauch machen.
- Diese Betrachtungsweise gilt aber von Gesetzes wegen nur dann, wenn der **Nacherbfall** durch den **Tod des Vorerben** eintritt. Ist der Nacherbfall unabhängig vom Tod des Vorerben etwa durch eine auflösende Bedingung (Wiederheirat des Vorerben) oder durch eine aufschiebende Bedingung (bestandenes Examen) oder durch eine Befristung

(Vollendung des 18. Lebensjahres) eingetreten, so gilt der Nacherbe auch hinsichtlich seines Vermögenserwerbs als Rechtsnachfolger des Erblassers (§ 6 Abs. 3 Satz 1 ErbStG). Ein Wahlrecht, sich als Nachfolger des Vorerben zu verstehen, besteht in diesem Falle nicht. Der Wortlaut des § 6 Abs. 3 Satz 1 ErbStG lässt dies nicht auf Anhieb erkennen. Als aufschiebend bedingter Anfall kann er jedoch nach RFH RStBl 1939, 726 (727) nur vom Erblasser stammen, so auch Seltenreich in Rödl/Preißer, Erbschaft- und Schenkungsteuer, 2009, § 6 Kap. 3.3.3.1.

Ist der Nacherbfall an den Tod des Vorerben geknüpft, so sind **zwei** volle erbschaftsteuerliche **Erbfälle** zu versteuern, einer vom Vorerben (als Nachfolger des Erblassers) und später einer vom Nacherben (als Nachfolger des Vorerben oder wahlweise des Erblassers). 295

Macht der Nacherbe von seinem **Wahlrecht,** als Nachfolger des Erblassers zu gelten **keinen Gebrauch,** dann geht das Vermögen des Erblassers als Teil des Nachlasses des Vorerben auf ihn über. Eine Trennung in das vom Erblasser stammende Vermögen und das vom Vorerben selbst stammende Vermögen erfolgt für Zwecke des Erbschaftsteuerrechts nicht. Beide Vermögensmassen werden zusammengerechnet und besteuert. Der Nacherbe besteuert also in einem das vom Erblasser stammende Vermögen und seine Quote von dem allein vom Vorerben stammenden Nachlass. Die Steuerklasse richtet sich allein nach seinem Verwandtschaftsgrad zum Vorerben. 296

Wählt der Nacherbe dagegen, hinsichtlich des vom **Erblasser** stammenden Vermögens als **dessen Nachfolger** behandelt zu werden, dann muss eine Aufteilung der Vermögensmassen erfolgen (§ 6 Abs. 2 Satz 3 ErbStG). Die Steuerklasse des § 15 ErbStG bestimmt sich hinsichtlich des vom Erblasser stammenden Vermögens nach dem Verwandtschaftsgrad zum Erblasser und hinsichtlich des direkt vom Vorerben stammenden freien Vermögens nach dem Verwandtschaftsgrad zu diesem (§ 6 Abs. 2 Satz 3 ErbStG). Dies scheint die Vermutung nahezulegen, dass beim Übergang von Erblasservermögen zum freien vom Vorerben stammendem Vermögen zwei Veranlagungen mit zwei Freibeträgen und zwei getrennten Steuersätzen zu erfolgen habe. Jedoch besagt die Vorschrift des § 6 Abs. 2 Satz 4 ErbStG, dass der Nacherbe nicht zwei Freibeträge, sondern nur einen Freibetrag erhalten soll, der der Höhe nach von dem Verwandtschaftsgrad zum Erblasser abhängt. Übersteigt also das vom Erblasser stammende Vermögen den maßgeblichen Freibetrag, so bleibt für eine Gewährung eines weiteren Freibetrages für das Vermögen, das vom Vorerben selbst stammt, keine Möglichkeit mehr. Ist dagegen das vom Erblasser stammende Vermögen geringer als der Freibetrag (nach dem Verwandtschaftsgrad zum Erblasser), so kann noch weiteres direkt vom Vorerben stammendes Vermögen in diesen Erblasserfreibetrag fallen. Der Steuersatz des § 19 ErbStG schließlich bestimmt sich für das vom Erblasser stammende Vermögen (bei Ausüben des Wahlrechts nach § 6 Abs. 2 Satz 2 ErbStG) nach dem Verwandtschaftsgrad des Erblassers zum Nacherben und für das vom Vorerben stammende Vermögen nach dem Verwandtschaftsgrad zum Vorerben. Die Progressionsstufe, die sich nach dem Wert des steuerpflichtigen Erwerbs richtet, hat sich aber für beide Berechnungen nach dem Gesamtwert des auf den Nacherben übergegangenen Vermögens zu richten (§ 6 Abs. 2 Satz 5 ErbStG). 297

Ist der Nacherbfall nicht an den Tod des Vorerben geknüpft, dann fällt zwar beim Vorerben auch die volle Erbschaftsteuer (als Nachfolger des Erblassers) an. Sie wird jedoch dem Nacherben bei dessen Nacherbfall (als Nachfolger des Erblassers) auf seine **Erbschaftsteuerschuld angerechnet** (§ 6 Abs. 3 Satz 2 ErbStG). Damit ist gleichzeitig klargestellt, dass eine Möglichkeit, die Erbschaftsteuer des Vorerben nach § 5 Abs. 2 BewG zu berichtigen, in den Fällen des § 6 Abs. 3 ErbStG nicht besteht. 298

Finanzamt   Steuernummer/Aktenzeichen

Ermittlung des steuerfreien Betrags nach § 5 Abs. 1 ErbStG bei Zugewinngemeinschaft
Hinweise entnehmen Sie bitte den Erläuterungen

		DM/EUR Erblasser	DM/EUR Ehegatte
1.	**Anfangsvermögen**		
1.1	Anfangsvermögen nach Verkehrswerten zum Tag der Eheschließung/Tag des Übergangs zum gesetzlichen Güterstand/frühestens zum 1.7.1958 nach Korrektur der Wertsteigerung infolge Kaufkraftschwundes (Einzelaufstellung des Anfangsvermögens bitte beifügen); mindestens 0 DM/EUR (§ 1374 Abs. 1 BGB) Anfangsvermögen x Lebenshaltungskostenindex am Ende des Güterstandes Lebenshaltungskostenindex zu Beginn des Güterstandes Erblasser: .... x .... Ehegatte: .... x	....	....
1.2	Hinzurechnungen nach Verkehrswerten im Zeitpunkt des Erwerbs (§ 1374 Abs. 2 BGB) nach Korrektur der Wertsteigerung infolge Kaufkraftschwundes		
1.2.1	Erwerb von Todes wegen Erwerb x Lebenshaltungskostenindex am Ende des Güterstandes Lebenshaltungskostenindex zum Zeitpunkt des Erwerbs Erblasser: .... x .... Ehegatte: .... x	+...............	+...............
1.2.2	Unentgeltliche Zuwendungen (ohne unbenannte Zuwendungen und Schenkungen zwischen Ehegatten) Erwerb x Lebenshaltungskostenindex am Ende des Güterstandes Lebenshaltungskostenindex zum Zeitpunkt des Erwerbs Erblasser: .... x .... Ehegatte: .... x	+...............	+...............
1.3	**Berichtigtes Anfangsvermögen**		

		DM/EUR Erblasser	DM/EUR Ehegatte
2.	**Endvermögen**		
2.1	Endvermögen nach Verkehrswerten zum Todestag; mindestens 0 DM/EUR (§ 1375 Abs. 1 Satz 2 BGB, Ausnahme § 1390 BGB) (Einzelaufstellung des Endvermögens bitte beifügen)	....	....
2.2	Hinzurechnungen nach Verkehrswerten im Zeitpunkt der Vermögensminderung (§ 1375 Abs. 2 BGB)	+...............	+...............
2.3	**Berichtigtes Endvermögen**		

- 2 -

3.	Zugewinn	DM/EUR Erblasser	DM/EUR Ehegatte
3.1	Differenz zwischen berichtigtem Endvermögen (Nr. 2.3) und berichtigtem Anfangsvermögen (Nr. 1.3)	....	....
3.2	Hinzurechnungen von anrechenbaren Schenkungen an den anderen Ehegatten nach Verkehrswerten im Zeitpunkt der Zuwendung (§ 1380 Abs. 2 BGB)	+....................	+....................
3.3	Kürzung (Betrag Nr. 3.2) bei dem Ehegatten, der die anrechenbare Schenkung erhalten hat	-....................	-....................
3.4	Berichtigter Zugewinn		

4.	Fiktive Zugewinnausgleichsforderung des überlebenden Ehegatten	DM/EUR
4.1	Überschuss des Erblassers (Differenz zwischen berichtigtem Zugewinn des Erblassers und berichtigtem Zugewinn des überlebenden Ehegatten)	....
4.2	davon 50 v.H.	....
4.3	Kürzung um anrechenbare Schenkungen vom Erblasser (§ 1380 Abs. 1 BGB; Betrag Nr. 3.2)	-....................
4.4	Fiktive Zugewinnausgleichsforderung des überlebenden Ehegatten	

5.	Steuerfreier Betrag nach § 5 Abs. 1 Satz 5 ErbStG	DM/EUR
	Fiktive Zugewinnausgleichsforderung x **Steuerwert** des Endvermögens (Nr. 4.4) des Erblassers ――――――――――――――――――――――――――――――――――――― **Verkehrswert** des Endvermögens des Erblassers (Nr. 2.1) .... x .... ――――――――――――――――――――――	=....................

Erläuterungen zur Ermittlung des steuerfreien Betrages nach § 5 Abs. 1 ErbStG

<u>Währungsangabe:</u>
Bei einem Besteuerungszeitpunkt (Todestag) vor dem 01.01.2002 sind die Beträge in DM aufgeführt.

Bei einem Besteuerungszeitpunkt (Todestag) nach dem 31.12.2001 sind die Beträge in Euro (EUR) angegeben. Soweit sich einzelne Berechnungsgrundlagen (z.B. Anfangsvermögen) auf Wertverhältnisse beziehen, für die noch die Währung DM maßgebend war, wurden die Beträge mit dem amtlichen Umrechnungskurs (1 EUR = 1,95583 DM) umgerechnet.

<u>Zu Nr. 1 Anfangsvermögen:</u>

Für Ehen, für die im Beitrittsgebiet der gesetzliche Güterstand nach § 13 des Familiengesetzbuchs der DDR (Errungenschaftsgemeinschaft) galt und die Überleitung in den gesetzlichen Güterstand der Zugewinngemeinschaft nicht durch Erklärung eines Ehegatten ausgeschlossen wurde, gilt der 03.10.1990 als Tag des Eintritts des Güterstandes (**Anfangsvermögen**).

Der **Preisindex für die Lebenshaltung** aller privaten Haushalte ist in der ErbSt-Kartei zu § 5 ErbStG Karte 6 abgedruckt; die aktuellen Indexzahlen werden vom Bundesministerium der Finanzen ein- oder zweimal jährlich im BStBl I veröffentlicht.

<u>Zu Nr. 1.2 Hinzurechnungen zum Anfangsvermögen:</u>

§ 1374 Abs. 2 BGB ist auf unbenannte Zuwendungen und auf Schenkungen zwischen Ehegatten nicht anzuwenden (BGH-Urteile vom 26.11.1981, BGHZ 82 S. 227, NJW 1982 S. 1093 und vom 20.05.1987, BGHZ 101 S. 65, NJW 1987 S. 2814).

<u>Zu Nr. 2.1 Endvermögen:</u>

Bei der Ermittlung der fiktiven Zugewinnausgleichsforderung nach <u>§ 5 Abs. 1 ErbStG</u> sind **Erwerbe** des überlebenden Ehegatten im Sinne von **§ 3 Abs. 1 Nr. 4 ErbStG dem Endvermögen** des verstorbenen Ehegatten zuzurechnen. Dies gilt auch für erbschaftsteuerpflichtige Hinterbliebenenbezüge, die dem überlebenden Ehegatten auf Grund eines privaten Anstellungsvertrages des verstorbenen Ehegatten zustehen, sowie für Lebensversicherungen, Bausparguthaben, Guthaben aus Sparratenverträgen mit Begünstigungserklärung auf den Todesfall für den überlebenden Ehe-

- 2 -

gatten, auch soweit es sich dabei um Ansprüche aus einer privaten Rentenversicherung des verstorbenen Ehegatten handelt.

Zu Nr. 2.2 Hinzurechnungen zum Endvermögen:

Eine Erhöhung des Endvermögens nach **§ 1375 Abs. 2 BGB** ist nicht vorzunehmen, wenn die Vermögensminderung mindestens 10 Jahre vor Beendigung des Güterstandes eingetreten ist oder wenn der andere Ehegatte mit der unentgeltlichen Zuwendung oder der Verschwendung einverstanden gewesen ist.

Zu Nr. 3.2, 3.3 und 4.3 anrechenbare Schenkungen:

Anrechenbare Schenkungen sind bei der Ermittlung der Ausgleichsforderung dem Zugewinn des zuwendenden Ehgatten mit dem Verkehrswert zur Zeit der Zuwendung hinzuzurechnen (**§ 1380 Abs. 2 BGB**). Sie sind im Zugewinn des anderen Ehegatten nicht zu erfassen. Vom Ausgleichsbetrag sind die anrechenbaren Schenkungen mit diesem Verkehrswert abzuziehen (**§ 1380 Abs. 1 BGB**).

Zu Nr. 5 Berechnung des steuerfreien Betrags nach § 5 Abs. 1 S. 5 ErbStG:

Zur **Umrechnung der fiktiven Ausgleichsforderung in den steuerfreien Betrag** ist der Wert des Endvermögens des verstorbenen Ehegatten auch nach steuerlichen Bewertungsgrundsätzen zu ermitteln. Dabei sind alle bei der Ermittlung des Endvermögens berücksichtigten Vermögensgegenstände zu bewerten, auch wenn sie nicht zum steuerpflichtigen Erwerb gehören. Begünstigtes Vermögen nach § 13a ErbStG ist in die Berechnung des **Steuerwerts des Endvermögens** des Erblassers **vor** Berücksichtigung der Vergünstigungen (Freibetrag, Bewertungsabschlag) einzubeziehen.

Weitere Erläuterungen entnehmen Sie bitte dem Richtlinienabschnitt R 11 der Erbschaftsteuer-Richtlinien (ErbStR; BStBl 1998 I S. 2 ff).

299 § 6 Abs. 4 ErbStG bestimmt, dass die Regelungen über die Nacherbfolge auch auf das Nachvermächtnis Anwendung finden. Von einem solchen spricht man, wenn der Erblasser bestimmt, dass ein Vermächtnisnehmer (eben der Nachvermächtnisnehmer) erst eingesetzt ist, nachdem ein anderer (der Vorvermächtnisnehmer) das Vermächtnis innegehabt hat (§ 2191 BGB). Das Vorvermächtnis darf nicht mit dem Vorausvermächtnis verwechselt werden.

BEISPIEL Erblasser E hat als einzige Erben zwei Söhne, den volljährigen V und den Minderjährigen N. Er hat testamentarisch im Wege einer Teilungsanordnung verfügt, dass der Nachlass auf V und N übergehen solle, und zwar soll V den Betrieb mit einem Wert von 800 000 € erhalten, während M ein Mietwohngrundstück mit einem Verkehrswert von 500 000 € und Bargeld in Höhe von 300 000 € erhalten soll. E hat bestimmt, dass V bis zum 18. Lebensjahr als Vorerbe hinsichtlich des Erbanteils des N gelten solle.

LÖSUNG Die testamentarische Bestimmung ist zunächst zivilrechtlich auszulegen, und zwar so, dass sie in möglichst weitgehendem Umfang Bestand haben kann. Es ist zivilrechtlich zwar möglich, eine Nacherbfolge hinsichtlich eines Bruchteils anzuordnen (vgl. Palandt-Edenhofer, Rz. 5 zu § 2100 BGB m. w. NW.), nicht aber hinsichtlich eines bestimmten Gegenstandes (Palandt, Rz. 2 vor § 2100 BGB). Als angeordnet gilt also die Nacherbschaft für die Hälfte des Nachlasses. Bei der Herausgabe gilt dann hinsichtlich der Teilungsanordnung die Vorschrift des § 2048 BGB entsprechend. Erbschaftsteuerlich ist V zunächst Erbe des ganzen Nachlasses geworden. Als Sohn fällt er unter die Steuerklasse I/2. Der Betrieb ist bei V mit 800 000 € anzusetzen. Der Verschonungsabschlag des § 13 a Abs. 1 und der Abzugsbetrag des § 13 a Abs. 2 ErbStG kommt ihm im vollen Umfang zugute. Den Verschonungsabschlag des § 13 c ErbStG erhält er ebenfalls, da vor Bedingungseintritt ein Fall des § 13 c Abs. 2 ErbStG nicht gegeben ist, vgl. § 7 BewG. Der Rest ist mit 500 000 € bzw. 300 000 € anzusetzen. Der Steuerwert des Nachlasses beträgt also insgesamt 1 600 000 € abzüglich der Steuerbefreiungen des § 13 ErbStG, der Vergünstigungen der §§ 13 a, 13 c ErbStG und der mit dem Erbfall verbundenen Nachlassverbindlichkeiten insbesondere des § 10 Abs. 5 Nr. 3 ErbStG. Hierauf steht dem V ein Freibetrag in Höhe von 400 000 € zu. Der Rest ist der Erbschaftsteuer zu unterwerfen. Die Hälfte der Steuer darf V aus dem Nacherbennachlass entrichten, § 20 Abs. 4 ErbStG, die auf seinen eigenen Erbteil entfallende Erbschaftsteuer hat er dagegen aus eigenen Mitteln oder dem auf ihn allein entfallenden Nachlass zu entrichten. Am 18. Geburtstag des M tritt der Nacherbfall nach § 6 Abs. 3 ErbStG ein. Auf den N entfällt ein Anteil am Nachlass in Höhe von 1/2 von 1 400 000 € = 700 000 €. Einen Freibetrag für das Betriebsvermögen kann N nicht geltendmachen. Da V den Betrieb nicht an N herausgibt, steht die Vorschrift des § 13a Abs. 3 ErbStG dem nicht entgegen. Der Verschonungsabschlag des § 13 c ErbStG steht ihm dagegen zu. Für V greift jetzt bei Bedingungseintritt die Berücksichtigung als Nachlassverbindlichkeit. Da der Nacherbfall nicht vom Todesfall des Vorerben abhängig ist, gilt N gem. § 6 Abs. 3 ErbStG als Nachfolger des Erblassers. Das Wahlrecht nach § 6 Abs. 2 Satz 2 ErbStG steht ihm nicht zu. Als Rechtsnachfolger des E steht ihm ein Freibetrag von 400 000 € zu (§ 16 ErbStG). Außerdem wird der von V bezahlte hälftige Betrag an Erbschaftsteuer, der auf die mit der Nacherbschaft belastete Quote entfiel, auf die Erbschaftsteuer des N angerechnet (§ 6 Abs. 3 Satz 2 ErbStG).

300–310 frei

2.6 Schenkungen unter Lebenden

311 Auch die Schenkungen unter Lebenden unterliegen gem. § 1 Abs. 1 Nr. 2 ErbStG dem Erbschaftsteuergesetz. In dieser Form erhoben, wird die Erbschaftsteuer auch alternativ als Schenkungsteuer bezeichnet, § 1 ErbStG. Was als Schenkung unter Lebenden gilt, wird in § 7 ErbStG geregelt.

2.6.1 Freigebige Zuwendungen

Als Grundform der **Schenkung** unter Lebenden benennt § 7 Abs. 1 Nr. 1 ErbStG jegliche freigebige Zuwendung unter Lebenden. Dies bedeutet, dass sowohl Schenkungen im Sinne des § 516 BGB als auch sonstige Zuwendungen (z. B. **Ausstattungen** im Sinne des § 1624 BGB) unter diese Norm fallen. 312

Darunter fallen auch die ehebedingten sog. **unbenannten Zuwendungen** (BFH vom 02.03.1994 BStBl II 1994, 366, R 15 ErbStR). Eine solche unbenannte Zuwendung liegt beispielsweise vor, wenn ein Ehegatte dem anderen bei Vorliegen des gesetzlichen Güterstandes der Zugewinngemeinschaft hälftiges Miteigentum an einem erworbenen Grundstück einräumt, jedoch die Anschaffungskosten alleine trägt. Nach Ansicht der Rechtsprechung liegt in einem solchen Falle sowohl der objektive Tatbestand des § 7 Abs. 1 Nr. 1 ErbStG (»soweit der Bedachte auf Kosten des Zuwendenden bereichert wird«), als auch der subjektive Tatbestand (der aus dem Tatbestandsmerkmal der Freigebigkeit abgeleitete Bereicherungswille) vor. Nutzen die Ehegatten das erworbene Haus zu eigenen Wohnzwecken, dann braucht der Empfänger-Ehegatte für diesen Fall dennoch keine Erbschaftsteuer zu bezahlen, da der Gesetzgeber gerade diesen Fall von der Erbschaftsteuer freigestellt hat (§ 13 Abs. 1 Nr. 4a ErbStG). 313

Auch die Übertragung im Wege der **vorweggenommenen Erbfolge** stellt eine freigebige Zuwendung im Sinne des § 7 Abs. 1 ErbStG dar, wenn sie unentgeltlich erfolgt. Als Entgelt oder, was erbschaftsteuerlich ebenfalls wie ein Entgelt behandelt wird, als Leistungsauflage sind jedoch nicht nur die einkommensteuerlichen Entgelte (Abfindungszahlungen, Gleichstellungsgelder, Übernahme von Verbindlichkeiten) anzusehen, sondern auch die einkommensteuerlich nicht als Entgelt anzusehenden Zahlungen, z. B. die Versorgungszusagen. Die in dem Erlass vom 26.02.2007 (BStBl I 2007, 269) in den Rz. 4 ff. getroffenen Unterscheidungen können also nicht in die erbschaftsteuerliche Beurteilung übernommen werden. 314

Eine freigebige Zuwendung liegt **nicht** vor, wenn der Empfänger auf sie einen Anspruch hat. So liegt in den Zahlungen der Eltern für den Unterhalt oder für ein Studium der Kinder keine freigebige Zuwendung, da die Kinder auf diese einen Anspruch haben. 315

Eine freigebige Zuwendung liegt auch nicht vor, wenn sie gegen ein angemessenes Entgelt erfolgt. Die Angemessenheit ist dabei an dem Verkehrswert (gemeinen Wert) des zugewendeten Wirtschaftsguts zu messen. Sind die Parteien von einer zumindest subjektiven Gleichwertigkeit ausgegangen, so liegt keine freigebige Zuwendung vor. Lag allerdings eine auffallende Ungleichwertigkeit vor, so kann von einem Willen zur Bezahlung eines Vollentgelts nicht mehr ohne weiteres ausgegangen werden. In diesen Fällen liegt dann eine gemischte Schenkung vor. 316

2.6.2 Gemischte Schenkung

Von einer gemischten Schenkung wird gesprochen, wenn ein Teil eines Wirtschaftsgutes gegen Entgelt übertragen wird, während ein weiterer Teil unentgeltlich übertragen wird. 317

Da bei diesen gemischten Schenkungen zugleich Verbindlichkeiten eingegangen werden, wird der Wert nun über § 10 Abs. 6 Satz 5 ErbStG bestimmt.

BEISPIEL

Ein Mietwohngrundstück mit einem Verkehrswert von 800 000 € und einem Steuerwert von 720 000 € (§ 13 c ErbStG) wird von V an S zu einem »Freundschaftspreis« in Höhe von 200 000 € veräußert, wobei V und S sich darüber einig sind, dass der Rest unentgeltlich übergehen soll.

LÖSUNG Hier liegt eine gemischte Schenkung von V an S vor. S hat das Grundstück zu 25 % gegen Entgelt erworben (insoweit liegt ein grunderwerbsteuerlicher Tatbestand vor, vgl. Erlass vom 21. 05. 1990 DStR 1990, 496) und zu 75 % unentgeltlich. Für das Verhältnis des entgeltlichen zum unentgeltlichen Teil ist das Verhältnis des Entgelts zum Verkehrswert (hier 200 000 zu 800 000 €) maßgebend, BFH vom 12. 12. 1979 BStBl II 1980, 260. Das Grundstück ist mit dem Steuerwert von 720 000 € anzusetzen, die Kaufpreisschuld ist mit

$$\frac{200\,000\,€ \times 720\,000\,€}{800\,000\,€} = 180\,000\,€$$

abzuziehen, § 10 Abs. 6 Satz 5 ErbStG. Der Wert der Bereicherung beträgt also 540 000 €.

2.6.3 Schenkung unter Auflage

318   Als Schenkung unter Auflage werden Schenkungsvorgänge bezeichnet, bei denen der Beschenkte vom Schenker verpflichtet wird, bestimmte Leistungen an einen Dritten oder den Schenker zu erbringen (**Leistungsauflage**) oder bestimmte Einschränkungen (insbesondere Nutzungseinschränkungen) zu dulden (**Duldungsauflage**). Als Schenkung unter Auflage kommen somit in erster Linie folgende Fälle in Betracht:
- Grundstücks- oder Betriebsübertragung unter der Auflage, eine Verbindlichkeit zu übernehmen;
- Grundstücks- oder Betriebsübertragung unter Nießbrauchs- oder (beim Grundstück) Wohnrechtsvorbehalt;
- Grundstücks- oder Betriebsübertragung unter Übernahme von Versorgungs- oder Pflegeleistungen.

319   Zivilrechtlich ist die gemischte Schenkung eine Konstruktion, auf die zum Teil Kaufrecht, zum Teil Schenkungsrecht anzuwenden ist. Dagegen ist die Schenkung unter einer Auflage voll dem Schenkungsrecht zuzurechnen (§ 525 BGB). Für die Erbschaftsteuer gibt es hinsichtlich der Bereicherung keinen Unterschied zwischen dem unentgeltlichen Teil einer gemischten Schenkung und der Schenkung unter einer Leistungsauflage (vgl. R 17 ErbStR).

320   Ebenfalls voll abzugsfähig ist seit der Aufhebung des § 25 ErbStG mit Wirkung vom 01. 01. 2009 der Kapitalwert des Nießbrauchs oder Wohnrechts, und zwar mit dem Kapitalwert, der sich aufgrund der jeweils aktuell geltenden Sterbetafel ergibt.

BEISPIELE
a) V überträgt dem S ein Mietwohngrundstück mit einem Verkehrswert von 800 000 € und einem Steuerwert von 720 000 € mit der Verpflichtung, seiner Schwester T ein Gleichstellungsgeld in Höhe von 200 000 € zu bezahlen.
LÖSUNG Zivilrechtlich liegt ein Fall einer Schenkung unter einer Auflage vor (vgl. OLG Köln vom 10. 11. 1993 FamRZ 1994, 1242; vgl. auch insoweit den Erlass vom 21. 05. 1990 zur Grunderwerbsteuer in DStR 1990, 496).
Zivilrechtlich wird der Fall als Schenkung unter einer Leistungsauflage angesehen. Steuerlich liegt für S eine gemischte Schenkung vor, für T eine Forderungsschenkung, vgl. BFH vom 23. 10. 2002 BStBl II 2003, 162. Daher ist S um die Differenz zwischen dem Verkehrswert des Grundstücks und dem Wert der Leistungsauflage bereichert; der Steuerwert der Bereicherung ist nach dem obigen Umrechnungsschlüssel auf den Steuerwert des Grundstücks mit 720 000 ./. 180 000 € = 540 000 € umzurechnen (vgl. H 17 Abs. 2 (Ermittlung des Besteuerungswerts der Bereicherung) ErbStR). Die Bemessungsgrundlage für die Bereicherung beläuft sich also auch in diesem Fall wiederum auf 540 000 €. Die Pflicht zur Zahlung des Gleichstellungsgeldes kann auch in diesem Fall nicht als Schuld von der Zuwendung abgezogen werden. Die T ist im vorliegenden Beispiel ebenfalls bereichert (vgl. § 7 Abs. 1 Nr. 2 ErbStG). Für die Steuerklasse ist ihre Verwandtschaft zum V maßgebend, da der V der T eine Forderung über 200 000 € zugewendet hat. Die T hat also (von der Gewährung von Freibeträgen einmal abgesehen) einen Betrag in Höhe von 200 000 € der Schenkungsteuer zu unterwerfen.

b) V schenkt im vorigen Fall das Grundstück dem S, verpflichtet ihn jedoch, seiner Schwester T an einer der Wohnungen unentgeltlich ein dingliches Wohnrecht einzuräumen. Der Wert des Wohnrechtes beläuft sich nach den §§ 13 bis 16 BewG auf 200 000 €.
LÖSUNG Ertragsteuerlich gilt in diesem Falle nur ein mit einem dinglichen Nutzungsrecht belastetes Grundstück als erworben (BFH vom 21.07.1992 BStBl II 1993, 486 und vom 15.12.1992 BStBl II 1993, 488, Erl. vom 13.01.1993 BStBl I 1993, 80 Rz. 10).
Erbschaftsteuerlich erwirbt S in diesem Falle das ganze Grundstück unentgeltlich (Steuerwert 720 000 €), während der Wert der Last gem. § 10 Abs. 6 Satz 5 ErbStG wieder mit 180 000 € abzuziehen ist. Der Fall hat auch noch einen grunderwerbsteuerlichen Aspekt: Da der Berechnung der Belastung mit dem Wohnrecht unter Berücksichtigung des § 16 BewG kein höherer Jahreswert als der 18,6te Teil des Werts des genutzten Gegenstandes zugrunde gelegt werden kann, könnte der Steuerwert der Belastung (in unserem Fall mit 180 000 € vorgegeben) niedriger sein als der Wert ohne diese Beschränkung. Da bei der Grunderwerbsteuer der Jahreswert gem. § 17 Abs. 3 Satz 2 BewG ohne die Beschränkung des § 16 BewG zu berechnen ist, könnte der unbeschränkte Kapitalwert höher sein als der Betrag von 180 000 €. Dieser Differenzbetrag wäre dann mit Grunderwerbsteuer zu belasten, vgl. Ziff. 4 des Erl. vom 21.05.1990 DStR 1990, 496.

321–340 frei

2.6.4 Mittelbare Grundstücksschenkung

Von einer solchen mittelbaren Grundstücksschenkung spricht man, wenn der Zuwendende dem Empfänger **Geld** gibt mit der **Bestimmung**, hiervon ein **Grundstück zu kaufen**. Würde die Erbschaftsteuer in diesem Fall an die Geldschenkung anknüpfen, so ist in der Vergangenheit in der Regel eine höhere Steuerschuld entstanden, als wenn der Wert des Grundstücks mit seinem Grundbesitzwert anzusetzen gewesen wäre. Nach BFH vom 15.11.1978 BStBl II 1979, 201 und vom 03.08.1988 BStBl II 1988, 1025 liegt in einem solchen Fall eine (eben nur mittelbare) Grundstücksschenkung vor, sodass der Steuer der Steuerwert des Grundstücks zugrunde zu legen ist. Dies ist auch heute noch von Bedeutung: Der Verschonungsabschlag des § 13c ErbStG kann nur angewandt werden, wenn die Schenkung als Grundstücksschenkung anzusehen ist. Beteiligt sich der Schenker nur teilweise an den Anschaffungskosten des Grundstücks, so ist der Grundbesitzwert anteilig aufzuteilen. Dies soll allerdings nach R 16 Abs. 3 ErbStR nicht gelten, wenn es sich nur um einen unbedeutenden Anteil an den Erwerbskosten handelt; beträgt er nur »bis etwa 10 %« des Kaufpreises, so soll eine Geldschenkung vorliegen. 341

Erforderlich für diese Vergünstigung ist allerdings, dass bei der Schenkung bereits der Erwerb eines genau bezeichneten Grundstücks zugrunde gelegt wird. Gibt der Schenker nur einen Geldbetrag, um damit irgendein noch **nicht näher bezeichnetes** Grundstück zu erwerben, so gilt dies als Geldschenkung. Die Auflage des Schenkers, mit dem Geld ein noch nicht näher bezeichnetes Grundstück zu kaufen, ist nicht als Belastung abzugsfähig (§ 10 Abs. 9 ErbStG). Da die Unterscheidung nur auf subjektiven Angaben der Beteiligten beruht, sollte sie nicht weiter aufrechterhalten bleiben (kritisch auch Troll, Anm. 97 zu § 7). Allerdings hat der BFH diesen Gedanken in seinem Urteil (BFH vom 26.11.1996 BFH/NV 1997, 643) nicht nur aufrechterhalten, sondern auch noch auf die ertragsteuerliche Beurteilung eines dem Schenker eingeräumten Nießbrauchsrechtes ausgedehnt. Bei Erwerb eines bestimmten Grundstücks vom Geld des Schenkers soll der dem Schenker vom Grundstückserwerber und Beschenkten eingeräumte Nießbrauch wie ein Vorbehaltsnießbrauch, bei Erwerb eines nicht bestimmten Grundstücks dagegen wie ein Zuwendungsnießbrauch behandelt werden. 342

Gibt der Schenker dem Beschenkten Geld, um einen bestimmten Rohbau zu erwerben, so ist der Steuerwert aus den Bewertungsvorschriften eines Grundstücks im Zustand der 343

Bebauung zu entnehmen. Stellt der Schenker aber auch noch das Geld zur Fertigstellung des Bauwerkes zur Verfügung, so ist der Steuerwert des bebauten Grundstücks maßgebend (vgl. H 16 (Mittelbare Grundstücksschenkung-Einzelfälle) ErbStR).

344 Stellt der Schenker dem Beschenkten Geld zur Verfügung, damit dieser sich auf einem ihm **bereits gehörenden Grundstück** ein Gebäude errichten kann, dann gilt die Werterhöhung des Steuerwertes als Wert der Zuwendung (BFH vom 03.08.1988 BStBl II 1988, 1025). Beim früheren Ertragswertverfahren war dies immer noch ein relevanter Wert, da als Wertzuwachs im Ertragswertverfahren der Gebäudewertanteil angesehen wurde, der sich bei der Berechnung des Grundstückswertes abzüglich des Bodenwertanteils des Abschn. 20 BewRGr ergab, Anm. 2.2 des Erl. vom 02.11.1989. Beim heutigen Ertragswertverfahren ist ein Herausrechnen des Bodenwertanteils nicht mehr möglich. Abzustellen ist daher auf den Wertunterschied des unbebauten zum bebauten Grundstück (H 16 Abs. 6 (Mittelbare Grundstücksschenkung – Einzelfälle; hier: Fall 5) ErbStR).

345 Auch bei der Übernahme der **Kosten für Aus-, Um-** oder **Anbauten** durch den Schenker entspricht der Wert der Zuwendung nur dem durch den Ausbau eingetretenen Wertzuwachs am Grundbesitzwert, vgl. H 16 (Mittelbare Grundstücksschenkung-Einzelfälle; hier Ziffer 7) ErbStR. Bei der Übernahme von Reparaturkosten soll danach eine Anwendung der Regeln über die mittelbare Grundstücksschenkung nur anwendbar sein, wenn die Reparaturen unmittelbar mit dem Erwerb eines bestimmten Grundstücks in Zusammenhang stehen; so auch BFH vom 05.02.1986 BStBl II 1986, 460. Hat der Beschenkte das Grundstück bereits gekauft und beteiligt sich der Schenker hinterher an der Tilgung des Kaufpreises, dann liegt allerdings eine Geldschenkung vor.

346 Beim **Erwerb von Todes** wegen ist eine mittelbare Grundstücksschenkung **nicht möglich.** Vermacht der Erblasser dem Erben oder einem Vermächtnisnehmer Geld, damit dieser sich ein bestimmtes Grundstück kaufen soll, so ist der Geldbetrag vererbt. Der BFH lehnte eine entsprechende Anwendung der Regeln über die mittelbare Grundstücksschenkung ab, da der Erwerb mit dem Erbfall abgeschlossen sei (BFH vom 23.01.1991 BStBl II 1991, 310 und vom 10.07.1996 BFH/NV 1997, 28).

347 Auch ein zum Nachlass gehörender **Sachleistungsanspruch** auf Übertragung von Grundbesitz ist mit dem **Verkehrswert** des Grundstücks und nicht mit dessen Steuerwert anzusetzen (BFH vom 27.11.1991 BStBl II 1991, 298 und vom 15.10.1997 BStBl II 1997, 820). In diesem Urteil befindet sich auch noch einmal der Hinweis, dass beim Erwerb durch Erbfall stets die zivilrechtliche Rechtslage zugrunde zu legen ist und nicht die Grundsätze über ein wirtschaftliches Eigentum.

2.6.5 Andere Arten der Schenkung im Sinne des § 7 Abs. 1 Nr. 1 ErbStG

348 Erlässt der Schenker dem Beschenkten eine Forderung, so handelt es sich um eine Schenkung, wenn dem Erlass der Gedanke der Freigebigkeit zugrundeliegt (**Forderungsschenkung**). Gibt ein Darlehensgeber dem Darlehensnehmer ein unverzinsliches Darlehen, so stellt diese Zuwendung des Zinsvorteils nach BFH vom 12.07.1979 BStBl II 1979, 631 eine Schenkung dar (**Zinsschenkung**). Als Jahreswert der Nutzung soll nach BFH ein Zinsbetrag in Höhe von 5,5 % zugrunde gelegt werden. Dieser erbschaftsteuerlichen Beurteilung steht nicht die Rechtsprechung zur Ertragsteuer entgegen, die davon ausgeht, dass eine langfristige Darlehenshingabe auch bei vereinbarter Unverzinslichkeit gem. § 12 Abs. 3 BewG der Abzinsung unterliegt. Als Darlehensvaluta gilt dieser Rechtsprechung der abgezinste Betrag. Die Differenz zwischen Barwert und Rückzahlungsbetrag führt beim Darlehensgeber im

Zeitpunkt der Darlehensrückzahlung zu Einnahmen aus Kapitalvermögen, so ganz richtig BFH vom 26.06.1996 BFH/NV 1997, 175. Beide Urteile widersprechen sich nicht. Der Fall ist so zu beurteilen, als ob der Darlehensgeber dem Darlehensnehmer den (zur Rückzahlung bestimmten) abgezinsten Darlehensbetrag überlassen hätte, der natürlich keine Schenkung darstellt, und ihm zusätzlich die Zinsen geschenkt hätte, damit er sie künftig zurückbezahlen kann. Zinsen sind aber regelmäßig aus dem Vermögen des Darlehensnehmers zu erbringen. Dass ihm der Darlehensgeber den Betrag zur Erbringung zur Verfügung stellt, stellt eine freigebige Zuwendung dar. Da der Darlehensnehmer sofort über den Gesamtbetrag verfügen kann, liegt hinsichtlich der Zinszuwendung eine Schenkung vor.

BEISPIEL

V gibt S ein unverzinsliches Darlehen von 100 000 €, rückzahlbar nach 10 Jahren.

LÖSUNG Das Darlehen ist zu bewerten mit 100 000 € × 0,585 = 55 850 €. Die restlichen 44 150 € stellen in 01 eine Schenkung dar. Im Jahr 10 hat V Einkünfte aus § 20 EStG in Höhe von 44 150 €, vgl. BFH/HV 1997, 175.

349 Die schenkweise Umbuchung eines Kapitalanteils an einem Einzelunternehmen zur Begründung eines Gesellschaftsanteils von Kindern an einer Personengesellschaft stellt ebenfalls eine Schenkung dar (**Anteilsschenkung**). Will also ein Vater seine Kinder in sein Unternehmen als Kommanditisten aufnehmen, und schenkt er ihnen ein durch Umbuchen vom eigenen Kapitalkonto abgezweigtes Kapitalkonto, so liegt hierin bereits ein Vollzug einer Schenkung. Fehlt es also an der notariellen Beurkundung der Schenkungszusage, dann wird dieser Mangel durch den Vollzug der Schenkung geheilt. Geschenkt ist in diesen Fällen ein Mitunternehmeranteil.

350 Dies gilt jedoch nicht, wenn die Kinder als stille Gesellschafter beteiligt werden sollen, BMF vom 08.12.1975 BStBl I 1975, 1130. Hier liegt nach wie vor ein formunwirksames Schenkungsversprechen vor, das eine Bereicherung noch nicht darstellt (so auch Moench, Erbschaft- und Schenkungsteuer, Rz. 61 zu § 7 ErbStG). Hier sind nur die jeweils ausbezahlten Gewinnbeteiligungen zugewendet. Diese Lösung soll nach der Rechtsprechung selbst beim formwirksamen Schenkungsversprechen Anwendung finden, da sich das Schenkungsversprechen nur auf eine Forderung bezieht (BFH vom 28.11.1967 BStBl II 1968, 239). Wie Anteile als stille Gesellschafter sind auch Unterbeteiligungen am Anteil eines Gesellschafters einer Personengesellschaft zu behandeln.

351 Die schenkweise Zuwendung eines Kapitalanteils an einer Personengesellschaft fällt nicht unter den Tatbestand des § 7 Abs. 5 bis 7 ErbStG. Hierunter fallen vielmehr **Schenkungen mit Buchwertklausel** (§ 7 Abs. 5 ErbStG), die **überhöhte Gewinnbeteiligung** (§ 7 Abs. 6 ErbStG) und die **Abfindungen unter dem Wert der Anteile** (§ 7 Abs. 7 ErbStG). Hier sind die zum Ertragsteuerrecht entwickelten Grundsätze anzuwenden, bei der Zuwendung einer Kommanditbeteiligung also auch die Grundsätze über die Angemessenheit der Gewinnverteilung. Erhält also ein Kind ein eigenes Kapitalkonto schenkweise zugewendet und wird dieses mit einer unangemessen hohen Gewinnbeteiligung ausgestattet, dann stellt die Schenkung des Kapitalkontos eine Zuwendung im Sinne des § 7 Abs. 1 Nr. 1 ErbStG dar und der kapitalisierte Wert des den angemessenen Teil übersteigenden Teils der Gewinnbeteiligung eine Zuwendung im Sinne des § 7 Abs. 6 ErbStG. Bei der Kapitalisierung der Gewinnbeteiligung wird von einer ungewissen Dauer ausgegangen, also Kapitalisierung mit dem Faktor 9,3 (R 21 S. 4 ErbStR). Schenkweise zugewendet können auch Anteile an Kapitalgesellschaften werden.

352 Problematisch sind die **Zuwendungen zwischen Gesellschaftern einer Kapitalgesellschaft und ihrer Gesellschaft**. Eine unentgeltliche Zuwendung eines Gesellschafters

353 Von **Kettenschenkung** oder **Durchgangsschenkung** spricht man, wenn ein Schenker den Beschenkten verpflichtet, die Zuwendung weiter zu verschenken, z. B. der Vater schenkt seiner Ehefrau 200 000 € mit der Bestimmung, davon je 20 000 € an die beiden Kinder weiterzugeben. Hier ist die Ehefrau nur um 160 000 € bereichert, die Kinder erhalten die 20 000 € jeweils direkt vom Vater, vgl. BFH vom 13. 10. 1993 BStBl II 1994, 128. Ist die Schenkung von dem Beschenkten erst bei Eintritt einer Bedingung (**bedingte Schenkungen**) an den Dritten weiterzugeben, dann ist der Durchgangserwerb bei dem Beschenkten zunächst zu erfassen und bei Eintritt der Bedingung nach den §§ 5 Abs. 2, 6 Abs. 2, 7 Abs. 2, 14 Abs. 2 BewG zu berichtigen. Der Letztbedachte erwirbt wieder direkt vom Ausgangsschenker.

An seine Gesellschaft erhöht ja gleichzeitig den Wert seines Anteils, sodass ein steuerbarer Tatbestand insoweit nicht vorliegt. Wohl kann darin aber eine Bereicherung der Mit-Anteilseigner liegen, deren Anteile ohne eigenes Zutun einen höheren Wert erfahren. Zu dem gesamten Komplex vgl. R 18 ErbStR.

354 **Schenkungen unter Widerrufsvorbehalt** sind zivilrechtlich zulässig; ertragsteuerlich werden sie nicht anerkannt, der Schenker erzielt weiterhin die Einkünfte aus der verschenkten Einkunftsquelle (BFH vom 16. 05. 1989 BStBl II 1989, 877). Schenkungsteuerlich wird diese Form der Schenkung wie eine bedingte Schenkung behandelt, also zunächst volle Schenkung, anschließend bei Ausüben des Widerrufs Korrektur nach den Bewertungsvorschriften der §§ 4 bis 8 BewG (Vgl. BFH vom 13. 09. 1989 BStBl II 1989, 1034; Vfg. OFD Nürnberg vom 27. 01. 1994 DStR 1994, 467).

355 Wird ein Grundstück verschenkt, die Schenkung jedoch vor der Eintragung des Beschenkten im Grundbuch aufgehoben, dann liegt eine Schenkung nicht vor, auch dann nicht, wenn die Auflassung schon beurkundet und die Eintragungsbewilligung erteilt war, BFM vom 24. 07. 2002 BStBl II 2002, 781.

356–370 frei

2.7 Die übrigen Schenkungstatbestände des § 7 ErbStG

2.7.1 Vollziehung einer vom Schenker angeordneten Auflage

371 Schenkt der Schenker dem Beschenkten etwas unter einer Auflage, so ist der Beschenkte nach § 7 Abs. 1 Nr. 1 ErbStG begünstigt. Die Auflage wird unterschieden in Leistungsauflage und Duldungsauflage. Zu deren Behandlung beim Beschenkten vgl. unter Rz. 3450 ff. Der durch die Auflage Begünstigte hat die Zuwendung direkt vom Schenker erhalten; sie unterliegt gem. § 7 Abs. 1 Nr. 2 ErbStG der Erbschaftsteuer. Da der Auflagenbegünstigte in der Regel keinen eigenständigen Rechtsanspruch gegen den Beschenkten auf Erfüllung der Auflage erwirbt, fällt die Bereicherung erst an, wenn die Auflage erfüllt wird (»... was erlangt wird ...«).

BEISPIEL
V schenkt dem S ein Grundstück unter der Auflage, seiner Schwester T ein Gleichstellungsgeld zu bezahlen (Leistungsauflage) und seiner Tante U ein dingliches Wohnrecht einzuräumen (Duldungsauflage). Zur Bemessungsgrundlage vgl. R 17 Abs. 3 und 4 ErbStR.

372 Dieselben Rechtsfolgen gelten dann, wenn der Schenker in irgendeinem Rechtsgeschäft (nicht notwendigerweise einer Schenkung) eine unentgeltliche Zuwendung an einen Dritten verfügt und diese Zuwendung vom Eintritt einer Bedingung abhängig macht. Einen wirtschaftlichen Sinn ergeben solche Gestaltungen wohl in erster Linie bei einer gemischten Schenkung, bei der der Erwerber einen geringeren Kaufpreis bezahlt in Anbetracht der ihm

auferlegten Verpflichtung zum Erbringen einer unentgeltlichen Leistung bei Bedingungseintritt. Unter einer Bedingung ist auch ein Fall einer Befristung im Sinne des § 8 BewG zu verstehen. Die Vorschrift des § 7 Abs. 1 Nr. 3 ErbStG hat bislang noch keine praktische Bedeutung erlangt.

> **BEISPIEL**
>
> V verkauft dem K ein Grundstück zu einem Vorzugspreis. Dafür wird dem K die Verpflichtung auferlegt, der langjährigen Haushälterin des V ab deren 65. Lebensjahr unentgeltlich ein dingliches Wohnrecht an einer Wohnung einzuräumen.

2.7.2 Vereinbarung der Gütergemeinschaft

Vereinbaren die Ehegatten den vertraglichen Güterstand der Gütergemeinschaft, dann haben sie fortan unterschiedliche Gütermassen zu unterscheiden: das Sondergut des § 1417 BGB, das Vorbehaltsgut des § 1418 BGB und das Gesamtgut des § 1416 BGB. 373

Sondergut sind die Wirtschaftsgüter, die nicht durch Rechtsgeschäft übertragen werden können. Hierzu gehören die nicht abtretbaren und unpfändbaren Forderungen der §§ 399, 400 BGB (z. B. Unterhaltsrenten im Sinne des § 850b Satz 1 Nr. 2 ZPO), der Anteil als persönlich haftender Gesellschafter einer Personengesellschaft, der Nießbrauch, das Urheberrecht.

Vorbehaltsgut sind die Wirtschaftsgüter, an denen sich der Ehegatte bei Vereinbarung der Gütergemeinschaft das Eigentum vorbehalten hat; Wirtschaftsgüter, die von Todes wegen oder durch Schenkungen erworben wurden, wenn der Erblasser oder Schenker sie zum Vorbehaltsgut beim Empfänger erklärt hat; Ersatzstücke für Wirtschaftsgüter, die sich im Vorbehaltsgut befanden (wozu auch Versicherungssummen für den Ersatz gehören, nicht jedoch Kaufpreise beim Verkauf). 374

Gesamtgut ist alles, was nicht Sondergut oder Vorbehaltsgut ist. Dabei ist es gleichgültig, ob es sich bei Beginn der Ehe im Eigentum eines Ehegatten befand oder im Verlauf der Ehe erworben wurde. Unter die Vorschrift des § 7 Abs. 1 Nr. 4 ErbStG fällt jedoch nur das, was bei der Vereinbarung der Gütergemeinschaft Gesamtgut wird und nicht das, was im Weiteren Verlauf der Ehe ins Gesamtgut erworben wird; dies folgt aus der ausdrücklichen Verweisung auf § 1415 BGB. Allerdings ist zu beachten, dass die Vereinbarung der Gütergemeinschaft nicht zu Beginn der Ehe erfolgen muss; wird die Gütergemeinschaft erst später vereinbart, dann ist davon auszugehen, dass der bereicherte Ehegatte seinen Zugewinnausgleichsanspruch mit in die Gütergemeinschaft einbringt, sodass seine Bereicherung dadurch häufig gleich null sein wird (R 19 Abs. 2 ErbStR). Überführt also ein Ehegatte ein Wirtschaftsgut **nach Vereinbarung der Gütergemeinschaft** vom Vorbehaltsgut ins Gesamtgut, so mag dies unter den Tatbestand des § 7 Abs. 1 Nr. 1 ErbStG fallen, es fällt jedenfalls nicht unter den des § 7 Abs. 1 Nr. 4 ErbStG; so die h.M., a.A. Moench, Rz. 159 zu § 7, der daher den Ehegatten mit Rücksicht auf § 14 ErbStG empfiehlt, mit der Umwandlung von Vorbehaltsgut in Gesamtgut 10 Jahre lang zu warten; da die Umwandlung auch nach der h.M. den Tatbestand der Nr. 1 erfüllen kann, gilt diese Empfehlung auch hier. 375

Das Eigentum beider Ehegatten fällt (soweit es nicht Sondergut oder Vorbehaltsgut wird) ins Gesamtgut. Bringt der M 200 000 € und die F 500 000 € ins Gesamtgut ein, dann sind die 700 000 € Gesamtgut. Dadurch bereichert ist aber nur der M, und zwar in Höhe von 150 000 €. Interessant werden diese Fälle dann, wenn sich die Steuerwerte nicht entsprechen. Bringt also der M die 200 000 € in bar ein, während die F ein Grundstück mit einem Verkehrswert von 500 000 € und einem Steuerwert von 320 000 € einbringt, dann ist nach § 7 Abs. 1 Nr. 4 ErbStG 376 durch einen Vergleich der Verkehrswerte geklärt, dass der M bereichert ist, eine Steuerpflicht also nur bei ihm entstehen kann. Diese richtet sich aber gem. § 10 ErbStG nach der Höhe der Steuerwerte. M hat daher den halben Mehrwert der Steuerwerte (also 60 000 €) der Besteuerung zu unterwerfen. Eine Verhältnisrechnung kann nicht in Betracht kommen, da der M sonst möglicherweise Steuern von seinem eigenen Gesamtgutanteil versteuern müsste. Hat also das Grundstück der F einen Steuerwert von nur 180 000 €, dann steht nach § 7 fest, dass nur der Mehrerwerb des M zu einer Steuerpflicht führen könnte, da M aber keinen steuerlichen Mehrwert im Sinne des § 10 erworben hat, unterbleibt eine Besteuerung (ebenso die h.M., vgl. Moench, Rz. 157 zu § 7; Meincke, Anm. 102 zu § 7; Troll, Rz. 310 zu § 7. In Anbetracht des hohen Ehegattenfreibetrages von 307 000 € dürfte die Frage keine allzu große praktische Bedeutung haben, kann diese jedoch als Vorerwerb im Rahmen des § 14 ErbStG jederzeit nachträglich erhalten).

2.7.3 Abfindung für einen Erbverzicht

377 Der Steuerpflichtige kann auf sein gesetzliches Erbrecht verzichten (§ 2346 BGB), was gleichzeitig bewirkt, dass er auch keinen Pflichtteil erhält. Er kann aber auch nur auf seinen Pflichtteil verzichten, § 2346 Abs. 2 BGB, was ebenfalls als Erbverzicht im Sinne des § 2346 BGB gilt. Schließlich kann er auch auf eine Zuwendung (Vermächtnis, testamentarisch eingeräumter Erbteil) verzichten, § 2352 BGB. Auch dies gilt als Erbverzicht im Sinne des Erbschaftsteuerrechts. Der Erbverzicht geschieht unter Lebenden durch notariell beurkundeten Vertrag mit dem Erblasser und wirkt im Zweifel auch für seine Abkömmlinge, § 2349 BGB.

378 Für einen solchen Erbverzicht gibt es die verschiedenartigsten »Interessenten«. Der Erblasser selbst kann ein Interesse daran haben, dass ein potentieller Erbe auf seinen Erbteil verzichtet, etwa um die Unternehmensnachfolge nicht durch Erb- und Pflichtteilsansprüche gefährdet zu sehen; Miterben können ein Interesse daran haben und schließlich auch der Verzichtende selbst. Erhält der Verzichtende von irgendeiner Seite eine Abfindung für seinen Verzicht, so fällt diese unter § 7 Abs. 1 Nr. 5 ErbStG. Für die Frage der Steuerklasse gilt die Abfindung immer als vom Erblasser selbst bezogen (BFH vom 25. 05. 1977 BStBl II 1977, 733).

2.7.4 Stiftung

379 Die Stiftung war bereits mehrfach Gegenstand der Darstellung. Wird sie von Todes wegen mit Zuwendungen ausgestattet, so unterliegt dieser Vorgang gem. § 3 Abs. 2 Nr. 1 ErbStG der Erbschaftsteuer. Wird sie erstmalig bei Gründung mit einer Schenkung bedacht, so fällt dies unter § 7 Abs. 1 Nr. 8 ErbStG (was allerdings bei gemeinnützigen Stiftungen keine Steuer auslöst, vgl. § 13 Nr. 16 Buchst. b ErbStG). Wird sie nach Gründung mit Schenkungen bedacht, so fällt dies unter § 7 Abs. 1 Nr. 1 ErbStG. Besteht die Stiftung fort, so unterliegt sie alle 30 Jahre der Erbschaftsteuer (§ 1 Abs. 1 Nr. 4 ErbStG). Wendet die Stiftung aufgrund ihrer Satzung einem Dritten etwas unentgeltlich zu, so stellt dies keinen schenkungssteuerpflichtigen Tatbestand dar, da diesem Akt das Merkmal der Freiwilligkeit fehlt. Wird die Stiftung schließlich aufgelöst, so fallen Zuwendungen, die in diesem Zusammenhang anfallen, unter § 7 Abs. 1 Nr. 9 ErbStG. Die restlichen Tatbestände des § 7 Abs. 1 ErbStG haben nur geringe praktische Bedeutung, sodass sie im Rahmen eines Lehrbuchs vernachlässigt werden können.

2.7.5 Zweckzuwendung

Die Zweckzuwendung im Sinne des § 8 ErbStG steht neben der Erbschaftsteuer und der Schenkungsteuer als weiterer Steuertatbestand. Die Zweckzuwendung kann ähnliche Ziele verfolgen wie die Stiftung, sie unterscheidet sich von der Stiftung aber dadurch, dass sie **nicht gesetzlich geregelt** ist (vgl. § 80 BGB für die Stiftung) und daher mit dem Zuwendungszweck immer ein Dritter belastet ist. Dieser Dritte erhält Mittel zugewendet, mit denen er die Zweckzuwendung zu bestreiten hat. Als letztlich begünstigte Zuwendungsempfänger kommen nach der Zielrichtung der Zweckzuwendung entweder ein unbestimmter Personenkreis oder etwas Unpersönliches in Betracht (die Armen zu speisen, ein Denkmal zu errichten), jedenfalls **fehlt** es an einem **Letztbegünstigten**, der seinerseits als Zuwendungsempfänger einer freigebigen Zuwendung erfasst werden könnte. Diese Erfordernisse ergeben sich nicht aus dem Gesetzeswortlaut, sondern nur aus einer historischen Auslegung des gesetzgeberischen Willens bei Abfassung der Vorschrift.

380

In der Regel wird der mit der Zweckzuwendung Beauftragte auch selbst eine Zuwendung erfahren. Er kann dann die Mittel, die für die Erfüllung der Zweckzuwendung erforderlich sind, vom **Wert** der Gesamtzuwendung **abziehen**, § 10 Abs. 5 Nr. 2 ErbStG. Dafür hat er dann für die Entrichtung der Steuer aus dem Wert der Zweckzuwendung zu sorgen, § 20 Abs. 1 ErbStG. Daß es sich dabei jedoch um ein gesondertes Vermögen handeln müsse, das der Beauftragte nur treuhänderisch verwaltet, ist nicht erforderlich, denn sonst könnte es nicht zu einer »Minderung der Bereicherung des Erwerbers« kommen, von der § 8 ErbStG spricht. Die Zweckzuwendung kann auf einer **letztwilligen Verfügung** oder einer **Zuwendung eines Lebenden** beruhen, beide Alternativen fallen unter die Vorschrift des § 8 ErbStG.

381

2.8 Entstehen der Steuer

Die Vorschrift des § 9 ErbStG stellt auf den Zeitpunkt ab, in dem die Erbschaftsteuer entsteht. Dies ist auch gleichzeitig der Stichtag für die Wertermittlung und für die persönlichen Verhältnisse des Steuerschuldners (unbeschränkte oder beschränkte Steuerpflicht, Verwandtschaftsgrad). Maßgeblicher **Stichtag beim Erwerb von Todes wegen** ist der Todeszeitpunkt des Erblassers (§ 9 Abs. 1 Nr. 1 ErbStG). Der Tag des Todes ergibt sich aus der Sterbeurkunde. Dies gilt sowohl für den gesetzlichen wie auch für den auf letztwilliger Verfügung beruhenden Erbteil. Es gilt gleichermaßen auch für den Vermächtnisnehmer und für den durch eine Schenkung auf den Todesfall Begünstigten. Etwas anderes gilt für den Pflichtteilsberechtigten: Hier entsteht die Steuerschuld erst mit der Geltendmachung des Pflichtteilsanspruchs (§ 9 Abs. 1 Nr. 1 Buchst. b ErbStG, während der Anspruch selbst bereits mit dem Tode entsteht). Hängt der Erwerb vom Eintritt einer Bedingung ab, so entsteht die Steuer mit Bedingungseintritt (§ 9 Abs. 1 Nr. 1 Buchst. a ErbStG). **Schlägt** ein Erbe die Erbschaft **aus**, so wirkt dies auf den Zeitpunkt des Todes zurück (§ 1953 BGB). Als Erbquoten gelten dann diejenigen, die nach der Ausschlagung maßgeblich sind.

382

Ordnet der Erblasser aufgrund letztwilliger Verfügung eine **Stiftung** an, so entsteht die Erbschaftsteuerschuld mit dem Zeitpunkt der Genehmigung der Stiftung (§ 9 Abs. 1 Nr. 1 Buchst. c ErbStG). Erwirbt ein Begünstigter infolge einer vom Erblasser verfügten **Auflage**, so entsteht die Steuerschuld mit Vollziehung der Auflage (§ 9 Abs. 1 Nr. 1 Buchst. d ErbStG). Erhält der Erbe etwas für den **Verzicht** oder die **Ausschlagung der Erbschaft**, so entsteht die Steuer im Zeitpunkt des Verzichts oder der Ausschlagung (nicht erst bei Erwerb der Abfindung, § 9 Abs. 1 Nr. 1 Buchst. f ErbStG). Hat der Erblasser jemanden zum **Nacherben** eingesetzt, so entsteht die Steuerschuld erst bei Eintreten des Nacherbfalles (sei es im

383

Zeitpunkt des Todes des Vorerben, sei es bei Eintritt einer Bedingung, § 9 Abs. 1 Nr. 1 Buchst. h ErbStG). Veräußert ein Nacherbe sein **Anwartschaftsrecht**, so entsteht die Steuer mit der Übertragung der Anwartschaft (§ 9 Abs. 1 Nr. 1 Buchst. i ErbStG).

384 **Stichtag bei Schenkungen unter Lebenden** ist der Zeitpunkt der Ausführung der Zuwendung (§ 9 Abs. 1 Nr. 2 ErbStG). Dies ist der Zeitpunkt, in dem der Bedachte wirtschaftlicher Eigentümer im Sinne des § 39 AO geworden ist. Dies ist ein gravierender Unterschied zur Verfügung von Todes wegen. Da bei der Verfügung von Todes wegen der Erwerb im Todeszeitpunkt abgeschlossen ist, kommt es hier immer auf die zivilrechtliche Rechtslage an. Da bei Schenkungen unter Lebenden dagegen der Zeitpunkt der Ausführung der Zuwendung maßgebend ist, ist die Zuwendung der Verfügungsmacht im Sinne des Steuerrechts maßgebend (BFH vom 14.02.1962 BStBl III 1962, 204). Bei Grundstücksschenkungen gilt die Schenkung als ausgeführt, wenn die Auflassung beurkundet und die Eintragungsbewilligung erteilt ist, da der Schenker damit alles zur Bewirkung der Leistung erforderliche getan hat, R 23 Abs. 1 Satz 2 ErbStR, BFH vom 26.09.1990 BStBl II 1991, 320. Allerdings gilt dies nicht, wenn die Schenkung nach diesem Zeitpunkt, aber vor dem Vollzug der Umschreibung aufgehoben wird, BFH vom 24.07.2002 BStBl II 2002, 781.

385 **Stichtag für die Zweckzuwendung** ist der Zeitpunkt des Eintritts der Verpflichtung des Beschwerten (§ 9 Abs. 1 Nr. 3 ErbStG). **Stichtag für die Familienstiftung** im Sinne des § 1 Abs. 1 Nr. 4 ErbStG ist jeweils der Ablauf von 30 Jahren seit dem ersten Übergang von Vermögen auf die Stiftung (§ 9 Abs. 1 Nr. 4 ErbStG). Ist die Steuer gemäß § 25 ErbStG ausgesetzt, weil eine Duldungsauflage zu Gunsten eines Dritten besteht oder weil eine Versorgungsleistung zu erfüllen ist, so gilt die Steuer für den Erwerb des belasteten Vermögens erst im Zeitpunkt des Erlöschens des Nutzungs- oder Rentenrechts als entstanden (§ 9 Abs. 2 ErbStG).

386–390 frei

3 Wertermittlung

391 Während der erste Abschnitt des Erbschaftsteuergesetzes mit seinen §§ 1 bis 9 regelt, was der Erbschaftsteuer zu unterwerfen ist, regelt der zweite Abschnitt mit seinen §§ 10 bis 13c, mit welchem Wert die einzelnen Wirtschaftsgüter der Erbschaftsteuer unterliegen. Die Vorschriften des zweiten Abschnitts dienen also dazu, die Bemessungsgrundlage der Steuer zu errechnen.

§ 10 Abs. 1 Satz 1 ErbStG nennt als **steuerpflichtigen Erwerb**:
Bereicherung des Erwerbers bewertet nach § 12 ErbStG
./. Zugewinnausgleich nach § 5 ErbStG
./. sachliche Steuerbefreiungen nach §§ 13, 13a–c ErbStG
./. persönlicher Freibetrag nach § 16 ErbStG
./. Versorgungsfreibetrag nach § 17 ErbStG

= steuerpflichtiger Erwerb (abgerundet auf volle 100 € nach § 10 Abs. 1 Satz 5 ErbStG) Bemessungsgrundlage für den Tarif des § 19 ErbStG.

3.1 Die Bereicherung

Die erste Position, die Bereicherung, wird im weiteren Verlauf des § 10 ErbStG geregelt. Dabei erfährt insbesondere die Bereicherung beim Erwerb von Todes wegen eine besonders ausführliche Behandlung.

3.1.1 Erbfall

Im Erbfall gilt als Bereicherung das im Nachlass befindliche Vermögen, bewertet nach § 12 ErbStG abzüglich der Nachlassverbindlichkeiten. Zu den **Nachlassverbindlichkeiten** gehören zunächst die **vom Erblasser** herrührenden Schulden, wobei die Betriebsschulden bereits im Wert des Betriebes mitberücksichtigt sind, § 12 Abs. 5 ErbStG i. V.m. § 103 BewG (vgl. § 10 Abs. 5 Nr. 1 ErbStG). Weiter gehören zu den Nachlassverbindlichkeiten dem Begünstigten **auferlegte Schulden** und Lasten aus Vermächtnissen, Auflagen und aus geltend gemachten Pflichtteilen (§ 10 Abs. 5 Nr. 2 ErbStG).

Schließlich zählen zu den Nachlassverbindlichkeiten auch die **Kosten,** die mit der **Bestattung** des Erblassers, seinem Grabdenkmal, der Grabpflege und den Kosten der Erbauseinandersetzung zusammenhängen. Die Kosten der Grabpflege sind dabei gemäß § 10 Abs. 5 Nr. 3 ErbStG mit den üblichen Kosten anzusetzen, als Dauer der Grabpflege ist stets eine unbestimmte Dauer und damit ein Vervielfältiger von 9,3 zugrunde zu legen (§ 13 Abs. 2 BewG). Kann ein besonderer Nachweis über höhere Kosten nicht geführt werden, so ist eine Erbfallkostenpauschale mit 10 300 € anzusetzen (§ 10 Abs. 5 Nr. 3 Satz 2 ErbStG).

Nicht zu den Nachlassverbindlichkeiten gehört die **Erbschaftsteuer.** Mit ihr ist der einzelne Erbe selbst belastet (§ 10 Abs. 8 ErbStG). Ebenfalls nicht zu den Nachlassverbindlichkeiten gehören die Kosten der **Nachlassverwaltung** (§ 10 Abs. 5 Nr. 3 Satz 3 ErbStG). Schulden und Lasten, die zu einzelnen **nicht steuerbaren Teilen** des Erwerbs gehören, sind ebenfalls nicht abzugsfähig (§ 10 Abs. 6 ErbStG). Erlöschen infolge des Erbanfalls Forderungen und Schulden, so gelten sie erbschaftsteuerlich als nicht erloschen (§ 10 Abs. 5 ErbStG). Ebenfalls nicht zu den Nachlassverbindlichkeiten gehört beim Vorerben die angeordnete Nacherbschaft, obwohl ihn diese erheblich in seiner Verfügungsbefugnis einschränkt. Umgekehrt braucht der Nacherbe auch noch keine Erbschaftsteuer zu entrichten (§ 10 Abs. 4 ErbStG), obwohl er bereits eine verwertbare Anwartschaft zugewendet erhält.

3.1.2 Schenkung

Bei einer Schenkung gilt als Bereicherung immer der Wert des positiven Vermögens. Sind mit der Schenkung Entgelte, Auflagen oder die Übernahme von Verbindlichkeiten verbunden, so gelten die Ausführungen über gemischte Schenkungen oder Schenkungen unter einer Auflage.

Diese führen nur teilweise zu einer Bereicherung des Erwerbers. Dabei würde insbesondere beim teil(un)entgeltlichen Erwerb von Grundbesitz der Ansatz des Erwerbs mit dem Steuerwert des Grundstücks und der Vollabzug der Schuld mit dem Nennwert zu ungerechtfertigten Steuervorteilen beim Erwerber führen. Daher gelten die folgenden Grundsätze (BFH vom 12.04.1989 BStBl II 1989, 524 und ihm folgend R 17 ErbStR):

Bei Schenkungen unter **Duldungs- oder Nutzungsauflage** ist die Auflage mit ihrem Kapitalwert gemäß §§ 13 bis 16 BewG abzuziehen. Bei der **Leistungsauflage** und der **gemischten Schenkung** wird der Steuerwert der freigebigen Zuwendung nach der Formel ermittelt:

$$\frac{\text{Steuerwert der Leistung} \times \text{Verkehrswert der Bereicherung}}{\text{Verkehrswert der Leistung}}$$

3.1.3 Übertragung von Anteilen an vermögensverwaltenden Personengesellschaften

399 Anteile an gewerblich tätigen Personengesellschaften werden entsprechend § 12 Abs. 5 ErbStG in Verbindung mit den §§ 95, 97 BewG so bewertet, dass zunächst das **Betriebsvermögen** der Personengesellschaft als Ganzes bewertet und anschließend entsprechend § 97 BewG **aufgeteilt** wird.

400 Dies gelte, so entschied der BFH in seinem Urteil vom 14. 12. 1995 (BStBl II 1996, 546), auch für die Anteile an **vermögensverwaltenden Personengesellschaften.** Der Gesetzgeber hat aber diese Rechtsprechung korrigiert: In § 10 Abs. 1 Satz 4 ErbStG wird klargestellt, dass die teilentgeltliche Übertragung der Anteile an vermögensverwaltenden Gesellschaften nicht nach den Vorschriften über die Bewertung von Personengesellschaften, sondern nach der obigen Formel zu bewerten ist. Das Ergebnis ist eine Beschränkung des Schuldenabzugs (R 26 ErbStR). Der Gesetzgeber wollte damit vermeiden, dass jemand die Vorschriften über die gemischten Schenkungen dadurch umgeht, dass er das Grundstück in eine Personengesellschaft einbringt und den Gesellschaftsanteil gegen ein Teilentgelt veräußert. Allerdings hat der Gesetzgeber durch Einfügen der Vorschrift des § 10 Abs. 1 Satz 4 ErbStG jetzt nicht nur für gemischte Schenkungen den Schuldabzug begrenzt, sondern auch für Erbfälle, bei denen in den Nachlass ein Anteil an vermögensverwaltenden Gesellschaften fällt.

3.1.4 Übernahme der Schenkungsteuer durch den Schenker

401 Hat der Erblasser die Entrichtung der vom Erwerber geschuldeten ErbSt einem anderen auferlegt oder hat der Schenker die Entrichtung der vom Beschenkten geschuldeten SchenkSt selbst übernommen oder einem anderen auferlegt, so gilt als Erwerb der Betrag, der sich bei Zusammenrechnung der (steuerpflichtigen) Bereicherung im Sinne des § 10 Abs. 1 ErbStG zuzüglich der aus ihr errechneten Steuer ergibt (vgl. § 10 Abs. 2 ErbStG).

BEISPIELE

1) Bruder B schenkte seiner Schwester S einen Geldbetrag in Höhe von 120 000 €, wobei er sich verpflichtete, die auf die Zuwendung entfallende SchenkSt selbst zu übernehmen.
LÖSUNG Die von S zu entrichtende SchenkSt würde sich auf 30 000 € belaufen (120 000 € abzüglich Freibetrag nach § 16 Abs. 1 Nr. 4 ErbStG von 20 000 € = 100 000 €, davon 30%). Der Wert der Bereicherung der S beträgt nach § 10 Abs. 2 ErbStG somit 150 000 €.
B hat somit eine SchenkSt aus 130 000 € (120 000 € zuzüglich übernommene SchenkSt von 30 000 € abzüglich Freibetrag 20 000 €) zu entrichten.

Steuerklasse II	30% von 130 000 € =	39 000 €

2a) B schenkt seiner Schwester S 500 000 Euro. Die Schenkungsteuer trägt die S

LÖSUNG Wert der Zuwendung	500 000 €
Freibetrag	./. 20 000 €
steuerpfl. Erwerb	480 000 €
Steuer 30%	144 000 €

Von den 500 000 verbleiben der S somit 356 000 €.

2b) Abwandlung von b): B schenkt seiner Schwester 356 000 € und übernimmt die Schenkungsteuer.

LÖSUNG Wert der Zuwendung	356 000 €
abzügl. Freibetrag	./. 20 000 €
steuerpfl. Erwerb	336 000 €
Steuer 30 %	100 800 €
Berechnung nach § 10 Abs. 2 ErbStG	
Wert der Zuwendung	356 000 €
zuzügl. Steuerbetrag	+ 100 800 €
abzügl. Freibetrag	./. 20 000 €
steuerpfl. Erwerb	436 800 €
Steuer 30 %	131 040 €

ERGEBNIS In den Fällen b) und c) verbleiben der S 356 000 €. Im ersten Fall muss B dafür 500 000 € aufwenden, im zweiten Fall dagegen nur 356 000 + 131 040 = 487 040 €. Der Grund dafür liegt darin, dass die »Steuer von der Steuer« nach dem ersten Rechenvorgang gekappt wird.

3.2 Bewertungsstichtag

Bewertungsstichtag ist jeweils der Zeitpunkt, der für die Entstehung der Steuer nach § 9 ErbStG maßgebend ist, § 11 ErbStG. Dies ist beim Erbfall der Tod des Erblassers, bei Schenkungen der Zeitpunkt der Ausführung der Zuwendung. Zu den übrigen Fällen vgl. die Ausführungen unter Rz. 3475 ff.

402

403–405 frei

3.3 Übersicht über die Wertermittlung der Bereicherung

406

Art des Vermögens	Bewertung
Grundbesitz § 12 Abs. 3 ErbStG	
a) Unbebaute Grundstücke (§ 179 BewG)	Fläche × Bodenrichtwert oder nachgewiesener geringerer Wert, § 198 BewG
b) Wohnungseigentum, Teileigentum, EFH, ZFH, § 182 Abs. 2 BewG	Vergleichswertverfahren, § 183 BewG Vergleichspreise von vergleichbaren Grundstücken oder statt diesen Verwendung von Vergleichsfaktoren oder nachgewiesener geringerer Wert, § 198 BewG
c) Mietwohngrundstücke, sowie Geschäfts- und gemischt-genutzte Grundstücke, für die sich eine übliche Miete ermitteln läßt, § 182 Abs. 3 BewG	Ertragswertverfahren, §§ 184–188 BewG Bodenwert wie § 179 BewG zuzüglich Gebäudeertragswert [Jahresmiete bzw. übliche Miete ./. Bewirtschaftungskosten ./. Bodenwertverzinsung = Gebäudereinertrag × Vervielfältiger der Anlage 21 zum BewG]; mindestens Bodenwert. Nachweis niedrigeren Werts möglich, § 198 BewG

Art des Vermögens	Bewertung
d) Sonstige bebaute Grundstücke, WET, TET, EFH, ZFH, für die sich kein Vergleichswert, und Geschäfts- und gemischt-genutzte Grundstücke, für die sich keine übliche Miete feststellen läßt, § 182 Abs. 4 BewG	Sachwertverfahren §§ 189–191 BewG Bodenwert wie § 179 BewG zuzüglich Gebäudesachwert (§ 190 BewG) = vorläufiger Sachwert (§ 189 Abs. 3 BewG), der m. H. von Wertzahlen an den gemeinen Wert angepasst wird, § 191 BewG. Nachweis eines geringeren Werts möglich, § 198 BewG
e) Erbbaurecht (§ 192 BewG)	Grundstück, § 194 BewG: Vergleichswert; liegt ein solcher nicht vor, dann abgezinster Bodenwert (Anl. 26) zuzüglich kapitalisierter Erbbauzins (Anl. 21) ggf. zuzüglich abgezinster Gebäudewertanteil gem. § 194 Abs. 4 BewG Erbbaurecht, § 193 BewG: Vergleichswert; liegt ein solcher nicht vor, dann Bodenwertanteil gem. § 193 Abs. 3 BewG (angemessener Verzinsungsbetrag ./. vereinbarter Erbbauzins = Differenzbetrag × Vervielfältiger Anl. 21) zuzüglich Gebäudewertanteil gem. § 193 Abs. 5 BewG Nachweise geringerer Werte möglich, § 198 BewG
f) Gebäude auf fremdem Grund und Boden, § 195 BewG	Grundstück, § 195 Abs. 3 BewG Wie Erbbaurechtsgrundstücke ohne Vergleichswerte; jedoch ohne Gebäudewertanteil beim Heimfall Gebäude, § 195 Abs. 2 BewG Wie der Gebäudewertanteil beim Erbbaurecht, jedoch ohne Abzug bei ganz oder teilweise entschädigungslosem Heimfall Nachweise geringerer Werte möglich, § 198 BewG
g) Gebäude im Zustand der Bebauung, § 196 BewG	Bodenwert nach § 179 BewG zuzüglich bisher angefallene HK oder nachgewiesener geringerer Wert, § 198 BewG
h) Land- und forstwirtschaftliches Vermögen, § 198 BewG	Wohnteil und Betriebswohnungen, § 167 BewG: Wie Grundvermögen, ggf. Abschlag von 15 %, § 167 Abs. 3 BewG. Nachweis eines niedrigeren Werts möglich, § 167 Abs. 4 BewG Wirtschaftsteil, §§ 162–166 BewG: Ertragswert gem. § 163 BewG, Beachtung eines Mindestwerts gem. § 164 BewG, Nachweis eines niedrigeren Werts als Ertrags- oder Mindestwert möglich, § 165 Abs. 3 BewG. Wird der Betrieb oder wesentliche Betriebs-

Art des Vermögens	Bewertung
	grundlagen innerhalb von 15 Jahren veräußert oder entnommen, erfolgt rückwirkend eine Nachbewertung mit dem Liquidationswert, §§ 166, 162 Abs. 3 und 4 BewG. Verbindlichkeiten, die mit dem Wirtschaftsteil zusammenhängen, mindern dessen Wert, § 158 Abs. 5 BewG, hängen sie mit dem Wohnteil oder den Betriebswohnungen zusammen, werden sie gesondert bei der Wertermittlung berücksichtigt, § 168 Abs. 1 BewG, hängen sie mit dem Wirtschaftsteil zusammen, dann sind sie beim Ertragswert des § 163 BewG durch den Ansatz des standardisierten Reingewinns bereits berücksichtigt, beim Mindestwert des § 164 BewG müssen sie dagegen abgezogen werden.
Betriebsvermögen, § 12 Abs. 5 ErbStG	Bewertung mit dem gemeinen Wert, § 109 BewG Vorrangig Ableitung aus Vergleichsverkäufen zwischen fremden Dritten des letzten Jahres vor dem Erwerbszeitpunkt, §§ 109, 11 Abs. 2 BewG. Dies gilt für alle Arten des BV (Rechtsformneutralität). Liegen solche Vergleichsverkäufe nicht vor, dann gilt ein modifiziertes Ertragswertverfahren, §§ 199–203 BewG oder eine Schätzung unter Berücksichtigung der Ertragsaussichten nach einem branchenüblichen anerkannten Verfahren Mindestwert ist der Substanzwert, § 11 Abs. 2 Satz 3 BewG, also der gemeine Wert der EinzelWG abzüglich der Verbindlichkeiten. In besonderen Fällen ist der Mindestwert der Liquidationswert.
Beteiligungen an Personengesellschaften	Wertermittlung nach § 97 Abs. 1 a BewG: Ermittlung und Aufteilung des Werts des Gesamthandsvermögens nach §§ 199–203 BewG (zunächst Zurechnung der Kapitalkonten, Restverteilung nach dem Gewinnverteilungsschlüssel). Hinzugerechnet wird das SBV des übertragenden Gesellschafters, das im Wege der Einzelbewertung bewertet wird.
Beteiligungen an Kapitalgesellschaften	Gemäß § 11 Abs. 2 BewG wie Bewertung eines Einzelunternehmens: Ableitung aus Vergleichsverkäufen unter fremden Dritten innerhalb des letzten Jahres vor dem Besteuerungszeitpunkt oder Be-

Art des Vermögens	Bewertung
	wertung nach den Ertragsaussichten der Kapitalgesellschaft oder nach einer anderen anerkannten und im gewöhnlichen Geschäftsverkehr für nicht steuerliche Zwecke üblichen Methode. Der Substanzwert darf nicht unterschritten werden.
Kapitalforderungen	Gemeiner Wert nach § 12 BewG
Wiederkehrende Leistungen und Nutzungen	Gemeiner Wert nach §§ 13–16 BewG s. aber auch Sonderregelung in § 23 ErbStG
Übriges Vermögen	Gemeiner Wert nach § 9 BewG
Zweckzuwendung	Verpflichtung des Beschwerten, § 10 Abs. 1 Satz 4 ErbStG
Nachlassverbindlichkeiten Kapitalschulden	Gemeiner Wert nach § 12 BewG, ggf. nach §§ 13–16 BewG
Nachlassverbindlichkeiten Sachleistungsschulden	Gemeiner Wert nach § 9 BewG
Vermächtnislast	– Beim Geldvermächtnis: Nennbetrag – Beim Sachvermächtnis: Steuerwert des nachlasszugehörigen Vermächtnisgegenstandes – Beim Verschaffungsvermächtnis: gemeiner Wert
Pflichtteilslast	Ab Geltendmachung gemeiner Wert nach § 12 BeWG
Bestattung, Grabdenkmal, Grabpflege	Entstandene Kosten Jahreswert × 9,3 ggf. Pauschbetrag 10 300 €, § 10 Abs. 5 Nr. 3 ErbStG

407 Der letztgenannte Pauschbetrag bezieht sich auf den Erbfall. Mit ihm sind die **gesamten Kosten** für Bestattungskosten (Bestattung, Grabdenkmal, Grabpflege und die Kosten für die Abwicklung, Regelung, Verteilung des Nachlasses sowie die Kosten für die Erlangung des Erwerbs) **abgegolten.** Der Pauschbetrag wird also auch bei einer Mehrzahl von Erben **nur einmal** gewährt (R 30 Abs. 3 ErbStR). Wie er zu verteilen ist, wird im Gesetz und in den Richtlinien (R 30 Abs. 3 Satz 4 ErbStR: »in geeigneter Weise«) nicht näher ausgeführt. Es erscheint sachgerecht, zunächst zu prüfen, ob die gesamten Aufwendungen den Pauschbetrag voraussichtlich übersteigen werden. Ist dies der Fall, so kann jeder Erwerber, der mit den vorgenannten Kosten belastet war, seine Kosten geltendmachen. Überschreitet der Gesamtbetrag den Pauschbetrag nicht, so erscheint es sachgerecht, jedem Erben rechnerisch einen Anteil am Pauschbetrag zuzurechnen; gibt es jedoch Miterben, die darüber hinaus belastet sind, so sollte deren Betrag zunächst zugeteilt und von dem Pauschbetrag abgezogen und der verbleibende Rest dann auf die übrigen Erben verteilt werden. Kosten der mit dem Pauschbetrag abgegoltenen Art können auch für andere als Miterben anfallen. Haben diese eigene für den Erwerb anfallende Kosten aufgewendet, so belasten diese den Nachlass nicht. Sie sind daher neben dem Pauschbetrag und ohne Anrechnung auf diesen abzugsfähig. Haben dagegen andere als Miterben (etwa ein Vermächtnisnehmer) aus sittlichen Gründen Kosten getragen, für die ansonsten die Erben gem. § 1968 BGB eintrittspflichtig gewesen wären, so sind deren Kosten anzuerkennen, jedoch unter Anrechnung auf den Pauschbetrag (so auch OFD München vom 21.04.1988 DStR 1988, 429).

Verbindlichkeiten, die mit steuerfreien Wirtschaftsgütern zusammenhängen, sind nicht abzugsfähig, § 10 Abs. 6 ErbStG. Hierunter fallen alle Steuerbefreiungen des § 13 ErbStG, etwa Kulturgüter im Sinne des § 13 Abs. 1 Nr. 2 ErbStG. In den Fällen des § 13 Abs. 1 Nr. 2 und 3 ErbStG eröffnet jedoch § 13 Abs. 3 ErbStG die Möglichkeit, auf die Steuerbefreiungen zu verzichten und damit die Schulden abzugsfähig zu machen. **408**

Stehen Verbindlichkeiten mit **teilweise steuerfreien Gegenständen** in Zusammenhang, so sind sie nur in dem Verhältnis abzugsfähig, der dem steuerpflichtigen Teil im Verhältnis zum Gesamtwert des Gegenstandes entspricht (§ 10 Abs. 6 Satz 3 ErbStG). Ist aber nur ein Freibetrag gewährt, wie beispielsweise beim Hausrat der Nr. 1 oder den Gegenständen der Nr. 6, so gehören diese Gegenstände zu den an sich steuerpflichtigen Gegenständen, die damit zusammenhängenden Schulden sind also in vollem Umfang abzugsfähig (R 31 Abs. 3 Satz 2 ErbStR). **409**

Ebenfalls nur **anteilig abzugsfähig** sind Schulden, die mit Betriebsvermögen im Sinne des § 13b ErbStG zusammenhängen, § 10 Abs. 6 Satz 4 ErbStG. **410**

BEISPIEL

V schenkt seinem Sohn S sein Einzelunternehmen (Wert 5 Mio. €). Dafür soll S der Tochter T ein Gleichstellungsgeld in Höhe von 2 Mio. € bezahlen.

LÖSUNG Fälle dieser Art waren bisher unter dem Stichwort gemischte Schenkung in den Erbschaftsteuerrichtlinien geregelt. Durch Aufnahme in die Vorschrift des § 10 Abs. 6 ErbStG erfolgt eine andere Systembewertung: Das begünstigte Betriebsvermögen beträgt 5 Mio. €. Nach Inanspruchnahme des Verschonungsabschlags von 85 % verbleiben als steuerpflichtiger Erwerb 750 000 €. Daher ist die Verbindlichkeit von 2 Mio. € ebenfalls um 85 % zu kürzen, sodass nur 300 000 € abzugsfähig sind. Der Wert der Schenkung beläuft sich also auf 450 000 €.

Verbindlichkeiten, die sich im Betriebsvermögen oder Sonderbetriebsvermögen des Schenkers oder Erblassers befunden haben, sind gem. § 103 BewG bereits bei der Wertermittlung des Betriebs oder des Mitunternehmeranteils zu berücksichtigen, sodass die Vorschrift des § 10 Abs. 6 Satz 4 EStG auf sie nicht anwendbar ist. Dasselbe gilt für Schulden, die bereits bei dem Landwirt zu den betrieblichen Schulden gehörten. Soweit sie mit dem Wirtschaftsteil zusammenhängen, sind sie bei dessen Bewertung berücksichtigt (§ 158 Abs. 5 BewG), soweit sie mit dem Wohnteil oder den Betriebswohnungen zusammenhängen, werden sie nach § 168 Abs. 1 BewG berücksichtigt. **411**

Dieselbe Einschränkung gilt hinsichtlich der Schulden, die mit einer im **Privatvermögen** gehaltenen wesentlichen Beteiligung an einer Kapitalgesellschaft zusammenhängen. Da für diese Beteiligungen gem. § 13b Abs. 1 Nr. 3 ErbStG auch die soeben geschilderten Vergünstigungen gelten, gilt hinsichtlich der Beschränkung des Schuldenabzugs das soeben Gesagte entsprechend, § 10 Abs. 6 Satz 3 ErbStG. **412**

Verbindlichkeiten, die mit Grundstücken im Sinne des § 13c ErbStG zusammenhängen, sind gem. § 10 Abs. 6 Satz 5 ErbStG ebenfalls nur beschränkt abzugsfähig. **413**

BEISPIEL

V schenkt seinem Sohn ein Mietwohngrundstück mit einem Wert von 5 Mio. €. S verpflichtet sich die Restkaufpreisschuld von 2 Mio. € zu tilgen.

LÖSUNG Nach Inanspruchnahme des Verschonungsabschlags des § 13c ErbStG in Höhe von 10% verbleiben als steuerpflichtiger Erwerb noch 4 500 000 €. Daher ist die übernommene Verbindlichkeit ebenfalls um 10% auf 1 800 000 € zu kürzen. Der Wert der Schenkung beläuft sich daher auf 2 700 000 €.

414–420 frei

3.4 Abrundung

421 Die endgültige Summe der Bereicherung ist gemäß § 10 Abs. 1 Satz 5 ErbStG auf volle 100 € nach unten abzurunden.

3.5 Steuerbefreiungen

422 Die Steuerbefreiungen sind in § 13 ErbStG aufgezählt. Zu unterscheiden sind die insgesamt steuerbefreiten Gegenstände und die nur durch einen Freibetrag begünstigten Gegenstände, die zu den an sich steuerpflichtigen Gegenständen gehören (wichtig wegen des Schuldenabzugs im Sinne des § 10 Abs. 6 Satz 1 ErbStG). Zu den mittels **Freibetrag** begünstigten Vermögensgegenständen gehören:

423
- Der Erwerb von Hausrat bis zu 41 000 € bei Erwerben in der Steuerklasse I, der Erwerb von anderen beweglichen körperlichen Gegenständen in der Steuerklasse I bis zu 12 000 € (allein oder zusätzlich zum Hausrat möglich), Hausrat und andere bewegliche körperliche Gegenstände bei Erwerben in den Steuerklassen II und III bis zu 12 000 € (§ 13 Abs. 1 Nr. 1 ErbStG). Wie ein Erwerb der Steuerklasse I wird auch der Erwerb durch den Lebenspartner der eingetragenen Lebenspartnerschaft behandelt, § 13 Abs. 1 Nr. 1 Satz 2 ErbStG. **Hausrat** sind die Haushaltsgegenstände, also alles, was der Hauswirtschaft und dem familiären Zusammenleben dient, wie Wohnungseinrichtung, Fernseh- und Videogeräte, Computer, Spiele, Bücher, Musikinstrumente, Haushalts- und Gartengeräte, Tisch- und Leibwäsche, zum Haushalt gehörende Tiere. Nach Ansicht der Verwaltung gehört der zum Privatvermögen gehörende PKW nicht zum Hausrat. Dies erscheint im Hinblick auf die Anknüpfung des Begriffs Hausrat an den Haushalt auch gerechtfertigt (a.A. Meincke, Rz. 3 zu § 13, Troll, Rz. 8 zu § 13). Der PKW gehört aber auf jeden Fall zu den sonstigen beweglichen körperlichen Gegenständen der Nr. 1 Buchst. b. Zu diesen gehören dann des Weiteren auch Fotoapparate und Schmuck. **Nicht** unter die Befreiung fällt kraft ausdrücklicher gesetzlicher Beschränkung Geld, Wertpapiere, Münzen, Edelmetalle, Edelsteine und Perlen (§ 13 Abs. 1 Nr. 1 Satz 3 ErbStG).

  Die **Freibeträge** beziehen sich auf den jeweiligen Erwerb bei **einem Erwerber.** Bei vier Miterben kann der Freibetrag also vierfach in Anspruch genommen werden. Die Steuerbefreiungen des § 13 ErbStG sind im Übrigen nicht auf Erwerbe von Todes wegen beschränkt, können also auch bei Schenkungen unter Lebenden in Anspruch genommen werden (es sei denn, dies sei in der einzelnen Ziffer des § 13 ErbStG ausgeschlossen).

424
- Zuwendung an **gebrechliche Eltern** und Großeltern (§ 13 Abs. 1 Nr. 6 ErbStG). Wenn die Zuwendung zusammen mit dem bei den Bedachten bereits vorhandenen Vermögen eine Freigrenze von 41 000 € nicht übersteigt, bleibt die Zuwendung ganz steuerfrei, übersteigen der Wert von Zuwendung und bereits vorhandenem Vermögen die Freigrenze von 41 000 €, dann wird die Steuer nur insoweit erhoben, als sie aus der Hälfte des

41 000 € übersteigenden Betrages gedeckt werden kann. Insgesamt handelt es sich um eine Vorschrift ohne große praktische Bedeutung.
- Zuwendungen als angemessenes **Entgelt** für **Pflege oder Unterhalt**, die in der Vergangenheit geleistet wurden, in Höhe von 20 000 €, § 13 Abs. 1 Nr. 9 ErbStG. Damit werden Zuwendungen in Höhe des Freibetrags steuerfrei gestellt, wenn der Empfänger dem Erblasser **Unterhalt** oder ohne Entgelt bzw. oder gegen unzureichendes Entgelt **Pflege** geleistet hat.

Steuerfreiheit kommt demzufolge bei folgenden Gegenständen in Betracht: 426
- Erwerb von Gegenständen, deren Erhaltung im **öffentlichen Interesse** liegt (§ 13 Abs. 1 Nr. 2 ErbStG) und Erwerb von Grundbesitz für Zwecke der Volkswohlfahrt (§ 13 Abs. 1 Nr. 3 ErbStG). Wegen des damit verbundenen Nachteils für den Abzug von Schulden und Lasten (§ 10 Abs. 6 Satz 1 ErbStG), bestimmt § 13 Abs. 3 Satz 2 ErbStG, dass der Erwerber auf die Steuerbefreiung der Nr. 2 und 3 (aber nur auf diese!) verzichten kann.
- Erwerb des sog. **Dreißigsten** (§ 13 Abs. 1 Nr. 4 ErbStG i. V. m. § 1969 BGB).
- Zuwendung unter lebenden Ehegatten in Zusammenhang mit einem »**Familienheim**« 427 (§ 13 Abs. 1 Nr. 4 Buchst. a ErbStG). Darunter versteht man eine zu eigenen Wohnzwecken genutzte Wohnung in einem im Inland, in der Europäischen Union oder im Europäischen Wirtschaftsraum gelegenem Objekt im Sinne des § 181 Abs. 1 Nr. 1–5 BewG (EFH, ZFH, Mietwohngrundstück, Wohneigentum, Teileigentum, Geschäftsgrundstück, gemischt-genutztes Grundstück). Die eigenen Wohnzwecke beziehen sich auf das familiäre Leben beider Ehegatten. Befindet sich die Wohnung in einem Teil des Gebäudes, so erfolgt eine anteilige Befreiung nach dem Wertanteil der Wohn- oder Nutzfläche.

BEISPIELE

a) M räumt seiner Ehefrau F den hälftigen Miteigentumsanteil an einem Mietwohngrundstück mit acht gleich großen Wohnungen ein; in einer der Wohnungen wohnen M und F.
LÖSUNG Die Zuwendung des hälftigen Miteigentums stellt eine Schenkung unter Lebenden dar, die zu 1/8 befreit ist.

b) M und F gehört je zur Hälfte ein Gebäude mit einer 150 qm großen Wohnung und einer 50 qm großen Arztpraxis, in der die F ihre Tätigkeit als Ärztin ausübte. Für Zwecke der Einheitsbewertung ist das Gebäude als EFH bewertet.
LÖSUNG Die Zuwendung ist insgesamt begünstigt, R 43 Abs. 1 Satz 5 ErbStR.

Begünstigt sind folgende Zuwendungsarten: 428
- Ein Ehegatte überträgt dem anderen das Alleineigentum an einem ihm zuvor allein gehörenden Objekt.
- Er schenkt ihm einen Miteigentumsanteil wie in den beiden obigen Beispielen.
- Er schenkt ihm die Geldmittel, damit er Eigentum oder Miteigentum an einem Objekt erwerben kann (mittelbare Grundstücksschenkung).
- Er schenkt ihm die Geldmittel, um eine Herstellung eines Gebäudes vornehmen zu können.
- Er schenkt ihm die Geldmittel, damit er die Verbindlichkeiten aus dem Kauf oder der Herstellung eines Objekts tilgen kann.
- Er schenkt ihm die Geldmittel, damit er nachträglichen Herstellungs- oder Erhaltungsaufwand an einer als Familienheim anzusehenden Wohnung durchführen kann, das in seinem (Mit-)Eigentum steht.

Eine Behaltensfrist besteht nicht, R 43 Abs. 2 Satz 7 ErbStR.

429 Auch hier werden die Lebenspartner einer eingetragenen Lebenspartnerschaft dem Ehegatten gleichgestellt, § 13 Abs. 4a Satz 3 ErbStG.

430 Es handelt sich um eine sehr wichtige innerfamiliäre Befreiungsvorschrift, bei der es gleichgültig ist, ob der zuwendende Ehegatte den bereicherten Ehegatten dadurch bereichert, dass er ihm (Mit-) Eigentum an dem Familienwohnheim verschafft oder ihm die Geldmittel für den Erwerb, die Bebauung oder Reparatur eines Familienwohnheimes überlässt (R 43 Abs. 2 ErbStR). Wichtig ist die tatsächliche Nutzung als Familienwohnsitz im Zeitpunkt der Zuwendung bzw. eine geplante Nutzung als Familienwohnsitz. Eine bloße Nutzung als Ferienobjekt genügt der Nutzung als Familienwohnsitz nicht (R 43 Abs. 1 ErbStR).

Vererbung eines Familienheims an den Ehegatten, § 13 Abs. 1 Nr. 4b ErbStG

431 Voraussetzung für die Steuerbefreiung der Wohnung ist, dass der Erblasser die Wohnung bis zu seinem Tod zu eigenen Wohnzwecken genutzt hat oder aus zwingenden Gründen (z. B. wegen Aufenthalts in einem Pflegeheim) an der Selbstnutzung zu Wohnzwecken gehindert war. Weitere Voraussetzung ist, dass die Wohnung beim Erwerber zur Selbstnutzung bestimmt ist.

BEISPIEL

Eine Eigentumswohnung gehört M und F zur Hälfte. M und F bewohnen die ETW bis zum Tode des M gemeinsam. Alleinerbin ist die F, die dort weiterhin wohnt.

LÖSUNG Der Erwerb des hälftigen Miteigentums ist gem. § 13 Abs. 1 Nr. 4b ErbStG von der Erbschaftsteuer befreit.

Die Steuerbefreiung entfällt rückwirkend, wenn der Erwerber das Familienheim innerhalb von 10 Jahren nicht mehr zu Wohnzwecken nutzt, es sei denn, er sei aus zwingenden Gründen an der Wohnnutzung gehindert, § 13 Abs. 1 Nr. 4b Satz 5 ErbStG. Solche zwingenden Gründe könnten sein der Tod des Ehegatten oder die Aufnahme in ein Alten- oder Pflegeheim.

Vererbung eines Familienheims an Kinder und Enkel, § 13 Abs. 1 Nr. 4c ErbStG

432 Auch bei der Vererbung eines Familienheims an Kinder oder Kinder bereits verstorbener Kinder (Enkel) greift die Steuerfreiheit für das Familienheim. Die Voraussetzungen Nutzung zu eigenen Wohnzwecken beim Erblasser (oder zwingender Hinderungsgrund) und Bestimmung zur Wohnnutzung beim Empfänger gelten auch hier. Ebenso gilt auch hier der rückwirkende Wegfall der Befreiung, wenn die Wohnung nicht mindestens 10 Jahre lang zu Wohnzwecken genutzt wird (Ausnahme: Bei zwingender Aufgabe der Wohnnutzung, z. B. wegen Todes oder wegen Aufnahme in ein Alten- oder Pflegeheim; berufliche Gründe dürften dagegen eine solche Ausnahme nicht rechtfertigen, so auch Abschn. 4 Abs. 6 Satz 8 und Abs. 7 Satz 5 Erl. v. 25. 06. 2009).

433 Bei Kindern und Kindern verstorbener Kinder kommt allerdings noch als zusätzliches Erfordernis hinzu, dass die Wohnfläche der Wohnung nicht mehr als 200 qm beträgt. Übersteigt sie diese Wohnfläche, so ist der Wertanteil für 200 qm befreit. Die Berechnung der Wohnfläche erfolgt nach der Wohnflächenverordnung.

434 Handelt es sich in den Fällen des § 13 Abs. 1 Nr. 4b und 4c ErbStG um mehrere Erben, dann tritt die Steuerbefreiung nur bei den Erben ein, die die Voraussetzungen erfüllen.

BEISPIEL

M stirbt. Er hatte die 160 qm große ETW, deren Alleineigentümer er war, zusammen mit seiner Ehefrau F und der Tochter T bewohnt, der Sohn S war bereits ausgezogen. An der Nutzung durch F und T ändert sich nichts. Erben sind F, T und S zu je 1/3. Der Wert der ETW beläuft sich auf 450 000 €.

LÖSUNG Die ETW ist bei F und T von der Erbschaftsteuer befreit, während bei S die Voraussetzungen für die Befreiung nicht vorliegen.

Müssen die Erben das geerbte Familienheim aufgrund einer letztwilligen oder einer rechtsgeschäftlichen Verfügung des Erblassers an einen Dritten herausgeben, so steht ihnen die Steuerbefreiung nicht zu, z. B. Vorausvermächtnis, Vermächtnis, Teilungsanordnung. Dasselbe gilt, wenn sich Miterben im Rahmen der Erbauseinandersetzung einigen, dass der eine Miterbe das Familienheim erhalten und der andere dafür andere Werte aus dem Nachlass erhalten soll. **435**

BEISPIELE

a) M stirbt, seine Erben sind seine Ehefrau F und der gemeinsame Sohn S je zu 1/2. Zum Nachlass gehört ein EFH des M (Wert 900 000 €), in dem M und F bis zum Tode des M gemeinsam gewohnt haben (S war bereits ausgezogen), und Bankguthaben in Höhe von 1 100 000 €. F und S einigen sich, dass F das EFH und 100 000 €, S 1 000 000 € erhalten soll. F wohnt weiter in dem EFH.
LÖSUNG Mit dem Erbfall sind F und S Miteigentümer des Grundstücks geworden, § 2032 BGB. Dies hat zunächst zur Folge, dass der Erwerb des hälftigen Eigentums bei der F steuerbefreit ist, während es bei S steuerpflichtig wäre. Da S seine Hälfte aber im Rahmen der Erbauseinandersetzung auf die F überträgt, ist auch diese Hälfte bei der F steuerfrei, § 13 Abs. 1 Nr. 4c Satz 3, während S einen Erwerb von 1 000 000 € zu versteuern hat. Der persönliche Freibetrag des § 16 ErbStG ist dabei natürlich noch zu berücksichtigen.

b) Im Fall a stellt das EFH den einzigen Nachlassgegenstand dar. F und S einigen sich, dass F das EFH erhält und dem S dafür eine Abfindung von 450 000 € zahlt.
LÖSUNG Da die 450 000 € nicht von M und damit nicht aus der Teilung des Nachlasses stammen, greift die Regelung nicht. Bei F ist die Hälfte steuerfrei, S muss seine Hälfte des EFH versteuern.

- Befreiung von einer **Schuld gegenüber** dem **Erblasser** (§ 13 Abs. 1 Nr. 5 ErbStG), deren Entstehungsgrund in der Gewährung angemessenen Unterhalts oder einer Ausbildung oder in der Beseitigung einer Notlage bestand. Hat der Bedachte neben dem Schulderlass noch eine zusätzliche Zuwendung erhalten, so wird die Steuer für die gesamte Bereicherung (Schulderlass und weitere Zuwendung) genau berechnet, jedoch höchstens bis zur Höhe der Hälfte der weiteren Zuwendung erhoben. Die Angemessenheit richtet sich nach den Vermögensverhältnissen und der Lebensstellung des Bedachten (§ 13 Abs. 2 ErbStG). Ging sie darüber hinaus, so ist nicht die damalige Eingehung der Schuld, wohl aber der Schulderlass in vollem Umfang steuerpflichtig (§ 13 Abs. 2 Satz 2 ErbStG). **436**
- Entschädigungen nach dem Lastenausgleichsgesetz und anderen Folgegesetzen (§ 13 Abs. 1 Nr. 7 und 8 ErbStG).
- Vermögensgegenstände, die Eltern oder Großeltern ihren Abkömmlingen zu Lebzeiten zugewendet haben und die nun im **Todesfall** des Abkömmlings an diese **zurückfallen** (§ 13 Abs. 1 Nr. 10 ErbStG, R 45 ErbStR).
- Der Verzicht auf die Geltendmachung des Pflichtteilsanspruchs (§ 13 Abs. 1 Nr. 11 ErbStG).
- Zuwendungen unter Lebenden zum Zwecke angemessenen **Unterhalts** oder zur Ausbildung (§ 13 Abs. 1 Nr. 12 ErbStG). Die Angemessenheit richtet sich nach den Vermögensverhältnissen und der Lebensstellung des Bedachten (§ 13 Abs. 2 ErbStG). Geht die **437**

Zuwendung über dieses Maß hinaus, ist sie in vollem Umfang steuerpflichtig (§ 13 Abs. 2 Satz 2 ErbStG).
- Zuwendungen an Pensions- und Unterstützungskassen (§ 13 Abs. 1 Nr. 13 ErbStG).
- **Übliche Gelegenheitsgeschenke** (§ 13 Abs. 1 Nr. 14 ErbStG). Die Höhe bestimmt sich nach der Verkehrsauffassung.
- Vermögensanfälle des Bundes und der Länder (§ 13 Abs. 1 Nr. 15 ErbStG).
- Zuwendungen an Religionsgesellschaften und an gemeinnützige Körperschaften (§ 13 Abs. 1 Nr. 16 ErbStG).
– Zuwendungen zu ausschließlich mildtätigen, gemeinnützigen oder kirchlichen Zwecken (§ 13 Abs. 1 Nr. 17 ErbStG).
– Zuwendungen an politische Parteien und kommunale Wählervereinigungen (§ 13 Abs. 1 Nr. 18 ErbStG).

438–450 frei

3.6 Die Verschonung des Betriebsvermögens

3.6.1 Begünstigtes Vermögen

451 Die Verschonungsregeln gelten für die Schenkung oder den Erwerb von Todes wegen von Vermögen im Sinne des § 13b Abs. 1 ErbStG. Dies sind

452 a) der **Wirtschaftsteil des land- und forstwirtschaftlichen Vermögens**; nicht nach § 13a ErbStG begünstigt sind also der Wohnteil und die Betriebswohnungen; ebenfalls nicht begünstigt sind Kraft der gesetzlichen Regelung des § 13b EStG Stückländereien im Sinne des § 160 Abs. 7 BewG; zum begünstigten Wirtschaftsteil hinzurechnen sind auch unbebaute Grundstücke, die zwar noch selbst landwirtschaftlich genutzt werden, jedoch gem. § 159 BewG bereits als Grundvermögen bewertet werden; begünstigt ist sowohl der inländische Wirtschaftsteil als auch entsprechendes ausländisches Betriebsvermögen, das einer Betriebsstätte in der EU bzw. im Europäischen Wirtschaftsraum (EWR) dient;

453 b) inländisches **Betriebsvermögen**
– eines **ganzen Gewerbebetriebs** oder Betrieb eines Freiberuflers oder
– eines **Teilbetriebs** eines Gewerbebetriebs oder Freiberuflers oder
– eines **Anteils an einer Personengesellschaft**, die nach § 15 Abs. 1 Nr. 2 oder 3 EStG oder § 18 Abs. 4 EStG als Mitunternehmerschaft behandelt wird.
Ebenso begünstigt ist die Schenkung oder Vererbung eines Teils eines Anteils, R 51 Abs. 3 ErbStR.

454 c) **Anteile an inländischen Kapitalgesellschaften** (und solchen in der EU und im EWR), an denen der Erblasser bzw. Schenker zu mehr als 25 % unmittelbar beteiligt war. Die Beteiligung kann auch erreicht werden, wenn der Erblasser bzw. Schenker verpflichtet ist zusammen mit weiteren Gesellschaftern nur einheitlich über die Anteile zu verfügen und das Stimmrecht zusammen mit diesen nur einheitlich auszuüben. Es ist nicht erforderlich, dass die gesamten Anteile alle einheitlich übergehen, erforderlich ist nur, dass die Voraussetzungen beim Erblasser oder Schenker im Zeitpunkt der Erbfalls bzw. der Ausführung der Schenkung tatsächlich vorlagen.

3.6.2 Grundsatz des Verschonungsabschlags

3.6.2.1 Regelverschonung

Der Regelverschonungsabschlag beträgt 85 %, § 13b Abs. 4 ErbStG. Beträgt der Wert des Betriebsvermögens also 1 000 000 €, so erfolgt gem. § 13b Abs. 4 ErbStG ein Verschonungsabschlag in Höhe von 850 000 €. Die restlichen 150 000 € sind jedoch durch den zusätzlichen Abzugsbetrag des § 13a Abs. 2 ErbStG ebenfalls steuerfrei.

Dieser zusätzliche Abzugsbetrag ist jedoch abzuschmelzen, wenn der Wert des Vermögens des § 13b Abs. 1 ErbStG nach Anwendung des Verschonungsabschlags über 150 000 € liegt.

BEISPIEL

Wert des Betriebsvermögens 1 500 000 €. Verschonungsabschlag 85 % = 1 275 000 €, verbleibender Wert 225 000 €. Dieser übersteigt den als abschmelzende Freigrenze konzipierten Betrag von 150 000 € um 75 000 €. Der Abzugsbetrag ist daher um 50 % dieses übersteigenden Betrags (= 37 500 €) zu verringern. Steuerwert des Betriebsvermögens also 1 500 000 ./. 1 275 000 ./. 37 500 = 187 500 €

Der Abzugsbetrag des § 13a Abs. 2 ErbStG entfällt also ab einem Wert des Betriebsvermögens von 3 000 000 €. Er kann für Erwerbe von derselben Person innerhalb von 10 Jahren nur einmal berücksichtigt werden, § 13a Abs. 2 Satz 3 ErbStG.

Voraussetzungen für diese Regelverschonung sind:
1. Das sog. Verwaltungsvermögen beträgt höchstens 50 % des gesamten Betriebsvermögens, § 13b Abs. 2 ErbStG (bei Anteilen an einer Kapitalgesellschaft ist auf das Betriebsvermögen der Kapitalgesellschaft abzustellen).
2. Der Empfänger behält das Vermögen 5 Jahre lang (2009: 7 Jahre), § 13a Abs. 5 ErbStG, ansonsten anteilige Kürzung des Verschonungsabschlags und des Abzugsbetrags.
3. Die Lohnsumme beträgt am Ende der Behaltensfrist mindestens 400 % der Ausgangslohnsumme (2009: 650 %), § 13a Abs. 1 ErbStG, ansonsten prozentual anteilige Kürzung von Verschonungsabschlag und ggf. Abzugsbetrag.

3.6.2.2 Optionsabschlag

Stattdessen kann der Erwerber dazu optieren, einen Verschonungsabschlag von 100 % zu erhalten mit der Folge, dass keine Erbschaftsteuer für das erhaltene Vermögen angesetzt wird. Die Option kann nur bis zur Bestandskraft der Erbschaftsteuer ausgeübt werden; die einmal ausgeübte Option ist unwiderruflich, § 13a Abs. 8 ErbStG.

Die Vergünstigung hat folgende Voraussetzungen:
1. Verwaltungsvermögen höchstens 10 %
2. Behaltensfrist 7 Jahre (2009: 10 Jahre), ansonsten anteilige Kürzung von Verschonungsabschlag und Abzugsbetrag
3. Lohnsumme am Ende der Behaltensfrist 700 % (2009: 1 000 %), ansonsten anteilige Kürzung von Verschonungsabschlag und Abzugsbetrag.

3.6.3 Verwaltungsvermögen

Liegt das Verwaltungsvermögen im Falle der Regelverschonung bei höchstens 50 %, im Falle der Option bei höchstens 10 % jeweils des gemeinen Werts des Gesamtvermögens, ist das gesamte Betriebsvermögen einschließlich des Verwaltungsvermögens begünstigt. Ausgenommen von der

Vergünstigung ist allerdings Verwaltungsvermögen, das im Besteuerungszeitpunkt weniger als zwei Jahre zum Betriebsvermögen gehörte, § 13b Abs. 2 Satz 3 ErbStG.

462 Übersteigt das Verwaltungsvermögen im Besteuerungszeitpunkt die genannten Grenzen, werden die gesamten Vergünstigungen für den Erwerb versagt.

463 Dabei kommt es bei der Feststellung der anteiligen Quote des Verwaltungsvermögens zu Verwerfungen, da der Gesamtwert des Betriebsvermögens regelmäßig nach Ertragswertgrundsätzen ermittelt wird, während das Verwaltungsvermögen mit den Einzelwerten ausgesetzt wird, § 13b Abs. 2 Satz 4 ErbStG. Dies führt besonders bei ertragsschwachem Verwaltungsvermögen (wie z. B. Beteiligungen) zu einer überproportionalen Berücksichtigung des Verwaltungsvermögens im Verhältnis zum Gesamtvermögen.

464 Damit dies nicht in eine völlige Schieflage gerät, müssen die Verbindlichkeiten, die mit fremdfinanziertem Verwaltungsvermögen im Zusammenhang stehen, als negatives Verwaltungsvermögen abgezogen werden. Ansonsten käme man zu dem sinnwidrigem Ergebnis, dass die Schuldzinsen aus den Verbindlichkeiten den Gesamtwert verringern, während die Verbindlichkeiten selbst den Wert des Verwaltungsvermögens nicht mindern würden.

465 Sinn und Zweck der Berücksichtigung des Verwaltungsvermögens war ursprünglich, dass nur das sog. Produktivvermögen begünstigt werden sollte, während das Verwaltungsvermögen an den Vergünstigungen nicht teilhaben sollte. Nachdem sich der Gesetzgeber letzten Endes für das Alles-oder-nichts-Prinzip entschieden hat, muss sich die Auslegung an einer Berücksichtigung sowohl des positiven wie des damit zusammenhängenden negativen Verwaltungsvermögens orientieren, obwohl die Aufzählung in § 13b Abs. 2 ErbStG negatives Verwaltungsvermögen nicht kennt.

466 Das Verwaltungsvermögen besteht aus folgenden Wirtschaftsgütern:
1. Dritten zur Nutzung überlassener Grundbesitz
   Nicht zum schädlichen Verwaltungsvermögen zählt aber der Grundbesitz, der vom Besitzunternehmen im Rahmen einer Betriebsaufspaltung an das Betriebsunternehmen überlassen wird und der Grundbesitz, der sich im Sonderbetriebsvermögen des Gesellschafters einer Personengesellschaft befindet, weil er es seiner Gesellschaft zur Nutzung überlassen hat, vgl. die entsprechenden Rückausnahmen in § 13b Abs. 2 Satz 2 Nr. 1a ErbStG. Ebenfalls aus dem Verwaltungsvermögen ausgenommen ist Grundbesitz, der im Rahmen einer Betriebsverpachtung im Ganzen verpachtet ist, wenn der Verpächter im Rahmen des ihm eingeräumten Verpächterwahlrechts weiterhin Einkünfte aus Gewerbebetrieb oder freiberufliche Einkünfte erzielt; als weitere Voraussetzung sieht allerdings § 13b Abs. 2 Satz 2 Nr. 1b ErbStG vor, dass der Grundbesitz zuvor die Voraussetzung für begünstigtes Vermögen erfüllte und die Betriebsverpachtung
   a) entweder unbefristet an den Erben erfolgt
   b) oder deshalb an einen Dritten erfolgt, weil der Beschenkte den Betrieb noch nicht führen kann. Im letzteren Fall beträgt die Frist für die Verpachtung höchstens 10 Jahre; bei minderjährigen Empfängern beginnt sie erst mit Vollendung des 18. Lebensjahres. Allerdings bleibt unerfindlich, weshalb die Grundstücke beim Erben, der noch nicht zur Übernahme des Betriebs in der Lage ist, schädliches Verwaltungsvermögen darstellen soll. Eine weitere Ausnahme gilt gem. § 13b Abs. 2 Satz 2 Nr. 1c ErbStG für Nutzungsüberlassungen von Grundbesitz im Konzern (im Sinne der Zinsschrankenregelung des § 4h EStG). Auszunehmen aus dem schädlichen Verwaltungsvermögen ist ebenfalls Grundbesitz von Wohungsunternehmen, § 13b Abs. 2 Satz 2 Nr. 1d ErbStG und schließlich Grundstücke, die an Dritte zur land- und forstwirtschaftlichen Nutzung überlassen werden, § 13b Abs. 2 Satz 2 Nr. 1e ErbStG.

2. Anteile an Kapitalgesellschaften von bis zu 25 %.   **467**
Auch hier gilt die Zusammenrechnungsmöglichkeit mit Anteilen mit Verfügungsbeschränkung und Stimmrechtsbindung, um die 25 %-Grenze zu überschreiten, um damit die Beurteilung als Verwaltungsvermögen zu vermeiden, § 13b Abs. 2 Satz 2 Nr. 2 ErbStG.
3. Beteiligungen an vermögensverwaltenden Personen- und Kapitalgesellschaften, wenn deren Verwaltungsvermögen mehr als 50 % beträgt, § 13b Abs. 2 Satz 2 Nr. 3 ErbStG.   **468**
4. Wertpapiere und vergleichbare Forderungen, § 13b Abs. 2 Satz 2 Nr. 4 ErbStG. Als vergleichbare Forderungen wird man die Schuldbuchforderungen des § 11 Abs. 1 BewG ansehen können, nicht jedoch den Kassenbestand oder die Guthaben auf Bank- und Festgeldkonten. Durch die Einlage von Geld vor einer Schenkung kann somit der Anteil des Verwaltungsvermögens verringert werden, da dieses als Kassen- oder Bankguthaben nicht zum Verwaltungsvermögen rechnet.   **469**
5. Kunstgegenstände, Sammlungen, Gemälde, Münzen, Edelmetalle, Edelsteine, es sei denn, diese Wirtschaftsgüter gehörten wegen Handels oder Verarbeitung zum Hauptzweck des Gewerbebetriebs, § 13b Abs. 2 Satz 2 Nr. 5 ErbStG.   **470**

Nochmals erwähnt sei, dass nach einer Auslegung nach Sinn und Zweck der Vorschrift Verbindlichkeiten, die im Zusammenhang mit den obigen Wirtschaftsgütern stehen, als negatives Verwaltungsvermögen zu berücksichtigen sind.

BEISPIEL
V überträgt seinem Sohn S unentgeltlich einen Betrieb mit einem Gesamtwert von 5 Mio. €. Im Betriebsvermögen sind folgende Wirtschaftsgüter enthalten: fremdvermietetes Grundstück im gewillkürten Betriebsvermögen (Wert 2 Mio. €), 10 % Anteil an einer GmbH (200 000 €), Aktien (250 000 €). Grundstück und GmbH-Anteile sind schon lange im Betriebsvermögen, während die Aktien erst vor einem Jahr erworben wurden.
LÖSUNG Das Verwaltungsvermögen beträgt nur 49 %, daher ist die Übertragung grundsätzlich insgesamt begünstigt. Da die Aktien jedoch noch keine zwei Jahre Betriebsvermögen waren und Verwaltungsvermögen darstellen, sind sie gem. § 13b Abs. 2 Satz 3 ErbStG nicht begünstigt. Der Verschonungsabschlag beträgt also 85 % von 4 750 000 € = 4 037 500 €, der Steuerwert des Betriebes mithin 962 500 €.

471–480 frei

3.6.4 Verstoß gegen die Behaltensregeln, § 13a Abs. 5 ErbStG

Die Vergünstigungen der Verschonungsregelungen bzw. des Abzugsbetrages entfallen gem. § 13a Abs. 5 Satz 2 ErbStG anteilig, wenn der Betrieb nicht fünf bzw. sieben Jahre lang behalten wird. Schädliche Handlungen sind: **481**
1. die Veräußerung des Betriebs, Teilbetriebs, Anteils und einer wesentlichen Betriebsgrundlage, Aufgabe des Betriebs, Insolvenz oder Liquidation,
2. Überentnahmen, § 13a Abs. 5 Satz 1 Nr. 3 EStG.

Veräußerung des Betriebs, Teilbetriebs, Anteils und einer wesentlichen Betriebsgrundlage, Aufgabe des Betriebs, Insolvenz oder Liquidation.
Ein Verstoß gegen die Behaltensfrist kann geheilt werden durch eine Reinvestition innerhalb von sechs Monaten in Wirtschaftsgüter des Betriebsvermögens, die nicht Verwaltungsvermögen darstellen dürfen, § 13a Abs. 5 Satz 3 ErbStG.

Verstößt der Empfänger gegen die Behaltensfrist, dann erfolgt eine anteilige Nachversteuerung, wobei das Jahr des Verstoßes dem schädlichen Teil zugerechnet wird, § 13a Abs. 5 Satz 2 ErbStG. Der Grund des Verstoßes ist unbeachtlich.   **482**

483 Ebenso schädlich ist die Aufhebung der gesellschaftsrechtlichen Bindungen, die zur Zusammenrechnung bei Prüfung der 25-%-Grenze führten.

> **BEISPIEL**
>
> S schenkt seinem Sohn einen Betrieb mit einem Wert von 2 500 000 € am 01.07.01. Der steuerliche Wert beläuft sich zunächst auf 2 500 000 € ./. 85 % (= 2 125 000 €) = 375 000 €. Dieser Betrag überschreitet die 150 000 € des § 13a Abs. 2 ErbStG um 225 000, also sind die 150 000 um 112 500 zu kürzen, verbleiben 37 500 €. Steuerwert also 375 000 € ./. 37 500 € = 337 500 €. Am 01.12.05 veräußert S den Betrieb.
>
> **LÖSUNG** S veräußert im vierten Jahr seines Besitzes. Also ist der Verschonungsabschlag von 85 % um 2/5 = 40 % zu kürzen. Er beträgt also nur noch 60 %, also 1 500 000 €. Der Steuerwert beträgt somit 1 000 000 €. Für eine Berücksichtigung eines zusätzlichen Abzugsbetrags bleibt kein Raum mehr.
>
> Hätte S die vollständige Entlastung gewählt, dann wäre der Steuerwert aufgrund des 100 % Verschonungsabschlags zunächst 0 € gewesen. Der Verschonungsabschlag von 2 500 000 € ist nur zu 5/7 = 1 785 714,20 € zu gewähren. Der Steuerwert beträgt daher 714 292,80 €.

Überentnahmen, § 13a Abs. 5 Satz 1 Nr. 3 ErbStG

484 Die Vergünstigungen des Verschonungsabschlags bzw. des Abzugsbetrages entfallen vollständig mit Rückwirkung, wenn der Empfänger innerhalb von fünf bzw. sieben Jahren Entnahmen tätigt, die die Summe der Einlagen und Gewinne oder Gewinnanteile um mehr als 150 000 € übersteigen. Der schädliche Vorgang kann am Ende der Frist durch eine rechtzeitige Einlage kompensiert werden. Wird die Einlage kreditfinanziert, so kann sie nicht berücksichtigt werden. Dieselbe Regelung gilt bei Anteilen an Kapitalgesellschaften, wenn innerhalb der maßgeblichen Frist die Ausschüttungen der Kapitalgesellschaft den Gewinn bzw. die Kapitalzuführungen um mehr als 150 000 € überschreiten.

485–490 frei

3.6.5 Verstoß gegen die Lohnsummenregel

491 Voraussetzung für die Regelverschonung ist, dass der Erwerber innerhalb von fünf Jahren nicht weniger als 400 % der Ausgangslohnsumme aufgewendet hat. Die Regel gilt nur dann, wenn der Betrieb nicht mehr als zwanzig Beschäftigte hat oder wenn die Ausgangslohnsumme 0 € ist, § 13a Abs. 1 Satz 4 ErbStG.

492 Bei der Optionsverschonung ist Voraussetzung, dass der Erwerber innerhalb von sieben Jahren nicht weniger als 700 % der Ausgangslohnsumme aufwendet.

493 Unter Lohnsumme sind alle Vergütungen zu verstehen, die der Arbeitgeber aufwendet, vgl. § 13a Abs. 4 ErbStG, also Löhne, Gehälter, Sozialabgaben, Einkommensteuer, Zuschlagsteuern, Prämien, Gratifikationen, Tantiemen, Abfindungen, Zuschüsse zu Lebenshaltungskosten, Provisionen, vergütete Teilnahmegebühren, Familienzulagen usw.

494 Ausgangslohnsumme ist die durchschnittliche Lohnsumme der letzten 5 vor dem Zeitpunkt der Steuerentstehung liegenden abgeschlossenen Wirtschaftsjahre, § 13a Abs. 1 Satz 3 ErbStG.

Unterschreitet die Lohnsumme nach Ablauf der Frist den maßgeblichen Wert, erfolgt eine anteilige Kürzung des Verschonungsabschlags.

BEISPIEL

V schenkt S am 01.07.01 sein Unternehmen, Wert 10 000 000 €. Der Verschonungsabschlag betrug 85 % = 8 500 000 €, der Steuerwert also 1 500 000 €. Die Ausgangslohnsumme betrug 1 000 000 €. Die Gesamtlohnsumme bis zum 01.07.06 betrug 3 600 000 €, mithin 360 %. Die Gesamtlohnsumme unterschreitet also die 400 %-Grenze um 40 % = 10 % von 400 %. Damit ist der Verschonungsabschlag um 10 % auf 90 % von 8 500 000 = 7 650 000 € zu kürzen. Der Steuerwert des Betriebes ist nachträglich auf 2 350 000 € festzusetzen. S muss das Unterschreiten dem Finanzamt bis spätestens 01.01.07 mitteilen (§ 13a Abs. 6 ErbStG).

Die Lohnsummen von aktivierten Beteiligungen an Personen- oder Kapitalgesellschaften werden in die Ausgangs- und Endlohnsumme anteilig einbezogen. Dies gilt auch für Beteiligungen an Gesellschaften, die sich im EU- bzw. EWR-Raum befinden. 495

3.6.6 Verstoß gegen Behaltens- und Lohnsummenregelung

Für Fälle eines solchen doppelten Verstoßes sieht das Gesetz keine Regelung vor. 496

BEISPIEL

V schenkt seinem Sohn einen Betrieb, Wert 10 000 000 €. Verschonungsabschlag 8 500 000 €. S veräußert den Betrieb nach dreieinhalb Jahren. Aus diesem Grund wird der ursprüngliche Verschonungsabschlag um 2/5 auf 5 100 000 € gekürzt. Jetzt stellt sich heraus, dass S in den drei Jahren nur 1 800 000 € Lohnsumme aufgewendet hat, wobei die Ausgangslohnsumme 1 000 000 € betrug.
LÖSUNG Für fünf Jahre betrug die Mindestlohnsumme 4 000 000 €. Für drei Jahre ergibt dies 2 400 000 €. Die tatsächlich aufgewendete Lohnsumme betrug davon 75 %.

Also Wert des Betriebsvermögens	10 000 000 €
– Verschonungsabschlag wegen Lohnsumme 75 % von 8 500 000 € = 6 375 000 €	
– Kürzung wegen Verkaufs auf 3/5 von 6 375 000 € = daher	./. 3 825 000 €
Steuerwert	6 175 000 €

3.6.7 Anzeigepflichten, § 13a Abs. 6 ErbStG

Der Erwerber hat die Verpflichtung, Verstöße gegen die Behaltensregeln innerhalb eines Monats nach dem Verstoß und Verstöße gegen die Lohnsummenklausel innerhalb von sechs Monaten nach Ablauf der Lohnsummenfrist dem Erbschaftsteuerfinanzamt schriftlich anzuzeigen. 497

3.6.8 Übergang während der Behaltensfristen

Nicht geregelt ist, wie zu verfahren ist, wenn das Vermögen während der Behaltensfristen weiterverschenkt oder vererbt wird. Hier wird es darauf ankommen, ob der Rechtsnachfolger die Behaltensfristen des Rechtsvorgängers erfüllt. Veräußert der Rechtsnachfolger vor Ablauf der Behaltensfristen des Rechtsvorgängers, so stellt dies sowohl für den Erwerb des Rechtsvorgängers als auch für den Erwerb des Rechtsnachfolgers jeweils einen eigenständigen Verstoß dar. 498

3.7 Verschonung des Grundvermögens (§ 13c ErbStG)

Innerhalb des Grundvermögens ist nur der zu Wohnzwecken vermietete Teil begünstigt. Ist dieser Teil bilanziert, dann gehört er zum Betriebsvermögen mit der Folge, dass die Verschonungsregel des § 13c ErbStG nicht greift. Gleiches gilt, wenn der vermietete Teil zu einem Betrieb der Land- und Forstwirtschaft gehört. Allerdings ist in beiden Fällen (Betrieb 499 und Betrieb der L + F) erforderlich, dass die vermieteten Wohnungen dort auch nach den §§ 13a, 13b ErbStG begünstigt sind. Gehört also der vermietete Wohnteil (wie dies regelmäßig der Fall sein wird) zum Verwaltungsvermögen und übersteigt dieses den Anteil von 50 % des Betriebsvermögens, dann greift die Verschonung der §§ 13a, 13b ErbStG gem. § 13b Abs. 2 ErbStG nicht. Aus diesem Grund ist der vermietete Wohnteil dann nach § 13c ErbStG begünstigt.

500 Die Verschonung vermieteter Wohnteile besteht in einem Abschlag von 10 % des Werts des Grundstücks. Ist das Grundstück nur teilweise zu Wohnzwecken vermietet, bezieht sich der Abschlag nur auf den anteiligen Wert. Der Wohnungsbegriff ergibt sich aus § 181 Abs. 9 BewG.

BEISPIEL
Ein Gebäude hat vier gleich große und gleichwertige Stockwerke. Ein Stockwerk wird eigenbetrieblich genutzt, eines fremdbetrieblich vermietet, eines zu fremden Wohnzwecken vermietet und eines zu eigenen Wohnzwecken genutzt. Bilanziert ist nur der eigenbetrieblich genutzte Teil. Die Nutzung des Grund und Bodens entspricht der Gebäudenutzung. Der Gesamtwert beträgt 1 000 000 €.
LÖSUNG Der bilanzierte Teil gehört zum Betriebsvermögen. Der Rest stellt Grundvermögen dar. Von diesem ist aber nur der vermietete Teil (Wertanteil 250 000 €) nach § 13c ErbStG begünstigt. Dieser Teil ist also mit 225 000 € anzusetzen.

501 Der Grundstücksteil muss zu Wohnzwecken vermietet sein. Auch wenn die Vermietung an nahe Angehörige zu einer verbilligten Miete erfolgt, gilt dies als Vermietung im Sinne des § 13c ErbStG (ebenso Erl. v. 25. 06. 2009 Abschn. 36 Abs. 3 Satz 2; a. A. Rödl u. a. Erbschaft- und Schenkungsteuer Erl. 3.2.2.2.2 zu § 13c: nur anzuerkennen, wenn die Miete mindestens 56 % der ortsüblichen Miete entspricht). Eine unentgeltliche Überlassung führt zur Versagung des § 13c ErbStG. Ein vorübergehender Leerstand ist dagegen unschädlich.

502 Weitere Voraussetzungen für den 10 %igen Abschlag sind:
– Es muss sich um ein bebautes Grundstück handeln, die vermietete Wohnung muss also einerseits bereits bezugsfertig sein, andererseits darf es sich nicht um ein unbebautes Grundstück im Zustand der Bebauung handeln, bei dem z. B. ein ZFH errichtet wird und eine Wohnung bereits fertiggestellt ist, während die andere zwar zügig errichtet, jedoch noch nicht fertiggestellt ist.
– Es muss sich um ein Grundstück handeln, das im Inland, in der EU oder im EWR (Norwegen, Island, Liechtenstein) belegen ist. Für die Schweiz gilt das DBA.
– Der Erbe erhält den Verschonungsabschlag nicht, wenn er das Grundstück mit der vermieteten Wohnung aufgrund von Weitergabeverpflichtungen des Erblassers oder Schenkers auf einen Dritten übertragen muss, § 13c Abs. 2 Satz 1 ErbStG.
– Dasselbe gilt, wenn ein Miterbe das Grundstück im Rahmen der Erbauseinandersetzung auf einen anderen Miterben überträgt, § 13c Abs. 2 Satz 2 ErbStG. Dies gilt auch dann, wenn die Aufteilung nicht einer Verfügung des Erblassers entspringt, sondern von den Miterben originär vorgenommen wurde, Ländererlass vom 25. 06. 2009, Abschn. 36 Abs. 5 Satz 4 Art. 2 (»... oder verständigen sie sich darauf ...,« H 36 »Weitergabeverpflichtung« Beispiel 2).

503 Erhält ein Erbe den Verschonungsabschlag des § 13c ErbStG, dann ist zu beachten, dass mit dem begünstigten Wohnraum in Zusammenhang stehende Nachlassverbindlichkeiten ebenfalls nur mit 90 % abzugsfähig sind, § 10 Abs. 6 Satz 5 ErbStG, Ländererlass vom 25. 06. 2009 H 36 »Verminderter Schuldenabzug«.

504–510 frei

4 Berechnung der Steuer

4.1 Berücksichtigung früherer Erwerbe (§ 14 ErbStG)

Die Vorschrift sieht die Zusammenrechnung aller Erwerbe vor, die innerhalb der letzten 10 Jahre von derselben Person zugewendet wurden. Dabei ist die auf die früheren Erwerbsvorgänge bezahlte Steuer anzurechnen. Der **Zehnjahreszeitraum** ist auf den Tag genau nach den Vorschriften des § 108 Abs. 1 AO in Verbindung mit den §§ 187 ff. BGB zu errechnen. Für eine am 15.04.2009 ausgeführte Schenkung beginnt der Zeitraum am 16.04.1999. Maßgeblich sind für Schenkungen jeweils der Tag der Ausführung der Schenkung und für Erwerbe von Todes wegen der Todestag des Erblassers (§ 9 ErbStG).

Maßgebend sind immer nur die Zuwendungen derselben Person. Haben also die Eltern dem Sohn gemeinsam einen Geldbetrag geschenkt und beerbt der Sohn innerhalb des Zehnjahreszeitraums den Vater, so wird nur die hälftige Schenkung berücksichtigt. Für die früheren Erwerbe bleibt stets deren früherer Wert maßgebend. Für Schenkungen von Grundbesitz vor dem 01.01.2009 also der frühere Wert, der nach den §§ 138 ff. BewG zu ermitteln war. Vorerwerbe mit negativem Steuerwert von Betrieben oder Anteilen an Personengesellschaften wirken sich nicht aus. Der aktuelle Erwerb und die früheren Erwerbe werden zusammengerechnet und für die Summe wird die Steuer nach den heute geltenden Vorschriften errechnet.

Davon wird abgezogen der Betrag, der bei Anwendung der heute geltenden Vorschriften auf die Vorerwerbe mit ihren damaligen Werten zu bezahlen gewesen wäre (fiktive Steuer). Statt dieser fiktiven Steuer kann auch die tatsächlich entrichtete Steuer abgezogen werden, wenn diese höher ist. Steuern, die noch in DM entrichtet wurden, werden dabei mit dem Eurobetrag angerechnet, der sich durch Anrechnung des Festkursdivisors ergibt (1 € = 1,95583 DM). Liegt die Summe der tatsächlich entrichteten Steuern höher als die für den Gesamterwerb errechnete Steuer, so kommt es nicht zu einer Erstattung (R 70 Abs. 4 ErbStR).

Allerdings ist als Mindeststeuer der Betrag zu entrichten, der sich für den letzten Erwerb ohne die Zusammenrechnung mit früheren Erwerben ergibt.

Schema zur Berechnung der Erbschaftsteuer bei Vorerwerben nach § 14 ErbStG

1. Berechnung der Steuer für alle Erwerbe innerhalb des Zehnjahreszeitraums vor Anrechnung:
   Steuerwert des aktuellen Vermögensanfalls .... €
   + frühere Erwerbe zu ihrem damaligen Steuerwert .... €
   Summe des heutigen und früherer Erwerbe .... €
   ./. Freibetrag nach § 16 ErbStG .... €
   ./. Versorgungsfreibetrag nach § 17 ErbStG .... €
   Steuerpflichtiger Erwerb innerh. des 10-J-Zeitraums .... €
   maßgeblicher Steuersatz (Härteausgleich) .... %
   Erbschaftsteuer vor Anrechnung .... €
2. Berechnung des Anrechnungsbetrages
   frühere Erwerbe zu ihrem damaligen Steuerwert (s.o.) .... €
   ./. Freibetrag nach § 16 ErbStG (s.o.) .... €
   steuerpflichtiger Vorerwerb .... €
   maßgeblicher Steuersatz (Härteausgleich) .... %
   fiktive Steuer auf Vorerwerb .... €
   oder falls günstiger (der höhere Betrag wird angerechnet)
   tatsächlich zu entrichtende Steuer auf Vorerwerb .... €

3. Festzusetzende Steuer nach Anrechnung .... €
   (höchstens 50% des aktuellen Erwerbs, § 14 Abs. 2 ErbStG)
4. Mindeststeuer
   Steuerwert des aktuellen Vermögensanfalls .... €
   ./. persönlicher Freibetrag .... €
   steuerpflichtiger Erwerb .... €
   Steuersatz = Mindeststeuer .... €

BEISPIELE

a) E schenkte seiner Tochter T 2003 ein Grundstück mit einem damals maßgeblichen Steuerwert von 280 000 €. T zahlte damals 280 000 € ./. persönlicher Freibetrag 205 000 € = 75 000 € × 11% = 8 250 € Schenkungsteuer. Am 01.09.2009 erhält sie weitere Vermögensgegenstände im Wert von 600 000 €.

LÖSUNG

Steuerwert 2009	600 000 €
Steuerwert 2003	280 000 €
Gesamterwerb	880 000 €
./. persönlicher Freibetrag	400 000 €
steuerpflichtiger Erwerb	480 000 €
aktueller Steuersatz	15%
Steuer vor Anrechnung	72 000 €
Berechnung des Anrechnungsbetrages	
fiktive Steuer für	280 000 €
./. persönlicher Freibetrag 400 000, anrechenbar aber	
gem. H 37 Erl. v. 25.06.09 und H 71 Abs. 2 ErbStR nur	205 000 €
zu versteuern	75 000 €
fiktive Steuer 7%	5 250 €
oder falls günstiger	
tatsächlich entrichtete Steuer	8 250 €
festzusetzende Steuer nach Anrechnung	
72 000 ./. 8 250	63 750 €
Mindeststeuer für aktuellen Erwerb	600 000 €
./. persönlicher Freibetrag	400 000 €
steuerpflichtiger Erwerb	200 000 €
Steuersatz	11%
Mindeststeuer	22 000 €
(kommt nicht zur Anwendung)	

b) E schenkte seiner Ehefrau 2002 400 000 €. Die Ehefrau entrichtete dafür 400 000 ./. FB 307 000 = 93 000 × 11% = 10 230 € Schenkungsteuer. 2007 wird die Ehe geschieden. E schenkt ihr 2009 weitere 120 000 €.

LÖSUNG

Schenkung 2009	120 000 €
+ Schenkung 2002	400 000 €
Gesamterwerb	520 000 €
./. Freibetrag (St.-Kl. II/7)	20 000 €
steuerpflichtiger Erwerb	500 000 €

Steuersatz	30 %
Steuer vor Anrechnung	150 000 €
Anrechnung fiktive Steuer	400 000 €
./. Freibetrag	20 000 €
steuerpflichtiger Vorerwerb	380 000 €
Steuersatz	30 %
anzurechnende fiktive Steuer	114 000 €
(günstiger als die tatsächlich bezahlte Steuer von 10 230 €)	
festzusetzende Steuer	36 000 €
Mindeststeuer	
Schenkung 2009	120 000 €
./. Freibetrag	20 000 €
steuerpflichtiger Erwerb	100 000 €
Steuersatz	30 %
Mindeststeuer	30 000 €
(kommt nicht zur Anwendung)	

c) E hat seiner Tochter 2004 250 000 € geschenkt. T hat dafür 2004 250 000 ./. 205 000 = 45 000 × 7 % = 3 150 € Schenkungsteuer bezahlt. 2009 schenkt er ihr weitere 100 000 €.

LÖSUNG

Schenkung 2009	100 000 €
Schenkung 2004	250 000 €
Gesamterwerb	350 000 €
Freibetrag	400 000 €
steuerpflichtiger Erwerb	0 €

Eine Erstattung des 2004 bezahlten Betrages erfolgt gleichwohl nicht, R 70 Abs. 4 ErbStR.

d) E schenkte seiner Freundin F Anfang 2009 170 000 €. Dafür bezahlte sie 170 000 ./. 20 000 = 150 000 × 30 % = 45 000 € Schenkungsteuer. Im Spätjahr 2009 heiratet er die F. 2010 schenkt er ihr 750 000 €.

LÖSUNG

Schenkung 2010	750 000 €
+ Schenkung 2009	170 000 €
Gesamterwerb	920 000 €
Freibetrag	./. 500 000 €
steuerpflichtiger Erwerb	420 000 €
Steuersatz	15 %
Steuer vor Anrechnung	63 000 €
anzurechnende Steuer	45 000 €
verbleiben	
Mindeststeuer	18 000 €
Schenkung 2010	750 000 €
Freibetrag	./. 500 000 €
steuerpflichtiger Erwerb	250 000 €
Steuersatz	11 %
Mindeststeuer	27 500 €

Festzusetzen ist die Mindeststeuer mit 27 500 €.

4.2 Steuerklassen (§ 15 ErbStG)

521 Die Höhe der Besteuerung hängt vom Verwandtschaftsgrad ab, in dem der Bedachte zu dem Erblasser bzw. Schenkenden steht. Hierzu werden die Erwerber in drei Steuerklassen eingeteilt. Nach dieser Einteilung richtet sich dann der persönliche Freibetrag des § 16 ErbStG und der Steuersatz des § 19 ErbStG.

Steuerklasse I:
1. der Ehegatte
2. die Kinder und Stiefkinder
3. die Abkömmlinge der in Nummer 2 genannten Kinder und Stiefkinder
4. die Eltern und Voreltern bei Erwerben von Todes wegen.

Steuerklasse II:
1. die Eltern und Voreltern, soweit sie nicht zur Steuerklasse I gehören (also soweit kein Erwerb von Todes wegen vorliegt)
2. die Geschwister
3. die Abkömmlinge ersten Grades von Geschwistern
4. die Stiefeltern
5. die Schwiegerkinder
6. die Schwiegereltern
7. der geschiedene Ehegatte.

Steuerklasse III:
Alle übrigen Erwerber und die Zweckzuwendungen.

Da die Lebenspartner einer eingetragenen Lebenspartnerschaft nicht ausdrücklich begünstigt sind, fallen sie automatisch in die Steuerklasse III.

522 Haben Ehegatten ein Berliner Testament nach § 2269 BGB errichtet, so gilt die Vorschrift des § 15 Abs. 3 ErbStG. Ein Berliner Testament liegt vor, wenn sich die Ehegatten beim Tode des zuerstversterbenden Ehegatten gegenseitig als Alleinerben einsetzen und für den weiteren Todesfall des Zuletztversterbenden verfügen, dass eine bestimmte Person (in der Regel das Kind oder die Kinder) Alleinerbe des Zuletztversterbenden sein soll. In diesem Fall kann auf Antrag des letzten Erben entweder dessen Familienverhältnis zu dem Zuerstversterbenden oder sein Familienverhältnis zu dem Zuletztversterbenden zugrunde gelegt werden.

BEISPIEL
S hat seine zukünftige Ehefrau F als Alleinerbin eingesetzt. Als Tag der Eheschließung ist zunächst ein Termin im Januar vorgesehen. Wegen bürokratischer Schwierigkeiten muss der Termin jedoch auf den 20.03. verschoben werden. Am 18.03. verstirbt S.
LÖSUNG (BFH vom 23.03.1998 BStBl II 1998, 396)
F ist Erbin der Steuerklasse III. Für eine Billigkeitsregelung ist kein Raum.

4.3 Freibeträge (§ 16 ErbStG)

523 Die Freibeträge betragen in der

Steuerklasse I – Ehegatte	500 000 €
Steuerklasse I – Kinder und Kinder verstorbener Kinder	400 000 €
Steuerklasse I – Kinder noch lebender Kinder	200 000 €
Steuerklasse I – Sonstige	100 000 €
Steuerklasse II	20 000 €
Steuerklasse III	20 000 €

Steuerklasse III – Lebenspartner einer eingetragenen Lebenspartnerschaft	500 000 €
Beschränkt Steuerpflichtige	2 000 €

524 Als Kombination von § 14 ErbStG mit § 16 ErbStG ergibt sich, dass jeder Elternteil alle 10 Jahre an seine Kinder je 400 000 € steuerfrei verschenken kann. Eine Gestaltung, mit der man nicht früh genug anfangen kann.

4.4 Besonderer Versorgungsfreibetrag (§ 17 ErbStG)

525 Dem überlebenden Ehegatten und den Kindern wird nur bei Erwerben von Todes wegen (niemals bei Schenkungen unter Lebenden) ein besonderer Versorgungsfreibetrag nach § 17 ErbStG gewährt. Dabei ist die Wortwahl sehr unglücklich gewählt, denn sie scheint anzudeuten, als gebe es einen Freibetrag nur dann, wenn der Begünstigte Versorgungsbezüge erwirbt. Das Gegenteil aber ist der Fall. Der Ehegatte und die Kinder erhalten den Freibetrag nach § 17 ErbStG als ganz normalen Freibetrag und dieser wird gekürzt, wenn der Begünstigte durch den Tod des Erblassers steuerschädliche Versorgungsbezüge erwirbt.

Der Versorgungsfreibetrag beträgt:

Ehegatte und Lebenspartner einer eingetragenen Lebenspartnerschaft	256 000 €
Kind bis zu 5 Jahren	52 000 €
Kind von mehr als 5 bis zu 10 Jahren	41 000 €
Kind von mehr als 10 bis zu 15 Jahren	30 700 €
Kind von mehr als 15 bis zu 20 Jahren	20 500 €
Kind von mehr als 20 bis zur Vollendung 27. Jahr	10 300 €

526 Der **Versorgungsfreibetrag des überlebenden Ehegatten** beträgt 256 000 €. Nach der Konstruktion des § 17 ErbStG wird er aber ungeschmälert nur dann gewährt, wenn der überlebende Ehegatte keine Versorgungsbezüge hat oder nur solche, die der Erbschaftsteuer unterliegen. Der Erbschaftsteuer unterliegen gemäß § 3 Abs. 1 Nr. 4 ErbStG die privaten Versorgungsrenten (etwa aus Lebensversicherungsverträgen). Liegen nur solche vor, dann erhält der Ehegatte den Freibetrag von 256 000 € zusätzlich zu dem persönlichen Freibetrag nach § 16 ErbStG voll.

527 Werden durch den Tod des Ehegatten Versorgungsbezüge ausgelöst, die nicht unter § 3 Abs. 1 Nr. 4 ErbStG fallen, also beispielsweise gesetzliche Versorgungsbezüge (die Pension des überlebenden Nichtbeamtenehegatten), so brauchen diese nicht der Erbschaftsteuer unterworfen zu werden. Um einen gewissen Ausgleich zu schaffen, muss aber deren Kapitalwert (der nach § 14 BewG zu errechnen ist) von dem Versorgungsfreibetrag abgezogen werden.

BEISPIEL
Frau F ist die Ehefrau des verstorbenen Beamten M. Sie erhält nach seinem Tode eine Witwenpension in Höhe von monatlich 1 000 €. Frau F ist 62 Jahre alt.
LÖSUNG Der Versorgungsfreibetrag von 256 000 € ist um den Kapitalwert der Pension zu kürzen. Der Kapitalwert errechnet sich wie folgt: Jahreswert 12 000 € × Vervielfältiger der Anlage zu § 14 BewG 13,194 = 158 328 €. Als Versorgungsfreibetrag wird der F daher ein Betrag in Höhe von 256 000 € ./. 158 328 € = 97 672 € gewährt.

528 Fraglich ist, wie zu verfahren ist, wenn der Ehegatte eine Zeitrente mit einer festen Laufzeit oder gar nur eine einmalige Kapitalzahlung als Versorgungsleistung erhält. § 17 Abs. 1 Satz 2 ErbStG bestimmt, dass der Versorgungsfreibetrag um den nach § 14 BewG zu ermittelnden Kapitalwert zu kürzen sei. Der Kapitalwert nach § 14 BewG enthält die Vorschriften zur Bewertung von auf Lebenszeit zu gewährenden laufenden Leistungen. Hieraus ergäbe sich bei wörtlicher Auslegung, dass eine Kürzung bei zeitlich begrenzten Leistungen (die nach § 13 BewG zu kapitalisieren sind) oder gar von einmaligen Versorgungszahlungen nicht zu einer Kürzung des Versorgungsfreibetrages führen könnten. Nach ihrem Sinn und Zweck ausgelegt muss der Versorgungsfreibetrag aber auch durch zeitlich begrenzte Leistungen gekürzt werden, wenn sie der Versorgung des Empfängers dienen; diese Leistungen sind dann (entgegen dem Wortlaut des § 17 ErbStG) nach § 13 BewG zu kapitalisieren und vom Versorgungsfreibetrag abzuziehen. Der BFH ging sogar noch einen Schritt weiter, indem er sogar eine Einmalzahlung aus einer betrieblichen Direktversicherung, die der Versorgung diente, vom Versorgungsfreibetrag abzog (BFH vom 02.07.1997 BStBl II 1997, 623).

529 Der **Versorgungsfreibetrag für Kinder** steht den ehelichen und den nichtehelichen Kindern, den Adoptivkindern und den Stiefkindern des Erblassers zu. Er wird nach demselben Schema berechnet wie der Versorgungsfreibetrag des Ehegatten.

BEISPIELE

a) Der 12-jährige Sohn S ist als gesetzlicher Erbe am Nachlass des V mit 600 000 € beteiligt. Eigene Versorgungsbezüge als Waise erhält er nicht.
LÖSUNG S erhält einen persönlichen Freibetrag nach § 16 ErbStG in Höhe von 400 000 €. Zusätzlich erhält er einen Versorgungsfreibetrag in Höhe von 30 700 €, der ihm ungekürzt zu gewähren ist.

b) Wie Beispiel a), jedoch mit folgender Abwandlung: Dem S steht bis zur Vollendung des 18. Lebensjahres ein Waisengeld in Höhe von monatlich 100 € zu. S war am Todestag genau 12 Jahre und 6 Monate alt.
LÖSUNG In diesem Fall ist der Versorgungsfreibetrag um den Kapitalwert der Waisenrente zu kürzen. Da es sich nicht um eine Leibrente (also eine auf Lebenszeit zu gewährende Rente), sondern um eine zeitlich begrenzte Rente handelt, ist der Kapitalwert nicht nach § 14 BewG, sondern nach § 13 BewG zu berechnen. Dabei sind die Vervielfältiger der Anlage 9a zum Bewertungsgesetz anzuwenden. Im Gegensatz zu den Vervielfältigern der Anlage im Ausgangsfall sind die Vervielfältiger der Anlage 9a taggenau zu interpolieren, vgl. Tz. II 3.1.2 und III 1.2.1 des Erlasses vom 15.09.1997 BStBl I 1997, 832. Die Restlaufzeit am Todestag des Erblassers betrug genau 5 Jahre und 6 Monate. Der Vervielfältiger ist als Zwischenwert zwischen der Restlaufzeit für 5 Jahre (4,388) und der Restlaufzeit für 6 Jahre (5,133) taggenau zu interpolieren. Er beträgt im vorliegenden Fall 4,7605. Der Kapitalwert der Rente beträgt somit 1 200 € × 4,7605 = 5 712 €. Dem S verbleibt also ein Versorgungsfreibetrag in Höhe von 30 700 € ./. 5 712 € = 24 988 €.

530 Der Versorgungsfreibetrag für Ehegatten und Kinder ist auch zu kürzen, wenn er nicht in Form wiederkehrender Bezüge, sondern in Form einer Einmalzahlung gewährt wird, BFH vom 02.07.1997 BStBl II 1997, 623. Entscheidend ist allein, dass die Versicherungs- oder Versorgungsleistungen nicht von der Erbschaftsteuer erfasst sind.

531–535 frei

4.5 Steuersätze (§ 19 ErbStG)

Steuersätze bei einem Wert des steuerpflichtigen Erwerbs bis einschließlich €	% in der Steuerklasse			
	I seit 01.01.09	II seit 01.01.–31.12.09	II seit 01.01.10	III seit 01.01.09
75 000	7	30	15	30
300 000	11	30	20	30
600 000	15	30	25	30
6 000 000	19	30	30	30
13 000 000	23	50	35	50
26 000 000	27	50	40	50
über 26 000 000	30	50	43	50

Die Steuersätze der Erbschaftsteuer sind anders gestaltet als beispielsweise die Steuersätze der Einkommensteuer. Bei der Einkommensteuer profitiert jeder, auch der Einkommensmillionär von dem progressiven Steuertarif. Auch der Einkommensmillionär braucht also die Einkünfte bis zur Höhe des Existenzminimums nicht zu versteuern, die Beträge, die über das Existenzminimum hinausgehen, versteuert er zu Beginn auch nur mit dem geringsten Progressionssatz. Und erst wenn er die Einkommenshöhe erreicht hat, ab der der Höchststeuersatz greift, muss er ab dieser Höhe sein zu versteuerndes Einkommen mit dem Höchststeuersatz versteuern.

Ganz anders die Steuersätze der Erbschaftsteuer: Sie greifen jeweils in voller Höhe und erfassen dann die Bereicherung in Höhe des jeweiligen Prozentsatzes vom ersten EURO an. Ein steuerpflichtiger Erwerb von 600 000 € in der Steuerklasse I wird also mit 15 % besteuert (= 90 000 €) und nicht etwa zerlegt in drei Teilbeträge von 75 000 €, 225 000 € und weiteren 300 000 €, die mit 7, 11 und 15 % zu besteuern wären.

Dies würde aber dazu führen, dass ein steuerpflichtiger Erwerb in Höhe von 601 000 € plötzlich mit 19 % = 114 190 € zu besteuern wäre, während ein Erwerb von 600 000 € nur 90 000 € kostete. Die 1 000 € Mehrwert am steuerpflichtigen Erwerb würden 24 190 € mehr Steuern kosten. Dieses Ergebnis zu verhindern hilft der **Härteausgleich** nach § 19 Abs. 3 ErbStG. Dieser Härteausgleich besagt, dass der Mehrwert von 1 000 € in unserem Fall allenfalls mit 50 %, also mit 500 € besteuert werden kann. Die Steuer ist folglich auf 90 500 € festzusetzen. Zum Härteausgleich vgl. die nachfolgende Tabelle der Grenzwerte, bis zu deren der Härteausgleich des § 19 Abs. 3 ErbStG anzuwenden ist (H 38 »Härteausgleich« Erl. v. 25. 06. 09):

	Härteausgleich bei Überschreiten der letztvorhergehenden Wertgrenze bis ... in Steuerklasse		
Wertgrenze	I	II 2009	III
75 000 €	–	–	–
300 000 €	82 600 €	–	–
600 000 €	334 200 €	–	–
6 000 000 €	677 400 €	–	–
13 000 000 €	6 888 800 €	10 799 900 €	10 799 900 €
26 000 000 €	15 260 800 €	–	–
über 26 000 000 €	29 899 900 €	–	–

BEISPIELE

a) Wie hoch ist die Erbschaftsteuer bei einem steuerpflichtigen Erwerb in Höhe von 78 000 € in der Tarifklasse I?
LÖSUNG
Erbschaftsteuer bei 75 000 € × 7 %	= 5 250 €
Erbschaftsteuer bei 78 000 € ohne Härteausgleich × 11 %	= 8 580 €
Die 3 000 € können aber nur bis zu 50 % besteuert werden.	= 1 500 €
Die Steuer ist somit auf 5 250 € + 1 500 € festzusetzen.	= 6 750 €

b) Wie hoch ist die Erbschaftsteuer bei einem steuerpflichtigen Erwerb von 8 000 000 € in der Steuerklasse III?
LÖSUNG
Erbschaftsteuer bei 6 000 000 € × 30 %	= 1 800 000 €
Erbschaftsteuer bei 8 000 000 € × 50 %	= 4 000 000 €
Die 2 000 000 € können aber nur bis zu 75 % besteuert werden.	= 1 500 000 €
Die Erbschaftsteuer ist somit festzusetzen auf	3 310 000 €

c) Der Lebenspartner P des verstorbenen Erblassers erbt 10 756 000 €. Eigene Versorgungsansprüche erwirbt er aus dem Erbfall nicht.
LÖSUNG
P steht der persönliche Freibetrag von 500 000 € und der ungekürzte Versorgungsfreibetrag von 256 000 € zu. Der steuerpflichtige Erwerb beläuft sich also auf 10 000 000 €. Als Lebenspartner unterliegt P der Steuerklasse III.
Erbschaftsteuer bei 6 000 000 € × 30 %	1 800 000 €
Erbschaftsteuer bei 10 000 000 € × 50 %	5 000 000 €
Die 4 000 000 € können aber nur bis zu 75 % besteuert werden	3 000 000 €
Die Erbschaftsteuer ist somit festzusetzen auf	4 800 000 €

4.6 Tarifbegrenzung nach § 19a ErbStG

Das Produktivvermögen im Sinne des § 13b Abs. 4 ErbStG wird gemäß § 13a ErbStG durch einen Verschonungsabschlag begünstigt. Darüber hinaus gewährt § 19a ErbStG denjenigen natürlichen Personen, denen Gewerbebetriebe, freiberufliche Betriebe, Mitunternehmeranteile, Betriebe der Land- und Forstwirtschaft sowie wesentliche Anteile an Kapitalgesellschaften zugewendet wurden und die **nicht der Steuerklasse I** angehören, für ihr Produktivvermögen eine weitere Vergünstigung in Form einer **Tarifentlastung**. Die Form der Vergünstigung erfolgt als **Entlastungsbetrag** (§ 19a Abs. 4 ErbStG). Damit wird die Forderung des Bundesverfassungsgerichtes umgesetzt, dass betrieblich gebundenes Vermögen unabhängig vom Verwandtschaftsgrad so zu bemessen sei, dass die Fortführung des Betriebes nicht gefährdet werde (Beschluss vom 22. 06. 1995 BStBl II 1995, 671).

Begünstigt ist das Produktivvermögen in demselben Umfang wie bei der Begünstigung nach § 13a ErbStG. Die dort gemachten Ausführungen zu § 13b Abs. 4 ErbStG gelten also entsprechend. Begünstigt ist der Erwerb von Todes wegen und der Erwerb durch Schenkung unter Lebenden. Ein Fall des § 19a ErbStG liegt auch im Falle der mittelbaren Schenkung von Produktivvermögen vor, also in den Fällen, in denen der Schenker Geld zuwendet mit der Auflage, sich damit am Betriebsvermögen des Schenkers zu beteiligen oder vom Schenker gehaltene Anteile zu erwerben (R 76 ErbStR).

Schema zur **Berechnung des Entlastungsbetrages und der Steuer** (§ 19a Abs. 3 und 4 ErbStG):
1. Berechnung der Steuer nach der tatsächlichen Steuerklasse
2. Ermittlung des Anteils des Produktivvermögens am gesamten Vermögensanfall
3. Ermittlung der auf das Produktivvermögen entfallenden vorläufigen Erbschaftsteuer
4. Ermittlung der fiktiven Steuer nach der Steuerklasse I für den gesamten Vermögensanfall
5. Ermittlung des auf das Produktivvermögen entfallenden Anteils vom gesamten Vermögensanfall nach Steuerklasse I
6. Ermittlung des Entlastungsbetrages =
Vorläufige Erbschaftsteuer auf Produktivvermögen (Nr. 3)
./. fiktive Erbschaftsteuer auf Produktivvermögen (Nr. 5)
7. Ermittlung der endgültigen Steuer =
Vorläufige Erbschaftsteuer (Nr. 1)
./. Entlastungsbetrag (Nr. 6).

Bei der Ermittlung des Werts des Anteils des Produktivvermögens am gesamten Vermögensanfall (Nr. 2 und 5) sind die Vergünstigungen nach den §§ 13, 13a ErbStG zu berücksichtigen, nicht jedoch Nachlassverbindlichkeiten, die mit den Anteilen an einer Kapitalgesellschaft zusammenhängen (R 79 ErbStR). Bei der Berechnung der jeweiligen Erbschaftsteuer ist die Härteregelung jeweils mit einzubeziehen. Für die Höhe des persönlichen Freibetrages bleibt in jedem Fall der Freibetrag des jeweiligen Erwerbers maßgebend.

§ 19a Abs. 5 ErbStG normiert eine Behaltensregelung. Nach dieser fällt der Entlastungsbetrag mit Wirkung für die Vergangenheit weg, wenn der Erwerber innerhalb von fünf bzw. sieben Jahren das Produktivvermögen ganz oder teilweise veräußert oder durch Aufgabe der unternehmerischen Tätigkeit in sein Privatvermögen überführt. Dasselbe gilt, wenn der Erwerber innerhalb dieses Zeitraums Entnahmen tätigt, die die Summe seiner Einlagen und der auf ihn entfallenden Gewinne und Gewinnanteile um mehr als 150 000 € übersteigt. Insoweit handelt es sich um eine Parallele zu der Vorschrift des § 13a Abs. 5 ErbStG. Die übrigen Regelungen bezüglich der Lohnsumme gelten ohnehin.

BEISPIELE

a) S erbt als Alleinerbe von seinem Bruder am 01.05.2003 einen Gewerbebetrieb mit einem Steuerwert von 3 000 000 € sowie Sparguthaben im Wert von 100 000 €.

LÖSUNG

1. Berechnung nach der tatsächlichen Steuerklasse

Betriebsvermögen	3 000 000 €
./. Verschonungsabschlag 85%	2 550 000 €
verbleiben	450 000 €
+ übriges Vermögen	1 000 000 €
	1 450 000 €
./. Bestattungspauschale	10 300 €
	1 439 700 €
./. steuerpflichtiger Erwerb	20 000 €
steuerpflichtiger Erwerb	1 419 700 €
Steuersatz	30%
vorläufige Erbschaftsteuer	425 910 €

2. Ermittlung des Anteils des Produktivvermögens am gesamten Vermögensanfall (ohne Nachlassverbindlichkeiten und Freibetrag):

$$\frac{450\,000 \times 100}{1\,450\,600} = 31{,}03\%$$

3. Von der Erbschaftsteuer entfallen also auf das Produktivvermögen

31,03% von 425 910 € =   132 160 €

4. Fiktive Steuer nach der Steuerklasse I für den gesamten Vermögensanfall

1 419 700 € × 19% =   269 743 €

5. Davon entfielen auf das Produktivvermögen

31,03% von 269 743 € =   83 701 €

6. Die Differenz 132 160 € ./. 83 701 € = 48 459 € ist der Entlastungsbetrag.

Endgültige Erbschaftsteuer also   377 451 €

S kann auch die völlige Entlastung wählen, er zahlt dann nur 30% von 969 700 € = 290 910 €. Er ist dann aber zehn Jahre lang an die Voraussetzungen für den Verschonungsabschlag und die Behaltensregel gebunden.

b) Erblasser E vererbt seinem Neffen N ein Bankguthaben von 1 000 000 € und einen Betrieb mit einem Steuerwert von 5 Mio. €. N ist Alleinerbe.

Abwandlung: E hat den N vor seinem Tod adoptiert.

LÖSUNG

Wert des Betriebs	5 000 000 €
Abschlag 85%	./. 4 250 000 €
verbleibender Wert	750 000 €
Der Zusatzbetrag gem. § 13a Abs. 2 ErbStG kommt nicht zum Abzug.	
+ Restnachlass	+ 1 000 000 €
./. Bestattungskosten, § 10 Abs. 5 Nr. 3 ErbStG	10 300 €
./. Freibetrag § 16 ErbStG	30 000 €
steuerpfl. Erwerb	1 709 700 €
Steuer (vorläufig)	512 910 €

Anteil des begünstigten Vermögens von 750 000 € : 1 750 000 € = 42,85%

42,85% von ErbSt 512 910 € = 219 782 €

Steuer nach St-Kl. I 19% von 1 709 700 € = 324 843 €

42,85% von ErbSt 324 843 € = 139 195 €

Entlastungsbetrag 219 782 € ./. 139 195 € =	80 587 €
Steuer (endgültig)	432 323 €

ABWANDLUNG

Wert BV und Bankguthaben	1 750 000 €
./. Bestattungskosten	10 300 €
./. Freibetrag	400 000 €
steuerpfl. Erwerb	1 339 700 €
Steuer 19 %	254 543 €

4.7 Mehrfacher Erwerb desselben Vermögens, § 27 ErbStG

Kommt es innerhalb kurzer Zeit zu mehreren steuerpflichtigen Erbfällen innerhalb einer Familie, dann könnte sich eine unangemessen hohe Besteuerung des Familienvermögens ergeben. Dieser soll die Vorschrift des § 27 ErbStG entgegenwirken. **544**

Die Vorschrift gilt nur, wenn der heutige Erwerbsfall ein Erwerb von Todes wegen ist, nicht wenn es sich bei dem heutigen Fall um eine Schenkung handelt (so auch BFH vom 16. 07. 1997 BStBl II 1997, 625). Sie ist anzuwenden, wenn innerhalb von 10 Jahren vor dem jetzigen Todesfall bereits ein steuerpflichtiger Erwerb desselben Vermögens stattgefunden hat. Dabei ist es gleichgültig, ob die Steuer des Vorerwerbs durch einen Erwerb von Todes wegen oder durch eine Schenkung ausgelöst wurde. Voraussetzung ist jedoch, dass sowohl der vorige Erwerber als auch der jetzige Erwerber der Steuerklasse I angehören. **545**

BEISPIEL

Großvater O schenkte seinem Sohn V am 01. 04. 01 Aktien mit einem Steuerwert von 545 000 €. V bezahlte nach Abzug eines Freibetrages von 400 000 € 11 % aus 145 000 € = 15 950 € Schenkungsteuer. Am 01. 05. 02 stirbt V und sein Alleinerbe wird seine 30-jährige Tochter T. Die Aktien haben inzwischen einen Steuerwert von 650 000 €. Der Wert des übrigen Nachlasses beträgt 560 300 €.

LÖSUNG

T bezahlt folgende Erbschaftsteuer:

Übergegangenes Vermögen	1 210 300 €
Beerdigungskosten nach § 10 Abs. 5 Nr. 3	10 300 €
Vermögensanfall	1 200 000 €
./. persönlicher Freibetrag	400 000 €
Steuerpflichtiger Erwerb	800 000 €
Steuersatz § 19 ErbStG	19 %
Steuer vor Anwendung des § 27 ErbStG	152 000 €
Ermäßigung nach § 27 Abs. 2 ErbStG:	
45 % von $\dfrac{650\,000 \times 152\,000}{1\,200\,000}$ = 37 050 €	
höchstens jedoch nach § 27 Abs. 3 ErbStG	
45 % von 15 950 €	= 7 177 €
Steuer nach Anwendung des § 27 ErbStG	144 823 €

Was unter dem Erwerb desselben Vermögens zu verstehen ist, ist nicht eindeutig geklärt. Dies wird ja schon deutlich, wenn ein Betrieb überlassen wird: Möglicherweise ist kein einziger Vermögensgegenstand mehr vorhanden, der durch den Vorerwerb belastet war. Dennoch dürfte es keinen Zweifel geben, dass es sich um dasselbe Vermögen im Sinne des § 27 ErbStG handelt. **546**

Fraglich ist es, wenn der Vorerwerb ein unbebautes Grundstück darstellte, das der Vorerwerber bebaut und nun als bebautes Grundstück hinterlassen hat. Hier soll nach Troll, Rz. 4 **547** zu § 27 ErbStG das bebaute Grundstück einen neuen Vermögensgegenstand darstellen und folglich nicht begünstigt sein. Dieses Ergebnis ist nicht zu rechtfertigen. Wenn der BFH in seinem Urteil vom 30. 10. 1979 BStBl II 1980, 46 sogar Surrogate für verkaufte Gegenstände gelten lässt, muss dies umsomehr für ein Wirtschaftsgut gelten, das im Kern noch vorhanden ist.

548–560 frei

5 Renten- und Nießbrauchslasten

561 Seit der Streichung des § 25 ErbStG bestehen hier keine Besonderheiten mehr. Die Lasten werden kapitalisiert und in voller Höhe von der Bereicherung abgezogen.

BEISPIEL
V (50) überträgt dem S ein Mietwohngrundstück, Wert 1 860 000 €, unter Vorbehalt des Nießbrauchs. Gemäß § 13c ErbStG beträgt der Steuerwert 90 % = 1 674 000. Die Nettomiete beträgt 120 000 € pro Jahr.
LÖSUNG Jahreswert 120 000 €, höchstens jedoch gem. § 16 BewG 1 860 000 € : 18,6 = 100 000 €
100 000 × 14,740 = 1 470 000. Gemäß § 10 Abs. 6 Satz 5 ErbStG ist die Last ebenfalls nur mit 90 %, also mit 1 326 600 €, abzugsfähig. Die Bereicherung beträgt also 1 674 000 € ./. 1 326 600 € = 347 400 €.
Diese liegt unter dem persönlichen Freibetrag von 400 000 €.

562–570 frei

6 Erbengemeinschaft

571 Bei einer Mehrheit von Erben geht zivilrechtlich das Vermögen als Ganzes auf die Erben über (§ 1922 BGB). An diesen Erbanfall knüpft die Erbschaftsteuerpflicht an (§ 3 Abs. 1 Nr. 1 ErbStG). Maßgebend ist also, wie der Nachlass als Ganzes zu bewerten ist und mit welcher Erbquote der einzelne Miterbe am Nachlass beteiligt ist. Umgekehrt gesagt: Es kommt grundsätzlich nicht darauf an, welche einzelnen Nachlassgegenstände der einzelne Miterbe aus der Erbauseinandersetzung zugeteilt erhält. Dies gilt selbst für den Fall, in dem der Erblasser die Zuwendung per Teilungsanordnung testamentarisch angeordnet hat (R 5 ErbStR). Etwas anderes würde nur gelten, wenn die Auslegung des Testamentes ergäbe, dass der Erblasser damit eindeutig die Erbquoten verändern wollte (etwa wenn eine Verteilung eines Restes nicht mehr zu gleichen Erbquoten führen könnte und der Erblasser ausdrücklich eine Teilungsanordnung ohne Ausgleichszahlungen angeordnet hat) oder in den Fällen des Vorausvermächtnisses, vgl. H 5 Abs. 1 (erbschaftsteuerliche Behandlung einer Teilungsanordnung), H 5 Abs. 2 (Erbanteile nach Teilungsanordnungen) und H 5 Abs. 4 (Vorausvermächtnis und Auflage im Fall einer unechten Teilungsanordnung).

572 Abweichend davon wird bei Vererbung von Familienheimen die Erbauseinandersetzung gem. § 13 Abs. 1 Nr. 4b Satz 3 und Nr. 4c Satz 3 ErbStG vorgenommen. Hier kann bei der nachfolgenden Erbauseinandersetzung nochmals ein Anteil an einem Familienheim steuerfrei übergehen.

BEISPIEL E stirbt. Erben sind seine Kinder S und T. Im Nachlass befindet sich ein vermietetes ZFH mit einem Verkehrswert von 1 000 000 € sowie ein Gewerbebetrieb mit einem Verkehrswert von 1 000 000 €, S und T einigen sich alsbald nach dem Tod des E dahingehend, dass S das Grundstück und T den Betrieb erhalten sollen.
ABWANDLUNG In einer der beiden gleichwertigen Wohnungen wohnten E und S, S wohnt dort weiterhin.
LÖSUNG a) S und T ist der Nachlass je hälftig zuzurechnen. Im Ausgangsfall ist das Grundstück insgesamt vermietet, also mit 90 % = 900 000 € anzusetzen, der Betrieb mit 15 % = 150 000 €. Die 150 000 € fallen unter die zusätzliche Befreiung des § 13a Abs. 2 ErbStG. Auf S und T entfallen also je 450 000 €.
ABWANDLUNG Hier ist hinsichtlich des ZFH zu differenzieren. Die vermietete Wohnung hat einen Wertanteil von 500 000 € abzüglich 10 % gem. § 13c ErbStG = 450 000 €. Dieser Anteil wird S und T je hälftig zugerechnet. Die von S zu Wohnzwecken genutzte Wohnung ist anteilig ebenfalls 500 000 € Wert, der hälftige Anteil des S ist gem. § 13 Abs. 1 Nr. 4c ErbStG steuerbefreit, der Anteil der T zunächst steuerpflichtig. Der im Rahmen der Erbauseinandersetzung übergehende Anteil ist dann bei S ebenfalls steuerbefreit, § 13 Abs. 1 Nr. 4c Satz 3 ErbStG.

Dasselbe gilt beim Übergang eines Mitunternehmeranteils, wenn der Gesellschaftsvertrag eine Nachfolge eines, mehrerer oder aller Erben vorsieht. Bei der **einfachen Nachfolgeklausel**, bei der nach dem Gesellschaftsvertrag alle Erben das Recht haben, in die Personengesellschaft nachzurücken, leuchtet dies ohne weiteres ein. Nach Rechtsprechung und Verwaltung soll es aber auch im Falle der **qualifizierten Nachfolgeklausel gelten**, bei der nur ein Erbe (oder mehrere, jedenfalls nicht alle) in die Gesellschaft nachrücken dürfen. Gleichwohl gilt der Mitunternehmeranteil als Erbanfall bei allen Miterben (BFH vom 10. 11. 1982 BStBl II 1983, 329 (331: »damit erweist sich der hier vorliegende Fall der qualifizierten Nachfolge in einen Gesellschaftsanteil als ein gesellschaftsrechtlich besonders ausgestalteter Unterfall einer bloßen Teilungsanordnung, die für die Erbschaftsteuer ohne Bedeutung ist«); R 5 Abs. 3, 56 Abs. 2 ErbStR). Für diese Fälle bestimmt nunmehr § 10 Abs. 10 ErbStG, dass an die Stelle des Anteils der Abfindungsanspruch tritt. Dies gilt auch dann, wenn der Abfindungsanspruch unter dem Wert des Mitunternehmeranteils liegt. In diesem Fall ergänzt § 7 Abs. 3 ErbStG, dass der begünstigte Miterbe um diesen Differenzbetrag bereichert ist, vgl. § 7 Abs. 7 Satz 3 ErbStG. Bei einer **Fortsetzungsklausel** dagegen, bei der im Gesellschaftsvertrag vereinbart ist, dass die Altgesellschafter die Gesellschaft ohne die Erben fortsetzen, entsteht in der Person des Erblassers noch ein Abfindungsanspruch (§ 738 BGB), der als Kapitalforderung auf die Erben übergeht; das Problem des Freibetrages stellt sich nicht. (Es stellt sich vielmehr ganz anders: müssen die Altgesellschafter weniger bezahlen, als dem Steuerwert des Mitunternehmeranteils des Erblassers entspricht (etwa bei Buchwertklauseln), dann sind die Altgesellschafter bereichert und bei ihnen entsteht ein Anspruch auf Gewährung des Freibetrags (§ 3 Abs. 1 Nr. 2 ErbStG). Bei einer **Eintrittsklausel** haben ein Erbe, mehrere Erben oder alle Erben das Recht, durch Erklärung in die Gesellschaft einzutreten. Bis zur Ausübung der Erklärung ist ein Anteil auf die Erbengemeinschaft noch nicht übergegangen (§ 4 BewG). Machen sie von diesem Recht endgültig keinen Gebrauch, ist die Lösung dieselbe wie bei der Fortsetzungsklausel. Machen sie Gebrauch (und sei es auch nur ein einziger Miterbe), dann fällt der Mitunternehmeranteil in den Nachlass, so dass sich dieselben Folgen ergeben wie bei der Nachfolgeklausel (zu demselben Ergebnis kommt zumindest für die Zwecke der Ertragsteuern die Verwaltung in Rz. 69 bis 74 des BMF-Schreibens über die Behandlung der Erbengemeinschaft und ihre Auseinandersetzung vom 14. 03. 2006 BStBl I 2006, 253).

574 Die Nachlassverbindlichkeiten gehen ebenfalls je hälftig (entsprechend ihrer Erbquote) auf S und T über. Gleiches gilt für den Freibetrag von 10 300 € für die Bestattungskosten des § 10 Abs. 5 Nr. 3 ErbStG. Zu den Nachlassverbindlichkeiten zählen auch die Vermächtnislasten und der geltend gemachte Pflichtteil. Nicht zu den Nachlassverbindlichkeiten zählt dagegen der Zugewinnausgleichsanspruch des § 5 ErbStG. Der Betrag, der dem Ausgleichsanspruch nach § 1371 Abs. 2 BGB entspricht, ist nur von dem Anteil des überlebenden Ehegatten abzuziehen.

575 Die Freibeträge des § 13 stehen dem jeweiligen Erwerber der betroffenen Steuerklasse entsprechend seinem Erwerb zu. Die persönlichen Freibeträge des § 16 ErbStG sind bei dem jeweiligen Erben zu berücksichtigen. Sind an dem Nachlass mehrere Personen beteiligt, so soll in der Regel ein einheitlicher Steuerbescheid erlassen werden. Hierbei handelt es sich aber nicht um einen einheitlichen Steuerbescheid, sondern nur um einen zusammengefassten Bescheid (BFH vom 27.03.1968 BStBl II 1968, 376). Denn der Bescheid muss jedem einzelnen Erben unter Angabe des von diesem Erben geschuldeten Steuerbetrages zugestellt werden.

576–580 frei

7 Steuerfestsetzung und Erhebung, § 20 ErbStG

7.1 Steuerschuldner

581 Steuerschuldner der Erbschaftsteuer ist grundsätzlich der Erwerber, § 20 ErbStG. Im Erbfall ist dies der Erbe, aber auch jeder andere, der etwas von Todes wegen erhalten hat, also auch der Vermächtnisnehmer, der Pflichtteilsberechtigte (§ 3 ErbStG). Bei der Schenkung schuldet neben dem Erwerber auch der Schenker selbst die Steuer, § 20 Abs. 1 ErbStG. Nach der Rechtsprechung des BFH hat sich die Verwaltung gleichwohl zunächst an den Beschenkten zu halten (BFH vom 29.11.1961 BStBl II 1962, 323). Bei der Zweckzuwendung ist Steuerschuldner der mit der Ausführung der Zuwendung Beschwerte. Bei der Ersatzerbsteuer der Stiftung ist die Stiftung oder der Verein selbst Steuerschuldner.

7.2 Anzeige des Erwerbs (§ 30 ErbStG), Steuererklärung (§ 31 ErbStG) und Steuerfestsetzung (§§ 22, 23 ErbStG)

582 Jeder der Erbschaftsteuer unterliegende Erwerb im Sinne des § 1 ErbStG ist vom Erwerber innerhalb einer Frist von drei Monaten nach Kenntnis des Anfalls dem zuständigen Erbschaftsteuer-Finanzamt anzuzeigen. Bei der Schenkung ist auch der Schenkende zur Anzeige verpflichtet.

583 Einer Anzeige bedarf es allerdings nicht, wenn der Erwerb auf einer von einem deutschen Gericht oder Notar (oder einem deutschen Konsul) eröffneten Verfügung von Todes wegen oder auf einer hier gerichtlich oder notariell beurkundeten Schenkung beruht und sich aus der Verfügung das Verhältnis des Erwerbers zum Erblasser eindeutig ergibt (§ 30 Abs. 3 ErbStG). Gehört zum Erwerb jedoch Grundbesitz, Betriebsvermögen, Anteile an Kapitalgesellschaften, die nicht der Anzeigepflicht des § 33 ErbStG unterliegen oder im Ausland gelegen sind, bleibt die Anzeigepflicht bestehen.

Neben den Begünstigten selbst sind insbesondere auch die Banken verpflichtet, dem Finanzamt den Tod eines Erblassers und die Höhe seiner bei der Bank befindlichen Konten und Depotbestände und das Vorhandensein eines Schließfachs mitzuteilen, § 33 Abs. 1 ErbStG in

Verbindung mit § 5 ErbStDV. Wegen weiterer Verpflichteter vgl. die §§ 33, 34 ErbStG sowie die §§ 5 ff. ErbStDV.

Das Finanzamt wird von den Begünstigten gem. § 31 ErbStG die Abgabe einer Steuererklärung verlangen. § 31 ErbStG gibt dem Finanzamt darüber hinaus die Möglichkeit, von jedem an einem Erbfall oder einer Schenkung oder einer Zweckzuwendung Beteiligten die Abgabe einer Steuererklärung verlangen, ohne Rücksicht darauf, ob er selbst steuerpflichtig ist. Nur in den Fällen der fortgesetzten Gütergemeinschaft kann die Abgabe der Steuererklärung allein von dem überlebenden Ehegatten verlangt werden (§ 31 Abs. 3 ErbStG). **584**

Die Steuer wird vom Finanzamt festgesetzt. Dabei kann eine im Ausland bezahlte Erbschaftsteuer angerechnet werden (§ 21 ErbStG), wenn die Erfassung ausländischen Vermögens nicht wegen einer speziellen Regelung in einem Doppelbesteuerungsabkommen gleich ganz unterbleibt. Von der Festsetzung der Steuer ist abzusehen, wenn die Steuer den Betrag von 50 € nicht übersteigt (§ 22 ErbStG). Bei der Festsetzung sind die bereits erwähnten Vorschriften der §§ 23 bis 27 ErbStG zu beachten. Weiter zu beachten ist die Stundungsvorschrift des § 28 ErbStG (die Erbschaftsteuer ist auf Antrag bis zu zehn Jahren zu stunden, wenn zum Erwerb Betriebsvermögen, vermietete und selbst genutzte Wohngrundstücke oder land- und forstwirtschaftliches Vermögen gehört und die Stundung zum Erhalt des Betriebes erforderlich ist oder so weit die Steuer nur durch Veräußerung der Wohngrundstücke aufgebracht werden könnte, wobei die Stundung bei Erwerben von Todes wegen zinslos zu erfolgen hat) und die Erlöschensvorschrift des § 29 ErbStG. **585**

586–600 frei

Teil C Allgemeine Vorschriften zum Bewertungsrecht

1 Begriff und Aufgabe der Bewertung

601 Steuern sind nach § 3 Abs. 1 AO Geldleistungen. Sie werden in Geld (in Währungsgeld) festgesetzt und erhoben. Das bedingt, für bestimmte Steuern, dass auch die Bemessungsgrundlage, auf der die Steuerfestsetzung erfolgt, auf einen bestimmten Geldbetrag lautet. Wirtschaftsgüter, die nicht in Geld bestehen, müssen daher, um als Bemessungsgrundlage dienen zu können, in Geld ausgedrückt werden. Diesen Vorgang nennt man Bewertung. Bewerten heißt also: nicht in Währungsgeld bestehende Wirtschaftsgüter für Zwecke ihrer Besteuerung in Währungsgeld umrechnen.

BEISPIELE

a) Die Gewinnermittlung durch Betriebsvermögensvergleich (§ 4 Abs. 1 und § 5 Abs. 1 EStG) erfordert eine Bewertung des Betriebsvermögens am Schluss des Wirtschaftsjahrs.

b) Die Heranziehung von geerbtem bzw. geschenkt erhaltenem Vermögen zur ErbSt und SchenkSt (§§ 3 bis 7 ErbStG) und von Grundbesitz zur GrSt (§ 2 GrStG).

2 Bewertungsvorschriften

602 Die Umrechnung der Wirtschaftsgüter in Geld muss nach bestimmten Regeln erfolgen. Diese Regeln werden Bewertungsvorschriften genannt. Sie bestimmen vor allem die **Art**, den **Umfang** und die **Beschaffenheit** des zu bewertenden Gegenstandes, den für die Bewertung maßgebenden **Zeitpunkt** und den anzuwendenden **Bewertungsmaßstab**.

603 Die sachlich-rechtlichen Bewertungsvorschriften sind zum größten Teil in einem besonderen Gesetz, dem **Bewertungsgesetz** (BewG) enthalten. Die Verfahrensvorschriften befinden sich hauptsächlich in der **Abgabenordnung** (AO), aber neuerdings auch zum Teil im BewG (vgl. hierzu die Regelungen im Zweiten Teil Fünfter Abschnitt §§ 151 bis 156 BewG). Auch die **Einzelsteuergesetze** enthalten zum Teil Bestimmungen über die Bewertung (z. B. § 6 EStG und § 10 UStG).

604 Auch das **Handelsrecht** enthält an verschiedenen Stellen Bewertungsvorschriften (z. B. §§ 252 bis 256 HGB für den Ansatz der Vermögensgegenstände und Schulden in der Handelsbilanz).

605–610 frei

3 Entstehung und Entwicklung des Bewertungsgesetzes

3.1 Entstehung

611 Das Problem der steuerlichen Bewertung ist in seiner ganzen Bedeutung erst entstanden, als – im Zuge der Miquelschen Steuerreform (1893) – Reich, Länder und Gemeinden mehr und mehr zur Vermögensbesteuerung übergingen. Einheitliche Vorschriften für die steuerliche Bewertung des Besitzes bestanden zunächst nicht. Die Bewertung richtete sich nach den

Vorschriften der einzelnen Steuergesetze. Das führte dazu, dass ein und derselbe Gegenstand für verschiedene Steuern verschieden bewertet wurde.

Dieser Zustand des Wirrwarrs und der Vielfältigkeit dauerte nach einem nur unvollkommenen Versuch der ersten Fassung der Reichsabgabenordnung vom 13.12.1919, allgemeine Grundsätze für die Wertermittlung aufzustellen, praktisch an bis zum Erlass des RBewG vom 10.08.1925, das im Zuge der Steuernotverordnung vom 01.12.1930 durch Bekanntmachung vom 22.05.1931 RGBl I 1931, 222 eine neue Fassung erhielt. Das Ziel dieses Gesetzes, das die Länder und Gemeinden (Gemeindeverbände) verpflichten wollte, den Steuern, die sie nach dem Merkmal des Wertes erheben, die für die Vermögensteuer des Reiches festgestellten Werte (**Einheitswerte**) zugrunde zu legen, wurde nur unvollkommen erreicht, da die Bindung der Länder und Gemeinden an die festgestellten Werte immer wieder hinausgeschoben wurde.

Das RBewG 1925/1931 wurde abgelöst durch das ab 01.01.1935 geltende RBewG vom 16.10.1934 RGBl I 1934, 1035 und RStBl 1934, 1291, das durch § 1 des Gesetzes zur Bewertung des Vermögens für die Kalenderjahre 1949 bis 1951 (Hauptveranlagung 1949) vom 16.01.1952 BGBl I 1952, 22 und BStBl 1952, 35 in »**Bewertungsgesetz (BewG)**« umbenannt worden ist. Im Bereich der neuen Bundesländer ist parallel hierzu das Bewertungsgesetz der Deutschen Demokratischen Republik entstanden, dessen §§ 10, 11 Abs. 1 und 2 und Abs. 3 Satz 2 sowie die §§ 50 bis 53 in der Fassung vom 18.09.1970 für dieses Gebiet weiterhin anzuwenden waren. Dieses Gesetz, das die Grundgedanken seiner Vorgänger in vervollkommneter Weise fortführte, hat das seit langem erstrebte Ziel der Einheitlichkeit der Bewertung insbesondere dadurch erreicht, dass die in seinem Gefolge ergangenen **Realsteuergesetze** vom 01.02.1936, nämlich das Grundsteuergesetz (GrStG) und das Gewerbesteuergesetz (GewStG), die Einheitswerte, die nach den Vorschriften des RBewG festgestellt wurden, als Besteuerungsgrundlage einführten.

Durch das JStG 1997 vom 20.12.1996 BStBl I 1996, 1523 wurde das BewG wiederum in erheblichem Umfang geändert. Der neu gefasste Zweite Teil des BewG (Besondere Bewertungsvorschriften) enthielt nunmehr vier Abschnitte. Im Dritten Abschnitt sind die Vorschriften für die Bewertung von Vermögen in den neuen Bundesländern enthalten, während im Vierten Abschnitt die Bewertung des Grundbesitzes (Bedarfsbewertung) für die Erbschaft- und Schenkungsteuer ab 01.01.1996 und für die Grunderwerbsteuer ab 01.01.1997 aufgenommen wurden. Die Einheitsbewertung kommt (aufgrund des Wegfalls der Gewerbekapitalsteuer, vgl. Art. 4 des Gesetzes zur Fortsetzung der Unternehmenssteuerreform vom 29.10.1997 BStBl I 1997, 928) ab 01.01.1998 nur noch für den Grundbesitz für Zwecke der Grundsteuer in Betracht.

Durch das **Erbschaftsteuerreformgesetz (ErbStRG)** vom 24.12.2008 BStBl I 2008, 140 wurde die Bewertung des Grundbesitzes, des Betriebsvermögens und der nicht notierten Anteile an Kapitalgesellschaften für die Erbschaft- und Schenkungsteuer grundlegend neu geregelt. Die gesamte Bewertung wurde auf einen gemeinen Wert zugeschnitten. Diese Änderungen gelten grundsätzlich ab 01.01.2009 und waren auf Grund des Beschlusses des Bundesverfassungsgerichts vom 07.11.2006 BStBl II 2007, 192 zur Erbschaft- und Schenkungsteuer erforderlich geworden.

3.2 Durchführungs-Verordnungen

Zum BewG existieren u.a. folgende Verordnungen (VO):
1. Durchführungs-VO zum Bewertungsgesetz (BewDV) vom 02.02.1935 RGBl I 1935, 86 und RStBl 1935, 189.

Im Bereich der neuen Bundesländer gelten § 3a Abs. 1 und die §§ 32 bis 46 BewDV weiterhin.
Im gesamten Bundesgebiet waren nur noch die §§ 73 und 87 BewDV in Kraft. Diese Durchführungs-VO zum BewG wurde inzwischen durch Art. 6 des JStG 1997 (a.a.O.) aufgehoben.

2. Außerdem wurden im Zuge der Hauptfeststellung der Einheitswerte des Grundbesitzes zum 01.01.1964 zu einigen Bestimmungen des BewG 1965 Verordnungen erlassen: z. B. die VO zur Durchführung des § 81 BewG vom 02.09.1966 BStBl I 1996, 882 und die VO zur Durchführung des § 90 BewG vom 02.09.1966 (BStBl I 1966, 885).
3. Die Rechtsverordnungen der Präsidenten der Landesfinanzämter über die Bewertung bebauter Grundstücke vom 17.12.1934, Reichsministerialblatt S. 785 ff., soweit sie ihren Geltungsbereich in den neuen Bundesländern haben.

617–620 frei

3.3 Verwaltungsanordnungen

621 Zur Erleichterung der Anwendung des BewG und zur Wahrung der Gleichmäßigkeit der Bewertung sind Verwaltungsanordnungen ergangen, die wichtige Auslegungsvorschriften und Anweisungen an die Finanzämter zur Verwaltungsvereinfachung enthalten.
Es kommen insbesondere in Betracht:

622 1. Die Richtlinien für die Bewertung des Grundvermögens (**BewR Gr**) vom 19.09.1966 BStBl I 1996, 890;
2. Die Richtlinien zur Bewertung des land- und forstwirtschaftlichen Vermögens (**BewR L**) BStBl I 1968, 223;
3. Allgemeine Verwaltungsvorschriften zur Anwendung des ErbStG und des BewG und zwar:
- für die Zeit **bis 31.12.2008**:
– Allgemeine Verwaltungsvorschriften zur Anwendung des Erbschaftsteuer- und Schenkungsteuergesetzes (**ErbStR 2003**) vom 17.03.2003 BStBl I 2003, Sondernummer 1/2003
– sowie gleich lautender Ländererlass vom 02.04.2007 BStBl I 2007, 314 zur Umsetzung des JStG 2007 hinsichtlich der Regelungen zur Anwendung des Vierten und Fünften Abschnitts des Zweiten Teils des BewG für Besteuerungszeitpunkte nach dem 31.12.2006 bis 31.12.2008 (im Buch als **Ländererlass vom 02.04.2007** zitiert);
- für die Zeit **ab 01.01.2009** mehrere gleich lautende Ländererlasse:
bisher sind ergangen:
– gleich lautender Ländererlass vom 30.03.2009 BStBl I 2009, 546 zur Feststellung von Grundbesitzwerten, von Anteilswerten und Betriebsvermögenswerten (im Buch als **Ländererlass vom 30.03.2009** zitiert),
– gleich lautender Ländererlass vom 01.04.2009 BStBl I 2009, 552 zur Bewertung des land- und forstwirtschaftlichen Vermögens nach dem Sechsten Abschnitt des Zweiten Teils des BewG (im Buch als **Ländererlass vom 01.04.2009** zitiert),
– gleich lautender Ländererlass vom 05.05.2009 BStBl I 2009, 590 zur Bewertung des Grundvermögens nach dem Sechsten Abschnitt des Zweiten Teils des BewG (im Buch als **Ländererlass vom 05.05.2009** zitiert),
– gleich lautender Ländererlass vom 25.06.2009 BStBl I 2009, 698 zur Anwendung der § 11, 95 bis 109 und 199ff. BewG in der Fassung durch das ErbStRG,

– gleich lautender Ländererlass vom 25.06.2009 BStBl I 2009, 713 zur Anwendung der geänderten Vorschriften des Erbschaftsteuer- und Schenkungsteuergesetzes.
(**Anmerkung:** Diese gleich lautenden Ländererlasse werden später wahrscheinlich in eine Neufassung der ErbStR eingehen.)

623–630 frei

4 Aufgabe und Bedeutung des BewG

Das BewG war bis Ende 1995 – ähnlich wie die Abgabenordnung (AO) – eine Art Grundgesetz für das gesamte deutsche Steuerrecht. Es bildete die einheitliche Fundstelle der Bewertungsvorschriften für grundsätzlich alle Steuern des Bundes, der Länder und der Gemeinden (wegen der Ausnahmen vgl. Rz. 634–675). Seine wichtigste Aufgabe war die weitgehende Vereinheitlichung der für die einzelnen Steuern maßgebenden Bewertungsmaßstäbe. Dadurch sollte gewährleistet werden, dass ein Gegenstand, der mehreren Steuern unterlag, bei möglichst allen diesen Steuern mit demselben Wert angesetzt wird. Der **einheitliche Wert**, der Einheitswert, war bisher der **tragende Gedanke des BewG.**

631

Dadurch, dass nunmehr das BewG **eigene Bestimmungen** für die Einheitsbewertung des Grundbesitzes (Zweiter Teil Zweiter Abschnitt §§ 17 bis 94 BewG für Zwecke der Grundsteuer), für die Bedarfsbewertung des Grundbesitzes (Zweiter Teil Vierter Abschnitt §§ 138 bis 150 BewG für Zwecke der GrESt) und für die Bedarfsbewertung des Grundbesitzes, des Betriebsvermögens und der nicht notierten Anteile an Kapitalgesellschaften (Zweiter Teil Sechster Abschnitt §§ 157 bis 203 BewG für Zwecke der Erbschaft- und Schenkungsteuer) hat, ist die ursprüngliche Aufgabe und Bedeutung des BewG fast völlig untergegangen.

632

Für die Durchführung von Bewertungen sind regelmäßig folgende **Grundfragen** von Bedeutung:
1. **Was** ist zu bewerten? – Frage nach dem **Bewertungsgegenstand** (vgl. § 2 BewG).
2. **Wann** ist zu bewerten? – Frage nach dem Zeitpunkt, zu dem eine Bewertung in Betracht kommt (**Bewertungsstichtag;** vgl. z.B. §§ 21 bis 24, § 132, § 138 Abs. 1, 4 und Abs. 5 Satz 1 sowie § 157 Abs. 1 BewG).
3. **Wie** ist zu bewerten? – Frage nach dem **Bewertungsmaßstab** (z.B. gemeiner Wert, § 9 BewG oder § 10 BewG DDR, typisierende Werte für das Grundvermögen im Rahmen der Bedarfsbewertung für Zwecke der Grunderwerbsteuer, § 138 Abs. 3 BewG, Berücksichtigung von Klassifizierungssystemen (Standarddeckungsbeiträgen) für die Ermittlung des Reingewinns im Rahmen der Ermittlung des Wirtschaftswerts für Betriebe der Land- und Forstwirtschaft, § 163 BewG, für Zwecke der Erbschaft- und Schenkungsteuer) und der **Bewertungsmethode** (z.B. Ertragswertverfahren oder Sachwertverfahren für die Einheitsbewertung, § 76 BewG, § 33 RBewG).

633

5 Gliederung und Geltungsbereich des BewG

Das BewG ist in **drei Teile** aufgegliedert: Erster Teil Allgemeine Bewertungsvorschriften (§§ 1 bis 16), Zweiter Teil Besondere Bewertungsvorschriften (§§ 17 bis 203) und Dritter Teil Schlussbestimmungen (§§ 204 und 205) sowie Anlagen.

634

635 Der Zweite Teil (Besondere Bewertungsvorschriften) ist wiederum aufgegliedert in sechs Abschnitte:

Erster Abschnitt:	Einheitsbewertung (§§ 19 bis 109 BewG),
Zweiter Abschnitt:	Sondervorschriften und Ermächtigungen (§§ 121 bis 123 BewG),
Dritter Abschnitt:	Vorschriften für die Bewertung von Vermögen in dem in Artikel 3 des Einigungsvertrages genannten Gebiet (neue Bundesländer, §§ 125 bis 137 BewG),
Vierter Abschnitt:	Vorschriften für die Bewertung von Grundbesitz für die GrESt ab 01.01.1997 (Bedarfsbewertung, §§ 138 bis 150 BewG),
Fünfter Abschnitt:	Gesonderte Feststellungen (für die Bedarfsbewertung, §§ 151 bis 156 BewG) und
Sechster Abschnitt:	Vorschriften für die Bewertung von Grundbesitz, von nicht notierten Anteilen an Kapitalgesellschaften und von Betriebsvermögen für die ErbSt und SchenkSt ab 01.01.2009 (Bedarfsbewertung, §§ 157 bis 203 BewG).

636 Welcher Bewertungsmaßstab im einzelnen Fall anzuwenden ist, richtet sich nach dem Geltungsbereich der beiden Teile und – innerhalb des Zweiten Teils – der sechs Abschnitte.

637 Es ist für das Verständnis des ganzen BewG, mehr noch für seine Anwendung, von grundlegender Bedeutung, die Geltungsbereiche der Teile I und II und innerhalb des Zweiten Teils die Geltungsbereiche der sechs Abschnitte scharf auseinander zu halten. In jedem Bewertungsfall ist zunächst zu prüfen, welcher Teil bzw. welcher Abschnitt für ihn maßgebend ist. Die Geltungsbereiche der Teile I und II sind nach **Steuerarten** voneinander **abgegrenzt**, die sechs Abschnitte des Zweiten Teils darüber hinaus nach Vermögensarten und der Belegenheit.

638–640 frei

5.1 Geltungsbereich des Ersten Teils (Allgemeine Bewertungsvorschriften)

5.1.1 Grundsatz

641 Der Erste Teil des BewG enthält in den §§ 2 bis 16 die Allgemeinen Bewertungsvorschriften. Diese gelten nach § 1 BewG **grundsätzlich für alle öffentlich-rechtlichen Abgaben**, die durch Bundesrecht geregelt sind, soweit sie durch Bundesfinanzbehörden oder durch Landesfinanzbehörden verwaltet werden.

642 Die wichtigsten Steuern sind aufgrund des Art. 105 GG bundesgesetzlich geregelt (z. B. die Grundsteuer, die Erbschaft- und Schenkungsteuer), nicht jedoch die Steuern mit örtlich bedingtem Wirkungsbereich. Durch Landesgesetze haben aber die meisten Länder bestimmt, dass auch für solche Abgaben, die nicht der Gesetzgebung des Bundes unterliegen, die bundesrechtliche Regelung in ihrer jeweiligen Fassung entsprechend gelten soll, soweit die Abgaben durch Landesbehörden verwaltet werden.

Hinweis: Die Vorschriften über die Bedingung und Befristung (§§ 4 bis 8 BewG) sowie über die Bewertung von Wertpapieren und Anteilen, Kapitalforderungen und Schulden und wiederkehrende Nutzungen und Leistungen (§§ 11 bis 16 BewG) werden im Kapital 1 Teil D dieses Buches behandelt.

5.1.2 Ausnahmen

Von dem Grundsatz der Allgemeingültigkeit der §§ 2 bis 16 BewG gibt es nach § 1 Abs. 2 BewG zwei wichtige Ausnahmen:

1. Die Allgemeinen Bewertungsvorschriften (Erster Teil) des BewG gelten nicht, soweit im Zweiten Teil des BewG besondere (eigenständige) Bewertungsvorschriften enthalten sind, aus denen sich etwas anderes ergibt.

BEISPIELE

a) Der einem Gewerbebetrieb gewidmete Pkw wird bei Steuerpflichtigen, die den Gewinn nach § 5 EStG ermitteln, gemäß § 109 Abs. 1 BewG im Rahmen der Bewertung des Gewerbebetriebs mit dem gemeinen Wert berücksichtigt, für deren Ermittlung § 11 Abs. 2 BewG entsprechend gilt. Die allgemeine Bewertungsvorschrift des § 9 BewG (gemeiner Wert) gilt hier nicht, ebenso wenig die Vorschrift des § 10 BewG (Teilwert).

b) Für die Bewertung wiederkehrender Nutzungen und Leistungen, die zu einem Gewerbebetrieb gehören, gilt ebenfalls die Regelung des § 109 Abs. 1 BewG (vgl. Beispiel a), so dass dafür die Vorschriften der §§ 13 bis 16 BewG nicht in Betracht kommen. Die Regelungen der §§ 13 bis 16 BewG sind jedoch z. B. im Bereich der ESt anzuwenden, vgl. H 16 [11] (Ratenzahlungen, Zeitrente) EStH und R 16 Abs. 11 EStR.

2. Die Allgemeinen Bewertungsvorschriften (Erster Teil) des BewG gelten nicht, soweit die einzelnen Steuergesetze besondere (eigenständige) Bewertungsvorschriften enthalten. Diese in einzelnen Steuergesetzen festgelegten eigenständigen (besonderen) Bewertungsvorschriften haben den Vorrang vor sämtlichen Bewertungsvorschriften des BewG. Das BewG kommt also nur insoweit zum Zuge, als das Einzelsteuergesetz eine Regelung für die Bewertung des Steuergegenstandes nicht enthält.

BEISPIELE

a) § 10 Abs. 4 und 5 UStG regelt abschließend die Bewertung von bestimmten Umsätzen für die USt.

b) Die §§ 6ff. EStG enthalten Bewertungsvorschriften für die Zwecke der ESt und (gemäß § 8 Abs. 1 KStG) der KSt. Soweit diese Vorschriften den Bestimmungen des BewG inhaltlich entgegenstehen, gehen sie diesen für Zwecke der ESt vor. Die §§ 4 bis 8 BewG (Behandlung von Bedingungen und Befristungen) gelten jedoch auch für die ESt und KSt, soweit nicht bilanzsteuerrechtliche Vorschriften zum Zuge kommen.

645–650 frei

5.2 Geltungsbereich des Zweiten Teils (Besondere Bewertungsvorschriften)

5.2.1 Abgrenzung nach Steuerarten

Nach § 17 Abs. 1 BewG gelten die **Besonderen Bewertungsvorschriften** (gesamter Zweiter Teil) nach Maßgabe des jeweiligen Einzelsteuergesetzes. Das bedeutet: Wenn ein Einzelsteuergesetz (z. B. das ErbStG) den Wertansatz vorschreibt, wie er sich aus einem Abschnitt dieses Teils des BewG ergibt (z. B. in § 12 Abs. 3 ErbStG für den Ansatz des

652 Der **Erste Abschnitt** des Zweiten Teils des BewG (§§ 19 bis 109, überschrieben mit »Einheitsbewertung«) gilt nach § 17 Abs. 2 BewG ab 01.01.1998 nur noch für die Grundsteuer. Er galt bis 01.01.1997 auch noch für die Gewerbekapitalsteuer sowie bis 01.01.1996 auch für die Vermögensteuer, bis Ende 1995 für die Erbschaft- und Schenkungsteuer und bis Ende 1996 für die Grunderwerbsteuer. Man spricht (bzw. sprach) bei den bezeichneten Steuern von den »Einheitswertsteuern«. (**Hinweis:** Diese Vorschriften werden im Kapitel 2 Teile B bis F dieses Buches behandelt.)

653 Der **Zweite Abschnitt** des Zweiten Teils des BewG (§§ 121 bis 123) enthält nur noch Sondervorschriften und Ermächtigungsvorschriften.

654 Der **Dritte Abschnitt** des Zweiten Teils des BewG (§§ 125 bis 137) enthält Vorschriften für die Bewertung von Vermögen in den neuen Bundesländern (Beitrittsgebiet nach Art. 3 des Einigungsvertrages) für die Grundsteuer in diesen Gebieten. (**Hinweis:** Diese Vorschriften werden im Kapitel 2 Teile D und F dieses Buches behandelt.)

655 Der **Vierte Abschnitt** des Zweiten Teils des BewG (§§ 138 bis 150) enthält die Vorschriften für die Bedarfsbewertung des Grundbesitzes für die Grunderwerbsteuer ab 01.01.1997. (**Hinweis:** Diese Vorschriften werden in diesem Buch nicht behandelt.)

656 Der **Fünfte Abschnitt** des Zweiten Teils des BewG (§§ 151 bis 156 BewG enthält die verfahrensrechtlichen Vorschriften über die gesonderten Feststellungen zu den Bedarfsbewertungen für die Erbschaft- und Schenkungsteuer sowie für die Grunderwerbsteuer. (**Hinweis:** Diese Vorschriften werden im Kapitel 1 Teil E dieses Buches behandelt.)

657 Der **Sechste Abschnitt** des Zweiten Teils des BewG enthält (ab 01.01.2009) die Vorschriften über die Bedarfsbewertung des Grundbesitzes, der nicht notierten Anteile an Kapitalgesellschaften und des Betriebsvermögens für die Erbschaft- und Schenkungsteuer. (**Hinweis:** Diese Vorschriften werden im Kapital 1 Teile F bis H dieses Buches behandelt.)

5.2.2 Abgrenzung nach Vermögensarten

658 Ebenso wichtig wie die Abgrenzung nach Steuerarten ist für die Anwendung der Vorschriften des Zweiten Teils des BewG die für die Geltungsbereiche der einzelnen Abschnitte maßgebende Abgrenzung nach Vermögensarten.

659 Das Vermögen, das nach den Vorschriften des Zweiten Teils (Besondere Bewertungsvorschriften) des BewG zu bewerten ist, umfasst nach § 18 BewG die Folgenden **drei Vermögensarten:**
1. das land- und forstwirtschaftliche Vermögen,
2. das Grundvermögen und
3. das Betriebsvermögen.

660 Das land- und forstwirtschaftliche Vermögen, das Grundvermögen und die Betriebsgrundstücke (vgl. § 99 BewG) bilden den **Grundbesitz** (§ 19 Abs. 1 BewG). Für deren wirtschaftliche Einheiten sind regelmäßig **Einheitswerte** festzustellen. Diese Einheitswerte haben ab 01.01.1998 aber nur noch Bedeutung für die Grundsteuer. Die Bewertung erfolgt für den Grundbesitz in den alten Bundesländern nach den §§ 33 bis 94 BewG (Erster Abschnitt des Zweiten Teils des BewG). Das Gleiche gilt hinsichtlich der Einteilung des Vermögens in diese drei Vermögensarten, soweit der Grundbesitz in den neuen Bundesländern liegt. Vgl. hierzu

auch die besonderen Regelungen für die Bewertung in den §§ 125 bis 137 BewG (Dritter Abschnitt des Zweiten Teils des BewG).

Auch für die **Bedarfsbewertung** des Grundbesitzes im Vierten Abschnitt des Zweiten Teils des BewG für die Grunderwerbsteuer und im Sechsten Abschnitt des Zweiten Teils für die Erbschaft- und Schenkungsteuer wird der Grundbesitz in land- und forstwirtschaftliches Vermögen, Grundvermögen und Betriebsgrundstücke eingeteilt (vgl. § 138 Abs. 1 bis 3 und § 157 Abs. 1 bis 3 BewG). 661

662–670 frei

5.3 Abgrenzung nach Belegenheit

Durch das Einfügen des Dritten Abschnitts im Zweiten Teil des BewG wurde ein weiteres Abgrenzungskriterium eingeführt: Die Abgrenzung nach der Belegenheit. Dies bedeutet, dass Wirtschaftsgüter derselben Vermögensart, je nachdem, in welchem Gebiet sie liegen, unterschiedlich zu bewerten sind. Auch kann der Umfang der wirtschaftlichen Einheit unterschiedlich sein. Sogar das Bewertungsverfahren (Bewertungsmethode) kann sich deutlich unterscheiden. Dies soll an den folgenden Beispielen verdeutlicht werden: 671

BEISPIELE

a) Ein Landwirt in Hof (Bayern) pachtet in Sachsgrün (Sachsen) 10 ha Acker- und Wiesenfläche zu seinem eigenen Betrieb der Land- und Forstwirtschaft hinzu.
LÖSUNG Es liegen zwei wirtschaftliche Einheiten vor. Der Betrieb der Land- und Forstwirtschaft in Hof wird dem Landwirt als Eigentümer zugerechnet und nach den §§ 33 bis 67 des Ersten Abschnittes des Zweiten Teils des BewG bewertet. Hierbei umfasst die wirtschaftliche Einheit gem. § 34 Abs. 1 BewG auch den Wohnteil. Für diesen Betrieb wird gem. § 19 Abs. 1 BewG, § 180 Abs. 1 Nr. 1 AO ein Einheitswert gesondert festgestellt.
Die Grundstücksflächen in Sachsgrün werden dem Landwirt unabhängig von der Eigentumsfrage als Nutzer zugerechnet. Die als Nutzungseinheit bezeichnete wirtschaftliche Einheit umfasst hier gem. § 125 Abs. 3 BewG keine Wohnteile. Die Bewertung erfolgt nach den §§ 125 bis 128 des Dritten Abschnitts des Zweiten Teils des BewG und wird im Steuermessbetragsverfahren bei der GrSt durchgeführt (§ 126 Abs. 1 BewG).

b) Zu bewerten ist ein Einfamilienhaus in Stuttgart (Baden-Württemberg) bzw. in Dresden (Sachsen).
LÖSUNG Das in Stuttgart belegene Einfamilienhaus ist nach den Bewertungsvorschriften der alten Bundesländer (§§ 68 bis 94 des BewG) zu bewerten, in der Regel also im Ertragswertverfahren. Das in Dresden belegene Einfamilienhaus ist nach den Bewertungsvorschriften der neuen Bundesländer (§§ 129 bis 133 BewG, die auf das BewG DDR verweisen) im Sachwertverfahren zu bewerten. Liegt ein Einheitswert noch nicht vor und wird er nur für die GrSt benötigt, wird lediglich für Zwecke der GrSt die Ersatzbemessungsgrundlage ermittelt.

5.4 Verhältnis der Teile und Abschnitte zueinander

Das Verhältnis der Teile zueinander ist in den §§ 1 Abs. 1 und 17 Abs. 3 BewG geregelt. Die Vorschriften des Ersten Teils des BewG (Allgemeine Bewertungsvorschriften) gelten danach unmittelbar nur für die Steuerfälle, für die der Zweite Teil gemäß § 17 BewG nicht oder nur beschränkt gilt. Der Zweite Teil des BewG (Besondere Bewertungsvorschriften) gilt nur beschränkt, z. B. für die Erbschaft- und Schenkungsteuer. Außerdem hat der Erste Teil nach § 17 Abs. 3 BewG auch im Rahmen der Bewertung nach den Vorschriften des Zweiten Teils, also im Rahmen der Einheitsbewertung und der Bedarfsbewertung für den Grundbesitz, für 672 nicht notierte Anteile an Kapitalgesellschaften und für das Betriebsvermögen Geltung. Die Allgemeinen Bewertungsvorschriften gelten auf diesem Gebiet, »soweit sich nicht aus den §§ 19 bis 150 (müsste eigentlich neuerdings auf Grund des ErbStRG heißen: §§ 19 bis 203 – wohl ein Versehen des Gesetzgebers) etwas anderes ergibt«. Für die Einheitsbewertung sind aus dem Ersten Teil des BewG insbesondere die Vorschriften von Bedeutung, die allgemeine Begriffe aufstellen oder erläutern, z. B. über die wirtschaftliche Einheit und über den gemeinen Wert (vgl. auch BFH vom 25. 10. 1951 BStBl III 1952, 37).

673 Danach lassen sich **fünf Grundsätze** aufstellen:

1. Die **Vorschriften des Ersten Teils** (Allgemeine Bewertungsvorschriften) des BewG gelten bei der Einheitsbewertung (Erster Abschnitt der Besonderen Bewertungsvorschriften), für die Bewertung des Grundbesitzes in den neuen Bundesländern (Dritter Abschnitt der Besonderen Bewertungsvorschriften) sowie für die Bedarfsbewertung des Grundbesitzes für die Grunderwerbsteuer (Vierter und Fünfter Abschnitt der Besonderen Bewertungsvorschriften) und für die Bedarfsbewertung des Grundbesitzes, der nicht notierten Anteile an Kapitalgesellschaften und des Betriebsvermögens für die Erbschaft- und Schenkungsteuer (Fünfter und Sechster Abschnitt der Besonderen Bewertungsvorschriften) nur insoweit, als ihnen nicht Vorschriften des Zweiten Teils (Besonderen Bewertungsvorschriften) entgegenstehen.
2. Die **Vorschriften des Ersten Abschnitts des Zweiten Teils** des BewG gelten grundsätzlich nur für die Einheitsbewertung, nicht auch für die Bewertung nach dem Ersten Teil.
3. Die **Vorschriften des Vierten und Fünften Abschnitts des Zweiten Teils** des BewG gelten nur für die Bedarfsbewertung des Grundbesitzes für die Grunderwerbsteuer.
4. Die **Vorschriften des Fünften und Sechsten Abschnitt des Zweiten Teils** des BewG gelten nur für die Bedarfsbewertung des Grundbesitzes, der nicht notierten Anteile an Kapitalgesellschaften und des Betriebsvermögens für die Erbschaft- und Schenkungsteuer.
5. Für das in den neuen Bundesländern belegene land- und forstwirtschaftliche Vermögen und das Grundvermögen für die Grundsteuer sowie für bestimmte Bilanzposten nach dem DM-Bilanzgesetz sind die **Vorschriften des Dritten Abschnitts des Zweiten Teils** des BewG maßgebend.

5.5 Übersicht zu §§ 1 und 17 BewG

1. Gliederung

BewG		
Erster Teil: Allgemeine Bewertungsvorschriften (§§ 1 bis 16)	**Zweiter Teil:** Besondere Bewertungsvorschriften (§§ 17 bis 203)	**Dritter Teil:** Schlussbestimmungen (§§ 204 und 205)

Erster Abschnitt: Einheitsbewertung (§§ 19 bis 109)	Zweiter Abschnitt: Sondervorschriften und Ermächtigungen (§§ 121 bis 123)	Dritter Abschnitt: Vorschriften für die Bewertung von Vermögen in Art. 3 des Einigungsvertrags (§§ 125 bis 137)	Vierter Abschnitt: Bewertung von Grundbesitz für die GrESt ab 01.01.1997 (Bedarfsbewertung, §§ 138 bis 150)	Fünfter Abschnitt: Gesonderte Feststellungen (für die Bedarfsbewertung, §§ 151 bis 156)	Sechster Abschnitt: Vorschriften für die Bewertung von Grundbesitz, von nicht notierten Anteilen an Kapitalgesellschaften und von Betriebsvermögen ab 01.01.2009 (Bedarfsbewertung, §§ 157 bis 203)

2. Geltungsbereich

Regelung in § 1	Regelung in § 17	Regelung in § 17 Abs. 1 und in der Überschrift des Dritten Abschnitts des Zweiten Teils	Regelung in § 17
Gilt grundsätzlich für alle Steuern (§ 1 Abs. 1). Erster Teil gilt nicht, soweit (§ 1 Abs.2): a) der Zweite Teil des BewG entgegenstehende Spezialvorschriften enthält oder b) Einzelsteuergesetze für die Bewertung eigene Bewertungsvorschriften enthalten (z.B. § 6 EStG, § 10 UStG).	Abgrenzung des Geltungsbereichs nach: a) **Vermögensarten** (§ 18) 1. Land und forstw. Vermögen, 2. Grundvermögen 3. Betriebsvermögen b) **Steuerarten** (§ 17 Abs.2): Gilt für die GrSt.	Abgrenzung des Geltungsbereichs nach: c) **Belegenheit** in den neuen Bundesländern für das: 1. Land- und forstw. Vermögen 2. Grundvermögen d) **Steuerarten** (§ 17 Abs.2): Gilt für die GrSt.	Abgrenzung des Geltungsbereichs nach: c) **Bedarfsbewertung** für den Grundbesitz: im gesamten Bundesgebiet für: 1. das Land- und forstw. Vermögen, 2. das Grundvermögen 3. die Betriebsgrundstücke für die GrESt (§ 2 Abs. 2 GrEStG) d) **Bedarfsbewertung** für den Grundbesitz, für nicht notierte Anteile an Kapitalgesellschaften und für das Betriebsvermögen für die **ErbSt und SchenkSt** (§ 12 Abs. 2, 3 und 5 ErbStG).

6 Bewertungsgegenstand

6.1 Allgemeines

701 Bewertungsgegenstand ist nach § 2 Abs. 1 Satz 1 BewG die wirtschaftliche Einheit. Jeder Bewertungsvorgang muss deshalb mit der Bestimmung und Abgrenzung der wirtschaftlichen Einheit beginnen. Dies ist »die erste Vorbedingung jeder Einheitsbewertung« (RFH vom 18.12.1935 RStBl 1936, 311); das Gleiche gilt für die Bedarfsbewertung für Zwecke der Erbschaft- und Schenkungsteuer sowie der Grunderwerbsteuer. Für die Frage, was als wirtschaftliche Einheit zu gelten hat, stellt § 2 Abs. 1 Sätze 3 und 4 BewG auf die Anschauungen des Verkehrs (Verkehrsauffassung) ab und fordert, dass dabei die örtliche Gewohnheit, die tatsächliche Übung, die Zweckbestimmung und die wirtschaftliche Zusammengehörigkeit der einzelnen Wirtschaftsgüter zu berücksichtigen sind.

702 Bewertungsgegenstand ist nicht die jeweilige Vermögensart des § 18 BewG, sondern die wirtschaftliche Einheit dieser Vermögensarten. Das sind:
a) **beim land- und forstwirtschaftlichen Vermögen:** der Betrieb der Land- und Forstwirtschaft (§ 158 Abs. 2 Satz 1 BewG für die Bedarfsbewertung für Zwecke der Erbschaft- und Schenkungsteuer sowie § 33 Abs. 1 Satz 2 BewG für die Einheitsbewertung für Zwecke der Grundsteuer und § 138 Abs. 2 BewG für die Bedarfsbewertung für Zwecke Grunderwerbsteuer), in den neuen Bundesländern die Nutzungseinheit der Land- und Forstwirtschaft (§ 125 Abs. 2 Satz 2 BewG für die Zwecke der Grundsteuer),
b) **beim Grundvermögen:** das Grundstück (§§ 176 ff. BewG für die Bedarfsbewertung für Zwecke der Erbschaft- und Schenkungsteuer, § 70 BewG und § 50 Abs. 1 Satz 3 BewG-DDR für die Einheitsbewertung für Zwecke der Grundsteuer und § 138 Abs. 3 BewG für die Bedarfsbewertung für Zwecke der Grunderwerbsteuer),
c) **beim Betriebsvermögen:** der Gewerbebetrieb (§ 95 Abs. 1 sowie § 199 Abs. 2 BewG für die Bedarfsbewertung für Zwecke der Erbschaft- und Schenkungsteuer).

703 Von einer Vermögensart kann ein Steuerpflichtiger mehrere wirtschaftliche Einheiten haben.

BEISPIELE

a) Eine natürliche Person betreibt eine Bäckerei und eine Tankstelle.
LÖSUNG Es liegen zwei selbstständige Gewerbebetriebe des Betriebsvermögens vor.

b) Ein Arbeitnehmer ist Eigentümer eines unbebauten Grundstücks (Bauplatz) und eines Einfamilienhauses.
LÖSUNG Es liegen zwei selbstständige Grundstücke des Grundvermögens vor.

704–710 frei

6.2 Wirtschaftsgut

6.2.1 Begriff

711 Der Begriff **Wirtschaftsgut**, von dem das BewG in § 2 und an vielen anderen Stellen spricht (z.B. §§ 3 bis 5, 8 bis 10, 19, 20, 97, 109, 121, 125, 126, 158 und im BewG-DDR § 10), ist gesetzlich nirgendwo festgelegt. Er ist durch die Rechtsprechung entwickelt und dann allmählich in die Steuergesetze (z.B. auch in § 39 AO, § 6 EStG) übernommen worden.

Das bürgerliche Recht verwendet demgegenüber den Begriff »**Gegenstand**«, worunter sowohl Sachen (d. h. körperliche Gegenstände, § 90 BGB) als auch Rechte verstanden werden. Dieser Begriff reicht für das Steuerrecht nicht aus. Das Steuerrecht will einerseits nur solche Güter erfassen, die im Wirtschaftsleben einen realisierbaren Vermögenswert haben, vorausgesetzt, dass diesen Gütern nach den Anschauungen des Verkehrs eine selbstständige Bedeutung, Umsatzfähigkeit und ein selbstständiger Geldwert zukommen. Andererseits will das Steuerrecht auch die so genannten **immateriellen** (unkörperlichen) **Güter**, die weder Sachen noch Rechte sind (z. B. – unter gewissen Voraussetzungen – den Geschäfts- oder Firmenwert), für seine Zwecke mobilisieren. Das geschieht durch den Begriff »Wirtschaftsgut. Der Begriff »Wirtschaftsgut« ist also einerseits enger, andererseits weiter als der Begriff »Gegenstand« i. S. d. bürgerlichen Rechts. Wirtschaftsgüter, die ausdrücklich von der Besteuerung ausgenommen sind, sind nicht zu bewerten. Die dem allgemeinen Geschäftsverkehr entzogenen Sachen sind keine Wirtschaftsgüter und daher nicht bewertungsfähig, wie beispielsweise Grabdenkmäler auf Friedhöfen (RFH vom 15. 11. 1934 RStBl 1935, 476), Erbbegräbnisse, Burgruinen als Gedenkstätten (RFH vom 30. 07. 1942 RStBl 1942, 1083), die Arbeitskraft des Unternehmers, eine im Gebrauch einer natürlichen Person befindliche Prothese oder Brille.

712

Dagegen hindert ein gesetzliches Veräußerungsverbot nicht die Verkehrs- und Bewertungsfähigkeit der davon betroffenen Wirtschaftsgüter (BFH vom 05. 07. 1957 BStBl III 1957, 295). Schlösser sind auch dann bewertungsfähige Wirtschaftsgüter, wenn sie niemals oder nur schwerlich einen Käufer finden (RFH vom 25. 05. 1932 RStBl 1932, 772).

6.2.2 Das einzelne Wirtschaftsgut als wirtschaftliche Einheit oder als Teil einer solchen

Wirtschaftliche Einheit kann ein einzelnes Wirtschaftsgut oder eine Mehrheit von Wirtschaftsgütern sein. Ein einzelnes Wirtschaftsgut ist als wirtschaftliche Einheit zu behandeln, wenn es für sich allein selbstständig benutzt wird. Das gilt auch dann, wenn das Eigentum an dem Wirtschaftsgut mehreren Personen zusteht (§ 3 Satz 1 BewG), wie beispielsweise das privateigene Auto eines Beamten oder Angestellten, eine private Darlehnsforderung, ein einer Privatperson gehörender Kunstgegenstand, ein einer Privatperson oder einer Erbengemeinschaft gehörendes unbebautes Grundstück.

713

Ob ein Wirtschaftsgut für sich allein eine wirtschaftliche Einheit bildet oder Teil einer wirtschaftlichen Einheit ist (insbesondere eines Grundstücks oder Gewerbebetriebs), ist von großer Bedeutung für die Frage, zu welcher Vermögensart es gehört, und damit für die Frage, welcher Bewertungsmaßstab maßgebend ist, und schließlich für die Frage, ob es auch zur Grundsteuer herangezogen wird.

714

BEISPIELE

Ein Fabrikant hat zwei Bankguthaben über je 20 000 €. Das erste Guthaben ist aus betrieblichen Mitteln angelegt und dient den Zwecken des Gewerbebetriebs. Das zweite Guthaben ist zur Bestreitung der Ausbildungskosten der Kinder angelegt.
LÖSUNG Das erste Guthaben gehört zum Betriebsvermögen und ist bei der Bewertung des Gewerbebetriebs voll anzusetzen (z. B. im Rahmen der Bilanzierung und bei ErbSt und SchenkSt). Das zweite Guthaben gehört zum übrigen Vermögen und spielt ggf. nur bei der ErbSt und SchenkSt eine Rolle.

6.3 Wirtschaftliche Einheit

715 Wenn ein einziges Wirtschaftsgut eine selbstständige wirtschaftliche Einheit bildet (z. B. ein unbebautes Grundstück bestehend aus einem Flurstück als Bauplatz), ergeben sich keine Besonderheiten. Sehr oft sind jedoch mehrere an sich selbstständige Wirtschaftsgüter bewertungsrechtlich zu einer wirtschaftlichen Einheit zusammenzufassen.

> **BEISPIELE**
> a) Einem Betrieb der Land- und Forstwirtschaft dienen eine landwirtschaftlich genutzte Fläche, mehrere Wirtschaftsgebäude, Maschinen, sonstige landwirtschaftliche Geräte und Vieh.
> **LÖSUNG** Die verschiedenen Wirtschaftsgüter bilden nur eine wirtschaftliche Einheit (Betrieb der Land- und Forstwirtschaft).
> b) Einem Gewerbebetrieb dienen ein Betriebsgrundstück, Maschinen, Geräte, Rohstoffe, Bankguthaben, Forderungen an Kunden und Bargeld sowie betriebliche Schulden.
> **LÖSUNG** Alle diese Wirtschaftsgüter werden zu einer wirtschaftlichen Einheit (Gewerbebetrieb) zusammengefasst.
> c) Auf dem Grund und Boden einer Privatperson befinden sich ein Mehrfamilienhaus und ein Gartenzaun.
> **LÖSUNG** Alle Wirtschaftsgüter werden zu einer wirtschaftlichen Einheit (Grundstück des Grundvermögens) zusammengefasst.

Für eine derartige Zusammenfassung an sich selbstständiger Wirtschaftsgüter zu einer wirtschaftlichen Einheit stellt das BewG (in § 2) folgende Voraussetzungen auf:
1. Es muss einheitliches Eigentum vorliegen (§ 2 Abs. 2 BewG).
2. Die (mehreren) Wirtschaftsgüter müssen nach der Verkehrsauffassung eine Einheit bilden (§ 2 Abs. 1 Sätze 3 und 4 BewG).
3. Die (mehreren) Wirtschaftsgüter müssen zur selben Vermögensart gehören (einheitliche Vermögensart).

716 Die Einzelheiten werden in den folgenden Textziffern dargestellt.

6.3.1 Einheitliches Eigentum

6.3.1.1 Grundsatz

717 Die Wirtschaftsgüter müssen demselben Eigentümer gehören (§ 2 Abs. 2 BewG). Wirtschaftsgüter, von denen z.B. das eine dem A und das andere dem B gehört, können grundsätzlich nicht zusammen eine wirtschaftliche Einheit bilden. Wegen der Ausnahmen bei Ehegatten vgl. 6.3.1.2.1.

> **BEISPIELE**
> a) A betreibt seinen Fabrikbetrieb auf einem von B gepachteten Grundstück.
> **LÖSUNG** Das Grundstück des B kann nicht in die wirtschaftliche Einheit »Fabrikbetrieb« des A einbezogen werden.
> b) A hat im Rahmen seines Gewerbebetriebs eine Maschine gemietet, die Eigentum des B ist.
> **LÖSUNG** Die Maschine gehört nicht zur wirtschaftlichen Einheit Gewerbebetrieb des A.

718 Das Erfordernis der Einheitlichkeit des Eigentums gilt auch bei so genannten gemeinschaftlichem Eigentum, d.h. bei Miteigentum nach Bruchteilen oder zur gesamten Hand. Hier wird die Gemeinschaft als Eigentümer behandelt. Hauptanwendungsfall ist § 97 Abs. 1 Satz 1 Nr. 5 BewG. Hiernach werden alle Wirtschaftsgüter, die einer OHG, einer KG oder einer ähnlichen Gesellschaft gehören, bei der die Gesellschafter als Unternehmer (Mitunternehmer) anzusehen sind – insbesondere Gesellschaften des bürgerlichen Rechts und Erbengemeinschaften, wenn sie ein Gewerbe betreiben –, zu einem Gewerbebetrieb zusammengefasst, wobei es sogar unerheblich ist, ob die Wirtschaftsgüter dem Gewerbebetrieb tatsächlich dienen. Doch kommt dieser Grundsatz auch in zahlreichen anderen Fällen zum Zuge.

BEISPIELE

a) Mehrere Geschwister sind in ungeteilter Erbengemeinschaft Eigentümer eines Wohngrundstücks und einer Gemäldesammlung.

b) Ein nicht eingetragener Verein besitzt ein Aktienpaket.

6.3.1.2 Ausnahmen von dem Grundsatz des einheitlichen Eigentums

Von dem Grundsatz, dass nur Wirtschaftsgüter, die demselben Eigentümer oder denselben Eigentümern zu Miteigentum gehören, zu einer wirtschaftlichen Einheit zusammengefasst werden können, gibt es folgende Ausnahmen:

6.3.1.2.1 Wirtschaftsgüter der Ehegatten

Nach § 26 BewG wird die Zusammenrechnung mehrerer Wirtschaftsgüter zu einer wirtschaftlichen Einheit nicht dadurch ausgeschlossen, dass die Wirtschaftsgüter zum Teil dem einen, zum Teil dem anderen **Ehegatten** gehören, wenn das Vermögen der Ehegatten zusammenzurechnen ist. Allerdings ist dieser Grundsatz seit 01.01.1993 auf den Grundbesitz beschränkt.

Die Vorschrift, die im Zweiten Teil des BewG steht, hat (seit dem Wegfall der Einheitsbewertung des Betriebsvermögens ab 01.01.1998) nur noch für die Einheitsbewertung des Grundbesitzes Bedeutung. Ihr Grundgedanke ist, dass Ehegatten auch bei der Bestimmung des Umfangs der wirtschaftlichen Einheit im Einheitswertverfahren eine **Personeneinheit** bilden.

Da § 26 BewG nur für Ehegatten gilt, dürfen bei der Einheitsbewertung des Grundbesitzes Wirtschaftsgüter der Eltern mit Wirtschaftsgütern ihrer **Kinder** nicht zu einer wirtschaftlichen Einheit zusammengefasst werden; zu beachten ist aber, dass z. B. ein Elternteil oder beide Elternteile wirtschaftliches Eigentum am Kindesvermögen haben können (als Eigenbesitzer gemäß § 39 Abs. 2 Nr. 1 AO). § 26 BewG ist bei der Erbschaft- und Schenkungsteuer und somit bei der Bedarfsbewertung des Grundbesitzers, des Betriebsvermögens und des übrigen Vermögens ebenfalls nicht anwendbar (R 117 Abs. 2 Satz 3 ErbStR 2003).

BEISPIELE

a) Die Eheleute A betreiben einen Betrieb der Land- und Forstwirtschaft. Die landwirtschaftlich genutzten Flächen gehören teils dem Ehemann, teils der Ehefrau.
LÖSUNG Die landwirtschaftlich genutzten Flächen beider Ehegatten werden bei der Einheitsbewertung des Betriebs der Land- und Forstwirtschaft zu einer wirtschaftlichen Einheit zusammengefasst.

b) A betreibt auf dem Grundstück, das seiner Ehefrau und deren Bruder in ungeteilter Erbengemeinschaft gehört, einen Gewerbebetrieb.
LÖSUNG Das Grundstück ist nicht Betriebsgrundstück des Betriebs des A. Die Anteile der Ehefrau und des Bruders der Ehefrau sind vielmehr als Grundvermögen zu bewerten.

c) Der Vater betreibt einen Gewerbebetrieb auf einem Grundstück, das Eigentum seines 15-jährigen Sohnes ist (der es von einem Onkel geerbt hat).
LÖSUNG Das Grundstück gehört zur Vermögensart Grundvermögen. Es darf nicht als Betriebsgrundstück in die wirtschaftliche Einheit Gewerbebetrieb des Vaters einbezogen werden.

6.3.1.2.2 Besonderheiten beim Grundbesitz im Rahmen der Einheitsbewertung

723 Für die Einheitsbewertung des Grundbesitzes für Zwecke der Grundsteuer in den alten Bundesländern sieht das BewG einige Sonderregelungen vor:
- für das land- und forstwirtschaftlichen Vermögen in § 34 Abs. 4 bis 6 BewG und
- für das Grundvermögen in § 70 Abs. 2 BewG.

724 Für die Ermittlung des Ersatzwirtschaftswerts für Zwecke der Grundsteuer in den neuen Bundesländern ist ebenfalls eine Sonderregelung in § 125 Abs. 2 BewG getroffen.

725 Diese Besonderheiten werden in Kapitel 2 in den Teilen C bis F behandelt.

726–730 frei

6.3.2 Verkehrsanschauung

6.3.2.1 Verkehrsanschauung und einheitliche Zweckbestimmung

731 Voraussetzung für die Zusammenfassung mehrerer Wirtschaftsgüter zu einer wirtschaftlichen Einheit ist außerdem, dass die Wirtschaftsgüter nach den Anschauungen des Verkehrs eine derartige Einheit bilden (§ 2 Abs. 1 Satz 3 BewG). Dabei sind die **örtliche Gewohnheit**, die **tatsächliche Übung**, die **Zweckbestimmung** und die **wirtschaftliche Zusammengehörigkeit** der einzelnen Wirtschaftsgüter zu berücksichtigen. Unter »Anschauungen des Verkehrs« ist nicht etwa der Standpunkt der beteiligten Wirtschaftskreise, sondern die Auffassung der Allgemeinheit vernünftig denkender Menschen zu verstehen (vgl. BFH vom 03.02.1956 BStBl III 1956, 78). Damit ist die Auffassung gemeint, die urteilsfähige und unvoreingenommene Staatsbürger von einer Sache haben oder gewinnen, wenn sie mit ihr befasst werden (vgl. BFH vom 27.05.1970 BStBl II 1970, 678).

732 Das Merkmal »örtliche Gewohnheit« ist vor allem bei der Abgrenzung der wirtschaftlichen Einheiten des Grundvermögens bedeutsam.

BEISPIELE

a) In einer Gegend mit aufgelockerter Bauweise gehört zu einem Wohngrundstück häufig ein Hausgarten. Wohngrundstück und Hausgarten werden daher regelmäßig eine wirtschaftliche Einheit bilden, wenn sie räumlich zusammenhängen; vgl. RFH vom 17.09.1931 RStBl 1932, 286. Eine an ein Einfamilienhausgrundstück angrenzende unbebaute Fläche kann aber auch bei so genannter offener Bauweise eine selbstständige wirtschaftliche Einheit sein (BFH vom 16.02.1979 BStBl II 1979, 279).

b) Im Gegensatz dazu ist in einer Gegend mit geschlossener Bauweise eine als Hausgarten genutzte Fläche, die eine Baufläche darstellt, grundsätzlich als selbstständige wirtschaftliche Einheit zu bewerten. Vgl. hierzu RFH vom 10.04.1930 RStBl 1930, 298 und vom 26.03.1931 RStBl 1931, 802.

733 Für das Merkmal »**tatsächliche Übung** (tatsächliche Nutzung)« spielt der persönliche Wille des Eigentümers des Wirtschaftsguts eine entscheidende Rolle.

BEISPIEL

Fabrikant F erwirbt mit betrieblichen Mitteln einen Pkw, der für Betriebsfahrten vorgesehen war. Der Pkw wird jedoch ausschließlich vom Sohn des Fabrikanten für private Zwecke genutzt.
LÖSUNG Der Pkw gehört nicht zum Gewerbebetrieb des F.

Bei dem Merkmal »**Zweckbestimmung**« kommt es nicht auf die innere Willensbildung des Eigentümers, sondern darauf an, wie der Eigentümer seinen Willen in die Tat umgesetzt hat (vgl. BFH vom 15. 10. 1954 BStBl III 1955, 2). Die Zweckbestimmung tritt dann zurück, wenn sie mit der Verkehrsanschauung oder mit einer ausdrücklichen Gesetzesvorschrift (z. B. § 97 BewG, wonach die den dort bezeichneten Körperschaften usw. gehörenden Wirtschaftsgüter auch dann zu ihrem Betriebsvermögen zu rechnen sind, wenn sie dem Gewerbebetrieb tatsächlich nicht dienen) im Widerspruch steht (vgl. BFH vom 15. 06. 1983 BStBl II 1983, 752).

734

BEISPIEL

Ein Viehhändler, der als Hobby das Sammeln alter Waffen betreibt, erwirbt mit betrieblichen Mitteln einen wertvollen alten Säbel.
LÖSUNG Das erworbene Wirtschaftsgut kann nicht dem Gewerbebetrieb »Viehhandel« dienen, da die Zweckbestimmung privater Natur ist. Der erworbene Säbel rechnet daher, ebenso wie die übrigen Teile der Waffensammlung, zum übrigen Vermögen und nicht zum Gewerbebetrieb.

Das Merkmal »**wirtschaftliche Zusammengehörigkeit**« setzt für die verschiedenen Wirtschaftsgüter einen gemeinsamen Zweck voraus. Die Wirtschaftsgüter müssen daher z. B. einem bestimmten Betrieb der Land- und Forstwirtschaft oder einem Gewerbebetrieb dienen. Für diesen gemeinsamen Zweck müssen die Wirtschaftsgüter objektiv geeignet sein und sich gegenseitig ergänzen. Dieser Zustand darf nicht nur vorübergehend sein; eine nur vorübergehende Trennung ist jedoch unschädlich.

735

BEISPIELE

a) Ein Gewerbetreibender nutzt den Geschäfts-Pkw am Bewertungsstichtag für eine Urlaubsfahrt.
LÖSUNG Durch die nur vorübergehende private Nutzung des Pkw wird die wirtschaftliche Zugehörigkeit zum Gewerbebetrieb nicht gelöst.

b) Ein Fuhrunternehmer nutzt vier nebeneinander liegende Flurstücke (selbstständige Parzellen im Grundbesitzkataster) als Abstellplatz für seine Fahrzeuge.
LÖSUNG Die vier Flurstücke bilden eine wirtschaftliche Einheit »Betriebsgrundstück« (vgl. § 99 BewG) des Gewerbebetriebs »Fuhrunternehmen«. Grundsätzlich müssen in derartigen Fällen jedoch die einzelnen Flurstücke räumlich zusammenhängen (vgl. A 4 Abs. 1 BewR Gr).

c) Ein Steuerpflichtiger, der ein Einfamilienhaus besitzt, will eine 200 m entfernt liegende, aber vom Hausgrundstück getrennte Parzelle, die er als Hausgarten benutzt, zu dem Hausgrundstück hinzunehmen. Er lässt beide Parzellen im Grundbuch zusammenschreiben.
LÖSUNG Diese Flächen können trotzdem nicht zu einer wirtschaftlichen Einheit zusammengefasst werden, weil die Verkehrsanschauung solche nicht zusammenhängende Grundstücke grundsätzlich als verschiedene wirtschaftliche Einheiten ansieht.

d) Ein Reiheneinfamilienhaus liegt etwa 100 m entfernt von dem dazugehörigen Garagengrundstück.
LÖSUNG Ein Reiheneinfamilienhaus wird man mit einem wenn auch getrennt, so doch in der Nähe liegenden Garagengrundstück zu einer wirtschaftlichen Einheit zusammenfassen können, da bei den heute üblichen Siedlungen die Verkehrsanschauung beide Gebäude als eine wirtschaftliche Einheit ansieht. Anders jedoch, wenn z. B. eine Hauptverkehrsstraße das Reiheneinfamilienhaus und die Garage trennt (A 4 Abs. 1 BewR Gr, gleich lautender Ländererlass vom 23. 11. 1992 BStBl I 1992, 724).

e) Ein Steuerpflichtiger besitzt eine größere zusammenhängende Grundfläche. Sie ist mit einem Einfamilienhaus (Wohngebäude mit nur einer Wohnung) und mit zugehörigem Hausgarten bebaut, im Übrigen landwirtschaftlich genutzt. Von der landwirtschaftlich genutzten Fläche ist ein Teil zur Bebauung vorgesehen, der übrige Teil ist für eine Bebauung nicht geeignet.

LÖSUNG Es liegen trotz des räumlichen Zusammenhangs nach der Verkehrsanschauung drei selbstständige wirtschaftliche Einheiten vor: Bauland, Betrieb der Land- und Forstwirtschaft und Einfamilienhaus (sofern nicht das Wohngebäude in den Betrieb der Land- und Forstwirtschaft einzubeziehen ist). Vgl. RFH vom 05.05.1944 RStBl 1944, 547.

f) Eine Häusergruppe besteht aus vier Reihenhäusern, die alle einem Eigentümer gehören.
LÖSUNG Ein Reihenhaus, das nur eine Wohnung enthält, ist, sofern es selbstständig veräußerbar ist, als selbstständige wirtschaftliche Einheit (Einfamilienhaus) zu bewerten, auch wenn die Häusergruppe, zu der das Reihenhaus gehört, nur einem Eigentümer gehört (vgl. A 15 Abs. 5 BewR Gr).

g) Ein Mietshaus besteht aus Vorderhaus und Hinterhaus mit einem dazwischen liegenden Hof.
LÖSUNG Ein solches Mietshaus ist in der Regel eine wirtschaftliche Einheit.

h) Ein Unternehmen zweigt einen Teil seiner Aufgaben ab und überträgt sie einer zu diesem Zweck neu gegründeten GmbH (z.B. einer so genannten Verkaufs-GmbH).
LÖSUNG Mutterunternehmen und Tochterunternehmen bilden in der Regel je eine wirtschaftliche Einheit für sich (vgl. BFH vom 08.10.1971 BStBl II 1972, 111).

i) Mehrere räumlich getrennt liegende Flächen werden landwirtschaftlich genutzt.
LÖSUNG Sie bilden eine wirtschaftliche Einheit, wenn sie von einer Hofstelle aus gemeinsam bewirtschaftet werden.

j) Wie ist der zu einem Bauernhof gehörende Wald zu bewerten.
LÖSUNG Er ist in der Regel kein selbstständiger Betrieb, sondern Teil eines Betriebs der Land- und Forstwirtschaft (vgl. § 34 Abs. 2 BewG sowie A 1.05 Abs. 2 BewR L).

k) Ein Arzt erstellt im rechten Winkel an sein Wohngebäude angrenzend einen Praxisanbau mit gesonderten Eingängen, der Möglichkeit eigenständiger Versorgung und einer Verbindung im Inneren.
LÖSUNG Im Urteil des BFH vom 15.10.1954 BStBl III 1955, 2 wird auch in diesem Fall auf die getrennte Veräußerungsmöglichkeit abgestellt, und es wurden zwei wirtschaftliche Einheiten angenommen. Die Praxis folgt dem mit Recht nicht. Nach der Verkehrsanschauung liegt in solchen Fällen eine wirtschaftliche Einheit vor (vgl. auch Gürsching-Stenger, Komm. zum BewG und ErbStG, Rz. 35 zu § 70 BewG). Vgl. BFH vom 15.06.1983 BStBl II 1983, 752 zu einem ähnlichen Fall.

736 Bestehen Zweifel darüber, wie eine wirtschaftliche Einheit abzugrenzen ist, so wird man in der Regel zu einem richtigen Ergebnis gelangen, wenn man sich die Frage vorlegt, welche Wirtschaftsgüter bei einer normalen Veräußerung der wirtschaftlichen Einheit mit veräußert werden würden.

6.3.2.2 Geteilte Zweckbestimmung

737 Wenn ein Wirtschaftsgut verschiedene Zweckbestimmungen hat, insbesondere zum Teil einem Betrieb der Land- und Forstwirtschaft oder einem Gewerbebetrieb, zum Teil betriebsfremden Zwecken dient oder für mehrere wirtschaftliche Einheiten verwendet wird, so kann die Einbeziehung in die wirtschaftliche Einheit zweifelhaft sein, z.B. wenn ein Gewerbetreibender einen Personenkraftwagen zum Teil für betriebliche, zum Teil für private Zwecke nutzt.

738 Nach Auffassung der Finanzverwaltung ist ein solches Wirtschaftsgut aber immer dann in den Gewerbebetrieb einzubeziehen, wenn es mehr als 50% dem Betrieb dient (d.h. wenn die tatsächliche Benutzung überwiegend betrieblich ist). Ist das Wirtschaftsgut in der Steuerbilanz aufgenommen worden, so ist anzunehmen (Fiktion), dass diese Voraussetzung erfüllt ist.

Dient ein Wirtschaftsgut gleichzeitig mehreren Betrieben desselben Eigentümers, so kann es notwendig sein, dass sein Wert entsprechend dem Ausmaß seiner Benutzung auf die verschiedenen Betriebe aufgeteilt wird. 739

BEISPIELE

a) Ein Landwirt betreibt in seinem Wohnhaus eine Gastwirtschaft.
LÖSUNG Der auf die Gastwirtschaft entfallende Teil des Wohnhauses ist Teil der wirtschaftlichen Einheit Gewerbebetrieb Gastwirtschaft (Betriebsgrundstück), der andere Teil des Wohnhauses gehört zur wirtschaftlichen Einheit Betrieb der Land- und Forstwirtschaft (A 1.03 Abs. 6 BewR L; in den neuen Bundesländern bildet er Grundvermögen, § 125 Abs. 3 BewG).

b) X betreibt ein Sägewerk und eine Futtermittelgroßhandlung. Er ist Eigentümer eines Lastzuges mit Traktor, der je zur Hälfte für das Sägewerk und die Futtermittelgroßhandlung benutzt wird.
LÖSUNG Der Wert des Lastzuges ist – entsprechend der Behandlung in der Steuerbilanz – bei dem einen oder dem anderen Betrieb anzusetzen. Ist er in beiden Bilanzen zum Teil erfasst, so ist dem auch für die Bewertung des Betriebsvermögens zu folgen (§ 95 Abs. 1 BewG).

6.3.3 Einheitliche Vermögensart

Eine wirtschaftliche Einheit kann nur Wirtschaftsgüter derselben Vermögensart umfassen. 740

BEISPIELE

a) Ein an einer Straße gelegenes unbebautes Grundstück (Baulücke), das zum Grundvermögen gehört, kann nicht in einen in unmittelbarer Nähe gelegenen Betrieb der Land- und Forstwirtschaft einbezogen werden.

b) Ein wertvolles Schmuckstück, das privaten Zwecken dient und somit übriges Vermögen ist, kann nicht in einen Gewerbebetrieb seines Eigentümers einbezogen werden.

Ein Wirtschaftsgut, das teils zu der einen, teils zu einer anderen wirtschaftlichen Einheit gehört, kann in bestimmten Fällen jedoch wegen seiner unterschiedlichen Nutzung und Zweckbestimmung teils zu der einen, teils zu einer anderen Vermögensart gehören. Vgl. auch Beispiele a) und b) aus 6.3.2.2. 741

742–750
frei

6.4 Bestimmung der wirtschaftlichen Einheit durch Spezialvorschriften

In vielen Fällen bestimmt das BewG selbst, was zu einer wirtschaftlichen Einheit gehört, d. h. welche Wirtschaftsgüter in eine wirtschaftliche Einheit einzubeziehen bzw. aus ihr auszusondern sind. In diesen Fällen kommt es dann weder auf die Verkehrsanschauung an, noch sind die im § 2 Abs. 1 Satz 4 BewG bezeichneten Merkmale zu berücksichtigen. 751

Solche Fälle sind bei der **Einheitsbewertung des Grundbesitzes** für die Grundsteuer und bei der **Bedarfsbewertung des Grundbesitzes** für die Erbschaft- und Schenkungsteuer vor allem: 752
- **§§ 33 Abs. 3 und 158 Abs. 4 BewG**, wonach bestimmte Wirtschaftsgüter nicht zum land- und forstwirtschaftlichen Vermögen gehören.
- **§ 34 Abs. 4 bis 6 BewG:** Einbeziehung von Wirtschaftsgütern und Anteilen an Wirtschaftsgütern in den Betrieb der Land- und Forstwirtschaft.
- **§§ 53 und 171 BewG:** Einbeziehung von eingeschlagenem Holz in bestimmtem Umfang als umlaufende Betriebsmittel bei forstwirtschaftlicher Nutzung in den Betrieb der Land- und Forstwirtschaft.

- **§§ 56 und 173 BewG:** Einbeziehung der Vorräte an Weinen als umlaufende Betriebsmittel bei Betrieben der Land- und Forstwirtschaft mit weinbaulicher Nutzung.
- **§§ 62 und 175 Abs. 2 BewG:** Bestimmung der Arten der sonstigen land- und forstwirtschaftlichen Nutzung.
- **§§ 68 und 176 BewG:** Begriffsbestimmung für das Grundvermögen, Nichteinbeziehung von Bodenschätzen und Betriebsvorrichtungen.
- **§§ 69 und 159 BewG:** Abgrenzung des Grundvermögens vom land- und forstwirtschaftlichen Vermögen in bestimmten Fällen.
- **§§ 70 und 157 Abs. 2 Satz 2 BewG:** Begriffsbestimmung für das Grundstück, Einbeziehung von Anteilen an anderen Grundvermögen.
- **§§ 72 und 178 BewG:** Bestimmung und Abgrenzung der wirtschaftlichen Einheit unbebautes Grundstück.
- **§§ 74 und 180 BewG:** Bestimmung und Abgrenzung der wirtschaftlichen Einheit bebautes Grundstück.
- **§ 125 Abs. 2 BewG:** Begriffsbestimmung der »Nutzungseinheit« sowie Beschreibung des Umfangs dieser Nutzungseinheit für die Bewertung des land- und forstwirtschaftlichen Vermögens in den neuen Bundesländern; nach **§ 125 Abs. 3 BewG** gehören dabei Wohngebäude einschließlich des dazugehörigen Grund und Bodens nicht zum land- und forstwirtschaftlichen Vermögen.
- **§ 131 Abs. 1 BewG:** Bestimmung der wirtschaftlichen Einheit für das Wohnungs- und Teileigentum bei der Einheitsbewertung in den neuen Bundesländern.

6.5 Bewertung der wirtschaftlichen Einheit im Ganzen

753 Wenn eine wirtschaftliche Einheit aus mehreren Bestandteilen (Wirtschaftsgütern) zusammengesetzt ist oder wenn an ihr mehrere Eigentümer beteiligt sind, so ergibt sich die Frage, ob die Wertermittlung unmittelbar von der Einheit oder von den einzelnen Bestandteilen bzw. Anteilen ausgehen soll. Das BewG hat sich grundsätzlich für die erstere Möglichkeit entschieden, weil die wirtschaftliche Einheit als solche, unabhängig von ihrer Zusammensetzung und ihren Eigentumsverhältnissen, erfasst werden soll.

6.5.1 Bewertung der zusammengesetzten wirtschaftlichen Einheit

754 Nach § 2 Abs. 1 Satz 2 BewG ist die wirtschaftliche Einheit **im Ganzen zu bewerten.** Das bedeutet, dass der Wert einer aus mehreren Wirtschaftsgütern bestehenden wirtschaftlichen Einheit nicht einfach durch Zusammenzählen der Einzelwerte der zur wirtschaftlichen Einheit gehörenden Wirtschaftsgüter gebildet wird, sondern dass unmittelbar der Gesamtwert der wirtschaftlichen Einheit zu ermitteln ist. Dabei können die Einzelwerte unter Umständen als Hilfsmittel herangezogen werden. Oft wird das Ergebnis der Bewertung im Ganzen aber nicht mit der Summe der Einzelwerte übereinstimmen. Es kann größer oder auch kleiner sein.

BEISPIELE

a) Wertpapiere und Anteile bilden in der Regel selbstständige wirtschaftliche Einheiten. Gehören aber einer Einzelperson z. B. so viele Aktien einer Gesellschaft, dass sie die Gesellschaft tatsächlich beherrscht, so verlieren die einzelnen Aktien ihren Charakter als selbstständige wirtschaftliche Einheiten. Es entsteht eine neue wirtschaftliche Einheit »Beteiligung« (»Aktienpaket«). Ihr wirtschaftlicher Wert ist in der Regel höher als die Summe der Einzelwerte (vgl. § 11 Abs. 3 BewG).

b) X ist Eigentümer eines großen, noch nicht parzellierten zusammenhängenden Baugeländes. Wirtschaftliche Einheit ist das Baugelände. Sein Wert im Ganzen wird niedriger sein als die Summe der bei Verkauf der Parzellen als einzelne Baustellen erzielbaren Einzelwerte.

Typische Anwendungsfälle der Gesamtbewertung sind bei der Einheitsbewertung des Grundbesitzes für die Grundsteuer der Ertragswert, der für den Wirtschaftsteil eines Betriebs der Land- und Forstwirtschaft anzusetzen ist (vgl. §§ 36 ff., 46, 55 BewG) und das Ertragswertverfahren, das bei der Einheitsbewertung des Grundvermögens für bestimmte Grundstücksarten (vgl. §§ 76 und 78 ff. BewG) bzw. für bestimmte Grundstückshauptgruppen in den neuen Bundesländern (vgl. §§ 32 und 33 RBewDV) gilt. Das Gleiche gilt bei der Bedarfsbewertung für die Erbschaft- und Schenkungsteuer hinsichtlich der Ermittlung des gemeinen Werts für das land- und forstwirtschaftliche Vermögen (§§ 162 ff. BewG) und für die Bewertung von nicht notierten Anteilen an Kapitalgesellschaften und für das Betriebsvermögen (§§ 199 ff. BewG).

6.5.2 Ausnahmen von dem Grundsatz der Bewertung im Ganzen bei einer zusammengesetzten wirtschaftlichen Einheit

Der Grundsatz der Bewertung im Ganzen gilt nach § 2 Abs. 3 BewG nicht, soweit eine Bewertung der einzelnen Wirtschaftsgüter vorgeschrieben ist. Das ist innerhalb des BewG in den folgenden Fällen geschehen:
- Der Kapitalwert (Gesamtwert) von **wiederkehrenden Nutzungen und Leistungen,** die auf bestimmte Zeit beschränkt sind, ist nach § 13 Abs. 1 Satz 1 BewG mit dem Anlage 9a zu entnehmenden Vielfachen des Jahreswerts anzusetzen.
- Beim **Sachwertverfahren,** das **bei der Einheitsbewertung** des Grundvermögens für bestimmte Grundstücksarten anzuwenden ist (vgl. § 76 Abs. 2 und 3 BewG, § 33 RBewDV), kann insofern von einer Einzelbewertung gesprochen werden, als in § 83 BewG angeordnet ist, dass der Bodenwert, der Gebäudewert und der Wert der Außenanlagen jeweils gesondert ermittelt werden und aus der Summe dieser drei Werte (dem Ausgangswert) der gemeine Wert abgeleitet wird. Das Gleiche gilt für die **Bedarfsbewertung des Grundbesitzes** im Sachwertverfahren für die Erbschaft- und Schenkungsteuer (§§ 189 ff. BewG).
- Zu bemerken ist, dass für die Einkommensteuer nach § 6 EStG und für die Körperschaftsteuer nach § 8 Abs. 1 KStG (i. V. m. § 6 EStG) Einzelbewertung vorgeschrieben ist.

6.5.3 Bewertung einer gemeinschaftlichen wirtschaftlichen Einheit

Eine Bewertung im Ganzen findet nach § 3 Satz 1 BewG auch dann statt, wenn ein Wirtschaftsgut mehreren Personen zusteht. Man spricht dann von (nicht rechtsfähigen) Gesellschaften oder Gemeinschaften. Das gemeinsame Eigentum kann sowohl Bruchteilseigentum (§ 1008 ff. BGB) als auch Gesamthandseigentum (§ 705 BGB, §§ 105, 161 HGB, §§ 1416, 1483, 2032 BGB) sein. Letzteres kommt besonders oft vor (z. B. Offene Handelsgesellschaften, Kommanditgesellschaften, Erbengemeinschaften).

Wenn § 3 BewG in diesem Zusammenhang auch nur von »Wirtschaftsgütern« spricht, so sind damit doch auch die aus mehreren Wirtschaftsgütern zusammengesetzten wirtschaftlichen Einheiten gemeint (vgl. § 19 Abs. 3 Nr. 2 BewG). In dem Fall hat die Anordnung der Bewertung im Ganzen eine doppelte Bedeutung. Die Bewertung hat einmal unabhängig von den Einzelwerten der Wirtschaftsgüter, zum andern unabhängig von den Eigentumsverhältnissen zu erfolgen.

759 Der im Ganzen ermittelte Wert (Gesamtwert) wird für diejenigen Steuern gebraucht, von denen die Gesellschaft oder Gemeinschaft als solche betroffen wird. Die Gesellschaft oder Gemeinschaft ist selbstständig steuerpflichtig, z.B. bei der Grundsteuer. Im Übrigen ist der Gesamtwert gemäß § 3 Satz 2 BewG auf die Beteiligten nach dem Verhältnis ihrer Anteile zu verteilen. Dies gilt für die Erbschaft- und Schenkungsteuer dann, wenn nur ein Anteil an einer Personengesellschaft auf einen Erwerber (z.B. Erben oder Beschenkten) übergeht.

760 Der Aufteilungsmaßstab ergibt sich aus § 39 Abs. 2 Nr. 2 AO. Danach sind gesamthänderisch Beteiligte so zu behandeln, als ob sie nach Bruchteilen berechtigt wären. Die Höhe der Bruchteile ist nach den Anteilen zu bestimmen, zu denen die Beteiligten an dem Vermögen zur gesamten Hand berechtigt sind, oder nach Verhältnis dessen, was ihnen bei Auflösung der Gemeinschaft zufallen würde.

BEISPIEL
Die Geschwister A, B und C sind durch Erbschaft Miteigentümer eines Grundstücks in ungeteilter Erbengemeinschaft.
LÖSUNG Der Gesamtwert des Grundstücks ist maßgebend für die GrSt. Zwecks Heranziehung der drei Geschwister zur ErbSt ist der Gesamtwert aufzuteilen. Dabei ist er, wenn nicht im Testament des Erblassers eine andere Bestimmung getroffen ist, zu gleichen Teilen auf A, B und C zu verteilen (vgl. § 151 Abs. 2 Nr. 2 BewG).

761–770 frei

6.6 Zurechnung

771 Die Bewertung als vorbereitende Maßnahme der Besteuerung setzt voraus, dass das Wirtschaftsgut einem bestimmten Steuerpflichtigen, dem Eigentümer, zugerechnet werden kann. Durch die Zurechnung wird bestimmt, bei welchem Steuerpflichtigen das Wirtschaftsgut anzusetzen, d.h. zu versteuern ist.

772 In aller Regel sind Wirtschaftsgüter dem bürgerlich-rechtlichen Eigentümer zuzurechnen (BFH vom 06.08.1971 BStBl II 1972, 28). Steht die tatsächliche Sachherrschaft und Nutzungsmöglichkeit dagegen bei wirtschaftlicher Betrachtung einem anderen als dem bürgerlich-rechtlichen Eigentümer zu, so wird dieser andere als **wirtschaftlicher Eigentümer** bezeichnet. § 39 Abs. 2 Nr. 1 Satz 1 AO enthält insoweit eine allgemeine Definition des wirtschaftlichen Eigentums. Danach muss der wirtschaftliche Eigentümer den bürgerlich-rechtlichen Eigentümer von der Einwirkung auf das Wirtschaftsgut ausschließen können, so dass der Herausgabeanspruch, den der bürgerlich-rechtliche Eigentümer gegen den wirtschaftlichen Eigentümer noch hat, wirtschaftlich keine Bedeutung mehr hat (BFH vom 26.01.1970 BStBl II 1970, 264). Dies kann der Fall sein, weil der wirtschaftliche Eigentümer den bürgerlich-rechtlichen Eigentümer durch rechtlich zu beachtende Einwendungen auf Dauer an der Durchsetzung des Herausgabeanspruchs hindern kann, wie etwa der nicht in Verzug befindliche Käufer unter Eigentumsvorbehalt, oder der Leasingnehmer, der während einer unkündbaren Grundmietzeit, die 90% der betriebsgewöhnlichen Nutzungsdauer übersteigt, das gemietete Wirtschaftsgut bis zur Erschöpfung seiner Substanz nutzen kann (nicht dagegen der »normale« Mieter, Pächter, Nießbraucher); dies kann auch der Fall sein, weil der bürgerlich-rechtliche Eigentümer bei Durchsetzung seines Herausgabeanspruchs in einer Höhe Ersatz leisten müsste, die die Durchsetzung als wirtschaftlich sinnlos erscheinen ließe, wie das etwa bei Mietereinbauten denkbar ist; dies könnte auch einmal der Fall sein, weil durch besondere Gestaltung der tatsächlichen Verhältnisse die Geltendmachung des Herausgabeanspruchs auf Dauer als ausgeschlossen erscheinen muss, wie das etwa bei manchen Gestaltungen zwischen nahen Angehörigen denkbar ist. Zwar ist die wirtschaftliche Ausschließung des Herausgabeanspruchs bei der Vielfalt der Lebenssachverhalte kein ausschließliches, gleichwohl aber ein wichtiges Abgrenzungskriterium.

In den Fällen des § 39 Abs. 2 Nr. 1 AO kommt es also für die Besteuerung nicht auf das zivilrechtliche, sondern auf das **wirtschaftliche Eigentum** an. Solche Fälle sind insbesondere die in § 39 Abs. 2 Nr. 1 AO genannten. Nach § 39 Abs. 2 Nr. 1 AO (der keine abschließende Aufzählung enthält) werden die drei nachfolgend erläuterten Fälle unterschieden. 773

6.6.1 Sicherungsübereignung

Wirtschaftsgüter, die zum Zweck der Sicherung übereignet worden sind, werden dem **Sicherungsgeber zugerechnet** (§ 39 Abs. 2 Nr. 1 AO). 774

BEISPIEL

Der Fabrikant F will ein Darlehen bei einer Bank aufnehmen. Als Sicherheit bietet er der Bank die in seinem Betrieb befindlichen und ihm gehörigen Maschinen an. Die Maschinen werden der Bank übereignet. Im Sicherungsübereignungsvertrag wird vereinbart, dass F als Mieter oder Entleiher der Bank im unmittelbaren Besitz der Maschinen verbleibt und sie weiterhin in seinem Betrieb benutzen darf.
LÖSUNG Die Maschinen werden dem F als wirtschaftliches Eigentum zugerechnet.

Das Rechtsinstitut des **Sicherungseigentums,** das durch Rechtslehre und Rechtsprechung entwickelt worden ist, ist ein **Ersatz für** das im BGB nicht vorgesehene **besitzlose Pfandrecht** an beweglichen Sachen. Für die Entstehung eines Pfandrechts an einer beweglichen Sache ist nach § 1205 BGB zwingend die Übergabe (Übertragung des unmittelbaren Besitzes) der Sache an den Gläubiger vorgeschrieben. Bei der Sicherungsübereignung wird das Eigentum nur formell auf den Sicherungsnehmer übertragen, während der unmittelbare Besitz bei dem Sicherungsgeber verbleibt, der dann Verwahrer, Entleiher, Mieter oder Pächter wird. Wirtschaftlich betrachtet ist der Sicherungsgeber Eigentümer geblieben, weil ihm der unmittelbare Besitz und die Nutzungen verblieben sind. Der Sicherungsnehmer hat wirtschaftlich die Stellung eines Pfandgläubigers. 775

6.6.2 Treuhandverhältnisse

Wirtschaftsgüter, die zu **treuen Händen** (entgeltlich oder unentgeltlich) **übereignet** worden sind, werden dem **Treugeber zugerechnet** (§ 39 Abs. 2 Nr. 1 AO). 776

BEISPIELE

a) A, der für längere Zeit ins Ausland geht, überträgt sein Vermögen auf B mit der Vereinbarung, dass B dieses Vermögen während der Abwesenheit des A verwalten soll.
LÖSUNG Nach außen wird B Eigentümer, im Innenverhältnis ist er lediglich Verwaltungstreuhänder. Die Übertragung des Eigentums verfolgt lediglich den Zweck, dem B als Verwalter nach außen eine stärkere Rechtsstellung zu verschaffen. Nach Erledigung des Auftrags muss er das Eigentum an A zurückübertragen. Wirtschaftlich betrachtet ist das Vermögen dem Treugeber A zuzurechnen, obgleich bürgerlich-rechtlich nicht er, sondern der Treuhänder Eigentümer ist.

b) Der Kaufmann A tritt eine ihm zustehende Geldforderung an B (Inkassoinstitut) ab, damit B diese Forderung gegen den Schuldner einklagen soll.

LÖSUNG Im Innenverhältnis (wirtschaftlich) ist A Treugeber (Gläubiger) der Forderung. Die Forderung ist A zuzurechnen.

777 Eine Treuhandschaft im Rechtssinn ist nur dann gegeben, wenn dem Treuhänder bereits im Vermögen des Treugebers vorhanden gewesene Sachen oder Rechte anvertraut worden sind. Dabei schließt die Treuhandschaft begrifflich in sich ein, dass der Treuhänder die ihm zustehenden Rechte zwar in eigenem Namen, jedoch nur zum Vorteil des Treugebers ausüben darf. Der Treuhänder ist zwar nach außen hin Eigentümer des Treuhandgutes, die Rechte und Pflichten aus dem Eigentum übt er jedoch nicht für eigene, sondern nach den Weisungen des Treugebers für dessen Rechnung aus. Die Rechte aus dem Eigentum stehen also im Innenverhältnis nicht dem Treuhänder, sondern dem Treugeber zu (vgl. BFH vom 03.11.1961 BStBl III 1962, 21).

778 Wirtschaftsgüter, die durch einen Treuhänder zu **treuen Händen** für einen Treugeber **erworben** worden sind, werden ebenfalls dem **Treugeber zugerechnet** (§ 39 Abs. 2 Nr. 1 AO).

BEISPIELE

a) X ist Verwalter eines Mietwohngrundstücks, das einer Erbengemeinschaft gehört. Die Mieter zahlen die Mieten auf ein Bankkonto, das auf den Namen des X lautet. X muss die auf dem Konto angesammelten Beträge an die Erben abführen.
LÖSUNG Wirtschaftlich betrachtet steht das Bankguthaben den Erben (als Treugebern) zu, es ist ihnen daher zuzurechnen.

b) A ersteigert bei einer Zwangsversteigerung ein Grundstück im Auftrag und für Rechnung des B, der ihm die erforderlichen Geldmittel zur Verfügung gestellt hat.
LÖSUNG Das Grundstück ist dem B als Treugeber zuzurechnen.

6.6.3 Eigenbesitz

779 **Grundsätzlich** werden Wirtschaftsgüter, die jemand im Eigenbesitz hat dem Eigenbesitzer zugerechnet (§ 39 Abs. 2 Nr. 1 AO). Eigenbesitzer ist, wer ein Wirtschaftsgut als ihm gehörig besitzt (§ 872 BGB).

BEISPIELE

a) X hat durch notariellen Kaufvertrag vom 06.10.01 sein Grundstück an Y verkauft. Vereinbarungsgemäß sind der unmittelbare Besitz, die Nutzungen und die Lasten ab 01.11.01 auf Y übergegangen. Die Eintragung (des Y als Eigentümer) in das Grundbuch ist erst am 20.01.02 erfolgt.
LÖSUNG Bürgerlich-rechtlich (§ 873 BGB) ist Y erst mit der Eintragung im Grundbuch Eigentümer des Grundstücks geworden. Wirtschaftlich betrachtet ist Y bereits seit dem 01.11.01 Eigentümer, da von diesem Zeitpunkt ab der Besitz und die Nutzungen auf ihn übergegangen sind. Ab 01.11.01 besitzt er das Grundstück, wie wenn er bereits Eigentümer wäre. Er besitzt das Grundstück als ihm gehörig und ist somit Eigenbesitzer gemäß § 39 Abs. 2 Nr. 1 AO. Zum 01.01.02 ist somit im Rahmen der Einheitsbewertung des Grundbesitzes eine Zurechnungsfortschreibung auf Y gemäß § 22 Abs. 2 BewG vorzunehmen. Wäre das Grundstück bei einem bilanzierenden Einzelgewerbetreibenden notwendiges Betriebsvermögen (vgl. R 4.2 Abs. 7 EStR), so müsste er das Grundstück bereits ab 01.11.01 aktivieren (einbuchen).

b) C hat am 20.12.01 unter dem Vorbehalt des Eigentums bis zur Zahlung des vollen Kaufpreises an D Maschinen verkauft und geliefert. Die letzte Kaufpreisrate ist am 10.08.02 bezahlt worden.
LÖSUNG Bürgerlich-rechtlich ist D erst am 10.08.02 Eigentümer geworden (§ 449 BGB). Wirtschaftlich sind die Maschinen bereits mit der Lieferung aus dem Vermögen des C ausgeschieden und in das Vermögen des D übergegangen. Seit dem 20.12.01 ist D Eigenbesitzer und damit wirtschaftlicher Eigentümer.

Der **Gegensatz** zum Eigenbesitz ist der **Fremdbesitz**. Fremdbesitzer ist derjenige, der eine Sache nicht als ihm gehörig besitzt, vielmehr eine andere Person als Eigentümer der Sache anerkennt. Regelmäßig sind daher z. B. der Mieter, der Pächter, der Nießbraucher (auch der auf Lebenszeit), der Pfandgläubiger, der Entleiher und der Testamentsvollstrecker als Fremdbesitzer und damit nicht als wirtschaftliche Eigentümer anzusehen. 780

Die Grundsätze des wirtschaftlichen Eigentums gelten auch bei der Entscheidung der Frage, wem ein auf **fremdem Grund und Boden errichtetes Gebäude** zuzurechnen ist (vgl. A 4 Abs. 3 BewR Gr, Rz. 2211, 4150 und 5201). 781

BEISPIEL

Der Pächter hat auf einem von ihm gepachteten (bisher unbebauten) Grundstück ein Gebäude errichtet. Er ist berechtigt, Einbauten und Umbauten an diesem Gebäude durchzuführen und das Gebäude vor oder bei Ablauf der Pachtzeit abzureißen.

LÖSUNG Das Gebäude ist gemäß § 70 Abs. 3 i. V. m. § 94 BewG bzw. § 50 Abs. 3 BewG-DDR (für die Einheitsbewertung des Grundbesitzes) und gemäß § 180 Abs. 2 i. V. m. § 194 BewG (für die Bedarfsbewertung des Grundbesitzes für die Erbschaft- und Schenkungsteuer) eine selbstständige wirtschaftliche Einheit des Grundvermögens und dem Pächter als wirtschaftlichem Eigentümer zuzurechnen (vgl. A 4 Abs. 3 BewR Gr). Ob in diesem Fall möglicherweise sogar ein Scheinbestandteil nach § 95 Abs. 1 BGB beim Pächter vorliegt, ist also für die Zurechnung bedeutungslos.

782–800 frei

7 Bewertungsmaßstäbe und Bewertungsmethoden

7.1 Allgemeines

Es gibt verschiedene Möglichkeiten, den Wert von Wirtschaftsgütern zu bestimmen. Man kann z. B. den erzielten oder erzielbaren Kaufpreis, die tatsächlichen Anschaffungs- oder Herstellungskosten oder den kapitalisierten Ertrag zugrunde legen. Für steuerrechtliche Zwecke muss (bzw. sollte) die Wertermittlung zunächst möglichst einfach sein. Zum anderen müssen die zu bewertenden Wirtschaftsgüter möglichst einheitlich und gleichmäßig bewertet werden. Die Art der Wertermittlung kann nicht immer gleich sein. Sie muss sich nach den verschiedenen Arten der Wirtschaftsgüter richten. Das BewG sieht deshalb verschiedene Arten der Wertermittlung vor. Einerseits nennt das BewG **Bewertungsmaßstäbe**, nach denen bestimmte Wirtschaftsgüter zu bewerten sind, andererseits schreibt es **Bewertungsmethoden**, d. h. im Einzelnen geregelte Verfahren vor, die bei der Ermittlung des Werts (des Einheitswerts und des Bedarfswerts) von Wirtschaftsgütern bzw. wirtschaftlichen Einheiten angewendet werden müssen. 801

Der **Einheitswert** und der **Bedarfswert** selbst sind mithin kein Bewertungsmaßstab und keine Bewertungsmethode, sondern der Wert, der nach den Vorschriften des BewG bemessen und ggf. nach den Vorschriften der Abgabenordnung in einem geordneten Feststellungsverfahren festgestellt werden. 802

7.2 Bewertungsmaßstäbe

7.2.1 Arten

Das BewG unterscheidet folgende Bewertungsmaßstäbe: 803
a) Gemeiner Wert (§ 9 BewG, § 10 BewG-DDR),
b) Teilwert (§ 10 BewG),

c) Kurswert (§ 11 Abs. 1 BewG),
d) Rücknahmepreis (§ 11 Abs. 4 BewG),
e) Nennwert (§ 12 Abs. 1 BewG),
f) Gegenwartswert (§ 12 Abs. 3 BewG),
g) Rückkaufswert (§ 12 Abs. 4 BewG),
h) Kapitalwert (§§ 13 bis 16 BewG).

804 Die lt. Buchst. c) bis h) aufgeführten Bewertungsmaßstäbe sind nichts anderes als besondere Erscheinungsformen oder Bezeichnungen des gemeinen Wertes, die den verschiedenen Arten und Besonderheiten der Wirtschaftsgüter, für die sie vorgesehen sind, Rechnung tragen sollen.

7.2.2 Anwendung der verschiedenen Bewertungsmaßstäbe innerhalb der einzelnen Teile des BewG

805 Die Anwendung der einzelnen Bewertungsmaßstäbe wird im Folgenden kurz dargestellt.

a) **Gemeiner Wert**

806 Mit dem gemeinen Wert werden bewertet:
- im Rahmen des Ersten Teils des BewG
  - nicht notierte Anteile an Kapitalgesellschaften (§ 11 Abs. 2 BewG),
  - ersatzweise wiederkehrende Nutzungen und Leistungen (§ 13 Abs. 3 und § 14 Abs. 4 BewG);
- im Rahmen des Ersten Abschnitts des Zweiten Teils des BewG
  - ausländisches Sachvermögen (§ 31 BewG),
  - beim Grundvermögen: unbebaute Grundstücke (§§ 72 und 73 BewG, § 53 BewG-DDR), bebaute Grundstücke (§ 76 BewG, § 52 BewG-DDR, § 33 RBewDV);
- im Rahmen des Sechsten Abschnitts des Zweiten Teils des BewG bei der Bedarfsbewertung
  - das land- und forstwirtschaftliche Vermögen und das Grundvermögen (§§ 162, 168 und 177 BewG),
  - das Betriebsvermögen (§ 109 i. V. m. § 11 Abs. 2 BewG).

807 b) **Teilwert**

Mit dem Teilwert ist gemäß des Ersten Abschnitts des Zweiten Teils des BewG das Unternehmensvermögen (Betriebsvermögen) zu bewerten, soweit nichts anderes vorgeschrieben ist. Tatsächlich schreibt aber § 109 i. V. m. § 11 Abs. 2 BewG für die Bedarfsbewertung für Zwecke der Erbschaft- und Schenkungsteuer ab 01.01.2009 die Bewertung mit dem gemeinen Wert vor. § 10 BewG hat daher neuerdings für Bewertungen nach dem BewG keine praktische Bedeutung mehr, da für die Bewertung im Ertragsteuerrecht (Einkommensteuer, Körperschaftsteuer und Gewerbesteuer) die Regelungsinhalte für die Ansätze mit dem Teilwert in § 6 EStG enthalten sind (vgl. u. a. § 6 Abs. 1 Nr. 1 und 2 EStG).

808 c) **Ertragswert**

Die Bewertung mit dem Ertragswert im Rahmen des Ersten Abschnitts des Zweiten Teils des BewG ist für den Wirtschaftsteil des land- und forstwirtschaftlichen Vermögens im Rahmen der Einheitsbewertung (§ 36 Abs. 1 BewG, § 125 Abs. 4 BewG) vorgesehen.

809 d) **Steuerbilanzwert**

Der Steuerbilanzwert war bis 31.12.2008 über § 109 Abs. 1 BewG a. F. der regelmäßige Wertansatz bei der Bewertung des Betriebsvermögens bilanzierender Gewerbetreibender und

Freiberufler für Zwecke der Erbschaft- und Schenkungsteuer sowie früher für die Vermögensteuer.

e) **Abgeleitete Bewertungsmaßstäbe**

Sogenannte abgeleitete Bewertungsmaßstäbe sind besondere Erscheinungsformen des gemeinen Werts.

Im Rahmen des Ersten Teils des BewG sind sie für Zwecke der Erbschaft- und Schenkungsteuer bei der Bewertung folgender Wirtschaftsgüter zugrunde zu legen (vgl. § 12 Abs. 1 und 2 ErbStG):

Kurswert bzw. Rücknahmepreis	(§ 11 Abs. 1 BewG) (§ 11 Abs. 4 BewG)	für bestimmte Wertpapiere und Anteile
Nennbetrag bzw. Gegenwartswert	(§ 12 Abs. 1 BewG) (§ 12 Abs. 3 BewG)	für Kapitalforderungen und Kapitalschulden
Rückkaufswert	(§ 12 Abs. 4 BewG)	für Lebens-, Kapital- oder Rentenversicherungen
Kapitalwert	(§§ 13 bis 15 BewG)	für wiederkehrende Nutzungen und Leistungen

7.3 Bewertungsmethoden

Bewertungsmethoden sind im Einzelnen geregelte Verfahren zur Ermittlung des Einheitswerts von wirtschaftlichen Einheiten des Grundbesitzes oder des Bedarfswerts für die wirtschaftlichen Einheiten des Grundbesitzes sowie für nicht notierte Anteile an Kapitalgesellschaften und das Betriebsvermögen oder des Werts einzelner Wirtschaftsgüter. Die Verfahren werden z. T. durch das BewG, z. T. durch die Finanzverwaltung geregelt.

Im **BewG geregelte Verfahren** sind:
a) Das **vergleichende Verfahren** und das **Einzelertragswertverfahren**: Es dient der Ermittlung des Ertragswerts bei der Einheitsbewertung des land- und forstwirtschaftlichen Vermögens in den alten Bundesländern und des Ersatzwirtschaftswerts in den neuen Bundesländern (vgl. §§ 36 ff. BewG, § 125 Abs. 4 BewG). Die sich hierbei ergebenden Werte sind durch die Vorschrift des § 40 BewG sehr niedrig und liegen erheblich unter dem gemeinen Wert i. S. d. § 9 BewG.
b) Das **Ertragswertverfahren** (vgl. §§ 78 ff. BewG, § 33 Abs. 1 RBewDV, §§ 34 ff. RBewDV) und das **Sachwertverfahren** (vgl. §§ 83 ff. BewG, § 33 Abs. 2 RBewDV): Diese Bewertungsverfahren gelten für die Einheitsbewertung bebauter Grundstücke des Grundvermögens. Die Werte (Einheitswerte), die sich bei ihrer Anwendung ergeben, sollen zwar nach dem Wortlaut des Gesetzes auch den gemeinen Werten entsprechen (vgl. insbesondere den Wortlaut des § 83 BewG, § 33 Abs. 2 RBewDV). Es besteht jedoch kein Zweifel, dass dies nur fiktive gemeine Werte sind. Denn Vergleiche haben ergeben, dass die auf den 01.01.1964 bzw. 01.01.1935 (Hauptfeststellungszeitpunkte) errechneten Einheitswerte für Grundstücke weit unter den Preisen liegen, die nach den Wertverhältnissen vom 01.01.1964 bzw. 01.01.1935 im gewöhnlichen Geschäftsverkehr erzielbar waren, wobei die im Sachwertverfahren bewerteten Grundstücke dem gemeinen Wert näher kommen als die im Ertragswertverfahren bewerteten, bei denen der gemeine Wert um 20 bis 80 % unterschritten wurde (vgl. Stenger, Inf. 1976, 561).

c) Die **Ermittlung des Bedarfswerts** für den Grundbesitz sowie für nicht notierte Anteile an Kapitalgesellschaften und das Betriebsvermögen für Zwecke der Erbschaft- und Schenkungsteuer (§§ 157 bis 203 BewG) und die Ermittlung des Bedarfswerts für den Grundbesitz in bestimmten Fällen für Zwecke der Grunderwerbsteuer (§§ 138 bis 150 BewG).

814 Von der **Verwaltung geregelte Verfahren** sind:

a) Die **Wertermittlung für unbebaute Grundstücke** bei der Einheitsbewertung in den alten Bundesländern in A 7 bis 12 BewR Gr und für die neuen Bundesländer die Rechtsverordnungen der Präsidenten der Landesfinanzämter vom 17. 12. 1934 sowie die Regelungen der unter Rz. 4806 aufgeführten Erlasse,

b) Die **Ermittlung des gemeinen Werts nicht notierter Aktien und Anteile** gem. R 96 bis 108 ErbStR 2003 für die Zeit bis 31. 12. 2008.

815–830 frei

8 Bewertungsmaßstab gemeiner Wert

8.1 Bedeutung und Anwendungsbereich

831 Nach § 9 Abs. 1 BewG ist bei steuerrechtlichen Bewertungen, soweit nichts anderes vorgeschrieben ist, der gemeine Wert zugrunde zu legen. Innerhalb des BewG ist der gemeine Wert für bestimmte wirtschaftliche Einheiten und Wirtschaftsgüter ausdrücklich vorgeschrieben; vgl. hierzu die Ausführungen zu 7.1.2.2 (Rz. 806).

832 Der gemeine Wert gilt darüber hinaus für diejenigen Wirtschaftsgüter, für die das BewG einen Bewertungsmaßstab nicht ausdrücklich angeordnet hat, nämlich

- für unbebaute Grundstücke bei der Einheitsbewertung (vgl. §§ 72, 73 i. V. m. § 9 BewG, § 53 BewG-DDR i. V. m. § 10 BewG-DDR),
- für eine Reihe von Wirtschaftsgütern des übrigen Vermögens für die Erbschaft- und Schenkungsteuer (§ 12 Abs. 1 und 2 ErbStG).

8.2 Begriff und Merkmale

833 Der gemeine Wert wird durch den Veräußerungspreis bestimmt, der im gewöhnlichen Geschäftsverkehr zu erzielen wäre, wobei alle den Preis beeinflussenden Umstände, insbesondere die Beschaffenheit des Wirtschaftsgutes, zu berücksichtigen, ungewöhnliche und persönliche Verhältnisse aber auszuschalten sind (§ 9 Abs. 2 BewG bzw. § 10 Abs. 2 BewG-DDR). Er stellt somit den Wert dar, den das Wirtschaftsgut nach objektiven Gesichtspunkten für jedermann hat.

8.2.1 Erzielbarer Veräußerungspreis

834 Zugrunde zu legen ist der **Einzelveräußerungspreis**, d. h. der Preis, der bei einer Einzelveräußerung des Wirtschaftsguts erzielbar wäre (**Verkehrswert, Marktpreis**). Im Gegensatz hierzu steht der Teilwert (§ 10 BewG), der durch einen Anteil am Gesamtveräußerungspreis eines Unternehmens (Gewerbebetriebs oder freiberuflichen Betriebs) bestimmt wird.

835 Maßgebend ist der **erzielbare**, nicht der tatsächlich einmal erzielte **Preis**. Das Gesetz will auf diese Weise die vielfach auf Zufälligkeiten beruhenden Einflüsse der Preisbildung ausschalten. Doch bietet ein kurz vor oder nach dem Bewertungsstichtag auf dem freien Markt erzielter Kaufpreis einen Anhalt für den gemeinen Wert, von dem ohne triftige Gründe nicht wird abgewichen werden kann. Bei Wirtschaftsgütern von größerer Bedeutung, z. B. bei unbebauten Grundstücken (§ 72 BewG, § 53 BewG-DDR), wird für die Bestimmung des gemeinen Werts der tatsächlich erzielte Kaufpreis nicht ausreichen. Es werden dazu vielmehr grundsätzlich mehrere für Grundstücke gleicher Art und gleicher Lage erzielte Kaufpreise als Schätzungsgrundlage herangezogen werden müssen (vgl. RFH vom 20. 10. 1938 RStBl 1938, 1106).

Der erzielbare Veräußerungspreis ist auch für schwer veräußerliche oder gar unverkäufliche Wirtschaftsgüter anzusetzen, wie z. B. für Kunstsammlungen, seltene Schmuckstücke oder Schlösser. In solchen Fällen muss er besonders vorsichtig ermittelt werden.

8.2.2 Gewöhnlicher Geschäftsverkehr

Der Verkaufspreis muss im gewöhnlichen Geschäftsverkehr erzielbar sein, d. h. im freiwilligen Verkauf am freien Markt, auf dem die Preise vor allem durch Angebot und Nachfrage bestimmt werden. Unfreiwillige Verkäufe, d. h. solche, die in einer Not- oder Zwangslage erfolgt sind (z. B. im Zwangsversteigerungsverfahren oder im Insolvenzverfahren), liegen nicht mehr im Rahmen des gewöhnlichen Geschäftsverkehrs, ebenso grundsätzlich nicht Verkäufe unter nahen Verwandten, weil sich die verwandtschaftlichen Beziehungen oft auf die Höhe des Kaufpreises ausgewirkt haben. Andererseits sind die Voraussetzungen des gewöhnlichen Geschäftsverkehrs auch dann gegeben, wenn, wie z. B. bei seltenen Kunstgegenständen, der Kreis der in Betracht kommenden Erwerber nur sehr klein ist, so dass auch so genannte Sammler- oder Liebhaberwerte eine geeignete Unterlage für die Ermittlung des gemeinen Werts sein können (vgl. RFH vom 18. 09. 1930 RStBl 1930, 585).

8.2.3 Umstände, die den Preis beeinflussen

Von den den Preis beeinflussenden und deshalb zu berücksichtigenden Umständen (§ 9 Abs. 2 Satz 1 BewG bzw. § 10 Abs. 1 Satz 1 BewG-DDR) nennt das Gesetz nur die **Beschaffenheit** des Wirtschaftsguts. Dazu gehört z. B. das Alter (alt oder neu), die Verwendbarkeit, die Art und Güte des Materials; bei Grundstücken auch die Größe, die Lage, der Zuschnitt, die Oberflächenbeschaffenheit, der Baugrund, die Bebauungsmöglichkeit nach Fläche und Höhe.

Darüber hinaus sind aber **alle Umstände**, die den Preis beeinflussen, zu berücksichtigen (§ 9 Abs. 2 Satz 2 BewG bzw. § 10 Abs. 1 Satz 2 BewG-DDR). Solche Umstände erschöpfend aufzuzählen ist nicht möglich. In Betracht kommen vor allem: die Anschaffungs- und Herstellungskosten; bei Grundstücken die Ertragsfähigkeit, die Lage zum öffentlichen Verkehrsnetz, der Anschluss an das Versorgungs- und Kanalisationsnetz, das Bestehen wesentlicher Beschränkungen in der Nutzung und in der Bebaubarkeit (z. B. durch Wegerechte, Bausperren, Hochspannungsleitungen, Fluchtlinienpläne, baupolizeiliche Auflagen und andere Baubeschränkungen, das Bestehen langfristiger Miet- oder Pachtverträge, die der wirtschaftlichen Verwertung des Grundstücks im Wege stehen), ferner Beeinträchtigungen durch Lärm, Rauch und Gerüche, Baumängel und Bauschäden, die Notwendigkeit baldigen Abbruchs (vgl. § 82 Abs. 1 BewG bzw. § 37 RBewDV) und konkrete Schadensgefahren (z. B. durch Bergbau und Hochwasser).

8.2.4 Ungewöhnliche Verhältnisse

840 Entsprechend der Eigenschaft des gemeinen Werts als eines objektiven Werts für jedermann sind ungewöhnliche Verhältnisse nicht zu berücksichtigen (§ 9 Abs. 2 Satz 3 BewG bzw. § 10 Abs. 1 Satz 3 BewG-DDR). Dazu gehört insbesondere jede Abweichung von den sonst im Geschäftsverkehr üblichen Zahlungsbedingungen.

841 Dagegen sind keine ungewöhnlichen Umstände solche, die für die Allgemeinheit gelten, wie z. B. eine allgemeine wirtschaftliche Hochkonjunktur oder umgekehrt, eine allgemeine Mangellage, die eine Begrenzung von Preisen durch Preisstoppvorschriften mit sich bringt. Preisstoppvorschriften sind also bei der Ermittlung des gemeinen Werts zu beachten. Denn die gesetzwidrige Umgehung von Preisvorschriften ist, auch wenn sie einen größeren Umfang annimmt, ein ungewöhnlicher Umstand, der auf die Ermittlung des gemeinen Werts keinen Einfluss hat (BFH vom 03. 04. 1964 HFR 1964 Nr. 368, 453).

8.2.5 Persönliche Verhältnisse

842 Wie die ungewöhnlichen sind auch die persönlichen Verhältnisse nicht zu berücksichtigen (§ 9 Abs. 2 Satz 3 BewG bzw. § 10 Abs. 2 BewG-DDR). Die Abgrenzung zwischen ihnen ist fließend.

843 Als persönliche Verhältnisse kommen insbesondere in Betracht: Käufe zwischen **Verwandten,** wenn mit Rücksicht auf die Verwandtschaft ein besonders niedriger Preis oder ungewöhnliche Zahlungsbedingungen vereinbart worden sind. Ein ungewöhnlich niedriger Preis kann auch dadurch zustande gekommen sein, dass jemand durch eine **Notlage** zum Verkauf gezwungen war, wenn z. B. A sein unbebautes Grundstück zu einem Schleuderpreis veräußert, weil er hohe Krankenhauskosten sofort bezahlen muss.

844 Umgekehrt kann auch ein besonders hoher Kaufpreis durch persönliche Verhältnisse verursacht worden sein, z. B. dann, wenn einem Käufer an dem Erwerb aus geschäftlichen oder privaten Gründen besonders viel gelegen ist.

BEISPIELE

a) Der Kaufmann K zahlt für ein Nachbargrundstück einen besonders hohen Preis, um einen anderen Interessenten, der auf dem Grundstück ein Konkurrenzgeschäft errichten möchte, auszuschalten.

b) Der Eigentümer einer Luxusvilla zahlt für ein gegenüberliegendes unbebautes Grundstück einen besonders hohen Preis, um zu verhindern, dass dieses Grundstück durch einen Dritten gekauft und dann bebaut wird.

845 Das BewG nennt in § 9 Abs. 3 bzw. das BewG-DDR in § 10 Abs. 2 Satz 2 als persönliche Verhältnisse ausdrücklich die Verfügungsbeschränkungen, die in der Person des Steuerpflichtigen oder eines Rechtsvorgängers begründet sind oder denen der Steuerpflichtige aufgrund von letztwilligen Verfügungen unterworfen ist. Dazu gehören grundsätzlich alle **vertraglichen Verfügungsbeschränkungen** (z. B. durch Verpfändung begründete Veräußerungsverbote, Vorkaufsrechte), ferner Beschränkungen aufgrund eines Insolvenz- oder Zwangsversteigerungsverfahrens (vgl. z. B. § 21 Insolvenzordnung, §§ 20, 23 ZVG) sowie solche, die sich für den Erben z. B. aus der Einsetzung eines Testamentsvollstreckers (vgl. §§ 2205 ff. BGB) und für den Vorerben und Vorvermächtnisnehmer aus §§ 2100 ff. und 2191 BGB ergeben. Auch fallen hierunter **Verkaufs- und Nutzungsbeschränkungen,** die Bergmannssiedlungen und so genannte Reichsheimstätten anhaften (vgl. BFH vom 28. 10. 1955 BStBl III 1955, 365), desgleichen Beschränkungen, die sich daraus ergeben, dass mehrere

Miteigentümer eines Grundstücks vereinbart haben, dass die Aufhebung der Gemeinschaft ausgeschlossen sein soll, oder Beschränkungen der Art, dass jemand (gesetzlich) verpflichtet ist, sein Grundstück einem anderen zur unentgeltlichen Nutzung zu überlassen, oder Beschränkungen, die jemand sich selbst auferlegt, indem er sein Grundstück nur ungenügend ausnutzt.

Nicht um persönliche Verhältnisse, sondern um objektive Umstände handelt es sich bei bestimmten dinglichen Beschränkungen des Eigentümers am Grundstück (z. B. bei nachbarrechtlichen Beschränkungen gemäß § 906 f. BGB) und bei Baubeschränkungen aufgrund von Polizeiverfügungen, von Bebauungs- und Fluchtlinienplänen (vgl. RFH vom 22. 04. 1937 RStBl 1937, 634). 846

8.3 Ermittlung des gemeinen Werts

Sofern Verkäufe des zu bewertenden Wirtschaftsguts oder gleichartiger Wirtschaftsgüter tatsächlich nicht stattgefunden haben, muss der Preis, der im gewöhnlichen Geschäftsverkehr unter Berücksichtigung aller Umstände im Sinne des § 9 Abs. 2 BewG bzw. § 10 Abs. 1 BewG-DDR erzielt werden kann, **geschätzt** werden. Zum Zwecke einer solchen Schätzung sind für bestimmte Wirtschaftsgüter **Schätzungsmethoden** entwickelt worden, deren Anwendung durch Verwaltungsanweisung (Richtlinien) geregelt ist. 847

Für nicht notierte Anteile (§ 11 Abs. 2 BewG a. F.) galt bis 31. 12. 2008 das so genannte **Stuttgarter Verfahren** (R 96 bis 108 ErbStR 2003), für die Ermittlung des gemeinsamen Werts unbebauter Grundstücke im Rahmen der Einheitsbewertung gelten die **Bodenwertrichtlinien** (BStBl II 1957, 28), für die Ermittlung (Schätzung) des Werts der Bodenschätze (Kohle, Erze, Erdöl, Kali usw.), die von einzelnen Oberfinanzdirektionen als so genannten **Hauptorten** herausgegebenen **Richtlinien**. 848

849–870
frei

9 Bewertungsmaßstab Teilwert

9.1 Bedeutung

Der Begriff »Teilwert« ist sowohl für die Bewertung als auch für die Einkommensteuer durch die Rechtsprechung des RFH entwickelt und im Jahre 1934 in das BewG und das EStG aufgenommen worden (vgl. § 6 Abs. 1 Nr. 1 Satz 3 EStG und § 10 BewG). Der einzige Unterschied in den beiden Begriffsbestimmungen besteht darin, dass in § 6 EStG von »Betrieb«, in § 10 BewG dagegen von »Unternehmen« die Rede ist. 871

Nach § 10 Satz 1 BewG sind Wirtschaftsgüter, die einem Unternehmen dienen, in der Regel mit dem Teilwert anzusetzen. Der Begriff »Unternehmen« ist weitergehend als der Begriff »Gewerbebetrieb«. Unternehmen sind auch Betriebe der Land- und Forstwirtschaft. Jedoch ist für die Bewertung der Wirtschaftsgüter, die einem inländischen Betrieb der Land- und Forstwirtschaft dienen, für die Einheitsbewertung der Ertragswert vorgeschrieben (vgl. §§ 36 ff. BewG, § 125 Abs. 4 BewG) und für ausländisches land- und forstwirtschaftliches Vermögen sowie ausländisches Betriebsvermögen der gemeine Wert (§ 31 BewG). Da auch ab 01. 01. 2009 für die Bewertung des inländischen Betriebsvermögens für Zwecke der Erbschaft- und Schenkungsteuer (ebenfalls) der gemeine Wert vorgeschrieben ist (§ 109 BewG), bleibt für die Anwendung des Teilwerts im Rahmen des BewG ab diesen Zeitpunkt kein Raum mehr. Bis 31. 12. 2008 war der Teilwert nur für die dem inländischen Betriebsvermögen eines § 4 Abs. 3 872

EStG-Gewinnermittlers dienenden Wirtschaftsgüter übrig, die sich im Umlaufvermögen befanden oder bei denen ansonsten in R 123 Nr. 9, 14 und 17 ErbStR 2003 auf den Teilwert verwiesen wurde. Für diese Wirtschaftsgüter war der Teilwert in der Regel anzusetzen (§ 109 BewG a. F. i. V. m. § 10 Satz 1 BewG).

9.2 Begriff

873 Teilwert ist nach § 10 Sätze 2 und 3 BewG der Betrag, den der Erwerber des ganzen Unternehmens im Rahmen des Gesamtkaufpreises für das einzelne Wirtschaftsgut ansetzen würde, wobei davon auszugehen ist, dass der Erwerber das Unternehmen fortführt, negativ ausgedrückt also der Betrag, den ein Käufer des ganzen Unternehmens weniger für das Unternehmen zahlen würde, wenn das Wirtschaftsgut nicht zum Unternehmen gehörte. Teilwert ist daher der Wert, den das einzelne Wirtschaftsgut für den laufenden Betrieb hat.

BEISPIEL Zum Betriebsvermögen des Kleingewerbetreibenden A, der seinen Gewinn nach § 4 Abs. 3 EStG ermittelt, gehörten Waren, die A vor längerer Zeit für 5 000 € eingekauft hatte. Am Stichtag der Bewertung müsste A – wegen der inzwischen gestiegenen Preise – für dieselben Waren 6 000 € aufwenden (Wiederbeschaffungskosten). Im Falle einer **Einzel**veräußerung würde er einen Betrag von 8 000 € vereinnahmen (weil er einen Aufschlag von 2 000 € zusetzen würde).
LÖSUNG Ein Erwerber des gesamten Unternehmens würde jedoch nur denjenigen Betrag zahlen, der einen entsprechenden (kalkulierbaren) Aufschlag (2 000 €) bei einer Einzelveräußerung zulässt, d. h. 6 000 €. Der Teilwert betrug mithin 6 000 €, der Einzelveräußerungspreis (gemeiner Wert) dagegen 8 000 €. Vgl. hierzu (bis 31. 12. 2008) § 109 Abs. 2 BewG a. F. für die Bewertung des abnutzbaren Anlagevermögens.

874 Da ein gedachter Erwerber des Gesamtunternehmens Wirtschaftsgüter in der Regel allenfalls zu dem Preis ansetzen würde, zu dem er sie sonst auf dem Markt erhalten kann, entspricht der Teilwert regelmäßig den **Wiederbeschaffungskosten** oder den **Wiederherstellungskosten.**

875 Der Teilwert hängt nicht von der persönlichen Auffassung des einzelnen Kaufmanns über die zukünftige wirtschaftliche Entwicklung, auch nicht von seiner Tüchtigkeit oder Unfähigkeit, sondern von der allgemeinen Auffassung ab, wie sie in der Marktlage am Bilanzstichtag ihren Ausdruck findet (BFH vom 26. 01. 1956 BStBl III 1956, 113). Seine Höhe wird durch den Nutzen bestimmt, den das Wirtschaftsgut gerade für dieses Unternehmen hat.

876 Eine nachhaltige und erhebliche Unrentabilität eines Betriebs rechtfertigt allerdings den Ansatz niedriger Teilwerte, wenn das Unternehmen Maßnahmen zur Stilllegung oder Liquidierung getroffen hat (BFH vom 02. 03. 1973 BStBl II 1973, 475 und FG Köln vom 25. 11. 1980 EFG 1981, 330).

9.3 Ermittlung des Teilwerts

877 Für die Ermittlung der Teilwerte haben sich folgende **Grenzwerte** herausgebildet:

878 Die **Höchstgrenze** des Teilwertes bilden i. d. R. die Wiederbeschaffungskosten für ein Wirtschaftsgut gleicher Art und Güte. Dieser Grundsatz basiert auf der Überlegung, dass ein Erwerber des ganzen Betriebes für ein bestimmtes Wirtschaftsgut nicht mehr bezahlen würde, als er für dieses Wirtschaftsgut am Markt aufwenden müsste. Entsprechendes gilt für ein Wirtschaftsgut, das im Betrieb hergestellt worden ist. Hier bilden die Wiederherstellungskosten (Selbstkosten) die Obergrenze.

879 Bei **gebrauchten Wirtschaftsgütern** muss natürlich der jeweilige Zustand berücksichtigt werden; die Wiederbeschaffungskosten ergeben sich hier aus dem Neupreis zum Bewertungszeitpunkt abzüglich der daraus zu errechnenden planmäßigen (i. d. R. linearen) AfA.

880 Die **untere Grenze** des Teilwerts bildet der Einzelveräußerungspreis. Das ist mindestens der Material- oder Schrottwert des betreffenden Wirtschaftsguts. Die USt ist i. d. R. nicht im Teilwert enthalten.

881 Dabei ist bis zum Nachweis eines abweichenden Werts von folgenden **Teilwertvermutungen** auszugehen:

- Im Zeitpunkt der Anschaffung oder Herstellung eines Wirtschaftsguts deckt sich der Teilwert mit seinen tatsächlichen Anschaffungs- oder Herstellungskosten (Selbstkosten). Diese Vermutung beruht auf der Vorstellung, dass der Unternehmer für einen Gegenstand nicht mehr bezahlt, als ihm dieser wert ist.
- Bei Wirtschaftsgütern des Anlagevermögens gilt die Vermutung Teilwert = Anschaffungs- oder Herstellungskosten (Selbstkosten) auch für spätere Zeitpunkte mit der Einschränkung, dass die Anschaffungs- oder Herstellungskosten (Selbstkosten) abnutzbarer Anlagegüter um die planmäßige AfA (planmäßiger linearer Wertverzehr) zu vermindern sind.
- Bei Wirtschaftsgütern des Umlaufvermögens (Warenvorräte!) gilt schließlich die Vermutung, dass der Teilwert den Wiederbeschaffungskosten (Wiederherstellungskosten) entspricht. Die Wiederbeschaffungskosten ergeben sich i. d. R. aus den Marktpreisen zum Bewertungszeitpunkt.

882–900 frei

Teil D Spezielle Vorschriften für die Bewertung einzelner Wirtschaftsgüter (§§ 4–8, 11–16 und 121 BewG)

1 Bedingung und Befristung

1.1 Begriff der Bedingung und Befristung

901 Rechtsgeschäfte werden gelegentlich mit der Klausel abgeschlossen, dass sie erst wirksam werden sollen, wenn ein bestimmtes Ereignis oder ein bestimmter Zeitpunkt eintritt, oder dass sie nur bis zum Eintritt eines bestimmten Ereignisses oder eines bestimmten Zeitpunktes wirksam bleiben sollen. Derartige Rechtsgeschäfte sind vor allem bei der Erbschaft- und Grunderwerbsteuer von Bedeutung. Die Vorschriften über die Bedingung und Befristung sind in den §§ 4–8 BewG geregelt.

a) Bedingung

902 Eine Bedingung ist die in ein Rechtsgeschäft aufgenommene Bestimmung, dass die Wirkungen des Rechtsgeschäftes von einem zukünftigen ungewissen Ereignis abhängig sein sollen. Im landläufigen Sprachgebrauch wird auch das zukünftige ungewisse Ereignis selbst als Bedingung bezeichnet. Der **Zeitpunkt** für den Eintritt des zukünftigen ungewissen Ereignisses kann gewiss (z. B. die Erlangung der Volljährigkeit) oder ungewiss sein (z. B. der Hochzeitstag), vgl. § 158 BGB. Die Bedingung führt zu einem **Schwebezustand,** während dessen die endgültige Rechtslage noch nicht feststeht (vgl. § 160 BGB).

903 Es ist zu unterscheiden zwischen der **aufschiebenden** und der **auflösenden** Bedingung. Aufschiebend bedingt ist ein Rechtsgeschäft, wenn sein Wirksam**werden,** auflösend, wenn sein Wirksam**bleiben** von einem zukünftigen ungewissen Ereignis abhängt. Bei der aufschiebenden Bedingung soll die Rechtswirkung erst bei Eintritt der Bedingung beginnen. Bei der auflösenden Bedingung soll die Rechtswirkung sofort beginnen, aber bei Eintritt der Bedingung enden.

904 **Ungewisse Ereignisse,** an deren Eintritt oder Wegfall das Wirksamwerden oder das Wirksambleiben geknüpft ist, können grundsätzlich Handlungen und Unterlassungen von Personen (insbesondere dritter Personen) wie auch Begebenheiten von tatsächlicher oder rechtsgeschäftlicher Art sein.

BEISPIELE

a) X verspricht dem Y 20 000 €, falls dieser seine Prüfung besteht oder falls er heiratet.
LÖSUNG Aufschiebende Bedingung (§ 158 Abs. 1 BGB).
b) D muss der E eine lebenslängliche Rente zahlen, bis sie wieder heiratet.
LÖSUNG Auflösende Bedingung (§ 158 Abs. 2 BGB).

---

905 **Keine echten Bedingungen** im Sinne des § 158 BGB sind so genannte Rechtsbedingungen (z. B. A setzt den B als Erben ein unter der »Bedingung«, dass B ihn überlebt) oder so genannte Vertrags- oder Lieferungsbedingungen, auch nicht die in einen Vertrag aufgenommene Klausel, dass der Vertrag nur gelten soll, falls nicht noch eine abweichende Einigung zustande kommt (vgl. OFH vom 31. 05. 1950 StBl NW 1950, 496).

906 Bürgerlich-rechtlich gibt es so genannte **bedingungsfeindliche Rechtsgeschäfte.** Das sind solche, bei denen das Gesetz selbst im Interesse der Rechtsklarheit oder im Hinblick auf das Gebot der Sittlichkeit eine Bedingung nicht zulässt, z. B. die Aufrechnung (§ 388 BGB), die

Auflassung (§ 925 BGB), die Annahme an Kindes Statt (§ 1752 BGB), die Annahme und die Ausschlagung der Erbschaft (§ 1947 BGB) und des Vermächtnisses (§ 2180 BGB), die Eheschließung (§ 1311 BGB).

b) Befristung

Eine Befristung liegt vor, wenn die Wirkungen eines Rechtsgeschäfts von einem Anfangs- oder Endtermin abhängig sein sollen. Es ist möglich, dass entweder Eintritt und Zeitpunkt des Ereignisses gewiss sind (**bestimmte** Befristung, z. B. Beginn der Rente am 10. 04. 2012) oder dass der Eintritt des Ereignisses gewiss und nur der Zeitpunkt ungewiss ist (**unbestimmte** Befristung, § 163 BGB). Die Befristung unterscheidet sich von der Bedingung also dadurch, dass bei der **Befristung** der Eintritt des zukünftigen Ereignisses **gewiss** ist, während bei der **Bedingung** der Eintritt des Ereignisses **ungewiss** ist.

Eine Bedingung oder Befristung liegt dagegen nicht vor, wenn eine Forderung oder Schuld nach dem Willen der Beteiligten bereits entstanden und nur ihre Fälligkeit bis zu einem bestimmten Zeitpunkt oder bis zum Eintritt eines unbestimmten Ereignisses hinausgeschoben oder nur ihre Höhe unbestimmt ist.

BEISPIELE

a) Der Erbe X ist gemäß testamentarischer Anordnung verpflichtet, bei Tode seines Bruders Y an dessen gesetzliche Erben 20 000 € auszuzahlen.
LÖSUNG Unbestimmte Befristung, da der Tod des Y sicher, der Zeitpunkt des Todes jedoch ungewiss ist.

b) X hat dem Z ein Darlehen gegeben, das erst nach dem Tode des X zurückgezahlt werden soll.

c) Dem Y ist eine Gewinnbeteiligung zugesichert, deren Höhe von der Höhe des künftigen Gewinns oder des Umsatzes abhängt.

909–920 frei

1.2 Bewertungsrechtliche Behandlung von Bedingung und Befristung

1.2.1 Aufschiebend bedingter Erwerb

Nach § 4 BewG werden Wirtschaftsgüter, deren Erwerb vom Eintritt einer aufschiebenden Bedingung abhängig ist, erst nach Eintritt der Bedingung berücksichtigt. Das soll nicht heißen, dass Wirtschaftsgüter dieser Art für die Bewertung überhaupt ausfallen, sondern dass sie bis zum Eintritt der Bedingung nicht dem Erwerber, sondern noch dem Veräußerer zuzurechnen sind.

Auf Forderungen, die unbedingt entstanden sind und bei denen lediglich die **Fälligkeit** von einem zukünftigen ungewissen Ereignis abhängt, ist § 4 BewG nicht anwendbar. Entsprechendes gilt für unbedingt entstandene Forderungen, bei denen lediglich die **Höhe** am Stichtag der Bewertung noch nicht feststeht.

BEISPIELE

a) A verspricht B notariell eine Schenkung von 50 000 € für den Fall, dass B heiratet.
LÖSUNG Der Anspruch auf Zahlung der 50 000 € ist aufschiebend bedingt, also bei B kein Ansatz einer Forderung, bei A kein Ansatz einer Schuld.

b) Die Schwester A hat gegen ihren Bruder B (der testamentarisch als alleiniger Erbe eingesetzt worden ist) einen Anspruch auf Übereignung eines der zum Nachlass gehörenden Grundstücke, falls sie heiratet.

LÖSUNG Der Anspruch (Sachleistungsanspruch) ist aufschiebend bedingt, also bei A kein Ansatz des Sachleistungsanspruchs, bei B kein Abzug einer Schuld (Sachleistungsverpflichtung).

c) A bezieht (als Erlös aus der Veräußerung eines Grundstücks) eine lebenslängliche Rente. Der Anspruch auf Zahlung der Rente soll auf seine Ehefrau übergehen, falls sie ihn überlebt.
LÖSUNG Es liegt ein zukünftiges ungewisses Ereignis vor. Der Anspruch der Ehefrau ist folglich aufschiebend bedingt, er ist daher bei ihr nicht anzusetzen.

d) K erwirbt von V eine Maschine. V und K einigen sich, dass das Eigentum erst dann auf K übergehen soll, wenn K den Kaufpreis voll bezahlt hat.
LÖSUNG K kauft unter Eigentumsvorbehalt (§ 455 BGB). An sich aufschiebende Bedingung, jedoch ist K wirtschaftlicher Eigentümer (Eigenbesitzer, § 39 Abs. 2 Nr. 1 AO).

e) A hat aufgrund eines Dienstvertrags Anspruch auf Zahlung von Tantieme.
LÖSUNG Die Höhe des Tantieme-Anspruchs ist vom Gewinn des Unternehmens im vorangegangenen Wirtschaftsjahr abhängig. Der Anspruch ist unbedingt entstanden. Wenn seine Höhe am Stichtag nicht bekannt ist, muss sie geschätzt und die ErbSt-Veranlagung ggf. gemäß § 165 Abs. 1 AO vorläufig durchgeführt werden.

1.2.2 Auflösend bedingter Erwerb

923 Wirtschaftsgüter, die unter einer auflösenden Bedingung erworben sind, werden nach **§ 5 Abs. 1 BewG** wie unbedingt erworbene behandelt. Ungeachtet der Bedingung wird also, entsprechend dem äußerlich erkennbaren Besitzstand, das Wirtschaftsgut mit dem vollen Wert dem Erwerber zugerechnet. Dabei bleiben jedoch die Vorschriften über die Berechnung des Kapitalwerts der Nutzungen von unbestimmter Dauer (§ 13 Abs. 2 und 3, § 14 und § 15 Abs. 3 BewG) unberührt.

BEISPIEL A überträgt seinem Neffen B schenkungshalber ein Grundstück mit der Maßgabe, dass B das Grundstück wieder herausgeben muss, falls die Ehe des B geschieden wird.
LÖSUNG Solange die Ehe nicht geschieden ist, ist das Grundstück dem B zuzurechnen, aber auch danach ist das Grundstück zunächst weiter dem B zuzurechnen, da A es ja nur aufgrund einer Auflassung und Eintragung zurück erwerben könnte. Eine Auflassung unter der Bedingung ist aber unwirksam. Tatsächlich entsteht für A ein Rückübereignungsanspruch, der jedoch bis zum Eintritt der Bedingung aufschiebend bedingt ist.

924 Tritt die Bedingung ein, so entfällt die zunächst eingetretene Rechtsfolge; dabei ist zu unterscheiden, ob nur das schuldrechtliche Geschäft auflösend bedingt war oder das dingliche Geschäft: Im ersten Fall entsteht bei Schenkungen unter einer auflösenden Bedingung ein Rückübereignungsanspruch, im zweiten Fall fällt das Eigentum automatisch zurück (bei Grundstücken wegen § 925 BGB nicht möglich). Eine bereits durchgeführte Festsetzung von **nicht laufend veranlagten Steuern** (z. B. Erbschaftsteuer) ist dann nach dem tatsächlichen Wert des Erwerbs zu **berichtigen** (§ 5 Abs. 2 BewG). Die Berichtigung erfolgt **nur auf Antrag**, der bis zum Ablauf des Jahres, das auf den Eintritt der Bedingung folgt, zu stellen ist. Die Festsetzungsfrist beginnt in diesen Fällen gemäß § 175 letzter Satz AO erst mit Ablauf des Kalenderjahres, in dem die Bedingung eingetreten ist, d. h. eine Erbschaftsteuerveranlagung ist auch dann noch berichtigungsfähig, wenn die Bedingung mehrere Jahre nach dem Erbfall eintritt. Eine Berichtigung der **laufend veranlagten Steuern** (z. B. der Einkommensteuer) ist dagegen nach § 5 Abs. 2 BewG nicht möglich.

1.2.3 Aufschiebend bedingte Lasten

Lasten, deren Entstehung vom Eintritt einer aufschiebenden Bedingung abhängen, werden nicht berücksichtigt. Sie werden wie aufschiebend bedingt erworbene Wirtschaftsgüter (vgl. § 4 BewG) behandelt, d. h. sie werden nicht abgezogen (**§ 6 Abs. 1 BewG**). Der Begriff »**Lasten**« umfasst **Verpflichtungen jeder Art**. Er schließt den Begriff der Schulden ein, geht aber über diesen hinaus. Er umfasst insbesondere auch Verpflichtungen zur Gewährung von Renten und anderen wiederkehrenden Leistungen.

925

BEISPIELE

a) Vgl. die Beispiele a) bis c) in 1.2.1.
LÖSUNG Die den Ansprüchen jeweils entsprechenden Verpflichtungen sind in gleicher Weise aufschiebend bedingt und somit nicht zu berücksichtigen.

b) C ist aufgrund testamentarischer Anordnung verpflichtet, im Falle der Veräußerung des geerbten Grundstücks einen Teil des Verkaufserlöses an seine Geschwister abzuführen (vgl. RFH vom 14. 06. 1933 RStBl 1933, 1168).
LÖSUNG Vor der Veräußerung kann er eine Last nicht berücksichtigen.

c) D ist verpflichtet, eine Vertragsstrafe zu entrichten für den Fall, dass er mit seiner Leistung in Verzug kommt (vgl. RFH vom 13. 12. 1934 RStBl 1935, 584).
LÖSUNG Vor Eintritt des Verzugs kann er keine Last berücksichtigen.

d) Das Grundstück des A ist mit einem lebenslänglichen Nießbrauch des Großvaters G und des Vaters (des A) V belastet. Der Nießbrauch des V soll jedoch erst dann wirksam werden, wenn G stirbt.
LÖSUNG Die Nießbrauchslast gegenüber V ist aufschiebend bedingt, weil das Überleben des V ein zukünftiges ungewisses Ereignis darstellt. Solange also G lebt, ist für die Bewertung des Nießbrauchs allein das Lebensalter des G maßgebend (vgl. BFH vom 21. 10. 1955 BStBl I 1955, 342).

Ob eine Last im Bewertungszeitpunkt als unbedingt oder als aufschiebend bedingt besteht, ist oft zweifelhaft. **Entscheidend** ist **nicht,** ob der **Eintritt** des maßgebenden **Ereignisses wahrscheinlich oder unwahrscheinlich** ist und ob ein Käufer des Unternehmens deshalb bei der Bemessung des Kaufpreises die Last wertmindernd berücksichtigen wird. Auf das Maß der Aussichten für den Eintritt oder Nichteintritt einer Bedingung kommt es nicht an. Insoweit wird die wirtschaftliche Betrachtungsweise durch die §§ 4ff. BewG ausgeschlossen. Infolgedessen wird auch eine Last, deren Entstehung vom Eintritt einer aufschiebenden Bedingung abhängt, nicht dadurch zu einer auflösend bedingten Last, dass der Eintritt der Bedingung wahrscheinlich ist und der Verkehr mit der Schuld als ihrem Grunde nach gegenwärtig schon bestehend rechnet (BFH vom 30. 04. 1959 BStBl III 1959, 315 und vom 14. 07. 1967 BStBl III 1967, 770).

926

Tritt die Bedingung ein, so ist – ebenso wie im Falle des § 5 BewG bei auflösend bedingt erworbenen Wirtschaftsgütern – die bereits erfolgte Festsetzung einer **nicht laufend veranlagten Steuer** (z. B. Erbschaft-, Grunderwerbsteuer) **auf Antrag** zu **berichtigen** (§ 6 Abs. 2 BewG).

927

BEISPIELE

a) Fall nach BFH vom 14.07.1967 BStBl III 1967, 770
Pächter P hat von Verpächter V ein bebautes Grundstück gepachtet. Da er darin Getreide lagert, hat er die Decke an vielen Stellen durchbrochen. Nach dem Pachtvertrag hat er den ursprünglichen Zustand wiederherzustellen, **wenn** V dies verlangt.
LÖSUNG Eine Schuld kann bei P noch nicht abgezogen werden, da die Last nach § 6 BewG aufschiebend bedingt ist. Daß V die Wiederherstellung des ursprünglichen Zustandes höchstwahrscheinlich verlangen wird, berechtigt nicht, die aufschiebende Bedingung zu einer auflösenden zu machen. Auch die Anwendung der wirtschaftlichen Betrachtungsweise scheidet aus (anders ausdrückl. § 92 Abs. 4 BewG für den Fall des Gebäudeabbruchs beim Erbbaurecht; jedoch darf diese Sonderregelung nicht auf andere Sachverhalte ausgedehnt werden; ähnlich Peusquens, BB 1977 S. 1542 ff.). Anders auch, wenn P Gewerbetreibender ist. Eine entsprechende Rückstellung wäre in die Vermögensaufstellung zu übernehmen.

b) X ist testamentarischer Erbe geworden. Im Testament ist angeordnet, dass X seiner Schwester 50 000 € auszuzahlen habe, falls diese heiratet.
LÖSUNG Bei der Erbschaftsteuerveranlagung des X ist diese Verpflichtung als aufschiebend bedingte Last nicht abzugsfähig. Tritt die Bedingung ein, so wird die Erbschaftsteuerfestsetzung auf Antrag des X nach dem Wert des tatsächlichen Erwerbs berichtigt (Abzug der abgezinsten 50 000 €). Die Schwester wird dann erstmalig zur Erbschaftsteuer herangezogen (aufschiebend bedingter Erwerb).

1.2.4 Auflösend bedingte Lasten

928   Lasten, deren Fortdauer auflösend ist, werden nach **§ 7 Abs. 1 BewG** wie unbedingte abgezogen. Wegen des Begriffs »Lasten« vgl. 1.2.3 dieses Abschnitts. Tritt die Bedingung ein, fällt also die Last weg, so ist die Festsetzung einer nicht laufend veranlagten Steuer, z.B. Erbschaft-, Grunderwerbsteuer zu berichtigen (§ 7 Abs. 2 BewG). Diese Berichtigung, die zu einer Höherveranlagung führt, wird von Amts wegen vorgenommen. Besteht eine solche Last in wiederkehrenden Leistungen von unbestimmter Dauer, so ist sie mit dem nach § 13 Abs. 2 und 3, § 14, § 15 Abs. 3 BewG berechneten Wert anzusetzen (§ 7 Abs. 1 BewG).

BEISPIELE

a) X ist testamentarischer Erbe geworden. Nach dem Testament ist ihm die Verpflichtung auferlegt, an seinen Bruder Y am 01.01.14 30 000 € auszuzahlen. Die Verpflichtung soll wegfallen, falls sich Y bis zum 01.01.14 strafbar machen sollte.
LÖSUNG Die Verpflichtung ist bereits im Zeitpunkt des Erbfalls unbedingt entstanden. Der 01.01.04 ist lediglich Fälligkeitszeitpunkt. Bei der Heranziehung des X zur Erbschaftsteuer ist der Betrag von 30 000 €, abgezinst gemäß § 12 Abs. 3 BewG, als Schuld abzuziehen. Tritt die Bedingung ein, so ist von Amts wegen die Erbschaftsteuerfestsetzung zu berichtigen. Der als Schuld abgezogene Betrag ist hierbei zu streichen.

b) E ist als Erbe nach den Bestimmungen des Testaments verpflichtet, der W (Witwe der Erblassers) eine lebenslängliche jährliche Rente zu zahlen. Die Verpflichtung soll wegfallen, falls W sich wieder verheiratet.
LÖSUNG Bei der Erbschaftsteuerveranlagung des E ist die Rentenverpflichtung, die auflösend bedingt ist, wie eine unbedingte Last abzuziehen. Der Kapitalwert der Rente wird hierbei nach § 14 BewG berechnet.
Im Falle des Eintritts der Bedingung wird die Erbschaftsteuerveranlagung des E von Amts wegen berichtigt. Für die Berechnung des Kapitalwerts der an die W tatsächlich geleisteten Rentenzahlungen gilt § 13 Abs. 1 BewG.

1.2.5 Befristungen

929 Nach § 8 BewG gelten die Vorschriften der §§ 4 bis 7 auch, wenn der Erwerb des Wirtschaftsguts, die Entstehung oder der Wegfall der Last von einem Ereignis abhängt, dessen **Eintritt gewiss**, bei dem aber der **Zeitpunkt** des Eintritts **ungewiss** ist.

930 § 8 BewG findet jedoch keine Anwendung, wenn der Anspruch oder die Schuld bereits entstanden und lediglich die **Fälligkeit befristet** ist (so genannte **Betagung**, vgl. BFH vom 24.11.1972 BStBl II 1973, 354).

931 Eine Berichtigung kommt aber insoweit nicht in Betracht, als die unbestimmte Befristung bereits bei der Kapitalisierung nach §§ 13ff. BewG (z. B. nach § 13 Abs. 2 – Leistungen von unbestimmter Dauer – oder nach § 14 – Leistungen auf Lebenszeit –) berücksichtigt worden ist (vgl. § 8 i. V. m. § 5 Abs. 1 Satz 2 und § 7 Abs. 1 BewG).

BEISPIELE

a) E hat drei Aktien geerbt. Nach dem Testament hat er nach dem Tode seines 85-jährigen Onkels dessen Kindern A und B, im Falle ihres Todes deren gesetzlichen Erben, eine dieser Aktien herauszugeben.
LÖSUNG Es liegt eine unbestimmte Befristung vor, da der Tod des Onkels gewiss, der Zeitpunkt des Todes jedoch ungewiss ist. Der Erwerb der einen Aktie ist bei E wie ein auflösend befristeter Erwerb (§§ 8, 5 BewG) zu behandeln. Bei den Kindern A und B liegt ein aufschiebend bedingter Erwerb (§ 4 BewG) vor, da ihr Erwerb davon abhängt, dass sie ihren Vater überleben (zukünftiges ungewisses Ereignis).

b) A braucht ein ihm gegebenes Darlehen erst dann zurückzuzahlen (und zwar an die Erben des D), wenn der Darlehensgeber D verstorben ist.
LÖSUNG § 8 BewG findet keine Anwendung, denn die Ungewissheit besteht hier lediglich hinsichtlich des Zeitpunktes der Rückzahlung, nicht aber hinsichtlich der Rückzahlungsverpflichtung selbst. Das Darlehen kann abgezogen werden. Ist es unverzinslich, dann ist es nach § 12 BewG abzuzinsen.

c) Der Erbe E muss seinem 12-jährigen Bruder B bis zur Beendigung von dessen Berufsausbildung jährlich 4 000 € zahlen.
LÖSUNG Bei der Erbschaftsteuerveranlagung des E ist die Verpflichtung abzugsfähig. Für die Bewertung der Leistung gilt § 13 Abs. 2 BewG. Bei vorzeitiger Beendigung der Berufsausbildung kommt eine Berichtigung nicht in Betracht.

d) Der Erbe E muss seinem Bruder B bis zu dessen Tod eine Rente zahlen.
LÖSUNG Der Tod ist ein mit Sicherheit eintretendes Ereignis. Daher liegt eine unbestimmte Befristung vor. Nach Eintritt des Todes wird eine Berichtigung nicht vorgenommen, es sei denn, dass die Voraussetzungen des § 14 Abs. 3 BewG vorliegen.

932–940 frei

1.2.6 Übersicht

Siehe nächste Seite

941

Bedingung und Befristung im Bewertungsrecht (§§ 4–8, § 98a Satz 2 BewG, §§ 158–163 BGB)			
Zurechnung von Wirtschaftsgütern (§§ 4, 5 und 8 BewG)			
zukünftiger Erwerb		»Durchgangs-Erwerb«	
Aufschiebend bedingter Erwerb	Aufschiebend befristeter Erwerb (fristgebundener Erwerb)	Auflösend bedingter Erwerb	Auflösend befristeter Erwerb (Aufgabe des Erwerbs zum Endtermin)
Das Wirtschaftsgut wird dem Erwerber erst dann zugerechnet, wenn das **ungewisse** Ereignis eingetreten ist.	Das Wirtschaftsgut wird dem Erwerber erst dann zugerechnet, wenn das **gewisse** Ereignis eingetreten ist (erst vom **Anfangstermin** an zugerechnet).	Das Wirtschaftsgut wird dem Erwerber (Eigentümer) solange zugerechnet, bis das **ungewisse** Ereignis eingetreten ist.	Das Wirtschaftsgut wird dem Erwerber (Eigentümer) solange zugerechnet, bis das **gewisse** Ereignis (der Frist-Zeitpunkt bzw. der **Endtermin**) eingetreten ist.
§ 4 BewG	§ 8 i.V.m. § 4 BewG	§ 5 BewG	§ 8 i.V.m. § 5 BewG

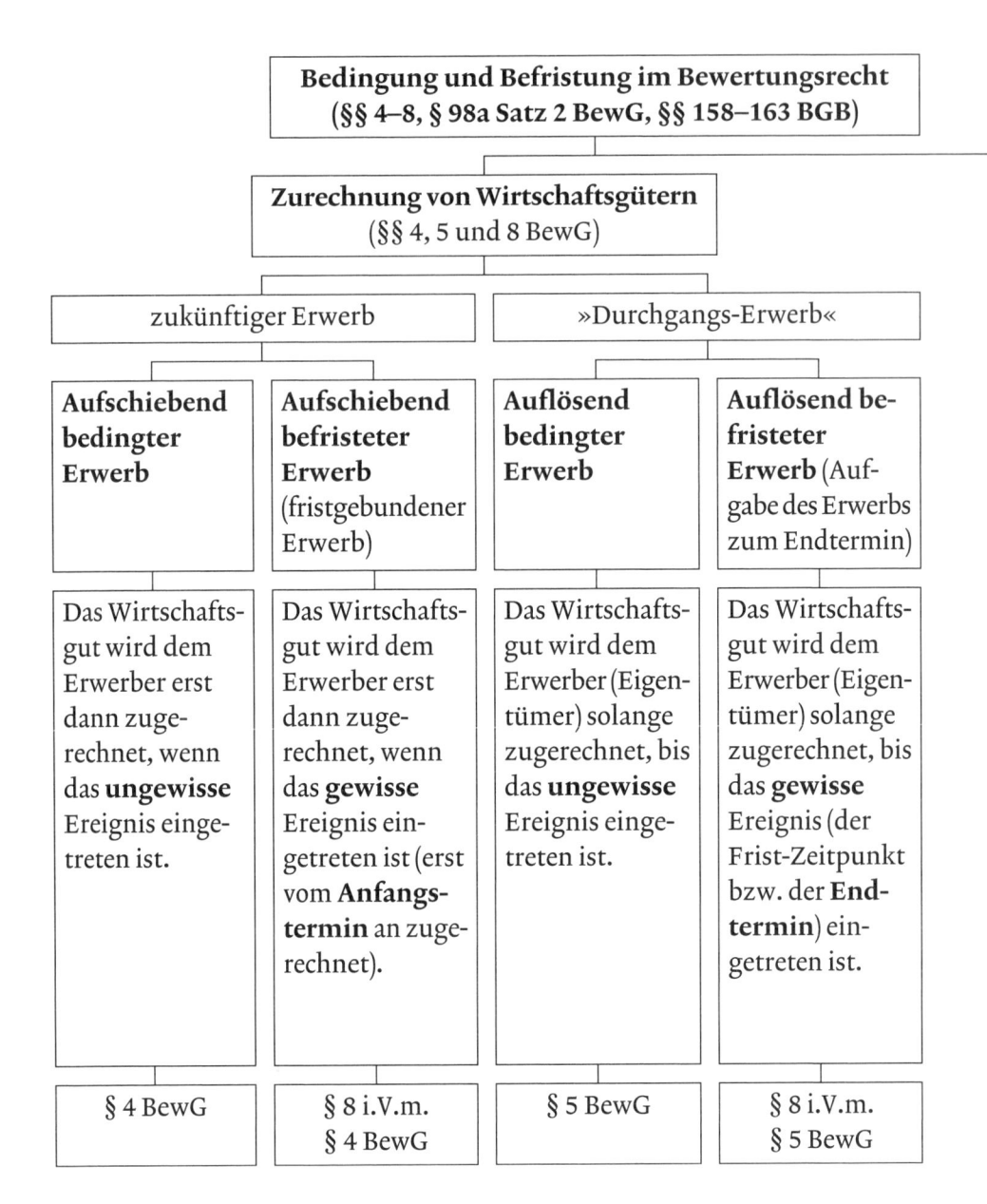

[1] Lasten sind Verpflichtungen jeder Art, insbesondere Schulden.

1 Bedingung und Befristung | 135

	Abzug von Lasten (§§ 6, 7 und 8 BewG)[1)]		
zukünftige Lasten		**späterer Wegfall der Lasten**	
Aufschiebend bedingte Lasten	**Aufschiebend befristete Lasten** (Entstehung der Last zum Anfangstermin)	**Auflösend bedingte Lasten**	**Auflösend befristete Lasten** (Wegfall der Last zum Endtermin)
Die Last ist erst dann abzugsfähig, wenn das **ungewisse** Ereignis eingetreten ist, von dem die Entstehung der Last abhängt.	Die Last wird erst dann berücksichtigt, wenn das **gewisse** Ereignis eingetreten ist (erst von dem Fristzeitpunkt – **Anfangstermin** – an abzugsfähig, an dem die Last entstanden ist).	Die Last wird bis zum Eintritt des **ungewissen** Ereignisses voll abgezogen, als ob der Wegfall nie möglich wäre.	Die Last wird bis zum Eintritt des **gewissen** Ereignisses (bis zum Frist-Zeitpunkt – **Endtermin** –) voll abgesetzt, so als ob die Auflösung der Last zum Frist-Zeitpunkt nicht möglich wäre.
§ 6 BewG	§ 8 i.V.m. § 6 BewG	§ 7 BewG	§ 8 i.V.m. § 7 BewG

2 Bewertung der Wertpapiere und Anteile (Allgemeines)

2.1 Anwendungsbereich des § 11 BewG

942 Nach seiner Überschrift regelt § 11 BewG die Bewertung der Wertpapiere und Anteile. Diese Inhaltsangabe ist jedoch nicht vollständig, denn Gegenstand dieser Vorschrift ist nicht nur die Bewertung der Wertpapiere und Anteile, sondern auch die Bewertung von Schuldbuchforderungen, Beteiligungen und Anteilen an Kapitalanlagegesellschaften (Investmentzertifikate). Hierbei ist zu berücksichtigen, dass sich die Begriffe »Wertpapiere« und »Anteile« überschneiden können.

2.2 Begriff und Abgrenzung

2.2.1 Wertpapiere

943 Wertpapiere (auch Effekten genannt) sind Urkunden über ein Vermögensrecht, dessen Verwirklichung von dem **Besitz der Urkunde** abhängt. Im Gegensatz dazu stehen **bloße Beweisurkunden** (Legitimationspapiere), wie z.B. Darlehensschuldscheine, Sparkassenbücher und GmbH-Anteilscheine, bei denen weder die Geltendmachung noch die Übertragung des in ihnen beurkundeten Rechts den Besitz der Urkunde erforderlich macht. Auch die handelsrechtlichen Papiere (z.B. Lagerschein, Ladeschein, Konnossement, Frachtbrief) fallen nicht unter § 11 BewG. Die Wertpapiere teilt man allgemein insbesondere nach folgenden Abgrenzungsmerkmalen ein:

a) nach der **Art der Übertragung** in:
 – Inhaberpapiere (z.B. Scheck),
 – Namenspapiere (z.B. Hypothekenbrief),
 – Orderpapiere (z.B. Wechsel, Scheck);

b) nach der **Art der Erträge** in:
 – festverzinsliche Wertpapiere – Gläubigereffekten – (z.B. Anteile),
 – Dividendenpapiere – Teilhabereffekten – (z.B. Aktien);

c) nach der **Art des verbrieften Rechts** in:
 – Forderungspapiere (Wertpapiere des Zahlungsverkehrs und des Geldverkehrs),
 – Anteilspapiere.

944 Die Einteilung nach der Art der Übertragung spielt für die Bewertung mittelbar nur insofern eine Rolle, als Namenspapiere in der Regel nicht an der Börse gehandelt werden und deshalb keinen Kurswert haben. Bewertungsrechtlich ist die Einteilung nach der Art des verbrieften Rechts ausschlaggebend.

a) Forderungspapiere

945 Forderungspapiere, auch Gläubigereffekten genannt, sind Effekten mit in der Regel festgesetztem Zinsertrag (festverzinsliche Wertpapiere). Man nennt sie »**Anleihen**« (Anleihestücke) oder »**Schuldverschreibung**« (Obligationen). Durch das Forderungspapier wird beurkundet, dass sein Inhaber bzw. Erstinhaber einem Staat, einer Stadt, einer Gesellschaft usw. einen bestimmten Betrag gegen Verzinsung oder andere Vorteile in der Art eines Darlehens zur Verfügung gestellt hat. Die Zinszahlung findet gegen Einreichung der meist halbjährlich fälligen Kupons statt. Als Forderungspapiere kommen in Betracht:

- **Staatsanleihen,** wozu auch die so genannten Schatzwechsel und Schatzanweisungen gehören, die zur Beschaffung gegenwärtig erforderlicher Geldmittel dienen. Sie können auch unverzinslich sein, sind dann aber mit anderen Vorteilen ausgestattet (z.B. Erwerb zu 95, Einlösung zu 100). Anleihestücke können durch Eintragung in ein Schuldbuch von dem Besitz der über die Forderung ausgestellten Urkunde unabhängig gemacht und dadurch gesichert werden.

- **Kommunalanleihen** (Kommunalschuldverschreibungen), das sind Anleihen von Kreisen, Städten und anderen öffentlich-rechtlichen Verbänden;
- **Hypothekenpfandbriefe,** das sind Schuldverschreibungen, die von Hypothekenbanken ausgegeben werden, um langfristige Kredite an Haus- und Grundbesitzer zu finanzieren und die durch Hypotheken auf dem beliehenen Grundbesitz mittelbar gesichert sind. Ist das durch die Ausgabe der Hypothekenpfandbriefe beschaffte Geld als Darlehen an kommunale Körperschaften gegeben worden, spricht man von »kommunalen Obligationen«;
- **Rentenbriefe** werden durch die Landesrentenbank zur Finanzierung von Rentendarlehen auf landwirtschaftliche Grundstücke ausgegeben und durch entsprechende Hypotheken gesichert;
- **Industrieobligationen** werden regelmäßig von Banken ausgegeben zu dem Zweck, die für einen größeren Bankkredit an Industriegesellschaften erforderlichen Mittel zu beschaffen. Da die Industrieobligationen praktisch nur Teile einer großen Forderung der Bank an die Gesellschaft darstellen, bezeichnet man sie auch als »Teilschuldverschreibungen«;
- **Wandelschuldverschreibungen** sind verzinsliche Schuldverschreibungen von Aktiengesellschaften, bei denen dem Inhaber das Recht zusteht, sie (meist nach einer bestimmten Frist) in Aktien umzutauschen (§ 221 Abs. 1 AktG);
- **Gewinnschuldverschreibungen** sind Schuldverschreibungen, bei denen der Inhaber über den bestimmten Zinssatz hinaus in einem zu der Dividende der Aktionäre in Beziehung gesetzten Verhältnis am Gewinn der Aktiengesellschaft beteiligt ist (§ 221 Abs. 1 AktG);
- **Genussscheine** gewähren dem Inhaber keine bestimmte Verzinsung, sondern einen Anspruch auf einen Anteil am Gewinn oder am Abwicklungserlös einer Aktiengesellschaft, ohne gesellschaftliche Anteilsrechte, insbesondere das Stimmrecht, zu begründen (Genussrechte, vgl. § 221 Abs. 3 AktG). Auch bei ihnen handelt es sich um Gläubiger- und nicht um Anteilspapiere.

b) Anteilspapiere

Anteilspapiere (auch Teilhabereffekten genannt) verbürgen dem Inhaber einen Anteil am Geschäftsvermögen und am Gewinn eines Unternehmens. Sie werfen nicht, wie Obligationen, einen festen Zinsertrag, sondern eine nach der Höhe des Gewinns bemessene Dividende ab. Ist ein Gewinn nicht erzielt worden, wird eine Dividende nicht verteilt. Als Anteilspapiere kommen in Betracht:

Aktien, das sind auf einen bestimmten Geldertrag lautende Anteile am Grundkapital einer Aktiengesellschaft oder einer Kommanditgesellschaft auf Aktien (§§ 8ff., 278 AktG). Neben den **Stammaktien** gibt es verschiedene **Aktiengattungen** (§ 11 AktG), insbesondere:

- **Vorzugs-(Prioritäts-) Aktien,** die besondere Vorteile verbriefen, z.B. bezüglich des Stimmrechts (so genannte Mehrstimmrechtsaktien, deren Neuausgabe grundsätzlich nicht mehr zulässig ist, vgl. § 12 AktG);
- **Vorrats**aktien, die noch nicht in den Verkehr gelangt, sondern zur späteren Verwendung durch die AG bestimmt sind, sowie **junge** (d.h. neue) Aktien, die noch nicht an der Börse eingeführt, aber schon voll dividendenberechtigt sind (vgl. § 217 AktG).

c) Wechsel, Schecks und andere handelsrechtliche Wertpapiere

947 (z. B. Konnossemente, Lagerscheine, Ladescheine) interessieren, obwohl sie Wertpapiere sind, im Zusammenhang mit der Bewertung nach § 11 BewG nicht, da sie keinen Kurswert haben. Als Wirtschaftsgüter des Betriebsvermögens werden sie nach § 109 Abs. 1 BewG mit dem Wert der Steuerbilanz bewertet. Als Wirtschaftsgüter des sonstigen Vermögens werden sie – soweit sie Geldforderungen enthalten – nach § 12 BewG (Nennwert), soweit sie Warenforderungen enthalten, nach § 9 BewG (gemeiner Wert) bewertet.

2.2.2 Schuldbuchforderungen

948 Schuldbuchforderungen sind Forderungen gegen den Bund oder die Länder, für die Schuldbuchverschreibungen nicht ausgestellt, die vielmehr durch **Eintragung in das Staatsschuldbuch** beurkundet sind. Die Errichtung eines Bundesschuldbuchs, wie auch von Landesschuldbüchern in einigen Ländern, ist jeweils gesetzlich geregelt.

2.2.3 Anteile, die nicht durch Wertpapiere verbrieft sind

949 Dies sind insbesondere **GmbH-Anteile**. Letztere sind Geschäftsanteile der Mitglieder einer Gesellschaft mit beschränkter Haftung (vgl. §§ 14ff. GmbH-Gesetz). Daneben gehören auch die Anteile an eingetragenen **Genossenschaften** in diese Gruppe von Anteilen.

2.2.4 Beteiligungen

950 Von einer Beteiligung spricht man, wenn jemand sich mit Kapital auf Dauer an einem anderen Unternehmen beteiligt, mit dem Zweck, die Geschäftsführung dieses Unternehmens zu beeinflussen. Eine derartige Beteiligung wird jedoch erst dann angenommen, wenn ein Steuerpflichtiger mehr als 25 % der Anteile einer Kapitalgesellschaft besitzt (Aktien oder GmbH-Anteile); vgl. R 7 Abs. 3 Einf. Erl. zu §§ 11, 95–109, 199ff. BewG. Handelsrechtlich wird allerdings schon bei einem Anteilsbesitz von mehr als 20 % von einer Beteiligung gesprochen, § 271 Abs. 1 Satz 3 HGB. Der Begriff der Beteiligung im Sinne der R 7 Abs. 3 Einf. Erl. ist auch nicht zu verwechseln mit dem Begriff der Beteiligung im Sinne des § 17 EstG.

2.2.5 Investmentzertifikate

951 Investmentzertifikate sind **Anteile** an Kapitalanlagegesellschaften oder sonstigen Fonds. Kapitalanlagegesellschaften sind Unternehmen, die von den Erwerbern der Investmentzertifikate erhaltene Gelder im eigenen Namen für gemeinschaftliche Rechnung der Einleger in Wertpapieren anlegen. Die Kapitalanlagegesellschaften stellen den Geldgebern (Anteilinhabern) Anteilscheine aus, in denen die Rechte der Einleger verbrieft sind. Diese **Anteilscheine** (Investmentzertifikate genannt) sind Wertpapiere (§ 18 des Gesetzes über die Kapitalanlagegesellschaften).

2.3 Stichtag für die Bewertung

Die Bewertung der unter § 11 BewG fallenden Wirtschaftsgüter erfolgt, wie jede Bewertung nach dem BewG, nach den Verhältnissen an einem bestimmten Stichtag. Welcher Stichtag maßgebend ist, bestimmt sich grundsätzlich nach den einzelnen Steuergesetzen. So ist für die Erbschaftsteuer der Todestag des Erblassers maßgebend (§§ 9 und 11 ErbStG – Besteuerungszeitpunkt). 952

2.4 Bewertungsmaßstäbe

Für die Bewertung von Wertpapieren, Schuldbuchforderungen, Anteilen an Kapitalgesellschaften, Beteiligungen und Investmentzertifikaten stellt das BewG insgesamt vier Bewertungsmaßstäbe zur Verfügung: 953
1. Kurswert,
2. gemeiner Wert,
3. Nennwert und
4. Rücknahmepreis.

Für Wertpapiere und Schuldbuchforderungen, die am Stichtag an einer deutschen Börse zum amtlichen Handel zugelassen oder in den so genannten geregelten Freiverkehr einbezogen sind, gelten die nach § 11 Abs. 1 BewG maßgebenden Kurse vom Besteuerungszeitpunkt (**Kurswerte**). Für Wertpapiere, die Rechte der Anleger gegen eine Kapitalanlagegesellschaft oder einen sonstigen Fonds verbriefen (Anteilscheine, Investmentzertifikate), gilt nach § 11 Abs. 4 BewG der **Rücknahmepreis**. 954

Anteile an Kapitalgesellschaften (Wertpapiere und nichtverbriefte Anteilsrechte), die nicht unter § 11 Abs. 1 BewG fallen (für die also ein Kurswert nicht besteht), werden nach § 11 Abs. 2 BewG mit dem **gemeinen Wert** bewertet. Das gilt auch für ausländische Wertpapiere, die nicht an einer deutschen, sondern einer ausländischen Börse gehandelt werden. Wertpapiere, die **nur Forderungsrechte** verbriefen und für die ein Kurswert nach § 11 Abs. 1 BewG nicht besteht, werden mit dem sich nach § 12 Abs. 1 BewG ergebenden Wert (**Nennwert**) angesetzt. 955

Anteile an Personengesellschaften und ähnlichen Mitunternehmerschaften sind nicht nach §§ 11 und 12 BewG, sondern nach § 97 Abs. 1a BewG zu bewerten. Sie sind vielmehr mit den Beträgen anzusetzen, die sich aus der Aufteilung des für das Betriebsvermögen der Gesellschaft festgestellten Werts auf die einzelnen Gesellschafter ergeben (vgl. dazu §§ 3, 97 Abs. 1 Nr. 5 BewG). 956

957–970
frei

2.5 Übersicht

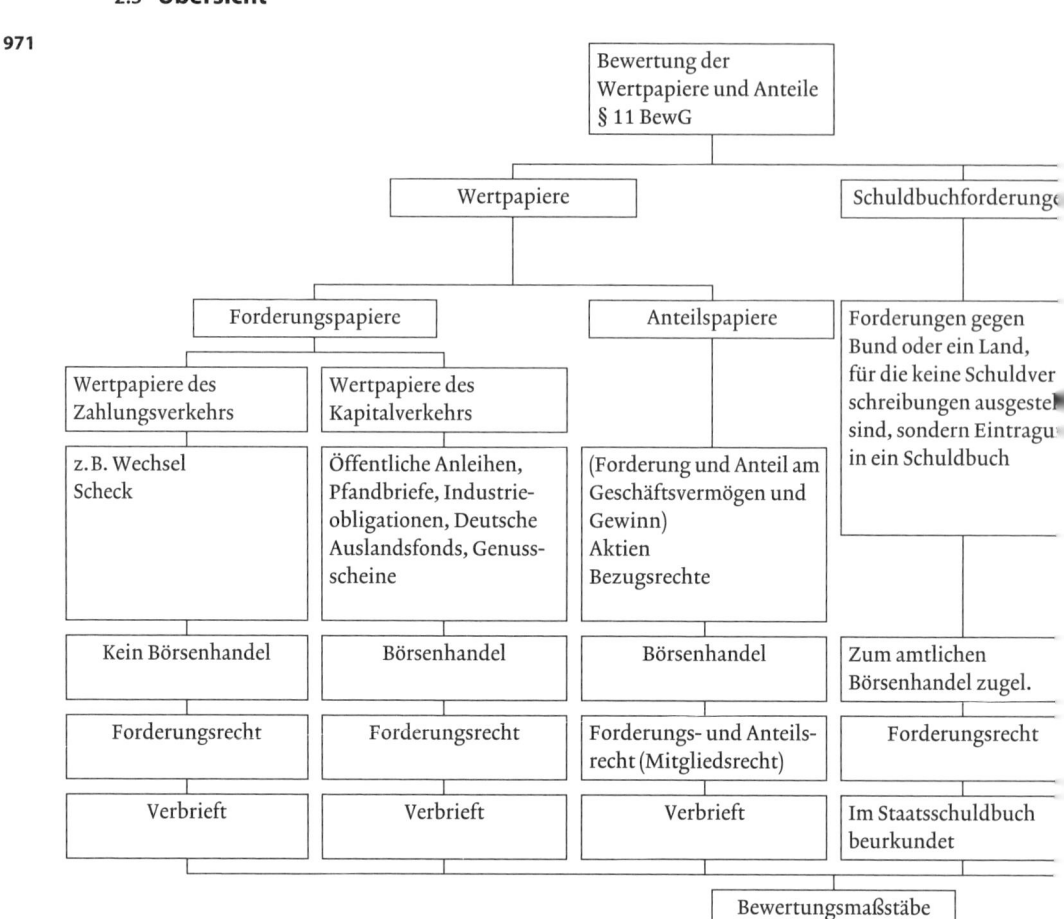

971

	Bewertung der Wertpapiere und Anteile § 11 BewG		
	Wertpapiere		**Schuldbuchforderungen**
Forderungspapiere		**Anteilspapiere**	Forderungen gegen Bund oder ein Land, für die keine Schuldverschreibungen ausgestellt sind, sondern Eintragung in ein Schuldbuch
Wertpapiere des Zahlungsverkehrs	Wertpapiere des Kapitalverkehrs		
z. B. Wechsel, Scheck	Öffentliche Anleihen, Pfandbriefe, Industrieobligationen, Deutsche Auslandsfonds, Genussscheine	(Forderung und Anteil am Geschäftsvermögen und Gewinn) Aktien, Bezugsrechte	
Kein Börsenhandel	Börsenhandel	Börsenhandel	Zum amtlichen Börsenhandel zugel.
Forderungsrecht	Forderungsrecht	Forderungs- und Anteilsrecht (Mitgliedsrecht)	Forderungsrecht
Verbrieft	Verbrieft	Verbrieft	Im Staatsschuldbuch beurkundet
	Bewertungsmaßstäbe		
Nennwert (§ 12 Abs. 1) (s. Anmerkung 1)	Kurswert (§ 11 Abs. 1) (s. Anmerkung 2)	Kurswert (§ 11 Abs. 1) **oder** gemeiner Wert (§ 11 Abs. 2), wenn kein Kurswert vorhanden (nicht notiert)	Kurswert (§ 11 Abs. 1)

1) Anmerkung zu den Wertpapieren des Zahlungsverkehrs:
Die Wertpapiere des Zahlungsverkehrs werden nicht im Rahmen des § 11 BewG bewertet, sondern nach § 12 Abs. 1 BewG.
Ebenso scheiden die handelsrechtlichen Wertpapiere (z.B. Ladeschein, Lagerschein) und die sachenrechtlichen Wertpapiere (z.B. Hypothekenbrief, Grundschuldbrief) aus der Bewertung nach § 11 BewG aus.
Sachleistungsforderungen (Sachleistungsansprüche) sind mit dem für den Gegenstand maßgebenden steuerlichen Wert zu bewerten.

2) Anmerkung zu den Wertpapieren des Kapitalverkehrs:
Besteht dafür kein Kurswert, dann werden sie nach § 12 BewG (grundsätzlich mit dem Nennwert) bewertet.

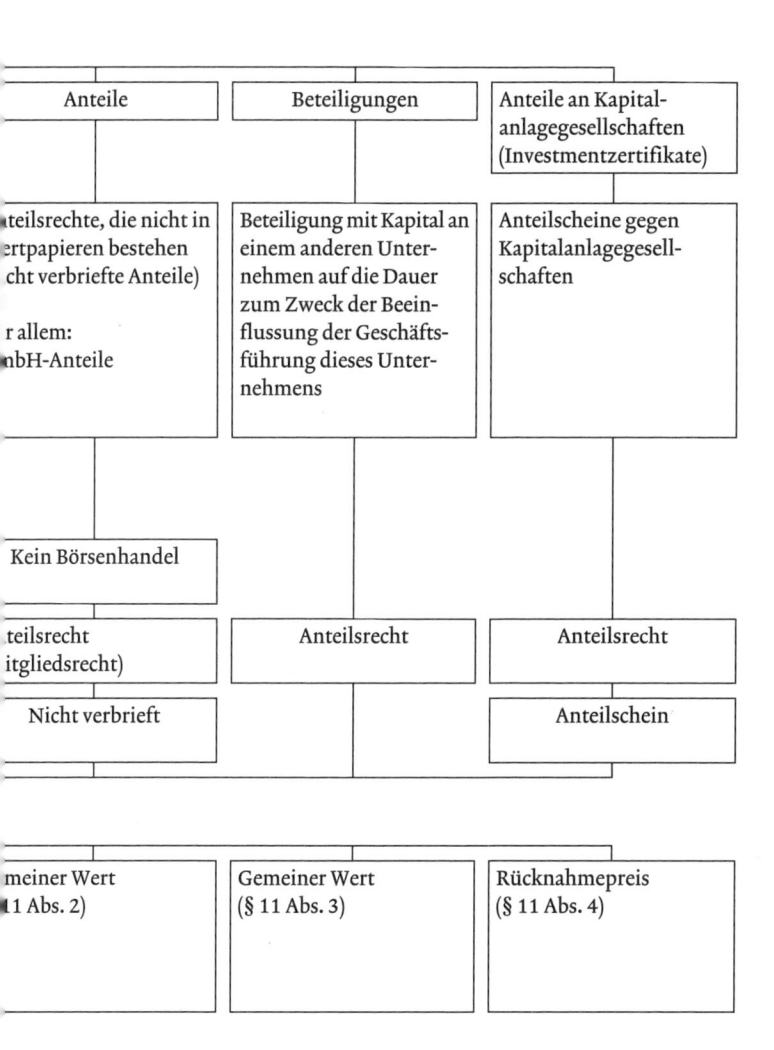

2 Bewertung der Wertpapiere und Anteile (Allgemeines) | 141

Anteile	Beteiligungen	Anteile an Kapitalanlagegesellschaften (Investmentzertifikate)
teilsrechte, die nicht in ertpapieren bestehen cht verbriefte Anteile) r allem: nbH-Anteile	Beteiligung mit Kapital an einem anderen Unternehmen auf die Dauer zum Zweck der Beeinflussung der Geschäftsführung dieses Unternehmens	Anteilscheine gegen Kapitalanlagegesellschaften
Kein Börsenhandel		
teilsrecht itgliedsrecht)	Anteilsrecht	Anteilsrecht
Nicht verbrieft		Anteilschein
meiner Wert 1 Abs. 2)	Gemeiner Wert (§ 11 Abs. 3)	Rücknahmepreis (§ 11 Abs. 4)

3 Bewertung mit dem Kurswert im Einzelnen

3.1 Allgemeines

972 Gemäß § 11 Abs. 1 BewG sind Wertpapiere und Schuldbuchforderungen, die am Stichtag an einer **deutschen** Börse zum amtlichen Handel zugelassen sind, mit dem niedrigsten am Stichtag für sie im amtlichen Handel notierten Kurs anzusetzen (**Kurswert**). Sind an den einzelnen Börsen mithin unterschiedliche Kurse notiert worden, so ist der niedrigste am Stichtag notierte Kurs maßgebend. Hat am Stichtag eine Notierung nicht vorgelegen (z. B. wegen mangelnder Verkaufs- und Kaufaufträge), so ist der letzte innerhalb von 30 Tagen vor dem Stichtag im amtlichen Handel notierte Kurs anzusetzen (§ 11 Abs. 1 Satz 2 BewG), und zwar wiederum der niedrigste, wenn unterschiedliche Kurse bestanden haben. Ist innerhalb von 30 Tagen ein Kurs nicht notiert worden, so ist der gemeine Wert nach § 11 Abs. 2 BewG anzusetzen. Entsprechend sind die Wertpapiere zu bewerten, die nur in den so genannten Freiverkehr einbezogen sind. Der Kurswert ist zum Stichtag des Besteuerungszeitpunkts für die Erbschaftsteuer zu ermitteln, § 12 Abs. 1, 2 und 5 ErbStG.

3.2 Börse und Kurs

973 Die Wertpapiere und Schuldbuchforderungen müssen, um mit dem notierten Kurs angesetzt werden zu können, an einer deutschen Börse zum **amtlichen Handel** zugelassen sein. Das geschieht durch eine besondere Kommission.

974 Die **Börse** ist ein Wertpapiermarkt. Sie ist eine vom Staat genehmigte und unter Staatsaufsicht stehende Veranstaltung, in der dazu zugelassene Kaufleute meist täglich zum Zwecke des Abschlusses von Handelsgeschäften ohne gleichzeitige Vorzeigung, Übergabe und Bezahlung der Ware zusammenkommen. Das deutsche Börsenwesen ist durch das Gesetz vom 27.05.1908 RGBl 1908, 215 geregelt. Es gibt Warenbörsen und Effekten-(Wertpapier-)börsen. An Effektenbörsen, die hier allein interessieren, gibt es in Deutschland insgesamt acht, nämlich die in Berlin, Bremen, Hamburg, Hannover, Düsseldorf, Frankfurt/Main, Stuttgart und München.

975 Der **Kurs** ist der jeweils festgestellte Preis. Er wird im Allgemeinen in Euro pro Stück angegeben. Die amtliche Kurswertfestsetzung besorgen die Börsenverbände gemeinsam mit den Maklern oder die Kursmakler unter Aufsicht der Maklerkammer. Die Kurse werden in den regelmäßig erscheinenden Kurszetteln, Kursberichten oder Kursblättern der einzelnen Börsen zusammengestellt, denen im Allgemeinen auch die Freiverkehrsnotierungen beigefügt sind.

3.3 Freiverkehr

976 Den zum amtlichen Handel zugelassenen Wertpapieren sind bei der Bewertung solche Wertpapiere gleichzusetzen, die nur in den so genannten Freiverkehr einbezogen sind (§ 11 Abs. 1 letzter Satz BewG). Das ist ein börsentechnischer Begriff (vgl. hierzu BFH vom 06.05.1977 BStBl II 1977, 626). Es handelt sich um den (im Allgemeinen nicht bedeutsamen) Handel mit nicht zur amtlichen Notierung zugelassenen Wertpapieren, der einer gewissen Beaufsichtigung durch die Börsenorgane bzw. durch den Freiverkehrsausschuss unterliegt. Für diese Wertpapiere wird zwar ein regulärer Kurs nicht festgestellt; jedoch werden im Allgemeinen den amtlichen Kurszetteln Freiverkehrskurszettel beigefügt, aus denen die ermittelten Preise ersehen werden können.

Dem Freiverkehr ist nicht gleichzusetzen der so genannte Telefonverkehr oder Bankenverkehr (freier Markt), der weder amtlich noch halbamtlich überwacht wird. Die nur im Telefonverkehr gehandelten Wertpapiere werden deshalb entweder nach § 12 Abs. 1 BewG (soweit es sich um Forderungspapiere handelt) oder nach § 11 Abs. 2 BewG (soweit es Anteilspapiere sind) bewertet.

3.4 Maßgeblichkeit des Kurswerts

Der Kurswert entspricht dem **Marktpreis**, der sich aus dem im Augenblick der Bildung der Kurswerte an der Börse vorhandenen Verhältnis von Angebot und Nachfrage ergibt. Er bietet deshalb im Allgemeinen die Gewähr dafür, dass alle den Wert beeinflussenden Umstände gebührend berücksichtigt sind. Er ist dann ausnahmsweise nicht maßgebend, wenn nachgewiesen wird, dass der Kurswert nach Börsenrecht aufgehoben oder gestrichen werden müsste (vgl. § 29 Abs. 3 BörsG, BFH vom 26. 07. 1974 BStBl II 1974, 656, BFH vom 06. 05. 1977 BStBl II 1977, 626). Dies ist nur dann der Fall, wenn sich durch persönliche Interventionen eines Verkäufers oder Käufers, durch Scheinangebote, Scheinnachfrage oder ähnliches ein Kurs bilden würde, der der wirklichen Geschäftslage des Verkehrs an der Börse nicht entspräche. Daraus ergibt sich, dass sonstige spekulative Tendenzen der Anwendung des Kurswerts nicht entgegenstehen. Zum Problem des **Paketzuschlags** vgl. Abschn. 3 Abs. 1 Satz 7 und Abschn. 7 EinfErl vom 25. 06. 2009 BStBl I 2009, 699, 701. Von einem Paket spricht man, wenn ein Anteil Beteiligungscharakter hat. Dies ist der Fall, wenn der Schenker oder Erblasser an der Gesellschaft mehr als 25 % der Anteile an einer Kapitalgesellschaft auf einen oder mehrere Erwerber überträgt (Abschn. 7 Abs. 3 EinfErl).

BEISPIEL

V vererbt seinen Kindern A, B und C je 10 % an der V-GmbH.
LÖSUNG Ein Paketzuschlag ist vorzunehmen, vgl. Abschn. 7 Abs. 4 EinfErl.
Hätte V den Kindern die Anteile geschenkt, so wäre ein Paketzuschlag nicht vorzunehmen (Abschn. 7 Abs. 6 EinfErl) es sei denn, bei einem der Kinder hätten die geschenkten 10 % zusammen mit bereits vorhandenen Anteilen nunmehr zu einer Beteiligung von mehr als 25 % geführt (Abschn. 7 Abs. 8 EinfErl).

Die Höhe des Paketzuschlags richtet sich nach den Umständen des Einzelfalls. Liegen keine besonderen Umstände vor, so kann der Zuschlag mit 25 % des Werts angenommen werden (Abschn. 7 Abs. 9 EinfErl).

Ein Paketzuschlag kommt nur bei der Ableitung des Werts aus Kurswerten und aus Vergleichsverkäufen in Betracht (Abschn. 7 Abs. 2 EinfErl). Ist der Wert aus einem Verkauf eines Pakets abgeleitet und stellt der jetzt verschenkte oder vererbte Anteil ein solches Paket nicht dar, dann ist der Vergleichswert um den Paketzuschlag zu kürzen (Abschn. 3 Abs. 1 Satz 7 EinfErl).

BEISPIEL

V erwarb 50 % an der X-GmbH für 50 000 € (40 000 € zuzüglich 10 000 € Paketzuschlag). Jetzt schenkt er seinem Sohn einen Anteil von 10 % an der GmbH.
LÖSUNG Dieser Anteil ist mit 4 000 € zu bewerten.

4 Bewertung von Anteilen mit dem gemeinen Wert im Einzelnen

981 Anteile an Kapitalgesellschaften (AG, KG a. A., GmbH, Kolonialgesellschaften, bergrechtliche Gewerkschaften), die nicht unter § 11 Abs. 1 BewG fallen, sind mit dem gemeinen Wert anzusetzen (§ 11 Abs. 2 BewG). In Betracht kommen sowohl Wertpapiere, die ein Anteilsrecht verbriefen und die **keinen inländischen Kurswert** haben (z. B. auch ausländische Wertpapiere, die an einer deutschen Börse nicht gehandelt werden; sie werden mit dem gemeinen Wert nach § 9 BewG angesetzt, der aus dem Kurswert des Ausgabelandes abgeleitet werden kann), als auch **nicht verbriefte Anteilsrechte**, wie insbesondere **GmbH-Anteile**.

982 Für Wertpapiere, die nur Forderungsrechte beinhalten und die keinen Kurswert haben, ist hilfsweise der sich aus § 12 Abs. 1 BewG ergebende Wert (Nennwert) anzusetzen. Zu diesen gehören vor allem Bundesschatzbriefe, Sparbriefe, Zero-Bonds. Für die Ermittlung des gemeinen Werts ist ein **besonderes Feststellungsverfahren** nicht mehr vorgesehen. Vielmehr wird der Wert im normalen Veranlagungsverfahren zur Erbschaft- oder Schenkungsteuer ermittelt.

983–990 frei

4.1 Ableitung des gemeinen Werts aus Verkäufen

991 Für die Ermittlung des gemeinen Werts (§ 9 BewG) sollen nach § 11 Abs. 2 Satz 2 BewG in erster Linie die aus Verkäufen erzielten Erlöse maßgebend sein. Hierbei kommen Verkäufe in Betracht, die im **gewöhnlichen Geschäftsverkehr**, sei es im Telefonverkehr (von Bank zu Bank), sei es auch privat stattgefunden haben. Verkäufe unter nahen Verwandten, bei denen die Kaufpreise in der Regel durch persönliche Verhältnisse beeinflusst worden sind, sind mithin auszuscheiden. Ein krasses Missverhältnis stichtagsnaher Verkaufspreise zu den nach anderen Verfahren ermittelten Werten lässt nicht den Schluss zu, es müsse sich um ungewöhnliche oder persönliche Gründe handeln BFH vom 22. 08. 2002 BFH/NV 2003, 11. Da auch für die Anteilsbewertung das Stichtagsprinzip gilt, sind möglichst **zeitnahe Verkäufe** zugrunde zu legen. Verkäufe, die ein Jahr und länger vor dem Stichtag liegen, sind nicht zu berücksichtigen (§ 11 Abs. 2 Satz 2 BewG). Verkäufe, die **nach** dem **Stichtag** stattgefunden haben, kommen **grundsätzlich nicht** in Betracht. Allerdings wurde im Urteil des BFH vom 11. 11. 1998, BFH/NN 1999, 908 ein Vergleichsverkauf kurz nach dem Stichtag anerkannt, bei dem die Einigung über den Kaufpreis schon am Stichtag herbeigeführt war oder sich die Verhandlungen durch Festlegen eines Preisrahmens schon so weit verdichtet hatten, dass der Kaufpreis durch den nachfolgenden Vertrag »nur noch dokumentiert« wurde.

992 Für die Ableitung des gemeinen Werts aus Verkäufen genügt grundsätzlich auch ein einziger Verkaufsfall (Abschn. 3 Abs. 1 Satz 3 EinfErl vom 25. 06. 2009 BStBl I 2009, 699). Liegen mehrere Verkaufsfälle vor, so wird nicht der niedrigste, sondern der **letzte Verkaufspreis** zugrunde zu legen sein (so wie ja auch beim Kurswert der letzte aktuelle Wert angesetzt wird, möglichst sogar der vom Besteuerungs-Zeitpunkt).

BEISPIEL Vor dem Bewertungsstichtag sind mehrere Anteile an einer GmbH verkauft worden, und zwar:

im Januar	Stammanteile von 10 000 € für 12 000 € =	120 %
im März	Stammanteile von 20 000 € für 25 000 € =	125 %
im November	Stammanteile von 30 000 € für 38 000 € =	126,66 %
insgesamt	60 000 € für 75 000 €	

LÖSUNG Richtig erscheint es, die zeitlich zuletzt getätigten Verkäufe zur Bewertung heranzuziehen, den gemeinen Wert also mit 126 % festzustellen. Lässt dieser Verkaufsvorfall wegen tatsächlicher Besonderheiten keinen festen Schluss zu, dann sollte ein Durchschnittswert gebildet werden, der jedoch in der Regel unabhängig vom Umfang der verkauften Anteile ist, also: 120 + 125 + 126,66 = 371,66 : 3 = 123,88 = 123 %. Nur in Ausnahmefällen wird man auch die Anzahl der veräußerten Anteile einbeziehen, also rechnen

$$\frac{75\,000 \times 100}{60\,000} = 125\,\%$$

Bei **ausländischen** Wertpapieren, die an deutschen Börsen nicht gehandelt werden, ist möglichst von dem im Heimatstaat der Kapitalgesellschaft notierten Kurs auszugehen, der in EURO umgerechnet werden muss (Abschn. 2 Abs. 3 Satz 2 EinfErl BStBl II 2009, 698). Zum Problem des Paketzuschlags vgl. Abschn. 3 Abs. 1 Satz 7, Abschn. 7 EinfErl und § 11 Abs. 3 BewG.

4.2 Schätzung nach anderen Verfahren

Lässt sich der gemeine Wert aus brauchbaren Verkäufen nicht ableiten, so ist er unter Berücksichtigung der Ertragsaussichten der Gesellschaft zu schätzen (§ 11 Abs. 2 Satz 2 BewG). Diese Schätzung hat sich am gemeinen Wert zu orientieren. Da dieser seit 01. 01. 2009 rechtsformneutral zu ermitteln ist, macht es keinen Unterschied mehr, ob ein Einzelunternehmen, ein Anteil an einer Personengesellschaft oder an einer Kapitalgesellschaft übergeht. Stets erfolgt die Bewertung durch ein betriebswirtschaftliches Gutachten oder nach dem vereinfachten Ertragswertverfahren (§§ 199–203 BewG); im letzteren Fall ist stets der Substanzwert als Mindestwert zu beachten, vgl. Abschn. 3 Abs. 2 Abschn. 4 EinfErl.

Eine Bewertung nach dem bis 31. 12. 2008 üblichen Stuttgarter Verfahren findet nicht mehr statt. Das Stuttgarter Verfahren stellte eine Addition aus Substanzwert (Vermögenswert) und Ertragswert dar. Seit 01. 01. 2009 kommt dagegen ein vereinfachtes reines Ertragswertverfahren zum Ansatz (§§ 199–203 BewG), dem als Mindestwert der reine Substanzwert gegenüber gestellt wird, § 11 Abs. 2 Satz 3 BewG. (Das vereinfachte Ertragswertverfahren wird ausführlich dargestellt bei der Bewertung des Betriebsvermögens.) Der vereinfachte Ertragswert darf nicht angesetzt werden, wenn er zu offensichtlich unrichtigen Ergebnissen führt, § 199 Abs. 1 BewG. Das vereinfachte Ertragswertverfahren kann durch den Steuerpflichtigen auch außer Acht gelassen und durch ein methodisch anerkanntes betriebswirtschaftliches Gutachten ersetzt werden, was insbesondere in Betracht kommt, wenn den Verkäufen üblicherweise branchenorientierte Bewertungsmethoden zugrunde gelegt werden, vgl. Drukarczyk–Ernst, Branchenorientierte Unternehmensbewertung, 2. Auflage, 2007. Auch bei dem Gutachtenwert ist der Wert mit dem Substanzwert als Mindestwert zu vergleichen (Abschn. 4 Abs. 1 EinfErl).

In den Substanzwert sind alle Wirtschaftsgüter und Rechnungsabgrenzungsposten der Aktiv- und Passivseite einzubeziehen (Abschn. 4 Abs. 2 und 5 EinfErl). Dabei ist zwar vom ertragsteuerlichen Betriebsvermögen auszugehen, jedoch sind folgende Besonderheiten zu beachten:
– Auf der Aktivseite gehören zu den anzusetzenden Wirtschaftsgütern auch selbstgeschaffene immaterielle Wirtschaftsgüter (Abschn. 4 Abs. 3 Satz 4 EinfErl), nicht jedoch

der Firmenwert, der selbst dann nicht anzusetzen ist, wenn er entgeltlich erworben wurde, Abschn. 4 Abs. 3 Satz 5 EinfErl. Dasselbe gilt für den Praxiswert des Freiberuflers.
- Auf der Passivseite ist auch der Abzug einer Rückstellung für drohende Verluste aus schwebenden Geschäften abzugsfähig, obwohl diese ertragsteuerlich gem. § 5 Abs. 4a EStG nicht passiviert werden dürfen (Abschn. 4 Abs. 3 Satz 3 EinfErl).
- Nicht abzugsfähig sind auch passivierte Rücklagen, die etwa nach § 6b EStG oder als Rücklage für Ersatzbeschaffung nach R 6.6 EStR oder als Zuschussrücklage nach R 6.5 EStR gebildet wurden, Abschn. 4 Abs. 4 EinfErl. Ebenso sind nicht abzugsfähig Ausgleichsposten nach den §§ 14 KStG, 4g EStG, 20 UmwStG.

996 Die Wirtschaftsgüter sind grundsätzlich mit ihrem gemeinen Wert anzusetzen. Grundbesitz, Betriebsvermögen und Anteile an Kapitalgesellschaften, für die § 151 BewG eine gesonderte Wertfeststellung vorschreibt, sind mit diesem gesondert festgestellten Wert anzusetzen (Abschn. 4 Abs. 5 EinfErl). Umlaufvermögen ist mit dem Teilwert anzusetzen (Abschn. 4 Abs. 8 EinfErl). Bewegliches abnutzbares Anlagevermögen kann vereinfachend mit 30 % der Anschaffungs- oder Herstellungskosten angesetzt werden, wenn dies nicht zu völlig verfälschenden Ergebnissen führt.

997 Methodisch ist so vorzugehen, dass auf dem Bewertungsstichtag eine Vermögensaufstellung mit den Wertansätzen der Besitz- und Schuldposten aufzustellen ist, aus der sich dann der Substanzwert ergibt (Abschn. 5 Abs. 4 EinfErl).

998 Stattdessen kann aber eine solche Vermögensaufstellung auch auf den letzten Bilanzstichtag aufgestellt werden, die die obigen Wertansätze enthält (Abschn. 5 Abs. 2 EinfErl). Zu diesem Ausgangswert sind dann alle Vermögensveränderungen hinzu zu addieren bzw. davon abzuziehen, die sich zwischen Bilanzstichtag und Bewertungsstichtag ergeben haben. Dabei sind insbesondere die in Abschn. 5 Abs. 3 EinfErl aufgezählten Vorgänge zu berücksichtigen:
- Zeitanteiliger (oder falls zu ungenau genauer berechneter) Gewinn- oder Verlustanteil
- Ausscheiden der Abschreibungen und Teilwertabschreibungen, die auf gesondert anzusetzende Wirtschaftsgüter vorgenommen wurden, da diese bereits zum Bewertungsstichtag bewertet wurden
- Vermögensabfluss durch Gewinnausschüttungen
- Vermögensänderungen durch Kapitalerhöhungen oder -herabsetzungen
- Vermögenserhöhungen durch verdeckte Einlagen.

4.2.1 Ermittlung des gemeinen Werts

999 Der gemeine Wert wird bei Kapitalgesellschaften berechnet nach dem Verhältnis des errechneten Werts der gesamten Kapitalgesellschaft zu ihrem Nennwert und ausgedrückt für je 100 € des Nennkapitals.

BEISPIEL

Wert (nach Gutachten, Ertragswertverfahren oder Substanzwert als Mindestwert)	1 800 000 €
Nennkapital (ohne eigene Anteile)	1 000 000 €

Gemeiner Wert je 100 € Nennkapital:

$$\frac{\text{Wert} \times 100}{\text{Nennkapital}} = \frac{1\,800\,000\,€ \times 100}{1\,000\,000\,€} = 180\,\%$$

4.2.2 Stichtag für die Bewertung von Anteilen an Kapitalgesellschaften

Stichtag für die Bewertung von Aktien und Anteilen an Kapitalgesellschaften ist gemäß § 11 ErbStG jeweils der Zeitpunkt der Entstehung der Steuer (§ 9 ErbStG). Das gilt in gleicher Weise für die Bewertung notierter wie auch nicht notierter Aktien und Anteile.

1000

1001–1020 frei

5 Bewertung von Investmentzertifikaten im Einzelnen

Zum **Begriff** der Investmentzertifikate vgl. 1.2.5.

Die **Bewertung** erfolgt nach § 11 Abs. 4 BewG. Danach sind Wertpapiere, die Rechte der Einleger (Anteilhaber) gegen eine Kapitalanlagegesellschaft oder einen sonstigen Fonds verbriefen (Anteilscheine), mit dem Rücknahmepreis anzusetzen.

Für die **Veräußerung** von Investmentzertifikaten gibt es außer dem freihändigen Verkauf (durch die Bank) auch die Möglichkeit der Rücknahme des Anteilscheins durch die Kapitalanlagegesellschaft. Steuerlich maßgebend ist der Rücknahmepreis, den die jeweilige Kapitalanlagegesellschaft zahlt und mit dem sich der Anteilhaber beim Erwerb des Anteilscheins aufgrund der Vertragsbedingungen einverstanden erklärt hat. Dieser Rücknahmepreis wird aus dem von der Kapitalanlagegesellschaft veröffentlichten Ausgabepreis (Tagespreis für den Erwerb von Anteilscheinen) abgeleitet. Hierbei werden die von der Gesellschaft berechneten Rücknahmespesen und Verkaufskosten berücksichtigt, so dass der Rücknahmepreis jeweils um einige Prozent (nach unten) von dem Ausgabepreis des Stichtags abweicht.

Ist der genaue **Rücknahmeabschlag** nicht bekannt, so kann bei Fonds mit überwiegend inländischen Wertpapieren von einem Rücknahmeabschlag von 4 bis 5 %, bei Fonds mit überwiegend ausländischen Wertpapieren von einem Abschlag von 5 bis 6 % ausgegangen werden.

1021

1022

1023

6 Bewertung von Kapitalforderungen und Kapitalschulden

6.1 Begriff der Kapitalforderungen

Die Bewertung von Kapitalforderungen ist in § 12 Abs. 1 bis 4 BewG behandelt. Kapitalforderungen i.S.d. § 12 BewG sind **Forderungen, die auf Zahlung von Geld (Geldforderungen) gerichtet sind**. Als Geldforderungen kommen hauptsächlich in Betracht: Darlehensforderungen, Forderungen auf Zahlung eines Kaufpreises oder des Preises für eine andere Leistung, Forderung auf fällige oder bereits entstandene Zinsen, Gehälter, Tantiemen und Gewinnanteile, stille Beteiligungen, Steuererstattungs- und Steuervergütungsansprüche. Ob solche Geldforderungen durch Grundpfandrechte (Hypotheken, Grundschulden) oder Pfandrechte an beweglichen Sachen dinglich gesichert sind oder nicht, spielt grundsätzlich keine Rolle.

Keine Geldforderungen (Kapitalforderungen i.S.d. § 12 BewG) sind demgegenüber alle anderen Forderungen, die nicht auf Zahlung von Geld gerichtet sind (**Sachleistungsansprüche**), wie z.B. Ansprüche auf Lieferung oder Übereignung von Gegenständen (Waren oder Grundstücken), Ansprüche auf Leistungen aus Werk- oder Werklieferungsverträgen, aus Dienst- oder Arbeitsverträgen. Derartige Sachleistungsansprüche sind mit dem gemeinen Wert anzusetzen, vgl. R 92 ErbStR.

1024

1025

1026 Geldforderungen sind aber auch **Ansprüche** aus **Lebens-, Kapital- und Rentenversicherungen.** Für ihre Bewertung gilt die Sondervorschrift des § 12 Abs. 4 BewG, falls sie noch nicht fällig sind, ansonsten gelten die §§ 13, 14 BewG.

6.2 Anwendungsbereich des § 12 BewG

1027 Nur solche Geldforderungen, die nicht in § 11 BewG bezeichnet sind, fallen unter § 12 BewG (vgl. § 12 Abs. 1 BewG). Soweit also Geldforderungen durch Wertpapiere verbrieft sind, richtet sich ihre Bewertung in erster Linie nach § 11 BewG, nach § 12 nur dann, wenn es sich um Forderungspapiere handelt, die keinen Kurswert haben (z. B. Wechsel und Schecks). Auch für Schuldbuchforderungen gilt in erster Linie der Kurswert (§ 11 Abs. 1 BewG).

1028 Für die Bewertung von Kapitalforderungen, die in Ansprüchen auf **wiederkehrende Nutzungen** und Leistungen bestehen, gelten die §§ 13 bis 15 BewG als Spezialvorschriften vorrangig gegenüber § 12 BewG.

1029 § 12 BewG gilt für Geldforderungen, die **nicht Betriebsvermögen** sind, nicht dagegen für Geldforderungen, die zum Betriebsvermögen gehören. Insoweit ist der Wert aus der Steuerbilanz zu übernehmen (§ 109 Abs. 1 BewG). § 12 BewG gilt außerdem für nicht bilanzierende Gewerbetreibende und Freiberufler R 123 Nr. 10 ErbStR, außerdem für Schulden dieses Personenkreises und Schulden, die nicht Betriebsvermögen sind.

6.3 Der **Nennwert** als Bewertungsgrundsatz

1030 Kapitalforderungen sind nicht, wie z. B. Waren oder Wertpapiere, zur Veräußerung (Abtretung), sondern zur Verwertung durch Einzug bestimmt. Für ihre Bewertung ist daher grundsätzlich der Betrag maßgebend, der bei Geltendmachung der Forderung nach den Verhältnissen am Bewertungsstichtag vom Schuldner voraussichtlich gezahlt werden wird **(Nennwert)**. Bei Tilgungsdarlehen ist dabei jeweils der Nennwert des am Besteuerungsstichtag noch nicht getilgten Restdarlehens anzusetzen.

1031 Der Nennwert ist dann **nicht maßgebend**, wenn besondere Umstände einen höheren oder geringeren Wert begründen (§ 12 Abs. 1 BewG). Mit dem Ansatz des Nennwerts werden bewertungsrechtlich auch die künftigen Früchte der Forderungen (Erträge, Zinsen) miterfasst (ebenso wie mit dem Ansatz des Einheitswerts eines Grundstücks auch die Grundstücksnutzungen erfasst werden).

1032 Ein **Damnum** (Agio, Disagio) ist im Betriebsvermögen abzugrenzen. Es stellt beim Gläubiger einen Schuldposten (Pass. RAP), beim Schuldner einen Besitzposten (Akt. RAP) dar, der in die Vermögensaufstellung zu übernehmen ist. Im Privatvermögen wird das Darlehen zum Nennwert abgezogen, das Damnum ist dabei miteinzubeziehen. Forderungen (und Schulden), die auf eine **ausländische Währung** lauten, sind auf EURO umzurechnen (R 109 Abs. 5 ErbStR). Hierbei sind die **Umrechnungskurse** vom jeweiligen Stichtag maßgebend.

1033–1040 frei

6.4 Bewertung über dem Nennwert

6.4.1 Voraussetzungen

1041 Eine über den Nennwert hinausgehende Bewertung ist nach § 12 Abs. 1 BewG dann erforderlich, wenn besondere Umstände einen höheren Wert begründen. Eine solche Bewertung über dem Nennwert setzt voraus:

a) die Forderung muss hoch verzinslich sein, d. h. der Zinssatz muss über 9% liegen (R 109 Abs. 2 ErbStR),
b) die Forderung muss noch für längere Zeit unkündbar sein, d.h. noch eine Restlaufzeit von mindestens vier Jahren haben (R 109 Abs. 2 ErbStR),
c) dem Vorteil der hohen Verzinsung dürfen keine wirtschaftlichen Nachteile anderer Art gegenüberstehen (R 109 Abs. 2 ErbStR).

BEISPIEL Eine Forderung im Nennwert von 50 000 € ist mit 13% zu verzinsen und laut Vertrag vonseiten des Schuldners in frühestens acht Jahren ab dem Besteuerungszeitpunkt kündbar.
LÖSUNG Nach der vom BFH vertretenen Ansicht kommt eine Bewertung über dem Nennwert in Betracht. Die Verzinsung liegt über 9% und ist daher hoch im Sinne des Gesetzes. Daher ist eine Bewertung über dem Nennwert notwendig (vgl. Erl. vom 15. 09. 1997 Tz. 3.2.1 Beispiel 2):
Nennwert: 50 000 €.
Zinsgewinn: jährlich 4% von 50 000 € = 2 000 €. Kapitalisierter Zinsgewinn: 2 000 € × 6,509 = 13 018 €. Der Kapitalisierungsfaktor entspricht dem Vervielfältiger für 8 Jahre (Anlage 9a zum BewG bzw. Tabelle 2 des gleich lautenden Ländererlasses vom 15. 09. 1997 BStBl I 1997, 832, abgedruckt in Beck-Erlasse § 12/1 BewG). Wert der Forderung also 63 108 €.

6.4.2 Einlage eines stillen Gesellschafters

Als ein Sonderfall der Bewertung einer Forderung abweichend vom Nennwert wird allgemein die Einlage eines stillen Gesellschafters angesehen (vgl. R 112 ErbStR). Damit ist allerdings nur der typische stille Gesellschafter gemeint, und zudem nur der, der seinen Anteil im Privatvermögen hält. 1042

Typische stille Gesellschaft und atypische stille Gesellschaft unterscheiden sich dadurch, dass der **typische stille Gesellschafter** dem Unternehmen Geld (oder geldwerte Wirtschaftsgüter) überlässt, aber dafür nur am Gewinn bzw. am Gewinn und Verlust der laufenden Erträge beteiligt wird. An den stillen Reserven aus der Veräußerung von Anlagevermögen ist er nicht beteiligt, ebensowenig an einer Verteilung des Liquidationserlöses. Er ist trotz seiner Gewinnbeteiligung **nicht Mitunternehmer**, sondern nur Kapitalgeber des Unternehmens. Das Unternehmen weist seinen Anteil als Verbindlichkeit aus (vgl. R 119 Abs. 4 ErbStR). 1043

Der **atypische stille Gesellschafter** ist dem gegenüber insoweit atypisch, als er entweder an den stillen Reserven des Unternehmens beteiligt ist (sein Gewinnanspruch erstreckt sich also auch auf Erträge aus der Veräußerung von Anlagevermögen; für den Fall der Liquidation ist er am Liquidationsgewinn beteiligt), was ihn aufgrund der Risikotragung zum Mitunternehmer macht, oder er hat ansonsten eine gegenüber der typischen Ausgestaltung der §§ 230ff. HGB weiterreichende Rechtsposition, die ihn zum Unternehmer machen würde (bloße Geschäftsführertätigkeit würde dazu jedoch nicht genügen). Der atypische stille Gesellschafter ist **Mitunternehmer**. Die atypische stille Gesellschaft ist eine Personengesellschaft im Sinne des § 97 Abs. 1 Nr. 5 BewG, die einen eigenen Wert erhält; dieser wird nach § 97 Abs. 1a BewG auf den atypischen stillen Gesellschafter und die übrigen Gesellschafter der stillen Gesellschaft aufgeteilt. Der Anteil des stillen Gesellschafters am gemeinen Wert stellt immer Betriebsvermögen dar. 1044

Hält der **typische stille Gesellschafter** seinen Anteil in einem eigenen Betrieb als **Betriebsvermögen**, so weist er diesen Anteil als Forderung aus. Da es sich um eine Kapitalforderung handelt, muss er den Wert aus der Steuerbilanz nach § 109 Abs. 1 BewG auch in die Vermögensaufstellung übernehmen. Dies ist wegen des Verbots des Ausweises nicht realisierter Gewinne stets der Nennwert der Beteiligung und nie der Wert nach R 112 ErbStR. 1045

1046 Hält der typische stille Gesellschafter den Anteil im **Privatvermögen**, so ist zunächst zu beachten, dass es sich um eine Kapitalforderung handelt. Zu bewerten ist dieser Anteil nach R 112 ErbStR. Hierbei ist auf die mangelnde Konsequenz der Verwaltungsmeinung hinzuweisen, wonach die Einlage des stillen Gesellschafters zwar wie eine Kapitalforderung zu behandeln, aber wie ein Zwitter zwischen Forderung und Anteil zu bewerten ist. Konsequent wäre es, auch in den Fällen der stillen Beteiligung ausschließlich nach der Zinsdifferenzmethode zu verfahren, nach der die Verwaltung in allen Fällen niedriger oder hoher Verzinsung vorgeht (vgl. Erlass vom 15.09.1997).

> **BEISPIEL**
>
> Vgl. Beispiel H 112 ErbStR. Konsequenterweise müsste die Lösung folgendermaßen aussehen:
> **LÖSUNG**
> Nominalwert der Einlage   40 000 €
> Durchschnittlich zu erwartender Jahresertrag   7 000 €
> abgestellt auf die Einlage   17,5 %
> Der Zinsgewinn beträgt 17,5 % ./. 9 % = 8,5 % von 40 000 € = 3 400 €. Der Kapitalwert bei einer unterstellten Laufzeit von 5 Jahren beträgt 3 400 × 4,388 = 14 919 €, der Gegenwartswert also 54 919 €. Die Verwaltung kommt mit einer Zwittermethode in H 112 ErbStR auf 57 000 €.

1047 Die Verwaltung behandelt den stillen Gesellschafter zwar wie einen Inhaber einer Forderung, bewertet die Beteiligung aber in Anlehnung an das Stuttgarter Verfahren nach der **Formel**: Wert der Beteiligung = (V + 5 E), wobei E die Differenz zwischen tatsächlicher Verzinsung und dem obersten Normalzinssatz von 9 % ist. Dabei ist der Vermögenswert V nach der Definition der typischen stillen Gesellschaft, bei der der Stille ja gerade nicht an den stillen Reserven des Unternehmens beteiligt ist, immer 100 %. Der Ertragswert E entspricht der Überverzinsung.

> **BEISPIELE**
>
> a) Der stille Gesellschafter, der sich mit 100 000 € an einem Unternehmen beteiligt hat, erhält bei Kündigung immer nur 100 000 € (plus eventueller rückständiger Gewinnanteile) zurück, da er an den stillen Reserven des Unternehmens nicht beteiligt ist.
> b) G ist mit einer Einlage von 50 000 € bei S als stiller Gesellschafter beteiligt. Der hierüber abgeschlossene Vertrag läuft vom Besteuerungszeitpunkt an noch genau sieben Jahre lang und ist unkündbar. G ist dafür mit 30 % am jährlichen Gewinn beteiligt. An etwaigen Verlusten und am Vermögen des Betriebs des S ist G nicht beteiligt. S erwirtschaftete in den letzten Jahren folgende Gewinne:
> 01 = 60 000 €
> 02 = 40 000 €
> 03 = 35 000 €
> 04 = 45 000 €.
> Zu bewerten ist die Einlage des G auf 04.01.05. Der Gewinnanteil, der auf 04 entfällt, ist am 04.01.05 noch nicht ausbezahlt.
> **LÖSUNG**
> Nennwert der Einlage   = 50 000 €
> Durchschnittlicher Jahresertrag der letzten drei Jahre   = 40 000 €
> Davon 30 %, die auf G entfallen würden   = 12 000 €,
> das ist eine Effektivverzinsung von 24 %, bezogen auf die Einlage von 50 000 nämlich
> $$\frac{12\,000\ € \times 100}{50\,000\ €} = 24\,\%$$
> Gemeiner Wert = 100 + 5 (24 ./. 9) = 175 %
> Angewandt auf die Einlage = 175 % × 50 000 € = 87 500 €.

Die Einlage des G ist mit 87 500 € zu bewerten. (Gehörte die Einlage zum Betriebsvermögen des G, so wäre nach § 109 Abs. 1 BewG der Wert aus der Steuerbilanz = Nennwert zu übernehmen!) Zu **beachten** ist, dass G am Bewertungsstichtag den Gewinnanteil 04 nicht ausbezahlt bekommen hat. Da G am 04.01.05 bereits einen festen Gewinnanspruch in Höhe von 30 % hat, ist dieser zusätzlich zum Wert der Einlage zu erfassen. Im vorliegenden Fall beträgt er 13 500 €. Bei S ist zur Ermittlung des Werts des Gewerbebetriebs die Einlage des G nur mit ihrem Nennwert von 50 000 € abzugsfähig (R 119 Abs. 4 Satz 1 ErbStR), während der Gewinnanteil ebenfalls mit 13 500 € abzugsfähig ist (R 119 Abs. 4 Satz 2 ErbStR).

Lösung nach der Zinsdifferenzmethode:

Nominalwert der Einlage	50 000 €
Durchschnittlich zu erwartender Jahresertrag	40 000 €
Davon 30 % Anteil G	12 000 €
Effektivverzinsung	24 %
Mehrzins (24 % ./. 9 % =)	15 %

Kapitalwert bei Restlaufzeit 7 Jahre
15 % von 50 000 € = 7 500 € × 5,839 = 43 792 €.
Der Gegenwartswert der Forderung betrüge 93 792 €.

Das Beispiel zeigt, dass der Wert um so höher ist, je länger der unkündbare Zeitraum noch dauert. Dem ließe sich entgehen, indem man wie in H 112 ErbStR nur auf die nächsten fünf Jahre kapitalisieren würde (d.h. immer den Vervielfältiger 4,388 anwenden würde). **1048**

Es sei jedoch ausdrücklich darauf hingewiesen, dass der ganze Streit um den richtigen Ansatz sich nur ergibt, wenn die Kündigung langfristig, d.h. bei der stillen Gesellschaft auf mindestens fünf Jahre, ausgeschlossen ist. Bei kürzerer unkündbarer Restlaufzeit ist die Forderung des stillen Gesellschafters ebenso mit dem Nennwert zu bewerten wie bei jederzeitiger Kündbarkeit. **1049**

Partiarische Darlehen, d.h. Darlehen, die nicht mit einem festen Zinssatz, sondern einem gewinnabhängigen Satz verzinst werden, sind nach den Grundsätzen der typischen stillen Gesellschaft zu bewerten. **1050**

1051–1060 frei

6.5 Bewertung unter dem Nennwert

Eine Bewertung unter dem Nennwert ist geboten, wenn besondere Umstände einen geringeren Wert begründen (§ 12 Abs. 1 BewG). Solche Umstände können verschiedener Art sein. **1061**

6.5.1 Uneinbringliche Forderungen

Der krasseste Fall des Vorliegens wertmindernder Umstände ist die Uneinbringlichkeit der Forderung. Kapitalforderungen, die uneinbringlich sind, bleiben gemäß § 12 Abs. 2 BewG außer Ansatz. Das soll bedeuten, dass sie mit 0 € zu bewerten sind. **1062**

Fälle dieser Art liegen z.B. vor, wenn die **Zwangsvollstreckung** gegen den Schuldner fruchtlos verlaufen, wenn das **Insolvenzverfahren** über das Vermögen des Schuldners mangels Masse eingestellt worden ist, wenn der Schuldner eine eidesstattliche Versicherung nach § 807 ZPO (früherer Offenbarungseid) geleistet hat, wenn die Forderung verjährt ist und vonseiten des Schuldners mit der Erhebung der Einrede der Verjährung zu rechnen ist oder diese bereits erhoben ist. **1063**

6.5.2 Unsichere (zweifelhafte) Forderungen

1064 Eine Forderung ist unsicher, wenn infolge der wirtschaftlichen Verhältnisse des Schuldners zweifelhaft geworden ist, ob sie in voller Höhe beigetrieben werden kann (Tz. 1.2 des Erlasses vom 15.09.1997). Die Beurteilung hängt von den tatsächlichen Verhältnissen am Bewertungsstichtag ab. Doch sind dabei auch alle wertaufhellenden Umstände zu berücksichtigen, die erst nach dem Stichtag bekannt geworden sind (vgl. BFH vom 27.04.1965 BStBl III 1965, 409 und vom 04.04.1973 BStBl II 1973, 485). Unsichere Forderungen sind mit ihrem **wahrscheinlichen Wert** anzusetzen. Wahrscheinlicher Wert ist der Betrag, der nach den voraussehbaren Umständen vom Schuldner mutmaßlich zu erhalten sein wird, im Insolvenzfalle z.B. die voraussichtliche Insolvenzquote.

1065 Eine **Unsicherheit** der Forderung liegt z.B. vor, wenn der Schuldner die Forderung dem Grund oder der Höhe nach bestreitet, wenn ein Prozess über das Bestehen oder die Höhe der Forderung anhängig ist, wenn ein Vergleichs- oder Konkursverfahren über das Vermögen des Schuldners schwebt, wenn sich der Schuldner in Zahlungsschwierigkeiten befindet und auch eine etwa vorhandene dingliche Sicherheit (z.B. Hypothek) nicht ausreicht (vgl. RFH vom 02.10.1933 RStBl 1933, 217).

1066 Dagegen ist der Wert einer **langfristigen sicheren** Forderung mit sicherem Zinseingang in der Regel nicht dadurch unter den Nennwert gedrückt, dass ihre alsbaldige Beitreibung infolge der allgemeinen Wirtschafts- oder Kapitalmarktlage oder durch staatliche Fürsorgemaßnahmen erschwert ist (RFH vom 29.05.1935, 902 und vom 28.04.1938 RStBl 1938, 602).

1067 Eine Forderung, deren **dingliche Sicherheit** zur Befriedigung des Gläubigers ausreicht, ist in der Regel selbst dann voll anzusetzen, wenn der Schuldner bei Fälligkeit der Forderung voraussichtlich Schwierigkeiten in der Beschaffung der erforderlichen Barmittel haben wird (RFH vom 16.02.1933 RStBl 1933, 217). Soweit die dingliche Sicherheit nicht mehr gegeben ist, ist für die Bewertung der Forderung die persönliche Haftung des Schuldners zu berücksichtigen.

1068 Ist es nach den Verhältnissen am Stichtag völlig ungewiss, ob oder in welcher Höhe eine Forderung besteht, so ist es verfahrensrechtlich zweckmäßig, den Bescheid gemäß § 165 AO für vorläufig zu erklären.

6.5.3 Unverzinsliche Forderungen

1069 Für das Vorliegen einer unverzinslichen Forderung sind gem. § 12 Abs. 3 BewG folgende **Voraussetzungen** maßgebend:
- Die Forderung muss unverzinslich sein.
- Sie muss zu einem bestimmten Zeitpunkt fällig sein.
- Ihre Restlaufzeit muss vom Bewertungsstichtag aus gesehen noch länger als ein Jahr sein.
- Der wirtschaftliche Nachteil der Unverzinslichkeit der Forderung darf nicht durch wirtschaftliche Vorteile anderer Art ausgeglichen sein (R 109 Abs. 2 ErbStR).

1070 Unverzinsliche Forderungen, die die obigen Voraussetzungen erfüllen, sind mit ihrem abgezinsten Gegenwartswert zu **bewerten**. Dies ist der Betrag, der unter Ansatz von Zins und Zinseszins und bei einem Zinssatz von 5,5 % am Fälligkeitstag den Nennwert ergibt. Zur Erleichterung der Berechnung des Gegenwartswerts dienen die Tabellen der Anlage zu dem gleich lautenden Ländererlass vom 07.12.2001 BStBl I 2001, 1041; 2002, 112, abgedruckt in Beck-Erlasse § 12/1 BewG.

1071 Die **Tabelle 1** dient der Berechnung des Gegenwartswerts einer **Fälligkeitsforderung**, die im vollen Nennbetrag nach Ablauf des Fälligkeitszeitraumes (= nachschüssig) zu bezahlen ist. Die **Tabelle 2** dient der Berechnung des Gegenwartswerts einer **Tilgungsforderung,** die in gleichmäßig auf die Laufzeit verteilten, jährlich zum Jahresende (= nachschüssig) fälligen Tilgungsraten zu bezahlen ist. Die Vervielfältiger der Tabellen 1 und 2 beziehen sich auf je 1 € Nennwert. Die **Tabelle 7** dient der Kapitalisierung einer jährlich fälligen **wiederkehrenden Leistung.** Die Vervielfältiger beziehen sich auf je 1 € Nennwert.

Die Tabellen 3 bis 5 dienen zur Berechnung hoch- und niedrigverzinslicher Forderungen und Schulden mit Ratentilgung und mit Annuitätentilgung. Die Vervielfältiger der Tabelle 8 beziehen sich im Gegensatz zu allen Vervielfältigern der oben genannten Tabellen nicht auf zeitlich festgelegte Zahlungszeiträume, sondern auf **wiederkehrende Leistungen,** die vom Lebensalter einer Person abhängen (z. B. Leibrenten); siehe hierzu 6. 1072

Bei allen Tabellen wird unabhängig vom tatsächlichen Tilgungszeitpunkt stets eine mittelschüssige Tilgung unterstellt, da das Gesetz eine solche Zahlungsweise fingiert (§ 12 Abs. 1 Satz 2, § 13 Abs. 3 Satz 2, § 14 Abs. 4 Satz 2 BewG). 1073

BEISPIELE

a) Nachfolgende Forderungen sind jeweils auf den Besteuerungszeitpunkt 01. 01. 2009 (Tag der Ausführung der Schenkung) zu bewerten:
Kapitalforderungen von 10 000 €, unverzinslich, fällig am 31. 12. 2009.
LÖSUNG Bewertung nach § 12 Abs. 1 BewG mit dem Nennwert = 10 000 €, da die Restlaufzeit nicht mehr als ein Jahr beträgt.

b) Kapitalforderung von 10 000 €, unverzinslich, fällig am 31. 12. 2015.
LÖSUNG Fälligkeitsdarlehen:
Restlaufzeit am 01. 01. 2009 noch sieben Jahre § 12 Abs. 3 BewG, Tabelle 1:
10 000 € × 0,687 = 6 870 € Gegenwartswert

c) Kapitalforderung von 10 000 €, unverzinslich, fällig am 31. 03. 2015.
LÖSUNG Tilgung im Laufe des Jahres: Restlaufzeit am 01. 01. 2009 noch sechs Jahre drei Monate, zur taggenauen Berechnung vgl. Tz. 2.1.1 des Erlasses vom 15. 09. 1997 § 12 Abs. 3 BewG, Tabelle 1 (interpolieren):

Gegenwartswert 6 Jahre	= 0,725
Gegenwartswert 7 Jahre	= 0,687
Differenz	= 0,038
3/12	= 0,0095
Gegenwartswert für 6 1/4 Jahre	= 0,725
	./. 0,0095
	0,7155

10 000 € × 0,7155 = 7 155 €

d) Kapitalforderung von 10 000 €, unverzinslich, zurückzuzahlen in fünf gleichen Jahresbeträgen zu 2 000 € jeweils am Ende des Kalenderjahres.
LÖSUNG Tilgungsdarlehen, Tilgung am Jahresende, Restlaufzeit fünf Jahresraten
§ 12 Abs. 3 BewG: Tabelle 2 oder Tabelle 7: 2 000 € × 4,388 = 8,776 € Gegenwartswert

e) Kapitalforderung von 10 000 €, unverzinslich, zurückzuzahlen in fünf gleichen Jahresbeträgen zu 2 000 € jeweils am Anfang des Kalenderjahres.
LÖSUNG Da das Gesetz eine mittelschüssige Zahlungsweise fingiert, ist die Lösung dieselbe wie in Beispiel d).

f) Kapitalforderung von 10 000 €, unverzinslich, zurückzuzahlen in fünf gleichen Jahresbeträgen zu 2 000 € jeweils am Ende des Kalenderjahres, beginnend am 31. 12. 2015.
LÖSUNG Tilgungsfreie Zeit (01. 01. 2009–31. 12. 2014) = sechs Jahre (2015 ist bereits Tilgungsjahr), Tilgungsraten = fünf Jahre

§ 12 Abs. 3 BewG:
- Zunächst Abzinsung nach Tabelle 2 für die Ratenzahlungszeit: 2 000 € × 4,388 = 8 776 €
- Danach weitere Abzinsung nach Tabelle 1 für die Aufschubzeit: 8 776 € × 0,725 = 6 362,60 € Gegenwartswert

oder Tabelle 2:
Vv. 11 Jahre:	8,315
./. Vv. 6 Jahre:	5,133
	3,182
3,182 × 2 000 € =	6 364 €

g) Kapitalforderung von 15 000 €, unverzinslich, wie folgt zurückzuzahlen: in den ersten fünf Jahren jährlich 2 000 €, in den nächsten fünf Jahren jährlich 1 000 €, jeweils am Ende des Kalenderjahres, beginnend am 31. 12. 2009.

LÖSUNG Nur zeitweise gleiche Tilgungsraten, deshalb zweckmäßige Aufspaltung in zwei Tilgungsdarlehen:
- 5 Jahre je 1 000 € = 5 000 €
- 10 Jahre je 1 000 € = 10 000 €

§ 12 Abs. 3 BewG, Tabelle 2:

– Entweder	1 000 € × 4,388	= 4 388 €
	+ 1 000 € × 7,745	= 7 745 €
		12 133 €
– oder	2 000 € × 4,388	= 8 776 €
	+ 1 000 € × (7,745 ./. 4,388)	= 3 357 €
		12 133 €

h) Kapitalforderung von 10 000 €, unverzinslich, zurückzahlen in Monatsbeträgen von 100 € jeweils am Monatsende, beginnend am 31. 01. 2009.

LÖSUNG Unterjährige Tilgung, Laufzeit acht Jahre und vier Monatsraten
§ 12 Abs. 3 BewG, Tabelle 2 (Interpolieren):

Gegenwartswert für 8 Jahre	= 6,509
Gegenwartswert für 9 Jahre	= 7,143
Differenz	= 0,634
davon 4/12	= 0,211
Gegenwartswert für acht Jahre vier Monate:	6,509
	+ 0,211
	6,720

1 200 € × 6,720 = 8 064 € Gegenwartswert

i) Kapitalforderung von 10 000 €, unverzinslich, zurückzuzahlen beim Ableben des Gläubigers Adam Müller, geboren am 01. 01. 1949, an dessen Erben.

LÖSUNG Fälligkeitsdarlehen abgestellt auf den Tod einer Person, Laufzeit abhängig von der Lebenserwartung. Der Gläubiger ist am 01. 01. 2009 60 Jahre alt, seine Lebenserwartung beträgt nach der Sterbetafel der BRD 1986/88 (Tabelle 6) 17 Jahre.

§ 12 Abs. 3 BewG, Tabelle 1:
10 000 € × 0,402 = 4 020 € Gegenwartswert

Vorsicht! Bei Leibrenten, deren Laufzeit ebenfalls von der Lebenserwartung einer Person abhängt, darf auf keinen Fall die Sterbetafel verwendet werden! Der Vervielfältiger von Leibrenten ist vielmehr entsprechend § 14 BewG der Anlage zum BMF-Schreiben vom 20. 01. 2009 zu entnehmen!

6.5.3.1 Besonderheit für Steuererstattungsansprüche

Eine Besonderheit gilt für Steuererstattungsansprüche, die Jahre später aufgrund einer Außenprüfung entstehen. Der Erstattungsanspruch war dem Steuerpflichtigen zum früheren Zeitpunkt noch nicht bekannt, gleichwohl handelt es sich um einen Vermögenswert, der zu erfassen ist (vgl. BFH vom 10.05.1972 BStBl II 1972, 691 und vom 25.05.1973 BStBl II 1973, 623 sowie R 109 Abs. 4 ErbStR).

1074

1075–1090 frei

6.5.4 Niedrig verzinsliche Forderungen

Für das Vorliegen einer niedrig verzinslichen Forderung sind gem. R 109 Abs. 2 ErbStR folgende **Voraussetzungen** maßgebend.
- Die Forderung muss niedrig verzinslich sein, d.h. der Zinssatz muss unter 3% liegen.
- Die Forderung muss noch für längere Zeit unkündbar sein, d.h. noch eine Restlaufzeit von mindestens vier Jahren haben.
- Dem Nachteil der niederen Verzinsung dürfen keine wirtschaftlichen Vorteile anderer Art gegenüberstehen.

1091

Für die **Bewertung** wird wie folgt vorgegangen: Zu berechnen ist zunächst der jährliche Zinsverlust, d.h. die Differenz zwischen dem Zinsbetrag, der sich aus der Untergrenze der Normalverzinsung von 3% ergäbe und dem tatsächlichen Zinsbetrag. Da die Zinsen jeweils abhängig sind von der Hauptforderung, wird der Zinsverlust bei Fälligkeitsforderungen jährlich gleich bleibend, bei Tilgungsforderungen dagegen jährlich fallend sein. Dieser Zinsverlust ist auf den Gegenwartswert zu berechnen und vom Nennwert abzuziehen (Tz. 1.2.2 des Erlasses vom 15.09.1997 und BFH vom 17.10.1980 BStBl II 1981, 247).

1092

BEISPIELE

a) Kapitalforderung von 10000 €, jährliche Verzinsung 2%, zurückzuzahlen am 31.12.2012, zu bewerten auf den Besteuerungszeitpunkt 01.01.2009.
LÖSUNG Jährlicher Zinsverlust: 3% ./. 2% = 1%, Zinsverlust vier Jahre lang jährlich 100 €.
Kapitalisierter Zinsverlust 100 € × 3,602 = 360,20 €
Nennwert ./. abgezinster Zinsverlust = 10000 € ./. 360,20 = 9639,80 €
Das Verfahren bei Tilgungsdarlehen ist mit Hilfe der Tabelle 3 zu lösen.

b) Kapitalforderung von 10000 €, jährliche Verzinsung 3%, gleichmäßig in jährlichen Raten zu je 2500 € zu tilgen bis einschließlich 31.12.2012.
LÖSUNG Zinsverlust 1% von 10000 € = 100 €, zu kapitalisieren nach Tabelle 3 auf vier Jahre × 1,824 = 182,40 € Kapitalwert Zinsdifferenz.
Gegenwartswert 10000 € ./. 182,40 = 9817,60 €.

6.5.5 Andere wertmindernde Umstände

Als Umstände, die den Wert einer Kapitalforderung unter den Nennwert drücken können, kommen nach der Rechtsprechung des RFH und des BFH zum Beispiel noch in Betracht. Bei Brandentschädigungsforderungen die Verpflichtung des Versicherungsnehmers, die Versicherungssumme voll zur Wiederherstellung der abgebrannten Gebäude zu verwenden (RFH vom 23.03.1933 RStBl 1933, 845 sowie vom 16. und 19.02.1942 RStBl 1942, 461).

1093

1094 Dagegen liegt eine **Wertminderung nicht** vor:
- wenn Lohn- und Gehalts-, Zins-, Dividenden- und Tantiemenforderungen der Steuerabzugspflicht unterworfen sind, weil Lohnsteuer ebenso wie Kapitalertragsteuer im Ergebnis Vorauszahlungen auf die Einkommensteuer und somit der Forderung nicht derart immanent sind, dass sie den Wert der Forderung beeinflussen (vgl. BFH vom 15.12.1967 BStBl II 1968, 338 u. 340);
- bei Unzulässigkeit oder Erschwerung der Abtretung einer Forderung (RFH vom 19.04.1934 RStBl 1934, 647, vgl. § 9 Abs. 2 und 3 BewG, persönliche Verfügungsbeschränkung);
- wenn für eine sichere und landesüblich verzinsliche Forderung, die durch eine für längere Zeit unkündbare Hypothek gesichert ist, im Falle ihrer Abtretung z. Z. nicht der volle Nennwert erzielt werden kann (RFH vom 10.01.1935 RStBl 1935, 323);
- bei Belastung der Forderung mit einem Pfandrecht, also einer Verfügungsbeschränkung, die nach § 9 Abs. 3 BewG nicht berücksichtigt wird (RFH vom 16.12.1937 RStBl 1938, 404);
- bei einer Forderung gegen eine OHG, solange noch ein zahlungsfähiger Gesellschafter vorhanden ist, der für die Schulden der Gesellschaft persönlich in Anspruch genommen werden kann (vgl. RFH vom 16.12 1937 RStBl 1938, 378);
- bei Schwierigkeiten in der Beurteilung einer Rechtsfrage. Für die Bewertung kommt es auf die objektive Rechtslage am Stichtag an (BFH vom 01.09.1961 BStBl III, 493 sowie R 109 Abs. 3 ErbStR);

1095 Der Umstand, dass über eine Forderung ein Rechtsstreit anhängig ist, schließt ihren Ansatz nicht aus. Vielmehr muss in einem solchen Falle der mutmaßliche Wert der Forderung ermittelt werden. Es wird dabei unter verständlicher Würdigung aller Momente abzuwägen sein, ob und in welcher Höhe der Gläubiger mit seinem Anspruch durchdringen wird (RFH vom 23.11.1928 RStBl 1929, 75). Gegebenenfalls ist eine vorläufige Veranlagung gemäß **§ 165 AO** durchzuführen, die nach Klärung der Lage aufzuheben, zu ändern oder für endgültig zu erklären ist (**§ 165 Abs. 2 AO**). Wegen des Falles, dass wegen einer Schadensersatzforderung am Stichtag ein Zivilprozess anhängig ist, vgl. BFH vom 05.04.1968 BStBl II 1968, 768. Zur Bewertung der **Sparbriefe, Finanzierungsschätze und Bundesschatzbriefe** vgl. R 110 ErbStR.

6.6 Bewertung der Kapitalschulden

6.6.1 Allgemeines

1096 Die in § 12 Absätze 1 und 3 BewG enthaltenen Vorschriften gelten in gleicher Weise wie für die Kapitalforderungen auch für die Schulden. Unter Schulden im Sinne dieser Vorschrift sind – entsprechend den Forderungen – nur **Geldschulden** zu verstehen. Maßgebend ist also in erster Linie der **Nennwert.** Nennwert ist der Betrag, zu dessen Zahlung der Schuldner nach dem Inhalt der Forderung verpflichtet ist. Dieser Betrag ist grundsätzlich auch dann anzusetzen, wenn nach den Verhältnissen am Stichtag bereits anzunehmen ist, dass der Schuldner am Fälligkeitstag nicht in der Lage sein wird, den vollen Nennbetrag der Schuld zu zahlen. Obgleich die Schuld das Korrelat der Forderung ist, so brauchen sich doch Schuld und Forderung bewertungsrechtlich nicht in gleicher Höhe gegenüberzustehen.

BEISPIEL A hat eine Darlehensforderung gegen B in Höhe von 5 000 €. B befindet sich in Zahlungsschwierigkeiten. Nach den Verhältnissen am Bewertungsstichtag kann A nur mit einer Zahlung von 3 000 € rechnen.
LÖSUNG A wird die Forderung mit 3 000 € bewerten. B kann gleichwohl die Schuld mit dem vollen Nennwert von 5 000 € abziehen.

Eine vom Nennwert **abweichende Bewertung** kommt nur in den **Ausnahmefällen** in Betracht, in denen eine Abweichung bei Forderungen anerkannt wird (das sind insbesondere diejenigen Kapitalschulden, die den unverzinslichen Forderungen, vgl. Kapitel 1, 5.5.3, und den niedrigverzinslichen Forderungen, vgl. Kapitel 1, 5.5.4, entsprechen). 1097

6.6.2 Besonderheiten

Wird der **Vorteil der Nichtverzinslichkeit oder der niedrigen Verzinslichkeit der Schuld durch wirtschaftliche Nachteile ausgeglichen,** so ist eine Bewertung der Schuld unter dem Nennwert nicht gerechtfertigt (R 109 Abs. 2 Satz 2 ErbStR). Als solche Nachteile kommen die Mietpreisbindungen bei Wohnungsbaudarlehen der öffentlichen Hand in Betracht. Schulden aus niedrig verzinslichen öffentlichen Wohnungsbaudarlehen sind daher mit dem Nennwert abzuziehen (BFH vom 24. 03. 1981 BStBl II 1981, 487 und vom 09. 07. 1982 BStBl II 1982, 639). Wird dem Schuldner ein Teil der Schuld erlassen, so ist naturgemäß nur der verbleibende Restbetrag anzusetzen. 1098

Besonderheiten gelten, wenn der Schuldner im Falle seiner Inanspruchnahme ein **Rückgriffsrecht** gegen einen Dritten hat. Das kommt bei Gesamtschuldverhältnissen und Bürgschaftsverpflichtungen in Betracht. Ein Gesamtschuldner (§§ 421ff. BGB) kann zwar auch, wenn er selbst in Anspruch genommen ist, die Schuld abziehen, aber nur in der Höhe, in der sie nicht durch Rückgriffsrechte gegen die übrigen Gesamtschuldner als gedeckt gelten muss. Der Bürge (§§ 765ff. BGB) kann die Bürgschaftsverpflichtung erst dann ansetzen, wenn er mit der Inanspruchnahme ernstlich rechnen muss, und dann nur in der Höhe, in der sein Rückgriffsrecht gegen den Hauptschuldner (§ 774 BGB) aller Voraussicht nach erfolglos sein wird. Schulden in **ausländischer Währung** sind nach dem Umrechnungskurs vom Stichtag in EURO umzurechnen. 1099

1100–1110 frei

6.7 Bewertung von noch nicht fälligen Ansprüchen aus Lebens-, Kapital- oder Rentenversicherungen

6.7.1 Begriffe

Bei Ansprüchen aus Lebens-, Kapital- oder Rentenversicherungen (Gegensatz: Sachversicherungen) müssen unterschieden werden: Versicherungen, bei denen der Versicherungsfall (das den Anspruch auf Auszahlung der Versicherungssumme begründende Ereignis, z. B. Tod, Ablauf einer bestimmten Vertragsdauer) bereits eingetreten ist, und Versicherungen, bei denen der Versicherungsfall noch nicht eingetreten ist. Ansprüche aus den erstgenannten Versicherungen werden, soweit sie auf einen Kapitalbetrag gerichtet sind, nach § 12 Abs. 1 bis 3 BewG, soweit sie auf wiederkehrende Leistungen (z. B. Zahlung einer Rente) gerichtet sind, nach §§ 13 bis 16 BewG bewertet. 1111

1112 Ansprüche aus Versicherungen, bei denen der **Versicherungsfall noch nicht eingetreten** ist, gehören zu den »Kapitalforderungen« i. S. d. § 12 BewG und werden gemäß § 12 Abs. 4 BewG als »noch nicht fällige Ansprüche aus Lebens-, Kapital- oder Rentenversicherungen« bewertet. Das ist gerechtfertigt, weil sie – im Gegensatz zu Schadens- und Sachwertversicherungen (z. B. Feuer-, Hagel-, Diebstahlversicherungen) – regelmäßig schon vor Eintritt des Versicherungsfalls einen realisierbaren Vermögenswert haben.

6.7.2 Bewertungsmaßstäbe

1113 Noch nicht fällige Lebens-, Kapital- und Rentenversicherungen werden mit dem **Rückkaufswert** angesetzt. Die früher eingeräumte Möglichkeit stattdessen 2/3 der eingezahlten Prämien anzusetzen, besteht seit 01. 01. 2009 nicht mehr.

1114 Rückkaufswert ist der durch Vorlage einer Bescheinigung des Versicherungsunternehmens nachgewiesene Wert. Wird vom Versicherungsunternehmen im Falle der vorzeitigen Aufhebung des Versicherungsvertrags nachweislich nichts erstattet, so beträgt der Rückkaufswert 0 €.

1115 »Rückkaufswert« ist der Betrag, den das Versicherungsunternehmen dem Versicherungsnehmer im Fall der vorzeitigen Aufhebung des Vertragsverhältnisses zu erstatten hat. Er entspricht im Wesentlichen der so genannten Prämienreserve (vgl. § 176 des Gesetzes über den Versicherungsvertrag vom 30. 06. 1908 RGBl, S. 263), die nach zwingenden versicherungsrechtlichen Vorschriften gebildet werden muss (auch »**Deckungskapital**« genannt). Ob und inwieweit **Gewinnanteile** der Versicherungsnehmer anzusetzen sind, kann nach § 12 Abs. 4 Satz 4 BewG in einer Rechtsverordnung geregelt werden. Nachdem die Bewertungsdurchführungsverordnung vom 02. 02. 1935 aufgehoben wurde, in deren § 73 sich eine Regelung über die Behandlung der Gewinnansprüche befand, fehlt derzeit eine gesetzliche Regelung.

6.8 Bewertungsstichtag

1116 Für die Bewertung der Kapitalforderungen und Kapitalschulden kommt es (wie bei anderen zu bewertenden Wirtschaftsgütern) auf die **Verhältnisse vom Besteuerungszeitpunkt** an. Nach §§ 10–12 sowie § 9 ErbStG ist dies für die Ermittlung des steuerpflichtigen Erwerbs bei der Erbschaft- und Schenkungsteuer der Todestag bzw. der Zeitpunkt der Ausführung der Zuwendung). Die Verhältnisse von diesen Bewertungsstichtagen gelten aber nicht nur für die Wertermittlung, sondern auch für die Frage, ob überhaupt eine Forderung oder Schuld anzusetzen ist (d. h. bereits entstanden ist und noch besteht).

1117–1120 frei

7 Bewertung der wiederkehrenden Nutzungen und Leistungen

7.1 Begriffe

1121 Unter wiederkehrenden Nutzungen i. S. d. §§ 13 ff. BewG sind Bezüge oder Vorteile auf **Grund eines einheitlichen Rechts** zu verstehen. Den wiederkehrenden **Nutzungen des Berechtigten** entsprechen in der Regel die wiederkehrenden **Leistungen des Verpflichteten**. Zu den wiederkehrenden Nutzungen und Leistungen gehören insbesondere **Renten**, d. h. laufende Bezüge in Geld oder Geldeswert, die in bestimmten Zeiträumen wiederkehren und auf die der Empfänger aufgrund eines Stammrechts für eine gewisse Zeitdauer einen Anspruch hat (z. B. Leibrenten i. S. d. §§ 759 f. BGB) oder auf deren fortdauernden Bezug er mit Sicherheit rechnen kann (vgl. RFH vom 30. 01. 1929 RStBl 1929, 326, RFH vom 26. 05. 1933 RStBl 1933, 1345, vom 08. 01. 1937 RStBl 1937, 347, BFH vom 09. 09. 1960 BStBl III 1961, 18, ferner R 113 ErbStR). Zu den wiederkehrenden Nutzungen und Leistungen gehören auch **Erbbauzinsen, Altenteilleistungen** sowie Leistungen aufgrund eines **Nießbrauchrechts,** nicht jedoch in Raten zu tilgende Kapitalforderungen. Allerdings ergibt sich zwischen wiederkehrenden Nutzungen und in Raten zu tilgenden Forderungen bei gleicher Höhe der wiederkehrenden Leistung und gleicher Laufzeit wertmäßig kein Unterschied.

Nutzungen, die aus den eigenen Wirtschaftsgütern des Nutzungsberechtigten fließen (z. B. Zinsen eines Kapitals, Mieten aus einem Grundstück), sind keine Nutzungen und Leistungen im Sinne der §§ 13–16 BewG. Solche Nutzungen und Leistungen werden steuerlich bei dem Berechtigten nicht gesondert erfasst, sondern sind mit dem Ansatz des Wirtschaftsguts selbst abgegolten, da das Eigentumsrecht das Recht der Nutzungen mit umfasst (RFH vom 19. 03. 1942 RStBl 1942, 542). **1122**

Für die Bewertung sind **vier Gruppen** von wiederkehrenden Nutzungen und Leistungen zu unterscheiden: **1123**
1. auf bestimmte Zeit (§ 13 Abs. 1 BewG),
2. immerwährende (§ 13 Abs. 2 BewG),
3. von unbestimmter Dauer (§ 13 Abs. 2 BewG),
4. auf Lebenszeit einer Person (§ 14 BewG).

Für alle Gruppen von wiederkehrenden Nutzungen und Leistungen gilt als **Bewertungsmaßstab** grundsätzlich der **Kapitalwert,** in bestimmten Fällen (siehe § 13 Abs. 3, § 14 Abs. 4 BewG) der **gemeine Wert.** **1124**

Methodisch stellt sich für die Fälle des § 13 Abs. 1 BewG der Kapitalwert als »Gesamtwert (Jahreswert × Anzahl der Jahre abzüglich Zinsen und Zwischenzinsen für die Laufzeit)« dar, während es sich bei den Fällen des § 13 Abs. 2 und § 14 BewG um eine »Multiplikation des Jahreswerts mit einem Vervielfältiger« handelt. Beide **Bewertungsmethoden** führen jedoch im Ergebnis zu einem Kapitalwert. Den zur Ermittlung des Kapitalwerts in den §§ 13 und 14 BewG vorgeschriebenen Vervielfältigern liegt ein Zinssatz von 5,5 % zugrunde. Derselbe Zinssatz ist auch für die Ermittlung des Gegenwartswerts einer unverzinslichen befristeten Kapitalforderung (vgl. § 12 Abs. 3 BewG) maßgebend. **1125**

Die Vorschriften der §§ 13 bis 16 BewG sind in gleicher Weise für den **Berechtigten und** den **Verpflichteten** maßgebend. Ob und unter welchen Voraussetzungen wiederkehrende Nutzungen und Leistungen zu einer Steuer heranzuziehen sind, richtet sich nach den Vorschriften der **einzelnen Steuergesetze,** vgl. etwa R 139 Abs. 11 EStR, § 12 Abs. 1 ErbStG, R 113 ErbStR. **1126**

1127–1130 frei

7.2 Ermittlung des Jahreswerts wiederkehrender Nutzungen und Leistungen

7.2.1 Grundsätze

Der Kapitalwert wird durch Multiplikation des Jahreswerts der Nutzungen oder Leistungen mit einem bestimmten Vervielfältiger ermittelt. Welcher Vervielfältiger für den Einzelfall anzuwenden ist, hängt grundsätzlich zunächst davon ab, in welche der vier Gruppen **1131** die zu bewertende Nutzung oder Leistung fällt. Die **Ermittlung des Jahreswerts** bereitet keine Schwierigkeiten, wenn die Leistungen in Geld bestehen und wenn die Höhe der Jahresleistungen ziffernmäßig feststeht. Wenn die Nutzungen oder Leistungen in Naturalien bestehen oder wenn die Höhe der Nutzung oder Leistung nicht feststeht oder schwankt, gilt nach § 15 BewG Folgendes:

a) Nutzung einer Geldsumme

1132 Bei Nutzung einer Geldsumme sind, wenn kein anderer Wert feststeht, **5,5 % der Geldsumme** als Jahreswert anzusetzen (§ 15 Abs. 1 BewG).

BEISPIEL
A hat seinen Vater beerbt mit der Verpflichtung, seiner Schwester bei ihrer Verheiratung aus der Erbschaft 20 000 € zu zahlen. Nach fünf Jahren heiratet die Schwester.
LÖSUNG Nunmehr ist auf Antrag des A gemäß § 6 Abs. 2 BewG die Erbschaftsteuerveranlagung nach dem tatsächlichen Wert des Erwerbs zu berichten. Tatsächlich erworben hat A – außer etwaigen anderen Vermögenswerten – die fünfjährige Nutzung des jetzt an seine Schwester ausgezahlten Geldbetrages. Sofern A keinen anderen Wert nachweist, sind als Jahreswert der Nutzung 5,5 % von 20 000 € anzusetzen.

b) Nutzungen oder Leistungen, die nicht in Geld bestehen

1133 Nutzungen oder Leistungen, die nicht in Geld bestehen (Wohnung, Kost, Waren und sonstige Sachbezüge), sind mit den **üblichen Mittelpreisen des Verbrauchsortes** anzusetzen (§ 15 Abs. 2 BewG). Diese Vorschrift entspricht dem § 8 Abs. 2 EStG. Sie hat Bedeutung insbesondere für die Bewertung von **Altenteilen** und landwirtschaftlichen **Nießbrauchsrechten**. In den Vermögensteuerrichtlinien ist für die Praxis vorgeschrieben, dass dabei von den Sätzen ausgegangen werden kann, die am Veranlagungszeitpunkt beim Steuerabzug vom Arbeitslohn und bei der Sozialversicherung für Deputate in der Land- und Forstwirtschaft gelten. Bei nichtbuchführende Land- und Forstwirten können Pauschsätze für Altenteilsleistungen, die von den Finanzbehörden aufgestellt worden sind, übernommen werden. Vertraglich vereinbarte Barbezüge oder sonstige Sachleistungen sind nur zu berücksichtigen, wenn sie in den Pauschsätzen nicht mit abgegolten sind und wenn nachgewiesen wird, dass sie tatsächlich geleistet werden (vgl. BFH vom 05.11.1954 BStBl III 1954, 381, das die Anwendbarkeit der Pauschsätze für unbedenklich hält).

c) Nutzungen oder Leistungen, die in ihrem Betrag ungewiss sind oder schwanken

1134 Bei Nutzungen oder Leistungen, die in ihrem Betrag ungewiss sind oder schwanken, ist als Jahreswert der **Betrag** zugrunde zu legen, der in **Zukunft** im **Durchschnitt der Jahre voraussichtlich erzielt wird** (§ 15 Abs. 3 BewG). Diese Bestimmung ist insbesondere bei der Bewertung von Nießbrauchsrechten (z. B. an einem **Mietwohngrundstück** oder an einem **GmbH-Anteil**) von Bedeutung, bei denen der jährliche Reinertrag vielfach erheblichen Schwankungen unterliegt. In diesen Fällen wird der voraussichtlich im Durchschnitt der Jahre zu **erwartende Reinertrag** regelmäßig geschätzt werden müssen. Bei der Schätzung können jedoch die in den vergangenen Jahren tatsächlich erzielten Reinerträge einen wichtigen Anhaltspunkt bieten (vgl. BFH vom 19.04.1962 BStBl III 1962, 270 und vom 11.02.1972 BStBl II 1972, 448, 450, in dem der BFH grundsätzlich auf den Durchschnitt der letzten drei Jahre abgestellt wissen will). Ausnahmsweise können auch solche Ereignisse berücksichtigt werden, die in nicht allzu langer Zeit nach dem Stichtag eingetreten sind. Außergewöhnliche Umstände, die am Stichtag nicht vorauszusehen waren, bleiben aber in jedem Falle außer Betracht (BFH vom 13.01.1956 BStBl III 1956, 62 sowie R 113 ErbStR).

Beim **Nießbrauch** an einem **Betriebsvermögen** kann nur von dem normalen, auf die Dauer anfallenden Jahresertrag ausgegangen werden und nicht von vorübergehend hohen Gewinnen einiger Jahre. Außerdem muss berücksichtigt werden, dass ebenso wie der Eigentümer so auch der Nießbraucher auf die Dauer nur einen Teil des jährlichen Betriebsgewinns für sich entnehmen kann. Als Jahresertrag wird deshalb im Allgemeinen der jährliche tatsächlich in Anspruch genommene (**entnommene**) Betrag angesetzt werden können. **1135**

Beim **Nießbrauch** an einem **Betrieb der Land- und Forstwirtschaft** ist als Jahreswert nicht der Betrag anzusetzen, den der jeweilige Nießbraucher aufgrund seiner persönlichen Fähigkeiten im Durchschnitt der Jahre tatsächlich herauszuwirtschaften in der Lage ist – dies würde einer Kapitalisierung der Arbeitsleistung des Nießbrauchers gleichkommen –, vielmehr im Allgemeinen nur der Betrag, der bei gemeingewöhnlicher Bewirtschaftung voraussichtlich erzielt werden kann, d.h. regelmäßig der bei einer Verpachtung des Betriebs im Ganzen durchschnittlich erzielbare Betrag (**Jahrespachtwert**) (vgl. RFH vom 18.05.1926 Slg. Bd. 10, 235, vom 24.06.1930 RStBl 1930, 591, vom 29.9.1930 RStBl 1930, 764 und BFH vom 14.12.1962 HFR 1966, 369). **1136**

1137–1140 frei

7.2.2 Begrenzung des Jahreswerts bei Nutzungen eines Wirtschaftsguts

7.2.2.1 Nutzungen

Nach § 16 BewG darf bei der Ermittlung des Kapitalwerts der Nutzungen eines Wirtschaftsguts der Jahreswert dieser Nutzungen nicht mehr als den 18,6ten Teil des Werts betragen, der sich nach den Vorschriften des Bewertungsgesetzes für das genutzte Wirtschaftsgut ergibt. Diese Vorschrift beruht auf dem richtigen Gedanken, dass das Eigentumsrecht an einem Wirtschaftsgut das Recht der Nutzung einschließt, und dass deshalb das bloße Nutzungsrecht steuerlich keinen höheren Wert haben darf als das genutzte Wirtschaftsgut selbst. **1141**

> **BEISPIEL**
> Der Grundbesitzwert des Grundstücks, an dem dem 50-jährigen A der lebenslange Nießbrauch zusteht, beträgt 126 000 €, der durchschnittliche jährliche Reinertrag 4 000 €.
> **LÖSUNG** Anzusetzen als Jahreswert sind 4 000 €, weil 1/18,6 des bewertungsrechtlich maßgeblichen Werts von 126 000 € = 6 774 € nur ein Jahreshöchstwert ist. Daher ist der Nießbrauch bei A mit 4 000 € × 14,740 = 58 960 € zu erfassen.

Die Begrenzung des Jahreswerts nach § 16 BewG gilt gleichermaßen für den Berechtigten wie auch für den Verpflichteten (so auch BFH vom 20.01.1978 BStBl II 1978, 257). Selbst ohne Nutzung verbleibt dem Eigentümer noch das Eigentumsrecht an der Sache, so dass es nicht angebracht ist, nur aufgrund der Nutzungslast eine den Wert des Gegenstandes übersteigende Last zu berücksichtigen; dies könnte nur dann der Fall sein, wenn den Eigentümer zusätzlich zu der Nutzungslast noch sonstige obligatorische Verpflichtungen träfen, die selbstständig zu berücksichtigen wären, also z.B. die Übernahme einer Abbruchverpflichtung, da gegenüber dem Nießbraucher seitens des Eigentümers ohnehin schon die Pflicht zur Nutzungsüberlassung besteht. **1142**

Die Begrenzung des § 16 BewG gilt für Nutzungen eines Wirtschaftsguts, nicht dagegen für die übrigen wiederkehrenden Leistungen. Dies sind nicht nur die »klassischen« **dinglichen Nutzungsrechte** Nießbrauch (bei dem der Nutzungsberechtigte selbst und durch **1143**

Vermietung an Dritte, zu Wohn- und zu gewerblichen Zwecken zur Nutzung berechtigt ist) und dingliches Wohnrecht (bei dem der Nutzungsberechtigte nur selbst und nur zu Wohnzwecken zur Nutzung berechtigt ist). Es sind ebensogut bloße **obligatorische,** nicht grundbuchmäßig abgesicherte Nutzungsrechte darunter zu verstehen, solange

- sich das Recht auf die Nutzung unmittelbar beschränkt BFH vom 24.04.1970 BStBl II 1970, 591, vom 02.12.1971 BStBl II 1972, 473 und vom 30.03.1979 BStBl II 1979, 540 und
- das Stadium des schwebenden Vertragsverhältnisses bereits überwunden ist.

1144 Die Vorschrift des § 16 BewG gilt im Übrigen nicht nur bei der Nutzung von Grundvermögen, sondern auch bei der Nutzung von anderen Wirtschaftsgütern (z.B. Aktien) oder wirtschaftlichen Einheiten (Betriebe). § 16 BewG gilt jedoch **nicht** beim **Erbbauzins.** Der Erbbauzins stellt nämlich keine Nutzung dar (die Nutzung ist das Erbbaurecht, das jedoch nicht nach den §§ 13–16 BewG, sondern nach § 92 BewG bzw. § 148 BewG zu bewerten ist), sondern die Gegenleistung für ein Nutzungsrecht. Diese fällt aber nicht unter § 16 BewG. Das Recht auf den Erbbauzins ist daher beim Grundstückseigentümer mit dem vollen Kapitalwert der wiederkehrenden Leistung anzusetzen, beim Erbbauberechtigten mit dem vollen Kapitalwert abzuziehen (BFH vom 13.11.1981 BStBl II 1982, 184).

BEISPIELE

a) A hat als Altenteiler das Recht auf Nutzung einer Eigentumswohnung und auf Pflege gegenüber B; das Recht ist im Grundbuch nicht abgesichert, sondern bloß vertraglich vereinbart.
LÖSUNG Keine Begrenzung des Rechts nach § 16 BewG da keine Beschränkung auf die Nutzung. Das Gesamtrecht ist als ein vertraglicher Anspruch zu bewerten.

b) B hat durch Mietvorauszahlungen das Recht erworben, ohne weitere Zahlungen vier Jahre ein Haus benutzen zu dürfen.
LÖSUNG Begrenzung des Rechts nach § 16 BewG.

c) C ist Mieter. Er hat mit seinem Vermieter einen langjährig unkündbaren Mietvertrag gegen Zahlung eines regelmäßigen monatlichen Mietzinses.
LÖSUNG Schwebender Vertrag, kein Ansatz von Nutzungsrecht und Zahlungslast.

d) D hat einen vertraglichen Anspruch auf Einziehung der Dividende aus Aktien. Sobald die Dividende unter einen bestimmten Mindestbetrag absinkt, hat der Verpflichtete (Aktieneigentümer) die Differenz zu dem Mindestbetrag zu tragen.
LÖSUNG Hier bestehen Ansprüche gegen den Verpflichteten, die über die reine Nutzung hinausgehen; § 16 BewG beschränkt den Jahreswert der Nutzung in diesem Fall nicht!

7.2.2.2 Sonderfälle

1145 Ist das **Nutzungsrecht auf einen Teil** der Gesamtnutzung beschränkt, so ermäßigt sich der Höchstbetrag des Jahreswerts entsprechend. Ist dagegen das Nutzungsrecht auf einen bestimmten abgrenzbaren Teil des Wirtschaftsguts beschränkt, so kommt es für die Ermittlung des Höchstbetrags auf den Wert an, der von dem steuerlich maßgebenden Wert für das ganze Wirtschaftsgut auf diesen Teil entfällt.

BEISPIELE

a) Den Brüdern A und B steht je zur Hälfte der Nießbrauch an einem Mietwohngrundstück zu, dessen Wert 140 000 € beträgt.
LÖSUNG Bei der Kapitalisierung ist als Jahreswert bei A und B höchstens jeweils 1/18,6 von 70 000 € = 3 763 € anzusetzen.

b) Der Nießbrauch an einem Mietwohngrundstück (Wert = 140 000 €) steht den beiden Brüdern A und B in der Weise zu, dass die Nutzungen des Erdgeschosses dem A und die Nutzungen der ersten bis vierten Etage dem B gebühren.

LÖSUNG In diesem Fall ist bei der Kapitalisierung als Jahreshöchstwert jeweils 1/18,6 des anteiligen Wertes (Wertanteil des Erdgeschosses und Wert der ersten bis vierten Etage) anzusetzen.

c) A ist Eigentümer eines Mietwohngrundstücks. Das aufstehende Gebäude enthält drei gleichgroße und gleichwertige Wohnungen. Zwei Wohnungen sind am Besteuerungszeitpunkt 01.06.2009 für je 400 € vermietet, die dritte Wohnung hat er seiner Tante Ida (geboren am 09.09.1949) und deren Tochter Klara (geboren am 10.10.1982) lebenslänglich zur Nutzung überlassen und dies auch grundbuchrechtlich abgesichert. Der Grundbesitzwert des Grundstücks wurde mit 168 000 € festgestellt. Der Verkehrswert beträgt 300 000 €.

LÖSUNG Ida und Klara haben ein lebenslängliches Nutzungsrecht (Verpflichtung des A). Die Bewertung erfolgt nach § 14 Abs. 1 BewG:

- Jahreswert (§ 15 BewG):
  400 € × 12 = 4 800 €
  (Ableitung von der vermieteten Wohnung)
- Begrenzung nach § 16 BewG:
  Steuerwert = 168 000 €
  davon 1/3 = 56 000 €
  davon 1/18,6 = 3 010 €
- Kapitalwert:
  Maßgebend ist das Lebensalter der Tochter Klara am 01.06.2009 = 26 Jahre
  Vervielfältiger (Anlage 9 BewG) 17,789
  3 010 € × 17,789 = 53 544 €
  Ansatz bei Tante Ida (59 Jahre alt):
  3 010 € : 2 = 1 505 × 13,910 = 20 935 €
  Ansatz bei Klara:
  53 544 € ./. 20 935 € = 32 609 €
  Zu dieser Aufteilung vgl. 6.6.2.

Beim **Nießbrauch an einer Vermögensmasse** kommt es auf einen Vergleich des tatsächlichen Jahreswerts der Erträge aus dem Gesamtvermögen und von 1/18,6 der steuerlichen Werte des Gesamtvermögens an.

1146

BEISPIELE

a) Die 56-jährige Mutter M hat den Nießbrauch an dem auf den Alleinerben S übergegangenen Gesamtvermögen des V. Das Vermögen besteht aus a) einem Grundstück (Grundbesitzwert 100 000 €) und b) einem KG-Anteil in Höhe von 10 % (anteiliger Wert 36 000 €). Die Erträge aus dem Grundstück betragen jährlich im Durchschnitt 8 000 €, die Erträge aus dem Anteil im Durchschnitt 1 500 €.

LÖSUNG Der tatsächliche Jahresertrag aus dem Gesamtvermögen beträgt 9 500 €. Das genutzte Vermögen besteht aus dem Grundstück anzusetzen mit 100 000 € und dem Anteil am Wert des Betriebes = 36 000 €, zusammen 136 000 €, davon 1/18,6 = 7 311 €
Maßgebender Jahreswert: 7 311 €
Vervielfältiger: 14,543
Ansatz bei der M nach § 13 Abs. 1 ErbStG 106 324 €
Ansatz bei S als Last nach § 10 Abs. 5 ErbStG 106 324 €

b) Die M hat den Nießbrauch an dem dem S zustehenden Nachlass des V. Dieser besteht aus einem Grundstück Grundbesitzwert 126 000 €, einem Pkw Wert 9 000 €, und Schulden im Wert von 36 000 €. Das Grundstück wirft Erträge in Höhe von jährlich 6 000 € ab, die Miete für den Pkw beträgt jährlich 4 000 €, für die Schulden sind Zinsen in Höhe von 2 000 € zu entrichten.

LÖSUNG Bei der Nutzung nur eines Wirtschaftsgutes sind Schulden (abgesehen vom Betrieb, bei dem sie sich im gemeinen Wert niederschlagen) im Rahmen der Erhaltungspflicht des § 1041 BGB und der Verpflichtung zur Tragung der Schulden des § 1047 BGB nur beim tatsächlichen Jahreswert, nicht dagegen bei dem nach § 16 BewG begrenzten Wert zu berücksichtigen. Dies muss auch beim Nießbrauch an einem Gesamtvermögen gelten, da die Berücksichtigung von Schulden dem Sinn und Zweck, das Nutzungsrecht auf den Wert des Eigentumsrechts zu beschränken, fremd ist. Außerdem ist auch beim Nießbrauch an einem Vermögen nur die Bestellung des Nießbrauchs an den einzelnen Gegenständen möglich (§ 1085 BGB).

Aus diesem Grunde hat die M auch nur den Nießbrauch an dem Grundstück und dem Pkw, nicht dagegen an der Verbindlichkeit. (Hierbei soll die Tatsache unberücksichtigt bleiben, dass S der M den Nießbrauch nicht an Gegenständen einräumen muss, die er zur Begleichung der Verbindlichkeit verwerten will, vgl. Palandt, Anm. 1 zu § 1089; BGHZ 19, 312). Gleichwohl ist die M gemäß § 1088 BGB verpflichtet, die laufenden Verbindlichkeiten aus ihren Erträgen zu begleichen. Hierzu gehören die Zinsen, nicht dagegen die Tilgungen. Daher ist zu vergleichen der Jahresertrag unter Berücksichtigung der zu zahlenden Zinsen (= 8 000 €) mit dem 18,6ten Teil der Summe der bewertungsrechtlichen Ansätze; dabei ist der Pkw mit einem gemeinen Wert von 9 000 € anzusetzen. Sinn und Zweck ist, dass der zu erfassende Nutzungswert nicht höher ist als der Wert des genutzten Gegenstandes selbst. Begrenzter Wert nach § 16 BewG also 1/18,6 von 135 000 € = 7 258 €. Maßgebender Jahreswert sind somit 7 258 €.

c) Der Grundbesitzwert des Grundstücks, an dem dem 62-jährigen A der Nießbrauch schenkweise eingeräumt wurde, beträgt 126 000 €, der tatsächliche jährliche Reinertrag 10 000 €.
LÖSUNG 1/18,6 von 126 000 € = 6 774 €. Bei der Schenkungsteuer-Veranlagung des A ist als Jahreswert des Nießbrauches 6 774 € anzusetzen, also 6 774 € × 11,995 = 81 254 €.

1147–1150 frei

7.3 Bewertung von Nutzungen und Leistungen auf bestimmte Zeit

1151 Die Bewertung von Nutzungen oder Leistungen, die auf bestimmte Zeit beschränkt sind, d.h. deren Ende kalendermäßig feststeht, richtet sich nach § 13 Abs. 1 BewG. Ihr Gesamtwert (Kapitalwert) ist nach dieser Vorschrift die Summe der einzelnen Jahreswerte abzüglich der nach einem Zinssatz von 5,5 % zu berechnenden Zwischenzinsen einschließlich der Zinseszinsen.

7.3.1 Berechnung nach Tabelle 7

1152 Um die Berechnung zu erleichtern, enthält **Anl. 9a** zum BewG und der gemeinsame Ländererlass vom 07.12.2001 in Tabelle 7 Vervielfältiger. Aus ihnen ist der Kapitalwert einer Rente, Nutzung oder Leistung im Jahreswert von 1 €, die eine bestimmte Anzahl von Jahren läuft, abzulesen. Die Tabelle ist »**mittelschüssig**« aufgebaut, d.h. sie geht davon aus, dass die einzelnen Jahresleistungen jeweils in der Mitte des Jahres zu erbringen sind. Sie ist aber auch in den Fällen anwendbar, in denen die Jahresleistungen am Anfang oder am Ende oder im Laufe des Jahres erbracht werden müssen.

BEISPIELE
a) Für die Bewertung von wiederkehrenden Nutzungen und Leistungen nach den §§ 13 bis 16 BewG. Es sind die maßgebenden Werte jeweils zum Besteuerungszeitpunkt 01.01.2009 zu ermitteln.
Rente, Jahreswert 1 000 €, fällig jeweils am Jahresanfang, (Rest-)Laufzeit am 01.01.2009 noch 10 Jahre.
LÖSUNG Vorschüssige Zahlung: Bewertung nach § 13 Abs. 1 BewG mit Tabelle 7
1000 € × 7,745 = 7 745 €

b) Rente, Jahreswert 1 000 €, fällig jeweils am Jahresende, (Rest-)Laufzeit am 01. 01. 2009 noch 10 Jahre.
LÖSUNG Nachschüssige Zahlung, dennoch gleiche Bewertung, vgl. § 13 Abs. 3 Satz 2 BewG.

c) Rente, Jahreswert 1 000 €, fällig jeweils am Jahresanfang, erstmals zu zahlen am 01. 01. 2015, Laufzeit 10 Jahre (ab 01. 01. 2009).
LÖSUNG Bewertung nach § 13 Abs. 1 BewG mit Tabelle 2, daher zunächst Kapitalisierung für die Laufzeit von 10 Jahren (praktisch auf den 01. 01. 2015) nach Tabelle 2: 1 000 € × 7,745 = 7 745 €. Dieser Betrag ist noch abzuzinsen auf den 01. 01. 2009 nach Tabelle 1: 7 745 € × 0,725 = 5 615 €.
Möglich ist aber auch die Berechnung:

Vervielfältiger 16 Jahre (letzte Zahlung)	10,750
Vervielfältiger 6 Jahre (erste Zahlung)	./. 5,133
maßgebender Vervielfältiger	5,617
1 000 € × 5,617 =	5 617 €

d) Rente, monatliche Zahlung 100 €, fällig jeweils zum Monatsanfang, (Rest-)Laufzeit am Bewertungsstichtag 01. 01. 2009 10 Jahre.
LÖSUNG Bewertung nach § 13 Abs. 1 BewG mit Tabelle 2: 1 200 € × 7,745 = 9 294 €.

7.3.2 Begrenzung des Kapitalwerts

Der Gesamtwert (Kapitalwert) der auf bestimmte Zeit beschränkten Nutzungen oder Leistungen ist begrenzt durch § 13 Abs. 1 letzter Satz BewG: Wenn die Dauer des Rechts außerdem durch das Leben einer oder mehrerer Personen bedingt ist, so darf **der nach § 14 BewG zu berechnende Kapitalwert nicht überschritten** werden. Dieser Kapitalwert ist also Höchstwert. Er ergibt sich aus den Vervielfältigern der Anlage zum BMF-Schreiben vom 20. 01. 2009 und enthält die in einem Vervielfältiger ausgedrückte durchschnittliche Lebenserwartung einer Person mit ihrem jeweiligen Alter am Stichtag. 1153

BEISPIEL
Rente, Jahreswert 1 200 €, auf die Lebenszeit einer männlichen Person gewährt, höchstens jedoch für 20 Jahre. Alter der Person am Bewertungsstichtag 58 Jahre.
LÖSUNG
- Bewertung nach § 13 Abs. 1 BewG mit Tabelle 7:
  1 200 € × 12,279 (20 Jahre Laufzeit) = 14 734 €
- Bewertung nach § 14 Abs. 1 und der Anlage zum BMF-Schreiben vom 20. 01. 2009:
  1 200 € × 13,033 (Alter 58 Jahre) = 15 639 €
- Nach § 13 Abs. 1 letzter Satz BewG ist der niedrigere der beiden Werte maßgebend, also = 14 734 €.

§ 13 Abs. 1 letzter Satz BewG ist nicht anzuwenden, wenn die bestimmte Zeit als Mindestdauer gedacht ist und innerhalb dieser Mindestdauer eine vorzeitige Beendigung der Leistung durch den Tod einer Person nicht eintreten soll (**Mindestzeitrente**). In diesem Fall ist der **höhere** der beiden **Werte maßgebend** (BFH vom 02. 10. 1981 BStBl II 1982, 11). 1154

7.4 Bewertung immerwährender Nutzungen und Leistungen

Immerwährende Nutzungen und Leistungen sind solche, deren **Ende überhaupt nicht absehbar ist** oder von Ereignissen abhängt, von denen **ungewiss ist, ob und wann sie in absehbarer Zeit eintreten** werden (Definition des RFH in dem Urteil vom 30. 11. 1926 RStBl 1927, 81). Sie spielen in der Praxis keine große Rolle. Ihr Kapitalwert ist das 18,6fache des Jahreswerts (§ 13 Abs. 2 BewG). Keine immerwährenden Nutzungen und Leistungen liegen 1155 vor, wenn die Zahlungen auf das Leben einer Person abgestellt sind; hier handelt es sich um Nutzungen und Leistungen von unbestimmter Dauer. Immerwährende Nutzungen und Leistungen können somit nur bei juristischen Personen vorkommen.

1156 Im Allgemeinen sollen jedoch wiederkehrende Leistungen beim Verpflichteten nicht als »immerwährend« anzusehen sein, wenn sie beim Berechtigten solche von unbestimmter Dauer oder auf Lebenszeit sind (vgl. RFH vom 05.07.1934 RStBl 1934, 1024; BFH vom 18.01.1963 HFR 1963, 282 und vom 11.03.1977 BStBl II 1977, 406).

BEISPIELE

a) Einem rechtsfähigen Verein ist das Recht eingeräumt, während der Dauer seines Bestehens verschiedene Räumlichkeiten eines Hotels, das Eigentum einer AG ist, für seine Zwecke uneingeschränkt zu benutzen.
LÖSUNG Würde der Jahreswert gemäß § 15 Abs. 2 BewG mit 1 200 € anzusetzen sein, so beträgt der Kapitalwert: 1 200 × 18,6 = 22 320 €.

b) Eine Stiftung ist verpflichtet, dem A eine jährliche Rente zu zahlen. Die Zahlungsverpflichtung soll nach dem Tode des A gegenüber seinen Rechtsnachfolgern, bei deren Tod gegenüber deren jeweiligen Rechtsnachfolgern usw. (zeitlich nicht begrenzt bis zu einer bestimmten Generation) weiterbestehen.
LÖSUNG Bei den Berechtigten, die bereits eine Rente beziehen, ist eine auf Lebenszeit begrenzte Nutzung anzusetzen. Bei am Stichtag bereits lebenden Kindern, die noch nicht in den Rentenbezug eingetreten sind, bleiben die (künftigen) Rentenansprüche unberücksichtigt, weil die Entstehung der Ansprüche aufschiebend bedingt ist (wegen der Ungewissheit, ob sie ihre Eltern überleben). Bei der Stiftung soll als Last ebenfalls nur eine auf die Lebenszeit der Rentenberechtigten begrenzte Leistung abzugsfähig sein (BFH vom 18.11.1963, HFR 1963, 282). Diese Rechtsprechung wird jedoch der tatsächlichen Lage für das Unternehmen nicht gerecht; richtiger Ansicht nach muss hier eine Last gemäß § 13 Abs. 2 BewG mit dem 18,6fachen kapitalisiert werden.

1157–1160 frei

7.5 Bewertung von Nutzungen und Leistungen von unbestimmter Dauer

7.5.1 Allgemeines

1161 Nutzungen und Leistungen von unbestimmter Dauer sind solche, bei denen das **Ende in absehbarer Zeit sicher,** aber der **Zeitpunkt des Wegfalls unbestimmt** ist (RFH vom 30.11.1926 RStBl 1927, 81). Sie werden mit dem 9,3fachen des Jahreswerts bewertet (§ 13 Abs. 2 BewG). Lässt sich bei einer wiederkehrenden Nutzung der Zeitpunkt der Beendigung mit einiger Sicherheit vorausbestimmen, so ist nicht § 13 Abs. 2 BewG, sondern § 13 Abs. 1 BewG (Nutzung auf bestimmte Zeit) anzuwenden.

1162 Es ist schwierig, Nutzungen und Leistungen von unbestimmter Dauer von den immerwährenden abzugrenzen. Einen Anhaltspunkt für die Abgrenzung können die Jahreszahlen bieten, die den beiden Vervielfältigern (18,6 und 9,3) zugrunde liegen. Dem Vervielfältiger 18,6 liegen, wie sich aus der Tabelle 7 ergibt, mehr als 101 Jahre, dem Vervielfältiger 9,3 etwa 13 Jahre zugrunde. Diese beiden Jahreszahlen sind aber nur als Durchschnittszahlen anzusehen.

BEISPIELE

a) X muss dem 14-jährigen Y jährlich 1 200 € zahlen, bis dessen Berufsausbildung beendet ist.
LÖSUNG Der Kapitalwert der Leistungen beträgt: 9,3 × 1 200 € = 11 160 €.

b) X muss dem 23-jährigen Y, der im 10. Semester Medizin studiert, bis zur Beendigung von dessen Berufsausbildung jährlich 3 000 € zahlen.
LÖSUNG Hier ist § 13 Abs. 2 wohl nicht anwendbar. Die voraussichtliche Dauer der Leistung lässt sich schätzen. § 13 Abs. 1 BewG ist daher anzuwenden.

7.5.2 Vorrang des § 14 BewG

Zu den Nutzungen und Leistungen von unbestimmter Dauer können begrifflich auch solche gehören, die von der Lebensdauer einer Person abhängig sind. In § 5 Abs. 1 Satz 2 BewG werden die Fälle des § 14 BewG (lebenslängliche Nutzungen und Leistungen) ausdrücklich und allgemein als Nutzungen von unbestimmter Dauer bezeichnet. Das kann aber nicht richtig sein. **Lebenslängliche Nutzungen können nur in den Fällen solche von unbestimmter Dauer sein, in denen aufgrund eines höheren Lebensalters einer Person deren Tod in absehbarer Zeit gewiss ist.** Diese Unterscheidung ist jedoch für die Bewertung als solche ohne Bedeutung, weil **lebenslängliche Nutzungen und Leistungen** – wie sich aus den Worten »vorbehaltlich des § 14« in § 13 Abs. 2 BewG ergibt – als **eine besondere Gruppe** von wiederkehrenden Nutzungen und Leistungen herausgestellt und der Sondervorschrift des § 14 BewG unterworfen sind. **§ 14 BewG wird dann ausschließlich angewendet, wenn eine Nutzung auf die Lebenszeit einer Person begrenzt ist und es ungewiss ist, ob die Nutzung in absehbarer Zeit wegfällt.**

1163

BEISPIELE

a) X ist verpflichtet, dem 87-jährigen Y bis zu dessen Lebensende jährlich 1 200 € zu zahlen.
LÖSUNG In diesem Fall wird der Kapitalwert ausschließlich nach § 14 BewG berechnet.

b) Eine Stiftung ist verpflichtet, zunächst dem A bis zu seinem Tode und danach dessen Tochter B eine jeweils lebenslängliche Rente zu zahlen.
LÖSUNG Eine Leistung von unbestimmter Dauer liegt nicht vor. Für die Berechnung des Kapitalwerts ist vielmehr lediglich das Lebensjahr des jeweils Berechtigten (gemäß § 14 BewG) maßgebend (vgl. BFH vom 21. 10. 1955 BStBl II 1955, 342).

c) Rente, Jahreswert 1 000 €, zahlbar einer geschiedenen Ehefrau auf Lebenszeit, längstens aber bis zur Wiederverheiratung der geschiedenen Ehefrau. Die geschiedene Ehefrau ist am Bewertungsstichtag 26 Jahre alt.
LÖSUNG Ermittlung des Kapitalwerts nach § 14 Abs. 1 BewG: 1 000 € × 17,789 = 17 789 €. Die eventuelle Wiederverheiratung der geschiedenen Ehefrau ist als auflösende Bedingung zu behandeln (§§ 5 bzw. 7 BewG).

7.5.3 Konkurrenz gegenüber § 14 und gegenüber § 13 Abs. 1 BewG

Ist eine Leistung auf die **Lebensdauer einer Person abgestellt und** erfüllt sie – abgesehen von diesen Merkmalen – zusätzlich die Begriffsmerkmale einer Leistung **von unbestimmter Dauer,** so ist – entsprechend dem in § 13 Abs. 1 BewG geregelten Konkurrenzverhältnis – **der niedrigere** von den beiden in Betracht kommenden Kapitalwerten der **wirtschaftlich zutreffende und richtige.** Das gilt für den Berechtigten in gleicher Weise wie für den Verpflichteten (vgl. RFH vom 10. 04. 1930 RStBl 1930, 394).

1164

Ist jedoch eine wiederkehrende Leistung lediglich dadurch von unbestimmter Dauer, dass sie **von der Lebenszeit einer Person abhängt,** so ist eine Konkurrenz zwischen § 13 Abs. 2 und § 14 BewG nicht gegeben, vielmehr ist ausschließlich § 14 BewG anzuwenden.

1165

1166 Ist eine wiederkehrende Nutzung oder Leistung von unbestimmter Dauer auf eine bestimmte Zeit als **Höchstdauer** beschränkt (Konkurrenz zwischen § 13 Abs. 2 und § 13 Abs. 1 BewG), so ist wiederum der **niedrigere von** den **beiden** in Betracht kommenden **Kapitalwerten** zutreffend.

> **BEISPIELE**
>
> a) Der 80-jährige X muss dem 15-jährigen Y jährlich 2 000 € zahlen, bis dessen Berufsausbildung beendet ist. Die Verpflichtung soll im Fall des vorzeitigen Todes des X wegfallen.
> **LÖSUNG** Die Leistung ist, da sie auf die Lebenszeit einer Person begrenzt ist, eine solche im Sinn des § 14 BewG. Zugleich erfüllt sie die Voraussetzungen einer Leistung von unbestimmter Dauer, da die Beendigung der Berufsausbildung in absehbarer Zeit sicher, der Zeitpunkt der Beendigung aber unbestimmt ist. Der nach § 14 BewG berechnete Kapitalwert beträgt: 6,219 × 2 000 € = 12 438 €, der nach § 13 Abs. 2 BewG berechnete: 9,3 × 2 000 € = 18 600 €. Der richtige und für den Berechtigten und Verpflichteten maßgebende Wert ist der niedrigere von beiden, also 12 438 €.
>
> b) X hat einem Kaliunternehmen gegen Zahlung jährlicher Förderzinsen das Recht eingeräumt, Kali abzubauen. Das Recht (und der Gegenanspruch des X) sollen mit dem Tode des X erlöschen.
> **LÖSUNG** Für die Ermittlung des Kapitalwerts gilt allein § 14 BewG (vgl. BFH vom 11. 08. 1961 BStBl III 1961, 477).
>
> c) Der Erbe E ist verpflichtet, seinem 12-jährigen Bruder jährlich 5 000 € zu zahlen, bis dessen Berufsausbildung beendet ist, längstens jedoch auf die Dauer von 10 Jahren.
> **LÖSUNG** Wert nach § 13 Abs. 2 BewG: 5 000 € × 9,3 = 46 500 €. Wert nach § 13 Abs. 1 BewG i. V. m. der Tabelle 7: 5 000 € × 7,745 = 38 725 €. Maßgebender Wert: 38 725 €.

1167–1170 frei

7.6 Bewertung lebenslänglicher Nutzungen und Leistungen

7.6.1 Grundsätze

1171 Für Renten und andere auf die Lebenszeit einer Person beschränkte Nutzungen und Leistungen gilt § 14 BewG. Nach dieser Vorschrift bestimmt sich ihr Wert nach dem Lebensalter derjenigen Person, auf deren Leben die Nutzung oder Leistung beschränkt ist. Dies kann der Berechtigte, der Verpflichtete und auch irgendeine andere dritte Person sein. Maßgebend ist das Lebensalter der Person im jeweiligen Zeitpunkt der Bewertung.

1172 Entsprechend dem Lebensalter dieser Person ist im Jahr 2009 der auf den Jahreswert anzuwendende Vervielfältiger aus der Anlage des BMF-Schreibens vom 20. 01. 2009 abzulesen, für das Jahr 2010 gelten die Vervielfältiger der Tabelle des BMF-Schreibens vom 01. 10. 2009 BStBl 2009 I, 1168. Der höchste Vervielfältiger beträgt – bei einem Lebensalter eines neugeborenen Mädchen – 18,453, der niedrigste – bei einem Lebensalter eines mindestens 100-jährigen Mannes – 1,852. Die Vervielfältiger decken sich nicht mit den für die Lebenserwartung geltenden Jahreszahlen. Ihrer Berechnung liegt zwar die durchschnittliche Lebenserwartung aufgrund der Allgemeinen Sterbetafel für die BRD 2005/2007 bzw. 2006/2008 zugrunde. Die der Lebenserwartung entsprechende Zahl ist jedoch entsprechend dem Wert der Zwischenzinsen nochmals ermäßigt worden.

1173 Da die Vervielfältiger zwingend auf das Lebensalter am Bewertungsstichtag abgestellt sind, können Einwendungen hinsichtlich der mutmaßlichen Lebensdauer (z.B. dass die Lebenserwartung aufgrund des Gesundheitszustandes höher oder geringer sei als es dem Vervielfältiger entspricht) nicht berücksichtigt werden; vgl. § 14 Abs. 4 Satz 2 BewG.

Die Vervielfältiger gelten auch ohne Rücksicht darauf, ob die Leistungen am Anfang oder am Ende des Jahres oder auch in monatlichen, vierteljährlichen oder halbjährlichen Teilbeträgen erbracht werden. Verringern oder erhöhen sich die Leistungen nach Ablauf einer bestimmten Zeit, so können die Leistungen zum Zwecke der Ermittlung des Kapitalwerts aufgeteilt werden.

1174

> **BEISPIEL**
>
> Der Stpfl. Müller (M) erhält am 01.01.2009 eine Rente auf Lebenszeit zugewendet. Der Jahreswert ist jeweils zu Beginn des Jahres fällig und beträgt bis einschließlich 2012 20 000 € und vermindert sich ab 2013 auf 10 000 €. M ist am 10.04.1936 geboren. Die Rente ist zu bewerten auf den 01.01.2009.
>
> **LÖSUNG** Bewertung nach § 13 Abs. 1 i.V.m. § 14 Abs. 1 BewG.
>
> a) Methode 1
> Die Rente des M ist für die Kapitalwertermittlung zu teilen in:
> aa) eine Rente auf Lebenszeit von 10 000 € und
> bb) eine Rente auf Lebenszeit höchstens für die Zeit bis 31.12.2012 = 4 Jahre (Höchstzeitrente) von 10 000 €
>
> Kapitalwert:
> aa) nach Anlage 9 zu § 14 Abs. 1 BewG:
>   Alter am 01.01.2009 = 72 Jahre
>   Vervielfältiger = 8,892
>   10 000 € × 8,892   = 88 920 €
> bb) nach § 13 Abs. 1 Satz 4 BewG:
>   – § 13 Abs. 1 BewG, Tabelle 7 (4 Jahre Restlaufzeit)
>   10 000 € × 3,602 = 36 020 €
>   – § 14 Abs. 1 BewG, Anlage 9:
>   10 000 € × 8,892 = 88 920 €
>   Maßgebend ist der niedere Betrag   = 36 020 €
>
> Kapitalwert insgesamt   = 124 940 €
>
> b) Methode 2
> Ermittlung des Kapitalwerts:
> – Kapitalwert für die Zeit vom 01.01.2009–31.12.2012 = 4 Jahre nach Tabelle 7:
>   20 000 € × 3,602   = 72 040 €
> – Kapitalwert für den lebenslänglichen Teil der Rente nach Anlage 9 BewG
>   10 000 € × (8,892 ./. 3,602) = 10 000 € × 5,290   = 52 900 €
> – Kapitalwert   = 124 940 €

7.6.2 Abhängigkeit der Nutzung von der Lebenszeit mehrerer Personen

Hängt die Dauer der Nutzung oder Leistung von der Lebenszeit mehrerer Personen ab, so ist das Lebensalter und Geschlecht derjenigen Person maßgebend, für die sich der höchste Vervielfältiger ergibt, wenn das Recht mit dem Tode des zuletzt Sterbenden erlischt, und das Lebensalter und Geschlecht derjenigen Person maßgebend, für die sich der niedrigste Vervielfältiger ergibt, wenn das Recht mit dem Tode des zuerst Sterbenden erlischt (§ 14 Abs. 3). Die Vervielfältiger sind aus Tabelle 8 abzulesen.

1175

> **BEISPIEL**
>
> Den Eheleuten X ist eine Rente zugewendet, die bis zum Tode des zuletzt Sterbenden jährlich 5 000 € beträgt. Der Ehemann ist im Bewertungszeitpunkt 74, die Ehefrau 58 Jahre alt.
>
> **LÖSUNG** Für den Verpflichteten ist das Lebensalter der jüngeren Ehefrau maßgebend, da sich nach Lebensalter und Geschlecht für sie der höhere Vervielfältiger ergibt:
>
> Kapitalwert: 5 000 € × 14,129 = 70 645 €
>
> Würde die Rente bereits mit dem Tode des zuerst Sterbenden erlöschen, so würde der Kapitalwert nur 5 000 € × 8,215 betragen. = 41 075 €
>
> Für die Berechtigten gilt Tz III 1.2.6 des Erlasses vom 07. 12. 2001, d. h. im Zweifel gelten beide als je zur Hälfte Rentenberechtigte:
>
> M: 2 500 € × 8,215 = 20 537,50 €
> F: 2 500 € × 8,215 = 20 537,50 €
>   + 5 000 € × (14,129 ./. 8,215) = 29 570   €
>
> 50 107,50 €

1176 Dementsprechend sind an sich **Rentenansprüche eines Ehepaares,** die zu Lebzeiten beider Ehegatten eine bestimmte Höhe haben und sich **nach dem Tode des Erstverstorbenen vermindern,** in der Weise zu kapitalisieren, dass der nach dem Tode des Erstverstorbenen verbleibende Teil nach dem Lebensalter und Geschlecht desjenigen Ehegatten ermittelt wird, für den sich der höhere Vervielfältiger ergibt und der bis dahin zu zahlende Mehrbetrag nach dem Lebensalter und Geschlecht desjenigen Ehegatten zu berechnen ist, für den sich der niedrigere Vervielfältiger ergibt. Falls die Ehefrau nicht älter ist als der Ehemann, ergibt sich für die Ehefrau (da Frauen in bestimmten Altersgruppen eine höhere Lebenserwartung haben) regelmäßig ein höherer Vervielfältiger.

1177 Bezieht jedoch der Ehemann eine lebenslängliche Rente und soll die **Ehefrau nur** dann eine solche Rente erhalten, **wenn sie den Ehemann überlebt,** so ist der Rentenanspruch der Ehefrau aufschiebend bedingt (durch das Überleben) und daher nach § 4 BewG nicht zu berücksichtigen. Beziehen mehrere Personen als **Gesamtgläubiger** eine Rente, so kann für steuerliche Zwecke eine **Aufteilung des Gesamtwerts** der Rente gemäß § 3 BewG erforderlich sein.

> **BEISPIELE**
>
> a) Den Eheleuten X ist als Gesamtgläubigern eine Rente zugewendet, die zu Lebzeiten beider Ehegatten monatlich 5 000 € beträgt und sich nach dem Tode des Erstversterbenden auf 3 000 € vermindert. Der Ehemann ist im Bewertungszeitpunkt 74 (Vervielfältiger 8,215), die Ehefrau 58 (Vervielfältiger 14,129) Jahre alt.
>
> **LÖSUNG** für den Schuldner:
>
> 36 000 € × 14,129 (Vervielfältiger für 58 Jahre) = 508 644 €
> 24 000 € ×   8,215 (Vervielfältiger für 74 Jahre) = 117 160 €
>
> Kapitalwert = 705 804 €
>
> oder
>
> Ehemann: 30 000 € × 8,215 = 246 450 €
> Ehefrau: 30 000 € × 8,215 = 246 450 €
>   + 36 000 € × (14,129 ./. 8,215) = 212 904 €
>
> 705 804 €
>
> b) Rente eines Ehepaares, Jahreswert 60 000 €, zahlbar bis zum Ableben des zuletzt Sterbenden. Am Bewertungsstichtag ist der Ehemann 65 Jahre alt, die Ehefrau 62 Jahre alt.
>
> **LÖSUNG** Behandlung nach § 14 Abs. 3 BewG: Es ist das Lebensalter und Geschlecht desjenigen Ehegatten maßgebend, für den sich der höhere Vervielfältiger ergibt (hier Ehefrau, Alter 62 Jahre): 20 000 € × 13,194 = 263 880 €.

c) Wie Beispiel b). Nach dem Ableben des Erstversterbenden vermindert sich jedoch die Rente auf 15 000 € jährlich.
LÖSUNG Ehemann 65 Jahre alt = VV 11,135, Ehefrau 62 Jahre alt = VV 13,194.
Es ist zu rechnen:

20 000 € × 11,135	= 222 700 €
15 000 € × (13,194 ./. 11,135 =) 2,059	= 30 885 €
	253 585 €

c) Rente, monatlich 2 000 € (vorschüssig), die dem Ehemann auf Lebenszeit zusteht. Nach seinem Ableben erhält die Ehefrau eine Rente nur, wenn sie den Ehemann überlebt. Ehemann ist 66 Jahre alt, Ehefrau 63 Jahre alt.
LÖSUNG Es ist nur die Rente des Ehemannes anzusetzen, Kapitalwert gemäß § 14 Abs. 1 BewG (Anlage 9):
2 000 € × 12 = 24 000 € Jahreswert
24 000 € × 10,834 = 260 016 €

d) Den beiden Brüdern X (65 Jahre alt) und Y (58 Jahre alt) steht als Gesamtgläubigern eine lebenslängliche Rente von jährlich 10 000 € zu. Falls einer der beiden stirbt, soll sie in voller Höhe an den Überlebenden weitergezahlt werden. Im Verhältnis der beiden Brüder zueinander (Innenverhältnis) hat jeder Anspruch auf die Hälfte (= 5 000 €).
LÖSUNG Es ist zunächst der Gesamtwert zu berechnen. Er beträgt:
10 000 € × 13,033 (Vervielfältiger für 58 Jahre, Lebensalter des Jüngsten) = 130 330 €. Dieser Wert ist wie folgt aufzuteilen:

Auf X entfallen 5 000 € × 11,135 (Vervielfältiger für 65 Jahre)	= 55 675 €,
auf Y (58 Jahre alt) entfällt der Restbetrag von	74 655 €,

(= 11,135 × 5 000 € + [13,033 ./. 11,135] × 10 000 €).

e) Im vorigen Fall soll die lebenslängliche Rente nach dem Tode des Erstversterbenden nur in Höhe von 5 000 € an den Überlebenden weitergezahlt werden.
Dann beträgt der Gesamtwert:

5 000 € × 13,033 (Vervielfältiger für 58 Jahre)	= 65 165 €
5 000 € × 11,135 (Vervielfältiger für 65 Jahre)	= 55 675 €
	120 840 €

Auf X (65 Jahre alt) entfallen 55 675 € und auf Y (58 Jahre alt) 65 165 €.

7.6.3 Berichtigung der nicht laufend veranlagten Steuern bei vorzeitigem Wegfall

Der Ansatz des Kapitalwerts nach § 14 BewG, Anlage 9, kann dann zu einer Härte führen, wenn die durch die Anwendung des Vervielfältigers als mutmaßlich unterstellte Lebensdauer wesentlich länger ist als die tatsächliche Dauer der Nutzung oder Leistung. Für derartige Fälle sieht § 14 Abs. 2 BewG in beschränktem Umfang die Möglichkeit einer **Berichtigung** vor. Die Berichtigung kommt nur **bei nicht laufend veranlagten Steuern,** also z. B. bei der Erbschaftsteuer und Grunderwerbsteuer, in Betracht, sofern der vorzeitige Wegfall der Nutzung oder Leistung auf dem **Tode** des Berechtigten oder Verpflichteten oder der sonst maßgebenden Person beruht und sofern die nach § 14 Abs. 1 BewG bewertete Nutzung oder Leistung nicht länger als in § 14 Abs. 2 BewG im Einzelnen angegeben bestanden hat. 1178

Die Berichtigung erfolgt auf **Antrag,** für den § 5 Abs. 2 Satz 2 BewG entsprechend anzuwenden ist. Bei Wegfall einer Last bedarf es keines Antrags, d. h. dass die Berichtigung von Amts wegen erfolgt. Eine Berichtigung nach § 14 Abs. 2 BewG ist nicht möglich, wenn der vorzeitige Wegfall auf anderen Gründen (z. B. auf Heirat, Wiederheirat, Verzicht oder Zah- 1179 lungsunfähigkeit des Schuldners) beruht. Im Falle des **Eintritts einer Bedingung** ist eine Berichtigung bei nicht laufend veranlagten Steuern allerdings nach den §§ 5 bis 8 BewG möglich.

BEISPIEL Der ledigen X, 30 Jahre alt, ist durch Vermächtnis eine lebenslängliche Rente zugewendet worden, die im Fall ihrer Heirat wegfallen soll. Bei der Heranziehung zur Erbschaftsteuer ist als Kapitalwert der Jahreswert × 17,580 anzusetzen.
LÖSUNG Stirbt Frau X, die das 30. Lebensjahr bereits vollendet hat, also mehr als 30 Jahre alt ist, innerhalb eines Zeitraums bis zu 9 Jahren, so wird die Erbschaftsteuer auf Antrag der Erben gemäß § 14 Abs. 2 BewG nach der wirklichen Dauer der Rente berichtigt. Die Begrenzung auf den Tod des Berechtigten stellt zwar eine unbestimmte Befristung im Sinne des § 8 BewG dar. Jedoch ist § 8 in Verbindung mit § 5 Abs. 2 BewG nicht anwendbar, da § 14 Abs. 2 BewG als Sondervorschrift den Bestimmungen der §§ 8, 4–7 BewG vorgeht.
Heiratet Frau X, so wird auf ihren Antrag gemäß § 5 Abs. 2 BewG die Festsetzung der Erbschaftsteuer nach dem tatsächlichen Wert des Erwerbs berichtigt. Würde Frau X nach 5 Jahren freiwillig auf die Rente **verzichten**, so ist weder § 14 Abs. 2 noch § 8 BewG anwendbar.

1180–1190 frei

7.7 Der gemeine Wert wiederkehrender Nutzungen und Leistungen in Ausnahmefällen

1191 § 13 Abs. 3 und § 14 Abs. 4 Satz 1 BewG schreiben für bestimmte Fälle den **nachgewiesenen gemeinen Wert** statt des nach § 13 Abs. 1 und 2 bzw. nach § 14 Abs. 1 BewG berechneten Werts vor. Nach dem Sinn und Zweck dieser Vorschriften bedeutet das grundsätzlich nicht die Anwendung einer anderen als der im § 13 Abs. 1 und 2 bzw. § 14 Abs. 1 BewG vorgeschriebenen Berechnungsmethode. Denn auch der Kapitalwert ist im Grunde nichts anderes als eine besondere Erscheinungsform des gemeinen Werts. Eine abweichende Berechnung kann nur dann durchgeführt werden, wenn die Abweichung vom Kapitalwert aufgrund von Erfahrungssätzen oder nach den Denkgesetzen zwingend ist.

BEISPIELE a) Der Verpflichtete ist zahlungsunfähig.
LÖSUNG Tatsächliche Zahlungsunfähigkeit ist genügender Anlass einer abweichenden Bewertung. Nicht dagegen die allgemeine Annahme, es werde dem Verpflichteten im Alter schwerfallen, beispielsweise noch die vereinbarten Rentenbeträge aufzubringen.

b) Der Verpflichtete wird von dem Berechtigten mit den nach dem Vertrag geschuldeten Zahlungen nicht in Anspruch genommen. Er leistet stattdessen landwirtschaftliche Arbeitshilfe in dem Betrieb des Berechtigten.
LÖSUNG Als Jahreswert ist bei der Ermittlung des Kapitalwerts der Wert der zu erwartenden Arbeitsleistungen anzusetzen.

1192 Der Ansatz eines geringeren oder höheren Werts als des nach § 14 Abs. 1 BewG berechneten kann keinesfalls darauf gestützt werden, dass mit einer **kürzeren** oder **längeren Lebensdauer** als derjenigen zu rechnen ist, die den Vervielfachungszahlen des Anhangs 4 zugrunde liegt (§ 14 Abs. 4 Satz 2 BewG). Denn die Vervielfältiger sind zwingend auf das Lebensalter am Stichtag abgestellt. Desgleichen liegt kein Anwendungsfall des § 13 Abs. 3 bzw. des § 14 Abs. 4 BewG vor, wenn vertraglich ein **anderer Zinssatz** als 5,5 % der Rentenberechnung zugrunde gelegt worden ist (vgl. BFH vom 08.10.1952 BStBl III 1952, 295) oder wenn die lebenslängliche Rente einer Witwe im Falle ihrer Wiederverheiratung wegfällt (vgl.

BFH vom 15.10.1965 BStBl III 1966, S. 2) oder wenn anders als der gesetzlichen Fiktion entsprechend bezahlt wird (vor- oder nachschüssige Zahlungsweise).

Der Kapitalwert einer durch eine Grundschuld gesicherten lebenslänglichen Rente wird nach dem Lebensalter des Berechtigten gemäß § 14 Abs. 1 BewG und nicht unter Anwendung des § 14 Abs. 4 BewG nach der Ablösungssumme für die Grundschuld berechnet (BFH vom 09.03.1962 HFR 1962 Nr. 282). 1193

7.8 Bewertungsstichtag

Vgl. hierzu die Ausführungen in 5.8, die für wiederkehrende Nutzungen und Leistungen entsprechend gelten. 1194

8 Übriges Vermögen

Der frühere vermögensteuerliche Begriff des sonstigen Vermögens ist mit Wegfall der Vermögensteuer entfallen (vgl. die Aufhebung der §§ 18 Abs. 1 Nr. 4, 110 BewG a.F.). Unter **sonstigem Vermögen** kann daher jetzt das der Erbschaftsteuer unterliegende Vermögen bezeichnet werden, das nicht in Grundbesitz und nicht in Betriebsvermögen besteht. Für dieses Vermögen (übriges Vermögen) sieht § 12 Abs. 1 ErbStG in Verbindung mit § 9 BewG grundsätzlich den Wertansatz des gemeinen Werts vor. 1195

Eine **Ausnahme** gilt gemäß § 12 Abs. 2 ErbStG nur für Anteile an Kapitalgesellschaften, für die auf § 11 BewG (Kurswert – Ableitung aus Vergleichskäufen – Stuttgarter Verfahren) verwiesen wird. Daneben ist zu beachten, dass für Forderungen und Schulden § 12 BewG, für den Wertansatz von wiederkehrenden Leistungen die §§ 13–16 BewG zu beachten sind.

1196–1300
frei

Teil E Verfahrensrechtliche Vorschriften für die Bedarfsbewertung

1 Vorbemerkungen und historische Entwicklung der Bedarfsbewertung

1301 **Jahrzehntelang** wurden bei der Erbschaft- und Schenkungsteuer sowie in bestimmten Fällen bei der Grunderwerbsteuer für den Grundbesitz (Betriebe der Land- und Forstwirtschaft, Grundstücke des Grundvermögens und Betriebsgrundstücke des Betriebsvermögens) als Bemessungsgrundlage die **Einheitswerte** (§§ 19 ff. BewG) mit den Wertverhältnissen vom 01.01.1964 (letzter Hauptfeststellungszeitpunkt) zugrunde gelegt, auch soweit sie auf Feststellungszeitpunkte 01.01.1974 und später durch Nachfeststellungen oder Fortschreibungen festzustellen waren. Soweit es sich um Grundvermögen oder wie Grundvermögen bewertete Betriebsgrundstücke handelte, wurden diese Einheitswerte mit 140 % angesetzt (§ 121a BewG a. F.).

1302 Für den Grundbesitz im Beitrittsgebiet (neue Bundesländer) kamen für das Grundvermögen die Einheitswerte bezogen auf die Wertverhältnisse vom 01.01.1935 mit entsprechenden Zuschlägen (§§ 129 bis 133 BewG) und für das land- und forstwirtschaftliche Vermögen die Ersatzwirtschaftswerte (§§ 125 und 126 BewG) zum Ansatz.

1303 Viele Jahre ging der (auch politische) Streit darum, ob diese Werte im Rahmen der Vermögensbesteuerung (also in den alten Bundesländern für die Vermögensteuer und für die Gewerbesteuer sowie in allen Bundesländern für die Erbschaft- und Schenkungsteuer und für die Grunderwerbsteuer) noch berücksichtigt werden dürfen, da sie auch nicht nur annähernd den wirklichen gemeinen Wert bzw. Ertragswert widerspiegelten. Erst die beiden **Beschlüsse des Bundesverfassungsgerichts vom 22.06.1995** (2 BvL 37/91 BStBl II 1995, 655 für die Vermögensteuer und 2 BvR 552/91 BStBl II 1995, 672 für die Erbschaftsteuer) haben dem ein Ende gesetzt.

1304 Aufgrund dieser beiden Entscheidungen des Bundesverfassungsgerichts hatte der Gesetzgeber durch das **Jahressteuergesetz 1997** die Besteuerung des Grundbesitzes ab 01.01.1996 für die Erbschaft- und Schenkungsteuer und ab 01.01.1997 für die Grunderwerbsteuer auf eine andere Grundlage umgestellt und zwar in Art. 1, 5 und 6 Änderungen zum Bewertungsrecht (BewG), in Art. 2 bis 4 Änderungen zum Erbschaft- und Schenkungsteuerrecht (ErbStG) und in Art. 7 Änderungen zum Grunderwerbsteuerrecht (GrEStG). An die Stelle der Einheitswerte und Ersatzwirtschaftswerte waren sog. **Bedarfswerte** getreten. Die Regelungen für diese Bewertung des Grundbesitzes waren in den (neuen) Vierten Abschnitt des Zweiten Teils (§§ 138 bis 150) des BewG aufgenommen worden. Diese Bewertungsbestimmungen lehnten sich hinsichtlich der Abgrenzung der einzelnen Bewertungsgegenstände sehr stark an die Abgrenzung der wirtschaftlichen Einheiten des Grundbesitzes bei der Einheitsbewertung an. Auch in formeller Hinsicht waren bzw. sind ebenfalls Parallelen zur Einheitsbewertung des Grundbesitzes erkennbar, vor allem bezüglich der gesonderten Feststellung dieser Bedarfswerte. Zur Durchführung der Feststellungsarbeiten zur Bedarfsbewertung für den Grundbesitz für Zwecke der Erbschaft- und Schenkungsteuer sowie für die Grunderwerbsteuer waren zunächst im Jahre 1997 mehrere BMF-Schreiben (einheitliche **Ländererlasse**) ergangen, und zwar für die Bewertung des land- und forstwirtschaftlichen

Vermögens vom 16.04.1997 (BStBl I 1997, 543), für die Bewertung von unbebauten Grundstücken vom 15.04.1997 (BStBl I 1997, 394), für die Bewertung von bebauten Grundstücken vom 28.05.1997 (BStBl I 1997, 592), für die Bewertung von bebauten Grundstücken in Sonderfällen (§ 147 BewG) vom 16.06.1997 (BStBl I 1997, 859) und für die Bewertung von Erbbaurechtsgrundstücken, von Grundstücken mit Gebäuden auf fremdem Grund und Boden und von Grundstücken mit im Bau befindlichen Gebäuden vom 17.06.1997 (BStBl I 1997, 643). Diese Regelungen in den BMF-Schreiben für die Bedarfsbewertung des Grundbesitzes sind im Jahre 1998 in die »Allgemeine Verwaltungsvorschrift zur Anwendung des Erbschaftsteuer- und Schenkungsteuerrechts (**ErbStR**) vom 21.12.1998 (BStBl I 1998 Sondernummer 2/1998)« eingearbeitet worden. Dabei wurden auch manche Fragen und Probleme anders entschieden, als zunächst in den genannten BMF-Schreiben. Diese ErbStR sind in folgende drei Teile gegliedert worden: Teil I: Allgemeine Anwendungsregelung, Teil II: Erbschaftsteuer- und Schenkungsteuergesetz und Teil III: Bewertungsgesetz. Diese Richtlinien sind so wie die EStR konzipiert, d. h. die Zitierweise ist z. B. »R 124 Abs. 1 ErbStR«. Außerdem wird mit Hinweisen gearbeitet, die wie folgt zitiert werden: z. B. »H 132 Abs. 2 (Stichwort) ErbStH«. Die ErbStR lösten die einzelnen vorstehend genannten BMF-Schreiben zur Bedarfsbewertung des Grundbesitzes und auch die übrigen inzwischen zur Wertermittlung (Bedarfsbewertung) des Betriebsvermögens und des übrigen Vermögens sowie die zum ErbStG ergangenen BMF-Schreiben ab. Die ErbStR vom 21.12.1998 waren für alle Erwerbsfälle anzuwenden, für die die Erbschaft- bzw. Schenkungsteuer nach dem 30.06.1998 entstand (A I. ErbStR). Später wurden die ErbStR vom 21.12.1998 durch die ErbStR vom 17.03.2003 (**ErbStR 2003**, BStBl I 2003 Sondernummer 1/2003, 2) abgelöst. Die ErbStR 2003 waren für alle Erwerbsfälle anzuwenden, für die die Erbschaft- bzw. Schenkungsteuer nach dem 31.12.2002 entstanden war; sie galten auch für Erwerbsfälle, für die die Steuer vor dem 01.01.2003 entstanden war, soweit sie geänderte Vorschriften des ErbSt- und SchenkStG und des BewG betreffen, die vor dem 01.01.2003 anzuwenden sind (A I. Abs. 2 ErbStR 2003). Auch die Hinweise zu den ErbStR 2003 wurden neu gefasst (**ErbStH 2003**, gleich lautende Erlasse der obersten Finanzbehörden der Länder vom 17.03.2003 BStBl I 2003 Sondernummer 1/2003, 91).

Da durch Art. 18 des **Jahressteuergesetzes 2007** vom 13.12.2006 (BStBl I 2007, 28) zahlreiche Regelungen zur Bedarfsbewertung für Zwecke der Erbschaft- und Schenkungsteuer und der Grunderwerbsteuer, insbesondere für die Grundbesitzbewertung, neu eingeführt bzw. geändert wurden, mussten auch zahlreiche Bestimmungen der ErbStR 2003 angepasst werden. Dies geschah durch den einheitlichen Ländererlass vom 02.04.2007 (BStBl I 2007, 314); in den Ausführungen dieses Buches als **Ländererlass vom 02.04.2007** zitiert.

Ab 1996 wurden **der Erbschaft- und Schenkungsteuer** für alle Vermögenswerte (Grundbesitz, Betriebsvermögen, Anteile an Personen- und Kapitalgesellschaften sowie das übrige Vermögen, insbesondere das Kapitalvermögen) nach § 19 Abs. 1 ErbStG einheitliche Steuersätze zu Grunde gelegt, obwohl sie mit unterschiedlichen Bewertungsmaßstäben bewertet wurden (z. B. der Grundbesitz mit erheblich niedrigeren Steuerwerten gegenüber den gemeinen Werten, das Betriebsvermögen grundsätzlich mit den Steuerbilanzwerten und das Kapitalvermögen mit den aktuellen Verkehrswerten). Mit **Beschluss vom 07.11.2006** (BStBl II 2007, 192) hatte das **Bundesverfassungsgericht** diese Art der Besteuerung für verfassungswidrig erklärt, weil sie gegen Art. 3 Abs. 1 GG verstößt. Das Bundesverfassungsgericht hatte in seinem Beschluss den Gesetzgeber verpflichtet, spätestens bis Ende 2008 eine neue gesetzliche Regelung dahingehend zu schaffen, dass alle Vermögenswerte für die Erbschaft- und Schenkungsteuer einheitlich am gemeinen Wert (Verkehrswert) als maßgeblichen Bewertungsziel ausgerichtet werden. Die dafür vorgesehenen Bewertungsmethoden müssen gewährleisten, dass alle Vermögensgegenstände in einem Annäherungswert an den gemeinen Wert erfasst werden. Der Gesetzgeber darf für die Erbschaft- und Schenkungsteuer aber für einzelne Vermögensteile (z. B. bestimmten Grundbesitz oder das produktive Betriebsvermögen) Freibeträge oder unterschiedliche Steuersätze oder andere Verschonungsregelungen vorsehen. Die festgestellte Verfassungswidrigkeit des jetzigen Rechts wirkte aber zeitlich nicht für die Vergangenheit zurück. Alle bisherigen Erb- und Schenkungsfälle waren bzw. sind bis Ende 2008 nach dem noch geltenden Recht zu behandeln.

1307 Inzwischen hat der Gesetzgeber im dem **Gesetz zur Reform des Erbschaftsteuer- und Bewertungsrechts (ErbStRG) vom 24. 12. 2008** (BStBl I 2009, 140) die Besteuerung nach dem ErbStG grundlegend neu geregelt und dabei die Vorgaben des Bundesverfassungsgerichts zu berücksichtigen versucht. Neben gewichtigen Neuregelungen im ErbStG, insbesondere der Begünstigung von bestimmten zu Wohnzwecken vermieteten Grundstücken (§ 13c ErbStG) und für Betriebsvermögen, Betriebe der Land- und Forstwirtschaft und Anteile an Kapitalgesellschaften (§§ 13a und 13b ErbStG), wurde auch die Bewertung des gesamten Grundbesitzes sowie die Bewertung der nicht notierten Anteile an Kapitalgesellschaften und des Betriebsvermögens und der Anteile am Betriebsvermögen von Personengesellschaften auf Verkehrswerte umgestellt. Diese Neuregelung gilt grundsätzlich ab 01.01.2009, kann allerdings nach Art. 3 des ErbStRG für bestimmte Bereiche auf Antrag auch auf Erwerbe, die nach dem 31.12.2006 und vor dem 01.01.2009 angefallen sind, angewendet werden. Durch Art. 6 des Gesetzes zur Beschleunigung des Wirtschaftswachstums (Wachstumsbeschleunigungsgesetz) vom 22.12.2009 (BGBl I 2009, 3950) wurden in den §§ 13a und 19a ErbStG die Vergünstigungen für die Erbschaft- und Schenkungsteuer verbessert und in § 19 ErbStG für einzelne Steuerklassen die Steuersätze herabgesetzt. Diese neuen Regelungen gelten für Erwerbe, für die die Steuer nach dem 31.12.2009 entsteht. Im BewG wurden keine Änderungen vorgenommen, so dass sich an den Vorschriften für die Bedarfsbewertung ab 01.01.2010 durch das Wachstumsbeschleunigungsgesetz nichts ändert.

1308 Durch **Art. 2 des ErbStRG** wurde das **BewG** für die Erbschaft- und Schenkungsteuer und für die Grunderwerbsteuer wie folgt **neu gestaltet:**
- Der bisherige **Vierte Abschnitt des Zweiten Teils des BewG** (§§ 138 bis 150) wurde grundsätzlich unverändert belassen; er gilt allerdings ab 01.01.2009 nur noch für die Bewertung des Grundbesitzes für die Grunderwerbsteuer.
- In dem neu eingefügten **Sechsten Abschnitt des Zweiten Teils des BewG** (§§ 158 bis 203) wurden die neuen Regelungen der Bewertung (sog. **Bedarfsbewertung**) für den Grundbesitz, für die nicht notierten Anteile an Kapitalgesellschaften und für das Betriebsvermögen und für Anteile am Betriebsvermögen von Personengesellschaften für die Erbschaft- und Schenkungsteuer ab 01.01.2009 bestimmt.
- Die formellen Regelungen zur **gesonderten Feststellung** von Bedarfswerten (sowohl für die Erbschaft- und Schenkungsteuer als auch für die Grunderwerbsteuer) sind weiterhin im **Fünften Abschnitt des Zweiten Teils des BewG** (§§ 151 bis 156) enthalten; sie wurden lediglich an die neue Situation angepasst, nämlich, dass die Regelungen für die Bedarfsbewertung des Grundbesitzes für Zwecke der Grunderwerbsteuer sich im Vierten Abschnitt des Zweiten Teils und die Regelungen für die Bedarfsbewertung des Grundbesitzes, der nicht notierten Anteile an Kapitalgesellschaften sowie für das Betriebsvermögen und für Anteile am Betriebsvermögen von Personengesellschaften im Sechsten Abschnitt des Zweiten Teils des BewG befinden.

Dies hat nun u. a. zur Folge, dass das (ab 01. 01. 2009 geltende) BewG nunmehr **drei** völlig **unterschiedliche Regelungsbereiche für die Bewertung des Grundbesitzes** enthält, nämlich:

- der Erste Abschnitt des Zweiten Teils des BewG die **Einheitsbewertung** (nur noch) **für** Zwecke der **Grundsteuer**,
- der Vierte Abschnitt des Zweiten Teils des BewG die **Bedarfsbewertung** (ab 01. 01. 2009 nur noch) **für** Zwecke der **Grunderwerbsteuer** und
- der Sechste Abschnitt des Zweiten Teils des BewG die **Bedarfsbewertung** (ab 01. 01. 2009 nur) **für** Zwecke der **Erbschaft- und Schenkungsteuer**.

1309

Zu den neuen Bestimmungen, insbesondere des Sechsten Abschnitts des Zweiten Teils für die Erbschaft- und Schenkungsteuer, sind inzwischen mehrere **gleich lautende Ländererlasse** ergangen oder werden noch ergehen, die in Kapitel 1 Teil C 3.3 Nr. 3 dieses Buches im Einzelnen aufgeführt sind.

1310

1311–1330
frei

2 Allgemeines zur Bedarfsbewertung für Zwecke der Erbschaft- und Schenkungsteuer

2.1 Begriff, Zweck und Zeitpunkt der Bedarfsbewertung

Die Bewertung des Grundbesitzes, der nicht notierten Anteile an Kapitalgesellschaften und für das Betriebsvermögen sowie für Anteile am Betriebsvermögen von Personengesellschaften nach dem Sechsten Abschnitt des Zweiten Teils des BewG für die Erbschaft- und Schenkungsteuer (und hinsichtlich der Bewertung des Grundbesitzes für die Grunderwerbsteuer nach dem Vierten Abschnitt des Zweiten Teils des BewG) ist als sog. **Bedarfsbewertung** ausgestaltet, d. h. eine Wertermittlung und Wertfeststellung (gesonderte Feststellung) kommt nur in Betracht, wenn sie für die Besteuerung benötigt wird (§ 157 Abs. 1 BewG für die Erbschaft- und Schenkungsteuer und § 138 BewG für die Grunderwerbsteuer). Im Gegensatz zur Einheitsbewertung des Grundbesitzes gelten für die neuen Bundesländer keine abweichenden Besonderheiten, d. h. die Bedarfsbewertung ist auf ganz Deutschland in gleicher Weise anzuwenden. Die nach § 151 BewG im Rahmen des Sechsten Abschnitts des Zweiten Teils des BewG gesondert festzustellenden Werte sind **Besteuerungsgrundlage** für die Erbschaft- und Schenkungsteuer, vgl. zur verfahrensrechtlichen Durchführung der Bedarfsbewertung die näheren Ausführungen in den nachstehenden Tz. 3 ff.

1331

Feststellungszeitpunkt und somit Bewertungsstichtag für die Bedarfsbewertung ist der jeweilige Besteuerungszeitpunkt der Erbschaft- und Schenkungsteuer. Das ist bei der Erbschaftsteuer der **Todestag** und bei der Schenkungsteuer der **Tag der Ausführung der Schenkung** (§ 11 i. V. m. § 9 ErbStG). In § 157 Abs. 1 Satz 1 BewG ist hierzu ausdrücklich bestimmt, dass für die Grundbesitzwerte sowohl hinsichtlich der tatsächlichen Verhältnisse als auch der Wertverhältnisse die Verhältnisse vom Bewertungsstichtag, d. h. vom Besteuerungszeitpunkt der Erbschaft- und Schenkungsteuer, maßgebend sind. In § 157 Abs. 4 und 5 BewG ist ausgeführt, dass für die Ermittlung des Werts von nicht notierten Anteilen an Kapitalgesellschaften und des Werts von Betriebsvermögen oder des Anteils am Betriebsvermögen einer Personengesellschaft ebenfalls die **tatsächlichen Verhältnisse** und **Wertverhältnisse** vom Bewertungsstichtag und somit vom Besteuerungszeitpunkt der Erbschaft- und Schenkungsteuer zu berücksichtigen sind. Dabei ist hinsichtlich der tatsächlichen

1332

Verhältnisse und der Wertverhältnisse zu beachten, dass die Verhältnisse des Erblassers bzw. Schenkers an diesem Stichtag maßgebend sind, nicht die Verhältnisse des Erben bzw. des Beschenkten.

BEISPIEL Ein Grundstück des Erblassers E ist von Todes wegen, z.B. am 08.07.2009, auf seine Tochter T übergegangen. E hatte das Grundstück zu seinen Lebzeiten zu Wohnzwecken vermietet und in seinem Privatvermögen geführt. Die Erbin T nutzt das Grundstück nach dem Tode des E alsbald zu eigenbetrieblichen Zwecken.
LÖSUNG Im Rahmen der Bedarfsbewertung für Zwecke der ErbSt ist das Grundstück mit den tatsächlichen und wertmäßigen Verhältnissen vom 08.07.2009 als Grundvermögen zu bewerten und der gesondert festzustellende Grundbesitzwert der Erbin zuzurechnen.

1333 Solche **Bedarfswerte** sind u.U. auch **nachträglich festzustellen**. Dies ist z.B. dann erforderlich, wenn eine Bewertung zunächst deshalb unterblieben ist, weil die Übertragung von Wirtschaftsgütern offensichtlich steuerfrei war und nachträglich weitere Schenkungen erfolgten oder der Erbfall eintritt. Vgl. hierzu auch A 2 Abs. 4 Ländererlass vom 30.03.2009.

2.2 Regelungen zur Ermittlung der Bedarfswerte

1334 Die ab 01.01.2009 anzuwendenden Regelungen, nach denen die einzelnen Bedarfswerte zu ermitteln sind, sind in den § 157 Abs. 2 bis 5 BewG festgelegt.

- Für die wirtschaftlichen Einheiten des **land- und forstwirtschaftlichen Vermögens** und für Betriebsgrundstücke im Sinne des § 99 Abs. 1 Nr. 2 BewG sind die Werte unter Anwendung der §§ 158 bis 175 BewG zu ermitteln und gesondert festzustellen. Diese Werte werden als **Grundbesitzwerte** bezeichnet. Siehe hierzu die Ausführungen in Teil F dieses Kapitels.
- Für die wirtschaftlichen Einheiten des **Grundvermögens** und für Betriebsgrundstücke im Sinne des § 99 Abs. 1 Nr. 1 BewG sind die Werte unter Anwendung der §§ 176 bis 198 BewG zu ermitteln und gesondert festzustellen. Diese Werte werden ebenfalls als **Grundbesitzwerte** bezeichnet. Siehe hierzu die Ausführungen in Teil G dieses Kapitels.
- Der Wert von **nicht notierten Anteilen an Kapitalgesellschaften** (im Sinne von § 11 Abs. 2 Satz 2 BewG) ist unter Anwendung des § 11 Abs. 2 i.V.m. §§ 199 bis 203 BewG nach den tatsächlichen Verhältnissen und den Wertverhältnissen vom Bewertungsstichtag zu ermitteln und gesondert festzustellen. Diese Werte werden als **Anteilswerte** bezeichnet. Siehe hierzu die Ausführungen in Teil H dieses Kapitels.
- Der Wert von **Betriebsvermögen** oder des **Anteils am Betriebsvermögen** einer Personengesellschaft im Sinne der §§ 95, 96 und 97 BewG ist unter Anwendung des § 109 Abs. 1 und 2 BewG i.V.m. § 11 Abs. 2 und den §§ 199 bis 203 BewG unter Berücksichtigung der tatsächlichen Verhältnisse und der Wertverhältnisse vom Bewertungsstichtag zu ermitteln und gesondert festzustellen. Diese Werte werden als **Betriebsvermögenswerte** bezeichnet. Siehe hierzu die Ausführungen in Teil H dieses Kapitels.

2.3 Maßgebender Bewertungsmaßstab

1335 Entgegen den früheren Regelungen kommt ab 01.01.2009 für alle Fälle der Bedarfsbewertung als **Bewertungsmaßstab** der **gemeine Wert** (Verkehrswert) in Betracht. Dies war die Vorgabe im Beschluss des Bundesverfassungsgericht vom 07.11.2006 (BStBl II 2007, 192) und ist sowohl für die Bewertung des Grundbesitzes (vgl. § 162 Abs. 1 Satz 1, § 167 Abs. 1,

§ 177 BewG) sowie für die Bewertung der nicht notierten Anteile an Kapitalgesellschaften und das Betriebsvermögen und der Anteile am Betriebsvermögen einer Personengesellschaft in § 11 Abs. 2 i. V. m. § 199 BewG bestimmt worden. Für die einzelnen Wertermittlungen werden jedoch **unterschiedliche Bewertungsmethoden** zu Grunde gelegt (vgl. hierzu die Regelungen in § 157 BewG und den dort benannten weiteren Bestimmungen des Sechsten Abschnitts des Zweiten Teils des BewG).

2.4 Abgrenzung der einzelnen Vermögensarten

Die Regelungen für die **Abgrenzung** der einzelnen Vermögensarten für die Bedarfsbewertung wurden zwar im Sechsten Abschnitt des Zweiten Teils des BewG für den **Grundbesitz** grundsätzlich **neu formuliert** (vgl. insbesondere §§ 158 und 159 BewG für das land- und forstwirtschaftliche Vermögen und § 176 für das Grundvermögen), entsprechen aber größtenteils den gleichen Bestimmungen, wie bei der Einheitsbewertung des Grundbesitzes (vgl. §§ 33, 68 und 69 BewG und Kapitel 2 Teile C bis F dieses Buches). Diese Regelungen gelten auch für Betriebsgrundstücke (vgl. § 157 Abs. 2 und 3 BewG infolge des Hinweises auf § 99 Abs. 1 Nr. 1 und 2 BewG). Für die **Abgrenzung des Betriebsvermögens** gelten im Prinzip dieselben Regelungen, wie sie schon (bis 1997) für die Einheitsbewertung des Betriebsvermögens gegolten hatten (vgl. §§ 95 bis 97 und § 109 BewG). Siehe hierzu die Ausführungen in Kapitel 1 Teile F, G und H dieses Buches.

1336

Eine zutreffende Abgrenzung der Vermögensarten hat **erhöhte Bedeutung** wegen der erbschaftsteuerlichen Begünstigungsvorschriften der §§ 13a bis 13c ErbStG und wegen der Tarifbegrenzung des § 19a ErbStG.

1337

1338–1350
frei

3 Verfahrensrechtliche Durchführung der Bedarfsbewertung

3.1 Gesonderte Feststellungen für bestimmte Fälle der Bedarfsbewertung

Nach § 10 Abs. 1 ErbStG gilt für die Erbschaft- und Schenkungsteuer als steuerpflichtiger Erwerb der Wert der Bereicherung des Erwerbers, soweit die Bereicherung nicht steuerfrei ist. Die **Bewertung** der einzelnen erworbenen Vermögensgegenstände und Schulden erfolgt nach § 12 Abs. 1 ErbStG **grundsätzlich** nach den **allgemeinen Bewertungsvorschriften** des Ersten Teils des BewG. Das bedeutet, dass grundsätzlich die Ermittlung und Bewertung der einzelnen Werte im Rahmen der Ermittlung des Werts der Bereicherung im Zuge der Erbschaft- bzw. Schenkungsteuer-Festsetzung zu erfassen und zu beurteilen sind.

1351

Für eine Reihe von Vermögensgegenständen sieht der Fünfte Abschnitt des Zweiten Teils des BewG in § 151 Abs. 1 Satz 1 jedoch eine von der eigentlichen Erbschaft- und Schenkungsteuer-Festsetzung losgelöste **gesonderte Feststellung** der Besteuerungsgrundlagen vor. Anders wie bei der Einheitsbewertung des Grundbesitzes (für die Zwecke der Grundsteuer) sind für die Zwecke der Erbschaft- und Schenkungsteuer solche gesonderte Feststellungen nur dann durchzuführen, wenn die Werte für diese Besteuerung von Bedeutung sind (A 1 Abs. 1 Satz 2 Ländererlass vom 30. 03. 2009). Man spricht hier von der sog. **Bedarfsbewertung** (s. o. Tz. 2.1 Abs. 1). Nach A 1 Abs. 3 Ländererlass vom 30. 03. 2009 kann im Einvernehmen mit den Verfahrensbeteiligten auf ein formelles Feststellungsverfahren verzichtet werden, wenn es sich um einen Fall von geringer Bedeutung handelt. Ein solcher Fall liegt insbesondere vor, wenn der Verwaltungsaufwand der

1352

Beteiligten in keinem Verhältnis zur steuerlichen Auswirkung steht und der festzustellende Wert unbestritten ist. Zur Frage, wer Verfahrensbeteiligter ist, vgl. Tz. 6

1353 Die (weiteren formellen) **verfahrensrechtlichen Vorschriften** für diese gesonderten Feststellungen befinden sich in § 151 Abs. 2 bis 5 und in den §§ 152 bis 156 BewG. Bei diesen gesonderten Feststellungen sind grundsätzlich auch die Regelungen des § 179 AO zu beachten (§ 151 Abs. 1 Satz 1 BewG). Es gelten insoweit grundsätzlich die gleichen Regelungen wie für die Einheitsbewertung des Grundbesitzes (vgl. § 19 BewG und Kapitel 2 Teil B insbesondere Tz. 3.2 dieses Buches). Eine gesonderte Feststellung ist nach § 179 Abs. 2 AO auch einheitlich durchzuführen, wenn an dem Gegenstand mehrere Personen beteiligt sind (vgl. hierzu auch A 1 Abs. 4 Satz 4 Ländererlass vom 30.03.2009):

1354 Die **Fälle der gesonderten Feststellung** von Bedarfswerten sind in § 151 Abs. 1 Satz 1 BewG benannt. Danach sind im Bedarfsfall gesondert festzustellen (vgl. auch A 1 Abs. 1 Satz 1 Ländererlass vom 30.03.2009):
1. Grundbesitzwerte (§§ 138 und 157 BewG),
2. der Wert des Betriebsvermögens oder des Anteils am Betriebsvermögen einer Personengesellschaft (§§ 95, 96 und 97 BewG),
3. der Wert von nicht notierten Anteilen an Kapitalgesellschaften im Sinne von § 11 Abs. 2 BewG sowie
4. der Wert von anderen (nicht in § 151 Abs. 1 Satz 1 Nr. 1 bis 3 BewG genannten) Vermögensgegenständen und Schulden, die mehreren Personen zustehen (§ 3 BewG).

1355 Nach § 151 Abs. 4 BewG unterliegt **ausländisches Vermögen** nicht der gesonderten Feststellung. Ausländisches Sachvermögen (Grundbesitz und Betriebsvermögen) ist nach § 31 BewG mit dem gemeinen Wert gemäß § 9 BewG zu bewerten (§ 12 Abs. 7 ErbStG, A 1 Abs. 2 Ländererlass vom 30.03.2009). Für die Fälle, in denen sich eine wirtschaftliche Einheit im Sinne von § 151 Abs. 1 Satz 1 Nr. 2 bis 4 BewG auch auf das Ausland erstreckt und auch der ausländische Teil zum Vermögensanfall gehört, war im Ländererlass vom 02.04.2007 in Tz. 72 Abs. 2 bestimmt worden, dass ein Bedarfswert gesondert festzustellen ist, der auch den ausländischen Teil umfasst; diese Regelung ist in den A 1 Abs. 2 des Ländererlasses vom 30.03.2009 nicht übernommen worden.

1356 **Ob Bedarfswerte** für die im § 151 Abs. 1 Satz 1 BewG genannten Fälle gesondert **festzustellen sind**, trifft grundsätzlich das Finanzamt, das für die Festsetzung der Erbschaft- und Schenkungsteuer oder für die Feststellung nach § 151 Abs. 1 Satz 1 Nr. 2 bis 4 BewG zuständig ist (§ 151 Abs. 1 Satz 2 BewG, A 1 Abs. 1 Satz 3 Ländererlass vom 30.03.2009).

1357 Nach § 151 Abs. 5 BewG sind **Grundbesitzwerte** (im Sinne von § 151 Abs. 1 Satz 1 Nr. 1 BewG) auch **für Zwecke der Grunderwerbsteuer** gesondert festzustellen, soweit sie dafür von Bedeutung sind (§ 8 Abs. 2 GrEStG). Auf diese gesonderten Feststellungen, deren Bewertung im Vierten Abschnitt des Zweiten Teils des BewG (§§ 138 bis 150) geregelt ist, wird in diesem Buch nicht eingegangen.

3.2 Feststellungen im Feststellungsbescheid

1358 Wie bei der Einheitsbewertung des Grundbesitzes (s. Kapitel 2 Teil B 3 und 5) wird auch der Bedarfswert für die Erbschaft- und Schenkungsteuer durch einen besonderen **Feststellungsbescheid** gesondert festgestellt. Der Feststellungsbescheid muss inhaltlich hinreichend bestimmt sein (§ 119 Abs. 1 AO). Ihm ist eine **Rechtsbehelfsbelehrung** beizufügen (§ 181 Abs. 1 Satz 1 i.V.m. § 157 Abs. 1 Satz 3 AO). Dieser Feststellungsbescheid ist ein **Grundlagenbescheid** und somit für die Festsetzung der Erbschaft- und Schenkungsteuer oder für einen Folgebescheid (z. B. einen Feststellungsbescheid über den Wert des Betriebsvermögens oder eines Anteils am Betriebsvermögen einer Personengesellschaft) bindend (sog. **bindende Wirkung** nach § 182 Abs. 1 AO).

In dem **Feststellungsbescheid für Grundbesitzwerte** sind nach § 151 Abs. 2 BewG auch folgende Feststellungen zu treffen: 1359

1. Feststellung über die **Art** der wirtschaftlichen Einheit (z. B. Betrieb der Land- und Forstwirtschaft, Grundstück des Grundvermögens oder Betriebsgrundstück). Da ab 01.01.2009 der bisherige § 99 Abs. 2 BewG a. F. weggefallen ist, kann neuerdings der Grundbesitzwert einer wirtschaftliche Einheit des Grundbesitzes in Grundvermögen und Betriebsvermögen aufzuteilen sein, da für die Zugehörigkeit zum Grundvermögen oder zum Betriebsvermögen nunmehr ausschließlich die ertragsteuerlichen Grundsätze gelten (§§ 95 bis 97 BewG, s. auch A 2 Abs. 1 Sätze 2 bis 4 und Abs. 11 Ländererlass vom 30.03.2009).

   Wenn ein Grundstück sowohl zum Betriebsvermögen als auch zum Grundvermögen gehört kann sowohl das Erbschaftsteuer-Finanzamt als auch das Betriebsfinanzamt vom Lagefinanzamt einen Grundbesitzwert anfordern. Das Lagefinanzamt muss dann über den insgesamt festgestellten Grundbesitzwert sowohl an das anfordernde Betriebsfinanzamt als auch an das Erbschaftsteuer-Finanzamt eine Mitteilung machen. Das Betriebsfinanzamt hat dem Erbschaftsteuer-Finanzamt mitzuteilen, in welchem Umfang das Grundstück zum Betriebsvermögen gehört, damit das Erbschaftsteuer-Finanzamt entscheiden kann, welcher Wertanteil des Grundstücks zum Betriebsvermögen und zum Grundvermögen zu rechnen ist. Vgl. hierzu die weiteren Ausführungen in A 2 Abs. 11 Ländererlass vom 30.03.2009. In der Mitteilung des Lagefinanzamts an das für die Berücksichtigung in einem Folgebescheid zuständige Finanzamt (z. B. das Erbschaftsteuer-Finanzamt oder Betriebsfinanzamt) sind nachträglich noch weiteren Angaben aufzunehmen, die in A 2 Abs. 12 Ländererlass vom 30.03.2009 aufgeführt sind.

2. Feststellungen über die **Zurechnung** der wirtschaftlichen Einheit und bei mehreren Beteiligten über die Höhe des Anteils, der für die Besteuerung oder eine andere Feststellung von Bedeutung ist. Beim Erwerb durch eine Erbengemeinschaft erfolgt die Zurechnung in Vertretung der Miterben auf die Erbengemeinschaft. Entsprechendes gilt für die Feststellungen nach § 151 Abs. 1 Satz 1 Nr. 4 BewG.

1360–1370 frei

3.3 Zurechnung der gesondert festzustellenden Bedarfswerte

Hinsichtlich der Zurechnung der gesondert festzustellenden Bedarfswerte sind zu unterscheiden: 1371

3.3.1 Zurechnung der wirtschaftlichen Einheit des Grundbesitzes

Für wirtschaftliche Einheiten des Grundbesitzes, für die ein Grundbesitzwert gesondert festzustellen ist, sind folgende Fälle zu unterscheiden (**Möglichkeiten des Eigentumsübergangs**, vgl. A 2 Abs. 2 Ländererlass vom 30.03.2009): 1372

- Der **Erblasser** war **Alleineigentümer** einer wirtschaftlichen Einheit des Grundbesitzes und sein Eigentum geht **auf einen Erben** im Wege des Erbanfalls als Gesamtrechtsnachfolger über:

In diesem Fall ist der gesamte Wert der wirtschaftlichen Einheit gesondert festzustellen und dem Erwerber allein zuzurechnen.

- Der **Erblasser** war **Alleineigentümer** einer wirtschaftlichen Einheit des Grundbesitzes und sein Eigentum geht im Wege des Erbanfalls **auf mehrere Erben** als Gesamtrechtsnachfolger über:
  In diesem Fall ist der gesamte Wert der wirtschaftlichen Einheit gegenüber der Erbengemeinschaft gesondert und einheitlich festzustellen und der Erbengemeinschaft (in Vertretung der Miterben) zuzurechnen. Hierbei sind nach § 154 Abs. 3 BewG die Regelungen des § 183 AO entsprechend anzuwenden. Bei der Bekanntgabe des Feststellungsbescheids ist darauf hinzuweisen, dass die Bekanntgabe mit Wirkung für und gegen alle Miterben erfolgt. Eine solche gesonderte Feststellung ist erforderlich, wenn sich bei mindestens einem Miterben eine materielle Steuerpflicht ergibt. Die Ermittlung der Erbquote obliegt aber dem Erbschaftsteuer-Finanzamt.

- Der **Erblasser** war **Miteigentümer** einer wirtschaftlichen Einheit des Grundbesitzes und sein Miteigentumsanteil daran geht im Wege des Erwerbs durch Erbanfall nur **auf einen Erben oder auf mehrere Erben** als Gesamtrechtsnachfolger über:
  In diesem Fall sind der gesamte Wert der wirtschaftlichen Einheit sowie der Wert des vererbten Miteigentumsanteils nach den vorstehenden Ausführungen festzustellen und dem Erben oder der Erbengemeinschaft (in Vertretung der Miterben) zuzurechnen. Die übrigen Miteigentümer sind nicht an dem Feststellungsverfahren beteiligt.

- Eine wirtschaftliche Einheit des Grundbesitzes oder ein Miteigentumsanteil daran wird durch **Vermächtnis** zugewendet:
  In diesem Fall ist der Wert der wirtschaftlichen Einheit oder des Miteigentumsanteils gesondert festzustellen und dem Erben oder der Erbengemeinschaft (in Vertretung der Miterben) zuzurechnen. Der Vermächtnisnehmer wird im Fall des Grundbesitzvermächtnisses bei der Erbschaftsteuer so behandelt, als sei auf ihn Grundbesitz mit dinglicher Wirkung übergegangen.

- Eine wirtschaftliche Einheit des Grundbesitzes oder ein Miteigentumsanteil daran geht im Wege der **Schenkung unter Lebenden** über:
  In diesem Fall ist für jeden Erwerber der Wert des von ihm erworbenen Eigentumsanteils (Miteigentumsanteils) am Grundbesitz gesondert festzustellen.

1373 Zu den Fällen der **mittelbaren Grundstücksschenkung** und der Begrenzung eines Jahreswerts der Nutzungen eines Grundstücks nach § 16 BewG vgl. die Ausführungen in A 2 Abs. 7 Ländererlass vom 30. 03. 2009.

3.3.2 Zurechnung des Werts des Betriebsvermögens oder des Anteils am Betriebsvermögen einer Personengesellschaft

1374 Der Wert des Betriebsvermögens eines Gewerbebetriebs oder einer freiberuflichen Tätigkeit oder des Anteils am Wert des Betriebsvermögens einer Personengesellschaft ist dem Erwerber oder den Erwerbern (Alleinerbe oder Erbengemeinschaft oder dem bzw. den Beschenkten) zuzurechnen.

1375 Nach A 4 Abs. 1 Ländererlass vom 30. 03. 2009 gelten hierfür die für den Grundbesitz maßgebenden Regelungen des A 2 Abs. 2 Nr. 1 bis 5 Ländererlass vom 30. 03. 2009 sinngemäß. Danach sind für die Zwecke der Erbschaft- und Schenkungsteuer hinsichtlich der Zurechnung von Betriebsvermögen oder des Anteils am Betriebsvermögen einer Personengesellschaft zu unterscheiden (**Möglichkeiten des Eigentumsübergangs**):

- Der **Erblasser** war **Alleineigentümer** eines Gewerbebetriebs oder Eigentümer eines Anteils Betriebsvermögen einer Personengesellschaft und sein Eigentum geht **auf einen Erben** im Wege des Erbanfalls als Gesamtrechtsnachfolger über:
  In diesem Fall ist der gesamte Wert der wirtschaftlichen Einheit des Gewerbebetriebs bzw. der Anteil am Wert des Betriebsvermögens der Personengesellschaft gesondert festzustellen und dem Erwerber allein zuzurechnen.

- Der **Erblasser** war **Alleineigentümer** eines Gewerbebetriebs oder Eigentümer eines Anteils am Betriebsvermögen einer Personengesellschaft und sein Eigentum geht im Wege des Erbanfalls **auf mehrere Erben** als Gesamtrechtsnachfolger über:
  In diesem Fall ist der gesamte Wert der wirtschaftlichen Einheit des Gewerbebetriebs bzw. der Anteil am Wert des Betriebsvermögens der Personengesellschaft gegenüber der Erbengemeinschaft gesondert festzustellen und der Erbengemeinschaft (in Vertretung der Miterben) zuzurechnen. Diese Feststellung ist erforderlich, wenn sich bei mindestens einem Miterben eine materielle Steuerpflicht ergibt. Die Ermittlung der Erbquote obliegt aber dem Erbschaftsteuer-Finanzamt.

- Ein Gewerbebetrieb oder ein Anteil am Betriebsvermögen einer Personengesellschaft wird durch **Vermächtnis** zugewendet:
  In diesem Fall ist der Wert der wirtschaftlichen Einheit des Gewerbebetriebs bzw. der Wert des Anteils am Betriebsvermögen der Personengesellschaft gesondert festzustellen und dem Erben oder der Erbengemeinschaft (in Vertretung der Miterben) zuzurechnen. Der Vermächtnisnehmer wird im Fall des Vermächtnisses bei der ErbSt so behandelt, als sei auf ihn das Betriebsvermögen übergegangen.

- Ein Gewerbebetrieb oder ein Anteil am Betriebsvermögen einer Personengesellschaft geht im Wege der **Schenkung unter Lebenden** über:
  In diesem Fall ist für den Erwerber des Gewerbebetriebs der Wert und für jeden erwerbenden Gesellschafter einer Personengesellschaft der Wert des Anteils am Betriebsvermögen der Personengesellschaft gesondert festzustellen und dem Erwerber bzw. den Erwerbern zuzurechnen.

3.3.3 Zurechnung des Werts nicht notierter Anteile an Kapitalgesellschaften

Der ebenfalls (wie für Grundbesitz sowie für Betriebsvermögen und des Anteils am Betriebsvermögen einer Personengesellschaft) gesondert festzustellende gemeine Wert von nicht notierten Anteilen an Kapitalgesellschaften ist dem Erwerber oder den Erwerbern (Alleinerbe oder Erbengemeinschaft oder dem bzw. den Beschenkten) zuzurechnen. Hierbei gelten die Regelungen für die Zurechnung von Grundbesitz sowie Betriebsvermögen und dem Anteil am Betriebsvermögen einer Personengesellschaft sinngemäß. Vgl. hierzu die Ausführungen in A 5 Abs. 1 Nr. 1 bis 5 Ländererlass vom 30.03.2009 (s. vorstehend die Ausführungen zu 3.3.1 und 3.3.2) sinngemäß.

1376

3.3.4 Zurechnung der Beteiligung (des Anteils) an einer vermögensverwaltenden Gesellschaft

Nach § 10 Abs. 1 Satz 4 ErbStG gilt der unmittelbare oder mittelbare Erwerb einer Beteiligung an einer Personengesellschaft oder einer anderen Gesamthandsgemeinschaft, die nicht unter § 97 Abs. 1 Satz 1 Nr. 5 BewG fällt (sog. vermögensverwaltende Gesellschaft), als Erwerb der anteiligen Wirtschaftsgüter; die dabei übergehenden Schulden und Lasten der Gesellschaft sind bei der Ermittlung der Bereicherung des Erwerbers (d. h. Ermittlung des

1377

Werts der Beteiligung an der Gesellschaft) wie eine Gegenleistung zu behandeln. Der Wert der Beteiligung ist dem Erwerber zuzurechnen. Hierbei gelten nach A 6 Abs. 1 Ländererlass vom 30. 03. 2009 die Regelungen für die Zurechnung des Erwerbs von Grundbesitz des A 2 Abs. 2 Nr. 1 bis 5 Ländererlass vom 30. 03. 2009 (s. oben die Ausführungen zu 3.3.1) sinngemäß.

1378–1390 frei

3.4 Gesonderte Feststellungen bei mehrmaligem Erwerb innerhalb eines Jahres

1391 Bei mehrmaligem Erwerb einer wirtschaftlichen Einheit des Grundbesitzes hat das jeweilige Lagefinanzamt der (neuen) Wertermittlung einen bereits (zuvor) festgestellten Grundbesitzwert (sog. **Basiswert**) zu Grunde zu legen, wenn innerhalb dieses Jahres keine wesentlichen Änderungen eingetreten sind. Der Basiswert ist der für den ersten Erwerbsfall auf den jeweiligen Bewertungsstichtag ermittelte Grundbesitzwert. Vgl. hierzu die weiteren Ausführungen in A 2 Abs. 13 Ländererlass vom 30. 03. 2009.

1392 Diese Basiswertregelung gilt auch für die gesonderte Feststellung des Werts des Betriebsvermögens oder des Anteils am Wert des Betriebsvermögens einer Personengesellschaft (A 4 Abs. 2 Ländererlass vom 30. 03. 2009) und für die gesonderte Feststellung des Werts nicht notierter Anteile an Kapitalgesellschaften (A 5 Abs. 2 Ländererlass vom 30. 03. 2009).

3.5 Weitere Besonderheiten bei der gesonderten Feststellung von Bedarfswerten für das Betriebsvermögen oder eines Anteils am Betriebsvermögen einer Personengesellschaft oder des Anteils an einer Kapitalgesellschaft

1393 Beim Erwerb von Betriebsvermögen oder eines Anteils am Betriebsvermögen einer Personengesellschaft oder eines nicht notierten Anteils an einer Kapitalgesellschaft gilt **für Grundbesitz**, der zu dem erworbenen Betrieb oder zum Gesamthandsvermögen der betreffenden Personengesellschaft oder der Kapitalgesellschaft gehört, die Regelung über die gesonderte Feststellung von Grundbesitzwerten ebenfalls. Das bedeutet, dass auch in diesen Fällen für den dazu gehörenden Grundbesitz (Betriebsgrundstücke) Grundbesitzwerte gesondert und ggf. gesondert und einheitlich festzustellen sind. Vgl. hierzu im Einzelnen die Ausführungen im A 2 Abs. 8 bis 10 Ländererlass vom 30. 03. 2009.

1394 Zu den gesonderten Feststellungen für Betriebsvermögen, Anteilen am Betriebsvermögen von Personengesellschaften und nicht notierten Anteilen an Kapitalgesellschaften sind in den **Mitteilungen des Betriebsfinanzamts** an das für den Erlass eines Folgebescheids (z. B. Erbschaftsteuer-Bescheid) zuständige Finanzamt für die Anwendung der Vergünstigungsregelungen der §§ 13a und 13b ErbStG bestimmte Angaben aufzunehmen. Diese nachrichtlichen Angaben sind in A 7 Ländererlass vom 30. 03. 2009 im Einzelnen aufgelistet.

3.6 Vorläufiger Verzicht auf die gesonderte Feststellung eines Grundbesitzwerts

1395 Ist bei einer **Grundstücksschenkung** absehbar, dass der gemeine Wert der freigebigen Zuwendung unter dem persönlichen Freibetrag des Erwerbers liegt und führt auch eine Zusammenrechnung mit früheren Zuwendungen von derselben Person (§ 14 ErbStG) nicht zu einer Steuerfestsetzung, kann auf eine gesonderte Feststellung des Grundbesitzwerts zunächst verzichtet werden. Diese gesonderte Feststellung ist auf den Zeitpunkt der Ausführung der Grundstücksschenkung nachzuholen, wenn im Verlauf der folgenden 10 Jahre die Grundstücksschenkung in die Zusammenrechnung mit einem weiteren Erwerb von derselben Person einzubeziehen ist und hierdurch der persönliche Freibetrag des Erwerbers überschritten wird. Vgl. hierzu auch die weiteren Ausführungen in A 1 Abs. 4 Ländererlass vom 30. 03. 2009.

Ist ein **Grundstückserwerb von Todes wegen** nach den Regelungen des § 13 Abs. 1 Nr. 4 b und 4 c ErbStG **vollständig steuerfrei**, kann zunächst darauf verzichtet werden, die Feststellung des Grundbesitzwerts anzufordern. Vgl. hierzu die näheren Ausführungen in A 2 Abs. 5 Ländererlass vom 30. 03. 2009. 1396

Auch **in bestimmten anderen Fällen** kann das Betriebsfinanzamt zunächst auf die Anforderung eines Grundbesitzwerts gemäß § 151 Abs. 1 Nr. 1 BewG verzichten (vgl. hierzu A 2 Abs. 6 Ländererlass vom 30. 03. 2009). 1397

1398–1400 frei

3.7 Besonderheiten bei der Feststellung eines Grundbesitzwerts für das land- und forstwirtschaftliche Vermögen

Nach A 2 Abs. 3 Ländererlass vom 30. 03. 2009 gilt für die gesonderte Feststellung von Grundbesitzwerten für das land- und forstwirtschaftliche Vermögen Folgendes: 1401
- Für den nach den Vorschriften des § 168 BewG zu ermittelnden und nach § 151 Abs. 1 Satz 1 Nr. 1 BewG gesondert festzustellende Grundbesitzwert sind die **Werte für** den **Wirtschaftsteil**, für die **Betriebswohnungen** und für den **Wohnteil** jeweils nachrichtlich im Feststellungsbescheid auszuweisen.
- Zum **Liquidationswert** im Sinne von § 166 BewG sind keine Aussagen zu treffen.
- Im Falle der **Nachbewertung** nach § 162 Abs. 3 und 4 BewG hat die Erbschaftsteuer-Stelle vom Lagefinanzamt die Feststellung des Werts für den Wirtschaftsteil unter Berücksichtigung des Liquidationswert anzufordern, wenn dies für die Besteuerung von Bedeutung ist.

3.8 Mitteilungen der Betriebsfinanzämter

Nach A 8 Ländererlass vom 30. 03. 2009 hat das Betriebsfinanzamt dem Erbschaftsteuer-Finanzamt bestimmte Mitteilungen zu machen, z. B. 1402
- nach **Ablauf der Lohnsummenfrist** die Summe der maßgebenden jährlichen Lohnsummen,
- nach **Ablauf der Behaltensfrist** den Umfang der Entnahmen,

bestimmte Angaben über **wesentliche Betriebsgrundlagen.**

4 Örtliche Zuständigkeit für die gesonderten Feststellungen

Nach § 152 BewG sind für die gesonderten Feststellungen örtlich zuständig: 1403
- für die **Grundbesitzwerte** (§ 151 Abs. 1 Satz 1 Nr. 1 BewG) das Finanzamt, in dessen Bezirk das Grundstück, das Betriebsgrundstück oder der Betrieb der Land- und Forstwirtschaft liegt (**Lagefinanzamt**); wenn sich das Grundstück, das Betriebsgrundstück oder der Betrieb der Land- und Forstwirtschaft auf die Bezirke mehrerer Fi-

nanzämter erstreckt, so ist das Finanzamt zuständig, in dessen Bezirk sich der wertvollste Teile befindet;
- für den Wert des **Betriebsvermögens bei Gewerbebetrieben** und den Wert von **Anteilen** am Betriebsvermögen **von Personengesellschaften** (§ 151 Abs. 1 Satz 1 Nr. 2 i. V. m. §§ 95 und 97 BewG) das Finanzamt, in dessen Bezirk sich die Geschäftsleitung des Gewerbetriebs bzw. der Personengesellschaft befindet (**Betriebsfinanzamt**); bei Gewerbebetrieben ohne Geschäftsleitung im Inland ist es das Finanzamt, in dessen Bezirk eine Betriebsstätte – bei mehreren Betriebsstätten die wirtschaftlich bedeutendste Betriebsstätte – unterhalten wird;
- für den Wert des **Betriebsvermögens bei freiberuflich Tätigen** (§ 151 Abs. 1 Satz 1 Nr. 2 i. V. m. § 96 BewG) das Finanzamt, von dessen Bezirk aus die Berufstätigkeit vorwiegend ausgeübt wird (**Betriebsfinanzamt**);
- für den Wert von nicht notierten **Anteilen an Kapitalgesellschaften** (§ 151 Abs. 1 Satz 1 Nr. 3 i. V. m. § 11 Abs. 2 BewG) das Finanzamt, in dessen Bezirk sich die Geschäftsleitung der Kapitalgesellschaft befindet (**Betriebsfinanzamt**); bei Kapitalgesellschaften ohne Geschäftsleitung im Inland oder, wenn sich der Ort der Geschäftsleitung nicht feststellen lässt, das Finanzamt, in dessen Bezirk die Kapitalgesellschaft ihren Sitz hat;
- für den Wert von **anderen** (nicht in § 151 Abs. 1 Satz 1 Nr. 1 bis 3 BewG genannten) **Vermögensgegenständen und Schulden**, die mehreren Personen zustehen (§ 151 Abs. 1 Satz 1 Nr. 4 BewG) das Finanzamt, von dessen Bezirk die Verwaltung des Vermögens ausgeht, oder, wenn diese im Inland nicht feststellbar ist, das Finanzamt, in dessen Bezirk sich der wertvollste Teil des Vermögens befindet.

1404 Zur örtlichen Zuständigkeit von **Wertermittlungen ausländischen Vermögens** siehe die Ausführungen in A 9 Ländererlass vom 30.03.2009.

5 Erklärungspflicht, Verfahrensvorschriften für die gesonderte Feststellung, Feststellungsfrist

1405 Das zuständige Finanzamt kann von jedem, für dessen Besteuerung eine gesonderte Feststellung von Bedeutung ist, die Abgabe einer Feststellungserklärung verlangen (§ 153 Abs. 1 BewG, A 10 Abs. 1 Satz 1 Ländererlass vom 30.03.2009).

1406 In den Fällen der Bewertung von nicht notierten Anteilen an Kapitalgesellschaften kann die Erklärung nur von der Kapitalgesellschaft angefordert werden (§ 153 Abs. 3 BewG, A 10 Abs. 1 Satz 2 Ländererlass vom 30.03.2009).

1407 In den Fällen, in denen der Gegenstand der Feststellung mehreren Personen zuzurechnen ist oder eine Personengemeinschaft bzw. Personengesellschaft oder eine Kapitalgesellschaft dessen Eigentümer ist, kann die Feststellungserklärung auch von der Gemeinschaft oder Gesellschaft angefordert werden (§ 153 Abs. 2 BewG). Dies gilt auch, wenn Gegenstand der Feststellung ein Anteil am Betriebsvermögen einer Personengesellschaft ist. Bei vermögensverwaltenden Grundstücksgesellschaften gilt dies entsprechend. Die vermögensverwaltenden Grundstücksgesellschaften sind vorrangig zur Abgabe einer Feststellungserklärung aufzufordern. Dadurch wird die Grundstücksgesellschaft Beteiligte des Feststellungsverfahrens (siehe auch die Ausführungen zu 6). In einem solchen Fall kann der Basiswert der Grundstücksgemeinschaft unter Wahrung des Steuergeheimnisses mitgeteilt werden. Vgl. auch die Ausführungen in A 10 Abs. 1 Satz 3 ff. Ländererlass vom 30.03.2009.

In den Fällen der Begrenzung des Jahreswerts von Nutzungen eines Grundstücks nach § 16 BewG kann sowohl der Erwerber als auch der Grundstückseigentümer zur Abgabe einer Feststellungserklärung aufgefordert werden (§ 180 AO, A 10 Abs. 2 Ländererlass vom 30. 03. 2009).

1408

Der Erklärungspflichtige hat die Erklärung eigenhändig zu unterschreiben (§ 153 Abs. 4 Satz 1 BewG). Hat ein Erklärungspflichtiger eine Erklärung zur gesonderten Feststellung abzugeben, sind andere Beteiligte insoweit von der Erklärungspflicht befreit (§ 153 Abs. 4 Satz 2 BewG).

1409

Hinsichtlich der Abgabe von Erklärungen zu den gesonderten Feststellungen für die Bedarfsbewertung und bezüglich von gesonderten Feststellungen nach Ablauf der Feststellungsfrist sind die Regelungen des § 181 Abs. 1 und 5 AO entsprechend anzuwenden (§ 153 Abs. 5 BewG).

1410

Die Frist zur Abgabe einer Feststellungserklärung beträgt mindestens einen Monat (§ 153 Abs. 1 Satz 2 BewG). Die Feststellungserklärung ist eine Steuererklärung im Sinne von § 170 Abs. 2 Nr. 1 AO. Für die gesonderten Feststellungen nach § 151 BewG gelten hinsichtlich der Feststellungsverjährung die Regelungen des § 181 Abs. 1 und 5 AO (§ 153 Abs. 5 BewG). Vgl. hierzu die entsprechenden Ausführungen in Band 4 Axel/Große.

1411

1412–1430 frei

6 Beteiligte am Feststellungsverfahren

Nach § 154 Abs. 1 BewG sind am Feststellungsverfahren **beteiligt:**
- diejenigen, denen der Gegenstand der Feststellung (z. B. das Grundstück oder der Gewerbebetrieb oder der Anteil am Betriebsvermögen einer Personengesellschaft oder der nicht notierte Anteil an einer Kapitalgesellschaft) zuzurechnen ist,
- diejenigen, die das zuständige Finanzamt zur Abgabe einer Feststellungserklärung aufgefordert hat.

1431

Grundsätzlich richtet sich der **Feststellungsbescheid** gegen den Steuerpflichtigen, dem der Gegenstand bei der Besteuerung zuzurechnen ist (s. 3). Der Bescheid ist demjenigen Beteiligten **bekannt zu geben**, für den er bestimmt ist. Dies ist bei der Erbschaft- und Schenkungsteuer i. d. R. der Erbe oder Beschenkte. Vgl. § 179 Abs. 2 Satz 1 und § 122 Abs. 1 Satz 1 AO.

1432

In den Fällen, in denen der Wert von nicht notierten Anteilen an einer Kapitalgesellschaft gesondert festzustellen sind (§ 151 Abs. 1 Satz 1 Nr. 3 BewG), ist der Feststellungsbescheid nicht nur dem jeweiligen Erwerber der Anteile bekannt zu geben, sondern auch der Kapitalgesellschaft.

1433

Soweit der Gegenstand der gesonderten Feststellung einer Erbengemeinschaft in Vertretung der Miterben zuzurechnen ist, ist § 183 AO entsprechend anzuwenden (§ 154 Abs. 3 Satz 1 BewG). Bei der Bekanntgabe des Feststellungsbescheids ist darauf hinzuweisen, dass die Bekanntgabe mit Wirkung für und gegen alle Miterben gilt.

1434

Die Vorschriften über die **Feststellungsverjährung** sind auch bei der Bedarfsbewertung in vollem Umfang gültig. Da es sich bei dem Feststellungsbescheid um einen Grundlagenbescheid handelt, endet die **Festsetzungsfrist** der Folgesteuern nach § 171 Abs. 10 AO nicht vor Ablauf von zwei Jahren nach Bekanntgabe des Grundlagenbescheids.

1435

Der **Erbbauberechtigte** ist nicht Beteiligter gemäß § 154 BewG im Besteuerungsverfahren des Erbbaurechtsgebers (A 11 Ländererlass vom 30. 03. 2009).

1436

1437–1440 frei

7 Rechtsbehelfsbefugnis

1441 Nach § 155 Satz 1 BewG sind alle Beteiligten i.S. von § 154 BewG zur Einlegung von Rechtsbehelfen gegen den Feststellungsbescheid befugt. Soweit der Gegenstand der Feststellung einer Erbengemeinschaft zuzurechnen ist (§ 151 Abs. 2 Nr. 2 letzter Halbsatz BewG), ist sie grundsätzlich nur gemeinschaftlich befugt, den Feststellungsbescheid anzufechten.

1442 Rechtsbehelfe in Sachen von Betriebsvermögen und Anteilen an Betriebsvermögen von Personengesellschaften sowie von nicht notierten Anteilen an Kapitalgesellschaften sowie von gemeinschaftlichem Vermögen liegen unter Berücksichtigung des gesonderten Feststellungsverfahrens für Besteuerungszwecke nicht in der Zuständigkeit der Erbschaftsteuer-Stellen, sondern sind von dem für das gesonderte Feststellungsverfahren jeweils zuständigen Finanzamt zu bearbeiten (s. auch die Ausführungen zu 4).

1443 Soweit der Gegenstand der gesonderten Feststellung einer Erbengemeinschaft in Vertretung der Miterben zuzurechnen ist, sind § 352 AO (Einspruchsbefugnis bei einer einheitlichen Feststellung) und § 48 FGO (Klagebefugnis bei einheitlicher und gesonderter Feststellung) entsprechend anzuwenden (§ 155 Satz 2 BewG).

1444 Vgl. auch A 11 Ländererlass vom 30.03.2009.

8 Außenprüfung

1445 Nach § 156 BewG darf zur Ermittlung der Werte für gesonderte Feststellungen i.S. von § 151 BewG eine Außenprüfung i.S. der §§ 193 ff. AO angeordnet und durchgeführt werden (A 13 Ländererlass vom 30.03.2009). Eine solche Außenprüfung ist bei jedem Beteiligten (§ 154 Abs. 1 BewG) zulässig.

9 Abrundung der Bedarfswerte

1446 Die ermittelten Bedarfswerte (Grundbesitzwerte, Betriebsvermögenswerte und Werte nicht notierter Anteile an Kapitalgesellschaften) sind nicht abzurunden. Die Regelung des § 139 BewG für die Abrundung von Grundbesitzwerten gilt nur für Zwecke der Grunderwerbsteuer. Eine entsprechende Vorschrift ist im Sechsten Abschnitt des Zweiten Teils des BewG nicht vorgesehen. Wie sonst üblich, sind jedoch die Endbeträge auf volle Euro zu nach unten runden.

10 Beziehung der Grundbesitzbedarfswerte zu den Einheitswerten des Grundbesitzes

1447 Da die Bewertung des Grundbesitzes gem. § 157 Abs. 1 bis 3 BewG nur im Bedarfsfalle in Betracht kommt (z.B. zum Todestag des Erblassers oder zum Schenkungstag einer Schenkung), gibt es insoweit **keine Zurechnungsfortschreibungen und Wertfortschreibungen** (keine Überprüfung von Wertgrenzen).

Die Weiterführung der Einheitsbewertung des Grundbesitzes für die Grundsteuer aufgrund derartiger Änderungen an einer wirtschaftlichen Einheit (z. B. durch Erbfall oder Schenkung) bleibt von der Bedarfsbewertung jedoch unberührt. In diesen Fällen ist zum nächsten 01. Januar ggf. eine Nachfeststellung oder eine Fortschreibung und ggf. eine Aufhebung eines Einheitswerts nach den §§ 22 bis 24 BewG durchzuführen. Vgl. hierzu die Ausführungen in Kapitel 2 Teil B 10 bis 14).

1448

**1449–1500
frei**

Teil F Bedarfsbewertung des land- und forstwirtschaftlichen Vermögens

1 Rechtsgrundlagen

1501   Da es sich beim land- und forstwirtschaftlichen Vermögen um Grundbesitz handelt (vgl. auch § 19 Abs. 1 BewG) sind für deren wirtschaftliche Einheiten für Zwecke der Erbschaft- und Schenkungsteuer im Bedarfsfalle (§ 151 Abs. 1 Nr. 1 BewG) Grundbesitzwerte gesondert festzustellen. Für die Wertermittlungen und gesonderten Feststellungen sind nach § 157 Abs. 1 BewG die tatsächlichen Verhältnisse und die Wertverhältnisse vom Bewertungsstichtag (§ 11 i. V. m. § 9 ErbStG) zu berücksichtigen.

1502   Die Einzelheiten zur Abgrenzung und Bewertung der wirtschaftlichen Einheiten des land- und forstwirtschaftlichen Vermögens und für Betriebsgrundstücke i. S. v. § 99 Abs. 1 Nr. 2 BewG, die nach § 99 Abs. 3 BewG wie land- und forstwirtschaftliches Vermögen zu bewerten sind, befinden sich nach § 157 Abs. 2 BewG in den §§ 158 bis 175 BewG. Hierzu enthält der gleich lautende Ländererlass vom 01. 04. 2009 (BStBl I 2009, 552) weitere Ausführungen und Regelungen.

2 Begriff und Abgrenzung des land- und forstwirtschaftlichen Vermögens

2.1 Begriff der Land- und Forstwirtschaft

1503   Unter »**Land- und Forstwirtschaft**« ist die planmäßige Nutzung der natürlichen Kräfte des Bodens zur Erzeugung von Pflanzen und Tieren sowie die Verwertung der dadurch selbst gewonnenen Erzeugnisse zu verstehen (§ 158 Abs. 1 Satz 1 BewG). Als Boden in diesem Sinne gelten auch Substrate und Wasser. Vgl. hierzu auch R 15.5. Abs. 1 Sätze 1 und 2 EStR.

2.2 Wirtschaftliche Einheit des land- und forstwirtschaftlichen Vermögens

1504   Die wirtschaftliche Einheit (Bewertungseinheit) des land- und forstwirtschaftlichen Vermögens ist der **Betrieb der Land- und Forstwirtschaft** (§ 158 Abs. 2 Satz 1 BewG, vgl. auch § 19 Abs. 1 BewG). Wird ein Betrieb der Land- und Forstwirtschaft in Form einer Personengesellschaft oder Gemeinschaft geführt, sind in die wirtschaftliche Einheit auch Wirtschaftsgüter einzubeziehen, die einem oder mehreren Beteiligten gehören, wenn sie dem Betrieb der Land- und Forstwirtschaft auf Dauer zu dienen bestimmt sind (§ 158 Abs. 2 Satz 2 BewG); vgl. hierzu auch A 1 Abs. 3 Ländererlass vom 01. 04. 2009.

1505   Die Definition der wirtschaftlichen Einheit »Betrieb der Land- und Forstwirtschaft« richtet sich tätigkeitsbezogen nach den **Grundsätzen des R 15.5 EStR und** für die Abgrenzung sind prinzipiell auch die Grundsätze **des § 2 BewG** zu beachten (A 1 Abs. 1 Satz 2 Ländererlass vom 01. 04. 2009). Es gelten also die Anschauungen des Verkehrs (Verkehrsauffassung), wobei die örtliche Gewohnheit, die tatsächliche Übung, die Zweckbestimmung und die wirtschaftliche Zusammengehörigkeit der einzelnen Wirtschaftsgüter zu berücksichtigen sind. Außerdem ist für die Zusammenfassung mehrerer Wirtschaftsgüter zu einer wirtschaftlichen Einheit Voraussetzung, dass sie ein und demselben Eigentümer gehören (einheitliches Eigentum). Vgl. hierzu 4 sowie Kapitel 1 Teil C 6.3.

Die Bezeichnung »Betrieb der Land- und Forstwirtschaft« setzt, abweichend vom sonstigen Sprachgebrauch, nicht unbedingt eine wirtschaftlich bedeutsame Zusammenfassung von Wirtschaftsgütern voraus. Ein Betrieb der Land- und Forstwirtschaft ist (bewertungsrechtlich) nicht erst dann gegeben, wenn es sich um eine größere land- und forstwirtschaftlich genutzte Fläche handelt, die mit Gebäuden, Maschinen und Geräten ausgestattet ist und eine Familie ganz oder zum Teil ernährt, sondern schon dann, wenn nichts weiter vorhanden ist als der Grund und Boden, sofern dieser dazu bestimmt ist, dauernd land- und forstwirtschaftlichen Zwecken zu dienen und nicht (z. B. als Hausgarten eines Einfamilienhauses oder als Bauland gemäß § 159 BewG) zum Grundvermögen gehört. Eine Mindestgröße ist nicht erforderlich (vgl. A 1 Abs. 2 Sätze 1 und 2 Ländererlass vom 01. 04. 2009). 1506

BEISPIEL

Auf einer Fläche von 50 a, die einem Fabrikarbeiter gehörte, baute dieser bis zu seinem Tode regelmäßig Hackfrüchte oder Gemüse an.
LÖSUNG Diese Ackerfläche gehört zum land- und forstwirtschaftlichen Vermögen und bildet, wenn der Fabrikarbeiter keine weiteren land- und forstwirtschaftlichen Flächen hat, einen selbstständigen Betrieb der Land- und Forstwirtschaft.

In einem Betrieb der Land- und Forstwirtschaft werden regelmäßig mehrere Flächen, die vielfach räumlich nicht zusammenhängen, bewirtschaftet. Solche Flächen werden ohne Rücksicht auf ihre räumliche Lage unter der Voraussetzung zu einer wirtschaftlichen Einheit zusammengefasst, dass sie zusammen bewirtschaftet werden und zwischen ihnen ein innerer wirtschaftlicher Zusammenhang besteht. Das gilt auch, wenn ein Betrieb aus mehreren Nutzungsarten besteht. Vgl. auch A 1 Abs. 2 Satz 3 Ländererlass vom 01. 04. 2009. 1507

BEISPIELE

a) Ein Landwirt betreibt seinen Betrieb in der Gemeinde A. Daneben ist er noch Eigentümer von Acker- und Wiesenflächen in den Nachbargemeinden B und C, die er aber von seiner Hofstelle in der Gemeinde A aus ordnungsgemäß bewirtschaftet.
LÖSUNG Alle Flächen seines Betriebs (auch die in den Gemeinden B und C) bilden eine wirtschaftliche Einheit Betrieb der Land- und Forstwirtschaft.

b) In dem Betrieb Y werden Flächen landwirtschaftlicher (50 ha), forstwirtschaftlicher (20 ha) und gärtnerischer (0,5 ha) Nutzungsart zusammen bewirtschaftet.
LÖSUNG Alle Flächen werden – unter Einbeziehung der dazugehörigen Gebäude sowie der stehenden und umlaufenden Betriebsmittel – zu einer wirtschaftlichen Einheit Betrieb der Land- und Forstwirtschaft zusammengefasst.

Ein innerer wirtschaftlicher Zusammenhang mehrerer Flächen besteht dann nicht, wenn die Bewirtschaftung abgelegener Flächen von der Hofstelle oder einem sonstigen Sitz der Betriebsleitung aus nicht als gegendüblich anzusehen ist oder der Betriebsinhaber keine unmittelbare Einwirkungsmöglichkeit und keine eigene Aufsicht über die sachdienliche Nutzung dieser Flächen hat (vgl. auch A 1 Abs. 2 Satz 4 Ländererlass vom 01. 04. 2009). 1508

BEISPIEL

Erblasser L hinterließ seinen Erben einen 20 ha großen Betrieb der Land- und Forstwirtschaft (nur landwirtschaftliche Nutzung) in Waldhausen. L war außerdem Eigentümer einer vor Jahren von einem Onkel geerbten 0,8 ha großen Obstbaumwiese in Talheim (185 km entfernt von Waldhausen).
LÖSUNG Da L die Obstbaumwiese von seiner Hofstelle aus nicht ordnungsgemäß bewirtschaften konnte, bildete sie bisher bei der Einheitsbewertung einen selbstständigen Betrieb der Land- und Forstwirtschaft (ggf. Stückländerei nach § 34 Abs. 7 BewG, wenn er die Fläche landwirtschaftlich

verpachtet hatte). Diese Abgrenzung gilt auch für die Bedarfsbewertung der land- und forstwirtschaftlichen Vermögens für die ErbSt (s. auch § 160 Abs. 7 BewG).

1509 Ein Land- und Forstwirt kann daher auch Eigentümer **mehrerer Betriebe** der Land- und Forstwirtschaft sein. Eine wirtschaftliche Einheit »Betrieb der Land- und Forstwirtschaft« bilden auch so genannte **Stückländereien** (§ 160 Abs. 7 BewG). Vgl. hierzu 4.2.2.4.

> **BEISPIEL**
> Ein verstorbener Beamter war Eigentümer einer Acker- oder Wiesenfläche von 30 a, die er für längere Dauer an einen Landwirt verpachtet hatte und die Pachtdauer noch für mindestens 15 Jahre zu erwarten ist.
> **LÖSUNG** Für die Bedarfsbewertung handelt es sich hier um einen Betrieb der Land- und Forstwirtschaft. Dafür ist für die ErbSt ein eigener Grundbesitzwert gesondert festzustellen.

1510–1520 frei

2.3 Zum land- und forstwirtschaftlichen Vermögen gehörende Wirtschaftsgüter

1521 Zum land- und forstwirtschaftlichen Vermögen gehören alle **Wirtschaftsgüter**, die einem Betrieb der Land- und Forstwirtschaft zu den vorgenannten Zwecken **dauernd zu dienen bestimmt** sind (§ 158 Abs. 1 Satz 2 BewG, A 1 Abs. 1 Ländererlass vom 01. 04. 2009). Nach diesem allgemeinen Grundsatz ist bewertungsrechtlich nicht die tatsächliche Nutzung, sondern die **Zweckbestimmung** des Wirtschaftsguts zum Bewertungsstichtag (§§ 11 und 12 Abs. 3 ErbStG i. V. m. §§ 151 und 157 BewG) entscheiden (vgl. A 1 Abs. 4 Satz 3 sowie A 27 Ländererlass vom 01. 04. 2009).

Beispiele hierfür sind:
a) Wiesen-, Acker-, Wald-, Weinbergflächen,
b) Ställe, Scheunen, Geräteschuppen,
c) Maschinen, Geräte, Silos,
d) Vieh, Futtermittel, Saatgut.

1522 Derartige Wirtschaftsgüter gehören so lange zum land- und forstwirtschaftlichen Vermögen, als sie nicht eine andere Zweckbestimmung erhalten haben. Eine vorübergehende anderweitige Nutzung ist nicht schädlich.

> **BEISPIELE**
> a) Ein Landwirt vermietet jedes Jahr im Herbst eine Wiesenfläche an einen Verein zur Durchführung eines Herbstfestes.
> b) Ein Landwirt und Fuhrunternehmer setzt an einigen Tagen im Jahr ein landwirtschaftliches Fahrzeug im gewerblichen Fuhrunternehmen ein.

1523 Im Allgemeinen stimmen jedoch Zweckbestimmung und tatsächliche Nutzung des Wirtschaftsguts überein. Zu den Wirtschaftsgütern, die einem Betrieb der Land- und Forstwirtschaft zu dienen bestimmt sind, gehören auch Grunddienstbarkeiten und wiederkehrende Nutzungen und Leistungen wie Wegerechte, Weiderechte, Streuungsrechte (vgl. A 1 Abs. 4 Satz 1 Ländererlass vom 01. 04. 2009).

1524 § 158 Abs. 3 Satz 1 BewG zählt die **wichtigsten Wirtschaftsgüter** auf, die einem Betrieb der Land- und Forstwirtschaft zu dienen bestimmt sind. Insbesondere sind dies:
1. der Grund und Boden,
2. die Wirtschaftsgebäude,

3. die stehenden Betriebsmittel,
4. der normale Bestand an umlaufenden Betriebsmitteln,
5. die immateriellen Wirtschaftsgüter,
6. die Wohnungebäude und der dazu gehörende Grund und Boden.

Diese Aufzählung ist jedoch nicht abschließend (A 1 Abs. 4 Satz 2 Ländererlass vom 01. 04. 2009).

Ob die Voraussetzung »**dauernde Zweckbestimmung**« vorliegt, muss in erster Linie nach objektiven Gesichtspunkten beurteilt werden. Die Dauer ist z. B. bei einer landwirtschaftlich genutzten Fläche nicht gewährleistet, wenn anzunehmen ist, dass sie in absehbarer Zeit anderen als landwirtschaftlichen Zwecken dienen wird. Solche Fläche sind deshalb nach § 159 BewG als Grundvermögen zu bewerten (s. 3.1.2).

Grund und Boden sowie Gebäude, die einem Betrieb der Land- und Forstwirtschaft dauernd zu dienen bestimmt sind, gehören auch dann zum land- und forstwirtschaftlichen Vermögen, wenn der Betrieb ganz oder in Teilen auf bestimmte oder unbestimmte Zeit nicht bewirtschaftet wird. Das ist dann der Fall, wenn diese Wirtschaftsgüter keine andere Zweckbestimmung erhalten haben, die zu einer zwingenden Zuordnung zum Grundvermögen oder Betriebsvermögen führen. Vgl. hierzu A 1 Abs. 5 Ländererlass vom 01. 04. 2009 und die dort aufgeführten Beispiele.

Nach § 158 Abs. 3 BewG gehören zum land- und forstwirtschaftlichen Vermögen auch **Verbindlichkeiten**, soweit sie nicht im unmittelbaren Zusammenhang mit in § 158 Abs. 4 BewG genannten Wirtschaftsgütern (s. 2.4) stehen. Diese Regelung erweitert in erster Linie den Umfang der wirtschaftlichen Einheit, da für Zwecke der Erbschaft- und Schenkungsteuer das Reinvermögen als Bereicherung zu ermitteln ist. In zweiter Linie wird dadurch klargestellt, dass Schulden nur insoweit abzugsfähig sind, als korrespondierend hierzu das entsprechende Wirtschaftsgut erfasst wird. Dieser Umstand drückt sich in den Bewertungsverfahren des § 163 BewG dadurch aus, dass für die Nutzungen und anderen Wirtschaftsgüter ein nachhaltiger Reingewinn zu ermitteln und der Wertermittlung des Wirtschaftswerts zu Grunde zu legen ist.

2.4 Bestimmte Wirtschaftsgüter, die nicht zum land- und forstwirtschaftlichen Vermögen gehören

Es gibt eine Reihe von Wirtschaftsgütern, die betriebswirtschaftlich zwar Teile des land- und forstwirtschaftlichen Vermögens sind, aber aufgrund abweichender bewertungsrechtlicher Regelungen nicht dazu gerechnet werden dürfen. Diese Abgrenzung ist im Hinblick auf das anzuwendende Bewertungsverfahren und unter Berücksichtigung der traditionellen Verkehrsanschauung für das land- und forstwirtschaftliche Vermögen geboten. Nach § 158 Abs. 4 BewG gehören **nicht** zum **land- und forstwirtschaftlichen Vermögen** folgende Wirtschaftsgüter:
1. **Grund und Boden sowie Gebäude und Gebäudeteile**, die nicht land- und forstwirtschaftlichen Zwecken dienen; sie sind dem Grundvermögen oder dem Betriebsvermögen zuzuordnen;
2. **Kleingartenland und Dauerkleingartenland;**
3. **Geschäftsguthaben, Wertpapiere und Beteiligungen**; sie sind dem übrigen Vermögen zuzuordnen (A 3 Abs. 1 Ländererlass vom 01. 04. 2009);
4. der **Überbestand an umlaufenden Betriebsmitteln** (das ist der über den normalen Bestand hinausgehende Bestand an umlaufenden Betriebsmitteln; zum Begriff der Betriebsmittel vgl. A 1 Abs. 6 Ländererlass vom 01. 04. 2009); sie sind ebenfalls dem übrigen Vermögen zuzuordnen (A 3 Abs. 3 Ländererlass vom 01. 04. 2009);

5. **Tierbestände oder Zweige des Tierbestands** und die hiermit zusammenhängenden Wirtschaftsgüter, wenn die Tiere weder zur landwirtschaftlichen Nutzung noch nach § 175 BewG zu den übrigen land- und forstwirtschaftlichen Nutzungen gehören; sie sind insoweit dem Betriebsvermögen zuzuordnen;
6. **Geldforderungen und Zahlungsmittel**; sie sind dem übrigen Vermögen zuzuordnen;
7. **Pensionsverpflichtungen**; sie sind bei der Ermittlung des steuerpflichtigen Erwerbs im Erbfall als Nachlassverbindlichkeiten im Sinne des § 10 Abs. 5 ErbStG und im Schenkungsfall bei der Ermittlung des Steuerwerts der freigebigen Zuwendung (§ 7 Abs. 1 ErbStG) zu berücksichtigen (A 3 Abs. 4 Ländererlass vom 01. 04. 2009).

1530 Darüber hinaus gehören auch **bewegliche Wirtschaftsgüter**, die einem Betrieb der Land- und Forstwirtschaft zu dienen bestimmt sind, tatsächlich aber am Bewertungsstichtag einem derartigen Betrieb des Eigentümers nicht dienen, nicht zum land- und forstwirtschaftlichen Vermögen, sondern zum übrigen Vermögen (A 3 Abs. 2 Ländererlass vom 01. 04. 2009).

Beispiele für Wirtschaftsgüter, die nicht zum land- und forstwirtschaftlichen Vermögen, sondern zum übrigen Vermögen gehören:
 a) Geldforderungen und Geldbeträge, die aus Erlösen land- und forstwirtschaftlicher Erzeugnisse stammen.
 b) Verbindlichkeiten aufgrund der Anschaffung von landwirtschaftlichen Flächen, Maschinen und Geräten, Saatgut usw.
 c) Wirtschaftsgüter, die einem Betrieb der Land- und Forstwirtschaft zu dienen bestimmt sind, tatsächlich aber an dem maßgebenden Zeitpunkt einen derartigen Betrieb des Eigentümers nicht bzw. nicht mehr dienen. In Betracht kommen hier z. B. ein Traktor oder anderes Inventar, das bei dem Verkauf eines Betriebs der Land- und Forstwirtschaft nicht mit veräußert worden ist.

1531–1540 frei

3 Abgrenzung des land- und forstwirtschaftlichen Vermögens gegenüber den anderen Vermögensarten

1541 Grundbesitz, der tatsächlich land- und forstwirtschaftlich genutzt wird, gehört in der Regel auch zum land- und forstwirtschaftlichen Vermögen (vgl. auch § 159 Abs. 1 BewG Umkehrschluss). Das Gleiche gilt für andere Wirtschaftsgüter, die einem Betrieb der Land- und Forstwirtschaft tatsächlich dienen.

1542 Von diesem Grundsatz gibt es bewertungsrechtlich jedoch wichtige Ausnahmen. Land- und forstwirtschaftlich genutzte Flächen können unter bestimmten Voraussetzungen bereits zum Grundvermögen oder als Betriebsgrundstück zum Betriebsvermögen gehören. Andere in einem Betrieb der Land- und Forstwirtschaft vorhandene Wirtschaftsgüter können Betriebsvermögen oder übriges Vermögen sein.

1543 Das land- und forstwirtschaftliche Vermögen ist daher abzugrenzen gegenüber dem
 1. Grundvermögen,
 2. Betriebsvermögen und
 3. übrigen Vermögen.

3.1 Abgrenzung gegenüber dem Grundvermögen

Zwischen dem land- und forstwirtschaftlichen Vermögen und dem Grundvermögen ist insbesondere abzugrenzen hinsichtlich (A 4 Abs. 1 Ländererlass vom 01. 04. 2009) 1544
- des Grund und Bodens sowie
- der Wohn- und Wirtschaftsgebäude.

Über die Abgrenzung wird bei der Bedarfsbewertung des land- und forstwirtschaftlichen Vermögens entschieden. Vorbehaltlich der Sonderregelung des § 159 BewG (s. 3.1.3) gehören die vorstehend genannten Wirtschaftsgüter zum land- und forstwirtschaftlichen Vermögen, wenn sie einem Betrieb der Land- und Forstwirtschaft auf Dauer zu dienen bestimmt sind (A 4 Abs. 3 Satz 1 Ländererlass vom 01. 04. 2009). 1545

3.1.1 Abgrenzung des Grund und Bodens

Für die Abgrenzung des **Grund und Bodens** sind zu unterscheiden: 1546

a) **Allgemeine Abgrenzung** (§ 158 Abs. 1 Satz 1 i. V. m. § 176 Abs. 1 BewG)

Grund und Boden gehört (grundsätzlich) dann zum land- und forstwirtschaftlichen Vermögen, wenn er 1547
- einer der fünf land- und forstwirtschaftlichen Nutzungen (§ 160 Abs. 2 Nr. 1 BewG) zu dienen bestimmt ist, oder
- einem Nebenbetrieb dient (§ 160 Abs. 2 Nr. 2 BewG) oder
- Abbauland, Geringstland oder Unland ist (§ 160 Abs. 2 Nr. 2 BewG).

Flächen, die Teil eines Grundstücks im Sinne des Grundvermögens sind (z. B. der zu einem Einfamilienhaus gehörende Hausgarten), gehören von der Zweckbestimmung her nicht zum land- und forstwirtschaftlichen Vermögen, sondern zum Grundvermögen. 1548

Wird ein in einem Naherholungsgebiet belegenes Grundstück tatsächlich gärtnerisch genutzt (z. B. als Streuobstwiese), so ist es dem land- und forstwirtschaftlichen Vermögen zuzurechnen, wenn es hinsichtlich Arbeitseinsatz, Investitionen zur Erhaltung oder Steigerung der Ertragsfähigkeit sowie erzielbarem Ertrag einem Vergleich mit einem durchschnittlichen landwirtschaftlichen Haupterwerbsbetrieb der gleichen Nutzungsart standhalten kann. Eine Erzeugung des Erwerbs wegen gehört nicht zu den Abgrenzungskriterien. Vgl. das zur Einheitsbewertung des land- und forstwirtschaftlichen Vermögens ergangene Urteil des BFH vom 04. 03. 1987 BStBl II 1987, 370. 1549

b) **Besondere Abgrenzungsfälle** (§ 159 BewG)

Unter bestimmten Voraussetzungen sind Grund- und Bodenflächen, die aufgrund ihrer Zweckbestimmung nach den allgemeinen Abgrenzungsregeln (vgl. vorstehende Ausführungen zu a)) noch zum land- und forstwirtschaftlichen Vermögen gehören würden, bereits als Grundvermögen zu bewerten. Es handelt sich hierbei um noch land- und forstwirtschaftlich genutzte Flächen, die beispielsweise mit Rücksicht auf die bestehenden Verwertungsmöglichkeiten in absehbarer Zeit als Bauland, Industrieland oder Land für Verkehrszwecke dienen werden. Vgl. hierzu 3.1.3. 1550

1551–1560
frei

3.1.2 Abgrenzung der Wirtschaftsgebäude

1561 Zu den **Wirtschaftsgebäuden**, die einem Betrieb der Land- und Forstwirtschaft dauernd zu dienen bestimmt sind, gehören insbesondere:
- Ställe,
- Scheunen,
- Lagerräume,
- Geräte- und Maschinenschuppen,
- Hopfendarren,
- Kesselhäuser,
- Kelleranlagen,
- Arbeitsräume.

1562 Nicht zu den **Wirtschaftsgebäuden** rechnen die Gebäude oder Gebäudeteile des Betriebs, die dessen Arbeitnehmern und deren Familienangehörigen zu Wohnzwecken zur Verfügung gestellt werden (sog. **Betriebswohnungen**, § 167 Abs. 1 BewG und A 25 Abs. 1 Ländererlass vom 01.04.2009) und Gebäude oder Gebäudeteile, die dem Inhaber des Betriebs und den zu seinem Haushalt gehörigen Familienangehörigen zu Wohnzwecken dienen (sog. **Wohnteil**, § 167 Abs. 1 BewG und A 26 Abs. 1 Ländererlass vom 01.04.2009). Betriebswohnungen und der Wohnteil gehören zwar zum land- und forstwirtschaftlichen Vermögen, sind aber nach § 167 Abs. 1 BewG nach den Vorschriften, die für die Bewertung von Wohngrundstücken im Grundvermögen gelten (§§ 182 bis 196 BewG), zu bewerten (vgl. 7.).

1563 An Gewerbetreibende oder zu Wohnzwecken **vermietete Flächen** oder **Räume** und **Wohnungen** gehören zum Grundvermögen, wenn sich dadurch die Zweckbestimmung dieser Flächen und Räumlichkeiten geändert hat. Die darauf entfallende anteilige Grund- und Bodenfläche rechnet ebenfalls zum Grundvermögen. Auch eine von einem Pächter oder Unterpächter gepachtete Parzelle eines Kleingartenlandes, auf der er ein Wohngebäude errichtet hat, gehört zum Grundvermögen (vgl. das zur Einheitsbewertung ergangene Urteil des BFH vom 19.01.1979 BStBl II 1979, 398).

1564 Bei der **Beherbergung von Fremden** richtet sich die Abgrenzung des land- und forstwirtschaftlichen Vermögens vom Grundvermögen nach den Grundsätzen des R 15.7 EStR (A 4 Abs. 2 Ländererlass vom 01.04.2009).

3.1.3 Besondere Abgrenzungsregelung für den Grund und Boden

1565 Nach § 159 BewG sind in ganz bestimmten **Sonderfällen** nicht bebaute Flächen, die zum maßgebenden Bewertungsstichtag noch land- und forstwirtschaftlich genutzt werden bzw. nach der Zweckbestimmung noch zum land- und forstwirtschaftlichen Vermögen zu rechnen wären, als Grundvermögen zu behandeln. § 159 BewG ist eine Ausnahmevorschrift zu § 158 Abs. 1 BewG und entspricht der Regelung des § 69 BewG zur Einheitsbewertung des Grundbesitzes. Für die Abgrenzung im Rahmen der Bedarfsbewertung gelten die zur Einheitsbewertung ergangenen Regelungen in A 2 Abs. 2 bis 7 BewR Gr sinngemäß (A 4 Abs. 3 Satz 2 Ländererlass vom 01.04.2009). Die in den nachstehenden Ausführungen zitierte Rechtsprechung ist zwar zur Einheitsbewertung des Grundbesitzes ergangen, ist aber wegen der inhaltlich gleichen Regelung in § 159 und § 69 BewG auch für die Bedarfsbewertung anzuwenden; s. auch Kapitel 2 Teil C 1.2.1.3).

1566 Bei diesen Sonderfällen ist zwischen folgenden **drei** Arten (**Fallgruppen**) zu unterscheiden:

1. Flächen, die in einem rechtsverbindlichen **Bebauungsplan** als Bauland ausgewiesen sind und unter den in § 159 Abs. 3 BewG näher bestimmten Voraussetzungen in jedem Fall als Grundvermögen bewertet werden müssen.
2. Flächen eines Betriebs der Land- und Forstwirtschaft, der die **Existenzgrundlage** des Betriebsinhabers bildet, wenn mit großer Wahrscheinlichkeit anzunehmen ist, dass diese Flächen spätestens nach zwei Jahren anderen als land- und forstwirtschaftlichen Zwecken dienen werden (§ 159 Abs. 2 BewG). § 159 Abs. 2 BewG ist eine Spezialvorschrift zu § 159 Abs. 1 BewG.
3. Flächen, die nicht unter § 159 Abs. 2 BewG fallen, bei denen aber nach den bestehenden Verwertungsmöglichkeiten oder den sonstigen Umständen anzunehmen ist, dass sie in **absehbarer Zeit anderen** als land- und forstwirtschaftlichen **Zwecken** dienen werden (§ 159 Abs. 1 BewG).

In der Praxis ist es daher zweckmäßig, bei Abgrenzungsfragen die Voraussetzungen in der vorstehenden Reihenfolge zu prüfen.

3.1.3.1 Abgrenzung nach § 69 Abs. 3 BewG (Bauland)

Land- und forstwirtschaftlich genutzte Flächen werden in jedem Fall zum Grundvermögen gerechnet, wenn die folgenden **Voraussetzungen** sämtlich erfüllt sind:
- Die Flächen müssen in einem **rechtsverbindlichen Bebauungsplan** als Bauland ausgewiesen sein.
Der Bebauungsplan (vgl. §§ 8 bis 13a des Baugesetzbuches – BauGB – vom 23.09.2004 BGBl I 2004, 2414) enthält rechtsverbindliche Festlegungen für die städtebauliche Ordnung. Er wird von der Gemeinde als Satzung beschlossen und tritt nach der Genehmigung durch die höhere Verwaltungsbehörde und Veröffentlichung in Kraft. Die Aufnahme von Flächen in einen vorbereiteten Bauleitplan (Flächennutzungsplan; vgl. §§ 5 bis 7 BauGB) reicht nicht aus.
- Die **sofortige Bebauung** muss **rechtlich und tatsächlich möglich** sein.
Rechtliche Hinderungsgründe sind z. B. Veränderungssperren nach § 14 BauGB sowie die Unzulässigkeit von Bauvorhaben nach § 30 BauGB. In tatsächlicher Hinsicht hängt die Bebauungsmöglichkeit von der Größe, dem Zuschnitt und den Bodenverhältnissen ab. Auf die Absichten des Grundstückseigentümers kommt es nicht an. Vgl. auch BFH vom 21.05.1982 BStBl II 1982, 582.
- Die Bebauung muss **innerhalb des Plangebiets** in einem benachbarten Bereich bereits **begonnen haben oder schon durchgeführt** sein.
Plangebiet ist das Gebiet, das vom Bebauungsplan erfasst ist. An das Plangebiet unmittelbar angrenzende bebaute Flächen kommen als Bebauung im benachbarten Bereich nicht in Betracht. Bei Baulücken ist die geforderte Voraussetzung stets erfüllt.

Diese zwingende Regelung gilt **nicht für** die **Hofstelle** des Betriebsinhabers und mit der Hofstelle **unmittelbar räumlich zusammenhängende Flächen** bis zu 1 ha (§ 159 Abs. 3 Satz 2 BewG). Dabei ist zu beachten:
- Zur Hofstelle gehört nicht der Hausgarten.
- Die Hofstelle selbst rechnet bei der Flächengröße von 1 ha nicht mit (vgl. auch FG München vom 17.07.1980 EFG 1981, 72). Hofstelle ist das Flurstück (oder mehrere Flurstücke), das im Grundbuch i.d.R. eine eigene Flurstücksnummer (Lagerbuchnummer) hat und auf dem sich regelmäßig die Wohn- und Wirtschaftsgebäude des Betriebs befinden (vgl. hierzu auch BFH vom 09.10.1985 BStBl II 1986, 3).

- Der unmittelbare Zusammenhang ist nach der Verkehrsanschauung zu beurteilen (vgl. o. a. FG-Urteil vom 17. 07. 1980 und BFH vom 02. 05. 1980 BStBl II 1980, 490). Eine innerörtliche Verbindungsstraße, ein Feldweg oder eine ähnliche Straße durchbrechen den räumlichen Zusammenhang nicht. Vgl. auch Urteil des FG München vom 25. 09. 1980 EFG 1981, 72.
- Nur die 1 ha Fläche übersteigende Fläche kann daher als Grundvermögen bewertet werden, wenn die Voraussetzungen des § 159 Abs. 3 Satz 1 BewG vorliegen, d. h. diese Fläche muss z. B. auch wiederum tatsächlich sofort bebaut werden können, also auch für eine Bebauung ausreichend groß sein.

Das FG München vertritt in seinen o. a. Urteilen vom 17. 07. 1980 und vom 25. 09. 1980 die Auffassung, der sich die Verwaltung anschließt, dass die Begünstigungsregelung des § 69 Abs. 3 Satz 2 BewG, der dem Wortlaut des § 159 Abs. 3 Satz 2 BewG entspricht, auch für die Sonderfälle des § 69 Abs. 1 und 2 BewG (bzw. § 159 Abs. 1 und 2 BewG) gelte. Gegen diese Ausdehnung bestehen u. E. erhebliche Bedenken, da der klare Wortlaut des § 69 Abs. 3 Satz 2 BewG bzw. § 159 Abs. 3 Satz 2 BewG sich nur auf den vorstehenden Satz 1 des § 69 Abs. 3 BewG bzw. § 159 Abs. 3 BewG bezieht (vgl. Rössler-Troll, Kommentar zum BewG, § 69 BewG Anm. 95).

1570–1580 frei

3.1.3.2 Abgrenzung nach § 69 Abs. 2 BewG (Betrieb als Existenzgrundlage)

1581 Flächen eines Betriebs der Land- und Forstwirtschaft, der die Existenzgrundlage des Betriebsinhabers bildet, können nur unter erschwerten Bedingungen dem Grundvermögen zugeordnet werden. Eine Behandlung als Grundvermögen ist nur dann möglich, wenn mit großer Wahrscheinlichkeit anzunehmen ist, dass die **Flächen spätestens nach 2 Jahren** – gesehen vom jeweiligen Bewertungsstichtag – **anderen** als land- und forstwirtschaftlichen **Zwecken dienen** werden.

1582 Eine **Existenzgrundlage** im Sinne dieser Vorschrift bildet ein Betrieb, aus dem Reinerträge erwirtschaftet werden können, die mindestens den Sozialhilfeleistungen entsprechen, die der Betriebsinhaber unter Berücksichtigung seiner Familienverhältnisse im Falle der Hilfsbedürftigkeit erhalten würde (BFH vom 28. 06. 1974 BStBl II 1974, 702). Eine Existenzgrundlage bildet der Betrieb auch dann, wenn der Betriebsinhaber dem Personenkreis angehört, der nach dem Gesetz über die Alterssicherung der Landwirte – ALG – vom 29. 07. 1994 BGBl I 1994, 1890 als landwirtschaftlicher Unternehmer gilt (§ 1 ALG; vgl. Erlass des FinMin Baden-Württemberg vom 06. 05. 1977 zur Abgrenzung bei der Einheitsbewertung).

1583 Es muss sich dabei um Flächen handeln, die **Eigentum des Betriebsinhabers** sind. Für Pachtflächen gilt § 159 Abs. 2 BewG nicht. Schließlich müssen die Flächen von einer (Hof-)Stelle aus **ordnungsgemäß bewirtschaftet** werden.

1584 Die Bestimmung des § 159 Abs. 2 BewG ist eindeutig als **Schutzbestimmung** für die Land- und Forstwirtschaft zu verstehen.

3.1.3.3 Abgrenzung nach § 69 Abs. 1 BewG

1585 Liegen weder die in § 159 Abs. 3 noch die in § 159 Abs. 2 BewG genannten Merkmale vor, so ist die Abgrenzung nach § 159 Abs. 1 BewG vorzunehmen. Danach sind land- und forstwirtschaftlich genutzte **Flächen** dem Grundvermögen zuzurechnen, wenn nach ihrer

Lage, den im Feststellungszeitpunkt bestehenden Verwertungsmöglichkeiten oder den sonstigen Umständen anzunehmen ist, dass sie **in absehbarer Zeit anderen als land- und forstwirtschaftlichen Zwecken,** insbesondere als Bauland, Industrieland oder Land für Verkehrszwecke, **dienen** werden.

Auch hier ist – wie bei § 159 Abs. 2 BewG – die Erwartung einer künftigen Verwendung der Fläche für andere als land- und forstwirtschaftliche Zwecke Voraussetzung für die Zurechnung zum Grundvermögen. Während jedoch nach § 159 Abs. 2 BewG eine Zurechnung zum Grundvermögen erst erfolgen kann, »wenn mit großer Wahrscheinlichkeit anzunehmen ist, dass die Flächen spätestens nach 2 Jahren anderen als land- und forstwirtschaftlichen Zwecken dienen werden«, genügt es nach § 159 Abs. 1 BewG, dass – gesehen vom jeweiligen Bewertungsstichtag – in absehbarer Zeit eine anderweitige Verwendung anzunehmen ist. Der RFH hat den Begriff »**absehbare Zeit**«, wie er bereits im § 51 Abs. 2 BewG 1935 vorkommt, als einen Zeitraum von **6 Jahren** (d. h. die gesetzlich vorgeschriebene Dauer eines Hauptfeststellungszeitraumes; vgl. § 21 Abs. 1 Nr. 1 BewG) definiert; vgl. auch A 2 Abs. 7 BewRGr. Dieser Zeitraum kann auch bei der Bedarfsbewertung zu Grunde gelegt werden. 1586

Als **besondere Umstände,** die die Erwartung einer anderweitigen Verwendung rechtfertigen können, kommen insbesondere die Lage in der Nähe bereits bebauter oder erschlossener Gebiete, die Zahlung von Baulandpreisen, der Erwerb durch einen Nichtlandwirt (z. B. Wohnungsunternehmen), die Einleitung eines Umlegungsverfahrens (BFH vom 18.07.1984 BStBl II 1984, 744) in Betracht. Auf die Absicht des Eigentümers kommt es auch hier nicht an. 1587

BEISPIELE

a) Ein verstorbener Landwirt hatte eine an eine besiedelte Wohngegend angrenzende Ackerfläche bereits parzellieren lassen. Er rechnete mit einem baldigen Verkauf der Grundstücke.
LÖSUNG Die jeweilige Grundstücksfläche gehört zum Grundvermögen, da es sich bereits um Baugrundstücke handelt (zunächst um Rohbauland).

b) Ein verstorbener Architekt hatte von einem Landwirt eine Weidefläche erworben in der Absicht, darauf Wohngebäude errichten zu lassen. Als Kaufpreis hatte er ein Mehrfaches des Preises gezahlt, der sonst für landwirtschaftlich genutzte Flächen üblich ist. Bis zum Baubeginn darf der Veräußerer die Fläche weiterhin als Weide für sein Vieh nutzen.
LÖSUNG Auch hier gehört die Fläche bereits zum Grundvermögen.

3.2 Abgrenzung gegenüber dem Betriebsvermögen

Häufig greift ein Unternehmen über die Gewinnung von organischen Erzeugnissen durch die Bewirtschaftung des Grund und Bodens hinaus in eine Tätigkeit ein, die gewerblichen Charakter hat, oder ein Steuerpflichtiger betreibt neben der land- und forstwirtschaftlichen noch eine gewerbliche Tätigkeit. Es ist dann zu prüfen, ob das ganze Unternehmen einen Betrieb der Land- und Forstwirtschaft oder einen Gewerbebetrieb darstellt bzw., wenn sich die Tätigkeit nur auf einen Teil des Unternehmens bezieht, ob dieser Teil ein Nebenbetrieb der Land- und Forstwirtschaft oder ein selbstständiger Gewerbebetrieb ist. Die gleiche Frage taucht auch für die Einkommensteuer (§ 13 und § 15 Abs. 1 Satz 1 Nr. 1 und Abs. 2 EStG), für die Gewerbesteuer (§ 2 Abs. 1 GewStG) und für die Umsatzsteuer (§ 24 Abs. 2 UStG) auf. Diese Abgrenzungsfrage ist für alle genannten Steuergebiete einheitlich zu beantworten. Während zwischen land- und forstwirtschaftlichem Vermögen und Grundvermögen nur bezüglich des Grund und Bodens und der Gebäude **abzugrenzen** ist (s. 3.1.1 und 3.1.2), ist dies gegenüber dem Betriebsvermögen für **alle Wirtschaftsgüter** erforderlich. 1588

1589 Nach A 2 Abs. 1 Satz 1 Ländererlass vom 01. 04. 2009 ist das land- und forstwirtschaftliche Vermögen vom Betriebsvermögen vorrangig **nach R 15.5 EStR abzugrenzen**. Für die Abgrenzung der Betriebe der Land- und Forstwirtschaft von den Gewerbebetrieben unterscheidet man im Wesentlichen die folgenden **Tätigkeitsbereiche:**

3.2.1 Nebeneinander von Betrieb der Land- und Forstwirtschaft und Gewerbebetrieb

1590 Betreibt ein Steuerpflichtiger neben der (meist kleinbäuerlichen) Land- und Forstwirtschaft noch ein selbstständiges Gewerbe, so handelt es sich um **selbstständige Betriebe** der jeweiligen Vermögensart. Voraussetzung ist, dass zwischen Land- und Forstwirtschaft und Gewerbe kein wirtschaftlicher Zusammenhang besteht. Vgl. R 15.5 Abs. 1 EStR.

BEISPIEL Ein Stpfl. betreibt neben der Land- und Forstwirtschaft noch eine Metzgerei oder eine Gastwirtschaft oder einen Lebensmittelhandel oder einen Brennstoffhandel.

1591 Benutzt der Steuerpflichtige in derartigen Fällen für die land- und forstwirtschaftliche und gewerbliche Tätigkeit dasselbe Gebäude, so ist der durch den Gewerbebetrieb in Anspruch genommene Teil des Gebäudes im Rahmen des § 99 i. V. m. § 95 Abs. 1 BewG als Betriebsgrundstück zu dem Gewerbebetrieb zu rechnen, der andere Teil in die wirtschaftliche Einheit des Betriebs der Land- und Forstwirtschaft einzubeziehen (A 2 Abs. 5 Ländererlass vom 01. 04. 2009). Die Wohnung des Betriebsinhabers wird in einem solchen Falle dann nicht dem land- und forstwirtschaftlichen Vermögen zuzurechnen sein, wenn die land- und forstwirtschaftliche Betätigung des Eigentümers hinter der gewerblichen Tätigkeit zurücktritt und der Gewerbebetrieb die Haupterwerbsquelle bildet.

1592 Zur Frage des **Nebenbetriebs** eines Betriebs der Land- und Forstwirtschaft vgl. R 15.5 Abs. 3 EStR.

1593–1600 frei

3.2.2 Land- und forstwirtschaftliche Tätigkeit als Teil eines Gewerbebetriebs

1601 Wird eine land- und forstwirtschaftliche Tätigkeit planmäßig im Interesse eines Gewerbebetriebs dergestalt ausgeübt, dass diese Verbindung nicht ohne Nachteil für den gewerblichen Hauptbetrieb gelöst werden kann (wirtschaftliche Unterordnung), so handelt es sich um einen **einheitlichen Gewerbebetrieb**. Derartige land- und forstwirtschaftliche Tätigkeiten stellen einen **Nebenbetrieb des gewerblichen Hauptbetriebs** dar. Vgl. hierzu auch die Ausführungen in R 15.5 Abs. 3 EStR. Es handelt sich dann um ein Betriebsgrundstück i. S. v. § 99 Abs. 1 Nr. 2 BewG.

BEISPIELE
a) Ein Stpfl. betreibt eine Konservenfabrik. Er baut auf eigenen Flächen feldmäßig Gemüse an und verarbeitet diese Erzeugnisse in seiner Konservenfabrik.
LÖSUNG Die landwirtschaftlichen Flächen sind ein unselbstständiger Teil (Betriebsgrundstück) des Gewerbebetriebs.

b) Ein Stpfl. betreibt eine Gastwirtschaft und Metzgerei und daneben noch eine Landwirtschaft. Die Erzeugnisse der Landwirtschaft, die ausschließlich auf die Gastwirtschaft und Metzgerei ausgerichtet sind, verwertet er nur in diesem Gewerbebetrieb.

LÖSUNG Die Land- und Forstwirtschaft gehört in diesem Fall als Betriebsgrundstück zum Gewerbebetrieb (BFH vom 16.12.1965 BStBl III 1966, 193).

c) Ein Stpfl., der einen umfangreichen gewerblichen Samenhandel betreibt, bewirtschaftet auch eigene Flächen, die planmäßig und organisch auf den Gewerbebetrieb ausgerichtet sind. Wenn der landwirtschaftliche Betriebsteil nur eine untergeordnete Rolle gegenüber dem tragenden Betriebsteil Samenhandel spielt, gilt er als unselbstständiger Teil des Gewerbebetriebs (Nebenbetrieb oder auch so genannter Hilfsbetrieb). Vgl. RFH vom 26.03.1936 RStBl 1936, 540.

Als Betriebsgrundstück gilt stets jeder land- und forstwirtschaftlich genutzte Grundbesitz, der einer der in § 97 Abs. 1 Nr. 1 bis 4 BewG genannten **Körperschaften, Personenvereinigungen und Vermögensmassen** (z.B. Kapitalgesellschaften, Genossenschaften) gehört, da alles Vermögen dieser Gebilde von Gesetzes wegen grundsätzlich Betriebsvermögen ist (A 2 Abs. 2 Ländererlass vom 01.04.2009). Bei **Personengesellschaften** gilt das Gleiche; es ist jedoch Voraussetzung, dass sie eine gewerbliche Tätigkeit ausüben (R 15.5 Abs. 1 Satz 7 EStR, wonach § 15 Abs. 3 Nr. 1 EStG anzuwenden ist). Nach § 158 Abs. 2 Satz 2 BewG sind bei einem Betrieb der Land- und Forstwirtschaft, der in Form einer Personengesellschaft oder Gemeinschaft geführt wird, in die wirtschaftliche Einheit auch die Wirtschaftsgüter einzubeziehen, die einem oder mehreren Beteiligten gehören, wenn sie dem Betrieb der Land- und Forstwirtschaft dauernd zu dienen bestimmt sind (vgl. auch A 1 Abs. 3 Ländererlass vom 01.04.2009). In diesen Fällen ist der Wert des land- und forstwirtschaftlichen Vermögens einheitlich zu ermitteln (§ 3 BewG). 1602

Diese land- und forstwirtschaftlich genutzten, als Betriebsgrundstücke zu behandelnden Flächen sind jedoch bei der Bedarfsbewertung **wie Betriebe der Land- und Forstwirtschaft zu bewerten**, da sie, losgelöst von ihrer Zugehörigkeit zum Gewerbebetrieb, zum land- und forstwirtschaftlichen Vermögen gehören würden (§ 99 Abs. 3 BewG). 1603

3.2.3 Gemischte Betriebe

Werden im Rahmen einer land- und forstwirtschaftlichen Tätigkeit nicht nur eigene Erzeugnisse veräußert, sondern auch **fremde zugekaufte Erzeugnisse** (ggf. nach entsprechender Verarbeitung) weiterveräußert, so liegt ein **gemischter Betrieb** vor. Vgl. hierzu R 15.5 Abs. 5 EStR. 1604

BEISPIEL

Eine Friedhofsgärtnerei verwendet für die Herstellung von Kränzen und den Verkauf von Blumen nicht nur eigenes, sondern auch zugekauftes Pflanzen- und Blumenmaterial.

Fremde Erzeugnisse in diesem Sinne sind nur solche für die Weiterveräußerung bestimmten Erzeugnisse (z.B. Getreide, Vieh, Blumen, Gemüse, Obst, Wein), nicht solche Gegenstände, die zur Weiterzucht im Rahmen des Erzeugungsprozesses im eigenen Betrieb verwendet werden (wie z.B. Saatgut, Zwiebeln, Knollen, Stecklinge, Jungpflanzen und Jungtiere sowie sonstige Halbfertigwaren; vgl. R 15.5 Abs. 1 und Abs. 5 Sätze 1 bis 3 EStR). 1605

Ein solcher Betrieb ist nur dann ein Betrieb der Land- und Forstwirtschaft, wenn fremde Erzeugnisse **nicht dauernd und nachhaltig** über den betriebsnotwendigen Umfang hinaus zugekauft werden – Steuerunschädlicher Zukauf – (BFH vom 02.02.1951 BStBl III 1951, 65, R 15.5 Abs. 5 Satz 4f. EStR). Danach kann ein dauernder und nachhaltiger Zukauf fremder Erzeugnisse wie folgt beurteilt werden: 1606

- Beträgt der Zukauf bis zu 30% des Umsatzes, so ist grundsätzlich ein Betrieb der Land- und Forstwirtschaft anzuerkennen (steuer**unschädlicher** Zukauf).
- Beträgt der Zukauf mehr als 30% des Umsatzes, so ist in der Regel ein Gewerbebetrieb anzunehmen (steuer**schädlicher** Zukauf).

1607 Nach R 15.5 Abs. 1 Satz 9 EStR ist als Umsatz die Summe der Betriebseinnahmen (ohne USt) zu verstehen.

BEISPIELE

Ein Stpfl. betreibt einen Gartenbaubetrieb (Gemüse-, Blumen- und Zierpflanzenanbau). Er setzt seine Erzeugnisse nur an Einzelhandelsgeschäfte und Supermärkte ab. Neben den eigenen Erzeugnissen beliefert er seine Abnehmer auch mit inländischen und ausländischen (importierten) Produkten anderer Erzeuger. Im Durchschnitt beträgt der Zukauf fremder Erzeugnisse (gemessen am Einkaufswert bzw. auf den Zukauf beruhender Umsatz).
a) 20% des Gesamtumsatzes
b) 35% des Gesamtumsatzes.

LÖSUNG Im Falle a) ist die gesamte Tätigkeit (Verkauf aus eigener Erzeugung und Weiterkauf zugekaufter Produkte) ein einheitlicher Betrieb der Land- und Forstwirtschaft und im Falle b) ein einheitlicher Gewerbebetrieb.

1608 Nach R 15.5 Abs. 5 Satz 5 EStR soll diese Vereinfachungsregelung nur Anwendung finden, wenn der Umsatzanteil, der auf die Veräußerung der Fremdanteile entfällt, nicht erkennbar überwiegt.

1609 Danach ist diese gemischte Tätigkeit entweder **insgesamt ein Betrieb der Land- und Forstwirtschaft** oder **insgesamt ein Gewerbebetrieb.** Ein einheitlicher Betrieb darf aber nur dann angenommen werden, wenn die Verbindung der beiden Tätigkeiten nicht nur zufällig und vorübergehend ist, sondern planmäßig im Interesse der Haupttätigkeit liegt. Der Umfang der Warenlieferungen aus einem Gewerbebetrieb des Steuerpflichtigen in den Bereich seiner land- und forstwirtschaftlichen Tätigkeit allein ist regelmäßig nicht ausreichend für die Annahme eines einheitlichen Gewerbebetriebs (BFH vom 19.05.1971 BStBl II 1972, 8).

1610–1620 frei

3.2.4 Absetzung der Erzeugnisse über eigenes Handels- oder Dienstleistungsgeschäft

1621 Es sind zu unterscheiden:

a) Veräußerung ausschließlich eigener Erzeugnisse aus Land- und Forstwirtschaft

1622 Die Veräußerung land- und forstwirtschaftlicher Erzeugnisse durch den Erzeuger stellt für sich allein keine gewerbliche Tätigkeit dar (dienender Bestandteil des Betriebs der Land- und Forstwirtschaft). Die Art der Absatzform (direkt vom Hof aus oder über ein eigenes Handelsgeschäft in Form eines Einzelhandelsbetriebs oder Großhandelsbetriebs oder in Verbindung mit Dienstleistungen) ist ohne Bedeutung. Die verschiedenen Absatzformen zählen noch zur Urproduktion. Hierbei handelt es sich nicht um einen Nebenbetrieb i. S. v. § 160 Abs. 3 BewG (s. 4.2.2.2).

BEISPIELE

a) Eine Gärtnerei veräußert ihre Blumen und Zierpflanzen, das Obst und Gemüse im eigenen Laden.
b) Ein Winzer bietet seine selbst hergestellten Weine in einem besonders eingerichteten Ladengeschäft an.

b) Veräußerung eigener und zugekaufter Erzeugnisse über ein eigenes Handelsgeschäft

Werden über ein solches Handelsgeschäft in beschränktem Umfang fremde zugekaufte Erzeugnisse umgesetzt, so ist dies für die Zugehörigkeit des Handelsgeschäfts zum Betrieb der Land- und Forstwirtschaft unschädlich (BFH vom 30.08.1960 BStBl III 1960, 460 und vom 26.11.1964 BStBl III 1965, 90). Vgl. hierzu im Einzelnen die Ausführungen in R 15.5 Abs. 6 EStR.

1623

Danach ist zu prüfen, ob Erzeugerbetrieb und Handelsbetrieb
- einen einheitlichen Betrieb der Land- und Forstwirtschaft oder
- einen einheitlichen Gewerbebetrieb oder
- zwei selbstständige Betriebe darstellen.

1624

c) Dienstleistungsgeschäfte und Ausschank selbsterzeugter Getränke
Vgl. hierzu die Regelungen in R 15.5 Abs. 7, 8 und 10 EStR.

1625

3.2.5 Tierhaltung und Tierzucht mit nicht ausreichend bewirtschafteten Flächen

Tierbestände gehören nur unter den Voraussetzungen des § 169 BewG zum land- und forstwirtschaftlichen Vermögen. Danach gehören die Tierbestände nur insoweit zum land- und forstwirtschaftlichen Vermögen, als die Viehwirtschaft im Wesentlichen auf der Grundlage einer **eigenen Futtererzeugung** betrieben werden kann (bezüglich der landwirtschaftlichen Nutzung s. 4.2.2.5).

1626

Wenn Tierbestände oder Zweige des Tierbestands danach nicht zum land- und forstwirtschaftlichen Vermögen gehören, vielmehr Betriebsvermögen sind, so gehören auch die mit ihnen in wirtschaftlichem Zusammenhang stehenden Gebäude und Gebäudeteile (sowie deren Grundflächen und Beiflächen) und die übrigen mit den Tierbeständen wirtschaftlich zusammenhängenden Wirtschaftsgüter, wie Futtermittel und andere Betriebsmittel sowie die damit im unmittelbaren wirtschaftlichen Zusammenhang stehenden Verbindlichkeiten, nicht zum land- und forstwirtschaftlichen Vermögen, sondern zum Betriebsvermögen (A 2 Abs. 4 Ländererlass vom 01.04.2009). Die land- und forstwirtschaftlich genutzten Flächen verbleiben jedoch im land- und forstwirtschaftlichen Vermögen (vgl. auch § 158 Abs. 4 Nr. 5 Satz 2 BewG).

1627

Vgl. hierzu auch R 13.2 EStR.

1628

3.2.6 Beherbergung von Fremden

Räumlichkeiten, die in einem Betrieb der Land- und Forstwirtschaft zur Beherbergung von Fremden bereitgehalten werden, zählen grundsätzlich nicht zum land- und forstwirtschaftlichen Vermögen (vgl. § 158 Abs. 1 Satz 2 BewG). R 15.5 Abs. 12 Satz 2 EStR sieht allerdings vor (Vereinfachungsregelung), dass derartige Räumlichkeiten erst dann nicht mehr zum land- und forstwirtschaftlichen Vermögen zu rechnen sind, wenn es sich um vier oder mehr Zimmer oder um sechs oder mehr Betten zur Beherbergung von Fremden handelt oder bei weniger als vier Zimmern oder weniger als sechs Betten außer dem Morgenfrühstück mindestens eine Hauptmahlzeit gewährt wird. Werden diese Grenzen überschritten, liegt insoweit eine gewerbliche Tätigkeit vor. Die für die Beherbergung von Fremden bereitgehaltenen Räumlichkeiten gehören dann als »Betriebsgrundstück« zum Betriebsvermögen oder zusammen mit weiteren Wohnungen oder anderen Räumen unter Umständen zum Grundvermögen.

1629

3.2.7 Verwendung von Wirtschaftsgütern außerhalb des Betriebs

1630 Wenn ein Land- und Forstwirt Wirtschaftsgüter (insbesondere stehende Betriebsmittel, z. B. Maschinen und Geräte) außerbetrieblich verwendet, die er eigens zu diesem Zwecke angeschafft hat, liegt ohne weiteres von Anfang an ein Gewerbebetrieb vor. Verwendet ein Land- und Forstwirt Wirtschaftsgüter auch außerhalb seines Betriebs, indem er sie Dritten entgeltlich überlässt oder mit ihnen für Dritte Dienstleistungen verrichtet, stellt diese Betätigung entweder eine land- und forstwirtschaftliche oder eine gewerbliche Tätigkeit dar. Nach R 15.5 Abs. 9 EStR ist dafür eine Typisierung vorgesehen. Vgl. hierzu die weiteren Ausführungen in R 15.5 Abs. 9 Satz 3 ff. EStR.

3.2.8 Energieerzeugung

1631 Bei der Erzeugung von Energie (z. B. durch Wind-, Solar- oder Wassertechnik) handelt es sich nicht um die planmäßige Nutzung der natürlichen Kräfte des Bodens i. S. v. § 158 Abs. 1 Satz 1 BewG, so dass in diesen Fällen regelmäßig eine gewerbliche Tätigkeit anzunehmen ist. Vgl. hierzu auch R 15.5 Abs. 11 EStR.

3.3 Abgrenzung gegenüber dem übrigen Vermögen

1632 Vgl. hierzu die Ausführungen zu 2.4.

1633–1640 frei

4 Gliederung sowie Umfang und Bestandteile des Betriebs der Land- und Forstwirtschaft

4.1 Allgemeines

1641 Nach § 160 Abs. 1 BewG umfasst ein Betrieb der Land- und Forstwirtschaft (A 5 Abs. 1 Ländererlass vom 01.04.2009)
1. den Wirtschaftsteil,
2. die Betriebswohnungen und
3. den Wohnteil.

1642 In vielen Fällen besteht der Betrieb der Land- und Forstwirtschaft aber nur aus dem Wirtschaftsteil, wenn Betriebwohnungen und ein Wohnteil nicht vorhanden sind. Für alle drei Teile sind getrennte Werte zu ermitteln (s. hierzu die Ausführungen zu 6 und 7). Wirtschaftsteil, Betriebswohnungen und Wohnteil können aber auch jeweils für sich einen Betrieb der Land- und Forstwirtschaft bilden (A 5 Abs. 7 Ländererlass vom 01.04.2009).

4.2 Wirtschaftsteil

1643 Von den Wirtschaftsgütern, die gemäß § 158 Abs. 1 Satz 2 und Abs. 3 BewG auf Grund ihrer Zweckbestimmung zum Betrieb der Land- und Forstwirtschaft gehören, zählen im Einzelnen:

1. Grund und Boden
Die Gesamtfläche des Wirtschaftsteils umfasst:

a) die landwirtschaftlich, forstwirtschaftlich, weinbaulich und gärtnerisch genutzten Flächen sowie die sonstigen Flächen (s. A 5 Abs. 2 Nr. 1 bis 5 Ländererlass vom 01.04.2009)
b) die Hof- und Wirtschaftsgebäudeflächen (A 5 Abs. 2 Nr. 6 Ländererlass vom 01.04.2009). Wirtschaftswege, Hecken, Gräben, Grenzraine und dergleichen sind in die Hof- und Wirtschaftsgebäudeflächen einzubeziehen. Vgl. auch die weiteren Ausführungen in A 5 Abs. 3 Ländererlass vom 01.04.2009.

Hierzu gehören alle Flächen, die nicht als Grundvermögen zu erfassen sind. **1644**

2. Wirtschaftsgebäude

Wirtschaftsgebäude sind Gebäude oder Gebäudeteile, die ausschließlich der unmittelbaren Bewirtschaftung des Betriebs und nicht zu Wohnzwecken dienen. Als Wirtschaftsgebäude kommen insbesondere Gebäude zur Unterbringung von Vieh, Vorräten, Maschinen und anderen Betriebsmitteln sowie Verkaufs-, Arbeits- und Sozialräume in Betracht. Auch Büroräume gehören dazu, wenn in ihnen ausschließlich die mit der Betriebsorganisation und Betriebsführung zusammenhängenden Arbeiten verrichtet werden. Vgl. auch A 5 Abs. 4 Ländererlass vom 01.04.2009. **1645**

Im Rahmen der Bedarfsbewertung des land- und forstwirtschaftlichen Vermögens zählen die Betriebswohnungen nicht zum Wirtschaftsteil und somit auch nicht zu den Wirtschaftsgebäuden (anders bei der Einheitsbewertung des land- und forstwirtschaftlichen Vermögens geregelt, vgl. Kapitel 2 Teil C 1.3.2.2.2). **1646**

3. Betriebsmittel

Zum Wirtschaftsteil gehören weiterhin die Betriebsmittel, und zwar die stehenden Betriebsmittel und ein normaler Bestand an umlaufenden Betriebsmitteln. **1647**

Stehende Betriebsmittel (Anlagegegenstände) sind solche, die dauernd dem Betrieb dienen, im Betrieb arbeiten, also dauernd bei der Hervorbringung der land- und forstwirtschaftlichen Erzeugnisse mitwirken sollen. Dazu gehören das **tote Inventar** (Ackergeräte, Maschinen, Betriebsvorrichtungen) und das **lebende Inventar** (Viehbestand, z. B. Zug- und Zuchttiere, Milchkühe, Legehennen). **1648**

Die stehenden Betriebsmittel zählen stets in vollem Umfang zum Betrieb der Land- und Forstwirtschaft. **1649**

Stehende Betriebsmittel gehören auch dann zum Betrieb der Land- und Forstwirtschaft, wenn sie teilweise im eigenen Betrieb und teilweise in einem anderen Betrieb der Land- und Forstwirtschaft verwendet werden. **1650**

Umlaufende Betriebsmittel (Umlaufvermögen) sind solche Gegenstände, die zum **Verbrauch** in der Land- und Forstwirtschaft oder zur **Veräußerung** bestimmt sind (z. B. landwirtschaftliche Erzeugnisse, Mastvieh, Dünger, Saatgut, Kraftfutter). Von den umlaufenden Betriebsmitteln gehört **nur der normale Bestand** zum Betrieb der Land- und Forstwirtschaft. Als normaler Bestand gilt ein solcher, der zur gesicherten Fortführung des Betriebs erforderlich ist (§ 170 BewG). Ein **Überbestand** rechnet nach § 158 Abs. 4 Nr. 4 BewG nicht zum land- und forstwirtschaftlichen, sondern zum übrigen Vermögen. Für die entsprechende Zuordnung ist allein die Zweckbestimmung entscheidend (vgl. RFH vom 21.06.1934 RStBl 1934, 919 und BFH vom 08.05.1964 BStBl III 1964, 447), die sich ändern kann (z. B. Vieh, das bisher zu den stehenden Betriebsmitteln zählte, wird auf Mast umgestellt; die Tiere rechnen nun zu den umlaufenden Betriebsmitteln). **1651**

Pensionsvieh gehört zu den Betriebsmitteln (i.d.R. zu den stehenden Betriebsmitteln). Es ist auf Grund der Eigentümerstellung und der objektiven Zweckbestimmung nicht dem **1652**

Pensionsbetrieb, sondern dem Betrieb des Inhabers zuzurechnen (A 5 Abs. 5 Ländererlass vom 01. 04. 2009).

4. Immaterielle Wirtschaftsgüter

1653 Zu den immateriellen Wirtschaftsgütern gehören insbesondere Lieferrechte und von staatlicher Seite gewährte Vorteile, die die die Voraussetzungen eines Wirtschaftsguts erfüllen (z. B. Brennrechte).

1654–1660 frei

4.2.1 Gliederung des Wirtschaftsteils

1661 Nach § 160 Abs. 2 BewG umfasst der Wirtschaftsteil eines Betriebs der Land- und Forstwirtschaft folgende Bereiche:
1. die land- und forstwirtschaftlichen Nutzungen
   a) die landwirtschaftliche Nutzung,
   b) die forstwirtschaftliche Nutzung,
   c) die weinbauliche Nutzung,
   d) die gärtnerische Nutzung und
   e) die übrigen land- und forstwirtschaftlichen Nutzungen.,
2. die Nebenbetriebe,
3. die folgenden nicht zu einer Nutzung nach Nummern 1 und 2 gehörenden Wirtschaftsgüter:
   a) Abbauland,
   b) Geringstland,
   c) Unland.

4.2.2 Begriff und Umfang der einzelnen Bereiche des Wirtschaftsteils

1662 Der verwendete Begriff »**Land- und Forstwirtschaft**« dient insbesondere als **Sammelbezeichnung** für die in § 160 Abs. 2 BewG (sowie auch in § 34 Abs. 2 BewG und anderen Steuergesetzen) aufgeführten Nutzungen und Bereiche des land- und forstwirtschaftlichen Vermögens.

4.2.2.1 Begriff und Abgrenzung der land- und forstwirtschaftlichen Nutzungen

a) Landwirtschaftliche Nutzung

1663 Darunter versteht man die planmäßige Bewirtschaftung der Bodenfläche zur Gewinnung von organischen (d. h. pflanzlichen und tierischen) Erzeugnissen sowie deren unmittelbare Verwertung in der Landwirtschaft. Zur landwirtschaftlichen Nutzung gehören alle Wirtschaftsgüter, die der Pflanzen- und Tierproduktion dienen. Man unterscheidet hierbei die Nutzungsarten (Betriebsformen) Ackerbau, Futterbau und Tierhaltung nach Maßgabe des § 169 BewG. Auch die Betriebsformen Pflanzenbau-Verbund, Vieh-Verbund sowie Pflanzen- und Viehverbund sind als landwirtschaftliche Nutzung einzustufen. Vgl. hierzu auch die Ausführungen in A 6 Ländererlass vom 01. 04. 2009.

1664 Zur Abgrenzung der Tierbestände der landwirtschaftlichen Nutzung zur gewerblichen Nutzung siehe 4.2.2.5.

b) Forstwirtschaftliche Nutzung

Darunter ist die planmäßige auf den Anbau und den Absatz von Holz gerichtete Tätigkeit zu verstehen. Zu dieser Nutzung gehören alle Wirtschaftsgüter, die der Erzeugung und Gewinnung von Rohholz dienen. Vgl. hierzu die Ausführungen in A 7 Ländererlass vom 01.04.2009.

c) Weinbauliche Nutzung

Darunter sind der Anbau der Weinrebe, das Keltern der Trauben und der Ausbau (d. h. die Herstellung) des Weines zum Verkauf zu verstehen. Zu dieser Nutzung gehören alle Wirtschaftsgüter, die der Erzeugung von Trauben sowie der Gewinnung von Maische, Most und Wein dienen. Vgl. hierzu die Ausführungen in A 8 Ländererlass vom 01.04.2009.

d) Gärtnerische Nutzung

Darunter ist insbesondere der Anbau von Obst, Gemüse und Blumen sowie Zierpflanzen in meist intensiver Bearbeitung des Bodens zu verstehen. Zu dieser Nutzung gehören alle Wirtschaftsgüter, die dem Anbau von Gemüse, Blumen- und Zierpflanzen, Obst sowie Baumschulerzeugnissen dienen. Die gärtnerische Nutzung gliedert sich in die Nutzungsteile

- Gemüsebau,
- Blumen- und Zierpflanzenbau,
- Obstbau und
- Baumschulden.

Vgl. hierzu die Ausführungen in A 9 bis 12 Ländererlass vom 01.04.2009.

e) Übrige land- und forstwirtschaftliche Nutzungen

Hierbei handelt es sich um einen **Sammelbegriff** für alle land- und forstwirtschaftlichen Nutzungen, die nicht unter die eigentlichen Nutzungen im Sinne von Buchstaben a) bis d) fallen. Nach § 175 Abs. 1 BewG gehören zu den übrigen land- und forstwirtschaftlichen Nutzungen:

- die **Sondernutzungen** Hopfen, Spargel, Tabak und andere Sonderkulturen (§ 160 Abs. 2 Satz 2 BewG); vgl. hierzu die Ausführungen in A 13 Abs. 2 Ländererlass vom 01.04.2009;
- die **sonstigen land- und forstwirtschaftlichen Nutzungen**; nach § 175 Abs. 2 BewG (A 13 Abs. 3 Ländererlass vom 01.04.2009) gehören dazu
  - die Binnenfischerei,
  - die Teichwirtschaft,
  - die Fischzucht für Binnenfischerei und Teichwirtschaft,
  - die Imkerei,
  - die Wanderschäferei,
  - die Saatzucht,
  - der Pilzanbau,
  - die Produktion von Nützlingen,
  - die Weihnachtsbaumkulturen und
  - die Besamungsstationen.

Vgl. zu den einzelnen sonstigen land- und forstwirtschaftlichen Nutzungen die näheren Ausführungen in A 14 bis 21 Ländererlass vom 01.04.2009.

1671–1680 frei

4.2.2.2 Begriff und Abgrenzung der Nebenbetriebe

1681 Nach § 160 Abs. 3 BewG sind Nebenbetriebe Betriebe, die dem Hauptbetrieb zu dienen bestimmt sind und nicht einen selbstständigen Gewerbebetrieb darstellen. Diese Definition entspricht inhaltlich der des Einkommensteuer-Rechts (A 22 Ländererlass vom 01.04.2009 und R 15.5 Abs. 3 EStR).

1682 Ein Nebenbetrieb der Land- und Forstwirtschaft (als **Verarbeitungsbetrieb**) liegt danach vor, wenn

1. überwiegend im eigenen Hauptbetrieb erzeugte Rohstoffe be- und verarbeitet werden und die dabei gewonnenen Erzeugnisse überwiegend für den Verkauf bestimmt sind (z. B. Kränze und Blumengebinde in einer Gärtnerei)

oder

2. ein Land- und Forstwirt Umsätze aus der Übernahme von Rohstoffen (z. B. organische Abfälle) erzielt, diese be- oder verarbeitet und die dabei gewonnenen Erzeugnisse nahezu ausschließlich im eigenen Betrieb der Land- und Forstwirtschaft verwendet

und

die Erzeugnisse im Rahmen einer ersten Stufe der Be- oder Verarbeitung, die noch dem land- und forstwirtschaftlichen Bereich zuzuordnen ist, hergestellt werden.

1683 Nebenbetriebe sind auch **Substanzbetriebe** (z. B. Abbauland in Form von Sandgruben, Kiesgruben, Torfstiche; vgl. 4.2.2.3), wenn die gewonnene Substanz überwiegend im eigenen Betrieb der Land- und Forstwirtschaft verwendet wird (R 15.5 Abs. 3 Satz 4 EStR).

1684 Der **Absatz von Eigenerzeugnissen** über einen eigenständigen Einzel- oder Großhandel, die Ausführung von Dienstleistungen und die Ausführung von besonderen Leistungen sind keine Nebenbetrieb (R 15.5 Abs. 3 Satz 5 EStR, vgl. auch 3.2.3.1 zu a).

4.2.2.3 Begriff und Abgrenzung des Abbaulands, Geringstlands und Unlands

1685 Zum **Abbauland** gehören die Betriebsflächen, die durch Abbau der Bodensubstanz überwiegend für den Betrieb der Land- und Forstwirtschaft nutzbar gemacht werden (Sand-, Kies-, Lehmgruben, Steinbrüche, Torfstiche und dergleichen, § 160 Abs. 4 BewG). Stillgelegte Kiesgruben und Steinbrüche eines Betriebs der Land- und Forstwirtschaft, die weder kulturfähig sind noch bei geordneter Wirtschaftsweise Ertrag abwerfen können, gehören zum Unland und nicht zum Abbauland (A 23 Satz 2 Ländererlass vom 01.04.2009).

1686 Zum **Geringstland** gehören die Betriebsflächen geringster Ertragsfähigkeit, für die nach dem Bodenschätzungsgesetz vom 20.12.2007 keine Wertzahlen festzustellen sind (§ 160 Abs. 5 BewG). Hierbei handelt es sich um unkultivierte, jedoch kultuvierfähige Flächen, deren Ertragskraft so gering ist, dass sie in ihrem derzeitigen Zustand nicht regelmäßig land- und forstwirtschaftlich genutzt werden können. Dazu gehören insbesondere unkultivierte Moor- und Heideflächen sowie ehemals bodengeschätzte Flächen und die ehemaligen Weinbauflächen, deren Nutzungsart sich durch Verlust des Kulturzustands verändert hat. Vgl. hierzu die Ausführungen in A 24 Ländererlass vom 01.04.2009 und die dort aufgeführten Fälle.

1687 Zum **Unland** gehören die Betriebsflächen, die auch bei geordneter Wirtschaftsweise keinen Ertrag abwerfen können (§ 160 Abs. 6 BewG).

4.2.2.4 Sonderfall: Stückländereien

1688 Einen Betrieb der Land- und Forstwirtschaft bilden auch so genannte Stückländereien, die als gesonderte wirtschaftliche Einheit zu bewerten sind (§ 160 Abs. 7 Satz 1 BewG). Das sind einzelne land- und forstwirtschaftlich genutzte **Flächen**, bei denen die Wirtschaftsgebäude oder die Betriebsmittel oder beide Arten von Wirtschaftsgütern entweder nicht dem Eigentümer des Grund und Bodens gehören oder überhaupt nicht vorhanden sind (§ 160 Abs. 7 Satz 2 BewG). Um Stückländereien handelt es sich regelmäßig nur bei verpachteten Flächen. Voraussetzung ist außerdem, dass diese Flächen am Bewertungsstichtag für mindestens 15 Jahre einem anderen Betrieb der Land- und Forstwirtschaft zu dienen bestimmt sind (s. auch A 5 Abs. 6 Ländererlass vom 01. 04. 2009). Mehrere Stückländereien in der Hand eines Eigentümers können zu einer wirtschaftlichen Einheit zusammengefasst werden (A 5 Abs. 6 Satz 6 Ländererlass vom 01. 04. 2009). Vgl. hierzu auch 2.2 am Schluss und das dort aufgeführte Beispiel.

Der **Wert** des Wirtschaftsteils eines Betriebs der Land- und Forstwirtschaft »Stückländereien« wird nach § 162 Abs. 2 BewG mit dem **Mindestwert** gemäß § 164 BewG ermittelt (A 28 Abs. 2 und A 30 Abs. 9 Ländererlass vom 01. 04. 2009). Siehe hierzu die Ausführungen in 6.3.6.

1689

4.2.2.5 Abgrenzungen der Tierbestände der landwirtschaftlichen Nutzung von der gewerblichen Nutzung

Nicht jeder Umfang an Tierbeständen gehört zur landwirtschaftlichen Nutzung. Die **Abgrenzung** der Tierzucht und Tierhaltung muss in aller Regel nur zwischen der landwirtschaftlichen Nutzung (Landwirtschaft) und der gewerblichen Nutzung (Gewerbebetrieb) vorgenommen werden, in Ausnahmefällen auch gegenüber dem übrigen Vermögen (z.B. bei einer Vollblutzucht als Liebhabereibetrieb). Da diese Abgrenzung nicht allein nach den Grundsätzen der Verkehrsauffassung möglich war, wurde hierfür in § 169 BewG eine besondere Abgrenzungsregelung getroffen. Diese Vorschrift stimmt mit der Regelung des § 51 BewG zur Einheitsbewertung und zum Teil auch mit § 13 Abs. 1 Nr. 1 EStG für die Einkommensteuer überein und wurde in § 24 Abs. 2 Nr. 2 UStG auch für die Umsatzsteuer übernommen.

1690

Grundgedanke dieser Vorschrift ist, dass eine Tierzucht oder Tierhaltung nur dann zur Landwirtschaft gehört, wenn sie im Zusammenhang mit der **Bodenbewirtschaftung** und einer eigenen **Futtergrundlage** betrieben wird oder betrieben werden könnte. Ausgangspunkt für die Abgrenzung ist demnach der **Futterbedarf für eine Vieheinheit** sowie die Größe der landwirtschaftlich genutzten Fläche. Untersuchungen haben ergeben, dass der jährliche Futterbedarf für eine Vieheinheit etwa 20 Doppelzentner Getreide beträgt und dass demnach ungefähr zwei Vieheinheiten aus der Futterproduktion von 1 ha landwirtschaftlicher Nutzfläche erzeugt oder gehalten werden können. Weiterhin ist ermittelt worden, dass sich die Futterproduktion und somit der mögliche Tierbestand mit abnehmender Betriebsgröße steigert. Entsprechend sind auch die Abgrenzungsgrößen in § 169 BewG festgelegt worden.

1691

Für die **Abgrenzung der landwirtschaftlichen** von der übrigen (insbesondere gewerblichen) **Tierzucht und Tierhaltung** sind nach § 169 BewG **folgende Ermittlungen und Beurteilungen** erforderlich (vgl. auch A 6 Abs. 3 Satz 3 Ländererlass vom 01. 04. 2009):

1692

a) Zunächst sind die nachhaltig erzeugten und gehaltenen **Tierbestände zu ermitteln**. Dabei ist nicht von den Verhältnissen eines bestimmten Stichtags oder eines einzigen Wirtschaftsjahres, sondern von der regelmäßigen (nachhaltigen) Erzeugung oder Haltung während mehrerer Wirtschaftsjahre auszugehen (BFH vom 04. 02. 1976 BStBl II 1976, 423). Außerdem muss bedacht werden, dass z.B. Mastschweine etwa zweimal und Jungmasthühner etwa fünfmal innerhalb eines Wirtschaftsjahres umgeschlagen werden können.

1693

1694 b) **Danach** sind die maßgebenden Tierbestände getrennt für jede vorhandene Tierart entsprechend dem unterschiedlichen Futterbedarf in **Vieheinheiten (VE) umzurechnen** (§ 169 Abs. 1 BewG). Die Umrechnung erfolgt nach dem Umrechnungsschlüssel der Anlage 19 des BewG (§ 169 Abs. 5 Satz 1 BewG), der bei geänderten wirtschaftlichen und technischen Entwicklungen durch Rechts-VO angepasst werden kann (§ 169 Abs. 5 Satz 2 BewG). Die Werte des Umrechnungsschlüssels gelten für die Erzeugung eines Tieres (z. B. eines Mastschweines oder eines Jungmasthuhnes) bzw. für die 12 monatige Haltung eines Tieres (z. B. einer Milchkuh oder eines Zuchtschweines).

1695 c) **Anschließend** ist die **Zahl der VE mit der Größe der regelmäßig landwirtschaftlich genutzten Fläche zu vergleichen.** Dabei sind sowohl die eigenen als auch die zugepachteten Flächen zu berücksichtigen, soweit sie vom Betriebsinhaber selbst bewirtschaftet werden (§ 169 Abs. 1 Satz 1 BewG). Ob auf dieser Fläche auch tatsächlich das für die Tiererzeugung und Tierhaltung benötigte Futter erzeugt wird, ist nicht Voraussetzung. Es genügt die Fiktion, dass dies möglich wäre. Wie landwirtschaftlich genutzte Flächen sind die Flächen der landwirtschaftlichen Sonderkulturen zu behandeln (vgl. A 2.20 Abs. 2 Nr. 1 BewR L). Obstbaulich genutzte Flächen, die so angelegt sind, dass eine regelmäßige landwirtschaftliche Unternutzung stattfindet, sind hierbei ebenfalls wie landwirtschaftliche Flächen zu behandeln, jedoch nur mit der Hälfte anzusetzen. Alle anderen Flächen scheiden dagegen aus.

1696 d) Werden die in § 169 Abs. 1 BewG festgelegten **Grenzen** nicht überschritten, gehört der gesamte Tierbestand zur Landwirtschaft. Übersteigt die Zahl der VE diese Höchstgrenze, so gehört der darüber hinausgehende Tierbestand zur gewerblichen Tierzucht und Tierhaltung. Die jeweilige Zurechnung kann für einen **Zweig des Tierbestandes** aber nur einheitlich getroffen werden (§ 169 Abs. 2 Sätze 1 und 4 BewG). Dabei muss noch zwischen mehr oder weniger flächenabhängigen Zweigen des Tierbestandes unterschieden werden. Zur Landwirtschaft sind zunächst die mehr flächenabhängigen Zweige des Tierbestands zu rechnen. Außerdem ist eine bestimmte Reihenfolge einzuhalten. Vgl. hierzu § 169 Abs. 2 und 3 BewG i. V. mit Anlage 20 zum BewG.

1697 e) **Pelztiere** gehören nur dann zur landwirtschaftlichen Nutzung, wenn die erforderlichen Futtermittel überwiegend aus den vom Inhaber des Betriebs landwirtschaftlich genutzten Flächen gewonnen werden. Für sie gelten die Vorschriften des § 169 Abs. 1 bis 3 BewG nicht (§ 169 Abs. 4 BewG).

BEISPIEL

Der Landwirt L bewirtschaftete am Bewertungsstichtag (z. B. Todestag) folgende Flächen:
landwirtschaftliche Fläche:

Eigentum	18 ha
Zupacht	5 ha
eigene Spargelfläche	2 ha
eigene Weinbaufläche	1 ha

In dem Betrieb werden nachhaltig im Durchschnitt folgende Tierbestände erzeugt bzw. gehalten:
100 Kühe
120 Masttiere (Mastdauer weniger als ein Jahr)
100 Kälber (unter 1 Jahr)
2500 Legehennen.
Welche Tierbestände gehören zur landwirtschaftlichen Nutzung des Betriebs?
LÖSUNG Diese Tierbestände ergeben nach § 169 Abs. 1 BewG folgende Vieheinheiten:

100 Kühe × 1,00 VE =	100 VE
100 Kälber × 0,30 VE =	30 VE

120 Masttiere × 1,00 VE =	120 VE
2500 Legehennen × 0,02 VE =	50 VE
Tatsächlicher Tierbestand des Betriebs in VE	300 VE

Maßgebende Fläche für die Abgrenzung ist die eigene und zugepachtete landwirtschaftliche Fläche (einschließlich Spargelfläche) mit 25 ha. Danach beträgt die Höchstgrenze nach § 169 Abs. 1 Satz 1 BewG:

20 ha × 10 VE =	200 VE
5 ha × 7 VE =	35 VE
	235 VE

Einzelne Zweige des Tierbestandes sind daher aus der Landwirtschaft auszuscheiden. Nach § 169 Abs. 2 und 3 BewG sind dies:

a) Zunächst der zu den weniger flächenabhängigen Tierzweigen rechnende Tierzweig »Legehennen« mit 50 VE.

b) Von den danach noch verbleibenden (300 VE ./. 50 VE) = 250 VE ist der Tierzweig »Masttiere« mit 120 VE
ebenfalls auszuscheiden.

c) Der verbleibende Tierbestand von (300 VE ./. 50 VE ./. 120 VE) = 130 VE ist zur landwirtschaftlichen Nutzung zu rechnen.

Die Tierbestände der Zweige »Legehennen« mit 50 VE und »Masttiere« mit 120 VE (zusammen 170 VE) sind zur gewerblichen Nutzung (Gewerbebetrieb) zu rechnen. Vgl. auch BFH vom 12. 08. 1982 BStBl II 1983, 36.

Gemeinschaftliche Tierhaltungen sind nach § 51 a BewG i. V. m. § 13 Abs. 1 Nr. 1 Satz 5 EStG der Land- und Forstwirtschaft zuzuordnen und damit land- und forstwirtschaftliches Vermögen im Sinne der §§ 158 ff. BewG. Die Tierzucht ist der landwirtschaftlichen Nutzung i.S. des § 160 Abs. 2 Satz 1 Nr. 1 Buchstabe a BewG und der Nutzungsart Veredlung im Sinne der Anlage 14 zum BewG zuzuordnen. Vgl. A 6 Abs. 4 Ländererlass vom 01. 04. 2009. Zur Mindestbewertung vgl. A 30 Abs. 10 Ländererlass vom 01. 04. 2009 und 6.3.7.   **1698**

4.3 Betriebswohnungen

Betriebswohnungen sind Wohnungen, die einem Betrieb der Land- und Forstwirtschaft zu dienen bestimmt, aber nicht dem Wohnteil zuzurechnen sind (§ 160 Abs. 8 BewG).   **1699**

Hierbei handelt es sich um Gebäude oder Gebäudeteile des Betriebs, die dessen **Arbeitnehmern** und deren Famlienangehörigen zu **Wohnzwecken** zur Verfügung gestellt werden. Eine ganzjährige Mitarbeit des Wohnungsinhabers oder seiner Familienangehörigen ist nicht erforderlich. Es genügt, dass der jeweilige Arbeitnehmer vertraglich dazu verpflichtet ist, wenigstens 100 Arbeitstage oder 800 Arbeitsstunden im Jahr im Betrieb mitzuarbeiten. Vgl. auch A 25 Abs. 1 Ländererlass vom 01. 04. 2009.   **1700**

Die **anteilig** auf die Betriebswohnungen entfallenden **Flächen des Grund und Bodens** gehören ebenfalls dazu. Dazu zählen neben der bebauten Fläche auch die vom Betrieb im Rahmen der Wohnungsüberlassung zur Verfügung gestellten übrigen Flächen, z. B. Stellplätze und Gärten (A 25 Abs. 2 Ländererlass vom 01. 04. 2009).   **1701**

Die **Bewertung** der Betriebswohnungen ist in 7 dargestellt.   **1702**

1703–1720 frei

4.4 Wohnteil

1721 Der Wohnteil eines Betriebs der Land- und Forstwirtschaft umfasst die Gebäude und Gebäudeteile,
- dem **Inhaber des Betriebs**,
- den zu seinem Haushalt gehörenden **Famlienangehörigen** und
- den **Altenteilern**

zu **Wohnzwecken** dienen (§ 160 Abs. 9 BewG, A 26 Abs. 1 Ländererlass vom 01. 04. 2009). Werden dem Hauspersonal (z. B. Küchenhilfe) nur einzelne zu Wohnzwecken dienende Räume überlassen, rechnen diese zum Wohnteil und nicht zu den Betriebswohnungen des Betriebs der Land- und Forstwirtschaft.

1722 Für die Zurechnung einer Wohnung eines Inhabers eines Betriebs der Land- und Forstwirtschaft kommt es auch darauf an, ob es sich um
- die Wohnung des Inhabers eines **größeren Betriebs** oder
- die Wohnung des Inhabers eines **Kleinbetriebs** oder
- die Wohnung des Inhabers einer sogenannten **landwirtschaftlichen Nebenerwerbstelle**

handelt. Vgl. hierzu die näheren Ausführungen und Abgrenzungsregelungen in A 26 Abs. 2 bis 4 Ländererlass vom 01. 04. 2009.

1723 Die Wohnung des Betriebsinhabers muss sich nicht in unmittelbarer Nachbarschaft oder auf dem Hauptgrundstück eines mehrere Grundstücke umfassenden Betriebs der Land- und Forstwirtschaft befinden. Entscheidend ist, dass die **Lage der Wohnung** dem Betriebsinhaber ermöglicht, soweit erforderlich im Betrieb anwesend zu sein und in den Betriebsablauf eingreifen. Vgl. A 26 Abs. 5 Ländererlass vom 01. 04. 2009.

1724 Die **anteilig** auf den Wohnteil entfallenden **Flächen des Grund und Bodens** gehören ebenfalls dazu. Dazu zählen neben der bebauten Fläche auch die übrigen Flächen, z.B. Stellplätze und Gärten. Vgl. hierzu auch die weiteren Ausführungen in A 26 Abs. 6 Ländererlass vom 01. 04. 2009.

1725 Zur Behandlung von **Verpächterwohnungen** und **Altenteilerwohnungen** vgl. A 26 Abs. 7 und 8 Ländererlass vom 01. 04. 2009.

1726 Die **Bewertung** des Wohnteils ist in 7 dargestellt.

5 Bewertungsstichtag

1727 Nach § 161 Abs. 1 BewG sind für die **Größe** des Betriebs, für den Umfang und den Zustand der **Gebäude** sowie für die **stehenden Betriebsmittel** die Verhältnisse vom Bewertungsstichtag maßgebend. Hierbei sind insbesondere die tatsächlichen Verhältnisse gemeint. Die wertmäßigen Verhältnisse schlagen sich in dem jeweils anzuwendenden Bewertungsverfahren der §§ 162 bis 167 BewG nieder. Bewertungsstichtag ist gemäß § 11 i. V. m. § 9 sowie § 12 Abs. 3 ErbStG der Zeitpunkt der Entstehung der Erbschaft- und Schenkungsteuer (bei der Erbschaftsteuer i.d.R. der Todestag des Erblassers und bei der Schenkungsteuer der Tag der Zuwendung an den Erwerber). Dieser Bewertungsstichtag ist gleichzeitig der Feststellungszeitpunkt für die gesonderte Feststellung des Bedarfswerts eines Betriebs der Land- und Forstwirtschaft (§ 151 Abs. 1 Satz Nr. 1 und § 157 Abs. 1 BewG, A 27 Satz 2 Ländererlass vom 01. 04. 2009).

1728 Eine Ausnahme besteht für die **umlaufenden Betriebsmittel**. Dafür ist nach § 161 Abs. 2 BewG der Stand am Ende des Wirtschaftsjahres maßgebend, das dem Bewertungsstichtag vorangegangen ist (Vereinfachungsregelung). Das Wirtschaftsjahr bestimmt sich nach § 4 a EStG i. V. m. § 8 c EStDV. Zu diesem Zeitpunkt sind in der Regel nur solche umlaufende Betriebsmittel vorhanden, die zur ordnungsgemäßen Bewirtschaftung benötigt werden. Dies erleichtert die Ermittlung der umlaufenden Betriebsmittel und die Abgrenzung der Überbestände.

1729–1740
frei

6 Bewertung des Wirtschaftsteils

6.1 Bewertungsmaßstab und Wertermittlungsverfahren für den Wirtschaftsteil

Anders wie seit 1964 bei der Einheitswertung und vor 2009 bei der Bedarfsbewertung für Zwecke der Erbschaft- und Schenkungsteuer wird ab 01. 01. 2009 bei der Ermittlung des Grundbesitzwerts für den **Wirtschaftswert** des Betriebs der Land- und Forstwirtschaft nicht ein Ertragswert (vgl. hierzu die Regelungen in den §§ 36 und 142 BewG) der Bewertung zu Grunde gelegt, sondern nach § 162 Abs. 1 Satz 1 BewG der **gemeine Wert**, der grundsätzlich nach § 163 BewG zu ermitteln ist und nicht nach § 9 BewG. Dabei ist davon auszugehen, dass der Erwerber (Erbe oder Beschenkte) den erworbenen Betrieb der Land- und Forstwirtschaft fortführt (§ 162 Abs. 1 Satz 2 BewG), d. h. es ist ein gemeiner Wert aus der Sicht eines Erwerbers gemeint. Hierbei handelt es sich um einen sog. **Fortführungswert** (§ 165 BewG, A 28 Abs. 1 Satz 1 Ländererlass vom 01. 04. 2009). Der Fortführungswert ist der Wert, der den einzelnen Nutzungen, Nebenbetrieben und übrigen Wirtschaftsgütern in einem Betrieb der Land- und Forstwirtschaft unter objektiven ökonomischen Bedingungen im Rahmen einer Betriebsfortführung unter Zugrundelegung eines kapitalisierten nachhaltig erzielbaren Reingewinns (§ 163 BewG) und unter Beachtung eines Mindestwerts (§ 164 BewG) beizumessen ist (A 28 Abs. 1 Satz 2 Ländererlass vom 01. 04. 2009).

1741

Auch für Betriebe der Land- und Forstwirtschaft muss der Wert des Betriebs eigentlich im Ganzen ermittelt werden. Allerdings handelt es sich dabei nicht um die klassische Bewertung im Ganzen, da die Wirtschaftswerte für die einzelnen Nutzungen und bestimmte Wirtschaftsgüter jeweils separat zu ermitteln sind (§ 163 Abs. 3 bis 12 BewG). Da das land- und forstwirtschaftliche Vermögen – anders als die übrigen Vermögensarten – jedoch durch mehrere Besonderheiten gekennzeichnet ist, die für die Frage der notwendigen realitätsgerechten Wertermittlung eines fortzuführenden Betriebs der Land- und Forstwirtschaft von herausragender Bedeutung sind, müssen diese für die Anwendung der Bewertungsmethoden (Bewertungsverfahren) zur Ermittlung des gemeinen Werts berücksichtigt werden. Dies wird besonders dadurch deutlich,

1742

- dass Betriebe der Land- und Forstwirtschaft nur in wenigen Fällen im Ganzen veräußert werden (ein Marktwert eines ganzen Betriebs kann daher regelmäßig nicht aus Verkaufsfällen oder Statistiken bestimmt werden) und
- dass land- und forstwirtschaftlich genutzte Flächen typischerweise nicht verkauft, sondern überwiegend verpachtet werden. Hierdurch wird der Grundstücksmarkt für land- und forstwirtschaftliche Flächen so stark eingeschränkt, dass von einem funktionierenden Markt kaum gesprochen werden kann. Die erzielten Preise gehen auf seltene Einzelveräußerungen zurück, die nicht zwingend den tatsächlichen Flächenpreis bilden.

1743 Die in den §§ 163 bis 166 BewG festgelegten Bewertungsregeln zur **Ermittlung des Wirtschaftswerts** sehen **typisierende Verfahren** (Methoden) vor, die sich am gemeinen Wert unter Berücksichtigung der Betriebsfortführung orientieren (**modifizierter Verkehrswert** als Gebrauchswert, der sich an den zivilrechtlichen Erbfolgeregelungen orientiert). Dabei wird grundsätzlich von einem nachhaltig erzielbaren **Reingewinn** (Reinertrag) ausgegangen, der nach Maßgabe des § 163 BewG zu ermitteln und zu **kapitalisieren** ist. Die Bewertung des Wirtschaftsteils erfolgt danach durch ein Ertragswertverfahren nach betriebswirtschaftlichen Grundsätzen, bei dem abweichende Besonderheiten zu berücksichtigen sind. Durch dieses **typisierende Ertragswertverfahren** wird die objektive Ertragsfähigkeit von Betrieben der Land- und Forstwirtschaft unter Berücksichtigung der Betriebsfortführung berücksichtigt. Außerdem ist jeweils ein **Mindestwert** zu beachten, der sich aus dem Wert des Grund und Bodens und dem Wert der übrigen Wirtschaftsgüter zusammensetzt und der nach Maßgabe des § 164 Abs. 2 bis 7 BewG zu ermitteln ist.

1744 Des Weiteren sieht § 162 Abs. 2 und 3 i. V. m. § 166 BewG im Fall der Veräußerung eines Betriebs der Land- und Forstwirtschaft oder eines Anteils an einem als Personengesellschaft geführten Betriebs der Land- und Forstwirtschaft oder des Wegfalls der land- und forstwirtschaftlichen Zweckbestimmung innerhalb eines Zeitraums von 15 Jahren einen sog. **Nachbewertungsvorbehalt** (Ansatz eines **Liquidationswerts**) vor (A 29 Abs. 3 und 4 Ländererlass vom 01. 04. 2009). Dieser Liquidationswert orientiert sich in zeitlicher Hinsicht an der Frist des § 17 des Grundstücksverkehrsgesetzes (BGBl I 1961, 1091, 1652, 2000, zuletzt geändert durch Gesetz vom 17. 12. 2008 BGBl I 2008, 2586) und gleicht auch in sachlicher Hinsicht den bewertungsrechtlichen Regelungen des Grundstücksverkehrsgesetzes, weil zur Ermittlung des Liquidationswerts nicht der tatsächliche Veräußerungserlös herangezogen wird, sondern der gemeine Wert rückwirkend am Bewertungsstichtag zu Grunde zu legen ist. Verbunden mit diesem Nachbewertungsvorbehalt sehen § 162 Abs. 3 Satz 2 und Abs. 4 Satz 2 BewG **Reinvestitionsklauseln** vor, die unter bestimmten Voraussetzungen den Ansatz eines Liquidationswerts nicht zur Auswirkung kommen lassen (A 28 Abs. 3 und 5 Ländererlass vom 01. 04. 2009).

1745 Die **Bewertung der Betriebswohnungen und des Wohnteils** erfolgt aber separat nach den Bewertungsvorschriften des Grundvermögens (§ 167 BewG, s. Ausführungen zu 7).

1746 Zur **Ermittlung des gemeinen Werts des Wirtschaftsteils** (Wirtschaftswert bzw. Wert der einzelnen Wirtschaftsgüter) sind **folgende Bewertungsverfahren** (Bewertungsmethoden) gesetzlich festgelegt worden (**Überblick**):

Bewertungsverfahren:	Regelung in …	Grundsätze des Bewertungsverfahrens:
Reingewinnverfahren (auch als Regelertragswertverfahren bezeichnet)	§ 163 BewG	1. Getrennte **Ermittlung des** nachhaltig erzielbaren **Reingewinns** für die jeweilige Nutzung bzw. Ansatz eines pauschalen Reingewinns. 2. **Kapitalisierung** des Reingewinns mit dem Faktor 18,6. 3. **Multiplikation** dieses Ergebnisses **mit** der **Fläche** der jeweiligen Nutzung oder des Geringstlandes.

Mindestwertverfahren	§ 164 BewG	1. **Getrennte Wertermittlung** für Grund und Boden und die übrigen Wirtschaftsgüter. 2. Als Wert für den **Grund und Boden** (§ 158 Abs. 3 Satz 1 Nr. 1 BewG): Ermittlung eines **Pachtpreises** pro ha abhängig von der Nutzung, dem Nutzungsteil und der Nutzungsart des Grund und Bodens und **Kapitalisierung** mit dem Faktor 18,6. 3. Als Wert für die **übrigen Wirtschaftsgüter (Besatzkapital,** § 158 Abs. 3 Satz 1 Nr. 2 bis 5 BewG): Dafür **Ansatz eines Werts** in EUR/ha nach Spalte 6 der Anlagen 14, 15 bzw. 15a und 17 sowie Spalte 5 der Anlagen 16 und 18 BewG und **Multiplikation** dieses ha-Werts mit der selbstbewirtschafteten Fläche und Kapitalsierung dieses Ergebnisses mit dem Faktor 18,6. 4. Zusammenrechnung der kapitalisierten Werte von Nr. 2 und Nr. 3 und Abzug der mit dem Grund und Boden und den übrigen Wirtschaftsgüter wirtschaftlich zusammenhängen Verbindlichkeiten. 5. Ergebnis: **Mindestwert**.
Vergleich der Summe der kapitalisierten **Reinertragswerte** mit dem **Mindestwert**	§ 165 Abs. 1 und 2 BewG	Ansatz des höheren der beiden Werte als sog. **Fortführungswert**.
Öffnungsklausel für Nachweis eines niedrigeren gemeinen Werts	§ 165 Abs. 3 BewG	Evtl. Ansatz eines nachgewiesenen **niedrigeren gemeinen Werts**.

Liquidationswertverfahren	§ 166 Abs. 1 i. V. m. § 162 Abs. 3 Satz 1 und Abs. 4 Satz 1 BewG	**Nachbewertungsvorbehalt:** Bei **Veräußerung eines Betriebs** der Land- und Forstwirtschaft oder eines **Anteils** an einem als Personengesellschaft geführten Betriebs der Land- und Forstwirtschaft **innerhalb von 15 Jahren** (§ 162 Abs. 3 Satz 1 BewG) **oder** wenn für **wesentliche Wirtschaftsgüter** (Grund und Boden, Wirtschaftsgebäude und stehende Betriebsmittel, § 158 Abs. 3 Satz 1 Nr. 1 bis 3 BewG) **innerhalb von 15 Jahren** die **Zweckbestimmung**, »dauernd einem Betrieb der Land- und Forstwirtschaft zu dienen bestimmt sein«, **wegfällt** (§ 162 Abs. 4 Satz 1 BewG).
Reinvestitionsklausel	§ 162 Abs. 3 Satz 2 und Abs. 4 Satz 2 BewG	**Kein rückwirkender Ansatz des Liquidationswerts**, wenn der Veräußerungserlös eines veräußerten Betriebs der Land- und Forstwirtschaft oder eines Anteils an einer als Personengesellschaft geführten Betriebs der Land- und Forstwirtschaft innerhalb von 6 Monaten ausschließlich zum Erwerb eines anderen Betriebs der Land- und Forstwirtschaft oder eines Anteils an einer Personengesellschaft i. S. d. § 158 Abs. 2 Satz 2 BewG bzw. wenn der Veräußerungserlös bei Veräußerung nur wesentlicher Wirtschaftsgüter innerhalb von 6 Monaten ausschließlich im betrieblichen Interesse verwendet werden.

1747

Zu den Einzelheiten der Ermittlung der jeweiligen Werte s. 6.2 bis 6.5.

1748–1750 frei

6.2 Ermittlung der Wirtschaftswerte im Reingewinnverfahren

6.2.1 Grundsätze

1751 Die Grundsätze zur Ermittlung der jeweiligen Wirtschaftswerte sind im § 163 Abs. 1 und 2 BewG festgelegt. Dabei ist von einer **nachhaltigen Ertragsfähigkeit** auszugehen. Ertragsfähigkeit ist der bei ordnungsmäßiger Bewirtschaftung gemeinhin und **nachhaltig erzielbare Reingewinn**. Dabei sind alle Umstände zu berücksichtigen, die bei einer **Selbstbewirtschaftung** den Wirtschaftserfolg beeinflussen. Der Reingewinn umfasst das ordentliche Ergebnis abzüglich eines angemessenen Lohnansatzes für die Arbeitsleistung des Betriebsinhabers und der nicht entlohnen Arbeitskräfte. Die im unmittelbaren wirtschaftlichen Zusammenhang mit dem Betrieb der Land- und Forstwirtschaft stehenden Verbindlichkeiten sind durch den Ansatz der Zinsaufwendungen abgegolten. Zur Berücksichtigung der nachhaltigen Ertragsfähigkeit ist der **Durchschnitt der letzten fünf** abgelaufenen

Wirtschaftsjahre vor dem Bewertungsstichtag zu Grunde zu legen. Dabei ist nicht auf Muster- und Spitzenbetriebe abzustellen, sondern auf Betriebsergebnisse objektiv vergleichbarer Betriebe. Eine ordnungsmäßige Selbstbewirtschaftung liegt vor, wenn bei der Bewirtschaftung nur der betriebsnotwendige Arbeitskräfte- und Inventarbesatz vorhanden ist. Für die land- und forstwirtschaftlichen Nutzungen, Nebenbetriebe und übrigen Wirtschaftsgüter ist jeweils gesondert ein Reingewinn zu ermitteln. Mit dem jeweiligen Reingewinn werden alle Wirtschaftsgüter i.S. des § 158 Abs. 3 und 5 BewG abgegolten. Vgl. auch A 29 Abs. 1 Ländererlass vom 01.04.2009.

Der maßgebende **Reingewinn** berücksichtigt die betriebswirtschaftliche Ausrichtung einer Nutzung und ist **mit 18,6 zu kapitalisieren** (§ 163 Abs. 11 BewG). 1752

Der **kapitalisierte Reingewinn** ist dann **mit** den jeweiligen **Eigentumsflächen** bzw. Flächenanteilen **zu multiplizieren** (§ 163 Abs. 12 BewG) und ergibt dann den (jeweiligen) Wirtschaftswert. Vgl. A 29 Abs. 2 Ländererlass vom 01.04.2009. Die **Hof- und Wirtschaftsgebäudeflächen** sind dabei anteilig in die einzelnen Nutzungen (bzw. Nutzungsteile) einzubeziehen, soweit sie ihr dienen und nicht den Betriebswohnungen oder dem Wohnteil zuzurechen sind (§ 163 Abs. 13 Satz 1 BewG, A 29 Abs. 11 Satz 1 Ländererlass vom 01.04.2009). **Wirtschaftswege**, Hecken, Gräben, Grenzraine und dergleichen sind in die Nutzung einzubeziehen, zu der sie gehören (§ 163 Abs. 13 Satz 2 BewG). Zur Frage der Eigentumsflächen des Betriebs vgl. A 29 Abs. 12 Ländererlass vom 01.04.2009; grundsätzlich sind dafür die Verhältnisse vom Bewertungsstichtag maßgebend. 1753

Der Ermittlung und Festlegung der **Reingewinne** für die einzelnen Nutzungen und Sondernutzungen wurden die typisierende Ertrags- und Aufwandspositionen aus dem Testbetriebsnetz des Bundesministeriums für Ernährung, Landwirtschaft und Verbraucherschutz (BMELV) zu Grunde gelegt und dabei alle unmittelbar betrieblich veranlassten Ertrags- und Aufwandsfaktoren eines Betriebs bei ordnungsmäßiger Bewirtschaftung berücksichtigt. In den **Anlagen 14 bis 18 des BewG** sind die ab 01.01.2009 geltenden Reingewinne in EUR/ha LF (= land- und forstwirtschaftliche Fläche) aufgelistet und wie folgt gegliedert: 1754

- bei der **landwirtschaftlichen** Nutzung nach Regionen (Bundesland bzw. Regierungsbezirken), nach der Nutzungsart und Betriebsform sowie der Betriebsgröße,
- bei der **forstwirtschaftlichen** Nutzung nach der Nutzungsart und Baumartengruppe sowie der Ertragsklasse,
- bei der **weinbaulichen** Nutzung nach der Nutzungsart und Verwertungsform,
- bei der **gärtnerischen** Nutzung nach der Art des Nutzungsteils (Gemüsebau, Blumen- und Zierpflanzenbau sowie Bauschulen und Obstbau) und nach der Nutzungsart und
- bei den **Sondernutzungen** nach der Art der Sondernutzung Hopfen, Spargel und Tabak.

Nähere **Einzelheiten** hierzu sind nachstehend in 6.2.2 bis 6.2.8 dargestellt. 1755

Nach § 163 Abs. 14 BewG ist das Bundesministerium der Finanzen ermächtigt, durch **Rechts-VO** mit Zustimmung des Bundesrates die Anlage 14 bis 18 zum BewG dadurch zu ändern, dass die darin aufgeführten Reingewinne turnusmäßig an die Ergebnisse der Erhebungen nach § 2 des Landwirtschaftsgesetzes angepasst werden. 1756

6.2.2 Ermittlung des Reingewinns für die landwirtschaftliche Nutzung

Nach den bis Ende 2008 maßgebenden Bewertungsbestimmungen (§ 142 BewG), die über den 01.01.2009 hinaus für Zwecke der Grunderwerbsteuer weiter gelten, orientierte sich die Ermittlung des Ertragswerts der landwirtschaftlichen Nutzung auch für die Erbschaft- und Schenkungsteuer im Wesentlichen an der natürlichen Ertragsfähigkeit der Bodenflächen, die 1757 aus den Ertragsmesszahlen der Bodenschätzung abgeleitet wurden. Nach der ab 01.01.2009 geltenden Regelung erfolgt die Einstufung der landwirtschaftlich genutzten Flächen nach dem gemeinschaftlichen Klassifizierungssystem der EU. Danach ist gemäß § 163 Abs. 3 BewG der maßgebende Reingewinn **in folgenden Schritten** zu ermitteln:

1758 1. Zunächst sind die **Standarddeckungsbeiträge** nach der EU-Typologie für die selbstbewirtschafteten Flächen (Anbauflächen in ha, d.h. eigene und zugepachtete Flächen) und die Anzahl der Tiereinheiten des Betriebs gemäß **Anlage 2** Ländererlass vom 01.04.2009 zu ermitteln (A 29 Abs. 3 Satz 1 erster HS Ländererlass vom 01.04.2009, entspricht dem BMF-Schreiben vom 18.03.2009 BStBl I 2009, 479). Die Standarddeckungsbeiträge sind von folgenden **Faktoren** abhängig:
a) von der **Region** in der der Betrieb liegt (Bundesland und Regierungsbezirk),
b) von den **Tierarten**, die gehalten oder erzeugt werden (Angaben in EUR/Tier und Jahr),
c) von den **Flächenarten**, die bewirtschaftet wird (z.B. Ackerbau oder Futteranbau; Angaben in EUR/ha und Jahr).

1759 2. Danach sind die **Betriebsform** und die **Betriebsgröße** zu bestimmen (A 29 Abs. 3 Satz 1 Nr. 1 und 2 Ländererlass vom 01.04.2009).
Zur **Bestimmung der Nutzungsart (Betriebsform)** ist das Verhältnis der einzelnen Standarddeckungsbeiträge zur Summe der Standarddeckungsbeiträge des gesamten Betriebs maßgebend (nach dem Überwiegensprinzip). Als Ergebnis erhält man (nach dem Überwiegensprinzip nur) **eine** der nachfolgend auf geführten **Nutzungsarten bzw. Betriebsformen** (d.h. es kommt für die landwirtschaftliche Nutzung nur eine der Betriebsformen für die weitere Wertermittlung in Betracht):
– Ackerbau,
– Milchviehhaltung,
– Sonstiger Futterbau;
– Veredelung,
– Pflanzenbau-Verbund,
– Vieh-Verbund **oder**
– Pflanzen- und Viehverbund.
Zur **Bestimmung der Betriebsgröße** (nach der Europäischen Größeneinheit in EGE) ist die Summe der Standdardeckungsbeiträge des Betriebs durch 1 200 € zu dividieren. Danach erfolgt die Zuordnung zu einer der folgenden **Betriebsgrößenklassen**:

– Kleinbetriebe	von 0 bis unter 40 EGE
– Mittelbetriebe	40 bis 100 EGE
– Großbetriebe	über 100 EGE.

1760 3. Anschließend ist anhand der nach Nr. 1 und 2 ermittelten Bewertungsfaktoren der **Reingewinn in EUR/ha nach Anlage 14 Spalte 4 BewG herzuleiten.**

1761 4. Der so ermittelte **Reingewinn/ha** ist **mit 18,6 zu kapitalisieren** und auf alle landwirtschaftlich genutzten **Eigentumsflächen** (nicht auf die zugepachteten Flächen) der landwirtschaftlichen Nutzung anzuwenden. Der Begriff landwirtschaftlich genutzte Fläche ist ein Oberbegriff und umfasst die landwirtschaftliche Ackerfläche, Dauergrünland, landwirtschaftliche Dauerkulturflächen, die Grundfläche der Gartengewächse und die Flächen sonstiger landwirtschaftlicher Nutzung, d.h. maßgebend ist die am Bewertungsstichtag die tatsächliche Nutzung und nicht die Klassifizierung einer Fläche.

Als Beispiel zur Ermittlung des Wirtschaftswerts der landwirtschaftlichen Nutzung siehe H 29 (3) Wirtschaftswert der landwirtschaftlichen Nutzung Ländererlass vom 01.04.2009.

Wie die Tabellenwerte in Anlage 14 Spalte 4 BewG zeigen, kann sich für eine landwirtschaftliche Nutzung auch ein negativer Wirtschaftswert ergeben.

6.2.3 Ermittlung des Reingewinns für die forstwirtschaftliche Nutzung

Nach § 163 Abs. 4 Satz 1 BewG bestimmt sich der Reingewinn für forstwirtschaftliche Nutzung nach den Flächen der jeweiligen Nutzungsart (Baumartengruppe) und den Ertragsklassen. Die jeweilige Nutzungsart umfasst (§ 163 Abs. 4 Satz 2 BewG):
1. die Baumartengruppe Buche, zu der auch sonstiges Laubholz einschließlich der Roteiche gehörte,
2. die Baumartengruppe Eiche, zu der auch alle übrigen Eichenarten gehören,
3. die Baumartengruppe Fichte, zu der auch alle übrigen Nadelholzarten gehören,
4. die Baumartengruppe Kiefer und Lärchen mit Ausnahme der Weymouthskiefer,
5. die übrige Fläche der forstwirtschaftlichen Nutzung (Nichtwirtschaftswald, Nichtholzbodenflächen, Blößen).

Für die einzelnen Nutzungsarten (Baumartengruppen) wurden bundeseinheitliche Reingewinne nach Ertragsklassen gestaffelt ermittelt (keine Regionalisierung). Die Wertermittlung beruht auf einer mittleren Erlös- und Kostenstruktur unter Voraussetzung einer planmäßigen und nachhaltigen Bewirtschaftung und wurde von der Universität Göttingen durchgeführt. Im Gegensatz zur landwirtschaftlichen Nutzung kommt es auf die Betriebsgröße nicht an, da dem ökonomischen Ertragswert durch die Ertrags- und Aufwandsstruktur der Baumartengruppe Rechnung getragen wird. Der entsprechende Reingewinn in EUR/ha ergibt sich aus **Anlage 15 Spalte 4 BewG**. Dieser Reingewinn ist mit 18,6 zu kapitalisieren. Vgl. auch A 29 Abs. 4 Ländererlass vom 01.04.2009.

Als Beispiel zur Ermittlung des Wirtschaftswerts der forstwirtschaftlichen Nutzung siehe H 29 (4) Wirtschaftswert der forstwirtschaftlichen Nutzung Ländererlass vom 01.04.2009.

6.2.4 Ermittlung des Reingewinns für die weinbauliche Nutzung

Nach § 163 Abs. 5 Satz 1 BewG bestimmt sich der **Reingewinn** für die weinbauliche Nutzung nach den **Flächen der** jeweiligen **Nutzungsart** (Verwertungsform) Flaschenweinerzeuger, Fassweinerzeuger, Traubenerzeuger. Bei der Beurteilung der Ertragsfähigkeit sind die Nutzungsarten (Verwertungsform) der geernteten Trauben zu berücksichtigen. Dabei sind folgende **Verwertungsformen** zu unterscheiden:
1. Die **Traubenerzeugung**: Sie umfasst die Erzeugung von Trauben, Maische oder Most und deren Veräußerung an Genossenschaften oder andere Betriebe (Nichtausbau).
2. Der **Fassweinausbau**: Er umfasst die Erzeugung und die Verarbeitung der Trauben im eigenen Betrieb und den Ausbau sowie den Verkauf von Fasswein.
3. Der **Flaschenweinausbau**: Er umfasst die Erzeugung und die Verarbeitung der Trauben im eigenen Betrieb und den Ausbau sowie die Bereitung und den Verkauf von Flaschenweinen.

Auf eine Regionalisierung wurde im Gegensatz zur bisherigen Bedarfsbewertung verzichtet.

Kommen die **Verwertungsformen** in einem Betrieb **nebeneinander** vor, so ist der Wirtschaftswert unter Berücksichtigung der auf die jweilige Verwertungsform nachhaltig entfallende Erntemenge am Bewertungsstichtag zu ermitteln. Vgl. auch A 29 Abs. 5 Ländererlass vom 01.04.2009.

1769 Der jeweils maßgebende **Reingewinn in EUR/ha** ergibt sich aus **Anlage 16 Spalte 3 BewG** (§ 163 Abs. 5 Satz 2 BewG). Er ist **mit 18,6 zu kapitalisieren**. Das Ergebnis ist mit der jeweils anteiligen Fläche der jeweiligen Verwertungsform zu multiplizieren und ergibt zusammengefasst den Wirtschaftswert der weinbaulichen Nutzung.

1770 **Als Beispiel zur Ermittlung des Wirtschaftswerts der weinbaulichen Nutzung** siehe H 29 (5) Wirtschaftswert der weinbaulichen Nutzung Ländererlass vom 01.04.2009.

1771 Wie die Tabellenwerte in Anlage 16 Spalte 3 BewG und das Beispiel in H 29 (5) Ländererlass vom 01.04.2009 zeigen, ergibt sich regelmäßig ein negativer Wirtschaftswert.

1772–1780 frei

6.2.5 Ermittlung des Reingewinns für die gärtnerische Nutzung

1781 Nach § 163 Abs. 6 Satz 1 BewG bestimmt sich der Reingewinn für die gärtnerische Nutzung nach dem maßgeblichen **Nutzungsteil** (Gemüsebau, Blumen- und Zierpflanzenbau sowie Obstbau und Baumschulen, s. A 9 Abs. 1 Ländererlass vom 01.04.2009), der **Nutzungsart** (beim Nutzungsteil Gemüsebau sowie Blumen und Zierpflanzenbau; s. A 10 Abs. 1 und 2 Ländererlass vom 01.04.2009) und den **Flächen**. Auf eine Regionalisierung wurde verzichtet.

1782 Der jeweils maßgebende **Reingewinn in EUR/ha** ergibt sich aus **Anlage 17 Spalte 4 BewG** (§ 163 Abs. 6 Satz 2 BewG). Er ist **mit 18,6 zu kapitalisieren**. Das Ergebnis ist mit der jeweils anteiligen Fläche des jeweiligen Nutzungsteils zu multiplizieren und ergibt zusammengefasst den Wirtschaftswert der gärtnerischen Nutzung. Vgl. auch A 29 Abs. 6 Ländererlass vom 01.04.2009.

1783 **Als Beispiel zur Ermittlung des Wirtschaftswerts der gärtnerischen Nutzung** siehe H 29 (6) Wirtschaftswert der gärtnerischen Nutzung Ländererlass vom 01.04.2009.

1784 Wie die Tabellenwerte in Anlage 17 Spalte 4 BewG und das Beispiel in H 29 (6) Ländererlass vom 01.04.2009 zeigen, kann sich für eine gärtnerische Nutzung auch für einzelne Nutzungsteile oder insgesamt ein negativer Wirtschaftswert ergeben.

6.2.6 Ermittlung des Reingewinns für die Sondernutzungen Spargel, Hopfen und Tabak

1785 Nach § 163 Abs. 7 BewG ergibt sich für die entsprechende Sondernutzung der jeweilige Reingewinn in EUR/ha aus **Anlage 18 Spalte 4 BewG** (A 29 Abs. 7 Ländererlass vom 01.04.2009). Er ist **mit 18,6 zu kapitalisieren** und mit der jeweiligen Fläche zu multiplizieren. Auf eine Regionalisierung wurde ebenfalls verzichtet.

1786 **Als Beispiel zur Ermittlung des Wirtschaftswerts der Sondernutzungen** siehe H 29 (7) Wirtschaftswert der Sondernutzungen Ländererlass vom 01.04.2009.

1787 Wie die Tabellenwerte in Anlage 18 Spalte 3 BewG und das Beispiel in H 29 (7) Ländererlass vom 01.04.2009 zeigen, ergibt sich regelmäßig ein negativer Wirtschaftswert.

6.2.7 Ermittlung des Reingewinns für die sonstigen land- und forstwirtschaftlichen Nutzungen sowie für die Nebenbetriebe und das Abbauland

Nach § 163 Abs. 8 BewG ist der Reingewinn dafür im Einzelertragswertverfahren zu ermitteln. Vgl. hierzu die Ausführungen in A 29 Abs. 8 bis 10 Ländererlass vom 01. 04. 2009. Auf weitere Einzelheiten wird im Rahmen dieses Buches nicht eingegangen.

1788

6.2.8 Reingewinn für das Geringstland und Unland

Der Reingewinn für das **Geringstland** wurde in § 163 Abs. 9 BewG pauschal mit 5,40 €/ha festgelegt. Eine Ermittlung kommt daher nicht in Betracht.

1789

Der Reingewinn für das **Unland** beträgt nach § 163 Abs. 10 BewG 0 Euro.

1790

6.2.9 Ab- und Aufrundung

Ergeben sich bei der Ermittlung eines Wirtschaftswerts Euro-Beträge mit Nachkommastellen, sind diese kaufmännisch auf volle Euro-Beträge auf- bzw. abzurunden, d. h. ab 0,5 = aufrunden und unter 0,5 = abrunden (H 29 (1) Ländererlass vom 01. 04. 2009).

1791

1792–1800
frei

6.3 Ermittlung des Mindestwerts

6.3.1 Grundsätze

§ 162 Abs. 1 Satz 4 und § 165 Abs. 2 BewG schreiben vor, dass der anzusetzende Wert des Wirtschaftsteils (**Wirtschaftswert** bzw. Fortführungswert) den **Mindestwert** gemäß § 164 BewG **nicht unterschreiten** darf. Da die in der Anlage 14 Spalte 4 (bei der landwirtschaftlichen Nutzung für die Mittel- und Kleinbetriebe), Anlage 17 Spalte 4 (bei einzelnen Nutzungsteilen der gärtnerischen Nutzung), Anlage 16 Spalte 3 (für alle Verwertungsformen der weinbaulichen Nutzung) und Anlage 18 Spalte 3 (für alle Sondernutzungen) festgelegten Reingewinne pro ha negativ sind, ergäbe sich in diesen Fällen demzufolge auch ein negativer Wirtschaftswert. Nach dem Willen des Gesetzgebers darf aber bei der Erbschaft- und Schenkungsteuer für das land- und forstwirtschaftliche Vermögen kein negativer Wert zur Auswirkung kommen. Da für diese Fälle aber eine Mindestwert vorgesehen ist, wird die **Mindestbewertung** gemäß § 164 BewG **sehr häufig** bedeutsam sein. Außerdem ist die Mindestbewertung bei den **Stückländereien** (§ 160 Abs. 7 BewG) **zwingend** vorgeschrieben (§ 162 Abs. 2 BewG, A 28 Abs. 2 Ländererlass vom 01. 04. 2009).

1801

6.3.2 Getrennte Wertermittlung für Grund und Boden und übrige Wirtschaftsgüter

§ 164 Abs. 1 BewG sieht für die Mindestbewertung eine **zweistufige Wertermittlung** vor. Danach sind getrennt zu ermitteln:
1. der **Wert des Grund und Bodens** des Wirtschaftsteils des Betriebs (§ 158 Abs. 3 Satz 1 Nr. 1 BewG) und
2. der **Wert der übrigen Wirtschaftsgüter** des Wirtschaftsteils des Betriebs (für die Wirtschaftsgebäude, die stehenden Betriebsmittel, den normalen Bestand an umlaufenden Betriebsmitteln und die immateriellen Wirtschaftsgüter, § 158 Abs. 3 Satz 1 Nr. 2 bis 5 BewG, auch als **Besatzkapital** bezeichnet).

1802

6.3.3 Ermittlung des Mindestwerts für den Grund und Boden

1803   Nach § 164 Abs. 2 Satz 1 BewG ist der Wert des Grund und Bodens nach **Pachtpreisen in Euro pro ha** zu berechnen. Die Pachtpreise sind abhängig von der Nutzung, dem Nutzungsteil und der Nutzungsart und sind festgelegt (§ 164 Abs. 2 Satz 3 BewG)
   1. für die landwirtschaftliche Nutzung in **Anlage 14 Spalte 5** BewG,
   2. für die forstwirtschaftliche Nutzung in **Anlage 15 Spalte 4** BewG,
   3. für die weinbauliche Nutzung in **Anlage 16 Spalte 4** BewG,
   4. für die gärtnerische Nutzung in **Anlage 17 Spalte 5** BewG und
   5. für die Sondernutzungen Spargel, Hopfen und Tabak in **Anlage 18 Spalte 4** BewG.

1804   Bei der landwirtschaftlichen Nutzung ist dabei auch die Betriebsgröße in EGE zu berücksichtigen (§ 164 Abs. 2 Satz 2 BewG); dieser Umstand ist ebenfalls aus den Tabellenwerten der Anlage 14 Spalte 5 erkennbar, jedoch muss die Betriebsgröße in EGE wie bei der Bewertung im Reingewinnverfahren ermittelt werden (s. 6.2.2 Nr. 2).

1805   Für die sonstigen land- und forstwirtschaftlichen Nutzungen, das Abbauland und das Geringstland sind in A 30 Abs. 3 bis 5 Ländererlass vom 01. 04. 2009 pauschale Pachtpreise pro ha festgelegt.

1806   Diese ha-Werte sind **mit** den **Eigentumsflächen** bzw. Flächenanteilen des Betriebs **zu multiplizieren** und sodann mit **18,6 zu kapitalisieren** (§ 164 Abs. 2 Satz 3 und Abs. 3 BewG). Siehe auch A 30 Abs. 1 Satz 2 und Abs. 2 Ländererlass vom 01. 04. 2009.

6.3.4 Ermittlung des Mindestwerts für die übrigen Wirtschaftsgüter (Besatzkapital)

1807   Nach § 164 Abs. 4 BewG ist der Wert der übrigen Wirtschaftsgüter (Besatzkapital) abhängig von der Nutzung, dem Nutzungsteil und der Nutzungsart des Grund und Bodens zu bestimmen. Der danach maßgebliche **Wert für das Besatzkapital** ergibt sich (§ 164 Abs. 4 Satz 3 BewG)
   1. für die landwirtschaftliche Nutzung Nutzung aus **Anlage 14 Spalte 6** BewG,
   2. für die forstwirtschaftliche Nutzung aus **Anlage 15 Spalte 6** i. V. m. Anlage 15a BewG,
   3. für die weinbauliche Nutzung aus **Anlage 16 Spalte 5** BewG,
   4. für die gärtnerische Nutzung aus **Anlage 17 Spalte 6** BewG und
   5. für die Sondernutzungen Spargel, Hopfen und Tabak aus **Anlage 18 Spalte 5** BewG.

1808   Bei der landwirtschaftlichen Nutzung ist dabei auch die Betriebsgröße in EGE zu berücksichtigen (§ 164 Abs. 4 Satz 2 BewG); dieser Umstand ist ebenfalls aus den Tabellenwerten der Anlage 14 Spalte 6 erkennbar, jedoch muss die Betriebsgröße in EGE wie bei der Bewertung im Reingewinnverfahren ermittelt werden (s. 6.2.2 Nr. 2).

1809   Für die Bewertung ist grundsätzlich davon auszugehen, dass übrige Wirtschaftsgüter vorhanden sind.

1810   Diese ha-Werte sind **mit** den **selbst bewirtschafteten Flächen** bzw. Flächenanteilen des Betriebs (nicht nur mit der Eigentumsfläche) **zu multiplizieren** und sodann mit **18,6 zu kapitalisieren** (§ 164 Abs. 4 Satz 3 und Abs. 5 BewG). Siehe auch A 30 Abs. 1 Satz 3 und Abs. 6 Ländererlass vom 01. 04. 2009.

6.3.5 Berücksichtigung von Verbindlichkeiten und Zusammensetzung des Mindestwerts

1811   Die jeweiligen Werte (die kapitalisierten Werte für den Grund und Boden sowie die kapitalisierten Wert für die übrigen Wirtschaftsgüter) sind um die damit in unmittelbarem wirtschaftlichem Zusammenhang stehenden **Verbindlichkeiten** zu **mindern** (§ 164 Abs. 6 Satz 1 i. V. m. § 158 Abs. 5 BewG). Dadurch kann sich zunächst ein negativer (Einzel-)Wert ergeben.

Anschließend sind die **beiden Werte zusammenzurechnen** und ergeben den Mindestwert. Der Mindestwert, der sich hieraus insgesamt ergibt, darf jedoch **nicht weniger als 0 EUR** betragen (§ 164 Abs. 6 Satz 2 BewG). Siehe auch A 30 Abs. 8 Ländererlass vom 01. 04. 2009. 1812

Als **Beispiele zur Mindestbewertung bei landwirtschaftlicher, forstwirtschaftlicher, weinbaulicher und gärtnerischer Nutzung** siehe hierzu die Beispiele in H 30 (1) Ländererlass vom 01. 04. 2009. 1813

6.3.6 Sonderfall: Ermittlung des Mindestwerts für Stückländereien

Stückländereien (§ 160 Abs. 7 BewG und 4.2.2.4) sind **ausschließlich im Mindestwertverfahren** zu bewerten (§ 162 Abs. 2 BewG, A 30 Abs. 9 Satz 1 Ländererlass vom 01. 04. 2009). 1814

Zur **Ermittlung des Wirtschaftswerts** (im Mindestwertverfahren) vgl. die weiteren Ausführungen in A 30 Abs. 9 Ländererlass vom 01. 04. 2009. Soweit es dem Steuerpflichtigen nicht möglich ist die ertragswertbildenden Daten zu beschaffen, können zur Ermittlung des Werts des Grund und Bodens in einem **vereinfachten Verfahren** die Pachtpreise auf der Grundlage der Klassifizierung im Automatischen Liegenschaftskataster angewendet werden (A 30 Abs. 9 Sätze 2 und 3 Ländererlass vom 01. 04. 2009). Hierbei sind die **Bodenflächen** entsprechend wie folgt zu **klassifizieren**: 1815

1. für Flächen der landwirtschaftlichen Nutzung nach:
   – Sonstiger Futterbau
   – Ackerbau
   – Pflanzen-Verbund,
2. für Flächen der forstwirtschaftlichen Nutzung: einheitlicher Pachtpreis 5,40 €/ha,
3. für Flächen der weinbaulichen Nutzung: einheitlicher Pachtpreis 589,00 €/ha,
4. für Flächen der gärtnerischen Nutzung nach:
   – Gartenland 657,00 €/ha
   – Anbauflächen unter Glas 2 414,00 €/ha
   – Baumschulen 223,00 €/ha
   – Obstplantage 325,00 €/ha,
5. für Flächen der Sondernutzungen:
   – Spargel einheitlich 657,00 €/ha
   – Hopfen einheitlich 492,00 €/ha.

Für Flächen, die zur **landwirtschaftlichen Nutzung** gehören, ist außerdem **Folgendes zu berücksichtigen** (A 30 Abs. 9 Sätze 4 bis 7 Ländererlass vom 01. 04. 2009): 1816

1. Die **Pachtpreise** sind unter Beachtung der **Betriebsgröße** in EGE (§ 164 Abs. 2 Satz 3 i. V. m. § 163 Abs. 3 Satz 4 BewG) zu bestimmen sind. Für die Bestimmung der Betriebsgröße sind für die einzelnen Regionen (Bundesländer und Regierungsbezirke) jeweils **durchschnittliche Standarddeckungsbeiträge** ermittelt und festgelegt worden (vorletzte Zeile der **Anlage 2** zum Ländererlass vom 01. 04. 2009). Im Rahmen der Ermittlung der maßgebenden Betriebsgröße ist der durchschnittliche Standarddeckungsbeitrag mit der Eigentumsfläche der landwirtschaftlichen Nutzung zu multiplizieren und der sich danach ergebende Wert durch 1 200 € zu dividieren. Auf Grund 1817

dieses Ergebnisses in EGE kann die **Größenklasse** (Kleinbetrieb, Mittelbetrieb oder Großbetrieb, § 163 Abs. 3 Satz 4 BewG) bestimmt werden.

1818 2. Anschließend ist der maßgebende **Pachtpreis aus Anlage 14 Spalte 5 BewG** zu entnehmen und mit der maßgebenden Eigentumsfläche der landwirtschaftlichen Nutzung zu multiplizieren. Das Ergebnis ist der **Wirtschaftswert** (Mindestwert) der landwirtschaftlichen Nutzung.

1819 Von dem Ergebnis der Wirtschaftswerte der wirtschaftlichen Einheit Stückländerei sind ggf. noch die mit ihr in unmittelbarem wirtschaftlichen Zusammenhang stehenden **Verbindlichkeiten** (§ 164 Abs. 6 Satz 1 i. V. m. § 158 Abs. 5 BewG) **abzuziehen**, da diese (im Gegensatz zum Reingewinnverfahren des § 163 BewG) bei den zu Grunde gelegten Pachtpreisen noch nicht berücksichtigt sind.

1820 **Als Beispiel zur Ermittlung des Wirtschaftswerts eines Betriebs der Land- und Forstwirtschaft Stückländerei** siehe hierzu das Beispiel in H 30 (9) Ländererlass vom 01. 04. 2009.

6.3.7 Ermittlung des Werts von Anteilen an gemeinschaftlichen Tierhaltungen

1821 Vgl. hierzu die Ausführungen in A 30 Abs. 10 Ländererlass vom 01. 04. 2009, auf die in diesem Buch nicht näher eingegangen wird.

6.3.8 Ab- und Aufrundung des Mindestwerts

1822 Ergeben sich bei der Ermittlung eines Wirtschaftswerts Euro-Beträge mit Nachkommastellen, sind diese kaufmännisch auf volle Euro-Beträge auf- bzw. abzurunden, d. h. ab 0,5 = aufrunden und unter 0,5 = abrunden (H 30 (1) Ländererlass vom 01. 04. 2009).

1823–1840 frei

6.4 Ermittlung und Ansatz des Wirtschaftswerts mit dem Fortführungswert

6.4.1 Grundsatz

1841 Nach § 165 Abs. 1 BewG setzt sich der Wert des Wirtschaftsteils des Betriebs der Land- und Forstwirtschaft aus der Summe der nach § 163 BewG ermittelten Wirtschaftswerte zusammen, ggf. aus der Summe der nach § 164 BewG ermittelten Mindestwerte. Der höhere der beiden Werte ist der maßgebende **Wirtschaftswert**. Dieser Wirtschaftswert wird als sog. **Fortführungswert** bezeichnet, da er unter dem Gesichtspunkt der Fortführung des Betriebs durch den Erwerber (Erben oder Beschenkten) als gemeiner Wert zu ermitteln ist. Der Mindestwert ist jedoch nach § 164 Abs. 6 Satz 2 BewG auf 0 EUR gedeckelt, da ein negativer Mindestwert nicht zulässig ist. Vgl. A 31 Abs. 1 und 2 Ländererlass vom 01. 04. 2009 mit dem dort dargestellten **Beispiel** in H 31 (2).

6.4.2 Ausnahme: Nachgewiesener niedrigerer gemeiner Wert

1842 Weist der Steuerpflichtige einen niedrigeren gemeinen Wert nach, als der sich im Reingewinnverfahren (§ 163 BewG) oder dem Mindestwertverfahren (§ 164 BewG) ergebende Wert des Wirtschaftsteils, so ist der **niedrigere gemeine Wert** (Verkehrswert bzw. Marktwert) für die Erbschaft- und Schenkungsteuer maßgebend (§ 165 Abs. 3 BewG, A 31 Abs. 3 Ländererlass vom 01. 04. 2009). Dieser Nachweis eines niedrigeren gemeinen Werts kann nicht durch ein Einzelertragswertverfahren für den Wirtschaftsteil erbracht werden, da bei der Ermittlung des gemeinen Werts auch die Grundsätze eines Liquidationswerts zu berücksichtigen sind (vgl. § 166 BewG und Ausführungen zu 6.5). Von dem ermittelten und nachgewiesenen niedrigeren gemeinen Werts sind die unmittelbar in wirtschaftlichem Zusammenhang stehenden **Verbindlichkeiten abzuziehen**, so dass ggf. ein negativer Wert des Wirtschaftsteils in den Grundbesitzwert einfließt (A 31 Abs. 4 Satz 5 Ländererlass vom 01.04.2009). Zur **Nachweislast** vgl. A 31 Abs. 4 Sätze 1 bis 4 Ländererlass vom 01.04.2009.

6.5 Liquidationswert als abweichender rückwirkender Bewertungsmaßstab (Liquidationswertverfahren)

6.5.1 Fälle für den rückwirkenden Ansatz des Liquidationswerts

An die Stelle des Fortführungswerts (§ 165 BewG, d. h. an Stelle des nach § 163 BewG im Reingewinnverfahren ermittelten Wirtschaftswerts oder des nach § 164 BewG ermittelten Mindestwerts, s. 6.4) tritt in bestimmten Fällen **rückwirkend** auf den ursprünglichen Bewertungsstichtag (Besteuerungszeitpunkt der Erbschaft- und Schenkungsteuer) der Liquidationswert als abweichender Bewertungsmaßstab (sog. **Nachbewertungsvorbehalt**). Nach § 166 Abs. 1 BewG gilt dies **für folgende Fälle:** 1843

1. Bei **Veräußerung** eines Betriebs der Land- und Forstwirtschaft oder eines Anteils an einem als Personengesellschaft geführten Betriebs der Land- und Forstwirtschaft **innerhalb von 15 Jahren** nach dem Bewertungsstichtag (§ 162 Abs. 3 Satz 1 BewG); als Veräußerungszeitpunkt gilt u. E. der Abschluss des obligatorischen Vertrags (z. B. notarieller Kaufvertrag) sowie 1844

2. für **wesentliche Wirtschaftsgüter** (Grund und Boden, Wirtschaftsgebäude und stehende Betriebsmittel, § 158 Abs. 3 Satz 1 Nr. 1 bis 3 BewG) **bei Wegfall der Zweckbestimmung** »dauernd einem Betrieb der Land- und Forstwirtschaft zu dienen bestimmt zu sein« **innerhalb von 15 Jahren** nach dem Bewertungsstichtag (§ 162 Abs. 4 Satz 1 BewG); z. B. Änderung der Zweckbestimmung oder tatsächlichen Nutzung von Bodenflächen oder Wirtschaftsgebäuden zum Grundvermögen oder Betriebsvermögen oder Entnahme ins Privatvermögen. 1845

Der Liquidationswert führt regelmäßig zu einem höheren Grundbesitzwert und damit zu einer **nachträglichen Erhöhung der Erbschaft- und Schenkungsteuer**. Diese Erhöhung droht grundsätzlich 15 Jahre, sodass diese Fälle daher 15 Jahre lang »überwacht« werden müssen. Allerdings läuft diese Erhöhung ins Leere, wenn der Erwerber eines Betriebs der Land- und Forstwirtschaft zur 100 % Verschonung nach § 13a Abs. 8 ErbStG optiert hat und die Verschonungsbedingungen, insbesondere die Behaltensfrist, eingehalten hat. Wird bei optionaler Vollverschonung in den ersten 10 Jahren (bzw. ab 2010 in den ersten 7 Jahren) gegen die Behaltensfrist verstoßen, wirkt sich die Erhöhung dagegen »doppelt« aus, d. h. es findet eine (zeitanteilige) Nachversteuerung gemäß § 13a Abs. 5 ErbStG auf der Basis des höheren Liquidationswerts statt. Wird bei einer sog. Regelverschonung gegen die Behaltensfrist innerhalb von 7 Jahren (bzw. ab 2010 innerhalb von 5 Jahren) verstoßen, findet eine Nachversteuerung nach § 13a Abs. 5 ErbStG und somit ebenfalls nach dem höheren Liquidationswert statt. Nach erfolgreichem Ablauf der Behaltensfrist kann sich der höhere Ansatz des Liquidationswerts nur noch auf 15 % des betreffenden land- und forstwirtschaftlichen Vermögens auswirken, weil gemäß § 13a Abs. 6 ErbStG 85 % des Wirtschaftsteils (§ 13b Abs. 4 ErbStG) endgültig verschont werden. Vgl. hierzu die weiteren Ausführungen zu § 13a ErbStG in Teil B. 1846

6.5.2 Ermittlung des Liquidationswerts

6.5.2.1 Grundsätze

1847 Die Regelungen zur Ermittlung des Liquidationswerts befindet sich in § 166 Abs. 2 BewG (A 32 Ländererlass vom 01.04.2009). Danach kommen folgende Wertansätze in Betracht:
1. Der **Grund und Boden** (i. S. v. § 158 Abs. 3 Satz 1 Nr. 1 BewG) ist mit den zuletzt vor dem Bewertungsstichtag ermittelten Bodenrichtwerten (ohne Aufwuchs) für die Nutzung zu bewerten (§ 166 Abs. 2 Nr. 1 BewG). Zur Berücksichtigung der Liquidationskosten ist der ermittelte Bodenwert ohne weiteren Nachweis um 10% zu vermindern.
2. Die **übrigen Wirtschaftsgüter** (i. S. v. § 158 Abs. 3 Satz 1 Nr. 2 bis 5 BewG) sind mit dem gemeinen Wert, d. h. mit dem jeweiligen Einzelveräußerungspreis des Wirtschaftsguts, am Bewertungsstichtag zu bewerten (§ 166 Abs. 2 Nr. 2 BewG). Zur Berücksichtigung der Liquidationskosten ist der ermittelte Wert ohne weiteren Nachweis um 10% zu vermindern.

6.5.2.2 Veräußerung des ganzen Betriebs

1848 Bei der **Veräußerung des ganzen Betriebs** ist das Ergebnis der Summe der gemeinen Werte des Grund und Bodens sowie der gemeinen Werte des Besatzkapitals (übrige Wirtschaftsgüter) und der Berücksichtigung des 10%igen Abschlags für die Liquidationskosten um die damit im unmittelbaren wirtschaftlichen Zusammenhang stehenden Verbindlichkeiten zu mindern. Der Wert des Wirtschaftsteils wird in diesem Fall vollständig durch den Liquiditätswert ersetzt. Vgl. A 32 Abs. 2 Ländererlass vom 01.04.2009 mit dem dort dargestellten **Beispiel** in H 32 (2).

6.5.2.3 Veräußerung einzelner Wirtschaftsgüter

1849 Bei der **Veräußerung einzelner Wirtschaftsgüter** ist das Ergebnis der Summe der gemeinen Werte des Besatzkapitals (übrige Wirtschaftsgüter) und der Berücksichtigung des 10%igen Abschlags für die Liquidationskosten um die damit im unmittelbaren wirtschaftlichen Zusammenhang stehenden Verbindlichkeiten zu mindern. Der Wert des Wirtschaftsteils ist in diesem Fall nach A 32 Abs. 4 Ländererlass vom 01.04.2009 und den Verhältnissen beim Mindestwert zu korrigieren. Vgl. A 32 Abs. 3 Ländererlass vom 01.04.2009. Der **bisherige Wert des Wirtschaftsteils** (Wirtschaftswert) ist ist danach **wie folgt zu korrigieren:**

1850 1. Der bisherige Wert des Wirtschaftsteils (Wirtschaftswert) ist um den anteiligen Wert des ausscheidenden Wirtschaftsguts bzw. den anteiligen Werten der ausscheidenden Wirtschaftsgüter zu mindern.

1851 2. Soweit Grund und Boden ausscheidet, ist der bei der (ursprünglichen) Wertermittlung zu Grunde gelegte Pachtpreis sowie der Kapitalisierungsfaktor 18,8 heranzuziehen.
Soweit übrige Wirtschaftsgüter ausscheiden, ist die selbst bewirtschaftete Fläche, der bei der Wertermittlung zu Grunde gelegte Wert für das Besatzkapital, der Kapitalisierungsfaktor 18,6 und der prozentuale Anteil des Wirtschaftsguts am Besatzkapital heranzuziehen. Zur Ermittlung des prozentualen Anteils des Wirtschaftsguts am Besatzkapital sind die Buchwerte der einzelnen Wirtschaftsgüter ohne Grund und Boden am Bewertungsstichtag zu ermitteln. Aus dem Verhältnis der Buchwerte ergibt sich der prozentuale Anteil für die Minderung des Besatzkapitals.

3. Der hiernach korrigierte Wert des Wirtschaftsteils ist um den Liquidationswert des jeweils ausscheidenden Wirtschaftsguts zu erhöhen.

Siehe hierzu das **Beispiel** in H 32 (3-4) Ländererlass vom 01. 04. 2009.

Die **Verkaufserlöse**, die zum »schädlichen Ereignis« geführt haben, wird erbschaft- und schenkungsteuerrechtlich dem **übrigen Vermögen** zugeordnet.

6.5.3 Vermeidung des Liquidationswerts (Reinvestitionsklausel)

Der **Ansatz** des Liquidationswerts kann **vermieden** werden,
1. wenn der **Veräußerungserlös des Betriebs** der Land- und Forstwirtschaft oder des Anteils an einem als Personengesellschaft geführten Betriebs der Land- und Forstwirtschaft **innerhalb von 6 Monaten** ausschließlich zum Erwerb eines anderen Betriebs der Land- und Forstwirtschaft oder eines Anteils an einem als Personengesellschaft geführten Betriebs der Land- und Forstwirtschaft verwendet wird (§ 162 Abs. 3 Satz 2 BewG); der neue Betrieb der Land- und Forstwirtschaft kann in einem anderen Gebiet liegen und auch völlig anderer Nutzungsart sein;
2. wenn die **Veräußerungserlöse** wesentlicher Wirtschaftsgüter innerhalb von 6 Monaten ausschließlich im betrieblichen Interesse verwendet werden (§ 162 Abs. 4 Satz 2 BewG).

1856–1870 frei

7 Bewertung der Betriebswohnungen und des Wohnteils

7.1 Grundsätzliche Wertermittlung

Die Werte der Betriebswohnungen und der Wert des Wohnteils sind **nach den Vorschriften** zu ermitteln, die **für** die Bewertung von Wohngrundstücken im **Grundvermögen** gelten (§ 167 Abs. 1 i. V. m. §§ 182 bis 196 BewG, A 33 Abs. 1 Satz 1 Ländererlass vom 01. 04. 2009 i. V. m. A 11 bis 41 Ländererlass vom 05. 05. 2009). Siehe hierzu die Ausführungen in Kapitel 1 Teil G dieses Buches.

Wegen der **Zugehörigkeit von Gebäuden und Gebäudeteilen** eines Betriebs der Land- und Forstwirtschaft zu den Betriebswohnungen und zum Wohnteil vgl. § 160 Abs. 8 und 9 BewG und die Ausführungen in A 33 Abs. 1 Satz 2 i. V. m. A 25 und 26 Ländererlass vom 01. 04. 2009 sowie in 4.3 und 4.4. Die Abgrenzung der Betriebswohnungen hat danach einerseits gegenüber dem Wirtschaftsteil und andererseits gegenüber dem Grundvermögen zu erfolgen.

Die **Abgrenzung der** den Betriebswohnungen und dem Wohnteil zuzurechnenden **Bodenflächen** gegenüber dem Wirtschaftsteil erfolgt über die Pauschalregelung des § 167 Abs. 2 BewG. Danach ist als Grund- und Bodenfläche für die Betriebswohnungen und den Wohnteil **höchstens das fünffache der bebauten Fläche** zum Grundvermögen zu rechnen. Liegt darüber hinaus ein Fall des § 158 Abs. 4 Nr. 1 BewG vor, so ist u.E. zunächst der Wert der einzelnen Teile der wirtschaftlichen Einheit zu ermitteln und dann eine anteilige Zuordnung zwischen land- und forstwirtschaftlichem Vermögen und Grundvermögen vorzunehmen.

Für die Wohnungebäude dürfte mangels entsprechender Vergleichswerte **regelmäßig** das **Sachwertverfahren** nach §§ 189 bis 191 BewG zur Anwendung kommen. Hierfür bietet die Änderung des § 196 BauGB (durch Art. 4 ErbStRG) eine geeignete Ausgangsbasis, weil Bodenrichtwerte künftig flächendeckend zu ermitteln sind. Siehe hierzu das **Beispiel** in H 33 Ländererlass vom 01. 04. 2009.

7.2 Ermäßigung zur Berücksichtigung von Besonderheiten

1875 Wertmindernde **Besonderheiten**, die sich **aus der engen räumlichen Verbindung** der Betriebswohnungen und des Wohnteils **mit der Hofstelle** ergeben (z. B. die Nähe der Stallungen und der übrigen Wirtschaftsgebäude zu den Wohnräumen), sind nach § 167 Abs. 3 BewG durch einen **Abschlag** in Höhe von **15 %** von dem wie Grundvermögen ermittelten Vergleichs-, Ertrags oder Sachwerts zu berücksichtigen (§ 167 Abs. 3 BewG, A 34 Abs. 1 Ländererlass vom 01. 04. 2009). Die enge räumliche Verbindung ist für die Wohngebäude bzw. Wohnräume der Betriebswohnungen und des Wohnteils getrennt zu beurteilen. Es kann also vorkommen, dass für die Betriebswohnungen eine enge räumliche Verbindung zur Hofstelle besteht und für den Wohnteil nicht oder umgekehrt. Die 15 %ige Ermäßigung ist jeweils am Schluss des wie Grundvermögen ermittelten Werts vorzunehmen.

1876 Zum **Begriff** der Hofstelle und der engen räumlichen Verbindung der Wohngebäude bzw. Wohnräume mit der Hofstelle vgl. die Ausführungen in A 34 Abs. 2 bis 4 Ländererlass vom 01. 04. 2009. Siehe hierzu das **Beispiel** in H 34 Ländererlass vom 01. 04. 2009.

7.3 Nachweis eines niedrigeren gemeinen Werts (Öffnungsklausel)

1877 Für Betriebswohnungen oder den Wohnteil des Betriebs der Land- und Forstwirtschaft kann abweichend von der Wertermittlung wie Grundvermögen (§§ 179 und 182 bis 196 BewG) der **niedrigere gemeine Wert** (Verkehrswert bzw. Marktwert) **am Bewertungsstichtag** angesetzt werden, wenn der Steuerpflichtige diesen nachweist (§ 167 Abs. 4 Satz 1 BewG, A 35 Abs. 1 Ländererlass vom 01. 04. 2009). Der niedrigere gemeine Wert ist für die Wohnungen und Wohnräume der Betriebswohnungen und des Wohnteils getrennt zu beurteilen und nachzuweisen.

1878 Als **Nachweis** ist regelmäßig ein Gutachten des örtlich zuständigen Gutachterausschusses oder eines Sachverständigen für die Bewertung von Grundstücken erforderlich. Für den Nachweis des niedrigeren gemeinen Werts gelten grundsätzlich die auf Grund des § 199 Abs. 1 BauGB erlassenen Vorschriften (§ 167 Abs. 4 Satz 2 BewG). Vgl hierzu A 35 Abs. 2 sowie die Hinweise im Ländererlass vom 01. 04. 2009).

1879 Ein im **gewöhnlichen Geschäftsverkehr** innerhalb eines Jahres vor oder nach dem Bewertungsstichtag zustande gekommener **Kaufpreis** über den entsprechenden Teil der wirtschaftlichen Einheit kann als Nachweis dienen (A 35 Abs. 3 Ländererlass vom 01. 04. 2009). Siehe hierzu das **Beispiel** in H 35 Ländererlass vom 01. 04. 2009.

1880–1889 frei

8 Grundbesitzwert des Betriebs der Land- und Forstwirtschaft

8.1 Zusammensetzung des Grundbesitzwerts

1890 Nach § 168 Abs. 1 BewG setzt sich der **Grundbesitzwert** des Betriebs der Land- und Forstwirtschaft entsprechend der Gliederung des § 160 Abs. 1 Nr. 1 bis 3 BewG **aus folgenden Teilen** zusammen (A 36 Abs. 1 Ländererlass vom 01. 04. 2009):
1. Wert des Wirtschaftsteils (Wirtschaftswert),
2. Wert der Betriebswohnungen abzüglich der damit im unmittelbaren wirtschaftlichen Zusammenhang stehenden Verbindlichkeiten und

3. Wert des Wohnteils abzüglich der damit im unmittelbaren wirtschaftlichen Zusammenhang stehenden Verbindlichkeiten.

Dabei kann der Wert der Betriebswohnungen und/oder der Wert des Wohnteils durch die Berücksichtigung von Verbindlichkeiten zu einem **negativen Wert** führen, da es für deren Bewertung keinen Mindestwert gibt, sondern nur eine sog. Öffnungsklausel zum Ansatz eines niedrigeren nachgewiesenen gemeinen Werts (§ 198 BewG, A 43 Ländererlass vom 05.05.2009, s. auch Kapitel 1 Teil G).

Der sich ergebende Wert ist **nicht abzurunden,** da die Bestimmungen über die Bedarfsbewertung des Grundbesitzes für Zwecke der Erbschaft- und Schenkungsteuer eine (dem § 139 BewG entsprechende) Abrundungsvorschrift nicht vorsehen.

BEISPIEL

Für einen Betrieb der Land- und Forstwirtschaft wurden zum maßgebenden Bewertungsstichtag 01.09.2009 (Besteuerungszeitpunkt für die ErbSt bzw. SchenkSt) ein Wirtschaftswert in Höhe von 223 456 €, der Wert der Betriebswohnungen mit 134 567 € und der Wert des Wohnteils mit 145 678 € ermittelt. Von den Herstellungskosten für das Wohngebäude des Betriebsinhabers im Jahre 2008 sind am Bewertungsstichtag 01.09.2009 noch 23 455 € nicht bezahlt.

LÖSUNG Es ergibt sich somit gemäß § 168 Abs. 1 BewG folgender Grundbesitzwert für den Betrieb der Land- und Forstwirtschaft:

Wirtschaftswert		223 456 €
Wert der Betriebswohnungen		134 567 €
Wert des Wohnteils:	Ermittelter Wert	145 678 €
	./. damit wirtschaftlich zusammenhängende Verbindlichkeiten	23 455 € 122 223 €
Grundbesitzwert des Betriebs der Land- und Forstwirtschaft		480 246 €

Wird nicht der gesamte land- und forstwirtschaftliche Grundbesitzwert, sondern **nur ein Teil** davon **zur Besteuerung herangezogen,** so ist dennoch eine Wertermittlung für die gesamte wirtschaftliche Einheit erforderlich (§ 12 Abs. 3 ErbStG i.V.m. § 151 Abs. 1 Satz 1 Nr. 1 und § 157 BewG, A 36 Abs. 2 Ländererlass vom 01.04.2009).

8.2 Wertansatz für einen Betrieb Stückländereien

Der Grundbesitzwert für Stückländereien als Betrieb der Land- und Forstwirtschaft besteht nur aus dem Wert des Wirtschaftsteils (Wirtschaftswert, § 168 Abs. 2 BewG, A 36 Abs. 1 Satz 3 Ländererlass vom 01.04.2009).

8.3 Aufteilung des Grundbesitzwerts bei Personengesellschaften oder Gemeinschaften

Hat ein Erwerber einen Anteil an einem als Personengesellschaft oder Gemeinschaft geführten Betrieb der Land- und Forstwirtschaft durch Erbschaft oder Schenkung erworben (§ 158 Abs. 2 Satz 2 BewG), so ist **zunächst** für die gesamte wirtschaftliche Einheit ein **Grundbesitzwert einheitlich zu ermitteln** (A 36 Abs. 3 Ländererlass vom 01.04.2009) und von diesem Wert der Anteil des Erwerbers nach den Bestimmungen des § 168 Abs. 3 bis 6 BewG zu ermitteln. Dabei sind alle Wirtschaftsgüter zu berücksichtigen, die dem Betrieb auf Dauer zu dienen bestimmt sind, auch wenn sie nur einem oder mehreren Beteiligten gemeinsam gehören.

Da sich der Grundbesitzwert des Betriebs der Land- und Fortwirtschaft aus den 3 Teilen **Wirtschaftswert** (Wert des Wirtschaftsteils), Wert der **Betriebswohnungen** und Wert des

Wohnteils zusammensetzt, sind auch diese Wertanteile **getrennt aufzuteilen**. Hierbei gilt Folgendes:
1. Der **Wert des Wirtschaftsteils** (Wirtschaftswert) ist nach den beim Mindestwert zu Grunde gelegten Verhältnissen aufzuteilen (§ 168 Abs. 4 Satz 1 BewG). Dabei richtet sich die Zuordnung der Wertanteile des Grund und Bodens, der Wirtschaftsgebäude und der Verbindlichkeiten nach den Eigentumsverhältnissen der Gesellschaft und der Gesellschafter (§ 168 Abs. 4 Satz 2 Nr. 1 und Nr. 3 BewG). Die Zuordnung des Wertanteils der übrigen Wirtschaftsgüter (Besatzkapital) richtet sich nach den Eigentumsverhältnissen der Gesellschaft und entsprechend dem vom Eigentümer zur Verfügung gestellten Umfang der Wirtschaftsgüter (§ 168 Abs. 4 Satz 2 Nr. 2 BewG, A 36 Abs. 4 Ländererlass vom 01.04.2009). Aus Vereinfachungsgründen ist es zulässig, den Wert des Besatzkapitals nach dem Verhältnis der Buchwerte der einzelnen Wirtschaftsgüter aufzuteilen, die dem Betrieb am Bewertungsstichtag zu dienen bestimmt sind (A 36 Abs. 5 Ländererlass vom 01.04.2009). Sind keine geeigneten Unterlagen vorhanden (z.B. in den Fällen der Gewinnermittlung nach § 13a EStG), so kann die Verteilung nach Köpfen erfolgen (A 36 Abs. 6 Ländererlass vom 01.04.2009).
2. Der für die **Betriebswohnungen** und den **Wohnteil** jeweils ermittelte Wert ist nach den Eigentumsverhältnissen bzw. entsprechend der Beteiligungshöhe aufzuteilen (§ 168 Abs. 5 und 6 BewG, A 36 Abs. 7 Ländererlass vom 01.04.2009).

Siehe hierzu die **Beispiele** in H 36 (5) und H 36 (6) Ländererlass vom 01.04.2009.

9 Bewertung von land- und forstwirtschaftlichen Körperschaften, Personenvereinigungen und Vermögensmassen

1897 Nach § 95 Abs. 2 BewG gilt die Land- und Forstwirtschaft zwar nicht als Gewerbe, wenn sie den Hauptzweck des Betriebs bildet. Da jedoch kraft gesetzlicher Fiktion eine land- und forstwirtschaftliche Betätigung der in § 97 Abs. 1 BewG genannten Körperschaften, Personenvereinigungen und Vermögensmassen einen Gewerbebetrieb darstellen, kommt für diesen Personenkreis nicht die Bewertung als land- und forstwirtschaftliches Vermögen in Betracht, sondern die Bewertung als Betriebsvermögen. Für dieses Betriebsvermögen ist nach § 109 Abs. 2 Satz 1 BewG der gemeine Wert anzusetzen, der nach § 109 Abs. 2 Satz 2 BewG entsprechend der Regelung des § 11 Abs. 2 BewG zu ermitteln ist. In der Praxis werden solche Betriebe in aller Regel als Kapitalgesellschaften oder Genossenschaften betrieben.

1898 Zur Abgrenzung dieser Betriebe und Ermittlung des gemeinen Werts vgl. die Ausführungen in Teil H dieses Kapitels.

1899–2000 frei

Teil G Die Bedarfsbewertung des Grundvermögens (§§ 176 bis 198 BewG)

1 Rechtsstaatliche Grundlagen einer verfassungsgemäßen Grundvermögensbewertung

Das Bundesverfassungsgericht hat in seinem Grundsatzbeschluss vom 07. 11. 2006, 1 BvL 10/02 (BStBl I 2007, 192) die Beseitigung der Ungleichbehandlung beim zu besteuernden Erwerb von Grundvermögen im Vergleich zu anderen Vermögensarten gefordert, um eine verfassungsgemäße, den Artikel 3 GG berücksichtigende Besteuerung des Grundvermögens bei der Erbschaft- Schenkungsteurer zu erreichen. Bewertungsrechtlich ist nach dieser Anforderung des Bundesverfassungsgerichtes an den Gesetzgeber und die Verwaltung immer der aktuelle Verkehrswert (§§ 9, 177 BewG, § 194 BauGB) zum Besteuerungszeitpunkt (§ 11 ErbStG) zu ermitteln. 2001

Derzeit versuchen der Gesetzgeber und die Verwaltung für die, durch Schenkungen (§ 516 BGB) oder durch Erwerbe von Todes wegen (§ 1922 BGB) übergehenden Grundstücke, mittels einer Bewertungsstruktur, die dem bisherigen Bewertungsrecht nachgebildet ist, aktuelle Verkehrswerte festzustellen. Hierzu wurden die neuen §§ 176 bis 198 an das bisherige Bewertungsgesetz angefügt. Die Verwaltung hat »gleich lautende Erlasse der obersten Finanzbehörden der Länder zur Umsetzung des Gesetzes zur Reform des Erbschaftsteuer- und Bewertungsrechtes« vom 05. 05. 2009 BStBl I 2009, 590, herausgegeben. 2002

Der Gesetzestext und die Erlasse orientieren sich sehr stark an der »Verordnung über Grundsätze für die Ermittlung der Verkehrswerte von Grundstücken (Wertermittlungsverordnung – WertV)« vom 06. 12. 1988 (BGBl I 1988, 2 209) die zum Bundesbaugesetz ergangen ist. Ob mit diesen Bewertungsregelungen eine verfassungsgemäße Bewertung gelingen kann, werden die nachfolgenden Ausführungen aufzeigen. 2003

Für unbebaute Grundstücke hat der Gesetzgeber, mit dem am 24. 12. 2008 im BGBl I 2008, 3018) veröffentlichten Gesetz, als Versuch zur Erfüllung obiger Anforderungen eine an der Grundstücksgröße und dem marktüblichen Bodenrichtwert orientierte Bewertung (§ 179 BewG) vorgeschrieben. Für bebaute Grundstücke sind mehrere, unterschiedliche Bewertungsverfahren vorgesehen. Dies sind ein vergleichendes Verfahren (§ 183 BewG), das bei sachgerechter Anwendung dem tatsächlichen Verkehrswert am nächsten kommen dürfte. Des Weiteren ein Ertragswertverfahren (§§ 184–188 BewG), sowie ein Sachwertverfahren (§§ 189–191 BewG). Daneben gibt es noch einige Sonderbewertungen (§§ 192–197 BewG). Unabhängig von diesen sehr unterschiedlichen Verfahren soll nach Abschluss des Bewertungsverfahrens für die jeweilige wirtschaftliche Einheit, der Vorstellung des Gesetzgebers folgend, immer der gemeine Wert des § 9 BewG ermittelt worden sein (§ 177 BewG, § 194 BauGB).

1.1 Der Verkehrswert und seine zulässige Streubreite

Was ist unter der Definition des Verkehrswertes im Sinne des § 9 BewG im Bereich des Grundvermögens zu verstehen? Der BFH hat in seinem Vorlagebeschluss an das Bundesverfassungsgericht vom 22. 05. 2002, II R 61/99; BStBl II 2002, 598 die Auffassung vertreten, dass es für Grundvermögen keinen absoluten und sicher realisierbaren Markt- oder Punktwert 2004 gibt, sondern allenfalls ein Marktwertniveau, auf dem sich mit mehr oder weniger großen Abweichungen vertretbare Verkehrswerte abbilden. Dabei sei von einer **Streubreite** von **plus/minus 20%** der Verkaufspreise für ein und dasselbe Objekt auszugehen. Innerhalb dieser Streubreite sei ein bewertungsrechtlich festgestellter Verkehrswert als noch vertretbar anzusehen. Die fundiert dargelegte Auffassung wird vom BFH in seinem Vorlagebeschluss durch die Angabe zahlreicher Fundstellen aus der Literatur untermauert. Dieser Feststellung des BFH entspricht auch der Realität nach 2008, sie kann deshalb auch für die Zukunft übernommen werden. Der nach den erbschaftsteuerlichen Bewertungsvorschriften ermittelte Grundbesitzwert kann, wenn Verkäufe erfolgt sind, anhand der Verkaufspreise überprüft werden (§ 194 BauGB). Die Verkaufspreise fließen regelmäßig in die von den Gutachterausschüssen zu erstellenden Kaufpreissammlungen (§ 193 Abs. 3 BauGB) ein und bilden damit die Grundlage für weitere Grundstücksbewertungen.

2005 Nicht zu berücksichtigen und deshalb auch bei den Kaufpreissammlungen der Gutachterausschüsse auszuscheiden sind Verkäufe bei denen ungewöhnliche Verhältnisse vorlagen (§ 9 Abs. 2 Satz 3 BewG) z. B bei einem kurzfristigen Zusammenbruch des regionalen Immobilienmarktes oder bei besonderen persönlichen Verhältnisse z. B. bei der Grundstücksübertragung innerhalb einer Familie, aus persönlich motivierten Gründen, usw.

1.2 Die zu bewertende wirtschaftliche Einheit

2006 Durch die gesonderten Feststellungsverfahren (§ 151 Abs. 1 Nr. 1, Abs. 2), der Lagefinanzämter (§ 152 Nr. 1 BewG) sind anlässlich der Bedarfsbewertung immer wirtschaftliche Einheiten zu bewerten. Was ist jedoch unter einer zu bewertenden wirtschaftlichen Einheit zu verstehen? Die einfachste Art sich mit der Frage nach der »wirtschaftlichen Einheit« oder dem Begriff der »wirtschaftlichen Einheit« auseinanderzusetzen ist, sich den Verkehrsvorgang, d. h. den Verkauf oder den Erwerb eines Wirtschaftsgutes oder den Verkauf oder den Erwerb einer wirtschaftlichen Einheit unter der Fragestellung: welche Teile des Wirtschaftsgutes oder welche Wirtschaftsgüter der wirtschaftlichen Einheit sind nun mitverkauft?, zu beschäftigen (siehe hierzu auch Rz. 715ff). Sind z. B. beim Verkauf eines Einfamilienhauses die Einbauküche, der Kachelofen, der Brennstoffvorrat, die Hauskatze, die Dachdeckung oder die wertvollen Kübelpflanzen auf dem Balkon mitverkauft oder dürfen sie vom Verkäufer des Einfamilienhauses vor der Übergabe entnommen werden? Was wird beim Erwerb einer Eigentumswohnung eigentlich miterworben? Gehört hierzu auch der Miteigentumsanteil an dem gemeinschaftlichen Hobbyraum im Keller oder muss dieser Miteigentumsanteil gesondert erworben werden? Ist das Sondernutzungsrecht an einem Parkplatz auf der vor der Eigentumswohnung gelegenen Vorplatzfläche des Gesamtgrundstücks oder der in der zur Wohnung gehörenden Garage aufgebockte Oldtimer mitverkauft? Eine Lösungshilfe zu diesen Fragen kann aus § 2 Abs. 1 Satz 3 und 4 sowie Abs. 2 BewG abgeleitet werden.

2007 Was als wirtschaftliche Einheit zu gelten hat, ist zunächst einmal nach den Anschauungen des Verkehrs zu entscheiden (siehe hierzu auch Rz. 731). Die Verkehrsanschauung wird durch die o.g. Überlegungskriterien verständlich. Bei der Frage, was bei einem üblichen Verkehrsvorgang, dem Verkauf oder Erwerb von Wirtschaftsgütern oder wirtschaftlichen Einheiten als zusammengehörend und damit als mitverkauft gelten kann, ist auch der Zeitgeist im Veräußerungszeitpunkt zu berücksichtigen. Als Beispiel für den Zeitgeist im Veräußerungszeitpunkt und damit als Verdeutlichung für mögliche Änderungen in der Verkehrsanschauung bei Gebäudebestandteilen möge die Kücheneinrichtung dienen. War früher das Vorhandensein einer Einbauküche ein besonderes Qualitätsmerkmal eines Einfamilienhauses, und damit werterhöhend, wurde dies im Lauf der Zeit durch den sich in den Vordergrund rückenden, höher zu bewertenden, persönlichen Einrichtungsgeschmack zum Nachteil und damit wertmindernd, wenn sich der Erwerber nach eigenen Vorstellungen einrichten wollte und deshalb die bisherige Küche auf eigene Kosten entsorgen musste. Dies kann sich in Zukunft wieder verändern, wenn aufgrund einer sich allgemein verschlechternden Wirtschaftssituation, allein die Tatsache des Vorhandenseins einer mit Einbaugeräten versehen, funktionsfähigen Einbauküche als Vorteil angesehen wird.

Darüber hinaus berücksichtigt die örtliche Gewohnheit regionale Unterschiede. So wird z. B in bestimmten Regionen das Vorhandensein eines Kachelofens, einer Beschattungseinrichtung o. ä. erwartet. Bei den o.g. Eingangsfällen sind daher beim Verkauf des Einfamilienhauses gem. §§ 2, 176 Abs. 1 Nr. 1 BewG, 93–97 BGB, die Einbauküche, der Kachelofen, der übliche Brennstoffvorrat und die Dachdeckung, Bestandteile bzw. Zubehör des Einfamilienhauses und damit als Vertragsbestandteil mitverkauft. Die Hauskatze und die wertvollen Kübelpflanzen auf dem Balkon sind keine Grundstücksbestandteile und deshalb auch nicht mitverkauft. Beim Erwerb der Eigentumswohnung ist der Anteil am gemeinschaftlichen Hobbyraum im Keller Bestandteil des Miteigentumsanteils und damit mitverkauft. Beim Sondernutzungsrecht kommt es darauf an ob es an eine Person oder an eine Eigentumswohnung gebunden ist. Bei einer Bindung an die Wohnung wäre das Sondernutzungsrecht ebenfalls mitverkauft. Der in der Garage aufgebockte Oldtimer ist kein Bestandteil des Grundstücks und daher auch nicht mitverkauft. 2008

Zu einer wirtschaftlichen Einheit dürfen nur Wirtschaftgüter einer einheitlichen Eigentümerstruktur zusammengefasst werden. Gehört z.B. ein Einfamilienhaus durch einen Erbgang zwei Geschwistern, darf das angrenzende Garagengrundstück nur dann in der wirtschaftlichen Einheit »Einfamilienhaus« mit erfasst werden wenn dort die identischen Geschwister Eigentümer des Grundstücks sind. 2009

2010–2019 frei

1.3 Die Verantwortungsverlagerung bei der Wertfindung auf die Gutachterausschüsse der Gemeinden

In den §§ 179 Satz 2, 183 Abs. 1 Satz 2, Abs. 2 Satz 1, 187 Abs. 2 Satz 2, 188 Abs. 2 Satz 1, 191 Abs. 1 und Abs. 2, 193 Abs. 4 Satz 1, wird auf die von den Gutachterausschüssen der Gemeinden zu erstellenden Bewertungsgrundlagen verwiesen. Dies bedeutet, dass nahezu die gesamte Grundlagenarbeit und damit die Verantwortung für die Bedarfsbewertung bei der Erbschaft- Schenkungsteuer auf die Gutachterausschüsse der Gemeinden abgewälzt wurde. 2020

Die Finanzverwaltung wird deshalb bei den neuen Bedarfsbewertungen in der Regel nur noch mathematische Operationen ohne das entsprechende Grundlagenwissen über die Bewertungsgrundlagen ausführen. Sollte die Finanzverwatung bei diesen Grundstücksbewertungen auf der Grundlage der von den Gutachterausschüssen vorgegebenen Werte, zu Werten kommen, die nach Auffassung der Steuerbürgers zu einem über dem Verkehrswert liegenden Wert führen, kann gem. § 198 BewG sowie aufgrund der bisherigen Rechtsprechung des BFH, BStBl II 2005, 259, desgl. durch das Urteil BFH 03. 12. 2008, II R 19/08, der niedrigere Verkehrswert durch ein Gutachten des örtlich zuständigen Gutachterausschusses oder durch ein Gutachten eines öffentlich bestellten und vereidigten Sachverständigen für Grundstücksbewertung, nachgewiesen werden. Dies ergibt sich aus der bisherigen Rechtsprechung. Der Gesetzgeber hat bisher noch keine klare Regelung zum Verkehrswertnachweis geschaffen. § 198 BewG beinhaltet nur den 2021

Hinweis auf die Möglichkeit des Nachweises eines niedrigeren Verkehrswertes und den Verweis auf § 199 BauGB. § 199 BauGB enthält bisher nur Ermächtigungen und zwar in Abs. 1 für die Bundesregierung unter der Zustimmungsvoraussetzung des Bundesrates und in Abs. 2 für die Landesregierungen. Wie der Nachweis eines niedrigeren Verkehrswertes geführt werden kann ist derzeit von Seiten des Gesetzgebers noch nicht geklärt.

2022 Die Verwaltung geht hier einen Schritt weiter und führt durch gleich lautende Erlasse der obersten Finanzbehörden der Länder zur Umsetzung des Gesetzes zur Reform des Erbschaftsteuer- und Bewertungsrechts vom 05.05.2009 BStBl I 2009, 590 in A 43 Abs. 3 hierzu aus, dass, der bisherigen Rechtsprechung entsprechend, für den Nachweis eines niedrigeren Verkehrswertes, regelmäßig ein Gutachten des örtlich zuständigen Gutachterausschusses oder eines Sachverständigen für die Bewertung von Grundstücken erforderlich sei. Hier wird die bisherige, zu den alten Bewertungsregeln ergangene Rechtsprechung übernommen, die neu geschaffene, durch Aufgabenabwälzungen entstandene Situation zu den neuen Bewertungsregelungen wird jedoch kaum berücksichtigt. Die Verwaltungsanweisung in Abschn. 43 Abs. 3 Satz 2: »Das Gutachten«... also auch das Gutachten des Gutachterausschusses... »ist für die Feststellung des Grundbesitzwerts nicht bindend, sondern unterliegt der Beweiswürdigung durch das Finanzamt«, beschreibt jetzt eine kuriose Situation. Die Gutachten der gemeindlichen Gutachterausschüsse, also derjenigen Gremien auf die die gesamte Grundlagenarbeit und Verantwortung abgewälzt wurde und die hieraus auch den größeren Kenntnis- und Sachverstand haben dürften, wobei sich in deren Mitte gem. § 192 Abs. 3 Satz 2 BauGB ein Bediensteter der zuständigen Finanzbehörde mit Erfahrung in der steuerlichen Bewertung von Grundstücken als Gutachter befinden soll, sind nicht bindend. Sie unterliegen der freien Beweiswürdigung durch die Finanzämter.

2023 Es wird interessant sein, zu verfolgen wie die Finanzverwaltung aufgrund ihres Kenntnisstandes einer freien Beweiswürdigung nachkommen und damit ggf. Gutachten der Gutachterausschüsse unter Berücksichtigung der bisherigen Rechtsprechung würdigen möchte. Die Handlungsspielräume sind nach den Erkenntnissen des BFH ohnehin sehr stark eingeschränkt. Hierzu die Ausführungen im BFH-Urteil vom 12.07.2006, II R 1/04 BStBl II 2006, 742:

2024 »Die Bodenrichtwerte sind für die am Steuerrechtsverhältnis Beteiligten verbindlich und einer gerichtlichen Überprüfung regelmäßig nicht zugänglich (Urteile des Bundesfinanzhofs – BFH vom 11.05.2005 II R 21/02, BFHE 210, 48, BStBl II 2005, 686, und vom 26.04.2006 II R 58/04, BB 2006, 1725). Sie sind deswegen von den Finanzbehörden und -gerichten ungeprüft und ohne eigenen Bewertungsspielraum der Ermittlung des Bedarfswerts zugrunde zu legen (BFH-Urteil vom 18.08.2005 II R 62/03, BFHE 210, 368, BStBl II 2006, 5).« Diese Ausführungen sprechen für sich und lassen der Finanzverwaltung, nachdem sie die gesamte Grundlagearbeit an die Gutachterausschüsse abgegeben hat, ohnehin kaum noch einen Entscheidungsspielraum.

1.4 Die Einrichtung und Zusammensetzung der Gutachterausschüsse

2025 Nach den neuen Bewertungsregeln im Bewertungsgesetz, ist die Grundlagenarbeit für die neue Bedarfsbewertung auf die Gutachterausschüsse der Gemeinden übertragen worden. Hierdurch werden für jeden mit der neuen Bedarfsbewertung befassten Bearbeiter Grundkenntnisse in der Frage der Zuständigkeit, der Zusammensetzung und der Art der Wertfindung dieser Ausschüsse erforderlich, die nachfolgend dargestellt werden. Gem. **§ 192 BauGB** werden zur Ermittlung von Grundstückswerten und für sonstige Wertermittlungen selbständige, unabhängige Gutachterausschüsse gebildet. Die Gutachterausschüsse bestehen aus einem Vorsitzenden und ehrenamtlichen weiteren Gutachtern. Der Vorsitzende und die weiteren Gutachter sollen in der Ermittlung von Grundstückswerten oder in sonstigen Wertermittlungen sachkundig und erfahren sein und dürfen nicht hauptamtlich mit der Verwaltung der Grundstücke der Gebietskörperschaft also in der Regel für die Gemeinde, für deren Bereich der Gutachterausschuss gebildet ist, befasst sein. Für die Ermittlung der Bodenrichtwerte ist ein Bediensteter der zuständigen Finanzbehörde mit Erfahrung in der steuerlichen Bewertung von Grundstücken als Gutachter vorzusehen. Zur Dokumentation der Eigenständigkeit und zur Schaffung der Möglichkeit von jedem Bürger angerufen zu werden, wird bei der jeweiligen Verwaltungseinheit eine Geschäftsstelle für den Gutachterausschuss eingerichtet. Der Gutachterausschuss erstattet gem. **§ 193 BauGB** Gutachten über den Verkehrswert von bebauten und unbebauten Grundstücken sowie Rechten an Grundstücken, wenn sie für den Vollzug der zuständigen Behörden bei der Erfüllung der Aufgaben nach BauGB erforderlich sind. Die ursprüngliche Hauptaufgabe der Gutachterausschüsse bestand in der **Wertfeststellung bei Entschädigungsverfahren** oder in der Wertfeststellung für Gerichte und Justizbehörden.

Der jeweilige Gutachterausschuss führt eine Kaufpreissammlung, wertet sie aus und ermittelt Bodenrichtwerte und sonstige, zur Wertermittlung erforderliche Daten. Gem. **§ 195 BauGB** ist **von jedem Vertrag**, durch den sich jemand verpflichtet, Eigentum an einem Grundstück gegen Entgelt, auch im Wege des Tausches, zu übertragen oder ein Erbbaurecht zu begründen, von der beurkundenden Stelle eine **Abschrift an den Gutachterausschuss** zu **übersenden**. Die Gutachterausschüsse erhalten hierdurch umfassende Informationen über sämtliche Grundstücksbewegungen.

2026

Die Landesregierung oder die von ihr bestimmte Behörde kann im Einvernehmen mit der Gemeinde durch Rechtsverordnung bestimmen, dass die nach dem Baugesetzbuch der Gemeinde obliegenden Aufgaben z. B. die Bildung von Gutachterausschüssen auf eine andere Gebietskörperschaften wie z. B. den Landkreis übertragen wird.

2027

2028–2039
frei

2 Die Bewertung unbebauter Grundstücke

2.1 Definition der unbebauten Grundstücke

§ 178 BewG definiert unbebaute Grundstücke als Grundstücke auf denen sich keine benutzbaren Gebäude befinden. Dies macht es erforderlich sich zunächst mit dem Gebäudebegriff auseinanderzusetzen. Die Finanzverwatung hat sich durch gleich lautende Ländererlasse vom 15. 03. 2006, BStBl I 2006, 314, für die Definition des Gebäudebegriffes, der ständigen Rechtsprechung des Bundesfinanzhofes angeschlossen (BFH 15. 06. 2005, II R 67/04 BStBl II 2005, 688). Als Gebäude ist hiernach ein Bauwerk anzusehen, das durch räumliche Umschließung, Schutz gegen äußere Einflüsse gewährt, den nicht nur vorübergehenden Aufenthalt von Menschen gestattet, fest mit dem Grund und Boden verbunden, sowie von einiger Beständigkeit und standfest ist. Weitere Fundstellen zu dieser Thematik wären die BFH-Urteile: BFHE 96, 57, BStBl II 1969, 517; BFHE 202, 376, BStBl II 2003, 693; BFHE 96, 57, BStBl II 1969, 517; BFHE 96, 365, BStBl II 1969, 612. sowie Rz. 4171. Unter unbebauten Grundstücken versteht man nach den obigen Ausführungen zunächst naturbelassene Grundstücke, auf denen noch nie ein Bauwerk errichtet wurde. Des Weiteren Grundstücke auf denen sich zwar Bauwerke befinden, die jedoch nach obiger Definition nicht als Gebäude zu

2040

verstehen sind, wie z.B. Brücken oder Windkraftanlagen, bestimmten Produktions- oder Lagerverfahren zuzuordnende Bauwerke wie Transformationsstationen oder Bauwerke in denen aus Produktions- oder Lagertechnischen Gründen besonders hohe oder niedrige Temperaturen herrschen, weshalb der Aufenthalt von Menschen nicht möglich ist. Grundstücke mit Bauwerke, die verfallen und bei denen bereits die konstruktiven Teile wie z.B. Decken oder tragende Bauwerksteile ihre Funktion nicht mehr erfüllen können gelten ebenfalls als unbebaut.

2041 Neu in den Gesetzestext wurden, im Vergleich zum früheren Abgrenzungsverständnis zwischen bebauten und unbebauten Grundstücken, die Grundstücke aufgenommen deren Gebäuden auf Dauer keiner Nutzung zugeführt werden können. Hierunter können leerstehende Wohngrundstücke verstanden werden, deren Gebäude aus wirtschaftlichen Gründen zum Abbruch vorbereitet werden usw. Sie sind jetzt den unbebauten Grundstücken zuzuordnen.

2.2 Die zu bewertende wirtschaftliche Einheit

2042 Neben der allgemeinen Abgrenzungsregelung des § 176 Abs. 1 Nr. 1 BewG, wonach zur wirtschaftlichen Einheit des unbebauten Grundstücks der Grund und Boden, die sonstigen Bestandteile und das Zubehör gehören, eine Regelung die den §§ 93–97 BGB entspricht, ist zu beachten, dass es bei der Bewertung unbebauter Grundstücke trotz angeblich neuer, am Verkehrswert orientierter Bewertungsregelungen bei einem typisierenden Bewertungsverfahren geblieben ist. Der Wert unbebauter Grundstücke wird weiterhin, wie nachfolgend dargestellt **nur nach der Fläche** und dem **Bodenrichtwert** dieser Fläche bestimmt (§ 179 Abs. 1 Satz 1 BewG, 196 BauGB). So bleiben werterhöhende Merkmale wie z.B. eine Bodenbefestigung, das Aufbringen von Asphalt oder Steinpflaster zur besseren Benutzbarkeit des Grundstücks oder eine Grundstücksumzäunung bei der Bewertung des Grundstücks unberücksichtigt.

2.3 Die Bewertung unbebauter Grundstücke nach § 179 BewG

2043 Bei der Bewertung unbebauter Grundstücke gem. § 179 BewG sind nur die Bewertungskriterien Grundstücksgröße und Bodenrichtwert (§ 196 des Baugesetzbuches) zu berücksichtigen. Rechnerisch ist dies ein sehr einfaches Bewertungsverfahren, das auch schematisch sehr einfach darzustellen ist.

Grundstücksgröße in m²	×	Bodenrichtwert lt. Gutachterausschuss	=	Wert des unbebauten Grundstücks

2.4 Weitergehende Verwaltungsanweisungen zur Bewertung unbebauter Grundstücke

2044 Die weitergehenden Verwaltungsanweisungen zur Bewertung unbebauter Grundstücke sind in den Abschnitten 5 bis 7, der gleich lautenden Erlasse der obersten Finanzbehörden der Länder zur Umsetzung des Gesetzes zur Reform des Erbschaftsteuer- und Bewertungsrechts vom 05.05.2009 BStBl I 2009, 590 dargestellt. Zunächst die wichtigsten Fundstellen hieraus:
- Abschn. 5 Abs. 1 Satz 1: »Der Wert unbebauter Grundstücke umfasst den Wert des Grund und Bodens, **mit dem die Außenanlagen** abgegolten sind.«
- Abschn. 6 Abs. 8: »**Weitere wertbeeinflussende Merkmale**, wie z.B. Ecklage, Zuschnitt, Oberflächenbeschaffenheit und Beschaffenheit des Baugrundes, Lärm-, Staub-,

oder Geruchsbelästigungen, Altlasten sowie Außenanlagen **bleiben außer Ansatz.**« Vgl. hierzu zum Begriffsverständnis und zur Anwendung Rz. 4185, 4405.

Dies bedeutet, dass auch nach Auffassung der Verwaltung bei unbebauten Grundstücken eine typisierende Bewertung durchgeführt werden soll, bei der sehr kostspielig Außenanlagen wie z. B. eine Hangstützmauer die eine Bebbauung erst ermöglicht, teuere Platzbeleuchtung oder für den Schwerlastverkehr geeignete sehr teueren und druckbeständigen Bodenbefestigungen nicht berücksichtigt werden. Hierdurch dürften die Vorgaben des Bundesverfassungsgerichtes nicht erreicht werden. Zur Berücksichtigung obiger Faktoren bei der Einheitsbewertung siehe Rz. 4181, 4186.

Trotz dieser sehr groben Bewertungsstruktur und der, ebenfalls vom BFH in seinem Vorlagebeschluss vom 22. 05. 2002, II R 61/99; BStBl II 2002, 598 vertretenen Toleranzbreite von 20 % bei den Verkehrswerten, hat die Verwaltung im Abschnitt 6 den Ausnahmefall des BFH- Urteils vom 12. 07. 2006, II R 1/04 BStBl II 2006, 742 sehr umfangreich bearbeitet. Diese BFH-Urteil betrifft nur den seltenen Fall, in dem der Gutachterausschuss den Bodenrichtwert mit der zu diesem Bodenrichtwert gehörige Geschossflächenzahl verknüpft hat, also die mögliche Bebaubarkeit des Einzelgrundstücks bei sehr unterschiedlicher Bebaubarkeit innerhalb eines Plangebietes in den Vordergrund stellt. Der Wert des jeweils zu bewertenden Einzelgrundstücks muss dann eben mittels Umrechnungskoeffizienten, die die jeweilige Bebaubarkeit berücksichtigen, berechnet werden.

Der BFH beendet seine schriftlichen Ausführungen im o. g. Urteil mit der wegweisenden Anmerkung: »Von der Möglichkeit des Nachweises eines niedrigeren gemeinen Werts hat der Kläger keinen Gebrauch gemacht.« Dies ist ein deutlicher Hinweis in die Richtung der möglichen künftigen Problemlösung ohne Umrechnungskoeffizienten.

Die Verwaltungsanweisungen zur Bewertung unbebauter Grundstücke enden mit zwei Rundungsregelungen in Abschnitt 7, wonach die Bodenwerte pro m^2 auf volle Cent und der Bodenwert auf volle Euro abzurunden sind.

3 Die Bewertung bebauter Grundstücke

3.1 Definition des bebauten Grundstücks

Korrespondierend mit § 178 BewG sind gem. § 180 BewG unter bebauten Grundstücken Grundstücke zu verstehen, auf denen sich benutzbare Gebäude befinden. Zusätzlich zu den Ausführungen unter 2.1 dieses Abschnitts (Rz. 2040) ist deshalb nur noch anzumerken, dass von einem bebauten Grundstück auszugehen ist, wenn das Bauvorhaben für die gesamte wirtschaftliche Einheit fertig gestellt ist. Für die Frage ob eine wirtschaftliche Einheit ihrem Zweck entsprechend als nutzbar angesehen werden kann, ist auf die Sichtweise eines Mieters abzustellen. Ist die zu bewertende wirtschaftliche Einheit am Bewertungsstichtag noch nicht fertig gestellt, erfolgt die Bewertung dieser wirtschaftlichen Einheit nach den Regeln des § 196 BewG als Grundstück im Zustand der Bebauung. Für die Frage der Fertigstellung kommt es auch auf die Art der wirtschaftlichen Einheit an. Bei einem Mietwohngrundstück ist die wirtschaftliche Einheit das Grundstück mit aufstehendem Wohngebäude. Es kommt hier also auf die Fertigstellung des gesamten Wohngebäudes an. Geschenkt oder geerbt wird hier ja ebenfalls das Gesamtgrundstück. Ist ein Grundstück im Grundbuch in Wohnungs- und Teileigentumseinheiten aufgeteilt, stellt die jeweilige Eigentumswohnung oder das jeweilige ggf. gewerblich genutzte Teileigentum die wirtschaftliche Einheit dar. Hier kommt es nur darauf an ob die einzelne Wohnung (Wohnungseigentum) oder das jeweilige Teileigentum fertig gestellt ist. Übertagen wird hier im Fall der Erbschaft oder der Schenkung ja ebenfalls nur die Wohnung oder das Teileigentum.

2061 Sollte es zu längeren, nicht witterungsbedingten Bauverzögerungen zwischen den einzelnen Bauabschnitten kommen ist zu untersuchen ob ggf. ein Bauen in Bauabschnitten vorliegt. Wird z. B. die Baugenehmigung für die Errichtung eines Zweifamilienhauses beantragt und zunächst nur ein für sich abgeschlossener Teil z. B. eine Wohnung fertig gestellt und folgt die Fertigstellung der zweiten Wohnung z. B. wegen Arbeitslosigkeit des Bauherren erst erheblich später ist von einem Bauen in Bauabschnitten auszugehen. Derzeit wird als Indiz für das Bauen in Bauabschnitten eine Bauunterbrechung von mind. zwei Jahren angenommen.

2062 In den Fällen des Bauens in Bauabschnitten ist in der Regel eine Bewertung gem. § 196 Abs. 2 BewG vorzunehmen.

3.2 Zuordnung zu einer Grundstücksart des § 181 BewG

2063 Die Bewertung der wirtschaftlichen Einheiten im Vergleichswertverfahren, Ertragswertverfahren oder Sachwertverfahren erfolgt in Abhängigkeit von der Grundstücksart der jeweiligen wirtschaftlichen Einheit. Die wirtschaftliche Einheit ist deshalb in einem ersten Bearbeitungsschritt einer der Grundstücksarten des § 181 BewG zuzuordnen. Die Aufzählung des § 181 BewG ist abschließend. Falls eine wirtschaftliche Einheit keiner der Grundstücksarten der Nr. 1–5 zugeordnet werden kann erfolgt die Zuordnung automatisch zu der die Aufzählung abschließenden Nr. 6, den sonstigen bebauten Grundstücken. Bei den Grundstücksarten wird zwischen Ein- und Zweifamilienhäusern, Mietwohngrundstücken, Wohnungseigentum, Teileigentum Geschäftsgrundstücke gemischt genutzten Grundstücken und sonstigen bebauten Grundstücken unterschieden. Die Definitionen zu den jeweiligen Grundstücksarten sind in den Absäten 2 bis 8 des § 181 BewG leicht verständlich dargestellt, weshalb auf den Gesetzestext, hilfsweise auf die Rz. 4202 verwiesen werden kann. Neu in den Gesetzestext aufgenommen wurde die Definition des aus der Rechtsprechung abgeleiteten **Wohnungsbegriffs**. Neben der für eine Wohnung erforderlichen Mindestwohnfläche von 23 m² wird die Abgeschlossenheit der Wohnung gegenüber anderen Gebäudeteilen und ein eigener Zugang sowie das Vorhandensein von Küche, Bad oder Dusche und einer Toilette für die Wohnung gefordert.

2064–2069 frei

4 Die Bewertungsverfahren bei bebauten Grundstücken

4.1 Die Anwendung der einzelnen Bewertungsverfahren bei bebauten Grundstücken

2070 Für die Ermittlung des gemeinen Wertes (§ 177 BewG), der zu bewertenden wirtschaftlichen Einheiten werden vom Gesetzgeber gem. § 182 Abs. 1 BewG ein Vergleichswertverfahren, ein Ertragswertverfahren und ein Sachwertverfahren angeboten.

2071 Das Vergleichswertverfahren ist, falls Vergleichswerte vorhanden sind, gem. § 182 Abs. 2 BewG für das Wohnungs- und Teileigentum sowie für die Bewertung von Ein- und Zweifamilienhäuser vorgesehen. Sind keine Vergleichswerte vorhanden, erfolgt die Bewertung dieser Grundstücke im Sachwertverfahren, § 182 Abs. 4 Nr. 1 BewG.

Das Ertragswertverfahren ist für Mietwohngrundstücke vorgesehen, weil es sich hier um reine Renditeobjekte handelt und eine Jahresmiete regelmäßig vorhanden ist, § 182 Abs. 3 Nr. 1 BewG. Für Geschäftsgrundstücke und gemischt genutzte Grundstücke ist das Ertragswertverfahren ebenfalls vorgesehen, sofern sich eine Miete ermitteln lässt, § 182 Abs. 3 Nr. 2 BewG. Lässt sich keine Miete ermitteln erfolgt die Bewertung der Geschäftsgrundstücke und der gemischt genutzte Grundstücke ebenfalls im Sachwertverfahren, § 182 Abs. 4 Nr. 2 BewG. Sonstige bebaute Grundstücke wie z. B. einzelstehende Garagen sind immer im Sachwertverfahren zu bewerten, § 182 Abs. 4 Nr. 1 BewG.

2072

4.2 Das Vergleichswertverfahren

4.2.1 Die Struktur des Vergleichswertverfahrens

Dieses auf der Basis von Objekt und Preisvergleich beruhende, vergleichende Bewertungsverfahren ist besonders für die sachgerechte Bewertung von Reihenhausneubausiedlungen, für Baugebiete mit gleichartiger Baustruktur oder für Eigentumswohnungen innerhalb einer Region geeignet. Hier dürfte die Forderung des § 177 BewG, dass das Bewertungsergebnis dem gemeinen Wert des § 9 BewG, d. h. dem aktuellen Verkehrswert entsprechen soll relativ problemlos erreicht werden. Unter Berücksichtigung der 20 %igen Tolleranzgrenze des BFH (Rz. 2004) kann hier eine zutreffende Bewertung mit geringem Aufwand durchgeführt werden. Dieses Verfahren ist mit Sicherheit nicht für die Ermittlung genauer Punktwerte geeignet. Es eignet sich dafür hervorragend für die Wertfindung innerhalb der zu tolerierenden Streubreite von 20 %. In nach neuesten Bauvorschriften überplanten Baugebieten sind die Grenzen der Bebaubarkeit regelmäßig so eng abgesteckt, dass die meisten Bauinteressenten regelmäßig die mögliche Bebaubarkeit der Grundstücke in vollem Umfang ausnutzen, wodurch aufgrund der Baurechtsbestimmungen gleichförmige Werte geschaffen werden. Die Bewertungsobjekte unterscheiden sich meist nur geringfügig in Form und Farbe. Der größte Unterschied der nebeneinander aufgereihten Wohneinheiten wird durch die gewählten Baustoffe, und die Produktionsart bestimmt. Die Produktionsart als Massivbauhaus oder als Gebäude in Fertigbauweise ist für den Bauherren häufig weniger eine Frage der zu verwendenden Baustoffe, sondern vielmehr eine Frage der möglichen Baugeschwindigkeit, der Preisgarantie und der Garantie für eine termingerechten Baufertigstellung. Für einen späteren Erwerber erscheinen diese Kriterien nicht mehr so gewichtig, so dass sich bei der Einhaltung gewisser gesetzlicher bau- und wärmetechnischer Vorschriften ein relativ identisches Preisgefüge ergibt. Andere Kriterien wie z. B. die Frage der Wohngesundheit der verwendeten Baustoffe haben sich als wertbeeinflussende Faktor noch nicht ausreichend etabliert. Bei Wohnungs- und Teileigentum verbleiben häufig als einzige Unterscheidungsmerkmale die Wohnungsgröße oder die Größe der Gewerbefläche sowie die Stockwerkshöhenlage innerhalb des Bauwerkes.

2073

4.2.2 Die Anwendung des Vergleichswertverfahrens

Das Vergleichswertverfahren ist gem. § 182 Abs. 2 BewG auf die Bewertung von Wohnungs- und Teileigentum, sowie auf die Bewertung von Ein- und Zweifamilienhäuser anzuwenden. Der Gesetzestext des § 183 BewG bringt lediglich zum Ausdruck, dass die zu vergleichenden Objekte hinsichtlich ihrer Wert beeinflussenden Merkmale hinreichend übereinstimmen sollen. Es werden zwei Möglichkeiten des Vergleiches aufgezeigt. Zum einen in § 183 Abs. 1 BewG der Preisvergleich über ganze, ähnliche Vergleichsgrundstücke, damit

2074

einem Preisvergleich über Vergleichswerte für die gesamte wirtschaftliche Einheit. Zum andern wird in § 183 Abs. 2 BewG die Möglichkeit aufgezeigt, über für geeignet gehaltene Bezugseinheiten, z. B. die Nutzflächen oder den Ertrag und den hierzu ermittelten Werten über Vergleichsfaktoren der Gutachterausschüssen einen Preisvergleich durchzuführen.

2075 Eine weitergehende Verständnishilfe zum Vergleichswertverfahren ergibt sich aus den Verwaltungsanweisungen zur Bewertung bebauter Grundstücke hier Abschnitten 12, der gleich lautenden Erlasse der obersten Finanzbehörden der Länder zur Umsetzung des Gesetzes zur Reform des Erbschaftsteuer- und Bewertungsrechts vom 05.05.2009 BStBl I 2009, 590 nicht. Aus Abschn. 12 Abs. 4 Satz 2 dieser Anweisung ergibt sich lt. Verwaltungsmeinung lediglich, dass eine hinreichende Übereinstimmung mit Mustergrundstücken nur so lange gesehen wird, so lange die Wohn-/Nutzflächen des Gebäudes, die Grundstücksgröße oder das Alter des Gebäudes um höchstens jeweils 20 Prozent vom Vergleichsgrundstück abweichen. Aus den in den Erlassen mit abgedruckten Hinweisen kann entnommen werden, dass bei Wertzahlangaben (§ 183 Abs. 2 BewG) des Gutachterausschusses für eine 80 m^2 große Mustereigentumswohnung folgende Vergleichsmöglichkeiten bestehen:

2076 Eine 70 m^2 große Eigentumswohnung (Flächenabweichung von der Mustereigentumswohnung 12,5 %) kann noch mit der Mustereigentumswohnung (80 m^2) verglichen werden, weil die Flächendifferenz unter 20 % liegt. Eine 60 m^2 große Eigentumswohnung kann dagegen nicht mehr mit der Mustereigentumswohnung verglichen werden (Flächenabweichung von der Mustereigentumswohnung 25 %). Hier wäre die Anwendung des Vergleichsfaktors Wohnfläche nur möglich, wenn der Gutachterausschuss zusätzlich entsprechende Umrechnungskoeffizienten hinsichtlich unterschiedlicher Wohnflächen ermittelt und mitgeteilt hätte.

2077 Während sich für die Gutachterhauschüsse kaum Einschränkungen bezüglich des vergleichenden Verfahrens ergeben, sind die Anwendungsmöglichkeiten dieses Verfahrens in der Finanzverwaltung durch die Abgabe der Grundlagenarbeit an die Gutachterhauschüsse erheblich eingeschränkt. Nur wenn die entsprechenden Umrechnungsschlüssel mitgeliefert werden, erschließt sich ein erweitertes Anwendungsspektrum über den direkt vergleichbaren Einzelfall hinaus.

2078–2099 frei

4.3 Das Ertragswertverfahren

4.3.1 Die Struktur von Ertragswertverfahren

2100 Die verschiedenen auf dem Ertrag eines Grundstücks beruhenden Ertragswertverfahren basieren alle auf der am örtlichen Grundstücksmarkt tatsächlich erzielbaren, üblichen Miete. Sinn und Zweck des Ertragswertverfahrens ist es den Wert der gesamten wirtschaftlichen Einheit, das sind der Grund und Boden, die Bauwerke, alle weiteren Bestandteile wie Außenanlagen und das Zubehör über den **Ertrag** des Grundstücks zu definieren. Die ursprünglichen Herstellungskosten des Wirtschaftsgutes treten hierbei in den Hintergrund. Sie sind nahezu bedeutungslos. Da die aufstehenden Bauwerke veränderbar sind, ggf. auch insgesamt beseitigt werden können, der Grund und Boden aber immer verbleibt, wird als Mindestwert bei der Bewertung der wirtschaftlichen Einheit regelmäßig der Wert des Grund und Bodens angenommen. Dieser Mindestwert darf dann bei der Bewertung nicht unterschritten werden. Es sei denn es wären Abbruchkosten zu berücksichtigen. Sinnvoll ist die Anwendung eines **Ertragswertverfahrens** zur Bewertung einer wirtschaftlichen Einheit selbstverständlich nur dann, wenn es sich auch tatsächlich um ein **Renditeobjekt** handeln soll. D. h. es wird eine Immobilie erworben um sie anderen mietweise zu Verfügung zu stellen um hieraus die notwendigen Investitionskosten zu finanzieren, sowie einen gewissen Überschuss zu erzielen.

Die einfachste Form eines Ertragswertverfahrens besteht in der Kombination des Jahresertrages mit einer Zeitkomponente. Der Bewertungsanlass für ein solches Bewertungsverfahren könnte die Fragestellung sein: welchen Ertrag bringt eine zu erwerbende wirtschaftliche Einheit in den nächsten 20 Jahren? Bei der Bildung des folgenden Beispiels soll für ein Objekt eine Monatsmiete von 1 000 € (oder ein Mehrfaches davon) erzielt werden. Hieraus ergäbe sich ein Jahresmiete von 12 000 €. Nominell werden dem Eigentümer in den nächsten 20 Jahren 12 000 € × 20 Jahre = 240 000 € zufliesen. Im Ertragswertverfahren stellt sich jedoch **nicht** die Frage des **Mittelzuflusses, sondern** die Frage nach dem **Ertrag**. Dies bedeutet dass der Mittelzufluss und der dazugehörende Aufwand immer zusammen gesehen werden müssen um den Ertrag bestimmen zu können. Dem Mittelzufluss ist also mindestens die erforderliche Verzinsung für das eingesetzte Kapital gegenüber zu stellen. Um die Zinskomponente des Ertragswertes einer Investition in einem Ertragswertverfahren erfassen zu können, ist es möglich, den Unterschied mittels der für die Forderungsbewertungen gem. 12 BewG, ausgearbeitete Anlage 9a zum Bewertungsgesetz, mit deren Hilfe sich der Unterschied zwischen einer unverzinslichen und einer mit 5,5 % verzinsten, in Raten zu zahlenden Forderung (oder Miete) berechnen lässt, darzustellen. In unserem Beispielsfall würde sich, wie oben dargestellt, bei einer Mietzahlung von 1 000 € monatlich ein nominell zufließender Betrag von 240 000 € ergeben. Unter Berücksichtigung der bei dieser Überlegung zunächst fehlenden Verzinsung aus der Ausgangsinvestition würde sich bei Berücksichtigung des fehlenden Zinses (hier 5,5 %) und des aus Anlage 9a des Bewertungsgesetzes zu entnehmenden Vervielfältigers für 20 Jahre = 12,279 ein Ertragswert von 147 348 € ergeben. Der zu berücksichtigende Zinsanteil bei dieser Investition wäre bei einer angestrebten Verzinsung von 5,5 % = 92 652 €. In diesem gebildeten Beispielsfall wäre dies eine Zinszuordnung von 38 % des gesamten Mittelzuflusses.

Während bisher für die Frage des Mietertrages einer wirtschaftlichen Einheit, die Jahresmiete als Beurteilungsmaßstab ausreichte, werden für die Frage der Ermittlung des Grundstückswertes auf der Basis der Jahresmiete nach den neuen §§ 184 ff BewG zunächst der Bodenwert und der Wert der baulichen Anlagen getrennt betrachtet. Mit diesem, für die Bewertung nach BewG neuen, der Wertermittlungsverordnung nachgebildeten, gedanklichen Ansatz haben sich die neuen Bewertungsvorschriften von der bisherigen einfachen Bewertung unter Berücksichtigung eines Jahresmietertragswertes und eines einfachen Vervielfältigers gelöst.

Neben der Verzinsung sind bei einer wirtschaftlichen Betrachtungsweise auch weitere Kosten wie Abschreibung, Betriebskosten, Instandhaltungskosten und das Mietausfallwagnis zu berücksichtigen. Diese Kosten wurden bei der bisherigen Bewertung lt. Bewertungsgesetz wie folgt berücksichtigt:

Bei der Einheitsbewertung zum 01.10.1935 wurden diese Kosten bei der Bildung der Vervielfältiger, die auf die Jahresrohmiete anzuwenden waren und die durch Rechtsverordnungen 17.12.1934 (Reichsministerialblatt S. 785 ff.) veröffentlicht wurden, berücksichtigt. Daneben wurde ein einheitlicher Vervielfältiger 9 für nach dem 20.06.1948 bezugsfertig gewordene Gebäude durch § 130 Abs. 3 BewG eingeführt.

Bei der Einheitsbewertung zum 01.10.1964 wurden diese Kosten bei der Bildung der Vervielfältiger in den Anlagen 3 bis 8 zum BewG, die auf die Jahresrohmiete anzuwenden waren berücksichtigt. Durch diese anzuwendenden Vervielfältiger wurde das Bewertungsergebnis jedoch so gering, dass wegen den zahlreichen, sich hieraus ergebenden Mindestbewertungen (der

Wert der wirtschaftlichen Einheit wird nur durch den Wert des Grund und Bodens bestimmt) der Mindestwert auf die Hälfte des Grund- und Bodenwertes abgesenkt wurde (§ 77 BewG).

2106　　Bei der Bedarfsbewertung für die Erbschaft-Schenkungsteuer von 1996–2008 ist nicht mehr erkennbar inwieweit sich die o.g. Kosten auf den als politischen Kompromiss zu verstehenden Vervielfältiger von 12,5 (§ 146 Abs. 2 BewG) ausgewirkt haben. Durch diesen Vervielfältiger wurden bei der Grundstücksbewertung durchschnittlich nur 60 % des Verkehrswertes der wirtschaftlichen Einheit erreicht.

2107　　In dem ab 2008 anzuwendenden Ertragwertverfahren der §§ 184–188 BewG hat sich der Gesetzgeber auf die Verordnung über Grundsätze für die Ermittlung der Verkehrswerte von Grundstücken vom 06.12.1988 (BGBl I 1988, 2209) (Wertermittlungsverordnung – WertV) bezogen, die auf Grund des § 199 Abs. 1 BauGB ergangen ist. Die Wertermittlungsverordnung wurde durch die Richtlinien für die Ermittlung der Verkehrswerte (Marktwerte) von Grundstücken 2002 (Wertermittlungsrichtlinien – WertR) vom 19.07.2002 (BAnz 2002, Nummer 238a) ergänzt.

4.3.2 Die schematische Darstellung des Ertragswertverfahrens §§ 184–188 BewG, §§ 13–20 Wertermittlungsverordnung

2108

Arbeitsschritte des § 184 BewG	Struktur der Wertermittlung
1. Ermittlung des Bodenwerts §§ 184 Abs. 2, 179 BewG, §§ 13–14 Wertermittlungsverordnung als vergleichendes Verfahren	Bodenwert
	+
2. Berechnung des Gebäudeertragswerts §§ 184 Abs. 1, 185–188 BewG §§ 15–20 Wertermittlungsverordnung. Siehe auch die nachfolgende Darstellung	Gebäudeertragswert
3. Die Summe aus Bodenwert und Gebäudeertragswert ergibt den Ertragswert des Grundstücks § 184 Abs. 3 BewG	Ertragswert des Grundstücks = Grundbesitzwert (mindestens Wert des Grund und Bodens)
4. Zu beachten ist, dass der Bodenwert als Mindestwert verbleiben muss. § 184 Abs. 3 Satz 2 BewG	

2109–2119 frei

4.3.3 Die Anwendung des Ertragswertverfahrens

Der Bodenwert und der Gebäudewert sind gem. § 184 Abs. 1 BewG getrennt zu ermitteln. Der **Bodenwert** ist gem. §§ 179 BewG, 196 BauGB, 13, 14 Wertermittlungsverordnung durch Anwendung des Vergleichswertverfahrens zu ermitteln. Die Werte können aus Vergleichsgrundstücken oder aus der Bodenrichtwertkarte abgeleitet werden. Eine Verzinsung des eingesetzten Kapitals für den Erwerb des Grund und Bodens wird bei der Ermittlung des Bodenwerts nicht berücksichtigt. Sie fließt in die Bewertung des Gebäudes bei der Ermittlung des Gebäudeertragswertes mit ein. Sollte sich aus der Bewertung des Gebäudes, im Ertragswertverfahren kein positives Ergebnis abbilden, ist der Bodenwert anzusetzen. Der Bodenwert stellt den Mindestwert bei der Bewertung im Ertragswertverfahren dar.

2120

Der **Gebäudeertragswert** §§ 185 BewG, 16 Wertermittlungsverordnung (WertV), wird auf der Basis der jährlich nachhaltig zufließenden Finanzmittel ermittelt. Der gesamte Mittelzufluss an Mieten und anderen Einnahmen wird im Gesetz als **Rohertrag des Grundstücks** definiert §§ 186 BewG, 17 WertV. Von diesem Rohertrag sind die **Bewirtschaftungskosten**, §§ 187 BewG, 18 WertV, in Abzug zu bringen. Diese können entweder aus den von den Gutachterausschüssen ermittelten und mitgeteilten Erfahrungssätzen übernommen oder Hilfsweise aus Anlage 23 zum Bewertungsgesetz abgelesen werden. Das rechnerische Ergebnis wird als **Reinertrag des Grundstücks** bezeichnet §§ 185 Abs. 2 BewG, 16 Abs. 1 Satz 2 WertV.

2121

Da die Verzinsung bei den Bewirtschaftungskosten in diesem Bewertungsverfahren noch nicht berücksichtig wird, wäre jetzt noch die Verzinsung aus der Gesamtinvestition zu beachten. Der Gesetzgeber bildet in § 185 Abs. 2 die Formulierung des § 16 Abs. 2 WertV nach und bringt zum Ausdruck, dass der bisher ermittelte Reinertrag des Grundstücks um die angemessene Verzinsung und zwar nur um die **Verzinsung des Bodenwertes** zu vermindern sei. Der sog. Liegenschaftszinssatz des § 188 BewG sei auf den gem. § 179 BewG zu ermittelnden Wert des unbebauten Grundstücks anzuwenden. Unter dem Begriff Liegenschaftszinssatz ist nach der Definition des § 188 Abs. 1 BewG der Zinssatz zu verstehen, mit dem der Verkehrswert von Grundstücken im Durchschnitt marktüblich verzinst wird. Da diese Verzinsung regional und zeitlich erheblichen Schwankungen unterworfen ist, soll dieser gem. § 188 Abs. 2 ebenfalls von den Gutachterausschüssen ermittelt und den Finanzämtern mitgeteilt werden. Da die Gutachterausschüsse in der Hauptsache aus ehrenamtlichen Mitgliedern bestehen, ist es fraglich ob die Mitglieder überhaupt in der Lage sind einen solchen ortsüblichen und zeitlich schwankenden, sich nur auf den Grund und Boden beziehenden Liegenschaftszinssatz zu ermitteln. Der Gesetzgeber hat deshalb auch feste Zinssätze in § 188 Abs. 2 BewG festgeschrieben. Es sollen folgende feste Zinssätze gelten: für Mietwohngrundstücke 5 %, für gemischt genutzte Grundstücke mit einem gewerblichen Anteil bis 50 % berechnet nach der Wohn und Nutzfläche 5,5 %, für gemischt genutzte Grundstücke mit einem gewerblichen Anteil über 50 % berechnet nach der Wohn und Nutzfläche 6 %, und für Geschäftsgrundstücke 6,5 %. Das Ergebnis aus **Reinertrag des Grundstücks** abzüglich der **Bodenwertverzinsung** wird als **Gebäudereinertrag** definiert.

2122

Dieser **Gebäudereinertrag** ist anschließend mit dem aus der Anlage 21 zu entnehmenden **Vervielfältiger**, der unter Berücksichtigung der Kriterien Liegenschaftszinssatz und Restnutzungsdauer des Gebäudes abzulesen ist, wobei eine Restnutzungsdauer von mindestens 30 % berücksichtigt wird. Die Restnutzungsdauer ist aus dem Lebensalter und der in der Anlage 22 zum BewG in Tabellenform aufgeführten Gesamtnutzungsdauer des aufstehenden Gebäudes zu errechnen.

2123

BEISPIEL Ein sechzig Jahre altes Mietwohngrundstück soll vererbt werden. Welche Restnutzungsdauer ist bei Anwendung der Tabelle 21 zum BewG zu berücksichtigen, und welcher Vervielfältiger wäre anzuwenden, wenn keine weiteren Informationen vorhanden sind?
LÖSUNG Mietwohngrundstücke haben lt. Anlage 22 zu BewG eine Gesamtnutzungsdauer von 80 Jahren. Für das 60 Jahre alte Gebäude wurde daher noch eine Restnutzungszeit von 20 Jahren verbleiben. Da die Restnutzungsdauer gem. § 185 Abs. 3 Satz 5 BewG aber mindestens noch 30 % der wirtschaftlichen Gesamtnutzungsdauer betragen muss, ergäbe sich eine noch zu berücksichtigende Restnutzungsdauer von 24 Jahren. Bei einem Liegenschaftszinssatz von 5 % und einer Restnutzungsdauer von 24 Jahren kann aus der Tabelle 21 ein Vervielfältiger von 13,80 entnommen werden.

2124   Die Multiplikation des **Gebäudereinertrages** mit dem **Vervielfältiger** aus Anlage 21 zum BewG ergibt den **Gebäudeertragswert**. Zusammen mit dem **Bodenwert** ergibt sich der **Ertragswert des Grundstücks**.

4.3.4 Die schematische Darstellung der Ermittlung des Gebäudeertragswertes gemäß § 185 BewG (§ 16 WertV)

Arbeitsschritte des § 185 BewG	Struktur der Wertermittlung
Erfassung des gesamten Mittelzufluss eines Kalenderjahres oder übliche Miete (Rohertrag des Grundstücks) §§ 185 Abs. 1, 186 BewG, 17 WertV.	Rohertrag
Abzug der **Bewirtschaftungskosten** hierunter verstehen die §§ 185 Abs. 1, 187 BewG Betriebskosten, Instandhaltung, Mietausfallwagnis aber keine Verzinsung und keine AfA. Zu berücksichtigen sind die Kosten entweder nach den Erfahrungssätze der Gutachterausschüsse oder mit pauschale Bewirtschaftungskosten lt. **Anl. 23**.	− Bewirtschaftungskosten
Das rechnerische Ergebnis wird als Reinertrag des Grundstücks definiert §§ 185 Abs. 1 BewG.	= Reinertrag des Grundstücks
Die Verzinsung des Bodenwertes ist durch die Berechnung **Bodenwert x Liegenschaftszinssatz** zu berücksichtigen. Die Zinssätze ergeben sich aus den Ermittlungen der Gutachterausschüsse oder den nach Grundstücksarten festgelegten festen Zinssätzen 5; 5,5; 6; oder 6,5% §§ 185 Abs. 2, 179, 188 BewG.	− Bodenwertverzinsung
Das rechnerische Ergebnis wird als Reinertrag des Grundstücks definiert §§ 185 Abs. 2 Satz 1 BewG.	= Gebäudereinertrag
Der Gebäudereinertrag ist mit dem aus Anlage 21 zum BewG zu entnehmenden Vervielfältiger zu multiplizieren. Die VV stehen in Abhängigkeit von der Restnutzungsdauer (mind. 30 % RD) und dem Liegenschaftszinssatz § 185 III BewG.	× Vervielfältiger
Das rechnerische Ergebnis wird als Gebäudeertragswert definiert §§ 184, 185 Abs. 3 BewG §§ 15–20 Wertermittlungsverordnung	= **Gebäudeertragswert**

4.3.5 Anwendungsbeispiel Ertragswertverfahren

BEISPIEL

E ist Alleinerbe eines bebauten Grundstücks mit einem mehrgeschossigen, 30 Jahre alten Wohngebäude mit mehreren Wohnungen. Das Grundstück hat eine Fläche von 300 qm. Der Bodenrichtwert lt. Gutachterausschuss beträgt 200 €/m². Die gesamten Mieteinnahmen für das Grundstück betragen 20 000 € jährlich.

LÖSUNG

Vom Lagefinanzamt (§ 152 Nr. 1 BewG) ist eine gesonderte Feststellung für Zwecke der Erbschaft-/Schenkungsteuer durchzuführen, § 151 Abs. 1 Nr. 1 BewG.
Die Bewertung hat nach §§ 176 ff BewG zu erfolgen.
Das Grundstück ist offensichtlich mit einem nutzungsfähigen Gebäude bebaut.
Zur Festlegung des Bewertungsverfahrens ist das Grundstück zunächst in eine der Grundstücksarten des § 181 BewG einzuordnen.
Da das Gebäude mehrere Wohnungen beinhaltet und keine weitere Nutzung ersichtlich ist, kann das Grundstück gem. § 181 Abs. 3 den Mietwohngrundstücken zugeordnet werden.
Die Bewertung von Mietwohngrundstücken erfolgt gem.
§ 182 Abs. 3 Nr. 1 im Ertragswertverfahren.
Die Grundstruktur des Ertragswertverfahrens ist in § 184 BewG beschrieben.
Gem. § 184 Abs. 1 BewG sind der Bodenwert und der Gebäudewert getrennt zu ermitteln.

Der **Bodenwert** ist gem. §§ 184 Abs. 2, 179 BewG mit

$$300\,m^2 \times 200\,€/m^2 = \qquad 60\,000\,€$$

anzusetzen.
Der Gebäudeertragswert (§ 184 Abs. 1) kann mittels der
»**Arbeitsanweisung**« des § 185 BewG berechnet werden.
§ 185 Abs. 1 BewG: Rohertrag des Grundstücks beträgt
gem. § 186 Abs. 1 BewG $\qquad\qquad\qquad\qquad\qquad$ 20 000 €
§ 185 Abs. 1 Satz 2 BewG: vom **Rohertrag** des Grundstücks
sind die Bewirtschaftungskosten in Abzug zu bringen. Da
keine Vorgaben des Gutachterausschusses vorliegen sind die
Bewirtschaftungskosten mit den pauschalen Werten der Anlage 23
zum BewG zu berücksichtigen, § 187 Abs. 1 und 2 BewG.
Gem. Anlage 22 zum BewG haben Mietwohngrundstücke eine
Gesamtnutzungsdauer von 80 Jahren. Für das Mietwohngrundstück verbleibt eine Restnutzungsdauer von 50 Jahren.
Bei einer Restnutzungsdauer von 50 Jahren betragen die
pauschalen **Bewirtschaftungskosten**
lt. Anlage 23 = 23 %. $\qquad$ 20 000 € x 23 % = $\qquad$ ./. 4 600 €
Der **Reinertrag des Grundstücks** ergibt sich aus dem Rohertrag
abzüglich der Bewirtschaftungskosten, § 185 Abs. 1 BewG. $\qquad$ 15 400 €
§ 185 Abs. 2 Satz 1 BewG: als zu berücksichtigende **Bodenwertverzinsung** werden vom Gutachterausschuss keine Werte
vorgegeben, weshalb auf die gesetzlich festgelegte Bodenwertverzinsung des § 188 Abs. 2 zurückzugreifen ist. Die Bodenwertverzinsung beträgt 5 % des Werts des Grund und Bodens,
s. o. 60 000 €. $\qquad\qquad\qquad\qquad$ 60 000 € × 5 % = $\qquad$ ./. 3 000 €
§ 185 Abs. 2 Satz 1 BewG: Der **Gebäudereinertrag** ergibt sich aus
dem Reinertrag des Grundstücks abzüglich der Bodenwertverzinsung. $\qquad\qquad\qquad\qquad$ 15 400 € ./. 3 000 € = $\qquad$ 12 400 €
§ 185 Abs. 3 BewG: Der auf den Gebäudereinertrag anzuwendende **Vervielfältiger** ist aus der Anlage 21 zum BewG

nach den Parametern Restnutzungsdauer und Bodenwertverzinsung zu entnehmen. Die Restnutzungsdauer beträgt
50 Jahre s. o. Die Bodenwertverzinsung 5 %. Der Abzulesende
Vervielfältiger beträgt 18,26   12 400 € × 18,26 = 226 424 €
Der **Gebäudeertragswert** hat sich aus der Multiplikation des
Gebäudereinertrags mit dem VV 18,26 ergeben =   226 424 €   226 424 €
Aus der Addition des **Bodenwertes** § 184 Abs. 2 BewG und dem
Gebäudeertragswert § 184 Abs. 1 BewG ergibt sich der gesondert
festzustellende **Ertragswert des Grundstücks.** = (Grundbesitzwert).   286 424 €

4.4 Das Sachwertverfahren

4.4.1 Die Struktur von Sachwertverfahren

Das Sachwertverfahren ist ein Bewertungsverfahren das häufig auch von bewertungsrechtlich nicht vorgebildeten Erwerbsinteressenten verschiedenster Wirtschaftgüter oder von Bauinteressenten einfach angewandt und praktiziert wird ohne sich bewusst zu werden, dass es sich hier um eine Bewertung nach festen Spielregeln handelt, für die sogar zahlreiche Tabellenwerke aus der Architektur, der Wirtschaft und der Gesetzgebung zur Verfügung stehen.

Zur Verdeutlichung der Bewertungsgrundsätze im Sachwertverfahren wird folgendes Beispiel aus einer praktischen Anwendung gewählt. Der Bauherr eines Einfamilienhauses stellt sich die Grundfragen was ihn der Erwerb des Grund und Bodens kosten wird und welche Baukosten für den Bau des Gesamtgebäudes auf ihn zukommen werden. Für die Einschätzung der Kosten für den Grund und Boden und das Bauwerk kann er sich einfacher Hilfsmittel bedienen. Bezüglich des Preises für den Grund und Bodens wird er sich erkundigen, was üblicherweise für Bauplätze in dieser Lage bezahlt wird und sich hierbei verschiedenster Quellen bedienen. Die einfachste Informationsquelle sind Zeitungsanzeigen über Grundstücksangebote. Für eine Orientierung über die Herstellungskosten des Gebäudes würde es z. B. zunächst genügen die Kataloge der Fertighaushersteller durchzusehen. Die Errichtungskosten für die Außenanlagen wird er bei seinen Überlegungen gelegentlich übersehen oder auch unbewusst unterdrücken, um in dem ihm vorschwebenden Kostenrahmen, sich aus dem Prospektstudium ergebende Zusatzwünsche bezüglich des Baukörpers, erfüllen zu können. Die Außenanlagen sind mit einem Kostenanteil von regelmäßig ca. 15 % jedoch nicht unbedeutend. Denn irgendwie möchte der Bauherr später trockenen Fußes von der Straße in sein Einfamilienhaus gelangen, wobei er sich nicht durch Bauschutt sondern durch einen gepflegten Vorgarten bewegen möchte. Hierbei zeigt sich die Grundproblematik des Sachwertverfahrens, nämlich die unzutreffende Einschätzung oder das Vergessen bestimmter Kostenanteile.

Sollte der Bauherr kurz nach der Fertigstellung sein Einfamilienhaus, ggf. aus beruflichen Gründen wieder veräußern wollen, stellt er häufig fest, dass er seine Kosten beim Verkauf nicht mehr realisieren kann. Er wird sich mit der Frage beschäftigen, welche Abschläge er von seinen Kosten vornehmen muss, um den Marktwert für sein Einfamilienhaus zu bestimmen. Er wird eine Angleichung an den gemeinen Wert vornehmen. Aus diesem Beispiel ist zu erkennen, dass die Kosteneinschätzungsproblematik über Sachwerte auch von bewertungsrechtlich nicht vorbelasteten Personen praktiziert wird. Es könnte sich bezüglich des

Sachwertverfahrens die philosophische Frage ergeben was zuerst vorhanden war das Bewertungsverfahren oder die praktizierte Bewertungsdurchführung?

2143 Das durch den Bewertungsvorgang im Sachwertverfahren rechnerisch erzielte Ergebnis entspricht dem im HBG gebräuchlichen Begriff der Anschaffungs-/Herstellungskosten des Grundstücks. Das Sachwertverfahren ist deshalb vor allem auch für gewerbliche Grundstücke geeignet. Zum Wert des Grund und Bodens werden regelmäßig die Baukosten, die sich aus dem Bilanzansatz oder aus Regelherstellungskostentabellen ergeben hinzuaddiert. Hierzu gehören auch die Kosten der Außenanlagen.

2144 Da ein Erwerber eines Gewerbeobjektes nicht bereit sein wird die gesamten, regelmäßig durch Sonderwünsche oder Produktionserfordernisse des Veräußerers mit verursachte Anschaffungs- oder Herstellungskosten der Gebäude zu bezahlen ist auch hier vom vorläufig ermittelte Gesamtwert eine Angleichung an den gemeinen Wert, §§ 9, 177 BewG vorzunehmen. Der so ermittelte Wert soll im Allgemeinen dem Marktwert entsprechen.

2145 Sinn und Zweck des Sachwertverfahrens ist es den Wert der gesamten wirtschaftlichen Einheit, das sind der Grund und Boden, die Bauwerke, alle weiteren Bestandteile wie Außenanlagen und das Zubehör über ihren Marktwert zu definieren. Die Grundstückserträge treten hierbei in den Hintergrund. Sie sind nahezu bedeutungslos.

4.4.2 Struktur und Entwicklung von Sachwertverfahren im Bewertungsrecht

2146 Zu dem bei der Einheitsbewertung zum 01.10.1935 praktizierten Sachwertverfahren siehe Rz. 5061. Zu dem bei der der Einheitsbewertung zum 01.10.1964 praktizierten Sachwertverfahren siehe Rz. 4451. Bei diesen Bewertungsverfahren wurden der Wert des Grund und Bodens und die auf das Bauvolumen bezogenen typisierten Baukosten sowie der Wert der Außenanlagen zu einem Gesamtwert zusammengefasst und durch die Anwendung bestimmter Multiplikatoren an den gemeinen Wert angepasst.

2147 Bei der Bedarfsbewertung für die Erbschaft-/Schenkungsteuer von 1996–2008 wurden gem. § 147 BewG der Wert des Grund und Bodens und der nach den ertragsteuerlichen Bewertungsvorschriften (Bilanzansatz) zu bildende Wert zu einem Gesamtwert zusammengefasst.

2148 In der Wertermittlungsverordnung zum Bundesbaugesetz vom 06.12.1988 (BGBl I 1988, Satz 2209) ist das Sachwertverfahren in den §§ 21–25 geregelt. Besonders interessant ist hier, dass in § 22 Abs. 1 die Möglichkeit der Ermittlung der gewöhnlichen Herstellungskosten je Raum- oder Flächeneinheit möglich ist.

2149 In dem **ab 2008** anzuwendenden Sachwertverfahren bei der Bewertung des Grundvermögens für Zwecke der Erbschaft-/Schenkungsteuer nach **§§ 189–191** BewG wird erstmalig ein nicht mehr auf den Rauminhalt eines Baukörpers sondern **nur noch** ein auf die Wohn- und Nutz**flächen** einschließlich der Flächeninhalte der dazugehörenden, umschließenden Mauern und anderen Konstruktionsflächen, bezogenes Sachwertverfahren angewandt. Die für die steuerrechtliche Bewertung neue Bezeichnung »**Brutto-Grundfläche**« in § 190 Abs. 1 Satz 3 wird durch das Bewertungsgesetz nicht definiert. In der Anlage 24 zum BewG wird in Absatz 1 auf DIN 277-2:2005-02 verwiesen. Damit bringt der Gesetzgeber klar zum Ausdruck, dass für die Definition und die Berechnung der **Brutto-Grundfläche** DIN 277 in der Fassung vom Februar 2005 anzuwenden ist.

2150–2159 frei

4.4.3 Definitionsübernahmen aus DIN 277

DIN ist Abkürzung des Deutschen Instituts für Normung e.V., das als gemeinnütziger Zweckverband seit 1917 mit Sitz in Berlin Normen verschiedenster Art erstellt und im Deutschen Normenwerk registriert. Sinn und Zweck der Normungsarbeiten ist die Rationalisierung oder Qualitätssicherung von Produkten. Studenten dürfen die DIN-Normen der Papierformate geläufig sein. Die lt. Gesetzgeber anzuwendende Norm DIN 277 zur Bestimmung von Grundflächen und Rauminhalten wurde vom »DIN, Deutsches Institut für Normung e.V.« Berlin herausgegeben und ist vom Normenausschuss Bauwesen (NABau) im DIN entwickelt worden.

Die DIN 277 ist in drei Teile gegliedert:
– Teil 1 (DIN 277-1)   Begriffe, Ermittlungsgrundlagen, Stand Februar 2005
– Teil 2 (DIN 277-2)   Gliederung der Netto-Grundfläche (in Nutzflächen, Technische Funktionsflächen und Verkehrsflächen)
– Teil 3 (DIN 277-3)   Mengen und Bezugseinheiten Stand April 2005

Der Gesetzgeber bezieht sich in der Anlage 24 zum BewG zwar nur auf Teil 2 (DIN 277 – 2:2005-02), da diese Norm zusammen mit DIN 277-1 als Grundlage für die Berechnung der Grundflächen von Bauwerken unterschiedlicher Nutzung dient, müssen auch die Definitionen aus DIN 277-1 übernommen werden. Aus »DIN 277-1, Begriffserläuterungen« kann die Definition der Bruttogrundfläche entnommen werden: »**Die Bruttogrundfläche ist die Summe der Grundflächen aller Grundrissebenen eines Bauwerks**«. Im Streitfall wird man sich auch steuerrechtlich auf DIN 277 beziehen müssen. Sowohl die Anlage 24 zum BewG als auch der Abschnitt 30 der gleich lautende Erlasse der obersten Finanzbehörden der Länder zur Umsetzung des Gesetzes zur Reform des Erbschaftsteuer- und Bewertungsrechtes« vom 05.05.2009 BStBl I 2009, 590 beziehen sich auf diese Norm.

Während der Begriff der **Brutto-Grundfläche** einer Grundrissebene definiert ist, darunter versteht man die äußeren Maße der Bauteile, einschließlich Bekleidung wir Putz oder vorgehängte Außenfassade, in Höhe der Boden- bzw. Deckenbelagsoberkante, fehlt die für das Steuerrecht wohl erforderlich werdende genaue Definition der Grundrissebenen (Plur.) Der Begriff des Grundrisses (Sing.) war in der Architektur schon seit der Antike und früher bekannt. Er braucht deshalb auch nicht neu definiert zu werden. Verstanden wurde hierunter die zeichnerische Darstellung eines Bauwerkes auf der Grundebene. So wie die Abmessungen des entstehenden Bauwerkes eben in den Grund und Boden oder auch in den Sand des eingeebneten Baugrundstücks eingeritzt werden kann. Unter dem Begriff Grundriss wird im Allgemeinen immer diese Ebene verstanden. Die zeichnerische Darstellung des Bauwerks in verschiedenen Höhenlagen (Grundrissebenen) derselben Perspektive stellt in der Architektur kein Problem dar. Es wird dann eben die Höhenlage im Bauwerk mit angegeben. Bei innerhalb eines Bauwerkes in der Höhe zueinander versetzten Raumeinheiten wie z.B. in Kaufhäusern oder Hotels üblich, dürfte es zu erheblichen Schwierigkeiten bei der steuerrechtlichen, flächenorientierten Wertermittlung kommen. Während nach der Wertermittlungsverordnung der Wert eines Bauwerkes wahlweise entweder aus der Fläche oder dem Rauminhalt zutreffend ermittelt werden kann, hat sich die steuerrechtliche Bewertung gem. §§ 189–191 BewG auf ein Bewertungsverfahren in der Fläche reduziert. Bei Bauwerken mit in der Höhe versetzen Raumeinheiten dürfte es erhebliche Probleme bei der Frage nach der Zahl der Grundrissebenen geben.

Außenanlagen und der Wert sonstiger Anlagen sollen regelmäßig mit dem Gebäudewert und dem Bodenwert abgegolten sein. Nur bei besonders Werthaltigen Außenanlagen sollen diese mit den Werten aus Abschnitt 29 der gleich lautende Erlasse der obersten Finanzbehörden der

Länder zur Umsetzung des Gesetzes zur Reform des Erbschaftsteuer- und Bewertungsrechtes« vom 05.05.2009 BStBl I 2009, 590 entnommen werden. Ob die neuen Teile des Bewertungsgesetzes mit diesen Abweichungen von der Basis, der Wertermittlungsverordnung, die Vorgaben des Bundesverfassungsgerichtes noch einhalten, wird sich zeigen.

4.4.4 Die schematische Darstellung des Sachwertverfahrens §§ 189–191 BewG, §§ 21–25 Wertermittlungsverordnung

2165

Arbeitsschritte des § 189 BewG	Struktur der Wertermittlung
1. Ermittlung des Bodenwerts §§ 189 Abs. 2, 179 BewG, §§ 13–14 Wertermittlungsverordnung als vergleichendes Verfahren	Bodenwert
	+
2. Berechnung des Gebäudesachwerts §§ 189 Abs. 1, 190 BewG §§ 21–25 Wertermittlungsverordnung. Siehe auch die nachfolgende Darstellung	Gebäudesachwert
	=
3. Die Summe aus Bodenwert und Gebäudesachwert ergibt den vorläufigen Sachwert § 189 Abs. 3 Satz 1 BewG	vorläufiger Sachwert des Grundstücks
	×
	Multiplikator zu Anpassung an den »allgemeinen« Wert.
	=
4. Der vorläufige Sachwert ist mit den Wertzahlen der Anlage 25 zum BewGan den gemeinen Wert anzupassen § 189 Abs. 3 Satz 1BewG	gemeiner Wert = Grundbesitzwert

4.4.5 Die Anwendung des Sachwertverfahrens

2166 Der Bodenwert und der Gebäudewert sind gem. § 189 Abs. 1 BewG getrennt zu ermitteln. Der **Bodenwert** ist gem. §§ 179 BewG, 196 BauGB, 13, 14 Wertermittlungsverordnung durch Anwendung des Vergleichswertverfahrens zu ermitteln. Die Werte können aus Vergleichsgrundstücken oder aus der Bodenrichtwertkarte abgeleitet werden.

Der **Gebäudesachwert** §§ 190 BewG, 22 Wertermittlungsverordnung (WertV), wird auf der Basis der Brutto Grundfläche der Gebäude ermittelt. Die Brutto Grundfläche ist mit den aus der Anlage 24 zum BewG zu entnehmenden Regelherstellungskosten zu multiplizieren

2167 Das rechnerische Ergebnis wird als **Gebäuderegelherstellungswert** definiert, § 190 Abs. 1 Satz 3 BewG. Vom Gebäuderegelherstellungswert ist gem. § 190 Abs. 2 BewG eine **Alterwertminderung**, die sich an der Gesamtnutzungsdauer und dem Alter des Gebäudes orientiert, wobei 40 % des Gebäudeherstellungswertes nicht unterschritten werden dürfen, abzuziehen. Das Ergebnis wird als **Gebäudewert** bezeichnet, § 190 Abs. 3 Satz 4 BewG.

Gebäudewert und **Bodenwert** ergeben den **vorläufigen Sachwert des Grundstücks** § 189 Abs. 3 BewG. Durch die Anwendung von **Wertzahlen**, die entweder von den Gutachterausschüssen bereitgestellt oder der Anlage 25 zum BewG entnommen werden können ergibt sich der **gemeine Wert des Grundstücks**.

4.4.6 Die schematische Darstellung der Ermittlung des Gebäudesachwerts gemäß § 190 BewG

Arbeitsschritte des § 190 BewG	Struktur der Wertermittlung
Ermittlung des gesamten Wohn- oder Nutzfläche des Gebäudes Brutto-Grundfläche des Gebäudes §§ 190 Abs. 1, Satz 3, 22 Abs. 1 WertV.	
Ermittlung der Regelherstellungskosten bezogen auf die Flächeneinheit § 190 Abs. 2 Satz 2–4 BewG Anlage 24 zum BewG	
Zu berechnen ist: Bruttogrundfläche x Regelherstellungskosten.	
Das rechnerische Ergebnis wird als Gebäuderegelherstellungswert bezeichnet §§ 190 Abs. 1 Satz 3 BewG.	Gebäuderegelherstellungswert
Vom Gebäuderegelherstellungswert ist die Alterswertminderung abzuziehen. Die Alterswertminderung bemisst sich nach der wirtschaftlichen Gesamtnutzungsdauer und dem Alter des Gebäudes am Bewertungsstichtag	− AfA
Das rechnerische Ergebnis wird als Gebäudewert § 190 Abs. 2 Satz 4 BewG oder Gebäudesachwert § 190 Abs. 1 Satz 1 BewG definiert	= Gebäudesachwert
Der Restwert muss mindestens 40 % des Gebäuderegelherstellungswertes betragen § 190 Abs. 2 Satz 4 BewG	Mindestwert

Anwendungsbeispiel Sachwertverfahren

S bekommt 2009 ein bebautes Grundstück, das nur eine Wohnung enthält, geschenkt. Das Gebäude ist 30 Jahre alt. Das Grundstück hat eine Fläche von 300 m². Der Bodenrichtwert lt. Gutachterausschuss beträgt 200 €/m². Die Brutto-Grundfläche des Gebäudes beträgt 250 m². Sie hat sich durch den Umbau eines ehemals landwirtschaftlich genutzten Gebäudes zu einem Gebäude mit nur einer Wohnung ergeben. Das Objekt könnte wegen seiner gehobenen Ausstattung für 6,66 €/qm vermietet werden. Das Gebäude hat ein Satteldach und ist nicht unterkellert. Das Dachgeschoss ist ausgebaut. Die gesamten Mieteinnahmen für das Grundstück könnten 20 000 € jährlich betragen. Wegen der Grundstückslage außerhalb eines Bebauungsplanes sind keine Vergleichswerte durch den Gutachterausschuss festgestellt worden.

LÖSUNG Vom Lagefinanzamt (§ 152 Nr. 1 BewG) ist eine gesonderte Feststellung für Zwecke der Erbschaft-/Schenkungsteuer durchzuführen, § 151 Abs. 1 Nr. 1 BewG. Die Bewertung hat nach §§ 176 ff BewG zu erfolgen. Das Grundstück ist offensichtlich mit einem nutungsfähigen Gebäude bebaut.

Zur Festlegung des Bewertungsverfahrens ist das Grundstück zunächst in eine der Grundstücksarten des § 181 BewG einzuordnen. Da das Gebäude nur eine Wohnung beinhaltet und keine weitere Nutzung ersichtlich ist, kann das Grundstück gem. § 181 Abs. 2 BewG den Einfamilienhäusern zugeordnet werden. Die Bewertung von Einfamilienhäusern erfolgt gem. § 182 Abs. 1 grundsätzlich im Vergleichswertverfahren. Da keine Vergleichswerte vorliegen erfolgt die Bewertung gem. § 182 Abs. 4 Nr. 1 im Sachwertverfahren. Die Grundstruktur des Sachwertverfahrens ist in § 189 BewG beschrieben. Gem. § 189 Abs. 1 BewG sind der Bodenwert und der Gebäudewert getrennt zu ermitteln.

Der **Bodenwert** ist gem. §§ 184 Abs. 2, 179 BewG mit 300 m² x 200 €/m² =   60 000 € anzusetzen.

Der Gebäudesachwert (§ 189 Abs. 1) kann mittels der »**Arbeitsanweisung**« des **§ 190 BewG** berechnet werden.

Das Gebäude hat lt. Sachverhalt eine **Brutto-Grundfläche** von 250 m²
Die **Regelherstellungskosten** betragen lt. Anlage 24 zum BewG, in der GKL 1.21, für den Zeitraum 1970–1984, mit ausgebautem Dachgeschoss und gehobener Ausstattung 1 050 €.

250 m² × 1 050 €/qm ergeben einen Gebäudeherstellungswert von   262 500 €
Gem. Anlage 22 zum BewG haben Einfamilienhäuser eine Gesamtnutzungsdauer von 80 Jahren. Für das Einfamilienhaus verbleibt eine Restnutzungsdauer von 50 Jahren.

Die in Abzug zu bringende **AfA** beträgt $\frac{30 \times 100}{80} = 37{,}5\%$ 262 500 € × 37,5 % ./. 98 437 €

Der **Gebäudesachwert** beträgt   164 063 €   164 063 €
Der Bodenwert und der Gebäudesachwert ergeben den
vorläufigen Sachwert des Grundstücks   224 063 €
Der vorläufige Sachwert des Grundstücks ist wegen fehlender Ableitung durch den Gutachterausschuss mit den **Wertzahlen** der Anlage 25 zum BewG (§ 191 Abs. 2 BewG) an den gemeinen Wert anzugleichen. Bei einem vorläufigen Sachwert von 224 063 € und einem Bodenrichtwert von 200 €/m² beträgt die Wertzahl 0,9
Der gemeine Wert des Grundstücks beträgt 224 063 € × 0,9 =   201 656 €

2169–2179 frei

5 Sonderfälle der Grundvermögensbewertung

5.1 Das Erbbaurecht

5.1.1 Zivilrechtlicher Begriff und Allgemeines

2180 Das **Erbbaurecht** ist das veräußerliche und vererbliche Recht, auf oder unter der Oberfläche eines mit dem Erbbaurecht belasteten, im Grundbuch eingetragenen Grundstücks ein Bauwerk zu haben, § 1 Abs. 1 **Erbbaurechtsgesetz (bisher Erbbaurechtsverordnung)** vom 15. 01. 1919 RGBl 1919, 72, 122, zuletzt geändert durch das Gesetz zur Reform des Verfahrens in Familiensachen und in den Angelegenheiten der freiwilligen Gerichtsbarkeit, FGG-Reformgesetz – FGG-RG vom 17. 12. 2008 BGBl I 2008, 2586. Die bisherige **Erbbaurechtsverordnung (ErbbauVO)** ist inhaltlich unverändert aufgrund Artikels 25 des Zweiten Gesetzes über die Bereinigung von Bundesrecht im Zuständigkeitsbereich des Bundesministeriums der Justiz vom 23. 11. 2007, BGBl 2007 I 2614, mit Wirkung vom 30. 11. 2007 in das **Gesetz über das Erbbaurecht (Erbbaurechtsgesetz – ErbbauRG)** umbenannt worden. Diese Umbenennung hat nach der amtlichen Gesetzesbegründung lediglich klarstellende Bedeutung, da die Erbbaurechtsverordnung aufgrund ihres ursprünglichen § 35: »Diese Verordnung hat Gesetzeskraft und tritt am Tage der Verkündung in Kraft.« seit ihrem Inkrafttreten Gesetzesrang hatte.

Das **Erbbaurecht** entsteht durch rechtsgeschäftliche Einigung zwischen dem Grundstückseigentümer und dem Erbauberechtigten und der Eintragung beim belasteten Grundstück. Für das Erbbaurecht wird neben dem bereits bestehenden Grundbuchblatt für das belastete Grundstück ein zweites Grundbuchblatt, für das Erbbaurecht angelegt.

2181

Das Erbbaurecht ist als **zweite, eigene Rechtsebene** vorstellbar, die mit der Begründung des Erbbaurechts vom Grundstück abgehoben wird, über dem Grundstück schwebt und während der Laufzeit des Erbbaurechtsvertrages allmählich wieder auf das Grundstück zurücksinkt. Am Ende der Erbbaurechtslaufzeit erlischt das Recht wieder. Der Eigentümer des Grund und Bodens ist nach der Löschung des Erbbaurechtes wieder Eigentümer eines unbelasteten Grundstücks. Für die Einräumung und Nutzung des Erbbaurechts wird vom Erbbauberechtigten an den Erbbauverpflichteten ein **Erbbauzins** (Pachtzins) bezahlt. Das Erbbaurecht erlischt normalerweise durch Zeitablauf. Die vom Erbbauberechtigten errichteten Gebäude werden dann entweder wieder beseitigt oder deren Eigentum geht in der Regel gegen Zahlung einer Entschädigung auf den Grundstückseigentümer über (§ 27 ErbbauVO).

2182

Der Erbbauverpflichtete bleibt weiterhin bürgerlich-rechtlicher Eigentümer des belasteten Grundstücks. Er kann das belastete Grundstück veräußern oder vererben. Das Erbbaurecht wird nach bürgerlichem Recht wie ein Grundstück behandelt. Der Eigentümer des Erbbaurechts kann das Erbbaurecht ebenfalls veräußern oder vererben.

2183

5.1.2 Der Erbbauzins

Zwischen dem Grundstückseigentümer und dem Erbbauberechtigten wird für die Nutzung des Grundstücks ein Erbbauzins vereinbart. Dieser ist nach Inkrafttreten des Sachenrechtsbereinigungsgesetzes für die gesamte Laufzeit festzulegen. Der Erbbauzins beträgt in der Regel zwischen 3 und 5 % des Grundstückswertes im Zeitpunkt der Einräumung des Erbbaurechts. Wegen der langen Laufzeit des Erbaurechtes kann der Erbbauzins wertgesichert werden. Der Erbauzins kann z. B. als Verzinsung eines zum Zeitpunkt der Begründung des Erbbaurechtes bestehenden Verkehrswertes berechnet und auf der Grundlage der Lebenshaltungskosten wertgesichert sein.

2184

BEISPIEL

Der Grundstückseigentümer G räumt dem Erbbauberechtigten E auf der Basis des zum Zeitpunkt des Abschlusses des Erbbauvertrages gegebenen Verkehrswertes von 100 000 € das Erbbaurecht ein, damit dieser das Grundstück mit einem Einfamilienhaus bebauen kann. Geschäftsgrundlage sollen der Verkehrswert von 100 000 und eine 3 %ige Verzinsung sein. Die Erbbaurechtszeit beträgt 99 Jahre. Eine so lange Darlehenslaufzeit zu einem festen Zinsbetrag würde kein Finanzierungsinstitut wegen der damit verbundenen Risiken gewähren. Für E und G bestehen jedoch gegenseitige Vorteile solange die Interessenlage ausgeglichen ist. E kann das Grundstück zu einem akzeptablen Preis nutzen, G kann von gesicherten, krisenfesten Zinseinnahmen ausgehen. Wegen der langen Laufzeit können Interessenkonflikte entstehen. Zum einen könnte G nach einer gewissen Laufzeit erwarten, dass der Erbbauzins auf der Basis der Geschäftsgrundlage bei Begründung des Erbbauvertages 100 000 €, an den Aktuellen Verkehrswert des Grundstücks 200 000 €, angepasst wird. Hiermit wäre der Erbbauberechtigte E, da sich seine Zinslast verdoppeln würde, mit Sicherheit überfordert. Oder E vertritt die Auffassung, dass der Erbbauzins nie angepasst werden könne, was zum Ergebnis führen würde dass der Grundstückseigentümer G nach einer bestimmten Anzahl von Jahren seinen Verpflichtungen als Grundstückseigentümer nicht mehr nachkommen könnte. Als Ausgleich in diesem Interessenkonflikt ist deshalb eine Wertsicherung die sich an den Lebenshaltungskosten orientiert, zulässig und kann vertraglich vereinbart werden.

2185 Eine mögliche zulässige Vertragsformulierung für eine Wertsicherungsklausel ist: Der Erbbauzins erhöht oder vermindert sich jeweils mit Beginn des folgenden Jahres, wenn aufgrund der von dem Statistischen Bundesamt veröffentlichten Erhebung erwiesen ist, dass der Preisindex der Lebenshaltungskosten für Deutschaland VPI – um mehr als 10% gestiegen oder zurückgegangen sind. Basisjahr ist das Kalenderjahr der Bestellung des Erbbaurechts. Die Erhöhung oder Minderung des Erbbauzinses entspricht der Steigerungs- oder Minderungsrate der Lebenshaltungskosten, die im maßgebenden Index des Statistischen Bundesamtes ausgewiesen ist.

5.1.3 Wirtschaftliche Einheiten in Erbbaurechtsfällen

2186 Für die Beurteilung des Umfangs der wirtschaftlichen Einheit gehen §§ 192, 176 Abs. 1 Nr. 2 BewG, dem bürgerlichen Recht und der Grundbuchordnung folgend, von zwei wirtschaftlichen Einheiten aus, die jede für sich verschenkt oder vererbt werden kann. Die Bewertung des mit dem Erbbaurecht belasteten Grundstücks erfolgt gem. § 194 BewG. Die Bewertung des Erbbaurechts gem. § 193 BewG.

5.1.4 Die Bewertung des Erbbaurechts

2187 Für die Bewertung des Erbaurechtes sieht § 193 BewG zwei Bewertungsverfahren vor. Zunächst wird ein vergleichendes Bewertungsverfahren durch Anwendung des **Vergleichswertverfahrens** gem. § 183 BewG vorgeschrieben. Falls dieses Bewertungsverfahren nicht möglich ist, kommt eine **finanzmathematische Bewertungsmethode** zum Einsatz, bei der ein Bodenwertanteil (§ 193 Abs. 3 BewG) und ein **Gebäudewertanteil** (§ 193 Abs. 5 BewG) den gesuchten Gesamtwert bilden. Hierbei ist zu beachten dass der Gebäudewertanteil bei der Bewertung des bebauten Grundstücks im **Ertragswertverfahren** unter Berücksichtigung des § 185 BewG, bei der Bewertung des bebauten Grundstücks im **Sachwertverfahren** unter Berücksichtigung des § 190 BewG zu berechnen ist.

5.1.4.1 Die Bewertung des Erbbaurechts im Vergleichswertverfahren

2188 Erbbaurechte werden häufig von Kirchen oder Gemeinden gelegentlich auch von Baugenossenschaften seltener von Privatpersonen vergeben. Bei der Erbbaurechtsvergabe handelt es sich meist nicht nur um Einzelgrundstücke sondern um ein kleineres in sich abgeschlossenes Baugebiet. Da die Erbbaurechtsgrundstücke eines homogenen Baugebietes meist nahezu zeitgleich vergeben werden und die Bauinteressenten in der Regel eine einheitliche Altersstruktur aufweisen, besteht eine gewisse Wahrscheinlichkeit, dass sich der Generationenwechsel dieses Baugebietes d.h. der Verkauf oder die Vererbung der Erbbaurechte ebenfalls in einem gewissen Zeitrahmen ergibt. Es besteht eine relativ große Wahrscheinlichkeit dass am Grundstücksmarkt Vergleichskaufpreise gebildet werden.

2189 Falls Vergleichskaufpreise oder von den Gutachterausschüssen aus Kaufpreisen abzuleitende Vergleichsfaktoren nicht vorliegen, erfolgt die Bewertung nach den nachfolgenden Grundsätzen:

5.1.4.2 Die Bewertung des Erbbaurechts außerhalb des Vergleichswertverfahrens

Falls kein Vergleichswertverfahren gem. §§ 183, 193 Abs. 1 BewG zur Anwendung kommt, ist der Wert des Erbbaurechtes aus einem **Bodenwertanteil** und einem **Gebäudewertanteil** zusammenzufügen (§ 193 Abs. 2 BewG). Der Bodenwert ist in beiden Verfahren einheitlich nach § 193 Abs. 3 und 4 zu ermitteln. Der Bodenwertanteil besteht im Wesentlichen aus der Kapitalisierung eines Differenzbetrages zwischen einer angemessenen Verzinsung des Bodenwertes vom Bewertungsstichtag und dem am Bewertungsstichtag vertraglich vereinbarten Erbbauzins. Dieser Betrag kann auch negativ sein. Wurde z. B. ein Einfamilienhaus auf einem Erbbaurecht errichtet, bei dem für das Erbbaugrundstück eine übliche Verzinsung mit 5 % vereinbart wurde, und ist der Wert des Grundstücks gleich geblieben oder gesunken, ergäbe sich bei der Anwendung des § 193 Abs. 4 Satz 2 Nr. 1 und der dort angegebenen Verzinsung von 3 % mindestens eine Differenz von 2 % des Grundstückswertes, die mit dem aus Anlage 21 zum BewG zu entnehmenden Vervielfältiger zu kapitalisieren ist.

2190

5.1.4.3 Die schematische Darstellung der Berechnung des Bodenwertanteils gemäß § 193 Abs. 3 und 4 BewG

Arbeitsschritte des § 193 Abs. 3 BewG	Struktur der Wertermittlung
Angemessener Verzinsungsbetrag Liegenschaftszinssatz des Gutachterausschusses oder 3 % bei Ein- und Zweifamilienhäusern 5 % bei Mietwohngrundstücken 5,5 oder 6 % bei gemischt genutzten Grundstücken des Bodenwerts am Bewertungsstichtag	Verzinsung des Bodenwerts vom Bewertungsstichtag
	./.
./. Vertraglich vereinbarter Erbbauzins am Bewertungsstichtag unter Berücksichtigung der Erbbauzinsvereinbarung bei Begründung unter Beachtung der fortgeschriebenen Verzinsung des Bodenwerts vom Tag der Erbbaurechtsbegründung	Vertraglicher Erbbauzins
	=
Unterschiedsbetrag	Unterschiedsbetrag
	×
Der Unterschiedsbetrag ist über die Restlaufzeit des Erbbaurechts mit dem aus der Anlage 21 ergebenden VV zu kapitalisieren	Vervielfältiger Anlage 21
	=
Bodenwertanteil	Bodenwertanteil

2191

5.1.4.4 Der Gebäudewertanteil

2192 Der Gebäudewertanteil ergibt sich, falls die Wirtschaftliche Einheit im Ertragswertverfahren zu bewerten ist aus § 185 BewG, siehe hierzu Rz. 2125 und § 193 Abs. 5. für den Fall der Bewertung der wirtschaftlichen Einheit im Sachwertverfahren aus § 190 BewG, siehe hierzu Rz. 2168 und § 193 Abs. 5.

5.1.4.5 Der Wert des Erbbaurechts

2193 Der Bodenwertanteil und der Gebäudewertanteil ergeben den Wert des Erbbaurechtes.

5.1.5 Die Bewertung des Erbbaugrundstücks

2194 Auch bei der Bewertung des Erbbaugrundstücks ist zunächst vorrangig das Vergleichswertverfahren anzuwenden. Ist ein Vergleichswertverfahren nicht möglich erfolgt die Bewertung über den Bodenwertanteil des Erbbaugrundstücks. Geht das Bauwerk oder ein Teil des Bauwerks am Ende der Erbbaurechtszeit entschädigungslos auf den Eigentümer des Erbbaugrundstücks über, ist dieser Wertzuwachs durch Abzinsung des Gebäudewertanteils mittels der VV aus Anlage 26 des BewG zu berücksichtigen.

2195 Muss vom Eigentümer des Erbbaugrundstücks bei Ablauf der Erbbaurechtszeit eine Entschädigung oder eine Teilentschädigung bezahlen, ist diese Entschädigungszahlung selbstverständlich nicht als Vermögensnehrung beim Übergang des Erbbaugrundstücks zu berücksichtigen.

Die Bewertung des Erbaugrundstücks setzt sich aus drei Faktoren zusammen:
1. Dem (mit Hilfe der Anlage 26 zum BewG) abgezinsten Bodenwertanteil
2. Dem (mit Hilfe der Anlage 21 zum BewG) abgezinsten vertraglich vereinbarten Erbbauzins
3. Ggf. dem (mit Hilfe der Anlage 26 zum BewG) abgezinsten entschädigungslos übergehenden Teil des Gebäudeertragswertes.

BEISPIEL 2009 wird ein mit einem Erbbaurecht belastetes Grundstück mit einer verbleibenden Erbbaurechtslaufzeit von 40 Jahren vererbt. Das Grundstück ist 1000 m² groß. Der Bodenrichtwert am Bewertungsstichtag beträgt 250 €/m². Das Erbaurecht ist mit einem Einfamilienhaus bebaut, das nach Ende der Erbbaurechtslaufzeit wieder abzubrechen ist. Der Erbbauzins wurde bei Begründung des Erbbaurechts wie folgt vereinbart: 1000 qm × 100 €/qm × 5% = 5000 € und ist seitdem unverändert.

LÖSUNG Vom Lagefinanzamt (§ 152 Nr. 1 BewG) ist eine gesonderte Feststellung für Zwecke der Erbschaft-/Schenkungsteuer durchzuführen, § 151 Abs. 1 Nr. 1 BewG.
Die Bewertung hat nach § 194 BewG zu erfolgen.
Da offensichtlich keine Vergleichswerte vorliegen, ist der
Bodenwertanteil gem. § 194 Abs. 3 BewG als Wert des mit dem
Erbbaurecht belasteten Grundstücks festzustellen.
Der Wert des Grundstücks ist gem. § 179 BewG
mit 1000 m² × 250 €/m² =   250 000 €
anzusetzen.
Die angemessene Verzinsung beträgt gem. § 193 Abs. 4 BewG 3%
Der Abzinsungsfaktor lt. Anlage 26 zum BewG beträgt bei einer
Restlaufzeit des Erbbaurechts von 40 Jahren   0,3066
Der abgezinste Bodenwertanteil 250 000 € × 0,3066 =   76 650 €
Der Erbbauzins am Bewertungsstichtag beträgt 5000 €.
Der Kapitalisierungsfaktor lt. Anlage 21 zum BewG 23,11   115 550 €
Gesondert festzustellender Grundbesitzwert   **192 200 €**

2196–2210
frei

5.2 Das Gebäude auf fremdem Grund und Boden

5.2.1 Zivilrechtlicher Begriff und Allgemeines

Beim Gebäude auf fremdem Grund und Boden sind folgende **zwei Fälle** zu unterscheiden:
1. Das Gebäude ist ein **Scheinbestandteil** i.S.d. § 95 Abs. 1 BGB, und nur für einen vorübergehenden Zwecke errichtet worden. Der Hersteller muss das Bauwerk nach Ablauf der Miet- und Pachtzeit wieder entfernen. In diesem Falle ist der Mieter bzw. Pächter des Grund und Bodens als Hersteller des Gebäudes zugleich **bürgerlich-rechtlicher** und wirtschaftlicher **Eigentümer** des Gebäudes.
2. Das Gebäude ist **wesentlicher Bestandteil** des Grund und Bodens geworden (§§ 93 und 94 BGB), der Mieter bzw. Pächter des Grund und Bodens (i.d.R. auch Hersteller des Gebäudes) ist nur **wirtschaftlichem Eigentümer** des Gebäudes.

2211

Eine zutreffende Würdigung der zwischen den Parteien geschlossenen Verträge, verbunden mit der Einschätzung der tatsächlich vorhandenen, rechtlichen Situation ist häufig mit größerem Aufwand verbunden. Das Bewertungsgesetz behandelt beide o.g. Fälle gleich, weshalb im Einzelfall nicht untersucht werden muss welche der beiden Fallvariationen aufgrund der vertraglichen Vereinbarungen zwischen dem Grundstückseigentümer und dem bürgerlich rechtlichen oder wirtschaftlichen Eigentümer des Bauwerkes tatsächlich besteht.

2212

5.2.2 Wirtschaftliche Einheiten

Das Bewertungsrecht geht bei Gebäuden auf fremdem Grund und Boden von zwei getrennten wirtschaftlichen Einheiten aus (§ 195 Abs. 1 BewG).
1. die wirtschaftliche Einheit des belasteten Grundstücks.
2. die wirtschaftliche Einheit des Gebäudes auf fremdem Grund und Boden

2213

Der Wert des belasteten Grundstücks und der Wert des Gebäudes sind getrennt zu ermitteln. Diese Vorgehensweise ist bereits aus den Fällen in denen ein Grundstück mit einem Bauwerk bebaut wurde, das kein Gebäude sondern eine Betriebsvorrichtung darstellt, bekannt. Auch hier werden der Grund und Boden und das eine Betriebsvorrichtung darstellende Bauwerk z.B. eine Technische Anlage zur Stromgewinnung getrennt bewertet.

2214

5.2.2.1 Die Bewertung der wirtschaftlichen Einheiten »Grund und Boden« und »Gebäude auf fremdem Grund und Boden«

Die Bewertung des Grund und Bodens und des Gebäudes auf fremdem Grund- und Boden entspricht der Bewertung des Erbbaurechtes und der Bewertung des belasteten Grundstücks, weshalb auf die obigen Ausführungen zum Erbbaurecht verwiesen wird.

2215

5.3 Gebäude im Zustand der Bebauung

5.3.1 Begriff und wirtschaftliche Einheit

Ein Grundstück im Zustand der Bebauung liegt vor, wenn mit den Abgrabearbeiten oder mit der Einbringung von Baustoffen zur planmäßigen Errichtung eines Gebäudes (§ 196 Abs. 1 Satz 2 BewG).

2216

5.4 Ermittlung des Grundstückswerts bei Grundstücken im Zustand der Bebauung

2217 Bei der Wertermittlung eines bisher unbebauten Grundstücks ist zunächst der Wert des unbebauten Grund zu ermitteln. Diesem Wert sind die bis zum Bewertungsstichtag entstandenen Herstellungskosten hinzuzurechnen.

2218 Bei der Wertermittlung eines bisher bereits bebauten Grundstücks, auf dem bis zum Bewertungsstichtag weitere Baumaßnahmen durchgeführt wurden ist dem Wert der bisherigen, gesonderten Feststellung noch der Wert der bis zum Bewertungsstichtag entstandenen Herstellungskosten der Baumaßnahme hinzuzurechnen.

5.5 Gebäude oder Gebäudeteile, die dem Zivilschutz dienen

2219 Gebäude oder Gebäudeteile, die dem Zivilschutz dienen, werden bei der Bedarfsbewertung für die Erbschaft-/Schenkungsteuer im Rahmen der gesonderten Feststellungen gem. § 151 Abs. 1 Nr. 1 BewG nicht berücksichtigt.

2220–2300 frei

Teil H Bedarfsbewertung des Betriebsvermögens und der Anteile an Kapitalgesellschaften

1 Grundsätzliches

Die Bewertung des Betriebsvermögens erfolgt nach den Vorgaben des Bundesverfassungsgerichts rechtsformneutral, d. h. der Wert entspricht jeweils dem Verkehrswert, gleichgültig ob es sich um ein Einzelunternehmen, eine Personengesellschaft oder eine Kapitalgesellschaft handelt. Auch die Methoden der Wertermittlung sind stets dieselben. § 109 Abs. 1 BewG verweist für Gewerbebetriebe und Freiberufler ebenso auf § 11 Abs. 2 BewG wie § 109 Abs. 2 BewG für Anteile an Personengesellschaften. Somit gilt für jede Rechtsform dieselbe Ermittlung für den Verkehrswert. (Einzig bei börsennotierten Anteilen an Kapitalgesellschaften gibt es vorrangig den Börsenwert, der bei den anderen Rechtsformen nicht besteht.) Dabei sind folgende Alternativen vorgesehen:

2301

1.1 Vergleichsverkäufe

Zunächst ist zu überprüfen, ob es Verkäufe von vergleichbaren Unternehmen oder Anteilen gibt, die nicht länger als ein Jahr vor dem Besteuerungszeitpunkt zurückliegen. Gibt es einen solchen Wert, so ist dieser zwingend anzuwenden. Gibt es einen solchen Wert nicht, so bestehen mehrere Möglichkeiten der Wertermittlung:

2302

1.2 Vereinfachtes Ertragswertverfahren

Eine der denkbaren Methoden ist das sog. vereinfachte Ertragswertverfahren gem. § 200 BewG. Dieses ist nach § 199 BewG für alle Rechtsformen denkbar, wenn nicht vorrangig Kurswerte oder Werte aus Vergleichsverkäufen vorliegen. Dabei wird zunächst der nachhaltig erzielbare Jahresertrag ermittelt. Dieser wird aus dem durchschnittlichen Betriebsergebnis der letzten drei Jahre errechnet. Dieser Wert wird mit einem Kapitalisierungsfaktor multipliziert. Dieser Kapitalisierungsfaktor setzt sich zusammen aus einem variablen Zinssatz, der dem jährlich von der Bundesbank festgesetzten und aus der durchschnittlichen Rendite langfristiger öffentlicher Anleihen ermittelten Basiszinssatz entspricht. Für das Jahr 2009 wurde dieser Basiszinssatz mit 3,61 % festgesetzt (vgl. BMF vom 07. 01. 2009 BStBl I 2009, 14). Hinzu kommt ein fester Risikozuschlag in Höhe von 4,5 % (§ 203 Abs. 1 BewG). Der Kapitalisierungsfaktor entspricht dem Kehrwert des Kapitalisierungszinssatzes, § 203 Abs. 3 BewG (also für 2009 100:8,11). Zu beachten ist, dass mit diesem Ertragswert nur das betriebsnotwendige Vermögen bewertet wird. Das nicht betriebsnotwendige Betriebsvermögen wird aus dem Ertragswert herausgelöst und mit einem eigenständigen Wert hinzuaddiert, § 200 Abs. 2 BewG. Dasselbe gilt für Beteiligungen an anderen Gesellschaften (§ 200 Abs. 3 BewG) und für Wirtschaftsgüter, die innerhalb der letzten zwei Jahre vor dem Bewertungsstichtag eingelegt worden sind (§ 200 Abs. 4 BewG).

2303

Dieses vereinfachte Ertragswertverfahren kann jedoch nur dann zur Anwendung kommen, wenn es nicht zu offensichtlich unzutreffenden Ergebnissen führt. Wann dies der Fall ist, wird im Gesetz nicht ausgeführt. Es dürfte vor allem dann der Fall sein, wenn die Grundzüge des vereinfachten Ertragswertverfahrens mit seinen vergangenheitsorientierten Daten und

2304

dem ganzjährig festgezurrten Kapitalisierungsfaktor die Wachstumsaussichten und die künftigen Risiken nicht hinreichend berücksichtigt.

1.3 Andere Methoden

2305 Dem Steuerpflichtigen steht es frei, anstelle des vereinfachten Ertragswertverfahrens ein anderes anerkanntes Bewertungsverfahren anzuwenden. Er muss ein anderes Verfahren anwenden, wenn das vereinfachte Ertragswertverfahren zu offensichtlich unzutreffenden Ergebnissen führt. Voraussetzung ist aber stets, dass es sich um ein anerkanntes Verfahren handelt, das auch im gewöhnlichen Geschäftsverkehr zur Kaufpreisfindung angewandt wird, § 11 Abs. 2 Satz 2 BewG. Da bei dieser Kaufpreisfindung methodisch meist zwischen einem Verkäuferpreis und einem Käuferpreis unterschieden wird, stellt das Gesetz in § 11 Abs. 2 Satz 2 BewG ausdrücklich auf den Erwerber ab. Beispiele für solche im Geschäftsverkehr übliche Methoden sind:

2306 – das Discounted Cash-Flow-Verfahren (DCF-Verfahren), bei dem der Unternehmenswert anhand der Kapitalisierung eines geschätzten künftigen Cash-Flows berechnet wird; da hier mehr zukunftsorientiert bewertet wird, dürften bei Wachstumsbranchen höhere Werte als im vereinfachten Ertragswertverfahren erzielt werden; das DCF-Verfahren existiert in verschiedenen Varianten (vgl. Langenmeyer, Überblick branchenspezifische Bewertungsmethoden, Bayerisches Staatsministerium der Finanzen, www.deufu.de/cgi-bin/parse)

2307 – vergleichsorientierte Bewertungsverfahren; sie orientieren sich an den tatsächlich bezahlten Preisen branchentypischer Verkaufsvorgänge; auch diese Verfahren werden in einer Vielzahl von Varianten angewandt (vgl. Barthel, Unternehmenswert: Die vergleichsorientierten Bewertungsverfahren, DB 1996, 149).

2308 – IDW Standard: Grundsätze zur Durchführung von Unternehmensbewertungen (IDW S 1); hierbei handelt es sich um ein allgemein anerkanntes Verfahren, das zur Bewertung von Gewerbebetrieben anerkannt und nicht branchenorientiert ist.

2309 – Bewertungsverfahren zur Bewertung von Freiberuflerpraxen, die von den jeweiligen Kammern herausgegeben werden, z. B. Richtlinien zur Bewertung von Rechtsanwaltskanzleien, herausgegeben von der Bundesrechtsanwaltskammer (Umsatzmethode, kein Abzug eines fiktiven Unternehmerlohns; BRAK-Mitteilungen 3/2007, S. 112, eher zustimmend Römermann-Schröder, Die Bewertung von Anwaltskanzleien, NJW 2003, 2709); Methoden zur Bewertung von Arztpraxen, herausgegeben von der Bundesärztekammer (Ertragswertverfahren unter Berücksichtigung eines fiktiven Unternehmerlohns, Deutsches Ärzteblatt 2008, 2778; kritisch dazu Kniet, Die »Bewertung medizinischer Praxen« nach dem 31. 12. 2008 in DB 2009, 866; ablehnend Merk in Drukarczyk-Ernst, Branchenorientierte Unternehmensbewertung, 2. Auflage 2007, S. 453). Die Hinweise der Bundessteuerberaterkammer für die Ermittlung des Wertes einer Steuerberaterpraxis wurden zur Zeit der Drucklegung dieses Buches gerade überarbeitet. Die zuletzt empfohlenen Hinweise wurden von der Bundessteuerberaterkammer wegen »inhaltlicher Unsauberkeiten« aus dem Steuerberaterhandbuch und dem Internetauftritt der Kammer entfernt. Bei diesen Methoden handelt es sich meist um modifizierte Ertragswertverfahren, bei denen ein Multiplikatorverfahren auf eine bestimmte Ausgangsgröße (z. B. Umsatz, Gewinn) angewandt und zum vorhandenen Substanzwert hinzuaddiert wird.

An dieser Stelle sei noch einmal an ein Urteil des FG Baden-Württemberg vom 10.12.1992 (10 K 71/90) erinnert, das sagt: »Geschäfts- oder Firmenwerte lassen sich, bei Licht besehen, nicht hinreichend genau ›berechnen‹, sondern nur nach ganz unterschiedlichen Methoden grob schätzen. In der Vielzahl der Methoden, die zur Bestimmung des Geschäfts- oder Firmenwerts entworfen worden sind – es soll etwa 50 Berechnungsverfahren geben, von denen also ein jedes durch etwa 49 andere infrage gestellt oder gar widerlegt wird – spiegelt sich der untaugliche Versuch wider, die Dynamik wirtschaftlicher Prozesse einzufangen und statisch fixiert darzustellen. In Wirklichkeit sind die Berechnungsmethoden nicht wesentlich mehr als Argumentationshilfen bei Verkaufsverhandlungen, die der Verkäuferseite dazu dienen sollen, einen möglichst hohen Preis zu erzielen, und die die Käuferseite vorbringt, um den Preis möglichst niedrig zu halten. Wenn sich die Vertragspartner schließlich auf einen Kaufpreis für das Unternehmen im Ganzen geeinigt haben, geschieht das nicht, weil die eine Seite die andere von der Richtigkeit ihrer Argumente überzeugt hätte, sondern weil beide Seiten ein Interesse am Zustandekommen des Kaufvertrags haben und des Feilschens müde geworden sind.«

2310

Angesichts dieser Ausführungen wird das Finanzamt gut daran tun, sich bezüglich der gutachtlich ermittelten Werte in Bescheidenheit zu üben, zumal § 11 Abs. 2 Satz 2 BewG einen Wert vorschreibt, den ein Erwerber bei der Bemessung des Kaufpreises zugrunde legen würde.

2311

2312–2320 frei

1.4 Untergrenze: Substanzwert

Die ermittelten Werte dürfen nicht unter dem reinen Substanzwert des Unternehmens liegen, ansonsten wird dieser angesetzt, § 11 Abs. 2 Satz 3 BewG. Der Substanzwert setzt sich zusammen aus der Summe der gemeinen Werte der Einzelwirtschaftsgüter, vermindert um die Schulden, Rückstellungen und sonstigen Abzüge.

2321

2 Bewertung von Einzelunternehmen

2.1 Vergleichskäufe

Nach dem Wortlaut des § 11 Abs. 2 Satz 1 BewG sind nur Verkäufe heranzuziehen, die im letzten Jahr vor dem Bewertungsstichtag stattfanden. Dies erscheint vor dem Hintergrund der Ermittlung des Verkehrswertes nicht schlüssig. Wird der Betrieb kurz nach dem Bewertungsstichtag veräußert und ist die Möglichkeit missbräuchlicher Gestaltungen ausgeschlossen, dann erscheint der Ausschluss der Ableitung aus Verkäufen nach dem Bewertungsstichtag nicht plausibel. Auf jeden Fall kann der Kaufpreis einer nach dem Bewertungsstichtag erfolgten Veräußerung zur Überprüfung herangezogen werden, ob ein im vereinfachten Ertragswertverfahren ermittelter Wert offensichtlich unzutreffend ist, ebenso Ramb in Rödl/Preißer u.a., Erbschaft- und Schenkungsteuer, § 12 Kap. 11.3.2.

2322

2.2 Vereinfachtes Ertragswertverfahren

Das Verfahren hat den Vorteil, dass es einfach zu handhaben ist, sodass es keiner besonderen Gutachterkosten bedarf. Es soll daher an dieser Stelle ausführlicher beschrieben werden.

2323

2.2.1 Abgrenzung des Betriebsvermögens

2324 Was ertragsteuerlich zum Betriebsvermögen gehört, stellt auch für die Zwecke der Erbschaft- und Schenkungsteuer Betriebsvermögen dar, § 95 BewG. Dabei ist es gleichgültig, ob es sich ertragsteuerlich um notwendiges oder gewillkürtes Betriebsvermögen handelt. Da es gem. § 99 BewG keine Besonderheiten mehr für Betriebsgrundstücke gibt, gilt die ertragsteuerliche Zuordnung von unterschiedlich genutzten Gebäudeteilen nunmehr auch für die Bewertung.

2325 Dasselbe gilt gem. § 96 BewG auch für die Betriebe der freien Berufe.

2.2.2 Jahresertrag

2326 Die Wertermittlung ergibt sich aus der Multiplikation von zukünftig nachhaltig erzielbarem Jahresertrag mal Kapitalisierungsfaktor, § 200 BewG.

2327 Der Jahresertrag wird abgeleitet aus den Durchschnittserträgen der vergangenen Jahre, § 201 BewG. § 200 BewG spricht zwar von dem künftig nachhaltig erzielbaren Jahresertrag, jedoch wird zu dessen Festsetzung ein vergangenheitsbezogener Wert ermittelt. Abzuleiten ist der künftig erzielbare Jahresertrag aus den Betriebsergebnissen der letzten drei Jahre. Je nach Fortschreiten des laufenden Jahres kann als drittes Jahr auch das laufende Jahr des Bewertungsstichtages herangezogen werden. Es ist dann anstelle des drittletzten Jahres zu verwenden. Ebenso ist zu verfahren, wenn das laufende Jahr von besonderer Aussagekraft für die künftige Entwicklung des Unternehmens ist. Es ist dann das Betriebsergebnis des vollen laufenden Jahres heranzuziehen, § 201 Abs. 2 Satz 2 BewG. Die Summe des Dreijahreszeitraums ist (ohne Gewichtung) durch drei zu teilen. Das Ergebnis ist der Durchschnittsertrag. Allerdings gilt es bei der Erfassung des Betriebsergebnisses einige Besonderheiten zu berücksichtigen:

2328 1. **Ausgangswert ist der Bilanzgewinn, § 202 Abs. 1 BewG. Bei den Überschussrechnern ist es der Überschuss der BE über die BA, § 202 Abs. 2 BewG.**

2329 2. **Dieser ist in jedem Jahr durch Hinzurechnungen und Abrechnungen zu korrigieren:**
   a) Hinzugerechnet werden
   – Investitionsabzugsbeträge, zu denen allerdings nicht die Abschläge nach § 7g EStG gehören, da diese grundsätzlich außerhalb der Bilanz vorgenommen werden und daher den Bilanzgewinn nicht geschmälert haben;
   – Sonderabschreibungen oder erhöhte Absetzungen, Bewertungsabschläge (etwa nach § 6 Abs. 2 oder Abs. 2a EStG), Teilwertabschreibungen und Zuführungen zu steuerfreien Rücklagen. Bei den Rücklagen nach § 6b EStG sind die Zuführungen nicht zu erfassen, wenn sie aus der Veräußerung von Grundstücken und Gebäuden stammen, da diese sonst als einmalige Veräußerungsgewinne gleich im nächsten Punkt wieder abzuziehen wären. Auch nach § 6b Abs. 10 EStG gebildete Rücklagen für die Veräußerung von Anteilen an Kapitalgesellschaften sind nicht hinzuzurechnen, sofern die Anteile zum gewillkürten Betriebsvermögen gehören, da Vorgänge, die solche Anteile betreffen, ohnehin aus dem Betriebsergebnis ausgeschieden werden, § 200 Abs. 2 BewG; gehören die Anteile dagegen zu solchen, die nach § 200 Abs. 3 BewG zu erfassen sind, sind die Zuführungen zu einer Rücklage nach § 6b Abs. 10 EStG hinzuzurechnen, sofern es sich nicht um einmalige Veräußerungsgewinne handelt;

- AfA auf den Geschäfts- oder Firmenwert oder auf firmenwertähnliche Wirtschaftsgüter; da der Ertragswert ja den aktuellen Firmenwert enthält, macht es keinen Sinn, die AfA auf den derivativ erworbenen Firmenwert gesondert zu erfassen.
- einmalige Veräußerungsverluste sowie außerordentliche Aufwendungen;
- im Gewinn nicht enthaltene Investitionszulagen, sofern mit solchen Zulagen in der Zukunft im gleichen Umfang gerechnet werden kann;
- der Ertragsteueraufwand, bestehend aus Körperschaftsteuer, Zuschlagsteuern und Gewerbesteuer; da die Gewerbesteuer wie alle nicht oder nicht voll abzugsfähigen Betriebsausgaben handelsrechtlich das Betriebsergebnis mindert und nur steuerlich außerhalb der Bilanz hinzugerechnet wird, muss sie an dieser Stelle hinzugerechnet werden, obwohl sie seit 2008 zu den nicht abzugsfähigen Betriebsausgaben gehört, § 4 Abs. 5b EStG.
- schließlich sei noch einmal daran erinnert, dass nicht betriebsnotwendiges Vermögen und innerhalb der letzten zwei Jahre vor dem Bewertungsstichtag eingelegte Wirtschaftsgüter gem. § 200 Abs. 2 und 4 BewG nicht über das Betriebsergebnis in den Unternehmenswert einfließen, sondern gesondert hinzugerechnet werden; aus diesem Grund werden die damit verbundenen Aufwendungen und Verluste dem Betriebsergebnis wieder hinzugerechnet. Diese Regelung gilt nicht für Verluste aus Beteiligungen an anderen Gesellschaften.

b) Abgerechnet werden
- gewinnerhöhende Auflösungsbeträge aus der Auflösung steuerfreier Rücklagen (auch der Rücklagen nach § 6b EStG)
- gewinnerhöhende Wertaufholungen (da die vorherigen Teilwertabschreibungen den Gewinn ja auch nicht gemindert haben, sondern hinzugerechnet werden mussten)
- einmalige Veräußerungsgewinne und außerordentliche Erträge
- im Gewinn enthaltene Investitionszulagen, sofern mit gleichen Zulagen auch in den künftigen Jahren zu rechnen ist
- ein angemessener Unternehmerlohn; dieser fiktive Unternehmerlohn ist aus Gehaltsstudien oder -tabellen zu entnehmen. Der Abzug ist beim Einzelunternehmen erforderlich, um die Rechtsformneutralität zu gewährleisten, da ein Geschäftsführergehalt bei der Kapitalgesellschaft üblicherweise abgezogen wird. Ebenso ist abzuziehen ein fiktiver Lohn unentgeltlich oder gegen unzureichendes Entgelt mitarbeitender Familienangehöriger;
- Erträge aus der Erstattung von Ertragsteuern;
- Erträge aus gewillkürtem Betriebsvermögen, aus Anteilen an anderen Gesellschaften und aus Wirtschaftsgütern, die innerhalb der letzten zwei Jahre vor dem Bewertungsstichtag eingelegt wurden.
- Um die Rechtsformneutralität zu gewährleisten, werden die bereinigten Betriebsergebnisse um einen in § 202 Abs. 3 BewG festgelegten pauschalen Ertragsteuerabschlag in Höhe von 30 % gemindert.

2.2.3 Kapitalisierungsfaktor

Der Kapitalisierungszinssatz setzt sich zusammen aus einem variablen, jährlich neu festzusetzenden Teil und einem festen Risikozuschlag von 4,5 %. Der variable Zinsteil wurde für das Jahr 2009 durch den BMF auf 3,61 % festgesetzt (BStBl I 2009, 14). Damit beträgt der Kapitalisierungszinssatz 3,61 + 4,5 = 8,11 %. Der Kapitalisierungsfaktor beträgt mithin für 2009 100 : 8,11 = 12,33. Für 2010 beträgt der Basiszins 3,98 % (BMF vom 07.01.2010), der Kapitalisierungszinssatz 3,98 + 4,5 = 8,48 %, der Kapitalisierungsfaktor 100 : 8,48 = 11,79.

2.2.4 Gesonderter Ansatz mit dem gemeinen Wert

2342 Aus dem vereinfachten Ertragswertverfahren ausgenommen wurden die Wirtschaftsgüter des § 200 Abs. 2 bis 4 BewG. Diese sind im Wege der Einzelbewertung dem oben ermittelten Wert hinzuzurechnen.

- Gem. § 200 Abs. 2 BewG sind die nicht zum betriebsnotwendigen Vermögen gehörenden Wirtschaftsgüter und die damit zusammenhängenden Schulden auszuscheiden und mit dem gemeinen Wert hinzu zu addieren. Aus diesem Grund waren auch die damit zusammenhängenden Aufwendungen und Erträge aus den Betriebsergebnissen auszuscheiden.
- Gem. § 200 Abs. 3 BewG sind auch die Anteile an anderen Gesellschaften auszuscheiden und als Einzelwirtschaftsgüter zu bewerten. Unter § 200 Abs. 3 BewG fallen dabei nur die Anteile, die zum betriebsnotwendigen Vermögen gehören (die anderen sind bereits unter den Wirtschaftsgütern des Abs. 2 erfasst). Die mit diesen Beteiligungen zusammenhängenden Erträge sind gem. § 202 Abs. 1 Satz 2 Nr. 2f BewG abzuziehen, während die Aufwendungen gem. § 202 Abs. 1 Satz 2 Nr. 1f BewG nicht hinzuzurechnen sind.
- Schließlich werden auch die Wirtschaftsgüter ausgeschieden, die erst in den letzten zwei Jahren vor dem Bewertungsstichtag eingelegt worden sind (sog. junges Betriebsvermögen). Auch diese Wirtschaftsgüter werden einzeln mit dem gemeinen Wert bewertet und hinzugerechnet. Auch die damit zusammenhängenden Aufwendungen und Erträge werden aus den Betriebsergebnissen ausgeschieden.

2.3 Substanzwert als Mindestwert

2343 Gem. § 11 Abs. 2 Satz 3 BewG ist als Mindestwert der Substanzwert anzusetzen. Dieser ergibt sich aus einer Einzelbewertung aller vorhandener Wirtschaftsgüter der Aktiv- und Passivseite (jedoch ohne Abzug von Rücklagen, § 103 Abs. 3 BewG und ohne Abzug von Eigenkapital), bewertet mit den Verkehrswerten. Für die Ermittlung dieser Werte, die ja meist nur eine überschlägige Kontrollrechnung darstellt, kann aus Vereinfachungsgründen weitgehend auf die sinngemäße Anwendung der ehemaligen Vermögensteuer-Richtlinien verwiesen werden (damals war allerdings nicht der gemeine, sondern der Teilwert zu ermitteln, außerdem galten Besonderheiten besonders bei der Bewertung der Betriebsgrundstücke, die natürlich nicht übernommen werden können).

2.4 Anmerkung zum vereinfachten Ertragswertverfahren

2.4.1 Durchschnittsertrag

2344 Obwohl § 200 Abs. 1 BewG ausdrücklich von dem zukünftig nachhaltig erzielbaren Jahresertrag spricht, wird der in der Vergangenheit erzielte durchschnittliche Jahresertrag so zugrunde gelegt, als ob er auch in der Zukunft jederzeit erzielbar sei. Eine Korrektur im Sinne einer Prognose findet nicht statt. Dies führt insbesondere in Krisenzeiten zu verfälschten Ergebnissen. Um dem Gesetzeswortlaut des »zukünftig nachhaltig erzielbaren Jahresertrags« einigermaßen gerecht zu werden, ist notfalls in Krisenzeiten ein geringerer Zeitraum als ein

Dreijahreszeitraum zugrunde zu legen. Werden etwa das laufende Jahr und das Vorjahr einbezogen, dann werden sich in Krisenzeiten andere Werte ergeben als bei Zugrundelegen des Zeitraums der vergangenen abgelaufenen drei Jahre. Die Verkürzung des Dreijahreszeitraums ist gesetzlich zulässig, da § 201 Abs. 1 Satz 2 BewG nur davon spricht, dass der vergangene Dreijahreszeitraum »eine Beurteilungsgrundlage« bilde; eine zwingende Verwendung ist nicht vorgeschrieben. Bei neu gegründeten oder umstrukturierten Betrieben ist ohnehin ein kürzerer Zeitraum anzuwenden, § 201 Abs. 3 BewG.

2.4.2 Kapitalisierungsfaktor

Die Verwendung des Kapitalisierungsfaktors des § 203 BewG führt in Zeiten einer Krise zu widersinnigen Ergebnissen. Befindet sich die Gesamtwirtschaft in einer Krise, werden die Zentralbanken die Leitzinsen entsprechend ermäßigen. Dementsprechend wird sich auch der Basiszinssatz des § 203 Abs. 1 BewG ermäßigen. Je niedriger aber der Kapitalisierungszinssatz, desto höher ist der Kapitalisierungsfaktor.

2345

BEISPIELE

a) Beträgt der Durchschnittsertrag 1 000 000 €, und der Kapitalisierungszinssatz 10 %, so beträgt der Ertragswert 1 000 000 × 100 : 10 = 10 000 000 €. Beträgt der Kapitalisierungszinssatz dagegen nur 8 %, so ergibt sich ein Ertragswert von 1 000 000 × 100 : 8 = 12 500 000 €. Wegen dieses systemimmanenten Fehlers dürfte sich in Krisenzeiten ein anderes Bewertungsverfahren empfehlen.

b) V schenkt seinem Sohn S zum 01. 07. 2009 seinen Gewerbebetrieb. Die Bilanzgewinne betrugen 2006 720 000 €, 2007 650 000 € und 2008 700 000 €. Die betriebswirtschaftliche Auswertung zum 30. 06. 2009 ergibt keine signifikante Abweichung für 2009.
Der Gewerbesteuer-Aufwand belief sich in den drei Jahren auf 54 720, 49 400 und 53 200 €. Nicht oder nicht voll abzugfähige Betriebsausgaben wurden stets als Aufwand verbucht und außerhalb der Bilanz dem Gewinn zugerechnet; ebenso wurde mit den steuerfrei zu belassenden Aufwendungen im Sinne des § 3 Nr. 40 EStG verfahren. Im gewillkürten Betriebsvermögen befindet sich ein Mietwohngrundstück mit einem festgestellten Grundbesitzwert von 900 000 €, auf dem noch Schulden aus der Anschaffung in Höhe von 400 000 € lasten. Die Mieteinnahmen belaufen sich auf jährlich 60 000 €, die Betriebsausgaben einschließlich AfA belaufen sich auf 32 000 € jährlich. Ferner befinden sich im gewillkürten Betriebsvermögen Aktien mit einem Bilanzwert von 75 000 € (Kurswert am 01. 07. 2009 90 000 €), die jährlich 4 000 € Dividende abwarfen. Ein angemessener Unternehmerlohn in Höhe von 120 000 € wurde (selbstverständlich) nicht als Aufwand verbucht. Im Jahr 2007 hatte V aus der Veräußerung eines unbebauten Grundstücks eine Rücklage nach § 6b EStG in Höhe von 100 000 € gebildet, die er wegen der bevorstehenden Übertragung in der Schlussbilanz 2008 gewinnerhöhend aufgelöst hat. Im Jahr 2008 hatte V einen PKW in das Betriebsvermögen mit dem zutreffenden Wert von 30 000 € eingelegt, aus dem er 2008 6 000 € AfA zog. Der Buchwert beträgt am 01. 07. 2009 noch 21 000 €, der Verkehrswert 25 000 €. Zu errechnen ist der Unternehmenswert nach der vereinfachten Ertragwertmethode.
LÖSUNG Da das Jahr 2009 bis zum Bewertungsstichtag am 01. 07. 2009 keine signifikanten Besonderheiten aufweist, kann es bei der Ermittlung des Jahresertrags nach § 201 Abs. 2 Satz 2 BewG außer Betracht gelassen werden. Maßgeblich sind dann die drei letzten abgelaufenen Wirtschaftsjahre 2006, 2007 und 2008, § 201 Abs. 2 Satz 1 BewG.

BEISPIEL

Jahre	2006	2007	2008	Bemerkungen
Ausgangswert	720 000	650 000	700 000	§ 202 Abs. 1 Satz 1
Rücklage § 6b	0	0	€ 106 000	2007: Da einmaliger Vorgang keine Zurechnung oder Zurechnung nach Nr. 1a und

				gleichzeitig Abrechnung nach Nr. 2b. 2008: § 202 Abs. 1 Nr. 2a einschließlich Zinszuschlag des § 6b Abs. 7
Gewerbesteuer	+ 54 720	+ 49 400	+ 53 200	§ 202 Abs. 1 Nr. 1e
Erträge Grundst.	./. 60 000	./. 60 000	./. 60 000	§ 202 Abs. 1 Nr. 2f
Aufw. Grundst.	+ 32 000	+ 32 000	+ 32 000	§ 202 Abs. 1 Nr. 1f
Dividenden	./. 4 000	./. 4 000	./. 4 000	§ 202 Abs. 1 Nr. 2f
AfA PKW			+ 6 000	§ 202 Abs. 1 Nr. 2f und § 200 Abs. 4
Unternehmerlohn	./. 120 000	./. 120 000	./. 120 000	§ 202 Abs. 1 Nr. 2d
Betriebsergebnis vor Ertragsteuer	622 720	547 400	501 200	
Pauschalierter Ertragsteueraufwand	./. 186 816	./. 164 220	./. 150 360	§ 202 Abs. 3
Betriebsergebnis	435 904	383 180	350 840	
Summe		1 169 924		
Dividiert durch 3		389 974,66		durchschnittlicher Jahresertrag
Kapitalisierungsfaktor 2009		100 : 8,11		
Ertragswert		4 808 565		§ 200 Abs. 1
Mietwohngrundstück		+ 900 000		§ 200 Abs. 2
Schulden Grundstück		./. 400 000		§ 200 Abs. 2
Aktien		+ 90 000		§ 200 Abs. 2
PKW		+ 25 000		§ 200 Abs. 4
Unternehmenswert		5 423 565 €		

Dieser Wert ist nun noch mit dem Mindestwert gem. § 11 Abs. 2 Satz 2 BewG zu vergleichen.

2346–2360 frei

3 Bewertung von Anteilen an Personengesellschaften

3.1 Allgemeines

2361 § 97 Abs. 1a BewG gibt die Bewertung des Anteils an einer Personengesellschaft im Sinne des § 15 Abs. 1 Nr. 2 und Abs. 3 sowie des § 18 Abs. 4 Satz 2 EStG vor. Danach ist zu unterscheiden zwischen der Bewertung des Gesamthandsvermögens und des Sonderbetriebsvermögens. Die Summe der beiden Werte ergibt den Wert des Anteils am Betriebsvermögen einer Personengesellschaft.

3.2 Gesamthandsvermögen

2362 Für das Gesamthandsvermögen wird ein Gesamtwert nach den o. a. Bewertungsmethoden ermittelt. Liegen keine Vergleichsverkäufe vor, so kann das vereinfachte Ertragswertverfahren oder jedes andere anerkannte Verfahren herangezogen werden. Auch hier bildet der Substanzwert den Mindestwert. Wird der Wert im vereinfachten Ertragswertverfahren ermittelt, so ist von dem steuerlichen Gesamtgewinn auszugehen, den die Gesellschaft mit ihrem Gesamthandsvermögen erzielt hat. Dabei bleiben die Ergebnisse aus den Sonderbilanzen und den Ergänzungsbilanzen unberücksichtigt, so ausdrücklich § 202 Abs. 1 Satz 1 BewG, obwohl letztere Korrekturen der Wertansätze aus der Gesamthandsbilanz enthalten.

2363 Dieser Gesamtwert wird dann aufgeteilt, wobei zunächst die Kapitalkonten der Gesamthandsbilanz den Gesellschaftern zugerechnet werden. Dabei bleiben wiederum die

Kapitalkonten der Sonderbilanzen und der Ergänzungsbilanzen unberücksichtigt. Der Grund liegt darin, dass die Kapitalkonten der Ergänzungsbilanzen zwar steuerlich in der Regel höhere Anschaffungskosten abbilden, jedoch keine höheren Entnahmerechte; auf letztere stellt aber das Ertragswertverfahren ab. Der verbleibende Rest wird dann nach dem Gewinnverteilungsschlüssel auf die Gesellschafter verteilt. Dabei bleiben Vorabgewinne unberücksichtigt, § 97 Abs. 1a Nr. 1b am Ende BewG.

3.2.1 Sonderbetriebsvermögen

Die Wirtschaftsgüter und Schulden des Sonderbetriebsvermögens werden nicht mit dem Ertragswert bewertet, sondern im Wege der Einzelwertermittlung mit dem gemeinen Wert angesetzt, § 97 Abs. 1a Nr. 2 BewG. Dabei ist nur das Sonderbetriebsvermögen des betroffenen Gesellschafters zu erfassen. Hat der Gesellschafter seiner Gesellschaft ein Grundstück zur betrieblichen Nutzung vermietet, so werden die von der Gesellschaft bezahlten Mietaufwendungen ertragsmindernd als Betriebsausgaben verbucht und mindern somit den Ertragswert. Dafür wird die Substanz des Grundstücks beim Sonderbetriebsvermögen erfasst. Eine Doppelerfassung liegt somit nicht vor.

2364

BEISPIEL

V überträgt am 01.07.2009 seinen Anteil an der U-V-W-oHG unentgeltlich mit Zustimmung von U und W auf seinen Sohn S. Die Kapitalkonten der Gesellschafter in der Gesamthandsbilanz lauten:

U Kapitalkonto I	400 000 €	Kapitalkonto II	100 000 €
V Kapitalkonto I	250 000 €	Kapitalkonto II	120 000 €
W Kapitalkonto I	150 000 €	Kapitalkonto II	50 000 €

Da W seinen Anteil vor einigen Jahren von dem Altgesellschafter A zum gemeinen Wert erworben hatte, besteht für ihn noch eine Ergänzungsbilanz, die für ihn ein positives Kapitalkonto von 40 000 € ausweist.
Der Gewinnverteilungsschlüssel des Gesellschaftsvertrages lautet für U 50 %, für V 31,25 % und für W 18,75 %.
V hat seiner Gesellschaft ein Grundstück vermietet, das er in einer Sonderbilanz erfasst hat. Das Grundstück hat einen Bilanzwert von 250 000 €, die damit zusammenhängenden Schulden betragen 40 000 € und das Kapital beträgt 210 000 €. Aus dem Grundstück bezieht V Mieteinnahmen von der oHG von jährlich 30 000 €. AfA, sonstige Grundstücksaufwendungen und Schuldzinsen belaufen sich auf 10 000 €. Der nach § 179 BewG festgestellt gemeine Wert beträgt 280 000 €. Der Gesellschafter U hat seiner oHG ein Darlehen über 100 000 € gegeben, das er in seiner Sonderbilanz erfasst hat und für das die oHG ihm jährlich 6 000 € Zins bezahlt.
Der Ertragswert des Gesamthandsvermögens beläuft sich auf 2 452 386 €.
LÖSUNG Von den 2 452 386 € (für die keine Rundungsvorschrift besteht) entfallen 1 070 000 € auf die Kapitalkonten der drei Gesellschafter. Die Kapitalkonten der Ergänzungs- und Sonderbilanzen bleiben unberücksichtigt, § 202 Abs. 1 Satz 1 BewG. Von den 1 070 000 € entfallen 370 000 € auf V. Die Differenz beträgt 1 382 386 €. Von dieser Differenz entfallen nach dem Gewinnverteilungsschlüssel 31,25 % auf V, mithin also 431 995 €. Der Anteil des V am Gesamthandsvermögen beträgt mithin 801 995 €. Dem ist noch der Wert des Grundstücks mit 280 000 € hinzuzurechnen und der Wert der damit verbundenen Schulden mit 40 000 € abzuziehen. Die Werte aus dem Sonderbetriebsvermögen der übrigen Gesellschaften interessieren hier nicht. Der Gesamtwert des Anteils des V beläuft sich somit auf 1 041 995 €. Auch für diesen Wert besteht keine Rundungsvorschrift.

4 Vermögensverwaltende Personengesellschaften

2365 Für diese stellt jetzt § 10 Abs. 1 Satz 4 ErbStG klar, dass sie nicht nach den obigen Aufteilungsgesichtspunkten bewertet werden, sondern als anteiliger Erwerb der einzelnen verwalteten Wirtschaftsgüter gelten. Befinden sich in dem verwalteten Vermögen auch Verbindlichkeiten, so gilt der anteilige Erwerb dieser Verbindlichkeiten als Gegenleistung, sodass bei der Schenkung die Grundsätze teilentgeltlicher Schenkungen (gemischte Schenkung) anzuwenden sind. In Erbfällen gelten die Verbindlichkeiten als Nachlassverbindlichkeiten.

5 Anteile an Kapitalgesellschaften

2366 Wegen der rechtsformneutralen Bewertung gelten nunmehr grundsätzlich dieselben Regelungen wie für die Bewertung von Einzelunternehmen oder Personengesellschaften. Auf einige Besonderheiten muss gleichwohl hingewiesen werden.

5.1 Kurswert

2367 Für börsennotierte Anteile gilt gem. § 11 Abs. 1 BewG vorrangig die Bewertung mit dem Kurswert. Liegt ein solcher vor, so ist dieser zwingend anzuwenden, Wahlrechte bestehen insoweit nicht. Dies gilt auch dann, wenn der Kurswert einen völlig atypischen Wert abbildet. Wer beispielsweise am 28.10.2008 VW-Aktien geerbt hat, muss diese mit dem Kurswert von 1 005,01 € je Stück ansetzen, obwohl dieser Wert weder am Tag zuvor noch am Tag danach und seither jemals wieder auch nur annähernd erreicht wurde. Die jeweils am Tag vor und nach dem 28.10.2008 verzeichneten Kurswerte betrugen weniger als die Hälfte dieses einmaligen hochspekulativen Wertes. Da die Vorschrift des § 11 Abs. 1 BewG keine Öffnungsklausel für den Ansatz eines anderen nachgewiesenen gemeinen Werts enthält und die Bewertung nach der ständigen Rechtsprechung des BFH Billigkeitserwägungen nicht zugänglich ist, muss es beim Ansatz dieses Kurswertes verbleiben. Für die Erwerber ein kaum nachvollziehbares Ergebnis.

5.2 Vergleichsverkäufe

2368 Gibt es keinen Kurswert, da die Anteile nicht an der Börse gehandelt werden (was zum Beispiel für alle GmbH gilt), dann ist der Wert aus Vergleichsverkäufen des letzten Jahres abzuleiten, § 11 Abs. 2 Satz 2 BewG.

5.3 Weitere Wertfeststellungen

2369 Gibt es weder einen Kurswert noch Vergleichsverkäufe, so ist der gemeine Wert nach dem vereinfachten Ertragswertverfahren oder nach anderen anerkannten Bewertungsverfahren zu ermitteln. Zu diesen zählt nicht mehr das noch bis 31.12.2008 anzuwendende Stuttgarter Verfahren.

2370–2500 frei

Kapitel 2
Grundsteuer

Teil A Überblick über das Grundsteuerrecht

1 Einführung

a) Geschichtliche Entwicklung

Die Grundsteuer ist eine der ältesten Steuerformen in der Geschichte der Menschheit. Sie knüpft an den Grundbesitz an. In Deutschland gilt ein einheitliches Grundsteuerrecht in den Ländern ab 01.04.1938.

2501

b) Vorschriften zum Grundsteuerrecht
- GrStG vom 07.08.1973 BStBl I 1973, 586 mit späteren Änderungen,
- GrStR 1978 vom 09.12.1978 BStBl I 1978, 553,
- §§ 29 bis 33 GrStDV 1937 RGBl I 1937, 733 für die neuen Bundesländer,
- Grundsteuer-Kartei.

2502

c) Wesen der Grundsteuer

Die Grundsteuer ist eine Realsteuer (Sach- oder Objektsteuer). Sie nimmt auf die persönlichen Verhältnisse des Steuerschuldners keine Rücksicht. Im Mittelpunkt des Grundsteuerrechts steht also nicht eine Person, sondern das Objekt (der Grundbesitz).

2503

d) Die Grundsteuer eine Gemeindesteuer

Die Grundsteuer ist eine reine Gemeindesteuer (Steuerberechtigte nach § 1 GrStG). Nach Art. 106 Abs. 6 GG fließt das Grundsteuer-Aufkommen den Gemeinden zu.

2504

2505–2510
frei

2 Steuerpflicht

2.1 Steuergegenstand

Steuergegenstand ist der Grundbesitz i. S. des BewG (§ 19 Abs. 1 BewG, § 2 GrStG), d. h. die Betriebe der Land- und Forstwirtschaft, die Grundstücke des Grundvermögens und die Betriebsgrundstücke. Hieraus folgt, dass alles, was bei der Einheitsbewertung des Grundbesitzes als selbstständige wirtschaftliche Einheit bewertet worden ist, bei der Grundsteuer einen selbstständigen Steuergegenstand bildet, der gesondert zur Grundsteuer herangezogen wird. Da Betriebsgrundstücke nach § 99 Abs. 3 BewG entweder wie land- und forstwirtschaftliches Vermögen oder wie Grundvermögen zu bewerten sind, unterscheidet man nach § 2 GrStG zwei Gruppen von Steuergegenständen:

2511

1. Betriebe der Land- und Forstwirtschaft: Grundsteuer A
2. Grundstücke: Grundsteuer B.

2.2 Steuerbefreiungen und Steuerbegünstigungen

2.2.1 Arten

Bei der Grundsteuer unterscheidet man zwei Arten von Steuerbefreiungen:
1. Steuerbefreiungen ohne zeitliche Begrenzung,
2. Steuerbefreiungen (Steuerbegünstigungen) mit zeitlicher Begrenzung.

2512

2.2.2 Steuerbefreiungen ohne zeitliche Begrenzung

2513 Diese Tatbestände sind in den §§ 3 bis 8 GrStG geregelt. Die Befreiungsvorschriften sind eng auszulegen. Sie bezwecken im Allgemeinen die Förderung des Gemeinwohls. Befreit ist u.a. Grundbesitz, der einem öffentlichen Dienst oder Gebrauch, der Gemeinnützigkeit, Mildtätigkeit, kirchlichen Zwecken, der Wissenschaft und dem Unterricht, Krankenanstalten, öffentlichen Straßen usw. dient.

2514 Grundbesitz, der Wohnzwecken dient, unterliegt grundsätzlich der Grundsteuer (§ 5 GrStG). Land- und forstwirtschaftlich genutzter Grundbesitz ist ebenfalls grundsätzlich grundsteuerpflichtig (§ 6 GrStG).

2.2.3 Steuerbefreiungen mit zeitlicher Begrenzung

a) Steuervergünstigung für abgefundene Kriegsbeschädigte

2515 Hierbei handelt es sich nach § 36 GrStG um eine Grundsteuer-Vergünstigung für Grundbesitz solcher Kriegsbeschädigten, die zum Erwerb oder zur wirtschaftlichen Stärkung ihres Grundbesitzes eine Kapitalabfindung aufgrund des Bundesversorgungsgesetzes in der Fassung der Bekanntmachung vom 22.01.1982 (BGBl I 1982, 21), zuletzt geändert durch Gesetz vom 22.12.2008 (BGBl I 2008, 2959) erhalten haben. Die Vergünstigung wird nur so lange gewährt, als die Versorgungsgebührnisse wegen der Kapitalabfindung in der gesetzlichen Höhe gekürzt werden.

b) Grundsteuervergünstigung nach dem II. WoBauG

2516 Nach dem II. WoBauG war für Wohnraum eine Grundsteuer-Vergünstigung unter gewissen Voraussetzungen für die Dauer von 10 Jahren gewährt worden, wenn der Wohnraum vor dem 01.01.1990 bezugsfertig geworden war. Begünstigt war nach §§ 92 und 92a II. WoBauG Wohnraum, der **öffentlich gefördert** oder **steuerbegünstigt** war. Diese ebenfalls zeitlich begrenzte Grundsteuer-Vergünstigung kam letztmals für das Jahr 1999 in Betracht. Diese Grundsteuer-Vergünstigung wurde nur auf Antrag gewährt. Der Grund und Boden und die nicht steuerbegünstigten Räume und Wohnungen nahmen an dieser Grundsteuer-Vergünstigung nicht teil. Der Grundsteuer-Messbetrag war auf einen steuerpflichtigen und einen steuerbegünstigten Teil aufzuteilen. Näheres war in der VA-II. WoBauG geregelt.

2.3 Stichtag für die Grundsteuer

2517 § 9 GrStG regelt hierzu Folgendes:
1. Maßgebend sind die Verhältnisse zu Beginn des Kalenderjahres (§ 9 Abs. 1 GrStG).
2. Die Grundsteuer entsteht mit Beginn des Kalenderjahres, für das die Steuer festzusetzen ist (§ 9 Abs. 2 GrStG).

2.4 Steuerschuldner

2518 Für die Frage der Steuerschuldnerschaft gilt nach § 10 GrStG Folgendes:
Maßgebend ist die **Zurechnung**, die bei der Einheitsbewertung für den Grundbesitz getroffen worden ist (§ 10 Abs. 1 GrStG). Für **Erbbaurechtsgrundstücke** gilt eine Sonderregelung (§ 10 Abs. 2 GrStG). Danach ist derjenige, dem ein Erbbaurecht zugerechnet wird (der Erbbauberechtigte), auch Schuldner der Grundsteuer für die wirtschaftliche Einheit des belasteten Grundstücks. Bei **mehreren Beteiligten** an der wirtschaftlichen Einheit gelten alle Beteiligten als Gesamtschuldner (§ 10 Abs. 3 GrStG). Bei land- und forstwirtschaftlichem

Vermögen in den neuen Bundesländern gilt der **Nutzer** dieses land- und forstwirtschaftlichen Vermögens (§ 40 GrStG) als Steuerschuldner.

2.5 Haftung

In § 11 GrStG ist für bestimmte Personen eine persönliche Haftung der Grundsteuer festgelegt. Nach § 12 GrStG ruht die Grundsteuer auf dem Steuergegenstand (Betrieb der Land- und Forstwirtschaft, Grundstück oder Betriebsgrundstück) als öffentliche Last (dingliche Haftung).

2519

2520–2529 frei

3 Festsetzung des Grundsteuermessbetrags

3.1 Verfahrensstufen

Bei der Grundsteuer sind **drei Verfahrensstufen** zu beachten:
1. Feststellung des Einheitswerts (Einheitswertverfahren),
2. Festsetzung des Grundsteuer-Messbetrags (Steuermessbetragsverfahren),
3. Festsetzung und Erhebung der Grundsteuer (Steuerverfahren).

Für das land- und forstwirtschaftliche Vermögen in den neuen Bundesländern gilt die Besonderheit, dass der Ersatzwirtschaftswert in der zweiten Stufe ermittelt wird (§ 126 Abs. 1 BewG). Hier fällt die erste Verfahrensstufe weg. Es sind nur die Verfahrensstufen 2. und 3. durchzuführen.

Die Entscheidungen in der vorangehenden Stufe sind für das Verfahren der nachfolgenden Stufe maßgebend. **Nachträgliche Änderungen** in der vorhergehenden Stufe des Verfahrens sind von Amts wegen in der nachfolgenden Stufe zu berücksichtigen. Das Einheitswertverfahren und das Steuermessbetragsverfahren werden vom **Finanzamt** (Lagefinanzamt) durchgeführt. Innerhalb des Lagefinanzamts sind dafür regelmäßig die sog. Bewertungsstellen (bzw. neuerdings auch Grundstückswertstellen) zuständig. Der Steuermessbetrag wird den Gemeinden vom Finanzamt mitgeteilt. Das Verfahren über die Festsetzung und Erhebung der Grundsteuer obliegt dagegen den **Gemeinden** (Lagegemeinden).

2530

2531

2532

3.2 Koppelung der Grundsteuer mit der Einheitsbewertung des Grundbesitzes

Darunter ist Folgendes zu verstehen: Die im Einheitswertverfahren getroffenen Feststellungen über die **Höhe** des Einheitswerts, die **Art** des Gegenstands und die **Person** gelten auch für die Grundsteuer. Einwendungen gegen die Höhe des Einheitswerts, die bezeichnete Art des Grundbesitzes (Betrieb der Land- und Forstwirtschaft und Grundstücksart) und die Zurechnung können nur im Rechtsbehelfsverfahren gegen den Einheitswertbescheid, nicht gegen den Grundsteuermessbescheid oder Grundsteuerbescheid, geltend gemacht werden. Jede Hauptfeststellung, Fortschreibung und Nachfeststellung eines Einheitswerts des Grundbesitzes führt zwangsläufig zu einer entsprechenden Veranlagung des Steuermessbetrags (§§ 16 bis 18 GrStG); es kommen danach in Betracht: Hauptveranlagung, Neuveranlagung und Nachveranlagung. Vgl. 4.

2533

3.3 Steuermesszahl und Steuermessbetrag

2534 Bei der Berechnung der Grundsteuer ist von einem Steuermessbetrag auszugehen, der durch Anwendung eines Promillesatzes (Steuermesszahl) auf den nach dem BewG im Veranlagungszeitpunkt für den Steuergegenstand maßgebenden Einheitswert oder den steuerpflichtigen Teil davon zu ermitteln ist (§ 13 Abs. 1 GrStG). Die **Formel** zur Ermittlung des Grundsteuer-Messbetrags lautet:

Einheitswert in DM umgerechnet in Euro × Steuermesszahl = Grundsteuermessbetrag in Euro.

2535 Nach § 14 GrStG beträgt die Steuermesszahl für **Betriebe der Land- und Forstwirtschaft** 6‰ des Einheitswerts. Für **Grundstücke** beträgt die Steuermesszahl nach § 15 GrStG:
- allgemein 3,5‰ vom Einheitswert,
- abweichend hiervon:
  - für Einfamilienhäuser (i. S. d. § 75 Abs. 5 BewG mit Ausnahme des Wohneigentums und des Wohnungserbbaurechts) 2,6 für die ersten 38 346,89 € Einheitswert und 3,5‰ für den Rest des Einheitswerts,
  - für Zweifamilienhäuser (i. S. d. § 75 Abs. 6 BewG) 3,1‰ des Einheitswerts,
  - für Grundstücke mit Einheitswerten 1935 in den neuen Bundesländern die Steuermesszahlen der §§ 29 bis 33 GrStDV 1937.

2536 Nach § 13 Abs. 3 GrStG ist bei **Grundstücken mit Erbbaurecht** für die Ermittlung des Grundsteuer-Messbetrags die Summe der beiden nach § 92 BewG festzustellenden Einheitswerte (belastetes Grundstück und Erbbaurecht) zugrunde zu legen. Da jedoch ab 01.01.1996 bzw. 01.01.1997 die Einheitswerte nicht mehr (getrennt) für die Vermögensteuer bzw. für die Einheitsbewertung des Betriebsvermögens benötigt werden, wird bereits bei der Einheitsbewertung von Erbbaurechtsgrundstücken nur noch für beide wirtschaftlichen Einheiten ein einziger Einheitswert festgestellt und dem Erbbauberechtigten zugerechnet. Voraussetzung ist jedoch, dass die beiden Einheitswerte auch nicht für die Kürzung nach § 9 Nr. 1 Satz 1 GewStG bei der Ermittlung des Gewerbeertrags für die Gewerbesteuer erforderlich sind. Vgl. hierzu Erlass des Finanzministeriums Baden-Württemberg vom 24.03.1998 DB 1998, 801.

2537 Der **Grundsteuer-Messbescheid** ist vom Finanzamt zu erteilen an den Steuerschuldner und eine Durchschrift an die hebeberechtigte Gemeinde (§ 1 GrStG). Die Übermittlung des Grundsteuer-Messbetrags erfolgt neuerdings regelmäßig über die gespeicherten Daten durch Datenträgeraustausch mit den hebeberechtigten Gemeinden, da die Grundsteuer-Messbetragsfestsetzung wie auch die Grundsteuer-Festsetzung mit Hilfe der EDV erfolgen.

2538–2549 frei

3.4 Veranlagungsarten für die Grundsteuermessbetragsfestsetzung

2550 Die Festsetzung des Grundsteuer-Messbetrags und der Grundsteuer erfolgt ähnlich wie bei der Einheitsbewertung des Grundbesitzes nach einem bestimmten System von Veranlagungsarten (§§ 16 bis 20 GrStG).

a) Hauptveranlagung

2551 Bei der Hauptveranlagung handelt es sich um eine allgemeine Festsetzung der Grundsteuer-Messbeträge. Dieser Zeitpunkt wird Hauptveranlagungszeitpunkt genannt. Vgl. § 16 Abs. 1 GrStG. Normalerweise gilt der auf den Hauptveranlagungszeitpunkt festgesetzte Grundsteuer-Messbetrag von dem Kalenderjahr ab, das zwei Jahre nach dem Hauptveranlagungszeitpunkt beginnt (§ 16 Abs. 2 GrStG). Die Einheitswerte der Hauptfeststellung 01.01.1964 wurden dabei erstmals zum 01.01.1974 zugrunde gelegt. Vgl. hierzu die Sonderregelung in § 37 GrStG für den Hauptveranlagungszeitpunkt 1974.

b) Nachveranlagung

Die Regelung dafür befindet sich in § 18 GrStG. Die Nachveranlagung entspricht grundsätzlich der Nachfeststellung des Einheitswerts (gleicher Zeitpunkt wie die Nachfeststellung, § 17 BewG). Eine Nachveranlagung kommt auch in Betracht, wenn eine Befreiung von der Grundsteuer nachträglich wegfällt, der Einheitswert aber bereits festgestellt war. Dieser Veranlagungszeitpunkt wird Nachveranlagungszeitpunkt genannt.

2552

c) Neuveranlagung

Die Regelung dafür befindet sich in § 17 GrStG. Die Neuveranlagung entspricht grundsätzlich der Fortschreibung des Einheitswerts (gleicher Zeitpunkt wie die Wert-, Art- oder Zurechnungsfortschreibung, § 22 BewG). Eine Neuveranlagung kann in bestimmten Fällen auch in Betracht kommen, ohne dass ihr eine Fortschreibung nach § 22 BewG zugrunde liegt. Vgl. hierzu die Fälle des § 17 Abs. 2 GrStG. Dieser Veranlagungszeitpunkt wird Neuveranlagungszeitpunkt genannt.

2553

d) Aufhebung der Veranlagung (des Steuermessbetrags)

Die Regelung dafür befindet sich in § 20 GrStG. Es handelt sich hierbei um das Gegenstück zur Nachveranlagung. Die einzelnen Aufhebungsfälle sind in § 20 Abs. 1 GrStG aufgezählt. Dieser Zeitpunkt wird Aufhebungszeitpunkt genannt.

2554

3.5 Zerlegung des Grundsteuermessbetrags

a) Begriff und Voraussetzung

Bei der Zerlegung des Grundsteuer-Messbetrags eines Steuergegenstands handelt es sich um die Aufteilung des Messbetrags auf zwei oder mehrere Gemeinden. Die Zerlegung kommt nach § 22 Abs. 1 Satz 1 GrStG in Betracht, wenn sich ein Steuergegenstand über mehrere Gemeinden erstreckt (ähnlich wie bei der Gewerbesteuer).

2555

b) Zerlegungsmaßstäbe

Nach § 22 Abs. 1 Satz 2 GrStG gelten folgende Zerlegungsmaßstäbe:
- Bei Betrieben der Land- und Forstwirtschaft ist der auf den Wohnungswert entfallende Teil des Steuermessbetrags der Gemeinde zuzuweisen, in der sich der Wohnteil oder dessen wertvollster Teil befindet. Der auf den Wirtschaftswert entfallende Teil des Steuermessbetrags ist in dem Verhältnis zu zerlegen, in dem die auf die einzelnen Gemeinden entfallenden Flächengrößen zueinander stehen.
- Bei Grundstücken ist der Steuermessbetrag in dem Verhältnissen zu zerlegen, in dem die auf die einzelnen Gemeinden entfallenden Flächengrößen zueinander stehen. Auf Antrag einer Gemeinde kann auch eine andere Aufteilung in Betracht kommen (§ 22 Abs. 1 Satz 2 Nr. 2 Satz 2 f. GrStG).
- Eine Zerlegung kommt nicht in Betracht, wenn sich für eine Gemeinde ein Anteil von weniger als 25 Euro ergibt (§ 22 Abs. 2 GrStG). In diesem Fall ist dieser Anteil der Gemeinde zuzuordnen, der nach § 22 Abs. 1 GrStG der größte Zerlegungsanteil zusteht.

2556

c) Zerlegungsstichtag

Nach § 23 GrStG sind der Zerlegung des Steuermessbetrags die Verhältnisse in dem Feststellungszeitpunkt zugrunde zu legen, auf den der für die Festsetzung des Steuermess-

2557

betrags maßgebende Einheitswert festgestellt worden ist (Nachfeststellungs- oder Fortschreibungszeitpunkt nach §§ 23 und 22 BewG).

d) Ersatz für die Zerlegung

2558 § 24 GrStG sieht als Ersatz für die Zerlegung die Möglichkeit eines Steuerausgleichs vor.

3.6 Anzeigepflicht

2559 § 19 GrStG sieht für jede Änderung in der Nutzung oder in den Eigentumsverhältnissen eines ganz oder teilweise von der Grundsteuer befreiten Steuergegenstandes eine Anzeigepflicht vor.

3.7 Vorzeitige Erteilung von Steuermessbescheiden und deren Änderung oder Aufhebung

2560 § 21 GrStG sieht die Möglichkeit der vorzeitigen Erteilung eines Grundsteuer-Messbescheids vor. Diese Regelung entspricht der Regelung des § 24a BewG für die vorzeitige Erteilung von Einheitswertbescheiden für Nachfeststellungen und Fortschreibungen.

2561–2570 frei

4 Festsetzung und Erhebung der Grundsteuer

a) Festsetzung der Hebesätze durch die Gemeinde

2571 Die Grundsteuer wird von der hebeberechtigten Gemeinde ermittelt und festgesetzt. Dafür bestimmt die Gemeinde einen Hebesatz (§ 25 Abs. 1 GrStG). Der Hebesatz ist ein Prozentsatz, der auf den Grundsteuer-Messbetrag angewendet wird und den Grundsteuer-Jahresbetrag ergibt. Der Hebesatz wird regelmäßig für bestimmte Zeiträume festgelegt. Regelmäßig werden unterschiedliche Hebesätze für Betriebe der Land- und Forstwirtschaft und Grundstücke festgelegt.

b) Festsetzung der Grundsteuer

2572 Die Grundsteuer wird für das Kalenderjahr festgesetzt (§ 27 Abs. 1 Satz 1 GrStG). Die Berechnung der Grundsteuer erfolgt durch die Gemeinde nach folgender Formel:
Grundsteuer-Messbetrag × Hebesatz = Grundsteuer.
Die Gemeinde erteilt darüber einen Grundsteuerbescheid.

c) Entrichtung der Grundsteuer

2573 Wie und wann die Grundsteuer an die Gemeinde zu entrichten ist, regeln die §§ 28 bis 31 GrStG. Nach § 28 Abs. 1 GrStG ist die Grundsteuer (Jahresbetrag) grundsätzlich je zu einem Viertel am 15. 02., 15. 05., 15. 08. und 15. 11. zu entrichten. § 28 Abs. 2 und 3 GrStG enthalten abweichende Regelungen für Kleinbeträge und für die Entrichtung in einem Jahresbetrag.

5 Erhebung der Grundsteuer für Grundstücke ohne Einheitswerte

2574 Soweit für **Mietwohngrundstücke** und **Einfamilienhäuser** in den neuen Bundesländern keine Einheitswerte vorhanden sind und diese nur für die Grundsteuer benötigt werden, wird auf die Einheitswertfeststellung verzichtet. Die Grundsteuer wird in diesen

Fällen aus der Ersatzbemessungsgrundlage erhoben. Diese Erhebungsform beinhaltet keinen mehrstufigen Aufbau (vgl. Rz. 2530). Die Grundsteuer wird hier unmittelbar aus der Ersatzbemessungsgrundlage erhoben. Die Ersatzbemessungsgrundlage wird wie folgt ermittelt:

Bei einem Hebesatz (vgl. Rz. 2571) der Gemeinde von 300 bei Wohnungen
- mit Bad, Innen-WC und Sammelheizung   1 €/m² Wohnfläche
- für schlechter ausgestattete Wohnungen   75 Ct/m² Wohnfläche

bei Garagen
- für jeden Pkw-Abstellplatz in der Garage   5 €.

Bei einem von 300 abweichenden Hebesatz sind die Beträge/m² Wohnraum anzupassen. **2575**

Wegen der unterschiedlichen Bemessungsgrundlage bei der Grundsteuer-Erhebung in den neuen Bundesländern vgl. Rz. 5004. **2576**

BEISPIEL

Bei einem Hebesatz der Gemeinde von 350 % sind 1,16 €/m² Wohnfläche bzw. 87,5 Ct/m² Wohnfläche sowie 5,83 €/Garage anzusetzen.

**2577–2700
frei**

Teil B Allgemeines zur Einheitsbewertung

1 Begriff und Zweck der Einheitsbewertung

2701 Unter »Einheitswerten« sind, wie sich schon aus dem Wort selbst ergibt, Werte zu verstehen, die **einheitlich für mehrere Steuerarten** Geltung haben sollen. Werte, die für alle irgendwie in Betracht kommenden Steuern und Steuerarten gelten, gibt es allerdings nicht. So gilt z. B. der Einheitswert eines Grundstücks des Grundvermögens zwar für die Grundsteuer, nicht aber für die Einkommensteuer und die Erbschaft- und Schenkungsteuer.

2702 Durch die Feststellung solcher einheitlichen Werte wird (bzw. wurde früher bis 01.01.1997) erreicht, dass ein und derselbe Steuergegenstand dann, wenn er mehreren Steuern unterliegt bzw. unterlag, nicht mit jeweils unterschiedlichen Werten zu den verschiedenen Steuern herangezogen wird bzw. wurde.

2703 Die Einheitsbewertung der in § 19 Abs. 1 BewG bezeichneten wirtschaftlichen Einheiten des Grundbesitzes wird (nur noch ab 01.01.1998 für die Grundsteuer) in einem dem Grundsteuermessbetragsfestsetzungsverfahren bzw. dem Grundsteuerfestsetzungsverfahren (auch Steuerveranlagungsverfahren genannt) vorgeschalteten Feststellungsverfahren durchgeführt, das mit dem Erlass eines Feststellungsbescheids (Einheitswertbescheids) abschließt. Mit dieser gesonderten, steuerlich grundsätzlich allgemein verbindlichen Wertfeststellung wurde früher verhindert, dass Wertermittlungen mehrfach, d. h. in jedem einzelnen Steuerfestsetzungsverfahren, durchgeführt werden mussten. Gleichzeitig wurden damit ungleiche Wertansätze bei den verschiedenen Steuerarten ausgeschaltet. Für die Bewertungsgegenstände des **Grundbesitzes** (vgl. § 19 Abs. 1 BewG) wird dadurch eine rationelle und gleichmäßige Bewertung erreicht, weil hierfür innerhalb der Finanzämter besondere Stellen, i. d. R. die **Bewertungsstellen** zuständig sind.

2704 Die Fragen, für welche Gegenstände Einheitswerte festzustellen und wie die wirtschaftlichen Einheiten gebildet, abgegrenzt und bewertet werden, sind **im BewG** geregelt. Das BewG enthält also die **sachlich-rechtlichen Bewertungsvorschriften.** Dementsprechend bestimmt § 20 BewG, dass die Einheitswerte nach den Vorschriften des Ersten Abschnitts des Zweiten Teils des BewG ermittelt werden. Für die neuen Bundesländer ist hierzu der Dritte Abschnitt des Zweiten Teils des BewG vorgesehen. Dass die Einheitswerte gesondert festzustellen sind, ist in § 180 Abs. 1 Nr. 1 AO festgelegt. Auch die weiteren **verfahrensrechtlichen Vorschriften** zur Einheitswertfeststellung befinden sich in der **AO**.

2705 Durch den Wegfall der Vermögensteuer (ab 1997) und der Gewerbekapitalsteuer (ab 1998) sowie einer eigenen Bedarfsbewertung des Grundbesitzes für die Erbschaft- und Schenkungsteuer sowie für die Grunderwerbsteuer hat die Einheitsbewertung erheblich an Bedeutung verloren. Ab 01.01.1998 werden Einheitswerte nur noch für den Grundbesitz für Zwecke der Grundsteuer festgestellt.

2706 **Anmerkung:** Seit Jahren ist vorgesehen die Einheitsbewertung des Grundbesitzers für Zwecke der Grundsteuer durch ein anderes Verfahren zu ersetzen. Der Gesetzgeber hat sich jedoch immer noch nicht zu einer entsprechenden Neuregelung durchringen können.

2707–2710 frei

2 Steuerliche und außersteuerliche Bedeutung der Einheitswerte

Die Einheitswerte sind bzw. waren steuerlich und auch auf Gebieten außerhalb des Steuerrechts von Bedeutung. Sie werden bzw. wurden in verschiedener Hinsicht als Besteuerungs- oder Bemessungsgrundlage verwendet.

2711

2.1 Vermögensteuer (bis 1996)

Nach § 4 VStG i. V. m. § 114 Abs. 3 und § 121 Abs. 3 BewG a. F. waren bei der Ermittlung des »**Gesamtvermögens**« und des »**Inlandsvermögens**« diejenigen Wirtschaftsgüter, für die ein Einheitswert festzustellen ist, mit den festgestellten Einheitswerten anzusetzen.

2712

2.2 Grundsteuer

Die Grundsteuer ist besonders **eng mit der Einheitsbewertung verknüpft**. Sie schließt sich bei den nach § 184 AO bei der Festsetzung des Steuermessbetrages zu treffenden Entscheidungen sowohl hinsichtlich des Steuergegenstandes und der Person des Steuerschuldners als auch hinsichtlich der für sie geltenden Bemessungsgrundlage unmittelbar an die Einheitsbewertung an. Eine **Ausnahme** hierzu gibt es nur in den neuen Bundesländern für bisher nichtbewertete Mietwohngrundstücke und Einfamilienhäuser. Hier wird nach § 132 Abs. 2 BewG kein Einheitswert festgestellt, wenn der Einheitswert nur für Zwecke der Grundsteuer erforderlich wäre. Die Grundsteuer wird auf der Basis der Ersatzbemessungsgrundlage, die keinen Einheitswert darstellt, festgesetzt.

2713

Vgl. hierzu die Ausführungen in Kapitel 2 Teil A dieses Buches.

2714

2.3 Gewerbesteuer (bis 1997)

Die Gewerbesteuer ist nicht so eng mit der Einheitsbewertung verknüpft wie die Grundsteuer. Sie übernimmt bei den nach § 184 AO im Steuermessbetragsverfahren zu treffenden Entscheidungen aus dem Einheitswertbescheid nur die **Wertfeststellung**. Dagegen wird über die Frage, ob ein Gewerbebetrieb im Sinne des GewStG vorliegt (sachliche Steuerpflicht) und wer der Steuerschuldner ist (persönliche Steuerpflicht), erst im Gewerbesteuermessbetragsverfahren – unabhängig vom Einheitswertverfahren – entschieden.

2715

Bei der Ermittlung des **Gewerbeertrages** spielt der Einheitswert nur eine Rolle insofern, als gemäß § 9 Nr. 1 GewStG die Summe des Gewinns und der Hinzurechnungen zu kürzen ist um 1,2 % des Einheitswerts des zum Betriebsvermögen des Unternehmens gehörigen Grundbesitzes (ggf. erhöht um den Zuschlag von 40 % gemäß § 121a BewG bzw. für Grundbesitz in den neuen Bundesländern um den Zuschlag von 100 % bis 600 % gemäß § 133 Abs. 1 BewG). Die Frage, ob und inwieweit Grundbesitz zum Betriebsvermögen des Unternehmens gehört, ist dabei nach den Vorschriften des Einkommen- bzw. Körperschaftsteuerrechts, nicht nach der Behandlung des Grundbesitzes bei der Einheitsbewertung, zu entscheiden (vgl. § 9 Nr. 1 GewStG i. V. m. § 20 GewStDV).

2716

Bis 1997 spielte bei der Ermittlung des **Gewerbekapitals** der Einheitswert eine wichtige Rolle. Ab 1998 ist die Gewerbekapitalsteuer jedoch weggefallen.

2717

2.4 Einkommensteuer

2718 Bei der Einkommensteuer sind die Einheitswerte bebauter Grundstücke in bestimmten Fällen Ausgangswert für die Bemessung der als Betriebsausgaben oder als Werbungskosten abzugsfähigen **Absetzungen für Abnutzung** (AfA). Vgl. hierzu § 10a EStDV.

2719 Bei nicht zur Führung von Büchern verpflichteten Steuerpflichtigen wird der **Gewinn aus Land- und Forstwirtschaft** auf der Grundlage des Einheitswerts bzw. Hektarwerts ermittelt (vgl. § 13a EStG).

2.5 Kirchensteuer

2720 Die Bestimmungen für die Erhebung von Kirchensteuern sind in den Bundesländern unterschiedlich geregelt. Die Kirchensteuer kann erhoben werden als Zuschlag zur Einkommensteuer (Lohnsteuer) oder zu den Grundsteuermessbeträgen, ferner auf Grundlage des Einheitswerts des Betriebs der Land- und Forstwirtschaft und als Kirchgeld. Somit kann sich der Einheitswert – außer bei dem land- und forstwirtschaftlichen Vermögen – auch insoweit auswirken, als der Grundsteuermessbetrag als Maßstab dient. Dasselbe gilt von der Einkommensteuer, soweit bei ihr der Einheitswert eine Rolle spielt; vgl. 2.4.

2.6 Buchführungspflicht

2721 Nach § 141 Abs. 1 Nr. 3 AO sind außer denen, die unter § 140 AO fallen, auch **Land- und Forstwirte,** zu dessen einzelnen Betrieb selbstbewirtschaftete land- und forstwirtschaftliche Flächen mit einem Wirtschaftswert (vgl. § 46 BewG) von mehr als 25 000 € gehören, verpflichtet, für Zwecke der Besteuerung nach dem Einkommen, dem Ertrag und dem Vermögen Bücher oder Aufzeichnungen zu führen. Die Buchführungspflicht ist vom Beginn des Wirtschaftsjahres an zu erfüllen, das auf die Bekanntgabe der Mitteilung folgt, durch die die Finanzbehörde (Finanzamt) auf den Beginn dieser Verpflichtung hingewiesen hat.

2.7 Außersteuerliche Bedeutung

2722 Der Einheitswert spielt auch auf außersteuerlichem Gebiet eine gewisse Rolle, und zwar in folgenden Fällen:
a) Zur Durchführung berufsständischer Aufgaben (insbesondere der Landwirtschaftskammern) wird in einigen Bundesländern von der Land- und Forstwirtschaft eine besondere Abgabe (Landwirtschaftsabgabe) erhoben. Die Abgabe ist keine Steuer. Abgabenmaßstab ist grundsätzlich der festgestellte Einheitswert.
b) Auch die Beiträge der landwirtschaftlichen Berufsgenossenschaften (als Träger der gesetzlichen Unfallversicherung) werden oft nach den Einheitswerten der Betriebe der Land- und Forstwirtschaft bemessen. Ebenso wird der Einheitswert auch als Berechnungsgrundlage für die Erhebung der Beiträge zu anderen Berufsgenossenschaften und der Beiträge zu den Familienausgleichskassen aufgrund des Kindergeldgesetzes verwendet.

2723–2740 frei

3 Die Einheitswertfeststellung

Im Rahmen der Einheitsbewertung (Bewertung) sind Wertermittlung und Wertfeststellung zu unterscheiden.

2741

3.1 Wertermittlung

Die Bewertung bildet im Besteuerungsverfahren einen wesentlichen, meist den wichtigsten Teil der Ermittlung der Besteuerungsgrundlagen. Die Besteuerungsgrundlagen werden in der Regel im Steuerfestsetzungsverfahren (Steuerveranlagungsverfahren) ermittelt. Damit erfolgt auch die Bewertung grundsätzlich, mag sie sich sachlich-rechtlich nach den Vorschriften des einzelnen Steuergesetzes oder nach den Vorschriften des BewG regeln, im Zuge des zuständigen Steuerfestsetzungsverfahrens, für das der Wert gebraucht wird. Wird der Wert für mehrere Steuerfestsetzungsverfahren gebraucht, weil der Gegenstand zu mehreren Steuern herangezogen wird, so muss der Bewertungsvorgang grundsätzlich in jedem dieser Steuerfestsetzungsverfahren wiederholt werden. Jedes einzelne Steuerfestsetzungsverfahren ist in der Bewertung von dem anderen Steuerfestsetzungsverfahren unabhängig. Eine gegenseitige Bindung besteht nicht. Die verschiedenen Festsetzungsverfahren können selbst bei gleichen Wertmaßstäben zu verschiedenen Werten kommen.

2742

BEISPIEL
Ein Juwelier hat im Monat Mai aus seinem Geschäft einige kostbare ungefasste Perlen entnommen und sie im Laufe des folgenden Jahres seiner Braut geschenkt.
LÖSUNG Die Perlen sind **ertrag**steuerlich (ESt und Gewerbeertragsteuer) im Jahre der Entnahme als Privatentnahme zu behandeln; Wertmaßstab: Teilwert (§ 6 Abs. 1 Nr. 4 EStG). Die Perlen sind im **Umsatzsteuer**festsetzungsverfahren nach § 3 Abs. 1b Nr. 1 UStG einer Lieferung gegen Entgelt gleichgestellt; Wertmaßstab: Wiederbeschaffungswert (§ 10 Abs. 4 Nr. 1 UStG).
Die Perlen waren (bis 1996) im **Vermögensteuer**festsetzungsverfahren des Juweliers zum 01.01. des der Entnahme folgenden Jahres als sonstiges Vermögen zu bewerten; Wertmaßstab: gemeiner Wert (§ 110 Abs. 1 Nr. 10 BewG a. F. i. V. m. § 9 BewG).
Schließlich sind die Perlen noch – wenn nicht Steuerfreiheit aus § 13 ErbStG gegeben ist – im Verfahren zur Festsetzung der **ErbSt**- und **SchenkSt** zu bewerten; Wertmaßstab: gemeiner Wert (§ 12 Abs. 1 ErbStG i. V. m. § 9 BewG).

In allen diesen Fällen bildet die Bewertung innerhalb der Ermittlung der Besteuerungsgrundlage nach § 157 Abs. 2 AO einen unselbstständigen, mit Rechtsbehelfen nicht selbstständig anfechtbaren Teil des Steuerbescheids. Die Bewertung tritt nach außen, im Steuerbescheid, nicht selbstständig in Erscheinung. Derartige Bewertungen, die im Zuge des zuständigen Steuerfestsetzungsverfahrens vorzunehmen sind, werden (ebenfalls) als »Wertermittlung« bezeichnet.

2743

3.2 Wertfeststellung (gesonderte Feststellung)

Zur Wertfeststellung bzw. gesonderten Feststellung von Werten (insbesondere von Einheitswerten) ist Folgendes zu unterscheiden:
a) Bei den wirtschaftlich und steuerlich bedeutsamen Gegenständen des **Grundbesitzes** und des **Betriebsvermögens**, deren Werte früher auch für die Vermögensteuer sowie für die Erbschaft- und Schenkungsteuer (bis 1996) und hinsichtlich des Grundbesitzes in bestimmten Fällen auch für die Grunderwerbsteuer (bis 1997) galten, hielt man es für

2744

unzweckmäßig, die Bewertung in dem einzelnen Steuerfestsetzungsverfahren vorzunehmen, für das der Wert gerade gebraucht wurde, und den Vorgang der Bewertung dann mehrmals wiederholen zu lassen. Das Gleiche galt bzw. gilt auch weiterhin für den Grundbesitz hinsichtlich der Grundsteuer.

2745 Für diese Fälle hatte bzw. hat der Gesetzgeber den Vorgang der Bewertung aus dem einzelnen Steuerfestsetzungsverfahren herausgenommen und eine **gesonderte Feststellung der Besteuerungsgrundlagen** vorgesehen (§ 180 Abs. 1 Nr. 1 AO). Die Bewertung wurde bzw. wird hier nicht von Fall zu Fall, wenn der Wert gerade gebraucht wurde, vorgenommen. Den (verschiedenen) Steuerfestsetzungsverfahren, die an die genannten Gegenstände anknüpften, wurde bzw. wird ein einziges Wertfeststellungsverfahren (nämlich das Einheitswertverfahren) vorgeschaltet. Der einmal festgestellte Wert galt bzw. gilt für (die verschiedenen) Steuern, die innerhalb eines bestimmten Zeitraums an den Gegenstand anknüpften. Die **Ermittlung der Besteuerungsgrundlage war (bzw. ist auch weiterhin für die Grundsteuer) verselbstständigt.** Die Bewertung ist abgesondert von der Steuerfestsetzung (gesondertes Verfahren). Zum Abschluss dieses gesonderten Wertfeststellungsverfahrens wurde bzw. wird ein schriftlicher Feststellungsbescheid (Einheitswertbescheid) erteilt. Die in den Feststellungsbescheid enthaltene Bewertung bildet eine selbstständige, mit Rechtsbehelfen selbstständig anfechtbare Entscheidung (vgl. § 347 Abs. 1 Nr. 1 AO).

2746 Die in einem solchen **gesonderten Feststellungsverfahren** vorzunehmende Bewertung heißt Wertfeststellung (im Gegensatz zur Wertermittlung, die im zuständigen Steuerfestsetzungsverfahren durchgeführt wird). Vgl. § 2 Abs. 1 Satz 2 BewG. Wie bereits erwähnt, wird eine solche Wertfeststellung ab 1998 aber nur noch für die wirtschaftlichen Einheiten des Grundbesitzes vorgenommen.

2747 Die Einheitswerte für die Bewertungsgegenstände sind nach den Vorschriften des Ersten Abschnitts des Zweiten Teils des BewG zu ermitteln (§ 20 Satz 1 BewG). Eine niedrigere Einheitswertfeststellung aus Billigkeitsgründen i.S.v. § 163 AO darf nicht vorgenommen werden (§ 20 Satz 2 BewG).

2748 Weitere Einzelheiten zu den Fällen der Einheitsbewertung des Grundbesitzes sind in Tz. 4 behandelt. Die Einzelheiten zur Ermittlung der Einheitswerte des Grundbesitzes sind im Kapitel 2 in den Teilen C bis F dargestellt.

2749 **Anmerkung:** Neuerdings sieht der **Fünfte Abschnitt des Zweiten Teils des BewG** in § 151 ebenfalls gesonderte Feststellungen vor:
- **ab 01.01.1997** für Zwecke der Grunderwerbsteuer gemäß §§ 138 bis 150 BewG (Vierter Abschnitt des Zweiten Teils; in diesem Buch nicht behandelt) und
- **ab 01.01.2009** für Zwecke der Erbschaft- und Schenkungsteuer gemäß §§ 157 bis 203 BewG (Sechster Abschnitt des Zweiten Teils; in diesem Buch im Kapitel 1 in den Teilen E bis H behandelt).

2750 b) Für das land- und forstwirtschaftliche Vermögen in den neuen Bundesländern werden nach §§ 125 bis 128 BewG an Nutzungseinheiten orientierte Ersatzwirtschaftswerte in einem vereinfachten Verfahren ermittelt. Eine Nutzungseinheit bilden hierbei alle Wirtschaftsgüter, die von einem Nutzer regelmäßig für land- und forstwirtschaftliche Zwecke verwendet werden. Eigentumsverhältnisse spielen hierbei keine Rolle (§ 125 Abs. 2 BewG). Der Ersatzwirtschaftswert ist kein Einheitswert im Sinne des § 19 BewG (§ 180 Abs. 1 Nr. 1 AO) und deshalb auch kein Grundlagenbescheid. Er wird im Steuermessbetragsverfahren für die Grundsteuer ermittelt (§ 126 Abs. 1 BewG).

2751–2760 frei

4 Gegenstände, für die Einheitswerte festzustellen sind

4.1 Einzelne wirtschaftliche Einheiten

Die Fälle, in denen Einheitswerte im Wege einer gesonderten Wertfeststellung (Einheitswertfeststellung) festgestellt werden, ergeben sich aus § 19 Abs. 1 BewG. Danach sind für folgende wirtschaftlichen Einheiten (sowie in bestimmten Fällen für Teile von wirtschaftlichen Einheiten) Einheitswerte gesondert festzustellen: 2761

a) **Wirtschaftliche Einheiten** 2762

Das sind die **Betriebe der Land- und Forstwirtschaft**, die **Grundstücke** (wirtschaftliche Einheiten des Grundvermögens) und **Betriebsgrundstücke**. Voraussetzung für die Feststellung von Einheitswerten ist, dass es sich um **inländische** wirtschaftliche Einheiten handelt. Auf die Art der Steuerpflicht kommt es nicht an, wenn der Gegenstand sich ganz auf das Inland erstreckt.

> **BEISPIEL**
> Ein in den alten Bundesländern gelegener Betrieb der Land- und Forstwirtschaft ist Eigentum des A, der in London seinen Wohnsitz hat. Ein Einheitswert wird für diesen Betrieb nach § 19 Abs. 1 BewG festgestellt.

Liegt eine derartige wirtschaftliche Einheit ganz im **Ausland**, ist ein Einheitswert nicht festzustellen. Erstreckt sich eine solche wirtschaftliche Einheit (Grundbesitz) **zum Teil** auf das **Inland** und **zum Teil** auf das **Ausland**, so ist für Grundsteuerzwecke nur für den inländischen Teil ein Einheitswert festzustellen. 2763

b) **Teile von wirtschaftlichen Einheiten** 2764

Grundsätzlich wird ein Einheitswert für die ganze wirtschaftliche Einheit festgestellt. Unterliegt eine wirtschaftliche Einheit jedoch nicht in vollem Umfang oder in unterschiedlichem Maße der Grundsteuer, so wird nur für die **steuerpflichtigen Teile** ein Einheitswert gesondert festgestellt.

> **BEISPIEL**
> Das Land B ist Eigentümer eines in der Gemeinde Z gelegenen Grundstücks, auf welchem ein Finanzamtsgebäude errichtet ist. In dem Gebäude befinden sich neben den Büroräumen noch die Dienstwohnungen des Kraftfahrers und des Hausmeisters des Finanzamts.
> **LÖSUNG** Es wird steuerlich nur der Wert des den Wohnzwecken dienenden Teils des Grundstücks gebraucht. Der für den öffentlichen Dienst benutzte Teil des Grundstücks ist gemäß § 3 Abs. 1 Nr. 1 GrStG grundsteuerbefreit. Es ist nur für Zwecke der GrSt der Wert der Dienstwohnungen gesondert festzustellen, da Wohnungen nicht grundsteuerbefreit sind (vgl. § 5 Abs. 2 GrStG).

4.2 Begriff des Grundbesitzes

Grundbesitz ist nach § 19 Abs. 1 BewG der Sammelbegriff für 2765
- Betriebe der Land- und Forstwirtschaft (§§ 33, 48a und 51a sowie §§ 140 Abs. 1 und 158 Abs. 2 BewG),
- Grundstücke des Grundvermögens (§§ 68 und 70 und §§ 129 ff. sowie §§ 145 ff. und 176 ff. BewG),
- Betriebsgrundstücke (§ 99 BewG).

Dieser Begriff wird vor allem bei der Durchführung der Bewertung vielfach verwendet.

Für die Einheitsbewertung des Grundbesitzes für Zwecke der Grundsteuer sind bei den Finanzämtern i. d. R. die besonders eingerichteten **Bewertungsstellen** sachlich zuständig. Für 2766 die Bedarfsbewertung des Grundbesitzes für Zwecke der Erbschaft- und Schenkungsteuer sowie der Grunderwerbsteuer sind dies die **Grundstückswertstellen**.

2767–2770 frei

4.3 Einheitliche Einheitswertfeststellung bei mehreren Beteiligten

2771 Oft sind an einer wirtschaftlichen Einheit **mehrere Personen beteiligt**. Nach § 179 Abs. 2 AO ist die gesonderte Einheitswertfeststellung (vgl. vorstehend 4.1) dann gegenüber den mehreren beteiligten Personen **einheitlich** vorzunehmen. Es kommen dafür insbesondere die **Grundstücksgemeinschaften** in Betracht.

BEISPIEL

Die Geschwister Albert (A), Berthold (B) und Caspar (C) erhielten von ihrem Vater Viktor (V) im Januar 2009 ein unbebautes Grundstück in Stuttgart zu je 1/3 Miteigentum geschenkt. Die drei Brüder errichteten auf diesem Grundstück noch im Jahre 2009 gemeinsam ein Bürogebäude, welches sie auch gemeinsam ab der Bezugsfertigkeit 02.09.2009 vermieteten. Das bisher unbebaute Grundstück war zuletzt zum 01.01.1964 im Rahmen der Hauptfeststellung als unbebautes Grundstück mit einem Einheitswert von 100 000 DM bewertet und V als Alleineigentümer zugerechnet worden. Nach der Errichtung (Bezugsfertigkeit) des Gebäudes hat das nunmehr bebaute Grundstück zum 01.01.2010 einen gemeinen Wert von 250 000 DM (Wertverhältnisse 01.01.1964, § 27 BewG), umgerechnet 127 822 €.

LÖSUNG Für das zum 01.01.2010 nunmehr bebaute Grundstück (Geschäftsgrundstück, § 75 Abs. 3 BewG) ist zum 01.01.2010 eine Zurechnungsfortschreibung (§ 22 Abs. 2 BewG), Artfortschreibung als Geschäftsgrundstück (§ 22 Abs. 2 BewG) und Wertfortschreibung (§ 22 Abs. 1 BewG) umgerechnet auf 127 822 € (§ 30 BewG) durchzuführen.

Da an der wirtschaftlichen Einheit drei Miteigentümer beteiligt sind, ist die gesonderte Einheitswertfeststellung auch einheitlich (§ 179 Abs. 2 AO) zu treffen. Der Einheitswert ist den Miteigentümern A, B und C zu je 1/3 zuzurechnen (§ 3 i. V. m. § 19 Abs. 3 Nr. 2 BewG).

2772 Die bei der einheitlichen Einheitswertfeststellung notwendige **Aufteilung des Einheitswerts** auf die einzelnen Beteiligten richtet sich materiell nach § 3 BewG i. V. m. § 39 Abs. 2 Nr. 2 AO.

4.4 Keine Einheitswertfeststellung bei fehlendem steuerlichem Interesse

2773 Nach § 19 Abs. 4 BewG ist ein Einheitswert **nur festzustellen**, wenn und soweit der zu bewertende Gegenstand für die **Besteuerung Bedeutung** hat.

BEISPIEL

Die Stadt X ist Eigentümerin eines Grundstücks, auf dem eine Schule betrieben wird.
LÖSUNG Ein Einheitswert wird nicht festgestellt, weil ein grundsteuerliches Interesse nicht besteht. Das Grundstück ist von der GrSt gemäß § 3 Abs. 1 Nr. 1 GrStG befreit.

2774 Die Einheitswertfeststellung muss jedoch nachgeholt werden, wenn sich die Verhältnisse geändert haben und dadurch der Einheitswert für die Besteuerung Bedeutung erlangt hat (vgl. BFH vom 07.05.1951 BStBl III 1951, 119).

2775 Die Prüfung der Frage, ob eine Einheitswertfeststellung vorzunehmen ist oder nicht, macht unter Umständen eine eingehende Untersuchung darüber erforderlich, ob eine **Grundsteuerpflicht** gegeben ist oder nicht. Die endgültige Entscheidung über die Grundsteuerpflicht steht jedoch nicht dem Einheitswertverfahren zu, sondern ist in dem Verfahren über die Festsetzung der Grundsteuer zu treffen, für die der Einheitswert Bedeutung hat. Von der Einheitswertfeststellung darf daher nur dann abgesehen werden, wenn einwandfrei feststeht, dass die wirtschaftliche Einheit zu keiner der in Betracht kommenden Steuern herangezogen wird. Ob eine Befreiung von dieser Grundsteuer gegeben ist, steht nur fest, wenn das Vorliegen des Befreiungsgrundes bereits bestandskräftig festgestellt ist oder weder streitig noch zweifelhaft ist. Bei einem Streit um die Steuerpflicht oder bei Zweifeln über das Vorliegen eines Steuerbefreiungsgrundes muss daher ein Einheitswert festgestellt werden (RFH vom 09.10.1936 RStBl 1936, 1134, vom 29.10.1937 RStBl 1937, 1207 und vom 15.12.1938 RStBl 1939, 121).

BEISPIEL Ein Verein betreibt auf seinem Grundstück eine Speiseanstalt für Minderbemittelte. Wegen der Anerkennung des Vereins als eines gemeinnützigen Vereins und damit der Grundsteuerbefreiung des Grundstücks (§ 3 Abs. 1 Nr. 3 Buchst. b GrStG) bestehen Bedenken.
LÖSUNG Das Finanzamt muss für das Grundstück des Vereins einen Einheitswert feststellen. Der Verein kann den Einheitswertbescheid nicht anfechten mit der Behauptung, dass eine Grundsteuerpflicht nicht gegeben sei.

Ein steuerliches Interesse an der Einheitswertfeststellung besteht auch dann, wenn die Einheitswerte nicht sofort der Besteuerung zugrunde gelegt werden. Deshalb war es auch zulässig, bei der Hauptfeststellung auf den 01.01.1964 Einheitswerte für den Grundbesitz unanfechtbar festzustellen, obwohl sie erst ab 01.01.1974 zur Besteuerung herangezogen wurden und daher die steuerliche Auswirkung zum Feststellungszeitpunkt 01.01.1964 meistens noch nicht feststand (BFH vom 22.01.1971 BStBl II 1971, 295). 2776

4.5 Keine Einheitswertfeststellung bei Eintritt der Feststellungsverjährung

Die gesonderte Einheitswertfeststellung ist zeitlich nicht unbegrenzt zulässig. Sie ist nur möglich, wenn die Feststellungsfrist noch nicht abgelaufen ist (§ 181 AO). Die Feststellungsfrist beträgt grundsätzlich vier Jahre (vgl. § 169 AO). Wegen des Beginns der Frist vgl. § 181 Abs. 2 und 3 AO. Ist die Feststellungsfrist abgelaufen, dürfte die gesonderte Einheitswertfeststellung grundsätzlich nicht mehr vorgenommen werden. Von diesem Grundsatz sind jedoch folgende **Ausnahmen** zu beachten: 2777
a) Nach § 181 Abs. 4 AO kann eine Einheitswertfeststellung auch nach Ablauf der Feststellungsfrist insoweit noch erfolgen, als eine Einheitswertfeststellung für eine Grundsteuerfestsetzung Bedeutung hat, für die die **Festsetzungsfrist** (§ 169 AO) im Zeitpunkt der Einheitswertfeststellung **noch nicht abgelaufen** ist.
b) Auf einen Nachfeststellungszeitpunkt, Fortschreibungszeitpunkt oder Aufhebungszeitpunkt kann eine unterbliebene Einheitswertfeststellung unter Zugrundelegung der Verhältnisse des Nachfeststellungs-, Fortschreibungs- bzw. Aufhebungszeitpunkts mit Wirkung für einen späteren Feststellungszeitpunkt vorgenommen werden, für den die Feststellungsfrist noch nicht abgelaufen ist (vgl. § 25 BewG sowie 12.6, 13.7 und 14).

Wegen Zeitablaufs ist die Nachholung einer unterbliebenen Hauptfeststellung (vgl. § 21 Abs. 3 BewG a. F.) für Grundbesitz nicht mehr vorgesehen. 2778

2779–2790
frei

5 Inhalt des Einheitswertbescheids

5.1 Grundsätzliches

2791 Das Einheitswertverfahren schließt ab mit dem Feststellungsbescheid (Einheitswertbescheid, vgl. § 179 Abs. 1 AO). Nach § 181 Abs. 1 AO finden auf die gesonderte Feststellung der Besteuerungsgrundlagen die Vorschriften über die Steuerfestsetzung (das sind die §§ 155 bis 178 AO) sinngemäß Anwendung. Die Einheitswertbescheide müssen daher den gleichen Anforderungen entsprechen, die nach § 157 Abs. 1 AO an die **schriftlich** zu erteilenden Steuerbescheide gestellt sind. Außerdem sind im Einheitswertbescheid noch die in § 19 Abs. 3 BewG genannten Feststellungen zu treffen.

2792 Nach den bezeichneten Vorschriften **muss der Einheitswertbescheid**, soweit er für die Besteuerung erforderlich ist, folgende Angaben (Feststellungen) **enthalten**:
- **Wert** (Höhe des Einheitswerts), zu dem die Bewertung der Einheit gekommen ist;
- **Art** des Gegenstands (§ 19 Abs. 3 Nr. 1 Buchst. a BewG), z. B. Grundstücksart;
- **Zugehörigkeit** zu einem Gewerbebetrieb, wenn es sich um ein »Betriebsgrundstück« handelt (§ 19 Abs. 3 Nr. 1 Buchst. b BewG); die Feststellung »Betriebsgrundstück« hat neuerdings (ab 1998) jedoch steuerlich keine Bedeutung mehr und wird daher nicht mehr getroffen;
- **Zurechnung** der Einheit an einen bestimmten Eigentümer (§ 19 Abs. 3 Nr. 2 BewG);
- **Aufteilung** des Einheitswerts (grundsätzlich auf die einzelnen Beteiligten, wenn an der Einheit mehrere beteiligt sind und die Feststellung daher einheitlich zu treffen ist (§ 19 Abs. 3 Nr. 2 BewG). Dabei müssen die einzelnen Beteiligten der Person nach bezeichnet werden. Hinsichtlich der Grundsteuer ist jedoch die Zurechnung auf mehrere Beteiligte nicht erforderlich, da in solchen Fällen die mehreren Beteiligten Gesamtschuldner der Grundsteuer sind (§ 10 Abs. 3 GrStG).

2793 Die Feststellungen (Wert, Art und Zurechnung) können, auch wenn sie in einem Einheitswertbescheid zusammengefasst sind, gesondert, d.h. jeweils selbstständig voneinander, angefochten und bestandskräftig werden (vgl. BFH vom 13. 11. 1981 BStBl II 1983, 88 und vom 10. 12. 1986 BStBl II 1987, 292); vgl. hierzu auch 13.1.3.

2794 Außerdem muss der Einheitswertbescheid noch die **Rechtsbehelfsbelehrung** enthalten (§ 157 Abs. 1 Satz 3 AO). Die Vorschriften über die Rechtsbehelfsfrist und über die Folgen des Fehlens der Rechtsbehelfsbelehrung ergeben sich aus den §§ 355 und 356 AO.

2795 Der Einheitswertbescheid sollte auch eine Mitteilung über die Grundlagen der Einheitswertfeststellung und über die Punkte enthalten, in denen von der **Erklärung** des Steuerpflichtigen **abgewichen** worden ist. Der Steuerpflichtige hat einen Anspruch darauf, zu erfahren, wie das Finanzamt zu dem Wert gekommen ist.

2796 Ein Nachfeststellungs- oder Wertfortschreibungsbescheid, der eine Angabe des Werts nicht enthält, ist ungültig. Sind dagegen die Angaben über Art und Zurechnung unterblieben, so ist der Einheitswertbescheid nicht ungültig. Die Feststellungen über Art und Zurechnung sind aber gemäß § 179 Abs. 3 AO in einem Ergänzungsbescheid nachzuholen.

2797–2800 frei

5.2 Wertfeststellung und Abrundung

2801 Die Notwendigkeit, innerhalb des Einheitswertbescheids den Wert (Höhe des Einheitswerts) festzustellen, ergibt sich aus § 181 Abs. 1 i. V. m. § 157 Abs. 1 Satz 3 AO. Die

Wertangabe muss auf einen bestimmten **Betrag** lauten. Die Einheitswerte sind in DM zu ermitteln (vgl. § 22 Abs. 1 BewG) und nach § 30 BewG einheitlich auf volle 100 DM nach unten **abzurunden**. Die in DM ermittelten und auf 100 DM abgerundeten Werte (Einheitswerte) sind mit dem amtlichen Umrechnungskurs (von 1,95583 DM/€) auf Euro umzurechnen; diese Regelung gilt ab 01.01.2002. Infolge dieser Abrundung können sich auch Einheitswerte von 0 € ergeben. Nur Einheitswerte werden abgerundet, die Anteile an Einheitswerten (vgl. § 3 Satz 2 BewG) sind nicht abzurunden.

Bei Art- und Zurechnungsfortschreibungen darf der Wert nicht geändert werden, es sei denn, dass gleichzeitig eine Wertfortschreibung durchgeführt wird. 2802

5.3 Artfeststellung

Nach § 19 Abs. 3 Nr. 1 BewG sind auch Feststellungen über die Art des Gegenstands (Vermögensart und Grundstücksart) zu treffen. 2803

Zur Feststellung der Vermögensart gehört die Feststellung, dass es sich um einen Betrieb der Land- und Forstwirtschaft oder ein Grundstück (des Grundvermögens) handelt. Bei einem Grundstück ist auch eine Feststellung über die Grundstücksart (§ 75 BewG), in den neuen Bundesländern über die Grundstückshauptgruppe (§ 32 RBewDV) zu treffen (Mietwohngrundstück, Geschäftsgrundstück, gemischtgenutztes Grundstück, Einfamilienhaus, Zweifamilienhaus, sonstiges bebautes Grundstück), wenn dies für die Besteuerung von Bedeutung ist, z.B. für den Bewertungsmaßstab (die Bewertungsmethode), für den Vervielfältiger bei der Bewertung im Ertragswertverfahren, für die Messzahl bei der Grundsteuer. 2804

Die Artfeststellung »Betriebsgrundstück« ist nicht mehr erforderlich, da sie seit 01.01.1998 keine steuerliche Bedeutung mehr hat. 2805

5.4 Zurechnungsfeststellung

Nach § 19 Abs. 3 Nr. 2 BewG muss der Einheitswertbescheid auch eine Feststellung darüber enthalten, wem die wirtschaftliche Einheit bei der Besteuerung zuzurechnen ist. Sind an der wirtschaftlichen Einheit mehrere Personen beteiligt, so ist in dem Einheitswertbescheid auch eine Feststellung darüber zu treffen, wie der festgestellte Wert sich auf die einzelnen Beteiligten verteilt. Das gilt auch für Ehegatten. 2806

Die Zurechnungsfeststellung erfolgt nach den Regeln über das Eigentum bzw. wirtschaftliche Eigentum (vgl. insbesondere § 39 AO). Die Zurechnung muss auf den bürgerlichen Namen des Steuerpflichtigen lauten, nicht auf die Firma (RFH vom 17.11.1938 RStBl 1939, 167). Steuerlicher Eigentümer, dem die Einheit zuzurechnen ist, kann auch ein Gebilde sein, das bürgerlich-rechtlich nicht Träger von Rechten und Pflichten sein und daher auch nicht als Eigentümer im Grundbuch eingetragen werden kann, z.B. eine nichtrechtsfähige Stiftung, eine Vermögensmasse (RFH vom 19.04.1939 RStBl 1939, 725). 2807

Die Zurechnungsfeststellung ist zunächst für das Verfahren der Einheitswertfeststellung selbst erforderlich. Sie gibt die Person an, gegen die sich der Einheitswertbescheid richtet, die daher verpflichtet ist, bei der Einheitswertfeststellung durch Abgabe von Erklärungen, Erteilung von Auskünften usw. mitzuwirken, und die berechtigt ist, den Einheitswertbescheid anzufechten. Darüber hinaus ist die Zurechnungsfeststellung für die anschließenden Besteuerungsverfahren von Bedeutung. Sie gibt für die anschließenden Steuerverfahren die Person des Steuerschuldners an (vgl. z.B. § 10 GrStG). 2808

Zur Bekanntgabe der Einheitswertbescheide vgl. insbesondere §§ 122 und 155 AO sowie BdF vom 08.04.1991 BStBl I 1991, 398 mit späteren Änderungen. 2809

2810–2820
frei

6 Verfahrensrechtliche Auswirkungen der Einheitswertfeststellung

6.1 Mehrere Verfahrensstufen

2821 Die Festsetzung der Steuern (seit 01.01.1998 nur noch die Grundsteuer), die an den Einheitswert anschließen, wickelt sich in mehreren Verfahrensstufen ab.

> **BEISPIEL**
> Die Heranziehung eines Landwirts zur GrSt geschieht in drei Verfahrensstufen: Verfahren über die Einheitswertfeststellung des Betriebs der Land- und Forstwirtschaft bzw. Ermittlung des Ersatzwirtschaftswertes für Nutzungseinheiten in den neuen Bundesländern sowie über das Grundsteuermessbetragsfestsetzungsverfahren und das Verfahren über die Festsetzung und Erhebung der GrSt.

2822 Die erste Verfahrensstufe schafft die **Grundlage** für die zweite, die zweite die Grundlage für die dritte. Das Ergebnis der einen Verfahrensstufe mündet in die jeweils Folgende ein. Man spricht hier von **Einmündungsfällen**. Dabei kann das Ergebnis der früheren Stufe in das Verfahren der folgenden Stufe auch schon dann übernommen werden, wenn es noch nicht unanfechtbar geworden ist (§ 182 Abs. 1 AO).

2823 Diese Regelung hat den Zweck, die Besteuerungsgrundlage nacheinander (**stufenförmig**) festzulegen und die einzelnen Elemente der Besteuerung Stufe für Stufe zusammenzutragen. Die Dinge, die auf der Ebene einer Stufe liegen, müssen abschließend in dem für diese Stufe vorgesehenen Verfahren entschieden werden. Daher schließt jede Stufe mit dem Erlass eines rechtsbehelfsfähigen Bescheids ab.

2824 Trotz Selbstständigkeit der Feststellungsbescheide und darauf aufbauender Steuermess- und Steuerbescheide (für die Grundsteuer) ist es zum Zwecke der Vereinfachung zugelassen, derartige Bescheide zusammenzufassen. Dementsprechend werden in der Verwaltungspraxis Einheitswertbescheide über Grundbesitz mit Grundsteuermessbescheiden zusammengefasst. Gleichwohl sind auch diese zusammengefassten Bescheide verfahrensrechtlich als selbstständige Bescheide anzusehen mit der Folge, dass sie auch jeweils selbstständig anfechtbar sind.

6.2 Bindungswirkung der Verfahrensstufen

2825 Aus der stufenförmigen Anordnung des Verfahrens ergibt sich, dass eine Verfahrensstufe an die Entscheidungen der jeweils vorhergehenden Stufe gebunden sein muss (**bindende Wirkung der Einheitswertstellung, § 182 Abs. 1 AO**). Die Reichweite dieser Bindung ist in den einzelnen Einmündungsfällen verschieden. Sie richtet sich nach dem Ausmaß, in dem das anschließende Verfahren den Einheitswert verwertet. Die verfahrensrechtliche Bindung äußert sich sowohl gegenüber dem Steuerpflichtigen als auch gegenüber der Finanzbehörde.

6.2.1 Bindung an die Vorstufe

2826 Die Bindung zeigt sich darin, dass die auf einer Verfahrensstufe befasste Stelle das Ergebnis der vorhergehenden Stufe übernehmen muss. Die Einheitswertbescheide sind **Grundlagenbescheide**. Sie sind den Steuermessbescheiden und Steuerbescheiden (Folgebescheiden) zugrunde zu legen. Das gilt auch dann, wenn der Grundlagenbescheid (Bescheid der vorhergehenden Stufe) noch nicht unanfechtbar geworden ist. Vgl. § 182 Abs. 1 AO.

6.2.2 Bindung bei unrichtiger Einheitswertfeststellung

Der Einheitswert ist für die **nächsthöhere Verfahrensstufe** grundsätzlich auch dann verbindlich, wenn er unrichtig ist oder wenn ihn die mit der nächsthöheren Verfahrensstufe befasste Stelle für unrichtig hält. Die Unrichtigkeit kann nur auf der für den Einheitswertbescheid vorgesehenen Verfahrensstufe und nur von der dafür zuständigen Stelle beseitigt werden. Solange der Bescheid nicht geändert ist, ist er für die nächsthöhere Verfahrensstufe verbindlich. Vgl. BFH vom 24.01.1952 BStBl III 1952, 84.

2827

6.2.3 Unrichtige Übernahme in der nächsthöheren Verfahrensstufe

Werden zutreffende Feststellungen eines Einheitswertbescheids unrichtig übernommen, so liegt meistens eine **offenbare Unrichtigkeit** vor. Der anschließende Bescheid muss entweder nach § 129 AO oder nach § 175 Abs. 1 Satz 1 Nr. 1 AO geändert werden.

2828

6.2.4 Einwendungen gegen die Einheitswertfeststellung

Der Steuerpflichtige kann Einwendungen gegen den Inhalt eines Bescheids nur in dem Rechtsbehelfsverfahren erheben, das gegen diesen Bescheid gegeben ist. Auf der nächsthöheren Verfahrensstufe kann er mit solchen Einwendungen nicht mehr gehört werden (§ 351 Abs. 2 AO).

2829

Die in einem Einheitswertbescheid über die Zurechnungsfeststellung getroffene Feststellung, wem ein Grundstück ab einem bestimmten Zeitpunkt zuzurechnen ist, kann nur durch **Anfechtung** dieses Bescheids, nicht durch Anfechtung des Folgebescheids angegriffen werden. Bei Versäumung einer **Rechtsbehelfsfrist** kann gegebenenfalls Wiedereinsetzung in den vorigen Stand erfolgen (§ 110 AO).

2830

Da die drei Feststellungen des Einheitswertbescheids (Wert-, Art- und Zurechnungsfeststellung, vgl. 5.2 bis 5.4) jeweils eigenständig sind, kann der Eigentümer bzw. wirtschaftliche Eigentümer der wirtschaftlichen Einheit gegen diese Feststellungen getrennt Rechtsbehelf einlegen. Hat eine Artfeststellung (z.B. die Grundstücksart nach § 75 BewG) Folgen für die Ermittlung (Höhe) des Einheitswerts (z.B. für die Höhe der Jahresrohmiete gem. § 79 BewG oder für den Vervielfältiger gem. § 80 BewG), so ist, wenn z.B. nur Rechtsbehelf gegen die Artfeststellung eingelegt worden ist, für die Auswirkung auf die Höhe des Einheitswerts § 175 Abs. 1 Satz 1 Nr. 1 AO anzuwenden, auch wenn der Eigentümer gegen die Höhe des Einheitswerts keine Einwendungen erhoben hat. Diese Auffassung wird damit begründet, dass es sich bei der Artfeststellung und der Wertfeststellung im Einheitswertbescheid um zwei selbstständige Verwaltungsakte handelt. Vgl. hierzu auch die Ausführungen in Rz. 2842 bis 2846 sowie zu § 22 Abs. 3 BewG in 13.5.

2831

2832–2840
frei

6.3 Folgen der Aufhebung oder Änderung von Einheitswertfeststellungen

Durch § 182 Abs. 1 AO ist zwingend angeordnet, dass die Feststellungen, die in einem Einheitswertbescheid getroffen worden sind, den Steuermess- und Steuerbescheiden der nächsthöheren Verfahrensstufe zugrunde zu legen sind. Aus dieser **Bindungswirkung**

2841

ergeben sich folgerichtig noch weitere verfahrensrechtliche Konsequenzen. Diese hatten jedoch hauptsächlich Bedeutung für die Vermögensteuer (bis 1996) und für die Einheitsbewertung des Betriebsvermögens (bis 1997). Es sind zu unterscheiden:

2842 a) **Aufhebung oder Änderung von Folgebescheiden**

Wird ein Einheitswertbescheid nach einer Bestimmung der AO berichtigt, aufgehoben oder geändert, so werden alle Folgebescheide (Steuermess- und Steuerbescheide), die auf dem bisherigen, jetzt berichtigten, aufgehobenen oder geänderten Einheitswertbescheid (Grundlagenbescheid) beruhen, **von Amts wegen** entsprechend aufgehoben oder geändert. Dies gilt auch dann, wenn der Folgebescheid bereits unanfechtbar geworden war. Vgl. § 175 Abs. 1 Satz 1 Nr. 1 AO.

2843 Der Einheitswertbescheid soll anderen Verfahren die Grundlage liefern. Er muss daher zeitlich vor dem abhängigen Bescheid ergehen. In der Regel wird dem Steuerpflichtigen zuerst der Einheitswertbescheid und dann der Bescheid der nächsthöheren Stufe zugehen müssen. Doch können Bescheide verschiedener Verfahrensstufen dem Steuerpflichtigen auch **gleichzeitig bekanntgegeben** werden. So kann bei der Einheitsbewertung des Grundbesitzes zugleich mit dem Einheitswert auch der Grundsteuermessbetrag festgesetzt werden. Ergeht ausnahmsweise ein Feststellungsbescheid erst nach Erlass des Bescheids der nächsthöheren Verfahrensstufe und konnte er deshalb hier nicht berücksichtigt werden, so ist der Bescheid dieser Verfahrensstufe entsprechend zu ändern (§ 175 Abs. 1 Satz 1 Nr. 1 AO).

2844 Die Bindungswirkung des § 182 Abs. 1 AO besteht auch bei einem falschen Einheitswertbescheid, wenn eindeutig ersichtlich ist, ob ein Wirtschaftsgut bei der Einheitswertfeststellung berücksichtigt worden ist oder nicht (RFH vom 07.04.1938 RStBl 1938, 475). Solange der falsche Einheitswertbescheid nicht geändert werden kann, ist er für die nächsthöhere Stufe bindend (BFH vom 24.01.1952 BStBl III 1952, 84).

2845 b) **Nachfeststellungen oder Fortschreibungen**

Nach § 175 Abs. 1 Satz 1 Nr. 1 AO können auch Folgebescheide aufgrund von Nachfeststellungen oder Fortschreibungen erstmals zu erlassen oder aufzuheben bzw. zu ändern sein. Der entscheidende Unterschied zu den vorstehenden Fällen Buchstabe a) liegt jedoch darin, dass nicht eine Besteuerungsgrundlage für die Vergangenheit geändert, sondern eine neue oder geänderte Besteuerungsgrundlage für die **Zukunft** gesondert festgestellt wird. Die **Nachfeststellung** oder **Fortschreibung** wirkt nur ab dem Feststellungszeitpunkt (Wirkung »ex nunc« gegenüber der Wirkung »ex tunc« bei Aufhebungen und Änderungen).

2846 c) **Anfechtbarkeit des geänderten Folgebescheids**

Der auf § 175 Abs. 1 Satz 1 Nr. 1 AO beruhende Änderungsbescheid ist nach § 351 Abs. 1 AO insoweit anfechtbar, als die Änderung reicht. Die Beschränkung der Anfechtbarkeit bezieht sich aber nur auf den Betrag, nicht auf die tatsächlichen Feststellungen und die rechtliche Begründung (RFH vom 23.06.1939 RStBl 1939, 787).

2847–2850 frei

7 Dingliche Wirkungen der Einheitswertfeststellungen

7.1 Eigentumsübergang nach Bekanntgabe des Einheitswertbescheids

2851 Geht eine wirtschaftliche Einheit auf einen anderen über, nachdem der Einheitswertbescheid dem früheren Eigentümer (Veräußerer, Rechtsvorgänger) bekanntgegeben worden ist, so richtet sich der Einheitswertbescheid auch gegen den **Rechtsnachfolger** (§ 182 Abs. 2 Satz 1 AO). Die Bekanntgabe an den Rechtsvorgänger wirkt auch gegenüber dem Rechtsnachfolger. Es findet lediglich eine **Zurechnungsfortschreibung** auf den Rechtsnachfolger statt. Dabei werden jedoch die Feststellungen über die Art und den Wert aus dem letzten gegen den Rechtsvorgänger gerichteten Einheitswertbescheid übernommen, sofern nicht gleichzeitig die Voraussetzungen für eine Art- und Wertfortschreibung gegeben sind. Der Rechtsnachfolger kann grundsätzlich nicht verlangen, dass ihm gegenüber eine neue, anderweitige Bewertung durchgeführt wird. Diese Wirkung der Einheitsbewertung bezeichnet man als die **dingliche Wirkung** des Feststellungsbescheids (Einheitswertbescheids).

2852 Hinsichtlich der Befugnis, einen **Rechtsbehelf** (Einspruch) gegen den Einheitswertbescheid einzulegen, gilt Folgendes:

a) Ist der dem Rechtsvorgänger bekanntgegebene Einheitswertbescheid im Zeitpunkt der Rechtsnachfolge bereits **unanfechtbar,** so muss auch der Rechtsnachfolger diese Unanfechtbarkeit gegen sich gelten lassen.

b) Ist dagegen der dem Rechtsvorgänger bekanntgegebene Einheitswertbescheid im Zeitpunkt der Rechtsnachfolge noch **nicht unanfechtbar** geworden und ist eine Rechtsbehelfsfrist noch im Lauf, so kann außer dem Rechtsvorgänger auch der Rechtsnachfolger innerhalb der noch laufenden Rechtsbehelfsfrist einen Einspruch gegen den Bescheid einlegen (§ 353 AO). Eine selbstständige Rechtsbehelfsfrist läuft allerdings gegen den Rechtsnachfolger nicht. Sofern sowohl der Rechtsvorgänger als auch der Rechtsnachfolger Einspruch gegen den Einheitswertbescheid einlegen, werden diese Rechtsbehelfe verbunden. Legt nur einer von beiden Einspruch ein, so wird der andere zu dem Rechtsbehelfsverfahren von Amts wegen zugezogen, weil dessen Interesse durch die Entscheidung berührt wird (§ 360 Abs. 3 AO, § 60 F 60). Auch im Rechtsbehelfsverfahren können nur einheitliche Entscheidungen getroffen werden. Die Rechtsbehelfsentscheidungen richten sich sowohl gegen den Rechtsvorgänger als auch gegen den Rechtsnachfolger (vgl. BFH vom 27. 04. 1956 BStBl III 1956, 203).

BEISPIEL

V veräußert sein Zweifamilienhaus an E. Der Einheitswert des Grundstücks wurde seinerzeit zutreffend mit 80 000 DM festgestellt. Die Einheitswertfeststellung ist bestandskräftig. Kann der Erwerber eine neue Bewertung verlangen?

LÖSUNG Der Einheitswert und die Feststellung über die Grundstücksart sind auch für den Erwerber E bindend (§ 182 Abs. 2 Satz 1 AO). Der Erwerber kann keine andere Bewertung verlangen. Wegen des Eigentumswechsels ist lediglich eine Zurechnungsfortschreibung (§ 22 Abs. 2 BewG) durchzuführen.
Anders wäre es nur, wenn der Einheitswertbescheid über die Einheitswertfeststellung bei V noch nicht bestandskräftig wäre (vgl. § 353 AO).

7.2 Eigentumsübergang vor Bekanntgabe des Einheitswertbescheids

2853 Geht eine wirtschaftliche Einheit auf einen anderen über, bevor ein Einheitswertbescheid dem Rechtsvorgänger (z. B. Veräußerer) bekanntgegeben worden ist, so ist auch der Rechtsnachfolger durch den Einheitswertbescheid beschwert. Der Einheitswertbescheid richtet sich dann sowohl gegen den Rechtsvorgänger als auch gegen den Rechtsnachfolger. Infolgedessen kann er auch von beiden angefochten werden. Er muss, um gegenüber dem Rechtsnachfolger wirksam zu werden, auch diesem bekanntgegeben werden (§ 182 Abs. 2 Satz 2 AO). Ist die Bekanntgabe an den Rechtsnachfolger unterblieben, so wird diesem gegenüber die Rechtsbehelfsfrist nicht in Lauf gesetzt. Die Möglichkeit, Rechtsbehelf einzulegen, verliert er auch nicht nach Ablauf eines Jahres seit Zustellung an den Rechtsvorgänger. Denn § 356 Abs. 2 AO ist nur auf denjenigen anwendbar, dem der Bescheid bekanntgegeben worden ist. Der Rechtsnachfolger kann die nachträgliche Bekanntgabe des Einheitswertbescheids an sich verlangen (vgl. RFH vom 12.05.1938 RStBl 1938, 529 sowie BFH vom 27.04.1956 BStBl III 1956, 203).

8 Zuständigkeit für die Einheitsbewertung des Grundbesitzes

2854 Hierbei sind die örtliche und die sachliche Zuständigkeit zu unterscheiden.

2855 Für die Einheitsbewertung des Grundbesitzes ist **örtlich zuständig** das Lagefinanzamt (§ 18 Abs. 1 Nr. 1 AO). Es ist somit zuständig für die Feststellung der Einheitswerte der
a) Betriebe der Land- und Forstwirtschaft,
b) Grundstücke des Grundvermögens und
c) Betriebsgrundstücke.

2856 Erstreckt sich der Grundbesitz auf die Bezirke mehrerer Finanzämter, so ist das Finanzamt zuständig, in dessen Bezirk der wertvollste Teil belegen ist.

2857 Innerhalb des örtlich zuständigen Finanzamtes sind für die Einheitsbewertung des Grundbesitzes i.d.R. die Bewertungsstellen bzw. neuerdings die Grundstückswertstellen **sachlich zuständig**.

9 Erklärungs- und Auskunftspflicht

2858 a) **Erklärungspflicht**
Nach § 28 Abs. 1 BewG haben die Steuerpflichtigen auf jeden **Hauptfeststellungszeitpunkt** Erklärungen für die Feststellung des Einheitswerts innerhalb einer bestimmten Frist abzugeben. Für **andere Feststellungszeitpunkte** hat eine Erklärung abzugeben, wer von der Finanzbehörde dazu aufgefordert wird (§ 149 AO).

2859 Die Erklärungen sind Steuererklärungen im Sinne der AO. Erklärungspflichtig ist derjenige, dem im Feststellungszeitpunkt die wirtschaftliche Einheit des Grundbesitzes zuzurechnen ist (§ 28 Abs. 3 BewG). Sind wirtschaftliche Einheiten des Grundbesitzes (Betriebe der Land- und Forstwirtschaft, Grundstücke oder Betriebsgrundstücke) nach dem Feststellungszeitpunkt im Wege der Gesamtrechtsnachfolge (z.B. im Wege der Erbfolge) auf einen anderen übergegangen, so ist auch der Gesamtrechtsnachfolger erklärungspflichtig, weil er in die Rechtsstellung des Erblassers eintritt (vgl. hierzu § 45 AO).

2860 Haben wirtschaftliche Einheiten des Grundbesitzes im Wege der Einzelrechtsnachfolge (z.B. durch Kauf oder Tausch) den Eigentümer gewechselt, so trifft die Erklärungspflicht des § 28 BewG nicht automatisch auf den Einzelrechtsnachfolger zu. Das Finanzamt kann dann nur unter Berufung auf § 149 AO eine Erklärung vom Einzelrechtsnachfolger verlangen.

Die Pflicht zur Vervollständigung oder Berichtigung einer Erklärung ergibt sich aus § 153 Abs. 1 AO. Die Erklärungen sind innerhalb bestimmter Fristen abzugeben. Einzelheiten hierzu regelt § 28 Abs. 2 BewG.

b) **Auskunftspflicht, Mitteilungspflicht**

Nach § 29 Abs. 1 BewG hat jeder Eigentümer von Grundbesitz der Finanzbehörde auf Anforderung alle Angaben zu machen, die die Finanzbehörde für die Sammlung von Kauf-, Miet- und Pachtpreisen braucht. Er hat auch dabei zu versichern, dass die Angaben nach bestem Wissen und Gewissen gemacht sind.

Die Finanzbehörden sind befugt, zur Vorbereitung einer Hauptfeststellung der Einheitswerte des Grundbesitzes örtliche Erhebungen über die Bewertungsgrundlagen anzustellen (§ 29 Abs. 2 Satz 1 BewG). Hierbei ist die Vorschrift des § 99 AO entsprechend anzuwenden. Das Grundrecht der Unverletzlichkeit der Wohnung (Art. 13 GG) wird insoweit eingeschränkt (vgl. § 29 Abs. 2 Satz 2 BewG).

Nach § 29 Abs. 3 und 4 BewG haben andere Behörden, insbesondere Grundbuchämter, gegenüber den Finanzbehörden eine Mitteilungspflicht über alle rechtlichen und tatsächlichen Umstände, die für die Feststellung von Einheitswerten des Grundbesitzes oder für die Grundsteuer von Bedeutung sein können.

2865–2880 frei

10 Das System der Feststellungsarten

10.1 Feststellungsarten

Im Rahmen der Ermittlung und Feststellung der Einheitswerte ist ein ganz bestimmtes System von Feststellungsarten zu beachten. Einheitswerte werden nämlich nicht auf beliebige Stichtage festgestellt, sondern auf ganz bestimmte Zeitpunkte. Das BewG unterscheidet:

Hauptfeststellung (§ 21 BewG)	Nachfeststellung (§ 23 BewG)	Fortschreibung (§ 22 BewG)	Aufhebung des Einheitswerts (§ 24 BewG)

| | Wertfortschreibung (§ 22 Abs. 1 BewG) | Artfortschreibung (§ 22 Abs. 2 BewG) | Zurechnungs- fortschreibung (§ 22 Abs. 2 BewG |

Hauptfeststellung ist die periodisch, nach Ablauf bestimmter Zeiträume vorzunehmende allgemeine Einheitswertfeststellung, mit der grundsätzlich alle im Bewertungszeitpunkt vorhandenen, wirtschaftlichen Einheiten erfasst und (neu) bewertet werden. **Nachfeststellung und Fortschreibung** ist demgegenüber die nur in Einzelfällen in Betracht kommende Feststellung, die auf Zeitpunkte, die zwischen zwei Hauptfeststellungszeitpunkten liegen, vorgenommen wird. Ebenso kommt eine Aufhebung des Einheitswerts nur in Einzelfällen in Betracht.

10.2 Feststellungszeitpunkt (Stichtagsprinzip)

2884 Alle Einheitswertfeststellungen, ebenso die Aufhebungen von Einheitswerten, werden auf einen bestimmten Zeitpunkt (Hauptfeststellungs-, Nachfeststellungs-, Fortschreibungs- oder Aufhebungszeitpunkt des Einheitswerts) vorgenommen. Als Feststellungszeitpunkt kommt – abgesehen von den Fällen der Bewertung auf den 21.06.1948 (Währungsstichtag) – stets nur der Beginn eines ganz bestimmten Kalenderjahres in Betracht, also z.B. der 01.01.1964 0.00 Uhr für die Einheitsbewertung des Grundbesitzes (Stichtagsprinzip). In der Praxis spricht man vom Bewertungsstichtag. Das ist ungenau, da nicht die Verhältnisse am 01. Januar, sondern **zu Beginn** des Kalenderjahres maßgebend sind. Die Ereignisse, die erst im Laufe des 01. Januar eintreten, sind grundsätzlich außer Betracht zu lassen. Zum Feststellungszeitpunkt bereits vorhandene, aber erst später bekannt gewordene Umstände sind jedoch zu berücksichtigen. Nach dem Feststellungszeitpunkt eingetretene Ereignisse dürfen jedoch nicht zurückprojiziert werden (BFH vom 13.01.1956 BStBl III 1956, 62, vom 27.06.1957 BStBl III 1957, 314 und vom 26.06.1964 BStBl III 1964, 519).

2885 Umstände, die jedoch mit Beginn eines Kalenderjahres eintreten, sind allerdings bereits zu diesem Zeitpunkt zu berücksichtigen.

> **BEISPIEL**
> Erwerb eines Grundstücks mit der Vereinbarung, dass vom Beginn des nachfolgenden 01. Januar (z.B. 01.01.2011) alle Nutzen und Lasten auf den Erwerber übergehen.
> **LÖSUNG** Das Grundstück ist daher bereits zum 01.01.2011 dem Erwerber als wirtschaftlichen Eigentümer zuzurechnen.

2886 Der Bewertung der wirtschaftlichen Einheiten werden die **tatsächlichen Verhältnisse** und grundsätzlich auch die Wertverhältnisse des jeweiligen Feststellungszeitpunkts zugrunde gelegt. Lediglich bei Nachfeststellungen und Fortschreibungen für Grundbesitz sind nur die tatsächlichen Verhältnisse des Feststellungszeitpunkts, jedoch – damit das Wertniveau innerhalb eines Hauptfeststellungszeitraums gleichmäßig bleibt – die **Wertverhältnisse** des letzten Hauptfeststellungszeitpunkts zugrunde zu legen (§ 27 BewG). Aber auch für bestimmte tatsächliche Verhältnisse gibt es **abweichende Regelungen** (z.B. für das land- und forstwirtschaftliche Vermögen in § 35 Abs. 2 sowie §§ 54 und 59 BewG; vgl. 11.3).

2887–2890 frei

11 Hauptfeststellung

11.1 Begriff und Aufgabe

2891 Die Einheitswertfeststellung soll allen an den Einheitswert anknüpfenden Steuerfestsetzungsverfahren eine fertige Entscheidung über die Besteuerungsgrundlagen zur Verfügung stellen und zur Verfügung halten. Diesem Zweck entsprechend wird die Einheitsbewertung grundsätzlich nicht von Fall zu Fall, d.h. wenn der Wert gerade steuerlich gebraucht wird, sondern zu bestimmten, **gesetzlich festgelegten Zeitpunkten** mit Geltung für bestimmte Zeiträume vorgenommen. Eine allgemeine Wiederholung der Bewertung in bestimmten, möglichst nicht zu langen Zeiträumen, ist wegen der ständigen Änderungen im Bestand und Wert der Wirtschaftsgüter sinnvoll, wurde jedoch für den Grundbesitz vom Gesetzgeber nicht eingehalten (Anmerkung: Der Hauptfeststellungszeitraum für die Einheitsbewertung des Grundbesitz läuft schon seit 01.01.1964).

Die Hauptfeststellung erfasst **alle** im Hauptfeststellungszeitpunkt vorhandenen wirtschaftlichen Einheiten, soweit sie irgendwie steuerlich interessieren. Sie erfasst die Einheiten mit dem Zustand, in dem sie sich **im (zum) Hauptfeststellungszeitpunkt** befinden.

2892

11.2 Hauptfeststellungszeitraum

Nach § 21 Abs. 1 BewG werden in bestimmten Zeitabständen die Einheitswerte der in § 19 Abs. 1 genannten wirtschaftlichen Einheiten (des Grundbesitzes) **allgemein festgestellt**. Die Zeitabstände betragen (grundsätzlich) **sechs Jahre**. Der Zeitabstand zwischen einer Hauptfeststellung und der darauf folgenden Hauptfeststellung wird als »Hauptfeststellungszeitraum« bezeichnet.

2893

Hauptfeststellungen für den Grundbesitz wurden zuletzt durchgeführt:

2894

a) In den **alten Bundesländern** auf den 01.01.1964 (Art. 2 Abs. 1 des BewÄndG vom 13.08.1965 – BewÄndG 1965 – BStBl I 1965, 375).

Die nächste Hauptfeststellung ist – abweichend von § 21 Abs. 1 BewG – durch Art. 2 des Gesetzes zur Änderung und Ergänzung bewertungsrechtlicher Vorschriften und des EStG vom 22.07.1970 (BStBl I 1970, 911) auf unbestimmte Zeit verschoben worden. Zur Festlegung des nächsten Hauptfeststellungszeitpunkts bedarf es daher einer besonderen gesetzlichen Regelung.

Die Einheitswerte der Hauptfeststellung 01.01.1964 wurden erstmals zum 01.01.1974 der Besteuerung zugrunde gelegt (Art. 1 BewÄndG 1971 BStBl I 1971, 360).

b) In den **neuen Bundesländern** auf den 01.01.1935.

2895

Aufgrund des § 22 RBewG 1935 wäre die nächste Hauptfeststellung sechs Jahre später, auf den 01.01.1941 durchzuführen gewesen. Wegen des Ausbruchs des zweiten Weltkrieges wurde die Neubewertung des Grundbesitzes im Verordnungswege bis auf weiteres hinausgeschoben (§ 1 Abs. 2 BewDV in der Fassung der VO vom 22.11.1939, RGBl I 1939, 2271, RStBl 1939, 1133). Für die Durchführung einer neuen Hauptfeststellung wurde im Bereich der ehemaligen DDR keine Veranlassung gesehen.

Für Grundstücke und Betriebsgrundstücke sind die Einheitswerte 01.01.1935 weiterhin anzuwenden (§ 129 Abs. 1 BewG).

Für Betriebe der Land- und Forstwirtschaft sind die Einheitswerte 01.01.1935 nicht mehr anzuwenden (§ 125 Abs. 1 BewG). Es sind Ersatzwirtschaftswerte auf der Basis der Wertverhältnisse 01.01.1964 zu ermitteln (§ 125 Abs. 5 BewG).

11.3 Hauptfeststellungszeitpunkt

Hauptfeststellungszeitpunkt ist der **Beginn eines Kalenderjahres** (§ 21 Abs. 2 BewG).

2896

Der Hauptfeststellung werden die **Verhältnisse des Hauptfeststellungszeitpunkts** zugrunde gelegt. Das bedeutet, dass die Hauptfeststellung alle wirtschaftlichen Einheiten mit dem Zustand erfasst, in dem sie sich im Hauptfeststellungszeitpunkt befinden. Dabei kommt es nicht darauf an, dass sämtliche für die Bewertung maßgebenden Umstände zum Feststellungszeitpunkt bereits offen zu Tage liegen (vgl. RFH vom 19.12.1941 RStBl 1942, 354). Es genügt, dass sie vorhanden waren, so dass auch Umstände zu berücksichtigen sind, die sich im Laufe des Bewertungsverfahrens anders darstellen, als sie am Stichtag erschienen, die aber nachweislich am Stichtag bereits vorlagen (z.B. Auftreten von Hausschwamm). Am Stichtag vorliegende Einwirkungen, die nur vorübergehend sind (z.B. ein Bauernhof ist am Stichtag zufällig überschwemmt), dürfen nicht berücksichtigt werden, es sei denn, dass ihre Beseiti-

2897

gung Kosten verursachen wird und am Stichtag bereits damit zu rechnen ist, dass sie demnächst beseitigt werden.

2898 Von dem Grundsatz, dass bei der Hauptfeststellung die Verhältnisse zu Beginn des Kalenderjahres (des Hauptfeststellungszeitpunkts) maßgebend sind, hat das Gesetz verschiedene **Ausnahmen** zugelassen (vgl. § 21 Abs. 2 Satz 2 BewG). Es handelt sich hierbei um folgende Ausnahmen:

a) Nach § 35 Abs. 2 BewG ist bei der Einheitsbewertung des **land- und forstwirtschaftlichen Vermögens** für die **umlaufenden Betriebsmittel** grundsätzlich der Stand am Ende des Wirtschaftsjahres maßgebend, das dem Feststellungszeitpunkt vorangeht. Vgl. Kapital 2 Teil C 2 (Rz. 3414).

b) Gemäß § 54 BewG sind bei der Bewertung von **forstwirtschaftlichen Nutzflächen** für den Umfang und den Zustand des Bestandes an **nicht eingeschlagenem Holz** die Verhältnisse am Ende des Wirtschaftsjahres zugrunde zu legen, das dem Feststellungszeitpunkt vorangegangen ist. Vgl. Kapitel 2 Teil C 7.2.2 (Rz. 3632).

c) Nach § 59 BewG wird bei der Bewertung **gärtnerischer Nutzflächen** die durch den Anbau von **Baumschulgewächsen genutzte Betriebsfläche** nach den Verhältnissen vom 15. September bestimmt, der dem Feststellungszeitpunkt vorangegangen ist. Vgl. Kapitel 2 Teil C 7.4 (Rz. 3664).

11.4 Steuerliche Anwendung der Einheitswerte der Hauptfeststellung

2899 Der Zeitpunkt, von dem ab die Einheitswerte einer Hauptfeststellung der Besteuerung zugrunde gelegt werden, stimmt bei der Grundsteuer mit dem Hauptfeststellungszeitpunkt nicht überein (§ 16 Abs. 2 GrStG). Die bei der Hauptfeststellung auf den 01.01.1964 für die wirtschaftlichen Einheiten des Grundbesitzes festgestellten Einheitswerte wurden gemäß Art. 1 Abs. 1 BewÄndG vom 27.07.1971 – BewÄndG 1971 – BStBl I 1971, 360 erst ab 01.01.1974 der Besteuerung zugrunde gelegt.

11.5 Nachholung einer Hauptfeststellung

11.5.1 Rechtslage bis 1997

2900 War die reguläre Hauptfeststellung unzulässig, weil die Feststellungsfrist (§ 181 i. V. m. § 169 AO) bereits abgelaufen war, so konnte die Hauptfeststellung **mit Wirkung für einen späteren Feststellungszeitpunkt** vorgenommen werden (§ 21 Abs. 3 Satz 1 BewG a. F.). Dieser nachzuholenden Hauptfeststellung waren jedoch die tatsächlichen und wertmäßigen Verhältnisse des Hauptfeststellungszeitpunkts zugrunde zu legen.

2901 Nach § 21 Abs. 3 Satz 2 BewG a. F. blieb § 181 Abs. 5 AO unberührt. Die Vorschrift des § 181 Abs. 5 AO regelt im Prinzip das Gleiche wie § 21 Abs. 3 Satz 1 BewG a. F.

11.5.2 Rechtslage ab 1998

2902 Für die Nachholung unterlassener Einheitswertfeststellungen wurde durch Art. 6 Nr. 8 Gesetz zur Fortsetzung der Unternehmenssteuerreform vom 29.10.1997 BStBl I 1997, 928 § 25 BewG neu eingefügt. In dieser neuen Bestimmung wurde die Nachholung unterlassener Nachfeststellungen, Fortschreibungen und Aufhebungen von Einheitswerten zusammenfassend geregelt. Ab 1998 hat dies nur noch für die Einheitsbewertung des Grundbesitzes Bedeutung. Wegen Zeitablaufs wurde in dieser Vorschrift die Nachholung einer unterlassenen Hauptfeststellung für den Grundbesitz nicht mehr vorgesehen. Für die Feststellungszeitpunkte bis einschließlich 01.01.1997 kann für solche (wohl nur noch sehr selten vorkommende) Fälle weiter § 21 Abs. 3 BewG a. F. angewendet werden.

2903–2920 frei

12 Nachfeststellung

12.1 Begriff und Aufgabe

Tritt eine wirtschaftliche Einheit nach dem Hauptfeststellungszeitpunkt neu in die Steuerpflicht ein, so geht es nicht an, sie bis zur nächsten Hauptfeststellung nicht bewertet zu lassen. Sie muss möglichst bald der Besteuerung zugeführt und deshalb bewertet werden. Das geschieht im Wege der Nachfeststellung. Die Nachfeststellung ist eine **nachträgliche Feststellung** eines Einheitswerts auf einen späteren als den Hauptfeststellungszeitpunkt (**erstmalige** Feststellung).

2921

Als Fälle der Nachfeststellung führt § 23 Abs. 1 BewG an: die Entstehung einer neuen wirtschaftlichen Einheit und die erstmalige Heranziehung einer bestehenden wirtschaftlichen Einheit zu einer Steuer.

2922

War die wirtschaftliche Einheit im Hauptfeststellungszeitpunkt bereits vorhanden und auch nicht gänzlich steuerbefreit, war aber die Einheitsbewertung versehentlich oder aus Rechtsirrtum **unterblieben,** so ist nicht eine Nachfeststellung vorzunehmen, sondern die Hauptfeststellung **nachzuholen,** wobei dann selbstverständlich die Verhältnisse im Hauptfeststellungszeitpunkt zugrunde zu legen sind (vgl. hierzu BFH vom 18.10.1968 BStBl II 1969, 63 und § 21 Abs. 3 BewG a. F. sowie 12.6 und 11.5).

2923

Nachfeststellungen sind (ebenso wie die Fortschreibungen, vgl. § 22 Abs. 4 Satz 1 BewG sowie 13.1.4) stets **von Amts wegen** durchzuführen.

2924

12.2 Entstehung einer neuen wirtschaftlichen Einheit

Dieser Fall tritt ein, wenn eine wirtschaftliche **Einheit vollständig neu** gebildet wird (§ 23 Abs. 1 Nr. 1 BewG, A 3 Abs. 1 Fortschreibungs-Richtlinien).

2925

BEISPIEL
Im Rahmen einer Baulandumlegung entstehen im Kalenderjahr 2010 Baugrundstücke.
LÖSUNG Zum 01.01.2011 sind für die neu entstandenen (i.d.R. unbebauten) Grundstücke Nachfeststellungen durchzuführen.

Eine neue wirtschaftliche Einheit kann auch dadurch entstehen, dass aus einer bestehenden wirtschaftlichen Einheit ein **Teil** ausscheidet und nicht in eine andere bereits wirtschaftliche Einheit einbezogen wird.

2926

BEISPIEL
Der Eigentümer eines großen, bisher als eine wirtschaftliche Einheit behandelten Baugeländes veräußert einen Teil davon.
LÖSUNG Für den veräußerten Teil ist auf den 01. Januar des der Veräußerung folgenden Jahres eine Nachfeststellung vorzunehmen, sofern er nicht in eine bereits bestehende wirtschaftliche Einheit eines benachbarten Grundstücks einzubeziehen ist. Für das restliche Baugelände ist eine Wertfortschreibung wegen Verkleinerung der Grundstücksfläche dann durchzuführen, wenn die Voraussetzungen des § 22 Abs. 1 BewG (Wertfortschreibungsgrenzen) erfüllt sind.

2927 In solchen Fällen ist für die neu entstehende wirtschaftliche Einheit eine Nachfeststellung auch dann durchzuführen, wenn für die abgegebene Einheit wegen Nichterreichens der Wertfortschreibungsgrenzen des § 22 Abs. 1 BewG eine Wertfortschreibung nicht in Betracht kommt. Die dann eintretende Doppelbewertung ist nach dem System der Feststellungsarten nicht zu vermeiden.

2928 War jedoch ein Teil der bisher bewerteten wirtschaftlichen Einheit in dieser zu **Unrecht** mit erfasst, so ist eine selbstständige Bewertung dieses Teils im Wege einer Nachfeststellung nur dann zulässig, wenn der Einheitswert der ursprünglich falsch gebildeten Einheit durch eine »Fortschreibung zur Beseitigung des Fehlers« (vgl. § 22 Abs. 3 BewG und 13.5) oder durch eine Änderungsfeststellung (vgl. 6.3) geändert werden kann (BFH vom 05.04.1957 BStBl III 1957, 190 und vom 16.05.1975 BStBl II 1975, 678; vgl. auch Rössler-Troll, Kommentar zum BewG, § 23 BewG Anm. 29 und 30).

2929 Durch **Teilung eines Grundstücks,** z.B. Aufteilung eines Baugeländes in mehrere Bauplätze, kann unter Umständen die alte Einheit vollständig verschwinden und durch mehrere neue Einheiten ersetzt werden. In diesem Fall sind für sämtliche neu entstehenden Einheiten Einheitswerte im Wege der Nachfeststellung festzustellen. Für die alte, nicht mehr bestehende wirtschaftliche Einheit ist der bisherige Einheitswert nach § 24 Abs. 1 Nr. 1 BewG aufzuheben.

2930 Erhält ein Steuerpflichtiger aus Anlass der **Umlegung** von Grundstücken an Stelle eines für Umlegungszwecke in Anspruch genommenen Grundstücks ein neues Grundstück, so ist für das neue Grundstück der Einheitswert nachträglich festzustellen, wenn dieses Grundstück eine neue wirtschaftliche Einheit darstellt. Eine Übertragung des Einheitswerts für das bisherige Grundstück auf das neue Grundstück ist nicht zulässig (BFH vom 24.02.1961 BStBl III 1961, 205).

2931 Eine neue wirtschaftliche Einheit ist auch dann entstanden, wenn ein **Teil einer bisher als land- und forstwirtschaftliches** Vermögen bewerteten **Fläche** gemäß § 69 BewG nunmehr als Grundvermögen (unbebautes Grundstück) bewertet werden muss. Es ist dann eine Nachfeststellung für das unbebaute Grundstück und für den Betrieb der Land- und Forstwirtschaft ggf. eine Wertfortschreibung durchzuführen. Sofern ein Betrieb der Land- und Forstwirtschaft in seiner Gesamtheit aufgelöst und die bisher landwirtschaftlich genutzte Fläche Bauland geworden ist, erfordert der Untergang der bisherigen wirtschaftlichen Einheit »Betrieb der Land- und Forstwirtschaft« (die in der Regel aus mehreren Wirtschaftsgütern – Grund und Boden, Wohn- und Wirtschaftsgebäude, stehende und umlaufende Betriebsmittel usw. – bestanden hat) eine Aufhebung des bisherigen Einheitswerts und eine Nachfeststellung für die Entstehung der neuen wirtschaftlichen Einheit des Grundvermögens. Entsprechendes gilt, wenn ein bisher als Betrieb der Land- und Forstwirtschaft »Stückländerei« bewertetes Grundstück gemäß § 69 BewG dem Grundvermögen zuzurechnen ist (vgl. BFH vom 04.02.1987 BStBl II 1987, 326), da nach Auffassung des BFH die wirtschaftliche Einheit »Betrieb der Land- und Forstwirtschaft« nicht nur den Grund und Boden und Gebäude umfasst, sondern auch stehende und umlaufende Betriebsmittel. Der Umfang der wirtschaftlichen Einheit »Betrieb der Land- und Forstwirtschaft« und »Grundstück« (des Grundvermögens) seien daher nicht identisch.

2932 Durch **Bebauung** eines bisher **unbebauten Grundstücks** entsteht grundsätzlich keine neue wirtschaftliche Einheit. Es ist vielmehr in der Regel eine Artfortschreibung, ggf. verbunden mit einer Wertfortschreibung, vorzunehmen (vgl. 13.3).

2933 Die **Veräußerung** eines Betriebs der **Land- und Forstwirtschaft,** der nach den objektiven Merkmalen des Ertragswerts bewertet wird, und eines **Grundstücks,** dessen

Bestand und Wert durch eine Veräußerung in der Regel mindestens zunächst nicht unmittelbar berührt wird, führt zu einer Zurechnungsfortschreibung.

Die Frage, ob eine Nachfeststellung, eine Zurechnungs- oder Wertfortschreibung im Einzelfall durchgeführt werden soll, ist deswegen von **praktischer Bedeutung**, weil mit der Nachfeststellung die wirtschaftliche Einheit in ihren Verhältnissen vom Nachfeststellungszeitpunkt erfasst wird, während bei einer Zurechnungsfortschreibung der bisherige Wert beibehalten wird und die Vornahme einer Wertfortschreibung von den im § 22 Abs. 1 BewG bezeichneten Voraussetzungen (Wertgrenzen) abhängig ist.

2934

2935–2940 frei

12.3 Erstmalige Heranziehung zu einer Steuer

Wenn eine wirtschaftliche Einheit im Hauptfeststellungszeitpunkt bereits bestand, damals aber völlig steuerbefreit war, so interessierte sie steuerlich nicht. Ein Einheitswert war deshalb auf den Hauptfeststellungszeitpunkt nicht festzustellen (vgl. § 19 Abs. 4 BewG). **Fällt die Steuerbefreiung** nunmehr **weg,** so muss der Einheitswert nachträglich festgestellt werden (vgl. § 23 Abs. 1 Nr. 2 BewG).

2941

BEISPIEL

Das Land X ist Eigentümer eines Grundstücks, das bisher den Zwecken eines Finanzamts gedient und eine Dienstwohnung nicht enthalten hat. Das Gebäude wird nunmehr in ein Wohnhaus umgebaut. Ein Einheitswert war bisher nicht festgestellt worden, weil das Land nicht vermögensteuerpflichtig war (vgl. § 1 VStG) und das Grundstück auch nach § 3 Abs. 1 Nr. 1 GrStG von der GrSt befreit war und somit ein steuerliches Interesse an der Einheitswertfeststellung nicht bestanden hat. Nach dem Umbau in ein Wohnhaus ist die Grundsteuerbefreiung weggefallen.

LÖSUNG Der Einheitswert wird nunmehr für die Zwecke der GrSt benötigt. Es ist gemäß § 23 Abs. 1 Nr. 2 BewG eine Nachfeststellung für das Wohngrundstück durchzuführen.

Ist die wirtschaftliche Einheit im Hauptfeststellungszeitpunkt nur zum Teil befreit, so muss nur für den steuerpflichtigen Teil ein Einheitswert festgestellt werden (vgl. 4.1 Buchst. b, Rz. 2764). Wird nachträglich die ganze Einheit steuerpflichtig, so kommt nicht eine Nachfeststellung, sondern eine Wertfortschreibung in Betracht.

2942

BEISPIEL

Das Land X ist Eigentümer eines bebauten Grundstücks das im Hauptfeststellungszeitpunkt zu 2/3 für den öffentlichen Dienst, zu 1/3 als Dienstwohnung benutzt wurde. Das Land war nicht vermögensteuerpflichtig (§ 1 VStG). Der für Dienstzwecke benutzte Teil des Grundstücks (nicht die Hausmeisterwohnung) ist nach § 3 Abs. 1 Nr. 1 i. V. m. § 5 Abs. 2 GrStG von der GrSt befreit.

LÖSUNG Ein Einheitswert ist deshalb nur für den Wohnzwecken dienenden Teil festgestellt worden. Wird später das ganze Grundstück für Wohnzwecke benutzt, so ist der bisher festgestellte Einheitswert für den steuerpflichtigen Teil im Wege der Wertfortschreibung auf das ganze Grundstück auszudehnen, sofern die Voraussetzungen des § 22 Abs. 1 BewG gegeben sind.

12.4 Nachfeststellung zur Beseitigung von Fehlern

Im Gegensatz zur Vorschrift des § 22 Abs. 3 BewG über die Fortschreibung zur Beseitigung eines Fehlers (vgl. 13.5) enthält § 23 BewG keine entsprechende Regelung für die Nachfeststellung. Das hat seinen Grund darin, dass eine Nachfeststellung zum Zwecke der Beseitigung eines Fehlers begrifflich nicht möglich ist, denn der Begriff »Nachfeststellung« setzt voraus, dass im laufenden Hauptfeststellungszeitraum für diese wirtschaftliche Einheit

2943

noch keine Feststellung eines Einheitswerts vorliegt. Da die Nachfeststellung stets eine Feststellung eines Einheitswerts nach dem Hauptfeststellungszeitpunkt ist, eine Einheitswertfeststellung zur Beseitigung eines Fehlers aber eine Änderung eines bereits bestehenden Einheitswerts voraussetzt, ist eine Nachfeststellung zur Beseitigung eines Fehlers im eigentlichen Sinne nicht möglich (Bei Nachfeststellung liegt nämlich ein Einheitswert noch nicht vor).

2944 Es gibt jedoch Fälle, in denen bei der Abgrenzung einer wirtschaftlichen Einheit von Grundbesitz und damit bei der Einheitswertfeststellung insofern ein Fehler unterlaufen ist, als fälschlicherweise ein nicht zur wirtschaftlichen Einheit gehörendes Flurstück in diese Einheit einbezogen worden ist. In diesem Falle hat die Rechtsprechung (BFH vom 05.04.1957 BStBl III 1957, 180) eine Nachfeststellung des Einheitswerts für das aus der wirtschaftlichen Einheit auszuscheidende Flurstück (Grundstück) zugelassen. Allerdings ist Voraussetzung, dass der Einheitswert, bei dessen Feststellung ein Fehler unterlaufen ist, selbst durch eine Wertfortschreibung (ggf. nach § 22 Abs. 3 BewG) fortgeschrieben werden kann.

> **BEISPIEL** Bei der Einheitswertfeststellung eines Betriebs der Land- und Forstwirtschaft zum 01.01.1993 wurde versehentlich ein Bauplatz (der zum Grundvermögen gehört) in der wirtschaftlichen Einheit des Betriebs der Land- und Forstwirtschaft erfasst und mitbewertet. Dieser Fehler wird im Jahr 2009 vom Finanzamt entdeckt.
> **LÖSUNG** Falls zum 01.01.2010 für den Betrieb der Land- und Forstwirtschaft eine Wertfortschreibung zur Beseitigung des Fehlers nach § 22 Abs. 3 i.V.m. Abs. 4 Satz 3 Nr. 2 BewG in Betracht kommt, ist für den Bauplatz eine »Nachfeststellung zur Beseitigung des Fehlers« als unbebautes Grundstück ebenfalls auf den 01.01.2010 durchzuführen. Eine »rückwirkende« Nachfeststellung zum 01.01.1993 (angenommener Zeitpunkt für die Entstehung der wirtschaftlichen Einheit unbebautes Grundstück) wäre nicht richtig, weil sonst diese Grundstücksfläche doppelt (einmal im Betrieb der Land- und Forstwirtschaft und ein zweites Mal als Grundstück des Grundvermögens) bewertet wäre.

2945 In einem weiteren Fall hat der BFH entschieden (BFH vom 16.10.1991 BStBl II 1992, 454), dass, wenn anstelle von zwei wirtschaftlichen Einheiten (zwei Einfamilienhäuser = Eigentumswohnungen) objektiv unzutreffend in einem Wert-, Art- und Zurechnungsfortschreibungsbescheid auf einem bestimmten Zeitpunkt (z.B. 01.01.1974) zu Gunsten des Grundstückseigentümers nur eine wirtschaftliche Einheit angenommen wurde, der unrichtige Fortschreibungsbescheid unter den Voraussetzungen des § 173 Abs. 1 Satz 1 Nr. 1 AO i.V.m. § 181 Abs. 1 Satz 1 AO auf denselben Feststellungszeitpunkt durch Aufhebung des Einheitswerts (Aufhebungsbescheid) beseitigt und durch zwei Nachfeststellungsbescheide ersetzt werden kann. Der Aufhebungsbescheid kann auch dann noch erlassen werden, wenn bereits sämtliche einheitswertabhängigen Steuern für das Kalenderjahr, auf dessen Beginn die Aufhebung vorzunehmen ist, verjährt sind. In diesem Falle muss der Aufhebungsbescheid jedoch den Hinweis erhalten, dass seine Wirkungen erst auf den Beginn des Kalenderjahres eintreten, für die eine Verjährung der vom Einheitswert abhängigen Steuern noch nicht eingetreten ist.

12.5 Nachfeststellungszeitpunkt

2946 Die Nachfeststellung erfolgt auf den Nachfeststellungszeitpunkt. Das ist nach § 23 Abs. 2 Satz 2 BewG im Falle der Entstehung einer wirtschaftlichen Einheit – § 23 Abs. 1 Nr. 1 BewG – der Beginn des Kalenderjahres, das auf die Entstehung folgt. In den Fällen des § 23 Abs. 1 Nr. 2

BewG (erstmalige Heranziehung zu einer Steuer) ist Nachfeststellungszeitpunkt der Beginn des Kalenderjahres, zu dem der Einheitswert der Besteuerung zugrunde gelegt wird (§ 23 Abs. 2 Satz 2 BewG).

BEISPIEL Am 01. April 2009 entsteht durch Abtrennung und Veräußerung einer Teilfläche eines Grundstücks eine neue wirtschaftliche Einheit des Grundvermögens.
LÖSUNG Die Nachfeststellung wird erst auf den 01. Januar des folgenden Kalenderjahres (hier 01.01.2010) vorgenommen.

Der Nachfeststellungszeitpunkt ist gemäß § 23 Abs. 2 BewG grundsätzlich sowohl für den **tatsächlichen Zustand** (z. B. Größe, Umfang, Bestand) als auch für die **Wertverhältnisse** der wirtschaftlichen Einheit maßgebend. Eine **Ausnahme** gilt allerdings nach § 27 BewG. Hiernach sind zum Zwecke der Beibehaltung einer gleichen Wertbasis bei Fortschreibungen und bei Nachfeststellungen der Einheitswerte für Grundbesitz zwar auch der tatsächliche Zustand vom Nachfeststellungs-(Fortschreibungs-)zeitpunkt, jedoch die Wertverhältnisse vom Hauptfeststellungszeitpunkt zugrunde zu legen. Im übrigen hat der Nachfeststellungszeitpunkt für die Nachfeststellung die gleiche Bedeutung wie der Hauptfeststellungszeitpunkt für die Hauptfeststellung (vgl. 11.3). 2947

BEISPIELE Durch Baulandumlegung entstand im Kalenderjahr 2009 ein selbstständiges Grundstück, das noch im selben Jahr mit einem Einfamilienhaus bebaut wurde. Für die Nachfeststellung auf den 01.01.2010 sind zugrunde zu legen:
a) die tatsächlichen Verhältnisse hinsichtlich Grundstücksgröße, Bebauung usw. vom 01.01.2010;
b) die Wertverhältnisse (Preisverhältnisse) hinsichtlich der Jahresrohmiete in den alten Bundesländern, Gemeindegröße usw. vom Hauptfeststellungszeitpunkt 01.01.1964 (vgl. § 27 BewG, A 6 Abs. 1 bis 3 Fortschreibungs-Richtlinien), in den neuen Bundesländern vom 01.01.1935 (vgl. § 3a RBewDV).

Die in 11.3 aufgezählten Ausnahmen von dem Grundsatz der Maßgeblichkeit der Verhältnisse im Hauptfeststellungszeitpunkt gelten entsprechend für den Nachfeststellungszeitpunkt (vgl. § 23 Abs. 2 Satz 3 BewG). 2948

Wenn beim Grundbesitz in der Zeit vom 01.01.1964 bis zum Beginn des 01.01.1974 eine neue wirtschaftliche Einheit entstand oder der Grund für die erstmalige Heranziehung zu einer Steuer eintrat, so war die erforderliche Nachfeststellung erst auf den 01.01.1974 durchzuführen (Art 1 Abs. 2 BewÄndG 1971). 2949

2950–2960 frei

12.6 Nachholung einer Nachfeststellung

a) Rechtslage bis 1997

Genauso wie die Hauptfeststellung unterliegt auch die Nachfeststellung einer selbstständigen Feststellungsverjährung (§ 181 i.V.m. § 169 AO). Danach ist die Nachfeststellung nicht mehr zulässig, wenn die Feststellungsfrist abgelaufen ist. Diese Regelung musste erstmals für Nachfeststellungen ab 01.01.1977 angewendet werden (vgl. Art 98 § 10 Abs. 2 EGAO 1977). 2961

Entsprechend wie bei der Hauptfeststellung kann auch eine unterbliebene Nachfeststellung auf den ursprünglichen Nachfeststellungszeitpunkt unter Zugrundelegung der 2962

Verhältnisse des Nachfeststellungszeitpunkts (Ausnahme § 27 BewG) mit Wirkung für einen späteren Feststellungszeitpunkt vorgenommen werden, für den diese Frist noch nicht abgelaufen ist (§ 23 Abs. 2 Satz 3 BewG a. F.). Vgl. hierzu 11.5 und auch 4.5.

b) Rechtslage ab 1998

2963 Ab 1998 wurde (durch Art. 6 Nr. 8 des Gesetzes zur Fortsetzung der Unternehmenssteuerreform vom 29.10.1997) § 25 BewG neu in das BewG aufgenommen. In dieser Bestimmung ist nunmehr für die Nachfeststellungen, Fortschreibungen und Aufhebungen von Einheitswerten die Nachholung einer unterlassenen Feststellung dieser Art zusammenfassend geregelt (vgl. auch die Ausführungen in 11.5). Der Regelungsinhalt ist der gleiche wie bisher in § 23 Abs. 2 Satz 3 BewG a. F. i. V. m. § 21 Abs. 3 BewG a. F. Es gilt daher das Gleiche wie das in a) Ausgeführte.

2964–2970 frei

13 Fortschreibungen

13.1 Allgemeines

13.1.1 Sinn und Zweck

2971 Der im Wege der Hauptfeststellung festgestellte Einheitswert soll grundsätzlich Geltung haben für die ganze Dauer des ganzen Hauptfeststellungszeitraumes, der im Wege der Nachfeststellung festgestellte Einheitswert für die Dauer des ab dem Nachfeststellungszeitpunkt noch laufenden Teils des Hauptfeststellungszeitraums. Treten in diesem Zeitraum hinsichtlich der Merkmale der wirtschaftlichen Einheit, über die bei der vorangegangenen Feststellung entschieden worden ist, d. h. hinsichtlich des Werts, der Art oder der Zurechnung, Änderungen ein, so wird dem dadurch Rechnung getragen, dass die bisherige Einheitswertfeststellung durch eine Fortschreibung für die Zukunft geändert wird.

2972 Die Fortschreibung setzt begrifflich eine bereits durchgeführte Einheitswertfeststellung voraus (vgl. BFH vom 18.10.1968 BStBl II 1969, 63). Eine irrtümlich unterbliebene Hauptfeststellung ist zunächst nachzuholen. Das gilt auch für diejenigen Fälle, in denen die Feststellungsfrist für die Hauptfeststellung bereits verstrichen ist. Die Hauptfeststellung wirkt jedoch erst von dem Kalenderjahr bzw. Zeitpunkt an, für die die Festsetzungsfrist der entsprechenden Steuer (z. B. Einkommensteuer, Grundsteuer) noch nicht abgelaufen ist (§ 21 Abs. 3 BewG a. F., vgl. Ausführungen in 11.5).

2973 Die der Fortschreibung vorausgegangene Feststellung, die durch die Fortschreibung den veränderten Verhältnissen angepasst werden soll, kann sowohl eine Hauptfeststellung oder eine Nachfeststellung als auch eine Fortschreibung sein. Es ist durchaus möglich, dass in einem Hauptfeststellungszeitraum für dieselbe wirtschaftliche Einheit mehrere Fortschreibungen aufeinander folgen.

BEISPIEL Der Einheitswert eines bebauten Grundstücks (Geschäftsgrundstück) des C ist durch die Hauptfeststellung zum 01.01.1964 auf 120 000 DM festgestellt worden. Der Wert hat sich im Kalenderjahr 1994 durch Aufstockung des Gebäudes auf 180 000 DM, im Kalenderjahr 2009 durch einen Anbau auf 250 000 DM erhöht.
LÖSUNG Der Einheitswert ist zunächst auf den 01.01.1995, dann nochmals auf den 01.01.2010 fortzuschreiben und auf Euro umzurechnen (vgl. § 22 Abs. 1 und § 30 BewG).

13.1.2 Begriff und Wirkung der Fortschreibung

Entsprechend ihrem Zweck, den Einheitswert einer nach dem vorangegangenen Feststellungszeitpunkt eingetretenen Änderung den Verhältnissen anzupassen, **wirkt** die Fortschreibung nur **für die Zukunft** (Wirkung ex nunc), d. h. vom Fortschreibungszeitpunkt ab. Durch eine Fortschreibung wird die bisherige Einheitswertfeststellung also nicht beseitigt, sondern lediglich durch eine neue Einheitswertfeststellung für die Zukunft ersetzt. Wegen der weiteren Einzelheiten, insbesondere wegen der verfahrensrechtlichen Auswirkungen, der Fortschreibung vgl. 6. Feststellungsbescheide, die nach § 181 Abs. 1 AO verfahrensrechtlich wie Steuerbescheide behandelt werden, können aber auch mit den Mitteln, die die AO für die Berichtigung, Änderung oder Aufhebung von Steuerbescheiden vorsieht (z. B. §§ 129, 172 ff. AO) berichtigt, geändert oder aufgehoben werden. Eine solche Korrektur geht davon aus, dass der ursprüngliche Feststellungsbescheid von vornherein unrichtig war, während die Fortschreibung grundsätzlich davon ausgeht, dass der ursprüngliche Feststellungsbescheid richtig war, dann aber durch den weiteren Verlauf der Ereignisse unrichtig geworden ist. Die »Änderungsfeststellung« (nach einer Bestimmung der AO), wie eine solche Änderung des Feststellungsbescheides genannt wird, **wirkt** deshalb, weil sie den ursprünglichen Bescheid als solchen ändert, auf den ursprünglichen Feststellungszeitpunkt **zurück** (Wirkung ex tunc). Durch diese unterschiedliche Wirkung unterscheidet sich die Fortschreibung von der Änderungsfeststellung.

2974

13.1.3 Fortschreibungsarten und ihr Verhältnis zueinander

Entsprechend den verschiedenen Möglichkeiten einer Änderung des Bewertungsgegenstandes sehen § 22 Abs. 1 und 2 BewG folgende **drei Möglichkeiten** der Fortschreibung vor:
1. **Wert**fortschreibung,
2. **Art**fortschreibung,
3. **Zurechnungs**fortschreibung.

2975

Alle drei Fortschreibungsarten sind für sich **selbstständig** durchführbar (A 2 Abs. 5 Fortschreibungs-Richtlinien). Keine Fortschreibungsart ist von der anderen abhängig. Alle drei Arten können jedoch **auch gleichzeitig** durchgeführt und in einen Einheitswertbescheid zusammengefasst werden, was in der Praxis auch regelmäßig geschieht. Eine gleichzeitige Fortschreibung kommt hauptsächlich hinsichtlich der Art und des Werts einer wirtschaftlichen Einheit in Betracht.

2976

BEISPIELE

a) Ein bisher unbebautes Grundstück wurde im Kalenderjahr 2009 vom Eigentümer mit einem Einfamilienhaus bebaut.
LÖSUNG Auf den 01.01.2010 ist eine Art- und ggf. Wertfortschreibung durchzuführen.

b) Am 05.02.2009 erwarb A ein unbebautes Grundstück von B. In der Zeit von Anfang März bis Ende November 2009 errichtete A auf diesem Grundstück ein Zweifamilienhaus.
LÖSUNG Auf den 01.01.2010 ist eine (kombinierte) Zurechnungs-, Art- und ggf. Wertfortschreibung durchzuführen.

Ist auf einen Feststellungszeitpunkt bereits eine Fortschreibung durchgeführt worden, so ist eine **Fortschreibung derselben Art** auf denselben Stichtag nicht mehr zulässig. Die Rechtsprechung hat jedoch zugelassen, dass Fortschreibungen anderer Art auf denselben

2977

Zeitpunkt nacheinander durchgeführt werden dürfen (BFH vom 09.01.1951 BStBl III 1951, 110). Vgl. auch A 2 Abs. 5 Fortschreibungs-Richtlinien.

> **BEISPIEL**
> Auf den 01.01.2010 wurde eine Zurechnungsfortschreibung für ein Grundstück durchgeführt. Auf denselben Zeitpunkt ist eine Zurechnungsfortschreibung nicht mehr zulässig, jedoch kann nachträglich noch eine Wert- und/oder Artfortschreibung auf diesen Zeitpunkt durchgeführt werden.

2978 Die bestandskräftige Fortschreibung auf einen bestimmten Zeitpunkt schließt daher eine zweite (**nachträgliche**) **Fortschreibung derselben Art** auf denselben Zeitpunkt aus. Das Gleiche muss auch für eine Fortschreibung derselben Art auf einen früheren Zeitpunkt gelten. Vgl. hierzu A 2 Abs. 5 letzter Satz Fortschreibungs-Richtlinien sowie BFH vom 16.01.1959 BStBl III 1959, 150, vom 25.08.1961 BStBl III 1961, 498 und vom 14.01.1961 HFR 1962, 50.

> **BEISPIEL**
> Auf den 01.01.2010 wurde eine Wertfortschreibung für ein Geschäftsgrundstück durchgeführt. Dabei ist übersehen worden, eine weitere Änderung, die bereits auf den 01.01.2009 hätte beachtet werden müssen, in die Wertfortschreibung einzubeziehen.
> **LÖSUNG** Eine zweite Wertfortschreibung auf den 01.01.2010 ist nicht mehr zulässig. Auch auf den 01.01.2009 ist eine Wertfortschreibung nicht mehr zulässig, wenn für die bereits durchgeführte Wertfortschreibung auf den 01.01.2010 keine Änderungsmöglichkeit nach der AO mehr besteht.
> Die übersehene Wertänderung kann erst auf den nächsten Feststellungszeitpunkt 01.01.2011 berücksichtigt werden.

2979 Nach der Rechtsprechung (BFH vom 13.11.1981 BStBl II 1983, 88 und vom 10.12.1986 BStBl II 1987, 292) können die in einem Einheitswertbescheid über ein bebautes Grundstück getroffenen **Feststellungen zum Wert, zur Art und zur Zurechnung selbstständig angefochten und selbstständig bestandskräftig** werden, da es sich um selbstständige Feststellungen handelt (vgl. 5.1). Da jedoch die Art des bebauten Grundstücks (Grundstücksart) auch Auswirkungen auf die anzuwendende Bewertungsmethode (Ertragswert- oder Sachwertverfahren, vgl. § 76 BewG) hat und innerhalb der beiden Bewertungsverfahren auch die Wertermittlung von der Grundstücksart abhängig ist (beim Ertragswertverfahren z. B. die Höhe der Jahresrohmiete, der Vervielfältiger und ein eventueller Zuschlag nach § 82 Abs. 2 Nr. 1 BewG wegen der Größe der nicht bebauten Fläche), stellt sich die Frage, ob z. B. ein erfolgreicher Einspruch nur gegen die Grundstücksart auch zu einer automatischen Änderung des Einheitswertbescheides führt, soweit er die Wertfeststellung (Höhe des Einheitswerts) betrifft (z. B. bei einer Art- und Wertfortschreibung oder eine Nachfeststellung).

> **BEISPIEL**
> Im Kalenderjahr 2009 wurde vom Grundstückseigentümer E auf einem bisher unbebauten Grundstück in Ludwigsburg (Grundstücksfläche 650 m^2, letzter zutreffender EW zum 01.01.1975 = 42 500 DM) ein Gebäude (bebaute Fläche 140 m^2) errichtet, das im Untergeschoss Räume enthält, die zu freiberuflichen Zwecken (Architekt) genutzt werden, und im Erdgeschoss und Obergeschoss je eine Wohnung.
> Vom FA wurde das Grundstück zum 01.01.2010 (im Rahmen einer Art- und Wertfortschreibung) als gemischtgenutztes Grundstück wie folgt bewertet:
>
> | | |
> |---|---:|
> | Jahresrohmiete: beruflich genutzte Räume | 4800 DM |
> | zwei Wohnungen (zusammen) | 12 000 DM |
> | | 16 400 DM |

Vervielfältiger (Bauart A, Nachkriegsbauten, Gemeindegröße über 50 001–100 000 Einwohner) = 9,0.
Errechneter Wert: 16 400 DM × 9,0 = 147 600 DM.
Kein Zuschlag nach § 82 Abs. 2 Nr. 1 BewG, da das 5fache der bebauten Fläche (= 140 m² × 5) größer als die Grundstücksfläche. Einheitswert somit 147 600 DM, umgerechnet auf 75 466 €.
Der Grundstückseigentümer legt gegen den EW-Bescheid Einspruch ein und wendet sich nur gegen die Grundstücksart »gemischtgenutztes Grundstück«, da er der Auffassung sei, es handle sich um ein Zweifamilienhaus. Mit der Höhe des EW erklärt er sich ausdrücklich einverstanden.
Eine Überprüfung des FA ergibt, dass die Einwendungen gegen die Grundstücksart »gemischtgenutztes Grundstück« zutreffend sind; es liegt ein Zweifamilienhaus vor.
Bei einer Wertermittlung als Zweifamilienhaus ergäbe sich folgender Einheitswert (gleiche Jahresrohmiete unterstellt):
Vervielfältiger jetzt 10,5.
Errechneter Wert somit: 16 400 DM × 10,5 = 172 200 DM.
Ebenfalls kein Zuschlag nach § 82 Abs. 2 Nr. 1 BewG; somit Grundstückswert 172 200 DM.
LÖSUNG Nach dem o. a. BFH-Urteil vom 13. 11. 1981 darf bei einer Änderung des EW-Bescheides zum 01. 01. 2010 gemäß § 172 Abs. 1 Nr. 2 Buchst. a) AO nur die Artfeststellung Grundstücksart auf »Zweifamilienhaus« geändert werden.

Nach Auffassung des BFH sind die drei Feststellungen »Wert«, »Art« und »Zurechnung«, auch wenn sie bei einer EW-Feststellung in einem EW-Bescheid zusammentreffen, so verselbständigt, dass sie in jeder Konsequenz völlig selbstständig zu betrachten sind (der BFH weist hierbei u. a. auch auf § 19 Abs. 4 BewG hin, wo von »Feststellungen« die Rede ist und zieht daraus den Schluss, dass der Gesetzgeber für die Wert-, Art- und Zurechnungsfeststellung von mehreren selbstständigen Feststellungen und damit von mehreren selbstständigen Verwaltungsakten (§ 118 AO) ausgeht). 2980

U. E. ist diese enge Auslegung vom Gesetzgeber nicht gewollt. Da bei bebauten Grundstücken eine Änderung der Art auch regelmäßig Auswirkungen auf die Höhe des Grundstückswerts und damit des Einheitswerts hat, muss dies vom Sinn und Zweck der Ermittlung des gemeinen Werts im Wege des Ertragswert- oder Sachwertverfahrens betrachtet, auch berücksichtigt werden. Eine Möglichkeit bietet hierzu der § 175 Abs. 1 Satz 1 Nr. 1 AO (Folgeänderung). 2981

13.1.4 Fortschreibungen von Amts wegen

Gemäß § 22 Abs. 4 Satz 1 BewG sind Fortschreibungen stets von Amts wegen durchzuführen. Das gilt für alle drei Fortschreibungsarten. Auf welche Weise das Finanzamt von den Voraussetzungen für die Fortschreibung Kenntnis erlangt, ist ohne Bedeutung. Auch der Steuerpflichtige kann dazu die Anregung geben. Das Finanzamt ist zu der erforderlichen Fortschreibung verpflichtet. 2982

2983–2990
frei

13.2 Wertfortschreibung

13.2.1 Begriff und Allgemeines

Die Wertfortschreibung ist eine neue Einheitswertfeststellung, die erforderlich wird, wenn der Wert des Bewertungsgegenstandes sich geändert hat (**Wertabweichung**). Nicht jede Wertabweichung, sondern nur eine Wertabweichung von bestimmten Ausmaßen, führt zu einer Wertfortschreibung. Es müssen bestimmte **Wertgrenzen** erreicht bzw. überschritten sein. Kleinere Wertabweichungen werden nicht berücksichtigt und wirken sich deshalb, unter Umständen jahrelang, auf die auf dem Einheitswert beruhenden Steuern nicht aus. Das ist aus 2991

Gründen der Verwaltungsvereinfachung und der größtmöglichen Beständigkeit der Einheitswertfeststellung gerechtfertigt. Bei den Wertgrenzen ist (in bestimmten Fällen) zu unterscheiden zwischen Bruchteilsgrenze, Mindestbetrag und fester Wertgrenze.

2992 Die Fortschreibung kann infolge der Abrundung gemäß § 30 BewG auch zu einem Einheitswert von 0 DM bzw. € führen. Ist jedoch eine wirtschaftliche Einheit weggefallen, so wird der Einheitswert nicht auf 0 DM bzw. € fortgeschrieben, sondern nach § 24 Abs. 1 Nr. 1 BewG aufgehoben (vgl. 14).

13.2.2 Wertfortschreibungsgrenzen

2993 § 22 Abs. 1 BewG unterscheidet für die Wertfortschreibung von wirtschaftlichen Einheiten des Grundbesitzes folgende Wertfortschreibungsgrenzen (auch ab 01. 01. 2002 zunächst in DM-Währung):

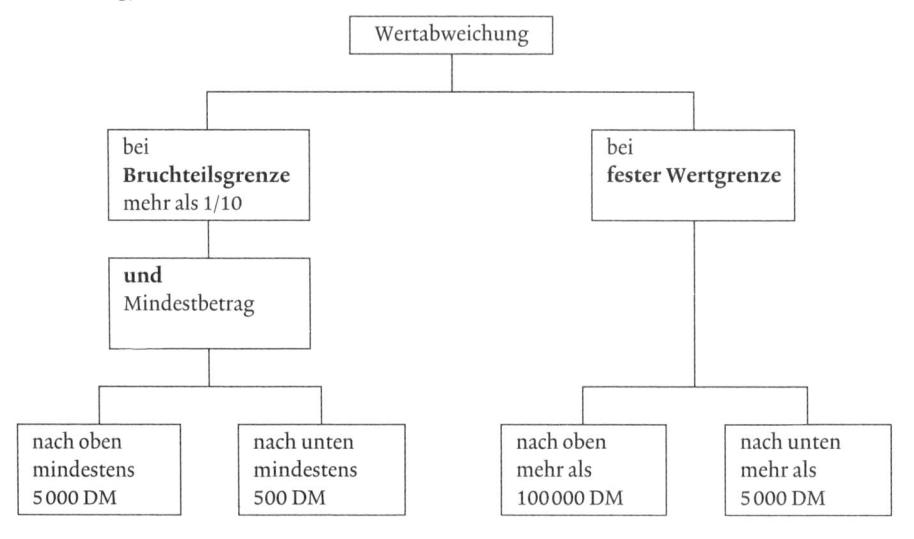

```
                        Wertabweichung
                      /                \
           bei                              bei
      Bruchteilsgrenze                 fester Wertgrenze
       mehr als 1/10
           |
          und
       Mindestbetrag
         /      \                        /          \
   nach oben   nach unten          nach oben    nach unten
   mindestens  mindestens          mehr als     mehr als
   5000 DM     500 DM              100000 DM    5000 DM
```

2994 Durch den Wegfall der Einheitsbewertung des Betriebsvermögens enthält § 22 Abs. 1 BewG nur noch die Wertfortschreibungsgrenzen für den Grundbesitz.

2995 Für die Prüfung, ob die Voraussetzungen einer Wertfortschreibung vorliegen, sind zu vergleichen
- der (auf DM abgerundete) Einheitswert des letzten Feststellungszeitpunkts
- mit dem gemäß § 30 BewG (auf DM) abgerundeten Wert, der sich für den Fortschreibungszeitpunkt ergibt.

BEISPIELE

a) Der zuletzt festgestellte EW eines Grundstücks beträgt 12310 DM, abgerundet 12300 DM, der neue Wert zum Fortschreibungszeitpunkt 13590 DM, abgerundet 13500 DM. Der Wertunterschied zwischen den beiden abgerundeten Werten beträgt 1200 DM. 1/10 von 12300 DM = 1230 DM.
LÖSUNG Die Wertabweichung beträgt somit nicht mehr als 1/10 des zuletzt festgestellten EW. Eine Wertfortschreibung ist nicht durchzuführen, obwohl die Differenz zwischen den nicht abgerundeten Beträgen mehr als 1/10 des bisherigen Einheitswerts beträgt.
Vgl. hierzu auch A 2 Abs. 1 Fortschreibungs-Richtlinien.

b) Einheitswert des letzten Feststellungszeitpunkts (z. B. 01.01.1995)	20000 DM
Neuer Wert (abgerundet, z. B. 01.01.2010)	25000 DM
Wertabweichung (nach oben)	5000 DM

LÖSUNG Die Bruchteilsgrenze 1/10 von 20000 DM = 2000 DM ist überschritten. Auch der Mindestbetrag von 5000 DM ist erreicht. Eine Wertfortschreibung ist zum 01.01.2010 durchzuführen.

c) Einheitswert des letzten Feststellungszeitpunkts	50000 DM
Neuer Wert	55000 DM
Wertabweichung (nach oben)	5000 DM

LÖSUNG Die Bruchteilsgrenze 1/10 von 50000 DM = 5000 DM ist nur erreicht, aber nicht überschritten. Obwohl der Mindestbetrag erreicht ist, kommt eine Wertfortschreibung nicht in Betracht.

d) Einheitswert des letzten Feststellungszeitpunkts	4500 DM
Neuer Wert	4000 DM
Wertabweichung (nach unten)	500 DM

LÖSUNG Die Bruchteilsgrenze von 1/10 von 4500 DM = 450 DM ist überschritten. Auch der Mindestbetrag von 500 DM nach unten ist erreicht. Eine Wertfortschreibung ist durchzuführen.

e) Einheitswert des letzten Feststellungszeitpunkts	3900 DM
Neuer Wert	3500 DM
Wertabweichung (nach unten)	400 DM

LÖSUNG Die Bruchteilsgrenze von 1/10 von 3900 DM = 390 DM ist zwar überschritten aber der Mindestbetrag von 500 DM nach unten nicht erreicht. Keine Wertfortschreibung.

f) Einheitswert des letzten Feststellungszeitpunkts	1500000 DM
Neuer Wert	1610000 DM
Wertabweichung (nach oben)	110000 DM

LÖSUNG Die Bruchteilsgrenze von 1/10 von 1500000 = 150000 DM ist zwar nicht überschritten, dafür aber die feste Wertgrenze von 100000 DM. Eine Wertfortschreibung ist durchzuführen.

g) Einheitswert des letzten Feststellungszeitpunkts	1000000 DM
Neuer Wert	1100000 DM
Wertabweichung (nach oben)	100000 DM

LÖSUNG Es ist weder die Bruchteilsgrenze noch die feste Wertgrenze überschritten; daher keine Wertfortschreibung.

h) Einheitswert des letzten Feststellungszeitpunkts	60000 DM
Neuer Wert	54000 DM
Wertabweichung (nach unten)	6000 DM

LÖSUNG Obwohl die Bruchteilsgrenze 1/10 von 60000 DM = 6000 nur erreicht ist, kommt eine Wertfortschreibung in Betracht, da die feste Wertgrenze von 5000 nach unten überschritten ist.

i) Einheitswert des letzten Feststellungszeitpunkts　　　　　　　　　　50 000 DM
Neuer Wert　　　　　　　　　　　　　　　　　　　　　　　　　　　　　45 000 DM

Wertabweichung (nach unten)　　　　　　　　　　　　　　　　　　　　 5 000 DM

LÖSUNG Es ist weder die Bruchteilsgrenze noch die feste Wertgrenze überschritten (jeweils nur erreicht), daher keine Wertfortschreibung.

2996 Die Wertfortschreibungen können sich z. B. ergeben durch Flächenänderungen, bauliche Veränderungen, Nutzungsänderungen. Zum Fortschreibungszeitpunkt sind alle seit der letzten Feststellung eingetretenen Veränderungen zu berücksichtigen und zusammenzufassen (A 2 Abs. 1 Satz 2 Fortschreibungs-Richtlinien). Das hatte insbesondere große Bedeutung für die Veränderungen zwischen dem Hauptfeststellungszeitpunkt 01. 01. 1964 und dem erstmaligen Fortschreibungszeitpunkt 01. 01. 1974 (Art. 1 Abs. 2 BewÄndG 1971).

2997 Für Wertfortschreibungen beim **Erbbaurecht** und damit belasteten Grund und Boden gilt eine Sonderregelung (vgl. § 92 Abs. 2 BewG und Kapitel 2 E 6.2 dieses Buches).

13.2.3 Wertverhältnisse bei Wertfortschreibungen für den Grundbesitz

2998 Nach § 27 BewG sind bei Fortschreibungen (und Nachfeststellungen) von Einheitswerten des Grundbesitzes stets die Wertverhältnisse vom Hauptfeststellungszeitpunkt maßgebend. Vgl. 12.5 Abs. 2. Für diese Bewertungsgegenstände sind daher die allgemeinen Preissteigerungen kein Fortschreibungsgrund.

13.2.4 Fehlerbeseitigung bei Wertfortschreibungen

2999 Bei einer Wertfortschreibung wegen tatsächlicher Veränderungen können unter Umständen auch Fehler einer früheren Feststellung beseitigt werden (BFH vom 19. 09. 1952 BStBl III 1952, 284, vom 05. 08. 1955 BStBl III 1955, 289 und vom 20. 07. 1962 BStBl III 1962, 530). Dies trifft stets dann zu, wenn für die Wertfortschreibung wegen tatsächlicher Veränderungen und für die Wertfortschreibung zur Beseitigung eines Fehlers jeweils derselbe Fortschreibungszeitpunkt in Betracht kommt. Weitere Einzelheiten hierzu vgl. 13.5 und 13.6.

3000 Bei einer fehlerbeseitigenden Wertfortschreibung nach § 22 Abs. 3 BewG (vgl. 13.5) können dagegen alle anderen Wertänderungen mitberücksichtigt werden, gleichgültig ob sie auf einen weiteren Fehler oder auf anderen Umständen (tatsächliche Veränderungen) beruhen. Sie müssen aber vor dem Feststellungszeitpunkt eingetreten sein, auf welchen die fehlerbeseitigende Wertfortschreibung durchgeführt wird. Unter Umständen sind jedoch die Fortschreibungszeitpunkte hinsichtlich der Wertänderungen wegen Änderung der tatsächlichen Verhältnisse und der Wertänderungen wegen Beseitigung eines Fehlers getrennt zu beurteilen; vgl. BFH vom 15. 10. 1981 BStBl II 1982, 15 und die Ausführungen in 13.6 Buchstabe c).

3001 Selbstverständlich sind die Wertfortschreibungsgrenzen des § 22 Abs. 1 BewG für denselben Feststellungszeitpunkt (wenn eine Fehlerbeseitigung und andere Wertänderungen zusammenfallen und derselbe Fortschreibungszeitpunkt in Betracht kommt) einheitlich d. h. nur einmal insgesamt für alle Wertabweichungen desselben Fortschreibungszeitpunkts, zu berücksichtigen.

13.3 Artfortschreibung

3002 Gemäß § 22 Abs. 2 BewG ist eine Artfortschreibung durchzuführen, wenn die zu treffende Artfeststellung von der zuletzt getroffenen Artfeststellung **abweicht** und es für die

Besteuerung von Bedeutung ist. Wegen der Artfeststellung bei der Einheitsbewertung vgl. 5.3 sowie auch A 2 Abs. 2 Fortschreibungs-Richtlinien. Eine Artfortschreibung kommt bei wirtschaftlichen Einheiten des Grundbesitzes dann in Betracht, wenn sich die Grundstücksart ändert.

Ob die Artänderung für die Besteuerung von Bedeutung ist, beurteilt sich nach den einzelnen Steuergesetzen, also nach dem Grundsteuergesetz. Bei Grundbesitz wirkt sich fast jede Artänderung auf die Grundsteuer aus, weil sich die Steuermesszahlen nach der Art des Grundstücks richten (vgl. §§ 13 bis 15 GrStG).

BEISPIEL Ein bisher unbebautes Grundstück wird durch Errichtung eines Gebäudes Geschäftsgrundstück, ein Einfamilienhaus ist durch Umbau Mietwohngrundstück geworden.
LÖSUNG In beiden Fällen ändert sich der Grundsteuermessbetrag.

Die Artfortschreibung ist auch zulässig zu dem Zweck, eine im letzten Einheitswertbescheid enthaltene **unrichtige Artfeststellung** mit Wirkung vom Fortschreibungszeitpunkt ab zu **beseitigen** (vgl. § 22 Abs. 3 BewG sowie die Ausführungen in 13.5). Die Artfortschreibung ist an eine Wertgrenze nicht gebunden, doch ist oft mit der Artfortschreibung eine **Wertfortschreibung** zu verbinden. Die für die Wertfortschreibung vorgeschriebenen Wertgrenzen gelten auch für eine kombinierte Art- und Wertfortschreibung (BFH vom 30.06.1956 BStBl III 1956, 214). Vgl. 13.1.3.

Besteht ein Betrieb der Land- und Forstwirtschaft aus einem einzigen Flurstück (Stückländerei) und wird diese Fläche Grundvermögen, so ist nach Auffassung des BFH vom 04.02.1987 BStBl II 1987, 326 für das nunmehr als Grundvermögen zu bewertende Grundstück eine **Nachfeststellung** nach § 23 Abs. 1 Nr. 1 BewG durchzuführen. Für die wegfallende wirtschaftliche Einheit »Betrieb der Land- und Forstwirtschaft« ist der Einheitswert nach § 24 Abs. 1 Nr. 1 BewG aufzuheben. Vgl. 12.2.

Nach Auffassung des BFH vom 05.02.1986 BStBl II 1986, 447 rechtfertigen tatsächliche Veränderungen, die zu einer Wertfortschreibung führen, nicht für sich allein auch eine Artfortschreibung. Vgl. 13.1.3.

3007–3020 frei

13.4 Zurechnungsfortschreibung

13.4.1 Allgemeine Voraussetzungen

Nach § 22 Abs. 2 BewG ist eine Zurechnungsfortschreibung vorzunehmen, wenn die zu treffende Zurechnungsfeststellung von der zuletzt getroffenen Zurechnungsfeststellung abweicht und es für die Besteuerung von Bedeutung ist. Vgl. A 2 Abs. 3 Fortschreibungs-Richtlinien.

Hauptsächlicher Anwendungsfall ist der **Eigentumswechsel** aufgrund einer Veräußerung oder eines Erbfalls oder einer Schenkung oder, dass jemand wirtschaftlicher Eigentümer geworden ist, ohne zugleich zivilrechtlicher Eigentümer geworden zu sein. Eine Änderung in der Zurechnung ergibt in der Regel eine Änderung in der Person des Steuerschuldners; sie ist deshalb regelmäßig von steuerlicher Bedeutung.

BEISPIEL Ein Grundstück geht durch Veräußerung an B, ein anderes Grundstück durch Erbfolge an C über. Der Miteigentumsanteil des D an einem Grundstück (1/2-Anteil) geht auf E über.
LÖSUNG In allen drei Fällen ist je eine Zurechnungsfortschreibung durchzuführen.

3023 Die Zurechnungsfortschreibung ist wie die Artfortschreibung ebenfalls nicht an Wertgrenzen gebunden. Der Wert und die Art des Bewertungsgegenstands bleiben unverändert, es sei denn, dass mit der Zurechnungsfortschreibung gleichzeitig eine Wert- und/oder Artfortschreibung verbunden wird.

3024 Eine Zurechnungsfortschreibung kommt **beim Grundbesitz** nur in Betracht, wenn eine bereits **bestehende wirtschaftliche Einheit** auf einen anderen (z. B. den Erwerber) **übergeht und** als Einheit **bestehen bleibt.** Das trifft aber nicht zu, wenn Teile von einer wirtschaftlichen Einheit abgetrennt werden und im selben Jahr den Eigentümer wechseln oder wenn eine bisher selbstständige wirtschaftliche Einheit den Eigentümer wechselt und in eine bereits bestehende wirtschaftliche Einheit einbezogen wird.

> **BEISPIELE**
> a) V ist Eigentümer eines 3 000 m² großen unbebauten Grundstücks. Er trennt hiervon eine Teilfläche von 1 200 m² ab und veräußert sie an E.
> **LÖSUNG** Es kommt nicht eine Zurechnungsfortschreibung, sondern bei V für das im Bestand verkleinerte unbebaute Grundstücke eine Wertfortschreibung gemäß § 22 Abs. 1 BewG und bei E für die neu entstandene wirtschaftliche Einheit eine Nachfeststellung gemäß § 23 Abs. 1 Nr. 1 BewG in Betracht.
>
> b) G ist Eigentümer eines Wiesengrundstücks in den alten Bundesländern, das bei ihm bisher zutreffend als selbstständige wirtschaftliche Einheit Betrieb der Land- und Forstwirtschaft (Stückländerei, § 34 Abs. 7 BewG) bewertet war. G verkauft diese Fläche an den Landwirt L, der sie zusammen mit anderen eigenen Flächen im eigenen Betrieb der Land- und Forstwirtschaft nutzt.
> **LÖSUNG** Bei G fällt die wirtschaftliche Einheit weg, deshalb ist der EW des Betriebs der Land- und Forstwirtschaft des G gemäß § 24 Abs. 1 Nr. 1 BewG aufzuheben. Für den Betrieb der Land- und Forstwirtschaft des L kommt wegen des Flächenzugangs eine Wertfortschreibung in Betracht, wenn die Voraussetzungen des § 22 Abs. 1 BewG erfüllt sind.

3025 Eine Zurechnungsfortschreibung ist auch durchzuführen, wenn ein **Eigentumswechsel** nicht für eine wirtschaftliche Einheit insgesamt, sondern nur **anteilig** erfolgt.

> **BEISPIEL**
> A ist Alleineigentümer eines bebauten Grundstücks. Er überträgt auf seinen Bruder B hälftiges Miteigentum.
> **LÖSUNG** Es ist eine Zurechnungsfortschreibung von A auf A und B Miteigentum je 1/2 durchzuführen.

3026 Die Zurechnungsfortschreibung kann ebenso wie die Wert- und Artfortschreibung zur **Beseitigung von unrichtigen** Feststellungen in der **Zurechnung** benutzt werden (vgl. § 22 Abs. 3 BewG sowie die Ausführungen in 13.5).

13.4.2 Feststellungswirkung und Bekanntgabe des Zurechnungsfortschreibungsbescheids

3027 Jede Zurechnungsfortschreibung enthält die Feststellung, dass der Bewertungsgegenstand nicht mehr dem bisherigen Eigentümer zugerechnet wird, sondern dem neuen Eigentümer (bzw. Eigentümern bei mehreren Beteiligten), außerdem, dass der Bewertungsgegenstand nicht schon zu einem früheren Zeitpunkt zuzurechnen ist. Für die Zurechnungsfortschreibung gilt wie allgemein für die Einheitsbewertung der Grundsatz, dass sowohl im Feststellungs- als auch im Einspruchsverfahren nur einheitliche Entscheidungen getroffen werden können. Der Bescheid über die Zurechnungsfortschreibung ist an sich (vgl. § 122 Abs. 1

AO) auch dem Veräußerer zuzustellen. In der Praxis wird in diesen Fällen jedoch regelmäßig nur dem Erwerber ein Bescheid zugestellt. Solange zwischen bisherigem und neuem Eigentümer bezüglich des Zurechnungszeitpunkts keine Meinungsverschiedenheit besteht, ist dagegen nichts einzuwenden. Der nur gegenüber dem Erwerber ergangene Bescheid bindet aber den Veräußerer nicht (BFH vom 27.04.1956 BStBl III 1956, 203). Ist mit Einwendungen des Veräußerers zu rechnen, muss ihm ein entsprechender Bescheid (ggf. Durchschrift) bekanntgegeben werden, damit die Einspruchsfrist in Gang gesetzt wird.

Ist nach Übergang des Eigentums eine Zurechnungsfortschreibung durchgeführt worden, so ist eine weitere Zurechnungsfortschreibung auf einen **früheren Zeitpunkt** unzulässig. Der ergangene Bescheid enthält zugleich die negative Feststellung, dass die wirtschaftliche Einheit dem Erwerber nicht auf einen früheren Zeitpunkt zuzurechnen ist. Es ist nicht zulässig, die Bestandskraft eines Zurechnungs- (wie auch eines Wertfortschreibungs-) Bescheids dadurch zu beseitigen, dass eine dem Inhalt dieses Bescheids entgegenstehende Feststellung getroffen wird (BFH vom 23.09.1955 BStBl III 1955, 316). 3028

BEISPIEL X veräußert sein Grundstück an den Nachbarn Y. Im Kalenderjahr 2008 sind Besitz, Nutzungen und Lasten auf Y übergegangen. Das Finanzamt hat das veräußerte Grundstück – zu Unrecht – erst zum 01.01.2010 dem Y mittels Zurechnungsfortschreibung zugerechnet.

LÖSUNG Ist der Bescheid bestandskräftig geworden, so ist eine erneute Zurechnungsfortschreibung zum 01.01.2009 unzulässig.

Findet innerhalb desselben Jahres ein **nochmaliger** Eigentumswechsel statt, nachdem das Finanzamt aufgrund des ersten Eigentumswechsels eine Zurechnungsfortschreibung auf den ersten Erwerber bereits vor dem Fortschreibungszeitpunkt durchgeführt hat, so darf nicht noch einmal eine zweite Zurechnungsfortschreibung auf denselben Zeitpunkt durchgeführt werden, es sei denn, es handle sich um einen Fall des § 24a Sätze 1 und 2 BewG (vgl. 15 und 16). 3029

3030–3040 frei

13.5 Fortschreibung zur Beseitigung von Fehlern

13.5.1 Bedeutung

Eine Fortschreibung kommt nicht nur dann in Betracht, wenn sich die tatsächlichen Verhältnisse nach dem letzten Feststellungszeitpunkt geändert haben. Sie ist vielmehr auch zu dem Zweck zulässig, einen bei der letzten Einheitswertfeststellung unterlaufenen Fehler mit Wirkung vom Fortschreibungszeitpunkt ab zu beseitigen (vgl. § 22 Abs. 3 BewG und A 2 Abs. 6 Fortschreibungs-Richtlinien). Fehler in diesem Sinne ist jede objektive Unrichtigkeit; das kann ein Rechtsirrtum oder ein anderer Fehler sein (vgl. BFH vom 24.01.1952 BStBl III 1952, 84 und vom 31.07.1981 BStBl II 1982, 6). 3041

Die Fortschreibung zum Zwecke der Fehlerbeseitigung (fehlerbeseitigende Fortschreibung) hat insbesondere in den Fällen Bedeutung, in denen der letzte Einheitswertbescheid nach den Vorschriften der AO (z.B. §§ 129, 173, 175) nicht mehr – ex tunc – geändert werden kann. Ist eine solche Änderung (Berichtigung) des letzten Bescheids nämlich nicht mehr zulässig, so ist es oft ungerecht, eine unrichtige Wert-, Art- oder Zurechnungsfeststellung unter Umständen jahrelang bestehen zu lassen mit der Folge, dass der betroffene Steuerpflichtige jahrelang entweder zu hohe oder zu niedrige Steuern entrichtet. 3042

3043 Fehlerbeseitigende Fortschreibungen sind nicht nur zu Ungunsten, sondern auch zu Gunsten der Steuerpflichtigen vorzunehmen.

> **BEISPIELE**
>
> a) Bei der letzten Einheitswertfeststellung für ein Geschäftsgrundstück hat das FA rechtsirrtümlich einen Lastenaufzug in den Einheitswert einbezogen, der als Betriebsvorrichtung nicht beim Grundstück hätte erfasst werden müssen.
> **LÖSUNG** Ist eine Berichtigung des Einheitswerts des Grundstücks nicht möglich, so kann der Fehler im Wege der fehlerbeseitigenden Wertfortschreibung mit Wirkung vom Fortschreibungszeitpunkt aus der Welt geschafft werden, sofern die Wertgrenzen des § 22 Abs. 1 BewG erreicht sind.
>
> b) Ein Grundstück ist bei der letzten Einheitswertfeststellung irrtümlich als Einfamilienhaus (statt als Mietwohngrundstück) bewertet worden.
> **LÖSUNG** Diese falsche Artfeststellung kann durch fehlerbeseitigende Artfortschreibung beseitigt werden, weil sich (z.B. hinsichtlich des Gundsteuermessbetrags) eine steuerliche Auswirkung ergibt.
>
> c) Das FA hat ein Einfamilienhaus irrtümlich (weil es den Erwerber X zu Unrecht nicht als wirtschaftlichen Eigentümer anerkannt hat) einer Wohnungsbaugesellschaft zugerechnet.
> **LÖSUNG** Der Fehler kann durch eine fehlerbeseitigende Zurechnungsfortschreibung auf X beseitigt werden.

3044 Die Fortschreibung zu Beseitigung eines Fehlers ist **keine besondere Fortschreibungsart**. Soll ein Bewertungsfehler (Fehler im Wert) durch eine fehlerbeseitigende Wertfortschreibung beseitigt werden, so müssen gegenüber der letzten fehlerhaften Einheitswertfeststellung auch die Wertfortschreibungsgrenzen des § 22 Abs. 1 BewG erfüllt sein (A 2 Abs. 6 Satz 2 Fortschreibungs-Richtlinien).

> **BEISPIEL**
>
> Bei der Nachfeststellung auf den 01.01.2009 für ein Geschäftsgrundstück wurde irrtümlich eine Betriebsvorrichtung mit einem Zuschlag in Höhe von 6000 DM angesetzt.
> **LÖSUNG** Der Fehler kann auf einem nachfolgenden Feststellungszeitpunkt (01.01.2010 oder später) im Rahmen des § 22 Abs. 4 Satz 3 Nr. 2 BewG durch Wertfortschreibung beseitigt werden, wenn die Wertgrenzen des § 22 Abs. 1 BewG überschritten sind.

13.5.2 Voraussetzungen der fehlerbeseitigenden Fortschreibung

3045 Die Rechtsprechung des RFH und BFH hat auch schon in der Vergangenheit das Institut der »fehlerbeseitigenden Fortschreibung« anerkannt (vgl. z.B. BFH vom 20.07.1962 BStBl III 1962, 530) und bestimmte Voraussetzungen hierfür gefordert, die auch heute noch beachtet werden müssen. Folgende Voraussetzungen müssen vorliegen:

3046 a) **Vorhandensein einer objektiven Unrichtigkeit**
Fehler i.S.d. § 22 Abs. 3 Satz 1 BewG ist nach neuerer Auffassung des BFH vom 29.11.1989 BStBl II 1990, 149 jede objektive Unrichtigkeit. Darunter fällt jeder Rechtsfehler, z.B. auch eine andere Bewertungsmethode. Für die Zulässigkeit der fehlerbeseitigenden Fortschreibung ist somit (entgegen der früheren Auffassung des BFH, vgl. z.B. BFH vom 31.07.1981 BStBl II 1982, 6) nicht Voraussetzung, dass ein klarliegender, einwandfrei feststellbarer Fehler vorliegt (Änderung der früheren BFH-Rechtsprechung).

b) **Fehlerbeseitigung nicht nur in Einzelfällen** 3047
Somit sind fehlerbeseitigende Fortschreibungen auch zulässig, wenn bei den früheren Einheitswertfeststellungen ein Fehler in einer Vielzahl von Fällen gemacht wurde. Dies bestätigt auch der BFH in seinem Urteil vom 05. 05. 1993 BStBl II 1993, 745. In diesem Urteil führt der BFH aus, dass fehlerbeseitigende Fortschreibungen des Einheitswerts für den Grundbesitz ohne Rücksicht auf die Zahl der betroffenen Fälle zulässig seien. § 22 Abs. 3 BewG dürfe jedoch dann nicht mehr angewendet werden, wenn dadurch die Änderungen der allgemeinen wirtschaftlichen, politischen und Verkehrsverhältnisse, die sich in dem allgemeinen Markt- und Preisniveau niedergeschlagen haben, durch fehlerbeseitigende Fortschreibungen korrigiert werden sollten oder einer anderen Beurteilung dieser allgemeinen Wertverhältnisse durch Anwendung fehlerbeseitigender Fortschreibungen Rechnung getragen werden sollte.

c) **Keine rückwirkende fehlerbeseitigende Fortschreibung bei verbösernder höchstrichterlicher Rechtsprechung** 3048
Eine Wert-, Art- oder Zurechnungsfortschreibung zum Zwecke der Fehlerbeseitigung darf nicht wegen einer Entscheidung eines obersten Gerichtshofes des Bundes, durch die die Gültigkeit einer dem Steuerpflichtigen bisher günstigen Gesetzgebung, Rechtsprechung oder Verwaltungsvorschrift aufgegeben wird, durchgeführt werden (vgl. § 22 Abs. 3 Satz 3 BewG i. V. m. § 176 AO), soweit es sich um einen Feststellungszeitpunkt handelt, der vor der Gerichtsentscheidung liegt.

BEISPIEL
Der Einheitswert für ein neu entstandenes Geschäftsgrundstück wird zum 01. 01. 2007 nachfestgestellt. Dabei wird für das Grundstück aufgrund der bisherigen Rechtsprechung des BFH der Einheitswert im Ertragswertverfahren ermittelt. Der Nachfeststellungsbescheid wird im September 2007 erlassen. Im Februar 2009 ergeht in der gleichen Rechtsfrage eine andere BFH-Entscheidung (Änderung der Rechtsprechung), wonach derartige Geschäftsgrundstücke nunmehr als »Gruppengeschäftsgrundstücke« nach § 76 Abs. 3 Nr. 2 BewG im Sachwertverfahren zu bewerten sind.
LÖSUNG Für eine fehlerbeseitigende Fortschreibung käme nach § 22 Abs. 4 Nr. 2 BewG als Fortschreibungszeitpunkt der 01. 01. 2009 in Betracht. Nach § 22 Abs. 3 Sätze 2 und 3 BewG darf eine fehlerbeseitigende Fortschreibung jedoch erst auf den 01. 01. 2010 vorgenommen werden.

Zu den Fällen der Umbewertung von Einfamilienhäusern zu Zweifamilienhäusern (oder 3049
umgekehrt) aufgrund der Änderung der Rechtsprechung vgl. die näheren Ausführungen in Kapitel 2 Teil E 3.2.2.

3050–3060
frei

13.6 Fortschreibungszeitpunkt

Eine Fortschreibung ist begrifflich nur auf einen Zeitpunkt möglich, der nicht gleich- 3061
zeitig Hauptfeststellungszeitpunkt ist oder nicht einen Nachfeststellungszeitpunkt für die betreffende wirtschaftliche Einheit darstellt. Hauptfeststellung, Nachfeststellung und Fortschreibung auf denselben Zeitpunkt innerhalb eines Hauptfeststellungszeitraums schließen sich gegenseitig stets aus.

Jede Art der Fortschreibung findet nach den Verhältnissen eines bestimmten Zeitpunkts 3062
statt. Dieser Zeitpunkt, vom Gesetz als Fortschreibungszeitpunkt bezeichnet, ist immer der **Beginn eines Kalenderjahres.** Für die Frage, ob die Voraussetzungen für eine Fortschreibung

(Wert-, Art- oder Zurechnungsfortschreibung) gegeben sind, sind grundsätzlich die Verhältnisse im Fortschreibungszeitpunkt maßgebend. Von diesem Grundsatz gibt es dieselben Ausnahmen wie bei der Hauptfeststellung und bei der Nachfeststellung (§ 22 Abs. 4 letzter Satz BewG, vgl. 11.3) sowie die weitere Ausnahme des § 27 BewG, wonach bei Fortschreibungen (wie auch bei Nachfeststellungen) der Einheitswerte des Grundbesitzes stets die Wertverhältnisse des Hauptfeststellungszeitpunkts zugrunde zu legen sind. Infolgedessen muss bei Grundbesitz im Falle der Fortschreibung (und Nachfeststellung) zwischen den tatsächlichen Verhältnissen und den Wertverhältnissen unterschieden werden. Hinsichtlich der **tatsächlichen Verhältnisse** ist der Fortschreibungs- bzw. Nachfeststellungszeitpunkt, hinsichtlich der **Wertverhältnisse** der letzte Hauptfeststellungszeitpunkt maßgebend (Grund: Sicherstellung desselben Wertniveaus innerhalb eines Hauptfeststellungszeitraums).

3063 Tritt die Änderung in dem Wert, der Art oder der Zurechnung zum Beginn eines Fortschreibungszeitpunkts ein, so ist die Fortschreibung auf diesen Zeitpunkt und nicht erst auf den Beginn des folgenden Kalenderjahres vorzunehmen (BFH vom 18.10.1964 BStBl III 1964, 2).

3064 Nach § 22 Abs. 4 Satz 3 BewG ist bei der Bestimmung des Fortschreibungszeitpunkts zu unterscheiden zwischen Fortschreibungen in den Fällen einer Änderung der tatsächlichen Verhältnisse und zwischen Fortschreibungen in den Fällen der Fehlerbeseitigung.

a) Änderung der tatsächlichen Verhältnisse

3065 In den Fällen der Änderung der tatsächlichen Verhältnisse ist Fortschreibungszeitpunkt der Beginn des Kalenderjahres, das auf die Änderung folgt (§ 22 Abs. 4 Satz 3 Nr. 1 BewG).

BEISPIEL
Ein unbebautes Grundstück wird im Jahr 2009 mit einem Wohngebäude bebaut.
LÖSUNG Auf den 01.01.2010 ist eine Art- und ggf. Wertfortschreibung durchzuführen.

b) Beseitigung von Fehlern

3066 In den Fällen der Fortschreibung zur Beseitigung eines Fehlers ist Fortschreibungszeitpunkt grundsätzlich der Beginn des Kalenderjahres, in dem der Fehler dem Finanzamt bekannt wird, bei einer Erhöhung jedoch frühestens der Beginn des Kalenderjahres, in dem der Feststellungsbescheid (Fortschreibungsbescheid) erteilt wird (§ 22 Abs. 4 Satz 3 Nr. 2 BewG). Vgl. auch BFH vom 13.11.1991 BStBl II 1994, 393.

BEISPIEL
Bei der Nachfeststellung des EW eines Geschäftsgrundstücks (Fabrikgrundstück) auf den 01.01.1990 wurde irrtümlich ein Gebäude nicht erfasst. Der Bescheid ist bestandskräftig und kann auch nicht mehr geändert werden. Der Fehler wird vom Finanzamt im März 2009 bekannt.
LÖSUNG Eine Wertfortschreibung zur Beseitigung des Fehlers kann frühestens auf den 01.01.2009 durchgeführt werden. Wird dieser Bescheid aber erst im Jahr 2010 erteilt, darf die Wertfortschreibung erst zum 01.01.2010 durchgeführt werden.

c) Zusammentreffen einer Fortschreibung wegen Änderung der tatsächlichen Verhältnisse und einer Fortschreibung zur Beseitigung eines Fehlers

3067 Die Fortschreibung wegen Änderung der tatsächlichen Verhältnisse und die Fortschreibung zur Beseitigung eines Fehlers stehen, soweit es um den Fortschreibungszeitpunkt geht, **selbstständig** nebeneinander. Nach Auffassung des BFH dürfen Fehler der vorangegangenen Feststellung, deren Beseitigung zu einer Erhöhung des Einheitswerts führen würde, anlässlich einer Fortschreibung wegen Änderung der tatsächlichen Verhältnisse nicht berücksichtigt werden, wenn bei getrennter Beurteilung die Fortschreibungszeitpunkte auseinander fallen würden (BFH vom 15. 10. 1981 BStBl II 1982, 15 zu § 22 Abs. 4 Satz 3 Nr. 2 – 2. Alternative – BewG). Vgl. auch Anschlussurteil vom 16. 09. 1987 BStBl II 1987, 843.

BEISPIEL Angenommen im Falle des vorstehenden Beispiels in Buchstabe b) ist auf dem Geschäftsgrundstück im Jahr 2007 ein weiteres Gebäude bezugsfertig errichtet worden.
LÖSUNG Fortbeschreibungszeitpunkt wegen dieser tatsächlichen Veränderung ist nach § 22 Abs. 4 Satz 3 Nr. 1 BewG der 01. 01. 2008. Bei dieser Wertfortschreibung (unterstellt die Wertgrenzen des § 22 Abs. 1 BewG sind erfüllt) darf nach dem o. a. Urteil des BFH vom 15. 10. 1981 der Fehler aus der Nachfeststellung vom 01. 01. 1990 nicht korrigiert werden. Die Fortschreibung zur Beseitigung des Fehlers dürfte in diesem Falle nach § 22 Abs. 4 Satz 3 Nr. 2 BewG frühestens auf den 01. 01. 2009 (Fehler wurde nach Sachverhalt dem Finanzamt im März 2009 bekannt) durchgeführt werden, unter der weiteren Voraussetzung, dass dieser Fortschreibungsbescheid noch im Jahre 2009 erteilt wird. Selbstverständlich müssen in derartigen Fällen für die jeweilige Wertfortschreibung auch die Voraussetzungen des § 22 Abs. 1 BewG (Wertfortschreibungsgrenzen) erfüllt sein.

Entsprechend ist auch beim Zusammentreffen von Veränderungen tatsächlicher Verhältnisse mit wertmindernden Fehlerbeseitigungen zu verfahren (vgl. Anschluss-Urteil des BFH vom 15. 03. 1982 BStBl II 1982, 451). In diesen Fällen kann die fehlerbeseitigende Wertfortschreibung frühestens auf den Beginn des Kalenderjahres durchgeführt werden, in dem der Fehler dem Finanzamt bekannt wird (§ 22 Abs. 4 Satz 3 Nr. 2 – 1. Alternative – BewG).

Die Fehlerbeseitigung kann auch nicht im Einspruchsverfahren gegen einen Fortschreibungsbescheid wegen Änderung der tatsächlichen Verhältnisse auf einen früheren Feststellungszeitpunkt erreicht werden. Die Berücksichtigung von Einwendungen im Einspruchsverfahren darf nicht zu einer Umgehung des § 22 Abs. 4 Satz 3 Nr. 2 BewG führen.

d) Erstmalige Fortschreibungen der Einheitswerte des Grundbesitzes der Hauptfeststellung vom 01. 01. 1964

Fortschreibungen der Einheitswerte des Grundbesitzes der Hauptfeststellung vom 01. 01. 1964 waren gemäß Art. 1 Abs. 2 BewÄndG 1971 erstmals auf den 01. 01. 1974 durchzuführen. Alle Veränderungen in der Zeit vom 01. 01. 1964 bis zum 01. 01. 1974 waren dabei zusammenzufassen (vgl. auch A 2 Abs. 1 Satz 2 Fortschreibungs-Richtlinien).

13.7 Nachholung einer Fortschreibung

Genauso wie die Hauptfeststellung und Nachfeststellung unterliegt auch die Fortschreibung einer Feststellungsverjährung (§ 181 i. V. m. § 169 AO). Eine unterlassene Fortschreibung kann aber ebenfalls auf den ursprünglichen Fortschreibungszeitpunkt mit Wirkung für einen späteren Feststellungszeitpunkt nachgeholt werden. Die Ausführungen zu 12.6 gelten entsprechend.

13.8 Auswirkung einer Änderungsfeststellung auf eine bereits durchgeführte Fortschreibung eines späteren Feststellungszeitpunkts

Ist ein Einheitswertbescheid geändert worden, nachdem bereits eine Fortschreibung auf einen späteren Feststellungszeitpunkt durchgeführt wurde, so ist der spätere Fortschreibungsbescheid wieder aufzuheben, wenn die Voraussetzung zur Fortschreibung (z. B. Wertfortschreibungsgrenzen) nunmehr nicht mehr bestehen. Die Rechtsgrundlage hierfür ergibt sich aus § 175 Abs. 1 Satz 1 Nr. 2 AO.

3073–3080 frei

14 Aufhebung des Einheitswerts

3081 Nach § 24 Abs. 1 BewG wird der Einheitswert in den folgenden Fällen aufgehoben:
- wenn die wirtschaftliche Einheit wegfällt,
- wenn der Einheitswert der wirtschaftlichen Einheit infolge des Eintritts von Befreiungsgründen der Besteuerung nicht mehr unterliegt.

3082 Vgl. auch A 4 Fortschreibungs-Richtlinien.

3083 Die Aufhebung des Einheitswerts kann nicht erst im Steuerfestsetzungsverfahren, sondern muss im Einheitswertverfahren getroffen werden. Sie ist durchzuführen, wenn die Voraussetzungen hierfür dem Finanzamt bekannt geworden sind. Eine Aufhebung zu Gunsten des Steuerpflichtigen ist daher ebenfalls von Amts wegen durchzuführen.

BEISPIELE

a) Eine bisher selbstständige wirtschaftliche Einheit »unbebautes Grundstück« fällt dadurch weg, dass sie infolge einer Veräußerung nunmehr mit einer anderen wirtschaftlichen Einheit eines bebauten Nachbargrundstücks bewertungsrechtlich zusammengefasst werden muss.

b) Ein Gebäude auf fremdem Grund und Boden, das gemäß § 70 Abs. 3 BewG als selbstständige wirtschaftliche Einheit »Grundstück« bewertet war, wird abgerissen.

c) Eine inländische Körperschaft wird als gemeinnützig im Sinne der §§ 51 ff. AO anerkannt mit der Folge, dass sie selbst gemäß § 5 Abs. 1 Nr. 9 KStG von der KSt und der ihr gehörige Grundbesitz gemäß § 3 Abs. 1 Nr. 3 Buchst. b GrStG von der GrSt befreit ist. In diesem Fall ist der Einheitswert des der Körperschaft gehörenden Grundbesitzes aufzuheben, wenn der nachfolgende Feststellungszeitpunkt nicht ein Hauptfeststellungszeitpunkt ist.

3084 **Aufhebungszeitpunkt** ist in den Fällen des Wegfalls der wirtschaftlichen Einheit der Beginn des Kalenderjahres, das auf den Wegfall folgt, und in den anderen Fällen der Beginn des Kalenderjahres, in dem der Einheitswert erstmals der Besteuerung nicht mehr zugrunde gelegt wird (§ 24 Abs. 2 BewG). Tritt diese Änderung in einem Jahr vor einem Hauptfeststellungszeitpunkt ein, so entfällt die Aufhebung des Einheitswerts, da der Aufhebungszeitpunkt mit einem Hauptfeststellungszeitpunkt zusammenfällt.

3085 Eine **unterlassene Aufhebung** des Einheitswerts ist ebenso wie eine unterlassene Hauptfeststellung, Nachfeststellung und Fortschreibung auf den ursprünglichen Aufhebungszeitpunkt mit Wirkung für einen späteren Zeitpunkt nachzuholen (§ 25 Abs. 2 BewG). Die Ausführungen zu 12.6 gelten entsprechend.

15 Erteilung von Einheitswertbescheiden vor dem Feststellungszeitpunkt

3086 Einheitswertbescheide können erst nach dem maßgebenden Feststellungszeitpunkt erteilt werden, weil den Einheitswertfeststellungen die Verhältnisse im Hauptfeststellungszeitpunkt (§ 21 Abs. 2 Satz 1 BewG), im Nachfeststellungszeitpunkt (§ 23 Abs. 2 Satz 1 BewG) und im Fortschreibungszeitpunkt (§ 22 Abs. 4 Satz 2 BewG) zugrunde zu legen sind. Diese Verhältnisse sind aber frühestens im Feststellungszeitpunkt endgültig bekannt.

Aufgrund der Bestimmung des § 24a Satz 1 BewG können Fortschreibungs- und Nachfeststellungsbescheide für Grundbesitz auch schon vor dem maßgebenden Feststellungszeitpunkt erteilt werden.

3087

BEISPIELE

a) Durch Umlegung von Bauglände im Frühjahr 2010 entsteht eine neue wirtschaftliche Einheit »unbebautes Grundstück«.
LÖSUNG Die erforderliche Nachfeststellung zum 01.01.2011 kann bereits im Jahre 2010 vor dem 01.01.2011 durchgeführt werden. Dabei sind gemäß § 27 BewG die Wertverhältnisse zugrunde zu legen, die zum 01.01.1964 für umgelegtes Bauland bestanden.

b) Für ein unbebautes Grundstück wurde auf den 01.01.1964 der Einheitswert hauptfestgestellt. Im Jahre 2010 wurde auf dem Grundstück ein Einfamilienhaus errichtet.
LÖSUNG Die erforderliche Wert- und Artfortschreibung kann bereits vor dem 01.01.2011 auf den 01.01.2011 durchgeführt werden.

3088–3100
frei

16 Änderung oder Aufhebung von Einheitswertbescheiden, die vor dem maßgebenden Feststellungszeitpunkt erteilt wurden

Durch die Möglichkeit der vorzeitigen Erteilung von Einheitswertbescheiden (vgl. 15) musste auch eine Änderungsmöglichkeit für diese Bescheide vorgesehen werden. Das ist durch § 24a Satz 2 BewG geschehen. Hierbei ist zu unterscheiden zwischen **Änderungen** und **Aufhebungen** von Bescheiden. Es ist jedoch möglich, dass bis zum maßgeblichen Zeitpunkt **tatsächlich Änderungen** eintreten, die zu einer abweichenden Feststellung führen. Eine Änderung zur Beseitigung eines Fehlers ist in diesen Fällen nicht möglich.

3101

16.1 Änderung von Einheitswertbescheiden

Danach kann eine bereits vor dem Feststellungszeitpunkt durchgeführte Feststellung geändert werden, auch wenn die erste Feststellung bereits bestandskräftig geworden ist.

3102

BEISPIEL

Sachverhalt wie Beispiel a) zu 15. Das Grundstück wird jedoch noch im Laufe des Jahres 2010 mit einem Wohngebäude bebaut.
LÖSUNG Die auf den 01.01.2011 vorzeitig durchgeführte Nachfeststellung (d.h. der Nachfeststellungsbescheid) ist entsprechend zu ändern.

16.2 Aufhebung von Einheitswertbescheiden

3103 Durch die Aufhebung des vorzeitig erteilten Bescheids wird der ursprüngliche Zustand wieder hergestellt.

BEISPIELE

a) Hauptfeststellung zum 01.01.1964 als unbebautes Grundstück
Einheitswert 20 000 DM
Wegen Flächenzugang im Februar 2010 wurde bereits im März 2010 auf den 01.01.2011 eine Wertfortschreibung durchgeführt.
Einheitswert 25 000 DM
Im September 2010 muss im Zuge einer Straßenverbreiterung eine Teilfläche an die Gemeinde abgetreten werden.
Neuer Wert nunmehr 23 000 DM
Durch diese Verringerung im September 2010 sind auf den 01.01.2011 gegenüber dem 01.01.1964 die Wertfortschreibungsgrenzen nicht mehr erreicht.
LÖSUNG Der Bescheid vom März 2010 (zum 01.01.2011) ist ersatzlos aufzuheben. Der EW der Hauptfeststellung 01.01.1964 gilt unverändert weiter.

b) Ein Gebäude auf fremdem Grund und Boden wurde im Frühjahr 2010 errichtet. Die erforderliche Nachfeststellung auf den 01.01.2011 wurde bereits im Jahre 2010 durchgeführt. Im Dezember 2010 wurde das neue Gebäude durch einen Brand völlig zerstört.
LÖSUNG Die Nachfeststellung zum 01.01.2011 (d.h. der Nachfeststellungsbescheid) ist aufzuheben.

16.3 Aufhebung oder Änderung eines Zurechnungsfortschreibungsbescheids

3104 Ist ein Zurechnungsfortschreibungsbescheid nach § 24a Satz 1 BewG vorzeitig erteilt worden und tritt vor dem maßgebenden Feststellungszeitpunkt ein **erneuter Eigentumswechsel** im Wege der **Einzelrechtsnachfolge** ein, so ist der Bescheid nach § 24a Satz 2 BewG aufzuheben. Der (zweite) Rechtsnachfolger erhält einen (neuen) Zurechnungsfortschreibungsbescheid. Dieser Bescheid darf nicht als Änderungsbescheid bezeichnet werden. Bei **Gesamtrechtsnachfolge** ist dem Rechtsnachfolger dagegen nur ein Änderungsbescheid nach § 24a Satz 2 BewG über die geänderte Zurechnung zu erteilen. Vgl. Rössler-Troll, Kommentar zum BewG, § 24a BewG Anm. 16 und 17 sowie Bew-Kartei Baden-Württemberg zu § 24a BewG Karte 1.

16.4 Aufhebung oder Änderung eines Nachfeststellungsbescheids

3105 Ist bereits vor dem maßgebenden Feststellungszeitpunkt ein Nachfeststellungsbescheid erteilt worden, tritt aber **noch vor dem Feststellungszeitpunkt ein Eigentumswechsel** ein, so sind die folgenden Fälle zu unterscheiden (vgl. auch Rössler-Troll, Kommentar zum BewG, § 24a BewG Anm. 13-15 sowie Bew-Kartei Baden-Württemberg § 24a BewG Karte 1).

3106 a) Bei **Einzelrechtsnachfolge** (z.B. Kauf) ist der gegenüber dem Rechtsvorgänger (z.B. Verkäufer) erlassene Bescheid nach § 24a Satz 2 BewG aufzuheben. Die Vorschrift des § 182 Abs. 2 AO ist nicht anwendbar. Die dingliche Wirkung des Einheitswertbescheids tritt gegenüber dem Rechtsnachfolger (z.B. Käufer) nämlich nur dann ein, wenn das Eigentum nach dem maßgebenden Feststellungszeitpunkt auf den Erwerber übergeht. Der Rechtsnachfolger ist deshalb bei einem Eigentumsübergang vor diesem Zeitpunkt nicht an die Feststellungen an den gegen den Rechtsvorgänger gerichteten Bescheid gebunden. Das gilt selbst dann, wenn dieser bestandskräftig geworden ist. Es ist deshalb für den Rechtsnachfolger ein **neuer Nachfeststellungsbescheid zu** erteilen, der nicht als Änderungsbescheid bezeichnet werden darf.

> **BEISPIEL**
>
> Im Januar 2010 veräußerte A sein unbebautes Grundstück an B. Die sich daraus ergebende Zurechnungsfortschreibung auf den 01.01.2011 wurde bereits im April 2010 durchgeführt und der Zurechnungsfortschreibungsbescheid vorzeitig erteilt.
> Im Oktober 2010 veräußerte B dieses Grundstück an C. Das Grundstück bleibt bei C eine selbstständige wirtschaftliche Einheit.
> **LÖSUNG** Der an B vorzeitig ergangene Zurechnungsfortschreibungsbescheid zum 01.01.2011 (§ 22 Abs. 2 BewG) vom April 2010 ist nach § 24a Satz 2 BewG aufzuheben. An C ist ein neuer Zurechnungsfortschreibungsbescheid (kein Änderungsbescheid) zum 01.01.2011 zu erteilen.

b) Bei **Gesamtrechtsnachfolge** (z. B. Erbfall) ist der neue Eigentümer (z. B. Erbe) an die Feststellungen im Nachfeststellungsbescheid, der gegenüber dem Rechtsvorgänger (als Erblasser) ergangen ist, gebunden. Der Gesamtrechtsnachfolger erhält deshalb nur einen Bescheid nach § 24a Satz 2 BewG über die geänderte Zurechnung, der als **Änderungsbescheid** zu bezeichnen ist.

3107

> **BEISPIEL**
>
> Wie wäre der unter a) genannte Fall zu beurteilen, wenn C als Sohn des B das Grundstück im Oktober 2010 von B geerbt hätte?
> **LÖSUNG** In diesem Fall ist an C (als Gesamtrechtsnachfolger) nur ein geänderter Zurechnungsfortschreibungsbescheid zum 01.01.2011 zu erteilen.

16.5 Aufhebung oder Änderung eines kombinierten Fortschreibungsbescheids

Ist vor dem maßgebenden Feststellungszeitpunkt ein Fortschreibungsbescheid nach § 24a Satz 1 BewG über eine Wert- oder (und) Artfortschreibung und über eine Zurechnungsfortschreibung erteilt worden, ändern sich aber noch vor dem Feststellungszeitpunkt die Eigentumsverhältnisse, so ist nach den unter 16.4 genannten Grundsätzen zu verfahren. Vgl. Rössler-Troll, Kommentar zum BewG, § 24a BewG Anm. 18 sowie Bew-Kartei Baden-Württemberg zu § 24a BewG Karte l.

3108

> **BEISPIEL**
>
> A hat aus einer Baulandumlegung am 15.01.2010 ein Grundstück erworben. Am 30.06.2010 ergeht ein Einheitswertbescheid gemäß § 24a Satz 1 BewG im Wege der Nachfeststellung auf 01.01.2011. Hierbei wird festgestellt: EW 80 000 DM umgerechnet auf 40 903 €; Art: unbebautes Grundstück; Zurechnung: A.
> a) Am 01.09.2010 stirbt A, sein Alleinerbe ist B.
> b) Am 01.09.2010 veräußert A an B.
> In beiden Fällen hält B den festgestellten Wert für unzutreffend. Welche Bescheide hat das Finanzamt zu erlassen? Eröffnen die neuen Bescheide dem B die Möglichkeit, mit Hilfe eines Einspruchs gegen die Wertfeststellung vorzugehen?
>
> **LÖSUNG** a) B tritt als Gesamtrechtsnachfolger in die Rechtsstellung des A ein (Fußstapfentheorie). Das FA kann daher nur die neue Zurechnung berücksichtigen. Wert- und Artfeststellung muss B gegen sich gelten lassen, da er als Gesamtrechtsnachfolger keine bessere Rechtsstellung erlangt als A sie besaß. Also: Änderungsbescheid mit der geänderten Zurechnung gemäß § 24a Satz 2 BewG, der dem B keine Möglichkeit eröffnet, die Wertfeststellung nachträglich anzugreifen.
> Gleiche Lösung ergibt sich wohl auch bei unentgeltlicher Einzelrechtsnachfolge (Schenkung).

c) Bei entgeltlicher Einzelrechtsnachfolge gilt zwar nicht die Fußstapfentheorie; gleichwohl hat der Einzelrechtsnachfolger wegen der dinglichen Wirkung des EW-Bescheids i.d.R. keine Möglichkeit mehr, die Art- und Wertfeststellung anzugreifen (§ 181 Abs. 2 AO). Die dingliche Wirkung tritt jedoch gemäß § 182 Abs. 2 AO nur ein bei Rechtsnachfolge »nach dem Feststellungszeitpunkt«. Da hier die Rechtsnachfolge bereits vor dem Feststellungszeitpunkt eintrat, ist B an die gegenüber A getroffenen Feststellungen nicht gebunden. Also: Das FA muss für B einen neuen Nachfeststellungsbescheid auf 01.01.2011 erlassen, der hinsichtlich seines gesamten Inhalts rechtsbehelfsfähig ist. Der vorzeitig an A erteilte Nachfeststellungsbescheid zum 01.01.2011 ist zuvor gemäß § 24a Satz 2 BewG aufzuheben.

16.6 Funktion des § 24a Satz 2 BewG

3109   Die Bestimmung des § 24a Satz 2 BewG hat die gleiche Funktion wie eine Änderungsvorschrift der AO. Es werden dadurch nicht die Einheitswerte geändert oder aufgehoben, sondern die Feststellungsbescheide (Einheitswertbescheide). Da es sich bei dieser Bestimmung um eine Regelung handelt, die ausschließlich die Einheitsbewertung von Grundbesitz betrifft, wurde sie nicht in die AO aufgenommen, sondern ausnahmsweise in das BewG.

3110–3200 frei

Teil C Einheitsbewertung des land- und forstwirtschaftlichen Vermögens in den alten Bundesländern

1 Bewertungsgegenstand

1.1 Begriff und Abgrenzung des land- und forstwirtschaftlichen Vermögens

1.1.1 Begriff der Land- und Forstwirtschaft

Unter »**Land- und Forstwirtschaft**« ist die planmäßige Nutzung der natürlichen Kräfte 3201
des Bodens zur Erzeugung von Pflanzen und Tieren sowie die Verwertung der dadurch selbst gewonnenen Erzeugnisse zu verstehen. Als Boden in diesem Sinne gelten auch Substrate und Wasser. Vgl. hierzu auch R 15.5. Abs. 1 Sätze 1 und 2 EStR sowie Kapitel 1 F 2.1.

Das BewG (sowie auch andere Steuergesetze) verwenden den Begriff »Land- und 3202
Forstwirtschaft« als **Sammelbezeichnung** für (vgl. hierzu auch Kapitel 1 F 4.2.2.1):
a) **Landwirtschaft**
   Darunter versteht man die planmäßige Bewirtschaftung der Bodenfläche zur Gewinnung von organischen (d.h. pflanzlichen und tierischen) Erzeugnissen sowie deren unmittelbare Verwertung in der Landwirtschaft. Zur Landwirtschaft werden gerechnet:
   - der Ackerbau,
   - der feldmäßige Obst- und Gemüsebau (im Gegensatz zu Gärtnereien),
   - die Viehzucht und
   - die gemischte Acker- und Viehwirtschaft.
b) **Forstwirtschaft**
   Darunter versteht man die planmäßige auf den Anbau und den Absatz von Holz gerichtete Tätigkeit.
c) **Weinbau**
   Darunter versteht man den Anbau der Weinrebe, das Keltern der Trauben und den Ausbau (d.h. die Herstellung) des Weins zum Verkauf.
d) **Gärtnerische Nutzung**
   Darunter versteht man insbesondere den Anbau von Obst, Gemüse und Blumen sowie Zierpflanzen in meist intensiver Bearbeitung des Bodens.
e) **Sonstige Land- und Forstwirtschaft**
   Dazu gehören insbesondere die in § 62 Abs. 1 BewG aufgeführten Tätigkeiten:
   - Binnenfischerei,
   - Teichwirtschaft,
   - Fischzucht für Binnenfischerei und Teichwirtschaft,
   - Imkerei,
   - Wanderschäferei und
   - Saatzucht.

1.1.2 Begriff und wirtschaftliche Einheit des land- und forstwirtschaftlichen Vermögens

3203 Zum **land- und forstwirtschaftlichen Vermögen** gehören alle Wirtschaftsgüter, die einem Betrieb der Land- und Forstwirtschaft **dauernd zu dienen bestimmt** sind (§ 33 Abs. 1 Satz 1 BewG). Nach diesem allgemeinen Grundsatz ist bewertungsrechtlich nicht die tatsächliche Nutzung, sondern die **Zweckbestimmung** des Wirtschaftsguts zum Feststellungszeitpunkt maßgebend. Beispiele hierfür sind

a) Wiesen-, Acker-, Wald-, Weinbergflächen,
b) Ställe, Scheunen, Geräteschuppen,
c) Maschinen, Geräte, Silos sowie
d) Vieh, Futtermittel und Saatgut.

3204 Derartige Wirtschaftsgüter gehören so lange zum land- und forstwirtschaftlichen Vermögen, als sie nicht eine andere Zweckbestimmung erhalten haben. Eine vorübergehende anderweitige Nutzung ist nicht schädlich.

> **BEISPIEL**
> a) Ein Landwirt vermietet jedes Jahr im Herbst eine Wiesenfläche an einen Verein zur Durchführung eines Herbstfestes.
> b) Ein Landwirt und Fuhrunternehmer setzt an einigen Tagen im Jahr ein landwirtschaftliches Fahrzeug im gewerblichen Fuhrunternehmen ein.

3205 Im Allgemeinen stimmen jedoch Zweckbestimmung und tatsächliche Nutzung des Wirtschaftsguts überein. Zu den Wirtschaftsgütern, die einem Betrieb der Land- und Forstwirtschaft zu dienen bestimmt sind, gehören auch Grunddienstbarkeiten und wiederkehrende Nutzungen und Leistungen wie Wegerechte, Weiderechte und Streuungsrechte.

3206 Die **wirtschaftliche Einheit** (Bewertungseinheit) des land- und forstwirtschaftlichen Vermögens ist der **Betrieb der Land- und Forstwirtschaft** (§ 33 Abs. 1 Satz 2 BewG, vgl. auch § 19 Abs. 1 BewG). Vgl. hierzu im Übrigen die Ausführungen zur Bedarfsbewertung des land- und forstwirtschaftlichen Vermögens in Kapital 1 F 2.2, die auch für die Einheitsbewertung maßgebend sind, sowie A 1.05 BewR L.

3207 Für die Einheitsbewertung ist außerdem **§ 26 BewG** zu beachten. Danach sind land- und forstwirtschaftliche Flächen und andere Wirtschaftsgüter, die einem Betrieb der Land- und Forstwirtschaft dauernd zu dienen bestimmt sind, auch dann in die wirtschaftliche Einheit einzubeziehen, wenn sie zum Teil dem einen, zum Teil dem anderen Ehegatten gehören (vgl. hierzu Kapitel 1 C 6.3.1.2.1).

3208 Ferner enthalten **§ 34 Abs. 4 bis 6 a BewG** für die Einheitsbewertung noch Sonderregelungen für die Zusammenrechnung mehrerer Wirtschaftsgüter zu einer wirtschaftlichen Einheit Betrieb der Land- und Forstwirtschaft (s. 1.3.2.3).

3209 Zur Frage des **wirtschaftlichen Eigentums** vgl. A 1.06 BewR L.

3210 Eine Sonderregelung besteht im § 34 Abs. 7 Satz 1 BewG für sog. **Stückländereien**, die ebenfalls einen Betrieb der Land- und Forstwirtschaft bilden. Das sind **einzelne** land- und forstwirtschaftlich genutzte **Flächen**, bei denen die Wirtschaftsgebäude oder die Betriebsmittel oder beide Arten von Wirtschaftsgütern entweder nicht dem Eigentümer des Grund und Bodens gehören oder überhaupt nicht vorhanden sind (§ 34 Abs. 7 Satz 2 BewG). Um Stückländereien handelt es sich regelmäßig nur bei verpachteten Flächen. Mehrere Stückländereien in der Hand eines Eigentümers können zu einer wirtschaftlichen Einheit zusammenzufasst werden. Vgl. hierzu auch A 1.05 Abs. 4 BewR L.

BEISPIEL

Ein Beamter ist Eigentümer einer Acker- oder Wiesenfläche von 30 a, die er für längere Dauer an einen Landwirt verpachtet hat.

LÖSUNG Für die Einheitsbewertung handelt es sich hier um einen Betrieb der Land- und Forstwirtschaft. Dafür ist ein eigener Einheitswert festzustellen.

Landwirtschaftliche **Nebenerwerbsstellen** sind nur dann als Betriebe der Land- und Forstwirtschaft zu behandeln, wenn ein bestimmter Rohertrag (bis Ende 2001 von mindestens 3000 DM und ab 2002 von mindestens rd. 1500 €) jährlich erwirtschaftet wird. Bei Nebenerwerbsstellen mit reiner Grünlandnutzung muss im Allgemeinen ein ausreichender Viehbesatz vorhanden sein. Vgl. BFH vom 26.01.1973 BStBl II 1973, 282.

3211

Für **verpachtete Flächen** gilt Folgendes:
- Bei nur **vorübergehender** Verpachtung einzelner Flächen bilden diese Flächen nicht eine selbstständige wirtschaftliche Einheit für sich. Diese Flächen sind trotz der Verpachtung beim Betrieb des Eigentümers (Hauptbetrieb) zu erfassen (A 1.05 Abs. 4 BewR L).
- Bei Verpachtung **auf Dauer** bilden die verpachteten Flächen einen Betrieb der Land- und Forstwirtschaft (Stückländerei) für sich (RFH vom 07.09.1928 RStBl 1929, 169).
- Wird ein **Teilbetrieb** (komplett mit Gebäuden und Betriebsmitteln) verpachtet, dann bildet dieser Teilbetrieb eine wirtschaftliche Einheit für sich. Da weder die Wirtschaftsgebäude noch die Betriebsmittel fehlen (nämlich dem Eigentümer des Grund und Bodens, d. h. Verpächter gehören), handelt es sich hierbei **nicht um Stückländereien**.

3212

Einen eigenen Betrieb der Land- und Forstwirtschaft bildet auch die **gemeinschaftliche Tierhaltung** einschließlich der hiermit zusammenhängenden Wirtschaftsgüter (§ 34 Abs. 6 a i. V. m. § 51 a BewG).

3213

3214–3220 frei

1.1.3 Zum land- und forstwirtschaftlichen Vermögen gehörende Wirtschaftsgüter

§ 33 Abs. 2 BewG zählt die **wichtigsten Wirtschaftsgüter** auf, die einem Betrieb der Land- und Forstwirtschaft dauernd zu dienen bestimmt sind. Insbesondere sind dies:
1. der Grund und Boden,
2. die Wohn- und Wirtschaftsgebäude,
3. die stehenden Betriebsmittel und
4. ein normaler Bestand an umlaufenden Betriebsmitteln.

Diese Aufzählung ist jedoch nicht abschließend.

3221

Ob die Voraussetzung »**dauernde Zweckbestimmung**« vorliegt, muss in erster Linie nach objektiven Gesichtspunkten beurteilt werden. Die Dauer ist. z. B. bei einer landwirtschaftlich genutzten Fläche nicht gewährleistet, wenn anzunehmen ist, dass sie in absehbarer Zeit anderen als landwirtschaftlichen Zwecken dienen wird. Solche Fläche sind deshalb nach § 69 BewG als Grundvermögen zu bewerten (vgl. 1.2.1.1 b) und 1.2.1.3).

3222

Grund und Boden sowie Gebäude, die einem Betrieb der Land- und Forstwirtschaft dauernd zu dienen bestimmt sind, gehören auch dann zum land- und forstwirtschaftlichen Vermögen, wenn der Betrieb ganz oder in Teilen auf bestimmte oder unbestimmte Zeit nicht bewirtschaftet wird. Das ist dann der Fall, wenn diese Wirtschaftsgüter keine andere Zweckbestimmung erhalten haben, die zu einer zwingenden anderen Art der Nutzung (z. B. als Grundvermögen oder übriges Vermögen) führen.

3223

1.1.4 Bestimmte Wirtschaftsgüter, die nicht zum land- und forstwirtschaftlichen Vermögen gehören

3224 § 33 Abs. 3 Nr. 1 bis 4 BewG schreibt vor, dass **bestimmte Wirtschaftsgüter** nicht zum land- und forstwirtschaftlichen Vermögen gehören. Der Grund für diese Regelung liegt in der Erwägung, dass die Grundsteuer von dem Ertragswert des Betriebs der Land- und Forstwirtschaft erhoben werden soll, nicht aber auch von Vermögensgegenständen, die normalerweise übriges Vermögen sind und für die das BewG andere Bewertungsmaßstäbe vorsieht. Die nicht zum land- und forstwirtschaftlichen Vermögen gehörenden Wirtschaftsgüter werden nachstehend im Einzelnen kurz dargestellt.

1.1.4.1 Zahlungsmittel, Geldforderungen, Geschäftsguthaben und Wertpapiere

3225 Sie zählen nicht zum land- und forstwirtschaftlichen Vermögen, sondern zum übrigen Vermögen. Geldforderungen können z. B. aus der Veräußerung stehender oder umlaufender Betriebsmittel, aber auch aus der Veräußerung von Grund und Boden und betrieblichen Gebäuden herrühren. Auch Sachforderungen (Sachleistungsansprüche), die mit dem Betrieb der Land- und Forstwirtschaft in wirtschaftlichem Zusammenhang stehen (z. B. ein Anspruch auf Übereignung einer Grundstücksfläche), gehören nicht zum land- und forstwirtschaftlichen (und auch nicht zum Grundvermögen).

1.1.4.2 Geldschulden

3226 Ertragsteuerlich sind Geldschulden, die wirtschaftlich mit dem Betrieb der Land- und Forstwirtschaft zusammenhängen, zu berücksichtigen. Bei der Ermittlung des Einheitswerts des Betriebs der Land- und Forstwirtschaft dürfen auch derartige Schulden nicht berücksichtigt werden. Die bewertungsrechtliche Herausnahme der Geldschulden aus dem land- und forstwirtschaftlichen Vermögen entspricht somit der Behandlung der Geldforderungen und den Ertragswertgrundsätzen des § 36 BewG (Ertragswert bei u. a. unterstellter schuldenfreier Bewirtschaftung des Betriebs). Dieser Grundsatz gilt uneingeschränkt für alle Geldschulden, die mit dem Erwerb oder der Herstellung oder Erzeugung von Grund- und Bodenflächen, Gebäuden, stehenden und umlaufenden Betriebsmitteln (d. h. Anlage- und Umlaufvermögen) wirtschaftlich zusammenhängen.

3227 In diesem Zusammenhang sind jedoch folgende **Sonderfälle** zu beachten:

3228 a) **Lasten,** die an dem land- und forstwirtschaftlichen Grundbesitz ohne zeitliche Begrenzung haften, auf jeden Erwerber übergehen und mit denen deshalb jeder Betriebsinhaber rechnen muss (z. B. Grundsteuer, Deich- und Siellasten), sind als den objektiven Ertragswert mindernde Umstände schon bei der Einheitswertung des Betriebs der Land- und Forstwirtschaft, d. h. bei der Ermittlung des Vergleichswerts bzw. Ertragswerts, zu berücksichtigen.

3229 b) **Wiederkehrende Leistungen,** die lediglich aus persönlichen Beziehungen des Grundeigentümers hervorgegangen sind und somit den objektiven Ertragswert nicht mindern, dürfen bei der Ermittlung des Einheitswerts nicht berücksichtigt werden. Sie kommen bei einem Betrieb der Land- und Forstwirtschaft insbesondere in Betracht in Form von Altenteilsverpflichtungen, Verpflichtungen aus der Übernahme des Betriebs (Versorgungsleistungen an den überlebenden Ehegatten und an weichende Erben), Patronatslasten, Wegeunterhaltungslasten sowie Holzlasten (Verpflichtungen zur unentgeltlichen Abgabe von Nutz- oder Brennholz).

c) Für **Pensionsverpflichtungen** (laufende Pensionszahlungen an frühere Arbeitnehmer und entsprechende Pensionsanwartschaften) gilt Folgendes:

- Bei der Hauptfeststellung auf den 01.01.1964 hat man derartige Lasten, da sie früher (auch von der Rechtsprechung) als objektiv den Ertragswert mindernd angesehen wurden, wie folgt berücksichtigt:
  - bei der forstwirtschaftlichen Nutzung mit 20 % der Verwaltungskosten,
  - bei den anderen Nutzungen des land- und forstwirtschaftlichen Vermögens nicht im Zuge der Ermittlung des Vergleichswerts, weil solche Lasten nicht gegendüblich sind, sondern erst als Abschlag im Rahmen des § 41 BewG.
- Für Ruhegehaltsverpflichtungen, die nur aus persönlichen Beziehungen des Grundbesitzeigentümers oder seiner Rechtsvorgänger hervorgegangen sind, und für Pensionsanwartschaften hat die Rechtsprechung ihre Auffassung inzwischen geändert (BFH vom 15.03.1968 BStBl II 1968, 766 und vom 18.02.1972 BStBl II 1972, 450). Der Gesetzgeber hatte hierzu durch eine entsprechende Fassung des § 118 Abs. 1 Nr. 1 und 2 BewG a. F. die erforderliche Konsequenz gezogen. Danach durften laufende Pensionszahlungen und Pensionsanwartschaften für die Vermögensteuer nur dann bei der Ermittlung des Gesamtvermögens abgezogen werden, wenn sie nicht bereits bei der Ermittlung des Einheitswerts berücksichtigt worden sind. Da jedoch bei der Einheitsbewertung auf den 01.01.1964 solche Verpflichtungen grundsätzlich berücksichtigt wurden (vgl. vorstehende Ausführungen), hatte die Neuregelung des § 118 Abs. 1 Nr. 1 und 2 BewG a. F. kaum praktische Bedeutung.

3230

1.1.4.3 Überbestände an umlaufenden Betriebsmitteln

Nur der Normalbestand an umlaufenden Betriebsmitteln (Bestand, der zur gesicherten Fortführung des Betriebs erforderlich ist) ist im Einheitswert des Betriebs erfasst (§ 33 Abs. 2 BewG). Darüber hinausgehende Bestände (Überbestände) sind dagegen übriges Vermögen (vgl. 1.2.3). Ein Unterbestand an umlaufenden Betriebsmitteln kann unter den Voraussetzungen des § 41 BewG zu einem Abschlag bei der jeweiligen Nutzung führen.

3231

1.1.4.4 Bestimmte Tierbestände und hiermit zusammenhängende Wirtschaftsgüter

Tierbestände gehören nur unter den Voraussetzungen der §§ 51, 51a und 62 BewG zum land- und forstwirtschaftlichen Vermögen. Soweit nach diesen Vorschriften Tierbestände oder Zweige des Tierbestandes nicht zum Betrieb der Land- und Forstwirtschaft zählen, werden sie regelmäßig gewerbliches Betriebsvermögen sein. Außer den Tierbeständen (Zweigen des Tierbestandes) selbst sind auch die ihnen dienenden, mit ihnen zusammenhängenden Wirtschaftsgüter aus dem land- und forstwirtschaftlichen Vermögen auszuscheiden, also z. B. Gebäude und abgrenzbare Gebäudeteile mit den dazugehörenden Flächen, Futtermitteln und anderen Betriebsmitteln. Landwirtschaftlich genutzte Flächen, die zur Tierhaltung benötigt werden, gehören jedoch auch dann zum land- und forstwirtschaftlichen Vermögen, wenn Tierbestände oder Zweige des Tierbestandes Betriebsvermögen sind.

3232

BEISPIEL

Ein Landwirt betreibt neben dem Ackerbau und der Haltung von Milchkühen in zwei nebeneinander liegenden besonderen Gebäuden eine Junghühnermast, die als Gewerbebetrieb anzusehen ist, da die Voraussetzungen des § 51 BewG für die Zurechnung zur landwirtschaftlichen Nutzung nicht vorliegen. Die Futtermittel für die Junghühnermast werden zu 20 % im eigenen Betrieb gewonnen, der Rest wird dazugekauft.

LÖSUNG Die Junghühner, die beiden Gebäude mit den dazugehörigen Flächen (z.B. auch Zuwege) und die Betriebsmittel, die mit dieser Tierhaltung zusammenhängen, gehören nach § 33 Abs. 3 Nr. 4 Satz 1 BewG nicht zum land- und forstwirtschaftlichen Vermögen. Die Flächen, auf denen der Teil der selbst gewonnenen Futtermittel angebaut wird, gehören weiterhin zum Betrieb der Land- und Forstwirtschaft (§ 33 Abs. 3 Nr. 4 Satz 2 BewG).

3233–3240 frei

1.2 Abgrenzung des land- und forstwirtschaftlichen Vermögens gegenüber den anderen Vermögensarten

3241 Grundbesitz, der tatsächlich land- und forstwirtschaftlich genutzt wird, gehört in der Regel auch zum land- und forstwirtschaftlichen Vermögen (vgl. auch § 69 Abs. 1 BewG Umkehrschluss). Das Gleiche gilt für andere Wirtschaftsgüter, die einem Betrieb der Land- und Forstwirtschaft tatsächlich dienen.

3242 Von diesem Grundsatz gibt es bewertungsrechtlich jedoch wichtige Ausnahmen. Land- und forstwirtschaftlich genutzte Flächen können unter bestimmten Voraussetzungen bereits zum Grundvermögen oder als Betriebsgrundstück zum Betriebsvermögen gehören. Andere in einem Betrieb der Land- und Forstwirtschaft vorhandene Wirtschaftsgüter können Betriebsvermögen oder übriges Vermögen sein.

3243 Das land- und forstwirtschaftliche Vermögen ist daher abzugrenzen gegenüber dem
1. Grundvermögen,
2. Betriebsvermögen und
3. übrigen Vermögen.

1.2.1 Abgrenzung gegenüber dem Grundvermögen

3244 Zwischen dem land- und forstwirtschaftlichen Vermögen und dem Grundvermögen ist insbesondere abzugrenzen hinsichtlich
des Grund und Bodens sowie
der Wohn- und Wirtschaftsgebäude.

3245 Über die Abgrenzung wird bei der Einheitsbewertung des land- und forstwirtschaftlichen Vermögens entschieden. Vorbehaltlich der Sonderregelung des § 69 BewG (s. 1.2.1.3) gehören die vorstehend genannten Wirtschaftsgüter zum land- und forstwirtschaftlichen Vermögen, wenn sie einem Betrieb der Land- und Forstwirtschaft auf Dauer zu dienen bestimmt sind.

1.2.1.1 Abgrenzung des Grund und Bodens

3246 Für die Abgrenzung des **Grund und Bodens** zwischen dem land- und forstwirtschaftlichen und dem Grundvermögen sowie den Betriebsgrundstücken sind zu unterscheiden:

a) **Allgemeine Abgrenzung** (§ 33 Abs. 1 Satz 1 i.V.m. § 68 Abs. 1 BewG)

3247 Grund und Boden gehört (grundsätzlich) dann zum land- und forstwirtschaftlichen Vermögen, wenn er
- einer der fünf land- und forstwirtschaftlichen Nutzungen (§ 34 Abs. 2 Nr. 1 BewG) zu dienen bestimmt ist, oder
- einem Nebenbetrieb zu dienen bestimmt ist (§ 34 Abs. 2 Nr. 3 BewG) oder
- Abbauland, Geringstland oder Unland ist (§ 34 Abs. 2 Nr. 2 BewG).

Flächen, die Teil eines Grundstücks im Sinne des Grundvermögens sind (z. B. der zu einem Einfamilienhaus gehörende Hausgarten), gehören von der Zweckbestimmung her nicht zum land- und forstwirtschaftlichen Vermögen, sondern zum Grundvermögen. 3248

Wird ein in einem Naherholungsgebiet belegenes Grundstück tatsächlich gärtnerisch genutzt (z. B. als Streuobstwiese), so ist es dem land- und forstwirtschaftlichen Vermögen zuzurechnen, wenn es hinsichtlich Arbeitseinsatz, Investitionen zur Erhaltung oder Steigerung der Ertragsfähigkeit sowie erzielbarem Ertrag einem Vergleich mit einem durchschnittlichen landwirtschaftlichen Haupterwerbsbetrieb der gleichen Nutzungsart standhalten kann. Eine Erzeugung des Erwerbs wegen gehört nicht zu den Abgrenzungskriterien. Vgl. Urteil des BFH vom 04.03.1987 BStBl II 1987, 370. 3249

b) Besondere Abgrenzungsfälle (§ 69 BewG)

Unter bestimmten Voraussetzungen sind Grund- und Bodenflächen, die aufgrund ihrer Zweckbestimmung nach den allgemeinen Abgrenzungsregeln (vgl. vorstehende Ausführungen zu a)) noch zum land- und forstwirtschaftlichen Vermögen gehören würden, bereits als Grundvermögen zu bewerten. Es handelt sich hierbei um tatsächlich noch land- und forstwirtschaftlich genutzte Flächen, die beispielsweise mit Rücksicht auf die bestehenden Verwertungsmöglichkeiten in absehbarer Zeit als Bauland, Industrieland oder Land für Verkehrszwecke dienen werden. Vgl. hierzu die näheren Ausführungen in 1.2.1.3. 3250

3251–3260 frei

1.2.1.2 Abgrenzung der Wirtschaftsgebäude

Zu den **Wirtschaftsgebäuden,** die einem Betrieb der Land- und Forstwirtschaft dauernd zu dienen bestimmt sind, gehören insbesondere (vgl. A 1.02 Abs. 11 BewR L): 3261
- Ställe,
- Scheunen,
- Lagerräume,
- Geräte- und Maschinenschuppen,
- Hopfendarren,
- Kesselhäuser,
- Kelleranlagen und
- Arbeitsräume.

Bei der Einheitsbewertung gehören zu den Wirtschaftsgebäuden auch die **Wohnungen und Wohnräume der Arbeitskräfte** des Betriebs (anders bei der Bedarfsbewertung des land- und forstwirtschaftlichen Vermögens, s. Kapitel 1 F 3.1.2). Voraussetzung ist jedoch, dass die Arbeitskräfte wenigstens 100 Tage im Jahr zur Mitarbeit im Betrieb verpflichtet sind. Vgl. A 1.02 Abs. 4 BewR L. 3262

Nicht zu den **Wirtschaftsgebäuden** rechnen die Gebäude oder Gebäudeteile, die dem Inhaber des Betriebs und den zu seinem Haushalt gehörigen Familienangehörigen sowie den Altenteilern zu Wohnzwecken dienen (sog. **Wohnteil,** § 34 Abs. 4 BewG, vgl. 1.3.3). 3263

An Gewerbetreibende oder zu Wohnzwecken **vermietete Grund- und Bodenflächen** und **Räume** oder ganze **Wohnungen** gehören zum Grundvermögen, wenn sich dadurch die Zweckbestimmung dieser Flächen oder Räumlichkeiten geändert hat. Die auf die Gebäude entfallende anteilige Grund- und Bodenfläche rechnet ebenfalls zum Grundvermögen. Auch eine von einem Pächter oder Unterpächter gepachtete Parzelle eines Kleingartenlandes, auf der er ein Wohngebäude errichtet hat, gehört zum Grundvermögen (vgl. BFH vom 19.01.1979 3264

BStBl II 1979, 398). Bei der **Beherbergung von Fremden** richtet sich die Abgrenzung des land- und forstwirtschaftlichen Vermögens vom Grundvermögen nach den Grundsätzen des R 15.7 EStR (A 1.03 Abs. 7 BewR L).

1.2.1.3 Besondere Abgrenzungsregelung für den Grund und Boden nach § 69 BewG (Sonderfälle)

3265 Nach § 69 BewG sind in ganz bestimmten **Sonderfällen** nicht bebaute Flächen, die zum maßgebenden Bewertungsstichtag noch land- und forstwirtschaftlich genutzt werden bzw. nach der Zweckbestimmung noch zum land- und forstwirtschaftlichen Vermögen zu rechnen wären, als Grundvermögen zu behandeln. § 69 BewG ist eine **Ausnahmevorschrift** zu § 33 Abs. 1 BewG.

3266 Die für die Einheitsbewertung des Grundvermögens und des land- und forstwirtschaftlichen Vermögens in § 69 BewG getroffene Regelung wurde für die Bedarfsbewertung des land- und forstwirtschaftlichen Vermögens ab 01.01.2009 auch in § 159 BewG wort- und inhaltsgetreu übernommen. Die ausführliche Darstellung dazu wurde in Kapitel 1 Teil F 3.1.3 vorgenommen. Die Ausführungen gelten vollinhaltlich auch für die Einheitsbewertung des land- und forstwirtschaftlichen Vermögens und des Grundvermögens (bzw. umgekehrt). Zur Vermeidung von Wiederholungen wird hierauf verwiesen, jedoch tritt jeweils an die Stelle des § 159 BewG der § 69 BewG, die Absätze und Sätze sind die Gleichen.

3267 Es sind somit auch **für die Einheitsbewertung** folgende **drei** Arten (**Fallgruppen**) der Abgrenzung zwischen land- und forstwirtschaftlichem Vermögen und Grundvermögen zu unterscheiden:
1. Abgrenzung nach **§ 69 Abs. 3 BewG (Bauland)**: vgl. hierzu **Kapitel 1 Teil F 3.1.3.1**.
2. Abgrenzung nach **§ 69 Abs. 2 BewG (Betrieb als Existenzgrundlage)**: vgl. hierzu **Kapitel 1 Teil F 3.1.3.2**. Die Bestimmung des § 69 Abs. 2 ist eindeutig als Schutzbestimmung für die Land- und Forstwirtschaft zu verstehen. Sie ist jedoch nicht anwendbar, wenn nach § 55 Abs. 5 EStG zum 01.01.1970 ein höherer Teilwert festgestellt wurde als der nach § 55 Abs. 1 bis 3 EStG anzuwendende Wert (vgl. § 69 Abs. 4 BewG). Das bedeutet, dass in Fällen, in denen der Landwirt gemäß § 55 Abs. 5 EStG einen solchen höheren Teilwert für Zwecke der Einkommensteuer nachgewiesen hat, für diese Flächen auch dann eine Zurechnung zum Grundvermögen erfolgen kann, wenn der Betrieb die Existenzgrundlage bildet; Voraussetzung dafür bleibt jedoch das Vorliegen der Merkmale des § 69 Abs. 1 BewG (s. nachstehender Fall Nr. 3.).
3. Abgrenzung nach **§ 69 Abs. 1 BewG**: vgl. hierzu **Kapitel 1 Teil F 3.1.3.3**.

1.2.1.4 Kleingartenland und Dauerkleingartenland

3268 **Kleingartenland** sind Flächen, die der Kleingarten- und Kleinpachtlandordnung vom 31.07.1919 (RGBl 1919, 1371) und den Vorschriften des Gesetzes zur Ergänzung der Kleingarten- und Kleinpachtlandordnung vom 26.06.1935 (RGBl I 1935, 809 i.d.F. des ÄndG vom 02.08.1940 RGBl I 1940, 1074) unterliegen. Diese Flächen sind in der Regel wegen des weitgehenden Pachtschutzes als land- und forstwirtschaftliches Vermögen zu bewerten, es sei denn, sie erfüllen die Voraussetzungen des § 69 Abs. 3 BewG; vgl. auch BFH vom 19.01.1979 BStBl II 1979, 398.

3269 **Dauerkleingartenland** ist der Bebauung vollständig entzogen und für eine dauernde kleingärtnerische Nutzung bestimmt. Derartige Flächen gehören stets zum land- und forstwirtschaftlichen Vermögen. Vgl. auch A 2 Abs. 8 BewR Gr.

3270–3280 frei

1.2.2 Abgrenzung gegenüber dem Betriebsvermögen

Häufig greift ein Unternehmen über die Gewinnung von organischen Erzeugnissen durch die Bewirtschaftung des Grund und Bodens hinaus in eine Tätigkeit ein, die gewerblichen Charakter hat, oder ein Steuerpflichtiger betreibt neben der land- und forstwirtschaftlichen noch eine gewerbliche Tätigkeit. Es ist dann zu prüfen, ob das ganze Unternehmen einen Betrieb der Land- und Forstwirtschaft oder einen Gewerbebetrieb darstellt bzw., wenn sich die Tätigkeit nur auf einen Teil des Unternehmens bezieht, ob dieser Teil ein Nebenbetrieb der Land- und Forstwirtschaft oder ein selbstständiger Gewerbebetrieb ist. Die gleiche Frage taucht auch für die Einkommensteuer (§ 13 und § 15 Abs. 1 Satz 1 Nr. 1 und Abs. 2 EStG), für die Gewerbesteuer (§ 2 Abs. 1 GewStG) und für die Umsatzsteuer (§ 24 Abs. 2 UStG) auf. Diese Abgrenzungsfrage ist für alle genannten Steuergebiete einheitlich zu beantworten. **3281**

Die seinerzeit für die Einheitsbewertung des land- und forstwirtschaftlichen Vermögens getroffenen Regelungen wurden für die Bedarfsbewertung des land- und forstwirtschaftlichen Vermögens ab 01.01.2009 übernommen (vgl. § 158 Abs. 1 Satz 2 BewG, der dem § 33 Abs. 1 Satz 1 BewG entspricht). Die ausführliche Darstellung der Abgrenzung gegenüber dem Betriebsvermögen wurde in Kapitel 1 Teil F 3.2 vorgenommen. Die Ausführungen gelten vollinhaltlich auch für die Einheitsbewertung des land- und forstwirtschaftlichen Vermögens. Zur Vermeidung von Wiederholungen wird hierauf verwiesen, jedoch werden nachstehend die einzelnen Fallgruppen noch einmal aufgeführt und um die in den BewR L dafür auch in Betracht kommenden Regelungen ergänzt. Während zwischen land- und forstwirtschaftlichem Vermögen und Grundvermögen nur bezüglich des Grund und Bodens und der Gebäude **abzugrenzen** ist (s. 1.2.1.1 und 1.2.1.2), ist dies gegenüber dem Betriebsvermögen für **alle Wirtschaftsgüter** erforderlich. Für die Abgrenzung der Betriebe der Land- und Forstwirtschaft von den Gewerbebetrieben unterscheidet man im Wesentlichen die folgenden **Tätigkeitsbereiche**, wobei die Regelungen des R 15.5 EStR ebenfalls für die Abgrenzung heranzuziehen sind: **3282**

1.2.2.1 Nebeneinander von Betrieb der Land- und Forstwirtschaft und Gewerbebetrieb

Siehe hierzu Kapitel 1 Teil F 3.2.1. Vgl. auch A 1.03 Abs. 6 BewR L. **3283**

1.2.2.2 Land- und forstwirtschaftliche Tätigkeit als Teil eines Gewerbebetriebs

Siehe hierzu Kapitel 1 Teil F 3.2.2. Vgl. auch A 1.03 Abs. 2 und 3 BewR L. **3284**

1.2.2.3 Gemischte Betriebe

Siehe hierzu Kapitel 1 Teil F 3.2.3. Vgl. auch A 1.03 Abs. 1 BewR L. **3285**

1.2.2.4 Absetzung der Erzeugnisse über eigenes Handels- oder Dienstleistungsgeschäft

3286 Es sind zu unterscheiden:
a) **Veräußerung ausschließlich eigener Erzeugnisse** aus Land- und Forstwirtschaft
Siehe hierzu Kapitel 1 Teil F 3.2.4 zu a). Nach Abschn. I Abs. 2 einheitlicher Ländererlass vom 15.06.1971 (BStBl I 1971, 324) handelt es sich hierbei nicht um einen Nebenbetrieb i.S.v. § 42 Abs. 1 BewG (s. 1.3.2.2.4).
b) **Veräußerung** eigener und zugekaufter Erzeugnisse **über** ein **eigenes Handelsgeschäft**
Siehe hierzu Kapitel 1 Teil F 3.2.4 zu b).
c) **Dienstleistungsgeschäfte** und Ausschank selbsterzeugter Getränke
Vgl. hierzu die Regelungen in R 15.5 Abs. 7, 8 und 10 EStR sowie Kapitel 1 Teil F 3.2.4 zu c).

1.2.2.5 Tierhaltung und Tierzucht mit nicht ausreichend bewirtschafteten Flächen

3287 Siehe hierzu Kapitel 1 Teil F 3.2.5. Vgl. auch A 1.03 Abs. 4 und 5 BewR L.

1.2.2.6 Beherbergung von Fremden

3288 Siehe hierzu Kapitel 1 Teil F 3.2.6.

1.2.2.7 Verwendung von Wirtschaftsgütern außerhalb des Betriebs

3289 Siehe hierzu Kapitel 1 Teil F 3.2.7.

1.2.3 Abgrenzung gegenüber dem übrigen Vermögen

3290 Es gibt eine Reihe von Wirtschaftsgütern, die betriebswirtschaftlich zwar Teile des land- und forstwirtschaftlichen Vermögens sind, aber aufgrund abweichender bewertungsrechtlicher Regelungen nicht dazugerechnet werden dürfen. **Nicht zum land- und forstwirtschaftlichen Vermögen, sondern zum übrigen Vermögen** (bis 1996 zum sonstigen Vermögen) **gehören** (vgl. im Einzelnen auch 1.1.4):
a) Der Überbestand an umlaufenden Betriebsmitteln (§ 33 Abs. 2 BewG). In den Betrieb der Land- und Forstwirtschaft ist daher nur der normale Bestand an umlaufenden Betriebsmitteln einzubeziehen. Wegen der Ermittlung des Überbestandes vgl. Abschn. 1.04 Abs. 2 BewR L. Bewertungsmaßstab für den Überstand ist der gemeine Wert (§ 9 Abs. 1 BewG).
b) Die in § 33 Abs. 3 Nr. 1 und 2 BewG aufgeführten Wirtschaftsgüter, soweit sie wirtschaftlich mit der land- und forstwirtschaftlichen Tätigkeit zusammenhängen.

BEISPIEL
a) Geldforderungen und Geldbeträge, die aus Erlösen land- und forstwirtschaftlicher Erzeugnisse stammen.
b) Verbindlichkeiten aufgrund der Anschaffung von landwirtschaftlichen Flächen, Maschinen und Geräten, Saatgut usw.

c) Auch Wirtschaftsgüter, die einem Betrieb der Land- und Forstwirtschaft zu dienen bestimmt sind, tatsächlich aber an dem maßgebenden Zeitpunkt einem derartigen Betrieb des Eigentümers nicht dienen, fallen unter das übrige Vermögen. In Betracht kommt hier z.B. ein Traktor oder anderes Inventar, das bei dem Verkauf eines Betriebs der Land- und Forstwirtschaft nicht mit veräußert worden ist (vgl. A 1.04 Abs. 1 BewR L).

3291–3300 frei

1.3 Gliederung sowie Umfang und Bestandteile des Betriebs der Land- und Forstwirtschaft

1.3.1 Allgemeines

Nach § 34 Abs. 1 BewG umfasst ein Betrieb der Land- und Forstwirtschaft
1. den Wirtschaftsteil und (falls vorhanden)
2. den Wohnteil.

In vielen Fällen besteht der Betrieb der Land- und Forstwirtschaft aber nur aus dem Wirtschaftsteil, wenn ein Wohnteil nicht vorhanden ist. Für beide Teile sind getrennte Werte zu ermitteln. Der Wirtschaftsteil wird mit dem Wirtschaftswert (§ 46 BewG) und der Wohnteil mit dem Wert angesetzt, der sich nach den für Bewertung der Mietwohngrundstücke maßgebenden Grundsätzen ergibt (§ 47 BewG).

1.3.2 Wirtschaftsteil

Von den Wirtschaftsgütern, die gemäß § 33 Abs. 1 Satz 1 und Abs. 2 BewG auf Grund ihrer Zweckbestimmung zum Betrieb der Land- und Forstwirtschaft gehören, zählen zum Wirtschaftsteil alle Flächen sowie diejenigen Wirtschaftsgüter, die nicht in den Wohnteil einzubeziehen sind, sowie die Nebenbetriebe (§ 34 Abs. 2 Nr. 1 bis 3 BewG).

1.3.2.1 Gliederung des Betriebs der Land- und Forstwirtschaft gemäß § 34 Abs. 2 BewG

a) Landwirtschaftliche Nutzung (A 1.08 BewR L)

Sie gliedert sich in die eigentliche landwirtschaftliche Nutzung und in die landwirtschaftlichen Nutzungsteile Hopfen und Spargel (anders bei der Bedarfsbewertung des land- und forstwirtschaftlichen Vermögens; s. Kapitel 1 Teil F 4.2.2.1 Buchstabe e).

Zur landwirtschaftlichen Nutzung gehören jeweils alle Wirtschaftsgüter, die der Nutzung von Ackerland und Grünland sowie der Tierhaltung nach Maßgabe des § 51 und § 51a BewG dienen.

b) Forstwirtschaftliche Nutzung (A 1.09 BewR L)

Sie gliedert sich in die Nutzungsteile Hochwald, Mittelwald und Niederwald.

Für die Bewertung von besonderer Bedeutung ist nur der Nutzungsteil Hochwald. Zur forstwirtschaftlichen Nutzung gehören jeweils alle Wirtschaftsgüter, die der Erzeugung und Gewinnung von Rohholz dienen.

c) Weinbauliche Nutzung (A 1.10 BewR L)

Dazu gehören alle Wirtschaftsgüter, die der Erzeugung von Trauben und der Gewinnung von Wein und Süßmost aus diesen Trauben dienen.

d) Gärtnerische Nutzung (A 1.11 BewR L)

Sie gliedert sich in die Nutzungsteile Gemüse-, Blumen- und Zierpflanzenbau, Obstbau und Baumschulen sowie in die selbstständigen Kleingärten wie Schrebergärten und Laubenkolonien.

Dazu gehören alle Wirtschaftsgüter, die dem jeweiligen Nutzungsteil zu dienen bestimmt sind.

e) Sonstige land- und forstwirtschaftliche Nutzung (A 1.12 BewR L)

3308 Die wichtigsten Arten sind in § 62 BewG aufgezählt. Dazu gehören die Fischereirechte, Wasser- und Bodenflächen, Gebäude und Gebäudeteile, Tierbestände und sonstige Betriebsmittel, soweit sie jeweils den in § 62 BewG genannten Arten der land- und forstwirtschaftlichen Nutzung dienen.

3309 Nicht zu den land- und forstwirtschaftlichen Nutzungen zählen die Wirtschaftsgüter Abbauland, Geringstland und Unland (vgl. hierzu 1.3.2.21). Ebenfalls nicht dazu zählen die Nebenbetriebe (vgl. hierzu 1.3.2.2.4).

1.3.2.2 Bestandteile des Wirtschaftsteils

3310 Der Wirtschaftsteil des Betriebes besteht aus dem Grund und Boden, den Wirtschaftsgebäuden und Wohngebäuden der Arbeitskräfte, den Betriebsmitteln und den Nebenbetrieben. Alle Bestandteile werden im Folgenden kurz dargestellt.

3311–3320 frei

1.3.2.2.1 Grund und Boden

3321 Die Grund- und Bodenflächen sind der wichtigste Bestandteil eines jeden Betriebs der Land- und Forstwirtschaft. Dazu gehören:
- Die eigentlichen **Bewirtschaftungsflächen** wie z. B. Äcker, Wiesen, Weiden, Forsten, Gärten und Weinberge.
- Die **Hof- und Gebäudefläche**, einschließlich der Gebäudeflächen der zum Wohnteil gehörenden Gebäude und Gebäudeteile sowie Hausgärten bis zur Größe von 10a (§ 40 Abs. 3 Satz 2 BewG).
- **Wirtschaftswege**, Hecken, Gräben, Grenzraine und dergleichen (§ 40 Abs. 3 Satz 3 BewG).
- **Abbauland**. Das sind Betriebsflächen, die durch den Abbau der Bodensubstanz überwiegend für den Betrieb der Land- und Forstwirtschaft nutzbar gemacht werden, z. B. Sand-, Kies-, Lehmgruben, Steinbrüche, Torfstücke (vgl. § 43 BewG). Man bezeichnet sie auch als **Substanzbetriebe**. Erfolgt der Abbau der Bodensubstanz nicht überwiegend für den Betrieb der Land- und Forstwirtschaft, so gehören diese Flächen nicht zum land- und forstwirtschaftlichen Vermögen, sondern regelmäßig zum Betriebsvermögen. Ertragsteuerlich werden die zum land- und forstwirtschaftlichen Vermögen gehörenden Substanzbetriebe auch als Nebenbetriebe der Land- und Forstwirtschaft angesehen (vgl. R 15.5 Abs. 3 EStR). Zur bewertungsrechtlichen Behandlung der Nebenbetriebe vgl. 1.3.2.2.4. Das Abbauland wird gesondert mit dem Einzelertragswert bewertet (§ 43 Abs. 2 BewG, A 1.18 BewR L; vgl. auch 4.7.
- **Geringstland**. Das sind Betriebsflächen mit geringster Ertragsfähigkeit, für die nach dem Bodenschätzungsgesetz keine Wertzahlen festzustellen sind, z. B. unkultiviertes Heideland und unkultivierte Moorflächen (§ 44 BewG, A 1.15 BewR L).
- **Unland**. Das sind Betriebsflächen, die auch bei geordneter Wirtschaftsweise keinen Ertrag abwerfen können und deshalb nicht bewertet werden, z. B. Böschungen, Felsköpfe, ausgebeutete Kiesgruben (§ 45 BewG, A 1.15 BewR L).

1.3.2.2.2 Wirtschaftsgebäude und Wohngebäude der Arbeitskräfte
Zum Wirtschaftsteil des Betriebs gehören ferner: 3322
- Die **eigentlichen Wirtschaftsgebäude**, z. B. Ställe, Scheunen, Geräteschuppen, Getreidespeicher, Büros. Gewächshäuser von Betriebsgrundstücken, die wie Grundvermögen zu bewerten sind, sind nach neuerer Auffassung des BFH keine Betriebsvorrichtungen, sondern Gebäude (BFH vom 25.03.1975 BStBl II 1975, 594). Das wird auch für land- und forstwirtschaftliche Gewächshäuser gelten müssen.
- Gebäude und Gebäudeteile, die den **Arbeitskräften** des Betriebs (z. B. Gutsbeamten, Förstern, Gartenmeistern, Landarbeitern, Waldarbeitern) und deren Familienangehörigen zu Wohnzwecken dienen. Dabei ist es nicht erforderlich, dass die Arbeitskraft oder ihre Familienangehörigen ganz in dem Betrieb tätig sind. Vielmehr genügt es, dass eine Arbeitskraft **wenigstens 100 Tage im Jahr** zum Mitarbeiten verpflichtet ist (vgl. A 1.02 Abs. 4 BewR L). Nicht dazu gehören die Räume, die von zum Haushalt des Betriebsinhabers gehörenden Familienangehörigen bewohnt werden. Soweit im Betrieb beschäftigte Familienmitglieder einen eigenen Hausstand haben, ist auch deren Wohnung zum Wirtschaftsteil des Betriebs zu rechnen (A 1.07 Abs. 2 BewR L, BFH vom 25.08.1972 BStBl II 1972, 848).

Werden Gebäude zum Teil für land- und forstwirtschaftliche Zwecke und zum Teil für gewerbliche Zwecke genutzt, so ist der gewerbliche Teil als Betriebsgrundstück oder als Grundvermögen zu bewerten (vgl. A 1.03 Abs. 6 BewR L).   3323

3324–3330
frei

1.3.2.2.3 Betriebsmittel
Zum Wirtschaftsteil gehören weiterhin die Betriebsmittel, und zwar die stehenden Betriebsmittel und ein normaler Bestand an umlaufenden Betriebsmitteln.   3331

Stehende Betriebsmittel (Anlagegegenstände) sind solche Gegenstände, die dauernd dem Betrieb dienen, im Betrieb arbeiten, also dauernd bei der Hervorbringung der land- und forstwirtschaftlichen Erzeugnisse mitwirken sollen. Dazu gehören das **tote Inventar** (Ackergeräte, Maschinen, Betriebsvorrichtungen) und das **lebende Inventar** (Viehbestand, z. B. Zug- und Zuchttiere, Milchkühe, Legehennen).   3332

Die stehenden Betriebsmittel zählen stets in vollem Umfang zum Betrieb der Land- und Forstwirtschaft. Ein **Überbestand** rechtfertigt aber unter Umständen einen Zuschlag, ein Unterbestand einen Abschlag nach § 41 BewG. Vieh, das zu einem bestimmten Betrieb (Stammbetrieb) gehört und vom Inhaber des Betriebs nur den Sommer über in einen anderen Betrieb (z. B. Weidebetrieb) zur Gräsung gegeben wird (Pensionsvieh), kann nicht in den Weidebetrieb einbezogen werden. In einem solchen Fall wird der wirtschaftliche Zusammenhang mit dem »Stammbetrieb« nicht gelöst (BFH vom 20.01.1956 BStBl III 1956, 202, A 1.05 Abs. 7 BewR L). Stehende Betriebsmittel gehören auch dann zum Betrieb der Land- und Forstwirtschaft, wenn sie teilweise im eigenen Betrieb und teilweise in einem anderen Betrieb der Land- und Forstwirtschaft verwendet werden. Voraussetzung ist jedoch, dass die Einnahmen aus einer solchen Vermietung nicht mehr als ein Drittel des Gesamtumsatzes des Betriebs betragen. Vgl. A 1.03 Abs. 8 BewR L.   3333

Umlaufende Betriebsmittel (Umlaufvermögen) sind solche Gegenstände, die zum **Verbrauch** in der Land- und Forstwirtschaft oder zur **Veräußerung** bestimmt sind (z. B. landwirtschaftliche Erzeugnisse, Mastvieh, Dünger, Saatgut, Kraftfutter). Von den umlaufenden Betriebsmitteln gehört nur der normale Bestand zum Betrieb der Land- und   3334

Forstwirtschaft. Als normaler Bestand gilt ein solcher, der zur gesicherten Fortführung des Betriebs erforderlich ist (§ 33 Abs. 2 letzter Satz BewG). Ein Überbestand rechnet nach § 33 Abs. 3 Nr. 3 BewG nicht zum land- und forstwirtschaftlichen, sondern zum übrigen Vermögen. Für die entsprechende Zuordnung ist allein die Zweckbestimmung entscheidend (RFH vom 21. 06. 1934 RStBl 1934, 919 und BFH vom 08. 05. 1964 BStBl III 1964, 447), die sich ändern kann (z. B. Vieh, das bisher zu den stehenden Betriebsmitteln zählte, wird auf Mast umgestellt; die Tiere rechnen nun zu den umlaufenden Betriebsmitteln).

1.3.2.2.4 Nebenbetriebe

3335   Zum Wirtschaftsteil des Betriebs der Land- und Forstwirtschaft gehören auch die evtl. vorhandenen Nebenbetriebe (§ 34 Abs. 2 Nr. 3 BewG). Das sind Betriebe, die dem land- und forstwirtschaftlichen **Hauptbetrieb zu dienen bestimmt** sind und **nicht einen selbstständigen Gewerbebetrieb darstellen** (§ 42 Abs. 1 BewG; hinsichtlich der Einkommensteuer vgl. § 13 Abs. 2 Nr. 1 EStG und hinsichtlich der Umsatzsteuer vgl. § 24 Abs. 2 UStG). Ihre Aufgabe ist die Be- oder Verarbeitung land- und forstwirtschaftlicher Erzeugnisse (**Verarbeitungsbetriebe**).

3336   Ein **Verarbeitungsbetrieb** dient dann dem Hauptbetrieb und ist somit Nebenbetrieb (A 1.16 BewR L), wenn er
- die Erzeugnisse des Hauptbetriebs unter Verwendung von Hilfsstoffen bearbeitet und in einem Verkaufsraum anbietet (Beispiele: Blumenladen mit Blumen- und Kranzbinderei) oder
- die Erzeugnisse des Hauptbetriebs unter Zukauf fremder Erzeugnisse zur Ergänzung des angebotenen Sortiments in einem Verkaufsraum anbietet oder
- die Erzeugnisse des Hauptbetriebs verarbeitet (Beispiele: Obst- oder Kornbrennerei, Sägewerk, Krautfabriken, Gurkeneinlegereien, Räuchereien, Mühlen) oder
- wenn er die Erzeugnisse des Hauptbetriebs in Verbindung mit Dienstleistungen für Dritte verwendet (Beispiel: Friedhofs- oder Landschaftsgärtnerei).

3337   **Voraussetzung** für die Annahme eines Nebenbetriebs ist, dass
- die bei der Be- oder Verarbeitung land- und forstwirtschaftlicher Erzeugnisse eingesetzte Rohstoffmenge überwiegend im eigenen Hauptbetrieb erzeugt wurde und
- die be- oder verarbeiteten Produkte überwiegend für den Verkauf bestimmt sind.

Vgl. hierzu auch R 15.5 Abs. 3 EStR.

3338   **Kein Nebenbetrieb**, sondern integrierter Bestandteil der jeweiligen land- und forstwirtschaftlichen Nutzung oder eines Nutzungsteils oder einer Art der sonstigen land- und forstwirtschaftlichen Nutzung liegt vor, wenn das be- oder verarbeitete Produkt überwiegend im eigenen Betrieb der Land- und Forstwirtschaft verwendet wird. Der Absatz von Erzeugnissen über den eigenen Einzel- oder Großhandelsbetrieb sowie die Ausführung von Dienstleistungen sind ebenfalls nicht als Nebenbetrieb anzusehen (vgl. 1.2.2.4). Vgl. hierzu auch Abschnitte I und II des einheitlichen Ländererlasses vom 15. 06. 1971 BStBl I 1971, 324.

3339   Maßgebend für das Vorliegen der oben bezeichneten Merkmale sind die Verhältnisse im Feststellungszeitpunkt. Von diesem Zeitpunkt aus gesehen, müssen sie von einer gewissen Dauer sein. Mehr oder weniger zufällige Erscheinungen bleiben außer Betracht. Die ertragsteuerlich ebenfalls zu den Nebenbetrieben zählenden **Substanzbetriebe** (R 15.5 Abs. 3 Satz 3 EStR) werden bewertungsrechtlich nach § 43 Abs. 1 BewG als Abbauflächen behandelt (vgl. Rz. 1.3.2.2.1 zu »Abbauland«).

Die Be- und Verarbeitung land- und forstwirtschaftlicher Erzeugnisse ist als **gewerbliche Tätigkeit** anzusehen, **wenn** 3340
- die eingesetzte Rohstoffmenge überwiegend zugekauft wird **und**
- das be- oder verarbeitete Produkt überwiegend für den Verkauf bestimmt ist. Vgl. auch hierzu Abschn. II des o.a. einheitlichen Ländererlasses vom 15.06.1971.

Werden Erzeugnisse des Hauptbetriebs verarbeitet, so muss die Verarbeitung im Rahmen der land- und forstwirtschaftlichen Erzeugung liegen. Wird in dem Verarbeitungsbetrieb eine **über den Zweck der Förderung des Betriebs der Land- und Forstwirtschaft hinausgehende Weiterverarbeitung** vorgenommen (z.B. Brennerei mit Destillation und Trinkbranntweingeschäft), so liegt ein einheitlicher Gewerbebetrieb vor. Es ist also in dem Falle nicht möglich, die Brennerei, weil sie weit überwiegend eigene Erzeugnisse verarbeitet, als Nebenbetrieb und die Destillation, die in großem Umfang auf Zukauf fremder Erzeugnisse beruht, als Gewerbebetrieb zu behandeln (RFH vom 10.02.1938 RStBl 1938, 692 für Kornbranntweinbrennerei). 3341

Unter den dargestellten Voraussetzungen kann ein **Nebenbetrieb** auch dann vorliegen, wenn er mehreren Betrieben **verschiedener Personen dient** und von diesen Betriebsinhabern in der Form einer Gesellschaft des bürgerlichen Rechts geführt wird (RFH vom 26.01.1939 RStBl 1939, 573). Die Anteile an der BGB-Gesellschaft sind gemäß § 34 Abs. 5 BewG in die Betriebe der Land- und Forstwirtschaft einzubeziehen. Unter keinen Umständen kann jedoch ein Nebenbetrieb angenommen werden, wenn der Verarbeitungsbetrieb in der Form einer Kapitalgesellschaft oder einer Genossenschaft geführt wird; auch dann nicht, wenn an der Gesellschaft oder Genossenschaft nur Land- und Forstwirte beteiligt sind, die ihre Erzeugnisse durch den Betrieb verarbeiten lassen (RFH vom 07.03.1940 RStBl 1940, 488). Das Gleiche muss wohl gelten, wenn der Verarbeitungsbetrieb die Rechtsform einer OHG oder einer anderen handelsrechtlichen Gesellschaft hat. Auch in diesem Fall ist der Verarbeitungsbetrieb gegenüber der Land- und Forstwirtschaft organisatorisch so selbstständig, dass von seiner Unterordnung als Nebenbetrieb nicht gesprochen werden kann. 3342

Wird der **Verarbeitungsbetrieb verpachtet**, so dient er nicht mehr einem land- und forstwirtschaftlichen Hauptzweck, selbst dann nicht, wenn der Pächter verpflichtet ist, ausschließlich Erzeugnisse aus dem Betrieb der Land- und Forstwirtschaft des Verpächters zu verarbeiten. Der Betrieb ist dann ein selbstständiger Gewerbebetrieb. 3343

Als **Nebenbetriebe** kommen z.B. **nicht in Betracht**: Gastwirtschaften, Bäckereien, Fleischereien, Kolonialwarenhandlungen, Kohlenhandlungen. Solche Betriebe sind regelmäßig selbstständige Gewerbebetriebe. Dasselbe gilt für Fuhrwerksbetriebe, Betriebe zur Vermietung von landwirtschaftlichen Maschinen, z.B. Dreschmaschinen, und für ähnliche Betriebe. Zu beachten ist aber, dass eine nur gelegentliche gewerbliche Tätigkeit eines Land- und Forstwirts noch keinen Sonderbetrieb darstellt. Wenn ein Landwirt zur besseren Ausnutzung seiner Pferde gegen Entgelt im Winter Holz abfährt, so bewegt sich die Tätigkeit noch im Rahmen seines Betriebs der Land- und Forstwirtschaft. Ein Gewerbebetrieb würde aber dann vorliegen, wenn die Einnahmen aus den Fuhrleistungen für Dritte mehr als ein Drittel des Gesamtumsatzes des Betriebs betragen. Bei der Beurteilung der Vermietung landwirtschaftlicher Maschinen an Dritte gelten die gleichen Gesichtspunkte (vgl. A 1.03 Abs. 8 BewR L 3344

Nebenbetriebe sind gesondert mit dem **Einzelertragswert** zu bewerten (vgl. § 42 Abs. 2, § 46 BewG sowie A 1.18 BewR L). Die gesonderte Ertragswertermittlung kann die besonderen Ertragsverhältnisse (Ertragssteigerung) besser berücksichtigen. Nähere Anweisungen zur Ermittlung des Einzelertragswerts von land- und forstwirtschaftlichen Nebenbetrieben enthalten der o.a. einheitliche Ländererlass vom 15.06.1971 BStBl I 1971, 324 (für Kornbrennereien, 3345

Abfindungsbrennereien, Forellenräuchereien, Brütereien und Sägewerke), der einheitliche Ländererlass vom 25.04.1972 BStBl I 1972, 352 (für Kartoffelbrennereien) sowie der einheitliche Ländererlass vom 06.12.1989 BStBl I 1989, 462 (für Herstellung von Winzersekt).

3346–3360 frei

1.3.2.2.5 Behandlung von sonstigen Flächen

3361 **Bagatellflächen** sind kleine Flächen einzelner Nutzungen oder Nutzungsteile. Sie werden nach A 1.13 BewR L vereinfacht behandelt. Die dort bezeichneten Bagatellflächen sind in die landwirtschaftliche Nutzung einzubeziehen und wie die landwirtschaftliche Nutzung zu bewerten.

3362 **Hof- und Gebäudeflächen** (einschließlich des Hausgartens bis zur Größe von 10 a; größere Hausgärten gehören nach A 1.08 Abs. 5 BewR L im Ganzen zur landwirtschaftlichen Nutzung) sowie **Wirtschaftswege, Hecken, Gräben, Grenzraine** und dgl. sind zu der Nutzung oder dem Nutzungsteil zu rechnen, dem sie dienen bzw. zu dem sie gehören (§ 40 Abs. 3 BewG). Diese Flächen lassen sich in der Regel aus den Katasterunterlagen nur im Ganzen für den gesamten Betrieb ermitteln. Da aus diesem Grunde eine unmittelbare Zurechnung dieser Flächen zu den einzelnen Nutzungen und Nutzungsteilen nicht möglich ist, sind sie nach dem Verhältnis der Flächen der Nutzungen und Nutzungsteile aufzuteilen (vgl. A 1.14 Abs. 3 BewR L). Das kommt praktisch jedoch nur für die landwirtschaftliche, weinbauliche und gärtnerische Nutzung in Betracht.

BEISPIEL Ein Landwirt bewirtschaftet folgende Flächen:

landwirtschaftlich	16 ha
Spargelanbau	1 ha
Weinberge	2 ha
Gärtnerei (Gemüse-, Blumen- und Zierpflanzenanbau)	1 ha
zusammen	20 ha

Die Hof- und Gebäudefläche beträgt 0,5 ha. Sie kann den Nutzungen bzw. Nutzungsteilen nicht unmittelbar zugerechnet werden, da sie ihnen gemeinsam dienen. Der Hausgarten beträgt 10 a.

LÖSUNG Nach A 1.14 Abs. 3 BewR L ist die Hof- und Gebäudefläche einschließlich Hausgarten wie folgt zuzurechnen:

der landwirtschaftlichen Nutzung	16/20 von 0,6 ha =	0,48 ha
dem Nutzungsteil Spargel	1/20 von 0,6 ha =	0,03 ha
der weinbaulichen Nutzung	2/20 von 0,6 ha =	0,06 ha
dem gärtnerischen Nutzungsteil		
Gemüse-, Blumen- und Zierpflanzenanbau	1/20 von 0,6 ha =	0,03 ha
		0,60 ha

Für die Ermittlung des Vergleichswerts (vgl. 4.3.4) sind im vorliegenden Fall folgende Flächen maßgebend:

landwirtschaftliche Nutzung	16,00 + 0,48 =	16,48 ha
Nutzungsteil Spargel	1,00 + 0,03 =	1,03 ha
weinbauliche Nutzung	2,00 + 0,06 =	2,06 ha
gärtnerischer Nutzungsteil		
Gemüse-, Blumen- und Zierpflanzenanbau	1,00 + 0,03 =	1,03 ha

1.3.2.3 Einbeziehung von Wirtschaftsgütern in fremdem Eigentum in den Wirtschaftsteil der wirtschaftlichen Einheit

Entgegen dem Grundsatz des § 2 Abs. 2 BewG (einheitliches Eigentum) sind eine Reihe von Wirtschaftsgütern in den Betrieb der Land- und Forstwirtschaft einzubeziehen, die nicht im Eigentum oder Alleineigentum des Eigentümers des Betriebs stehen. Die **Ausnahmen** werden im Folgenden dargestellt.

3363

1.3.2.3.1 Fremde Gebäude und Betriebsmittel nach § 34 Abs. 4 BewG

Danach sind in den Betrieb einzubeziehen:

3364

- dem Eigentümer des Grund und Bodens nicht gehörende **Gebäude,** die auf dem Grund und Boden des Betriebs stehen, und
- dem Eigentümer des Grund und Bodens nicht gehörende **Betriebsmittel,** die der Bewirtschaftung des Betriebs dienen.

Der Sinn und Zweck dieser Vorschrift ist es, alle Wirtschaftsgüter, die an der Erzielung des Ertrags mitwirken, in einem Einheitswert zu erfassen, zumal dies auch die für den Vergleichswert einer Nutzung maßgebende Gesamtbewertung erforderlich macht. Außerdem schuldet nach § 10 Abs. 1 GrStG der Eigentümer des Betriebs die Grundsteuer für solche Gebäude und Betriebsmittel. Eine getrennte Ermittlung und Besteuerung dieser Wirtschaftsgüter wäre im Rahmen des Systems der Ermittlung des Ertragswerts sehr schwierig gewesen.

3365

Hauptanwendungsfälle des § 34 Abs. 4 sind das Pachtverhältnis (A 1.05 Abs. 3 BewR L) und der Nießbrauch.

3366

BEISPIELE

a) A hat dem B seinen Betrieb der Land- und Forstwirtschaft verpachtet. B bewirtschaftet ihn teils mit eigenem, teils mit übernommenem, dem A gehörigem Inventar. B hat auf dem Pachtland für die Dauer des Pachtverhältnisses eine Feldscheune errichtet. Er hat außerdem noch eigene landwirtschaftliche Flächen, die er zusammen mit dem Pachtbetrieb bewirtschaftet.

LÖSUNG Das dem B gehörige Inventar, die ihm gehörenden umlaufenden Betriebsmittel sowie die Feldscheune (die nach § 95 Abs. 1 BGB nicht Bestandteil des Grund und Bodens und somit nicht Eigentum des A, sondern des B geworden ist) werden bei der Einheitsbewertung in den Betrieb des A einbezogen. Die dem Pächter B gehörenden landwirtschaftlich genutzten Flächen bilden eine selbstständige wirtschaftliche Einheit, für die ein eigener Einheitswert festzustellen ist. Die Einbeziehung fremden Grund und Bodens in den Betrieb des A ist gemäß § 2 Abs. 2 BewG nicht zulässig.

b) X bewirtschaftet als Eigentümer des landwirtschaftlich genutzten Grund und Bodens den Betrieb dauernd mit gepachteten, dem Y gehörigen Betriebsmitteln.

LÖSUNG Die Betriebsmittel werden in den Betrieb des X einbezogen. Selbstverständlich dürfen nur solche fremde Gebäude und fremde Betriebsmittel in den Betrieb einbezogen werden, die der Bewirtschaftung des Betriebs dienen und damit die Voraussetzungen des § 33 Abs. 1 und 2 BewG erfüllen.

Die fremden, dem Eigentümer des Grund und Bodens nicht gehörenden Wirtschaftsgebäude und anderen Betriebsmittel sind bewertungsrechtlich grundsätzlich bereits durch den Ansatz des Vergleichswerts berücksichtigt. Ein Zuschlag hierfür kommt nur dann in Betracht, wenn durch das Vorhandensein dieser fremden Betriebsmittel ein Überbestand vorliegt und dadurch die Voraussetzungen des § 41 BewG eingetreten sind.

3367

3368 Hat jedoch ein Pächter oder Unterpächter auf der von ihm gepachteten Parzelle eines Kleingartengebiets ein Wohngebäude errichtet, so ist diese Parzelle zum Grundvermögen zu rechnen (BFH vom 19.01.1979 BStBl II 1979,398). Diese Fläche stellt in einem solchen Falle ein Grundstück mit Gebäude auf fremdem Grund und Boden dar (§ 94 BewG), die dem Eigentümer (Verpächter) des Grund und Bodens zuzurechnen ist. Das Gebäude auf fremdem Grund und Boden ist eine selbstständige wirtschaftliche Einheit des Grundvermögens (§ 70 Abs. 3 BewG) und dem Eigentümer bzw. wirtschaftlichen Eigentümer des Gebäudes zuzurechnen. Einzelheiten hierzu vgl. Kapitel 2 Teil E 6.4.

1.3.2.3.2 Anteile an Wirtschaftsgütern nach § 34 Abs. 5 BewG

3369 Danach ist ein **Anteil** des Eigentümers eines Betriebs der Land- und Forstwirtschaft an einem Wirtschaftsgut in den Betrieb einzubeziehen, wenn dieses Wirtschaftsgut mit dem Betrieb zusammen genutzt wird. Das kann sowohl bei gemeinschaftlicher Benutzung, als auch bei effektiver Teilung in Betracht kommen. Wirtschaftsgüter, an denen der Eigentümer des Betriebs - sei es durch Bruchteils- oder durch Gesamthandseigentum - beteiligt ist, können sowohl land- und forstwirtschaftlich genutzte Flächen als auch Gebäude oder Betriebsmittel sein (vgl. A 1.05 Abs. 5 BewR L).

BEISPIELE

a) A, B und C sind Eigentümer je eines Betriebs der Land- und Forstwirtschaft. Sie sind gemeinschaftlich Eigentümer einer Weide. Sie nutzen diese Weide in der Weise, dass jeder eine seinem Anteil entsprechende Menge Vieh auf die Weide gibt.
LÖSUNG Die Anteile der drei Miteigentümer an der Weide sind jeweils in die wirtschaftliche Einheit (Einheitswerte) der ihnen gehörenden Betriebe der Land- und Forstwirtschaft einzubeziehen.

b) Mehrere Landwirte sind – in der Form einer Gesellschaft des bürgerlichen Rechts – an einer gemeinschaftlichen Gefrieranlage, an einer Trocknungsanlage oder an einem Nebenbetrieb der Land- und Forstwirtschaft beteiligt.
LÖSUNG Die Anteile sind in die wirtschaftliche Einheit (Einheitswerte) der den verschiedenen Landwirten gehörenden Betriebe einzubeziehen.

1.3.2.3.3 Wirtschaftsgüter einzelner Beteiligter einer GdbR nach § 34 Abs. 6 BewG

3370 Danach sind in einen Betrieb der Land- und Forstwirtschaft, der von einer Gesellschaft oder Gemeinschaft des bürgerlichen Rechts betrieben wird, auch die Wirtschaftsgüter einzubeziehen, die einem oder mehreren Beteiligten gehören und dem Betrieb zu dienen bestimmt sind. Diese Regelung entspricht der Behandlung des Vermögens der Mitunternehmer bei der Bewertung des Betriebsvermögens und gilt sowohl für Flächen, als auch für Gebäude und Betriebsmittel.

BEISPIEL

A und B betreiben in ungeteilter Erbengemeinschaft einen Betrieb der Land- und Forstwirtschaft. Mit bewirtschaftet werden zwei Flächen, von denen die eine Alleineigentum des A und die andere Alleineigentum der Ehefrau des B sind.
LÖSUNG Beide Flächen sind in wirtschaftliche Einheit (Einheitswert) des der Erbengemeinschaft gehörenden Betriebs einzubeziehen (die Fläche der Ehefrau gemäß § 34 Abs. 6 i. V. m. § 26 BewG).

3371–3380 frei

1.3.3 Wohnteil

Der Wohnteil eines Betriebs der Land- und Forstwirtschaft umfasst die **Gebäude und Gebäudeteile** (nicht die dazugehörigen Flächen, vgl. § 40 Abs. 3 BewG), soweit sie
- dem Inhaber des Betriebs,
- seinen zum Haushalt gehörenden Familienangehörigen,
- den Altenteilern und
- dem Hauspersonal (vgl. 1.07 Abs. 3 und A 1.02 Abs. 5 letzter Satz BewR L)

zu **Wohnzwecken dienen** (§ 34 Abs. 3 BewG). Die Wohngebäude der anderen Arbeitskräfte des Betriebs gehören dagegen zum Wirtschaftsteil (vgl. 1.3.2.2.2).

3381

Die Einbeziehung des Wohnteils in den Betrieb der Land- und Forstwirtschaft hat zum einen ihren Grund in der Erwägung, dass die Wohnung des Betriebsinhabers den betriebswirtschaftlichen Mittelpunkt des Betriebs darstellt. Deshalb gehören Gebäude und Gebäudeteile, die dem Inhaber des Betriebs und den zu seinem Haushalt gehörenden Familienangehörigen zu Wohnzwecken dienen, grundsätzlich nur unter der **Voraussetzung** zum Wohnteil des Betriebs der Land- und Forstwirtschaft (und somit nicht zum Grundvermögen), dass der Betriebsinhaber oder mindestens einer der zu seinem Haushalt gehörenden Familienangehörigen durch eine **mehr als nur gelegentliche Tätigkeit** in dem Betrieb an diesen gebunden ist und dass das Wohngebäude nach der **Verkehrsauffassung** zum Betrieb der Land- und Forstwirtschaft gehört. Zum andern waren für diese Regelung auch praktische Gesichtspunkte mitbestimmend. In einem land- und forstwirtschaftlichen Wohngebäude befinden sich neben den eigengenutzten Wohnräumen häufig auch die Wohnräume der Arbeitnehmer. Küche und Aufenthaltsräume werden vielfach von der Familie des Land- und Forstwirts und seinem Personal gemeinschaftlich genutzt, die Küche dient oftmals gleichzeitig als Wirtschaftsküche. In solchen Fällen wäre eine Aufteilung in zwei selbstständige wirtschaftliche Einheiten, nämlich des land- und forstwirtschaftlichen Vermögens sowie des Grundvermögens, wenig sinnvoll und wenig praktikabel geworden.

3382

Auf den **baulichen Charakter** des Wohngebäudes kommt es grundsätzlich nicht an (BFH vom 12.12.1975 BStBl II 1976, 281). Auch ist nicht unbedingt erforderlich, dass die bewirtschafteten Flächen mit dem Wohngebäude räumlich zusammenhängen. Die **Lage des Wohngebäudes** innerhalb eines Dorfes oder einer Wohngegend mit kleinstädtischem Charakter schließt die Einbeziehung des Wohngebäudes in den Betrieb der Land- und Forstwirtschaft nicht aus (RFH vom 18.06.1942 Bd. 52, 58). Ein **von der Hofstelle getrennt liegendes Wohngebäude** in einem Ort mit ausgesprochen städtischem Charakter (z.B. in geschlossener Wohnlage) kann aber nach der Verkehrsauffassung regelmäßig nicht mehr als Teil des Betriebs der Land- und Forstwirtschaft angesehen werden (RFH vom 19.01.1934 RStBl 1934, 249 und RFH vom 21.01.1943 RStBl 1943, 275). Das einem Land- und Forstwirt und seiner Familie zu Wohnzwecken dienende Wohngebäude ist regelmäßig auch dann in die wirtschaftliche Einheit des Betriebs der Land- und Forstwirtschaft einzubeziehen, wenn das Gebäude am Ortsrand in einem reinen Wohngebiet (Neubaugebiet) liegt und äußerlich weder nach seiner Gestaltung noch nach seiner Lage eine Zugehörigkeit zum Betrieb der Land- und Forstwirtschaft erkennen lässt (BFH vom 09.05.1990 BStBl II 1990, 729).

3383

Vom **Standpunkt der betriebswirtschaftlichen Zugehörigkeit** des Wohngebäudes zum Betrieb der Land- und Forstwirtschaft (d.h. mehr als nur gelegentliche Tätigkeit des Betriebsinhabers oder mindestens eines zum Haushalt gehörenden Familienangehörigen, vgl. A 1.02 Abs. 5 BewR L) lassen sich folgende **drei Gruppen** charakterisieren:

3384

1. Bei Betrieben von **mittlerer Größe** ist eine Bindung an den Betrieb in der Regel gegeben.

3385

3386   2. Bei **größeren Betrieben** ist die Wohnung des Betriebsinhabers dem Betrieb nur dann dauernd zu dienen bestimmt, wenn der Betriebsinhaber oder mindestens einer der zu seinem Haushalt gehörenden Familienangehörigen den Betrieb selbstständig leitet und die Lage der Wohnung die hierfür erforderliche Anwesenheit im Betrieb ermöglicht. Lässt der Inhaber eines größeren Betriebs diesen durch eine andere Person selbstständig verwalten, so gehört die Wohnung nicht zum Wohnteil des Betriebs, sondern zum Grundvermögen. Herrenhäuser und Schlösser gehören mit denjenigen Gebäudeteilen zum Wohnteil des Betriebs der Land- und Forstwirtschaft, die dem Betriebsinhaber, seinen Familienangehörigen, dem Hauspersonal und den Altenteilern zu Wohnzwecken dienen, sofern insoweit die oben bezeichneten Voraussetzungen erfüllt sind. Vgl. A 1.02 Abs. 6 BewR L.

3387   3. Bei einem **Kleinbetrieb** ist die Wohnung des Inhabers dem Betrieb dauernd zu dienen bestimmt und gehört somit zum Wohnteil, wenn der Betriebsinhaber oder einer der zu seinem Haushalt gehörenden Familienangehörigen durch eine mehr als nur gelegentliche Tätigkeit an den Betrieb gebunden ist. Diese Tätigkeit braucht zwar nicht die gesamte Arbeitskraft des Betriebsinhabers oder eines zum Haushalt gehörenden Familienangehörigen umfassen, sie muss aber mehr als nur gelegentlich sein (BFH vom 12. 12. 1975 BStBl II 1976, 281). Das ist bei Kleinbetrieben mit ausschließlich landwirtschaftlicher Nutzung immer dann der Fall, wenn **mindestens eine Vieheinheit** oder bei Geflügel zwei Vieheinheiten gehalten werden **oder** wenn eine **eigene Zugkraft** vorhanden ist, die überwiegend dem Betrieb der Land- und Forstwirtschaft des Inhabers dient (vgl. A 1.02 Abs. 7 BewR L).

3388   Werden Betriebe mit landwirtschaftlicher Nutzung **viehlos und ohne eigene Zugkraft in Lohnarbeit** bewirtschaftet oder umfasst der Betrieb andere als die landwirtschaftliche Nutzung oder Sonderkulturen, kann man sich an dem Maßstab des A 1.02 Abs. 4 Satz 3 BewR L orientieren. Die (früheren) Oberfinanzdirektionen des Landes Baden-Württemberg (Vgl. Bew-Kartei Ba-Wü zu § 34 BewG Karte 15) haben für derartige Fälle auf der Basis von mindestens 100 Tagen Tätigkeit im Jahr für die landwirtschaftliche, weinbauliche und gärtnerische Nutzung (bzw. deren Nutzungsteile) bestimmte Mindestflächen ermittelt, die in Lohnarbeit bewirtschaftet werden müssen. Danach ist die Wohnung des Betriebsinhabers dem Betrieb nur dann dauernd zu dienen bestimmt und damit zum Wohnteil zu rechnen, wenn in solchen Fällen bei der landwirtschaftlichen Nutzung mindestens 2 ha in Lohnarbeit bewirtschaftet werden. Für die anderen Nutzungen bzw. Nutzungsteile sind entsprechende Flächengrenzen festgelegt worden. Selbstverständlich darf ein Wohngebäude auch in diesen Fällen nur dann als Bestandteil des Betriebs der Land- und Forstwirtschaft behandelt werden, wenn dies die Verkehrsauffassung zulässt.

3389   Die Tatsache, dass ein Wohngebäude nach **Größe, Bauart und Ausstattung** über die Erfordernisse der Bewirtschaftung des Betriebs hinausgeht, steht seiner Einbeziehung in den Betrieb der Land- und Forstwirtschaft nicht entgegen (RFH vom 26. 03. 1936 RStBl 1936, 676). Der über die Erfordernisse des Betriebs hinausgehende Wert wird bei der Bewertung im Ertragswertverfahren nach § 47 BewG durch den Ansatz einer entsprechend höheren Jahresrohmiete erfasst. Die bewertungsrechtliche Behandlung des Wohngebäudes weicht insoweit von der Behandlung bei der Einkommensteuer ab. Bei der Einkommensteuer rechnet der Nutzungswert der Wohnung des Landwirts nur dann zu den Einkünften aus Land- und Forstwirtschaft, wenn die Wohnung die bei Betrieben gleicher Art übliche Größe nicht überschreitet (§ 13 Abs. 2 Nr. 2 EStG).

Bei den so genannten landwirtschaftlichen **Nebenerwerbstellen** steht die Befriedigung des Wohnbedürfnisses im Vordergrund. Im Allgemeinen werden daher das Wohngebäude und der Hausgarten als Grundvermögen zu bewerten sein, es sei denn, dass ausnahmsweise die Größe der Fläche oder auch die Haltung von Großvieh eine Bewertung als land- und forstwirtschaftliches Vermögen rechtfertigt. Vgl. BFH vom 26. 01. 1973 BStBl II 1973, 282 und vom 23. 06. 1978 BStBl II 1978, 642. 3390

Das Wohngebäude eines Landwirts scheidet aber nicht deshalb ohne Weiteres aus dem Betrieb der Land- und Forstwirtschaft aus, weil der **Landwirt gleichzeitig einen anderen Beruf** ausübt (z. B. Handwerker oder Beamter ist; vgl. RFH vom 04. 05. 1932 RStBl 1932, 762 sowie A 1.03 Abs. 6 BewR L). Anders wird es erst dann, wenn der Eigentümer die land- und forstwirtschaftlichen Flächen nicht nur vorübergehend verpachtet und sein Wohngebäude zum Teil vermietet oder ganz selbst bewohnt. In dem Fall wird das Wohngebäude Grundvermögen (RFH vom 12. 05. 1942 RStBl 1942, 685 und BFH vom 12. 12. 1975 BStBl II 1976, 281). Die land- und forstwirtschaftlich verpachteten Flächen sind dagegen weiterhin als Betrieb der Land- und Forstwirtschaft zu bewerten (Stückländereien, § 34 Abs. 7 BewG). 3391

Wohnungen und Wohnräume, die länger als sechs Wochen im Jahr **an Betriebsfremde vermietet** werden, gehören nicht zum Wohnteil oder Wirtschaftsteil (A 1.02 Abs. 10 BewR L). Vgl. auch A 1.03 Abs. 7 BewR L und 1.2.2.6 sowie die Vereinfachungsregelung in R 15.5 Abs. 12 EStR. 3392

Nach dem **Wohneigentumsförderungsgesetz** – WohnEigFG – vom 15. 05. 1986 BStBl I 1986, 278 konnten die zum (ertragsteuerlichen) land- und forstwirtschaftlichen Betrieb gehörende eigengenutzte Wohnung und die Altenteilerwohnung innerhalb der Übergangszeit vom 01. 01. 1987 bis 31. 12. 1998 ertragsteuerfrei aus dem land- und forstwirtschaftlichen Betrieb in das Privatvermögen überführt werden. Diese Regelung hat für die Zuordnung des Wohnteils zum land- und forstwirtschaftlichen Vermögen und seine Bewertung maßgeblichen Vorschriften der §§ 33, 34 und 47 BewG keine Auswirkung. Eine Herauslösung solcher Wohnungen aus dem Betrieb der Land- und Forstwirtschaft und ihre Bewertung als Grundvermögen ist nicht möglich. 3393

1.4 Zusammenfassende Darstellung des Bewertungsgegenstands des land- und forstwirtschaftlichen Vermögens

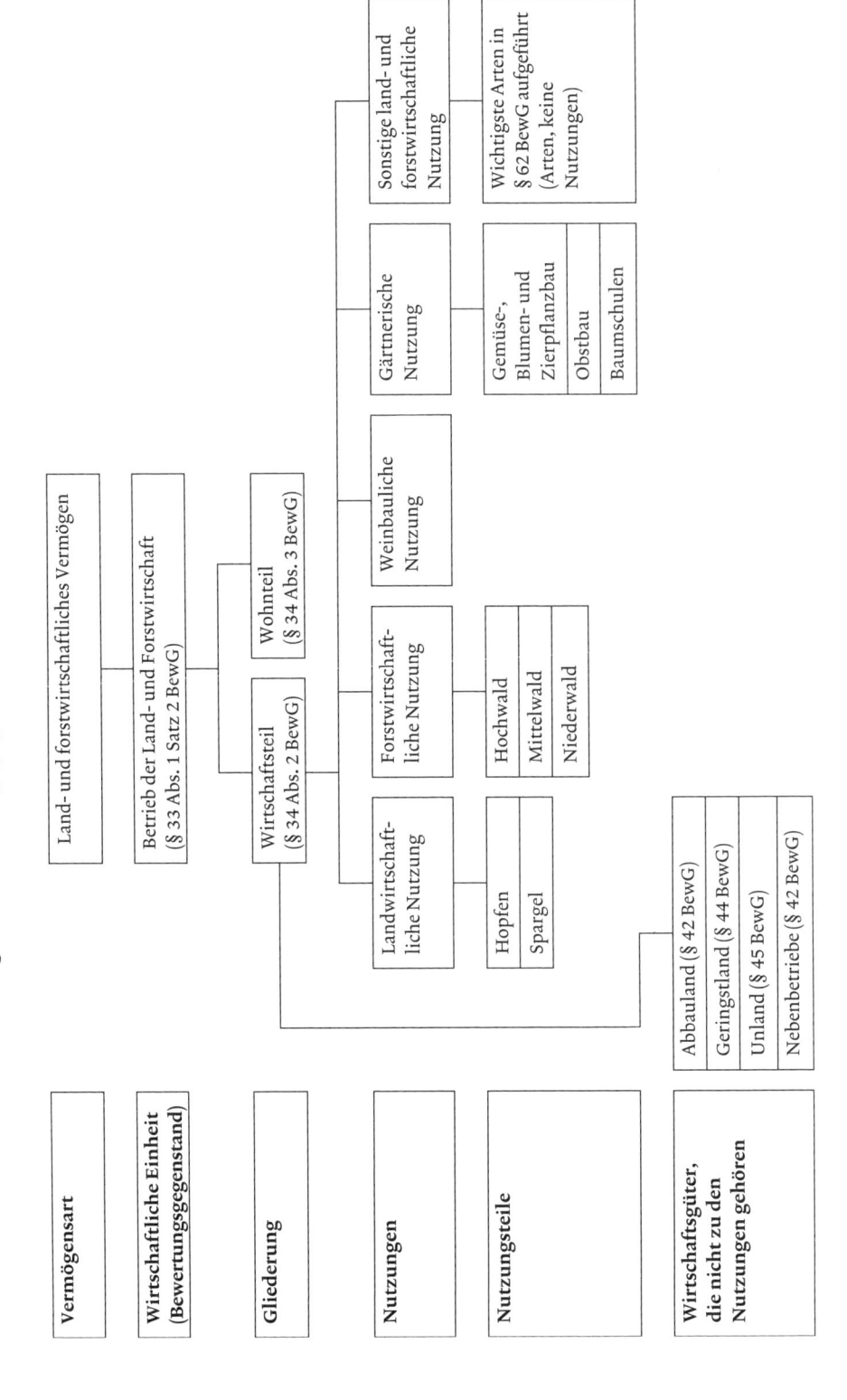

Vermögensart	Land- und forstwirtschaftliches Vermögen
Wirtschaftliche Einheit (Bewertungsgegenstand)	Betrieb der Land- und Forstwirtschaft (§ 33 Abs. 1 Satz 2 BewG)
Gliederung	Wirtschaftsteil (§ 34 Abs. 2 BewG) / Wohnteil (§ 34 Abs. 3 BewG)
Nutzungen	Landwirtschaftliche Nutzung / Forstwirtschaftliche Nutzung / Weinbauliche Nutzung / Gärtnerische Nutzung / Sonstige land- und forstwirtschaftliche Nutzung
Nutzungsteile	Landwirtschaftliche Nutzung: Hopfen, Spargel — Forstwirtschaftliche Nutzung: Hochwald, Mittelwald, Niederwald — Gärtnerische Nutzung: Gemüse-, Blumen- und Zierpflanzbau, Obstbau, Baumschulen — Sonstige land- und forstwirtschaftliche Nutzung: Wichtigste Arten in § 62 BewG aufgeführt (Arten, keine Nutzungen)
Wirtschaftsgüter, die nicht zu den Nutzungen gehören	Abbauland (§ 42 BewG) / Geringstland (§ 44 BewG) / Unland (§ 45 BewG) / Nebenbetriebe (§ 42 BewG)

2 Bewertungsstichtag

Wie allgemein bei der Einheitsbewertung, sind auch bei der Einheitsbewertung der Betriebe der Land- und Forstwirtschaft grundsätzlich die Verhältnisse im **Feststellungszeitpunkt** (Hauptfeststellungszeitpunkt, Nachfeststellungszeitpunkt oder Fortschreibungszeitpunkt) maßgebend. Das ist jeweils der **Beginn eines Kalenderjahres**. Diese Regelung gilt nach § 35 Abs. 1 BewG für Folgendes:
- für die **Größe des Betriebs** (Grund- und Bodenflächen),
- für den **Umfang und Zustand der Gebäude** (Wirtschafts- und Wohngebäude) und
- für den **Umfang und den Zustand der stehenden Betriebsmittel** (z. B. Maschinen, Geräte, Zugtiere, Zuchttiere).

Von diesem Grundsatz gibt es für die vorstehend genannten Wirtschaftsgüter **Ausnahmen** bei:
- der forstwirtschaftlichen Nutzung (durch § 54 BewG) und
- der gärtnerischen Nutzung (durch § 59 BewG).

Bei Nachfeststellungen und Fortschreibungen sind jedoch gemäß § 27 BewG die **Wertverhältnisse des Hauptfeststellungszeitpunkts** (01.01.1964) zugrunde zu legen.

Eine **Ausnahme** von dem Grundsatz der Maßgeblichkeit des Feststellungszeitpunkts gilt jedoch nach § 35 Abs. 2 BewG für die **umlaufenden Betriebsmittel**. Für die umlaufenden Betriebsmittel, die nach § 33 Abs. 3 Nr. 3 BewG nur mit ihrem normalen Bestand zum Betrieb der Land- und Forstwirtschaft gehören, ist sowohl für den Bestand als auch für den Wert der Stand am Ende des Wirtschaftsjahres maßgebend, das dem Feststellungszeitpunkt vorausgegangen ist. Das ist bei der Landwirtschaft in der Regel der 30. Juni, bei der Forstwirtschaft regelmäßig der 30. September. Diesen **abweichenden Stichtag** zugrunde zu legen hielt der Gesetzgeber deshalb für zweckmäßig, weil an diesem Stichtag der Bestand an umlaufenden Betriebsmitteln am leichtesten feststellbar und auch – weil die alte Ernte in der Regel verkauft und die neue Ernte noch nicht eingebracht ist – am geringsten ist.

Der abweichende Stichtag gilt auch für die Frage, ob und in welchem Umfang ein Überbestand an umlaufenden Betriebsmitteln vorhanden gewesen ist.

3 Bewertungsmaßstäbe

3.1 Grundsätzliches

Bei der Bewertung der Betriebe der Land- und Forstwirtschaft muss zunächst unterschieden werden zwischen dem **Wirtschaftsteil** und dem **Wohnteil** des Betriebs (vgl. hierzu 1.3 sowie § 34 Abs. 1 bis 3 BewG). Der Wert dieser beiden Teile wird jeweils gesondert errechnet. Beide Werte ergeben zusammengerechnet den Einheitswert des Betriebs (vgl. § 48 BewG und 6.1).

Nach § 36 Abs. 1 BewG sind für die beiden Teile des Betriebs folgende Bewertungsgrundsätze maßgebend:
1. für den Wirtschaftsteil der **Ertragswert,**
2. für den Wohnteil der sich nach § 47 BewG ergebende Wert (**Wohnungswert**).

3.2 Begriff des Ertragswerts

3423 Nach § 36 Abs. 2 BewG handelt es sich beim Ertragswert um eine mit dem 18fachen **kapitalisierte Ertragsfähigkeit**. Als Ertragsfähigkeit wird ein jährlicher Reinertrag zugrunde gelegt, der sich bei ordnungsmäßiger und schuldenfreier Bewirtschaftung mit entlohnten fremden Arbeitskräften gemein und nachhaltig ergibt. Bei der Beurteilung dieser Ertragsfähigkeit sind außerdem noch die natürlichen und wirtschaftlichen Ertragsbedingungen zu berücksichtigen, soweit sie nicht unwesentlich sind (§ 36 Abs. 3 BewG). Dem Kapitalisierungsfaktor 18 liegt ein Zinssatz von 5,5 % zugrunde (100 : 5,5 = 18).

3424 Der Ertragswert basiert also nicht auf einem tatsächlich erzielten Reinertrag, sondern auf der Grundlage eines unter genormten objektiven Merkmalen erzielbaren Reinertrags, den der Gesetzgeber als Ertragsfähigkeit bezeichnet. Hierdurch sollen zufällige Ertragsergebnisse ausgeschaltet werden. Unregelmäßige Witterungseinflüsse und Preisschwankungen, besondere Tüchtigkeit des Betriebsinhabers sowie Zinsbelastungen aus Fremdmitteln dürfen den Ertrag nicht beeinflussen. Außerdem ist zu unterstellen, dass der Betrieb in vollem Umfang mit entlohnten fremden Arbeitskräften bewirtschaftet wird. Laufende Lasten, die an den Grundstücken ohne zeitliche Begrenzung haften, auf jeden Erwerber übergehen und somit objektiv den Ertragswert mindern (z. B. Deichlasten, öffentliche Lasten wie Grundsteuer), sind dagegen zu berücksichtigen (vgl. 1.1.4.2). Es wird also ein Reinertrag kapitalisiert, der unter diesen Gesichtspunkten gemeinhin (allgemein) und nachhaltig, d. h. in einer Reihe von Jahren im Durchschnitt erzielbar ist. Der für den Wirtschaftsteil (vgl. 1.3.2) zu ermittelnde Wert wird in § 46 BewG als **Wirtschaftswert** bezeichnet.

3.3 Begriff des Wohnungswerts

3425 Nach § 47 BewG wird der Wert des Wohnteils (Wohnungswert) wie beim Grundvermögen für die Bewertung der Mietwohngrundstücke im Ertragswertverfahren ermittelt. Es handelt sich dabei um einen **gemeinen Wert**, der die Besonderheiten, die sich aus der Lage des Wohnteils im Betrieb der Land- und Forstwirtschaft ergeben, besonders berücksichtigt (wertmindernde Einflüsse gegenüber Mietwohngrundstücken). Nähere Einzelheiten ergeben sich aus 5.

3.4 Berechnungsgrößen ab 01.01.2002

3426 Für alle Einheitswertfeststellungen ab 01.01.2002 gilt als Berechnungsgröße weiterhin die DM-Währung (vgl. § 205 Abs. 2 BewG für die Weitergeltung der Beträge in DM in den §§ 40, 41, 44 und 55 BewG). Das bedeutet, dass zunächst alle Berechnungen in DM durchzuführen sind bis hin zur Abrundung des Einheitswerts und einschließlich der Prüfung der Wertfortschreibungsgrenzen des § 22 Abs. 1 BewG. Erst der festzustellende Einheitswert (im Wege der Nachfeststellung oder Fortschreibung) ist mit dem amtlichen Umrechnungskurs von 1,95583 DM/€ auf Euro umzurechnen (§ 30 BewG). Der sich ergebende Betrag ist auf 1 € zu runden (z. B. maßgebender Einheitswert 11 400 DM ergibt 5 828 €).

3427–3430 frei

4 Bewertungsverfahren zur Ermittlung des Ertragswerts des Wirtschaftsteils (Wirtschaftswert)

4.1 Zusammensetzung des Wirtschaftswerts

Nach § 46 BewG setzt sich der Wert des Wirtschaftsteils (Wirtschaftswert) zusammen aus: 3431
- den **Vergleichswerten** der einzelnen Nutzungen und Nutzungsteile (§ 40 Abs. 1, § 55 BewG), eventuell korrigiert um Abschläge und Zuschläge gemäß § 41 BewG,
- den **Einzelertragswerten** einzelner Nutzungen (§ 37 Abs. 2 BewG),
- den **Einzelertragswerten** für Nebenbetriebe und Abbauland (§§ 42 Abs. 2 und 43 Abs. 2 BewG) und
- den **festen Werten** für Geringstland (§ 44 Abs. 2 BewG) und für bestimmte Teile der forstwirtschaftlichen Nutzung (§ 55 Abs. 5 BewG, A 4.04 Abs. 1 BewR L).

Für jede Nutzung, jeden Nutzungsteil, jede Art der sonstigen land- und forstwirtschaftlichen Nutzung und für die gesondert zu bewertenden Wirtschaftsgüter (Nebenbetriebe, Abbauland und Geringstland) eines Betriebs der Land- und Forstwirtschaft ist der **Ertragswert getrennt zu ermitteln.** Die nur für einzelne Nutzungsarten geltenden Sondervorschriften der §§ 50 bis 62 BewG sind dabei zu beachten (§ 46 Satz 2 BewG). Erst die Summe dieser einzelnen Ertragswerte ergibt den gesamten Ertragswert des Wirtschaftsteils des Betriebs, der als Wirtschaftswert bezeichnet wird. Vgl. hierzu auch die Übersicht bei 6.3. 3432

4.2 Verfahrensarten (Bewertungsmethoden)

Für die **getrennt zu ermittelnden Ertragswerte** der einzelnen Nutzungen, Nutzungsteile usw. (vgl. 4.1) sind nach § 37 BewG folgende Verfahren vorgesehen: 3433

4.2.1 Vergleichendes Verfahren

Das in § 37 Abs. 1 BewG bestimmte vergleichende Verfahren hat Vorrang gegenüber dem Einzelertragswertverfahren. Soweit es durchführbar ist, muss es angewendet werden. Es kann auch auf Nutzungsteile angewendet werden. 3434

Die Anwendung des vergleichenden Verfahrens hat den Vorteil, dass nicht für jede Nutzung eine Einzelberechnung des Reinertrags durchgeführt werden muss und dass Ungleichmäßigkeiten, die sich bei einer Einzelberechnung des Reinertrags ergeben können, weitgehend ausgeschaltet werden (Sicherung eines einheitlichen Wertgefüges). 3435

Beim vergleichenden Verfahren **unterscheidet** man zwei Varianten: 3436
a) Das vergleichende Verfahren **mit** Hilfe von **Vergleichszahlen** (§§ 38 bis 40 BewG). Es wird angewendet für:
  - die landwirtschaftliche Nutzung,
    den landwirtschaftlichen Nutzungsteil Hopfen,
    den landwirtschaftlichen Nutzungsteil Spargel,
  - die weinbauliche Nutzung,
  - die gärtnerischen Nutzungsteile
  – Gemüse-, Blumen- und Zierpflanzenbau,
  – Obstbau und
  – Baumschulen.
b) Das vergleichende Verfahren **ohne Vergleichszahlen** (unmittelbare Ermittlung des Vergleichswerts). Es wird angewendet für:

- die forstwirtschaftliche Nutzung und
- die einzelnen Arten der sonstigen land- und forstwirtschaftlichen Nutzung.

Vgl. hierzu A 1.17 BewR L.

3437 Das **Wesen** des vergleichenden Verfahrens (vergleichende Bewertung) besteht darin, dass für die einzelnen Nutzungen und Nutzungsteile des zu bewertenden Betriebs der Land- und Forstwirtschaft die Ertragswerte (Ertragsfähigkeit) durch **Vergleiche mit** der Ertragsfähigkeit entsprechender Nutzungen und Nutzungsteile bereits bewerteter Betriebe (**Bewertungsstützpunkte**) ermittelt werden, wobei die unterschiedlichen Ertragsbedingungen zu berücksichtigen sind (vgl. A 1.17 Abs. 1 und 2 BewR L sowie 4.3). Für jede Nutzung und jeden Nutzungsteil eines Betriebs ist der jeweilige Ertragswert getrennt im vergleichenden Verfahren zu ermitteln.

4.2.2 Einzelertragswertverfahren

3438 Das in § 37 Abs. 2 BewG vorgegebene Einzelertragswertverfahren kommt in Ausnahmefällen bei Nutzungen oder Nutzungsteilen in Betracht, wenn der Ertragswert nicht im vergleichenden Verfahren ermittelt werden kann (A 1.18 Abs. 1 Satz 1 Nr. 2 und Satz 2 BewR L), z. B. bei hochentwickelten Spezialbetrieben. Das Einzelertragswertverfahren ist außerdem maßgebend für die Ermittlung der Ertragswerte der Nebenbetriebe (§ 42 BewG) und des Ertragswerts des Abbaulandes (§ 43 BewG).

3439 Beim Einzelertragswertverfahren wird die Ertragsfähigkeit **ohne Vergleich mit bereits bewerteten Betrieben** unmittelbar ermittelt (vgl. A 1.18 Abs. 2 BewR L sowie 4.7).

4.2.3 Feste Wertansätze

3440 Feste Werte werden angesetzt für:
1. Geringstland (§ 44 Abs. 2 BewG) und
2. bestimmte Teile der forstwirtschaftlichen Nutzung (vgl. § 55 Abs. 7 BewG, A 4.04 Abs. 1; BewR L).

3441–3450 frei

4.3 Durchführung des vergleichenden Verfahrens mit Hilfe von Vergleichszahlen

4.3.1 Ermittlung der Ertragsfähigkeit in Form von Vergleichszahlen

3451 Die Unterschiede in der **Ertragsfähigkeit** der Nutzungen bzw. der Nutzungsteile in den einzelnen Betrieben, für die dieses Verfahren gilt (vgl. 4.3.3.4), werden durch Vergleich der Ertragsbedingungen beurteilt und **in Zahlen** ausgedrückt, die dem **Verhältnis der Reinerträge** entsprechen. Diese Zahlen werden Vergleichszahlen genannt (vgl. § 38 Abs. 1 BewG).

3452 Für die Bestimmung der jeweiligen Vergleichszahl der zu bewertenden Nutzungen und Nutzungsteile wird von einer gedachten Nutzung bzw. einem gedachten Nutzungsteil mit fast idealer und besonders hoher Ertragsfähigkeit ausgegangen. Dafür wurden **jeweils 100 Vergleichszahlen** angesetzt. Diese unterstellte Vergleichszahl von 100 ist **nicht** unbedingt ein **Höchstwert,** sondern kann im Einzelfall von tatsächlichen Nutzungen und Nutzungsteilen mit noch günstigeren Ertragsbedingungen sogar übertroffen werden.

3453 Die **Ansätze bei der Ermittlung der Vergleichszahlen beziehen sich** nach A 1.17 Abs. 4 BewR L:

- bei der landwirtschaftlichen Nutzung und den landwirtschaftlichen Nutzungsteilen (Sonderkulturen) Hopfen und Spargel
  auf 1 a (= 100 m²),
- bei der weinbaulichen Nutzung
  auf 1 a (= 100 m²),
- bei den gärtnerischen Nutzungsteilen Gemüse-, Blumen- und Zierpflanzenbau sowie Obstbau
  auf 1 m²,
- beim gärtnerischen Nutzungsteil Baumschulen auf 1 a (= 100 m²).

3454–3460 frei

4.3.2 Berücksichtigung der Ertragsbedingungen

Nach § 38 Abs. 2 Nr. 2 BewG sind bei der Ermittlung der jeweiligen Vergleichszahl ganz bestimmte **natürliche** und **wirtschaftliche** Ertragsbedingungen zu berücksichtigen. Hiernach sind beim Vergleich der Ertragsbedingungen unterschiedliche Verhältnisse zugrunde zu legen. 3461

Die **tatsächlichen** Verhältnisse werden herangezogen bei 3462
- **natürlichen Ertragsbedingungen,** insbesondere für die
- Bodenbeschaffenheit (chemische Zusammensetzung des Bodens und seine physikalischen Eigenschaften entsprechend der Bodenart, z.B. Sand, Lehm, Ton, Moor),
- Geländegestaltung (Lage der einzelnen Flächen in ebenem, hügeligem, hängigem oder steilem Gelände),
- klimatische Verhältnisse (durchschnittliche Jahreswärme, Menge der Niederschläge, Zahl der frostfreien Tage),
- sonstige (z.B. Bodenwechsel, Flächenverluste, Hagelgefährdung; vgl. z.B. A 2.04 bis 2.07 BewR L für die landwirtschaftliche Nutzung);
- **folgenden wirtschaftlichen Ertragsbedingungen**
- innere Verkehrslage (Lage der Entfernung der Wohn- und Wirtschaftsgebäude zu den bewirtschafteten Flächen; Lage der Flächen zueinander, d.h. Geschlossenheit oder Zersplitterung der Betriebsfläche), z.B. sind bei verstreut liegenden Flächen die Bewirtschaftungskosten höher und damit die Ertragsfähigkeit geringer; 3463
- äußere Verkehrslage (z.B. Entfernung des Betriebs bis zum Verladebahnhof oder zum Marktort oder zur Genossenschaft für die Anfuhr der Betriebsmittel und die Abfuhr der Erzeugnisse, ungünstige oder günstige Verkehrsverhältnisse); 3464
- Betriebsgröße. Ist sie unzureichend, wirkt sie sich nachteilig auf den Reinertrag aus, z.B. führt die ungenügende Ausnutzung der vorhandenen Maschinen und Arbeitskräfte nicht zu einer optimalen Ertragsfähigkeit.

Die **gegendüblichen** (d.h. in der Gegend des Betriebs als regelmäßig anzusehenden) Verhältnisse werden zugrunde gelegt bei allen **übrigen wirtschaftlichen Verhältnissen,** insbesondere für 3465
- die Preis- und Lohnverhältnisse,
- die Betriebsorganisation,
- den Bestand von Betriebsmitteln (vor allem Viehbesatz),
- den Bestand an Wirtschaftsgebäuden,
- die Belastung mit Grundsteuer.

3466 Bei **Stückländereien** werden für sämtliche wirtschaftliche Ertragsbedingungen die gegendüblichen Verhältnisse herangezogen (§ 38 Abs. 3 BewG). Für die natürlichen Ertragsbedingungen sind auch bei Stückländereien die tatsächlichen Verhältnisse maßgebend (§ 38 Abs. 2 Nr. 1 BewG). Die zahlreichen kleinen Betriebe ohne Wohnteil (vor allem im süddeutschen Raum) mit nur landwirtschaftlicher Nutzung (so genannte **unechte Stückländereien**) werden, obwohl sie keine »echten« Stückländereien sind, hinsichtlich der wirtschaftlichen Ertragsbedingungen in der Praxis genauso behandelt, wie die Stückländereien (d. h. Ansatz aller wirtschaftlichen Ertragsbedingungen mit durchschnittlichen Verhältnissen).

4.3.3 Bewertungsstützpunkte zur Ermittlung der maßgebenden Vergleichszahlen

4.3.3.1 Schaffung von Bewertungsstützpunkten

3467 Um für den Vergleich der Ertragsbedingungen feststehende Ausgangspunkte zu schaffen und die Gleichmäßigkeit der Bewertung zu sichern, sind gemäß § 39 Abs. 1 BewG vorweg in einigen Betrieben mit gegendüblichen Ertragsbedingungen die Vergleichszahlen von Nutzungen oder Nutzungsteilen als **Hauptbewertungsstützpunkt** ermittelt und auf Vorschlag des Bewertungsbeirats durch Rechtsverordnungen festgesetzt worden.

3468 Die Zahl der Hauptbewertungsstützpunkte im Bundesgebiet (alte Bundesländer) betrug zum Hauptfeststellungszeitpunkt 01. 01. 1964 insgesamt 490.

3469 Um die Durchführung des vergleichenden Verfahrens noch weiter zu erleichtern, sind gemäß § 39 Abs. 2 BewG die Hauptbewertungsstützpunkte durch **Landes- und Orts-Bewertungsstützpunkte** ergänzt worden. Die Vergleichszahlen der Landes-Bewertungsstützpunkte sind vom Gutachterausschuss der Oberfinanzdirektionen (§ 67 BewG) und diejenigen der Orts-Bewertungsstützpunkte von den Finanzämtern ermittelt worden. Auch diese Ergebnisse dürfen bekanntgegeben werden. Vgl. § 39 Abs. 2 BewG. Die Vergleichszahlen dieser Landes- und Orts-Bewertungsstützpunkte sind aber nicht mit rechtsverbindlicher Kraft festgesetzt, sondern haben nur die Bedeutung von **Bewertungsbeispielen** (vgl. § 39 Abs. 2 Satz 1 BewG).

3470–3480 frei

4.3.3.2 Angleichung der Betriebe an die Bewertungsstützpunkte

3481 Die Vergleichszahlen der Nutzungen und Nutzungsteile in allen **übrigen zu bewertenden Betrieben** (die nicht Bewertungsstützpunkt sind) werden durch Vergleich mit den Vergleichszahlen dieser Bewertungsstützpunkte ermittelt.

3482 Über die **Methode,** mit der die Vergleichszahlen ermittelt werden, enthält das BewG selbst keine Vorschriften. Es sind hierzu aber Verwaltungsanordnungen ergangen (vgl. A 1.17 und A 2 bis 7 BewR L sowie die im Anhang und den Anlagen 1 bis 11 der amtlichen Handausgabe der BewR L abgedruckten Anweisungen). Eine gesetzliche Regelung dieser Methoden wurde vermieden, um wegen der Fortentwicklung der Ertragsverhältnisse zu den einzelnen Hauptfeststellungszeitpunkten in den Schätzungsmethoden flexibel zu sein.

4.3.3.3 Ertragsmesszahlen als Grundlage für die Ermittlung der Vergleichszahlen

3483 Für die landwirtschaftliche Nutzung (und deren Nutzungsteile) und die gärtnerische Nutzung dienen als **Grundlage** zur Ermittlung der Vergleichszahlen die **Ertragsmesszahlen (EMZ)** der Bodenschätzung (vgl. § 50 Abs. 1 BewG und 7.1.1). Die EMZ sind Ergebnisse der

Bodenschätzung nach dem Bodenschätzungsgesetz vom 16.10.1934 RStBl 1934, 1306 (das frühere Bodenschätzungsgesetz wurde inzwischen ersetzt durch das Bodenschätzungsgesetz i. d. F. des Art. 20 des Jahressteuergesetzes 2008 vom 20.12.2007 BStBl I 2008, 218). Die **EMZ sind Verhältniszahlen, die die Ertragsfähigkeit** der jeweiligen Bodenfläche **hinsichtlich der natürlichen Ertragsbedingungen** des § 38 Abs. 2 Nr. 1 Buchst. a BewG (Bodenbeschaffenheit, Geländegestaltung und klimatische Verhältnisse) **zum Ausdruck bringen.** Die Schätzung der EMZ orientiert sich an bereits vorher ausgewählten und geschätzten Musterstücken. Die EMZ sind echte Vergleichszahlen.

Die EMZ erhalten die Finanzämter aus dem **Liegenschaftskataster,** das von den Vermessungsämtern geführt wird. Das Liegenschaftskataster enthält auf Bestandsblättern die einzelnen Flurstücke nach Lage, Nutzungsart, Flächengröße und Ertragsmesszahl genau beschrieben. Das Liegenschaftskataster (soweit aufgestellt) wurde von den Finanzämtern als Grundbesitzkataster übernommen **(Besitzstandsbogen).** Beide Kataster werden laufend fortgeführt.

3484

4.3.3.4 Ermittlung der Vergleichszahlen

Da die EMZ bereits die natürlichen Ertragsbedingungen berücksichtigen, sind im Rahmen der Ermittlung der Vergleichszahlen nur noch die wirtschaftlichen Ertragsbedingungen der zu bewertenden Nutzung oder des Nutzungsteils anzupassen. Die Vergleichszahlen der landwirtschaftlichen Nutzung sind zur Hauptfeststellung auf den 01.01.1964 grundsätzlich im Wege so genannter **Angleichsverhandlungen** ermittelt worden. Es handelt sich dabei um ein sachverständiges Gremium, das für jede Gemeinde gebildet wurde und sich aus Vertretern des Finanzamtes, des Bürgermeisteramtes und von sachverständigen Landwirten zusammensetzt. Bei Fortschreibungen und Nachfeststellungen sind die zum Hauptfeststellungszeitpunkt ermittelten bzw. zugrunde gelegten Vergleichszahlen ggf. anzupassen bzw. neu zu ermitteln.

3485

Diese im vergleichenden Verfahren **ermittelten Vergleichszahlen beziehen sich auf die m²-Gesamtfläche** des jeweiligen Nutzungsteils (hierbei handelt es sich um keine durchschnittliche Vergleichszahl)
- bei der **landwirtschaftlichen** Nutzung und den landwirtschaftlichen Nutzungsteilen Hopfen und Spargel **auf 1 ha** (= ausgedrückt »in 100 je ha«) (das ist eine durchschnittliche Vergleichszahl der landwirtschaftlichen Nutzung oder der landwirtschaftlichen Nutzungsteile Hopfen und Spargel des bewerteten Betriebs),
- bei der **weinbaulichen** Nutzung
  auf 1 a
  (das ist eine durchschnittliche Vergleichszahl der weinbaulichen Nutzung des bewerteten Betriebs),
- bei den **gärtnerischen** Nutzungsteilen
  – Gemüse-, Blumen- und Zierpflanzenbau,
  – Obstbau und
  – Baumschulen.

3486

3487

BEISPIEL

Ermittlung der Vergleichszahl einer landwirtschaftlichen Nutzung (LVZ):
Der Landwirt L betreibt in Waldhausen einen Betrieb der Land- und Forstwirtschaft mit landwirtschaftlicher Nutzung. Zum maßgebenden Bewertungsstichtag betragen:

die landwirtschaftliche Nutzfläche	22,30 ha
die anteilige Hof- und Gebäudefläche (§ 40 Abs. 3 BewG)	0,25 ha
	22,55 ha

Nach dem Liegenschaftskataster (in das Grundbesitzkataster des FA übernommen – Besitzstandsbogen) betragen die EMZ 142 500 (im Ganzen). Aufgrund des Vergleichs mit den in Betracht kommenden Bewertungsstützpunkten sind bei den Ertragsbedingungen nur folgende Ab- und Zurechnungen erforderlich:

sonstige natürliche Ertragsbedingungen	./. 2 %
innere Verkehrslage	./. 28 %
äußere Verkehrslage	+ 1 %
Wirtschaftsgebäude	./. 2 %
Preis- und Lohnverhältnisse	+ 4 %
Der Hebesatz für die GrSt betrug für das Jahr 1963	250 %

Wie errechnet sich die LVZ/ha (in 100 je ha) für die landwirtschaftliche Nutzung?

LÖSUNG Ermittlung der landwirtschaftlichen Vergleichszahl (LVZ):

EMZ (in 100)		1 425,00
Abrechnung für sonstige natürliche Ertragsbedingungen: ./. 2 %		./. 28,50
bereinigte EMZ (in 100)		1 396,50
Wirtschaftliche Ertragsbedingungen:		
1. Innere Verkehrslage	./. 28 %	
2. Äußere Verkehrslage	+ 1 %	
3. Betriebsorganisation	./. 0 %	
4. Schwierigkeiten der Technisierung	./. 0 %	
5. Vieh	./. 0 %	
6. Betriebsgröße	./. 0 %	
7. Wirtschaftsgebäude	./. 2 %	
8. Industrieschäden	./. 0 %	
Summe der Ab- und Zurechnungen	./. 29 %	./. 404, 98
Zwischensumme		991,52
9. Preis- und Lohnverhältnisse	+ 4 %	+ 39,66
Betriebsmesszahlen (BMZ)		1 031,18
Betriebszahl je ha: 1031,18 : 22,55 ha (Fläche der landwirtschaftlichen Nutzung einschließlich anteiliger Hof- und Gebäudefläche) =		45,72
10. Grundsteuerbelastung (Tabelle L 28 aus A 2.17 BewR L)	./. 3 %	
11. Entwässerungskosten	+ 0 %	
zusammen	./. 3 %	./. 1,37
		44,35
Landwirtschaftliche Vergleichszahl in 100 je ha (LVZ/ha)		44,30

Ein ausführliches Beispiel zur Berechnung der landwirtschaftlichen Vergleichszahl enthält auch die Anlage 1 zu den BewR L.

3488–3500 frei

4.3.4 Ermittlung des Vergleichswerts (§ 40 BewG)

4.3.4.1 Ausgangs-Ertragswerte

Die im vergleichenden Verfahren ermittelte Vergleichszahl zeigt zunächst nur die Relation der Ertragsfähigkeit der Nutzung oder des Nutzungsteils zur entsprechenden Nutzung oder zum entsprechenden Nutzungsteil des Bewertungsstützpunkts auf. Diese Vergleichszahl muss nun erst noch in eine absolute Zahl umgerechnet werden. Die **Umrechnung** erfolgt mit Hilfe eines gesetzlich festgelegten Ertragswerts, der 100 Vergleichszahlen entspricht (Ausgangs-Ertragswert). Das Ergebnis ist der Vergleichswert der Nutzung oder des Nutzungsteils. Wird dieser Vergleichswert auf einen Hektar bezogen, so erhält man den Hektarwert.

3501

Die Ausgangs-Ertragswerte für die landwirtschaftliche, weinbauliche und gärtnerische Nutzung und deren Nutzungsteile sind zu jedem Hauptfeststellungszeitpunkt neu durch Gesetz zu bestimmen. Für den Hauptfeststellungszeitpunkt 01. 01. 1964 sind sie in § 40 Abs. 2 BewG festgelegt. Sie gelten für den gesamten Hauptfeststellungszeitraum (A 5 Abs. 2 Fortschreibungs-Richtlinien).

3502

Die **Ausgangs-Ertragswerte** für 100 Vergleichszahlen der einzelnen Nutzungen und Nutzungsteile sind **nicht miteinander vergleichbar,** weil 100 Vergleichszahlen nicht bei jeder Nutzung den gleichen Grad der Ertragsfähigkeit ausdrücken. Bei der landwirtschaftlichen Nutzung bezeichnen z. B. 10 000 Vergleichszahlen einen hohen Grad an Ertragsfähigkeit, bei Gemüse-, Blumen- und Zierpflanzenbau dagegen nur eine mäßige Ertragsfähigkeit.

3503

Die in § 40 Abs. 2 BewG festgesetzten Ausgangs-Ertragswerte gehen auf Vorschläge des Bewertungsbeirats zurück. Es wurden hierfür vom Bewertungsbeirat z. B. für die landwirtschaftliche Nutzung 1 089 buchführende Betriebe untersucht und unter Berücksichtigung eines Abschlags von 10 % ein Reinertrag von 420 DM je Hektar ermittelt. Vom Gesetzgeber wurde dieser Betrag aus politischen und volkswirtschaftlichen Erwägungen um etwas mehr als die Hälfte auf 207 DM vermindert. Diesem Betrag von 207 DM entspricht bei einem Kapitalisierungsfaktor von 18 einem Hektarwert von 3 726 DM. Bei den übrigen Nutzungen und Nutzungsteilen wurden die vom Bewertungsbeirat vorgeschlagenen Ertragswerte ebenfalls auf die Hälfte gekürzt.

3504

4.3.4.2 Vergleichswerte
4.3.4.2.1 Errechnung der Vergleichswerte

Die einzelnen Vergleichswerte errechnen sich wie folgt (vgl. auch 4.3.1 und 4.3.3.4):

3505

- bei der **landwirtschaftlichen** Nutzung:
  LVZ in 100 je ha (LVZ/ha) × 37,26 DM × Fläche der Nutzung in ha

  beim Nutzungsteil **Spargel:**
  SpaVZ in 100 je ha (SpaVZ/ha) × 76,50 DM × Fläche des Nutzungsteils in ha × 0,5

  beim Nutzungsteil **Hopfen:**
  HoVZ in 100 je ha (HoVZ/ha) × 254,00 DM × Fläche des Nutzungsteils in ha × 0,2

- bei der **weinbaulichen** Nutzung:
  WVZ je a × 200 DM × Fläche der Nutzung in a

oder:
WVZ je a × 200 DM × Fläche der Nutzung in ha

- bei den **gärtnerischen** Nutzungsteilen:
  – Gemüse-, Blumen- und Zierpflanzenbau:

  $$\frac{\text{Vergleichszahlen des Nutzungsteils} \times 108 \text{ DM}}{100}$$

  – Obstbau:

  $$\frac{\text{Vergleichszahlen des Nutzungsteils} \times 72 \text{ DM} \times 0{,}4}{100}$$

  – Baumschulen:

  $$\frac{\text{Vergleichszahlen des Nutzungsteils} \times 221{,}40 \text{ DM}}{100}$$

Will man den Vergleichswert je ha (Hektarwert) ermitteln, so darf man die jeweiligen Berechnungen nur auf 1 ha beziehen.

BEISPIEL

Fortsetzung des Falles von 4.3.3.4 (Rz. 3487). Wie errechnet sich der Vergleichswert der landwirtschaftlichen Nutzung?

LÖSUNG Der Vergleichswert der landwirtschaftlichen Nutzung errechnet sich wie folgt:
LVZ/ha (LVZ in 100 je ha) 44,3 × 37,26 DM × 22,55 ha = 37 221 DM.

4.3.4.2.2 Kürzungen

3506 Bei Kürzungen ist nach § 40 Abs. 5 BewG Folgendes zu beachten:

Da nach den Feststellungen des Bewertungsbeirats die **Reinerträge** bei Hopfen, Spargel und Obstbau nach dem Hauptfeststellungszeitpunkt 01.01.1964 ständig **gesunken** sind, wurden die Ausgangs-Ertragswerte des § 40 Abs. 2 BewG rückwirkend auf den 01.01.1964 durch das Gesetz zur Änderung bewertungsrechtlicher Vorschriften vom 22.07.1970 BStBl I 1970, 911 entsprechend gesenkt. Dies geschieht durch die Wertminderungssätze des § 40 Abs. 5 BewG. Danach sind die mit den Ausgangs-Ertragswerten des § 40 Abs. 2 BewG ermittelten Vergleichswerte folgender Nutzungsteile zu vermindern:

- bei **Hopfen**   um 80 % (Faktor 0,2)
- bei **Spargel**   um 50 % (Faktor 0,5)
- bei **Obstbau**   um 60 % (Faktor 0,4)

3507 Wird durch diese Kürzung der jeweilige Hektarwert geringer als 1 200 DM, so sind **mindestens 1 200 DM je ha anzusetzen**. Dadurch soll eine Bewertung dieser Nutzungsteile unter dem landwirtschaftlichen Hektarwert möglichst vermieden werden.

BEISPIEL

Nutzungsteil Hopfen
HoVZ (in 100 je ha)   20,0
Fläche des Nutzungsteils   3 ha

Das ergibt folgenden Vergleichswert:

20,0 × 254,00 DM × 0,2 =   1 016 DM Hektarwert
mindestens jedoch   1 200 DM Hektarwert
Vergleichswert:
1 200 DM × 3 ha =   3 600 DM

4.3.4.2.3 Einbeziehung anteiliger Flächen

Zur Einbeziehung der anteiligen Hof- und Gebäudefläche und anderer Flächen ist Folgendes anzumerken: Bei der Ermittlung der Vergleichswerte der einzelnen Nutzungen und Nutzungsteile sind gemäß § 40 Abs. 3 BewG die auf sie entfallende anteilige Hof- und Gebäudefläche und die anteiligen Wirtschaftswege, Hecken, Gräben, Grenzraine und dergleichen einzubeziehen. Vgl. hierzu 1.3.2.2.5.

3508

BEISPIEL

Zum Betrieb der Land- und Forstwirtschaft der Eheleute Feldmann gehören am maßgebenden Feststellungszeitpunkt

folgende Flächen (einschließlich anteiliger Hof- und Gebäudefläche usw. gemäß § 40 Abs. 3 BewG):		mit Folgenden im vergleichenden Verfahren ermittelten Vergleichszahlen
landwirtschaftliche Nutzung	16,48 ha	LVZ/ha 42,6 (in 100 je ha)
Nutzungsteil Spargel	1,03 ha	SpaVZ/ha 31,0 (in 100 je ha)
weinbauliche Nutzung	2,06 ha	WVZ je a 56,2
Nutzungsteil Gemüse-, Blumen- und Zierpflanzenanbau	1,03 ha	GVZ 9 000

Wie errechnen sich die einzelnen Vergleichswerte?

LÖSUNG Der Vergleichswert der einzelnen Nutzung und der Nutzungsteile errechnet sich wie folgt:

Nutzung bzw. Nutzungsteil	Vergleichszahl	Ausgangs-Ertragswert DM		ha-Wert DM	Fläche	Vergleichswert der Nutzung bzw. des Nutzungsteils DM
Landw. Nutzung	42,6 ×	37,26	=	1 587,27 ×	16,48 ha =	26 158
Nutzungsteil Spargel	31,0 ×	76,50 ×	0,5 (§ 40 Abs. 5 BewG) = 1 185,75				
		mindestens		1 200,00 ×	1,03 ha =	1 236
Weinbauliche Nutzung	56,2 ×	200,00	=	1 240,00 ×	2,06 ha =	23 154
Nutzungsteil Gemüse-, Blumen- und Zierpflanzenbau	9 000 ×	$\frac{108,00}{100}$			*) =	9 720

*) Keine Multiplikation mehr mit der Fläche, da sich die GVZ bereits auf die gesamte Fläche dieses Nutzungsteils bezieht.

4.3.4.2.4 Bekanntgabe der Ergebnisse der Bewertungsstützpunkte

Damit jeder Eigentümer eines Betriebs nachprüfen kann, ob der Vergleichswert zutreffend ermittelt ist, hat das Finanzamt dem Steuerpflichtigen bei Vorliegen eines rechtlichen Interesses Bewertungsgrundlagen und Bewertungsergebnisse der Nutzung oder des Nutzungsteils derjenigen Bewertungsstützpunkte anzugeben, die bei der Ermittlung der Vergleichswerte seines Betriebs herangezogen worden sind (§ 40 Abs. 4 BewG).

3509

3510–3520
frei

4.4 Durchführung des vergleichenden Verfahrens ohne Vergleichszahlen

3521 Dieses Verfahren wird angewendet für die forstwirtschaftliche Nutzung und die sonstige land- und forstwirtschaftliche Nutzung. Auch bei diesen beiden Nutzungen wird der Vergleichswert grundsätzlich im vergleichenden Verfahren ermittelt, jedoch geschieht das ohne Zuhilfenahme von Vergleichszahlen. Es wird der **Vergleichswert unmittelbar ermittelt.**

3522 Die Ermittlung des Vergleichswerts für diese Nutzungen ist in besonderen Vorschriften geregelt, und zwar:
- für die forstwirtschaftliche Nutzung in § 55 BewG und Teil 4 der BewR L;
- für die sonstige land- und forstwirtschaftliche Nutzung in § 62 BewG und Teil 7 der BewR L.

Vgl. hierzu 7.2 und 7.5.

4.5 Der Vergleichswert als Gesamtwert

3523 Der im vergleichenden Verfahren (mit oder ohne Hilfe von Vergleichszahlen) ermittelte Vergleichswert einer Nutzung oder eines Nutzungsteils wird also nicht aus Einzelwerten der jeweiligen Wirtschaftsgüter, sondern durch **Gesamtbewertung** ermittelt.

3524 Im Vergleichswert der einzelnen Nutzungen und Nutzungsteile sind grundsätzlich **alle Bestandteile** des Betriebs der Land- und Forstwirtschaft (Grund und Boden, Wirtschaftsgebäude, stehende Betriebsmittel und der Normalbestand an umlaufenden Betriebsmitteln) **erfasst.** Dieser Vergleichswert kann nur noch nach Maßgabe des § 41 BewG in bestimmten Fällen bezüglich bestimmter wirtschaftlicher Ertragsbedingungen (die im ermittelten Vergleichswert mit den gegendüblichen Verhältnissen angesetzt sind) korrigiert werden. Es handelt sich hier um den klassischen Fall der Bewertung im Ganzen (§ 2 Abs. 1 Satz 1 BewG).

4.6 Korrektur des Vergleichswerts durch Abschläge und Zuschläge

4.6.1 Allgemeine Grundsätze

3525 Beim Vergleich der Ertragsbedingungen im Zuge der Ermittlung des Vergleichswerts sind nur hinsichtlich der in § 38 Abs. 2 Nr. 1 BewG genannten natürlichen und wirtschaftlichen Ertragsbedingungen die tatsächlichen Gegebenheiten zugrunde gelegt. Hinsichtlich aller übrigen wirtschaftlichen Ertragsbedingungen werden nur regelmäßige Verhältnisse der betreffenden Gegend berücksichtigt. Dadurch können bei einzelnen Nutzungen oder Nutzungsteilen einzelner Betriebe **stärkere Abweichungen von den unterstellten Normalverhältnissen** vorkommen, die eine nachhaltige und erhebliche Minderung oder Erhöhung der Ertragsfähigkeit bewirken.

3526 In diesen Fällen **muss der Vergleichswert** (§ 40 BewG) **korrigiert werden.** Er ist gemäß § 41 BewG durch einen Abschlag zu verringern oder durch einen Zuschlag zu erhöhen. Ein etwaiger Abschlag oder Zuschlag ist nach der durch die Abweichung bedingten Minderung oder Steigerung der Ertragsfähigkeit zu bemessen (§ 41 Abs. 2 BewG).

3527 Die Frage eines Abschlags und (oder) Zuschlags ist **für jede Nutzung und jeden Nutzungsteil für sich** zu beurteilen. Ab- oder Zuschläge können insbesondere durch einen Unter- oder Überbestand an Wirtschaftsgebäuden oder an stehenden Betriebsmitteln, Abschläge auch durch einen Unterbestand an umlaufenden Betriebsmitteln gerechtfertigt sein, wogegen ein Überbestand an umlaufenden Betriebsmitteln gemäß § 33 Abs. 3 Nr. 3 BewG stets als übriges Vermögen behandelt werden muss.

4 Bewertungsverfahren zur Ermittlung des Ertragswerts des Wirtschaftsteils (Wirtschaftswert) | 355

Ein Abschlag oder Zuschlag kommt nach § 41 Abs. 1 BewG aber nur in Betracht, wenn folgende **zwei Voraussetzungen hintereinander erfüllt** sind: 3528
1. Die Abweichung der tatsächlichen Verhältnisse von den gegendüblich unterstellten wirtschaftlichen Ertragsbedingungen muss mehr als 20 % betragen (**Grundlage des Abschlags oder Zuschlags**, § 41 Abs. 1 Nr. 1 BewG) **und**
2. die 20 % übersteigende Abweichung (Summe oder Saldo der mehr als 20 % abweichenden Ertragsbedingungen) muss eine **Änderung des Vergleichswerts** der Nutzung oder des Nutzungsteils von mehr als 1/5, mindestens aber 1 000 DM oder mehr als 10 000 DM bewirken (§ 41 Abs. 1 Nr. 2 BewG).

Bei der Prüfung, ob die tatsächlichen wirtschaftlichen Ertragsbedingungen der Nutzung oder des Nutzungsteils des Betriebs von den gegendüblich unterstellten wirtschaftlichen Ertragsbedingungen um mehr als 20 % abweichen (Grundlage des Abschlags oder Zuschlags), ist **jede dieser wirtschaftlichen Ertragsbedingungen für sich** zu betrachten. 3529

Bei **mehreren Abweichungen** verschiedener wirtschaftlicher Ertragsbedingungen innerhalb einer Nutzung oder eines Nutzungsteils ist insoweit nicht zu summieren oder zu saldieren. Für jede dieser wirtschaftlichen Ertragsbedingungen ist getrennt zu prüfen, ob die Voraussetzung des § 41 Abs. 1 Nr. 1 BewG vorliegt. Entgegen A 2.20 Abs. 2 Sätze 1 und 2 BewR L kann auch bei Wirtschaftsgebäuden eine Abweichung von mehr als 20 % gegenüber den gegendüblich unterstellten Verhältnissen vorliegen (z. B. kurz vor dem Bewertungsstichtag sind sämtliche Wirtschaftsgebäude abgebrannt). Erst hinsichtlich der Summe oder des Saldos der nach § 41 Abs. 1 Nr. 1 BewG zu berücksichtigenden Werte ist zu prüfen, ob die weiteren Grenzen des § 41 Abs. 1 Nr. 2 BewG erfüllt sind. 3530

BEISPIELE

a) Für einen Betrieb der Land- und Forstwirtschaft mit ausschließlich landwirtschaftlicher Nutzung ergeben sich folgende Bewertungsfaktoren:
Maßgebende Fläche   45,67 ha.
Hektarwert   800 DM.
Ermittelter Vergleichswert   36 536 DM.
Hinsichtlich der nachstehenden wirtschaftlichen Ertragsbedingungen ergibt sich angenommen Folgendes:

	Betriebsmittel (Tierbestände)	Wirtschaftsgebäude
zugrunde gelegte regelmäßige Verhältnisse (regelmäßiger Bestand) der Gegend	90 Vieheinheiten (= VE nach Anlage 1 BewG) = 100 %	100 %
Tatsächlicher Bestand der landwirtschaftlichen Nutzung des Betriebs (muss ermittelt werden)	108 VE = 120 %	70 %
Abweichung: Überbestand	20 VE = 20 %	
Fehlbestand		30 %
Kürzung nach § 41 Abs. 1 Nr. 1 BewG (20 % von 100 % =)	20 VE = 20 %	20 %
Nach § 41 Abs. 1 Nr. 1 BewG zu berücksichtigende Verhältnisse:		
Grundlage für einen Zuschlag =	0 %	
Grundlage für einen Abschlag =		10 %

Die Voraussetzungen des § 41 Abs. 1 Nr. 1 BewG sind nur hinsichtlich des Fehlbestandes an Wirtschaftsgebäuden erfüllt. Eine Saldierung zwischen Überbestand an Tierbeständen und Fehlbestand an Wirtschaftsgebäuden ist nicht vorzunehmen.

b) Fortsetzung des vorstehenden Beispiels a) (Prüfung der Voraussetzungen des § 41 Abs. 1 Nr. 2 BewG): Von dem Vergleichswert der landwirtschaftlichen Nutzung entfallen (angenommen) anteilig auf die Wirtschaftsgebäude 28 % von 36 536 DM = 10 230 DM.
Grundlage für den Abschlag ist demnach: 10 % von 10 230 DM = 1 023 DM.
Grenzen des § 41 Abs. 1 Nr. 2 BewG: 1/5 vom Vergleichswert 36 536 DM = 7 307 DM.
Die Abweichung am Vergleichswert wegen fehlender Wirtschaftsgebäude beträgt nicht mehr als 1/5. Ein Abschlag kommt nach § 41 Abs. 1 Nr. 2 BewG (auch wenn der Mindestbetrag von 1 000 DM erreicht ist) nicht in Betracht.

c) Angenommen im vorstehenden Beispiel b) wären die Wirtschaftsgebäude am Feststellungszeitpunkt infolge eines Brandes bis auf 8 % zerstört gewesen. Es ergibt sich folgende Berechnung:
§ 41 Abs. 1 Nr. 1 BewG:
100 % ./. 8 % =   92 %
Kürzung 20 % von 100 % =   20 %
verbleiben   72 %
§ 41 Abs. 1 Nr. 2 BewG:
72 % von 10 230 DM =   7 365 DM
1/5 vom Vergleichswert 36 536 DM =   7 307 DM
Es kommt ein Abschlag von 7 365 DM wegen teilweise fehlender Wirtschaftsgebäude in Betracht.

3531   Danach sind **Abschläge oder Zuschläge nur** anzubringen, wenn **sie erheblich** sind. Das kann bei der landwirtschaftlichen Nutzung nach A 2.20 Abs. 2 BewR L praktisch nur beim Tierbestand, aber auch bei den Wirtschaftsgebäuden in Betracht kommen. Für Betriebe der Land- und Forstwirtschaft ohne Wohnteil mit nur landwirtschaftlicher Nutzung (landwirtschaftliche Flächen, die vom Eigentümer selbst bewirtschaftet wurden – so genannte **unechte Stückländereien**, vgl. 4.3.2 Rz. 3466) gelten die gleichen Grundsätze.

3532–3550 frei

4.6.2 Halbierung des Zuschlags bei Tierbeständen ab 01. 01. 1989 nach § 41 Abs. 2a BewG

3551   Bei Abweichung des tatsächlichen Tierbestandes von den unterstellten regelmäßigen Verhältnissen der Gegend ergeben sich Änderungen beim Zuschlag.

3552   Nach § 41 Abs. 2a BewG (eingeführt durch § 12 des Gesetzes zur Förderung der bäuerlichen Landwirtschaft vom 12. 07. 1989 BStBl I 1989, 269) ist der Zuschlag wegen verstärkter Tierhaltung um 50 % zu vermindern. Diese Halbierung des Zuschlags zählt nach § 41 Abs. 2a Satz 2 BewG zu den tatsächlichen Verhältnissen des Betriebs der Land- und Forstwirtschaft. Enthielt ein zum 01. 01. 1988 maßgebender Einheitswert des Betriebs der Land- und Forstwirtschaft einen solchen Zuschlage, so war die Halbierung des Zuschlags zum 01. 01. 1989 unter Beachtung der Wertfortschreibungsgrenzen des § 22 Abs. 1 Nr. 1 BewG a. F. durch Wertfortschreibung oder ggf. im Rahmen einer Nachfeststellung zu berücksichtigen. Die Halbierung gilt auch für künftige Wertfortschreibungen und Nachfeststellungen innerhalb des Hauptfeststellungszeitraums 1964.

3553   Der Zuschlag wegen verstärkter Tierhaltung ist vor Anwendung des § 41 Abs. 1 Nr. 2 BewG zu halbieren. Vgl. auch Ländererlass vom 01. 08. 1989 BStBl I 1989, 270.

4.6.3 Besonderheiten bei Stückländereien

Bei **Stückländereien** sind Abschläge wegen fehlender **Betriebsmittel** beim Eigentümer des Grund und Bodens nicht zu machen. Auch ein etwaiger Überbestand an Betriebsmitteln bei deren Eigentümer kommt nicht in Betracht. Vgl. § 41 Abs. 3 BewG. Das entspricht der Regelung in § 34 Abs. 4 BewG, wonach fremde Gebäude und Betriebsmittel dem Eigentümer des Grund und Bodens zuzurechnen sind.

3554

Da die **Wirtschaftsgebäude** in § 41 Abs. 3 BewG nicht genannt sind, ist bei fehlenden Wirtschaftsgebäuden beim Eigentümer des Grund und Bodens von Stückländereien der Vergleichswert aus diesem Grunde zu mindern (A 2.20 Abs. 3 BewR L). Ein Abschlag kommt bei landwirtschaftlichen Stückländereien nach A 2.20 Abs. 3 BewR L aber nur in Betracht, wenn der Vergleichswert mehr als 50 000 DM beträgt. Der Grund hierfür liegt in Folgendem:

3555

Im Vergleichswert für landwirtschaftliche Stückländereien ist stets ein fester Betrag von 25 % für die Wirtschaftsgebäude enthalten. Dieser Anteil von 25 % ist um den Freibetrag des § 41 Abs. 1 Nr. 1 BewG von 20 % zu kürzen, so dass von den 25 % Anteil am Vergleichswert noch ein Betrag von (25 % ./. 20 % =) 20 % verbleibt. Die Abweichung (für fehlende Wirtschaftsgebäude) kann demnach stets höchstens diese 20 % am Vergleichswert der Stückländereien betragen, und niemals mehr als 20 %. Ein Abschlag für fehlende Wirtschaftsgebäude kann daher nur in Frage kommen, wenn die Abweichung aus diesem Grunde am Vergleichswert mehr als 10 000 DM beträgt. Das wiederum ist erst bei einem Vergleichswert von mehr als 50 000 DM möglich (20 % von 50 000 DM = genau 10 000 DM).

3556

BEISPIEL

Der ehemalige Landwirt L ist Eigentümer von 16 ha landwirtschaftlicher Flächen, die er verpachtet hat (Stückländerei, **eine** wirtschaftliche Einheit). Die maßgebende LVZ/ha (in 100 je ha) beträgt 85,4. Es fehlen sämtliche Wirtschaftsgebäude. Wie hoch ist der Ertragswert der landwirtschaftlichen Nutzung?

LÖSUNG Vergleichswert (§ 40 Abs. 2 BewG):
85,4 × 37,26 DM × 16 ha =   50 912 DM
Abschlag wegen fehlender Wirtschaftsgebäude (§ 41 BewG):
Grundlage für den Abschlag (§ 41 Abs. 1 Nr. 1 BewG):
25 v.H. von 50 912 DM   = 12 728 DM
./. Kürzung 20 %   = 2 546 DM
                           ──────────
                            10 182 DM
Grenzen des § 41 Abs. 1 Nr. 2 BewG:
Bruchteilsgrenze (1/5 vom Vergleichswert 50 912 DM = 10 182 DM)
zwar nur erreicht, aber feste Wertgrenze von 10 000 DM überschritten,
somit Abschlag (vgl. A 2.20 Abs. 3 BewR L)   10 182 DM
Ertragswert der landwirtschaftlichen Nutzung   40 730 DM

4.6.4 Nichtanwendung des § 41 BewG

Ein **Unterbestand an Wohngebäuden** des Betriebsinhabers kann nicht zu einem Abschlag führen, weil das Wohngebäude des Betriebsinhabers zum Wohnteil des Betriebs gehört und der Wert des Wohnteils (Wohnungswert) nach § 47 BewG gesondert ermittelt wird. Die Vorschrift des § 41 BewG gilt nur für die im vergleichenden Verfahren ermittelten Vergleichswerte. Für die im **Einzelertragswertverfahren** ermittelten Ertragswerte kommt § 41 BewG nicht mehr in Betracht, da bei diesem Verfahren bereits sämtliche Faktoren, die den Ertragswert berühren, mit den tatsächlichen Verhältnissen berücksichtigt werden. Dort, wo

3557

feste Werte vorgeschrieben sind (für Geringstland und für bestimmte Teile der forstwirtschaftlichen Nutzung mit je 50 DM/ha), kommt ein Abschlag oder Zuschlag nach § 41 BewG ebenfalls nicht in Betracht.

4.7 Durchführung des Einzelertragswertverfahrens

3558 Im Rahmen der Ermittlung des Ertragswerts im Einzelertragswertverfahren ist zunächst der erzielbare Reinertrag zu ermitteln. Hierbei sind die allgemeinen Bewertungsgrundsätze des § 36 BewG zu beachten. Der ermittelte Reinertrag ist mit 18 zu kapitalisieren.

3559 Die ermittelten Einzelertragswerte sind zu halbieren, damit sie den Ertragswerten des § 40 Abs. 2 BewG entsprechen (A 1.18 Abs. 2 BewR L). Das geschieht am zweckmäßigsten in der Weise, dass der ermittelte Reinertrag halbiert und danach erst mit 18 multipliziert wird. Diese Halbierung ist erforderlich, da die in § 40 Abs. 2 BewG festgesetzten Ausgangs-Ertragswerte nur den halben tatsächlichen Ertragswerten entsprechen, wie sie seinerzeit vom Bewertungsbeirat ermittelt wurden und ursprünglich in das BewG aufgenommen werden sollten. Vgl. hierzu 4.3.4.1.

3560 Bei Nebenbetrieben ist der Kapitalisierung die Hälfte des durch den Nebenbetrieb erzielbaren jährlichen Mehr-Rein-Ertrags zugrunde zu legen. Wegen des Begriffs »Nebenbetrieb« vgl. 1.3.2.2.4.

4.8 Ermittlung des Ertragswerts mit festen Wertansätzen

a) **Geringstland**

3561 Nach § 44 Abs. 2 BewG sind Geringstland Flächen, für die von der Bodenschätzung keine Ertragsmesszahlen festgesetzt wurden (vgl. 1.3.2.2.1). Derartige Flächen zählen zu keiner Nutzung und keinem Nutzungsteil und sind stets mit 50 DM je ha anzusetzen (§ 44 Abs. 2 BewG).

b) **Unland**

3562 Unland (vgl. 1.3.2.2.1) zählt ebenfalls zu keiner Nutzung. Es ist nicht zu bewerten und daher mit 0 DM anzusetzen (vgl. § 45 BewG).

c) **Forstwirtschaftliche Nutzung**

3563 Für bestimmte Teile der forstwirtschaftlichen Nutzung wie Mittelwald und Niederwald sind stets 50 DM je ha anzusetzen (§ 55 Abs. 7 BewG). Auch für alle anderen Flächen der forstwirtschaftlichen Nutzung sind mindestens 50 DM je ha anzusetzen. Weitere Einzelheiten ergeben sich aus A 4.04 BewR L; vgl. 7.2.3.1.

3564–3580 frei

5 Ermittlung des Wohnungswerts

3581 Der Wohnungswert ist der Wert, mit dem der Wohnteil des Betriebs der Land- und Forstwirtschaft angesetzt wird (vgl. 3.3). Wegen des Begriffs und Umfangs des Wohnteils vgl. 1.3.3. Nach § 47 BewG ist der Wohnungswert nach den Vorschriften zu ermitteln, die beim Grundvermögen für die Bewertung der Mietwohngrundstücke im Ertragswertverfahren gelten, also nach den §§ 71, 78 bis 82 BewG. Eine rechtsanaloge Anwendung der §§ 72 und 74 BewG ist jedoch nach Auffassung des BFH vom 18.05.1988 BStBl II 1988, 719 nicht möglich.

Als Jahresrohmiete kommt stets nur die **übliche Miete** in Betracht, weil die zu bewertende Wohnung stets vom Betriebsinhaber selbst, den zu seinem Haushalt gehörenden Familienangehörigen oder den Altenteilern genutzt wird. Eine tatsächliche Miete liegt daher nicht vor. Die übliche Miete ist zu **schätzen,** wobei zunächst von den Mietsätzen vergleichbarer Grundstücke des Grundvermögens auszugehen ist. Bei der Schätzung der üblichen Miete sind aber zu berücksichtigen: 3582
- die **Ausstattungsmerkmale,** die gegendüblich sind, insbesondere (A 8.02 Abs. 2 BewR L): Wasserversorgung, Abwasserbeseitigung, sanitäre Einrichtungen (Toilette, Bad), Heizung;
- die **Besonderheiten,** die sich aus der Lage der Gebäude oder Gebäudeteile im Betrieb ergeben (§ 47 Satz 2 BewG). Das sind nach A 8.02 Abs. 2 BewR L die Beeinträchtigungen und besonderen Umstände, die in der gegendüblichen Miete nicht berücksichtigt sind; das sind insbesondere: ungünstige Lage der Wohnung zu den Wirtschaftsgebäuden (Wohnung und Stall nebeneinander oder unter einem Dach), ungünstige Ortslage und fehlende Elektrizitätsversorgung.

Grundlage für die Schätzung der üblichen Miete ist die **Wohnfläche** in m². Die Wohnfläche kann nach A 8.03 BewR L auf **dreierlei Weise** ermittelt werden: 3583
1. Genaue **Wohnflächenberechnung** wie beim Grundvermögen nach A 23 Abs. 2 BewR Gr.
2. Vereinfachte Berechnung nach der **Fläche der Kernwohnräume:**
   Fläche der Kernwohnräume (Wohn-, Schlaf- und Kinderzimmer)   = in m²
   + Anteil der Nebenräume (Küche, Vorratsräume, Bad, Toilette, Flur, Treppenhaus) nach Tabelle Wo 2   = in m²
3. bei **Altbauten** (vor dem 01. 04. 1924 erstellt):
   Ermittlung der Fläche der Kernwohnräume über ihre Zahl und Zuordnung zu der Größenklasse:
   klein (bis 10 m² Größe)   = Ansatz 8 m² je Raum
   mittel (über 10–20 m² Größe)   = Ansatz 15 m² je Raum
   groß (über 20 m² Größe)   = Ansatz 25 m² je Raum
   Zur Summe dieser Fläche der Kernwohnräume ist noch eine Fläche für die Nebenräume nach Tabelle Wo 2 (wie im Fall Nr. 2) hinzuzurechnen.

Es ist stets der **Vervielfältiger** für Mietwohngrundstücke maßgebend, gleichgültig welchen Umfang und baulichen Charakter der Wohnteil hat (A 8.04 BewR L). Das Produkt »Jahresrohmiete × Vervielfältiger« (**errechneter Wert**) ist ggf. **noch zu korrigieren** 3584
- um Abschläge wegen:
- außergewöhnlicher Grundsteuer-Belastung (§ 81 BewG),
- wertmindernder Umstände des § 82 Abs. 1 BewG,
- um Zuschläge wegen:
- außergewöhnlicher Grundsteuer-Belastung (§ 81 BewG),
- werterhöhender Umstände des § 82 Abs. 2 BewG. Ein Zuschlag gemäß § 82 Abs. 2 BewG kann aber nur für Reklamenutzung (Nr. 2) in Betracht kommen, da die Größe der nicht bebauten Fläche für den Wohnteil des Betriebs der Land- und Forstwirtschaft keine Rolle spielt.

Der sich danach **ergebende Wert** ist noch **um 15 % zu mindern** (§ 47 letzter Satz BewG). Das Ergebnis ist der Wohnungswert. Diese Kürzung um 15 % soll 3585
- die doppelte Bewertung der bereits im Wirtschaftswert erfassten Grundfläche des Wohngebäudes verhindern und

- die Nachteile, die sich aus dem Konsumzwang für die im Betrieb gelegene Wohnung ergeben, berücksichtigen (vgl. A 8.05 Abs. 5 BewR L).

3586 Der Abschlag von 15 % darf aber nicht bereits bei der Jahresrohmiete vorgenommen werden, weil etwaige Ermäßigungen oder Erhöhungen nach den §§ 81 und 82 BewG sich vorher noch auswirken können.

3587 Wegen **weiterer Einzelheiten** über die Bewertung der Mietwohngrundstücke im Ertragswertverfahren vgl. Kapitel 2 Teil E 4.

BEISPIEL

Wohngebäude des Betriebsinhabers Baujahr 1930, errichtet als Massivbau mit Mauerwerk aus Ziegelsteinen, in einer Gemeinde mit 1 800 Einwohnern. Wohnfläche der Kernwohnräume 60 m². Die Wohnung befindet sich unmittelbar neben dem Stall.

Nach dem Mietspiegel des Finanzamts wäre für eine gleichausgestattete Wohnung eines Mietwohngrundstücks in derselben Gemeinde eine monatliche Miete von 2 DM je m² angemessen (Wertverhältnisse 01. 01. 1964). Wie hoch ist der maßgebende Wohnungswert?

LÖSUNG

Fläche der Kernwohnräume	60 m²
+ Anteil der Nebenräume nach Tabelle Wo 2 mit 50 % =	30 m²
Maßgebende Wohnfläche	90 m²
Schätzung der üblichen Miete:	
90 m² × 2,00 DM × 12 =	2 160 DM
./. Abrechnung 20 % (A 8.02 Abs. 3 Nr. 1 Tabelle Wo 1 BewR L) =	432 DM
Maßgebende Jahresrohmiete	1 728 DM
Vervielfältiger für Mietwohngrundstücke nach Anlage 3 BewG, Anlage 1 BewR Gr = 9,8	
Errechneter Wert:	
1 728 DM × 9,8 =	16 934 DM
Verminderung nach § 47 letzter Satz BewG 15 %	2 540 DM
Wohnungswert	14 394 DM

3588–3600 frei

6 Einheitswert des Betriebs der Land- und Forstwirtschaft

6.1 Zusammensetzung des Einheitswerts

3601 Nach § 48 BewG bilden der Wirtschaftswert und der Wohnungswert zusammen den Einheitswert.

BEISPIEL

Betrieb der Land- und Forstwirtschaft mit mehreren Nutzungen und Nutzungsteilen sowie Wohnteil:

Im Rahmen der Bewertung ergaben sich:

Vergleichswert der landwirtschaftlichen Nutzung	36 536 DM	
./. Abschlag gemäß § 41 BewG wegen teilweise fehlender Wirtschaftsgebäude	7 365 DM	29 171 DM
Vergleichswert des Nutzungsteils Spargel		1 236 DM
Vergleichswert des gärtnerischen Nutzungsteils Gemüse-, Blumen- und Zierpflanzenbau		9 720 DM
Geringstland (50,00 DM × 0,33 ha)		16 DM

Wirtschaftswert	40 143 DM
Wohnungswert	14 394 DM
Wert des Betriebs der Land- und Forstwirtschaft	54 537 DM
Einheitswert (abgerundet gemäß § 30 BewG)	54 500 DM
umgerechnet auf	27 865 €

6.2 Einheitswert bestimmter intensiv genutzter Flächen

Die intensive Nutzung von landwirtschaftlichen Flächen durch einen anderen als den Eigentümer (Nutzungsberechtigten, z.B. Pächter) für den Spargelanbau, für den Gemüse-, Blumen- und Zierpflanzenanbau, für Baumschulen und für die Saatzucht führt für diese Flächen regelmäßig zu einer **höheren Ertragsfähigkeit** als gegenüber einer landwirtschaftlichen Nutzung solcher Flächen. 3602

Der durch diese intensive Nutzung entstehende **höhere Ertragswert** (Mehrwert) ist nach § 48a Satz 1 BewG nicht dem Eigentümer des Grund und Bodens (z.B. Verpächter), wie grundsätzlich vorgeschrieben, sondern **dem Nutzungsberechtigten** (z.B. Pächter; das ist der wirtschaftliche Eigentümer des Mehrwerts) zuzurechnen. Es handelt sich hierbei um den Unterschiedsbetrag, der sich zwischen dem Ertragswert dieser Flächen als landwirtschaftliche Nutzung ergeben würde und dem höheren Ertragswert, der die Intensivnutzung ergibt. 3603

Im Rahmen der Ermittlung des Vergleichswerts im vergleichenden Verfahren beim Nutzungsberechtigten werden die zugepachteten Flächen, die insoweit intensiv genutzt werden, rein rechnerisch wie Eigentumsflächen behandelt. Am Schluss der Vergleichswertermittlung dieses Nutzungsteils wird für die zugepachtete Fläche der Wert, der sich für diese Fläche als landwirtschaftliche Nutzung ergeben würde, abgezogen. Beim Nutzungsberechtigten verbleibt also der sich durch die intensive Nutzung ergebende höhere Ertragswertanteil. Vgl. § 48a Satz 2 BewG. Dies kann sogar so weit führen, dass jemandem ein Einheitswert zuzurechnen ist, obwohl er überhaupt keine eigenen Flächen besitzt, sondern nur fremde Flächen in dieser Weise intensiv bewirtschaftet. 3604

Die Bestimmung des § 48a BewG ist eine Ausnahmeregelung zu den §§ 2 und 34 Abs. 4 BewG. Sie wurde nachträglich durch Art. 5 Abs. 1 Nr. 1 BewÄndG 1971 BStBl I 1971, 360 in das BewG eingefügt. Durch die Regelung sollen privatrechtliche Auseinandersetzungen (Wer trägt die Steuern für den durch die Intensivnutzung entstandenen Mehrwert?) vermieden werden. Außerdem spielten praktische Gesichtspunkte eine Rolle, weil ein Verpächter oft nicht weiß, wie der Pächter die gepachteten Flächen nutzt. 3605

BEISPIEL

V ist Eigentümer eines Betriebes der Land- und Forstwirtschaft mit einer Flächengröße (Acker- und Wiesenfläche sowie Hof- und Gebäudefläche) von 20 ha. Der gesamte Betrieb (einschließlich Gebäude und Betriebsmittel) ist an P verpachtet. P bewirtschaftet 18,5 ha landwirtschaftlich und 1,5 ha zum Spargelanbau (jeweils einschließlich anteiliger Hof- und Gebäudefläche).

Es betragen:

die LVZ/ha (in 100 je ha)	65,0
die SpaVZ/ha (in 100 je ha)	70,0
der Wohnungswert (nach § 47 BewG)	10 460 DM

LÖSUNG Nach § 48a BewG sind wie folgt zu bewerten:

1. **Betrieb** der Land- und Forstwirtschaft des **Pächters** P:

Nutzungsteil Spargel:
Vergleichswert: 70,0 × 76,50 DM = 5 355,00 DM × 0,5 (§ 40 Abs. 5 BewG)

= 2 677,50 DM × 1,5 ha	= 4 016 DM
./. als landwirtschaftliche Nutzung maßgebender Vergleichswert:	
65,0 × 37,26 DM = 2 421,90 DM × 1,5 ha	= 3 632 DM
Maßgebender Vergleichswert (Mehrwert) für Nutzungsteil Spargel beim Pächter (= Wirtschaftswert, § 46 BewG)	384 DM
Einheitswert (abgerundet nach § 30 BewG)	300 DM
umgerechnet auf	153 €

2. **Betrieb** der Land- und Forstwirtschaft **des Verpächters** V:

Landwirtschaftliche Nutzung:

Vergleichswert: 65,0 × 37,26 DM = 2 421,90 DM × 20 ha	= 48 438 DM
Entspricht gleichzeitig dem Wirtschaftswert, falls keine Korrektur nach § 41 BewG in Betracht kommt (hier unterstellt).	
Wohnungswert	10 460 DM
Wert des Betriebs	58 898 DM
Einheitswert (abgerundet nach § 30 BewG)	58 800 DM
umgerechnet auf	30 063 €

**3606–3610
frei**

6.3 Bewertungsmaßstab und Bewertungsverfahren (Übersicht)

Für Betriebe der Land- und Forstwirtschaft gelten folgende Bewertungsmaßstäbe und Bewertungsverfahren: 3611

Wirtschaftliche Einheit	Betrieb der Land- und Forstwirtschaft	
Gliederung	Wirtschaftsteil	Wohnteil
Bewertungsmaßstab	Ertragswert (§ 36 BewG)	Wohnungswert nach § 47 BewG – gemeiner Wert –
Bewertungsverfahren	Vergleichendes Verfahren (§ 37 Abs. 1 BewG) / Einzelertragswertverfahren (§ 37 Abs. 2 BewG)	Feste Wertansätze

mit Hilfe von Vergleichszahlen (§§ 38–40 BewG)	ohne Vergleichszahlen (unmittelbare Ermittlung des Vergleichswerts)		
Vergleichswert jeweils für die a) landwirtschaftliche Nutzung bzw. deren Nutzungsteile b) weinbauliche Nutzung c) gärtnerische Nutzungsteile	Vergleichswert jeweils für die a) forstwirtschaftliche Nutzung b) verschiedene Arten der sonstigen land- und forstwirtschaftlichen Nutzung	Einzelertragswert jeweils für die a) einzelne Nutzungen oder Nutzungsteile, für die ein vergleichendes Verfahren nicht möglich ist (A 1.18 Abs. 1 Nr. 2 BewR L) b) Nebenbetriebe c) Abbauland	Fester Ertragswert für a) bestimmte Teile der forstwirtschaftlichen Nutzung 50 DM/ha (§ 55 Abs. 7 BewG, A 4.04 Abs. 1 BewR L) b) Geringstland 50 DM/ha (§ 44 Abs. 2 BewG)
jeweils Abschläge und Zuschläge gemäß § 41 BewG	jeweils Abschläge und Zuschläge gemäß § 41 BewG		
Ertragswert der jeweiligen Nutzung bzw. des jeweiligen Nutzungsteils	Ertragswert der forstwirtschaftlichen Nutzung bzw. der einzelnen Arten der sonstigen land- und forstwirtschaftlichen Nutzung		

Wirtschaftswert (§ 46 BewG)

Zusammensetzung des Einheitswerts	Wert des Betriebs der Land- und Forstwirtschaft (§ 48 BewG)
	Abrundung auf volle 100 DM und umgerechnet auf Euro (§ 30 BewG) = Einheitswert des Betriebs der Land- und Forstwirtschaft

7 Besondere Regelungen für die einzelnen Nutzungen

3612　In den §§ 50 bis 62 BewG sind weitere Einzelheiten geregelt, die nur jeweils für einzelne Nutzungen gelten.

7.1 Besonderheiten der landwirtschaftlichen Nutzung

7.1.1 Ertragsbedingungen

3613　Nach § 50 Abs. 1 BewG ist bei der Beurteilung der natürlichen Ertragsbedingungen (Bodenbeschaffenheit, Geländegestaltung und klimatische Verhältnisse) und des Bodenartenverhältnisses von den Ergebnissen der Bodenschätzung nach dem Bodenschätzungsgesetz auszugehen (vgl. auch 4.3.3.3). Bodenartverhältnis ist das Verhältnis der verschiedenen Bodenarten (Lehm, Ton, Sand) zueinander.

3614　Hinsichtlich des Kulturartenverhältnisses wird bei der Ermittlung der Vergleichszahlen von gegendüblichen Verhältnissen ausgegangen, da es sich hierbei um wirtschaftliche Ertragsbedingungen im Sinne von § 38 Abs. 2 Nr. 2 BewG handelt. Nach § 50 Abs. 2 BewG sind jedoch hierfür die tatsächlichen Verhältnisse maßgebend, wenn durch die natürlichen Verhältnisse ein anderes Kulturartenverhältnis gegeben ist als das in der Gegend übliche. Kulturartenverhältnis ist hauptsächlich das Verhältnis von Ackerland (z. B. Hackfrüchte) zu Grünland.

7.1.2 Tierbestände

3615　§ 51 BewG regelt für die landwirtschaftliche Nutzung die Abgrenzung der Tierbestände zwischen dem land- und forstwirtschaftlichen Vermögen und dem Betriebsvermögen. Diese für die Einheitsbewertung des land- und forstwirtschaftlichen Vermögens getroffene Regelung wurde für die Bedarfsbewertung des land- und forstwirtschaftlichen Vermögens für Zwecke der Erbschaft- und Schenkungsteuer ab 01.01.2009 auch in § 169 BewG wort- und inhaltsgetreu übernommen. Die ausführliche Darstellung dazu wurde in Kapitel 1 Teil F 4.2.2.5 vorgenommen. Die Ausführungen gelten vollinhaltlich auch für die Einheitsbewertung des land- und forstwirtschaftlichen Vermögens. Zur Vermeidung von Wiederholungen wird hierauf verwiesen, jedoch tritt jeweils an die Stelle des § 169 BewG der § 51 BewG, die Absätze und die Sätze sind die Gleichen.

7.1.3 Gemeinschaftliche Tierhaltung

3616　Abweichend von § 97 BewG sind unter den Voraussetzungen des § 51a BewG die Tierzucht und Tierhaltung von **Erwerbs- und Wirtschaftsgenossenschaften, Personengesellschaften und Vereinen** nicht als Gewerbebetriebe zum Betriebsvermögen, sondern als landwirtschaftliche Nutzung zum land- und forstwirtschaftlichen Vermögen zu rechnen. Diese gemeinschaftliche Tierhaltung bildet auch einen Betrieb der Land- und Forstwirtschaft (§ 34 Abs. 6a BewG).

7.1.4 Sonderkulturen

3617　§ 52 BewG bestimmt, dass Hopfen, Spargel und andere Sonderkulturen (das sind nur Dauerkulturen, nicht dagegen einjährige Pflanzen wie z. B. Tabak) als landwirtschaftliche Nutzungsteile zu bewerten sind, und zwar in der Regel im vergleichenden Verfahren (§ 37

Abs. 1 BewG), nur in Ausnahmefällen im Einzelertragswertverfahren (§ 37 Abs. 2 BewG). Wegen der Ermittlung des Vergleichswerts für die Nutzungsteile Hopfen und Spargel vgl. A 3.01 bis 3.22 BewR L sowie 4.

3618–3630 frei

7.2 Besonderheiten der forstwirtschaftlichen Nutzung

7.2.1 Umlaufende Betriebsmittel

Nach § 53 BewG gehört eingeschlagenes Holz zum normalen Bestand an umlaufenden Betriebsmitteln, soweit es den jährlichen Nutzungssatz nicht übersteigt. Bis zum jährlichen Nutzungssatz entsteht also kein Überbestand an umlaufenden Betriebsmitteln bei der forstwirtschaftlichen Nutzung. Bei Betrieben, die nicht jährlich einschlagen (aussetzende Betriebe), tritt an die Stelle des jährlichen Nutzungssatzes ein den Betriebsverhältnissen entsprechender mehrjähriger Nutzungssatz.

3631

7.2.2 Bewertungsstichtag

Abweichend von § 35 Abs. 1 BewG sind hinsichtlich des Umfangs und des Zustands am Bestand von Holz die Verhältnisse am Ende des Wirtschaftsjahres maßgebend und nicht die Verhältnisse im Feststellungszeitpunkt (§ 54 BewG). In der Regel ist der 30. September das Ende des Forstwirtschaftsjahres.

3632

7.2.3 Ermittlung des Vergleichswerts

Für die forstwirtschaftliche Nutzung sind im § 55 BewG ergänzende Vorschriften zur Ermittlung des Vergleichswerts enthalten. Danach kann der Vergleichswert der forstwirtschaftlichen Nutzung sich aus **festen Werten, Ertragswerten** oder aus beiden Werten ergeben. Einzelheiten werden nachstehend kurz dargestellt.

3633

7.2.3.1 Ansatz von festen Werten

Ein fester Wert von 50 DM je ha ist anzusetzen:
- wenn die Gesamtfläche der forstwirtschaftlichen Nutzung nicht größer als 2 ha ist (A 4.04 Abs. 1 BewR L);
- für Mittelwald und Niederwald (§ 55 Abs. 7 BewG und A 4.04 Abs. 3 Nr. 3 BewR L);
- in allen in A 4.04 Abs. 3 BewR L aufgeführten Fällen; Mindestansätze nach § 55 Abs. 6 BewG.

3634

7.2.3.2 Ermittlung der Ertragswerte im vergleichenden Verfahren

Das vergleichende Verfahren wird nur für den Nutzungsteil Hochwald angewendet (§ 55 Abs. 1 BewG). Im Rahmen des vergleichenden Verfahrens wird der Vergleichswert (Ertragswert) jedoch nicht mit Hilfe von Vergleichszahlen ermittelt, wie bei der landwirtschaftlichen, weinbaulichen und gärtnerischen Nutzung. Für den forstwirtschaftlichen Nutzungsteil Hochwald ist als vergleichendes Verfahren das **Altersklassenverfahren** anzuwenden. Vgl. hierzu § 55 Abs. 2 bis 5 BewG und A 4.03 BewR L.

3635

Auf Einzelheiten des Altersklassenverfahrens wird im Rahmen dieses Buches nicht (mehr) eingegangen, da bei den Finanzämtern hierfür besondere Fachkräfte eingesetzt werden.

3636

7.2.3.3 Bewertung der forstwirtschaftlichen Nutzung

Hierfür sind **drei Fälle** zu unterscheiden:

3637
1. Forstwirtschaftliche Nutzung mit einer **Fläche bis 2 ha.** In diesen Fällen ist nach § 2 Abs. 3 der VO zu § 55 Abs. 3 und 4 BewG vom 27.07.1967 (BStBl I 1967, 295 mit Berichtigungen vom 28.11.1967 BStBl I 1967, 455) stets (auch für den Nutzungsteil Hochwald) ein Festwert von 50 DM je ha anzusetzen (A 4.04 Abs. 1 BewR L).
2. Forstwirtschaftliche Nutzung mit einer Fläche **von mehr als 2 ha bis 30 ha.** Für den Nutzungsteil Hochwald dieser kleinen forstwirtschaftlichen Nutzungen ist eine vereinfachte Ertragswertermittlung vorgesehen (A 4.30 BewR L).
3. Forstwirtschaftliche Nutzung mit einer Fläche **über 30 ha.** Für den Nutzungsteil Hochwald solcher forstwirtschaftlicher Nutzungen ist das unter 7.2.3.2 erwähnte Altersklassenverfahren uneingeschränkt anzuwenden.

7.2.3.4 Minderung der ermittelten Ertragswerte nach § 55 Abs. 9 BewG

3638
Die nach dem Altersklassenverfahren oder vereinfachten Altersklassenverfahren ermittelten Ertragswerte (Vergleichswerte) sind um 40 % zu mindern. Nicht mehr um 40 % zu mindern sind:
- der Mindestwert je Alters- oder Vorratsklasse von 50 DM nach § 55 Abs. 6 BewG;
- der Festwert von 50 DM für Mittel- und Niederwald des § 55 Abs. 7 BewG;
- der Festwert von 50 DM der forstwirtschaftlichen Nutzungen bis zu einer Fläche von 2 ha.

7.2.3.5 Abschläge und Zuschläge nach § 41 BewG

3639
Für forstwirtschaftliche Nutzungen kommen in der Regel Ab- oder Zuschläge am Vergleichswert nicht in Betracht, weil die Voraussetzungen des § 41 Abs. 1 BewG praktisch nicht erfüllt werden (A 4.06 BewR L). Das Gleiche gilt, wenn feste Werte zum Ansatz kommen (A 1.19 Abs. 4 BewR L). Vgl. auch Bew-Kartei Ba-Wü zu § 41 BewG Karte 1 Nr. 1.

3640
Für **Forstdienstgebäude** kann jedoch ein Zuschlag wegen Überbestands an Wohngebäuden im Wirtschaftsteil in Betracht kommen (A 1.07 Abs. 3 BewR L). Vgl. hierzu auch Bew-Kartei Ba-Wü zu § 41 BewG Karte 1 Nr. 2 und Karte 6.

3641
Ein **Beispiel** für die Ermittlung des Vergleichswerts einer forstwirtschaftlichen Nutzung ist in A 4.33 BewR L abgedruckt. Die Kürzung um 40 % des § 55 Abs. 9 BewG ist in diesem Beispiel jedoch noch nicht berücksichtigt.

3642–3660 frei

7.3 Besonderheiten der weinbaulichen Nutzung

3661
a) **Umlaufende Betriebsmittel**
Nach § 56 BewG zählen bei ausbauenden Betrieben die **Vorräte** an Weinen aus der letzten und der vorletzten Ernte vor dem Bewertungsstichtag zum normalen Bestand an umlaufenden Betriebsmitteln. Für die Weinvorräte aus der vorletzten Ernte vor dem Bewertungsstichtag gilt dies jedoch nur, soweit sie nicht auf Flaschen gefüllt sind. Abschläge für Unterbestand an Vorräten dieser Art sind nicht zu machen.

3662
b) **Bewertungsstützpunkte**
Gemäß § 57 BewG dienen als Bewertungsstützpunkte Weinbaulagen oder Teile von Weinbaulagen.

c) **Innere Verkehrslage** 3663
Gemäß § 58 BewG sind bei der Berücksichtigung der inneren Verkehrslage abweichend von § 38 Abs. 2 Nr. 1 BewG nicht die tatsächlichen Verhältnisse, sondern die in der Weinbaulage regelmäßigen Verhältnisse zugrunde zu legen. § 41 BewG ist dabei entsprechend anzuwenden, d. h. dass wesentliche Abweichungen von den regelmäßigen Verhältnissen durch Abschläge oder Zuschläge berücksichtigt werden können. Wegen der Einzelheiten der Bewertung vgl. A 5.01 bis 5.16 BewR L.

7.4 Besonderheiten der gärtnerischen Nutzung

a) **Bewertungsstichtag** 3664
Nach § 59 Abs. 1 BewG ist für Baumschulen hinsichtlich der genutzten Betriebsfläche abweichend von § 35 Abs. 1 BewG der Stand vom 15. September maßgebend, der dem Feststellungszeitpunkt vorangeht. Dieser Zeitpunkt wurde gewählt, da bei Baumschulen die Betriebsfläche am 01. 01. nicht mit Baumschulpflanzen besetzt ist, sondern die verkaufsreifen Bestände bereits gerodet sind. Für die Betriebsfläche zum Anbau von Gemüse, Blumen und Zierpflanzen ist aus ähnlichen Gründen nach § 59 Abs. 2 BewG der 30. Juni maßgebend, der dem Feststellungszeitpunkt vorangeht.

b) **Ertragsbedingungen** 3665
Wie bei der landwirtschaftlichen Nutzung ist nach § 60 Abs. 1 BewG auch bei der gärtnerischen Nutzung für die Beurteilung der natürlichen Ertragsbedingungen von den Ergebnissen der Bodenschätzung nach dem Bodenschätzungsgesetz auszugehen. Hinsichtlich der ertragssteigernden Anlagen (insbesondere der überdachten Anbauflächen) ist nach § 60 Abs. 2 BewG abweichend von § 38 Abs. 2 Nr. 2 BewG nicht von den gegendüblichen, sondern von den tatsächlichen Verhältnissen auszugehen.

c) **Anwendung des vergleichenden Verfahrens** 3666
Nach § 61 BewG ist das vergleichende Verfahren auf Gemüse-, Blumen- und Zierpflanzenbau, auf Obstbau und auf Baumschulen als Nutzungsteile (§ 37 Abs. 1 Satz 2 BewG) anzuwenden. Wegen der Einzelheiten der Bewertung der gärtnerischen Nutzung vgl. A 6.01 bis 6.63 BewR L sowie 4.

7.5 Besonderheiten der sonstigen land- und forstwirtschaftlichen Nutzung

Zur sonstigen land- und forstwirtschaftlichen Nutzung gehören nach § 62 BewG i.V. mit 3667
A 7.30 ff. und A 7.34 ff. BewR L insbesondere
- Binnenfischerei,
- Teichwirtschaft,
- Fischzucht für Binnenfischerei und Teichwirtschaft,
- Imkerei,
- Wanderschäferei,
- Saatzucht,
- Pilzanbau und
- Weihnachtsbaumkultur.

Für diese Arten der sonstigen land- und forstwirtschaftlichen Nutzung werden im ver- 3668
gleichenden Verfahren – abweichend vom § 38 Abs. 1 BewG – keine Vergleichszahlen, sondern unmittelbar Vergleichswerte ermittelt (vgl. § 62 Abs. 2 BewG). Wegen der Einzelheiten,

insbesondere hinsichtlich des Gegenstands der Bewertung und hinsichtlich des Bewertungsverfahrens vgl. A 7.01 bis 7.44 BewR L.

8 Bewertungsbeirat und Gutachterausschuss

3669　Für die Beratung des Gesetzgebers bei der Einheitsbewertung des land- und forstwirtschaftlichen Vermögens ist beim Bundesministerium der Finanzen ein **Bewertungsbeirat** gebildet worden. Er hat nach § 65 BewG die Aufgabe, dem Gesetzgeber Vorschläge zu machen für die durch Gesetz gemäß § 40 Abs. 1 BewG festzusetzenden Ausgangs-Ertragswerte, für die durch Rechtsverordnung festzusetzenden Vergleichszahlen (§ 39 Abs. 1 BewG) und Vergleichswerte (§ 55 Abs. 8 BewG) der Hauptbewertungsstützpunkte sowie für die durch Rechtsverordnung festzusetzenden Normalwerte und Ertragswerte der forstwirtschaftlichen Nutzung für Bewertungsgebiete (§ 55 Abs. 3 BewG).

3670　Der Bewertungsbeirat gliedert sich in eine landwirtschaftliche, eine forstwirtschaftliche, eine Weinbau- und eine Gartenbauabteilung (§ 63 Abs. 2 BewG). Wegen der Zahl der Mitglieder, der Besetzung und der Geschäftsführung vgl. §§ 64 und 66 BewG.

3671　Außerdem ist bei jeder Oberfinanzdirektion zur Förderung der Gleichmäßigkeit der Bewertung des land- und forstwirtschaftlichen Vermögens ein **Gutachterausschuss** gebildet worden, dessen Hauptaufgabe die Bewertung von Landes-Bewertungsstützpunkten ist. Bei jedem Gutachterausschuss besteht eine landwirtschaftliche Abteilung, die auch die Befugnisse des Landesschätzungsbeirats nach dem Bodenschätzungsgesetz wahrzunehmen hat. Die Bildung weiterer Abteilungen ist möglich, jedoch nicht zwingend vorgeschrieben (vgl. § 67 Abs. 1 und 2 BewG). Wegen der Zusammensetzung und der Geschäftsführung des Gutachterausschusses vgl. § 67 Abs. 3 und 4 BewG.

3672–3800
frei

Teil D Einheitsbewertung des land- und forstwirtschaftlichen Vermögens in den neuen Bundesländern

1 Einführung

1.1 Rechtliche Grundlagen

Als Grundlage für die Bewertung des land- und forstwirtschaftlichen Vermögens in den neuen Bundesländern dienen neben der Abgabenordnung die §§ 125 bis 128 des Bewertungsgesetzes, welche sich im zweiten Teil, dritter Abschnitt des BewG, befinden. Die letzte Neufassung des Bewertungsgesetzes vom 01.02.1991 wurde im BStBl I 1991, 168 bekannt gemacht und zuletzt durch das Erbschaftsteuerreformgesetz 2009 vom 24.12.2008 (BGBl I 2008, 3018) geändert. 3801

Für die Ermittlung der Ersatzwirtschaftswerte sind sinngemäß anzuwenden: 3802
- § 2 Abs. 2 BewG (wirtschaftliche Einheit). Abweichend vom Grundsatz des § 2 Abs. 2 BewG der bestimmt, dass WG dem Eigentümer zuzurechnen sind, kommt es für die Nutzungseinheit als Grundlage für den Ersatzwirtschaftswert nicht auf die Eigentumsverhältnisse sondern auf die Nutzungsverhältnisse an (§ 125 Abs. 2 BewG).
- § 26 BewG (Vermögenszusammenrechnung bei Ehegatten)
- §§ 35, 36, 38 BewG wobei § 38 Abs. 2 Nr. 1 BewG mit der Einschränkung anzuwenden ist, dass ausschließlich die in der Gegend als regelmäßig anzusehenden Verhältnisse zugrunde zu legen sind.
- §§ 40, 42 bis 45, 50 bis 54 BewG, wobei § 51a Abs. 1 Nr. 1 Buchst. c nicht anzuwenden ist.
- §§ 56, 59, 60 Abs. 2 und § 62 BewG.

Nicht anzuwenden sind u.a. die §§ 37 Abs. 2 und 41 BewG. Das bedeutet für die neuen Bundesländer, dass ein Einzelertragswertverfahren nicht durchzuführen ist. Es ist ohne Bedeutung, wie der Landwirt die ihm zur Verfügung stehenden Flächen tatsächlich nutzt. Auch Abschläge und Zuschläge am Ersatzvergleichswert sind nicht vorzunehmen. 3803

Außerdem gelten die gleich lautenden Erlasse der obersten Finanzbehörden der Länder Berlin, Brandenburg, Mecklenburg-Vorpommern, (Niedersachsen), Sachsen, Sachsen-Anhalt und Thüringen 3804
a) vom 11.12.1990 BStBl I 1990, 833 betreffend die Ermittlung von Ersatzwirtschaftswerten und die Festsetzung der Grundsteuermessbeträge für Betriebe der Land- und Forstwirtschaft ab 01.01.1991, die durch die gleich lautenden Erlasse vom 01.07.1991 siehe c) und vom 01.08.1994 siehe e) geändert und ergänzt wurden.
b) vom 02.04.1991 BStBl I 1991, 496, die gemeinsam mit den obersten Finanzbehörden der alten Bundesländer ergangen sind, bezüglich der Bewertung von Nebenbetrieben. Hier: Ableitung der Rohstoffmengen bei Brennereien.
c) vom 01.07.1991 BStBl I 1991, 655 betreffend eine Teiländerung des unter a) aufgeführten Erlasses. Hier: Ermittlung der durchschnittlichen Wertzahlen der Bodenschätzung; Bewertung von Rekultivierungsflächen im Braunkohlenabbaugebiet.
d) vom 22.12.1993 BStBl I 1994, 96 bezüglich der Abgrenzung des Grundvermögens vom land- und forstwirtschaftlichen Vermögen im Beitrittsgebiet.

e) vom 01.08.1994 BStBl I 1994, 597 bezüglich einiger Änderungen der unter a) und c) bezeichneten Erlasse sowie der Grundsteuerbefreiung kirchlicher Dienstgrundstücke und dem Verfahren bei der Grundsteuermessbetragsveranlagung.

3805 Die vorgenannten gleich lautenden Erlasse wurden aus den Richtlinien für die Bewertung des land- und forstwirtschaftlichen Vermögens (BewR L) abgeleitet, weshalb nachfolgend zusätzlich die Fundstelle in diesen Richtlinien angegeben wird.

3806 Zu der Problematik bei der Überschneidung der Grundsteuererhebung für land- und forstwirtschaftliches Vermögen beim Nutzer der Nutzungseinheit und bei Grundstücken des Grundvermögens beim Eigentümer der wirtschaftlichen Einheit hat das FinMin Thüringen am 20.05.1998, unter dem Aktenzeichen S 0352 A – 4/98 – 201.1; eine kleine Hilfestellung gegeben.

3807 Wegen der Bewertung ehemaliger land- und forstwirtschaftlicher Gebäude, die leer stehen und wegen des aufgelösten Bezugs zur Land- und Forstwirtschaft als Grundstücke des Grundvermögens zu bewerten sind, hat die OFD Magdeburg mit einem Erlass vom 18.11.2002, unter dem Aktenzeichen S 3125 a – 11 – St 336 V; weitere Raummeterpreise als Bewertungshilfe veröffentlicht.

1.2 Grundsätze

3808 Die letzte Hauptfeststellung für das land- und forstwirtschaftliche Vermögen fand in den neuen Bundesländern zum 01.01.1935 statt. Die Einheitswerte wurden in der Zeit von 1945 bis 31.12.1990 im Beitrittsgebiet nur in wenigen Fällen aktualisiert.

3809 Die Enteignungen der Besatzungszeit, die Bodenreform und die Bewirtschaftung der landwirtschaftlichen Nutzflächen in staatlicher und genossenschaftlicher Form haben eine Anknüpfung an die Einheitswerte 1935 zum 01.01.1991 nicht zugelassen. Aus dieser Situation hat sich der Gesetzgeber entschieden, die Einheitswerte 1935 für das land- und forstwirtschaftliche Vermögen nicht mehr anzuwenden (§ 125 Abs. 1 BewG). Eine Bewertung der wirtschaftlichen Einheiten auf der Grundlage des Eigentums, die unmittelbar für die Grundsteuer gelten könnten, schied wegen den ungeklärten Eigentumsverhältnissen leider aus.

3810 Aus der Überlegung heraus, dass der Eigentümer immer versuchen wird, die Grundsteuer auf einen Pächter abzuwälzen, wurde anlässlich der Wiederherstellung der allgemeinen Grundsteuerpflicht zum 01.01.1991 bestimmt, dass die nach Wertverhältnissen 1935 festgestellten Einheitswerte der Betriebe der Land- und Forstwirtschaft mit dem 31.12.1990 ihre Wirksamkeit verlieren. An ihre Stelle treten die nach § 125 Abs. 2 bis 7 BewG zu ermittelnden **Ersatzwirtschaftswerte**. Die Ersatzwirtschaftswerte werden im Grundsteuermessbetragsverfahren ermittelt (§ 126 Abs. 1 Satz 1 BewG) und beruhen auf den Wertverhältnissen 01.01.1964 (§ 125 Abs. 5 BewG). Eine wirtschaftliche Nutzungseinheit unter sinngemäßer Anwendung des § 2 BewG bilden hierbei alle von **einem Nutzer** (Pächter, Nutzungsberechtigten) regelmäßig selbstgenutzten Wirtschaftsgüter des land- und forstwirtschaftlichen Vermögens.

3811 Die Ermittlung des Ersatzwirtschaftswerts erfolgt im **Ertragswertverfahren**. Nach § 36 Abs. 2 BewG versteht man unter dem Ertragswert die mit dem **Faktor 18 kapitalisierte Ertragsfähigkeit** des jährlichen Reinertrags, der sich bei ordnungsgemäßer und schuldenfreier Bewirtschaftung mit entlohnten, fremden Arbeitskräften gemeinhin und nachhaltig ergibt. Vgl. Rz. 3907.

Der **Ersatzwirtschaftswert** ist **kein Einheitswert** im Sinne des § 19 BewG, § 180 Abs. 1 Nr. 1 AO und deshalb auch **kein eigenständiger Grundlagenbescheid**. Beinhaltet die Ermittlung des Ersatzwirtschaftswertes Fehler, muss der Grundsteuermessbescheid angefochten werden. Die Erklärung zum Ersatzwirtschaftswert war erstmalig auf den 01.01.1991 (Erlass des Bundesministers der Finanzen BStBl I 1990, 882) bis zum 01.02.1991 bei den Finanzämtern abzugeben. Für die Folgezeit richtet sich die Erklärungspflicht nach § 28 Abs. 2 BewG (siehe § 127 Abs. 2 BewG). Für dem Finanzamt zu erteilende Auskünfte, Erhebungen und Mitteilungen gilt § 29 BewG sinngemäß (siehe § 128 BewG).

3812

1.3 Nutzungseinheit des land- und forstwirtschaftlichen Vermögens

Die Nutzungseinheit (wirtschaftliche Einheit) des land- und forstwirtschaftlichen Vermögens ist der Betrieb der Land- und Forstwirtschaft. Er besteht aus der Gesamtheit der Wirtschaftsgüter, die ihm dauernd zu dienen bestimmt sind. In die Nutzungseinheit sind alle von derselben Person (Nutzer) regelmäßig selbstgenutzten Wirtschaftsgüter des land- und forstwirtschaftlichen Vermögens einzubeziehen, auch wenn der Nutzer nicht Eigentümer ist (§ 125 Abs. 2 Satz 2 BewG). Nutzen Ehegatten land- und forstwirtschaftliches Vermögen, ist es zu einer Nutzungseinheit zusammenzufassen (§ 26 BewG). Eine Mindestgröße ist nicht erforderlich. Auch ein einzelnes land- und forstwirtschaftlich genutztes Grundstück, das nicht gemäß § 51 Abs. 1 und 2 BewG-DDR und den hierzu ergangenen Durchführungsbestimmungen in den GlE vom 22.12.1993 BStBl I 1994, 96 zum Grundvermögen zu rechnen ist, bildet eine Nutzungseinheit der Land- und Forstwirtschaft.

3813

Als Nutzungseinheit werden ohne Rücksicht auf ihre Lage (im Gegensatz zum Grundvermögen) alle Flächen zusammengefasst, die von einer Hofstelle aus bewirtschaftet werden. Zusammenhängende Flächen von **Dauerkleingärten** oder **Kleingärten**, die einheitlich verwaltet werden (z.B. durch Verbände, Vereine oder Gemeinden) bilden eine Einheit und sind der Nutzungsgemeinschaft zuzuordnen. Als Nutzer gilt die verwaltende Körperschaft, wobei zu beachten ist, dass eine Gartenparzelle, auf der sich eine Gartenlaube mit einer bebauten Fläche über 23 m² befindet, nicht als land- und forstwirtschaftliches Grundstück, sondern als Grundstück des Grundvermögens zu behandeln ist. Diese Flächen sind dann aus der landwirtschaftlichen Nutzung des Vereins herauszurechnen und als Grundstücke des Grundvermögens gesondert zu behandeln. Bei in den neuen Ländern belegenen, land- und forstwirtschaftlichen Grundstücken ist für die Grundsteuermessbetragsfestsetzung nicht der Einheitswert, sondern der Ersatzwirtschaftswert als unselbständige Besteuerungsgrundlage maßgebend (§§ 125 Abs. 2, 126 Abs. 1 BewG). Schuldner der Grundsteuer und alleiniger Adressat des Grundsteuermessbescheids ist in diesen Fällen der Nutzer des Grundstücks, also der Verein (§ 40 GrStG). Bei Grundstücken, die zum Grundvermögen gehören, wird dem Grundsteuermessbetrag dagegen der eigentumsabhängige Einheitswert zugrunde gelegt, Schuldner der Grundsteuer ist in diesem Fall der Eigentümer des Grundstücks. In der Nutzungseinheit des land- und forstwirtschaftlichen Vermögens des Verbandes, Vereins oder der Gemeinden sind alle Gartenparzellen mit Gartenlauben deren bebaute Fläche weniger als 23 m² beträgt zu erfassen. Alle Gartenparzellen mit einer größeren Gartenlaube sind mit erheblichem Verwaltungsaufwand einzeln zu bewerten und dem jeweiligen Eigentümer als Grundstücke des Grundvermögens zuzurechnen.

3814

3815–3820
frei

2 Vermögensart land- und forstwirtschaftliches Vermögen

2.1 Begriff des land- und forstwirtschaftlichen Vermögens

3821   Unter »Land- und Forstwirtschaft« ist die Nutzung der natürlichen Kräfte des Grund und Bodens einschließlich der Verwertung der dadurch gewonnenen Erzeugnisse zu verstehen (vgl. auch § 13 Abs. 1 Nr. 1 S. 1 EStG). Das BewG (sowie auch andere Steuergesetze) verwenden den Begriff »Land- und Forstwirtschaft« als Sammelbezeichnung für:
a) Landwirtschaft
   Das ist die planmäßige Bewirtschaftung der Bodenfläche zur Gewinnung von organischen (d.h. pflanzlichen und tierischen) Erzeugnissen sowie deren unmittelbare Verwertung in der Landwirtschaft. Zur Landwirtschaft werden gerechnet:
   – Ackerbau,
   – feldmäßige Obst- und Gemüsebau (im Gegensatz zu Gärtnereien),
   – Viehzucht,
   – gemischte Acker- und Viehwirtschaft.
b) Forstwirtschaft
   Das ist die planmäßige auf den Anbau und Absatz von Holz gerichtete Tätigkeit.
c) Weinbau
   Das ist der Anbau der Weinrebe, die Kelterung der Trauben und der Ausbau (d.h. die Herstellung) des Weines zum Verkauf.
d) Gärtnerische Nutzung
   Das ist insbesondere der Anbau Obst, Gemüse und Blumen sowie Zierpflanzen in meist intensiver Bearbeitung des Bodens.
e) Sonstige Land- und Forstwirtschaft
   Dazu gehören insbesondere die in § 125 Abs. 7 Nr. 2 BewG aufgeführten Tätigkeiten:
   – Binnenfischerei,
   – Teichwirtschaft,
   – Fischzucht für Binnenfischerei und Teichwirtschaft,
   – Imkerei,
   – Wanderschäferei,
   – Saatzucht,
   – Weihnachtsbaumkultur,
   – Pilzanbau und
   – Besamungsstationen.

3822   Zum land- und forstwirtschaftlichen Vermögen gehören **alle Wirtschaftsgüter**, die einer Nutzungseinheit der Land- und Forstwirtschaft **dauernd zu dienen bestimmt** sind (§§ 125 Abs. 2, 33 Abs. 1 Satz 1 BewG). Nach diesem allgemeinen Grundsatz ist bewertungsrechtlich nicht die tatsächliche Nutzung, sondern die **Zweckbestimmung** des Wirtschaftsguts am Bewertungsstichtag entscheidend.

BEISPIELE
a) Wiesen-, Acker-, Wald-, Weinbergflächen,
b) Ställe, Scheunen, Geräteschuppen,
c) Maschinen, Geräte, Silos,
d) Vieh, Futtermittel, Saatgut.

Derartige Wirtschaftsgüter gehören so lange zum land- und forstwirtschaftlichen Vermögen, als sie nicht eine andere Zweckbestimmung erhalten haben. Eine vorübergehende anderweitige Nutzung oder der Verzicht auf eine Nutzung, z. B. gegen den Erhalt einer Stillegungsprämie, ist nicht schädlich (Gleich lautende Erlasse vom 11. 12. 1990 BStBl I 1990, 833 Tz. 1.01 Abs. 3, A 1.01 BewR L), solange die Verwendung innerhalb der Nutzungseinheit überwiegt.

3823

BEISPIELE

a) Grund und Boden, der auf bestimmte oder unbestimmte Zeit nicht land- und forstwirtschaftlich genutzt wird:
Ein Landwirt vermietet jedes Jahr im Herbst eine Wiesenfläche aus seiner Nutzungseinheit an einen Verein zur Durchführung eines Herbstfestes.

b) Landwirtschaftliche Gerätschaften, die kurzfristig anderweitig eingesetzt werden:
Ein Landwirt und Fuhrunternehmer setzt an einigen Tagen im Jahr ein landwirtschaftliches Fahrzeug im gewerblichen Fuhrunternehmen ein oder stellt es für den alljährlichen Karnevalsumzug zur Verfügung.

Im Allgemeinen stimmen jedoch Zweckbestimmung und tatsächliche Nutzung des Wirtschaftsguts überein. Sind Wirtschaftsgüter dazu bestimmt, auch einem Gewerbebetrieb des Eigentümers dieser Wirtschaftsgüter dauernd zu dienen, so sind sie beiden Betrieben anteilig zuzurechnen.

3824

Zu den Wirtschaftsgütern, die einer Nutzungseinheit der Land- und Forstwirtschaft zu dienen bestimmt sind, gehören auch **Grunddienstbarkeiten** und wiederkehrende Nutzungen und Leistungen wie **Wegerechte, Weiderechte**, Streunutzungsrechte (Gleich lautende Erlasse vom 11. 12. 1990 BStBl I 1990, 833 Tz. 1.01 Abs. 2, A 1.01 Abs. 2 BewR L). **Verpachtete Nutzungseinheiten oder Teile einer Nutzungseinheit** der Land- und Forstwirtschaft gehören auch beim Verpächter (Eigentümer) zum land- und forstwirtschaftlichen Vermögen. Das Vermögen ist ihm bei der Erbschaft-Schenkungsteuer zuzurechnen und mit dem Bedarfswert (siehe Kapitel 1 Teil F) zu bewerten.

3825

Zur **Grundsteuer** wird in den neuen Bundesländern der Pächter (Nutzer) herangezogen. Das Gleiche gilt für einzelne verpachtete land- und forstwirtschaftliche Flächen und Gebäude, wenn sie beim Pächter einer Nutzungseinheit der Land- und Forstwirtschaft dauernd zu dienen bestimmt sind.

3826

Nicht bewirtschafteter Grund und Boden, z. B. aufgrund einer gewährten Stillegungsprämie, sowie Gebäude, die einer Nutzungseinheit der Land- und Forstwirtschaft zu dienen bestimmt sind, gehören zum land- und forstwirtschaftlichen Vermögen so lange, bis sie eine andere Zweckbestimmung erhalten haben (Gleich lautende Erlasse vom 11. 12. 1990 BStBl I 1990, 833 Tz. 1.01 Abs. 3, A 1.01 Abs. 3 BewR L).

BEISPIELE

a) Brachliegende Acker- und Wiesenflächen.
b) Leer stehende Viehställe und Wirtschaftsgebäude.
c) Zeitweise ungenutzte Maschinenhallen.

Der Begriff des land- und forstwirtschaftlichen Vermögens setzt bewertungsrechtlich also (anders als im Ertragssteuerrecht) **keine** mit **Gewinnerzielungsabsicht** betriebene Tätigkeit voraus. Auch so genannte Liebhabereibetriebe und verpachtete Betriebe der Land- und Forstwirtschaft zählen zum land- und forstwirtschaftlichen Vermögen.

3827

3828–3835
frei

2.2 Abgrenzung gegenüber den anderen Vermögensarten

3836 Grundbesitz, der land- und forstwirtschaftlich genutzt wird, gehört in der Regel auch zum land- und forstwirtschaftlichen Vermögen (Vergleiche auch GlE vom 22. 12. 1993 BStBl I 1994, 96 Tz. 3). Das gleiche gilt für andere Wirtschaftsgüter, die einem Betrieb der Land- und Forstwirtschaft dienen.

3837 Von diesem Grundsatz gibt es bewertungsrechtlich jedoch wichtige Ausnahmen. Land- und forstwirtschaftlich genutzte Flächen können unter bestimmten nachfolgend näher beschriebenen Voraussetzungen bereits zum Grundvermögen gehören oder als Betriebsgrundstück eine wirtschaftliche Untereinheit eines Gewerbebetriebs bilden. Andere in einem Betrieb der Land- und Forstwirtschaft vorhandene Wirtschaftsgüter können Betriebsvermögen oder sonstiges Vermögen sein. Das land- und forstwirtschaftliche Vermögen ist daher abzugrenzen gegenüber dem Grundvermögen, dem Betriebsvermögen und dem sonstigen Vermögen.

2.2.1 Abgrenzung gegenüber dem Grundvermögen

3838 Zwischen dem land- und forstwirtschaftlichen Vermögen und dem Grundvermögen ist hinsichtlich des **Grund und Bodens** und der **Wohn- und Wirtschaftsgebäude abzugrenzen.** Über die **Abgrenzung** wird **bei** der Ermittlung des **Ersatzwirtschaftswerts entschieden** (Gleich lautende Erlasse vom 11. 12. 1990 BStBl I 1990, 833 Tz. 1.02 Abs. 1, vom 22. 12. 1993 BStBl I 1994, 96 Tz. 3 Satz 2).

3839 **Rechtsgrundlagen** für die Abgrenzung zwischen Grundvermögen und land- und forstwirtschaftlichem Vermögen sind § 125 Abs. 3 i. V. m. § 33 Abs. 1 BewG aus der Sicht des land- und forstwirtschaftlichen Vermögens und § 129 Abs. 2 BewG i. V. m. § 51 BewG-DDR aus der Sicht des Grundvermögens und den hierzu ergangenen Ausführungsbestimmungen in dem Gleich lautenden Erlass vom 22. 12. 1993 BStBl I 1994, 96.

a) **Allgemeine Abgrenzung** (§ 33 Abs. 1 Satz 1 BewG und § 51 Abs. 1 BewG-DDR)

3840 Grund und Boden gehört dann zum land- und forstwirtschaftlichen Vermögen, wenn er
- einer der fünf land- und forstwirtschaftlichen Nutzungen (§ 34 Abs. 2 Nr. 1 BewG) zu dienen bestimmt ist, und zwar
  1. landwirtschaftlicher Nutzung
  2. forstwirtschaftlicher Nutzung
  3. weinbaulicher Nutzung
  4. gärtnerischer Nutzung
  5. sonstiger land- und forstwirtschaftlicher Nutzung

  oder
- Abbauland, Geringstland oder Unland ist (§ 34 Abs. 2 Nr. 2 BewG), oder
- einem Nebenbetrieb der Land- und Forstwirtschaft zu dienen bestimmt ist (§ 34 Abs. 2 Nr. 3 BewG).

3841 Flächen, die Teil eines Grundstücks des Grundvermögens sind (z. B. der zu einem Wohngebäude gehörende Hausgarten, § 125 Abs. 3 BewG), gehören von der Zweckbestimmung her nicht zum land- und forstwirtschaftlichen Vermögen, sondern zum Grundvermögen.

b) **Besondere Abgrenzungsregelungen** (§ 51 Abs. 2 BewG-DDR)

3842 Unter bestimmten Voraussetzungen sind Grund- und Bodenflächen, die aufgrund ihrer Zweckbestimmung nach den allgemeinen Abgrenzungsregeln noch zum land- und forstwirtschaftlichen Vermögen gehören würden, bereits als Grundvermögen zu bewerten. Es handelt sich hierbei um noch land- und forstwirtschaftlich genutzte Flächen, die beispielsweise mit Rücksicht auf die bestehenden Verwertungsmöglichkeiten in absehbarer Zeit als Bauland, Industrieland oder als Land für Verkehrszwecke verwendet werden.

Land- und forstwirtschaftlich genutzte Grundstücksflächen sind stets dem **Grundvermögen** zuzurechnen, wenn die sofortige Bebauung rechtlich (z. B. Vorliegen eines rechtsverbindlichen Bebauungsplans) und tatsächlich (Vorhandensein einer gesicherten Erschließung) möglich ist. Damit rechnen insbesondere erschlossene **Flächen am Ortsrand** und **Baulücken** innerhalb von Ortsteilen zum Grundvermögen. 3843

Es können auch andere Umstände für eine Zurechnung zum Grundvermögen sprechen, z. B.: 3844
- Erwerbspreise, die über den üblichen Bodenpreisen der land- und forstwirtschaftlich genutzten Flächen liegen,
- Erwerbe von Flächen durch Handels- und Industrieunternehmen, Gebietskörperschaften sowie Grundstücksgesellschaften, Wohnungsunternehmen und Baugesellschaften,
- Verkäufe von land- und forstwirtschaftlichen Flächen zu Baulandpreisen.

Für die Zurechnung zum Grundvermögen muss sich die gegenwärtige land- und forstwirtschaftliche Nutzung mit großer Wahrscheinlichkeit und in absehbarer Zeit ändern. Unter **absehbarer Zeit** ist ein Zeitraum von **sechs Jahren** nach dem Feststellungszeitpunkt zu verstehen (Gleich lautende Erlasse vom 22. 12. 1993 BStBl I 1994, 96 Tz. 4 letzter Satz). 3845

Zu den **Wirtschaftsgebäuden,** die einem Betrieb der Land- und Forstwirtschaft dauernd zu dienen bestimmt sind, gehören insbesondere: 3846
- Ställe
- Scheunen
- Lagerräume
- Geräte- und Maschinenschuppen
- Hopfendarren
- Kesselhäuser
- Kelleranlagen
- Arbeitsräume
- Büros, in denen die mit der Betriebsorganisation und Betriebsführung zusammenhängenden Arbeiten vorgenommen werden.

(Gleich lautende Erlasse vom 11. 12. 1990 BStBl I 1990, 833 Tz. 1.02 Abs. 5, A 1.02 Abs. 11 BewR L).

Wohngebäude sowie **Wohnräume** einschließlich der dazugehörenden Flächen wie Hausgärten und Parkanlagen gehören nicht zur Land- und Forstwirtschaft, sondern grundsätzlich zum Grundvermögen (§ 125 Abs. 3 BewG). Dies gilt auch für Wohnräume **des Betriebsinhabers** und seiner zum Haushalt gehörenden Familienangehörigen sowie für die Wohnräume der Altenteiler und der Arbeitskräfte. Soweit es sich bei den Wohngebäuden um Einfamilienhäuser oder Mietwohngrundstücke handelt, für die bisher kein Einheitswert vorhanden war, kann die Grundsteuer ohne Einheitswertbescheid nach der Ersatzbemessungsgrundlage erhoben werden § 132 Abs. 2 BewG (§§ 42, 44 GrStG). 3847

2.2.2 Abgrenzung gegenüber dem Betriebsvermögen

Übt ein Nutzer außer der Gewinnung von organischen Erzeugnissen durch die Bewirtschaftung des Grund und Bodens auch eine Tätigkeit aus, die gewerblichen Charakter hat oder betreibt er neben der land- und forstwirtschaftlichen Tätigkeit noch eine gewerbliche Tätigkeit, ist zu prüfen, ob das ganze Unternehmen eine Nutzungseinheit der Land- und Forstwirtschaft oder einen Gewerbebetrieb darstellt. Für die Abgrenzungsregelungen wird auf Kapitel 1 Teil F Tz 3.2 verwiesen. 3848

2.2.3 Abgrenzung gegenüber sonstigem Vermögen

3849   Es gibt eine Reihe von Wirtschaftsgütern, die betriebswirtschaftlich zwar Teile des land- und forstwirtschaftlichen Vermögens sind, aber aufgrund abweichender bewertungsrechtlicher Regelungen nicht dazu gerechnet werden dürfen. **Nicht zum land- und forstwirtschaftlichen Vermögen gehören:**

- Über den normalen Bestand hinausgehende Bestände (Überbestände) an umlaufenden Betriebsmitteln. Diese entstehen in der Regel durch Produktionsumstellungen, Fehlinvestitionen oder kurzfristige Marktveränderungen. Sind hiervon Tierbestände betroffen, soll nicht in jedem Fall eine gewerbliche Tierzucht entstehen.

BEISPIEL Ein Landwirt in einer Gegend mit hohem Grünlandanteil betreibt Milchwirtschaft. Seinen Viehbestand hält er normalerweise in den Grenzen des § 51 BewG. Durch die Rinderseuche BSE erleidet der Rindfleischmarkt einen massiven Einbruch. Der Landwirt kann die »Produktion« von Kälbern nicht einstellen, weil sonst die Milchproduktion zurückgeht.
LÖSUNG Der hierdurch entstehende »Überbestand« an Tieren soll nicht zur gewerblichen Tierzucht führen. Der »Überbestand« kann auch nicht bei der Landwirtschaft erfasst werden, weil es bei der Bewertung nicht auf den speziellen Betrieb der Land- und Forstwirtschaft, sondern auf den gemeinhin erzielbaren Ertrag ankommt. Vgl. Rz. 905.

- Die in § 33 Abs. 3 Nr. 1 und 2 BewG aufgeführten Wirtschaftsgüter, soweit sie wirtschaftlich mit der land- und forstwirtschaftlichen Nutzung zusammenhängen, wie Geldforderungen und Geldbeträge, die aus Erlösen land- und forstwirtschaftlicher Erzeugnisse stammen, und Entschädigungsforderungen an Versicherungen oder Verbindlichkeiten aufgrund der Anschaffung von landwirtschaftlichen Flächen, Maschinen und Geräten, Saatgut usw.

3850–3860 frei

2.3 Nutzungseinheit des land- und forstwirtschaftlichen Vermögens

3861   Die Nutzungseinheit des land- und forstwirtschaftlichen Vermögens (wirtschaftliche Einheit) ist der **Betrieb der Land und Forstwirtschaft (§ 33 Abs. 1 BewG).** Vgl. auch § 19 Abs. 1 Nr. 1, § 125 Abs. 2 BewG. Er besteht aus der Gesamtheit der Wirtschaftsgüter, die ihm dauernd zu dienen bestimmt sind. Entscheidend ist die Zweckbestimmung am Bewertungsstichtag. Die Nutzungseinheit umfasst die in § 34 Abs. 2 BewG bezeichneten Nutzungen und Wirtschaftsgüter einschließlich der Nebenbetriebe. Zur Nutzungseinheit gehören ferner alle Hof- und Gebäudeflächen einschließlich der Wirtschaftswege und dergleichen, sofern sie nicht Wohnungen bzw. Wohngebäuden zuzuordnen sind.

3862   Für die Abgrenzung der wirtschaftlichen Einheit »Betrieb der Land- und Forstwirtschaft« sind prinzipiell auch die **Grundsätze des § 2 BewG sinngemäß anzuwenden.** Es gelten also die Anschauungen des Verkehrs (**Verkehrsauffassung**), wobei die örtliche Gewohnheit, die tatsächliche Übung, die Zweckbestimmung und die wirtschaftliche Zusammengehörigkeit der einzelnen Wirtschaftsgüter zu berücksichtigen sind.

3863   In die Nutzungseinheit sind alle von derselben Person (Nutzer) regelmäßig selbstgenutzten Wirtschaftsgüter des land- und forstwirtschaftlichen Vermögens einzubeziehen, auch wenn der Nutzer nicht Eigentümer ist. § 125 Abs. 2 BewG verweist hier ausdrücklich auf die vom Wortlaut des § 2 Abs. 2 BewG abweichende Regelung, die das Eigentum als

Abgrenzungsmerkmal in den Mittelpunkt stellt. Anteilig genutzte Wirtschaftsgüter sind entsprechend ihrem Anteil in die Nutzungseinheit einzubeziehen.

Die Bezeichnung »Nutzungseinheit der Land- und Forstwirtschaft« setzt, abweichend vom sonstigen Sprachgebrauch, nicht unbedingt eine wirtschaftlich bedeutsame Zusammenfassung voraus. Eine Nutzungseinheit der Land- und Forstwirtschaft ist deshalb nicht erst dann gegeben, wenn es sich um eine größere land- und forstwirtschaftlich genutzte Fläche handelt, die mit Gebäuden, Maschinen und Geräten ausgestattet ist und eine Familie ganz oder zum Teil ernährt, sondern schon dann, wenn nichts weiter vorhanden ist als der Grund und Boden, sofern dieser dazu bestimmt ist, dauernd land- und forstwirtschaftlichen Zwecken zu dienen und nicht (z. B. als Hausgarten eines Einfamilienhauses oder als Bauland gemäß § 51 Abs. 2 BewG-DDR) zum Grundvermögen gehört. Eine Mindestgröße ist nicht erforderlich (Gleich lautende Erlasse vom 11. 12. 1990 BStBl I 1990, 833 Tz. 1. 05 Abs. 3, A 1. 05 Abs. 2 BewR L). Auch ist nicht Voraussetzung, dass eine land- und forstwirtschaftliche Nutzung des Erwerbs wegen betrieben wird.

3864

BEISPIEL Auf einer Fläche von 50 a, die einem arbeitslosen Techniker gehört, baut dieser regelmäßig Hackfrüchte oder Gemüse an.

LÖSUNG Diese Ackerfläche gehört zum land- und forstwirtschaftlichen Vermögen und bildet, wenn der arbeitslose Techniker keine weiteren land- und forstwirtschaftlichen Flächen nutzt, eine selbstständige Nutzungseinheit der Land- und Forstwirtschaft.

Zu einer Nutzungseinheit werden auch räumlich nicht zusammenhängende Flächen zusammengefasst, solange sie von einer Hofstelle aus betriebswirtschaftlich sinnvoll bearbeitet werden können. Ist dies z. B. wegen zu langer Anfahrtszeiten nicht möglich, sind diese Flächen als eigenständige Nutzungseinheit zu betrachten. Hierbei ist nach § 2 Abs. 1 Satz 1 BewG die Anschauung des Verkehrs zu beachten. Ein Land- und Forstwirt kann daher auch **Eigentümer mehrerer Nutzungseinheiten** der Land- und Forstwirtschaft sein.

3865

Eine eigene Nutzungseinheit der Land- und Forstwirtschaft bilden auch Tierbestände, die nach den §§ 51 oder 51 a BewG zur landwirtschaftlichen Nutzung oder nach § 62 BewG zur sonstigen land- und forstwirtschaftlichen Nutzung gehören. Die §§ 51 und 51 a BewG regeln die Frage, in welchen Umfang Tierbestände, zur landwirtschaftlichen Nutzung gehören, abschließend. Werden Tierbestände, die zu einem Betrieb der Land- und Forstwirtschaft gehören, vorübergehend in einen anderen Betrieb gegeben, z. B. als Pensionsvieh zur Sommerweide, so sind diese Tierbestände nicht in die Nutzungseinheit des pensiongebenden Betriebs (Weidebetriebs) einzubeziehen (§ 125 Abs. 2 BewG. Gleich lautende Erlasse vom 11. 12. 1990 BStBl I 1990, 833 Tz. 1. 05 Abs. 6). Eine eigenständige Nutzungseinheit bilden auch land- und forstwirtschaftlich genutzte Flächen, die von einem außerhalb der neuen Bundesländer gelegenen Betrieb aus bewirtschaftet werden.

3866

2.4 Umfang des Betriebs der Land- und Forstwirtschaft

2.4.1 Allgemeines

Nach § 125 Abs. 2, § 33 Abs. 1 BewG gehören zur Nutzungseinheit Betrieb der Land- und Forstwirtschaft grundsätzlich **alle Wirtschaftsgüter,** die einem derartigen Betrieb **dauernd zu dienen bestimmt** sind. Das sind nach § 33 Abs. 2 BewG **insbesondere** der Grund und Boden, und Wirtschaftsgebäude, die stehenden Betriebsmittel und ein normaler Bestand an umlaufenden Betriebsmitteln. Ferner gehören dazu die Nebenbetriebe (vgl. § 34 Abs. 2 Nr. 3

3867

BewG). Ob die Voraussetzung »dauernde Zweckbestimmung« vorliegt, muss in erster Linie nach objektiven Gesichtspunkten beurteilt werden. Die Dauer ist z. B. bei einer landwirtschaftlich genutzten Fläche nicht gewährleistet, wenn anzunehmen ist, dass sie in absehbarer Zeit anderen als landwirtschaftlichen Zwecken dienen wird. (Als absehbare Zeit wird ein Zeitraum von sechs Jahren angesehen.) Solche Flächen sind deshalb nach § 52 Abs. 2 BewG-DDR dem Grundvermögen zuzurechnen.

3868 Zu den regelmäßig selbstgenutzten Wirtschaftsgütern gehören auch Flächen, die auf bestimmte oder unbestimmte Zeit vom Nutzungsberechtigten (ggf. Eigentümer) tatsächlich nicht genutzt werden, z. B. Brachflächen. Werden für die Einstellung oder Einschränkung der Bewirtschaftung von Flächen Entschädigungen gezahlt, z. B. bei Flächenstillegung, gelten diese Flächen als vom Empfänger der Entschädigung selbstgenutzt (gleich lautende Erlasse vom 11. 12. 1990 BStBl I 1990, 833 Tz. 1.06 Abs. 2). Für die Bildung und den Umfang der wirtschaftlichen Einheit »Nutzungseinheit der Land- und Forstwirtschaft« gelten zunächst die allgemeinen Abgrenzungsgrundsätze.

3869 Die allgemeinen bewertungsrechtlichen Abgrenzungsgrundsätze und die ertragssteuerrechtlichen (bilanzsteuerrechtlichen) Grundsätze werden jedoch für die Land- und Forstwirtschaft durch eine Reihe von Sondervorschriften durchbrochen, in denen die Einbeziehung von Wirtschaftsgütern in den Betrieb der Land- und Forstwirtschaft oder umgekehrt die Aussonderung von Wirtschaftsgütern ausdrücklich vorgeschrieben wird (vgl. insbesondere § 33 Abs. 2 und 3 und § 34 BewG sowie § 125 Abs. 3 BewG).

2.4.2 Nicht zum land- und forstwirtschaftlichen Vermögen gehörende Wirtschaftsgüter

3870 Wegen der in der Land- und Forstwirtschaft **nicht** zu berücksichtigenden Wirtschaftsgüter siehe Kapitel 2 Teil C Tz. 1.1.4 ff.

3871–3880 frei

2.5 Gliederung und Bestandteile des Betriebs der Land- und Forstwirtschaft

2.5.1 Beschreibung der Nutzung von Flächen im Sinne von § 1 des Bodenschätzungsgesetzes (BodschätzG)

3881 Siehe Kapitel 2 Teil C Tz. 1.1.1.

2.5.2 Hof- und Wirtschaftsgebäudeflächen, Wege, Hecken, Gräben, Grenzraine und dergleichen

3882 Die Hof- und Wirtschaftsgebäudefläche der Nutzungseinheit der Land und Forstwirtschaft ist **gesondert auszuweisen** und **nicht zu bewerten**. Dies gilt nicht für Flächen der gärtnerischen Nutzung mit ertragsteigernden Anlagen. Die nicht zu bewertende Fläche entspricht der Gebäude- und Gebäudenebenfläche, soweit sie nicht den Wohngebäuden zuzuordnen ist. Der nicht zum Wohngebäude gehörende Hausgarten ist der landwirtschaftlichen Nutzung zuzurechnen. **Wirtschaftswege, Hecken, Gräben, Grenzraine und dergleichen sind in die Hof- und Wirtschaftsgebäudeflächen einzubeziehen**; dies gilt auch für unproduktive Wasserflächen, Dämme, Uferstreifen und dergleichen, soweit sie nicht Unland sind. Zu den Wirtschaftswegen und Gräben im Sinne der Vorschrift des § 40 Abs. 3

BewG gehören die betriebseigenen Wege und Gräben. Soweit die vorstehend bezeichneten Flächen nicht bei den einzelnen Nutzungen erfasst worden sind, lassen sie sich regelmäßig aus den Katasterunterlagen nur im Ganzen ermitteln. Sind in einem forstwirtschaftlichen Betriebswerk oder Betriebsgutachten derartige Flächenanteile der forstwirtschaftlichen Nutzung zugerechnet, ist dem bei der Bewertung zu folgen. Gleich lautende Erlasse vom 11.12.1990 BStBl I 1990, 833 Tz. 1.07 Abs. 3.

2.5.3 Flächen sonstiger land- und forstwirtschaftlichen Nutzung

Die wichtigsten Nutzungsarten sind in § 62 BewG aufgezählt. Dazu gehören die Fischereirechte, Wasser- und Bodenflächen, Gebäude und Gebäudeteile, Tierbestände und sonstige Betriebsmittel, soweit sie jeweils den in § 62 BewG genannten Arten der land- und forstwirtschaftlichen Nutzung dienen. 3883

2.5.4 Zur Nutzungseinheit der Land- und Forstwirtschaft gehörende Wirtschaftsgüter, die nicht land- und forstwirtschaftlich genutzt werden

Geringstland sind Flächen, die zur Zeit aufgrund ihres Zustandes nicht landwirtschaftlich genutzt werden können und nur geringste Erträge ergeben würden. Unter Geringstland werden z.B. Moor- oder Überschwemmungsgrünland, aufgegebene Weinberge oder durch Industrie-Emissionen geschädigte Flächen verstanden. **Unland** sind alle Flächen, die auch wenn sie bewirtschaftet würden keine Erträge ergeben würden. **Abbauland** sind z.B. Sand- oder Kiesgruben, die der Landwirt zur Bodenverbesserung oder für sein Wegenetz nutzt. 3884

2.5.5 Bestandteile der Nutzungseinheit

a) **Grund und Boden** 3885
Siehe hierzu Kapitel 2 Teil C 1.3.2.2.1.
b) **Wirtschaftsgebäude** 3886
Siehe hierzu Kapitel 2 Teil C 1.3.2.2.2.
c) **Betriebsmittel** 3887
Siehe hierzu Kapitel 2 Teil C 1.3.2.2.3.
d) **Nebenbetriebe** 3888
Siehe hierzu Kapitel 2 Teil C 1.3.2.2.4.

2.5.6 Behandlung von sonstigen Flächen

Bagatellflächen sind kleine Flächen einzelner Nutzungen oder Nutzungsteile. Das sind z.B. Spargelanbauflächen und Freilandflächen der gärtnerischen Nutzung, die 10 Ar nicht übersteigen. Diese sind regelmäßig der landwirtschaftlichen Nutzung zuzurechnen. Das gilt auch, wenn im Übrigen keine landwirtschaftliche Nutzung vorhanden ist. Bei Gartenbaubetrieben mit Gewächshäusern sind die o.g. Freilandflächen bei der gärtnerischen Nutzung zu erfassen. Die Einbeziehung der Bagatellflächen in die landwirtschaftliche Nutzung bewirkt, dass sie wie die landwirtschaftliche Nutzung mit einem niedrigeren Wert bewertet werden. 3889

Hof- und Wirtschaftsgebäudeflächen, der Nutzungseinheit des Betriebs der Land und Forstwirtschaft sind gesondert auszuweisen und nicht zu bewerten. **Wirtschaftswege, Hecken, Gräben, Grenzraine** und dgl. sind in die Hof- und Wirtschaftsgebäudeflächen einzubeziehen und nicht zu bewerten, soweit sie nicht bei den einzelnen Nutzungen erfasst worden sind. 3890

3891 Behandlung von **schadstoffbelasteten Grundstücken** bei der Ermittlung der Ersatzwirtschaftswerte. Es sind drei Fallgruppen zu unterscheiden:
1. Die **Bewirtschaftung** der land- und forstwirtschaftlichen Flächen wurde **untersagt**, der Ernteausfall wird jedoch **entschädigt.** Hier ist, weil wirtschaftlich kein Nachteil entsteht, der Ersatzwirtschaftswert unvermindert in voller Höhe zu berechnen.
2. Die **Bewirtschaftung** der land- und forstwirtschaftlichen Flächen wurd **untersagt**, der Ernteausfall wird jedoch **nicht entschädigt.** Hier ist der Anbau von Pflanzen, die nicht unmittelbar oder mittelbar der menschlichen Ernährung dienen, noch möglich, weshalb die Flächen als Geringstland (§ 44 BewG) bewertet werden können, solange die Flächen noch einen Ertrag abwerfen. Werfen die Flächen keinerlei Ertrag mehr ab, bleibt nur noch die Bewertung als Unland (§ 45 BewG).
3. Die **Bewirtschaftung** der land- und forstwirtschaftlichen Flächen wurde **nicht untersagt**, es entstehen jedoch Ernteausfälle, die nicht **entschädigt** werden. Die derzeitige Systematik bei der Ermittlung der Ersatzwirtschaftswerte geht grundsätzlich davon aus, dass alle gegendüblichen Ertragsbedingungen abgegolten sind, weshalb hier keine Abschläge vorgenommen werden können.

3892 Bei **Windkraftanlagen** ist grundsätzlich zu unterscheiden, ob die Stromerzeugung ausschließlich für den Eigenbedarf oder für Dritte erfolgt. Die Stromerzeugung für Dritte kann nicht als Erzeugung eines land- und forstwirtschaftlichen Produkts angesehen werden, weshalb hier grundsätzlich ein Gewerbebetrieb anzunehmen ist (vgl. § 15 Abs. 1 EStG R 15.5 Abs. 11 EStR). Ist die Windkraftsanlage für den Eigenbedarf konzipiert, ist die Abgabe überschüssigen elektrischen Stroms an das öffentliche Netz unschädlich, solange er nicht überwiegt.

3893 Die OFD Erfurt hat in ihrer Verfügung vom 30.12.1992 zusätzlich die Bedingung aufgestellt, dass die Einnahmen aus der entgeltlichen Lieferung von Strom an Dritte zusammen mit den Einnahmen aus landschaftspflegerischer Tätigkeit und der Grüngutverwertung nicht mehr als 20 000 DM im Wirtschaftsjahr betragen darf.

2.5.7 Wohnteil

3894 Wohnungen, die durch den Eigentümer der land- und forstwirtschaftlichen Nutzungseinheit, seine Familienmitglieder oder durch die Mitarbeiter und deren Familienmitglieder bewohnt werden, gehören bei der Einheitsbewertung in den neuen Bundesländern immer zum Grundvermögen (§ 125 Abs. 3 BewG). Im Gegensatz hierzu sind bei der Bedarfsbewertung für die Erbschaft-Schenkungsteuer die der Land- und Forstwirtschaft dienenden Wohngebäude in den Grundbesitzwert miteinzubeziehen (§ 158 Abs. 3 Satz 1 Nr. 6 BewG. Sie sind dort jedoch nicht steuerbegünstigt. § 13b Abs. 1 Nr. 1 ErbStG).

3895–3900 frei

3 Zusammenfassende Darstellung des Bewertungsgegenstands des land- und forstwirtschaftlichen Vermögens in den neuen Bundesländern

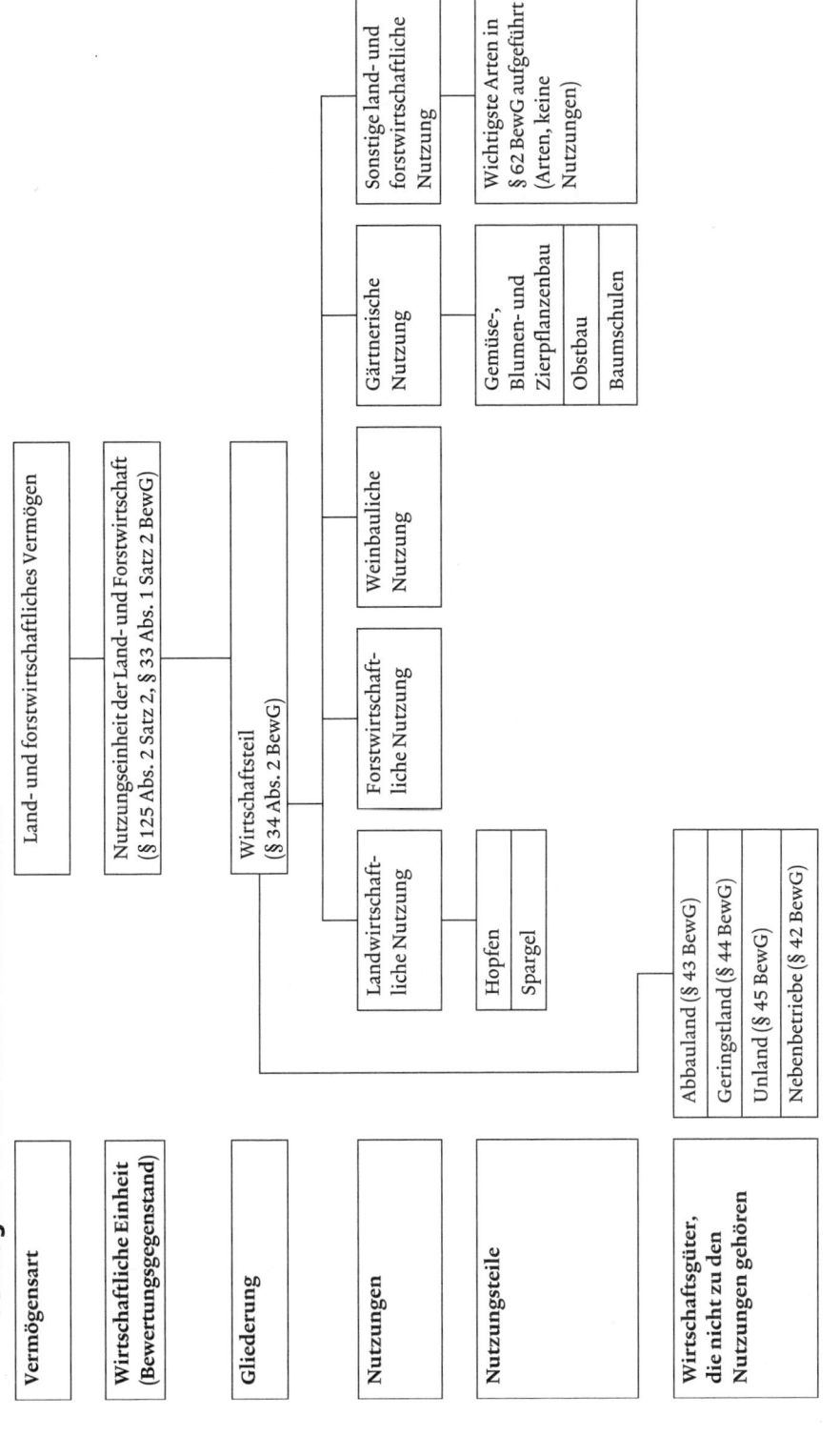

3901

Vermögensart	Land- und forstwirtschaftliches Vermögen
Wirtschaftliche Einheit (Bewertungsgegenstand)	Nutzungseinheit der Land- und Forstwirtschaft (§ 125 Abs. 2 Satz 2, § 33 Abs. 1 Satz 2 BewG)

Gliederung

Wirtschaftsteil (§ 34 Abs. 2 BewG)

Nutzungen:
- Landwirtschaftliche Nutzung
- Forstwirtschaftliche Nutzung
- Weinbauliche Nutzung
- Gärtnerische Nutzung
- Sonstige land- und forstwirtschaftliche Nutzung → Wichtigste Arten in § 62 BewG aufgeführt (Arten, keine Nutzungen)

Nutzungsteile:
- Landwirtschaftliche Nutzung: Hopfen, Spargel
- Gärtnerische Nutzung: Gemüse-, Blumen- und Zierpflanzenbau; Obstbau; Baumschulen

Wirtschaftsgüter, die nicht zu den Nutzungen gehören:
- Abbauland (§ 43 BewG)
- Geringstland (§ 44 BewG)
- Unland (§ 45 BewG)
- Nebenbetriebe (§ 42 BewG)

3.1 Bewertungsstichtag

3902 Wie allgemein bei der Einheitsbewertung, sind auch bei der Einheitsbewertung der Betriebe der Land- und Forstwirtschaft grundsätzlich die Verhältnisse im **Feststellungszeitpunkt** (Hauptfeststellungszeitpunkt, Nachfeststellungszeitpunkt oder Fortschreibungszeitpunkt) maßgebend. Das ist jeweils der **Beginn eines Kalenderjahres.** Diese Regelung gilt nach § 35 Abs. 1 BewG
- für die **Größe der Nutzungseinheit** (Grund- und Bodenfläche),
- für den **Umfang und Zustand der Gebäude** und
- für den **Umfang und den Zustand der stehenden Betriebsmittel** (z. B. Maschinen, Geräte, Zugtiere, Zuchttiere).

3903 Von diesem Grundsatz gibt es für die vorstehend genannten Wirtschaftsgüter **Ausnahmen:**
- Bei der forstwirtschaftlichen Nutzung (§ 54 BewG) ist dies der 30. September (§ 8c EStDV) und bei
- der gärtnerischen Nutzung (§ 59 Abs. 2 BewG) der 30. Juni, der dem Feststellungspunkt vorangeht.
- Für die **umlaufenden Betriebsmittel**, die nach § 33 Abs. 3 Nr. 3 BewG nur mit ihrem normalen Bestand zur Nutzungseinheit der Land- und Forstwirtschaft gehören, ist sowohl für den Bestand als auch für den Wert der Stand am Ende des Wirtschaftsjahres maßgebend, das dem Feststellungszeitpunkt vorausgegangen ist. Das ist bei der Landwirtschaft in der Regel der 30. Juni, bei der Forstwirtschaft regelmäßig der 30. September. Diesen **abweichenden Stichtag** zugrunde zu legen hielt der Gesetzgeber deshalb für zweckmäßig, weil an diesem Stichtag der Bestand an umlaufenden Betriebsmitteln am leichtesten feststellbar und auch – weil die alte Ernte in der Regel verkauft und die neue Ernte noch nicht eingebracht ist – am geringsten ist.

3904 Bei Nachfeststellungen und Fortschreibungen sind gemäß § 27 BewG die **Wertverhältnisse des Hauptfeststellungszeitpunkts zugrunde** zu legen. Dies ist auch für die neuen Bundesländer der 01.01.1964 (§ 125 Abs. 5 BewG).

3.2 Bewertungsmaßstäbe

3.2.1 Grundsätzliches

3905 Die Bewertung der Nutzungseinheit Betrieb der Land- und Forstwirtschaft erfolgt im **Ertragswertverfahren.** Dies ist schon deshalb gerechtfertigt, weil der Nutzer sein wirtschaftliches Handeln nicht am gemeinen Wert der Grundstücke, sondern an ihrem Ertragswert ausrichtet.

3.2.2 Begriff des Ertragswerts

3906 Nach § 36 Abs. 2 BewG versteht man unter dem Ertragswert die mit dem **Faktor 18 kapitalisierte Ertragsfähigkeit** des jährlichen Reinertrags, der sich bei ordnungsgemäßer und schuldenfreier Bewirtschaftung mit entlohnten fremden Arbeitskräften gemeinhin und nachhaltig ergibt. Dem Kapitalisierungsfaktor 18 liegt ein Zinssatz von 5,5 % zugrunde (100 : 5,5 = 18).

3907 Der Ertragswert basiert nicht auf einem tatsächlich erzielten Reinertrag, sondern auf der Grundlage eines unter genormten objektiven Merkmalen erzielbaren Reinertrags, den der Gesetzgeber als Ertragsfähigkeit bezeichnet. Hierdurch sollen zufällige Ertragsergebnisse ausgeschaltet werden. Unregelmäßige Witterungseinflüsse und Preisschwankungen, besondere Tüchtigkeit des Betriebsinhabers sowie Zinsbelastungen aus Fremdmitteln dürfen den Ertrag nicht beeinflussen. Außerdem ist zu unterstellen, dass der Betrieb in vollem Umfang mit entlohnten fremden Arbeitskräften bewirtschaftet wird. Es wird also ein Reinertrag kapitalisiert, der gemeinhin (allgemein) und nachhaltig, d. h. in einer Reihe von Jahren im Durchschnitt erzielbar ist.

3908–3920
frei

4 Verfahren zur Ermittlung des Ersatzwirtschaftswerts

4.1 Zusammensetzung des Ersatzwirtschaftswerts

Der Ersatzwirtschaftswert setzt sich zusammen aus den **Ersatzvergleichswerten** der einzelnen Nutzungen und Nutzungsteile den **Einzelertragswerten für Nebenbetriebe** und den **pauschalen Werten für Geringstland** und **Abbauland**. Erst die Summe dieser einzelnen Ertragswerte ergibt den gesamten Ertragswert des Betriebs, der als Ersatzwirtschaftswert bezeichnet wird.

3921

4.2 Ermittlungsverfahren

Der Ersatzwirtschaftswert wird nach § 125 BewG als unselbstständige Bemessungsgrundlage für die Grundsteuer in einem vereinfachten Verfahren auf der Grundlage der Ergebnisse der Bodenschätzung ermittelt. Für die Ertragsbedingungen werden abweichend von § 38 Abs. 2 Nr. 1 sowohl für die natürlichen als auch für die wirtschaftlichen Ertragsbedingungen ausschließlich die in der Gegend als regelmäßig anzusehenden Verhältnisse zugrunde gelegt. Dies bedeutet, dass nicht der konkrete Ertrag einer Nutzungseinheit bewertet wird, sondern der auf die Betriebsgröße bezogene mögliche Ertrag dieser Gegend. Die Anwendung des vergleichenden Verfahrens hat den Vorteil, dass nicht für jede Nutzung eine Einzelberechnung des Reinertrags durchgeführt werden muss und dass Ungleichmäßigkeiten, die sich bei einer Einzelberechnung des Reinertrags ergeben können, weitgehend ausgeschaltet werden.

3922

Das **Wesen** des vergleichenden Verfahrens (vergleichende Bewertung) besteht darin, dass für die einzelnen Nutzungen und Nutzungsteile des zu bewertenden Betriebs der Land- und Forstwirtschaft die Ertragswerte (Ertragsfähigkeit) durch **Vergleiche mit** der Ertragsfähigkeit entsprechender Nutzungen und Nutzungsteile bereits bewerteter Betriebe (**Bewertungsstützpunkte**) ermittelt werden, wobei die unterschiedlichen Ertragsbedingungen zu berücksichtigen sind. Die Unterschiede in der **Ertragsfähigkeit** der einzelnen Betriebe werden durch Vergleich der Ertrags**bedingungen** beurteilt und in Zahlen ausgedrückt, die dem Verhältnis der Reinerträge entsprechen. Diese Zahlen werden **Vergleichszahlen** genannt (§ 38 Abs. 1 BewG).

3923

Ein gedachter Nutzungsteil mit **nahezu idealer**, besonders hoher Ertragsfähigkeit würde mit **100 Vergleichszahlen** beurteilt. Diese unterstellte Vergleichszahl von 100 ist nicht unbedingt ein Höchstwert, er kann im Einzelfall noch überschritten werden.

3924

> **BEISPIEL**
>
> Man stelle sich einen Spargelanbaubetrieb vor, dessen sandiger Lößboden in der Ebene liegt. Klimatisch treten selten Frostschäden auf. Es gibt ausreichend Niederschläge. Die zu bewirtschaftenden Flächen liegen direkt um die Wirtschafts- und Wohngebäude und müssen nicht durch Gräben entwässert werden. Der Betrieb hat eine Größe, in der die eingesetzten Maschinen in idealer Weise ausgenutzt werden können. Wegen der ausreichenden Zahl von Biotopen in der Nähe gibt es kaum Schädlinge. Die Fahrzeit zum nächsten Verladebahnhof beträgt zehn Minuten. Die Lohnkosten sind wegen zahlreicher, ausreichend vorhandener Saisonarbeiter niedrig.

3925 Um das Bewertungsverfahren zu rationalisieren, wurden zum Hauptfeststellungszeitpunkt 01.01.1964 490 so genannte Hauptbewertungsstützpunkte eingerichtet und die Vergleichszahlen für diese Nutzungen bzw. Nutzungsteile ermittelt. Diese Hauptbewertungsstützpunkte wurden durch Landes- und Ortsbewertungsstützpunkte ergänzt.

3926 Die Vergleichszahlen der Nutzungen und Nutzungsteile aller übrigen zu bewertenden Betriebe werden durch den Vergleich mit den Vergleichszahlen dieser Bewertungsstützpunkte ermittelt. Die Ergebnisse dieser Bodenschätzung liegen für die neuen Bundesländer flächendeckend vor. Sie können aus dem Bodenschätzungsverzeichnis der Gemeinden (GEMDAT) entnommen werden.

3927 Für jede Nutzung und jeden Nutzungsteil eines Betriebs ist der jeweilige Ertragswert getrennt im vergleichenden Verfahren zu ermitteln. Die in § 125 Abs. 6 BewG aufgeführten Vergleichszahlen für die landwirtschaftliche, weinbauliche und gärtnerische Nutzung werden unter Anwendung der in § 40 Abs. 2 BewG für 100 Vergleichszahlen festgesetzten Ertragswerte in Ersatzvergleichswerte umgerechnet.

3928 Für die forstwirtschaftliche Nutzung und für die sonstige land- und forstwirtschaftliche Nutzung werden nicht Vergleichszahlen, sondern **unmittelbar Ersatzvergleichswerte** ermittelt. Sind in einem Betrieb der Land- und Forstwirtschaft mehrere Nutzungen und/oder Nutzungsteile vorhanden, so ergibt sich der Ersatzwirtschaftswert durch Addition der einzelnen Ersatzvergleichswerte und der Werte der nach den §§ 42–44 BewG gesondert zu bewertenden Wirtschaftsgüter (Nebenbetriebe, Abbauland, Geringstland, Unland).

3929 Die landwirtschaftliche Vergleichszahl in 100 je Hektar errechnet sich auf der Grundlage der Ergebnisse der Bodenschätzung unter Berücksichtigung weiterer natürlicher und wirtschaftlicher Ertragsbedingungen der Gegend (§ 125 Abs. 6 Nr. 1 Buchst. a BewG). Diese Abrechnungen stützten sich auf die Erkenntnis, dass sich bei verschlechternden Ertragsbedingungen der Grünlandanteil erhöht. Bei den übrigen Nutzungen und Nutzungsteilen sind die gegendüblichen Verhältnisse bereits in den Vergleichszahlen bzw. Ersatzvergleichswerten je Einheit berücksichtigt. Ab- und Zurechnungen wegen gegendüblich abweichender Ertragsbedingungen sind bei diesen Nutzungen/Nutzungsteilen daher nicht vorzunehmen.

3930 Zum Zwecke des Vergleichs der Ertragsfähigkeit der gleichen Nutzung in verschiedenen Betrieben ist die auf eine bestimmte Flächeneinheit, z.B. auf einen Hektar, bezogene durchschnittliche Vergleichszahl zu errechnen. Bei der Verwendung einer durchschnittlichen Vergleichszahl ist die Flächeneinheit anzugeben, auf welche die Vergleichszahl bezogen ist. Der auf einen Hektar bezogene Vergleichswert ist der Hektarwert (§ 40 Abs. 1 Satz 3 BewG). Die Ermittlung von Einzelertragswerten ist nur für das Abbauland und die Nebenbetriebe zugelassen.

3931 Grundlage der im Ersatzwirtschaftswert enthaltenen Ersatzvergleichswerte ist der nachhaltige erzielbare **Reinertrag** nach den Wertverhältnissen in der Bundesrepublik Deutschland **zum 01.01.1964**. Die Ersatzvergleichswerte bzw. Einzelertragswerte entsprechen dem 18fachen dieses Reinertrags.

3932 Kommen Dezimalstellen in den einzelnen Stufen zur Ermittlung des Ersatzwirtschaftswerts vor, sind Abrundungen vorzunehmen. Bei der Ermittlung der Ersatzvergleichswerte, der Einzelertragswerte und der Werte des Geringstlands sind die Dezimalstellen auf die zweite Stelle nach dem Komma zu runden. Die Ersatzvergleichswerte, die Einzelertragswerte und der Werte des Geringstlandes werden auf die nächste ganze Zahl gerundet. (Gleich lautende Erlasse vom 11.12.1990 BStBl I 1990, 833 Tz. 1.11 Abs. 7).

3933–3940 frei

4.2.1 Die Bewertung landwirtschaftlicher Nutzungen

4.2.1.1 Ertragsbedingungen

Die unterschiedliche Ertragsfähigkeit der landwirtschaftlichen Nutzungen wird auf der Grundlage der wesentlichen Ertragsbedingungen beurteilt (§ 38 BewG). Dabei sind die in der Gegend als regelmäßig anzusehenden Verhältnisse zu berücksichtigen. (§ 125 Abs. 4 BewG). Bei der Beurteilung der natürlichen Ertragsbedingungen (§ 38 Abs. 2 Nr. 1 Buchst. a BewG) der landwirtschaftlichen Nutzung ist von den Ergebnissen der Bodenschätzung nach dem Bodenschätzungsgesetz vom 16. 10. 1934 (RGBL I, 1050) auszugehen (§ 50 Abs. 1 BewG). Der **Ackerschätzungsrahmen** mit Erläuterungen ist im BStBl I 1990, 861, der **Grünlandschätzungsrahmen** im BStBl I 1990, 865 abgedruckt.   **3941**

Die Hauptgliederung im **Ackerschätzungsrahmen** bildet die Einteilung in neun Bodenarten, die nach Entstehung der Böden von Sand über Lehm bis Ton und Moor reicht. Diese neun mineralischen Bodenarten werden dann in sieben Zustandsstufen unterteilt, die sich durch die langandauernde Einwirkung des Klimas, des früheren Pflanzenbestandes, der Geländegestaltung und der bisherigen Nutzung gebildet haben, wobei die Stufe 1 den günstigsten Zustand und die Stufe 7 den ungünstigsten Zustand kennzeichnet. Eine weitere Feinuntergliederung wird nach Gesichtspunkten der bisher einwirkenden mechanischen Kräfte (Schwemmböden, Windböden, und Verwitterungsböden) getroffen. Der **Grünlandschätzungsrahmen** ist ähnlich aufgebaut. Hier bilden fünf Bodengruppen die Hauptgliederung. Weitere Gliederungspunkte sind die Wasserverhältnisse und das Klima.   **3942**

Die aus dem **Ackerschätzungsrahmen** bzw. **Grünlandschätzungsrahmen** entnommene **Ackerzahl** bzw. **Grünlandzahl** der Gegend **bildet die Grundlage für die Bewertung der landwirtschaftlichen Nutzung**. Als »Gegend« anzusehen ist in der Regel die Fläche einer Gemeinde. Abweichende räumliche Abgrenzungen sind möglich.   **3943**

4.2.1.2 Bewertungsverfahren

Die durchschnittlichen Wertzahlen des Ackerlandes und des Grünlandes werden mit dem jeweiligen Flächenanteil multipliziert und durch die Summe der Acker- und Grünfläche dividiert. Dies ergibt die **durchschnittliche Ertragsmesszahl (EMZ)** der durchschnittlichen Nutzung. Erstreckt sich die Nutzungseinheit über mehrere Gemeinden, ist eine flächengewogene durchschnittliche Ertragsmesszahl (EMZ) zu ermitteln.   **3944**

Ausgehend von der Überlegung, dass sich bei gleicher Bodengüte mit zunehmender Höhenlage die Ertragsbedingungen verschlechtern und deshalb der Grünlandanteil zunimmt, wurden die Auswirkungen aller nicht in der durchschnittlichen Ertragsmesszahl erfassten natürlichen Ertragsbedingungen **und** der wirtschaftlichen Ertragsbedingungen auf die Ertragsfähigkeit unter Einschluss der Überprüfung der Bodenschätzergebnisse nach § 13 BodSchätzG zusammengefasst und durch einen pauschale Abrechnung in % der durchschnittlichen EMZ in Abhängigkeit von der Höhe der EMZ und dem gegendüblichen Grünlandanteil nach folgender Tabelle berücksichtigt: **3945**

3946

EMZ-Klasse	Grünlandanteil in %			
	0 bis 20	über 20 bis 40	über 40 bis 60	über 60
bis 25	15	22	28	35
über 25 bis 50	12	18	24	32
über 50 bis 75	18	15	20	28
über 75	2	10	18	25

Abrechnung für weitere natürliche und die wirtschaftlichen Ertragsbedingungen in % der durchschnittlichen EMZ

Die o.g. Abrechnungen sind von der durchschnittlichen Ertragsmesszahl abzuziehen. Das Ergebnis ist die **landwirtschaftliche Vergleichszahl** in 100 je ha (LVZ). Mit der Anwendung der in diesem Abschnitt aufgeführten Rechenschritte sind alle Ertragsbedingungen abgegolten.

3947 Aus den durchschnittlichen Wertzahlen des Ackerlandes und des Grünlandes wird unter Anwendung der Grundsätze der vorhergehenden Rz. die **landwirtschaftliche Vergleichszahl** (LVZ) ermittelt. Der Ersatzvergleichswert ergibt sich aus der Multiplikation der maßgeblichen Fläche des Nutzungsteils aus der Nutzungseinheit in Hektar mit der landwirtschaftlichen Vergleichszahl je Hektar und dem 100 Vergleichszahlen entsprechenden gesetzlichen Ertragswert von 37,26 (§ 40 Abs. 2 BewG).

BEISPIEL

Nutzungseinheit der Land- und Forstwirtschaft gesamte Nutzungsfläche
(nur Acker und Grünlandfläche) — 166,90 ha
Verhältnisse der Gemeinde (Gegend), in der die Nutzungseinheit
der Land- und Forstwirtschaft belegen ist:
durchschnittliche **Ackerzahl** lt. Ackerschätzungsrahmen (AZ) — 47
durchschnittliche **Grünlandzahl** lt. Grünlandschätzungsrahmen (GZ) — 38
Landwirtschaftliche Nutzfläche der Gemeinde (Gegend) (LN) — 605 ha
Bisher wurde die Bodenschätzung in der Gemeinde durchgeführt für:
Ackerfläche (AL) — 425 ha
Grünlandfläche (GL) — 175 ha
Gegendüblicher Grünlandanteil = GL × 100 : LN = — 28,92 %
LÖSUNG Durchschnittliche Ertragsmesszahl der Nutzung, abgeleitet
aus der EMZ der Gemeinde oder Gegend
(47 × 425) + (38 × 175) : 600 = — 44,37 EMZ
Landwirtschaftliche Vergleichszahl (LVZ) in 100 je ha
Abrechnung für weitere natürliche und die wirtschaftlichen
Ertragsbedingungen lt. o.g. Wertetabelle bei 28,92 %
Grünlandanteil und 44,37 EMZ = 18 % — 7,98 EMZ
= 36,39 LVZ

Landwirtschaftlicher Hektarwert
36,39 LVZ/ha × 37,26 DM/LVZ = — 1 355,89 DM/ha

Ersatzvergleichswert der Nutzung
166,90 ha × 1 355,89 DM/ha =   226 298,04 DM
Ersatzvergleichswert (gerundet)   226 298,– DM
Umgerechnet in EURO   115 704,– €

4.2.2 Die Bewertung von Sonderkulturen, Hopfen

Grundlage des **Bewertungsverfahrens** ist die Hopfenbau-Vergleichszahl (HoVz) 40 je Ar (§ 125 Abs. 6 Nr. 1 Buchst. b BewG). Mit ihr sind alle Ertragsbedingungen abgegolten. Der Ersatzvergleichswert ergibt sich aus der Multiplikation der Fläche des Nutzungsteils in Ar mit der Hopfenbau-Vergleichszahl 40 je Ar und dem gesetzlichen Ertragswert von 254 DM je 100 Vergleichszahlen (§ 40 Abs. 2 BewG). Das Ergebnis ist nach § 40 Abs. 5 BewG um 80% zu vermindern. 3948

BEISPIEL
Nutzung als Hopfenanbaufläche   752,4 Ar
LÖSUNG Hektarwert
100 Ar × 40 HoVz je Ar × 254 DM : 100 × 20 : 100
Der Hektarwert für Hopfen beträgt einheitlich =   2 032,– DM
Ersatzvergleichswert des Nutzungsteils Hopfen
752,40 Ar × 2 032 DM : 100 =   15 288,77 DM
Ersatzvergleichswert (gerundet) =   15 289,– DM
Umgerechnet in EURO   7 817,– €

4.2.3 Spargel

Grundlage des **Bewertungsverfahrens** ist die Spargelbau-Vergleichszahl 70 je Ar (§ 125 Abs. 6 Nr. 1 Buchst. c BewG). Mit ihr sind alle Ertragsbedingungen abgegolten. Der Ersatzvergleichswert ergibt sich aus der Multiplikation der Fläche des Nutzungsteils in Ar mit der Spargelbau-Vergleichszabl (SpaVz) 70 je Ar und dem gesetzlichen Ertragswert von 76,50 DM je 100 Vergleichszahlen (§ 40 Abs. 2 BewG). Das Ergebnis ist nach § 40 Abs. 5 BewG um 50% zu vermindern. 3949

BEISPIEL
Nutzung als Spargelanbaufläche   480,35 Ar
LÖSUNG Hektarwert
100 Ar × 70 SpaVZ je Ar × 76,50 DM : 100 × 50 : 100
Der Hektarwert für Spargel beträgt einheitlich =   2 677,50 DM
Ersatzvergleichswert des Nutzungsteils Spargel
480,35 Ar × 2 677,50 DM : 100 =   12 861,37 DM
Ersatzvergleichswert (gerundet) =   12 861,– DM
Umgerechnet in EURO   6 575,– €

4.2.4 Forstwirtschaftliche Nutzung

Bei der Bewertung der forstwirtschaftlichen Nutzung für die Grundsteuer in den neuen Bundesländern sind die Auswirkungen von Nutzungsteilen, Holzarten, Altersklassen, Bestockungsgrad, Waldzustand sowie anderer **Ertragsbedingungen** mit dem Ersatzvergleichswert abgegolten. Für die Ermittlung des Ersatzvergleichswertes ist das Alter der Bäume sowie die Zusammensetzung der Baumarten ohne Bedeutung. Die **Bewertung** erfolgt mit dem Ersatzvergleichswert. Er ergibt sich insgesamt aus der Multiplikation der maßgeblichen Fläche des Nutzungsteils in Hektar mit dem Ersatzvergleichswert von 125 DM je Hektar (§ 125 Abs. 7 Nr. 1 BewG). 3950

> **BEISPIEL**
> Nutzung als forstwirtschaftliche Fläche
> Holzbodenfläche 1 422,25 ha
> sonstige Fläche der forstwirtschaftlichen Nutzung 85,15 ha
>
> Fläche der Nutzung insgesamt 1 507,40 ha
> **LÖSUNG** Ersatzvergleichswert der Nutzung
> 1 507,40 ha × 125 DM = 188 425 DM
> Der Ersatzvergleichswert beträgt 188 425 DM
> Umgerechnet in EURO 96 340 €

4.2.5 Weinbauliche Nutzung

3951 Bei der Beurteilung der Ertragsfähigkeit der weinbaulichen Nutzung ist die Form der Verwertung der geernteten Trauben besonders zu berücksichtigen. Es werden folgende Verwertungsmöglichkeiten unterschieden und nach ihrer Ertragsfähigkeit durch unterschiedliche Weinbau-Vergleichszahlen (WVZ) berücksichtigt (§ 125 Abs. 6 Nr. 2 BewG)
  a) Verwertungsform A: Trauben- oder Maischeverkauf oder Ablieferung der Trauben oder Maische an andere Weiterverarbeiter wie z. B. Genossenschaften oder andere Gemeinschaften zu gemeinschaftlicher Verarbeitung – nichtausbauender Betrieb, **Weinbau-Vergleichszahl 22 je Ar.**
  b) Verwertungsform B: Verarbeitung der Trauben im eigenen Betrieb mit Erzeugung und Vertrieb von Fasswein – ausbauender Betrieb mit Fassweinerzeugung, **Weinbau-Vergleichszahl 25 je Ar.**
  c) Verwertungsform C: Verarbeitung der Trauben im eigenen Betrieb mit Erzeugung und Vertrieb von Flaschenwein – ausbauender Betrieb mit Flaschenweinerzeugung, **Weinbau-Vergleichszahl 30 je Ar.**

3952 Da die Möglichkeit besteht, dass die vorstehend bezeichneten drei Arten der Verwertung in der gleichen Weinbaulage oder im gleichen Betrieb nebeneinander vorkommen, ist die zutreffende Weinbau-Vergleichszahl wie folgt zu ermitteln:

3953 Der Weinbaubetrieb hat auf der Grundlage seiner nachhaltigen Gesamterzeugung zu erklären, welchen prozentualen Anteil auf die jeweilige Verwertungsform entfällt. Diese Anteile sind auf die Nutzungsflächen zu übertragen und mit den für die jeweilige Verwertungsform festgelegten **Weinbau-Vergleichszahl** zu belegen. In der Weinbau-Vergleichszahl sind alle **Ertragsbedingungen** nach den gegendüblichen Verhältnissen **abgegolten.**

3954 Die **Bewertung** erfolgt mit dem Ersatzvergleichswert. Er ergibt sich aus der Multiplikation der maßgeblichen Nutzungsfläche in Ar mit der zutreffenden Weinbau-Vergleichszahl je Ar und dem gesetzlichen Ertragswert (§ 40 Abs. 2 BewG) von 200 DM je 100 Vergleichszahlen.

3954
> **BEISPIEL**
> Nutzung als weinbauliche Fläche
> Lagenfläche 366,30 Ar
> sonstige Fläche 15,60 Ar
>
> Fläche der Nutzung insgesamt 381,90 Ar
> Prozentuale Anteile der Verwertungsform nach Gesamterzeugung:
> Trauben- oder Maischeverkauf (A) = 60 %
> Fassweinausbau (B) = 10 %
> Flaschenweinausbau (C) = 30 %

LÖSUNG Die Berechnung des Ersatzvergleichswerts erfolgt nach folgendem Schema:
Rechnerische Flächenanteile der Verwertungsformen:
A: 381,9 Ar × 60 % = 229,14 Ar
B: 381,9 Ar × 10 % = 38,19 Ar
C: 381,9 Ar × 30 % = 114,57 Ar

insgesamt 381,90 Ar

Berechnung
a) Ersatzvergleichswert der weinbaulichen Nutzung

A: 229,14 Ar × 22 WVZ × 200 DM/ WVZ : 100	= 10 082,16 DM
B: 38,19 Ar × 25 WVZ × 200 DM/ WVZ : 100	= 1 909,50 DM
C: 114,57 Ar × 22 WVZ × 200 DM/ WVZ : 100	= 6 874,20 DM
	= 18 865,86 DM
Ersatzvergleichswert (nach Tz. 1.11 Abs. 7 aufgerundet)	= 18 866,00 DM
Umgerechnet in Euro	= 9 646 €

b) Der Hektarwert der weinbaulichen Nutzung beträgt im vorliegenden Beispielfall
18 866 : 381,90 × 100 = 4 940 DM/Hektar

4.2.6 Gärtnerische Nutzung

Für Nutzungsflächen unter Glas (ausgenommen Niederglas) und Kunststoffplatten sind die Vergleichszahlen um ein Mehrfaches (§ 125 Abs. 6 Nr. 3 Buchst. a) zu erhöhen. Die um ein Mehrfaches erhöhten Vergleichszahlen werden den Vergleichszahlen für die Freiflächen hinzugerechnet (siehe auch nachfolgende Berechnungsbeispiele). **3955**

Der Flächeninhalt wird nach den Außenmaßen der Gewächshäuser berechnet. Für den Bewertungsstichtag 01.01.1991 sind für das Verteilungsverhältnis Gemüseanbau/Blumen- und Zierpflanzenanbau abweichend von § 35 Abs. 1 BewG die Verhältnisse vom 30.06.1990 maßgebend. Flächenzugänge und Flächenabgänge zwischen dem 30.06.1990 und dem 01.01.1991 sind zu berücksichtigen. **3956**

Die **Bewertung** erfolgt mit dem Ersatzvergleichswert. Er ergibt sich aus der Multiplikation der nach § 125 Abs. 6 Nr. 3 Buchst. a und d ermittelten Gartenbauvergleichszahl (GVZ) mit dem gesetzlichen Ertragswert (§ 40 Abs. 2 BewG) und der Division durch 100. **3957**

BEISPIEL

Gesamtgröße des Nutzungsteils Gemüse-, Blumen- und Zierpflanzenanbau	50,00 Ar
a) Durch Gemüsebau genutzte Flächen	33,00 Ar
davon	
• Freilandfläche (einschließlich Flächen unter Niederglas und Folien)	26,00 Ar
• Nutzungsflächen unter Glas und Kunststoffplatten	
– nicht heizbar	5,00 Ar
– heizbar	2,00 Ar
b) Durch Blumen- und Zierpflanzenbau genutzte Flächen	17,00 Ar
davon	
• Freiflächen: Freilandfläche (einschließlich Flächen unter Niederglas und Folien)	10,00 Ar
• Nutzungsflächen unter Glas und Kunststoffplatten	
– nicht heizbar	1,80 Ar
– heizbar	5,20 Ar

LÖSUNG Berechnung des Ersatzvergleichswerts

	Fläche in Ar	GVZ je Ar	GVZ
insgesamt			
a) Gemüsebau			
• Gemüsebau insgesamt	33,00 ×	50	= 1 650
• Gemüsebau unter Glas und Kunststoffplatten: für diese Flächen ist dem Grundwert zusätzlich nochmals das Sechs- bzw. das Achtfache hinzuzurechnen			
– nicht heizbar	5,00 ×	(6 × 50)	= 1 500
– heizbar	2,00 ×	(8 × 50)	= 800
Summe Gemüsebau			= 3 950
Gartenbauvergleichszahlen für den Gemüsebau			= 3 950 GVZ
b) Blumen- und Zierpflanzenbau			
• Blumen- und Zierpflanzenbau insgesamt	17,00 ×	100	= 1 700
• Blumen- und Zierpflanzenbau unter Glas und Kunststoffplatten: für diese Flächen ist dem Grundwert zusätzlich nochmals das Vier- bzw. das Achtfache hinzuzurechnen			
– nicht heizbar	1,80 ×	(4 × 100)	= 720
– heizbar	5,20 ×	(8 × 100)	= 4 160
Summe Blumen- und Zierpflanzenbau			= 6 580
Gartenbauvergleichszahlen für den Blumen- und Zierpflanzenbau			= 6 580 GVZ
Gartenbauvergleichszahlen für den Nutzungsteil Gemüse-, Blumen- und Zierpflanzenbau			= 10 530 GVZ
Ermittlung des Ersatzvergleichswerts für den Nutzungsteil Gemüse-, Blumen- und Zierpflanzenbau: (Gartenbauvergleichszahlen für den Nutzungsteil Gemüse-, Blumen- und Zierpflanzenbau × 108 DM : 100)			
10 530 × 108 DM : 100			= 11 372,40 DM
Ersatzvergleichswert (gerundet)			= 11 372,– DM
Umgerechnet in Euro			= 5 814,– €

3958–3970 frei

4.2.7 Selbstständige Kleingärten

3971 Selbstständige Kleingärten, wie Schrebergärten und Laubenkolonien, werden wie Freiland-Gemüsebau bewertet (Gartenbauvergleichszahl 50).

4.2.8 Obstbau

3972 Der Ersatzvergleichswert ergibt sich durch Multiplikation der nach § 125 Abs. 6 Nr. 3 Buchst. b ermittelten Obstbauvergleichszahl (OVZ) des Nutzungsteils mit dem gesetzlichen Ertragswert und Division durch 100 (§ 40 Abs. 2 BewG). Das Ergebnis ist nach § 40 Abs. 5 BewG um 60 % zu vermindern.

BEISPIEL

Größe des Nutzungsteils Obstbau		115,00 Ar	

LÖSUNG Berechnung des Ersatzvergleichswerts

	Fläche in Ar	OVZ je Ar	OVZ insgesamt
	115,00 ×	50	= 5 750
Obstbauvergleichszahl für den Nutzungsteil Obstbau			= 5 750 OVZ

Ermittlung des Ersatzvergleichswerts für den Nutzungsteil Obstbau unter Berücksichtigung der Minderung entsprechend § 40 Abs. 5 BewG:
(Obstbauvergleichszahl für den Nutzungsteil Obstbau × 72 DM : 100 × 40 : 100)

5 750 × 72 DM : 100 × 40 : 100)	= 1 656 DM
Ersatzvergleichswert	= 1 656 DM
Umgerechnet in Euro	= 846 €

4.2.9 Baumschulen

Der Ersatzvergleichswert ergibt sich durch Multiplikation der nach § 125 Abs. 6 Nr. 3 Buchst. c und d ermittelten Vergleichszahl des Nutzungsteils mit dem gesetzlichen Ertragswert (§ 40 Abs. 2 BewG) und Division durch 100. **3973**

BEISPIELE

Größe des Nutzungsteils Baumschulen	454,00 Ar

a) Freiflächen:
- Freilandflächen der Gehölzgruppen I bis V (einschließlich der Flächen unter Niederglas und Folien)   425,00 Ar
- Lager- und Einschlagplätze, Schau- und Beispielpflanzungen und dergleichen   25,30 Ar

b) Nutzungsflächen unter Glas und Kunststoffplatten:
 – nicht heizbar   1,70 Ar
 – heizbar   2,00 Ar

LÖSUNG Berechnung des Ersatzvergleichswerts

	Fläche in Ar	BVZ je Ar	BVZ insgesamt
	454,00	× 60	= 27 240
Nutzungsflächen unter Glas und Kunststoffplatten:			
– nicht heizbar	1,70	× (4 × 60)	= 408
– heizbar	2,00	× (8 × 60)	= 960
Baumschulvergleichszahlen für den Nutzungsteil Baumschulen			= 28 608 BVZ

Ermittlung des Ersatzvergleichswerts für den Nutzungsteil Baumschulen
(Baumschulvergleichszahlen × 221,40 DM : 100)

28 608 × 221,40 DM : 100	= 63 338,11 DM
Ersatzvergleichswert (gerundet)	= 63 338,– DM
Umgerechnet in Euro	= 32 384,– €

4.2.10 Sonstige land- und forstwirtschaftliche Nutzungen

Bei der Bewertung der sonstigen land- und forstwirtschaftlichen Nutzungen werden unmittelbar Ersatzvergleichswerte angesetzt (§ 125 Abs. 7 BewG). **3974**

3975 a) **Binnenfischerei**
Die Bewertung erfolgt mit dem Ersatzvergleichswert nach § 125 Abs. 7 Nr. 2 Buchst. a BewG. Er beträgt 2 DM je kg des nachhaltigen Jahresfangs. Der Ersatzvergleichswert der sonstigen land- und forstwirtschaftlichen Nutzungen Binnenfischerei in DM insgesamt ergibt sich durch Multiplikation der nachhaltigen Höhe der Jahresfänge in kg mit dem Ersatzvergleichswert 2 DM/kg. Die nachhaltige Höhe der Jahresfänge ist aus dem Ergebnis der letzten drei Jahre abzuleiten.

3976 b) **Teichwirtschaft sowie Fischzucht für Binnenfischerei und Teichwirtschaft**
Die Bewertung erfolgt mit dem Ersatzvergleichswert nach § 125 Abs. 7 Nr. 2 Buchst. b und c BewG. Für die einzelnen Arten der Teichwirtschaft und Fischzuchten sind folgende Ersatzvergleichswerte je Hektar der produktiven Wasserfläche anzusetzen:
– Forellenwirtschaft 20 000 DM
– übrige Teichwirtschaft 1 000 DM
– Fischzucht für Forellenwirtschaft 30 000 DM
– Fischzucht für übrige Binnenfischerei und Teichwirtschaft 1 500 DM

Der Ersatzvergleichswert in DM insgesamt ergibt sich durch Multiplikation der o.g. DM-Beträge mit der jeweiligen produktiven Wasserfläche. Ab- oder Zurechnungen für abweichende Ertragsbedingungen kommen nicht in Betracht.

3977 c) **Imkerei**
Die Bewertung erfolgt mit dem Ersatzvergleichswert nach § 125 Abs. 7 Nr. 2 Buchst. d BewG. Grundlage des Ersatzvergleichswerts ist der nachhaltig erzielbare Reinertrag je Bienenkasten. Erst bei einer Nutzungsgröße von 30 Bienenkästen an aufwärts übersteigt der Ertrag den Aufwand. Unterhalb dieser Schwelle ist eine nachhaltige Ertragsfähigkeit nicht gegeben; die Bewertung von Imkereien mit weniger als 30 Bienenkästen unterbleibt deshalb. Der Ersatzvergleichswert beträgt 10 DM je Bienenkasten. Der Ersatzvergleichswert für die Imkerei in DM insgesamt ergibt sich durch Multiplikation des Ersatzvergleichswerts je Bienenkasten mit der Zahl der als Nutzungsgröße ermittelten Bienenkästen. Ab- oder Zurechnungen für abweichende Ertragsbedingungen kommen nicht in Betracht.

3978 d) **Wanderschäferei**
Die Bewertung erfolgt mit dem Ersatzvergleichswert nach § 125 Abs. 7 Nr. 2 Buchst. e BewG. Er beträgt 20 DM je Mutterschaf. Der Ersatzvergleichswert für die Wanderschäferei in DM insgesamt ergibt sich durch Multiplikation des Ersatzvergleichswerts je Mutterschaf mit der Zahl der zum Feststellungszeitpunkt gehaltenen Mutterschafe. Ab- oder Zurechnungen für abweichende Ertragsbedingungen kommen nicht in Betracht.

3979 e) **Pilzanbau**
Die Bewertung erfolgt mit dem Ersatzvergleichswert nach § 125 Abs. 7 Nr. 2 Buchst. h BewG. Er beträgt 25 DM je Quadratmeter der maßgeblichen Beetfläche. Der Ersatzvergleichswert für den Pilzanbau in DM insgesamt ergibt sich durch Multiplikation des Ersatzvergleichswerts je Quadratmeter mit der als Nutzungsgröße ermittelten maßgeblichen Beetfläche in Quadratmetern. Ab- oder Zurechnungen für abweichende Ertragsbedingungen kommen nicht in Betracht.

3980 f) **Weihnachtsbaumkultur**
Die Bewertung erfolgt mit dem Ersatzvergleichswert nach § 125 Abs. 7 Nr. 2 Buchst. g BewG. Er beträgt 3 000 DM je Hektar. Der Ersatzvergleichswert für die Weihnachtsbaumkultur in DM insgesamt ergibt sich durch Multiplikation des Ersatzvergleichswerts je Hektar mit der als Nutzungsgröße ermittelten Fläche in Hektar. Ab- oder Zurechnungen für abweichende Ertragsbedingungen kommen nicht in Betracht.

g) **Saatzucht**   3981
Die Bewertung erfolgt mit dem Ersatzvergleichswert nach § 125 Abs. 7 Nr. 2 Buchst. f BewG. Er beträgt 15 % der nachhaltigen Jahreseinnahmen (Umsätze) der Saatzucht. Die aus der Vermehrung von Produkten der eigentlichen Saatzucht stammenden Umsätze sind nicht in die maßgeblichen Jahreseinnahmen einzubeziehen. Die nachhaltigen Jahreseinnahmen sind möglichst aus den letzten drei Jahren vor dem Stichtag abzuleiten. Ab- oder Zurechnungen für abweichende Ertragsbedingungen kommen nicht in Betracht.

h) **Besamungsstation**   3982
Die Bewertung erfolgt mit dem Ersatzvergleichswert nach § 125 Abs. 7 Nr. 2 Buchst. i BewG. Er beträgt 20 % der nachhaltigen Jahreseinnahmen der Besamungsstation. Für die Ermittlung der nachhaltigen Jahreseinnahmen bieten die bisher erzielten tatsächlichen durchschnittlichen Jahreseinnahmen eine wichtige Beurteilungsgrundlage. Sie sind möglichst aus den letzten drei Jahren vor dem Stichtag abzuleiten. Dabei ist eine am Stichtag erkennbare Tendenz der Einnahmeentwicklung zu berücksichtigen. Ab- oder Zurechnungen für abweichende Ertragsbedingungen kommen nicht in Betracht.

4.2.11 Bewertung der Nebenbetriebe

Nebenbetriebe sind grundsätzlich mit dem Einzelertragswert zu bewerten. Zur Vereinfachung des Einzelertragswertverfahrens können für einzelne Arten von Nebenbetrieben durchschnittliche Einzelertragswerte, die durch gleich lautende Erlasse der obersten Finanzbehörden der Länder bekanntgegeben worden sind (vgl. BStBl. I 1990, 854 u. 858 sowie der Ergänzung hierzu vom 02. 04. 1991 BStBl I 1991, 469 u. 859 betr. durchschnittliche Einzelertragswerte) angewendet werden.   3983

4.2.12 Bewertung von sonstigen Flächen

a) **Bewertung von Abbauland**   3984
Zur Vereinfachung der Bewertung des Abbaulandes können als Einzelertragswert regelmäßig **500 DM je ha** angesetzt werden. Einzelertragswertermittlungen sind nur bei Vorliegen besonderer Verhältnisse vorzunehmen (Gleich lautende Erlasse vom 11. 12. 1990 BStBl I 1990, 833 Tz. 109 Abs. 1).

b) **Bewertung von Geringstland**   3985
Geringstland ist mit einem **Hektarwert** von **50 DM** zu bewerten (Gleich lautende Erlasse vom 11. 12. 1990 BStBl I 1990, 833 Tz. 1.09 Abs. 2).

c) **Bewertung von Unland**   3986
Betriebsflächen, die auch bei geordneter Wirtschaftsweise keinen Ertrag abwerfen können (Unland), sind **nicht zu bewerten** (Gleich lautende Erlasse vom 11. 12. 1990 BStBl I 1990, 833 Tz. 1.09 Abs. 3).

4.3 Abrundung

Der ermittelte Ersatzwirtschaftswert ist nach § 30 BewG auf volle hundert Deutsche Mark abzurunden und danach in Euro umzurechnen.   3987

Der umgerechnete Betrag wird auf volle Euro abgerundet (§ 128 BewG).

3988–4100
frei

Teil E Einheitsbewertung des Grundvermögens in den alten Bundesländern

1 Bewertungsgegenstand und Bewertungsmaßstab

1.1 Begriff und Umfang des Grundvermögens

4101 Die Begriffe **Grundbesitz** (vgl. § 19 Abs. 1 BewG), **Grundvermögen** (vgl. § 68 BewG) und **Grundstück** (vgl. § 70 BewG) müssen streng unterschieden werden. Grundbesitz ist der Oberbegriff. Er umfasst die wirtschaftlichen Einheiten des land- und forstwirtschaftlichen Vermögens, des Grundvermögens sowie die Betriebsgrundstücke.

4102 **Grundvermögen** ist eine der in § 18 BewG genannten Vermögensarten. Grundvermögen ist nach § 68 Abs. 1 BewG derjenige Teil des Grundbesitzes, der nicht land- und forstwirtschaftliches Vermögen oder Betriebsgrundstück ist. **Grundstück** ist die wirtschaftliche Einheit des Grundvermögens. Wegen der Einzelheiten vgl. 1.3.

4103 Was im Einzelnen **zum Grundvermögen gehört**, ist in § 68 BewG aufgeführt. Danach gehören zum Grundvermögen der Grund und Boden, die Gebäude, die sonstigen Bestandteile und das Zubehör von einem Grundstück (§ 68 Abs. 1 Nr. 1 BewG), das Erbbaurecht (§ 68 Abs. 1 Nr. 2 BewG) und das Wohnungseigentum, Teileigentum, Wohnungserbbaurecht und Teilerbbaurecht nach dem Wohnungseigentumsgesetz (§ 68 Abs. 1 Nr. 3 BewG). Die Frage, ob eine mit dem Grund und Boden verbundene Sache als Scheinbestandteil i. S. d. § 95 BGB nicht zum Grundvermögen i. S. d. § 68 BewG gehört, ist ausschließlich nach bürgerlichem Recht zu entscheiden. Diese Entscheidung erfolgt für Gebäude und für (unmittelbar einem Grundstück eingefügte) Außenanlagen nach denselben Grundsätzen (vgl. BFH vom 09.04.1997 BStBl II 1997, 452). Voraussetzung für die Zuordnung zum Grundvermögen ist jedoch stets, dass es sich nicht um land- und forstwirtschaftliches Vermögen oder um Betriebsgrundstücke handelt.

4104 **Nicht zum Grundvermögen** gehören die Bodenschätze (§ 68 Abs. 2 Nr. 1 BewG) und die Betriebsvorrichtungen (§ 68 Abs. 2 Nr. 2 BewG). Zu den **Bodenschätzen** rechnen z. B.: Steine, Kohle, Salze, Minerale, Heilquellen usw., die vom Eigentümer gefördert und verwertet werden. Geschieht dies im Rahmen eines Gewerbebetriebs, so gehören sie zum Betriebsvermögen (§§ 95 ff. BewG). Werden sie nicht im Rahmen eines Gewerbebetriebs genutzt, so rechnen sie ggf. zum übrigen Vermögen. Die **Betriebsvorrichtungen** sind bewegliche Wirtschaftsgüter eines Gewerbebetriebs; wegen der Abgrenzung vgl. 1.3.3.

1.2 Abgrenzung des Grundvermögens vom land- und forstwirtschaftlichen Vermögen

1.2.1 Allgemeine Abgrenzung

4105 Die allgemeinen Grundsätze für die Abgrenzung des Grundvermögens vom land- und forstwirtschaftlichen Vermögen ergeben sich aus § 68 Abs. 1 und § 33 Abs. 1 Satz 1 BewG. Zum land- und forstwirtschaftlichen Vermögen gehören danach alle Wirtschaftsgüter, die einem Betrieb der Land- und Forstwirtschaft dauernd zu dienen bestimmt sind (§ 33 Abs. 1 Satz 1 BewG). Zum Grundvermögen zählt dagegen Grundbesitz nur, wenn feststeht, dass es sich **nicht** um land- und forstwirtschaftliches Vermögen handelt (§ 68 Abs. 1 BewG). Über die Zugehörigkeit einer Fläche oder eines Gebäudes zur einen oder anderen Vermögensart ist deshalb bei der Einheitswertfeststellung des Betriebs der Land- und Forstwirtschaft zu entscheiden (negative Abgrenzung, vgl. A 2 Abs. 1 BewR Gr).

Befinden sich auf einer land- und forstwirtschaftlichen Hofstelle Gebäude bzw. Gebäudeteile, die zum Grundvermögen gehören (z. B. ein weiteres Wohngebäude oder eine zweite Wohnung in einem Wohngebäude, die an Personen vermietet ist, die nicht Altenteiler sind und auch nicht mindestens 100 Tage im Jahr im Betrieb mitarbeiten), so ist auch der anteilig darauf entfallende Grund und Boden zum Grundvermögen zu rechnen. Handelt es sich hierbei um ein freistehendes Gebäude, so ist der Anteil des Grund und Bodens aus der Hof- und Gebäudefläche des Betriebs der Land- und Forstwirtschaft herauszurechnen. Ist der Grundvermögensteil lediglich ein Gebäudeteil, so kann aus Vereinfachungsgründen auf das Ausscheiden des anteiligen Grund und Bodens des Grundvermögensteils verzichtet werden, wenn dies sich steuerlich nicht auswirkt. Die Größe der Hof- und Gebäudefläche wirkt sich bei der landwirtschaftlichen Nutzung im Ergebnis auf den Vergleichswert nicht aus, und auch beim Grundvermögensteil ergibt sich meist keine Auswirkung des Bodenwertanteils auf den Grundstückswert. Eine Aufteilung solcher Hof- und Gebäudeflächen auf land- und forstwirtschaftliches Vermögen und Grundvermögen kann daher in der Praxis regelmäßig unterbleiben.

4106

1.2.2 Besondere Abgrenzungsregelung

Nach § 69 BewG sind in ganz bestimmten **Sonderfällen** nicht bebaute Flächen, die zum Feststellungszeitpunkt noch land- und forstwirtschaftlich genutzt werden bzw. nach der Zweckbestimmung noch zum land- und forstwirtschaftlichen Vermögen zu rechnen wären (vgl. A 1.01 Abs. 3 BewR L), bereits als Grundvermögen zu behandeln. § 69 BewG ist eine Ausnahmevorschrift zu § 33 BewG (BFH vom 05. 12. 1980 BStBl II 1981, 498).

4107

Bei diesen Sonderfällen ist zwischen folgenden drei Arten (Fallgruppen) zu unterscheiden:

4108

1. Flächen, die in einem rechtsverbindlichen **Bebauungsplan** als Bauland ausgewiesen sind und unter den in § 69 Abs. 3 BewG näher bestimmten Voraussetzungen in jedem Fall als Grundvermögen bewertet werden müssen.
2. Flächen eines Betriebs der Land- und Forstwirtschaft, der die **Existenzgrundlage** des Betriebsinhabers bildet, wenn mit großer Wahrscheinlichkeit anzunehmen ist, dass diese Flächen spätestens nach zwei Jahren anderen als land- und forstwirtschaftlichen Zwecken dienen werden (§ 69 Abs. 2 BewG). § 69 Abs. 2 BewG ist eine Spezialvorschrift zu § 69 Abs. 1 BewG.
3. Flächen, die nicht unter § 69 Abs. 2 BewG fallen, bei denen aber nach den bestehenden Verwertungsmöglichkeiten oder den sonstigen Umständen anzunehmen ist, dass sie in **absehbarer Zeit anderen** als land- und forstwirtschaftlichen **Zwecken** dienen werden (§ 69 Abs. 1 BewG).

In der Praxis ist es daher zweckmäßig, bei Abgrenzungsfragen die Voraussetzungen in der vorstehenden Reihenfolge zu prüfen (vgl. hierzu A 2 Abs. 2 und 5 BewR Gr und die dort im Einzelnen dargelegten Gründe).

Die für die Einheitsbewertung des Grundvermögens und des land- und forstwirtschaftlichen Vermögens in § 69 BewG getroffene Regelung wurde für die Bedarfsbewertung des land- und forstwirtschaftlichen Vermögens ab 01. 01. 2009 auch in § 159 BewG wort- und inhaltsgetreu übernommen. Die ausführliche Darstellung dazu wurde bereits in **Kapitel 1 Teil F 3.1.3** vorgenommen. Die Ausführungen gelten vollinhaltlich auch für die Einheitsbewertung

4109

des Grundvermögens und des land- und forstwirtschaftlichen Vermögens (bzw. umgekehrt). Zur Vermeidung von Wiederholungen wird hierauf verwiesen, jedoch tritt jeweils an die Stelle des § 159 BewG der § 69 BewG, die Absätze und Sätze sind die Gleichen. Vgl. hierzu auch **Kapitel 2 Teil C 1.2.1.3.**

1.2.3 Kleingartenland und Dauerkleingartenland

4110 Vgl. hierzu die Ausführungen in Kapitel 2 Teil C 1.2.1.4.

1.2.4 Maßgebende Feststellungsart bei Umbewertung

4111 Sind bisher **land- und forstwirtschaftlich** bewertete Flächen innerhalb des Hauptfeststellungszeitraums 1964 zum **Grundvermögen** umzubewerten, so ist wie folgt zu verfahren:

Für die nunmehr neu entstandene wirtschaftliche Einheit des Grundvermögens (oder ein wie Grundvermögen zu bewertendes Betriebsgrundstück, vgl. § 99 Abs. 1 Nr. 1 und Abs. 3 BewG) kommt regelmäßig eine **Nachfeststellung** in Betracht, wenn die umzubewertende Fläche nicht ausnahmsweise Teil einer bereits bestehenden wirtschaftlichen Einheit wird. Für den Betrieb der Land- und Forstwirtschaft, aus dem die umzubewertende Fläche ausscheidet, kommt unter den Voraussetzungen des § 22 Abs. 1 BewG eine Wertfortschreibung in Betracht. Die Nachfeststellung ist auch dann durchzuführen, wenn für den Betrieb der Land- und Forstwirtschaft eine Wertfortschreibung nicht in Betracht kommt.

4112 Diese Regelung soll auch dann gelten, wenn eine bisherige land- und forstwirtschaftliche Fläche (Stückländerei, § 34 Abs. 7 BewG) in vollem Umfang Grundvermögen wird und eine einzige wirtschaftliche Einheit bleibt (vgl. Bew-Kartei Baden-Württemberg zu § 69 BewG Karte 4). In diesem Fall kommt für das nunmehr als Grundvermögen zu bewertende Grundstück eine Nachfeststellung nach § 23 Abs. 1 Nr. 1 BewG und für die bisherige wirtschaftliche Einheit die land- und forstwirtschaftlichen Vermögens (Stückländerei) auf demselben Feststellungszeitpunkt nach § 24 Abs. 1 Nr. 1 BewG eine Aufhebung des Einheitswerts in Betracht.

1.3 Das Grundstück als wirtschaftliche Einheit des Grundvermögens

1.3.1 Allgemeine Grundsätze

4113 Die wirtschaftliche Einheit des Grundvermögens wird als **Grundstück** bezeichnet (§ 70 Abs. 1 BewG). Der Grundstücksbegriff nach dem BewG deckt sich nicht mit dem bürgerlich-rechtlichen Begriff des Grundstücks. Ein Beispiel dafür enthält § 70 Abs. 3 BewG, wonach auch ein Gebäude auf fremdem Grund und Boden bewertungsrechtlich als Grundstück anzusehen ist. Der bewertungsrechtliche Begriff des Grundstücks kann weiter, aber auch enger als der bürgerlich-rechtliche sein. So können z. B. mehrere grundbuchmäßig selbstständige Grundstücke eine wirtschaftliche Einheit, d.h. ein Grundstück i. S. d. BewG sein, wie umgekehrt auch mehrere wirtschaftliche Einheiten des BewG bürgerlich-rechtlich als ein einheitliches Grundstück betrachtet werden können.

4114 Bei der Abgrenzung der wirtschaftlichen Einheit des Grundvermögens ist die **Verkehrsanschauung** zu beachten (vgl. § 2 Abs. 1 BewG und Kapitel 1 Teil C 6.3.2). Dabei ist zu beachten, dass sich die Verkehrsanschauung mit der wirtschaftlichen Entwicklung weiterentwickelt. Im Allgemeinen sind folgende Fälle zu unterscheiden:

a) Ein **Grundstück** (Flurstück) **i. S. d. § 94 BGB** bildet auch **gleichzeitig** eine wirtschaftliche Einheit **Grundstück des Grundvermögens.**

b) Ein **größeres Flurstück** bildet zwei oder mehrere selbstständige wirtschaftliche Einheiten des Grundvermögens.

> **BEISPIEL**
> Von einem 3 500 m² großen Flurstück nutzt der Eigentümer eine Teilfläche von 1 700 m² selbst und errichtet darauf ein Einfamilienhaus. Die restlichen 1 800 m² vermietet er langfristig an einen Gewerbetreibenden.
> **LÖSUNG** Hierbei handelt es sich nach der Verkehrsauffassung (§ 2 Abs. 1 BewG) um zwei selbstständige wirtschaftliche Einheiten des Grundvermögens.

c) **Mehrere Flurstücke** bilden eine einzige wirtschaftliche Einheit des Grundvermögens.

> **BEISPIEL**
> Ein Gewerbetreibender ist Eigentümer von zwei nebeneinander liegenden Flurstücken. Er überbaut beide Flurstücke mit einer Lagerhalle und nutzt diese im Rahmen seines Gewerbebetriebs.
> **LÖSUNG** Beide Flurstücke bilden nach der Verkehrsauffassung eine einzige wirtschaftliche Einheit (Betriebsgrundstück, vgl. § 99 Abs. 1 Nr. 1 BewG).

In diesen Fällen ist grundsätzlich **räumlicher Zusammenhang** der Flurstücke **erforderlich**. Die Rechtsprechung hat jedoch zugelassen, dass eine Garage, die wirtschaftlich zu einer Wohnung gehört, mit dem Wohngrundstück zu einer wirtschaftlichen Einheit zusammengefasst werden darf, wenn die räumliche Trennung zwischen dem Wohngrundstück und Garagengrundstück nicht zu groß ist (A 4 Abs. 1 letzter Satz BewR Gr). Vgl. Kapitel 1 Teil C 6.3.2.

Der BFH hat im Urteil vom 25.02.1983 (BStBl II 1983, 522) entschieden, dass zwei aneinandergrenzende Grundstücke, von denen das eine gewerblichen und das andere privaten Zwecken dient, dann eine wirtschaftliche Einheit bilden, wenn sie in einem durch Bebauungsplan ausgewiesenen Gewerbegebiet liegen, das auf dem privat genutzten Grundstück errichtete Wohngebäude nur als Wohnung des Betriebsinhabers genutzt werden kann und die Grundstücke aus baurechtlichen Gründen nur gemeinsam veräußert werden dürfen.

d) **Doppelhäuser und Reihenhäuser,** die einem Eigentümer gehören, sind als mehrere wirtschaftliche Einheiten anzusehen, wenn sie baulich so gestaltet sind, dass sie unabhängig voneinander veräußert werden können (A 15 Abs. 5 BewR Gr).

Mehrere Flurstücke können nach § 2 Abs. 2 BewG darüber hinaus nur dann zu einer wirtschaftlichen Einheit zusammengefasst werden, wenn sie (abgesehen von den Sonderfällen des § 26 BewG) ein- und demselben Eigentümer gehören (**einheitliches Eigentum**). Wegen der **Sonderfälle** des § 70 Abs. 2 und 3 BewG vgl. 1.3.4 und 1.3.5.

4115

> **BEISPIEL**
> A ist Alleineigentümer des Flurstücks Lgb.-Nr. 11111. Das unmittelbar angrenzende Flurstück Lgb.-Nr. 11112 gehört ihm und seinem Bruder B gemeinsam (Miteigentum zu je 1/2).
> **LÖSUNG** Für A kann das Flurstück Lgb.-Nr. 11111 und sein Anteil am Flurstück Lgb.-Nr. 11112 nicht zu einer wirtschaftlichen Einheit zusammengefasst werden, auch wenn beide Flurstücke einheitlich genutzt werden.

4116–4130 frei

1.3.2 Die einzelnen Bestandteile des Grundstücks

Zur wirtschaftlichen Einheit Grundstück gehören nach § 68 Abs. 1 Nr. 1 BewG der Grund und Boden, die Gebäude, die sonstigen Bestandteile und das Zubehör. Ein **Gebäude** ist ein Bauwerk, das Menschen oder Sachen durch räumliche Umschließung Schutz gegen äußere Einflüsse gewährt, den Aufenthalt von Menschen gestattet, fest mit dem Grund und Boden verbunden, von einiger Beständigkeit **und** ausreichend standfest ist (BFH vom 24.05.1963

4131

BStBl III 1963, 376, A 1 Abs. 2 BewR Gr). Sog. Baustellencontainer sind bewertungsrechtlich keine Gebäude, weil das Merkmal der Beständigkeit fehlt (BFH vom 18. 06. 1986 BStBl II 1986, 787).

4132 Die Begriffe **Bestandteile** und **Zubehör** sind dem bürgerlichen Recht entnommen (vgl. §§ 93 bis 97 BGB). Zu den **wesentlichen Bestandteilen** eines Gebäudes gehören nach § 94 Abs. 2 BGB die zur Herstellung des Gebäudes eingefügten Sachen wie z. B. Türen, Treppen, Fenster, eingebaute Möbel und eingebaute Öfen, Zentralheizungs- und Warmwasseranlagen sowie Aufzüge. Von den wesentlichen Bestandteilen sind die Scheinbestandteile (§ 95 BGB) zu unterscheiden, die nicht in das Grundstück einzubeziehen sind.

4133 Außer den Gebäuden und ihren Bestandteilen gehören zum Grundstück auch die **sonstigen Bestandteile;** z. B. die Außenanlagen wie Platz- und Wegebefestigungen, Terrassen, Umzäunungen, ferner die subjektiv dinglichen Rechte (das sind Rechte, die mit dem Eigentum am Grundstück verbunden sind) als rechtliche Bestandteile des Grundstücks (§ 96 BGB, z. B. Überbaurechte, § 912 BGB) und die Grunddienstbarkeit (§ 1018 BGB, wie z. B. Wegerechte oder Fensterrechte); vgl. A 1 Abs. 3 BewR Gr.

4134 **Zubehör** sind nach § 97 BGB bewegliche Sachen, die, ohne Bestandteile der Hauptsache zu sein, dem wirtschaftlichen Zweck der Hauptsache zu dienen bestimmt sind und zu ihr in einem Verhältnis wirtschaftlicher Unterordnung stehen (Beispiele: Die dem Grundstückseigentümer gehörenden Treppenläufer, Beleuchtungskörper, Mülltonnen, den Mietern vom Hauseigentümer zur Verfügung gestellte Herde, Öfen, Waschmaschinen, Kühlschränke); vgl. A 1 Abs. 4 BewR Gr. Auch der Heizölvorrat für eine Heizperiode, soweit er der Gebäudebeheizung dient, gehört zum Zubehör. Die Folge einer Bestimmung als Zubehör ist, dass die Zubehörteile im Einheitswert des Grundstücks mit enthalten sind und nicht mehr Bestandteil des übrigen Vermögens sein können.

1.3.3 Die Abgrenzung des Grundstücks von den Betriebsvorrichtungen

4135 In die wirtschaftliche Einheit des Grundstücks sind nach § 68 Abs. 2 Nr. 2 BewG (neben den Bodenschätzen, § 68 Abs. 2 Nr. 1 BewG) nicht einzubeziehen die Maschinen und sonstigen Vorrichtungen aller Art, die zu einer Betriebsanlage gehören (**Betriebsvorrichtungen**), auch wenn sie wesentliche Bestandteile sind. Insoweit ist hier eine Ausnahme von dem in § 68 Abs. 1 BewG aufgestellten Grundsatz, wonach zum Grundstück auch die Bestandteile gehören, geschaffen worden. Dabei kann es sich um Vorrichtungen handeln, die wesentliche Bestandteile des Gebäudes sind, oder die – ohne Bestandteil des Gebäudes zu sein – Bestandteile des Grundstücks sind. Nicht nur maschinenähnliche Vorrichtungen gehören hierzu, sondern auch alle Vorrichtungen einer Betriebsanlage, die in gleicher Weise wie Maschinen einem bestimmten Gewerbebetrieb zu dienen bestimmt sind. Solche Vorrichtungen sind jedoch stets nur dann Betriebsvorrichtungen, wenn mit ihnen unmittelbar ein Gewerbe betrieben wird. Die in § 68 Abs. 2 Nr. 2 BewG getroffene Regelung gilt nach § 99 Abs. 1 Nr. 1 und Abs. 3 BewG auch für Betriebsgrundstücke. Hier hat sie auch ihre hauptsächliche Auswirkung.

4136 Zweck der Ausnahmeregelung ist es, derartige Wirtschaftsgüter von der Grundsteuer auszunehmen und sie – falls sie zu einem Gewerbebetrieb gehören – (bis 1997) der Gewerbesteuer zu unterwerfen. Die steuerliche Auswirkung der Behandlung als Betriebsvorrichtung ist zum Teil sehr bedeutsam. Die Verwaltung hat deshalb durch koordinierte Ländererlasse Richtlinien für die Abgrenzung der Grundstücke von den Betriebsvorrichtungen aufgestellt. Für die Hauptfeststellung der Einheitswerte des Grundbesitzes auf den 01. 01. 1964 galt der Erlass des Finanzministers NW vom 31. 03. 1967, 3190 – 1 – V 1 (abgedruckt in den »Sonstigen Anlagen« der amtlichen Handausgabe der Richtlinien für die

Bewertung des Grundvermögens 1978 [BewR Gr] auf S. 161 ff.; vgl. auch BStBl II 1967, 127). Diese Abgrenzungsrichtlinien sind inzwischen durch gleichlautende Ländererlasse neu gefasst worden, zuletzt durch den gleichlautenden Ländererlass vom 15. 03. 2006 BStBl I 2006, 314. Vgl. auch Anlage 1 zu diesem Ländererlass in Beck'sche Steuererlasse Nr. 200 § 68/2.

Nach diesem Abgrenzungserlass sind folgende Abgrenzungsbereiche zu unterscheiden: 413,

a) **Abgrenzung der Gebäude von den Betriebsvorrichtungen**
Zunächst ist zu entscheiden, ob das gesamte Bauwerk ein Gebäude oder eine Betriebsvorrichtung darstellt (vgl. A 2 des Abgrenzungserlasses). Diese Entscheidung ist von dem **Gebäudebegriff** her zu treffen. Erfüllt das Bauwerk also die Merkmale
- Schutz gegen Witterungseinflüsse,
- Möglichkeit des Aufenthalts von Menschen,
- feste Verbindung mit dem Grund und Boden,
- Beständigkeit **und**
- Standfestigkeit,

so ist das Bauwerk insgesamt ein Gebäude und keine Betriebsvorrichtung. Fehlt eines dieser Merkmale und dient es einem Betrieb, so ist das Bauwerk Betriebsvorrichtung.

BEISPIEL

Beispiele für Betriebsvorrichtungen
Schornsteine, selbstständige Öltanks, Silobauten, bestimmte Kesselhäuser, Kammertrockenanlagen, kleinere Transformatorenhäuser (bis etwa 30 m² Grundfläche), kleinere Haltestellenüberdachungen (bis zu einer Fläche von 15 m²), vollautomatische Hochregallager.

b) **Abgrenzung einzelner Bestandteile eines Bauwerks, das ein Gebäude ist**   4138
Ist das Bauwerk insgesamt als Gebäude anzusehen, so stellt sich gleich als nächstes die Frage, ob einzelne Teile Gebäudebestandteile oder Betriebsvorrichtungen sind (vgl. A 3 des Abgrenzungserlasses). Dies richtet sich danach, ob diese einzelnen Teile in einer nahezu ausschließlichen und unmittelbaren Beziehung zu dem Betrieb stehen oder der Benutzung des Gebäudes dienen.

Die Verstärkungen von Decken und die nicht ausschließlich zu einer Betriebsanlage gehörenden Stützen und sonstigen Bauteile wie Mauervorlagen und Verstrebungen sind jedoch stets Gebäudebestandteile und daher in das Grundstück einzubeziehen und nicht als Betriebsvorrichtungen zu behandeln (vgl. § 68 Abs. 2 Satz 2 BewG sowie A 1.2 und A 3.3 sowie Zeichnungen 6 bis 9 des Abgrenzungserlasses). Eine in einem Gebäude errichtete Stahlbühne ist Geschossdecke und nicht Betriebsvorrichtung, auch wenn bei ihrer Konstruktion betriebsspezifische Gesichtspunkte der in einem Gebäude befindlichen Fabrik berücksichtigt worden sind (BFH vom 12. 02. 1982 BStBl II 1982, 448).

BEISPIEL

Beispiele für Betriebsvorrichtungen
Backöfen, Hebebühnen, Ladeneinrichtungen, Lastenaufzüge in Fabrik-, Werkstatt- und Lagergebäuden, Wandtresore, bestimmte Klimaanlagen, Kühleinrichtungen, Krananlagen in Hallen.

c) **Abgrenzung der Außenanlagen von den Betriebsvorrichtungen:**   4139
Ob ein Bauwerk als Außenanlage (sonstiger Bestandteil eines Grundstücks) oder als Betriebsvorrichtung anzusehen ist, hängt davon ab, ob das Bauwerk der Benutzung des Grundstücks dient oder ob es in einer besonderen Beziehung zu einem auf dem Grundstück ausgeübten Gewerbebetrieb steht (vgl. A 4 des Abgrenzungserlasses). Ein auf dem Betriebsgelände befindlicher, mit einer als Parkplatz geeigneten Bodenbefestigung

versehener Abstellplatz, auf dem Pkw verladegerecht aufgestellt werden, ist auch dann keine Betriebsvorrichtung, wenn das Gelände rd. 30 ha groß ist (BFH vom 10. 10. 1990 BStBl II 1991, 59).

BEISPIEL

Beispiele für Betriebsvorrichtungen
Gleisanlagen, ölundurchlässige Bodenbefestigungen bei Tankstellen, Kaianlagen.

4140–4145 frei

1.3.4 Einbeziehung von Anteilen an anderen Grundstücken

4146   Zu einer wirtschaftlichen Einheit kann nach § 2 Abs. 2 BewG nur Grundbesitz zusammengefasst werden, der demselben Eigentümer gehört. Grundsätzlich kann deshalb eine Fläche, die im Alleineigentum steht, nicht mit Flächen, an denen der Eigentümer anteilig mit anderen Personen beteiligt ist, zu einer wirtschaftlichen Einheit zusammengefasst werden. Eine **Ausnahme** von diesem Grundsatz ist bereits in **§ 26 BewG** betreffend die Zurechnung mehrerer Wirtschaftsgüter zu einer wirtschaftlichen Einheit bei Ehegatten enthalten.

4147   Eine **weitere Ausnahmeregelung** ist – aus praktischen Gründen – durch die Vorschrift des **§ 70 Abs. 2 BewG** geschaffen worden. Danach ist ein Anteil des Eigentümers eines Grundstücks an anderem Grundvermögen, d. h. an einem anderen Grundstück (z. B. gemeinschaftlichen Hofflächen, Garagen, Einstellplätzen, Zuwegen) in das Grundstück einzubeziehen, wenn alle Anteile an dem gemeinschaftlichen Grundvermögen Eigentümern von Grundstücken gehören, die ihren Anteil jeweils zusammen mit ihrem Grundstück nutzen. Es handelt sich dabei in der Regel um gemeinschaftliche Flächen, Gebäude usw., die für sich allein betrachtet oft nur einen geringen Wert haben und die erst durch die Zuordnung zum Hauptgrundstück ihre wirtschaftliche Bedeutung erhalten.

BEISPIEL

Ein Gebäudekomplex von 10 Reiheneinfamilienhäusern hat einen gemeinsamen Zuweg, an dem die Eigentümer der Reiheneinfamilienhäuser in der Rechtsform des Miteigentums beteiligt sind. Außerdem schließt sich an die Reiheneinfamilienhäuser ein Garagengrundstück an, in dem jeder der 10 Eigentümer einen Pkw-Platz hat. Das Garagengrundstück ist ebenfalls gemeinschaftliches Eigentum der Eigentümer der Reiheneinfamilienhäuser.
LÖSUNG Nach der Sonderregelung des § 70 Abs. 2 BewG sind die Anteile am gemeinsamen Zuweg und am Garagengrundstück jeweils bei den einzelnen Grundstückseigentümern in die wirtschaftliche Einheit ihres Reiheneinfamilienhauses einzubeziehen.

4148   § 70 Abs. 2 BewG soll nach A 4 Abs. 2 letzter Satz BewR Gr entsprechend angewendet werden, wenn die Hauptgrundstücke, die verschiedene wirtschaftliche Einheiten bilden, und die diesen untergeordneten Flächen, Gebäude usw. demselben Eigentümer gehören.

BEISPIEL

Ein Waschhaus gehört zu einer aus vier wirtschaftlichen Einheiten bestehenden Wohnhausgruppe einer Wohnungsbaugesellschaft.
LÖSUNG Vorausgesetzt, dass das Waschhaus allen Einheiten in gleichen Maße dient, ist es zu je 1/4 bei jeder wirtschaftlichen Einheit der Wohnhausgruppe mitzuerfassen.

Auch eine Eigentumswohnung und eine dazu gehörende Garage (oder ein Unterstellplatz) bilden eine wirtschaftliche Einheit, wenn die Entfernung zwischen Eigentumswohnung und Garage nicht zu groß ist (FG Düsseldorf vom 21. 10. 1980 EFG 1981, 434).

Eine Einbeziehung von Grundstücksanteilen kommt nach § 70 Abs. 2 Satz 2 BewG nicht in Betracht, wenn das gemeinschaftliche Grundvermögen nach den Anschauungen des Verkehrs als selbstständige wirtschaftliche Einheit anzusehen ist. Das kann z. B. dann der Fall sein, wenn das gemeinschaftliche Garagengrundstück der (im vorstehenden Beispiel Rz. 4147) 10 Reihenhauseigentümer in so großer Entfernung von den Reiheneinfamilienhäusern errichtet ist, dass die Verkehrsanschauung es als selbstständige wirtschaftliche Einheit ansieht.

1.3.5 Gebäude auf fremdem Grund und Boden

Als Grundstück gilt nach **§ 70 Abs. 3 BewG** auch ein Gebäude, das auf fremdem Grund und Boden errichtet oder in sonstigen Fällen einem anderen als dem Eigentümer des Grund und Bodens zuzurechnen ist, selbst wenn es wesentlicher Bestandteil des Grund und Bodens (vgl. § 94 BGB) geworden ist. Wegen der steuerlichen Zurechnung vgl. § 39 AO sowie A 4 Abs. 3 BewR Gr und wegen der Bewertung 6.4. Bei Ehegatten geht § 26 BewG dem § 70 Abs. 3 BewG vor (BFH vom 13. 06. 1984 BStBl II 1984, 816). Zur Bewertung vgl. § 94 BewG und 6.4.

1.4 Gebäude und Gebäudeteile für den Bevölkerungsschutz

Gebäude, Teile von Gebäuden und Anlagen, die zum Schutz der Bevölkerung sowie lebens- und verteidigungswichtiger Sachgüter vor der Wirkung von Angriffswaffen geschaffen worden sind, bleiben bei der Ermittlung des Einheitswerts außer Betracht, wenn sie im Frieden nicht oder nur gelegentlich oder geringfügig für andere Zwecke benutzt werden (§ 71 BewG). Hierunter fallen Schutzräume in Kellern und Bunkern, Wand- und Deckenverstärkungen, Gasschleusen, Belüftungsanlagen, Notausstiege usw. Eine nur gelegentliche Nutzung für andere Zwecke liegt z. B. vor, wenn in einem begünstigten Raum von Zeit zu Zeit Veranstaltungen abgehalten werden, die keine besondere Herrichtung des Raumes erfordern. Als geringfügige Nutzung für andere Zwecke kann z. B. das Abstellen von Gartengeräten in derartigen Räumen angesehen werden (vgl. A 5 BewR Gr).

1.5 Bewertungsmaßstab und Berechnungsgrößen

Für die Einheitsbewertung der wirtschaftlichen Einheiten des Grundvermögens ist im BewG kein eigener Bewertungsmaßstab vorgeschrieben. Es kommt daher für alle Grundstücke des Grundvermögens (§§ 68 bis 94 BewG) der allgemeine Bewertungsgrundsatz des § 9 Abs. 1 BewG, nämlich der **gemeine Wert**, zum Ansatz.

Für die Einheitsbewertung der **unbebauten Grundstücke** (§ 72 BewG) ist für die Ermittlung des gemeinen Werts keine besondere Bewertungsmethode vorgeschrieben. Nach A 7 Abs. 2 BewR Gr sind durchschnittliche Quadratmeter-Richtwerte nach den Wertverhältnissen 01. 01. 1964 (§ 27 BewG) zu Grunde zu legen. Vgl. hierzu 2.3.

Für die Einheitsbewertung der **bebauten Grundstücke** sieht § 76 BewG zwei Bewertungsmethoden vor, nämlich das Ertragswertverfahren und das Sachwertverfahren (vgl. 3.3). Für das Ertragswertverfahren regeln dies die §§ 68 bis 82 BewG (vgl. 4) und für das Sachwertverfahren die §§ 83 bis 90 BewG (vgl. 5). Sondervorschriften befinden sich außerdem für Erbbaurechtsgrundstücke, für Wohnungs- und Teileigentum und für Gebäude auf fremde Grund und Boden in den §§ 92 bis 94 BewG (vgl. 6.2 bis 6.3).

| 4155 | Für alle **Einheitswertfeststellungen ab 01.01.2002** gilt als Berechnungsgröße weiterhin die **DM-Währung** (vgl. § 22 Abs. 1 und § 30 BewG). Das bedeutet, dass zunächst alle Berechnungen in DM durchzuführen sind bis hin zur Abrundung des Einheitswerts und einschließlich der Prüfung der Wertfortschreibungsgrenzen des § 22 Abs. 1 BewG. Erst der festzustellende Einheitswert (im Wege der Nachfeststellung oder Fortschreibung) ist mit dem amtlichen Umrechnungskurs von 1,95583 DM/€ auf Euro umzurechnen (§ 30 BewG). Der sich ergebende Betrag ist auf 1 € zu runden (z. B. maßgebender Einheitswert 51600 DM ergibt 26382 €). Es gelten daher z. B. alle Bodenrichtwerte für die Ermittlung des Bodenwerts, alle Mietspiegelwerte für die Ermittlung der Jahresrohmiete, alle Raummeterpreise sowie in Betracht kommende Zu- und Abschlagswerte beim Sachwertverfahren nach den Wertverhältnissen vom Hauptfeststellungszeitpunkt 01.01.1964 (§ 27 BewG) weiter. |

4156 Vgl. auch Kapitel 2 Teil C 3.4 zur Einheitsbewertung des land- und forstwirtschaftlichen Vermögens in den alten Bundesländern.

4157–4170 frei

2 Abgrenzung und Bewertung der unbebauten Grundstücke

2.1 Abgrenzung der unbebauten Grundstücke

4171 Bei den unbebauten Grundstücken unterscheidet § 72 BewG **drei Fallgruppen**.
1. nicht bebaute Grundstücke,
2. Grundstücke mit Gebäuden von untergeordneter Bedeutung,
3. Grundstücke mit zerstörten oder dem Verfall preisgegebenen Gebäuden.

2.1.1 Nicht bebaute Grundstücke

4172 Nach § 72 Abs. 1 BewG sind unbebaute Grundstücke Grundstücke, auf denen sich **keine benutzbaren Gebäude** befinden. Die Benutzbarkeit beginnt mit dem Zeitpunkt der Bezugsfertigkeit. Gebäude sind als bezugsfertig anzusehen, wenn den zukünftigen Bewohnern oder sonstigen Benutzern zugemutet werden kann, sie zu benutzen; die Abnahme durch die Bauaufsichtsbehörde ist nicht entscheidend.

4173 Ein Grundstück bleibt **so lange ein unbebautes** Grundstück, bis ein auf ihm zu errichtendes Gebäude **im Ganzen bezugsfertig** ist. Sind bis zu einem Feststellungszeitpunkt z. B. die Wohnungen im Obergeschoss bezugsfertig, die im Erdgeschoss befindlichen Ladenräume jedoch noch nicht benutzbar, so ist das Grundstück noch als unbebautes Grundstück zu bewerten.

4174 Wird dagegen ein Gebäude in **Bauabschnitten** errichtet, so gilt jeder fertiggestellte und bezugsfertige Teil als benutzbares Gebäude (§ 74 Satz 2 BewG). Ob ein Gebäude in Bauabschnitten errichtet wird, kann nur von Fall zu Fall entschieden werden. Bei der Entscheidung wird man darauf abstellen müssen, ob der im jeweiligen Bauabschnitt errichtete Gebäudeteil für sich betrachtet eine gewisse Eigenständigkeit hat. Das ist z. B. gegeben, wenn vorerst nur das Erdgeschoss eines mehrstöckigen Gebäudes errichtet und mit einem festen Dach versehen wird, weil die Mittel für die Errichtung der Obergeschosse fehlen. Eine Errichtung in Bauabschnitten liegt dagegen nicht vor, wenn die Fortführung des Baues nur vorübergehend durch technische Schwierigkeiten (z. B. Frostperiode) unterbrochen wird. Nach dem Erlass des FinMin Ba-Wü vom 12.08.1981 (Bew-Kartei Ba-Wü zu § 74 BewG Karte 2) kann i. d. R. davon ausgegangen werden, dass eine Errichtung in Bauabschnitten nicht vorliegt, wenn die zweite Wohnung eines von der Baubehörde bis zur Bezugsfertigkeit der ersten Wohnung genehmigten Zweifamilienhauses innerhalb von zwei Jahren seit Bezugsfertigkeit der ersten Wohnung bezugsfertig wird; vgl. hierzu auch FG München vom 08. 07. 1982 EFG 1983, 106.

Hinsichtlich der Bezugsfertigkeit kommt es darauf an, dass die Benutzung zumutbar ist. Nach den heutigen Wohngewohnheiten ist die Zumutbarkeit nach strengen Maßstäben zu messen. Die wesentlichen Bauarbeiten müssen verrichtet sein; geringfügige noch zu leistende Restarbeiten schließen dagegen die Bezugsfertigkeit nicht aus. Vgl. auch A 6 BewR Gr sowie BFH vom 29. 04. 1987 BStBl II 1987, 594. Zur Frage, ob beim Umbau eines Gebäudes eine Errichtung in Bauabschnitten vorliegt, vgl. BFH vom 28. 11. 1990 BStBl II 1991, 209).

4175

2.1.2 Grundstücke mit Gebäuden von untergeordneter Bedeutung

Ein Grundstück **gilt** nach § 72 Abs. 2 BewG auch dann als unbebaut, wenn sich auf ihm Gebäude befinden, deren Zweckbestimmung und Wert gegenüber der Zweckbestimmung und dem Wert des Grund und Bodens von untergeordneter Bedeutung sind (vgl. A 11 BewR Gr). Die Merkmale »Zweckbestimmung« und »Wert« sind hierbei jeweils eigenständig zu beurteilen (vgl. A 11 Abs. 2 BewR Gr). Handelt es sich um ein Gebäude von einigem Wert, so steht dies allein einer Behandlung als unbebautes Grundstück entgegen.

4176

BEISPIEL Auf einem Grundstück in zentraler Lage, das für den Bau eines mehrstöckigen Geschäftshauses geeignet ist, ist lediglich ein Zeitungskiosk errichtet. Der Wert des Grund und Bodens beträgt ein Mehrfaches des Gebäudewerts.
LÖSUNG Das Grundstück gilt als unbebautes Grundstück, obgleich es tatsächlich bebaut ist.

Von den Grundstücken mit Gebäuden von untergeordneter Bedeutung ist der Fall der Mindestbewertung für die bebauten Grundstücke (§ 77 BewG) zu unterscheiden. Bei der Mindestbewertung bebauter Grundstücke wird das Gebäude nach seiner Zweckbestimmung nicht als von untergeordneter Bedeutung angesehen.

4177

2.1.3 Grundstücke mit zerstörten oder dem Verfall preisgegebenen Gebäuden

Als unbebautes Grundstück gilt auch ein Grundstück, auf dem infolge der Zerstörung oder des Verfalls der Gebäude auf die Dauer benutzbarer Raum nicht mehr vorhanden ist (§ 72 Abs. 3 BewG). Sind auf einem solchen Grundstück jedoch noch Keller vorhanden, die zu gewerblichen oder Wohnzwecken ausgebaut und auf die Dauer benutzbar sind, so muss das Grundstück als bebautes Grundstück behandelt werden (vgl. A 12 Abs. 1 BewR Gr).

4178

Ein Grundstück, dessen Gebäude infolge Entkernung keine der bestimmungsgemäßen Nutzung zuführbaren Wohnräume mehr enthält, ist auch dann als unbebautes Grundstück zu bewerten, wenn dieser im Feststellungszeitpunkt bestehende Zustand nur ein Zwischenstadium zur Wiederherstellung eines benutzbaren Gebäudes darstellt (BFH vom 24. 10. 1990 BStBl II 1991, 60).

4179

2.2 Besondere Grundstücksart: baureife Grundstücke

Eine besondere Grundstücksart innerhalb der unbebauten Grundstücke bilden die baureifen Grundstücke (§ 73 Abs. 1 BewG). Dies sind unbebaute Grundstücke, wenn sie in einem Bebauungsplan als Bauland festgesetzt sind, ihre sofortige Bebauung möglich ist und

4180

die Bebauung innerhalb des Plangebiets in benachbarten Bereichen begonnen hat oder schon durchgeführt ist (§ 73 Abs. 2 Satz 1 BewG). Nicht zu den baureifen Grundstücken gehören Grundstücke, die für den Gemeinbedarf vorgesehen sind (§ 73 Abs. 2 Satz 2 BewG). Mit dieser Vorschrift – die zur Zeit keine steuerlichen Auswirkungen hat – hat der Gesetzgeber nur vorsorglich eine Grundlage geschaffen, um künftig baureife Grundstücke einer verstärkten Besteuerung unterwerfen zu können. § 73 Abs. 2 Satz 1 BewG deckt sich mit dem Wortlaut des § 69 Abs. 3 Satz 1 BewG.

2.3 Bewertung der unbebauten Grundstücke

4181   Über die Bewertung der unbebauten Grundstücke enthält der Abschnitt »Einheitsbewertung« des BewG keine besonderen Vorschriften. Bei der Bewertung unbebauter Grundstücke ist deshalb nach § 9 BewG der **gemeine Wert** zugrunde zu legen. Vgl. A 7 Abs. 1 BewR Gr. Der gemeine Wert (Grundstückswert) des unbebauten Grundstücks umfasst den Wert des Grund und Bodens (**Bodenwert**) und den **Wert der Außenanlagen.**

4182   Als Grundlage für die Ermittlung des gemeinen Werts der unbebauten Grundstücke zum Hauptfeststellungszeitpunkt 01.01.1964 und während des gesamten Hauptfeststellungszeitraumes 1964 dienen den Finanzämtern die von ihnen anhand von Veräußerungsanzeigen und Kaufverträgen angelegten **Kaufpreissammlungen,** die daraus erstellten **Bodenpreiskarten** und die aus diesen abgeleiteten **Richtwertkarten** (vgl. dazu die Bodenwert-Richtlinien von 1957 in BStBl II 1957, 28). Diese Unterlagen haben in vielen Fällen eine wertvolle Ergänzung durch das von den **Gutachterausschüssen** der kreisfreien Städte und Landkreise gesammelte Material über Kaufpreise erfahren (vgl. dazu §§ 192 bis 199 BauGB).

4183   In den Richtwertkarten werden aufgrund der geführten Kaufpreissammlungen und Bodenpreiskarten Durchschnittspreise getrennt geführt für:
- Bauerwartungsland (das sind Flächen, die nicht mehr zum land- und forstwirtschaftlichen Vermögen gehören, aber auch noch kein Rohbauland sind – Zwischenstufe),
- Rohbauland (das sind Flächen, die bereits in so genannten Bauleitplänen oder Flächennutzungsplänen als Bauland ausgewiesen sind),
- baureifes Land (vgl. hierzu § 73 Abs. 2 Satz 1 sowie auch § 69 Abs. 3 Satz 1 BewG),
- Industrieland,
- Land für Verkehrszwecke und
- Freiflächen (Versorgungsflächen, Grünflächen).

4184   Bei der Ermittlung der Bodenwerte der zu bewertenden Grundstücke ist zunächst von durchschnittlichen Quadratmeterpreisen auszugehen, die sich für ein Gebiet, eine Straße oder einen Straßenabschnitt ohne Rücksicht auf die besondere Gestaltung der einzelnen Grundstücke ergeben. Aus diesen durchschnittlichen Werten je Quadratmeter ist alsdann der Bodenwert für das zu bewertende Grundstück entsprechend seiner Größe, seinen Besonderheiten und Abweichungen gegenüber den durchschnittlichen Verhältnissen abzuleiten. Vgl. A 7 Abs. 2 und 3 BewR Gr.

4185   Als Besonderheiten und Abweichungen kommen vor allem in Betracht: Anteil des Vorderlandes und des Hinterlandes (vgl. dazu A 8 BewR Gr), besondere Lage, z.B. die Ecklage (vgl. dazu A 9 BewR Gr), Größe, Zuschnitt, Oberflächenbeschaffenheit, Baugrund, Nutzungsbeschränkungen (vgl. dazu A 10 BewR Gr) sowie bei Trümmergrundstücken eine etwa notwendige Trümmerbeseitigung (vgl. dazu A 12 Abs. 2 BewR Gr).

4186   Nach dem Urteil des BFH vom 26.09.1980 BStBl II 1981, 153 ist der Ermittlung des gemeinen Werts unbebauter Grundstücke durch Ableitung aus Kaufpreisen für vergleichbare

Grundstücke der Vorzug zu geben vor der Wertermittlung auf der Grundlage von Durchschnittswerten (den so genannten Richtwerten der Richtwertkarten). Dies setzt jedoch voraus, dass eine ausreichende Zahl von Verkaufsfällen vorliegt, bei denen die Verkaufspreise eindeutig im gewöhnlichen Geschäftsverkehr zustande gekommen sind. Außerdem ist erforderlich, dass die wesentlichen Wertfaktoren (z. B. Größe, Zuschnitt, Bodenbeschaffenheit des Grundstücks) der zu vergleichenden Grundstücke im Wesentlichen übereinstimmen und die Verkäufe in zeitlicher Nähe des Hauptfeststellungszeitpunkts (zur Zeit 01.01.1964) stattgefunden haben.

BEISPIEL Ein unbebautes Grundstück (Bauplatz) hat eine Breite von 20 m und eine Tiefe von 60 m. Die durchschnittlichen Werte für Vorderland (vgl. A 8 Abs. 2 BewR Gr) betragen in der Straße 30 DM je m² (Wertverhältnisse 01.01.1964, § 27 BewG). Die übliche Vorderlandtiefe beträgt 40 m. Das Grundstück ist eingezäunt (gemeiner Wert nach Wertverhältnissen 01.01.1964 = 4 250 DM, § 27 BewG).

LÖSUNG Für die Wertermittlung ist die Fläche wie folgt aufzuteilen:
Vorderland: 20 m × 40 m = 800 m²
Hinterland: 20 m × 20 m = 400 m²
Der Grundstückswert errechnet sich wie folgt:
800 m² × 30 DM (voller Richtwert) = 24 000 DM
400 m² × 15 DM (halber Richtwert, vgl. A 8 Abs. 2 BewR Gr) = 6 000 DM

Bodenwert = 30 000 DM
Wert der Außenanlagen 4 250 DM

Grundstückswert = 34 250 DM
Einheitswert (abgerundet nach § 30 BewG) = 34 200 DM

Angenommen, das o.a. Grundstück wäre im Jahre 2009 neu entstanden (z. B. durch Abtrennung von einem größeren Grundstück), dann müsste für die neue wirtschaftliche Einheit auf dem 01.01.2010 eine Nachfeststellung nach § 23 Abs. 1 Nr. 1 BewG durchgeführt werden. Der in DM ermittelte und auf 100 DM abgerundete Einheitswert ist auf EURO (im vorliegenden Fall auf 17 486 €) umzurechnen.

4187–4200 frei

3 Abgrenzung und Bewertung der bebauten Grundstücke

3.1 Begriff

Ein bebautes Grundstück liegt vor, wenn sich auf ihm zum Bewertungsstichtag benutzbare Gebäude befinden. Bei Errichtung eines Gebäudes in Bauabschnitten ist der fertiggestellte und bezugsfertige Teil als benutzbares Gebäude anzusehen (vgl. § 74 BewG). Nicht zu den bebauten, sondern zu den unbebauten Grundstücken zählen (vgl. hierzu die Ausführungen in 2.1.2 und 2.1.3):

- Grundstücke mit Gebäuden, deren Zweckbestimmung und Wert gegenüber der Zweckbestimmung und dem Wert des Grund und Bodens von untergeordneter Bedeutung sind (§ 72 Abs. 2 BewG).
- Grundstücke, auf denen infolge der Zerstörung oder des Verfalls der Gebäude auf die Dauer benutzbarer Raum nicht mehr vorhanden ist (§ 72 Abs. 3 BewG).

Wegen des Begriffs Gebäude vgl. 1.3.3 und wegen der Begriffe Benutzbarkeit, Bezugsfertigkeit, Errichtung in Bauabschnitten vgl. 2.1.1.

4201

3.2 Grundstücksarten

4202 Das BewG unterscheidet bei der Einheitsbewertung bebauter Grundstücke folgende sechs Grundstücksarten (vgl. § 75 BewG):
1. Mietwohngrundstücke,
2. Geschäftsgrundstücke,
3. gemischtgenutzte Grundstücke,
4. Einfamilienhäuser,
5. Zweifamilienhäuser und
6. sonstige bebaute Grundstücke.

4203 Die **Aufzählung** ist **erschöpfend**. Kann ein Grundstück nicht in die Grundstücksarten 1 bis 5 eingeordnet werden, so ist es ein sonstiges bebautes Grundstück.

4204 Die Zuordnung eines bebauten Grundstücks in eine der sechs Grundstücksarten richtet sich grundsätzlich nach der tatsächlichen Nutzung des Grundstücks zum jeweiligen Feststellungszeitpunkt.

4205 Die richtige Zuordnung hat insbesondere **Bedeutung** für die anzuwendende Bewertungsmethode (Ertragswert- oder Sachwertverfahren, § 76 BewG), für die Höhe der Jahresrohmiete und den Vervielfältiger (für im Ertragswertverfahren zu bewertende Grundstücke, §§ 79 und 80 BewG), für den Zuschlag wegen der Größe der nicht bebauten Fläche nach § 82 Abs. 2 Nr. 1 BewG, für die Wertzahlen beim Sachwertverfahren (§ 90 BewG), für die Höhe der Grundsteuer-Messzahlen zur Ermittlung des Grundsteuer-Messbetrags (§§ 13 bis 15 GrStG).

3.2.1 Mietwohn-, Geschäfts- und gemischtgenutzte Grundstücke

4206 **Mietwohngrundstücke** sind Grundstücke, die zu mehr als 80 %, berechnet nach der Jahresrohmiete (§ 79 BewG), Wohnzwecken dienen, mit Ausnahme der Einfamilienhäuser und Zweifamilienhäuser (§ 75 Abs. 2 BewG). **Geschäftsgrundstücke** sind Grundstücke, die zu mehr als 80 %, berechnet nach der Jahresrohmiete (§ 79 BewG), eigenen oder fremden gewerblichen oder freiberuflichen oder öffentlichen Zwecken dienen (§ 75 Abs. 3 BewG). **Gemischtgenutzte Grundstücke** sind Grundstücke, die teils Wohnzwecken, teils eigenen oder fremden gewerblichen oder freiberuflichen oder öffentlichen Zwecken dienen und nicht Mietwohngrundstücke, Geschäftsgrundstücke, Einfamilienhäuser oder Zweifamilienhäuser sind (§ 75 Abs. 4 BewG).

4207 Für die Unterscheidung der drei vorgenannten Grundstücksarten kommt es (wenn sie im Ertragswertverfahren zu bewerten sind) auf das **Verhältnis der Jahresrohmieten** der verschieden genutzten Grundstücksteile zueinander, nicht etwa auf die Größe der verschieden genutzten Flächen an. Maßgebend ist die **tatsächliche Nutzung** im Feststellungszeitpunkt. Zu den Jahresrohmieten für die Wohnungen sind auch Entgelte zu rechnen, die für die Nutzung von Nebenräumen gezahlt werden (z. B. für die Garage, Schuppen, Stallgebäude). Zu den Jahresrohmieten für gewerblich genutzte Grundstücke oder Grundstücksteile rechnen die Mieten für Werkstätten, Läden, Büroräume. Auch Mieten für einzelne Räume innerhalb einer Wohnung, die ausschließlich gewerblich benutzt werden, gehören hierher; nicht dagegen die Miete für Wohnräume, die gewerblich oder beruflich nur mitbenutzt werden. Sind diese Grundstücke im Sachwertverfahren zu bewerten (§ 76 Abs. 3 Nr. 2 und 3 BewG), so ist für die Abgrenzung der Grundstücksart das Verhältnis der Gebäudewertanteile zugrunde zu legen.

4208 **Öffentlichen Zwecken** dienende Grundstücke oder Grundstücksteile bleiben bei der Einordnung außer Betracht, wenn sie von der Grundsteuer nach §§ 4 bis 6 GrStG und von den anderen einheitswertabhängigen Steuern (z. B. Vermögensteuer bis 01. 01. 1996) befreit sind und deshalb für sie ein Einheitswert nicht festzustellen ist (vgl. § 19 Abs. 4 BewG und auch BFH vom 26.09.1980 BStBl II 1981, 208). Befinden sich öffentlich genutzte Räume in einem voll steuerpflichtigen Grundstück (z. B. die von einem Privatmann an die Stadtverwaltung vermieteten Büroräume), so sind die für diese Räume gezahlten Mieten bei der Einordnung in die zutreffende Grundstücksart mit zu berücksichtigen.

Bei Grundstücken, die sowohl Wohnzwecken, gewerblichen, freiberuflichen und öffentlichen Zwecken als auch **sonstigen Zwecken** dienen, ist die für Mietwohngrundstücke und Geschäftsgrundstücke getroffene Regelung entsprechend anzuwenden. Einzelheiten hierzu regelt A 15 Abs. 7 BewR Gr. 4209

Dienstwohnungen in sonst steuerbefreiten nicht zu bewertenden Dienstgebäuden sind ohne Rücksicht auf ihre Anzahl wie ein Mietwohngrundstück zu behandeln (A 15 Abs. 2 vorletzter Satz BewR Gr). Das Gleiche gilt für eine zum Grundvermögen zu rechnende vermietete Wohnung in einem sonst zum land- und forstwirtschaftlichen Vermögen gehörenden Wohngebäude (vgl. Erlass FM Ba-Wü vom 15.08.1967 Bew-Kartei Ba-Wü zu § 75 BewG Karte 1 Nr. 5). 4210

BEISPIELE

a) Jahresrohmiete für (Wertverhältnisse 01.01.1964)	wirtschaftliche Einheit		
	1	2	3
	DM	DM	DM
Nutzung als/zu: – Wohnungen/Wohnräume	17 000	16 000	3 000
– gewerblichen Zwecken	3 000	2 000	14 000
– freiberuflichen Zwecken	–	1 000	–
– öffentlichen Zwecken	–	1 000	3 000
– steuerfreien Zwecken	–	–	–
LÖSUNG Es handelt sich jeweils um folgende Grundstücksart:	Mietwohngrundstück	gemischtgenutztes Grundstück	Geschäftsgrundstück

Jahresrohmiete für (Wertverhältnisse 01.01.1964)	wirtschaftliche Einheit		
	4	5	6
	DM	DM	DM
Nutzung als/zu: – Wohnungen/Wohnräume	4 000	8 000	–
– gewerblichen Zwecken	12 000	–	–
– freiberuflichen Zwecken	2 000	–	–
– öffentlichen Zwecken	2 000	–	–
– steuerfreien Zwecken	2 000	12 000	10 000
LÖSUNG Es handelt sich jeweils um folgende Grundstücksart:	gemischt-genutztes Grundstück	Mietwohngrundstück	kein EW festzustellen (§ 19 Abs. 4 BewG)

b) Im Erdgeschoss eines Gebäudes befindet sich ein Lebensmittelladen. Das erste bis vierte Obergeschoss des Gebäudes enthält Wohnungen. Außerdem gehören zum Grundstück vier Garagen, die an die Mieter der Wohnungen vermietet sind. Die Jahresrohmieten betragen: für den Lebensmittelladen 2 400 DM, für die Wohnungen insgesamt 9 000 DM, für die Garagen 1 600 DM.
LÖSUNG Das Grundstück ist als Mietwohngrundstück zu bewerten, da es zu mehr als 80 % (9 000 DM + 1 600 DM = 10 600 DM = 81,5 % der gesamten Jahresrohmieten von 13 000 DM) Wohnzwecken dient.

c) In dem Gebäude eines Grundstücks befinden sich im Erdgeschoss Läden, im ersten Obergeschoss Praxisräume eines Arztes und eines Rechtsanwalts, im Dachgeschoss die Wohnung des Eigentümers. Die Jahresrohmieten betragen: für die Läden 24 000 DM, für die Praxisräume 20 000 DM, Mietwert der eigengenutzten Wohnung (übliche Miete) 6 000 DM.
LÖSUNG Da die Ausübung eines freien Berufs nach § 96 BewG dem Betrieb eines Gewerbes gleichsteht, sind die Praxisräume wie gewerblich genutzte Räume anzusehen.
Das Grundstück ist ein Geschäftsgrundstück, denn die Jahresrohmiete für die gewerblich und freiberuflich genutzten Räume beträgt mehr als 80 % (Läden + Praxisräume = 24 000 + 20 000 DM = 88 % der gesamten Jahresrohmiete).

d) Im Erdgeschoss eines Gebäudes befindet sich ein Bäckerladen, zwei Obergeschosse enthalten Büroräume, vier weitere Obergeschosse Wohnungen. Die beiden Büroetagen sind an die Stadtverwaltung vermietet. Jahresrohmiete: für den Bäckerladen 12 000 DM, für die an die Stadtverwaltung vermieteten Räume 18 000 DM, für die vier Wohnungen insgesamt 24 000 DM.
LÖSUNG Das Grundstück ist ein gemischtgenutztes Grundstück, weil ca. 55 v.H. der Jahresrohmiete auf gewerblichen und öffentlichen Zwecken dienende Räume entfallen.

e) In einem Schulgebäude befinden sich außer den Klassenräumen und Büroräumen der Schulverwaltung noch die Dienstwohnungen des Schulleiters und des Hausmeisters.
LÖSUNG Die der Schule dienenden Räume sind grundsteuerfrei. Ein EW ist insoweit nicht festzustellen. Die Dienstwohnungen des Schulleiters und des Hausmeisters sind als ein Mietwohngrundstück (eine wirtschaftliche Einheit) zu bewerten (vgl. A 15 Abs. 2 BewR Gr).

4211–4216 frei

3.2.2 Ein- und Zweifamilienhäuser

Die Rechtsgrundlagen für die Abgrenzung der Ein- und Zweifamilienhäuser von den übrigen Grundstücksarten befinden sich in § 75 Abs. 5 und 6 BewG. Weitere Auslegungsregelungen enthalten A 15 Abs. 3 und 4 BewR Gr. Ferner sind zu dieser Frage in den vergangenen Jahren zahlreiche Entscheidungen durch Finanzgerichte und den Bundesfinanzhof ergangen. Zur Zeit sind für die Abgrenzung der Ein- und Zweifamilienhäuser folgende Regeln anzuwenden:

4217

Bei den **Einfamilienhäusern** handelt es sich um Wohngrundstücke, die nur eine Wohnung und bei **Zweifamilienhäusern** um Wohngrundstücke, die zwei Wohnungen enthalten. Die Wohnung bzw. die beiden Wohnungen können eigengenutzt oder vermietet sein. Sie müssen jedoch grundsätzlich zu Wohnzwecken dienen oder zu dienen bestimmt sein. Wohnungen des Hauspersonals sind dabei nicht mitzurechnen. Für die Einordnung als Einfamilienhaus bzw. Zweifamilienhaus ist es unschädlich, wenn das Wohngrundstück zu gewerblichen, freiberuflichen oder öffentlichen Zwecken mitbenutzt und dadurch die Eigenart des Einfamilienhauses bzw. Zweifamilienhauses nicht wesentlich beeinträchtigt wird.

4218

3.2.2.1 Begriff der Wohnung
3.2.2.1.1 Überblick

Das Vorhandensein einer Wohnung bzw. von zwei Wohnungen ist daher das entscheidende Kriterium für die Einordnung eines Wohngrundstücks in die Grundstücksart Einfamilienhaus bzw. Zweifamilienhaus. Dem Wohnungsbegriff kommt daher die entscheidende Bedeutung zu.

4219

Unbestritten war stets, dass es sich bei einer Wohnung um eine Zusammenfassung von Wohnraum und Nebengelass handelt, wobei der Inhaber der Wohnung in der Lage sein muss, in den ihm zur Verfügung stehenden Räumen einen eigenen Haushalt zu führen (vgl. A 15 Abs. 3 Sätze 3 und 4 BewR Gr). Schon früher war der BFH der Auffassung, dass dies in der Regel dann der Fall sei, wenn eine eigene Küche oder zumindest eine Kochgelegenheit und eine Toilette vorhanden sind (vgl. hierzu A 15 Abs. 3 Satz 5 BewR Gr).

4220

Zu den einzelnen Merkmalen des Wohnungsbegriffs hat sich die Auffassung der Finanzgerichte und des Bundesfinanzhofes jedoch im Laufe der Zeit entscheidend geändert. Nach der jetzigen Situation sind zeitlich betrachtet drei Fallgruppen zu unterscheiden:
1. Wohnungsbegriff nach neuer Rechtsprechung (Errichtung des Wohngebäudes nach dem 31. 12. 1972),
2. Wohnungsbegriff nach früherer Rechtsprechung (Errichtung des Wohngebäudes vor dem 01. 01. 1973),
3. Übergangsregelung nach dem Ländererlass vom 15. 05. 1985 BStBl I 1985, 201 sowie Bew-Kartei Ba-Wü zu § 75 Karte 12 Nr. 1.

4221

3.2.2.1.2 Wohnungsbegriff nach neuer Rechtsprechung
(nach dem 31. 12. 1972 errichtete Wohngebäude)

Nach dem Grundsatzurteil des BFH vom 05. 10. 1984 BStBl II 1985, 151 mit den Anschlussurteilen BFH vom 08. 02. 1985 BStBl II 1985, 319, BFH vom 26. 03. 1985 BStBl II 1985, 496 und BFH vom 12. 02. 1986 BStBl II 1986, 320 sind für die Annahme einer Wohnung folgende Voraussetzungen erforderlich:

4222

- Zusammenfassung von Räumen mit **baulich getrenntem Abschluss** der Wohneinheit: Mehrere Räume können nur insoweit zu einer Wohnung zusammengefasst werden, als sie eine Wohneinheit bilden. Dazu ist erforderlich, dass die Wohneinheit von einer

4223

anderen Wohneinheit baulich getrennt ist und einen eigenen Abschluss hat. Die bauliche Trennung muss dauerhaft sein. Es kommt hierbei auf die objektive bauliche Gestaltung des Gebäudes an. Ob die Wohnungen von einer Familie oder von mehreren Familien genutzt werden, ist ohne Bedeutung. Die Wohneinheiten dürfen nicht durch Verbindungstüren miteinander verbunden sein.

Der klassische Fall eines Zweifamilienhauses ist das zweigeschossige Wohngebäude mit eigenem Treppenhaus, von dem aus jeweils ein eigener Zugang mit separatem Abschluss zur jeweiligen Wohneinheit besteht. Vgl. hierzu Ländererlass vom 15.05.1985 BStBl I 1985, 201 (abgedruckt in Bew-Kartei Ba-Wü zu § 75 BewG Karte 12).

4224 • **Eigener Zugang** zu jeder Wohneinheit: Damit ist ein eigener separater abschließbarer Zugang vom Freien aus, von einem Treppenhaus aus oder von einem Vorraum aus gemeint. Ein Zugang durch einen Raum einer anderen Wohneinheit ist schädlich.

4225 • **Mindestgröße** der Wohneinheit: Nach Auffassung des Bundesfinanzhofs muss die Wohneinheit eine Mindestfläche aufweisen, da es sich bei einer Wohnung um eine Zusammenfassung mehrerer Räume handelt, in denen die Führung eines selbstständigen Haushalts möglich sein muss.

Nach der Rechtsprechung verlangt der BFH eine Mindestwohnfläche von 23 m² (BFH vom 24.11.1978 BStBl II 1979, 255, vom 20.06.1985 BStBl II 1985, 582 und vom 04.07.1990 BStBl II 1991, 131). Die Finanzverwaltung legt jedoch grundsätzlich 25 m² Mindestwohnfläche zugrunde (vgl. Bew-Kartei Ba-Wü zu § 75 BewG Karte 8 Ziff. 4). Nach dem Erlass des FinMin. Baden-Württemberg vom 21.03.1991 (Bew-Kartei Ba-Wü zu § 75 BewG Karte 15) wird bei abgeschlossenen Wohnungen nur eine Mindestwohnfläche von 23 m² verlangt. Bei Appartements in Studenten- und Altenwohnheimen soll jedoch für die Annahme einer Wohnung eine Mindestwohnfläche von 20 m² ausreichend sein.

4226 • **Eigene Küche oder Kochgelegenheit:** Auch nach der neuen Rechtsprechung (Grundsatzurteil vom 05.10.1984 BStBl II 1985, 201) wird vorausgesetzt, dass zur Führung eines selbstständigen Haushalts die notwendigen Nebenräume, nämlich eine Küche oder zumindest ein Raum mit Kochgelegenheit, vorhanden sind. Hierbei genügt es, dass die erforderlichen Einrichtungs- und Ausstattungsgegenstände vorhanden sind, die für die Führung eines Haushalts notwendig sind. Das sind die Anschlüsse für Wasserzu- und -ableitung sowie für einen Herd. Eine tatsächliche Nutzung als Küche ist nicht erforderlich (BFH vom 20.06.1985 BStBl II 1985, 497).

Soll ein Raum künftig als Küche vorgesehen werden, der zum Bewertungsstichtag noch als Bad eingerichtet ist, so ist der Wohnungsbegriff (noch) nicht erfüllt (BFH vom 20.06.1985 [a.a.O.]).

4227 • Sonstige Nebenräume wie **Bad und Toilette:** Nach dem Grundsatzurteil vom 05.10.1984 [a.a.O.] müssen eine eigene Toilette und ein eigenes Bad oder Dusche vorhanden sein. Damit hat sich der BFH an den gestiegenen Wohnansprüchen orientiert. Früher wurde u.U. in Ausnahmefällen ein eigenes Waschbecken als ausreichend angesehen (vgl. BFH vom 09.12.1970 BStBl II 1971, 230 und Bew-Kartei Ba-Wü zu § 75 BewG Karte 8 Ziff. 2). Vgl. zu Bad und Dusche auch BFH vom 25.10.1985 BStBl II 1986, 279, wonach deren Einrichtung vor dem 01.01.1969 nicht erforderlich waren. Ein eigener Abstellraum innerhalb der Wohneinheit ist nicht erforderlich.

4228 • **Nutzung zu Wohnzwecken:** Die Räume müssen tatsächlich Wohnzwecken dienen oder im Falle des Leerstehens zu Wohnzwecken vorgesehen sein. Vgl. hierzu BFH vom 22.02.1985 BStBl II 1985, 284. Nach dem Urteil des BFH vom 24.04.1991 BStBl II 1991,

683 liegt eine Wohnung im bewertungsrechtlichen Sinne nur vor, wenn sie auch baurechtlich zum dauernden Aufenthalt von Menschen geeignet ist.

- **Anwendung der Verkehrsauffassung:** 4229
Nach A 15 Abs. 3 Satz 6 BewR Gr (und des dort zitierten BFH-Urteils vom 01. 08. 1952) sollten bei der Abgrenzung der Ein- und Zweifamilienhäuser die Verkehrsauffassung und die besonderen örtlichen Verhältnisse zu berücksichtigen sein.
Bereits im Urteil des BFH vom 05. 02. 1986 BStBl II 1986, 448 und vom 12. 11. 1986 BStBl II 1987, 104 wurde die Auffassung vertreten, dass der bewertungsrechtliche Einfamilienhausbegriff nicht ein von der Verkehrsauffassung bestimmter Begriff ist, sondern nach den vorstehenden Kriterien des Wohnungsbegriffs zu entscheiden ist. Hierbei ist außerdem entscheidend, dass die zu einer Wohnung zusammengefassten Räume auch tatsächlich Wohnzwecken dienen (vgl. vorstehende Ausführungen). Vgl. hierzu auch die Ausführungen in 3.2.2.5.
Nach Auffassung des BFH in seinen Urteilen vom 05. 10. 1984 und 12. 02. 1986 [a.a.O.] sind die verschärften Abgrenzungsmerkmale zum Wohnungsbegriff erst für Wohngrundstücke anzuwenden, die erstmals zu Feststellungszeitpunkten ab 01. 01. 1974 zu bewerten sind. Daß der BFH innerhalb seiner Ausführungen den Stichtag 31. 12. 1972 bzw. 01. 01. 1973 erwähnt, ist nicht konsequent. Vgl. hierzu auch BFH vom 25. 10. 1985 BStBl II 1986, 278 und 279.
Zur Frage der Übergangsregelung der Finanzverwaltung im Ländererlass vom 15. 05. 1985 vgl. Ausführungen zu 3.2.2.1.4. Die neuen Abgrenzungsmerkmale gelten nicht nur für neu errichtete Wohngebäude, sondern auch für wesentliche Ausbauten und wesentliche Umbauten an Wohngebäuden, die vor dem 01. 01. 1973 errichtet worden sind.

4230–4240
frei

3.2.2.1.3 Wohnungsbegriff nach früherer Rechtsprechung (vor dem 01. 01. 1973 errichtet)

a) Die verschärften Anforderungen für den Wohnungsbegriff sollen nach Auffassung des BFH nicht für Wohngebäude gelten, die vor dem 01. 01. 1973 errichtet und nach diesem Zeitpunkt nicht mehr wesentlich umgebaut oder ausgebaut worden sind (BFH vom 25. 10. 1985 BStBl II 1986, 278 und 279). Für derartige Wohngrundstücke sollen die früher von der Rechtsprechung des BFH und den Finanzgerichten entwickelten Grundsätze weitergelten. 4241

Die Anwendung der neuen verschärften Abgrenzungskriterien und die früheren Regelungen sind daher auf das jeweilige Objekt bezogen. Sie gelten daher auch bei einem Eigentumswechsel weiter und gehen somit auf den neuen Eigentümer über. Ein neuer Eigentümer hat daher nur dann die Möglichkeit, die neuen Abgrenzungskriterien für sich wirksam werden zu lassen, wenn er das erworbene Wohngebäude in wesentlichen Teilen durch Aus- und Umbauten verändert. Eine solche Bewertungspraxis ist daher nicht nur für alle Beteiligten eine Verkomplizierung, sondern mit dem Grundsatz, dass alle gleichartigen Grundstücke auch gleich zu bewerten sind, nur schwer zu vereinbaren.

b) Die bisherigen Voraussetzungen des Wohnungsbegriffs im Einzelnen: 4242
Nach der früheren Rechtsprechung, die im Wesentlichen in dem Ländererlass vom 05. 10. 1979 (Bew-Kartei Ba-Wü zu § 75 BewG Karte 8) und dem Erlass des FinMin Ba-Wü vom 16. 07. 1980 (Bew-Kartei Ba-Wü zu § 75 BewG Karte 9) zusammengestellt sind, gelten für die Annahme einer Wohnung folgende Voraussetzungen:

4243
- **Eigene Küche oder Kochgelegenheit:**
  Für dieses Merkmal waren bisher folgende Fallgruppen zu unterscheiden:
  - **Fallgruppe 1: Abgeschlossene Wohneinheit:** Nach dem Urteil des BFH vom 25.07.1980 BStBl II 1981, 152 genügte in derartigen Fällen bereits für die Annahme einer selbstständigen Wohnung, wenn die erforderlichen Anschlüsse für Wasserzu- und -ableitung sowie für einen Herd vorhanden waren. Auf die tatsächliche Nutzung als Küche kam es nicht an. Vgl. hierzu Bew-Kartei Ba-Wü zu § 75 BewG Karte 9 Ziff. 2.
  - **Fallgruppe 2: Keine abgeschlossene Wohneinheit:** Bisher war es möglich, bestimmte Räume als selbstständige Wohnung zu behandeln (sog. »Einliegerwohnung«), auch wenn diese zweite Wohneinheit nicht baulich getrennt war und auch keinen eigenen Abschluss hatte. Voraussetzung für die Annahme einer selbstständigen zweiten Wohnung war allerdings, dass eine eigene Küche oder zumindest eine Kochgelegenheit vorhanden war, die als solche eingerichtet und auch tatsächlich als Küche genutzt wurde. Vgl. hierzu auch BFH vom 24.11.1978 BStBl II 1979, 255 und vom 25.07.1980 BStBl II 1981, 152 sowie Bew-Kartei Ba-Wü zu § 75 BewG Karte 8 Ziff. 1 und Karte 9 Ziff. 1 und 2.

4244
- **Eigene Toilette und eigene Waschgelegenheit:** Nach Bew-Kartei Ba-Wü zu § 75 BewG Karte 8 Ziff. 2 wurde gefordert, dass bei neueren Gebäuden eine eigene Toilette sowie zumindest ein Waschbecken vorhanden war, das nicht zugleich zur Ausstattung der Küche gehörte.

4245
- **Räumliche Abgrenzung** bei nichtabgeschlossenen Wohnungen: Nach dem Urteil des BFH vom 22.06.1979 BStBl II 1980, 175 konnten Räume, die nicht als selbstständige Wohneinheit gegenüber anderen Räumen oder einer anderen Wohnung baulich abgegrenzt sind und auch keinen eigenen Zugang haben, nur dann als Wohnung im Sinne des BewG betrachtet werden, wenn sich »die Zusammenfassung der Räume zu einer Wohnung zumindest aus der Lage zueinander, aus ihrer Zweckbestimmung und der dieser Zweckbestimmung entsprechenden tatsächlichen Nutzung ergab«. Vgl. hierzu Bew-Kartei Ba-Wü zu § 75 BewG Karte 8 Ziff. 3.

4246
- **Mindestgröße:** Die so genannte Einliegerwohnung musste mindestens eine Wohnfläche von 25 m^2 aufweisen (vgl. Bew-Kartei Ba-Wü zu § 75 BewG Karte 8 Ziff. 4). Vgl. auch die obigen Ausführungen zu 3.2.2.1.2 Mindestgröße.

4247
- **Sonstige Kriterien:** Für die Annahme einer selbstständigen Wohnung wurden u.U. noch folgende Kriterien herangezogen:
  - eigene Zähler, eigene Klingelanlage (vgl. Bew-Kartei Ba-Wü zu § 75 BewG Karte 8 Ziff. 5);
  - baurechtliche Genehmigung einer Wohnung: Wurde von der Baubehörde eine Wohnung als solche genehmigt, so schloss sich die Finanzverwaltung dieser Auffassung grundsätzlich an.

3.2.2.1.4 Übergangsregelung nach dem Ländererlass vom 15.05.1985
Vgl. BStBl I 1985, 201 und Bew-Kartei Ba-Wü zu § 75 BewG Karte 12 Nr. 1

4248
Da der BFH in seinen Urteilen vom 05.10.1984 BStBl II 1985, 151 und vom 08.02.1985 BStBl II 1985, 319 ausdrücklich darauf hingewiesen hatte, dass die Finanzbehörden gehalten sein könnten, »auftretende Härten aus Billigkeitsgründen durch eine Anpassungsregelung zu mildern, jedenfalls soweit diese die Artfeststellung Ein- und Zweifamilienhaus betrifft«, würde

ihr § 20 BewG nicht entgegenstehen« (BStBl II 1985, 320), war von der Finanzverwaltung in dem bundeseinheitlichen Erlass vom 15. 05. 1985 eine Anpassungsregelung getroffen worden.

Nach diesem Erlass sollen die neuen Abgrenzungsmerkmale bei Errichtung, Umbau und Erweiterung von Wohngebäuden angewendet werden, 4249

- deren Bauantrag oder die Bauanzeige nach dem 31. 12. 1985 erfolgt oder
- wenn es auf eine Baugenehmigung oder auf eine Bauanzeige nicht ankommt, die Baumaßnahme oder die sonstige Umgestaltung erst nach dem 31. 12. 1985 erfolgt oder
- wenn der Grundstückseigentümer die Anwendung der neuen Rechtslage begehrt.

Die früheren Bewertungen sollen bestehen bleiben, also keine fehlerbeseitigenden Fortschreibungen nach § 22 Abs. 3 BewG durchgeführt werden. Vgl. hierzu Erlass des FinMin Ba-Wü vom 06. 08. 1986.

Auf weitere Einzelheiten und Besonderheiten wird nicht eingegangen, da diese Problematik inzwischen durch Zeitablauf erledigt ist.

4250–4255 frei

3.2.2.2 Wohnungen des Hauspersonals

Wie bereits ausgeführt, rechnen bei der Abgrenzung der Ein- und Zweifamilienhäuser die Wohnungen des Hauspersonals nicht mit (§ 75 Abs. 5 Satz 2 BewG). Diese Wohnungen müssen allerdings für das Hauspersonal bestimmt und auch vom Hauspersonal tatsächlich genutzt werden (BFH vom 15. 11. 1985 BStBl II 1986, 247). Das bedeutet, dass eine solche Wohnung nach objektiven Gesichtspunkten eine Hauspersonalwohnung sein muss, also in der Regel auch von untergeordneter Bedeutung ist. 4256

Zum Hauspersonal rechnen Personen, die grundsätzlich Dienstleistungen für die Wartung und Pflege des Wohngrundstücks selbst erbringen (z. B. Gärtner, Pförtner, Heizer, Wächter). Eine Hausgehilfin gehört nicht zum Kreis des Hauspersonals (BFH vom 15. 11. 1985 [a. a. O.]). 4257

3.2.2.3 Wohnungen von untergeordneter Bedeutung

Nach § 75 Abs. 5 Satz 3 BewG steht dem Begriff des Einfamilienhauses eine zweite Wohnung entgegen, auch wenn sie von untergeordneter Bedeutung ist. Entsprechendes gilt für eine dritte Wohnung hinsichtlich der Abgrenzung der Zweifamilienhäuser von den übrigen Grundstücksarten. Auch für die Abgrenzung solcher von untergeordneter Bedeutung anzusehenden Wohnungen (sog. »Einliegerwohnungen«) gelten die allgemeinen Regeln des Wohnungsbegriffs (vgl. die Ausführungen in 3.2.2.1 sowie BFH vom 27. 09. 1985 BStBl II 1985, 706). 4258

3.2.2.4 Mitbenutzung eines Wohngebäudes zu anderen Zwecken

Nach § 75 Abs. 5 Satz 4 BewG gilt ein Wohngrundstück auch dann als Einfamilienhaus (und nach § 75 Abs. 6 i. V. m. Abs. 5 BewG als Zweifamilienhaus), wenn es zu **gewerblichen, freiberuflichen** oder **öffentlichen** Zwecken mitbenutzt wird und dadurch die Eigenart des Einfamilienhauses (bzw. Zweifamilienhauses) nicht wesentlich beeinträchtigt wird. Hierbei soll es nach Auffassung des BFH vom 05. 02. 1986 BStBl II 1986, 448 ebenfalls nicht auf die Verkehrsauffassung ankommen. Für die Zuordnung eines Wohngrundstücks in die Grundstücksart Einfamilienhaus oder Zweifamilienhaus ist einzig und allein die Anzahl der Wohnungen und deren Nutzung entscheidend. Erst wenn es sich bei dem Wohngrundstück 4259 weder um ein Einfamilienhaus noch um ein Zweifamilienhaus handelt, kann eine andere Grundstücksart in Betracht kommen (so auch schon BFH vom 07.12.1973 BStBl II 1974, 195 und vom 22.02.1985 BStBl II 1985, 284).

4260 Da ein Wohngrundstück, das nur eine oder zwei Wohnungen enthält, bewertungsrechtlich als Ein- bzw. Zweifamilienhaus gilt (wobei die Wohnungen des Hauspersonals außer Betracht bleiben), darf nach Meinung des BFH die Abgrenzung der Ein- und Zweifamilienhäuser von den übrigen Grundstücksarten nicht nach der Verkehrsauffassung entschieden werden. Diese Abgrenzungsfrage sei vielmehr in erster Linie nach dem äußeren Erscheinungsbild unter Berücksichtigung von bewertungsrechtlichen Ein- bzw. Zweifamilienhäusern zu beantworten, die nicht zu gewerblichen, freiberuflichen oder öffentlichen Zwecken mitbenutzt werden (so auch BFH vom 9.10.1985 BStBl II 1986, 172). Auf die Verkehrsauffassung könne auch deshalb nicht abgestellt werden, weil der Begriff des Ein- und Zweifamilienhauses im bewertungsrechtlichen Sinne nicht ein von der Verkehrsauffassung bestimmter Begriff, sondern ein durch die Umschreibung in § 75 Abs. 5 und 6 BewG gekennzeichneter Rechtsbegriff sei, von dem ausgehend die Frage der wesentlichen Beeinträchtigung durch die Mitbenutzung zu anderen als Wohnzwecken beantwortet werden müsse. Nach dem Urteil des BFH vom 09.11.1988 BStBl II 1989, 135 kann eine »Mitbenutzung« eines Grundstücks i.S.d. § 75 Abs. 5 Satz 4 BewG nur vorliegen, wenn die Nutzung zu anderen als Wohnzwecken nicht den Umfang der Nutzung zu Wohnzwecken erreicht bzw. überschreitet. Überwiegt die Nutzung zu öffentlichen oder gewerblichen (freiberuflichen) Zwecken, greift die Fiktion des § 75 Abs. 5 Satz 4 BewG nicht ein.

4261 Aus alledem folgt auch, dass es für die Einreihung eines Wohngrundstücks mit nur einer oder zwei Wohnungen in die Grundstücksart Ein- bzw. Zweifamilienhaus nach dem BewG ohne Bedeutung ist, ob sich die auf das Grundstück bezogene Mitbenutzung zu anderen als Wohnzwecken innerhalb der jeweiligen Wohnung des Ein- bzw. Zweifamilienhauses oder in Räumen vollzieht, die zu selbstständigen Einheiten innerhalb des Baukörpers zusammengefasst sind (so auch schon BFH vom 02.07.1976 BStBl II 1976, 640). Auch ein eingeschossiger Anbau mit einem Flachdach an einen zweigeschossigen Bauteil mit einem Spitzdach lässt nicht ohne Weiteres darauf schließen, dass hierdurch die Eigenart als Ein- oder Zweifamilienhaus wesentlich beeinträchtigt wird, auch wenn der eingeschossige Flachdachanbau als Arztpraxis genutzt wird (BFH vom 05.02.1986 BStBl II 1986, 446).

4262 Dient in einem zweigeschossigen Gebäude die ursprünglich als Wohnung vorgesehene zweite »Wohneinheit« in vollem Umfang freiberuflichen Zwecken (z.B. als Arzt- oder Rechtsanwaltspraxis), so ist das Grundstück kein Zweifamilienhaus, sondern ein Einfamilienhaus, wenn hierdurch die Eigenart als Einfamilienhaus nicht wesentlich beeinträchtigt wird.

4263 Befindet sich in einem zweigeschossigen Gebäude im Obergeschoss eine Wohnung und werden die Räume des Erdgeschosses als Verkaufsräume genutzt, so wird hierdurch regelmäßig die Eigenart als Einfamilienhaus wesentlich beeinträchtigt sein, so dass dieses Grundstück nicht als Einfamilienhaus, sondern (in der Regel) als gemischtgenutztes Grundstück zu bewerten sein wird.

4264 Auch eine Raumeinheit, deren Nutzung ertragsteuerlich zu gewerblichen Einkünften führt, kann eine Wohnung im bewertungsrechtlichen Sinne sein (vgl. BFH vom 14.03.1990 BStBl II 1990, 531). Dies trifft z.B. zu, wenn eine baulich abgeschlossene Raumeinheit, bestehend aus einem Zimmer, einer Küche sowie Bad und WC, die von einem Unternehmer an sich für längere Zeit im Inland aufhaltende Geschäftsfreunde vermietet.

3.2.2.5 Weitere Besonderheiten

Wochenendhäuser sind als Einfamilienhäuser zu bewerten, wenn sie eine Wohnung enthalten und während des ganzen Jahres bewohnbar sind (BFH vom 25.05.1979 BStBl II 1979, 543). Hierzu gehört, dass das Gebäude auch beheizbar und eine Wasserzu- und Wasserableitung vorhanden ist. 4265

Wird ein Wohngebäude für zwei Wohnungen projektiert, zunächst jedoch nur eine Wohnung bezugsfertig und die zweite Wohnung nur (innerhalb des Gebäudes) im Rohbau erstellt, so handelt es sich bei einer **Errichtung in Bauabschnitten** zunächst um ein Einfamilienhaus (vgl. A 47 Abs. 2 BewR Gr). 4266

Baulich verbundene Eigentumswohnungen stellen eine einzige wirtschaftliche Einheit dar. Sie sind ausnahmsweise in die Grundstücksart »Zweifamilienhäuser« einzureihen, wenn zwei selbstständige Wohneinheiten mit jeweils separatem Abschluss vorhanden sind. Es gelten für solche Fälle die gleichen Abgrenzungskriterien, wie in allen übrigen Fällen. Im Übrigen vgl. 6.3 zur Bewertung des Wohnungseigentums. 4267

3.2.3 Sonstige bebaute Grundstücke

Sonstige bebaute Grundstücke sind alle bebauten Grundstücke, die nicht unter die übrigen 5 Grundstücksarten fallen. Dazu gehören z. B. Clubhäuser, Vereinshäuser, Bootshäuser, studentische Verbindungshäuser, Turnhallen, Schützenhallen, Jagdhütten, Kindererholungsheime, selbstständige Garagengrundstücke, falls sie nicht gewerblich genutzt werden, sowie Wochenendhäuser, die nicht als Einfamilienhäuser zu bewerten sind. Wegen weiterer Einzelheiten vgl. A 15 Absätze 6 und 7 BewR Gr. 4268

4269–4280 frei

3.3 Bewertungsmethoden

Für die Einheitsbewertung der bebauten Grundstücke sieht das BewG in § 76 zwei Verfahren (Bewertungsmethoden) vor: das **Ertragswertverfahren** (dessen Einzelheiten in den §§ 78 bis 82 BewG geregelt sind) und das **Sachwertverfahren** (vgl. im Einzelnen §§ 83 bis 90 BewG). Welche von beiden Bewertungsmethoden jeweils zur Anwendung kommt, richtet sich hauptsächlich nach der Art des zu bewertenden Grundstücks. 4281

Nach § 76 Abs. 1 BewG ist der Wert des Grundstücks für die **Grundstücksarten 1 bis 5**, d. h. für Mietwohngrundstücke, Geschäftsgrundstücke, gemischtgenutzte Grundstücke, Einfamilienhäuser und Zweifamilienhäuser grundsätzlich nach dem **Ertragswertverfahren** zu ermitteln. Für die **sonstigen bebauten Grundstücke** gilt dagegen nach § 76 Abs. 2 BewG das **Sachwertverfahren**. 4282

Abweichend von der in § 76 Abs. 1 BewG getroffenen grundsätzlichen Regelung für die dort genannten fünf Grundstücksarten ist das Sachwertverfahren in folgenden drei Fällen anzuwenden (vgl. § 76 Abs. 3 BewG): 4283

1. Bei Einfamilienhäusern und Zweifamilienhäusern mit **besonderer Gestaltung** oder **Ausstattung**. Hierzu gehören solche Grundstücke, die sich wegen der Größe der Wohnfläche, der Form oder Anordnung der Wohnräume, der Verwendung besonderen Materials oder wegen aufwändiger Außenanlagen wesentlich von der großen Masse der im Ertragswertverfahren zu bewertenden Ein- und Zweifamilienhäusern unterscheiden (so genannte **Luxusvillen**); vgl. A 16 Abs. 3 und 4 BewR Gr sowie BFH vom 27.04.1978 4284

BStBl II 1978, 523 und vom 26.09.1990 BStBl II 1991, 57. Zur Frage der Überschreitung der Wohnfläche von 220 m² vgl. BFH vom 30.01.2004 BFH/NV 2004, 763 und vom 23.08.2007 BFH/NV 2007, 2247. Das Vorhandensein einer Schwimmhalle auf einem Einfamilienhausgrundstück rechtfertigt für sich allein noch nicht die Bewertung im Sachwertverfahren (BFH vom 05.03.1986 BStBl II 1986, 386). Vgl. auch Bew-Kartei Ba-Wü zu § 76 BewG Karten 4 und 6.

4285 2. Bei solchen **Gruppen** von **Geschäftsgrundstücken** und in solchen **Einzelfällen bebauter Grundstücke** der Grundstücksarten 1 bis 3 (d.h. Mietwohngrundstücke, Geschäftsgrundstücke, gemischtgenutzte Grundstücke), für die weder eine Jahresrohmiete ermittelt noch die übliche Miete nach § 79 Abs. 2 BewG geschätzt werden kann. Zu den **Gruppen von Geschäftsgrundstücken**, die im Sachwertverfahren zu bewerten sind, gehören insbesondere: Fabrikgrundstücke, Theatergrundstücke, Lichtspielhäuser, Sanatorien, Kliniken, Privatschulen, Banken, Verwaltungsgebäude und Versicherungsgebäude. Bürohäuser, die nach ihrer baulichen Gestaltung dazu bestimmt und geeignet sind, vermietet zu werden, sind dagegen im Ertragswertverfahren zu bewerten. Ferner werden im Sachwertverfahren bewertet: Werkstätten, Bahngrundstücke, Hafengrundstücke, Garagengrundstücke, Tankstellengrundstücke, Molkereien, Kühlhäuser, Trockenhäuser, Markthallen, Verkaufsstände, Ausstellungs- und Messehallen, Kurtrinkhallen, Hallenbäder, Badehäuser, Transformatorenhäuser. Im Sachwertverfahren werden ferner Hotelgrundstücke, Zeltplätze (wenn sie als bebaute Grundstücke zu bewerten sind), Warenhausgrundstücke und Lagerhausgrundstücke bewertet. Vgl. hierzu auch A 16 Abs. 5 bis 7 BewR Gr. Für die Beurteilung der Frage, ob das Sachwertverfahren oder das Ertragswertverfahren anzuwenden ist, kommt es nicht auf das einzelne Objekt, sondern auf die Gruppe der zu bewertenden Geschäftsgrundstücke an. Demzufolge sind Grundstücke auch dann im Sachwertverfahren zu bewerten, wenn sie im Einzelfall vermietet sind (bestätigt durch BFH vom 07.11.1975 BStBl II 1976, 277). Für Hotelgrundstücke vgl. BFH vom 20.02.1981 BStBl I 1981, 458.

Im **Einzelfall** kommt das Sachwertverfahren bei Mietwohngrundstücken, Geschäftsgrundstücken und gemischtgenutzten Grundstücken z.B. dann in Betracht, wenn derartige Grundstücke eigengenutzt sind und Vergleichsgrundstücke für die Schätzung der üblichen Miete fehlen oder wenn derartige Gebäude mit Inventar vermietet sind und eine Aufteilung des Entgelts auch durch Schätzung nicht möglich ist (vgl. A 16 Abs. 8 BewR Gr). Nach Auffassung des BFH vom 24.07.1985 BStBl II 1986, 44 ist bei gemischtgenutzten Grundstücken das Sachwertverfahren auch dann anzuwenden, wenn eine Jahresrohmiete zwar ermittelt, eine übliche Miete aber nicht geschätzt werden kann, weil es nicht möglich ist, einen Mietspiegel zu schaffen.

4286 3. Bei Grundstücken mit **Behelfsbauten** und bei Grundstücken mit Gebäuden in einer Bauart oder Bauausführung, für die ein Vervielfältiger (§ 80 BewG) in den Anlagen 3 bis 8 des BewG nicht bestimmt ist. Diese Gebäude können zu jeder der in § 76 Abs. 1 BewG genannten Grundstücksarten gehören. Behelfsbauten sind in der Regel nur für einen vorübergehenden Zweck errichtet oder haben wegen ihrer baulichen Gestaltung eine verhältnismäßig geringe Lebensdauer (Behelfsheime, behelfsmäßige Ladengebäude); vgl. auch A 16 Abs. 9 BewR Gr.

3.4 Mindestwert

Der für ein bebautes Grundstück anzusetzende Wert darf gemäß § 77 BewG (in der für den Hauptfeststellungszeitraum 1964 geltenden Fassung, Art. 7 StÄndG 1969 BStBl I 1969, 477) nicht geringer sein als 50 % des Werts, mit dem der Grund und Boden allein als unbebautes Grundstück zu bewerten wäre. Bei der Mindestbewertung sind also aufstehende Gebäude als nicht vorhanden anzusehen, d. h. sie werden bei der Mindestbewertung nicht durch einen Zuschlag berücksichtigt. Gleichwohl umfasst der im Wege der Mindestbewertung festgestellte Einheitswert neben dem Grund und Boden auch die aufstehenden Gebäude und die Außenanlagen.

BEISPIEL

Für ein im Jahre 2008 errichtetes Einfamilienhaus in einer Großstadt mit über 500 000 Einwohnern ergibt sich nach dem Ertragswertverfahren folgender Wert: Jahresrohmiete 4 000 DM × Vervielfältiger 11,9 = 47 600 DM. Das Grundstück hat eine Größe von 1 500 m². Der Wert des Grundstücks betrug nach dem Wertverhältnissen vom 01. 01. 1964 = 70 DM/m².
LÖSUNG Es kommt die Mindestbewertung zum Zuge. Der EW zum 01. 01. 2009 beträgt 1 500 m² × 70 DM = 105 000 DM, davon 50 % = 52 500 DM, umgerechnet auf 26 842 €.

4288–4300 frei

4 Bewertung bebauter Grundstücke im Ertragswertverfahren

4.1 Allgemeines

Nach § 78 BewG ergibt sich der Grundstückswert, der den Bodenwert, den Gebäudewert und den Wert der Außenanlagen umfasst, durch Anwendung eines Vervielfältigers (§ 80 BewG) auf die Jahresrohmiete (§ 79 BewG) unter Berücksichtigung der außergewöhnlichen Grundsteuerbelastung (§ 81 BewG) und den in § 82 BewG vorgesehenen Ermäßigungen und Erhöhungen in Einzelfällen.

Das Ergebnis ist ein **kapitalisierter Reinertrag des Grundstücks**. Den auf die Jahresrohmiete anzuwendenden Vervielfältigern liegen Reinerträge (für 1 Jahr) zugrunde, die unter Berücksichtigung pauschalierter Bewirtschaftungskosten und pauschalierter Bodenertragsanteile, aufgegliedert nach Grundstücksarten, Baujahrgruppen und Gemeindegrößenklassen, ermittelt worden sind (A 18 BewR Gr). Die Faktoren, die im Rahmen des Ertragswertverfahrens zur Ermittlung eines kapitalisierten Reinertrags führen sollen, sind daher im Wesentlichen in den Vervielfältigern berücksichtigt.

4.1.1 Bedeutung der Vervielfältiger

Die auf die Jahresrohmiete anzuwendenden Vervielfältiger wurden nach folgenden Grundsätzen ermittelt:
Es wurde davon ausgegangen, dass der Erwerber eines bebauten Grundstücks den **Wert** des Grundstücks nicht nach dem jährlichen Rohertrag, sondern nach dem **Reinertrag** bemisst, der nach Abzug der gesamten Bewirtschaftungskosten verbleibt.
Ferner wurde unterstellt, dass der Erwerber eines bebauten Grundstücks noch das **Alter** des Gebäudes berücksichtigen würde, da der Ertrag mit der Baufälligkeit des Gebäudes insoweit zu Ende ginge. Für den Grund und Boden stellt sich diese Frage nicht, da er einem Verschleiß durch Älterwerden nicht unterliegt.

4304 Für die Ermittlung der auf Reinerträge abgestellte Vervielfältiger (Kapitalisierungsfaktoren) mussten daher der Grund und Boden und die Gebäude und Außenanlagen getrennt beurteilt werden.

4305 Um die Massenarbeit der Bewertungen möglichst rasch und einfach abwickeln zu können, musste es das Ziel dieses Bewertungsverfahrens sein, einen Weg zu finden, in einem Arbeitsgang beide Grundstücksteile wertmäßig zu erfassen (d.h. den kapitalisierten Reinertrag zu ermitteln).

4306 Dies war nur möglich, indem man auf die Ermittlung von Grundstücksreinerträgen verzichtete und Kapitalisierungsfaktoren fand, die man unmittelbar auf die Roherträge anwenden konnte. Roherträge sind nämlich leichter zu ermitteln als Reinerträge. Zu diesem Zwecke waren die Grundstückserträge, die auf den **Grund und Boden** entfallen, wie immerwährende Erträge (ewige Rente), und die auf **Gebäude** und **Außenanlagen** entfallen, wie Erträge von bestimmter Dauer (Zeitrente), getrennt zu behandeln.

4307 Sowohl für das investierte Kapital für den Grund und Boden als auch für die Gebäude und Außenanlagen wurde eine bestimmte Sollverzinsung (Rendite) zugrunde gelegt, und zwar getrennt nach Grundstücksarten für

Einfamilienhäuser	4,5 %
Zweifamilienhäuser	5 %
Mietwohngrundstücke	5,5 %
gemischtgenutzte Grundstücke:	
• gewerblicher Anteil bis zu 50 %	6 %
• gewerblicher Anteil über 50 %	6,5 %
Geschäftsgrundstücke	7 %

4308 In Gemeinden bis 5 000 Einwohner sind für Grundstücke mit Altbauten (bis 31.03.1924 errichtet) und Neubauten (vom 01.04.1924 bis 20.06.1948 errichtet) um 0,5 % niedrigere Sollzinssätze zugrunde gelegt worden.

4309 Für die Gebäude und Außenanlagen wurden darüber hinaus noch Habenzinsen von einheitlich 2,5 % berücksichtigt. Diese Habenverzinsung dient der Bildung einer Erneuerungsrücklage für die Gebäude und Außenanlagen. Das ist eine Rücklage, die das Gebäudekapital (einschließlich Außenanlagen), abgestellt auf den jeweiligen Bewertungsstichtag, zum Ausdruck bringen soll (Zeitwert dieses Kapitals unter Berücksichtigung von Zins und Zinseszins bezogen auf die Restnutzungsdauer des Gebäudes). Diese Habenzinsen stellen sich damit als jährliche Abschreibung dar.

4310 Unter Zugrundelegung dieser Sollzinssätze und Habenzinssätze wurden zunächst **Reinertragsvervielfältiger** für die Ermittlung der Gebäudewerte (einschließlich Außenanlagen) nach den Grundsätzen der Rentenberechnung ermittelt. Diese Reinertragsvervielfältiger hätte man jedoch nur auf die Reinerträge des Grundstücks anwenden können, die allein auf Gebäude und Außenanlagen entfallen. Die Reinertragsvervielfältiger für Gebäude (einschließlich Außenanlagen) wurden daher **gekürzt**
- im Verhältnis, in dem die Bewirtschaftungskosten zu den Roheinnahmen stehen (zwischen 32 und 63 % je nach Grundstücksart, Baujahrgruppe und Gemeindegrößenklasse) und
- um den Anteil, der auf den Grund und Boden entfällt.

4311 Bei den Bewirtschaftungskosten unterscheidet man (A 19 BewR Gr): Verwaltungskosten, Instandhaltungskosten (einschließlich Schönheitsreparaturen), Mietausfallwagnis und Betriebskosten (einschließlich Grundsteuer). Dazu gehört nicht die Abschreibung, da sie bereits durch die Habenverzinsung im Reinertragsvervielfältiger berücksichtigt ist. Die Bewirtschaftungskosten wurden pauschaliert und mit Durchschnittssätzen angesetzt (aufgrund von Probebewertungen). Bei älteren Gebäuden sind sie höher, mit zunehmender Einwohnerzahl steigen sie.

Der Bodenwert wurde durch Probebewertungen anhand tatsächlicher Werte ermittelt. Auf diese Werte wurden dann die gleichen Sollzinssätze wie bei den Gebäuden angewendet. Hierdurch ergab sich ein Bodenertragsanteil, der zum Rohertrag des gesamten Grundstücks regelmäßig in einem bestimmten Verhältnis steht. 4312

Die vom Rohertragsvervielfältiger umgerechneten Reinertragsvervielfältiger der Gebäude und Außenanlagen wurden dann noch um durchschnittliche Bodenertragsanteile erhöht. Das Ergebnis ist ein Rohertragsvervielfältiger, der auf die Jahresrohmiete angewendet den gesamten Grundstückswert (Grund und Boden, Gebäude und Außenanlagen) ergibt. 4313

BEISPIEL

Ermittlung eines Rohertragsvervielfältigers:
Reinertragsvervielfältiger für Gebäude und Außenanlagen
(unter Berücksichtigung von 5,5 % Sollverzinsung
und 40 Jahre Restnutzungsdauer) = 14,30

Jahresrohmiete	= 10 000 DM
./. Bewirtschaftungskosten (= 40 % der Jahresrohmiete)	= 4 000 DM
	6 000 DM

./. Bodenertragsanteil:
Bodenwert (geschätzt) = 18 200 DM davon
5,5 % Sollverzinsung = rd. 1 000 DM
(= 10 % der Jahresrohmiete) = 1 000 DM

Reinertrag (für Gebäude und Außenanlagen) 5 000 DM
Kürzung des Reinertragsvervielfältigers:
a) im Verhältnis der Bewirtschaftungskosten zum Rohertrag:
= 40 % von 14,3 = 5,72
b) Bodenwertanteil:
= 10 % von 14,3 . = 1,43   7,15

Multiplikator für Gebäudewertanteil   7,15
Bodenwertanteil:
10 % von $\frac{100}{5,5}$

= 10 % von rd. 18,2 = Kapitalisierungsfaktor für den
Multiplikator für Bodenwertanteil   1,82

Rohertragsvervielfältiger (insgesamt)   8,97

Dieser Vervielfältiger von 8,97 ist dann unmittelbar auf die Jahresrohmiete anzuwenden und ergibt den Grundstückswert im Ertragswertverfahren (hier 89 700 DM).
Durch die Pauschalierung aller wertbeeinflussenden Faktoren (Verzinsung, Bewirtschaftungskosten, Bodenertragsanteile) tritt zwar eine Vergröberung des Ertragswertverfahrens ein. Diese Vergröberung wirkt sich aber regelmäßig zu Gunsten der Grundstückseigentümer aus.

Die Vervielfältiger sind in Tabellen als Anlagen 3 bis 8 dem Gesetz beigegeben. Zur Vereinfachung der praktischen Bewertungsarbeit sind den BewR Gr als Anlagen 1 bis 8 Tabellen beigefügt, in denen die Vervielfältiger nicht wie im BewG nach Grundstücksarten, sondern nach Gemeindegrößen gegliedert sind; außerdem enthalten diese Tabellen Multiplikatoren zur Ermittlung des Bodenwertanteils. 4314

4317

Ermittlung der maßgebenden **Jahresrohmiete** (§ 79 BewG)

Zu unterscheiden sind

Hauptfeststellung 01. 01. 1964		**Nachfeststellungen/Fortschreibung** auf 01. 01. 1974 und spätere Zeitpunkt*
Vermieteter Teil	Eigengenutzter/un-genutzter/unentgeltlich überlassener Teil	Räume am 01. 01. 1964 bereits vorhanden, aber danach nicht wesentlich verändert
Gesamtentgelt lt. vertraglicher Vereinbarung (tatsächlich gezahlte Jahresrohmiete einschließlich Umlagen und sonstige Leistungen der Mieter) (§ 79 Abs. 1 BewG) + evtl. 3 %/5 % Zuschlag für Schönheitsreparaturen		Vermieteter sowie eigengenutzter/ungenutzter/unentgeltlich überlassener Teil
= Summe evtl. 12 % bzw. 14 % in den Fällen des § 79 Abs. 3 und 4 BewG a.F. (diese Regelungen bezogen sich auf bestimmte GrSt-Vergünstigungen und sind ab 2002 weggefallen)		Mietansatz wie bei Hauptfeststellung; bei zwischenzeitlichem Wegfall der GrSt-Vergünstigungen korrigiert um Auswirkungen dieser Änderung (Wegfall des bisherigen Zuschlags und Ansatz der Miete für freifinanzierten Wohnraum, d.h. Marktmiete), durch Wegfall des § 79 Abs. 3 und 4 BewG a.F., ab 2002 keine Bedeutung mehr
= Summe Vergleich mit üblicher Miete (§ 79 Abs. 2 Nr. 2 BewG)		
= Ergebnis maßgebende Jahresrohmiete	Übliche Miete (§ 79 Abs. 2 Nr. 1 BewG)	

Ermittlung der **Grundstücksart** (§ 75 BewG)

Lärm, Rauch, Gerüche

Behebbare Baumängel und Schäden

Notwendigkeit des baldigen Abbruch

Sonstige Gründe

*)
Anmerkung:
Für die Beurteilung der Frage, ob ein Grundstück »zu mehr als der Hälfte seines Werts« (§ 99 Abs. 2 Satz 1 BewG a.F.) dem Gewerbebetrieb diente und damit ein Betriebsgrundstück war oder zum Grundvermögen gehörte, kam es ausschließlich auf die Verhältnisse des betreffenden Grundstücks an. Bei Grundstücken, die im Ertragswertverfahren bewertet wurden, war nach allgemeiner Auffassung die Entscheidung nach dem Verhältnis der Jahresrohmieten (einschließlich der Zuschläge nach § 79 Abs. 3 und 4 BewG a.F.) zu treffen. Zu- und Abschläge nach §§ 81 und 82 BewG sollten dabei außer Betracht bleiben. Bei Grundstücken, die im Sachwertverfahren bewertet wurden, konnte der Umfang der beiden Nutzungen nur auf dem Schätzungswege ermittelt werden.

4 Bewertung bebauter Grundstücke im Ertragswertverfahren

Bestimmung des maßgebenden Vervielfältigers (§ 80 BewG)

Zu unterschieden sind:

1. **Regelmäßiger Vervielfältiger** (§ 80 Abs. 1 BewG): abhängig von:
   - Grundstücksart
   - Bauart und Bauausführung
   - Baujahr
   - Einwohnerzahl der Lagegemeinde (im Hauptfeststellungszeitpunkt 01. 01. 1964) (festgelegt in den Tabellen: Anlagen 3 bis 8 zum BewG bzw. Anlagen 1 bis 8 zu den BewR Gr)

2. **Abweichende Vervielfältiger** bei:
   a) besonderen wirtschaftlichen Verhältnissen der Gemeinde (§ 80 Abs. 2 BewG)
   b) wesentlicher Verlängerung oder Verkürzung der Lebensdauer des Gebäudes (§ 80 Abs. 3 BewG)
      - Zugrundelegung eines fiktiven jüngeren oder älteren Baujahres
   c) Gebäuden oder Gebäudeteilen
      - verschiedener Bauart
      - verschiedenen Alters
      (§ 80 Abs. 4 BewG)

Jahresrohmiete (§ 79 BewG)

Räume am 01. 01. 1964 bereits vorhanden und danach wesentlich verändert **sowie** Räume am 01. 01. 1964 noch nicht vorhanden

Vermieteter Teil	Eigengenutzter/ ungenutzter/ unentgeltlich überlassener Teil
Tatsächliche Jahresrohmiete (nach den Wertverhältnissen vom 01. 01. 1964) = entspricht als Durchschnittsmiete der üblichen Miete	Übliche Miete (nach den Wertverhältnissen vom 01. 01. 1964

Multiplikation Jahresrohmiete x Vervielfältiger = errechneter Wert (§ 78 BewG)

Außergewöhnliche Grundsteuerbelastung: Abschlag oder Zuschlag (§ 81 BewG)

Ermäßigung und **Erhöhung** (§ 82 BewG) (Begrenzung: insgesamt nicht mehr als 30 % - ohne Notwendigkeit des baldigen Abbruchs und aus sonstigen Gründen)

- Übergroße Fläche
- Nachhaltige Ausnutzung für Reklamezwecke gegen Entgelt

Grundstückswert (Abrundung auf volle 100 DM)

Entscheidung ob **Betriebsgrundstück** o. Grundvermögen n. § 99 Abs. 2 Sätze 1 und 2 BewG a.F. (ab 01.01.2009 weggefallen)

Vergleich mit **Mindestwert** (§ 77 BewG) — Der höhere der beiden Werte ist maßgebend

Ab 01.01.2002 wird der maßgebende auf 100 DM abgerundete Einheitswert auf einen vollen EURO-Betrag umgerechnet

Bei Fortschreibungszeitpunkten maßgebender Wert für die Prüfung der Wertfortschreibung gem. § 22 Abs. 1 BewG

4.1.2 Bodenwertanteil

4315 Bei der Bildung der Vervielfältiger sind, wie bereits ausgeführt, **Bodenertragsanteile** aufgegliedert nach Grundstücksarten, Baujahrgruppen und Gemeindegrößenklassen berücksichtigt worden. Wenn nun in besonderen Fällen der Grundstückswert in einen Gebäudewertanteil und einen Bodenwertanteil aufgeteilt werden muss, so muss der Bodenwertanteil aus dem im Vervielfältiger berücksichtigten Bodenertragsanteil errechnet werden. Dies hat in folgenden Fällen zu geschehen (vgl. A 20 BewR Gr):

- beim Abschlag wegen der Notwendigkeit baldigen Abbruchs des Gebäudes (vgl. A 31 Abs. 4 BewR Gr),
- in bestimmten Fällen einer wesentlichen Verkürzung der Lebensdauer (vgl. A 31 Abs. 5 BewR Gr),
- beim Erbbaurecht (vgl. A 48 BewR Gr),
- beim Wohnungseigentum und Teileigentum (vgl. A 49 BewR Gr) und
- bei Gebäuden auf fremdem Grund und Boden (vgl. A 50 BewR Gr).

Die Bodenertragsanteile ergeben sich aus der Tabelle des A 20 Abs. 3 BewR Gr.

4316 Um von dem Bodenertragsanteil zum Bodenwertanteil des jeweiligen Grundstücks zu gelangen, ist der Bodenertragsanteil mit dem der jeweiligen Grundstücksart und Gemeindegrößenklasse entsprechenden Kapitalisierungsfaktor, der sich aus der Tabelle des A 20 Abs. 4 BewR Gr ergibt, zu multiplizieren. Zur **Vereinfachung** hat man aus den Bodenertragsanteilen und den Kapitalisierungsfaktoren einheitliche Multiplikatoren errechnet, die in der Tabelle des A 20 Abs. 6 BewR Gr zusammengestellt sind. Für die praktische Arbeit sind diese Multiplikatoren nochmals in der untersten Zeile der Vervielfältigertabellen der Anlagen 1 bis 8 zu A 26 bis 29 BewR Gr abgedruckt. Durch Anwendung dieser Multiplikatoren auf die Jahresrohmiete ergibt sich unmittelbar der Bodenwertanteil.

BEISPIEL

Für ein Mietwohngrundstück, Massivbau, Nachkriegsbau in einer Gemeinde von 10001 bis 50000 Einwohnern beträgt die Jahresrohmiete 10000 DM (Wertverhältnisse 01.01.1964).

LÖSUNG

Grundstückswert 10 000 DM × 9,2	= 92 000 DM
./. Bodenwertanteil 10 000 DM × 0,91	= 9 100 DM
Gebäudewertanteil	= 82 900 DM

Der Bodenwertanteil hätte auch umständlich über den Bodenertragsanteil (A 20 Abs. 3 BewR Gr) und die Anwendung des Kapitalisierungsfaktors (A 20 Abs. 4 BewR Gr) ermittelt werden können.

Also: Bodenertragsanteil: 5% von 10 000 DM	= 500 DM
Kapitalisierungsfaktor: 18,1818	
Bodenwertanteil: 500 × 18,2	= 9 100 DM

4.1.3 Grundstückswert bebauter Grundstücke im Ertragswertverfahren (Übersicht) (abgedruckt auf der vorhergehenden Doppelseite)

4318–4330 frei

4.2 Die Jahresrohmiete

4.2.1 Allgemeines

Im Rahmen der Ermittlung der Jahresrohmiete sind **zwei Fälle** zu unterscheiden: 4331
1. die tatsächliche Jahresrohmiete (§ 79 Abs. 1 BewG) und
2. die übliche Miete (§ 79 Abs. 2 BewG).

In 4.2.2 und 4.2.3 werden zunächst allgemeine Grundsätze dargestellt, wie sie uneingeschränkt zum Hauptfeststellungszeitpunkt 01.01.1964 zu beachten waren. Dieses Hintergrundwissen ist auch für Nachfeststellungen und Fortschreibungen bedeutsam. Für Nachfeststellungen und Fortschreibungen gelten insbesondere die Ausführungen in 4.2.4.

4.2.2 Tatsächliche Jahresrohmiete

Nach § 79 Abs. 1 BewG ist Jahresrohmiete das **Gesamtentgelt**, das die Mieter (Pächter) 4332
für die Benutzung des Grundstücks (Grund und Boden, Gebäude, sonstige Bestandteile und Zubehör) aufgrund der vertraglichen Vereinbarung zwischen Vermieter und Mieter **für ein Jahr** zu entrichten haben. Es kommt dabei stets auf die Mieten und Beträge nach dem **Stand vom 01.01.1964** an. Nach A 21 Abs. 6 BewR Gr ist die Miete des Monats **Januar 1964** auf einen Jahresbetrag umzurechnen (weil Mieten regelmäßig im Voraus gezahlt werden). Veränderungen im Mietpreis und andere Preisveränderungen, die nicht auf tatsächliche Veränderungen am Mietgegenstand zurückzuführen sind, bleiben während des gesamten Hauptfeststellungszeitraums unberücksichtigt (§ 79 Abs. 5 BewG). Eine **Besonderheit** besteht für Grundstücke in Stadt- und Landkreisen, in denen aufgrund des § 15 des Zweiten Bundesmietengesetzes bereits vor dem 01.01.1964 eine Mietpreisfreigabe erfolgte. In diesen Fällen ist bei der Hauptfeststellung auf den 01.01.1964 und auch bei späteren Fortschreibungen und Nachfeststellungen im Hauptfeststellungszeitraum 1964 die vor der Mietpreisfreigabe (vor der dadurch eingetretenen Mieterhöhung) geltende Miete maßgebend (Art. 2 Abs. 1 BewÄndG 1965). Dadurch wurde gewährleistet, dass für Wohnungen und Wohnräume, die der Preisbindung unterlagen, ein einheitliches Mietniveau zugrunde gelegt wird. Wohnraum
- in Altbauten (bis 31.03.1924 errichtet),
- in Neubauten (in der Zeit vom 01.04.1924 bis 20.06.1948 errichtet),
- in Nachkriegsbauten (nach dem 20.06.1948 errichtet), soweit öffentlich gefördert oder steuerbegünstigt

unterlag gewissen Mietpreisbindungen, die für den gesamten Hauptfeststellungszeitraum gelten. Vgl. hierzu die Übersicht im Anhang 34 der BewR Gr (Amtliche Handausgabe 1990, 183 bis 185).

Zur Jahresrohmiete gehören gem. § 79 Abs. 1 Sätze 1 bis 3 BewG: 4333
- die eigentliche Miete. Das ist der im Mietvertrag fest vereinbarte Betrag, auch Kaltmiete genannt;
- besondere Entgelte gem. A 21 Abs. 1 BewR Gr für:
 - Zubehörräume und Nebengebäude (z. B. Garagen, Schuppen),
 - Grundstücksflächen (z. B. Kfz-Abstellplätze, Hausgarten),
 - Möbel und sonstige Einrichtungsgegenstände, die Bestandteile oder Zubehör des Gebäudes sind (z. B. fest eingebaute Möbel, mitvermietete Waschmaschinen, Herde, Öfen usw.);

- Bewirtschaftungskosten, insbesondere Betriebskosten, die auf die Mieter umgelegt werden (Umlagen, A 21 Abs. 4 BewR Gr); z. B.:
  - Grundsteuer,
  - Wassergeld (nicht gewerbliches Wasser),
  - Schornsteinfegergebühren,
  - Müllabfuhrgebühren,
  - Fäkalienabfuhrgebühren,
  - Kosten für Beleuchtung von Treppen und Fluren sowie andere gemeinsam benutzte Räume,
  - Versicherungskosten,
  - Straßenreinigungskosten.

4334 Das gilt auch für Betriebskosten, die von der Gemeinde unmittelbar von den Mietern erhoben werden (z. B. Müllabfuhrgebühren). Es spielt keine Rolle, ob diese Beträge regelmäßig oder in Pauschalbeträgen entrichtet werden;
- sonstige Leistungen des Mieters; z. B.:
  - Übernahme der Kosten der Schönheitsreparaturen (A 22 BewR Gr; BFH vom 24. 06. 1974 BStBl II 1974, 670):
  In diesem Fall ist der auf Wohnräume entfallende Teil der Jahresrohmiete um 5 %, der auf gewerblich, beruflich oder öffentlich genutzte Räume entfallende Teil der Jahresrohmiete um 3 % zu erhöhen. Trägt der Vermieter die Schönheitsreparaturen, was nach § 536 BGB auch der Fall ist, wenn der Mietvertrag keine Regelung über diese Frage enthält, so entfällt die Erhöhung der Jahresrohmiete. Vgl. hierzu auch 4.2.4.
  - Zuschläge für berufliche oder gewerbliche Mitbenutzung der Wohnung;
- ferner (A 21 Abs. 3 BewR Gr):
  - Baukostenzuschüsse und Mietvorauszahlungen der Mieter sind anzurechnen.
  - Kosten für Einbauten und Umbauten der Mieter. Sie erhöhen die Jahresrohmiete, wenn die Einbauten und Umbauten nach Beendigung des Mietverhältnisses nicht beseitigt werden dürfen und den Mietwert erhöhen.
  Das gilt nicht, wenn der Vermieter dafür eine Entschädigung zu leisten hat.
  - Mietausfälle.
  Maßgebend ist stets die Sollmiete.

4335 Zur Jahresrohmiete gehören nicht:
- Entgelte, die für mitvermietete Betriebsvorrichtungen bezahlt werden, da diese Gegenstände nicht zum Bewertungsgegenstand gehören (A 21 Abs. 2 BewR Gr);
- die in § 79 Abs. 1 Satz 4 BewG genannten Kosten:
  - Untermietzuschläge,
  - Kosten des Betriebs der zentralen Heizungsanlage,
  - Kosten des Betriebs der zentralen Warmwasserversorgungs- und Brennstoffversorgungsanlage,
  - Kosten des Betriebs des Fahrstuhls,
  - Nebenleistungen, die nicht die Raumnutzung betreffen (z. B. Kraftstrom, Dampfkraft usw.),
  - Nebenleistungen, die nur einzelnen Mietern zugute kommen (z. B. Spiegelglasversicherungen),
  - überdurchschnittlich hoher gewerblicher Wasserverbrauch.

4.2.3 Übliche Miete als Jahresrohmiete

Nach § 79 Abs. 2 BewG kommt anstelle der tatsächlichen Jahresrohmiete in zwei Fällen eine **übliche Miete** in Betracht:
1. wenn das Grundstück oder Grundstücksteile eigengenutzt werden, ungenutzt sind, zu vorübergehendem Gebrauch oder unentgeltlich überlassen sind. § 79 Abs. 2 Nr. 2 BewG spielt hierbei keine Rolle;
2. wenn (zum Hauptfeststellungszeitpunkt 01.01.1964) das Grundstück oder der Grundstücksteil dem Mieter zu einer um mehr als 20% von der üblichen Miete abweichenden tatsächlichen Miete überlassen war (§ 79 Abs. 2 Nr. 2 BewG). Auf den Grund der Abweichung (z. B. verwandtschaftliche oder persönliche Beziehungen, Arbeitsverhältnisse) kam es hierbei nicht an. Bei Gebäuden mit mehreren Wohnungen war für die Prüfung der 20%-Grenze jede Wohnung für sich zu behandeln. Diese Überprüfung der tatsächlichen Jahresrohmiete durch Vergleich mit der üblichen Miete hatte nur zum Hauptfeststellungszeitpunkt 01.01.1964 eine praktische Bedeutung, bei Nachfeststellungen und Fortschreibungen jedoch nicht mehr (vgl. 4.2.4).

Die **übliche Miete** ist in Anlehnung an die Jahresrohmiete zu **schätzen**, die für Räume gleicher oder ähnlicher Art, Lage und Ausstattung regelmäßig gezahlt wird. Die übliche Miete für Wohnraum, der **mietpreisrechtlichen Vorschriften** unterliegt, darf die nach diesen Vorschriften zulässige Miete nicht überschreiten. Das gilt uneingeschränkt für Altbauten und Neubauten. Bei Nachkriegsbauten gilt dies für öffentlich geförderten und steuerbegünstigten Wohnraum. Freifinanzierter Wohnraum ist nicht preisgebunden.

Für die Schätzung der üblichen Miete gibt es zwei Möglichkeiten:
1. Ableitung aus **Vergleichsmieten** von Objekten, die bereits bewertet wurden,
2. mit Hilfe von **Mietspiegelsätzen**.

Wegen der Schätzung der üblichen Miete bei Ein- und Zweifamilienhäusern vgl. A 24 BewR Gr. Hierbei ist wie folgt vorzugehen:
- Grundsätzlich Ableitung der üblichen Miete aus Vergleichsmieten.
- Sind keine Vergleichsmieten vorhanden, dann Schätzung der üblichen Miete entsprechend der Lage, der baulichen Ausstattung, der Größe und dem Alter des Gebäudes. Hierbei sind die mietpreisrechtlichen Vorschriften zu beachten.
- Bei Zweifamilienhäusern mit einer eigengenutzten und einer vermieteten Wohnung ist die übliche Miete der eigengenutzten Wohnung aus der tatsächlichen Miete der vermieteten Wohnung abzuleiten. Das gilt auch für einen eventuellen Zuschlag für Schönheitsreparaturen (vgl. auch BFH vom 06.12.1974 BStBl II 1975, 189).

Das wichtigste **Hilfsmittel** für die Schätzung der üblichen Miete sind die von den Finanzämtern zum 01.01.1964 aufgestellten **Mietspiegel**. Die Mietspiegel enthalten Mieten je m² Wohnfläche bzw. Nutzfläche für Wohnungen in Mietwohngrundstücken und gemischtgenutzten Grundstücken sowie für Einfamilienhäuser, Zweifamilienhäuser und für gewerblich genutzte Räume, bezogen auf die Wertverhältnisse zum 01.01.1964. Hierbei ist bei den Wohnungsmieten jeweils **unterschieden** worden zwischen
- Altbauten (bezugsfertig bis 31.03.1924),
- Neubauten (bezugsfertig vom 01.04.1924 bis 20.06.1948),
- Nachkriegsbauten (bezugsfertig nach dem 20.06.1948).

Bei den Wohnräumen von Nachkriegsbauten wurde außerdem noch hinsichtlich der Art der Finanzierung unterschieden zwischen

- öffentlich geförderten Wohnungen,
- steuerbegünstigten Wohnungen und
- freifinanzierten Wohnungen.

4342 Bei den Mieten des Mietspiegels für die Wohnräume der Altbauten, Neubauten sowie öffentlich geförderten und steuerbegünstigten Nachkriegsbauten sind ebenfalls die preisrechtlich gebundenen Mieten berücksichtigt (Mietpreisbindung: Preisrechtlich zulässige Miete, selbstverantwortlich gebildete Miete des Vermieters, Kostenmiete). Nur für die freifinanzierten Nachkriegsbauten und die gewerblich genutzten Räume ist die tatsächliche Marktmiete zugrunde gelegt. Vgl. hierzu die Ausführungen in der »Übersicht über die wichtigsten Mietpreisregelungen allgemeiner Art für Wohnraum« im Anhang 34 der BewR Gr (Amtliche Handausgabe 1990 Seite 183 bis 185).

4343 Die Mietsätze des Mietspiegels stellen **durchschnittliche Rahmensätze** dar, die zur Überprüfung der erklärten Mieten auf den Hauptfeststellungszeitpunkt 01.01.1964 dienten und als Hilfsmittel für die Schätzung der üblichen Miete sowie der Schätzung der Jahresrohmiete bei Nachfeststellungen und Fortschreibungen dienen. Der Mietspiegel soll nur intern eine Hilfe für die Bewertungsstelle sein. Er wurde nicht veröffentlicht.

4344 In den üblichen Mieten der meisten Mietspiegel sind keine Zuschläge für **Schönheitsreparaturen** berücksichtigt (vgl. etwa FinMin-Erlass Ba-Wü vom 05.04.1967). Bei der Schätzung der maßgebenden Jahresrohmiete bzw. der üblichen Miete mit Hilfe von Mietspiegeln ist deshalb darauf zu achten, wie die Kosten für Schönheitsreparaturen sich in den Mietspiegelsätzen niedergeschlagen haben (vgl. 4.2.4).

4345 Für die Ermittlung der üblichen Miete wird die **Wohn- oder Nutzfläche** des Gebäudes benötigt. Wohnfläche ist die Summe der Grundflächen der Räume, die zu einer Wohnung gehören. Nutzfläche ist die Summe der Grundflächen der Räume, die nicht zu einer Wohnung gehören oder eine Wohnung bilden. Die Wohnfläche ist nach den Grundsätzen der §§ 42 bis 44 der Zweiten Berechnungsverordnung i.d.F. vom 05.04.1984 geändert durch Art. 1 der VO vom 25.05.1988 (BGBl I 1988, 643) zu berechnen (Abschn. 23 Abs. 2 BewR Gr, Anhang 33 BewR Gr Amtliche Handausgabe 1990 Seite 181–182).

4346–4360 frei

4.2.4 Maßgebende Jahresrohmiete bei Nachfeststellungen und Fortschreibungen

4361 Bei Nachfeststellungen und Wertfortschreibungen muss von der Miete ausgegangen werden, die für das Grundstück zum 01.01.1964 (im Hauptfeststellungszeitpunkt) nach seinem im Nachfeststellungs- oder Fortschreibungszeitpunkt (01.01.1974 oder später) tatsächlich bestehenden Zustand (Lage, Größe, Ausstattung, Finanzierungsart usw.) gegolten haben würde (§ 79 Abs. 5 BewG, § 27 BewG, A 6 Abs. 3 Fortschreibungs-Richtlinien). Das kommt für Wohnungen und Räume in Betracht, die nach dem Hauptfeststellungszeitpunkt 01.01.1964 neu errichtet oder tatsächlich verändert worden sind. Hierbei sind folgende zwei Fälle zu unterscheiden:

1. Für **vermietete** Wohnungen und Räume gilt eine **tatsächliche** Jahresrohmiete, die den **Wertverhältnissen 01.01.1964** entspricht.
Wird bei der Schätzung dieser Miete (bezogen auf die Wertverhältnisse vom 01.01.1964) auf die Mietspiegelsätze zurückgegriffen, so wird man in der Praxis regelmäßig **Durchschnittsmieten** zugrunde legen. Diese Durchschnittsmieten werden dann in aller Regel den üblichen Mieten entsprechen, so dass ab dem 01.01.1974 für Nachfest-

stellungen und Wertfortschreibungen für vermietete und eigengenutzte usw. Wohnungen und Räume gleiche (»übliche«) Durchschnittsmieten zugrunde gelegt werden. Dadurch erübrigt sich praktisch für vermietete Objekte ab 01.01.1974 auch die Überprüfung nach § 79 Abs. 2 Satz 1 Nr. 2 BewG (vgl. Rz. 4336 Nr. 2). 4361

2. Für **eigengenutzte** usw. Wohnungen und Räume ist die **übliche** Miete nach den **Wertverhältnissen vom 01.01.1964** zugrunde zu legen. Hierbei ergibt sich nichts Besonderes.

Zur Frage, ob bei Ermittlung der Jahresrohmiete oder üblichen Miete ein **Zuschlag für die Kosten der Schönheitsreparaturen** vorgenommen werden muss, ist Folgendes zu beachten: 4362

a) **Rechtslage** 4363
Nach § 535 BGB ist – wenn vertraglich zwischen Mieter und Vermieter keine andere Vereinbarung getroffen wurde – der Eigentümer (Vermieter) verpflichtet, die Kosten der Schönheitsreparaturen zu tragen. Im Hinblick auf diese Rechtslage wurden seinerzeit bei der Bildung der Vervielfältiger des § 80 BewG die Kosten der Schönheitsreparaturen in die Bewirtschaftungskosten einbezogen und entsprechend berücksichtigt. Da die vom Vermieter zu tragenden Kosten den Reinertrag des Grundstücks mindern, hat die Einbeziehung dieser Kosten auch die Vervielfältiger gemindert. Übernimmt aber der Mieter diese Kosten, müsste eigentlich der Vervielfältiger entsprechend geändert (erhöht) werden. Um dies zu vermeiden, wurde eine entsprechende Erhöhung der Rohmiete vorgesehen, wobei dafür feste Zuschläge (5 % für Wohnräume und 3 % für gewerbliche u. a. Räume) festgelegt wurden.
Vgl. hierzu auch A 22 Abs. 1 und Abs. 2 Satz 1 BewR Gr sowie BFH vom 28.06.1974 BStBl II 1974, 670.

b) **Praktische Handhabung bei der Anwendung der tatsächlichen Jahresrohmiete zum Hauptfeststellungszeitpunkt 01.01.1964** 4364
Bei den tatsächlichen Mieten gab es zwei Möglichkeiten: Entweder der Vermieter trug die Kosten der Schönheitsreparaturen – dann erhob er eine entsprechend höhere Miete. Oder der Mieter trug die Kosten der Schönheitsreparaturen – dann erhob der Vermieter (nach den Vorstellungen des Gesetzgebers) eine entsprechend geringere Miete. Der Unterschied soll sich bei gewerblich genutzten Räumen mit etwa 3 %, bei Wohnräumen mit 5 % niederschlagen. Deshalb waren die tatsächlichen Mieten um 3 % bei gewerblichen Räumen und um 5 % bei Wohnräumen zu erhöhen, wenn sich der Mieter verpflichtet hatte, die Kosten der Schönheitsreparaturen zu tragen (vgl. BFH vom 28.06.1974 BStBl II 1974, 670; anders noch A 22 Abs. 2 BewR Gr).

c) **Praktische Handhabung in anderen Fällen** 4365
Sofern das Finanzamt als Jahresrohmiete die am 01.01.1964 **übliche Miete** zugrunde legte oder diese übliche Miete auf **Nachfeststellungen** oder **Fortschreibungen** für Zeitpunkte nach dem 01.01.1964 anwandte, kam bzw. kommt es auf die Frage, wer im Einzelfall die Kosten der Schönheitsreparaturen trägt, nicht an.
Da der Zuschlag zur tatsächlichen Miete in den Fällen, in denen der Mieter die Kosten der Schönheitsreparaturen trug, nur dazu dienen sollte, die **Mieten** den Fällen **anzugleichen**, in denen der Vermieter diese Kosten trug (und damit nach der erkennbaren Vorstellung des Gesetzgebers gleich höhere Mieten erhob), so wäre es an sich folgerichtig gewesen, zwei übliche Mieten zu bilden: Eine für Fälle, in denen tatsächlich der Vermieter die Kosten der Schönheitsreparaturen trägt; diese übliche Miete hätte dann nicht mehr erhöht werden müssen. Eine weitere übliche Miete wäre zu bilden gewesen für Fälle, in

denen tatsächlich der Mieter die Kosten der Schönheitsreparaturen trägt; diese übliche Miete wäre um 3 % bzw. um 5 % zu erhöhen gewesen. Bei einem solchen geteilten Mietspiegel käme es allerdings darauf an, wer tatsächlich die Kosten der Schönheitsreparaturen zu tragen verpflichtet sei. Einen solchen geteilten Mietspiegel haben die Finanzämter jedoch aus Vereinfachungsgründen in aller Regel nicht erstellt.

4366　Bei **Verzicht** auf die Erstellung eines **zweigeteilten Mietspiegels** wäre es sodann folgerichtig gewesen, als übliche Miete eine Miete zugrunde zu legen, in der die in A 22 Abs. 2 BewR Gr beabsichtigte Angleichung für die Kosten der Schönheitsreparaturen schon vorgenommen worden war. Legt das Finanzamt dann diese übliche Miete zugrunde, so ist dies bereits die hohe Miete, die der Vermieter erheben würde, falls er die Kosten der Schönheitsreparaturen trägt; es ist dies aber auch schon die um den Zuschlag von 3 bzw. 5 % erhöhte Miete, falls der Mieter die Kosten der Schönheitsreparaturen trägt. In diesem Falle wäre es also bei Zugrundelegen der üblichen Miete gleichgültig, wer tatsächlich diese Kosten trägt, die übliche Miete als Jahresrohmiete ist immer gleich hoch. Dieses Ergebnis ist jedoch nur um den Preis einer Fiktion zu erhalten, der Fiktion nämlich, dass die Marktverhältnisse zum 01. 01. 1964 tatsächlich genau um 3 bzw. 5 % für Mieten differieren, bei denen einerseits der Vermieter, andererseits der Mieter die Kosten der Schönheitsreparaturen trug.

4367　In der Tat gehen viele Finanzämter von einer Mietspiegelmiete aus, die die Vornahme der Kosten der Schönheitsreparaturen bereits berücksichtigt. Diese Jahresrohmieten brauchen dann nicht mehr verändert zu werden, gleichgültig, wer diese Kosten zu tragen verpflichtet ist.

4368　Schließlich sind aber auch **übliche Mieten** festgestellt worden, die die Kosten der **Schönheitsreparaturen** noch **nicht berücksichtigen**. Im Verhältnis zu der tatsächlichen Miete gesprochen hieße dies: Diese Mieten entsprechen nicht denen, die der Vermieter verlangt hätte, wenn er die Kosten der Schönheitsreparaturen zu tragen verpflichtet wäre: für diesen Fall hätte er höhere Mieten verlangt. Sie entsprechen vielmehr den Mieten, die ein Mieter zu zahlen hätte, der selbst die Kosten der Schönheitsreparaturen zu tragen hätte. Nach dem System der tatsächlichen Mieten sind also diese Jahresrohmieten noch um 3 bzw. 5 % zu erhöhen – gleichgültig wiederum, wer tatsächlich die Kosten der Schönheitsreparaturen im Einzelfall zu tragen hatte.

Auch in den letztgenannten Fällen liegt die Ungenauigkeit darin, dass ohne Rücksicht auf die Marktverhältnisse der einzelnen Gemeinde unterstellt wird, die hohe Miete (Vermieter trägt die Kosten der Schönheitsreparaturen) sei genau um die 3 bzw. 5 % höher als die geringere Miete (Mieter trägt die Kosten der Schönheitsreparaturen), die nach A 22 BewR Gr um pauschale Zuschläge von 3 bzw. 5 % zu korrigieren war. Diese Ungenauigkeit kann jedoch für den Vorteil einer Verwaltungsvereinfachung in Kauf genommen werden.

4369　d) **In Klausurfällen** ist also in Nachfeststellungs- und Fortschreibungsfällen (und anderen heutzutage nicht mehr in Betracht) nur danach zu fragen, ob die vom Finanzamt zugrunde gelegte übliche Miete bzw. die als tatsächliche Jahresrohmiete zugrunde gelegte übliche Miete (Durchschnittsmiete) die Kosten der Schönheitsreparaturen bereits enthält oder nicht; darauf, wer im Einzelnen die Kosten der Schönheitsreparaturen zu tragen verpflichtet ist, kommt es nicht an. Legt das Finanzamt eine Mietspiegelmiete zugrunde, die die Kosten für Schönheitsreparaturen bereits enthält, braucht ein Zuschlag nicht mehr gemacht zu werden; legt es eine Mietspiegelmiete zugrunde, die die Kosten für Schönheitsreparaturen noch nicht enthält, muss noch ein Zuschlag von 3% für gewerblich genutzte Räume und von 5% für Wohnräume gemacht werden.

Weitere Besonderheiten ergeben sich bei Umbau- und Renovierungsarbeiten. Führen diese an einem Gebäude zu einer nur vorübergehenden Unbenutzbarkeit des Gebäudes oder einiger Gebäudeteile, hat dies keine bewertungsrechtlichen Auswirkungen und führt deshalb bei der Ermittlung des Einheitswerts im Ertragswertverfahren auch nicht zu einer Veränderung der Jahresrohmiete (BFH vom 14. 12. 1994 BStBl II 1995, 360).

BEISPIELE

a) B errichtete im Jahre 2009 auf einem unbebauten Grundstück ein Mietwohngrundstück mit vier gleichgroßen und gleich ausgestatteten Wohnungen. Jede Wohnung ist ab 01. 10. 2009 für (umgerechnet) monatlich 900 DM vermietet.

LÖSUNG Der Wert- und Artfortschreibung auf den 01. 01. 2010 darf nicht die tatsächliche Miete zugrunde gelegt werden. Die maßgebende Jahresrohmiete ist vielmehr nach den Wertverhältnissen vom 01. 01. 1964 zu schätzen.
Dies kann geschehen entweder durch Ableitung von einem vergleichbaren Grundstück, das zum 01. 01. 1964 bereits bestand und unter gleichen Bedingungen vermietet war, oder durch Schätzung der Jahresrohmiete anhand des Mietspiegels.
Angenommen die vergleichbare Miete lt. Mietspiegel beträgt 3,50 DM pro m² (einschließlich der Kosten der Schönheitsreparaturen) und die Wohnfläche je Wohnung 100 m², dann ergibt sich zum 01. 01. 2010 für das Mietwohngrundstück folgende tatsächliche Jahresrohmiete (nach den Wertverhältnissen 01. 01. 1964):
für eine Wohnung: 100 m² × 3,50 DM × 12 Monate = 4 200 DM
für alle vier Wohnungen (4 200 DM × 4) = 16 800 DM.

b) C errichtete im Jahre 2009 auf einem unbebauten Grundstück ein Einfamilienhaus, das er nach Fertigstellung im November 2009 selbst bezog.

LÖSUNG Maßgebend ist die übliche Miete nach § 79 Abs. 2 Nr. 1 BewG, die ebenfalls nach den Wertverhältnissen vom 01. 01. 1964 zu schätzen ist und regelmäßig aus den Mietspiegelsätzen abgeleitet wird.

4371–4381 frei

4.3 Die Vervielfältiger

4.3.1 Regelmäßige Vervielfältiger

Vervielfältiger ist die Zahl, mit der die Jahresrohmiete zu vervielfachen ist. Die Vervielfältiger des BewG reichen von 4,5 bis 13,5. Sie sind – geordnet nach Grundstücksarten – in den Anlagen 3 bis 8 des BewG aufgeführt (vgl. § 80 Abs. 1 BewG). Zur Erleichterung der praktischen Bewertungsarbeit sind die Vervielfältiger in den Anlagen 1 bis 8 der BewR Gr nach Gemeindegrößen zusammengestellt. Nur in diesen letzteren finden sich auch die anteiligen Multiplikatoren für den Bodenwertanteil.

Wegen der unterschiedlichen Höhe der Zinssätze und der Bewirtschaftungskosten sind die Vervielfältiger des BewG **nach vier Faktoren untergliedert:**
1. nach der **Grundstücksart** (z. B. Mietwohngrundstücke, Geschäftsgrundstücke);
2. nach der **Bauart und Bauausführung,** wobei die folgenden drei Bauarten-Gruppen unterschieden werden:
   - Bauarten-Gruppe A: Massivbauten mit Mauerwerk aus Ziegelsteinen, Natursteinen, Kalksandsteinen, Schwemmsteinen oder ähnlichen Steinen sowie Stahl- und Stahlbetonskelettbauten,

- Bauarten-Gruppe B: Holzfachwerkbauten mit Ziegelsteinausmauerung, Gebäude aus großformatigen Bimsbetonplatten oder ähnlichen Platten sowie andere eingeschossige massive Gebäude in leichter Bauausführung,
- Bauarten-Gruppe C: Holzfachwerkbauten mit Lehmausfachung und besonders haltbare Holzbauten mit massiven Fundamenten;
3. nach dem **Baujahr**. Es sind drei Baujahrgruppen, die teilweise wieder nach Baujahren gestaffelt sind, zu unterscheiden, und zwar:
- Altbauten: Gebäude, die bis zum 31.03.1924 bezugsfertig geworden sind;
- Neubauten: Gebäude, die in der Zeit vom 01.04.1924 bis zum 20.06.1948 bezugsfertig geworden sind;
- Nachkriegsbauten: Gebäude, die nach dem 20.06.1948 bezugsfertig geworden sind;
4. nach der **Einwohnerzahl der Lagegemeinde (Gemeindegrößenklasse)**. Das BewG hat die Vervielfältiger nach acht Gemeindegrößenklassen gestaffelt. Maßgebend für die Einordnung in die zutreffende Gemeindegrößenklasse ist die Einwohnerzahl der politischen Gemeinde (gemeindefreie Gebiete) im Hauptfeststellungszeitpunkt 01.01.1964. Diese Einwohnerzahl bleibt auch für Nachfeststellungen und Fortschreibungen maßgebend. Auch bei späteren Eingemeindungen und Umgemeindungen bleiben stets die Verhältnisse vom Hauptfeststellungszeitpunkt maßgebend (A 6 Abs. 5 Fortschreibungs-Richtlinien).

4384 Erstreckt sich ein Grundstück über mehrere Gemeinden, so sind für die Wahl des Vervielfältigers die Verhältnisse der Gemeinde maßgebend, in der der wertvollste Teil des Grundstücks gelegen ist.

4.3.2 Umstufung in andere Gemeindegrößenklassen

4385 Das BewG gab in § 80 Abs. 2 den Landesregierungen die Möglichkeit, durch Rechtsverordnungen zu bestimmen, dass Gemeinden oder Gemeindeteile in eine andere Gemeindegrößenklasse eingegliedert wurden, als es ihrer Einwohnerzahl zum Hauptfeststellungszeitpunkt 01.01.1964 entsprach, wenn besondere Verhältnisse dies erforderlich machten (z.B. bei Kurorten und Randgemeinden). Dementsprechend sind zahlreiche Rechtsverordnungen durch die Landesregierungen erlassen worden.

4.3.3 Vervielfältiger bei Veränderung der Lebensdauer des Gebäudes

4386 Ist die Lebensdauer eines Gebäudes gegenüber der nach seiner Bauart und Bauausführung in Betracht kommenden Lebensdauer infolge baulicher Maßnahmen **wesentlich verlängert**, so ist nach § 80 Abs. 3 BewG der Vervielfältiger nicht nach dem tatsächlichen Baujahr des Gebäudes, sondern nach dem um die entsprechende Zeit **späteren fiktiven (jüngeren) Baujahr** zu ermitteln. Voraussetzung ist dabei allerdings, dass eine durchgreifende Erneuerung oder Verbesserung an tragenden Bauteilen (z.B. Mauern, Decken, Dach) vorgenommen worden ist. Vgl. A 27 Abs. 2 BewR Gr.

BEISPIEL

Ein Mietwohngrundstück, Massivbau, in einer Gemeinde mit 300 000 Einwohnern, ist im Jahre 1910 errichtet worden. Regelmäßige Vervielfältiger nach Anlage 3 des BewG = 6,0. Infolge durchgreifender Erneuerungsarbeiten im Jahre 2009 ist die Lebensdauer um 15 Jahre verlängert worden.
LÖSUNG Bei der zum 01.01.2010 zu prüfenden Wertfortschreibung ist im Rahmen der Wertermittlung ein fiktives Baujahr von 1925 zugrunde zu legen. Vervielfältiger nunmehr 7,7.

Entsprechend ist nach § 80 Abs. 3 BewG in den Fällen zu verfahren, in denen die Lebensdauer des Gebäudes infolge nicht behebbarer Baumängel oder Bauschäden (z. B. Gründungsmängel, mangelhafte Bauausführung, Mängel im verwendeten Baumaterial, Kriegsschäden, Wasserschäden, Bergschäden; vgl. auch 4.5.2.2) **wesentlich verkürzt** worden ist. In diesen Fällen ist von einem der Verkürzung entsprechenden **früheren fiktiven (älteren) Baujahr** auszugehen. Vgl. A 27 Abs. 3 BewR Gr und A 6 Abs. 4 Fortschreibungs-Richtlinien.

4387

BEISPIEL

Ein Mietwohngrundstück, Massivbau, in einer Gemeinde mit 300 000 Einwohnern, ist im Jahre 1940 errichtet worden. Infolge nicht behebbarer Bergschäden in 2009 ist die restliche Lebensdauer um 20 Jahre verkürzt.
LÖSUNG Bei der zum 01.01.2010 zu prüfenden Wertfortschreibung ist im Rahmen der Wertermittlung ein fiktives Baujahr von (1940 ./. 20 Jahre) = 1920 zugrunde zu legen. Anzusetzen ist nach Anlage 3 des BewG der Vervielfältiger 6,2 statt 7,9.

Es gibt **Sonderfälle**, in denen die Verkürzung der Lebensdauer infolge nicht behebbarer Baumängel und Bauschäden zu einem fiktiven Baujahr führt, das sich nicht in einer Verringerung des Vervielfältigers auswirkt (z. B. wenn das tatsächliche Baujahr eines Massivbaus bereits vor 1895 liegt) oder gar zu einer Erhöhung führen würde. Hier kommt dann ggf. ein Abschlag nach § 82 Abs. 1 BewG in Betracht (vgl. hierzu A 27 Abs. 4 BewR Gr und 4.5.2.4).

4388

BEISPIEL

Ein Einfamilienhaus, Massivbau, in einer Gemeinde mit 1 000 Einwohnern, wurde 1965 erbaut. Infolge nicht behebbaren Bauschadens im Jahre 2009 ist die restliche Lebensdauer um 30 Jahre verkürzt.
LÖSUNG Prüfung einer Wertfortschreibung zum 01.01.2010:
Bisheriges Baujahr 1965: Vervielfältiger 13,0. Fiktives Baujahr 1935 ergäbe einen Vervielfältiger von 13,5. In einem solchen Falle verbleibt es beim tatsächlichen Baujahr. Außerdem ist ein Abschlag gemäß § 82 Abs. 1 BewG aus sonstigen Gründen (vgl. A 31 Abs. 5 BewR Gr) wie bei einem behebbaren Bauschaden vorzunehmen.

4.3.4 Vervielfältiger bei verschiedener Bauart oder bei unterschiedlichem Alter

Befinden sich auf einem Grundstück Gebäude oder Gebäudeteile, die eine verschiedene Bauart oder Bauausführung aufweisen oder die in verschiedenen Jahren bezugsfertig geworden sind (mehrere **selbstständige Gebäude** oder **Anbauten** bzw. Ausbauten), so sind nach § 80 Abs. 4 BewG für die einzelnen Gebäude oder Gebäudeteile die nach der Bauart und Bauausführung sowie nach dem Baujahr maßgebenden Vervielfältiger anzuwenden. Voraussetzung ist eine gewisse Selbstständigkeit und Abgrenzbarkeit der Gebäudeteile. Außerdem darf es sich nicht um Teile handeln, die im Verhältnis zum Gesamtgebäude als geringfügig anzusehen sind. Vgl. A 28 Abs. 1 und 2 BewR Gr.

4389

> **BEISPIEL**
>
> Ein Mietwohngrundstück in einer Gemeinde von 120 000 Einwohnern besteht aus einem Vorderhaus, das im Jahre 1905 als Holzfachwerkbau mit Ziegelsteinausmauerumg errichtet worden ist, sowie aus einem in Massivbauweise im Jahre 1925 errichteten Erweiterungsbau (Hinterhaus). Außerdem sind im Hof im Jahre 2009 noch fünf Garagen in leichter Bauausführung (Bauart-Gruppe B) errichtet worden. Die Jahresrohmiete beträgt für das Vorderhaus 4 000 DM, für das Hinterhaus 3 000 und für die Garagen 1 800 DM. Kein Zuschlag nach § 82 Abs. 2 Nr. 1 BewG.
> **LÖSUNG** Der Grundstückswert errechnet sich zum 01. 01. 2010 wie folgt:
>
> | | | |
> |---|---:|---:|
> | Vorderhaus | 4 000 × 5,2 = | 20 800 DM |
> | Hinterhaus (Erweiterungsbau) | 3 000 × 7,8 = | 23 400 DM |
> | Garagen | 1 800 × 8,7 = | 15 660 DM |
> | Grundstückswert | | 59 860 DM |
> | Einheitswert (abgerundet) | | 59 800 DM. |
>
> Zum 01. 01. 2010 ist eine Wertfortschreibung durchzuführen (§ 22 Abs. 1 BewG), umgerechnet auf 30 575 €.

4390 Für **Aufstockungen** ist im Allgemeinen das Baujahr der unteren Geschosse zugrunde zu legen (vgl. A 28 Abs. 2 BewR Gr). Es ist jedoch zu prüfen, ob durch die baulichen Maßnahmen die restliche Lebensdauer des Gebäudes wesentlich verlängert wurde (dann liegt ein Fall des § 80 Abs. 3 BewG vor; vgl. 4.3.3).

4391 Können die Werte der einzelnen Gebäude oder Gebäudeteile nur schwer ermittelt werden, so kann nach § 80 Abs. 4 Satz 2 BewG für das ganze Grundstück ein Vervielfältiger nach einem **durchschnittlichen Baujahr** angewendet werden. Das kann zum Beispiel dann in Betracht kommen, wenn sich die für einzelne Gebäude oder Gebäudeteile eines Grundstücks gezahlten Mieten nicht oder nur schwer abgrenzen lassen. Vgl. A 28 Abs. 3 BewR Gr und A 6 Abs. 4 Fortschreibungs-Richtlinien.

4392 Zu den Fällen des **Wiederaufbaus kriegszerstörter Gebäude** (wohl nur noch seltene Fälle) vgl. A 29 BewR Gr.

> **BEISPIEL**
>
> Ein gemischtgenutztes Grundstück mit einem gewerblichen Anteil unter 50 % Massivbau in einer Gemeinde mit über 500 000 Einwohnern war im Jahre 1920 errichtet. Durch einen Brand wurde das Gebäude in allen Geschossen zu 1/4 zerstört. Die seit dem Wiederaufbau im Jahre 2009 zu zahlenden Mieten lassen sich nicht aufteilen. Das durchschnittliche Baujahr errechnet sich wie folgt:
>
> | | |
> |---|---:|
> | Alter des nicht zerstörten Teils im Hauptfeststellungszeitpunkt: | 44 Jahre |
> | Alter des wiederaufgebauten Teils im Hauptfeststellungszeitpunkt: | 0 Jahre |
>
> (Das Jahr der Bezugsfertigkeit wird jeweils als volles Jahr mitgerechnet.)
> **LÖSUNG**
>
> | | |
> |---|---:|
> | | 44 × 3/4 = 33 |
> | | 0 × 1/4 = 0 |
> | bisherige durchschnittliche Lebensdauer | 33 Jahre |
>
> durchschnittliches Baujahr: 1964 (Hauptfeststellungszeitpunkt) ./. 33 Jahre = 1931
> Vervielfältiger bei der Ermittlung des Grundstückswerts zum 01. 01. 2010 nach Anlage 4 zu § 80 BewG, Anlage 8 BewR G = 7,8.

4393–4400 frei

4.4 Außergewöhnliche Grundsteuerbelastung

4401 Bei der Festlegung der Vervielfältiger sind die Bewirtschaftungskosten (dazu gehört auch die Grundsteuer) im Wege der Pauschalierung berücksichtigt worden, vgl. 4.1.1. Im Normalfall ist somit die Grundsteuerbelastung im Vervielfältiger berücksichtigt. Wich jedoch im

Hauptfeststellungszeitpunkt 01.01.1964 die Grundsteuerbelastung in einer Gemeinde, z.B. infolge außerordentlich hoher oder niedriger Hebesätze, erheblich von der in den Vervielfältigern berücksichtigten normalen Grundsteuerbelastung ab, so sind die Grundstückswerte in diesen Gemeinden nach § 81 BewG bis zu 10% zu ermäßigen oder zu erhöhen. Einzelheiten dazu enthält die Verordnung zur Durchführung des § 81 BewG vom 02.09.1966 BStBl I 1966, 882 und A 30 BewR Gr.

Diejenigen Gemeinden, für die danach eine Korrektur des errechneten Werts (Jahresrohmiete × Vervielfältiger) in Betracht kommt, mussten zum Hauptfeststellungszeitpunkt 01.01.1964 ermittelt werden. Diese Korrektur (Abschlag 5% oder 10% oder Zuschlag 5% oder 10%) ist während des gesamten Hauptfeststellungszeitraums 1964 vorzunehmen.

4.5 Korrektur des Grundstückswerts in Einzelfällen

4.5.1 Allgemeines

Der sich nach den §§ 78 bis 81 BewG ergebende Grundstückswert ist nach § 82 BewG zu ermäßigen oder zu erhöhen, wenn wertmindernde oder werterhöhende Umstände vorliegen, die weder in der Jahresrohmiete, noch im Vervielfältiger berücksichtigt worden sind. Vorab ist also stets zu überprüfen, ob etwaige wertmindernde oder werterhöhende Umstände sich bereits auf die Miete ausgewirkt haben oder ob sie bei der Bildung der Vervielfältiger berücksichtigt worden sind. Nur wenn das nicht der Fall ist, kann eine Ermäßigung oder Erhöhung nach § 82 BewG in Betracht kommen.

4.5.2 Ermäßigung des Grundstückswerts

§ 82 Abs. 1 BewG behandelt die Fälle der Ermäßigung des Grundstückswerts. Die **Aufzählung** der wertmindernden Umstände in § 82 Abs. 1 BewG ist – wie durch die Formulierung des Gesetzes »… kommen z.B. in Betracht« ausgedrückt wird – **nicht erschöpfend**. Als die wichtigsten und am häufigsten vorkommenden wertmindernden Umstände kommen in Betracht:
- ungewöhnlich starke Beeinträchtigungen durch Lärm, Rauch oder Gerüche,
- behebbare Baumängel oder Bauschäden,
- Notwendigkeit des baldigen Abbruchs und
- sonstige wertmindernde Umstände.

4.5.2.1 Beeinträchtigungen durch Lärm, Rauch oder Gerüche

Nach § 82 Abs. 1 Nr. 1 BewG muss es sich um **ungewöhnlich starke** Beeinträchtigungen handeln. Als solche kommen z.B. in Betracht: unmittelbare Nähe der Müllkippe einer Gemeinde bzw. einer Abdeckerei oder eines Werkes der chemischen Industrie; Lage des Grundstücks in der Einflugschneise eines Flugplatzes (zum Fluglärm vgl. FG Rheinland-Pfalz vom 27.11.1979 EFG 1980, 270 und Hessisches FG vom 20.03.1980 EFG 1980, 538). Der übliche Verkehrslärm ist in der Regel nicht als eine Beeinträchtigung von außergewöhnlicher Stärke anzusehen (vgl. BFH vom 23.09.1977 BStBl II 1978, 5). Zu beachten ist in diesen Fällen besonders, dass sämtliche Ermäßigungen und Erhöhungen nach § 82 BewG nur dann berücksichtigt werden dürfen, wenn die wertmindernden oder werterhöhenden Umstände nicht schon in der Jahresrohmiete oder im Vervielfältiger berücksichtigt sind. Da Beeinträchtigungen durch Verkehrslärm in gewissen Wohngebieten (z.B. an einem Bahnhof oder an einer belebten Straßenkreuzung) allgemein üblich sind, dürften sie vielfach bereits in der

Miete ihren Ausdruck gefunden haben. Verkehrslärm kann deshalb nur in Ausnahmefällen zu einem Abschlag führen. Vgl. auch A 31 Abs. 2 BewR Gr. Zu den Voraussetzungen, unter denen die Einwirkung von Straßenverkehrslärm auf ein Wohngrundstück zu einer Ermäßigung des Einheitswerts führen kann, vgl. BFH vom 18. 12. 1991 BStBl I 1992, 279. Allein die Lage eines (Wohn-)Grundstücks in einem Tieffluggebiet reicht nicht aus, um von einer ungewöhnlich starken Lärmbelästigung ausgehen zu können (vgl. BFH vom 07. 07. 1993 BStBl II 1994, 6). Die Ermäßigung des Grundstückswerts wegen einer nahegelegenen Mülldeponie als Quelle schädlicher Imissionen setzt voraus, dass diese Imissionen in einer Menschen, Tiere, Pflanzen oder Sachen schädigenden Weise in das Grundstück eindringen oder eingedrungen sind und – als Immissionen – die bestimmungsgemäße ortsübliche Nutzung des Grundstücks in erheblichem Maße beeinträchtigen (vgl. BFH vom 12. 12. 1990 BStBl II 1991, 196). Die Abschläge sind prozentual **vom gesamten Grundstückswert** vorzunehmen (A 33 Abs. 4 BewR Gr).

BEISPIEL

Ein Zweifamilienhaus, Massivbau, Baujahr 1960, befindet sich in einer Gemeinde mit Einwohnerzahl 250 000 (Stand 01. 01. 1964). Die maßgebende Jahresrohmiete beträgt 10 800 DM. Im Jahre 2009 wird in der Nähe eine chemische Fabrik errichtet, weshalb ein Abschlag nach § 82 Abs. 1 Nr. 1 BewG in Höhe von 10 % gerechtfertigt ist.

LÖSUNG Errechneter Wert:

10 800 DM × 10,5	= 113 400 DM
./. Abschlag nach § 82 Abs. 1 BewG:	
10 % von 113 400 DM (Höchstwert nach § 82 Abs. 3 BewG nicht berührt)	= 11 340 DM
Ermäßigter Grundstückswert	= 102 060 DM
abgerundet (§ 30 BewG)	102 000 DM

Wertfortschreibung zum 01. 01. 2010, umgerechnet auf 52 151 €, da die feste Wertgrenze des § 22 Abs. 1 BewG überschritten.

4.5.2.2 Behebbare Baumängel und Bauschäden

4406 Während nicht behebbare Baumängel und Bauschäden nach § 80 Abs. 3 BewG bei der Auswahl des Vervielfältigers zu berücksichtigen sind (vgl. 4.3.3), führen behebbare Baumängel und Bauschäden nach § 82 Abs. 1 Nr. 2 BewG zu einer Ermäßigung des Grundstückswerts. Von Bau**mängeln** spricht man, wenn von Anfang an Fehler in der Bauausführung vorliegen, z. B. ungenügende Wärme-, Schall- oder Feuchtigkeitsisolierung. Bau**schäden** treten dagegen erst nach Fertigstellung des Bauwerks durch äußere Einwirkungen auf, z. B. als Wasser-, Erschütterungs-, Schwamm- oder Bergschäden. Zu beachten ist hier wiederum, dass derartige behebbare Baumängel und Bauschäden dort, wo sie gegendüblich sind (z. B. in Bergschadensgebieten oder Überschwemmungsgebieten), sich im Allgemeinen schon auf das Mietniveau der Gegend und damit zugleich auf das einzelne Grundstück wertmindernd ausgewirkt haben und somit eine Ermäßigung nach § 82 Abs. 1 Nr. 1 BewG nicht mehr zulässig ist. Vgl. auch A 31 Abs. 3 BewR Gr.

4407 Die Abschläge betreffen **nur den Gebäudewert**, nicht den Bodenwert (A 33 Abs. 4 BewR Gr). Die Höhe des Abschlags kann auf zweierlei Weise ermittelt werden:

1. auf der Grundlage der Kosten zur Beseitigung des behebbaren Baumangels oder Bauschadens nach den Wertverhältnissen vom Hauptfeststellungszeitpunkt 01. 01. 1964 (BFH vom 24. 01. 1964 BStBl III 1964, 220) oder
2. durch einen prozentualen Abschlag auf den Gebäudewertanteil bezogen. Zur Schätzung des Prozentsatzes können Bauteiletabellen herangezogen werden.

BEISPIEL Zweifamilienhaus, Massivbau, Baujahr 1960, befindet sich in einer Gemeinde mit Einwohnerzahl 250 000 (Stand 01. 01. 1964). Die maßgebende Jahresrohmiete beträgt 10 800 DM. Durch einen Brand Ende Dezember 2009 ist der Dachstuhl des Gebäudes beschädigt worden. Bis zur Beseitigung des Bauschadens im Januar 2010 ist der gemeine Wert des Gebäudes um 10 % gemindert.

LÖSUNG Errechneter Wert: 10 800 DM × 10,5   = 113 400 DM
./. Abschlag wegen behebbaren Bauschadens nach § 82 Abs. 1 Nr. 2 BewG:
Errechneter Wert   113 400 DM
./. Bodenwertanteil (vgl. A 20 BewR Gr):
10 800 DM × 2,0 (Anlage 7 BewR Gr)   = 21 600 DM

Gebäudewertanteil   = 91 800 DM
davon 10 % Abschlag   =   9 180 DM
(Höchstwert nach § 82 Abs. 3 BewG ist nicht berührt.)

Ermäßigter Grundstückswert   = 104 220 DM
abgerundet (§ 30 BewG)   104 200 DM
umgerechnet auf   53 276 €
Wertfortschreibung zum 01. 01. 2010, da die feste Wertgrenze des § 22 Abs. 1 BewG überschritten. Wird der Bauschaden im Laufe des Jahres 2010 beseitigt, muss zum 01. 01. 2011 wegen Wegfalls des Abschlags wegen behebbaren Bauschadens erneut eine Wertfortschreibung geprüft werden.

4.5.2.3 Notwendigkeit baldigen Abbruchs

Ein Abschlag nach § 82 Abs. 1 Nr. 3 BewG kommt nur in Betracht, wenn ein Gebäude aus objektiven Gründen vorzeitig abgebrochen werden muss. Eine solche Notwendigkeit kann sich z. B. aus dem Bebauungsplan einer Gemeinde ergeben für Grundstücke, die im Sanierungsgebiet liegen und abgebrochen werden müssen, sie kann auch auf privaten vertraglichen Vereinbarungen beruhen. Voraussetzung für einen Abschlag ist, dass das Gebäude innerhalb eines Zeitraumes von 10 Jahren ab dem jeweiligen Feststellungszeitpunkt abgebrochen werden muss. Steht der Zeitpunkt des Abbruchs am Bewertungsstichtag noch nicht einwandfrei fest, so genügt es, wenn mit an Sicherheit grenzender Wahrscheinlichkeit anzunehmen ist, dass das Gebäude innerhalb von 10 Jahren ab dem (jeweiligen) Feststellungszeitpunkt abgebrochen werden muss. Ein vorzeitiger Abbruch eines Gebäudes aus subjektiven Gründen (z. B. unzweckmäßige Gestaltung der Räume) rechtfertigen keinen Abschlag. Vgl. auch A 31 Abs. 4 BewR Gr. **4408**

Die **Höhe des Abschlags** richtet sich nach der noch verbleibenden Nutzungsdauer und nach der Bauart und Bauausführung des Gebäudes, jedoch nicht nach der Grundstücksart. Die Prozentsätze für den Abschlag sind der (fortgeführten) Tabelle der Anlage 9 BewR Gr (Amtliche Handausgabe 1990 Anhang 25 Seite 151) zu entnehmen. Als Restlebensdauer ist der Zeitraum vom jeweiligen Feststellungszeitpunkt (nicht der Hauptfeststellungszeitpunkt!) bis zum Jahr vor dem Abbruch zugrunde zu legen (vgl. A 7 Abs. 2 Fortschreibungs-Richtlinien mit Änderung durch BFH vom 03. 07. 1981 BStBl II 1981, 761; vgl. auch Ländererlass vom 08. 10. 1982 BStBl I 1982, 771). Der Abschlag betrifft (wie in den Fällen des § 82 Abs. 1 Nr. 2 BewG) nur den Gebäudewert (A 33 Abs. 4 BewR Gr). **4409**

BEISPIEL

Zu bewerten ist ein 1 000 m² großes gemischtgenutztes Grundstück mit einem gewerblichen Anteil von 40 % in einer Gemeinde, die am 01. 01. 1964 80 000 Einwohner hatte. Das Gebäude war 1926 in massiver Bauweise errichtet worden. Die Jahresrohmiete beträgt 25 000 DM. Im Jahre 2009 stellt sich heraus, dass das Gebäude spätestens in 2015 abgebrochen werden muss. Am 01. 01. 1964 war für den Grund und Boden ein m²-Preis von 100 DM bezahlt worden.

LÖSUNG Errechneter Wert:

25 000 DM × 8,0 = 200 000 DM

Da vom Fortschreibungszeitpunkt 01. 01. 2010 an der Abbruch innerhalb der nächsten 10 Jahre notwendig wird, ist gemäß A 31 Abs. 4 BewG ein Abschlag nach § 82 Abs. 1 Nr. 3 BewG möglich. Der Abschlag ist nach einem Prozentsatz zu bemessen, der sich aus Anlage 9 BewR Gr ergibt. Zu beachten ist, dass dabei die Restlebensdauer vom Feststellungszeitpunkt 01. 01. 2010 an zu berücksichtigen ist, wobei das Abbruchjahr nicht mitzurechnen ist (vgl. A 7 Abs. 2 FoR und BFH vom 03. 07. 1981 BStBl II 1981, 761 sowie Ländererlass vom 08. 10. 1982 BStBl I 1982, 771). Berechnung des Abschlags:

Errechneter Wert	200 000 DM	200 000 DM
./. Bodenwertanteil (vgl. A 20 BewR Gr):		
25 000 DM × 1,67 (Anlage 5 BewR Gr)	= 41 750 DM	
Gebäudewertanteil	158 250 DM	
davon 90 % (bis 5 Jahre)		= 142 425 DM
(keine Begrenzung nach § 82 Abs. 3 BewG)		
Ermäßigter Grundstückswert		= 57 575 DM
abgerundet (§ 30 BewG)		57 500 DM
abgerundet auf		29 399 €

Der Mindestwert nach § 77 BewG kommt nicht zur Anwendung, da er noch niedriger ist. Wertfortschreibung zum 01. 01. 2010, da die feste Wertgrenze des § 22 Abs. 1 BewG überschritten ist.

4410 Der Abschlag ist nur dann nach § 82 Abs. 1 Nr. 3 BewG vorzunehmen, wenn das Gebäude **ohne Entschädigung** abgebrochen werden muss. Bei **voller Entschädigung** soll nur ein Abschlag bis zur Höhe von 10 % des Grundstückswerts (nicht Gebäudewerts) zulässig sein, und zwar zum Ausgleich für die Belästigungen, die das Entschädigungsverfahren mit sich bringt, und für die Tatsache, dass das Kapital nicht langfristig angelegt ist (vgl. FinMin Ba-Wü vom 25. 05. 1970 in Bew-Kartei Ba-Wü zu § 82 BewG Karte 3). Bei Teilentschädigungen soll für die Ermäßigung ein Prozentsatz zwischen dem Abschlag von 10 % und der Ermäßigung, die in Betracht kommen würde, wenn Gebäude ohne Entschädigung abgebrochen werden müssten, ermittelt werden.

4.5.2.4 Sonstige wertmindernde Umstände

4411 Außer den in § 82 Abs. 1 BewG ausdrücklich genannten wichtigsten und am häufigsten vorkommenden wertmindernden Umständen können auch noch andere Umstände als Grund für eine Ermäßigung nach § 82 Abs. 1 BewG in Betracht kommen, wie z. B. Grunddienstbarkeiten (Wegerechte, Fensterrechte) sowie nicht behebbare Baumängel oder Bauschäden, sofern sie sich nicht nach § 80 Abs. 3 BewG in einer Verringerung des Vervielfältigers ausgewirkt haben (vgl. 4. 3. 3). Diese sonstigen wertmindernden Umstände fallen **nicht** unter die Begrenzung des § 82 Abs. 3 BewG.

4412–4430 frei

4.5.3 Erhöhung des Grundstückswerts

§ 82 Abs. 2 BewG behandelt die Fälle der Erhöhung des Grundstückswerts. Eine Erhöhung des Grundstückswerts kommt danach **nur** aus folgenden zwei Gründen in Betracht:
- Ein größerer Teil des Grundstücks ist nicht bebaut.
- Das Grundstück wird nachhaltig für Reklamezwecke genutzt.

4.5.3.1 Größe der nicht bebauten Fläche

Ein Zuschlag wegen der Größe der nicht bebauten Fläche kommt nach § 82 Abs. 2 Nr. 1 BewG nur in Betracht, wenn folgende **Voraussetzungen** vorliegen:
- Auf dem Grundstück darf sich **kein Hochhaus** befinden. Als Hochhaus gilt jedes Gebäude, in dem der Fußboden mindestens eines zum dauernden Aufenthalt von Menschen dienenden Raumes mehr als 22 m über dem Gelände liegt (vgl. A 32 Abs. 2 Nr. 1 BewR Gr);
- Die gesamte **Fläche** des Grundstücks muss bei Ein- und Zweifamilienhäusern **mehr als 1 500 m²** und bei den **übrigen** Grundstücksarten **mehr als das 5-fache** der bebauten Fläche betragen. Zur Abgrenzung der »bebauten Fläche« vgl. Erlass FinMin Nordrhein-Westfalen vom 25. 04. 1980 BB 1980, 715. Als bebaute Fläche ist die von Hochbauten bedeckte Grundstücksfläche anzusehen; sie ergibt sich aus der lotrechten Projektion der äußeren Abmessungen des Bauwerks auf die Grundstücksfläche. Nicht als bebaute Flächen gelten z. B. Kraftfahrzeug-Abstellflächen, Außenrampen, Eingangsüberdachungen, Dachüberstände.
- Die übergroße Fläche darf sich **nicht bereits in der Grundstücksmiete ausgewirkt** haben (BFH vom 17. 05. 1974 BStBl II 1974, 506 und Erlass FinMin Ba-Wü vom 28. 01. 1971 in Bew-Kartei Ba-Wü zu § 82 BewG Karte 5).

Bei Grundstücken mit übergroßer Fläche ist außerdem zunächst zu prüfen, ob die **wirtschaftliche Einheit** des bebauten Grundstücks **richtig abgegrenzt** ist oder ob nicht etwa ein Teil der nicht bebauten Fläche als selbstständige wirtschaftliche Einheit (unbebautes Grundstück) zu bewerten ist (A 32 Abs. 4 BewR Gr).

Schema für die Berechnung des Zuschlags (vgl. A 32 Abs. 3 BewR Gr).
Wert der gesamten Grundstücksfläche (wie bei unbebauten Grundstücken, Wertverhältnisse 01. 01. 1964)
./. Wert der Normalfläche (im errechneten Wert durch die im Vervielfältiger pauschalierten Bodenertragsanteile erfasste Bodenfläche) bzw. unschädlichen Fläche (ebenfalls wie bei unbebauten Grundstücken, Wertverhältnisse 01. 01. 1964):
(bei Ein- und Zweifamilienhäusern = 1 500 m²)
(bei den übrigen Grundstücksarten = das 5-fache der bebauten Fläche)

= Zuschlag.

BEISPIELE

a) A ist am 01.01.1964 in einer Gemeinde mit 60 000 Einwohnern Eigentümer eines 1 800 m² großen unbebauten Grundstücks, m²-Preis 100 DM. Im Jahre 2009 bebaut er es mit einem massiven Einfamilienhaus, Jahresrohmiete 20 000 DM. Eine Aufteilung in Vorderland und Hinterland ist nicht üblich.

LÖSUNG Errechneter Wert:

Jahresrohmiete 20 000 DM × Vervielfältiger 11,8		= 236 000 DM
+ Zuschlag nach § 82 Abs. 2 Nr. 1 BewG:		
Wert der gesamten Grundstücksfläche:		
1 800 m² × 100 DM	= 180 000 DM	
Wert der Normalfläche (unschädliche Fläche):		
1 500 m² × 100 DM	= 150 000 DM	
Zuschlag	30 000 DM	30 000 DM
(Höchstbetrag nach § 82 Abs. 3 BewG nicht berührt)		
Maßgebender Grundstückswert zum 01.01.2010		= 266 000 DM

b) Wie Sachverhalt a) jedoch sind die 100 DM nur Vorderlandpreis, Vorderlandtiefe 40 m. Das Grundstück ist 30 m breit, 60 m tief.

LÖSUNG Errechneter Wert:

Jahresrohmiete 20 000 DM × Vervielfältiger 11,8		= 236 000 DM
+ Zuschlag nach § 82 Abs. 2 Nr. 1 BewG:		
Wert der gesamten Grundstücksfläche		
(Berechnung nach Abschn. 8 BewR Gr):		
Vorderland: 30 × 40 m = 1 200 m² × 100 DM	= 120 000 DM	
Hinterland: 30 × 20 m = 600 m² × 50 DM	= 30 000 DM	
	150 000 DM	
./. Wert der Normalfläche:		
Die »Normalfläche« wird stets von den wertvolleren Teilen gebildet		
(A 32 Abs. 3 BewR Gr). Die 1 500 m² sind daher wie folgt aufzuteilen:		
1 200 m² × 100 DM = 120 000 DM		
300 m² × 50 DM = 15 000 DM	135 000 DM	
Zuschlag	15 000 DM	15 000 DM
(Höchstwert nach § 82 Abs. 3 BewG nicht berührt)		
Maßgebender Grundstückswert zum 01.01.2010		= 251 000 DM

c) Wie Sachverhalt a) jedoch ist das Grundstück 2 500 m² groß.

LÖSUNG An sich beträgt der Zuschlag 100 000 DM, aber er ist gemäß § 82 Abs. 3 BewG begrenzt auf 30 % von 236 000 DM = 70 800 DM (Vgl. 4.5.4).
Maßgebender Grundstückswert zum 01.01.2010 ist also
20 000 DM × 11,8 = 236 000 DM + 70 800 DM = 306 800 DM.

4435–4440 frei

4.5.3.2 Nutzung des Grundstücks für Reklamezwecke

4441 Ein Zuschlag nach § 82 Abs. 2 Nr. 2 BewG kommt nur in Betracht, wenn die Reklamenutzung **nachhaltig gegen Entgelt** erfolgt. Eigenreklame des Grundstückseigentümers ist deshalb nicht zu berücksichtigen. Benutzt ein Mieter von Geschäftsräumen die Außenwände des von ihm gemieteten Gebäudeteils zu Reklamezwecken, so wird in der Regel ein gesondertes Entgelt für die Reklamenutzung nicht gezahlt. Ein Zuschlag kommt deshalb in diesen Fällen nicht in Betracht. Wird jedoch neben der Geschäftsraummiete ein besonderes

Entgelt für die Nutzung von Giebelwänden, Dachflächen etc. gezahlt, ist ein Zuschlag anzusetzen.

Abweichend von A 32 Abs. 5 BewR Gr ist der Zuschlag wegen der nachhaltigen Ausnutzung eines Grundstücks für Reklamezwecke gegen Entgelt mit dem **Vierfachen des jährlichen Reinertrags** (nach den Wertverhältnissen zum Hauptfeststellungszeitpunkt 01.01.1964) zu bemessen. Diesem Vervielfältiger liegt der Zinssatz von 7%, der dem Zinssatz für die Festsetzung der Vervielfältiger bei Geschäftsgrundstücken entspricht, und ein übersehbarer Zeitraum von 6 Jahren (grundsätzlicher Hauptfeststellungszeitraum) zugrunde, für den eine Reklamenutzung in Betracht kommt. Lässt sich im Feststellungszeitpunkt erkennen, dass die Dauer der Reklamenutzung weniger als 6 Jahre beträgt, so ist der Vervielfältiger je nach der tatsächlichen Dauer mit 2 bis 3 anzunehmen. Bei einer Nutzungsdauer von einem Jahr und weniger ist ein Zuschlag nicht zu machen (vgl. Erlass FinMin Ba-Wü vom 08.07.1975).

4442

4.5.4 Höchstmaß der Ermäßigung und Erhöhung des Grundstückswerts

Nach § 82 Abs. 3 BewG dürfen die Abschläge wegen ungewöhnlich starker Beeinträchtigung durch Lärm, Rauch und Gerüche (vgl. 4.5.2.1) und wegen behebbarer Baumängel und Bauschäden (vgl. 4.5.2.2) sowie die Zuschläge wegen der Größe der nicht bebauten Fläche (vgl. 4.5.3.1) und wegen Reklamenutzung (vgl. 4.5.3.2) insgesamt **30% des Grundstückswerts nicht** übersteigen. Abschläge wegen der Notwendigkeit baldigen Abbruchs (vgl. 4.5.2.3) und wegen sonstiger wertmindernder Umstände (vgl. 4.5.2.4) sind nicht durch einen Höchstsatz begrenzt. Beim **Zusammentreffen von wertmindernden und werterhöhenden Umständen**, die der Höchstgrenze von 30% unterliegen, ist der Höchstsatz (30%) nur auf das Ergebnis des Ausgleichs anzuwenden.

4443

BEISPIEL

Grundstückswert nach §§ 78 bis 81 BewG		120 000 DM
Abschlag wegen Beeinträchtigung durch Lärm	18 000 DM	
Abschlag wegen behebbarer Bauschäden	36 000 DM	
Summe der Abschläge	54 000 DM	
Zuschlag wegen übergroßer Fläche	12 000 DM	
Ergebnis des Ausgleichs	42 000 DM	
Abschlag höchstens 30% von 120 000 DM		= 36 000 DM
Grundstückswert		84 000 DM

Bei der Berücksichtigung von Abschlägen und Zuschlägen sind noch die **Zuordnung** und die **Reihenfolge** von Bedeutung. Die Abschläge wegen Beeinträchtigung durch Lärm, Rauch, Gerüche betreffen sowohl den Bodenwert als auch den Gebäudewert, die Abschläge wegen behebbarer Baumängel und Bauschäden und wegen der Notwendigkeit vorzeitigen Abbruchs dagegen nur den Gebäudewert. Die Abschläge wegen sonstiger wertmindernder Umstände können je nach den Umständen des Einzelfalles den Bodenwert, den Gebäudewert oder beide betreffen. Der Zuschlag wegen der Größe der nicht bebauten Fläche betrifft nur den Bodenwert, der Zuschlag wegen Reklamenutzung nur den Gebäudewert. Vgl. A 33 Abs. 4 BewR Gr.

4444

Bezüglich der Reihenfolge gilt: Zunächst sind die Abschläge und Zuschläge zu ermitteln, die auf das Höchstmaß von 30% begrenzt sind (§ 82 Abs. 3 BewG, A 33 Abs. 5 BewR Gr). Erst danach sind die weiteren Abschläge, insbesondere wegen der Notwendigkeit

4445

des baldigen Abbruchs, nach dem Gebäudewert zu berechnen. Innerhalb der durch das Höchstmaß von 30% begrenzten Abschläge (§ 82 Abs. 1 Nr. 1 und 2 BewG) braucht eine Reihenfolge nicht eingehalten zu werden. Diese Abschläge sind danach jeweils von dem sich nach §§ 78 bis 81 BewG ergebenden Grundstückswert zu berechnen.

> **BEISPIEL**
>
> | | |
> |---|---:|
> | Grundstückswert nach §§ 78 bis 81 BewG | 990 036 DM |
> | Bodenwertanteil | 318 146 DM |
> | Gebäudewertanteil | 671 890 DM |
> | **Abschlag** | |
> | a) wegen Lärms — 10% von 990 036 DM = | 99 003 DM |
> | b) wegen behebbaren Bauschäden — 20% von 671 890 DM = | 134 378 DM |
> | Summe der Abschläge | 233 381 DM |
> | **Zuschlag** wegen Reklamenutzung = | 18 000 DM |
> | Saldo der Ab- und Zuschläge | 215 381 DM |
> | Grundstückswert | 990 036 DM |
> | ./. Saldo der Ab- und Zuschläge | 215 381 DM |
> | | 774 655 DM |
> | ./. Abschlag wegen vorzeitigen Abbruchs in 10 Jahren = 70% von (671 890 DM Gebäudewert | |
> | ./. 67 189 DM anteiliger Abschlag wegen Lärms | |
> | ./. 134 378 DM Abschlag wegen Bauschäden | |
> | + 18 000 DM Zuschlag wegen Reklamenutzung =) | |
> | 488 325 DM | = 341 826 DM |
> | Grundstückswert (unter Berücksichtigung der Ab- und Zuschläge) | 432 829 DM |
> | Einheitswert (abgerundet nach § 30 BewG) | 432 800 DM |
> | umgerechnet auf | 221 287 € |

4446 Die richtige Zuordnung der Abschläge und Zuschläge sowie ihre Reihenfolge sind von besonderer Bedeutung, wenn z. B. beim Erbbaurecht der Gesamtwert in einen Bodenwertanteil und einen Gebäudewertanteil aufgeteilt werden muss. Wegen weiterer Einzelheiten und Beispiele vgl. A 33 Abs. 6 und 7 BewR Gr. Die Beispiele in A 33 Abs. 7 BewR Gr sind jedoch wegen des BFH-Urteils vom 03.07.1981 BStBl II 1981, 761 (Abschlag wegen vorzeitigem Abbruch, vgl. 4.5.2.3) nicht mehr in vollem Umfang zutreffend.

4447–4450 frei

5 Bewertung bebauter Grundstücke im Sachwertverfahren

5.1 Grundsätze

4451 Das Sachwertverfahren ist in den §§ 83 bis 90 BewG geregelt. Wegen der Frage, welche bebauten Grundstücke nach dieser Bewertungsmethode zu bewerten sind, vgl. 3.3. Beim Sachwertverfahren wird zunächst der **Ausgangswert** ermittelt. Dieser setzt sich aus dem **Bodenwert**, dem **Gebäudewert** und dem Wert der **Außenanlagen** zusammen. Der Ausgangswert ist alsdann durch eine **Wertzahl** an den **gemeinen Wert** anzugleichen. Vgl. § 83 BewG. Auch bei den nach dem Sachwertverfahren zu bewertenden bebauten Grundstücken gilt die Vorschrift über den Mindestwert (vgl. 3.4).

5.2 Schematische Übersicht

Einen Überblick über das Sachwertverfahren zeigt das folgende Schaubild, das der Anlage 10 BewR Gr (Anhang 16 der Amtlichen Handausgabe 1990, 124) entnommen ist: **4452**

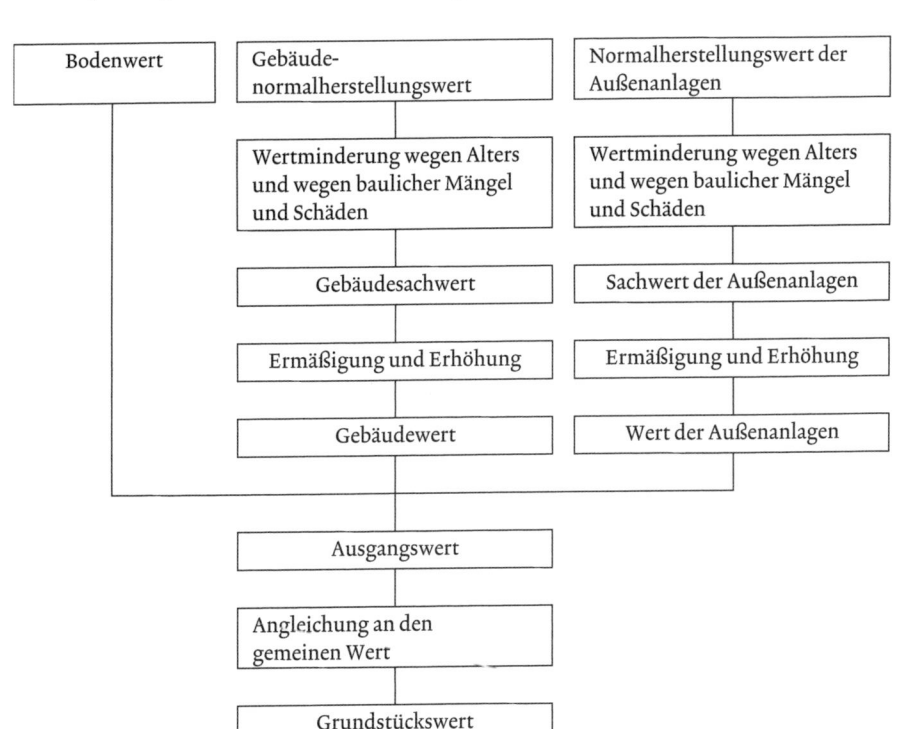

```
Bodenwert     Gebäude-                    Normalherstellungswert der
              normalherstellungswert      Außenanlagen
                        │                           │
              Wertminderung wegen Alters  Wertminderung wegen Alters
              und wegen baulicher Mängel  und wegen baulicher Mängel
              und Schäden                 und Schäden
                        │                           │
              Gebäudesachwert             Sachwert der Außenanlagen
                        │                           │
              Ermäßigung und Erhöhung     Ermäßigung und Erhöhung
                        │                           │
              Gebäudewert                 Wert der Außenanlagen

                        Ausgangswert
                              │
                    Angleichung an den
                     gemeinen Wert
                              │
                       Grundstückswert
```

5.3 Bodenwert

a) **Allgemeiner Grundsatz** **4453**
Nach § 84 BewG ist der Grund und Boden mit dem Wert anzusetzen, der sich ergeben würde, wenn das Grundstück unbebaut wäre. Für die Ermittlung des Bodenwerts gelten mithin grundsätzlich die Vorschriften für die Bewertung unbebauter Grundstücke (vgl. 2.3). Der Umstand, dass das Grundstück bebaut und damit einer anderweitigen Nutzung nicht mehr zugänglich ist, bleibt bei der Ermittlung des Bodenwerts unberücksichtigt; er wird erst bei der Angleichung des Ausgangswerts an den gemeinen Wert berücksichtigt. Vgl. A 35 Abs. 1 und 3 BewR Gr.

b) **Besonderheiten** **4454**
Bei **Fabrikgrundstücken** und anderen gewerblich genutzten Grundstücken kann sich eine verkehrsgünstige Lage (z. B. Eisenbahnanschluss, Lage an einem schiffbaren Gewässer, Hafengebiet) werterhöhend auf den Bodenwert auswirken. Die Lage an einem Fluss, verbunden mit der Möglichkeit, Wasser für Industriezwecke günstig zu erwerben bzw. Abwasser abzuleiten, kann ein werterhöhender Umstand sein. Schlechter Baugrund dagegen wirkt sich wertmindernd auf den Bodenwert aus. Alle diese Umstände sind bei der Ermittlung des Bodenwerts – soweit sie nicht bereits im Richtwert ihren Niederschlag gefunden haben – zu berücksichtigen. Vgl. A 35 Abs. 3 BewR Gr. Bei Grundstücken mit

Arkaden und **Passagen** kann die Frage auftauchen, ob und ggf. in welcher Höhe der Wert des Grund und Bodens durch Ausnutzungsbeschränkung gemindert ist. Einzelheiten dazu sind in A 35 Abs. 4 und 5 BewR Gr aufgeführt.

5.4 Gebäudewert

5.4.1 Grundsätze

4455 Bei der Ermittlung des Gebäudewerts wird zunächst auf der Grundlage durchschnittlicher Herstellungskosten der **Gebäudenormalherstellungswert** berechnet. Von diesem Wert werden die **Wertminderungen** wegen Alters und wegen etwaiger baulicher Mängel und Schäden abgezogen. Als Ergebnis erhält man den **Gebäudesachwert**. Dieser kann – wenn besondere Umstände vorliegen – ermäßigt oder erhöht werden. Als Ergebnis erhält man den **Gebäudewert**. Vgl. § 85 BewG; weitere Einzelheiten regeln die A 36 bis 40 BewR Gr.

5.4.2 Ermittlung des Gebäudenormalherstellungswerts

5.4.2.1 Durchschnittliche Herstellungskosten

4456 Der Gebäudenormalherstellungswert ist **nicht** auf der Grundlage der tatsächlichen Baukosten zu ermitteln. Nach § 85 Abs. 1 Sätze 1 und 2 BewG sind durchschnittliche Herstellungskosten nach den Baupreisverhältnissen des Jahres **1958** zugrunde zu legen und nach den Baupreisverhältnissen im Hauptfeststellungszeitpunkt umzurechnen (vgl. A 40 BewR Gr). Die durchschnittlichen Herstellungskosten errechnet man durch **Vervielfachung** der Anzahl der **Kubikmeter** umbauten Raumes mit einem durchschnittlichen Preis für einen Kubikmeter umbauten Raum (Raummeterpreis). Der auf diese Weise ermittelte Wert (**errechneter Wert**) ist unter Umständen noch um solche Beträge zu erhöhen und zu vermindern, die entweder im Raummeterpreis noch nicht berücksichtigt sind oder im umbauten Raum nicht miterfasst wurden (vgl. 5.4.2.4). Bei **Überdachungen** werden die durchschnittlichen Herstellungskosten nach Durchschnittspreisen je m² überdachter Fläche berechnet. Vgl. A 36 Abs. 1 BewR Gr.

4457 Da der Einheitswert auch ab 01.01.2002 zunächst in DM-Währung zu ermitteln ist (vgl. § 22 Abs. 1 und § 30 BewG sowie 1.5 und Kapitel 2 Teil C 3.4) gelten alle Tabellenwerte (Anlage 14 ff. BewR Gr usw.) auch ab 01.01.2002 weiter.

5.4.2.2 Berechnung des umbauten Raumes

4458 Der umbaute Raum ist nach DIN 277 (November 1950 X) zu ermitteln. Danach sind Vollgeschosse, Keller und ausgebaute Dachgeschosse mit dem **vollen Rauminhalt** anzusetzen. Nicht ausgebaute Dachräume werden mit **einem Drittel** ihres Rauminhalts erfasst, und zwar auch dann, wenn die Decke über dem obersten Vollgeschoss (z. B. eine unterhalb des Daches aufgehängte Staubdecke) nicht begehbar ist. **Einzelheiten** zur Ermittlung des umbauten Raumes ergeben sich aus den Zeichnungen in **Anlage 12** der BewR Gr.

4459 Im **allgemeinen** ist der Rauminhalt eines Gebäudes **einheitlich** aus seiner Grundfläche (äußere Länge mal Breite) und seiner Höhe (das ist z. B. bei einem unterkellerten Gebäude mit nicht ausgebautem Dachgeschoss der Abstand zwischen der Oberfläche des untersten Geschossbodens und der Oberfläche des Fußbodens über dem obersten Vollgeschoss) errechnet. Bei der Berechnung der Grundfläche ist von den Außenmaßen auszugehen.

Eine **gesonderte Berechnung** des umbauten Raumes einzelner Geschosse oder Räume kommt dann in Betracht, wenn wegen verschiedener Zweckbestimmung (z. B. bei Fabrikationsräumen und Büroräumen) verschiedene Raummeterpreise anzusetzen sind oder wenn bei Gebäudeteilen verschiedenen Alters die Wertminderung wegen Alters für einen Gebäudeteil getrennt berechnet werden muss. Selbstständige **kleinere Gebäude** im Innern von größeren Gebäuden sind gesondert zu ermitteln. Ihr Rauminhalt ist vom Rauminhalt des größeren, sie umschließenden Gebäudes nicht abzuziehen. Vgl. auch A 37 BewR Gr.

5.4.2.3 Bestimmung des Raummeterpreises

Die Raummeterpreise sind für Fabrikgrundstücke und bestimmte andere Geschäftsgrundstücke und für bestimmte Fälle von sonstigen bebauten Grundstücken den **Anlagen 14 und 15** in Verbindung mit **Anlage 13 BewR Gr** zu entnehmen; für die im Sachwertverfahren zu bewertenden Einfamilien- und Zweifamilienhäuser sind sie nach **Anlage 16 BewR Gr** zu ermitteln. Die Preise in den Anlagen 14 bis 16 BewR Gr sind bereits auf die Baupreisverhältnisse im Hauptfeststellungszeitpunkt (01.01.1964) umgerechnet. Sie umfassen auch die in **Anlage 11 BewR Gr** aufgeführten Baunebenkosten. Es handelt sich hierbei um Durchschnittspreise, die aufgrund von Probebewertungen (Erfahrungswerte) festgelegt wurden.

Die Raummeterpreise für **Fabrikgrundstücke** in **Anlage 14 BewR Gr** sind auch anzuwenden auf Zechen, Werkstätten des Handwerks, Lagerhausgrundstücke, Molkereigrundstücke, Schlachthäuser und Mühlengrundstücke. Die Raummeterpreise der Anlage 14 sind in zwei Teile gegliedert: **Teil A** für Verwaltungsgebäude, Sozialgebäude usw., **Teil B** für die eigentlichen Fabrikgebäude usw. Sowohl im Teil A wie auch im Teil B sind **Erhöhungen und Ermäßigungen der Raummeterpreise** vorgesehen. Vgl. im Einzelnen Anlage 14 BewR Gr. Im Teil A der Anlage 14 gelten für die einzelnen Gebäudeklassen Rahmensätze, wobei sich innerhalb des Rahmensatzes die Raummeterpreise nach der baulichen Ausstattung richten, für deren Beurteilung Anlage 13 BewR Gr einen Anhalt gibt. Im Teil B der Anlage 14 dagegen sind die Raummeterpreise nach Geschosshöhen gestaffelt. Als Geschosshöhe gilt der Abstand von Fußbodenoberkante bis Deckenunterkante zuzüglich Deckenstärke. Für Gebäude mit verschiedenen Geschosshöhen kann – wenn nicht die Geschosse jeweils für sich berechnet werden – ein durchschnittlicher Raummeterpreis angesetzt werden. Bei Gebäuden, deren Geschosshöhen die vorgesehenen Grenzen von 4 oder 6 m bis zu 80 cm überschreiten ist als Raummeterpreis ein Zwischenwert zu errechnen. Einzelheiten ergeben sich aus A 38 BewR Gr.

In **Anlage 15 BewR Gr** sind als Raummeterpreise für die dort genannten **Geschäftsgrundstücke** und für **sonstige bebaute Grundstücke** ebenfalls im Wesentlichen Rahmenpreise angesetzt. Die Merkmale für die Beurteilung der baulichen Ausstattung, von der die Anwendung der Raummeterpreise abhängt, ergeben sich auch hier wiederum aus Anlage 13 BewR Gr.

Die in **Anlage 16 BewR Gr** enthaltene Bauteil-Preistabelle für die im Sachwertverfahren zu bewertenden **Einfamilien-** und **Zweifamilienhäuser** ist zugleich als Berechnungsbogen zur Ermittlung des Raummeterpreises auf den Hauptfeststellungszeitpunkt 01.01.1964 ausgestaltet. Die Summe der für die dort genannten 20 Bauteile ermittelten Preise ergibt den Raummeterpreis, mit dem die Anzahl der Kubikmeter umbauten Raumes zu vervielfachen ist.

Für **Mietwohngrundstücke** und **gemischtgenutzte Grundstücke** war ursprünglich eine eigene Gebäudeklasseneinteilung vorgesehen. Nachdem mit einer solchen jedoch nicht mehr zu rechnen war, wurde bestimmt, für Mietwohngrundstücke und gemischtgenutzte Grundstücke die Raummeterpreise der **Anlage 14 Teil A BewR Gr** anzusetzen (vgl. gleich lautender Ländererlass FinMin Ba-Wü vom 23.10.1968 in Bew-Kartei Ba-Wü zu § 85 BewG Karte 3).

5.4.2.4 Veränderung des nach Raummeterpreis errechneten Werts

4466　Außer den bereits in 5.4.2.3 erwähnten Erhöhungen und Ermäßigungen, die sich unmittelbar auf die Raummeterpreise auswirken, kann auch eine Ermäßigung oder Erhöhung des nach dem Raummeterpreis errechneten Werts in Betracht kommen. So kann z.B. bei Gebäuden mit künstlichen Gründungen oder wasserdruckhaltenden Dichtungen ein Zuschlag, bei fehlenden Außenwänden ein Abschlag zu machen sein. **Einzelheiten** ergeben sich aus **A 39 BewR Gr** und den **Anlagen 14 und 15 BewR Gr.**

5.4.2.5 Durchschnittspreise und Zuschläge für bestimmte Ausstattungen

4467　Zur Erzielung einer gleichmäßigen Bewertung der im Sachwertverfahren zu bewertenden Grundstücke wurden in zahlreichen Erlassen weitere Durchschnittspreise für bestimmte Bauarten sowie Zuschläge für bestimmte innere und äußere Ausstattungen festgelegt. Vgl. hierzu u.a. Erlass des Senators für Finanzen Berlin vom 02.08.1967 (abgedruckt BewR Gr in Amtliche Handausgabe 1990 Anhang 24, 148 bis 150).

5.4.2.6 Abweichung von den Erfahrungswerten

4468　In Ausnahmefällen kann es geboten sein, die sich nach den Anlagen 14 und 15 sowie A 38 und 39 BewR Gr ergebenden durchschnittlichen Herstellungskosten an die tatsächlichen Herstellungskosten anzupassen (zu erhöhen oder zu vermindern). Dies ist dann der Fall, wenn die zugrunde gelegten Erfahrungswerte die für den gemeinen Wert des Gebäudes bedeutsamen Eigenschaften und Umstände (z.B. hinsichtlich Bauart, Bauweise, Konstruktion und Objektgröße) nicht ausreichend berücksichtigten (vgl. BFH vom 26.06.1981 BStBl II 1981, 643).

5.4.2.7 Umrechnung auf Wertverhältnisse 01.01.1964

4469　Bei der Umrechnung der durchschnittlichen Herstellungskosten des Jahres 1958 auf die Baupreisverhältnisse im Hauptfeststellungszeitpunkt 01.01.1964 ist bei Einfamilien- und bei Zweifamilienhäusern ein Baupreisindex von 140 (auf der Basis 1958 = 100), bei allen übrigen Gebäuden ein Baupreisindex von 135 (1958 = 100) zugrunde gelegt worden. Die in den Anlagen 14 bis 16 BewR Gr genannten Preise sind bereits unter Berücksichtigung dieser Baupreisindices auf die Baupreisverhältnisse des 01.01.1964 umgerechnet. Vgl. A 40 BewR Gr.

4470–4480 frei

5.4.3 Wertminderung wegen Alters

4481　Der Gebäudenormalherstellungswert entspricht dem Wert eines neuen Gebäudes. Dieser Wert ist noch wegen Alters des Gebäudes im Hauptfeststellungszeitpunkt 01.01.1964 zu mindern (§ 86 BewG). Die Wertminderung soll den Wertverlust berücksichtigen, den ein Gebäude besonders durch Verschleiß und Altern der Bauteile (Baustoffe) seit seiner Errichtung erleidet. Die Wertminderung wegen Alters darf jedoch nur bis zum Hauptfeststellungszeit

01.01.1964 berücksichtigt werden (§ 27 BewG, A 6 Abs. 6 Fortschreibungs-Richtlinien, BFH vom 07.12.1994 BStBl II 1995, 235).

Bei der Vornahme der Wertminderung wegen Alters sind folgende Fälle zu unterscheiden:
- Regelfall,
- Gebäude mit Gebäudeteilen verschiedenen Alters,
- Verkürzung der gewöhnlichen Lebensdauer,
- Verlängerung der restlichen Lebensdauer.

5.4.3.1 Regelfall

Die Wertminderung wegen Alters (WwA) bestimmt sich nach dem **Alter des Gebäudes im Hauptfeststellungszeitpunkt** und der **gewöhnlichen Lebensdauer** von Gebäuden gleicher Art und Nutzung. Sie ist in einem Prozentsatz des Gebäudenormalherstellungswertes auszudrücken. Dabei ist von einer gleich bleibenden jährlichen Wertminderung auszugehen. Vgl. § 86 Abs. 1 BewG.

Andere Verfahren, z.B. eine degressive Methode, sind nicht zulässig. Da sich die gewöhnliche Lebensdauer eines Gebäudes im Voraus nicht mit Sicherheit bestimmen lässt, sind allgemeine Erfahrungssätze anzuwenden. Dabei ist jedoch nicht von der betriebsgewöhnlichen Nutzungsdauer (wie im Ertragsteuerrecht, § 7 Abs. 1 EStG), sondern von der technischen Lebensdauer der Gebäude gleicher Art und Nutzung auszugehen (BFH vom 23.05.1980 BStBl II 1980, 561). Als Lebensdauer und jährliche Wertminderung sind nach A 41 Abs. 2 BewR Gr zugrunde zu legen:

Bauart	Lebensdauer und jährliche Wertminderung für			
	Fabrikgebäude, Werkstattgebäude, Lagergebäude, Kühlhäuser, Trockenhäuser, Molkereigebäude, Tankstellengebäude, Transformatorenhäuser, Hallenbäder, Badehäuser in Jahren / in %		die übrigen Gebäude in Jahren / in %	
Massivgebäude und Gebäude in Stahl- und Stahlbetonskelettkonstruktion	80	1,25	100	1,00
Holzfachwerkgebäude mit Ziegelsteinausmauerung	60	1,67	70	1,43
Holzgebäude und Holzfachwerkgebäude mit Lehmausfachung oder mit Verschalung, Massivgebäude aus großformatigen Betonplatten (Fertigteile)	50	2,00	60	1,67

Bauart	Lebensdauer und jährliche Wertminderung für	
	Fabrikgebäude, Werkstattgebäude, Lagergebäude, Kühlhäuser, Trockenhäuser, Molkereigebäude, Tankstellengebäude, Transformatorenhäuser, Hallenbäder, Badehäuser in Jahren / in %	die übrigen Gebäude in Jahren / in %
Massivschuppen, Stahlfachwerkgebäude mit Plattenverkleidung, Gebäude in leichter Bauart, bei denen die Außenmauern – ohne Putz gemessen – weniger als 20 cm stark sind (ausgenommen Skelettbauten und Rahmenbauten), Fertigteilbauten aus Holz	40 2,50	40 2,50
Holzgebäude in Tafelbauart mit massiven Fundamenten	30 3,33	30 3,33
Wellblechschuppen, Holzschuppen, Holzgebäude in Tafelbauart ohne massive Fundamente	20 5	20 5

4485 Die **Wertminderungssätze** in der vorstehenden Tabelle ergeben sich jeweils, wenn man die Zahl 100 durch die angesetzte gewöhnliche Lebensdauer teilt. Der maßgebende Prozentsatz ist aufzurunden (vgl. Erlass FinMin Ba-Wü vom 17.05.1967 in Bew-Kartei Ba-Wü zu § 86 BewG Karte 1 Nr. 1).

> **BEISPIEL**
> Alter des Gebäudes im Hauptfeststellungszeitpunkt fünf Jahre (d. h. Baujahr 1959), gewöhnliche Lebensdauer 70 Jahre.
> **LÖSUNG** Somit ist folgende WwA anzusetzen:
> 1,43 % × 5 Jahre = 7,15 % aufgerundet 8 %

4486 Für Fabrikgebäude, die der zerstörenden Einwirkung von Dampf oder Chemikalien ausgesetzt sind und trotz laufender baulicher Unterhaltung einem besonders starken Verschleiß unterliegen, ist anstelle der in der vorstehenden Tabelle angesetzten Lebensdauer von 80 Jahren eine Lebensdauer von nur 60 Jahren zugrunde zu legen. Das gilt z. B. bei Gebäuden von chemischen Betrieben und Säurebetrieben, wie z. B. in der Leder- oder Kunstdüngerindustrie, bei Beizereien, Färbereien usw. Bei derartigen Gebäuden kann in Einzelfällen eine noch kürzere Lebensdauer zugrunde gelegt werden, wenn nachgewiesen wird, dass eine Lebensdauer von 60 Jahren nicht erreicht wird (A 41 Abs. 3 BewR Gr).

Als Alter des Gebäudes gilt die Zeit zwischen dem Beginn des Jahres, in dem das Gebäude bezugsfertig geworden ist, und dem Hauptfeststellungszeitpunkt (§ 86 Abs. 2 BewG). Das gilt auch für **Nachfeststellungen** und **Fortschreibungen** auf Stichtage nach dem Hauptfeststellungszeitpunkt 01.01.1964 mit der Folge, dass eine Wertminderung wegen Alters für die Zeit nach dem Hauptfeststellungszeitpunkt nicht angesetzt werden darf (A 6 Abs. 6 Fortschreibungs-Richtlinien).

5.4.3.2 Gebäude mit Gebäudeteilen verschiedenen Alters

Im Allgemeinen sind folgende drei Fallgruppen zu unterscheiden (vgl. A 41 Abs. 4 und 5 BewR Gr):

1. **Anbauten und Erweiterungsbauten:** Kleinere Anbauten teilen regelmäßig das Schicksal des Hauptgebäudes. Für sie ist deshalb die für das Hauptgebäude maßgebende gewöhnliche Lebensdauer (und somit Wertminderung wegen Alters) maßgebend.
Wenn bei Gebäuden mit Gebäudeteilen verschiedenen Alters die einzelnen Teile wegen ihrer Größe, Bauart und Nutzung eine unterschiedliche Lebensdauer erwarten lassen (größere Anbauten und Erweiterungsbauten), so ist die Wertminderung wegen Alters für jeden Teil getrennt zu berechnen.
2. **Aufstockungen:** Bei Aufstockungen ist die Wertminderung wegen Alters im Allgemeinen nach dem Alter der unteren Geschosse zu bemessen. Durch die Aufstockung kann jedoch die restliche Lebensdauer des Gebäudes verlängert worden sein (vgl. 5.4.3.4).
3. **Unterschiedliche Raummeterpreise** für einzelne nichtselbstständige Gebäudeteile: In derartigen Fällen ist der Wertminderung wegen Alters eine einheitliche gewöhnliche Lebensdauer für das ganze Gebäude zugrunde zu legen (vgl. Erlass FinMin Ba-Wü vom 13.06.1973 in Bew-Kartei Ba-Wü zu § 86 BewG Karte 8).

BEISPIEL

a) Ein zweigeschossiger Massivbau, Baujahr 1959, wird wie folgt genutzt:
Erdgeschoss: zu Fabrikationszwecken, gewöhnliche Lebensdauer 80 Jahre,
Obergeschoss: zu Bürozwecken, gewöhnliche Lebensdauer 100 Jahre.
LÖSUNG Die WwA ist, nach der gewöhnlichen Lebensdauer des Erdgeschosses zu bemessen, da von einer einheitlichen gewöhnlichen Lebensdauer des Gebäudes auszugehen ist. Die WwA beträgt somit: Gewöhnliche Lebensdauer 80 Jahre = 1,25% × 5 Jahre = 6,25 aufgerundet 7%

b) Ein zweigeschossiges Lagergebäude auf einem Fabrikgrundstück hat ein massives Erdgeschoss und ein Obergeschoss aus Holzfachwerk. Das Erdgeschoss hat einen umbauten Raum von 10 000 m³, das Obergeschoss einen solchen von 7 000 m². Das Alter des Gebäudes beträgt im Hauptfeststellungszeitpunkt sechs Jahre.
LÖSUNG Auch in diesem Fall ist eine einheitliche gewöhnliche Lebensdauer für das ganze Gebäude anzusetzen. Diese ist nach dem Verhältnis des umbauten Raumes der einzelnen Geschosse mit unterschiedlicher Nutzung und Bauart zu ermitteln (vgl. o.a. Erlass FinMin Ba-Wü vom 13.06.1973).
Die WwA beträgt somit:
$$\frac{10\,000 \times 80 \text{ Jahre}}{17\,000} + \frac{7\,000 \times 60 \text{ Jahre}}{17\,000} = 71,75 \text{ Jahre} = \text{rd. } 71 \text{ Jahre}$$
71 Jahre einheitliche gewöhnliche Lebensdauer = 1,41%; ergibt 1,41% × 6 Jahre = 8,46 rd. 9%

5.4.3.3 Verkürzung der gewöhnlichen Lebensdauer

4501   Bei Gebäuden, deren gewöhnliche **Lebensdauer** wegen nicht behebbarer oder nur mit unverhältnismäßig hohen Kosten zu beseitigender Baumängel oder Bauschäden **verkürzt** ist, ist die **voraussichtliche tatsächliche Lebensdauer** zugrunde zu legen. Die voraussichtliche tatsächliche Lebensdauer wird errechnet, indem die voraussichtliche Restlebensdauer, gerechnet vom betreffenden Feststellungszeitpunkt an, dem tatsächlichen Alter des Gebäudes zu diesem Feststellungszeitpunkt hinzugerechnet wird. Vgl. A 41 Abs. 6 BewR Gr und A 6 Abs. 6 Fortschreibungs-Richtlinien.

> **BEISPIEL** Ein Fabrikgrundstück mit einer gewöhnlichen Lebensdauer von 80 Jahren ist im Hauptfeststellungszeitpunkt 27 Jahre alt. Wegen eines im Jahre 2009 eingetretenen nicht behebbaren Bauschadens beträgt die voraussichtliche Restlebensdauer am 01.01.2010 (Fortschreibungszeitpunkt) 10 Jahre.
> **LÖSUNG** Voraussichtliche Lebensdauer im Feststellungszeitpunkt 01.01.2010 = Alter im Feststellungszeitpunkt + voraussichtliche Restlebensdauer im Fortschreibungszeitpunkt 01.01.2010 = (27 + 46) = 73 + 10 = 83 Jahre, jedoch höchstens die gewöhnliche Lebensdauer von 80 Jahren. Die jährliche Wertminderung beträgt danach 100 : 80 = 1,25 %, die Gesamtwertminderung 27 × 1,25 % = 33,75 = rd. 34 %; das bedeutet, die Verkürzung der gewöhnlichen Lebensdauer wirkt sich nicht (mehr) in einem höheren Wertminderungssatz aus.
> Bei einem nach dem Hauptfeststellungszeitpunkt 01.01.1964 errichteten Gebäude darf eine Verkürzung der gewöhnlichen Lebensdauer nicht bei der Wertminderung wegen Alters berücksichtigt werden (A 6 Abs. 8 FoR).

5.4.3.4 Verlängerung der restlichen Lebensdauer

4502   Ist die restliche **Lebensdauer** eines Gebäudes infolge baulicher Maßnahmen **verlängert**, so ist nach § 86 Abs. 4 BewG der nach dem tatsächlichen Alter errechnete Prozentsatz der Wertminderung wegen Alters entsprechend zu mindern. Eine Verlängerung der Lebensdauer wird dann anzunehmen sein, wenn ein Gebäude an tragenden Bauteilen durchgreifend erneuert oder verbessert worden ist. Vgl. A 41 Abs. 8 BewR Gr und A 6 Abs. 7 Fortschreibungs-Richtlinien.

> **BEISPIEL** Bei einem Werkstattgebäude (Holzfachwerkbau mit Lehmausfachung) mit einer gewöhnlichen Lebensdauer von 50 Jahren (jährliche Wertminderung 2 %) und einem Alter von 30 Jahren im Hauptfeststellungszeitpunkt 01.01.1964 ist im Jahre 2009 eine durchgreifende Erneuerung an tragenden Bauteilen durchgeführt worden. Dadurch wird voraussichtlich eine Verlängerung der Restlebensdauer von 20 Jahren eintreten.
> **LÖSUNG** Bei der Wertermittlung zur Überprüfung einer Wertfortschreibung zum 01.01.2010 ist an Stelle der Wertminderung nach dem tatsächlichen Alter in Höhe von 30 × 2 = 60 % nur eine solche von (30 ./. 20 =) 10 × 2 = 20 % zu berücksichtigen.

4503   Bei **Verkürzung der Lebensdauer** bleibt also das tatsächliche Alter des Hauptfeststellungszeitpunkts maßgeblich, während die Gesamtlebensdauer verändert wird, jedoch maximal bis zur gewöhnlichen Lebensdauer. Bei **Verlängerung der Lebensdauer** dagegen wird das tatsächliche Alter verändert, während die Gesamtlebensdauer unverändert bleibt. Bei einem nach dem Hauptfeststellungszeitpunkt 01.01.1964 errichteten Gebäude spielt die Verlängerung der restlichen Lebensdauer keine Rolle (vgl. auch A 6 Abs. 8 Fortschreibungs-Richtlinien).

5.4.3.5 Höchstsatz der Wertminderung wegen Alters

Als Wertminderung darf nach § 86 Abs. 3 BewG insgesamt kein höherer Betrag abgesetzt werden, als sich bei einem Alter von 70 % der Lebensdauer ergibt. Im Höchstfall ergibt sich dadurch eine Minderung des Gebäudenormalherstellungswerts von 70 %. Der **Restwert** darf mithin im Normalfall **30 %** nicht unterschreiten. Eine Ausnahme ist nach § 86 Abs. 3 Satz 2 BewG nur dann zulässig, wenn eine außergewöhnliche Wertminderung vorliegt (vgl. A 41 Abs. 9 BewR Gr).

4504

4505–4510
frei

5.4.4 Wertminderung wegen behebbarer baulicher Mängel und Schäden

Für bauliche Mängel und Schäden, die weder bei der Ermittlung des Gebäudenormalherstellungswertes noch bei der Wertminderung wegen Alters berücksichtigt worden sind, ist nach § 87 BewG ein Abschlag zu machen. Voraussetzung ist jedoch, dass es sich um **behebbare** Mängel oder Schäden handelt.

4511

Die **Höhe** des Abschlags richtet sich nach Bedeutung und Ausmaß der Mängel und Schäden. Bei fehlenden Bauteilen (z. B. durch Sturm abgetragenes Dach) ist der Abschlag nach dem Wertanteil des fehlenden Teils am Gesamtwert des Gebäudes zu bemessen, im Übrigen nach dem Ausmaß des Schadens an dem jeweiligen Bauteil (vgl. A 42 Abs. 2 BewR Gr).

4512

Die Wertminderung wegen behebbarer baulicher Mängel und Schäden kommt neben der Wertminderung wegen Alters in Betracht.

4513

BEISPIEL

Gebäudenormalherstellungswert (1 000 m² × 37,00 DM [Gebäudeklasse 2.35 der Anlage 14 B BewR Gr] = 37 000 DM). Der als Fabrikationsgebäude genutzte Massivbau, Baujahr 1954, weist einen behebbaren Bauschaden (Sturmschaden Ende Dezember 2009) auf, der einen Abschlag von 10 % rechtfertigt.

LÖSUNG

Gebäudenormalherstellungswert	37 000 DM
./. WwA:	
1,25 % (80 Jahre gewöhnliche Lebensdauer)	
× 10 Jahre (Alter im Hauptfeststellungszeitpunkt)	
= 12,50 aufgerundet 13 %, ergibt	4 810 DM
verbleiben	32 190 DM
./. Abschlag nach § 87 BewG:	
10 % von 32 190 DM	3 219 DM
Gebäudewert zum 01.01.2010	28 971 DM

Es sind auch Fälle denkbar, in denen eine Wertminderung wegen Alters infolge Verkürzung der restlichen Lebensdauer (nichtbehebbare Mängel und Schäden) und Wertminderung wegen behebbarer Mängel und Schäden i. S. v. § 87 BewG zusammentreffen. In derartigen Fällen ist zunächst die Wertminderung wegen Alters vorzunehmen und vom verbleibenden Wert der Abschlag nach § 87 BewG. Vgl. hierzu das Beispiel in A 43 BewR Gr.

4514

5.4.5 Ermäßigung und Erhöhung des Gebäudesachwerts

Wenn in **Einzelfällen** Umstände tatsächlicher Art vorliegen, die bei der Ermittlung des Gebäudesachwerts noch nicht berücksichtigt worden sind (weder im Gebäudenormal-

4515

herstellungswert noch bei der Wertminderung wegen Alters und auch nicht bei der Wertminderung nach § 87 BewG), kann der Gebäudesachwert ermäßigt oder erhöht werden (§ 88 BewG). Umstände, die nicht nur Einzelfälle, sondern ganze Gruppen von Grundstücken betreffen (z. B. früher die Lage im Zonengrenzgebiet), werden nicht durch eine Ermäßigung bzw. Erhöhung nach § 88 BewG, sondern im Wege der Angleichung nach § 90 BewG berücksichtigt.

4516 Das Gesetz regelt die Fälle der Ermäßigung oder Erhöhung nicht abschließend. Es führt beispielhaft als **Ermäßigungsgründe** die Lage des Grundstücks, den unorganischen Aufbau und die wirtschaftliche Überalterung, als **Erhöhungsgrund** die nachhaltige Nutzung für Reklamezwecke gegen Entgelt auf. Im Allgemeinen kommen folgende Ermäßigungen und Erhöhungen in Betracht (vgl. auch A 44 BewR Gr sowie A 7 Fortschreibungs-Richtlinien):

5.4.5.1 Ermäßigung wegen der Lage des Grundstücks

4517 Ein Abschlag wegen **ungünstiger Lage** kann z. B. bei einem nach dem Sachwertverfahren zu bewertenden Einfamilienhaus, das in unmittelbarer Nähe einer Fabrik mit starker Rußentwicklung liegt, geboten sein. Räumliche Abgelegenheit eines Grundstücks ist kein Grund für eine Ermäßigung, wenn die Zweckbestimmung des Gebäudes eine derartige Abgelegenheit erforderlich macht oder wenn die Abgelegenheit sich nicht nachhaltig auf die Nutzung auswirkt (RFH vom 14. 06. 1939 RStBl 1939, 863). Vgl. auch A 44 Abs. 3 BewR Gr.

4518 Der Abschlag ist im Allgemeinen vom Gebäudesachwert aller Gebäude der wirtschaftlichen Einheit vorzunehmen. Ein **Abschlagssatz** ist auf dem Gebäudesachwert nach Abzug der Abschläge wegen wirtschaftlicher Überalterung, wegen der Notwendigkeit vorzeitigen Abbruchs und wegen übermäßiger Raumhöhe zu beziehen (vgl. Schema »Reihenfolge der Abschläge und Zuschläge bei der Ermittlung des Gebäudewerts im Sachwertverfahren« in 5.7).

5.4.5.2 Ermäßigung wegen wirtschaftlicher Überalterung

4519 **Wirtschaftliche Überalterung** kann einen Abschlag begründen, wenn bei einem Gebäude die wirtschaftliche Wertminderung größer ist als der Betrag, um den sich sein Wert wegen seines Alters vermindert. Entscheidend ist dabei, ob aus zwingenden objektiven Gründen anzunehmen ist, dass der Zeitraum der tatsächlichen Verwendung des Gebäudes gegenüber der gewöhnlichen Lebensdauer verkürzt ist und deshalb das Gebäude vorzeitig abgebrochen werden muss (RFH vom 16. 11. 1939 RStBl 1940, 492). Vgl. auch A 44 Abs. 4 BewR Gr.

4520 Die **Höhe des Abschlags** bemisst sich nach der verkürzten Gesamtlebensdauer, die wegen der wirtschaftlichen Überalterung des Gebäudes anzunehmen ist. Vgl. hierzu A 44 Abs. 5 BewR Gr und A 7 Abs. 3 Fortschreibungs-Richtlinien sowie einheitlicher Ländererlass vom 08. 10. 1982 BStBl I 1982, 771 (der aufgrund des BFH vom 03. 07. 1981 BStBl II 1981, 761 ergangen ist). Danach ist bei **Gebäuden, die vor dem Hauptfeststellungszeitpunkt 01. 01. 1964 errichtet** wurden, der Abschlag wie folgt zu errechnen:

$$\frac{\text{Alter im maßgebenden Feststellungszeitpunkt}}{\text{Verkürzte Gesamtlebensdauer}} \times 100 \;.\!/.\; \text{Alterswertminderung nach § 86 BewG in \%} = \text{Abschlag in \%}$$

Dieser Abschlagssatz ist auf den Gebäudenormalherstellungswert zu beziehen und der sich ergebende Betrag vom Gebäudesachwert abzuziehen.

BEISPIEL

Ein Gebäude (angenommener Gebäudenormalherstellungswert 500 000 DM) mit einer gewöhnlichen Lebensdauer von 100 Jahren ist im Hauptfeststellungszeitpunkt 40 Jahre alt. Wegen wirtschaftlicher Überalterung ist im maßgebenden Feststellungszeitpunkt 01.01.2010 (z.B. Nachfeststellung wegen Neuabgrenzung der wirtschaftlichen Einheit) nur noch mit einer Restnutzungsdauer von 10 Jahren zu rechnen.

LÖSUNG

Die Wertminderung wegen Alters beträgt
bei normaler Lebensdauer   40 × 1%   = 40 %
bei verkürzter Lebensdauer; Alter im Feststellungszeitpunkt
01.01.2010 = 86 Jahre + Restlebensdauer 10 Jahre
= verkürzte Gesamtlebensdauer 96 Jahre; ergibt einen Prozentsatz

$$\frac{86 \times 100}{96} = 89{,}58\%$$

Unterschied = 49,58 Punkte

Der Gebäudesachwert ist daher wegen wirtschaftlicher Überalterung um 49,58%, aufgerundet 50% zu ermäßigen.
Es ergibt sich somit folgender Gebäudewert:

Gebäudenormalherstellungswert	500 000 DM
./. WwA (§ 86 Abs. 1 und 2 BewG):	
1% × 40 Jahre = 40%	200 000 DM
Gebäudesachwert	300 000 DM
./. Abschlag wegen wirtschaftlicher Überalterung (§ 88 Abs. 2 BewG):	
50% von 500 000 DM	250 000 DM
Gebäudewert zum 01.01.2010	50 000 DM

Bei wirtschaftlich überalterten **Gebäuden, die nach dem Hauptfeststellungszeitpunkt 01.01.1964 errichtet** wurden, ist der Abschlagssatz nach dem o.a. einheitlichen Ländererlass von 08.10.1982 wie folgt zu ermitteln:

$$\frac{\text{Alter im maßgebenden Feststellungszeitpunkt}}{\text{Verkürzte Gesamtlebensdauer}} \times 100 = \frac{\text{Abschlag in \% des}}{\text{Gebäudenormalherstellungswerts}}$$

4522–4530 frei

5.4.5.3 Ermäßigung wegen der Notwendigkeit vorzeitigen Abbruchs

Ein Abschlag wegen der Notwendigkeit des **vorzeitigen Abbruchs** kann nur in Betracht kommen, wenn ein Gebäude (oder ein Gebäudeteil) aus objektiven Gründen (z.B. aus städtebaulichen Gründen oder wegen des Baues einer öffentlichen Straße) innerhalb der nächsten 10 Jahre vom jeweiligen Feststellungszeitpunkt aus gesehen abgebrochen werden muss (vgl. A 44 Abs. 7 BewR Gr).

Die **Höhe des Abschlags** ist genauso zu ermitteln wie beim Abschlag wegen wirtschaftlicher Überalterung (vgl. 5.4.5.2 und dem dort zitierten einheitlichen Ländererlass vom 08.10.1982). Dabei ist ebenfalls zu unterscheiden zwischen Gebäuden, die bis zum Hauptfeststellungszeitpunkt 01.01.1964 und solchen, die nach diesem Zeitpunkt errichtet wurden. Die verkürzte Gesamtlebensdauer errechnet sich hierbei wie folgt:

Alter im maßgebenden Feststellungszeitpunkt
+ restliche Lebensdauer im maßgebenden Feststellungszeitpunkt
  (ohne Jahr des Abbruchs)

= Verkürzte Gesamtlebensdauer (maximal jedoch die gewöhnliche Lebensdauer).

4533 Ein Abschlag kommt nach vorstehender Regelung jedoch nur dann in Betracht, wenn das Gebäude entschädigungslos abgebrochen werden muss. Wird der **Abbruch** des Gebäudes **vollentschädigt,** so ist als Ausgleich für die Belästigungen, die das Entschädigungsverfahren mit sich bringt, und für die Tatsache, dass das Kapital nicht langfristig angelegt ist, nur ein **Abschlag bis zu 10% des Gebäudesachwerts** zu berücksichtigen (vgl. Erlass FinMin Ba-Wü vom 25.05.1970 in Bew-Kartei Ba-Wü zu § 88 BewG Karte 3; vgl. auch entsprechende Regelung zu § 82 Abs. 1 Nr. 3 BewG im Ertragswertverfahren in 4.5.2.3). Bei einer Teilentschädigung ist für den Abschlag ein Prozentsatz zwischen dem Abschlag von 10% und dem Abschlag, der bei entschädigungslosen Abbruch in Betracht kommen würde, zu ermitteln.

5.4.5.4 Ermäßigung wegen unorganischen Aufbaus

4534 Unorganischer Aufbau kommt im Allgemeinen nur **bei Fabrikgrundstücken** vor. Das trifft dann zu, wenn die Anordnung aller oder einzelner Betriebsgebäude zueinander für den Produktionsablauf ungünstig oder unzweckmäßig ist und dadurch eine Produktionsverteuerung eintritt, wodurch der gemeine Wert des Grundstücks gemindert wird. Weitere Einzelheiten regelt A 44 Abs. 8 bis 10 BewR Gr.

4535 Die **Höhe des Abschlags** ist zu **schätzen.** Nach dem BFH vom 16.11.1979 BStBl II 1980, 87 ist der Abschlag grundsätzlich auf 5% zu begrenzen. Der Abschlagssatz ist auf den Gebäudesachwert nach Abzug der Abschläge wegen wirtschaftlicher Überalterung, wegen der Notwendigkeit des vorzeitigen Abbruchs und wegen übermäßiger Raumhöhe zu beziehen (vgl. Schema »Reihenfolge der Abschläge und Zuschläge bei der Ermittlung des Gebäudewerts im Sachwertverfahren« in 5.7).

5.4.5.5 Ermäßigung wegen übermäßiger Raumhöhe

4536 Ein derartiger Abschlag kommt in Betracht, wenn Gebäude **Räume mit übergroßer Raumhöhe** aufweisen, die bei neuen Gebäuden nicht mehr üblich und deshalb praktisch wertlos sind. Vgl. hierzu das Beispiel in A 44 Abs. 11 BewR Gr. Die **Höhe des Abschlags** ergibt sich aus dem Unterschied zwischen dem Gebäudesachwert unter Zugrundelegung der tatsächlichen Raumhöhe und dem Gebäudesachwert unter Zugrundelegung der Raumhöhe, die für die neue Verwendung des Gebäudes nur noch in Betracht kommt (vgl. A 44 Abs. 12 BewR Gr).

BEISPIEL Massives eingeschossiges Fabrikationsgebäude eines Fabrikgrundstücks mit tatsächlicher Raumhöhe 8 m (Grundfläche 375 m^2, Flachdach, Gebäudeklasse 2.31). Nur noch verwendbare Höhe sechs m. Alter im Hauptfeststellungszeitpunkt 10 Jahre.
LÖSUNG Umbauter Raum bei tatsächlicher Höhe:
375 m^2 × 8 m = 3 000 m^3
Gebäudenormalherstellungswert:
3 000 m^3 × 15,00 DM (Gebäudeklasse 2.31) = 45 000 DM
./. WwA (§ 86 Abs. 1 und 2 BewG):
  1,25% × 10 Jahre = rd. 13% = 5 850 DM

Gebäudesachwert 39 150 DM

./. Abschlag wegen übermäßiger Raumhöhe:
Umbauter Raum bei 6 m Raumhöhe:
375 m³ × 6 m = 2250 m³
Gebäudenormalherstellungswert:
2250 m² × 16,50 DM (bis 6 m Höhe) = 37125 DM
./. WwA: 13 % = 4827 DM

Gekürzter Gebäudesachwert	32 298 DM
Tatsächlicher Gebäudesachwert	39 150 DM
Abschlag somit	6 852 DM ./. 6 852 DM
Gebäudewert	32 298 DM

5.4.5.6 Erhöhungen des Gebäudesachwerts

§ 88 Abs. 3 BewG sieht insbesondere einen Zuschlag **wegen Reklamenutzung** vor. Für diesen Zuschlag (Voraussetzungen und Höhe) gelten die Regelungen des Ertragswertverfahrens sinngemäß (vgl. A 44 Abs. 13 BewR Gr sowie 4.5.3.2). 4537

5.4.5.7 Zusammentreffen mehrerer Ermäßigungsgründe

Beim Zusammentreffen mehrerer Abschläge sind vielfach komplizierte Berechnungen vorzunehmen. Vgl. hierzu im Einzelnen Erlass FinMin Ba-Wü vom 06.04.1967 in Bew-Kartei Ba-Wü zu § 88 BewG Karte 1 Nr. 4 sowie Schema »Reihenfolge der Abschläge und Zuschläge bei der Ermittlung des Gebäudewerts im Sachwertverfahren« in 5.7. Treffen Abschläge wegen wirtschaftlicher Überalterung und der Notwendigkeit des vorzeitigen Abbruchs zusammen, ist nach dem Erlass des FinMin Ba-Wü vom 25.03.1985 (Bew-Kartei Ba-Wü zu § 88 BewG Karte 10) zu verfahren. 4538

4539–4550
frei

5.5 Wert der Außenanlagen

Der Wert der Außenanlagen wird nicht durch einen Zuschlag zum Gebäudesachwert, sondern getrennt erfasst. Er wird **wie der Gebäudewert** aus durchschnittlichen Herstellungskosten nach den Baupreisverhältnissen des Jahres 1958 **errechnet** und nach den Baupreisverhältnissen im Hauptfeststellungszeitpunkt umgerechnet. Der sich danach ergebende Wert ist wegen des Alters der Außenanlagen im Hauptfeststellungszeitpunkt und wegen etwaiger baulicher Mängel und Schäden unter sinngemäßer Anwendung der Vorschriften der §§ 86 bis 88 BewG zu mindern (§ 89 BewG). Vgl. »Darstellung der Ermittlung des Grundstückswerts im Sachwertverfahren« in Anlage 10 BewR Gr (Amtliche Handausgabe 1990 Anhang 16, 124). Zu den Außenanlagen rechnen insbesondere Einfriedungen (Mauern, Zäune), Tore, Stützmauern, Brücken, Unterführungen, Wege- und Platzbefestigungen, Schwimmbecken, Tennisplätze, Gartenanlagen usw. (vgl. A 45 Abs. 1 BewR Gr). 4551

Erfahrungswerte für oft vorkommende Außenanlagen sind in **Anlage 17 der BewR Gr** zusammengestellt worden. Diese sind in dem so genannten Berlin-Erlass vom 02.08.1967 noch ergänzt worden (abgedruckt in der Amtlichen Handausgabe 1990 der BewR Gr Anhang 24, 148 bis 150). Über deren gewöhnliche Lebensdauer sowie die jährliche Wertminderung enthält A 45 Abs. 2 BewR Gr weitere Einzelheiten. Bei Geschäftsgrundstücken kann der Wert 4552 der Außenanlagen auch **pauschal** mit 2 bis 8 % des Gebäudewerts angesetzt werden (vgl. A 45 Abs. 2 BewR Gr).

5.6 Angleichung an den gemeinen Wert

4553 Der **Ausgangswert** (Bodenwert + Gebäudewert + Wert der Außenanlagen) entspricht nicht dem gemeinen Wert; er ist erst noch durch Anwendung einer **Wertzahl** an den gemeinen Wert anzugleichen (§ 90 Abs. 1 BewG). Nach § 90 Abs. 2 BewG sind die Wertzahlen durch Rechtsverordnung unter Berücksichtigung der wertbeeinflussenden Umstände, insbesondere der Zweckbestimmung und Verwendbarkeit der Grundstücke innerhalb bestimmter Wirtschaftszweige und der Gemeindegrößen, im Rahmen von 85 bis 50 Prozent des Ausgangswertes festzusetzen. Das ist durch die VO zur Durchführung des § 90 BewG vom 02. 09. 1966 BStBl I 1966, 885 (vgl. auch Amtliche Handausgabe 1990 der BewR Gr zu § 90) geschehen. Dabei wurde anhand von Kaufpreisen bzw. aufgrund der Ermittlung von Marktmieten durch den Schätzungsausschuss für die Bewertung der bebauten Grundstücke festgestellt, in welchem Verhältnis die Ausgangswerte zu den gemeinen Werten stehen. Ziel der Wertangleichung ist es, ein einheitliches und gleichmäßiges Wertniveau aller bebauten Grundstücke, insbesondere auch zu den im Ertragswertverfahren zu bewertenden Grundstücken, zu erreichen.

4554 Die Wertzahlen sind in § 2 Abs. 1 der VO zu § 90 BewG **nach Grundstücksarten** und innerhalb dieser insbesondere nach **Baujahrgruppen gegliedert.** Bei Geschäftsgrundstücken ist darüber hinaus die Art des Geschäftsgrundstücks von Bedeutung. In bestimmten Fällen kommt auch eine **durchschnittliche Wertzahl** in Betracht (vgl. § 2 Abs. 4 und 5 der VO zu § 90 BewG).

5.7 Schema

4555 Reihenfolge der Abschläge und Zuschläge bei der Ermittlung des Gebäudewertes im Sachwertverfahren:

I. Raummeterpreis .... DM
II. Ermäßigungen und Erhöhungen des Raummeterpreises
1. Abschlag für fehlenden Fußboden .... DM
2. Zuschlag für Heizungsanlagen (in % von I.) .... DM
3. Hochhauszuschlag (in % von I.) .... DM
4. Verstärkung von Stützen und Fundamenten .... DM .... DM
   Maßgebender Raummeterpreis (II.) .... DM
III. Ermäßigungen und Erhöhungen des errechneten Wertes
1. Abschlag für fehlende Außenwände .... DM
   Zwischenwert .... DM
2. Zuschlag für Gründungen außergewöhnlicher Art
   (in % des Zwischenwerts) .... DM
3. Zuschlag für wasserdruckhaltige Dichtungen .... DM
4. Zuschlag für Decken von großer Tragfähigkeit .... DM
5. Zuschlag für besondere Innenausstattung .... DM
6. Zuschlag für Rampen .... DM
7. Zuschlag für andere nicht im Rauminhalt erfasste Bauwerte .... DM
   Zwischenwert .... DM
8. Abschlag oder Zuschlag für Gebäude mit übergroßen oder
   geringen bebauten Flächen (in % vom Zwischenwert) .... DM
9. Zuschlag für Aufzugsanlagen .... DM
   Gebäudenormalherstellungswert (III.) .... DM
IV. Wertminderungen wegen Alters und wegen
    baulicher Mängel und Schäden
1. Abschlag wegen Alters (in % von III.) .... DM
   Zwischenwert .... DM
2. Abschlag wegen baulicher Mängel und Schäden
   (in % des Zwischenwertes) .... DM
   Gebäudesachwert (IV.) .... DM
V. Ermäßigung und Erhöhung des Gebäudesachwerts
1. Abschlag wegen übermäßiger Raumhöhe (lt. besonderer
   Berechnung nach dem neuen Rauminhalt bis einschl. IV.) .... DM
2. Abschlag wegen wirtschaftlicher Überalterung (in % von III.,
   bei Abschlag nach V. 1 von III. mit neuem Rauminhalt; beim
   Zusammentreffen mit Abschlag nach IV. 2 ist III. um den Betrag
   zu kürzen, der sich nach Anwendung des Prozentsatzes
   für IV. 2 auf III. ergibt) .... DM
   Zwischenwert V. 2 .... DM
3. Abschlag wegen der Notwendigkeit vorzeitigen Abbruchs
   (wenn Abschlag nach V. 2 nicht in Betracht kommt):
   in % von III., bei Abschlag nach V. 1 von III. mit neuem
   Rauminhalt; beim Zusammentreffen mit Abschlag nach IV. 2
   ist III. um den Betrag kürzen, der sich nach Anwendung des
   Prozentsatzes für IV. 2 auf III. ergibt;
   wenn nach Abschlag nach V. 2 gewährt wird:

nach der Formel

$$\text{Zwischenwert V. 2} \times \left(\begin{array}{l} \text{Restlebensdauer} \\ \text{aufgrund wirt-} \\ \text{schaftlicher} \\ \text{Überalterung} \end{array} ./. \begin{array}{l} \text{tatsäch-} \\ \text{liche} \\ \text{Rest-} \\ \text{lebensdauer} \end{array} \right)$$

Restlebensdauer aufgrund wirtschaftlicher Überalterung	.... DM
Zwischenwert V. 3	.... DM
4. Ab- oder Zuschlag beim Einzelgebäude aus sonstigen Gründen (in % von V. 3)	.... DM
Zwischenwert V. 4	.... DM
5. Zuschlag für Nutzung zu Reklamezwecken	.... DM
Gebäudewert (Einzelgebäudewert)	.... DM
VI. Ermäßigung und Erhöhung der Summe der Gebäudewerte (in % des Zwischenwerts V. 4)	
1. Abschlag wegen der Lage des Grundstücks	.... DM
2. Abschlag wegen unorganischen Aufbaus	.... DM
3. Abschlag aus anderen Gründen	.... DM
4. Zuschlag aus anderen Gründen	.... DM
Zwischensumme der Gebäudewerte VI. 4	.... DM
5. Abschlag für Großobjekte (in % von Zwischensumme VI. 4)	.... DM
Summe der Gebäudewerte	.... DM

BEISPIEL

Nachfolgend wird dargestellt die Ermittlung des Einheitswerts eines Fabrikgrundstücks im Sachwertverfahren auf einen Nachfeststellungszeitpunkt (z.B. 01.01.2010, weil durch Neuabgrenzung eine wirtschaftliche Einheit neu entstanden ist sowie zusätzlich Errichtung eines weiteren Gebäudes).

Maßgebend sind die Wertverhältnisse vom Hauptfeststellungszeitpunkt 01.01.1964 (§ 27 BewG, A 6 Abs. 1, 2, 6, 7 und 8 Fortschreibungs-Richtlinien).

Wertermittlung

1. Bodenwert

Grundstücksfläche 10 000 m² à 50 DM =   500 000 DM

2. Gebäudewert

a) Fabrikhalle, massiv, eingeschossig mit Raumaufteilung und ohne Decke, Geschosshöhe 4 m, keine Unterkellerung, 3 000 m³, Baujahr 1950, Lebensdauer 80 Jahre, Gebäudeklasse 2.35 mit 37 DM/m³

Gebäudenormalherstellungswert:
3 000 m³ × 37 DM   = 111 000 DM

Wertminderung wegen Alters:
1,25 % × 14 = 17,50 % aufgerundet = 18 %   = <u>19 980 DM</u>

Gebäudesachwert: 91 020 DM

b) Shedhalle, massiv, Geschosshöhe 4 m, keine Unterkellerung, 5 000 m³, Baujahr 1960, Lebensdauer 80 Jahre, Gebäudeklasse 2.42 mit 36 DM/m³

Gebäudenormalherstellungswert:
5 000 m³ × 36 DM   = 180 000 DM

Wertminderung wegen Alters:		
1,25 % × 4 = 5 %	= 9 000 DM	
Gebäudesachwert:		171 000 DM
c) Bürogebäude, massiv, eingeschossig, 1 000 m³, Baujahr 1960, Lebensdauer 100 Jahre, Gebäudeklasse 1.122 mit 100 DM/m³		
Gebäudenormalherstellungswert:		
1 000 m³ × 100 DM	= 100 000 DM	
Wertminderung wegen Alters:		
1 % × 4 = 4 %	= 400 DM	
Gebäudesachwert:		96 000 DM
d) Lagerhalle, zweigeschossig, Massivgebäude mit Raumaufteilung, Baujahr 2009, Lebensdauer 80 Jahre, 2 Obergeschosse = 6 000 m³ (Geschosshöhe 3,50 m), Kellergeschoss = 2 000 m³ (Geschosshöhe 2,80 m), Gebäudeklasse 2.56 (auch für Kellergeschoss) mit 63,50 DM/m³		
Gebäudenormalherstellungswert:		
8 000 m³ × 63,50 DM	508 000 DM	
keine Wertminderung wegen Alters, da Gebäude nach dem 31. 12. 1963 erstellt (A 6 Abs. 6 FoR)		
Gebäudesachwert:		508 000 DM
Summe der Gebäudesachwerte		866 020 DM
./. Ermäßigung wegen unorganischen Aufbaus 2 %		17 321 DM
Gebäudewert		848 699 DM

3. Wert der Außenanlagen

Platzbefestigung 1200 m² × 15 DM =	18 000 DM	
Wertminderung wegen Alters:		
(Lebensdauer 10 Jahre = 10 %, Baujahr 1956),		
10 % × 8 = 80 %, höchstens 70 %		
(A 45 Abs. 3 BewR Gr)	= 12 600 DM	
Wert der Außenanlagen:		5 400 DM

4. Ausgangswert

Bodenwert	500 000 DM	
Gebäudewert	848 699 DM	
Wert der Außenanlagen	5 400 DM	1 354 099 DM

5. Angleichung an den gemeinen Wert

Wertzahl nach § 2 Abs. 1 Abschn. A Nr. 1 der VO zu § 90 BewG (Nachkriegsbauten) = 70 %

$$\frac{1\,354\,099 \times 70}{100} = \qquad 947\,869 \text{ DM}$$

6. Einheitswert auf den 01. 01. 2010
(abgerundet nach § 30 BewG)   947 800 DM
Umgerechnet auf   484 602 €

6 Sondervorschriften

6.1 Grundstücke im Zustand der Bebauung

4571 Grundstücke im Zustand der Bebauung werden für die Grundsteuer und wurden für die Vermögensbesteuerung (bis 01.01.1996 für die Vermögensteuer und bis 01.01.1997 für die Gewerbekapitalsteuer) unterschiedlich behandelt (vgl. A 47 Abs. 1 BewR Gr).

4572 Für die Grundsteuer bleiben nach § 91 Abs. 1 BewG die zum Feststellungszeitpunkt nicht bezugsfertigen Gebäude oder Gebäudeteile außer Betracht. Das hat Auswirkungen sowohl auf die Bestimmung der Grundstücksart wie auch auf die Höhe des Grundstückswerts. Im Allgemeinen bleibt der zuletzt festgestellte Einheitswert maßgebend. Wird auf einem bisher unbebauten Grundstück gebaut, bleibt weiterhin der **bisherige Einheitswert** für das unbebaute Grundstück **maßgebend**. Befinden sich auf dem Grundstück bereits andere bezugsfertige Gebäude oder Gebäudeteile, dann ist der für das bebaute Grundstück bisher gültige Einheitswert wie auch die bisherige Grundstücksart weiterhin maßgebend.

4573 Der Beginn der Bebauung eines Grundstücks kann die Überprüfung des letzten (bisherigen) Einheitswerts des Grundstücks notwendig machen (z.B. weil das bisherige Rohbauland baureifes Land wurde oder weil ein bisheriges Gebäude abgebrochen wurde). Vgl. im Einzelnen auch A 47 Abs. 2 BewR Gr.

6.2 Das Erbbaurecht

6.2.1 Zivilrechtlicher Begriff und Allgemeines

4574 Erbbaurecht ist das veräußerliche und vererbliche Recht, auf oder unter der Oberfläche des belasteten Grundstücks ein Bauwerk (i.d.R. Gebäude) zu haben (§ 1 Abs. 1 des Gesetzes über das Erbbaurecht – ErbbauRG – vom 15.01.1919 RGBl 1919, 72, 122, zuletzt geändert durch Gesetz vom 17.12.2008 BGBl I 2008, 2586; Überschrift neugefasst von ErbbauVO zu ErbbauRG mit Gesetz vom 23.11.2007, BGBl I 2007, 2614). Erbbaurecht ist nicht Miteigentum, sondern ein **dingliches Recht** am Grundstück (grundstücksgleiches Recht). Bürgerlich-rechtlich bleibt der Erbbauverpflichtete weiterhin Eigentümer des Grundstücks, das vom Erbbauberechtigten gegen Zahlung des Erbbauzinses genutzt wird. Das Erbbaurecht wird **wie ein Grundstück behandelt**, es erhält ein eigenes Grundbuchblatt. Das vom Erbbauberechtigten errichtete Gebäude gilt als Bestandteil des Erbbaurechts und steht somit auch bürgerlich-rechtlich im Eigentum des Erbbauberechtigten. Das Erbbaurecht erlischt (normalerweise) durch Zeitablauf. Das Eigentum an dem vom Erbbauberechtigten errichteten Gebäude geht alsdann auf den Erbbauverpflichteten – in der Regel gegen Zahlung einer Entschädigung – über (§ 27 ErbbauRG).

6.2.2 Bewertung des Erbbaurechts

6.2.2.1 Ermittlung eines Gesamtwerts

4575 Das Erbbaurecht gilt als **selbstständiges Grundstück** im Sinne des BewG (§ 68 Abs. 1 Nr. 2 i.V. mit § 70 Abs. 1 BewG). Nach § 92 Abs. 1 BewG bilden das Erbbaurecht und das mit dem Erbbaurecht belastete Grundstück **zwei selbstständige wirtschaftliche Einheiten,** für die jeweils ein gesonderter Einheitswert festzustellen ist. Bei der Ermittlung dieser Einheitswerte ist von einem **Gesamtwert** auszugehen, der für den Grund und Boden einschließlich der Gebäude und Außenanlagen festzustellen wäre, wenn die Belastung nicht bestünde. Wird der Gesamtwert nach den Vorschriften über die Bewertung der bebauten Grundstücke ermittelt (Regelfall), so gilt jede wirtschaftliche Einheit (**Erbbaurecht und belastetes Grundstück**) als **bebautes Grundstück der Grundstücksart**, von der bei der Ermittlung des Gesamtwerts ausgegangen wird. Wenn jedoch auf den mit dem Erbbaurecht belasteten Grundstück noch kein Gebäude errichtet ist, so sind beide wirtschaftliche Einheiten (Erbbaurecht und belastetes Grundstück) unbebaute Grundstücke. Vgl. auch A 48 Abs. 1 BewR Gr.

6.2.2.2 Verteilung des Gesamtwerts auf die beiden wirtschaftlichen Einheiten

Der **Gesamtwert** ist **nur eine Rechnungsgröße,** die auf die wirtschaftlichen Einheiten des Erbbaurechts und des belasteten Grundstücks nach Maßgabe der Absätze 2 und 3 des § 92 BewG, d.h. unter Beachtung der Dauer (Rest-Dauer) des Erbbaurechts und etwaiger Vereinbarungen zwischen dem Erbbauberechtigten und dem Erbbauverpflichteten, zu verteilen ist (vgl. auch A 48 Abs. 2 BewR Gr).

4576

Beträgt die **Dauer** des Erbbaurechts zu dem für die Bewertung maßgebenden Zeitpunkt noch **50 Jahre oder mehr,** so entfällt der Gesamtwert allein auf die wirtschaftliche Einheit des Erbbaurechts. In diesem Fall ist für das belastete Grundstück im Hinblick auf § 92 Abs. 7 BewG (und BFH vom 18.10.1968 BStBl II 1969, 63) ein Einheitswert in Höhe von 0 DM bzw. Euro festzustellen (A 48 Abs. 2 letzter Satz BewR Gr ist dadurch gegenstandslos geworden).

4577

Beträgt die **Dauer** des Erbbaurechts zu dem für die Bewertung maßgebenden Zeitpunkt **weniger als 50 Jahre,** so ist der Gesamtwert (grundsätzlich) entsprechend der restlichen Dauer des Erbbaurechts auf die beiden wirtschaftlichen Einheiten zu verteilen. Dabei entfällt in der Regel auf die wirtschaftliche Einheit des Erbbaurechts der Gebäudewert und ein Anteil am Bodenwert, der nach Maßgabe der Tabelle in § 92 Abs. 3 Nr. 1 BewG zu berechnen ist; auf die wirtschaftliche Einheit des belasteten Grundstücks entfällt der verbleibende Anteil am Bodenwert.

4578

Anmerkung: Da ab 01.01.1996 bzw. 01.01.1997 die Einheitswerte (für das Erbbaurecht und das belastete Grundstück) nicht mehr (getrennt) für die Vermögensteuer bzw. Einheitsbewertung des Betriebsvermögens benötigt werden, sondern nur noch zusammengefasst für die Grundsteuer (vgl. § 13 Abs. 3 GrStG), wird bereits bei der Einheitsbewertung von Erbbaurechtsgrundstücken nur noch für beide wirtschaftliche Einheiten ein einziger Einheitswert festgestellt und dem Erbbauberechtigten zugerechnet. Voraussetzung ist jedoch, dass die beiden Einheitswerte auch nicht für die Kürzung nach § 9 Nr. 1 GewStG bei der Ermittlung des Gewerbeertrags für die Gewerbesteuer erforderlich sind. Vgl. hierzu Erlass des Finanzministeriums Baden-Württemberg vom 24.03.1998 DB 1998, 801.

4579

4580

BEISPIEL

Ein im Erbbaurecht (Beginn des Erbbaurechts am 01.02.2009 für 49 Jahre) errichtetes Mietwohngrundstück, Massivbau, mit Baujahr 2009, ist in einer Gemeinde von 150 000 Einwohnern gelegen. Die Jahresrohmiete beträgt 10 000 DM. Ein Zuschlag nach § 82 Abs. 2 Nr. 1 BewG ist nicht zu berechnen.

LÖSUNG

Gesamtwert nach § 92 Abs. 1 BewG:	10 000 DM × 9 =	90 000 DM
Bodenwertanteil	10 000 DM × 0,91 =	9 100 DM
Gebäudewertanteil		80 900 DM
Auf die wirtschaftliche Einheit des **Erbbaurechts** entfallen:		
• der Gebäudewert		80 900 DM
• 95 % des Bodenwertanteils von 9 100 DM	=	8 645 DM
		89 545 DM

Einheitswert zum 01.01.2010 (abgerundet, § 30 BewG)	89 500 DM
Umgerechnet auf	45 760 €
Auf die wirtschaftliche Einheit des **belasteten Grundstücks** entfällt nur der verbleibende Anteil am Bodenwert in Höhe von 5 % von 9 100 DM	= 455 DM
Einheitswert zum 01.01.2010 (abgerundet, § 30 BewG)	= 400 DM
Umgerechnet auf	204 €

4581 Für die Verteilung des Gesamtwerts ist die getrennte Ermittlung des Gebäudewertanteils und des Bodenwertanteils erforderlich. Im Ertragswertverfahren (vgl. vorstehendes Beispiel) kann der Bodenwertanteil mit Hilfe der in den Anlagen 1 bis 8 BewR Gr abgedruckten Multiplikatoren für den Bodenwertanteil gefunden werden. Im Sachwertverfahren ergibt sich der Bodenwertanteil durch Anwendung der Wertzahl (§ 90 BewG) auf den gesondert ermittelten Bodenwert (§ 84 BewG). Wegen der Ermittlung des Bodenwertanteils in den Fällen der Mindestbewertung vgl. A 48 Abs. 3 BewR Gr und die dort aufgeführten Beispiele.

4582 Abweichend vom Normalfall ist in die wirtschaftliche Einheit des belasteten Grundstücks ein Anteil am Gebäudewert einzubeziehen, wenn **besondere Vereinbarungen** es rechtfertigen. Das gilt insbesondere, wenn bei Erlöschen des Erbbaurechts durch Zeitablauf das Eigentum am **Gebäude entschädigungslos** auf den Eigentümer des belasteten Grundstücks **übergeht**. In diesem Fall ist der Gesamtwert in der gleichen Weise wie sonst der Bodenwert zu verteilen. Eine vorherige Aufteilung des Gesamtwerts in Bodenwert- und Gebäudewertanteil ist in diesem Fall überflüssig. Vgl. A 48 Abs. 4 BewR Gr.

BEISPIEL Wie im vorangegangenen Beispiel, jedoch ist vereinbart, dass das Gebäude bei Erlöschen des Erbbaurechts entschädigungslos auf den Eigentümer des belasteten Grundstücks übergeht.
LÖSUNG Der Gesamtwert von 90 000 DM ist in diesem Fall ohne vorherige Ermittlung des Bodenwert- und Gebäudewertanteils wie folgt zu verteilen:
Einheitswert des **Erbbaurechts:** 95 % von 90 000 DM = 85 500 DM, umgerechnet auf 43 715 €.
Einheitswert des **belasteten Grundstücks:** 5 % von 90 000 DM = 4 500 DM, umgerechnet auf 2 300 €.

4583 Beträgt die **Entschädigung** für das Gebäude beim **Übergang nur einen Teil** des Gebäudewerts, so ist der dem Eigentümer des belasteten Grundstücks entschädigungslos zufallende Anteil entsprechend zu verteilen.

BEISPIEL Sachverhalt wie in den vorausgegangenen Beispielen, jedoch mit der Abweichung, dass eine Entschädigung nur in Höhe der Hälfte des Gebäudewerts erfolgen soll. Der Gebäudewertanteil betrug (vgl. Beispiel Rz. 4580) 80 900 DM; entschädigungslos übergehender Anteil 1/2 = 40 450 DM

LÖSUNG Auf die wirtschaftliche Einheit des **Erbbaurechts** entfallen:

95 % des Bodenwerts von 9 100 DM	= 8 645 DM
95 % des halben, später nicht zu entschädigenden Gebäudewerts von 40 450	= 38 427 DM
100 % des halben, später zu entschädigenden Gebäudewerts von 40 450 DM	= 40 450 DM
	87 522 DM
Einheitswert (abgerundet, § 30 BewG)	87 500 DM
umgerechnet auf	44 738 €
Auf die wirtschaftliche Einheit des **belasteten Grundstücks** entfallen:	
5 % des Bodenwerts von 9 100 DM	= 455 DM

5 % des halben, später nicht zu entschädigenden Gebäudewerts von 40 450 DM	= 2 022 DM
	2 477 DM
Einheitswert (abgerundet, § 30 BewG)	2 400 DM
umgerechnet auf	1 227 €

Eine in der Höhe des **Erbbauzinses** zum Ausdruck kommende Entschädigung für den Gebäudewert bleibt außer Betracht (§ 92 Abs. 5 BewG). Der Wert der **Außenanlagen** wird wie der Gebäudewert behandelt. 4584

Treffen bei der Ermittlung des Gesamtwerts von Erbbaurechtsgrundstücken mehrere **Ab- und Zuschläge zusammen** (im Ertragswertverfahren nach § 82 BewG und im Sachwertverfahren nach § 88 BewG), so ist dies bei der Verteilung des Gesamtwerts auf die wirtschaftliche Einheit des Erbbaurechts und des belasteten Grundstücks entsprechend zu berücksichtigen. Vgl. hierzu die Beispiele in A 33 Abs. 6 BewR Gr. 4585

4586–4590 frei

6.2.2.3 Berücksichtigung einer vereinbarten Abbruchverpflichtung

Hat sich der **Erbbauberechtigte zum Abbruch** des Gebäudes bei Beendigung des Erbbaurechts **verpflichtet**, so ist dieser Umstand durch einen entsprechenden **Abschlag** bei der Ermittlung des Grundstückswerts zu berücksichtigen. Der Abschlag unterbleibt jedoch, wenn vorauszusehen ist, dass das Gebäude trotz der Verpflichtung nicht abgebrochen werden wird. Vgl. § 92 Abs. 4 BewG sowie BFH vom 26. 02. 1986 BStBl II 1986, 450. 4591

Wegen der **Höhe** eines etwaigen Abschlags, der nur die wirtschaftliche Einheit des Erbbaurechts betrifft, aber bereits im Rahmen der Ermittlung des Gesamtwerts zu berücksichtigen ist, vgl. folgende Vorschriften: 4592
- Im Falle der Bewertung nach dem **Ertragswertverfahren:**
  - A 48 Abs. 5 BewR Gr nach den Spalten 4 bis 11 der erweiterten Anlage 9 der BewR Gr in Amtliche Handausgabe 1990 Anhang 9 Seite 123 bzw. Anhang 25, 151,
  - A 7 Abs. 4 i. V. mit Abs. 2 Fortschreibungs-Richtlinien,
  - A II des einheitlichen Ländererlasses vom 08. 10. 1982 BStBl I 1982, 771, abgedruckt in BewR Gr Amtliche Handausgabe 1990 Anhang 42, 205, 206.

Der Abschlag nach § 92 Abs. 4 BewG ist danach genauso zu ermitteln, wie im Falle des § 82 Abs. 1 Nr. 3 BewG (vgl. hierzu die Darstellung in 4.5.2.3). 4593
- Im Falle der Bewertung nach dem **Sachwertverfahren:**
  - A 48 Abs. 5 letzter Satz BewR Gr,
  - A 7 Abs. 4 i. V. m. Abs. 3 Fortschreibungs-Richtlinien,
  - A I des einheitlichen Ländererlasses vom 08. 10. 1982 BStBl I 1982, 771, abgedruckt in BewR Gr Amtliche Handausgabe 1990 Anhang 42, 205, 206.

Der Abschlag nach § 92 Abs. 4 BewG ist danach genauso zu ermitteln, wie im Falle des § 88 BewG i.V. mit A 44 Abs. 7 BewR Gr (vgl. hierzu Darstellung in 5.4.5.3). 4594

Für die Vornahme eines Abschlags wegen Abbruchverpflichtung nach § 92 Abs. 4 BewG ist (anders als nach § 82 Abs. 1 Nr. 3 und § 88 BewG wegen der Notwendigkeit des vorzeitigen Abbruchs) **nicht Voraussetzung**, dass das Gebäude spätestens **innerhalb von 10 Jahren** nach dem maßgebenden Feststellungszeitpunkt **abgebrochen** wird.

4595 Hat sich ein Erbbauberechtigter unbedingt verpflichtet, nach Ablauf des Erbbaurechts nach Wahl des Erbbauverpflichteten entweder die Gebäude entschädigungslos unter Einebnung des Grundstücks abzubrechen oder sie entschädigungslos dem Erbbauverpflichteten oder einen von ihm benannten Dritten zu überlassen, so ist nur die Abbruchverpflichtung zu berücksichtigen (BFH vom 26.02.1986 BStBl II 1986, 450). Der Abschlag wegen Abbruchverpflichtung hat nur dann zu unterbleiben, wenn in Bezug auf den Bewertungsgegenstand im Feststellungszeitpunkt konkret vorausschaubar ist, dass es trotz der Abbruchverpflichtung nicht zum Abbruch kommen wird (BFH vom 26.02.1986 [a.a.O.]).

6.2.2.4 Feststellungsarten bei der Bewertung von Erbbaurechten

Hierbei sind folgende Fälle zu unterscheiden:

4596 a) **Einräumung des Erbbaurechts**
Für das Erbbaurecht und das mit dem Erbbaurecht belastete Grundstück (also für beide wirtschaftliche Einheiten) sind Nachfeststellungen nach § 23 Abs. 1 Nr. 1 BewG durchzuführen, wenn das Erbbaurecht nach einem Hauptfeststellungszeitpunkt entstanden ist. Der Einheitswert des bisher unbelasteten (mit dem Erbbaurecht nicht belasteten) Grundstücks ist nach § 24 Abs. 1 Nr. 1 BewG aufzuheben, wenn dieses Grundstück in vollem Umfang mit dem Erbbaurecht belastet wurde.

4597 b) **Wertfortschreibungen wegen tatsächlicher Veränderungen** (§ 92 Abs. 7 Sätze 1 und 2 BewG)
Ändert sich der Gesamtwert, so ist eine Wertfortschreibung aus diesem Grunde nur vorzunehmen, wenn der Gesamtwert, der sich für den Beginn eines Kalenderjahres ergibt, vom Gesamtwert des letzten Feststellungszeitpunkts um das in § 22 Abs. 1 BewG bezeichnete Ausmaß abweicht. Vgl. hierzu die Beispiele B und C in A 9 Abs. 2 Fortschreibungs-Richtlinien.

4598 c) **Wertfortschreibung wegen Änderung der Verteilung des Gesamtwerts (§ 92 Abs. 7 Satz 3 BewG):**
Ändert sich nur die Verteilung des Gesamtwerts infolge Zeitablaufs, so sind Wertfortschreibungen für die wirtschaftlichen Einheiten des Erbbaurechts und des belasteten Grundstücks allein aus diesem Grunde durchzuführen. Bei diesen Wertfortschreibungen sind die Wertfortschreibungsgrenzen des § 22 Abs. 1 BewG nicht zu beachten. Vgl. hierzu Beispiel A in A 9 Abs. 2 Fortschreibungs-Richtlinien.

4599 d) **Bei Wegfall des Erbbaurechts:**
In diesem Fall sind die Einheitswerte für die wirtschaftliche Einheit »Erbbaurecht« und die wirtschaftliche Einheit »belastetes Grundstück« nach § 24 Abs. 1 Nr. 1 BewG aufzuheben. Für das »neue bebaute Grundstück (ohne Belastung mit einem Erbbaurecht)« ist eine Nachfeststellung nach § 23 Abs. 1 Nr. 1 BewG durchzuführen. Hierbei soll es nach dem Erlass FinMin Ba-Wü vom 31.01.1977 keine Rolle spielen, ob (falls der Erbbauberechtigte das belastete Grundstück erwirbt) das Erbbaurecht im Grundbuch gelöscht wird oder nicht.

4600–4610 frei

6.2.2.5 Errichtung eines Gebäudes im Erbbaurecht auf mehreren wirtschaftlichen Einheiten

4611 Es handelt sich hier um eine Besonderheit, vgl. hierzu die Ausführungen in 6.4.2.5.

6.2.3 Behandlung des Erbbauzinses

Das **Recht auf den Erbbauzins** ist nicht als Bestandteil des Grundstücks und die Verpflichtung zur Zahlung des Erbbauzinses nicht bei der Bewertung des Erbbaurechts zu berücksichtigen (§ 92 Abs. 5 BewG). 4612

6.2.4 Wohnungserbbaurecht und Teilerbbaurecht

Bei Wohnungserbbaurechten und Teilerbbaurechten ist der Gesamtwert in gleicher Weise zu ermitteln, wie wenn es sich um Wohnungseigentum oder Teileigentum handeln würde. Die Verteilung des Gesamtwerts erfolgt nach den oben dargelegten Grundsätzen (vgl. § 92 Abs. 6 BewG). 4613

6.2.5 Behandlung Heimfallanspruch bzw. Heimfallverpflichtung

In den Fällen der Rückübertragung des Erbbaurechts auf den Grundstückseigentümer (Erbbaurechtsverpflichteten; vgl. § 2 Nr. 4 ErbbauRG) und der Aufhebung des Erbbaurechts mit Zustimmung des Grundstückseigentümers (Erbbaurechtsverpflichteten; vgl. § 26 ErbbauRG) entsteht beim Grundstückseigentümer ein Heimfallanspruch bzw. ein Heimfallrecht und beim Erbbauberechtigten eine Heimfallverpflichtung. In beiden Fällen handelt es sich beim Grundstückseigentümer um einen **Sachleistungsanspruch** und beim Erbbauberechtigten um eine **Sachleistungsverpflichtung**. Im Fall des Erlöschens des Erbbaurechts durch Zeitablauf (vgl. § 27 ErbbauRG) geht das Bauwerk zwar automatisch als Bestandteil des Grundstücks auf den Grundstückseigentümer über (vgl. § 12 Abs. 3 ErbbauRG), trotzdem besteht vor dem Erlöschen des Erbbaurechts für den Erbbauverpflichteten (Grundstückseigentümer) bewertungsrechtlich ebenfalls ein Sachleistungsanspruch gegenüber dem Erbbauberechtigten und beim Erbbauberechtigten eine Sachleistungsverpflichtung gegenüber dem Grundstückseigentümer. 4614

Der Ansatz eines Sachleistungsanspruchs bzw. einer Sachleistungsverpflichtung kann während des Bestehens des Erbbaurechts allerdings nur in den Fällen des Erlöschens des Erbbaurechts durch Zeitablauf (bei einer Restlaufzeit von 50 Jahren und mehr) in Betracht kommen, da in den übrigen beiden Fällen vor Beendigung des Erbbaurechtszustands Anspruch und Verpflichtung aufschiebend bedingt sind (§§ 4 und 6 Abs. 1 BewG). Auch in der Steuerbilanz kommt bei den übrigen Fällen ein Ansatz nicht in Betracht, da Anspruch bzw. Verpflichtung noch nicht entstanden sind. 4615

In allen drei Fällen des vorstehenden Absatzes 1 hat der Grundstückseigentümer gegenüber dem Erbbauberechtigten (zu gegebener Zeit) eine **Entschädigungspflicht**; diese ergibt sich in den Fällen des § 2 Nr. 4 und § 26 ErbbauRG aus § 32 ErbbauRG und im Falle des Erlöschens des Erbbaurechts durch Zeitablauf aus § 27 ErbbauRG. 4616

Muss der Grundstückseigentümer in den genannten Fällen für das vorhandene Bauwerk (i.d.R. ein Gebäude) am Ende der Erbbaurechtszeit eine **Entschädigung** an den bisherigen Erbbauberechtigten zahlen (Normalfall), so ergeben sich während der Erbbaurechtszeit (auch im Falle des Erlöschens des Erbbaurechts durch Zeitablauf) hinsichtlich Sachleistungsanspruch bzw. Sachleistungsverpflichtung und Entschädigungspflicht **keine Besonderheiten**, da Anspruch und Verpflichtung sich regelmäßig gleichwertig gegenüber stehen. Sollte **aufgrund vertraglicher Vereinbarungen** das Bauwerk (Gebäude) in einem solchen Falle **jedoch entschädigungslos** auf den Grundstückseigentümer übergehen (zurückfallen), so ist beim Grundstückseigentümer ein Sachleistungsanspruch und beim Erbbauberechtigten eine entsprechende Sachleistungsverpflichtung anzusetzen, jedoch nur, wenn die Restdauer des 4617

Erbbaurechts zum jeweilgen Feststellungszeitpunkt noch 50 Jahre und mehr beträgt (bei unter 50 Jahre Restdauer bereits Zurechnung eines Anteils am Gebäudewert, vgl. § 92 Abs. 3 Sätze 3 bis 6 BewG). Der Sachleistungsanspruch bzw. die Sachleistungsverpflichtung können bei der Erbschaft- und Schenkungsteuer von Bedeutung sein. Über die Ermittlung des Werts gibt es zwei unterschiedliche Auffassungen:

a) **Erste Möglichkeit:**
Gemeiner Wert des Bauwerks (Gebäudes) zum Ende der Erbbaurechtszeit, abgezinst wie eine unverzinsliche Kapitalforderung bzw. Kapitalschuld nach § 12 Abs. 3 BewG (vgl. auch Erlass FinMin Ba-Wü vom 09. 11. 1982; u.E. jedoch bedenklich, da es sich nicht um eine Kapitalforderung bzw. Kapitalschuld handelt).

b) **Zweite Möglichkeit:**
Gemeiner Wert des Bauwerks (Gebäudes) zum Ende der Erbbaurechtszeit gleichmäßig anwachsend (linear und zeitanteilig).

6.3 Wohnungseigentum und Teileigentum

6.3.1 Zivilrechtlicher Begriff und Allgemeines

4618 **Wohnungseigentum** ist das Sondereigentum an einer Wohnung in Verbindung mit dem Miteigentum an dem gemeinschaftlichen Eigentum, zu dem es gehört; **Teileigentum** ist das Sondereigentum an nicht Wohnzwecken dienenden Räumen eines Gebäudes in Verbindung mit dem Miteigentumsanteil an dem gemeinschaftlichen Eigentum, zu dem es gehört (§ 1 Abs. 2 und 3 des Wohnungseigentumsgesetzes – WEG – vom 15. 03. 1951 BGBl I 1951, 175, zuletzt geändert durch Gesetz vom 26. 03. 2007, BGBl I 2007, 370). **Gemeinschaftliches Eigentum** im vorgenannten Sinne sind der Grund und Boden sowie die Teile, Anlagen und Einrichtungen des Gebäudes, die nicht im Sondereigentum oder Eigentum eines Dritten stehen (§ 1 Abs. 4 WEG). Gemeinschaftliches Eigentum können auch z.B. eine Hausmeisterwohnung sowie vermietete Wohnungen oder Läden sein.

4619 Wohnungseigentum und Teileigentum kann **begründet** werden durch Teilung (Teilungserklärung gegenüber dem Grundbuchamt, § 8 WEG) oder durch vertragliche Vereinbarung (§ 3 WEG). Es **entsteht** (i. d. R.) **mit Eintragung im Grundbuch.** Dies kann gemäß § 8 Abs. 1 WEG sogar schon an einem noch gar nicht errichteten Gebäude bestellt werden. In diesen Fällen ist das Wohnungseigentum bzw. Teileigentum als unbebautes Grundstück mit dem anteiligen Wert des unbebauten Grundstücks zu bewerten. Ist das eingetragene Wohnungseigentum bzw. Teileigentum zwar begonnen, aber noch nicht bezugsfertig, so ist es für die Grundsteuer als unbebautes Grundstück zu bewerten (§ 93 Abs. 1 Satz 3 BewG).

4620 Zu Fragen der Abgrenzung, Entstehung und Grundstücksart der wirtschaftlichen Einheit Wohnungs- und Teileigentum vgl. auch A 49 Abs. 1 BewR Gr und den einheitlichen Ländererlass vom 26. 11. 1992 BStBl I 1993, 104.

4621–4630 frei

6.3.2 Bewertung

6.3.2.1 Abgrenzung, Grundstücksart und Bewertungsverfahren

4631 Jedes Wohnungseigentum und jedes Teileigentum bilden bewertungsrechtlich **eine wirtschaftliche Einheit** für sich (§ 93 Abs. 1 Satz 1 BewG). Hierbei sind § 2 Abs. 1 und § 70 Abs. 2 BewG anzuwenden (BFH vom 23. 02. 1979 BStBl II 1979, 547). Für die Abgrenzung der wirtschaftlichen Einheiten ist daher in erster Linie die Verkehrsauffassung maßgebend, wobei insbesondere das Merkmal der selbstständigen Veräußerbarkeit von Bedeutung ist. Gehört zu einem Wohnungseigentum bzw. Teileigentum eine Garage, so ist sie in die wirtschaftliche Einheit des Wohnungseigentums bzw. Teileigentums einzubeziehen (§ 70 Abs. 1 und 2 BewG und A 4 Abs. 1 und 2 BewR Gr). Weitere Ausführungen enthält Ziffer 2 des o. a. einheitlichen Ländererlasses vom 26. 11. 1992.

Die **Grundstücksart** richtet sich nach der Nutzung des auf das Wohnungseigentum oder Teileigentum entfallenden Gebäudeteils. Ein Wohnungseigentum kann demnach als Einfamilienhaus, als Mietwohngrundstück, als gemischtgenutztes Grundstück und – in Ausnahmefällen sogar – als Geschäftsgrundstück zu bewerten sein. Teileigentum ist im Allgemeinen als Geschäftsgrundstück zu bewerten. Bei Wohnungseigentum liegt regelmäßig die Grundstücksart »Einfamilienhaus« vor (vgl. A 49 Abs. 2 BewR Gr). **Ausnahmsweise** kann auch die Grundstücksart »Zweifamilienhaus« in Betracht kommen; dies wäre dann der Fall, wenn eine das Sondereigentum bildende abgeschlossene Wohnung zwei nicht abgeschlossene Teile enthält, die jedoch beide bewertungsrechtlich den Begriff »Wohnung« erfüllen (vgl. hierzu auch Ziffer 3 des o. a. einheitlichen Ländererlasses vom 26. 11. 1992, wonach es aber nicht genügt, zwei abgeschlossene Wohnungen durch einen Mauerdurchbruch oder eine Treppe zu verbinden und für beide Wohnungen den eigenen Zugang vom Hausflur bzw. Treppenhaus bestehen zu lassen); vgl. auch 3.2.2.

4632

Das **Bewertungsverfahren** richtet sich grundsätzlich nach der allgemeinen Vorschrift des § 76 BewG. Für Wohnungseigentum, das zu 20 % oder mehr Wohnzwecken dient, ist jedoch in § 93 Abs. 2 BewG eine Sonderregelung getroffen. Danach gilt:
- Wohnungseigentum, das zu mehr als 80 % Wohnzwecken dient, ist im Wege des Ertragswertverfahrens nach den Vorschriften zu bewerten, die für Mietwohngrundstücke maßgebend sind. Das gilt auch, wenn das Wohnungseigentum als »Einfamilienhaus« zu bewerten ist.
- Wohnungseigentum, das zu nicht mehr als 80 %, aber zu nicht weniger als 20 % Wohnzwecken dient, ist im Wege des Ertragswertverfahrens nach den Vorschriften zu bewerten, die für gemischtgenutzte Grundstücke maßgebend sind.

4633

Nur wenn das Wohnungseigentum im Ausnahmefall zu mehr als 80 % gewerblichen oder öffentlichen Zwecken dient, kommt eine Bewertung nach den für Geschäftsgrundstücke maßgebenden Vorschriften in Betracht. Teileigentum ist nach den Vorschriften zu bewerten, die für die im einzelnen Fall in Betracht kommende Grundstücksart – im Allgemeinen Geschäftsgrundstücke – in Frage kommen. Vgl. auch A 49 Abs. 3 BewR Gr.

4634

6.3.2.2 Wertermittlung und Erfassung des gemeinschaftlichen Eigentums

Das Wohnungseigentum und das Teileigentum umfassen jeweils das Sondereigentum und den Miteigentumsanteil am gemeinschaftlichen Eigentum (z. B. Grund und Boden, Flure, Treppenhäuser). Der Wert des Miteigentumsanteils ist bei der Bewertung im Ertragswertverfahren durch den Ansatz des Mietwerts der Eigentumswohnung in der Regel voll erfasst. Das gilt aber nur, wenn das Verhältnis der Miteigentumsanteile dem Verhältnis der Jahresrohmieten entspricht. Ist das nicht der Fall, kann nach § 93 Abs. 3 Satz 1 BewG eine anderweitige Aufteilung erfolgen. Vgl. auch A 49 Abs. 4 BewR Gr.

4635

Sind einzelne Räume, die im gemeinschaftlichen Eigentum stehen, vermietet (z. B. Hausmeisterwohnung, Läden etc.), so ist ihr Wert nach den im Grundbuch eingetragenen

4636

Anteilen zu verteilen und bei den einzelnen wirtschaftlichen Einheiten zu erfassen (§ 93 Abs. 3 Satz 2 BewG). Vgl. hierzu auch A 49 Abs. 5 BewR Gr und das dort aufgeführte Beispiel.

4637 Hinsichtlich des Zuschlags wegen der Größe der nicht bebauten Fläche nach § 82 Abs. 2 Nr. 1 BewG (in Fällen des Ertragswertverfahrens) ist bei der Grundstücksart »Einfamilienhaus oder Zweifamilienhaus« nicht von einer gesamten Fläche von 1 500 m², sondern von dem fünffachen der bebauten Fläche auszugehen (Bewertung wie ein Mietwohngrundstück oder gemischtgenutztes Grundstück, vgl. § 93 Abs. 2 BewG). Bei der Verteilung des Zuschlags auf das einzelne Wohnungseigentum ist sowohl die bebaute Fläche als auch die gesamte Grundstücksfläche entsprechend den im Grundbuch eingetragenen Miteigentumsanteilen aufzuteilen. Vgl. hierzu Erlass FinMin Ba-Wü vom 31. 03. 1967 Bew-Kartei Ba-Wü zu § 82 BewG Karte 1 Nr. 4.

6.3.2.3 Feststellungsarten

4638 Entstehen die wirtschaftlichen Einheiten des Wohnungs- und Teileigentums nach einem Hauptfeststellungszeitpunkt, so kommt jeweils eine Nachfeststellung gemäß § 23 Abs. 1 Nr. 1 BewG in Betracht. Auf nachfolgende Zeitpunkte sind (wie auch sonst) Zurechnungs-, Art- und Wertfortschreibungen unter den Voraussetzungen des § 22 BewG möglich. Der bisherige Einheitswert der wirtschaftlichen Einheit, die in Wohnungs- bzw. Teileigentum umgebildet wurde, ist nach § 24 Abs. 1 Nr. 1 BewG aufzuheben.

6.3.3 Dauerwohnrecht

4639 Das Dauerwohnrecht (§ 31 WEG) gilt grundsätzlich nicht als Grundstück im Sinne des BewG. Es ist jedoch wie ein Wohnungseigentum zu behandeln, wenn der Dauerwohnberechtigte aufgrund der zwischen ihm und dem Grundstückseigentümer getroffenen Vereinbarungen wirtschaftlich einem Wohnungseigentümer gleichsteht (vgl. A 49 Abs. 7 BewR Gr).

4640–4650 frei

6.4 Gebäude auf fremdem Grund und Boden

6.4.1 Begriff und Allgemeines

4651 Nach § 70 Abs. 3 BewG gilt als **Grundstück** (und somit als selbstständige wirtschaftliche Einheit) im Sinne des BewG auch ein Gebäude, das auf fremdem Grund und Boden errichtet ist. Hierbei sind folgende **zwei Fälle** zu unterscheiden:

4652 1. Das Gebäude ist ein **Scheinbestandteil** i. S. v. § 95 Abs. 1 BGB, nur für vorübergehende Zwecke errichtet und muss vom Hersteller nach Ablauf der Miet- und Pachtzeit des Grund und Bodens wieder entfernt werden. In diesem Falle ist der Mieter bzw. Pächter des Grund und Bodens als Hersteller des Gebäudes zugleich bürgerlich-rechtlicher und wirtschaftlicher Eigentümer des Gebäudes.

4653 2. Das Gebäude ist wesentlicher Bestandteil des Grund und Bodens (§§ 93 und 94 BGB), aber dem Mieter bzw. Pächter des Grund und Bodens (i. d. R. auch Hersteller des Gebäudes) als **wirtschaftlichem Eigentümer** zuzurechnen. Vgl. hierzu Abschn. 4 Abs. 3 BewR Gr. Hierzu hat der Bundesgerichtshof (BGH) in einem Urteil vom 31. 10. 1986 (NJW 1987, 774) entschieden, dass bei Gebäuden, die ein Mieter oder Pächter auf fremdem Grund und Boden errichte, regelmäßig eine Vermutung dafür spreche, dass dies nur in seinem Interesse für die Dauer des Vertragsverhältnisses und damit für einen vorübergehenden Zweck geschehe. Der Mieter oder Pächter bleibt also grundsätzlich Eigentümer des von ihm errichteten Gebäudes. Daran soll sich auch nichts ändern, wenn sich der Mieter oder Pächter dies später anders überlegt und jetzt will, dass das Gebäude auf Dauer stehen soll. Erst wenn sich der Mieter oder Pächter durch Abschluss eines entsprechenden Vertrages über den Eigentumsübergang auf den Grundstückseigentümer geeinigt haben, erlangt der Grundstückseigentümer das Eigentum an dem Gebäude.

In beiden Fällen muss begrifflich jedoch ein **Gebäude** vorliegen (vgl. A 1 Abs. 2 BewR Gr). Bewertungsrechtlich werden (anders als im Ertragsteuerrecht) beide Fälle gleich behandelt. Nach Ziffer 1 des Erlasses FinMin Ba-Wü vom 04.07.1968 Bew-Kartei Ba-Wü zu § 94 BewG Karte 1 Nr. 1 sollen Bauwerke auf fremdem Grund und Boden allgemein nicht als Gebäude gelten, wenn der dafür sich ergebende Wert (Einheitswert) nicht mehr als 1 000 DM beträgt.

4654

6.4.2 Bewertungsrechtliche Behandlung

6.4.2.1 Abgrenzung und Bestimmung der Grundstücksart

§ 94 Abs. 1 BewG bestimmt, dass bei Gebäuden auf fremdem Grund und Boden der **Bodenwert** dem Eigentümer des Grund und Bodens, der **Gebäudewert** dem wirtschaftlichen Eigentümer des Gebäudes zuzurechnen ist. **Außenanlagen** (z.B. Umzäunungen, Wegebefestigungen), auf die sich das wirtschaftliche Eigentum am Gebäude erstreckt, sind in die wirtschaftliche Einheit des Gebäudes einzubeziehen. Das Gebäude auf fremdem Grund und Boden und der Grund und Boden selbst bilden also **zwei selbstständige wirtschaftliche Einheiten** (wirtschaftliche Einheit »Grund und Boden« und wirtschaftliche Einheit »Gebäude auf fremdem Grund und Boden«), für die je ein Einheitswert festzustellen ist.

4655

Wird von einem größeren Grundstück nur eine Teilfläche verpachtet und errichtet der Pächter auf dieser Fläche ein Gebäude (Gebäude auf fremdem Grund und Boden), so ist diese Teilfläche aus dem größeren Grundstück herauszulösen und als besondere wirtschaftliche Einheit zu bewerten (BFH vom 06.10.1978 BStBl II 1979, 37). Vgl. auch BFH vom 19.01.1979 BStBl II 1979, 398.

4656

Aus Vereinfachungsgründen wird von der Verwaltung zugelassen, dass zusammenhängende Flächen, die an mehrere Pächter verpachtet sind, beim Eigentümer des Grund und Bodens zu einer wirtschaftlichen Einheit zusammengefasst werden, wenn und soweit die Flächen im Falle ihrer Einzelbewertung nach § 94 Abs. 1 Satz 3 BewG in ein und dieselbe Grundstücksart einzuordnen wären. Voraussetzung ist jedoch, dass sich hierdurch bei der Grundsteuermessbetragsveranlagung keine Benachteiligung ergibt (dies wäre bei der Grundstücksart »Einfamilienhaus« mit einem Einheitswert bis 31.12.2001 über 75 000 DM bzw. ab 01.01.2002 über 38 346,89 € der Fall, vgl. § 15 GrStG). Vgl. hierzu Erlass FinMin Ba-Wü vom 02.01.1975 Bew-Kartei Ba-Wü zu § 94 BewG Karte 4.

4657

Für die **Grundstücksart** des Gebäudes ist § 75 BewG maßgebend; der Grund und Boden, auf dem das Gebäude errichtet ist, gilt als bebautes Grundstück derselben Grundstücksart wie das Gebäude. Vgl. auch A 50 Abs. 1 BewR Gr.

4658

6.4.2.2 Bewertung der wirtschaftlichen Einheit »Grund und Boden«

Obwohl der Grund und Boden als bebautes Grundstück gilt, ist sein **Wert nach den für unbebaute Grundstücke geltenden Grundsätzen** zu ermitteln (§ 94 Abs. 2 BewG). Beeinträchtigt die Nutzungsbehinderung, welche sich aus dem Vorhandensein des Gebäudes ergibt, den Wert des Grund und Bodens, so ist dies zu berücksichtigen. Das dürfte jedoch nur

4659

in Ausnahmefällen gegeben sein. Der Umstand allein, dass auf dem Grundstück ein Gebäude errichtet ist, berechtigt nicht zu einer Wertminderung. Vgl. auch A 50 Abs. 2 BewR Gr.

6.4.2.3 Bewertung der wirtschaftlichen Einheit »Gebäude auf fremdem Grund und Boden«

4660   Für die Bewertung gilt im Einzelnen Folgendes:
a) **Regelfall** (§ 94 Abs. 3 Sätze 1 und 2 BewG)
Für die Bewertung des Gebäudes gelten die Vorschriften des § 76 BewG. Wird das Gebäude im Ertragswertverfahren bewertet, so ist von dem sich nach §§ 78 bis 80 BewG ergebenden Wert der Bodenwertanteil abzuziehen; die Berechnung des Bodenwertanteils erfolgt mit Hilfe der in den Anlagen 1 bis 8 der BewR Gr jeweils am Schluss aufgeführten Multiplikatoren.

4661   b) **Berücksichtigung einer vereinbarten Abbruchverpflichtung** (§ 94 Abs. 3 Satz 3 BewG)
Ebenso wie beim Erbbaurecht (vgl. 6.2.2.3) kann ein Abschlag bei der Ermittlung des Grundstückswerts (Gebäudewerts) in Betracht kommen.
Die Grundsätze, die für eine Abbruchverpflichtung eines Erbbaurechtsgrundstücks maßgebend sind, gelten hier entsprechend. Vgl. hierzu im Einzelnen die Ausführungen in 6.2.2.3. Vgl. auch A 50 Abs. 3 BewR Gr.

4662   c) **Behandlung bei entschädigungslosem Übergang des Gebäudes**
Ist vereinbart, dass das Gebäude nach Ablauf der Miet- bzw. Pachtzeit **gegen Entschädigung** auf den Grundstückseigentümer übergeht, so ist während des Bestehens des Gebäudes über die Bewertung nach § 94 BewG hinaus nichts Besonderes zu veranlassen. Ist dagegen ein **entschädigungsloser Übergang** vereinbart, so hat sich dies (ebenso in bestimmten Fällen des Erbbaurechts, vgl. 6.2.5) bei der Bewertung von Grund und Boden und Gebäude nach § 94 BewG noch nicht ausgewirkt. Daher ist in entsprechenden Erbschaft- und Schenkungsteuerfällen beim Eigentümer des Grund und Bodens eine Sachforderung auf Überlassung des Gebäudes (Sachleistungsanspruch) und beim Gebäudeeigentümer eine entsprechende Last (Sachleistungsverpflichtung) anzusetzen. Befindet sich die Forderung im Betriebsvermögen, so ist sie im Rahmen der Bewertung des betreffenden Betriebs zu berücksichtigen, befindet sie sich im übrigen Vermögen, dann ist sie mit ihrem anteiligen gemeinen Wert nach § 9 BewG anzusetzen.

6.4.2.4 Feststellungsarten

4663   Es sind folgende Fälle zu unterscheiden:
a) **Beginn der Miet- bzw. Pachtzeit**
Für die wirtschaftliche Einheit »Gebäude auf fremdem Grund und Boden« kommt eine Nachfeststellung nach § 23 Abs. 1 Nr. 1 BewG in Betracht, da die Einheit neu entsteht. Für die wirtschaftliche Einheit »Grund und Boden« ist eine Artfortschreibung als bebautes Grundstück nach § 22 Abs. 2 BewG durchzuführen (ggf. aber eine Nachfeststellung, wenn die vermietete bzw. verpachtete Fläche von einer größeren Einheit abzutrennen ist).

4664   b) **Beendigung der Miet- bzw. Pachtzeit**
Geht das Gebäude auf den Eigentümer des Grund und Bodens über, dann entsteht aus den bisherigen zwei selbstständigen wirtschaftlichen Einheiten »Grund und Boden« und »Gebäude auf fremdem Grund und Boden« eine einzige wirtschaftliche Einheit »bebautes Grundstück«. Für die bisherige wirtschaftliche Einheit »Gebäude auf fremdem Grund und Boden« ist der Einheitswert nach § 24 Abs. 1 Nr. 1 BewG aufzuheben. Für die

wirtschaftliche Einheit »Grund und Boden« kommt eventuell eine Wertfortschreibung (§ 22 Abs. 1 BewG) in Betracht. Vgl. auch A 50 Abs. 6 BewR Gr.

c) **Abbruch des Gebäudes auf fremdem Grund und Boden** 4665
Der Einheitswert der wirtschaftlichen Einheit »Gebäude auf fremdem Grund und Boden« ist nach § 24 Abs. 1 Nr. 1 BewG aufzuheben. Für die wirtschaftliche Einheit »Grund und Boden« kommt eine Artfortschreibung als unbebautes Grundstück (§ 22 Abs. 2 BewG) in Betracht. Vgl. auch A 50 Abs. 5 BewR Gr.

6.4.2.5 Errichtung eines Gebäudes auf mehreren wirtschaftlichen Einheiten

In den Fällen, in denen im Falle eines Erbbaurechts oder bei Grundstücken mit Gebäuden 4666 auf fremdem Grund und Boden zwei (oder mehrere) wirtschaftliche Einheiten (z. B. ein eigenes Grundstück und ein Erbbaurecht) mit einem einheitlichen Gebäude überbaut werden, soll nach der Verfügung der OFD Frankfurt vom 13.02.1987 wie folgt verfahren werden:

a) Das eigene Grundstück und das jeweilige Erbbaurecht sind als getrennte wirtschaftliche 4667 Einheiten zu behandeln. Das bedeutet, dass das (bzw. bei mehreren Erbbaurechten jedes) Erbbaurecht nur ein unselbstständiges Teilgebäude umfassen kann.
Bei der Bewertung im Sachwertverfahren ist jeweils der umbaute Raum für das Teilgebäude zu erfassen, das auf dem Grund und Boden der jeweiligen wirtschaftlichen Einheit steht. Bei der Ermittlung des Gebäudewerts sind jedoch die Merkmale für das Gesamtgebäude maßgebend. Abschläge für fehlende Außenwände infolge der bewertungsrechtlichen Teilung des Gebäudes kommen nicht in Betracht.
Sollte ausnahmsweise eine Bewertung im Ertragswertverfahren vorzunehmen sein, so ist jeweils der Anteil an der Jahresrohmiete, der auf das Teilgebäude entfällt, zu ermitteln. Die Zu- und Abschläge nach § 82 BewG gelten entsprechend für das jeweilige Teilgebäude (z. B. Zuschlag für die Größe der nicht bebauten Flächen).

b) Ebenso ist in den Fällen zu verfahren, in denen ein einheitliches Gebäude auf zwei 4668 aneinandergrenzenden Grundstücken errichtet worden und dem Gebäudeeigentümer an einem Grundstück ein Erbbaurecht bestellt worden ist, während er auf dem anderen Grundstück die Gebäudeteile als Gebäude auf fremdem Grund und Boden errichtet hat. Das Erbbaurecht und das Gebäude auf fremdem Grund und Boden sind als zwei wirtschaftliche Einheiten anzusehen.

c) Hat der Grundstückseigentümer auf seinem eigenen Grundstück und auf dem nur 4669 gepachteten Nachbargrundstück ein einheitliches Gebäude errichtet, das, soweit es auf dem Nachbargrundstück steht, ein Gebäude auf fremdem Grund und Boden ist, so kann das Gebäude auf fremdem Grund und Boden in die wirtschaftliche Einheit des eigenen Grundstücks einbezogen werden.

d) Gehören Grundstücke, an denen Erbbaurechte für einen Berechtigten bestellt worden 4670 sind, ein und demselben Eigentümer (Erbbauverpflichteten bzw. Erbbaugeber), so sind die einzelnen Erbbaurechte zu einer wirtschaftlichen Einheit zusammenzufassen, wenn die Erbbaurechte im selben Zeitpunkt erlöschen.

4671–4800
frei

Teil F Einheitsbewertung des Grundvermögens in den neuen Bundesländern

1 Rechtliche Grundlagen

4801 Rechtsgrundlagen zur Einheitsbewertung für die Grundsteuer in den neuen Bundesländern sind neben der Abgabenordnung

4802 1. §§ 129 bis 133 des Bewertungsgesetzes, die im Zweiten Teil, dritter Abschnitt des BewG, zu finden sind.
Die letzte Neufassung des Bewertungsgesetzes vom 01.02.1991 wurde im BStBl I 1991, 168 bekannt gemacht und zuletzt durch das Erbschaftsteuerreformgesetz 2009 vom 24.12.2008 (BGBl I 2008, 3018) geändert.

4803 2. Aus dem Bewertungsgesetz der Deutschen Demokratischen Republik (BewG-DDR) in der Fassung vom 18.09.1970 BStBl I 1990, 814: § 10, der dem Sinn nach § 9 BewG entspricht. Des Weiteren aus § 11 die Absätze 1 und 2 sowie aus Abs. 3 Satz 2 und die §§ 50–53. Für die Einheitsbewertung des Grundvermögens in den neuen Bundesländern gelten grundsätzlich die Einheitswerte 01.01.1935. Der Gesetzgeber hat sich im Einigungsvertrag entschieden, das Bewertungsgesetz der DDR weiterhin gelten zu lassen. Hierdurch konnten die von 1935 bis 1990 ermittelten und fortgeführten Einheitswerte weiterhin angewendet werden.

4804 3. § 3a Abs. 1, §§ 32 bis 46 der Durchführungsverordnung zum Reichsbewertungsgesetz (RBewDV) vom 02.02.1935 RGBl I 1935, 81, RStBl 189.

4805 4. Die Rechtsverordnungen der Präsidenten der Landesfinanzämter über die Bewertung bebauter Grundstücke vom 17.12.1934 (Reichsministerialblatt 1934, 785ff.), soweit sie das Gebiet der neuen Bundesländer betreffen.

4806 5. Gleich lautende Erlasse der obersten Finanzbehörden der Länder Berlin, Brandenburg, Mecklenburg-Vorpommern, Sachsen, Sachsen-Anhalt und Thüringen (sowie Niedersachsen):
  a) vom 20.11.1990 BStBl I 1990, 827 bezüglich der Bewertung des Grundvermögens und der Betriebsgrundstücke (Grundsätze),
  b) vom 06.11.1991 BStBl I 1991, 968 bezüglich der Bewertung von Einfamilienhäusern in den neuen Bundesländern (teilweise geändert durch m),
  c) vom 21.04.1992 BStBl I 1992, 371 bezüglich der Ergänzung des unter a) aufgeführten Erlasses. Hier: Bewertung von Mietwohngrundstücken und Einfamilienhäusern in den neuen Bundesländern, Entscheidung zwischen Einheitswert und Ersatzbemessungsgrundlage.
  d) vom 08.09.1992 BStBl I 1992, 572 bezüglich der Bewertung von Grundstücken mit Bank-, Versicherungs-, Verwaltungs- und Bürogebäuden sowie Hotelgebäuden und vergleichbaren Gebäuden in den neuen Bundesländern,
  e) vom 09.11.1992 BStBl I 1992, 712 bezüglich der Bewertung von Tankstellengrundstücken in den neuen Bundesländern,
  f) vom 23.11.1992 BStBl I 1992, 724 bezüglich der Abgrenzung der wirtschaftlichen Einheit bei Einfamilienhäusern mit räumlich getrennt liegenden Garagen in den neuen Bundesländern,
  g) vom 24.11.1992 BStBl I 1992, 725 bezüglich der Bewertung von Garagengrundstücken in den neuen Bundesländern,

h) vom 19.01.1993 BStBl I 1993, 173 bezüglich der Bewertung von Mietwohngrundstücken und gemischtgenutzten Grundstücken in den neuen Bundesländern,
i) vom 21.05.1993 BStBl I 1993, 467 bezüglich der Bewertung von Fabrikgrundstücken, Lagerhausgrundstücken, Grundstücken mit Werkstätten und vergleichbaren Grundstücken (Gewerbegrundstücken) in den neuen Bundesländern,
j) vom 25.06.1993 BStBl I 1993, 528 bezüglich der Bewertung von Warenhausgrundstücken, Einkaufszentren sowie Grundstücken mit Großmärkten, SB-Märkten und Verbrauchermärkten und mit Messehallen in den neuen Bundesländern,
k) vom 22.12.1993 BStBl I 1994, 96 bezüglich der Abgrenzung des Grundvermögens vom land- und forstwirtschaftlichen Vermögen in den neuen Bundesländern.
l) vom 21.07.1994 BStBl I 1994, 480 bezüglich der Bewertung der übrigen Geschäftsgrundstücke und der sonstigen bebauten Grundstücke in den neuen Bundesländern.
m) vom 22.07.1994 BStBl I 1994, 499 bezüglich der Abschlagsregelung bei Einfamilienhäusern in den neuen Bundesländern.
n) vom 25.07.1994 BStBl I 1994, 502 bezüglich der Abgrenzung, Entstehung und Bewertung von Wohnungs- und Teileigentum.
o) vom 07.03.1995 BStBl I 1995, 247 bezüglich der Bewertung von Grundstücken mit aufstehenden Gebäuden, die dem Verfall preisgegeben sind.
p) vom 20.05.1996 BStBl I 1996, 1118 bezüglich weiterer Abschlagsregelungen bei Hallenbauten.
q) vom 17.12.2008 BStBl I 2009, 342 bezüglich weiterer Abschlagsregelungen bei Einfamilienhäusern.
6. Gleich lautende Erlasse der obersten Finanzbehörden aller Bundesländer vom 15.03.2006 BStBl I 2006, 314 bezüglich der Abgrenzung des Grundvermögens von den **Betriebsvorrichtungen** (sog. Abgrenzungserlass).
7. Zahlreiche zwischenzeitlich ergangene Richtlinien und Erlasse der Finanzministerien und Oberfinanzdirektionen der neuen Bundesländer.

Bewertungsrichtlinien für das Grundvermögen in den neuen Bundesländern existieren derzeit nicht. Die o.g. anzuwendenden Rechtsgrundlagen müssen als »Flickwerk« angesehen werden.

So müssen beispielsweise bei der Bewertung eines **Einfamilienhauses mit Garage**, einem häufig auftretenden Fall, ggf. **sechs Erlasse** herangezogen werden. Zunächst wegen der Frage, ob ein Einheitswert festzustellen ist, die gleich lautenden Erlasse vom 20.11.1990 BStBl I 1990, 827, die ergänzt wurden durch die gleich lautenden Erlasse vom 21.04.1992 BStBl I 1992, 371. Bezüglich der Bewertung des Einfamilienhauses die gleich lautenden Erlasse vom 06.11.1991 BStBl I 1991, 968, die ergänzt wurden durch die gleich lautenden Erlasse vom 22.07.1994 BStBl I 1994, 499. Wegen der Einbeziehung der Garage in die wirtschaftliche Einheit Einfamilienhaus sind noch ggf. die gleich lautenden Erlasse vom 23.11.1992 BStBl I 1992, 724 wegen weiterer Abschlagsregelungen die gleich lautenden Erlasse vom 17.12.2008 BStBl I 2009, 342 zu berücksichtigen.

Eine Verbesserung der Situation wird erst die nächste Hauptfeststellung und ein neues Bewertungsgesetz bringen, das sich nicht nur an monetären Gesichtspunkten orientieren kann, sondern neueren Erkenntnissen folgend auch ökologische Gesichtspunkte berücksichtigen muss. Eine sinnvolle Zusammenfassung der o.g. Erlasse a) – o) durch den Gesetzgeber wäre jedoch schon jetzt wünschenswert.

4812–4820 frei

1.1 Grundsätze für die Anwendung der Einheitswerte

4821 Für die Grundsteuer sind weiterhin die nach Wertverhältnissen 01.01.1935 festgestellten oder noch festzustellenden Einheitswerte maßgebend. Für Feststellungszeitpunkte vor dem 01.01.1991 ist in den neuen Bundesländern das bisherige Bewertungsrecht der Deutschen Demokratischen Republik anzuwenden.

4822 Um den Verwaltungsaufwand bei der Aktualisierung der Einheitswerte in vertretbaren Grenzen zu halten, ist der Gesetzgeber davon ausgegangen, dass vorhandene Einheitswerte weiterhin anzuwenden und bisher nicht festgestellte Einheitswerte nur dann festgestellt werden sollen, wenn sie für steuerliche Zwecke erforderlich sind. Hierbei ist in Abweichung zu den §§ 22, 23 BewG Folgendes vorgesehen:

4823 a) **Grundsteuererhebung aus der Ersatzbemessungsgrundlage** (ohne den bei der Grundsteuererhebung sonst üblichen dreigliedrigen Aufbau von Grundlagen- und Folgebescheiden).

4824 Für bisher **nichtbewertete** Mietwohngrundstücke und Einfamilienhäuser wird nach § 132 Abs. 2 BewG kein Einheitswert festgestellt, wenn der Einheitswert nur für Zwecke der **Grundsteuer** erforderlich ist.

4825 Die Grundsteuer wird in diesen Fällen nach der **Ersatzbemessungsgrundlage** festgesetzt. Hier bemisst sich die Grundsteuer nach der Wohn- oder Nutzfläche des Gebäudes (§ 42 GrStG). Die Jahresgrundsteuer beträgt 1 € je m^2 Wohnfläche. Verfügt eine Wohnung nicht über eine moderne Ausstattung (Bad, Innen-WC, Sammelheizung), ermäßigt sich der pauschale Jahresbetrag auf 75 Cent je m^2 Wohnfläche. Für jeden Abstellplatz eines Pkw in einer Garage beträgt der Jahresgrundsteuerbetrag 5 €. Diesen Jahresbeträgen liegt ein Hebesatz von 300 % zugrunde. Wird der Hebesatz von der Gemeinde höher oder niedriger festgesetzt, ist der Jahresbetrag entsprechend zu erhöhen oder zu ermäßigen. Bei einem Hebesatz von 350 % würde die Jahresgrundsteuer 1,17 € bzw. 87,5 Cent/m^2 und 5,83 € für jeden Abstellplatz betragen.

4826 Das Verfahren der Grundsteuererhebung über die Ersatzbemessungsgrundlage ist durch den Bundesminister der Finanzen in BStBl I 1991, 30 unter Tz. 7 näher erläutert worden. Der Grundstückseigentümer ist zur Abgabe einer Steuererklärung mit Selbstberechnung der Steuer (Steueranmeldung) verpflichtet. Für diese Fälle wird nach derzeitigem Rechtsstand kein Einheitswert festgestellt.

4827 Sind die Voraussetzungen für die Grundsteuererhebung nach der Ersatzbemessungsgrundlage wegen baulicher Umgestaltung zum gemischtgenutzten Grundstück, Geschäftsgrundstück oder sonstigen bebauten Grundstück oder wegen Abbruch einmal weggefallen, lebt die Erhebung nach der Ersatzbemessungsgrundlage, falls die Voraussetzungen hierfür später wieder vorliegen sollten, nicht wieder auf. Es verbleibt bei der Grundsteuerfestsetzung nach dem Einheitswert.

4828 Entsteht nach dem 01.01.1991 eine wirtschaftliche Einheit neu, kommt eine Anwendung der Ersatzbemessungsgrundlage nicht in Betracht. Maßgebend sind dann die Vorschriften des § 23 Abs. 1 Nr. 1 BewG (siehe auch gleich lautende Erlasse der obersten Finanzbehörden der Länder Berlin, Brandenburg, Mecklenburg-Vorpommern, Sachsen, Sachsen-Anhalt und Thüringen vom 21.04.1992 BStBl I 1992, 371 Tz. 1). Für die neu entstehenden wirtschaftlichen Einheiten ist eine Nachfeststellung durchzuführen.

BEISPIELE

a) Eine bisher land- und forstwirtschaftliche genutzte Fläche wird in Bauplätze aufgeteilt und mit Einfamilienhäusern bebaut.
LÖSUNG Für die neu entstandenen wirtschaftlichen Einheiten des Grundvermögens, die der Grundstückshauptgruppe Einfamilienhäuser (§ 32 Abs. 1 Nr. 4 RBewDV) zuzuordnen sind, ist jeweils ein Einheitswert auf den nächsten Stichtag (Beginn des Kalenderjahres), der der Veränderung folgt, festzustellen.

b) Ein bebautes Wohngrundstück wird in Wohnungs- und Teileigentum nach dem Wohnungseigentumsgesetz aufgeteilt.
LÖSUNG Durch die Teilung wird jede Wohnung eine eigene, eigenständige wirtschaftliche Einheit i. S. d. Bewertungsgesetzes (§§ 2, 131 BewG). Mit dem Wirksamwerden der Aufteilung geht die bisherige wirtschaftliche Einheit z. B. Mietwohngrundstück unter. Der bisherige Einheitswert ist gem. § 24 Abs. 1 BewG aufzuheben. Wurde die Grundsteuer nach der Ersatzbemessungsgrundlage erhoben, endet die Grundsteuererhebung auf der Basis der Ersatzbemessungsgrundlage mit Ablauf des Kalenderjahres des Wirksamwerdens der Aufteilung. Für jede neu entstandene wirtschaftliche Einheit Wohnungseigentum ist eine Nachfeststellung gem. § 23 BewG vorzunehmen.

Eine Anwendung der Ersatzbemessungsgrundlage kommt auch nicht in Betracht, wenn für die wirtschaftliche Einheit (die Abgrenzung erfolgt hier nach dem ab dem 01.01.1991 geltenden Bewertungsrecht) oder einen Teil der wirtschaftlichen Einheit bereits ein Einheitswert bestand.

4829

BEISPIELE

a) Auf dem Grundstück befinden sich mehrere Gebäude, von denen infolge der vor dem 01.01.1991 bestehenden Steuerfreiheit nur der Altbau oder die Garage bewertet sind.
b) Auf einem über 500 m² großen Grundstück mit einem Einfamilienhaus ist für die Zeit vor dem 01.01.1991 nur die nichtbegünstigte Mehrfläche, die 500 m² überstieg, als unbebautes Grundstück bewertet worden.
LÖSUNG In diesen Beispielen a) und b) ist der bisherige Einheitswert fortzuschreiben (§ 22 BewG).

b) Berücksichtigung von reinen Wertveränderungen in der Zeit vom 01.01.1935 bis 01.01.1994.

Hatte sich nur der Wert eines Grundstücks verändert und war deshalb eine Wertfortschreibung (§ 22 Abs. 1 Nr. 1 BewG) durchzuführen und wurde der Einheitswert **nur** für die Grundsteuer benötigt, dann erfolgte eine Wertfortschreibung erstmals auf den 01.01.1994 (§ 132 Abs. 4 BewG). Auch alle bis zum 01.01.1991 nicht durchgeführten Wertfortschreibungen waren auf den 01.01.1994 nachzuholen.

4830

BEISPIEL

a) Durch den Dachausbau eines Einfamilienhauses im Jahr 1992 hat sich dessen Wert erhöht. Die Wertfortschreibungsgrenzen des § 22 Abs. 1 Nr. 1 BewG sind überschritten.
LÖSUNG Die Wertfortschreibung erfolgte auf den 01.01.1994.

c) Nachholung unterlassener Fortschreibungen und Bestandspflege zum 0.1 01.1991.

Lagen die oben genannten Voraussetzungen a) und b), die eine zeitlich verzögerte Bearbeitung rechtfertigten, nicht vor und waren die tatsächlichen Änderungen gegenüber der letzten Feststellung nicht mehr nach dem Bewertungsrecht der bisherigen Deutschen Demokratischen Republik durch Fortschreibung zu erfassen, wurden alle eingetretenen Veränderungen durch **Fortschreibung** des Einheitswerts auf den **01.01.1991** berücksichtigt.

4831

4832 Dies galt vor allem für Geschäftsgrundstücke, gemischtgenutzte Grundstücke, sonstige bebaute Grundstücke und unbebaute Grundstücke, die vor dem 01.01.1991 wegen ihrer Steuerfreiheit nicht bewertet wurden und ab 01.01.1991 der Grundsteuer unterlagen, sowie für wirtschaftliche Einheiten, die erst 1990 und später entstanden waren. Zum 01.01.1991 bzw. einem späteren Feststellungszeitpunkt waren für diese Fälle eine **Nachfeststellung** (§ 23 BewG) durchzuführen.

4833 Haben sich nur die Eigentumsverhältnisse geändert, ist eine Zurechnungsfortschreibung auf den neuen Eigentümer durchzuführen. Die Feststellungen aus dem letzten Einheitswertbescheid (auch bei ruhenden Einheitswerten) hinsichtlich des Werts und der Grundstückshauptgruppe wirken auch gegen den Erwerber/Rechtsnachfolger (§ 182 Abs. 2 AO). Sie sind dem Erwerber/Rechtsnachfolger im Rahmen der Zurechnungsfortschreibung lediglich mitzuteilen.

4834–4840 frei

2 Bewertungsgegenstand

2.1 Begriff und Umfang des Grundvermögens

4841 Die Begriffe **Grundbesitz** (vgl. § 19 Abs. 1 Nr. 1 BewG), **Grundvermögen** (vgl. §§ 50, 51 BewG-DDR) und **Grundstück** (vgl. § 50 Abs. 1 Satz 3 BewG-DDR) müssen streng unterschieden werden. **Grundbesitz** ist der Oberbegriff. Er umfasst die wirtschaftlichen Einheiten des land- und forstwirtschaftlichen Vermögens, des Grundvermögens sowie die Betriebsgrundstücke.

4842 **Grundvermögen** ist eine der in § 18 BewG genannten Vermögensarten. Der Begriff Grundvermögen ergibt sich nur unzusammenhängend aus den §§ 50 und 51 BewG-DDR. Hiernach ist Grundvermögen derjenige Teil des Grundbesitzes, der nicht dem land- und forstwirtschaftlichen Vermögen oder den Betriebsgrundstücken zugerechnet wird. Das **Grundstück** ist die wirtschaftliche Einheit des Grundvermögens. Wegen der Einzelheiten vgl. 2.3.

4843 Was im Einzelnen **zum Grundvermögen gehört**, ist in § 50 Abs. 1 BewG-DDR aufgeführt. Danach gehören zum Grundvermögen der Grund und Boden einschließlich der Bestandteile (insbesondere Gebäude) und das Zubehör des Grundstücks. Zum Grundvermögen gehören nach § 50 Abs. 2 BewG DDR auch das Erbbaurecht und grundstücksgleiche Rechte. Hierunter fallen auch das Wohnungseigentum, das Teileigentum, das Wohnungserbbaurecht und das Teilerbbaurecht nach dem Wohnungseigentumsgesetz. Die letztgenannten Eigentumsformen und Rechte sind im BewG-DDR noch nicht erwähnt. Sie wurden deshalb in § 131 BewG aufgenommen. Voraussetzung für die Zuordnung zum Grundvermögen ist jedoch stets, dass es sich nicht um land- und forstwirtschaftliches Vermögen oder um Betriebsgrundstücke handelt. **Nicht zum Grundvermögen gehören** die Betriebsvorrichtungen (§ 50 Abs. 1 Satz 2 BewG-DDR, gleich lautende Erlasse vom 31.03.1992 BStBl I 1992, 342). Dies sind Vorrichtungen aller Art, die zu einer Betriebsanlage gehören mit der ein Gewerbe unmittelbar betrieben wird.

2.2 Abgrenzung vom land- und forstwirtschaftlichen Vermögen

2.2.1 Allgemeine Abgrenzung

Die allgemeinen Grundsätze für die Abgrenzung des Grundvermögens vom land- und forstwirtschaftlichen Vermögen ergeben sich aus § 125 Abs. 2 und 3 BewG, § 51 Abs. 1 und 2 BewG-DDR sowie § 33 Abs. 1 BewG. Zum land- und forstwirtschaftlichen Vermögen gehören danach alle Wirtschaftsgüter, die unter einer **Nutzungseinheit** eines Betriebes der Land- und Forstwirtschaft zusammengefasst und dieser Nutzungseinheit dauernd zu dienen bestimmt sind (§ 33 Abs. 1 BewG). In den neuen Bundesländern gehören **Wohngebäude** bei der Einheitswertermittlung für die Grundsteuer **immer** zum **Grundvermögen** (§125 Abs. 3 BewG). Zum Grundvermögen gehört Grundbesitz also nur, wenn feststeht, dass es sich **nicht** um land- und forstwirtschaftliches Vermögen handelt (§ 51 Abs. 1 BewG-DDR).

4844

Über die **Zugehörigkeit** einer Grundstücksfläche oder eines Gebäudes zur einen oder anderen Vermögensart ist bei der Ermittlung des **Ersatzwirtschaftswertes** für die Land- und Forstwirtschaft zu entscheiden (Gleich lautende Erlasse vom 22. 12. 1993 BStBl I 1994, 96 Tz. 3).

4845

2.2.2 Besondere Abgrenzungsregelung

Nach § 51 Abs. 2 BewG-DDR sind in ganz bestimmten Sonderfällen nicht bebaute Grundstücksflächen, die im Feststellungszeitpunkt noch land- und forstwirtschaftlich genutzt werden bzw. die nach ihrer Zweckbestimmung noch zu einer Nutzungseinheit des land- und forstwirtschaftlichen Vermögen gehören, bereits als Grundvermögen zu behandeln.

4846

Dies gilt insbesondere für Grundstücksflächen, die nach ihrer Lage und den sonstigen Verhältnissen mit Rücksicht auf die bestehenden Verwertungsmöglichkeiten in absehbarer Zeit anderen als land- und forstwirtschaftlichen Zwecken dienen werden. Hiernach wäre z. B. eine Grundstücksfläche, die zur baldigen Verwendung als Bauland, Industrieland oder für Verkehrszwecke vorgesehen ist, dem Grundvermögen zuzurechnen.

4847

Die weiteren Einzelheiten der Abgrenzung zwischen land- und forstwirtschaftlichem Vermögen und dem Grundvermögen wurden durch die gleich lautenden Erlasse vom 22. 12. 1993 BStBl I 1994, 96 geregelt. Hiernach sind land- und forstwirtschaftlich genutzte Grundstücksflächen stets dem **Grundvermögen** zuzurechnen, wenn die sofortige Bebauung rechtlich (z. B. Vorliegen eines rechtsverbindlichen Bebauungsplans) und tatsächlich (Vorhandensein einer gesicherten Erschließung) möglich ist. Damit rechnen insbesondere erschlossene **Flächen am Ortsrand** und **Baulücken** innerhalb von Ortsteilen zum Grundvermögen.

4848

Es können auch andere Umstände für eine Zurechnung zum Grundvermögen sprechen, z. B.:
- Erwerbspreise, die über den üblichen Bodenpreisen der land- und forstwirtschaftlich genutzten Flächen liegen.
- Erwerbe von Flächen durch Handels- und Industrieunternehmen, Gebietskörperschaften sowie Grundstücksgesellschaften, Wohnungsunternehmen und Baugesellschaften.
- Verkäufe von land- und forstwirtschaftlichen Flächen zu Baulandpreisen.

4849

Für die Zurechnung zum Grundvermögen muss sich die gegenwärtige land- und forstwirtschaftliche Nutzung mit großer Wahrscheinlichkeit und in **absehbarer Zeit** ändern. Unter absehbarer Zeit ist ein Zeitraum von **sechs Jahren** nach dem Feststellungszeitpunkt zu verstehen (Gleich lautende Erlasse vom 22. 12. 1993 BStBl I 1994, 96 Tz. 4 letzter Satz).

4850

4851–4860 frei

2.3 Das Grundstück als wirtschaftliche Einheit des Grundvermögens

2.3.1 Allgemeine Grundsätze

4861 Die wirtschaftliche Einheit des Grundvermögens wird als Grundstück bezeichnet (§ 50 Abs. 1 Satz 3 BewG-DDR). Der Grundstücksbegriff nach dem BewG deckt sich nicht immer mit dem bürgerlich-rechtlichen Begriff des Grundstücks. Ein Beispiel dafür enthält § 50 Abs. 3 BewG-DDR, wonach auch ein Gebäude auf fremdem Grund und Boden bewertungsrechtlich als Grundstück anzusehen ist. Der bewertungsrechtliche Begriff des Grundstücks kann weiter, aber auch enger als der bürgerlich-rechtliche sein. So können z. B. mehrere grundbuchmäßig selbstständige Grundstücke eine wirtschaftliche Einheit, d. h. ein Grundstück i. S. d. BewG sein, wie umgekehrt auch mehrere wirtschaftliche Einheiten des Bewertungsgesetzes bürgerlich-rechtlich als ein einheitliches Grundstück betrachtet werden können.

4862 Bei der Abgrenzung der wirtschaftlichen Einheit des Grundvermögens ist die **Verkehrsanschauung** zu beachten (vgl. § 2 Abs. 1 BewG). Dabei ist zu beachten, dass sich die Verkehrsanschauung mit der wirtschaftlichen Entwicklung und den Lebensumständen verändert.

4863 Im Allgemeinen sind folgende Fälle zu unterscheiden:
a) Ein **Grundstück** (Flurstück) i. S. d. § 94 BGB bildet auch gleichzeitig eine **wirtschaftliche Einheit** Grundstück des Grundvermögens.

> **BEISPIEL**
> Eheleute bewohnen ein Einfamilienhaus, das sie auf eigenem Grund und Boden errichtet haben.

4864 b) Ein **größeres Flurstück** bildet zwei oder mehrere selbstständige wirtschaftliche Einheiten des Grundvermögens.

> **BEISPIEL**
> Von einem 3 500 m² großen Flurstück benutzt der Eigentümer eine Teilfläche von 1 700 m² selbst und errichtet darauf ein Wohngebäude. Die restlichen 1 800 m² vermietet er langfristig an einen Gewerbetreibenden. Hierbei handelt es sich nach der Verkehrsauffassung (§ 2 Abs. 1 BewG) um zwei selbstständige wirtschaftliche Einheiten.

4865 c) **Mehrere Flurstücke** bilden eine einzige wirtschaftliche Einheit des Grundvermögens.

> **BEISPIEL**
> Ein Gewerbetreibender ist Eigentümer von mehreren nebeneinander liegenden Flurstücken. Er überbaut die Flurstücke mit einer Lagerhalle und nutzt diese im Rahmen seines Gewerbebetriebs. Die überbauten Flurstücke bilden nach der Verkehrsauffassung eine einzige wirtschaftliche Einheit (Betriebsgrundstück, als Untereinheit im Betriebsvermögen).

4866 In diesen Fällen ist grundsätzlich ein **räumlicher Zusammenhang der Flurstücke erforderlich**. Die Rechtsprechung hat jedoch in Fällen, die Grundstücke in den alten Bundesländern betrafen, zugelassen, dass eine Garage, die wirtschaftlich zu einer Wohnung gehört, mit dem Wohngrundstück zu einer wirtschaftlichen Einheit zusammengefasst werden darf, wenn die räumliche Trennung zwischen dem Wohngrundstück und dem Garagengrundstück nicht zu groß ist.

4867 Dieser Grundsatz wurde auch in den gleich lautenden Erlassen der obersten Finanzbehörden der neuen Bundesländer vom 23. 11. 1992 BStBl I 1992, 724 übernommen und den städtebaulichen Gegebenheiten in den neuen Bundesländern angepasst. Hier wurden ganze Wohnviertel in Plattenbauweise errichtet ohne zunächst Garagen zu berücksichtigen. Die

Garagenhöfe wurden erst später auf angrenzenden Grundstücken errichtet. Nach dem o.g. Erlass ist eine wirtschaftliche Einheit noch anzunehmen, wenn die zu einer Gruppe von Reihenhäusern gehörenden Garagen an das letzte Reihenhaus angrenzen und die Reihenhäuser und die Garagen höchstens durch eine Anliegerstraße getrennt sind. Die Trennung durch eine Straße, die dem Durchgangsverkehr dient würde die Zusammenfassung zu einer wirtschaftlichen Einheit verhindern.

Der BFH hat im Urteil vom 25.02.1983 BStBl II 1983, 522 entschieden, dass zwei aneinandergrenzende Grundstücke, von denen das eine gewerblichen und das andere privaten Zwecken dient, dann eine wirtschaftliche Einheit bilden, wenn die folgenden Voraussetzungen erfüllt sind:

- Die Grundstücke müssen in einem im Bebauungsplan als Gewerbegebiet ausgewiesenen Bereich liegen.
- Das auf dem privat genutzten Grundstück errichtete Wohngebäude darf nur als Wohnung des Betriebsinhabers genutzt werden.
- Die Grundstücke dürfen aus baurechtlichen Gründen nur gemeinsam veräußert werden.

d) **Doppelhäuser und Reihenhäuser**, die einem Eigentümer gehören, sind als mehrere wirtschaftliche Einheiten anzusehen, wenn sie baulich so gestaltet sind, dass sie unabhängig voneinander veräußert werden können.

Mehrere Flurstücke können nach § 2 Abs. 2 BewG darüber hinaus nur dann zu einer wirtschaftlichen Einheit zusammengefasst werden, wenn sie (abgesehen von den Sonderfällen des § 26 BewG) ein und demselben Eigentümer gehören (**einheitliches Eigentum**).

BEISPIEL
A ist Alleineigentümer des Flurstücks Lgb.-Nr. 111. Das unmittelbar angrenzende Flurstück Lgb.-Nr. 112 gehört ihm und seinem Bruder B gemeinsam (Miteigentum zu je 1/2).
LÖSUNG Für A kann das Flurstück Lgb.-Nr. 111 und sein Anteil am Flurstück Lgb.-Nr. 112 nicht zu einer wirtschaftlichen Einheit zusammengefasst werden, auch wenn beide Grundstücke einheitlich genutzt werden.

4871–4880 frei

2.3.2 Einzelne Bestandteile des Grundstücks

Zur wirtschaftlichen Einheit Grundstück gehören nach § 50 Abs. 1 BewG-DDR der Grund und Boden, einschließlich der Bestandteile (insbesondere die Gebäude) und das Zubehör. Ein **Gebäude** ist ein Bauwerk, das Menschen oder Sachen durch räumliche Umschließung Schutz gegen äußere Einflüsse gewährt, den Aufenthalt von Menschen gestattet, fest mit dem Grund und Boden verbunden, von einiger Beständigkeit und ausreichend standfest ist (Gleich lautende Erlasse vom 15.03.2006 BStBl I 2006, 314 mit dort zitierter Rechtsprechung).

Die Begriffe **Bestandteile und Zubehör** sind dem bürgerlichen Recht entnommen (vgl. §§ 93 bis 97 BGB). Hiernach sind alle Bestandteile eines Grundstücks, die vom Grundstück nicht getrennt werden können, ohne dass sie zerstört oder in ihrem Wesen verändert werden, **wesentliche Bestandteile** (§ 93 BGB). Dazu gehören die mit dem Grund und Boden fest verbundenen Sachen, insbesondere Gebäude, sowie die Erzeugnisse des Grundstücks, solange sie mit dem Boden zusammenhängen. Zu den wesentlichen Bestandteilen eines Gebäudes gehören wiederum die zur Herstellung des Gebäudes eingefügten Sachen, wie z.B. Türen, Treppen, Fenster, Öfen, Heizungs- und Warmwasseranlagen (§ 94 BGB).

4883 Werden bestimmte Sachen, wie z. B. Mietereinbauten, nur zu einem vorübergehenden Zweck mit dem Grund und Boden oder einem Bestandteil des Grundstücks, wie z. B. einem Gebäude, verbunden, gehören solche Sachen nicht zu den Bestandteilen eines Grundstücks. Es handelt sich hier um so genannte **Scheinbestandteile** (§ 95 BGB).

> **BEISPIEL**
>
> Eine Rundfunk- oder TV-Empfangsanlage wird vom Mieter eingebaut, weil der Vermieter sich weigert, die bestehende Anlage zu modernisieren. Die Empfangsanlage wird spätestens beim Auszug vom Mieter wieder abgebaut.

4884 Auch Rechte, (Grunddienstbarkeiten §§ 1018 ff. BGB) wie z. B. Wegerechte, die mit dem Eigentum an einem Grundstück verbunden sind, gelten als Bestandteile des Grundstücks (§ 96 BGB).

4885 Zum Grundstück gehört auch das **Zubehör**; das sind bewegliche Sachen, wie z. B. Mülltonnen oder Kühlschränke im Studentenwohnheim, die, ohne Bestandteil der Hauptsache zu sein, dem wirtschaftlichen Zweck der Hauptsache zu dienen bestimmt sind und zu ihr in einem dieser Bestimmung entsprechenden räumlichen Verhältnis stehen. Eine Sache ist nicht Zubehör, wenn sie im Verkehr nicht als Zubehör angesehen wird (§ 97 BGB).

4886 Das Zubehör gehört nur bei bebauten Grundstücken zum Grundvermögen (§ 50 Abs. 1 Satz 1 BewG-DDR). Eine nicht systemkonforme Besonderheit ergibt sich bei unbebauten Grundstücken, die mit dem »gemeinen Wert« (§ 10 Abs. 1 BewG-DDR) zu bewerten sind (§ 53 BewG-DDR). Hier ist das Zubehör außer Betracht zu lassen (§ 11 Abs. 2 Satz 2 BewG-DDR).

2.3.3 Die Abgrenzung des Grundstücks von den Betriebsvorrichtungen

4887 Betriebsvorrichtungen, das sind alle Gegenstände, mit denen ein Gewerbe unmittelbar betrieben wird, sind nach § 50 Abs. 1 Satz 2 BewG-DDR nicht in das Grundvermögen einzubeziehen. Das gilt selbst dann, wenn sie nach dem bürgerlichen Recht wesentliche Bestandteile des Grund und Bodens oder der Gebäude sind. Bei den Ertragsteuern erfolgt diese Differenzierung wegen der unterschiedlichen Abschreibungszeiträume von Grundstücksbestandteilen und Betriebsvorrichtungen. Bewertungsrechtlich ist dieser Umstand vor allem bei Betriebsgrundstücken des § 99 Abs. 1 Nr. 1 BewG zu beachten. Die Verwaltung hat deshalb durch die gleich lautenden Erlasse vom 15.03.2006 BStBl I 2006, 314 Richtlinien für die Abgrenzung der Grundstücke von den Betriebsvorrichtungen aufgestellt, die auch für die Ertragsteuern gelten.

4888 Nach diesem Abgrenzungserlass sind folgende Abgrenzungsbereiche zu unterscheiden:

4889 **a) Abgrenzung der Gebäude von den Betriebsvorrichtungen**
Zunächst ist zu entscheiden, ob das **gesamte Bauwerk** ein Gebäude oder eine Betriebsvorrichtung darstellt (vgl. Tz. 2 des Abgrenzungserlasses). Diese Entscheidung ist von dem **Gebäudebegriff** her zu treffen.
Erfüllt das Bauwerk die Merkmale
- Schutz gegen Witterungseinflüsse durch räumliche Umschließung,
- Möglichkeit des Aufenthalts von Menschen,
- feste Verbindung mit dem Grund und Boden,
- Beständigkeit und
- Standfestigkeit,

so ist das Bauwerk insgesamt ein Gebäude und keine Betriebsvorrichtung. Fehlt eines dieser Merkmale und dient es einem Betrieb, so ist das Bauwerk Betriebsvorrichtung.

BEISPIELE
Betriebsvorrichtungen sind:
Schornsteine, selbstständige Öltanks, Silobauten, bestimmte Kesselhäuser, Kammertrockenanlagen, kleinere Transformatorenhäuser (mit nicht mehr als 30 m² Grundfläche), Haltestellenüberdachungen, vollautomatische Hochregallager, Windkraftanlagen.

b) Abgrenzung einzelner Bestandteile eines Bauwerks   4890

Ist das Bauwerk insgesamt als Gebäude anzusehen, ist zu prüfen, ob einzelne Teile Gebäudebestandteile oder Betriebsvorrichtungen sind (vgl. Tz. 3 des Abgrenzungserlasses). Dies richtet sich danach, ob diese einzelnen Teile in einer nahezu ausschließlichen und unmittelbaren Beziehung zu dem Betrieb stehen oder der Benutzung des Gebäudes dienen.

Die Verstärkungen von Decken und die nicht ausschließlich zu einer Betriebsanlage gehörenden Stützen und sonstigen Bauteile, wie Mauervorlagen und Verstrebungen, sind jedoch stets Gebäudebestandteile und daher in das Grundstück einzubeziehen und nicht als Betriebsvorrichtungen zu behandeln (vgl. Tz. 3.3 des Abgrenzungserlasses).

BEISPIELE
Betriebsvorrichtungen sind:
Backöfen, Hebebühnen, Ladeneinrichtungen, Lastenaufzüge in Fabrik-, Werkstatt- und Lagergebäuden, Wandtresore, bestimmte Klimaanlagen, Kühleinrichtungen, Krananlagen in Hallen.

c) Abgrenzung der Außenanlagen von den Betriebsvorrichtungen   4891

Ob ein Bauwerk als Außenanlage (sonstiger Bestandteil eines Grundstücks) oder als Betriebsvorrichtung anzusehen ist, hängt davon ab, ob das Bauwerk der Benutzung des Grundstücks dient oder ob es in einer besonderen Beziehung zu einem auf dem Grundstück ausgeübten Gewerbebetrieb steht (vgl. Tz. 4 des Abgrenzungserlasses).

BEISPIELE
Betriebsvorrichtungen sind auch:
Gleisanlagen, freistehende Verladerampen, ölundurchlässige Bodenbefestigungen bei Tankstellen, Kaianlagen.

2.3.4 Einbeziehung von Anteilen an anderen Grundstücken

Zu einer wirtschaftlichen Einheit kann nach § 2 Abs. 2 BewG nur Grundbesitz zusammengefasst werden, der demselben Eigentümer gehört. Grundsätzlich kann deshalb eine Fläche, die im Alleineigentum steht, nicht mit Flächen, an denen der Eigentümer anteilig mit anderen Personen beteiligt ist, zu einer wirtschaftlichen Einheit zusammengefasst werden. Eine **Ausnahme** von diesem Grundsatz ist in **§ 26 BewG** für den Grundbesitz vom Ehegatten enthalten. Hier werden die Wirtschaftsgüter ohne Rücksicht auf die Eigentumsverhältnisse zu **einer** wirtschaftlichen Einheit zusammengefasst.   4892

Ein Einfamilienhaus (auch als Reihenhaus) oder eine Eigentumswohnung und eine dazu gehörende räumlich getrennt liegende Garage bilden eine wirtschaftliche Einheit, wenn die Entfernung zwischen Wohnung und Garage nicht zu groß ist und die Wohnung und die Garage lediglich durch einen öffentlichen Weg oder durch eine Anliegerstraße voneinander getrennt sind und nach der Verkehrsauffassung (§ 2 BewG) beide Gebäude als eine wirt-   4893 schaftliche Einheit anzusehen sind (Gleich lautende Erlasse vom 23. 11. 1992 BStBl I 1992, 724 Abs. 1).

4894 Bei Reihenhäusern ist weitere Voraussetzung, dass der Garagenhof evtl. getrennt durch eine Anliegerstraße an das letzte Reihenhaus angrenzen muss. Eine wirtschaftliche Einheit kann nicht mehr angenommen werden, wenn die Trennung zwischen Wohnung und Garage durch eine Straße erfolgt, die dem Durchgangsverkehr dient (Gleich lautende Erlasse vom 23. 11. 1992 BStBl I 1992, 724 Abs. 2).

4895–4900 frei

2.3.5 Erbbaurechte und sonstige grundstücksgleiche Rechte

4901 Als Grundstück gelten nach § 50 Abs. 2 BewG-DDR auch Erbbaurechte und sonstige grundstücksgleiche Rechte. Das Erbbaurecht wird rechtlich wie ein Grundstück behandelt § 1017 BGB. Es ist ein vom Grundstückseigentum abgespaltenes Recht auf Zeit, vorstellbar als zweite Rechtsebene, die während der Dauer des Erbbaurechts über dem Grundstück schwebt und während des Ablaufs der vereinbarten Geltungsdauer wieder auf das Grundstück zurücksinkt. Der Erbbauberechtigte darf das Erbbaurecht bebauen und belasten. Wegen der steuerlichen Zurechnung vgl. § 46 RBewDV. Das mit dem Erbbaurecht belastete Grundstück einerseits und das Erbbaurecht andererseits bilden zwei wirtschaftliche Einheiten des Grundvermögens. Für beide wirtschaftlichen Einheiten ist grundsätzlich je ein Einheitswert festzustellen (vgl. auch 7.1).

2.3.6 Gebäude auf fremdem Grund und Boden

4902 Ebenfalls als Grundstück gilt nach § 50 Abs. 3 BewG-DDR ein Gebäude, das auf fremdem Grund und Boden errichtet wurde oder in sonstigen Fällen einem anderen als dem Eigentümer des Grund und Bodens zuzurechnen ist. Dies gilt auch, wenn es wesentlicher Bestandteil des Grund und Bodens (vgl. § 94 BGB) geworden ist. Wegen der steuerlichen Zurechnung vgl. § 39 AO. Das Gebäude auf fremdem Grund und Boden einerseits und der Grund und Boden andererseits bilden zwei wirtschaftliche Einheiten des Grundvermögens. Für beide wirtschaftlichen Einheiten ist je ein Einheitswert festzustellen. Sie sind unabhängig voneinander zu bewerten (vgl. auch 7.2).

2.3.7 Wohnungs- und Teileigentum

4903 Rechtliche Grundlage für das Wohnungs- und Teileigentum ist das Wohnungseigentumsgesetz vom 15. 03. 1951 BGBl I 1951, 175. Zur besseren wirtschaftlichen oder rechtlichen Handhabung kann ein Grundstück in kleinere Einheiten, die man als Wohnungseigentum oder Teileigentum bezeichnet, aufgeteilt werden. Die Teilung einer bereits bestehenden wirtschaftlichen Einheit erfolgt durch Erklärung gegenüber dem Grundbuchamt (§ 8 WoEigG) oder durch vertragliche Vereinbarung (§ 3 WoEigG). Die Aufteilung nach dem Wohnungseigentumsgesetz ist auch schon vor Bezugsfertigkeit des Gebäudes möglich. Dient das Sondereigentum zu Wohnzwecken, spricht man von **Wohnungseigentum**. Dient das Sondereigentum zu gewerblichen Zwecken, spricht man von **Teileigentum**. Überwiegt keine der Nutzungen, wird das Grundbuchblatt als Wohnungs- und Teileigentumsgrundbuch bezeichnet. Jedes Wohnungseigentum und Teileigentum bildet **eine wirtschaftliche Einheit** für sich. Bewertungsgegenstand ist jedes einzelne Wohnungseigentum bzw. Teileigentum.

Rechtsgrundlagen für den Bewertungsgegenstand Wohnungs- und Teileigentum sind § 131 BewG sowie die gleich lautenden Erlasse vom 25.07.1994 (BStBl I 1994, 502).

BEISPIELE

a) Ein gemischtgenutztes Grundstück, das einem Alleineigentümer gehört, soll wegen der besseren Veräußerungsmöglichkeit in mehrere, selbstständig veräußerbare Einheiten aufgeteilt werden.

b) Ein Mietwohngrundstück, das mehreren Miteigentümern gehört, soll, weil nur einige Miteigentümer eine Innenrenovation wünschen und keine Einigung über die Kostenbeteiligung erzielt werden kann, aufgeteilt werden.

Die wirtschaftliche Einheit **Wohnungseigentum** bzw. **Teileigentum** ist bewertungsrechtlich mit dem Eingang des beurkundeten Eintragungsantrags beim Grundbuchamt entstanden (Gleich lautende Erlasse vom 25.07.1994 BStBl I 1994, 502 Tz. 3.7), auf Antrag des Steuerpflichtigen kann auch die zeitlich spätere Eintragung in das Wohnungsgrundbuch zugrunde gelegt werden (vgl. BFH vom 24.07.1991 BStBl II 1993, 87). In der Regel ist der bisherige Einheitswert wegen des Untergangs der bisherigen wirtschaftlichen Einheit aufzuheben (vgl. § 24 BewG) und für die neuen wirtschaftlichen Einheiten Nachfeststellungen (§ 23 BewG) durchzuführen.

4904

Beim Wohnungs- und Teileigentum werden begrifflich unterschieden:

4905

- Das **Sondereigentum**, vorstellbar als **Innenhülle** der Wohnung, § 3 Abs. 1 WoEigG (das wären z.B. Verputz, Tapete, nichttragende Wände, Deckenverkleidung und Fußbodenbelag mit Unterbau), die im alleinigen Eigentum (Verfügungsbereich) des Wohnungs- und Teileigentümers steht.
- Der **Miteigentumsanteil**, § 1008 BGB, der sich zusammensetzt aus dem Miteigentumsanteil am Grund und Boden, auf dem das Bauwerk steht, und allen weiteren zum Grundstück gehörenden Flächen und dem **Anteil an den gemeinschaftlichen Räumen**, allen das Gebäude tragenden Wänden, den gemeinsamen Installationseinrichtungen wie Strom, Wasser- und Abwasserversorgung. Dieser Anteil ist zwar regelmäßig in Hundertsteln oder Tausendsteln definiert, aber wie jedes Miteigentum unbestimmt. Der Miteigentümer kann also nicht einen bestimmten Gartenanteil oder die Außenwand vor seiner Wohnung als seinen Anteil am Miteigentum betrachten.
- Ausgewiesene **Sondernutzungsrechte** § 15 Abs. 1 WoEigG (z.B. ein Pkw-Abstellplatz oder ein Teil des Gartens). Diese stehen im Miteigentum der Gemeinschaft der Miteigentümer, dürfen aber durch **vertragliche Vereinbarung** nur vom Sondernutzungsberechtigten genutzt werden.

Die **Summe** des zu einer wirtschaftlichen Einheit gehörenden Sondereigentums, den Miteigentumsanteilen und den Sondernutzungsrechten wird als **Wohnungseigentum** oder bei nicht zu Wohnzwecken genutzten, z.B. gewerblichen Räumen als **Teileigentum** bezeichnet.

4906

4907–4920 frei

3 Unbebaute Grundstücke

3.1 Grundsätze

Grundlage für die Bewertung unbebauter Grundstücke sind § 129 Abs. 2 BewG und die § 53, 10 BewG-DDR. Unbebaute Grundstücke werden mit dem gemeinen Wert (§ 10 BewG-DDR) bewertet (vgl. auch Rz. 1551). Eine Definition des Begriffs »Unbebautes Grundstück« ist in diesen Rechtsgrundlagen nicht vorhanden. Sie muss aus den §§ 33a und 45 RBewDV als

4921

Negativabgrenzung abgeleitet werden. Hilfsweise könnte zum Verständnis des Begriffs »unbebautes Grundstück« auch die Definition in § 178 Abs. 1 Satz 1 BewG, die für die Bedarfsbewertung bei der Erbschaft- und Schenkungsteuer gilt, herangezogen werden.

3.2 Wirtschaftliche Einheit

4922 Im Bewertungsgesetz wird die **wirtschaftliche Einheit** des Grundvermögens als Grundstück bezeichnet. (§ 50 Abs. 1 Satz 3 BewG-DDR). Die wirtschaftliche Einheit **unbebautes Grundstück** umfasst den Grund und Boden und seine Bestandteile wie Zäune, Wege- und Platzbefestigungen, Stützmauern. Das Zubehör ist außer Betracht zu lassen (§ 11 Abs. 2 Satz 2 BewG-DDR).

3.3 Zuordnung zu den unbebauten Grundstücken

4923 Den unbebauten Grundstücken sind drei weitere Fallgruppen zuzuordnen.

4924 1. **Grundbesitz im Zustand der Bebauung**
Im Zustand der Bebauung befindliche Grundstücke sind unbebaute Grundstücke, auf denen sich **keine benutzbaren Gebäude** befinden. Die Benutzbarkeit beginnt mit dem Zeitpunkt der Bezugsfertigkeit. Gebäude sind als bezugsfertig anzusehen, wenn den zukünftigen Bewohnern oder sonstigen Benutzern zugemutet werden kann, sie zu beziehen.

Sind nur Gebäude im Zustand der Bebauung vorhanden, ist nur der Grund und Boden zu bewerten. Die bis zum Feststellungszeitpunkt angefallenen Baukosten sind für die Einheitsbewertung zu Grundsteuerzwecken unbeachtlich. (§ 33a Abs. 1 RBewDV). Befinden sich auf einem Grundstück bereits bezugsfertige Gebäude (z. B. bei Anbauten oder Zubauten), sind nur die fertiggestellten Gebäude einschließlich Grund und Boden als bebautes Grundstück zu bewerten. (§ 33a Abs. 2 RBewDV).

Ein Grundstück bleibt **so lange** unbebautes Grundstück, bis ein auf ihm zu errichtendes Gebäude **im Ganzen bezugsfertig** ist.

BEISPIEL An einem Feststellungszeitpunkt sind bei einem gemischtgenutzten Gebäude die Wohnungen im Obergeschoss bezugsfertig, die im Erdgeschoss befindlichen Ladenräume jedoch noch nicht benutzbar.
LÖSUNG Das Grundstück ist noch als unbebautes Grundstück zu bewerten.

Hinsichtlich der Bezugsfertigkeit kommt es darauf an, dass die Benutzung des Gebäudes zumutbar ist. Nach den heutigen Wohngewohnheiten ist die Zumutbarkeit nach strengen Maßstäben zu messen. Die wesentlichen Bauarbeiten müssen verrichtet sein. Geringfügige, noch zu leistende Restarbeiten, die auch anlässlich einer normalen Wohnungsrenovierung durchgeführt werden, schließen dagegen die Bezugsfertigkeit nicht aus. Vgl. auch R 159 Abs. 2 ErbStR.

4925 2. **Grundstücke mit Gebäuden von untergeordneter Bedeutung**
Ein Grundstück gilt nach § 45 RBewDV auch dann als unbebaut, wenn sich auf ihm Gebäude befinden, deren Zweckbestimmung und deren Wert gegenüber der Zweckbestimmung und dem Wert des Grund und Bodens von untergeordneter Bedeutung sind. Die Gebäude sind bei der Ermittlung des Einheitswerts nur dann zu berücksichtigen, wenn sie den Wert des Grundstücks erhöhen.

BEISPIEL Auf einem Grundstück in zentraler Lage, das für den Bau eines mehrstöckigen Geschäftshauses geeignet ist, wird lediglich ein Zeitungskiosk errichtet. Der Wert des Grund und Bodens beträgt ein Mehrfaches des Gebäudewerts.
LÖSUNG Das Grundstück gilt als unbebautes Grundstück, obgleich es tatsächlich bebaut ist.

3. **Grundstücke mit Gebäuden, die dem Verfall preisgegeben sind**   4926

Ist an einem Gebäude der Verfall der Bausubstanz erkennbar und sind die konstruktiven Teile bereits in Mitleidenschaft gezogen oder wurde die sofortige Räumung durch die Bauaufsichtsbehörde angeordnet, kann das Gebäude bei der Ermittlung des Einheitswerts nicht mehr berücksichtigt werden. Das Grundstück ist dann als **unbebautes Grundstück** zu bewerten. Befinden sich auf dem Grundstück weitere, noch benutzbare Gebäude, ist die Bewertung ohne Berücksichtigung der dem Verfall preisgegebenen Gebäude durchzuführen.

3.4 Zuordnung zu den bebauten Grundstücken

1. **Grundstücke mit Gebäuden, die in Bauabschnitten errichtet werden.**   4927

Wird ein Gebäude in Bauabschnitten errichtet, so gilt jeder fertiggestellte und bezugsfertige Teil als benutzbares Gebäude. Das Grundstück ist dann wegen der bezugsfertigen Gebäudeteile nicht mehr den unbebauten Grundstücken, sondern den bebauten Grundstücken zuzuordnen. Ob ein Gebäude in Bauabschnitten errichtet wird, kann nur von Fall zu Fall entschieden werden. Bei der Entscheidung wird man darauf abstellen müssen, ob der im jeweiligen Bauabschnitt errichtete Gebäudeteil für sich betrachtet eine gewisse Eigenständigkeit hat. Das ist z.B. gegeben, wenn vorerst nur das Erdgeschoss eines mehrstöckigen Gebäudes errichtet und mit einem festen Dach versehen wird, weil die Mittel für die Errichtung der Obergeschosse fehlen. Eine Errichtung in Bauabschnitten liegt dagegen nicht vor, wenn die Fortführung des Baues nur vorübergehend durch technische Schwierigkeiten (z.B. Frostperiode) unterbrochen wird. Eine Errichtung in Bauabschnitten liegt nicht vor, wenn die zweite Wohnung eines von der Baubehörde genehmigten Mietwohngrundstücks mit zwei Wohnungen innerhalb von zwei Jahren seit Bezugsfertigkeit der ersten Wohnung bezugsfertig wird; vgl. hierzu auch R 187 Abs. 5 Satz 7 ErbStR.

2. **Fälle der Mindestbewertung bei bebauten Grundstücken (§ 52 Abs. 2 BewG-DDR, § 40 RBewDV).**   4928

Ist bei einem, im Ertragswertverfahren zu bewertenden bebauten Grundstück die Miete sehr niedrig, oder hat das Gebäude erhebliche Baumängel, besteht die Möglichkeit, dass der Wert dieser wirtschaftlichen Einheit unter Berücksichtigung der niedrigen Miete oder der Baumängel des Gebäudes unter den Wert des Grund und Bodens ohne Berücksichtigung des Gebäudes sinken könnte. In diesen Fällen ist die wirtschaftliche Einheit mit dem Wert des Grund und Boden (Mindestwert) zu bewerten. Bei der Mindestbewertung bebauter Grundstücke wird das Gebäude nach seiner Zweckbestimmung nicht als von untergeordneter Bedeutung angesehen.

3.5 Bewertung der unbebauten Grundstücke

Für unbebaute Grundstücke sieht das Bewertungsgesetz kein besonderes Bewertungsverfahren vor. Unbebaute Grundstücke sind deshalb nach § 53 BewG-DDR mit dem gemeinen Wert, der in § 10 BewG-DDR umschrieben ist, nach den Wertverhältnissen vom 01.01.1935 (§ 3a   4929

RBewDV), unter Berücksichtigung des Zustandes vom Feststellungszeitpunkt zu bewerten (§ 44 RBewDV). Hierbei ist zu berücksichtigen, ob das Grundstück bebaubar ist bzw. in einem Bebauungsplan aufgenommen wurde. Ob das Grundstück erschlossen ist bzw. in welchem Umfang bereits Erschließungsmaßnahmen durchgeführt wurden. Der Wert unbebauter Grundstücke umfasst den Wert des Grund und Bodens und den Wert der Außenanlagen.

4930 Bei der Ermittlung der Bodenwerte ist zunächst vom durchschnittlichen Wert auszugehen, der sich für ein Gebiet, eine Straße oder einen Straßenabschnitt ohne Rücksicht auf Grundstücksgrenzen oder besondere Eigenschaften des einzelnen Grundstücks je Quadratmeter ergibt.

4931 Aus diesem durchschnittlichen Wert ist dann der Bodenwert des einzelnen Grundstücks unter Beachtung seiner Besonderheiten wie die Oberflächenbeschaffenheit, Baugrund, Hanglage und Grundstücksgröße zu ermitteln. Im Erlass vom 20. 11. 1990 BStBl I 1990, 827 wird besonders auf die Berücksichtigung von Vorderland und Hinterland verwiesen, ohne Hilfen für die

4931 Berechnung zu geben. Bis zum Ergehen einer speziellen Regelung, die die Besonderheiten in den neuen Bundesländern berücksichtigt, sind hier die Abschnitte 8 und 9 der BewR Gr anzuwenden.

3.6 Zusammenfassende Übersicht

4932

Unbebautes Grundstück	
Umfang	Bewertung
Grund und Boden im Zustand des Bewertungsstichtages (z. B. 01.01.2003)	Grundstücksfläche × Quadratmeterpreis 01.01.1935
+ Außenanlagen im Zustand des Bewertungsstichtages (z. B. 01.01.2003)	+ Herstellungskosten 01.01.1935
= wirtschaftliche Einheit	= Einheitswert

BEISPIEL Frau A erwirbt am 15.05.01 ein 600 m² großes unbebautes Grundstück in Erfurt, um es später mit einem Einfamilienhaus zu bebauen. Das Grundstück wurde aus einer bisher land- und forstwirtschaftlich genutzten größeren Fläche herausgemessen. Frau A hat für das Grundstück 60 000 € bezahlt. Der Quadratmeterpreis lt. Richtwertkarte betrug zum 01.01.1935 2 RM (Reichsmark = DM). Im August 01 hat Frau A das Grundstück für 8 000 € eingezäunt. Am 01.01.1935 hätte der Zaun 800 RM gekostet.
LÖSUNG Für das unbebaute Grundstück ist zum 01.01.02 eine Nachfeststellung durchzuführen, weil eine neue wirtschaftliche Einheit entstanden ist. (§ 2 Abs. 1, § 23 Abs. 1 Nr. 1 und Abs. 2 BewG). Der Bauplatz gehört jetzt nicht mehr zum land- und forstwirtschaftlichen Vermögen, sondern zum Grundvermögen (§ 51 Abs. 1 BewG-DDR, gleich lautende Erlasse vom 22.12.1993 BStBl I 1994, 96). Für die Berechnung des Einheitswerts sind die Wertverhältnisse vom 01.01.1935 maßgebend (§ 3a RBewDV). Bewertungsmaßstab ist der gemeine Wert (§ 53 BewG-DDR, § 44 RBewDV, § 10 Abs. 1 BewG-DDR).
Der Grundstückswert errechnet sich wie folgt:
Bodenwert: 600 m² × 2 DM = 1 200 DM
Wert der Außenanlagen = 800 DM
Grundstückswert = 2 000 DM
Einheitswert (abgerundet nach § 30 BewG) = **2 000 DM**
Umrechnung in Euro = **1 022 €**

3.7 Ermittlung der Bodenpreise zum 01.01.1935

Die nachträgliche Ermittlung der Bodenpreise 01.01.1935 gestaltete sich bei der Neueinrichtung der Bewertungsstellen in den neuen Bundesländern sehr schwierig. Da nicht in allen Finanzämtern Unterlagen über die Bodenpreise 1935 zur Verfügung standen, wurden Sammlungen über die Bodenpreise aufgebaut. Diese Bodenpreise sind eine unverzichtbare Grundlage für die sachlich richtige Feststellung von Einheitswerten des Grundvermögens.

Die Ermittlung der Werte erfolgte entweder aus den Einheitswertakten unbebauter Grundstücke, oder aus im Sachwertverfahren bewerteten, bebauten Grundstücken bzw. über die »Bodenpreisspiegel« der Abteilungen Preise der ehemaligen Räte der Kreise/Städte.

4933

4934

4935–4950
frei

4 Bebaute Grundstücke

4.1 Begriff

Ein bebautes Grundstück liegt vor, wenn sich auf ihm zum Bewertungsstichtag benutzbare Gebäude befinden. Bei Errichtung eines Gebäudes in Bauabschnitten ist der fertiggestellte und bezugsfertige Teil als benutzbares Gebäude anzusehen (§ 33a Abs. 2 RBewDV). Nicht zu den bebauten, sondern zu den unbebauten Grundstücken zählen Grundstücke mit Gebäuden, deren Zweckbestimmung und Wert gegenüber der Zweckbestimmung und dem Wert des Grund und Bodens von untergeordneter Bedeutung sind (§ 45 RBewDV). Wegen des Begriffs Gebäude vgl. Rz. 1528 und wegen der Begriffe Benutzbarkeit, Bezugsfertigkeit, Errichtung in Bauabschnitten vgl. Tz. 3.3.

4951

4.2 Wirtschaftliche Einheit

Als »Arbeitsergebnis« der gesondert durchzuführenden Einheitsbewertung wird stets ein Wert für die gesamte wirtschaftliche Einheit ermittelt. Es ist deshalb vor der Bewertung der wirtschaftlichen Einheit zu ermitteln, welche Wirtschaftsgüter zu der wirtschaftlichen Einheit gehören. Der Einheitswert für die wirtschaftliche Einheit »bebautes Grundstück« umfasst den Grund und Boden einschließlich der Bestandteile, insbesondere Gebäude und das Zubehör (§ 50 Abs. 1 Satz 1 BewG-DDR). Zum **Grund und Boden** gehören die bebauten und die räumlich dazugehörenden unbebauten Flächen wie Hofraum, Haus- und Vorgarten bei Einfamilienhäusern, Mietwohngrundstücken und gemischtgenutzten Grundstücken, Biergärten und Sportplätze bei Hotelgebäuden und unbebaute Lagerflächen bei Fabrikgrundstücken. Handelt es sich um größere Flächen, richtet sich die Größe der zur wirtschaftlichen Einheit gehörenden Fläche nach der Verkehrsanschauung (§ 2 Abs. 1 Satz 3 BewG). Zu den im Einheitswert mitzuerfassenden Bestandteilen des Grund und Bodens gehören auch Zäune, Pflasterungen, Wegebefestigungen, Plattenbeläge sowie die Pflanzungen, Außenschwimmbecken und Tennisplätze.

4952

Wesentliche Bestandteile des Grund und Bodens sind auch die **Gebäude** und die mit den Gebäuden verbundenen Anbauten wie Wintergärten, Schuppen oder Lagerräume. Zur wirtschaftlichen Einheit gehören auch weitere **Nebengebäude** wie Garagen, Vorratsräume, Waschküchen, Back- und Gartenhäuser, wenn sie auf dem selben Grundstück stehen. Bei Nebengebäuden, die vom Hauptgebäude durch eine Straße getrennt sind, ist im Einzelfall zu prüfen, ob sie in die wirtschaftliche Einheit miteinbezogen werden können.

4953

4.3 Grundstückshauptgruppen

4954 Die RBewDV unterscheidet bei der Bewertung bebauter Grundstücke folgende fünf Grundstückshauptgruppen (vgl. § 32 RBewDV):
1. Mietwohngrundstücke,
2. Geschäftsgrundstücke,
3. gemischtgenutzte Grundstücke,
4. Einfamilienhäuser,
5. sonstige bebaute Grundstücke.

4955 **Die Aufzählung ist erschöpfend.** Kann ein Grundstück nicht in die Grundstückshauptgruppen 1 bis 4 eingeordnet werden, so ist es ein sonstiges bebautes Grundstück. Die Zuordnung eines bebauten Grundstücks in eine der fünf Grundstückshauptgruppen richtet sich grundsätzlich nach der tatsächlichen Nutzung und dem Verhältnis der Jahresrohmiete des Grundstücks zum jeweiligen Feststellungszeitpunkt. Die richtige Zuordnung hat insbesondere **Bedeutung** für die anzuwendende Bewertungsmethode (Ertragswert- oder Sachwertverfahren, § 33 Abs. 1 oder Abs. 2 RBewDV), für die Höhe der Jahresrohmiete und den Vervielfältiger für im Ertragswertverfahren zu bewertende Grundstücke und für den Zuschlag wegen der Größe der nicht bebauten Fläche nach § 37 RBewDV.

4.3.1 Mietwohn-, Geschäfts- und gemischtgenutzte Grundstücke

4956 **Mietwohngrundstücke** sind Grundstücke, die zu mehr als achtzig Prozent, berechnet nach der Jahresrohmiete (§ 34 Abs. 1 RBewDV) Wohnzwecken dienen, mit Ausnahme der Einfamilienhäuser (§ 32 Abs. 1 Nr. 1 RBewDV).

4957 Übersicht für die Zuordnung zu der Grundstückshauptgruppe Mietwohngrundstücke:

Jahresrohmiete	Jahresrohmiete für	Jahresrohmiete für
selbst genutzte **Wohnräume** + überlassene Wohnräume + Zubehörräume + Garagen + Wohnräume, die gleichzeitig gewerblich oder beruflich mitbenutzt werden + Arbeitszimmer eines Arbeitnehmers	eigene **gewerbliche Zwecke** + fremde gewerbliche Zwecke + wirtschaftliche Geschäftsbetriebe + Räume zur Ausübung eines freien Berufs (steht dem Gewerbebetrieb gleich, § 96 BewG) + einzelne Räume innerhalb einer Wohnung (Arbeitszimmer eines Rechtsanwalts, Notars, Steuerberaters) + öffentliche Zwecke, wenn das Gebäude nicht teilweise steuerbefreit ist	**öffentliche Zwecke**, wenn der öffentlichen Zwecken dienende Gebäudeteil grundsteuerbefreit ist
Mehr als 80%	Weniger als 20%	Bleibt außer Ansatz

Geschäftsgrundstücke sind Grundstücke, die zu mehr als achtzig Prozent, berechnet nach der Jahresrohmiete (§ 34 Abs. 1 RBewDV), eigenen oder fremden gewerblichen oder freiberuflichen oder öffentlichen Zwecken dienen (§ 32 Abs. 1 Nr. 2 RBewDV). **4958**

Gemischtgenutzte Grundstücke sind Grundstücke, die teils Wohnzwecken, teils eigenen oder fremden gewerblichen oder freiberuflichen oder öffentlichen Zwecken dienen und nicht Mietwohngrundstücke, Geschäftsgrundstücke, oder Einfamilienhäuser sind (§ 32 Abs. 1 Nr. 3 RBewDV). **4959**

Für die Unterscheidung der drei vorgenannten Grundstücksarten kommt es auf das **Verhältnis der Jahresrohmieten** (§ 32 Abs. 2 RBewDV) der verschiedenen genutzten Grundstücksteile zueinander und nicht etwa auf die Größe oder das Wertverhältnis der verschieden genutzten Flächen an. Maßgebend ist die **tatsächliche Nutzung** im Feststellungszeitpunkt. Zu den Jahresrohmieten für die Wohnungen sind auch Entgelte zu rechnen, die für die Nutzung von Nebenräumen gezahlt werden (z. B. für die Garage, Schuppen, Unterstellplätze). Zu den Jahresrohmieten für gewerblich genutzte Grundstücke oder Grundstücksteile rechnen die Mieten für Werkstätten, Läden, Büroräume. Auch Mieten für einzelne Räume innerhalb einer Wohnung, die ausschließlich gewerblich benutzt werden, gehören hierher; nicht dagegen die Miete für Wohnräume, die gewerblich oder beruflich nur mitbenutzt werden. **4960**

Öffentlichen Zwecken dienende Grundstücke oder Grundstücksteile bleiben bei der Einordnung außer Betracht, wenn sie von der Grundsteuer nach §§ 4 bis 6 GrStG befreit sind und deshalb für sie ein Einheitswert nicht festzustellen ist (vgl. auch BFH vom 26.09.1980 BStBl II 1981, 208). Befinden sich öffentlich genutzte Räume in einem voll steuerpflichtigen Grundstück (z. B. die von einem Privatmann an die Stadtverwaltung vermieteten Büroräume), so sind die für diese Räume gezahlten Mieten bei der Einordnung in die zutreffende Grundstücksart mit zu berücksichtigen. Der hier öffentlichen Zwecken dienende Gebäudeteil ist nicht von der Grundsteuer befreit. **4961**

BEISPIELE

a)

Jahresrohmiete Wertverhältnisse 01.01.1935 für die Nutzung zu/als	wirtschaftliche Einheiten					
	1	2	3	4	5	6
	DM	DM	DM	DM	DM	DM
Wohnung/ Wohnräume	8500	8000	1500	2000	4000	
gewerblichen Zwecken	1500	1000	7000	6000		
freiberuflichen Zwecken		500		1000		
öffentlichen Zwecken		500	1500	1000		
steuerfreien Zwecken				1000	6000	10000
Gesamtjahresrohmiete	10000	10000	10000	11000	10000	10000
Bestimmung der Grundstücksart	Mietwohngrundstück	gemischtgenutztes Grundstück	Geschäftsgrundstück	gemischtgenutztes Grundstück	Mietwohngrundstück	kein Einheitswert festzustellen

b) Im Erdgeschoss eines Gebäudes befindet sich ein Laden. Das erste und zweite Obergeschoss des Gebäudes enthält Wohnungen. Außerdem gehören zum Grundstück zwei Garagen, die an die Mieter der Wohnungen vermietet sind. Die Jahresrohmieten betragen: für den Laden 800 DM, für die Wohnungen insgesamt 3000 DM, für die Garagen insgesamt 600 DM.
LÖSUNG Das Grundstück ist als Mietwohngrundstück zu bewerten, da es zu mehr als 80% (3000 DM + 600 DM = 3600 DM = 81,8%) der gesamten Jahresrohmieten (= 4400 DM) Wohnzwecken dient.

4962–4970 frei

4.3.2 Einfamilienhäuser

4971 Die Rechtsgrundlage für die Abgrenzung der Einfamilienhäuser von den übrigen Grundstücksarten ist § 32 Abs. 1 Nr. 4 RBewDV. Ferner sind zu dieser Frage für die alten Bundesländer in den vergangenen Jahren zahlreiche Entscheidungen durch Finanzgerichte und den Bundesfinanzhof ergangen, die für den Bereich der neuen Bundesländer sinngemäß angewendet werden können.

Bei den Einfamilienhäusern handelt es sich um Wohngrundstücke, die nur eine Wohnung enthalten. Die Wohnung kann eigengenutzt oder vermietet sein. Sie muss jedoch grundsätzlich Wohnzwecken dienen oder zu dienen bestimmt sein. Wohnungen des Hauspersonals sind dabei nicht mitzurechnen. Für die Einordnung als Einfamilienhaus ist es unschädlich, wenn das Wohngrundstück zu gewerblichen, freiberuflichen oder öffentlichen Zwecken mitbenutzt und dadurch die Eigenart des Einfamilienhauses nicht wesentlich beeinträchtigt wird. 4972

Nach § 32 Abs. 1 Nr. 5 RBewDV steht dem Begriff des Einfamilienhauses eine **zweite Wohnung** nicht entgegen, wenn sie von **untergeordneter** Bedeutung ist oder mit ihrem dauernden Bestand nicht gerechnet werden kann. 4973

Wird ein Wohngebäude für zwei Wohnungen projektiert, zunächst jedoch nur eine Wohnung bezugsfertig und die zweite Wohnung (innerhalb des Gebäudes) nur im Rohbau erstellt, so handelt es sich (bei einer **Errichtung in Bauabschnitten**) zunächst um ein Einfamilienhaus. Erst nach Fertigstellung des zweiten Bauabschnitts handelt es sich um ein Mietwohngrundstück. 4974

Baulich verbundene Eigentumswohnungen stellen eine einzige wirtschaftliche Einheit dar. Sie sind deshalb in die Grundstückshauptgruppe der Einfamilienhäuser einzuordnen. Sie sind ausnahmsweise in die Grundstückshauptgruppe »Mietwohngrundstück« einzureihen, wenn zwei selbstständige Wohneinheiten mit jeweils separatem Wohnungsabschluss vorhanden sind. Es gelten für solche Fälle die gleichen Abgrenzungskriterien wie in allen übrigen Fällen. Vgl. 7.3 zur Bewertung des Wohnungseigentums. 4975

4.3.2.1 Wohnungen des Hauspersonals

Bei der Abgrenzung der Einfamilienhäuser von den anderen Grundstückshauptgruppen bleiben die Wohnungen des Hauspersonals unberücksichtigt (§ 32 Abs. 1 Nr. 4 RBewDV). Diese Wohnungen müssen allerdings für das Hauspersonal bestimmt und auch vom Hauspersonal tatsächlich genutzt werden (BFH vom 15.11.1985 BStBl II 1986, 247). Das bedeutet, dass eine solche Wohnung nach objektiven Gesichtspunkten eine Hauspersonalwohnung sein muss, also in der Regel auch von untergeordneter Bedeutung ist. Zum Hauspersonal rechnen Personen, die grundsätzlich Dienstleistungen für die Wartung und Pflege des Wohngrundstücks selbst erbringen (z. B. Gärtner, Pförtner, Heizer, Wächter). Eine Hausgehilfin gehört nicht zum Kreis des Hauspersonals (BFH vom 15.11.1985 [a. a. O.]). 4976

4.3.2.2 Mitbenutzung eines Wohngebäudes zu gewerblichen, freiberuflichen oder öffentlichen Zwecken

Eine gewerbliche oder freiberufliche Mitbenutzung ist unschädlich, solange sie von untergeordneter Bedeutung bleibt und die Eigenart des Einfamilienhauses nicht beeinträchtigt (z. B. Schaufenster). Hierbei hat bei der Beurteilung das äußere Erscheinungsbild Vorrang. 4977

Überwiegt die gewerbliche oder freiberufliche Nutzung die Nutzung zu Wohnzwecken (51%), kann das Gebäude nicht mehr den Einfamilienhäusern zugeordnet werden. Hierbei ist nicht nach § 32 Abs. 2 RBewDV auf das Verhältnis der Jahresrohmiete, sondern auf den **Flächenanteil** abzustellen (Gleich lautende Erlasse vom 06.11.1991 Tz. 2.5 Abs. 3 Satz 3). 4978

4979 Nach § 32 Abs. 1 Nr. 4 RBewDV gilt ein Wohngrundstück auch dann als Einfamilienhaus, wenn es zu gewerblichen, freiberuflichen oder öffentlichen Zwecken mitbenutzt wird und dadurch die Eigenart des Einfamilienhauses nicht wesentlich beeinträchtigt wird. Hierbei soll es **auf die Verkehrsauffassung** ankommen.

4980 Damit besteht ein wesentlicher Unterschied zur Handhabung der selben Problematik in den alten Bundesländern. Denn nach Auffassung des BFH vom 05. 02. 1986 BStBl II 1986, 448 kommt es **nicht auf die Verkehrsauffassung** an. Für die Zuordnung eines Wohngrundstücks in die Grundstücksart Einfamilienhaus sei einzig und allein die Anzahl der Wohnungen und deren Nutzung entscheidend. Erst wenn es sich bei dem Wohngrundstück um kein Einfamilienhaus handelt, könne eine andere Grundstücksart in Betracht kommen (so auch schon BFH vom 07. 12. 1973 BStBl II 1974, 195 und vom 22. 02. 1985 BStBl II 1985, 284). Die Abgrenzungsfrage sei in erster Linie nach dem äußeren Erscheinungsbild zu entscheiden (so auch BFH vom 09. 10. 1985 BStBl II 1986, 172). Auf die Verkehrsauffassung könne auch deshalb nicht abgestellt werden, weil der Begriff des Einfamilienhauses im bewertungsrechtlichen Sinne nicht ein von der Verkehrsauffassung bestimmter Begriff, sondern ein durch die Umschreibung in § 75 Abs. 5 BewG gekennzeichneter Rechtsbegriff sei, von dem ausgehend die Frage der wesentlichen Beeinträchtigung durch die Mitbenutzung zu anderen als Wohnzwecken beantwortet werden müsse. Nach dem Urteil des BFH vom 09. 11. 1987 BStBl II 1988, 135 kann eine »Mitbenutzung« eines Grundstücks i. S. d. § 75 Abs. 5 Satz 4 BewG nur vorliegen, wenn die Nutzung zu anderen als Wohnzwecken nicht den Umfang der Nutzung zu Wohnzwecken erreicht bzw. überschreitet. Überwiegt die Nutzung zu öffentlichen oder gewerblichen (freiberuflichen) Zwecken, greift die Fiktion des § 75 Abs. 5 Satz 4 BewG nicht ein. Soweit die Auffassung des Bundesfinanzhofes.

4981 Aus alledem folgt auch, dass es für die Einreihung eines Wohngrundstücks mit nur einer Wohnung in die Grundstücksart Einfamilienhaus nach dem BewG ohne Bedeutung ist, ob sich die auf das Grundstück bezogene Mitbenutzung zu anderen als Wohnzwecken innerhalb der jeweiligen Wohnung des Einfamilienhauses oder in Räumen vollzieht, die zu selbstständigen Einheiten innerhalb des Baukörpers zusammengefasst sind (so auch schon BFH vom 02. 07. 1976 BStBl II 1976, 640). Auch ein eingeschossiger Anbau mit einem Flachdach an einen zweigeschossigen Bauteil mit einem Spitzdach lässt nicht ohne weiteres darauf schließen, dass hierdurch die Eigenart als Einfamilienhaus wesentlich beeinträchtigt wird, auch wenn der eingeschossige Flachdachanbau als Arztpraxis genutzt wird (BFH vom 05. 02. 1986 BStBl II 1986, 446).

4982 Dient in einem zweigeschossigen Gebäude die ursprünglich als Wohnung vorgesehene zweite »Wohneinheit« in vollem Umfang freiberuflichen Zwecken (z. B. als Arzt- oder Rechtsanwaltspraxis), so ist das Grundstück kein Mietwohngrundstück, sondern ein Einfamilienhaus, wenn hierdurch die Eigenart als Einfamilienhaus nicht wesentlich beeinträchtigt wird. Befindet sich in einem zweigeschossigen Gebäude im Obergeschoss eine Wohnung und werden die Räume des Erdgeschosses von außen erkennbar als Verkaufsräume genutzt, so wird hierdurch regelmäßig die Eigenart als Einfamilienhaus wesentlich beeinträchtigt sein, so dass dieses Grundstück nicht als Einfamilienhaus, sondern (in der Regel) als gemischt genutztes Grundstück zu bewerten sein wird.

4983 Aus der obigen Gegenüberstellung wäre zunächst für die Praxis folgende Problemstellung zu erwarten: Soll hier allein nach dem Wortlaut der Reichsbewertungsdurchführungsverordnung entschieden werden, der fast 60 Jahre unverändert geblieben ist und der auch in die Tz. 2 der gleich lautenden Erlasse vom 06. 11. 1991 BStBl I 1991, 968 übernommen wurde, weil seine Auswirkungen bislang nahezu unbeachtlich waren, oder kann die Rechtsprechung des BFH, die durch die täglichen praktischen Auswirkungen des Gesetzes der letzten Jahre in den alten Bundesländern geprägt wurde, unberücksichtigt bleiben? Dieser Konflikt dürfte sich durch Zeitablauf abmildern, denn die »Verkehrsauffassung« wird selbstverständlich auch durch die Rechtsprechung des BFH beeinflusst und weiterentwickelt. Hierbei kann für die neuen Bundesländer eine Trendwende in der Rechtsprechung wegen der für den Stpfl. ungünstigeren Bewertung der EFH im Sachwertverfahren erwartet werden.

4.3.3 Sonstige bebaute Grundstücke

Sonstige bebaute Grundstücke sind alle bebauten Grundstücke, die nicht unter die ersten vier Grundstückshauptgruppen (siehe Rz. 1558) fallen. Dazu gehören z.B. Clubhäuser, Vereinshäuser, Bootshäuser, studentische Verbindungshäuser, Turnhallen, Schützenhallen, Jagdhütten, Kindererholungsheime, selbstständige Garagengrundstücke, falls sie nicht gewerblich genutzt werden, sowie Wochenendhäuser, die nicht als Einfamilienhäuser zu bewerten sind.

4984

4.4 Wohnungsbegriff

Für die Definition des Wohnungsbegriffs kommt es darauf an, ob das Gebäude vor dem 01.01.1994 oder nach dem 31.12.1993 errichtet worden ist (Gleich lautende Erlasse vom 06.11.1991 BStBl I 1991, 968 Tz. 2.4). Das Vorhandensein einer Wohnung ist das entscheidende Kriterium für die Einordnung eines Wohngrundstücks in die Grundstückshauptgruppe Einfamilienhaus. Dem Wohnungsbegriff kommt daher eine entscheidende Bedeutung zu. Unbestritten war stets, dass es sich bei einer Wohnung um eine Zusammenfassung von Wohn- und Nebenräumen handelt, wobei der Inhaber der Wohnung in der Lage sein muss, in den ihm zur Verfügung stehenden Räumen einen eigenen Haushalt zu führen. Es sind folgende Fallgruppen zu unterscheiden:

4985

a) Wohngrundstücke, die vor dem 01.01.1994 errichtet worden sind

Bei diesen Wohngrundstücken reicht die Zusammenfassung mehrerer Räume zu einer Wohnung, in der die Führung eines selbstständigen Haushalts möglich ist, aus. Die Mindestwohnfläche beträgt 23 m² (siehe auch § 181 Abs. 9 BewG). Die Wohnung muss ausreichend belichtet und belüftbar sein. Es muss eine Küche oder ein Raum mit Kochgelegenheit vorhanden sein. Ist die Wohnung in sich abgeschlossen, reichen die erforderlichen Anschlüsse aus. Ist die Wohnung nicht gegenüber anderen Gebäudeteilen abgeschlossen, muss die Küche mit Herd und Spüle ausgestattet sein. Bei den zu einer Wohnung zusammengefassten Räumen muss ein Bad mit Wanne oder Dusche sowie eine Toilette vorhanden sein. War das Gebäude vor dem 01.01.1960 bezugsfertig, reichen eine Toilette und ein Handwaschbecken aus. Die Wohnung muss während des **ganzen Jahres** bewohnbar sein. Es müssen also

4986

- Wasserversorgung, Abwasserbeseitigung,
- Strom oder vergleichbare Energieversorgung,
- Beheizungsmöglichkeit und
- ausreichende Isolierung

vorhanden sein.

Eine rechtliche Nutzungsbeschränkung wie bei Wochenendhäusern ist unbeachtlich. Wurden die Wohnräume baurechtswidrig errichtet, ist dies für die Einheitsbewertung ohne Bedeutung, solange sie die Voraussetzungen für eine Wohnung erfüllen. Die zu einer Wohnung zusammengefassten Räume müssen **tatsächlich Wohnzwecken dienen**. Wird ein zu einer Wohneinheit gehörender Raum als häusliches Arbeitszimmer genutzt, so ist hierin noch die Nutzung zu Wohnzwecken zu sehen (BFH vom 09.11.1988 BStBl II 1989, 135).

4987 **b) Wohngrundstücke, die nach dem 31.12.1993 errichtet werden**

Die Wohnung muss eine in sich **abgeschlossene Wohneinheit** bilden. Es muss ein eigener Zugang bestehen, der nicht durch andere Wohnbereiche führen darf. Die Wohnung muss über eine Küche verfügen, in der Strom bzw. Gasanschluss, Kalt- und ggf. Warmwasserzuleitung und ein Ausguss vorhanden sein müssen. Weiter muss ein Bad mit Wanne oder Dusche und eine Toilette vorhanden sein. Ein Waschbecken reicht nicht mehr aus. Alle anderen Merkmale wie Mindestwohnfläche, ganzjährige Nutzung und die Merkmale für baurechtswidrig errichtete Räume gelten wie bei vor dem 01.01.1994 errichteten Wohngebäuden.

4988 **c) Um- und Ausbauten**

Bei Um- und Ausbauten kommt es darauf an, ob diese vor dem 01.01.1994 oder nach dem 31.12.1993 durchgeführt worden sind. Für Um- und Ausbauten gelten die vorstehenden Regelungen entsprechend. Entstehen durch Um- und Ausbauten an einem Einfamilienhaus weitere Wohnungen, ist das Grundstück als Mietwohngrundstück zu bewerten.

4989–5000 frei

4.5 Bewertung

5001 Die für die Bewertung der bebauten Grundstücke erforderlichen Rechtsvorschriften hat der Minister der Finanzen im Jahre 1935 erlassen (§ 52 Abs. 1 BewG-DDR). § 33 der Durchführungsverordnung zum Reichsbewertungsgesetz sieht zwei Bewertungsverfahren vor:
- Das **Ertragswertverfahren** (dessen Einzelheiten in den §§ 34 bis 37 RBewDV sowie in den gleich lautenden Erlassen vom 19.01.1993 BStBl I 1993, 173 geregelt sind) und
- die Bewertung mit dem gemeinen Wert (**Sachwertverfahren**). Vor dem 31.12.1990 wurden hierzu zwei Verfahren parallel zugelassen, und zwar die Friedensbrandkassenwerte und das Weil'sche Verfahren, seit dem 31.12.1990 werden diese Verfahren nicht mehr angewendet. Die Bewertung erfolgt jetzt durch Verwaltungsanweisungen, den gleich lautenden Erlassen der obersten Finanzbehörden der neuen Bundesländer (6.1).

5002 Nach § 33 Abs. 1 RBewDV sind die Mietwohngrundstücke und die gemischtgenutzten Grundstücke im **Ertragswertverfahren** zu bewerten. Alle übrigen bebauten Grundstücke sind nach § 33 Abs. 2 RBewDV mit dem gemeinen Wert (Sachwert) zu bewerten. Abweichend von der in § 33 Abs. 1 RBewDV getroffenen grundsätzlichen Regelung für die Mietwohngrundstücke und die gemischtgenutzten Grundstücke können diese auch mit dem gemeinen Wert bewertet werden, wenn die Jahresrohmiete nur schwer zu ermitteln oder zu schätzen ist (§ 33 Abs. 2 und 3 RBewDV).

5003 Der für ein bebautes Grundstück anzusetzende Wert darf gemäß § 52 Abs. 2 BewG-DDR, § 40 RBewDV nicht geringer sein als der Wert, mit dem der Grund und Boden allein als unbebautes Grundstück zu bewerten wäre. Bei der **Mindestbewertung** sind aufstehende Gebäude nur soweit zu berücksichtigen, wie sie den Wert des Grundstücks tatsächlich erhöhen (§ 45 RBewDV). Gleichwohl umfasst der im Wege der Mindestbewertung festgestellte Einheitswert neben dem Grund und Boden auch die aufstehenden Gebäude und die Außenanlagen.

4.6 Feststellung der Einheitswerte

Nach welchen Kriterien und welchem Verfahren der Einheitswert für Grundsteuerzwecke derzeit festgestellt ist bzw. wird, hängt von vielen Zufällen ab. Eine Übersicht ist nachfolgend dargestellt:

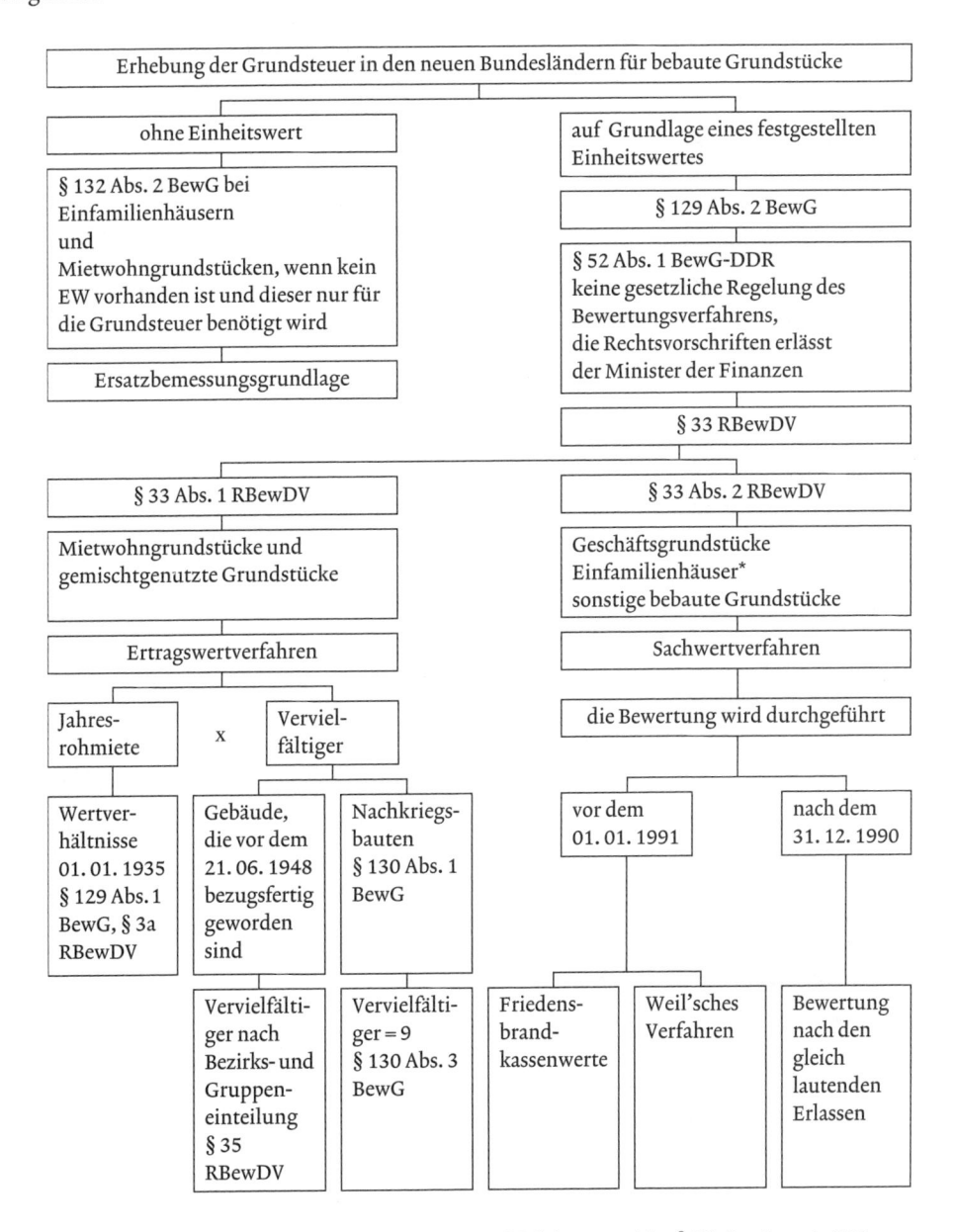

Erhebung der Grundsteuer in den neuen Bundesländern für bebaute Grundstücke

- **ohne Einheitswert**
  - § 132 Abs. 2 BewG bei Einfamilienhäusern und Mietwohngrundstücken, wenn kein EW vorhanden ist und dieser nur für die Grundsteuer benötigt wird
  - Ersatzbemessungsgrundlage

- **auf Grundlage eines festgestellten Einheitswertes**
  - § 129 Abs. 2 BewG
  - § 52 Abs. 1 BewG-DDR keine gesetzliche Regelung des Bewertungsverfahrens, die Rechtsvorschriften erlässt der Minister der Finanzen
  - § 33 RBewDV

  - **§ 33 Abs. 1 RBewDV**: Mietwohngrundstücke und gemischtgenutzte Grundstücke — Ertragswertverfahren
    - Jahresrohmiete × Vervielfältiger
    - Wertverhältnisse 01.01.1935 § 129 Abs. 1 BewG, § 3a RBewDV
    - Gebäude, die vor dem 21.06.1948 bezugsfertig geworden sind — Vervielfältiger nach Bezirks- und Gruppeneinteilung § 35 RBewDV
    - Nachkriegsbauten § 130 Abs. 1 BewG — Vervielfältiger = 9 § 130 Abs. 3 BewG

  - **§ 33 Abs. 2 RBewDV**: Geschäftsgrundstücke, Einfamilienhäuser*, sonstige bebaute Grundstücke — Sachwertverfahren
    - die Bewertung wird durchgeführt
      - vor dem 01.01.1991: Friedensbrandkassenwerte / Weil'sches Verfahren
      - nach dem 31.12.1990: Bewertung nach den gleich lautenden Erlassen

*) wegen der weiteren Besonderheiten für das Wohnungs- und Teileigentum siehe § 131 BewG, sowie 7.3.5

5005–5010 frei

5 Ertragswertverfahren

5.1 Grundsätze

5011 **Mietwohngrundstücke** und **gemischtgenutzte Grundstücke** sind nach § 33 Abs. 1 RBewDV mit einem Vielfachen der Jahresrohmiete zu bewerten. Der festzustellende Ertragswert umfasst die gesamte wirtschaftliche Einheit § 2 BewG. Wie Mietwohngrundstücke und gemischtgenutzte Grundstücke im Einzelnen zu bewerten sind, wurde für alle ab dem 01.01.1991 zu bewertenden Fälle in den gleich lautenden Erlassen der obersten Finanzbehörden der Länder Berlin, Brandenburg, Mecklenburg-Vorpommern, Sachsen, Sachsen-Anhalt und Thüringen vom 19.01.1993 BStBl I 1993, 173 ff. geregelt.

5.2 Wirtschaftliche Einheit

5012 Die wirtschaftliche Einheit für Mietwohngrundstücke und gemischtgenutzte Grundstücke umfasst den Grund und Boden, einschließlich der Bestandteile (insbesondere Gebäude), und das Zubehör (§ 50 Abs. 1 Satz 1 BewG-DDR). Zum **Grund und Boden** gehören die bebauten und die räumlich dazugehörenden unbebauten Flächen wie Hofraum, Haus- und Vorgarten. Bei größeren Flächen richtet sich die Größe der zum Gebäude gehörenden Fläche nach der Verkehrsanschauung (§ 2 Abs. 1 BewG). Zu den im Einheitswert mitzuerfassenden Bestandteilen des Grund und Bodens gehören auch Zäune, Pflasterungen, Wegebefestigungen, Plattenbeläge sowie die Pflanzungen. Wesentliche Bestandteile des Grund und Bodens sind auch das **Gebäude** und die mit dem Gebäude verbundenen Anbauten wie Wintergärten oder Schuppen.

5013 Zur wirtschaftlichen Einheit Mietwohngrundstücke oder gemischtgenutzte Grundstücke gehören auch weitere Nebengebäude wie Garagen und Gartenhäuser, wenn sie auf demselben Grundstück stehen. Nebengebäude insbesondere **Garagen**, die **vom Hauptgebäude** durch eine Straße **getrennt** sind, können in die wirtschaftliche Einheit regelmäßig **nicht** einbezogen werden. Sie sind als eigene wirtschaftliche Einheit zu bewerten. Die Auslegung bezüglich der wirtschaftlichen Einheit auf vom Hauptgrundstück getrennt liegenden Garagengrundstücken ist damit im o.g. Erlass enger als bei den Einfamilienhäusern. Vgl. Gleich lautende Erlasse der obersten Finanzbehörden der Länder Berlin, Brandenburg, Mecklenburg-Vorpommern, Sachsen, Sachsen-Anhalt und Thüringen vom 23.11.1992 BStBl I 1992, 724. Bei Einfamilienhäusern können Garagen in die wirtschaftliche Einheit noch einbezogen werden, solange die trennende Straße nicht dem Durchgangsverkehr dient.

5.3 Ermittlung des Einheitswerts

5014 Der Wert für die gesamte wirtschaftliche Einheit ergibt sich aus dem Vielfachen der Jahresrohmiete. Hierbei kommt es auf die tatsächlichen Verhältnisse vom Fortschreibungszeitpunkt oder Nachfeststellungszeitpunkt und die Wertverhältnisse vom 01.01.1935 an (§ 3a RBewDV). Der Wert des Grundstücks, der sich aus dem Vielfachen der Jahresrohmiete ergibt (Ertragswert), ist noch nach § 37 RBewDV zu ermäßigen und zu erhöhen, wenn die Voraussetzungen hierfür vorliegen.

5015 Für die **Einheitswertfeststellung auf den 01.01.1991** wurde **ausnahmsweise** in zwei Fällen eine wesentliche Vereinfachung des Bewertungsverfahrens zugelassen, und zwar:
- bei Geschäftsgrundstücken und

- bei gemischtgenutzten Grundstücken, wenn bei diesen die Ermittlung der Bewertungsgrundlagen, insbesondere der Jahresrohmiete, schwierig war und diese Grundstücke den Betriebsgrundstücken (§ 99 BewG) zuzuordnen waren.

Der Einheitswert wurde mit 10 % des Werts geschätzt, der in der steuerlichen Eröffnungsbilanz zum 01.07.1990 für die Bilanzposten Grund und Boden, Gebäude und Außenanlagen ausgewiesen wurde. Was im Einzelnen zur wirtschaftlichen Einheit der Betriebsgrundstücke gehört, war nach § 2 BewG i.V.m. § 11 Abs. 1 und 2 und § 50 Abs. 1 BewG zu entscheiden. Ergaben sich zwischen dem 01.07.1990 und dem 31.12.1990 wesentliche Änderungen, die sich auch auf die Betriebsgrundstücke auswirkten, waren die Werte der steuerlichen Schlussbilanz zum 31.12.1990 maßgebend.

Die Einheitswertbescheide mit dieser Sonderregelung ergingen alle unter dem Vorbehalt der Nachprüfung (§ 164 AO). Für die meisten Fälle erfolgte zwischenzeitlich eine EW-Feststellung nach den nachfolgenden Grundsätzen.

5018–5030 frei

5.4 Jahresrohmiete

Als Jahresrohmiete sind alle Aufwendungen zu verstehen, die der Mieter aufgrund der vertraglichen oder gesetzlichen Bestimmungen für **ein Jahr** für die **unbeheizte** Wohnung zu entrichten hat. Zur Jahresrohmiete rechnen danach neben der eigentlichen Miete auch die **Umlagen** (Grundsteuer, Müllabfuhr, Treppen- und Flurbeleutung). Diese Bruttomiete beinhaltet jedoch **nicht** die Kosten für die **Heizung** und den Fahrstuhl (§ 34 Abs. 2 RBewDV). Besondere Mietkürzungen, z.B. aufgrund der Gebäudeentschuldungsteuer, sind nicht zu berücksichtigen (§ 34 Abs. 3 RBewDV).

Maßgebend ist die **am 01.01.1935** üblicherweise zu zahlende Miete (§ 34 Abs. 1 RBewDV). Sie ist nach Bezugsfertigkeitszeiträumen unterschiedlich definiert:

a) Bezugsfertigkeit vor dem 01.01.1935
(und nachfolgender Zeitraum bis einschließlich 20.06.1948)

Bei **vermieteten** Mietwohngrundstücken und gemischtgenutzten Grundstücken, die am **01.01.1935** bereits **bezugsfertig waren**, ist an diesem Stichtag auch tatsächlich eine Miete bezahlt worden, weshalb die an diesem Stichtag (Hauptfeststellungszeitpunkt) **tatsächlich zu zahlende Miete** angesetzt werden kann. Für die Zeit nach dem 31.12.1934 und vor dem 21.06.1948 bewirkte der verfügte Mietpreisstopp, dass bei **vermieteten** Mietwohngrundstücken und gemischtgenutzten Grundstücken keine Mieterhöhung eingetreten ist, weshalb auch hier bei Nachfeststellungen und Fortschreibungen die **tatsächlich zu zahlende Miete** angesetzt werden kann, die sich ja von der Miete 01.01.1935 nicht unterscheidet.

Wurde bei Mietwohngrundstücken und gemischtgenutzten Grundstücken, die vor dem **01.01.1935** bzw. vor dem 21.06.1948 bezugsfertig waren, **keine Miete** bezahlt, weil das Objekt eigengenutzt oder ungenutzt war, oder wurde aus persönlichen Gründen eine um mehr als 20 % ermäßigte Miete bezahlt, fehlt es an einer »echten« Bemessungsgrundlage, weshalb hier an die Stelle der tatsächlich zu zahlenden Miete die übliche Miete vom 01.01.1935 tritt (§ 34 Abs. 4 Satz 2 RBewDV).

b) Bezugsfertigkeit nach dem 20.06.1948 und vor dem 30.06.1990

Auch nach dem 20.06.1948 bis zum 30.06.1990 gab es durch die Mietpreisgesetzgebung bei Mietwohngrundstücken und gemischtgenutzten Grundstücken grundsätzlich keine

Veränderung der Mietpreise im Verhältnis zum 01.01.1935. Das Mietpreisrecht der ehemaligen Deutschen Demokratischen Republik ist für alle Wohnungen wirksam geworden. Als Basis dienten die Preisverhältnisse vom 01.01.1935, weshalb diese Werte bei Bezugsfertigkeit zwischen 20.06.1948 und 30.06.1990 herangezogen werden können (§ 130 Abs. 2 Satz 1 BewG). Für alle in diesem Zeitraum bezugsfertig gewordenen Mietwohngrundstücke und gemischtgenutzten Grundstücke (Nachkriegsbauten) ist deshalb die ab Bezugsfertigkeit **preisrechtlich zulässige Miete** als **Jahresrohmiete** vom 01.01.1935 anzusetzen.

5035 c) **Bezugsfertigkeit nach dem 30.06.1990**

Wohnungen, die nach dem 30.06.1990 bezugsfertig geworden sind oder noch bezugsfertig werden, unterliegen **keiner Preisbindung** auf der Basis 01.01.1935, weshalb hier die **preisrechtlich zulässige Miete** auf der **Basis** der **vor dem 01.07.1990** geltenden Mietpreise für alle Wohnungen anzusetzen ist. Bis zur nächsten Hauptfeststellung sind deshalb die Werte anzusetzen, die bei einem unveränderten Fortbestand der Mietpreisgesetze ab Bezugsfertigkeit preisrechtlich zulässig gewesen wären.

5036 d) **Miete für Nachkriegsbauten bei gewerblicher Nutzung**

§ 130 Abs. 2 BewG gilt nur für Wohnräume. Für Räume, die zu anderen, insbesondere zu gewerblichen, freiberuflichen oder öffentlichen Zwecken genutzt werden, ist die **Jahresrohmiete vom 01.01.1935** zugrunde zu legen.

5037 e) **Ermittlung der Miete 01.01.1935**

Wichtigstes Hilfsmittel für die Ermittlung und den Ansatz der üblichen Miete sind die von den Finanzämtern erstellten Mietspiegel zum 01.01.1935. Sie wurden aus noch vorhandenen Einheitswertakten rekonstruiert oder aus den Mietpreistabellen der Abteilungen Preise bei den ehemaligen Räten der Kreise bzw. Städte abgeleitet. Die Daten wurden gemeindeweise getrennt nach Wohnungs- und gewerblicher Miete, ermittelt, wobei folgende Angaben enthalten sind:

Wohnungsmiete	gewerbliche Miete

• Belegenheit
• Größe der Wohnfläche
• gezahlte Jahresrohmiete
  (insgesamt und je m² Wohnfläche)
• Ausstattung der Wohnung (Wohnfläche)
• mit Bad/ohne Bad
• Art der Heizung
• Toilette innerhalb oder außerhalb der Wohnung
	• Belegenheit
	• Branche
	  (z.B. Apotheke, Friseur, Arztpraxis usw.)
	• Größe der gewerblich genutzten Fläche in m²
	• gezahlte Jahresrohmiete 1935
	  (insgesamt und je m² Nutzfläche) oder
	• angesetzte Jahresrohmiete 1935
	  (insgesamt und je m² Nutzfläche)
	• Baujahr des Gebäudes

5.5 Die Vervielfältiger

5038 Der Vervielfältiger ist die Zahl, mit der die **Jahresrohmiete** zu vervielfachen ist, um unter Berücksichtigung der Bewirtschaftungskosten den Wert des Grundstücks zu ermitteln. Für Grundstücke mit Gebäuden, die vor dem 21.06.1948 bezugsfertig wurden, sind die von den Präsidenten der Landesfinanzämter in den Rechtsverordnungen vom 17.12.1934 (Reichsministerialblatt S. 785 ff.) für Mietwohngrundstücke und gemischtgenutzte Grundstücke angegebenen Vervielfältiger anzuwenden. Die damalige Gebietseinteilung ist noch gültig und weiterhin anzuwenden. Innerhalb dieser Gebiete erfolgte die Einteilung in Bezirke, Haupt- und Untergruppen. Bei der Erstellung der Tabellen wurden Gesichtspunkte wie Gemeindegrößen, Einzugsbereiche, Bauwerksgröße und das Baujahr berücksichtigt. Für Nachkriegsbauten, das sind bewertungsrechtlich Gebäude die nach dem 20.06.1948 bezugsfertig geworden sind, ist ein **einheitlicher Vervielfältiger 9** anzuwenden (§ 130 Abs. 3 BewG).

5.6 Ansatz der Jahresrohmiete und des Vervielfältigers

Die Jahresrohmiete multipliziert mit dem Vervielfältiger ergibt, falls keine weiteren Zu- oder Abschläge vorzunehmen sind, nach der Rundung auf volle hundert DM, den Einheitswert für die gesamte zu bewertende wirtschaftliche Einheit. Ab dem Bewertungsstichtag 01.01.2002 ist der DM-Betrag in Euro umzurechnen. 5039

a) Jahresrohmiete und Vervielfältiger bei Bezugsfertigkeit vor dem 21.06.1948

Sind Wertfortschreibungen für Gebäude, die vor dem 21.06.1948 bezugsfertig waren, ausschließlich zur Berücksichtigung von Abschlägen (§ 37 RBewDV) durchzuführen, so sind die bisherigen Ansätze für Jahresrohmiete und Vervielfältiger im Fortschreibungszeitpunkt zu übernehmen (Gleich lautende Erlasse vom 19.01.1993 BStBl I 1993, 173 Tz. 4.3). Sind Veränderungen bei einem einheitlichen Baukörper wegen tatsächlicher Änderungen (z.B. Wohnfläche) oder wegen Teilabbruchs zu berücksichtigen, so ist die preisrechtlich zulässige Miete und der maßgebende Vervielfältiger für das gesamte Grundstück anzuwenden. Sind selbstständige An- oder Erweiterungsbauten zusätzlich errichtet worden und wird das bisherige Gebäude von den tatsächlichen Änderungen nicht berührt, so bleibt die Jahresrohmiete und der Vervielfältiger für das bisherige Gebäude unverändert. Das neu geschaffene Gebäude bzw. der neu geschaffene Gebäudeteil sind mit der maßgebenden Miete und dem maßgebenden Vervielfältiger vom Feststellungszeitpunkt nach der Veränderung anzusetzen. 5040

b) Jahresrohmiete und Vervielfältiger bei Bezugsfertigkeit nach dem 20.06.1948

Ist ein Einheitswert auf den 01.01.1991 oder auf einen späteren Zeitpunkt festzustellen, ist die preisrechtlich zulässige Jahresrohmiete mit dem Vervielfältiger 9 (§ 130 Abs. 3 BewG) zu vervielfachen und ggf., wie nachstehend dargestellt, zu ermäßigen oder zu erhöhen. 5041

5042–5050 frei

5.7 Ermäßigungen und Erhöhungen des Grundstückswerts in Einzelfällen

Der sich aus dem Vielfachen der Jahresrohmiete ergebende Wert ist zu ermäßigen oder zu erhöhen, wenn wertmindernde oder werterhöhende Umstände vorliegen, die von den bei der Bildung der Vervielfältiger zugrunde gelegten Verhältnissen wesentlich abweichen (§ 37 Abs. 1 RBewDV). Voraussetzung für die Berücksichtigung von Ermäßigungen oder Erhöhungen ist, dass sich diese bisher weder in der Jahresrohmiete noch im Vervielfältiger ausgewirkt haben (§ 37 Abs. 4 RBewDV). Nur wenn dies nicht der Fall ist, kann eine Ermäßigung oder Erhöhung in Betracht kommen. Der Saldo der Ermäßigung/Erhöhungen darf grundsätzlich **30%** des Vielfachen der Jahresrohmiete nicht übersteigen. Ist eine Ermäßigung wegen Baumängel oder Bauschäden zu gewähren, beträgt der Höchstsatz **50%** (§ 129a Abs. 1 BewG, Gleich lautende Erlasse vom **19.01.1993 BStBl I 1993,** 173 Tz. 4.5). Muss das Gebäude abgebrochen werden, ist dieser Abschlag ohne Begrenzung zu berücksichtigen (§ 129a Abs. 2 BewG). 5051

5052 Wegen der Beschreibung der einzelnen möglichen Ermäßigungen siehe Rz 5080–5085.

5.7.1 Ermäßigung wegen vorzeitigen Abbruchs

5053 Eine Ermäßigung kommt nur in Betracht, wenn ein Gebäude aus objektiven Gründen abgebrochen werden muss. Eine solche Notwendigkeit kann sich z. B. aus dem Bebauungsplan einer Gemeinde für Grundstücke, die im Sanierungsgebiet liegen und abgebrochen werden müssen, ergeben. Sie kann auch auf privaten vertraglichen Vereinbarungen beruhen. Voraussetzung für einen Abschlag ist, dass das Gebäude innerhalb eines Zeitraumes von 10 Jahren ab dem jeweiligen Feststellungszeitpunkt abgebrochen werden muss. Steht der Zeitpunkt des Abbruchs am Stichtag noch nicht einwandfrei fest, so genügt es, wenn mit an Sicherheit grenzender Wahrscheinlichkeit anzunehmen ist, dass das Gebäude innerhalb von 10 Jahren ab dem (jeweiligen) Feststellungszeitpunkt abgebrochen werden muss. Ein vorzeitiger Abbruch eines Gebäudes aus subjektiven Gründen (z. B. unzweckmäßige Gestaltung der Räume) rechtfertigen keinen Abschlag.

5054 Die **Höhe des Abschlags** richtet sich nach der noch verbleibenden Nutzungsdauer. Die Prozentsätze für den Abschlag sind aus den gleich lautenden Erlassen vom 19. 01. 1993 BStBl I 1993, 173 Tz. 4.5.6 zu entnehmen. Die Tabelle ist nachfolgend abgedruckt. Als Restlebensdauer ist der Zeitraum vom jeweiligen Feststellungszeitpunkt (nicht Hauptfeststellungszeitpunkt!) bis zum Beginn des Abbruchjahres zugrunde zu legen. Hierdurch wird verhindert, dass Zwischenwerte zu bilden sind (vgl. Urteil des BFH vom 03. 07. 1981 BStBl II 1981, 761; vgl. auch Länder-Erlass vom 08. 10. 1982 BStBl I 1982, 771, der für die alten Bundesländer ergangen ist). Der Abschlag betrifft nur den Gebäudewert. Muss das Gebäude innerhalb eines Zeitraums von 10 Jahren nach dem Feststellungszeitpunkt abgebrochen werden oder besteht eine vertragliche Abbruchverpflichtung, so ist der Gebäudewert gekürzt um die Abschläge nach Rz. 1602 und 1603 wie folgt zu ermäßigen:

Restliche Lebensdauer in Jahren	1	2	3	4	5	6	7	8	9	10
Abschlag in % des gekürzten Gebäudewerts	100	90	80	70	60	50	40	30	20	10

5055 Durch die Abschlagsregelung kann in vielen Fällen der Mindestwert (§ 52 Abs. 2 BewG) zum Ansatz kommen. Bei der Bestimmung der restlichen Lebensdauer ist das Vorliegen eines nicht behebbaren Baumangels oder Bauschadens zu berücksichtigen; hierfür ist kein gesonderter Abschlag anzusetzen. Eine Abbruchverpflichtung, die erst 10 Jahre nach dem Feststellungszeitpunkt zu erfüllen ist, führt nicht zu einer Ermäßigung des Gebäudewerts. Der Abschlag wegen vorzeitigen Abbruchs ist betragsmäßig weder auf 30 % noch auf 50 % des Vielfachen der Jahresrohmiete begrenzt (§ 129a Abs. 2 BewG).

BEISPIEL Zu bewerten ist ein 1 000 m² großes gemischtgenutztes Grundstück mit einem gewerblichen Anteil von 40 % zum 01. 01. 2004. Das Gebäude war 1961 in massiver Bauweise errichtet worden. Die Jahresrohmiete 01. 01. 1935 betrug 5 000 DM. 2003 stellt sich heraus, dass das Gebäude spätestens 2009 wegen des Neubaus einer Straße abgebrochen werden muss. Am 01. 01. 1935 wäre für den Grund und Boden ein m²-Preis von 1,50 DM bezahlt worden.
LÖSUNG Errechneter bisheriger Einheitswert:

5 000 DM × 9.0 (§ 130 Abs. 3 BewG) = 45 000 DM

Da vom Fortschreibungszeitpunkt 01.01.2004 an der Abbruch innerhalb der nächsten 10 Jahre notwendig wird, ist ein Abschlag möglich. Der Abschlag ist aus dem Gebäudewert, der mit 90% des Vielfachen der Jahresrohmiete anzusetzen ist, zu bemessen. Zu beachten ist, dass dabei die Restlebensdauer vom Feststellungszeitpunkt 01.01.2004 an zu berücksichtigen ist, wobei das Abbruchjahr nicht mitzurechnen ist.

Gebäudewert 90% des Vielfachen der JRM =	40 500 DM	
Abschlag 60% (5 Jahre, keine Begrenzung) =	24 300 DM	24 300 DM
Ermäßigter Grundstückswert =		20 700 DM
abgerundet (30 Nr. 1 BewG)		20 700 DM

Der Mindestwert (§ 52 Abs. 2 BewG-DDR) würde 1 000 m² × 1,50 = 1 500 DM betragen. Er kommt nicht zum Ansatz.

Eine Wertfortschreibung zum 01.01.2000 ist durchzuführen, da die Wertgrenzen des § 22 Abs. 1 Nr. 1 BewG überschritten sind.

Der Einheitswert ist in Euro umzurechnen 10 583 €

5.7.2 Erhöhung wegen der Größe der nicht bebauten Fläche

Das Vielfache der Jahresrohmiete ist wegen der Größe der nicht bebauten Fläche zu erhöhen, wenn sich dieser Umstand nicht bereits in der Höhe der Jahresrohmiete ausgewirkt hat (§ 37 Abs. 1 RBewDV). Voraussetzungen für den Zuschlag sind, dass es sich um kein Hochhaus (mehr als 5 Geschosse) handelt und die Grundstücksfläche größer als das Fünffache der bebauten Fläche (Normalfläche bzw. unschädliche Fläche) ist. Der Zuschlag betrifft nur den Bodenwert und wird wie folgt berechnet:

5056

Wert der gesamten Grundstücksfläche (§§ 53, 10 BewG-DDR)
./. Wert des Fünffachen der bebauten Fläche

= Zuschlag

BEISPIEL

a) Ein Mietwohngrundstück hat eine Grundstücksfläche von 2 500 m², davon sind 200 m² bebaut. Der gemeine Wert, Wertverhältnisse 01.01.1935, beträgt 4 DM/m².

LÖSUNG

Wert der gesamten Grundstücksfläche:	2 500 m² × 4 DM =	10 000 DM
./. Wert der Normalfläche (unschädliche Fläche) 200 m² × 5 =	1 000 m² × 4 DM =	4 000 DM
Zuschlag (Es ist jedoch die Grenze nach 5.7 zu beachten)		= 6 000 DM

b) Es ist ein bebautes Grundstück in Dresden zum 01.01.2010 zu bewerten. Eigentümer ist Herr Knuddel. Der Einheitswert 01.01.1935 für das unbebaute Grundstück betrug 16 200 RM = 16 200 DM. 2009 errichtet Herr Knuddel auf dem Grundstück ohne Baugenehmigung ein vierstöckiges Gebäude mit vier Wohnungen. Die preisrechtlich zulässige Miete vor dem 01.07.1990 betrug 250 DM je Wohnung (dies entspricht der üblichen Miete zum 01.01.1935). Der auf das Grundstück einwirkende Fluglärm rechtfertigt eine Wertminderung von 10%. Von der Grundstücksfläche 1 624 m² wurden 200 m² überbaut. Der Grund und Boden hätte am 01.01.1935 10 RM gekostet. Der Dachstuhl wurde in Schwarzarbeit errichtet. Hierbei wurde ein Fehler eingebaut, weshalb der Dachstuhl nicht genutzt werden kann. Es bestehen keine Gewährleistungsansprüche. Die Beseitigung des Fehlers in der Dachkonstruktion würde 48 000 DM betragen. Lt. Gutachten eines Bausachverständigen macht dieser Schaden 50% des Gesamtwertes des Dachstuhls aus. Der Abbruch des Gebäudes wurde für 2012 behördlich angeordnet.

LÖSUNG Feststellungen für die Grundsteuer:
Das Grundstück des Herrn Knuddel bildet eine
wirtschaftliche Einheit § 2 BewG,
§ 50 Abs. 1 Satz 3
BewG-DDR

für die in einem von der Grundsteuerfestsetzung abgesonderten
Feststellungsverfahren durch die Bewertungsstelle des
Lagefinanzamtes Dresden § 18 Abs. 1 Nr. 1 AO
ein Einheitswert festzustellen ist. § 19 Abs. 1 Nr. 1 BewG
§ 180 Abs. 1 Nr. 1 AO

Die letzte Hauptfeststellung für das Grundvermögen in den
neuen Bundesländern fand zum 01.01.1935 statt
Feststellungszeitpunkt ist der 01.01.2010 § 22 Abs. 4 S. 3 Nr. 1 BewG
Wegen der Bebauung ist eine Artfortschreibung durchzuführen § 22 Abs. 2 BewG
und eine Wertfortschreibung zu prüfen. § 22 Abs. 1 Nr. 1 BewG
Die Zurechnung erfolgt an Herrn Knuddel als Eigentümer. § 19 Abs. 3 Nr. 2 BewG,
§ 39 AO

Das Grundstück ist in den neuen Bundesländern gelegen,
die Bewertung erfolgt deshalb nach §§ 129–133 BewG
Hierzu hat der Minister der Finanzen die erforderlichen § 52 BewG-DDR
Rechtsvorschriften erlassen.
Es handelt sich hier um ein bebautes Grundstück,
das der Grundstückshauptgruppe **Mietwohngrundstück**
zuzuordnen ist. § 32 Abs. 1 Nr. 1 RBewDV
Die Bewertung erfolgt mit dem Vielfachen der
Jahresrohmiete im Ertragswertverfahren. § 33 Abs. 1 RBewDV
Maßgebend sind die Wertverhältnisse vom 01.01.1935. § 3a RBewDV
Jahresrohmiete: 250 DM × 12 Monate ×
vier Wohnungen = 12 000 DM § 34 Abs. 1 RBewDV
Vervielfältiger = 9 § 130 Abs. 3 BewG
12 000 DM × 9 = **108 000 DM**

Die Bewertung des Mietwohngrundstücks erfolgt
nach dem 01.01.1990, weshalb die gleich lautenden
Erlasse vom 19.01.1993 BStBl I 1993, 173 zu beachten
sind. Nachfolgend sind deshalb die Tz. aus dieser
Verwaltungsanweisung zitiert.

Begrenzte Abschläge/Erhöhungen
Die Zu- und Abschläge betreffen teilweise
nur den Grund und Boden oder das Gebäude,
weshalb das Vielfache der Jahresrohmiete
aufzuteilen ist. Es entfallen auf den Grund
und Boden 10 % = 10 800 DM
und auf das Gebäude 90 % = 97 200 DM
des Vielfachen der JRM: Tz. 4.5.4 Erl. v. 19.01.1993
Abschlag wegen Lärm (10 %) auf den
Gesamtwert entfallend 10 800 DM Tz. 4.5.1 Erl. v. 19.01.1993
Abschlag wegen Bauschaden
Bei einem vierstöckigen Gebäude mit nichtausgebautem
Dachgeschoss beträgt der Wert des Dachstuhls am
Gesamtgebäude 7,3 % siehe Rz. 1609 dieses
Abschnitts

Hiervon beträgt der Schaden lt. Sachverhalt 50 % =
3,65 % des Gesamtgebäudes. Dieser Prozentsatz

ist auf volle Zahlen aufzurunden und ergibt 4 %		Tz. 4.5.4 (Abs. 2) d. Erl.
97 200 DM × 4 % =	3 888 DM	Tz. 4.5.4
		Erl. v. 19.01.1993

Erhöhung wegen der Größe der nicht
bebauten Fläche: Tz. 4.6 Erl. v. 19.01.1993
Für unbebaute Grundstücksflächen sieht das
Bewertungsgesetz kein Bewertungsverfahren vor.
Die Bewertung erfolgt deshalb mit dem
gemeinen Wert des Grundstücks.   § 10 BewG-DDR
Dies gilt auch bei der Ermittlung des Zuschlags wegen
der Größe der nicht bebauten Fläche. Weil sich
der Abschlag wegen Lärm auch auf den Grund und
Boden auswirkt, beträgt der anzusetzende m²-Preis
9 DM/m² (10 DM ./. 10 %)
1 624 m² × 9 DM   = 14 616 DM
./. Normalgrundstück:
200 m² × 5 × 9 DM/m²   =   9 000 DM

Zuschlag wegen Größe
der nicht bebauten Fläche: 5 616 DM

Saldo der Abschläge/Erhöhungen   9 072 DM
Der Saldo der Abschläge/Erhöhungen
übersteigt nicht 30 % des Vielfachen der JRM.   § 37 Abs. 3 RBewDV
Unbegrenzte Abschläge/Erhöhungen:
Ermäßigung wegen baldigen Abbruchs: § 37 RBewDV
Die restliche Lebensdauer beträgt zwei Jahre.   § 129a BewG
Der Abschlag vom gekürzten Gebäudewert
beträgt 90 %.   Tz 4.5.6 Erl. v. 19.01.1993
Gekürzter Gebäudewert   83 592 DM
= (97 200 DM ./. 9 720 DM ./. 3 888 DM)
Hiervon 90 %   75 233 DM

Der verbleibende Restwert nach
Berücksichtigung aller Zu- und
Abschläge beträgt   23 695 DM

Es ist zu prüfen, ob hier der Mindestwert zum
Ansatz kommt. Der **Mindestwert** beträgt:
1 624 m² × 9 DM/m² =   14 616 DM   § 52 Abs. 2 BewG-DDR
                                                                                          § 40 RBewDV

Der Ansatz des Mindestwerts kommt
nicht in Betracht.
Der Einheitswert (Restwert abgerundet) beträgt   23 600 DM   § 30 Nr. 1 BewG
Es ist eine Wertfortschreibung durchzuführen, da die Wertgrenzen des § 22 Abs. 1 Nr. 1 erreicht
sind.
Der in DM ermittelte Einheitswert
ist in Euro umzurechnen   12 066 €

5057–5060
frei

6 Das Sachwertverfahren

6.1 Grundsätze

5061 Geschäftsgrundstücke, Einfamilienhäuser und sonstige bebaute Grundstücke werden im Sachwertverfahren bewertet (§ 52 Abs. 1 BewG-DDR, § 33 Abs. 2 RBewDV). Ausnahmeregelungen hiervon bestehen lediglich im Gebiet des Landesfinanzamts Berlin und im Gebiet des Landesfinanzamts Nordmark für bestimmte Geschäftsgrundstücke.

5062 Die Bewertung im Sachwertverfahren ist für die neuen Bundesländer **nicht gesetzlich geregelt**. Zum **01.01.1935** erfolgte die Regelung aufgrund des § 52 Abs. 1 BewG 1935 (jetzt § 52 Abs. 1 BewG-DDR) durch Verwaltungsanweisungen. Es waren zwei von der Verwaltung ausgearbeitete Bewertungsverfahren zulässig. Zum einen, die auf Versicherungswerten basierenden **Friedensbrandkassenwerte**, zum anderen das auch die Gebäudenutzung berücksichtigende **Weil'sche Verfahren**. Für alle Fälle die durch die Finanzverwaltung **nach dem 01.01.1991 bearbeitet** werden, erfolgt die Bewertung anhand der **gleich lautenden Erlasse** der obersten Finanzbehörden der Länder Berlin, Brandenburg, Mecklenburg-Vorpommern, Sachsen, Sachsen-Anhalt und Thüringen. Bisher sind folgend Erlasse ergangen:

a) vom 06.11.1991 (BStBl I 1991, S. 968) bezüglich der Bewertung von Einfamilienhäusern in den neuen Bundesländern,

b) vom 08.09.1992 BStBl I 1992, 572 bezüglich der Bewertung von Grundstücken mit Bank-, Versicherungs-, Verwaltungs- und Bürogebäuden sowie Hotelgebäuden und vergleichbaren Gebäuden in den neuen Bundesländern,

c) vom 09.11.1992 BStBl I 1992, 712 bezüglich der Bewertung von Tankstellengrundstücken in den neuen Bundesländern,

d) vom 24.11.1992 BStBl I 1992, 725 bezüglich der Bewertung von Garagengrundstücken in den neuen Bundesländern,

e) vom 21.05.1993 BStBl I 1993, 467 bezüglich der Bewertung von Fabrikgrundstücken, Lagerhausgrundstücken, Grundstücken mit Werkstätten und vergleichbaren Grundstücken (Gewerbegrundstücken) in den neuen Bundesländern,

f) vom 25.06.1993 BStBl I 1993, 528 bezüglich der Bewertung von Warenhausgrundstücken, Einkaufszentren sowie Grundstücken mit Großmärkten, SB-Märkten und Verbrauchermärkten und mit Messehallen in den neuen Bundesländern,

g) vom 21.07.1994 BStBl I 1994, 480 bezüglich der Bewertung der übrigen Geschäftsgrundstücke und der sonstigen bebauten Grundstücke in den neuen Bundesländern,

h) vom 22.07.1994 BStBl I 1994, 499 bezüglich der Abschlagsregelung bei Einfamilienhäusern in den neuen Bundesländern und

i) vom 25.07.1994 BStBl I 1994, 502 bezüglich der Abgrenzung, Entstehung und Bewertung von Wohnungs- und Teileigentum.

sowie weitere Erlasse zu Abschlagsregelungen.

5063 Der Einheitswert für die **wirtschaftliche Einheit** umfasst den Grund und Boden einschließlich der Bestandteile, insbesondere Gebäude, und das Zubehör, vgl. § 50 Abs. 1 Satz 1 BewG-DDR. Zum **Grund und Boden** gehören die bebauten und die räumlich dazugehörenden unbebauten Flächen wie Hofraum, Haus- und Vorgarten bei Einfamilienhäusern, Biergärten und Sportplätze bei Hotelgebäuden. Handelt es sich um größere Flächen, richtet sich die Größe der zur wirtschaftlichen Einheit gehörenden Fläche nach der Verkehrsanschauung (§ 2 Abs. 1 BewG). Zu den im Einheitswert mitzuerfassenden Bestandteilen des Grund und Bodens gehören auch Zäune, Pflasterungen, Wegebefestigungen, Plattenbeläge sowie die Pflanzungen, Außenschwimmbecken und Tennisplätze.

Wesentliche Bestandteile des Grund und Bodens sind auch die **Gebäude** und die mit den Gebäuden verbundenen Anbauten wie Wintergärten oder Schuppen. Zur wirtschaftlichen Einheit gehören auch weitere **Nebengebäude** wie Garagen, Vorratsräume, Waschküchen, Back- und Gartenhäuser, wenn sie auf dem selben Grundstück stehen. Bei Nebengebäuden, die vom Hauptgebäude durch eine Straße getrennt sind, ist im Einzelfall zu prüfen, ob sie in die wirtschaftliche Einheit miteinbezogen werden können.

5064

5065–5070
frei

6.2 Ermittlung des Einheitswerts

Für die Ermittlung des Einheitswertes bei Einfamilienhäusern, Garagengrundstücken, Bank-, Versicherungs-, Verwaltungs- und Bürogebäuden sowie Hotel- und vergleichbaren Gebäuden, bei Tankstellengrundstücken, bei Fabrikgrundstücken, Lagerhausgrundstücken, Grundstücken mit Werkstätten und vergleichbaren Grundstücken (Gewerbegrundstücken) sowie bei Warenhausgrundstücken, Einkaufszentren und Grundstücken mit Großmärkten, SB-Märkten und Verbrauchermärkten und mit Messehallen, Ladengrundstücken, Verkaufsständen, Heimen, Privatschulen, Vereinshäusern, Badehäusern, Trinkhallen, Gaststätten, Vergnügungsstätten, Saalbauten, Lichtspielhäusern, Lichtspielzentren, Theatern, Hallenbädern, Sanatorien, Kliniken, Tennishallen, Reithallen, Parkhäusern, Bootshäuser usw. in den neuen Bundesländern bestehen bezüglich der Bewertung **Einzelregelungen**, die einem einheitlichen Prinzip folgen. Für alle Grundstücke gilt, dass sich der **Sachwert** (gemeiner Wert) eines Grundstücks aus dem **Bodenwert**, dem **Gebäudewert** und dem Wert der **Außenanlagen** zusammensetzt.

5071

Bei Fortschreibungen und Nachfeststellungen der Einheitswerte sind der tatsächliche Zustand vom Fortschreibungs- oder Nachfeststellungszeitpunkt und die Wertverhältnisse vom 01.01.1935 maßgebend (§ 3a RBewDV).

5072

6.2.1 Bodenwert

Für die Ermittlung des Bodenwerts sind die **Wertverhältnisse vom 01.01.1935** maßgebend. Bei der Ermittlung ist zunächst vom durchschnittlichen Wert auszugehen, der sich für ein Gebiet, eine Straße oder einen Straßenabschnitt ohne Rücksicht auf Grundstücksgrenzen oder besondere Eigenschaften des einzelnen Grundstücks je Quadratmeter ergibt. Diese Bodenwerte können aus den Bodenpreissammlungen der Finanzämter entnommen werden, die aus noch bestehenden Einheitswertakten sowie aus den Richtpreisen der ehemaligen Preisbehörden abgeleitet wurden. Aus diesem durchschnittlichen Wert ist dann der Bodenwert des einzelnen Grundstücks unter Beachtung seiner Besonderheiten wie die Oberflächenbeschaffenheit, Baugrund, Hanglage, Unterteilung in Vorder- und Hinterland, Zuschnitt und Grundstücksgröße zu ermitteln.

5073

Zu berücksichtigen sind auch Ermäßigungen wegen Lärmbelästigung, Beeinträchtigungen durch Rauch, Staub und Gerüche, Ermäßigungen wegen Grundstücksbelastungen, und ggf. Ermäßigungen wegen Bergschäden und Bergschadensgefahren. Abschläge wegen der Unterschutzstellung eines Gebäudes als Baudenkmal sollen als prozentualer Abschlag bei der Ermittlung des Bodenwerts ausgewiesen werden.

5074

6.2.2 Gebäudewert

5075 Bei der Ermittlung des Gebäudewerts wird zunächst auf der Grundlage durchschnittlicher Herstellungskosten vom 01.01.1935 der **Gebäudenormalherstellungswert** berechnet. Von diesem Wert werden die **Wertminderungen** wegen etwaiger baulicher Mängel und Schäden und sonstiger Beeinträchtigungen abgezogen. Es verbleibt der **gekürzte Gebäudenormalherstellungswert**. Vom gekürzten Gebäudenormalherstellungswert können noch Abschläge wegen Alterswertminderung, nicht behebbarer Baumängel und Bauschäden und der Notwendigkeit baldigen Abbruchs in Betracht kommen.

5076 Der Gebäudewert berechnet sich wie folgt:
Umbauter Raum × durchschnittlicher Raummeterpreis/m³
= **Gebäudenormalherstellungswert**
./. ungewöhnlich starke Beeinträchtigung durch Lärm, Rauch oder Gerüche
./. Berg-, Rauch-, Wasser- und Erschütterungsschäden
./. sonstige Grundstücksbelastungen
./. behebbare Baumängel und Bauschäden

= **gekürzter Gebäudenormalherstellungswert**

./. Alterswertminderungen
./. nicht behebbare Baumängel und Bauschäden, die zu einer Verkürzung der Gesamtlebensdauer führen
./. Notwendigkeit baldigen Abbruchs

= **Restwert/Gebäudewert**
(darf 40 % des Gebäudenormalherstellungswerts nicht unterschreiten)

6.2.3 Mögliche Abschlagsvariationen bei der Bewertung von Grundstücken des Grundvermögens

a) Abschläge vom Gebäudenormalherstellungswert

5077 Ein Abschlag vom Gebäudenormalherstellungswert kann bei schlechtem baulichem Zustand des Gebäudes, wegen Schadensgefahren bei Berg-, Rauch-, Wasser- und Erschütterungsschäden oder wegen ungewöhnlich starker Beeinträchtigung durch Lärm, Rauch oder Gerüche berücksichtigt werden.

b) Ermäßigung wegen Lärmbelästigung

5078 Eine ungewöhnlich starke Beeinträchtigung durch Straßenverkehrslärm ist nur in besonders begründeten Fällen anzuerkennen. Selbst der Verkehrslärm einer stark befahrenen Bundesstraße führt in der Regel zu keiner Ermäßigung. Ein Abschlag wegen **Gewerbelärm**, z.B. durch die Nähe von gewerblichen Anlagen mit besonders starken Lärmemissionen, kommt in Betracht, wenn die Messwerte nach der TA-Lärm vom 16.07.1968 (Beilage zum Bundesanzeiger Nr. 137 vom 27.07.1968) um mehr als 10 dB(A) überschritten werden. Als Richtsatz gelten folgende Ermäßigungen:
- bis 15 dB(A) um 8 % und
- bei mehr als 15 dB(A) um 10 %.

5079 Gemessen wird der Schalldruck in dB nach der Messreihe A und nicht die subjektive nervliche Belastung eines Geräusches. So kann z.B. ein tropfender Wasserhahn im Hotelzimmer wesentlich »nervender« sein, als das Rauschen des Baches vor dem Fenster.

Liegt das Gebäude in der Einflugschneise eines größeren **Verkehrs- oder Militärflugplatzes**, kann dies als ungewöhnlich starke Beeinträchtigung anzusehen sein und mit folgenden Abschlägen berücksichtigt werden:
- bei Flugplätzen ohne An- und Abflug von Düsenflugzeugen bis zu 5 %,
- bei Flugplätzen mit An- und Abflug von Düsenflugzeugen bis zu 10 %

des Gebäudenormalherstellungswerts. Der Lärm in unmittelbarer Nähe eines kleineren Verkehrsflugplatzes oder Sportflugplatzes stellt regelmäßig keine Beeinträchtigung von außergewöhnlicher Stärke dar, so dass bei der Einheitsbewertung kein Abschlag zu gewähren ist.

c) Beeinträchtigungen durch Rauch, Staub und Gerüche

Einer Ermäßigung des Gebäudenormalherstellungswerts wegen der Beeinträchtigungen durch Rauch, Staub und Gerüche kann gewährt werden, wenn sich die Quelle der Belästigung (z. B. eine Zementfabrik, Hochöfen oder Gießereien) in der Nähe des Grundstücks befindet. Wegen der Ermäßigung bei Grundstücken, die in der Nähe von Mülldeponien liegen, können die Grundsätze des BFH vom 12. 12. 1990 BStBl II 1991, 196 angewendet werden. Im Einzelfall können Abschläge bis zu 5 % und 10 % des Gebäudenormalherstellungswerts gewährt werden.

d) Ermäßigung wegen Grundstücksbelastungen

Grundstücksbelastungen in Form von Wege-, Fenster- und Leitungsrechten sowie die Unterschutzstellung eines Gebäudes als Baudenkmal können mit einem Abschlag bis zu 5 % berücksichtigt werden. Wird nachgewiesen oder zumindest glaubhaft gemacht, dass die denkmalschutzrechtlichen Beschränkungen im Fall einer Veräußerung den Verkaufspreis in ungewöhnlichem Maße mindern, so kann der Gebäudenormalherstellungswert bis zu 10 % ermäßigt werden.

e) Ermäßigung wegen Bergschäden und Bergschadensgefahren

Bergschäden können durch den Bergbau (z. B. der Einsturz eines alten »Silberstollens« im Raum Freiberg) oder bei der Gewinnung von Bodenschätzen im Tagebau (z. B. durch das Absenken des Grundwasserspiegels für den Braunkohleabbau) entstehen. Bei behebbaren Bergschäden oder Schadensgefahren kann ein Abschlag bis zu 15 % gewährt werden. Ein Abschlag von 15 % ist nur bei erheblichen Schäden zu berücksichtigen. Abschläge wegen nicht behebbarer Bergschäden sind wie Abschläge wegen nicht behebbarer Bauschäden zu ermitteln.

f) Ermäßigung wegen behebbarer Baumängel oder Bauschäden

Ein schlechter baulicher Zustand ist durch **Baumängel** oder **Bauschäden** begründet. Baumängel wurden schon bei der Errichtung eines Gebäudes mit eingebaut. Das können schlechte Schall- oder Wärmeisolierungen, mangelnde statische Festigkeit oder auch mangelhafte, auswechselbare Baustoffe sein. Bauschäden entstehen z. B. durch einen aufgestauten Reparaturbedarf oder Witterungseinflüsse wie Sturm oder Hochwasser. Liegt ein behebbarer Baumangel oder Bauschaden vor, so ergibt sich die Höhe des Abschlags aus dem Schadensgrad und dem Wertanteil des schadhaften Bauteils am Gesamtwert des Gebäudes. Der Schadensgrad bestimmt sich nach dem Verhältnis des Werts des Schadens zum Gesamtwert des betreffenden Bauteils. Der Wertanteil des jeweiligen Bauteils ist aus der entsprechenden Wertanteiltabelle zu entnehmen. Der aus Schadensgrad und Wertanteil ermittelte Prozentsatz ist **auf volle Zahlen aufzurunden**. Bezugsgröße ist der Gebäudenormalherstellungswert.

Bei mehreren Baumängeln oder Bauschäden ergibt die Summe der unter Ansatz des Wertanteils und des Schadensgrads für jeden Bauteil ermittelten Schäden den gesamten Schaden am Gebäude. Der Prozentsatz **für den Gesamtschaden** ist ebenfalls auf volle Zahlen

aufzurunden. Die Wertigkeit der einzelnen Bauteile des Gesamtbauwerks werden nach der nachfolgenden Tabelle ermittelt:

g) Tabelle

Wertigkeit einzelner Bauteile zum Gesamtbauwerk z. B. bei Einfamilienhäusern

	Anzahl der Vollgeschosse					
	1			2		
	ausgebautes Dachgeschoss		Flach-dach	ausgebautes Dachgeschoss		Flach-dach
	nein	ja		nein	ja	
Keller insgesamt	24,9	23,5	24,0	21,2	20,2	21,2
Mauerwerk	17,4	16,8	17,1	15,1	14,4	15,2
Erd- und Isolierarbeiten	2,5	2,5	2,6	2,2	2,2	2,2
Kellerboden	5,0	4,2	4,3	3,8	3,6	3,8
Decken insgesamt	14,0	13,1	15,8	13,6	13,1	15,9
Decke über Keller	5,3	4,5	4,6	4,1	3,8	4,2
übrige Decken	5,4	5,4	6,9	5,9	5,8	7,3
Deckenputz	3,3	3,2	4,3	3,6	3,5	4,4
Umfassungswände insgesamt	10,3	10,0	13,0	11,2	11,0	14,0
Mauerwerk	8,6	8,3	10,8	9,3	9,2	11,7
Außenputzverkleidung	1,7	1,7	2,2	1,9	1,8	2,3
Innenwände verputzt	10,7	11,0	6,0	11,8	12,0	7,4
Tragend	5,9	6,1	3,5	6,5	6,7	4,1
Nichttragend	4,8	4,9	2,7	5,3	5,3	3,3
Dach insgesamt	15,3	17,8	7,5	13,5	15,5	6,2
Dachstuhl	10,4	12,2	–	9,2	10,6	–
Dachhaut	3,9	4,5	6,5	3,5	3,9	4,9
Dachrinne Rohre	1,0	1,1	1,5	0,8	1,0	1,3
Treppen insgesamt	2,2	2,0	3,4	3,1	2,9	4,2
Innerer Ausbau insgesamt	22,6	22,6	30,3	25,7	25,2	31,1
Wandputz	5,9	6,0	8,0	6,8	6,7	8,2
Bodenbelag	4,2	4,1	5,3	4,5	4,5	5,6
Installation	4,4	4,4	6,0	5,1	5,0	6,1
Fenster	3,7	3,7	5,0	4,2	4,2	5,1
Verglasung	1,1	1,1	1,5	1,3	1,2	1,5
Türen	3,3	3,3	4,5	3,8	3,7	4,6

BEISPIELE

a) Bei einem Einfamilienhaus mit einem Vollgeschoss und ausgebautem Dachgeschoss ist die Hälfte der Dachziegel schwer beschädigt. Die Dachrinnen und die Ablaufrohre sind verrostet. Nach den Wertverhältnissen vom 01. 01. 1935 ergibt sich ein Gebäudenormalherstellungswert von 20 000 DM.

LÖSUNG Bei einem so hohen Schadensgrad der Dachziegel ist die gesamte Dachhaut und alle Regenwasser abführenden Teile zu ersetzen. Nach der Werteanteilstabelle sind für die Dachhaut 4,5 % und für die Dachrinnen und Rohre 1,1 % vom Gebäudenormalherstellungswert als Abschlag zu berücksichtigen. Es ergibt sich ein Abschlag von aufgerundet 6 % = 1 200 DM.

b) Bei einem eingeschossigen Einfamilienhaus mit Flachdach ist durch ständig eindringendes Grundwasser der Keller nicht mehr nutzbar. Der Keller muss trockengelegt, neu isoliert und Teile des Mauerwerks und des Bodens erneuert werden. Durch einen Bausachverständigen wurde festgestellt, dass die Hälfte des Kellers bezogen auf den Gesamtwert schadhaft ist. Nach den Wertverhältnissen vom 01.01.1935 ergibt sich ein Gebäudenormalherstellungswert von 15 000 DM.

LÖSUNG Nach der Werteanteilstabelle ist der Keller mit 24 % des Gebäudenormalherstellungswerts zu berücksichtigen. Unter Berücksichtigung des Schadensgrades (50 %) ergibt sich ein Abschlag von 12 % aus 15 000 DM = 1 800 DM.

h) Alterswertminderung und Abschläge vom gekürzten Gebäudenormalherstellungswert

Vom gekürzten Gebäudenormalherstellungswert ist noch die Wertminderung wegen des Alters des Gebäudes im Hauptfeststellungszeitpunkt (01.01.1935) zu berücksichtigen. Maßgebend für die Alterswertminderung ist die gewöhnliche Lebensdauer des Gebäudes und dessen Alter zum 01.01.1935. Bei Gebäuden, die nach dem Hauptfeststellungszeitpunkt 01.01.1935 errichtet worden sind, ist keine Alterswertminderung zu berücksichtigen. Es ist von einer gleich bleibenden jährlichen Wertminderung auszugehen. Als Lebensdauer gelten:

100 Jahre bei Massivgebäuden,
70 Jahre bei Holzfachwerkgebäuden mit Ziegelsteinausmauerung,
60 Jahre bei Holzgebäuden und Holzfachwerkgebäuden mit Lehmausfachung oder Verschalung und bei Massivgebäuden aus großformatigen Betonplatten (Betongroßtafelbauten) und
40 Jahre bei einfachster Bauweise (z. B. Holztafelbau).

Anbauten teilen regelmäßig das Schicksal des Hauptgebäudes. Deshalb ist bei der Berechnung der Alterswertminderung für das gesamte Gebäude das Alter des Hauptgebäudes zugrunde zu legen. Ist jedoch anzunehmen, dass ein Erweiterungsbau nach Größe, Bauart und Nutzung eine andere Lebensdauer als das Hauptgebäude haben wird, so ist die Alterswertminderung jeweils getrennt zu berechnen. Für Aufstockungen ist die Alterswertminderung im Allgemeinen nach dem Alter der unteren Geschosse zu bemessen. Dabei ist jedoch zu prüfen, ob durch die baulichen Maßnahmen die restliche Lebensdauer des Gebäudes verlängert worden ist.

Wird das Gebäude durch bauliche Maßnahmen durchgreifend erneuert oder verbessert und verlängert sich dadurch seine restliche Lebensdauer, so ist die Lebensdauer nicht nach dem tatsächlichen Alter des Gebäudes, sondern nach einem Baualter unter Berücksichtigung der verlängerten restlichen Lebensdauer zu bemessen. Sind **Baumängel oder Bauschäden nicht behebbar**, ist dieser Umstand durch den Ansatz einer verkürzten Lebensdauer des Bauwerks zu berücksichtigen.

Bei Gebäuden, die vor dem 01.01.1935 errichtet worden sind, ist der Abschlag wie folgt zu berechnen:

$$\frac{\text{Alter im Feststellungszeitpunkt}}{\text{verkürzte Gesamtlebensdauer}} \times 100\ \%\ ./.\ \text{Alterswertminderung} = \text{Abschlag in }\%$$

Der sich ergebende Prozentsatz ist auf zwei Dezimalstellen aufzurunden. Bei Gebäuden, die vor dem 01.01.1935 errichtet worden sind, ist die Alterswertminderung bei der Abschlagsberechnung berücksichtigt. Bei Gebäuden oder selbstständigen Gebäudeteilen unterschiedlichen Alters ist der Abschlag jeweils gesondert zu berechnen.

5091 **Der Wert, der** nach Abzug der Alterswertminderung oder des an deren Stelle tretenden Abschlags wegen nicht behebbarer Baumängel oder Bauschäden **verbleibt, darf grundsätzlich 40 %** des Gebäudenormalherstellungswerts **nicht unterschreiten** (Restwert). Die Notwendigkeit baldigen Abbruchs ist ebenfalls durch einen Abschlag vom gekürzten Gebäudenormalherstellungswert zu berücksichtigen. Die Abschlagsberechnung erfolgt wie bei nicht behebbaren Baumängeln und Bauschäden, jedoch ohne Begrenzung auf einen Restwert. Liegen die Voraussetzungen für mehrere Abschläge vom gekürzten Gebäudenormalherstellungswert vor, ist nur der Abschlag zu gewähren, der zu dem niedrigsten Gebäudewert führt.

h) Ausnahmeregelungen für die Einheitswertfeststellung auf den 01.01.1991

5092 Für die Einheitswertfeststellung auf den 01.01.1991 wurde bei Geschäftsgrundstücken und bei gemischtgenutzten Grundstücken eine wesentliche Vereinfachung des Bewertungsverfahrens zugelassen, wenn bei diesen die Ermittlung der Bewertungsgrundlagen insbesondere der Jahresrohmiete schwierig und diese Grundstücke den Betriebsgrundstücken zuzuordnen waren (§ 99 BewG).

5093 Der Einheitswert wurde mit 10 % des Werts geschätzt, der in der steuerlichen Eröffnungsbilanz zum 01.07.1990 für die Bilanzposten Grund und Boden, Gebäude und Außenanlagen ausgewiesen wurde. Was im Einzelnen zur wirtschaftlichen Einheit der Betriebsgrundstücke gehört, war nach § 2 BewG i.V.m. § 11 Abs. 1 und 2 und § 50 Abs. 1 BewG zu entscheiden. Ergaben sich zwischen dem 01.07.1990 und dem 31.12.1990 wesentliche Änderungen, die sich auch auf die Betriebsgrundstücke auswirkten, waren die Werte der steuerlichen Schlussbilanz zum 31.12.1990 maßgebend. Die Einheitswertbescheide mit dieser Sonderregelung ergingen alle unter dem Vorbehalt der Nachprüfung (§ 164 AO).

5094–5100 frei

6.3 Besonderheiten bei der Bewertung von Einfamilienhäusern

a) Grundsätze

5101 Einfamilienhäuser sind Wohngrundstücke, die nur eine Wohnung enthalten (§ 32 Abs. 1 Nr. 4 RBewDV), vgl. auch 4.3.2. Wie die Einfamilienhäuser im Einzelnen zu bewerten sind, wurde in den gleich lautenden Erlassen der obersten Finanzbehörden der Länder Berlin, Brandenburg, Mecklenburg-Vorpommern, Sachsen, Sachsen-Anhalt und Thüringen vom 06.11.1991 BStBl I 1991, 968 geregelt, der durch die gleich lautenden Erlasse vom 21.07.1994 BStBl I 1994, 480 ergänzt wurde.

b) Ermittlung des umbauten Raumes

5102 Die Länge und die Breite des Einfamilienhauses sind nach den Außenmaßen des Gebäudes zu ermitteln. Bei unterkellerten Einfamilienhäusern ist die Höhe vom Kellerfußboden bis Mauerende unter der Bedachung auf der Außenseite des Gebäudes zu berechnen. Bei nicht unterkellerten Einfamilienhäusern richtet sich die Höhe nach der Oberfläche des Geländes bis Mauerende unter der Bedachung auf der Außenseite des Gebäudes. Ist das Dachgeschoss zu weniger als 50 % ausgebaut, bleibt es außer Ansatz. Sind mindestens 50 % seiner Fläche ausgebaut, ist die maximale Innenhöhe der Dachgeschossräume zur Hälfte der übrigen Gebäudehöhe hinzuzurechnen.

c) Durchschnittlicher Raummeterpreis/m³

Bei der Ermittlung des Gebäudenormalherstellungswerts sind folgende durchschnittliche Raummeterpreise/m³ zugrunde zu legen (Erlass vom 06.11.1991 BStBl I 1991, 968 Tz. 3.2.2.1):

- Einfamilienhäuser in einfachster Bauausführung
  (ohne Bad, Ofenheizung, nur zum Teil unterkellert): 20 DM/m³
- Einfamilienhäuser in üblicher Bauausführung
  (Bad, WC, Zentralheizung): 24 DM/m³
- Einfamilienhäuser mit besonderer Ausstattung (Fassade aus Naturstein, Treppen aus Marmor oder Naturstein, Geländer kunstgeschmiedet oder geschnitzt, Massivtüren aus Eiche oder Edelholz, Isolier- oder Bleiverglasung, Räume mit Vertäfelung der Wände oder Decken, Parkett, Marmor- oder Veloursböden, je Wohnung mehr als zwei Bäder oder zusätzlich zu einem Bad mehrere Duschen, offener Kamin, Schwimmbecken sowie aufwändige Nebengebäude): 30 DM/m³

Die Merkmale für die Umschreibung der Bauausführung sind beispielhaft genannt. Sie dienen nur als Anhaltspunkte; entscheidend ist der Gesamtcharakter des Grundstücks.

Gehören zu dem Einfamilienhaus Garagen mit einer bebauten Fläche bis zu 20 m³, so kann aus Vereinfachungsgründen von folgenden Durchschnittspreisen ausgegangen werden:

- Garagen aus Fertigbauteilen (Leichtbauweise): 500 DM
- Garagen in Massivbauweise: 700 DM

Bei größeren Garagen ist der umbaute Raum zu ermitteln und ein
Raummeterpreis von 15 DM/m³
bzw. 17 DM/m³
anzusetzen.

e) Sachwert (Gemeiner Wert) der wirtschaftlichen Einheit Einfamilienhaus

Der Sachwert (gemeine Wert) berechnet sich wie folgt:

Bodenwert
+ Gebäudewert
_____
= gemeiner Wert (§ 33 Abs. 2 RBewDV)
abgerundet auf volle 100 DM nach unten (§ 30 Nr. 1 BewG)
= Einheitswert.

BEISPIEL

Frau Knolle ist Eigentümerin eines bebauten Grundstücks mit 1 850 m² Grundstücksfläche in Magdeburg, das sie selbst bewohnt. Das eingeschossige Gebäude hat nur eine Wohnung in normaler Ausstattung. Das Dachgeschoss ist nicht ausgebaut. Auf dem Grundstück befindet sich auch eine Garage in Massivbauweise. Die Grundstückspreise für das Baugebiet, in dem sich das Einfamilienhaus befindet, betrugen am 01.01.1935 lt. Bodenpreissammlung 2 RM/m² (= 2 DM/m²).

Die Gebäude sind im Jahre 1955 in Massivbauweise (übliche Bauausführung) errichtet worden. Der umbaute Raum beträgt 500 m³. Der Neubau einer Autobahn unmittelbar vor ihrem Grundstück rechtfertigt einen Abschlag von 10%. Die Fenster sind zu 50% und der Außenputz ist schwerst beschädigt.

LÖSUNG Für die Grundsteuerfestsetzung ist durch die Bewertungsstelle des Lagefinanzamtes (§18 Abs. 1 Nr. 170) ein Einheitswert als Grundlagenbescheid § 19 Abs. 1 BewG, § 180 Abs. 1 Nr. 1 AO festzustellen.

Das Grundstück ist in den neuen Bundesländern belegen, die Bewertung erfolgt deshalb nach §§ 129–133 BewG. Es handelt sich hier um ein bebautes Grundstück (§ 52 BewG-DDR). Das

Grundstück ist der Grundstückshauptgruppe Einfamilienhäuser zuzuordnen (§ 32 Abs. 1 Nr. 4 RBewDV) und im Sachwertverfahren zu bewerten (§ 33 Abs. 2 RBewDV). Maßgebend sind die Wertverhältnisse vom 01. 01. 1935 (§ 3a RBewDV).

Bodenwert
der Abschlag wegen Lärmbelästigung ist zu berücksichtigen
Der m²-Preis ist mit 2 DM/m² ./. 10 % = 1,80 DM/m² anzusetzen
1 850 m² × 1,80 DM = 3 330 DM

Gebäudewerte
a) Wohngebäude
Gebäudenormalherstellungswert
500 m³ × 24 DM = 12 000 DM
Abschläge vom Gebäudenormalherstellungswert wegen
behebbarer Baumängel und Bauschäden

	Wertanteil in %	Schadensgrad in %	
Fenster	3,7	50	1,85 %
Außenputz	1,7	100	1,7 %
			3,55 %
aufgerundet			4 %
Verkehrslärm			10 %
Summe der Abschläge			14 %

14 % aus 12 000 DM = 1 680 DM

Gekürzter Gebäudenormalherstellungswert
(Wert des Wohngebäudes) 10 320 DM
Ein Abschlag wegen Alterswertminderung ist nicht vorzunehmen.
Der gekürzte Gebäudenormalherstellungswert beträgt nicht weniger als 60 % des Gebäudenormalherstellungswerts.
Die Abschläge sind deshalb nicht zu begrenzen.

b) Garage
Der Wert der Garage in Massivbauweise ist nach den
gleich lautenden Erlassen vom 06. 11. 1991 BStBl I 1991, 968
Tz. 3.2.2.1 zu ermitteln. Er beträgt 700 DM.
Von diesem Wert ist ebenfalls der Lärmabschlag
zu berücksichtigen 10 % 70 DM
Wert Garage 630 DM

Gebäudewerte	10 950 DM	10 950 DM
Gemeiner Wert =		14 280 DM
Einheitswert (abgerundet § 30 BewG) =		**14 200 DM**
Der in DM ermittelte Einheitswert ist in EURO umzurechnen =		7 260 €

5107–5110 frei

6.4 Besonderheiten bei der Bewertung von Garagengrundstücken

5111 Garagengrundstücke sind Grundstücke, auf denen sich ausschließlich oder fast ausschließlich Einzel- oder Sammelgaragen befinden. Hierzu gehören jedoch keine Parkhäuser (Hoch- oder Tiefgaragen). Wie die Garagengrundstücke im Einzelnen zu bewerten sind, wurde in den gleich lautenden Erlassen der obersten Finanzbehörden der Länder Berlin, Brandenburg, Mecklenburg-Vorpommern, Sachsen, Sachsen-Anhalt und Thüringen vom **24. 11. 1992**

BStBl I 1992, 725 ff. geregelt. Garagengrundstücke sind der Grundstückshauptgruppe sonstige bebaute Grundstücke (§ 32 Abs. 1 Nr. 5 RBewDV) zuzuordnen.

Bei **Einzel- oder Sammelgaragen auf fremdem Grund und Boden** liegen nach § 50 Abs. 3 BewG-DDR zwei wirtschaftliche Einheiten vor. Zum einen der Grund und Boden, der als unbebautes Grundstück zu bewerten ist und zum anderen die Einzel- oder Sammelgarage, die nach § 32 Abs. 1 Nr. 5 RBewDV als sonstiges bebautes Grundstück zu bewerten ist.

5112

6.5 Bewertung von Bank-, Versicherungs-, Verwaltungs-, Büro- und Hotelgebäuden sowie von vergleichbaren Gebäuden

6.5.1 Grundsätze

Wie **Bank-, Versicherungs-, Verwaltungs-, und Bürogebäuden sowie Hotel- und vergleichbare Gebäude** im Einzelnen zu bewerten sind, wurde in den gleich lautenden Erlassen der obersten Finanzbehörden der Länder Berlin, Brandenburg, Mecklenburg-Vorpommern, Sachsen, Sachsen-Anhalt und Thüringen vom 08. 09. 1992 BStBl I 1992, 572 geregelt. Sie sind der Grundstückshauptgruppe der Geschäftsgrundstücke zuzuordnen.

5113

6.5.2 Besonderheiten zur wirtschaftlichen Einheit bei Hotelgrundstücken

Zum **Grund und Boden** gehören neben den bebauten die räumlich dazugehörenden unbebauten Flächen. Bei Hotelgrundstücken können dies auch größere unbebaute Flächen sein, die als Hotel- und Restaurationsgärten sowie als Sportplätze genutzt werden. Die Größe der dazugehörenden Fläche richtet sich nach der Verkehrsanschauung (§ 2 Abs. 1 BewG). Zu den im Einheitswert mitzuerfassenden Bestandteilen des Grund und Bodens gehören auch die Außenanlagen.

5114

Übliche Außenanlagen, wie z. B. Zäune, Pflasterungen, Wegebefestigungen, Plattenbeläge und Pflanzungen **sind** durch den Ansatz des Boden- und Gebäudewerts **abgegolten**. Aufwändige Außenanlagen, insbesondere bei Hotelgrundstücken wie z. B. Außenschwimmbecken und Sportplätze sind dagegen mit einem eigenen Wertansatz in den Sachwert miteinzubeziehen.

5115

6.5.3 Ermittlung des Gebäudewertes

6.5.3.1 Berechnung des umbauten Raums

Für die Berechnung des umbauten Raums ist von der Gebäudegrundfläche und der Gebäudehöhe auszugehen. Die Gebäudegrundfläche ist aus der Länge und Breite der Außenmaße des Gebäuderohbaus zu ermitteln. Bei unterkellerten Gebäuden berechnet sich die Höhe ab Kellerfußboden, bei nicht unterkellerten Gebäuden ab Geländeoberfläche bis zur Traufe (Mauerende unter der Bedachung auf der Außenseite des Gebäudes). Ausgebaute Dachgeschosse sind mit der Hälfte ihrer maximalen Innenhöhe hinzuzurechnen. Bei teilunterkellerten Gebäuden, verschiedenen Geschossgrundflächen und teilausgebauten Dachgeschossen sind Einzelberechnungen anzustellen.

5116

6.5.3.2 Durchschnittlicher Raummeterpreis/m³

5117 Die durchschnittlichen Raummeterpreise sind in mehreren Arbeitsschritten zu ermitteln.
a) Zunächst ist die Ausstattungsgüte zu bestimmen. Dies erfolgt durch Ankreuzen der vorhandenen Ausstattungsmerkmale in einer Ausstattungstabelle (sie ist im BStBl 1992, 572 abgedruckt).
b) Dann ist die Anzahl der Kreuze in der jeweiligen Spalte zu addieren.
c) Die Anzahl der addierten Kreuze ist dann mit den Punktwerten 1 bis 5 zu multiplizieren, wobei die einfache Ausstattung mit dem Punktwert 1 und die aufwändige Ausstattung mit dem Punktwert 5 zu multiplizieren ist.
d) Das Ergebnis ist durch die Anzahl der beurteilten Gebäudeteile (11) zu dividieren und ergibt die
e) Ausstattungsgüte. Mit Hilfe dieses Wertes kann dann der Raummeterpreis direkt aus der Tabelle über die Raummeterpreise abgelesen werden.

6.5.3.2.1 Tabelle über die Raummeterpreise 01.01.1935

5118 Bei der Ermittlung des Gebäudenormalherstellungswerts sind folgende **durchschnittliche Raummeterpreise/m³** zugrunde zu legen (Gleichlautende Erlasse vom 08.09.1992 BStBl I 1992, 572 Tz. 4.2.2):

Ausstattungsgüte	Raummeterpreise DM/m³ für Bank-, Versicherungs-, Verwaltungs- und Bürogebäude	Raummeterpreise DM/m³ für Hotelgebäude und vergleichbare Gebäude
einfach – 1,00 Punkte – 1,01 bis 1,25 Punkte – 1,26 bis 1,50 Punkte	15 17 19	15 16 17
mittel – 1,51 bis 2,00 Punkte – 2,01 bis 2,50 Punkte	21 24	19 23
gut – 2,51 bis 3,00 Punkte – 3,01 bis 3,50 Punkte	27 30	26 30
sehr gut – 3,51 bis 4,00 Punkte – 4,01 bis 4,50 Punkte	33 36	34 37
aufwändig – 4,51 bis 4,75 Punkte – 4,67 bis 5,00 Punkte	39 41	41 45

6.5.3.2.2 Zuschläge zu den Raummeterpreisen

Besteht das Gebäude aus mehr als fünf Geschossen, so ist wegen der erforderlichen stabileren Bauausführung zu dem durchschnittlichen Raummeterpreis für das gesamte Gebäude ein Zuschlag zu machen, der sich nach der Zahl der Mehrgeschosse richtet. Der Zuschlag beträgt für jedes Mehrgeschoss vom 6. bis 9. Geschoss 1 % und vom 10. Geschoss ab 1,5 %. Weitere Zuschläge kommen grundsätzlich nicht in Betracht.

6.5.3.2.3 Mitbenutzung für andere Zwecke

Werden bei Hotelgebäuden und Ferienheimen mehr als 10 % der Flächen für andere Zwecke verwendet, die nicht mit dem Hotelbetrieb im Zusammenhang stehen, z. B. als Wohnräume oder Büroräume, ist der umbaute Raum unter Berücksichtigung der unterschiedlichen Nutzungen gesondert zu ermitteln, wobei die als Wohnung genutzten Flächen mit dem für Einfamilienhäuser maßgebenden durchschnittlichen Raummeterpreis und die als Büroräume genutzten Flächen mit dem für Bürogebäude maßgebenden durchschnittlichen Raummeterpreis anzusetzen sind. Entsprechend ist bei Bank-, Versicherungs-, Verwaltungs- und Bürogebäuden zu verfahren.

6.5.3.2.4 Raummeterpreise für Ferienheime und Feriendorfanlagen

Für Ferienheime und Feriendorfanlagen sind grundsätzlich die Raummeterpreise für Hotelgebäude anzusetzen. Fehlen einzelne in der Ausstattungstabelle für diese Gebäude üblicherweise vorhandene Bau- oder Gebäudeteile wie z. B. Heizung, ist für jeden fehlenden Bau- oder Gebäudeteil eine Kürzung um 10 % des ermittelten Raummeterpreises vorzunehmen.

6.5.3.2.5 Abschläge vom Gebäudenormalherstellungswert

Ein Abschlag vom Gebäudenormalherstellungswert eines Bauwerks oder eines selbstständigen Gebäudeteils kann bei schlechtem baulichem Zustand wegen Schadensgefahren bei Berg-, Rauch-, Wasser und Erschütterungsschäden oder wegen ungewöhnlich starker Beeinträchtigung durch Lärm, Rauch oder Gerüche oder wegen Altlasten berücksichtigt werden.

Ein schlechter baulicher Zustand ist durch **Baumängel** oder **Bauschäden** begründet. Baumängel wurden schon bei der Errichtung eines Gebäudes mit eingebaut. Das können schlechte Schall- oder Wärmeisolierungen oder auch mangelhafte, auswechselbare Baustoffe sein. Bauschäden entstehen z. B. durch einen aufgestauten Reparaturbedarf oder Witterungseinflüsse wie Sturm, Frost oder Hochwasser.

Die Höhe des Abschlags wegen behebbarer Baumängel oder Bauschäden kann aus der Wertanteilstabelle in BStBl I 1992, 580, 581 entnommen werden. Auf den aus der Tabelle entnommenen Wertanteil ist dann der Schadensgrad im Verhältnis zum Gesamtwert des betroffenen Bauteils zu berechnen. Bei mehreren Baumängeln oder Bauschäden ergibt die Summe der so ermittelten Schäden an den einzelnen Bauteilen den Gesamtschaden am Gebäude. Der Prozentsatz ist auf volle Zahlen aufzurunden.

6.6 Die Bewertung von Tankstellengrundstücken

6.6.1 Grundsätze

5141 Wie die Tankstellengrundstücke im Einzelnen zu bewerten sind, wurde in den gleich lautenden Erlassen der obersten Finanzbehörden der Länder Berlin, Brandenburg, Mecklenburg-Vorpommern, Sachsen, Sachsen-Anhalt und Thüringen vom **09.11.1992 BStBl I 1992, 712** geregelt.

6.6.2 Besonderheiten bei der Bewertung von Tankstellengrundstücken

5142 Bei Tankstellengrundstücken können auch größere unbebaute Flächen (Parkplätze) in die wirtschaftliche Einheit einbezogen werden. Die Größe der zum Tankstellengrundstück gehörenden Fläche richtet sich nach der Verkehrsanschauung (§ 2 Abs. 1 BewG). Zu den im Einheitswert mitzuerfassenden Bestandteilen des Grund und Bodens gehören auch die Außenanlagen insbesondere Pflasterungen, Wegebefestigungen, Plattenbeläge, und Pflanzungen. Hierbei ist zu beachten, dass die speziellen, zur Vermeidung von Bodenkontaminationen aufgebrachten Bodenbeläge im Tankbereich als Betriebsvorrichtungen nicht in die wirtschaftliche Einheit einbezogen werden und die relativ großen Überdachungen als Gebäude anzusehen sind.

5143 Bei der Ermittlung des Bodenwerts kann sich eine verkehrsgünstige Lage (z.B. Autobahn oder Bundesstraße) werterhöhend auf den Bodenwert auswirken. Schlechter Baugrund oder die Nähe eines Wasserschutzgebietes wirken sich dagegen wertmindernd auf den Bodenwert aus. Alle diese Umstände sind bei der Ermittlung des Bodenwerts, soweit sie nicht bereits in der Bodenpreissammlung ihren Niederschlag gefunden haben, zu berücksichtigen.

5144 Die nicht als Betriebsvorrichtungen anzusehenden **Außenanlagen**, wie z.B. Be- und Entwässerungsanlagen, Bodenbefestigungen vor Waschhallen, Reparaturwerkstätten und Garagen sowie Dauerpark- und Abstellplätzen sind pauschal mit **8% des Gebäudewerts** zu erfassen, wenn kein niedrigerer Wert nachgewiesen wird.

5145 Moderne Tankstellenüberdachungen, die in der Regel mehrere Zapfsäulenreihen überdachen, sind keine Betriebsvorrichtungen, sondern als Gebäude anzusehen. Bei diesen Bauformen ist die Breite größer als das Doppelte der mittleren Überdachungshöhe und deshalb als Gebäude zu behandeln.

5146–5150 frei

6.7 Bewertung von Gewerbegrundstücken

6.7.1 Grundsätze

5151 Wie die Fabrikgrundstücke, Lagerhausgrundstücke, Grundstücke mit Werkstätten und vergleichbaren Grundstücke (Gewerbegrundstücke) im Einzelnen zu bewerten sind, wurde in den Gleich lautenden Erlassen der obersten Finanzbehörden der Länder Berlin, Brandenburg, Mecklenburg-Vorpommern, Sachsen, Sachsen-Anhalt und Thüringen vom **21.05.1993 BStBl I 1993, 467 ff.** geregelt.

6.7.2 Besonderheiten bei Fabrikgrundstücken

a) Wirtschaftliche Einheit

Zum **Grund und Boden** gehören neben den bebauten die räumlich dazugehörenden unbebauten Flächen eines Gewerbegrundstücks. Bei Gewerbegrundstücken können dies auch größere unbebaute Flächen sein, die sich zwischen Fabrik- und Lagergebäuden innerhalb des Fabrikgeländes befinden. Die Größe der zum Fabrikgrundstück gehörenden Fläche richtet sich nach der Verkehrsanschauung (§ 2 Abs. 1 BewG). 5152

Flächen, die durch eine öffentliche Straße getrennt sind, können normalerweise nicht als eine wirtschaftliche Einheit angesehen werden. Ist die Straße jedoch wegen des Produktionsablaufes untertunnelt oder überbrückt und werden die Güter über diese Brücke von einem in den anderen Betriebsteil befördert, kann eine wirtschaftlichen Einheit angenommen werden. 5153

6.7.3 Durchschnittlicher Raummeterpreis/m³ und Flächenpreise

Bei Gewerbegrundstücken werden die Gebäudeteile entsprechend ihrer Nutzung in Gebäudeklassen eingeteilt. Dabei gehören zu 5154

Gebäudeklasse I	Verwaltungsgebäude einschließlich Bürobaracken und Bürocontainer, Sozialgebäude, Laboratorien, Pförtnergebäude und vergleichbare Gebäude.
Gebäudeklasse II	Fabrikgebäude, Lagergebäude, Transformatorengebäude, Wirtschaftsbaracken, Garagen und vergleichbare Gebäude.
Wohnräumen	alle als Wohnraum genutzten Gebäudeteile.

Die durchschnittlichen Raummeterpreise sind in BStBl I 1993, 469 ff. abgedruckt. 5155

6.8 Bewertung von Warenhausgrundstücken, Einkaufszentren sowie Grundstücken mit Großmärkten, SB-Märkten und Verbrauchermärkten und mit Messehallen

Wie die Warenhausgrundstücke, Einkaufszentren sowie Grundstücke mit Großmärkten, SB-Märkten und Verbrauchermärkten und die Messehallen im Einzelnen zu bewerten sind, wurde in den gleich lautenden Erlassen der obersten Finanzbehörden der Länder Berlin, Brandenburg, Mecklenburg-Vorpommern, Sachsen, Sachsen-Anhalt und Thüringen vom **25. 06. 1993 BStBl I 1993, 528** geregelt. 5156

6.9 Bewertung der übrigen Geschäftsgrundstücke und der sonstigen bebauten Grundstücke

Wie die **übrigen Geschäftsgrundstücke** und die **sonstigen bebauten Grundstücke** im Sachwertverfahren zu bewerten sind, wurde in den Gleich lautenden Erlassen der obersten Finanzbehörden der Länder Berlin, Brandenburg, Mecklenburg-Vorpommern, Niedersachsen, Sachsen, Sachsen-Anhalt und Thüringen vom **21. 07. 1994 BStBl I 1994, 481** geregelt. Diese Gleich lautende Erlasse **regeln** die Bewertung der die in den **bisher** zum Sachwertverfahren ergangenen sechs Erlasse (vgl. Rz. 1617) **nicht behandelten,** im Sachwertverfahren zu 5157 bewertenden **Grundstücksarten**. Man könnte diese Gleich lautenden Erlasse als abschließende Arbeit der Bewertungskomissionen betrachten, bei der die abschließende Zusammenfassung der Bewertungsanweisungen fehlt. Es ergehen Bewertungsanweisungen zu:

5158   Ladengrundstücken, Verkaufsständen, Heimen, Privatschulen, Vereinshäusern, Badehäusern, Trinkhallen, Gaststätten, Vergnügungsstätten, Saalbauten, Lichtspielhäusern, Lichtspielzentren, Theatern, Hallenbädern, Sanatorien, Kliniken, Tennishallen, Reithallen, Parkhäusern, Bootshäusern, Gewächshäusern, Zelthallen und Textilbauten.

5159   Gebäude, die aufgrund ihrer Nutzung weder diesen noch den in den anderen gleich lautenden Erlassen angesprochenen Gebäudegruppen zugeordnet werden können, sind zur Ermittlung des gemeinen Werts der Gebäudegruppe zuzuordnen, die der tatsächlichen baulichen Gestaltung wertmäßig am nächsten kommt.

5160   Werden die **übrigen Geschäftsgrundstücke** und die **sonstigen bebauten Grundstücke** zu mehr als 80% zu gewerblichen Zwecken genutzt, werden sie der Grundstückshauptgruppe der **Geschäftsgrundstücke** zugeordnet (§ 32 Abs. 1 Nr. 2 RBewDV). Dienen sie zu mehr als 80% sonstigen Zwecken, sind sie der Grundstückshauptgruppe der **sonstige bebaute Grundstücke** (§ 32 Abs. 1 Nr. 2 RBewDV) zuzuordnen.

5161–5170 frei

7 Sondervorschriften

7.1 Erbbaurecht

7.1.1 Zivilrechtlicher Begriff und Allgemeines

5171   Wegen des Begriffs und der Definition des Erbbaurechts siehe Kapitel 1 Teil G 5.1.1.

7.1.2 Wirtschaftliche Einheit

5172   Bewertungsrechtlich gilt das Erbbaurecht als eigenes Grundstück (§ 50 Abs. 2 BewG-DDR). Für § 46 RBewDV i.V.m. § 50 Abs. 2 RBewG war es offensichtlich umstritten, ob es sich bei dem Erbbaurecht und dem belasteten Grundstück um eine oder um zwei wirtschaftliche Einheiten handelt.

5173   Für den Bereich der neuen Bundesländer scheint diese Frage noch immer nicht eindeutig entschieden zu sein. Hier gibt es auf der einen Seite den einzigen zu diesem Thema aus dem Bereich der neuen Bundesländern veröffentlichten Erlass des **FM Thüringen** vom 25. 11. 1992 zur Entstehung und Bewertung von Untererbbaurechten, der richtigerweise bei einem Untererbbaurecht von **mehreren wirtschaftlichen Einheiten** ausgeht. Auf der anderen Seite das aus **Bayern** stammende maschinelle **Bearbeitungsverfahren der Verwaltung** für alle neuen Bundesländer, das von **einer wirtschaftlichen Einheit** ausgeht und die Erbbauberechtigten und die Erbbauverpflichteten als Miteigentümer behandelt. Es wird bei diesem Bearbeitungsverfahren auch in Kauf genommen, dass die maschinellen Bescheide noch manuell nachbearbeitet werden müssen.

5174   Bei der Bedarfsbewertung für die Erbschaft- bzw. Grunderwerbsteuer geht auch die Verwaltung der neuen Bundesländer von zwei wirtschaftlichen Einheiten aus. Zur Erörterung des Problems sind zunächst einige Gesichtspunkte zu untersuchen.

5175   Für die **zeitliche Entwicklung** der Vorschrift ist festzustellen, dass sie erstmals im RBewG 1925, dort in § 34 Abs. 2 aufgenommen wurde. Danach waren eindeutig zwei

Einheitswerte festzustellen. Diese Regelung wurde auch in § 54 Abs. 2 RBewG 1931 übernommen. Als Einheitswert für den belasteten Grund und Boden galt der Restwert nach Subtraktion des Erbbaurechts vom Gesamtwert. In § 46 RBewDV zu § 50 Abs. 2 RBewG, der unverändert in § 50 Abs. 2 BewG-DDR übernommen wurde und deshalb noch für die neuen Bundesländer gilt, wurde lediglich eine andere Berechnungsmethode vorgeschrieben. Hiernach ist bei einer Restlaufzeit des Erbbaurechts zwischen 49 und 5 Jahren zunächst ein Gesamtwert zu ermitteln und dieser »zu verteilen«, wobei in dieser Vorschrift ausdrücklich nicht erwähnt ist, dass es sich um eine wirtschaftliche Einheit handeln soll. § 92 BewG 1964 legte eindeutig fest, dass sowohl für die wirtschaftliche Einheit des Erbbaurechts als auch für die wirtschaftliche Einheit des belasteten Grundstücks jeweils ein Einheitswert festzustellen ist, und behält die Worte »zu verteilen« bei. Während dieses gesamten Zeitraums hat sich die bürgerlichrechtliche Handhabung des Erbbaurechts nicht geändert. Weder aus den Gesetzestexten noch aus der geschichtlichen Entwicklung kann entnommen werden, dass es sich beim Erbbaurecht zunächst um zwei, dann während der Geltungsdauer des BewG, 1935 um eine und später wieder um zwei wirtschaftliche Einheiten handeln soll. Es ist vielmehr nach dem Gesetzestext, auch unter Hinweis auf § 2 BewG, **von zwei wirtschaftlichen Einheiten auszugehen.**

Zur Begründung, dass es sich während der Geltungsdauer des BewG 1935 beim Erbbaurecht und dem belasteten Grundstück um eine wirtschaftliche Einheit gehandelt haben soll, wird von der Literatur auf die **Rechtsprechung** des Reichsfinanzhofes und hier besonders auf das Urteil vom 25. 02. 1943 III 152/42 verwiesen. Wird dieses Urteil genauer untersucht, muss man zunächst feststellen, dass eine Aussage über die Zahl der wirtschaftlichen Einheiten in diesem Urteil gar nicht getroffen wird. Es wird lediglich auf § 11 StAnpG für die Frage, was »Zurechnung« steuerlich bedeutet, sowie auf die Entscheidung des Körperschaftssteuersenats verwiesen, der die Auffassung vertritt, dass in Bezug auf § 46 RBewDV bei getrennter Zurechnung der Anteile auch verschiedene Steuerschuldverhältnisse vorliegen, was wiederum eher auf die Auslegung zu Gunsten **zweier wirtschaftlicher Einheiten** hinweist.

Das Steueranpassungsgesetz (StAnpG) vom 16. 10. 1934 hatte die Aufgabe, wie aus § 1 Abs. 1 StAnpG zu entnehmen ist, die Steuergesetze nach nationalsozialistischer Weltanschauung auszulegen, weshalb sich eine **weitere Anwendung** dieses Gesetzes heute selbstverständlich **erübrigt.** Zum geschichtlichen Verständnis werfen wir trotzdem einen Blick in den von der Rechtsprechung des RFH zitierten § 11 StAnpG, der in RStBl 1934 auf S. 1151 abgedruckt ist, und in die Begründung zum § 11 des StAnpG, die auf S. 1405 des RStBl abgedruckt ist. Wir können leider auch hier keinen Hinweis auf die Anzahl der wirtschaftlichen Einheiten finden, es sei denn, wir würden § 11 Nr. 5 StAnpG anwenden, der vorschreibt, dass »Wirtschaftsgüter, die mehreren zur gesamten Hand zustehen, den Beteiligten so zugerechnet werden, als wären die Beteiligten nach Bruchteilen berechtigt«, und damit gleichzeitig das Rechtsinstitut des Erbbaurechts auf den Kopf stellen.

Nach näherer Betrachtung des o.g. Urteils und den o.g. Gesichtspunkten kommt man zur Einsicht, dass das Vorliegen **einer** wirtschaftlichen Einheit beim Erbbaurecht **nicht begründet** werden kann. Das Urteil behandelt vielmehr die wegen der erstmaligen Aussetzung des sechsjährigen Hauptfeststellungszeitraums aufgetretene Frage, ob die nach § 46 Abs. 3 vorgesehene Aufteilung auf die wirtschaftlichen Einheiten Erbbaurecht und belastetes Grundstück auch außerhalb des Hauptfeststellungstermins durchgeführt werden kann, und kommt zu einem positiven Ergebnis. Dieses Ergebnis entspricht der Regelung in § 92 Abs. 7 BewG 1964, einer Fortschreibung ohne Beachtung von Wertfortschreibungsgrenzen für die Zwecke der Aufteilung auf die wirtschaftlichen Einheiten. Untersucht man die Systematik des

Bewertungsrechts, ist festzustellen, dass das Bewertungsrecht selbst beim Gebäude auf fremdem Grund und Boden, einem nicht grundbuchrechtlich gesicherten Recht, von zwei wirtschaftlichen Einheiten ausgegangen wird.

5179 Zusammenfassend kann festgestellt werden, dass die Worte »zu verteilen« in § 46 Abs. 3 RBewDV nicht ausreichen, um diese Bestimmung in der RBewDV als Spezialvorschrift, die die Grundsätze der §§ 2 Abs. 2 BewG (Eigentum) und 50 Abs. 3 BewG-DDR, die das Erbbaurecht ausdrücklich als eigenes Grundstück ansehen, außer Kraft zu setzen. Es ist deshalb wie bei der Bedarfsbewertung in den neuen Bundesländern von **zwei wirtschaftlichen Einheiten** auszugehen.

7.1.3 Ermittlung, Zuordnung und Aufteilung des Gesamtwerts

5180 Der Gesamtwert ist je nach Zuordnung zu einer der Grundstückshauptgruppen nach § 33 RBewDV entweder mit dem Vielfachen der Jahresrohmiete im Ertragswertverfahren oder mit dem gemeinen Wert im Sachwertverfahren zu bewerten.

5181 Beträgt die Dauer des Erbbaurechts in dem für die Bewertung maßgebenden Zeitpunkt noch fünfzig Jahre und mehr, ist der Gesamtwert nach § 46 Abs. 2 RBewDV in vollem Umfang dem **Erbbauberechtigten** zuzurechnen.

5182 Beträgt die Dauer des Erbbaurechts weniger als fünfzig Jahre, erfolgt die **Aufteilung** auf die beiden wirtschaftlichen Einheiten nach dem Aufteilungsschlüssel des § 46 Abs. 3 RBewDV. Geht auch das Bauwerk oder ein Teil des Bauwerks entschädigungslos nach Ablauf des Erbbaurechts auf den Grundstückseigentümer über, ist dieser entschädigungslose Übergang mit dem Grund und Boden in die nach § 46 Abs. 3 RBewDV zu bildende Verteilungsmasse mit einzubeziehen.

5183 Beträgt die Dauer des Erbbaurechts in dem für die Bewertung maßgebenden Zeitpunkt weniger als fünf Jahre, ist der Gesamtwert nach § 46 Abs. 2 RBewDV in vollem Umfang dem Erbbauverpflichteten (Grundstückseigentümer) zuzurechnen.

5184 Wird der Gesamtwert auf der Grundlage des Ertragswertverfahrens ermittelt, ergibt sich der Gesamtwert durch Anwendung des Vielfachen auf die Jahresrohmiete (§ 33 Abs. 1 RBewDV). Dieser Gesamtwert entspricht dem gemeinen Wert des Grundstücks zum 01.01.1935. Zur Aufteilung des Gesamtwerts ist zunächst der Bodenanteil zu ermitteln. Er kann unter Bezug auf die Gleich lautenden Erlasse vom 19.01.1993 BStBl I 1993, 173 Tz. 4.5.4 mit 90 % des Vielfachen der Jahresrohmiete angenommen werden. Es ist nicht möglich, den Bodenwertanteil aus dem gemeinen Wert des Grundstücks, an dem das Erbbaurecht bestellt ist, zu bestimmen, denn im Ertragswertverfahren ist der Grund und Boden im Gesamtwert anteilig miterfasst.

5185 Werden Grundstücke nach §§ 33 Abs. 2 RBewDV mit dem gemeinen Wert im Sachwertverfahren bewertet, können die einzeln ermittelten Werte für Grund und Boden, Gebäude und die Außenanlagen für die Aufteilung herangezogen werden.

7.1.4 Fortschreibungen wegen Änderung der Verteilung des Gesamtwerts

5186 Ändert sich die Aufteilung des Gesamtwerts nach § 46 Abs. 3 RBewDV, ist eine neue Verteilung des Gesamtwerts auf die wirtschaftliche Einheit des Erbbaurechts und das belastete Grundstück aufgrund der Rechtsprechung des RFH vom 25.02.1943 RStBl 1943, 285 ohne Berücksichtigung der Wertgrenzen des § 22 Abs. 1 Nr. 1 BewG durchzuführen.

BEISPIEL

Eine Porzellanmanufaktur besitzt in bester Lage von Meißen ein unbebautes 1 500 m² großes Grundstück. Der Quadratmeterpreis am 01.01.1935 betrug 16 DM/m². Ab 01.04.2003 wurde zu Gunsten der Ehegatten Manfred und Mathilde Kross ein Erbbaurecht auf 42 Jahre bestellt.

Die Ehegatten errichten 2004 ein Gebäude mit zwei Wohnungen. Die Jahresrohmiete 01.01.1935 für das gesamte Gebäude beträgt 4 000 DM. Mit Ablauf des Erbbaurechts wird das Gebäude mit 60 % seines dann vorhandenen Werts entschädigt.

Welche erforderlichen Einheitswertfeststellungen sind zum 01.01.2004 und 01.01.2005 durchzuführen?

LÖSUNG Das Erbbaurecht und das belastete Grundstück bilden zwei (§ 2 Abs. 2 BewG) wirtschaftliche Einheiten (§ 50 Abs. 2 BewG-DDR, § 46 RBewDV). Es sind gem. § 19 Abs. 1 Nr. 1 BewG zwei Einheitswerte festzustellen (Die Finanzverwaltung geht derzeit noch für das Erbbaurecht und das belastete Grundstück bei der Grundsteuer – im Gegensatz zur Bedarfsbewertung bei der Erbschaftsteuer – von einer wirtschaftlichen Einheit aus und behandelt den Erbbauberechtigten und die Erbbauverpflichteten als Miteigentümer.). Die letzte Hauptfeststellung wurde zum 01.01.1935 durchgeführt. Falls für das unbebaute Grundstück bisher ein Einheitswert bestand, ist dieser aufzuheben, weil diese wirtschaftliche Einheit als untergegangen gilt (§ 24 Abs. 1 Nr. 1 BewG). Die Aufhebung erfolgt zum 01.01.2004 (§ 24 Abs. 2 BewG). Für das Erbbaurecht und das belastete Grundstück ist je eine Nachfeststellung durchzuführen, da zwei neue wirtschaftliche Einheiten zum 01.01.2004 entstanden sind (§ 23 Abs. 1 Nr. 1 und Abs. 2 BewG). Nach § 46 Abs. 1 RBewDV ist zunächst der Gesamtwert zu ermitteln und dann auf die beiden wirtschaftlichen Einheiten aufzuteilen. Zum 01.01.2005 ist die Bebauung des Grundstücks zu berücksichtigen. Nähere Einzelheiten sind aus der schematischen Übersicht auf den beiden nächsten Seiten zu entnehmen.

5187

I. Gesamtwert zum 01. 01. 2004
§ 46 Abs. 1 RBewDV

Art: unbebautes Grundstück:	§ 53 BewG-DDR
Wert: Wertverhältnisse 01. 01. 1935	§ 3a RBewDV
Für unbebaute Grundstücke gibt es kein besonderes Bewertungsverfahren, deshalb erfolgt die Bewertung mit dem gemeinen Wert.	§ 10 BewG-DDR

1 500 m² x 16 DM = **24 000 DM** = **12 271 €**

Aufteilung des Gesamtwerts 01. 01. 2004
§ 46 Abs. 3 RBewDV
a) wirtschaftliche Einheit des **Erbbauberechtigten** (Erbbaurecht)

Zurechnung: den Ehegatten zu je 1/2 Anteil	§ 39 II AO,
Art:	§ 19 III Nr. 2 BewG
unbebautes Grundstück	§ 53 BewG-DDR
Wert: Wertverhältnisse 01. 01. 1935	§ 3a RBewDV
Für unbebaute Grundstücke gibt es kein besonderes Bewertungsverfahren, deshalb erfolgt die Bewertung mit dem gemeinen Wert. 1 500 m² x 16 DM = 24 000 DM	§ 10 BewG-DDR

Auf die wirtschaftliche Einheit der Ehegatten entfallen
80 % = **19 200 DM** = **9 817 €**   § 46 III RBewDV

Aufteilung des Gesamtwerts 01. 01. 2004
§ 46 Abs. 3 RBewDV
b) wirtschaftliche Einheit der **Erbbauverpflichteten** (belastetes Grundstück)

Zurechnung: der Porzellanmanufaktur	§ 39 I AO, § 19 III Nr. 2 BewG
Art: unbebautes Grundstück	§ 53 BewG-DDR
Betriebsgrundstück	§ 99 BewG
Wert: Wertverhältnisse 01. 01. 1935	§ 3a RBewDV
Für unbebaute Grundstücke gibt es kein besonderes Bewertungsverfahren, deshalb erfolgt die Bewertung mit dem gemeinen Wert. 1 500 m² x 16 DM = 24 000 DM	§ 10 BewG-DDR

Auf die wirtschaftliche Einheit der Porzellanmanufaktur entfallen   § 46 III RBewDV
20 % = **4 800 DM** = **2 454 €**

7 Sondervorschriften | 521

5188

Aufteilung des Gesamtwerts 01.01.2005
§ 46 Abs. 3 RBewDV
a) wirtschaftliche Einheit des **Erbbauberechtigten**

Zurechnung: den Ehegatten	§ 39 II AO,
zu je 1/2 Anteil.	§ 19 III Nr. 2 BewG
Art: bebautes Grundstück	§ 52 BewG-DDR
Zuordnung zu der Grundstückshauptgruppe der Mietwohngrundstücke, weil das Gebäude zu 100 % zu Wohnzwecken genutzt wird.	§ 32 I 1 RBewDV
Wert: Wertverhältnisse 01.01.1935	§ 3a RBewDV
a) Mit Ablauf des Erbbaurechts auf den Grundstückseigentümer übergehender Teil: Bodenwertanteil 3 600 DM 40 % Gebäude + AA (32 400 x 40 %) 12 960 DM Verteilungsmasse 16 560 DM von dieser Verteilungsmasse entfallen auf die Ehegatten 80 % 13 248 DM	§ 46 III vorletzter Satz RBewDV § 46 III RBewDV
b) zusätzlich 60 % des Gebäudewerts mit Außenanlagen (32 400 x 60 %) 19 440 DM	
Auf die wirtschaftliche Einheit der Ehegatten entfallen 32 688 DM = 16 713 €	§ 46 III RBewDV

II. Gesamtwert zum 01.01.2005
§ 46 Abs. 1 RBewDV

Art: bebautes Grundstück	§ 52 BewG-DDR
Zuordnung zu der Grundstückshauptgruppe der Mietwohngrundstücke, weil das Gebäude zu 100 % zu Wohnzwecken genutzt wird.	§ 32 I 1 RBewDV
Wert: Wertverhältnisse 01.01.1935	§ 3a RBewDV
Zu bewerten im Ertragswertverfahren	§ 33 I RBewDV
JRM 4 000 DM	§ 34 RBewDV
VV 9	§ 130 III BewG
Grundstückswert 4 000 DM x 9 = 36 000 DM = 18 406 €	
davon Bodenwertanteil 36 000 DM x 10 % = 3 600 DM	glE. v. 19.01.1993 BStBl I 1993, 173 Tz. 4.5.4
Gebäudewertanteil 36 000 DM x 90 % = 32 400 DM	
Mindestwert 24 000 DM Der Mindestwert ist nicht anzusetzen.	§ 52 II BewG § 40 RBewDV
Es ist eine Wert- und eine Artfortschreibung durchzuführen.	§ 22 I BewG § 22 II BewG

Aufteilung des Gesamtwerts 01.01.2005
§ 46 Abs. 3 RBewDV
b) wirtschaftliche Einheit der **Erbbauverpflichteten** (belastetes Grundstück)

Zurechnung: der Porzellanmanufaktur	§ 39 I AO, § 19 III Nr. 2 BewG
Art: bebautes Grundstück Betriebsgrundstück	§ 52 BewG-DDR § 99 BewG
Zuordnung zu der Grundstückshauptgruppe der Mietwohngrundstücke, weil das Gebäude zu 100 % zu Wohnzwecken genutzt wird.	§ 32 I 1 RBewDV
Wert: Wertverhältnisse 01.01.1935	§ 3a RBewDV
Mit Ablauf des Erbbaurechts auf den Grundstückseigentümer übergehender Teil (aus der Verteilungsmasse): Bodenwertanteil 3 600 DM 40 % Gebäude + AA (32 400 x 40 %) 12 960 DM Verteilungsmasse 16 560 DM	§ 46 III vorletzter Satz, RBewDV
Auf die wirtschaftliche Einheit der Porzellanmanufaktur entfallen 20 % 3 312 DM = 1 693 €	§ 46 III RBewDV

5189–5200 frei

7.2 Gebäude auf fremdem Grund und Boden

7.2.1 Zivilrechtlicher Begriff und Allgemeines

5201 Nach § 50 Abs. 3 BewG-DDR gilt als Grundstück und damit als wirtschaftliche Einheit (§ 2 BewG) auch ein Gebäude auf fremdem Grund und Boden. Hierbei sind folgende zwei Fälle zu unterscheiden:
1. Das Gebäude ist ein Scheinbestandteil i. S. v. § 95 Abs. 1 BGB:
Das Gebäude ist nur für vorübergehende Zwecke errichtet und muss vom Hersteller nach Ablauf der Miet- und Pachtzeit des Grund und Bodens wieder entfernt werden. In diesem Falle ist der Mieter bzw. Pächter des Grund und Bodens als Hersteller des Gebäudes zugleich bürgerlichrechtlicher und wirtschaftlicher Eigentümer des Gebäudes.
2. Das Gebäude ist wesentlicher Bestandteil des Grund und Bodens (§§ 93 und 94 BGB): Das Gebäude ist aber dem Mieter bzw. Pächter des Grund und Bodens (i. d. R. auch Hersteller des Gebäudes) als wirtschaftlichem Eigentümer zuzurechnen.

7.2.2 Wirtschaftliche Einheit

5202 Aussagen zur wirtschaftlichen Einheit bei Gebäuden auf fremdem Grund und Boden für den Bereich der neuen Bundesländer liegen in den gleich lautenden Erlassen für Tankstellen auf fremdem Grund und Boden und für Einzel- oder Sammelgaragen auf fremdem Grund und Boden vor. Sowohl Tz. 3.3 der Gleich lautenden Erlasse vom 09. 11. 1992 BStBl I 1992, 712, für Tankstellen auf fremdem Grund und Boden als auch Tz. 3 Abs. 3 der Gleich lautenden Erlasse vom 24. 11. 1992 BStBl I 1992, 725 beziehen sich auf § 50 Abs. 3 BewG-DDR und kommen zum Ergebnis, dass **zwei wirtschaftliche Einheiten** vorliegen. Zum einen der Grund und Boden (als unbebautes Grundstück zu bewerten) und zum anderen die Tankstellengebäude mit Außenanlagen (je nach Zuordnung zu einer Grundstückshauptgruppe zu bewerten) bzw. die Sammelgaragen (nach § 32 Abs. 1 Nr. 5 RBewDV als sonstiges bebautes Grundstück zu bewerten).

5203 Für die einzelnen Bundesländer kommt
- das SMF Dresden durch Erlass vom 18. 03. 1993 für Kleingärten zu dem Ergebnis, dass Kleingärten unter 400 m² Grundstücksfläche und einer Laubengröße nicht über 24 m² bebauter Fläche stets land- und forstwirtschaftliches Vermögen sind. Bei einer bebauten Gebäudegrundfläche von mehr als 24 m² sind zwei wirtschaftliche Einheiten des Grundvermögens zu bewerten. Der Grund und Boden ist unbebautes Grundstück (§ 53 BewG-DDR), und das Gebäude gem. § 50 Abs. 3 BewG als selbstständiges Grundstück zu bewerten. Hierbei ist es der Grundstückshauptgruppe der sonstigen bebauten Grundstücke zuzuordnen.
- die OFD Berlin in ihrem Erlass vom 12. 09. 1991 ebenfalls für Kleingärten zu dem Ergebnis, dass Kleingartenflächen mit Gebäude und einer bebauten Fläche über 24 m² dem Grundvermögen zuzuordnen und im Sachwertverfahren mit 17 DM/m³ zu bewerten sind.
- das FinMin Thüringen in seinem Erlass vom 12. 02. 1993 zu Kleingärten zum Ergebnis, dass der Grund und Boden als unbebautes Grundstück zu bewerten ist. Der Bodenwert ist ohne Berücksichtigung der Eigenschaft »Gartenland« von gegendüblichen Preisen ausgehend abzüglich 20 % wegen der Einschränkung als Gartenland zu bewerten. Die wirtschaftliche Einheit »Gebäude auf fremdem Grund und Boden« ist als sonstiges bebautes Grundstück (§ 50 Abs. 3 i. V. m. § 32 Abs. 1 Nr. 5 RBewDV) zu bewerten.

- Auch in der ESt-Kartei der OFD-Chemnitz werden Gebäude auf fremdem Grund und Boden in Kleingartenanlagen unter in der Kartei näher bestimmten Voraussetzungen als eigene wirtschaftliche Einheiten (Einfamilienhäuser) mit der Folge angesehen, dass die Vergünstigung des § 10e EStG gewährt werden kann.

7.2.3 Einheitswert

Während der Geltungsdauer des BewG 1934 wurde der Grund und Boden als unbebautes Grundstück behandelt. Dies wurde auch durch die ständige Rechtsprechung bis 1964 bestätigt (insbes. BFH vom 08.05.1953 BStBl III 1953, 109). Erst durch § 94 Abs. 1 Satz 3 2. HS des BewG 1964 wurde der Grund und Boden der Grundstücksart des aufstehenden Gebäudes zugeordnet. 5204

Diese ab 1964 für die alten Bundesländer geltende, neue gesetzliche Regelung ist für die neuen Bundesländer nicht zu übernehmen. Sowohl in Tz. 3.3 des Gleich lautenden Erlasses vom 09.11.1992 BStBl I 1992, 712 für die Tankstellengrundstücke, in Tz. 3 Abs. 3 des Gleich lautenden Erlasses vom 24.11.1992 BStBl I 1992, 725 für Garagengrundstücke als auch in den Erlassen der einzelnen Länder für den Bereich der bewertungsrechtlichen Behandlung von Gebäuden in Kleingartenanlagen wird festgelegt, dass der **Grund und Boden** bei Gebäuden auf fremdem Grund und Boden als unbebautes Grundstück zu bewerten ist. In Ermangelung eines Bewertungsverfahrens für die Bewertung unbebauter Grundstücke im BewG ist hier der gemeine Wert des § 10 BewG-DDR anzusetzen. 5205

Die Grundstücksart für den Grund und Boden bei Gebäuden auf fremdem Grund und Boden ist immer **unbebautes Grundstück**. Selbst die Verwaltung bringt in keinem ihrer Erlasse zum Ausdruck, dass sie die Grundstücksart in Abhängigkeit zum Überbau festlegen möchte. 5206

Der gemeine Wert des § 10 BewG-DDR kommt von der Systematik des derzeitigen Bewertungsrechts dem anzustrebenden Ziel »Ermittlung eines realen Verkehrswertes« am nächsten. Die einheitliche Behandlung des Grund und Bodens bei Gebäuden auf fremdem Grund und Boden führt zu einer einheitlichen Wertfindung für den Grund und Boden, gleichgültig, ob die Bewertung der zweiten wirtschaftlichen Einheit »aufstehendes Gebäude« im Ertragswertverfahren oder im Sachwertverfahren erfolgt. Solange § 73 BewG (baureife Grundstücke) für die alten Bundesländer keine praktische Bedeutung hat, ist für die neuen Bundesländer eine weitergehende Differenzierung bei unbebauten Grundstücken nicht erforderlich. 5207

Der Gebäudewert ist je nach Zuordnung zu einer der Grundstückshauptgruppen nach § 33 RBewDV entweder mit dem Vielfachen der Jahresrohmiete im Ertragswertverfahren oder mit dem gemeinen Wert im Sachwertverfahren zu bewerten. 5208

Wird das Gebäude mit dem Vielfachen der Jahresrohmiete im Ertragswertverfahren bewertet, wird der Gebäudeanteil mit 90% des Vielfachen der Jahresrohmiete angenommen (Gleich lautende Erlasse vom 19.01.1993 BStBl I 1994, 173 Tz. 4.5.4). Der Wert für den Grund und Boden (10%) ist aus dem Gesamtwert auszuscheiden. Die Summe aus Gebäudewert und dem Wert des Grund und Bodens bei Gebäuden auf fremdem Grund und Boden deckt sich im Ertragswertverfahren fast nie mit dem Gesamtwert. Dies ist vom Gesetzgeber auch so beabsichtigt. 5209

5210–5220
frei

7.2.4 Schematische Übersicht zu Gebäuden auf fremdem Grund und Boden (§ 50 Abs. 3 BewG-DDR)

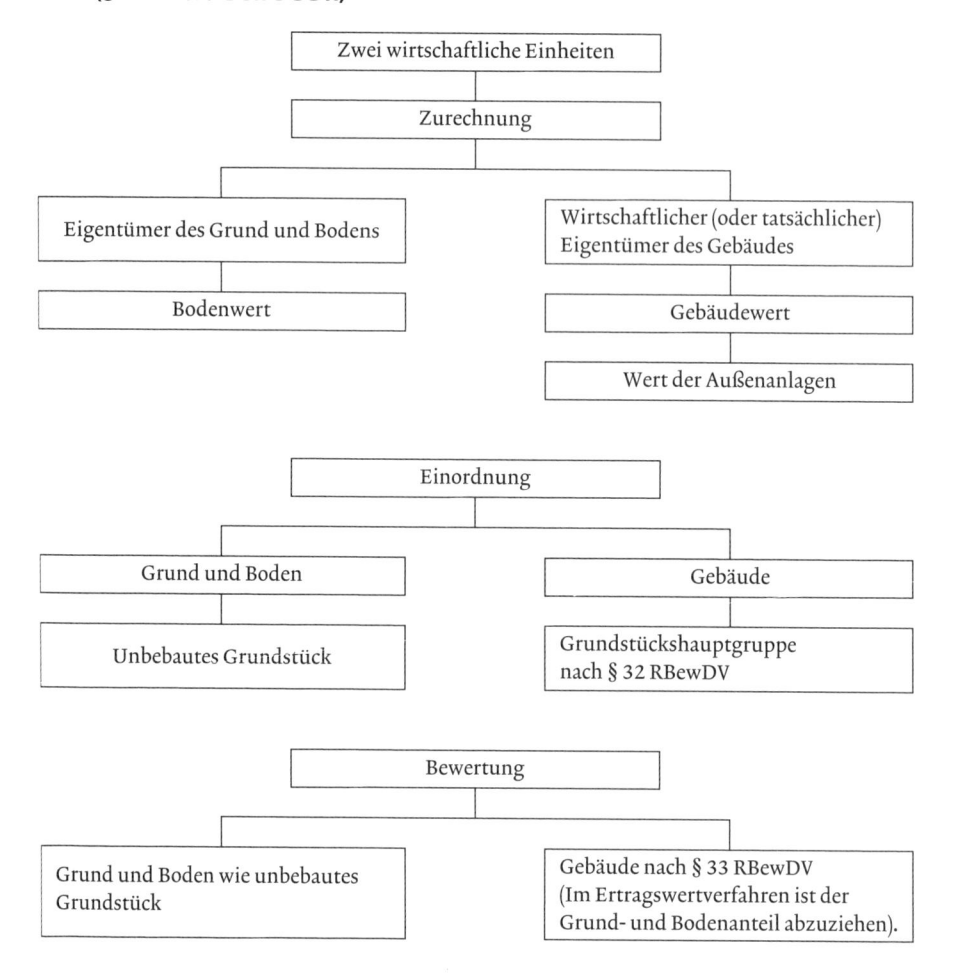

```
                    Zwei wirtschaftliche Einheiten
                              │
                          Zurechnung
              ┌───────────────┴───────────────┐
   Eigentümer des Grund und Bodens   Wirtschaftlicher (oder tatsächlicher)
              │                       Eigentümer des Gebäudes
          Bodenwert                           │
                                          Gebäudewert
                                              │
                                    Wert der Außenanlagen

                          Einordnung
              ┌───────────────┴───────────────┐
        Grund und Boden                   Gebäude
              │                               │
      Unbebautes Grundstück          Grundstückshauptgruppe
                                        nach § 32 RBewDV

                          Bewertung
              ┌───────────────┴───────────────┐
   Grund und Boden wie unbebautes    Gebäude nach § 33 RBewDV
           Grundstück                (Im Ertragswertverfahren ist der
                                     Grund- und Bodenanteil abzuziehen).
```

BEISPIEL

Maurermeister Grube hat einen Großauftrag für die Sanierung des Abwassersystems auf der Insel Rügen erhalten. Er wird mit diesem Auftrag 10 Jahre beschäftigt sein. Um auch auswärtige Arbeitnehmer beschäftigen zu können, pachtet er von seiner Nachbarin für 20 Jahre ein unbebautes Grundstück (1 000 m^2, gemeiner Wert am 01.01.1935 4 DM/m^2, Einheitswert 01.01.1935 4000 DM), um darauf ein Gebäude errichten zu können. Weil die Nachbarin das Grundstück ihren Enkelkindern als Bauplatz vermachen möchte, muss sich Maurermeister Grube verpflichten, alle Bauwerke am Ende der Pachtzeit wieder abzutragen.

Maurermeister Grube errichtete 2009 ein Gebäude in Fertigbauweise mit fünf Wohnungen (Jahresrohmiete am 01.01.1935 2 400 DM je Wohnung). Er hat sich vertraglich zusichern lassen, dass er uneingeschränkt über das Gebäude verfügen kann.

Es sind alle zum 01.01.2010 erforderlichen Einheitswertfeststellungen durchzuführen.

LÖSUNG Das Gebäude ist ein Scheinbestandteil, weil die Verbindung zu einem vorübergehenden Zweck erfolgt, es liegt also nicht nur wirtschaftliches Eigentum, sondern auch bürgerl. rechtliches Eigentum des Herrn Grube vor (§ 95 Abs. 1 BGB). Der Grund und Boden bleibt im Eigentum der

Nachbarin (auch wirtschaftlich), er wird nicht übertragen (§ 873 BGB). Für das Gebäude auf fremdem Grund und Boden gilt § 50 Abs. 3 BewG-DDR. Das Gebäude einerseits und der Grund und Boden andererseits sind steuerrechtlich zwei verschiedenen Eigentümern zuzurechnen und können schon deshalb nicht zu einer wirtschaftlichen Einheit zusammengefasst werden (§ 2 Abs. 2 BewG). Es sind zwei Einheitswerte festzustellen (§ 19 Abs. 1 Nr. 1 BewG, § 180 Abs. 1 Nr. 1 AO). Das Grundstück ist in den neuen Bundesländern belegen. Die Bewertung erfolgt nach §§ 129–133 BewG. Maßgebend sind die tatsächlichen Verhältnisse vom Bewertungsstichtag 01.01.2010 und die Wertverhältnisse vom 01.01.1935 (§ 3a RBewDV).

Feststellung der Einheitswerte

Gebäude auf fremdem Grund und Boden

Das Grundstück wird ausschließlich betrieblich genutzt (Arbeitnehmerwohnungen) und ist deshalb als Betriebsgrundstück dem Betriebsvermögen zuzurechnen (§ 99 BewG, § 51 Abs. 4 BewG-DDR). Zum 01.01.2010 ist eine Nachfeststellung durchzuführen, da eine neue wirtschaftliche Einheit entstanden ist (§ 23 Abs. 1 Nr. 1, Abs. 2 BewG). Die wirtschaftliche Einheit ist Herrn Grube zuzurechnen (§ 39 Abs. 1 AO, § 19 Abs. 3 Nr. 2 BewG).

Art: Zuordnung zu einer Grundstückshauptgruppe nach dem Verhältnis der Jahresrohmiete. Da das Gebäude zu mehr als 80 % zu Wohnzwecken genutzt wird, ist es der Grundstückshauptgruppe der Mietwohngrundstücke zuzuordnen (§ 32 Absätze 1 u. 2 RBewDV) und im Ertragswertverfahren mit dem Vielfachen der Jahresrohmiete zu bewerten (§ 33 Abs. 1 RBewDV).

Jahresrohmiete nach § 130 Abs. 2 BewG, § 34 Absätze 1 u. 2 RBewDV
2 400 DM × 5 **12 000 DM**
Vervielfältiger = 9 (§ 130 Absätze 1 u. 3 BewG)
Grundstückswert vorläufig
12 000 DM × 9 = 108 000 DM
Der Ertragswert umfasst den Grund und Boden, die Gebäude, die Außenanlagen und das Zubehör.
Der vorläufige Grundstückswert ist deshalb aufzuteilen. Hierbei entfallen auf das Gebäude 90 % (gl. Erl. v. 19.01.1993 Tz. 4.5.4 Abs. 3) = **97 200 DM**
Ein Abschlag wegen der Abbruchverpflichtung ist nicht vorzunehmen, weil die Abbruchverpflichtung mehr als zehn Jahre nach dem Feststellungszeitpunkt liegt (Tz. 4.5.6 III o.g. gl. Erl).
Einheitswert (abgerundet nach § 30 BewG) **97 200 DM**
Umgerechnet in Euro = 49 697 €

Grund und Boden

Der Grund und Boden wird ausschließlich privat genutzt und ist deshalb dem Grundvermögen zuzurechnen (kein Betriebsgrundstück § 99 BewG, § 51 IV BewG-DDR). Zu prüfen ist, ob eine Wert- oder Artfortschreibung zum 01.01.2005 wegen der Bebauung durchzuführen ist (§ 22 Absätze 1, 2 u. 4 Nr. 1 BewG).
Zurechnung ohne Änderung der Nachbarin (§ 39 AO, § 19 Abs. 3 Nr. 2 BewG).
Art: weiterhin unbebautes Grundstück
Es ist keine Artfortschreibung durchzuführen (§ 22 Abs. 2 BewG).
Der Grund und Boden ist mit dem gemeinen Wert zu bewerten (§ 10 BewG-DDR).
Aus dem Sachverhalt kann nicht entnommen werden, dass die Bebauung eine werterhöhende oder wertmindernde Auswirkung auf den Grund und Boden hätte.
Der Grund und Boden ist mit dem gemeinen Wert (§ 10 BewG-DDR) zu bewerten.
1000 m² × 4 DM = **4 000 DM**
Einheitswert wie bisher
(abgerundet nach § 30 BewG) **4 000 DM**
Es ist keine Wertfortschreibung durchzuführen.
Umgerechnet in Euro = 2 045 €

7.3 Wohnungs- und Teileigentum

7.3.1 Zivilrechtlicher Begriff und Allgemeines

Zu einer wirtschaftlichen Einheit des Wohnungs- und Teileigentums gehören das **Sondereigentum**, der **Miteigentumsanteil** und die **Sondernutzungsrechte**. Wird das Sondereigentum zu Wohnzwecken genutzt, wird es als Wohnungseigentum bezeichnet. Wird es nicht zu Wohnzwecken genutzt z. B. bei gewerblichen Räumen, wird es als Teileigentum bezeichnet. Überwiegt keine der Nutzungen, wird das Grundbuchblatt als **Wohnungs- und Teileigentumsgrundbuch** bezeichnet. Wegen den Begriffsdefinitionen für Sondereigentum, Miteigentumsanteil und Sondernutzungsrechte vgl. Rz. 4903–4906. **Rechtsgrundlagen** für den Bewertungsgegenstand Wohnungs- und Teileigentum sind: 5223

- § 131 BewG sowie die
- Gleich lautenden Erlasse vom 25.07.1994 BStBl I 1994, 502. 5224

Die wirtschaftliche Einheit **Wohnungseigentum** bzw. **Teileigentum** entsteht bewertungsrechtlich mit dem Eingang des beurkundeten Eintragungsantrags beim Grundbuchamt (Gleich lautende Erlasse vom 25.07.1994 BStBl I 1994, 502 Tz. 3.7), auf Antrag mit Eintragung in das Wohnungsgrundbuch (vgl. BFH vom 24.07.1991 II R 132/88 BStBl II 1993, 87).

5225–5230 frei

7.3.2 Wirtschaftliche Einheit

Jedes Wohnungseigentum und jedes Teileigentum bildet **eine wirtschaftliche Einheit** für sich (§ 131 Abs. 1 BewG). Die wirtschaftliche Einheit wird nach den Anschauungen des Verkehrs zusammengefasst. Beim Wohnungs- und Teileigentum ist dieses Problem am leichtesten über die Frage zu beantworten, welche Zusammenfassung von Gebäude und Grundstücksteilen für sich veräußerbar (verkehrsfähig) ist (§ 2 BewG, § 50 Abs. 1 Satz 3 BewG-DDR). **Garagen** sind in die wirtschaftliche Einheit miteinzubeziehen. Dies gilt auch dann, wenn sich das Garagengrundstück in der näheren Umgebung befindet, solange die Garage nicht durch eine Straße, die dem Durchgangsverkehr dient, vom Wohnungs- und Teileigentum getrennt ist (Gleich lautende Erlasse vom 25.07.1994 BStBl I 1994, 502 Tz. 3.4). 5231

Zur wirtschaftlichen Einheit Wohnungs- oder Teileigentum gehören der **Miteigentumsanteil** am Grund und Boden, an den gemeinschaftlichen Räumen im Gebäude, soweit dies nicht Sondereigentum ist, wie Hausmeisterwohnungen, Geräteräume oder dergl., sowie an den Außenanlagen, des Weiteren das **Sondereigentum** und die **Sondernutzungsrechte**. 5232

7.3.3 Bestimmung der Grundstückshauptgruppe

Für die Bestimmung der Grundstückshauptgruppe ist die Nutzung des Sondereigentums – und nicht die Nutzung des Gesamtgebäudes – maßgebend. Das Wohnungs- und Teileigentum ist in eine seiner Nutzung entsprechende Grundstückshauptgruppe des § 32 RBewDV einzuordnen (§ 131 Abs. 1 Satz 2 BewG). In den meisten Fällen des Wohnungseigentums kommt die Grundstückshauptgruppe Einfamilienhaus in Betracht. Für die Definition des Wohnungsbegriffs gelten die Gleich lautenden Erlasse vom 06.11.1991 BStBl I 1991, 968 Tz. 2.4. Bei der Zusammenfassung einer Wohnung mit Gewerberäumen oder bei Teileigentum kann auch die Grundstückshauptgruppe »gemischtgenutztes Grundstück« oder »Geschäftsgrundstück« in Betracht kommen. 5233

7.3.4 Feststellungsarten

5234 Bis zur nächsten Hauptfeststellung ist für die neu entstehenden wirtschaftlichen Einheiten des Wohnungs- und Teileigentums eine Nachfeststellung gemäß § 23 Abs. 1 Nr. 1 BewG durchzuführen. Bestand für die bisherige wirtschaftliche Einheit, aus der heraus das Wohnungs- oder Teileigentum begründet wird, bereits ein Einheitswert, ist dieser nach § 24 Abs. 1 Nr. 1 BewG aufzuheben, weil diese wirtschaftliche Einheit untergegangen ist.

7.3.5 Ermittlung des Einheitswerts

5235 Das Sondereigentum, der Miteigentumsanteil und die Sondernutzungsrechte sind nicht getrennt, sondern als Einheit zu bewerten. Dienen **mindestens 20%** bezogen auf die Jahresrohmiete des Wohnungs- und Teileigentums zu Wohnzwecken, ist das Wohnungseigentum mit dem **Vielfachen der Jahresrohmiete** zu bewerten (§ 131 Abs. 2 BewG). Bei einem Anteil zwischen 20%, aber nicht mehr als 80% wie gemischtgenutzte Grundstücke und bei einem Anteil über 80% wie Mietwohngrundstücke (§ 131 Abs. 2 BewG); vgl. Rz. 5011.

5236 Dienen **mehr als 80%** bezogen auf die Jahresrohmiete des Teileigentums zu gewerblichen oder öffentlichen Zwecken, ist das Teileigentum (immer als Geschäftsgrundstück) mit dem gemeinen Wert im Sachwertverfahren zu bewerten, vgl. Rz. 5061.

5237 Sind gemeinschaftliche Räume vermietet, ist diese Miete bzw. Nutzfläche nach den Miteigentumsanteilen auf alle Miteigentümer aufzuteilen und bei deren wirtschaftlichen Einheiten zu berücksichtigen.

5238 Übersicht zur Ermittlung des Einheitswerts bei Wohnungs- und Teileigentum

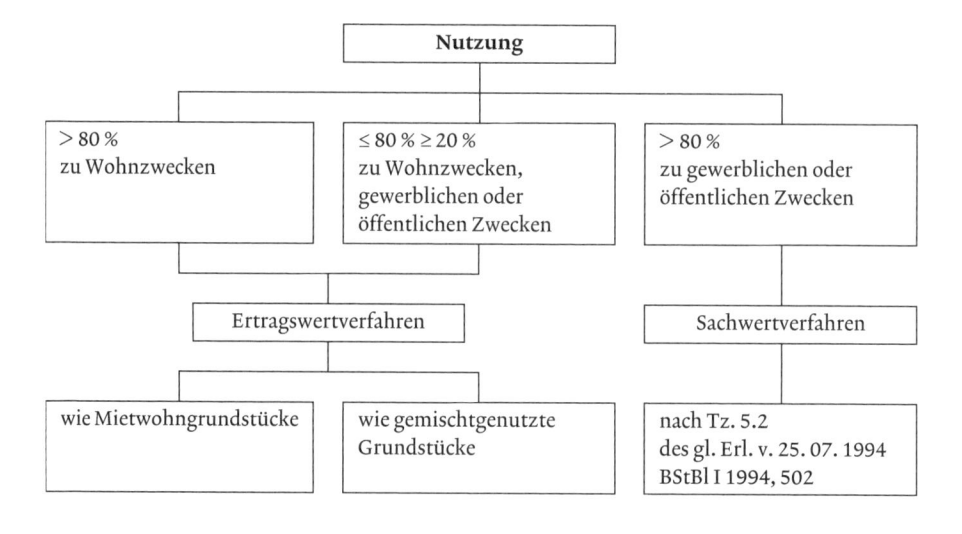

	Nutzung	
> 80 % zu Wohnzwecken	≤ 80 % ≥ 20 % zu Wohnzwecken, gewerblichen oder öffentlichen Zwecken	> 80 % zu gewerblichen oder öffentlichen Zwecken
Ertragswertverfahren		Sachwertverfahren
wie Mietwohngrundstücke	wie gemischtgenutzte Grundstücke	nach Tz. 5.2 des gl. Erl. v. 25.07.1994 BStBl I 1994, 502

5239–5250 frei

7.3.6 Bewertung im Ertragswertverfahren

5251 Wohnungs- und Teileigentum, das zu **mehr als 80%** zu Wohnzwecken dient, ist im Ertragswertverfahren zu bewerten. Das Ertragswertverfahren als schnelles Masseverfahren bei gleichgelagerten Fällen ist hierfür besonders gut geeignet. Bei der Bewertung von Wohnungs- und Teileigentum im Ertragswertverfahren sind keine weiteren Besonderheiten zu beachten, weshalb für die Bewertung von Wohnungs- und Teileigentum im Ertragswertverfahren auf Rz. 1585 ff. sowie den nachfolgenden Fall zu § 131 verwiesen werden kann.

BEISPIEL Ein in Meißen belegenes größeres Gebäude, Baujahr 1980, Grundstück 2000 m², Wert 01.01.1935 2 DM/m², wird im Herbst 2010 nach umfangreichen Umbau- und Sanierungsmaßnahmen von der Eigentümerin in Wohnungseigentum und die im EG liegenden gewerblichen Einheiten, ein Schreibbüro, eine Pizzeria und eine kleine Gastwirtschaft, in Teileigentum aufgeteilt, um die Einheiten besser veräußern zu können. Die Teilungserklärung wurde im Herbst 2009 notariell beurkundet und im Grundbuch vollzogen. Die bebaute Fläche beträgt 620 m².
Im Dezember 2009 erwarb und bezog die Studentin Else Frei die Eigentumswohnung Nr. 127 (Jahresrohmiete 01.01.1935: 1200 DM). Das Sondereigentum an der Wohnung Nr. 127 ist verbunden mit 35,5/1000 Miteigentumsanteil am Grund und Boden, an den Außenanlagen sowie den gemeinschaftlichen Teilen des Gebäudes. Hierzu gehört auch die Wohnung des Hausmeisters, die von der Eigentümergemeinschaft an den jeweiligen Hausmeister vermietet wird (Jahresrohmiete 01.01.1935: 1800 DM).
Zum 01.01.2010 sind alle erforderlichen Einheitswertfeststellungen für die Wohnung Frei durchzuführen.

LÖSUNG Jede Eigentumswohnung und jedes Teileigentum ist eine wirtschaftliche Einheit.	§ 2 Abs. 1 BewG § 131 Abs. 1 Satz 1 BewG
Hierzu gehören das Sondereigentum und der Miteigentumsanteil (auch an der Hausmeisterwohnung) Grundstück des Grundvermögens.	gl. Erl. v. 25.07.1994 BStBl I 1994, 502 Tz. 3.1 § 18 Nr. 2 BewG § 50 Abs. 1 Satz 3 BewG-DDR
Die Eigentumswohnung ist weder der Land- und Forstwirtschaft zuzurechnen noch ist sie ein Betriebsgrundstück. Diese Vermögensarten hätten Vorrang.	§ 51 Abs. 1 BewG-DDR § 99 BewG § 51 Abs. 4 BewG-DDR
Für jede Eigentumswohnung und jedes Teileigentum ist ein Einheitswert festzustellen.	§ 19 Abs. 1 Nr. 1 BewG § 180 Abs. 1 Nr. 1 AO
Für das gesonderte Feststellungsverfahren ist das Lagefinanzamt Meißen zuständig	§ 18 Abs. 1 AO
Letzte Hauptfeststellung 01.01.1935. Die bisherige wirtschaftliche Einheit »Mietwohngrundstück« fällt weg. Deshalb Aufhebung des bisherigen Einheitswerts zum 01.01.2010.	§ 24 Abs. 1 Nr. 1 BewG § 24 Abs. 2 BewG
Für jede Eigentumswohnung und jedes Teileigentum ist eine Nachfeststellung durchzuführen.	§ 23 Abs. 1 Nr. 1 BewG
Das Grundstück ist in den neuen Bundesländern belegen. Die Bewertung erfolgt nach	§§ 129–133 BewG
Maßgebend sind die tatsächlichen Verhältnisse vom Bewertungsstichtag 01.01.2010 und die Wertverhältnisse vom 01.01.1935.	§ 3a RBewDV
Eigentumswohnung Nr. 127 Zurechnung: Frau Frei	§ 39 Abs. 1 AO § 19 Abs. 3 Nr. 2 BewG
Art: Am Stichtag liegt ein bebautes Grundstück vor. Zuordnung zu einer Grundstückshauptgruppe: Einfamilienhaus	§ 52 Abs. 1 BewG-DDR § 131 Abs. 1 Satz 2 BewG gl. Erl. v. 25.07.1994 BStBl I 1994, 502 Tz. 4 § 32 Abs. 1 Nr. 4 RBewDV § 19 Abs. 3 Nr. 1 Buchst. a BewG

zu bewerten im Ertragswertverfahren wie Mietwohngrundstücke		§ 131 Abs. 2 Satz 1 BewG gl. Erl. v. 25.07.1994 BStBl I 1994, 502 Tz. 5.1
mit dem Vielfachen der Jahresrohmiete Miete 01.01.1935.	1 200 DM	§ 33 Abs. 1 RBewDV
Dazu gehören auch der Anteil an der Hausmeisterwohnung 35,5/1 000 von 1 800 DM =	64 DM	§ 131 Abs. 2 Satz 2 BewG
Summe der Jahresmiete Vervielfältiger = 9	1 264 DM	§ 130 Absätze 1 u. 3 BewG
1 264 DM × 9 = Grundstückswert =	11 376 DM	
Einheitswert (abgerundet)	11 300 DM	§ 30 BewG
Prüfung des Mindestwertes		§ 52 Abs. 2 BewG-DDR
Der Grund und Boden ist mit dem gemeinen Wert zu bewerten 2 000 m² × 2 DM/m² = 4 000 DM		§ 40 RBewDV § 10 BewG-DDR
hiervon 35,5/1 000 = 142 DM (abgerundet)	100 DM	
Der Mindestwert kommt nicht zum Ansatz.		
Umgerechnet des EW in Euro	= 5 777 €	§ 30 BewG

7.3.7 Bewertung von Teileigentum im Sachwertverfahren

5252 Teileigentum, das zu **mehr als 80 %** zu gewerblichen oder öffentlichen Zwecken dient, ist im Sachwertverfahren zu bewerten. Diese Teileigentumseinheiten sind der Grundstückshauptgruppe der Geschäftsgrundstücke im Sinne des § 32 Abs. 1 Nr. 2 RBewDV zuzuordnen. Das Sachwertverfahren geht von einer getrennten Ermittlung des Bodenwerts und des Gebäudewerts aus.

7.3.7.1 Bodenwert

5253 Ausgangsgröße für die Ermittlung des auf das Teileigentum entfallenden Bodenwertanteils ist der Bodenwert des zu der gesamten Wohnungs-/Teileigentumsanlage gehörenden Grundstücks. Dieser Bodenwert ist mit dem gemeinen Wert (Wertverhältnisse 01.01.1935) anzusetzen, den der Grund und Boden als unbebautes Grundstück haben würde. Der Umstand, dass das Grundstück bebaut ist, wirkt sich somit auf die Höhe des Bodenwerts nicht aus.

5254 Für das Teileigentum ist der dem Miteigentumsanteil entsprechende Anteil des Bodenwertes anzusetzen, wobei ein Sondernutzungsrecht an einer unbebauten Fläche ggf. bei der Ermittlung des anteiligen Bodenwerts zu berücksichtigen ist. **Übliche Außenanlagen** sind durch den Ansatz des Bodenwerts und des Gebäudewerts **abgegolten**. Aufwändige Außenanlagen sind dagegen mit einem eigenen Wertansatz, ggf. anteilig, zu erfassen.

7.3.7.2 Gebäudewert

5255 **Basis** für die Ermittlung des Gebäudenormalherstellungswerts für jedes Teileigentum ist nicht, wie sonst im Sachwertverfahren bei geschlossenen Baukörpern üblich, der umbaute Raum, sondern die **Nutzfläche**. Der Gebäudenormalherstellungswert berechnet sich aus der Nutzfläche multipliziert mit den durchschnittlichen Flächenpreisen, die in BStBl I 1994, 502 abgedruckt sind. Der Flächenpreis richtet sich nach der Ausstattungsgüte des Teileigentums.

Der Gebäudenormalherstellungswert ggf. erhöht um die Zuschläge bei Bauwerken mit mehr als fünf Geschossen ist um die Abschläge wegen etwaiger behebbarer **baulicher Mängel** und **Schäden** und **sonstiger Beeinträchtigungen** wie Lärm, Rauch und Gerüchen oder wegen **Altlasten** und die **Wertminderungen** wegen Alters oder die an deren Stelle tretenden Abschläge wegen nicht behebbarer Baumängel oder Bauschäden, wegen vorzeitigen Abbruchs oder wegen wirtschaftlicher Überalterung des Gebäudes zu ermäßigen.

Schema zur Berechnung des Gebäudewerts: **5256**

Nutzfläche × durchschnittlicher Flächenpreis/m²

= **Gebäudenormalherstellungswert**

+ **Zuschlag** bei Gebäuden mit über fünf Geschossen

./. **Abschlag** wegen:

Berg-, Wasser- und Erschütterungsschäden

./. ungewöhnlich starke Beeinträchtigung durch Lärm, Rauch oder Gerüche

./. Altlasten

} Diese Abschläge dürfen 60 % des Gebäudenormalwertes nicht übersteigen

= **gekürzter Gebäudenormalherstellungswert**

./. Alterswertminderungen

./. nicht behebbare Baumängel und Bauschäden

./. Abschlag wegen wirtschaftlicher Überalterung des Gebäudes

./. Notwendigkeit baldigen Abbruchs

= **Gebäudewert**

7.3.7.3 Gemeiner Wert

Der Bodenwert (einschließlich Wert der Außenanlagen) und der Gebäudewert ergeben den gemeinen Wert des Teileigentums. Dieser Wert ist für Zwecke der Einheitsbewertung auf volle 100 DM nach unten abzurunden und in EURO umzurechnen (§ 30 BewG).

5257

5258–5400 frei

Stichwortregister

A

Abbauland 208, 332
Abbruch 435
– vorzeitiger 498
Abgaben, öffentlich-rechtliche 100
Abgrenzung 101–103
– gegenüber den anderen Vermögensarten 194
– nach Belegenheit 103
– nach Steuerarten 101
– nach Vermögensarten 102
Abkömmling 4, 42
– gemeinschaftlicher 42
Abschluss, baulich getrenntem 409
Aktien 137
Altbauten 418
Altenteiler 359, 395
Altenteilerwohnung 212
Altenteilsverpflichtung 324
Altersklassenverfahren 365–366
Alterswertminderung 507
Änderung, Nachfeststellung 318
Änderungsbescheid 290
Änderungsfeststellung 303, 315
Anfechtbarkeit 290
Anfechtung 289
Angleichsverhandlungen 349
Anleihen 136
Anteile 136, 144
– Bewertung 144
– gemeiner Wert 144
Anteile an Kapitalgesellschaften 259, 268
Anteile an Personengesellschaften 266
Anteile an Wirtschaftsgütern 338
Anteilspapiere 137
Artfeststellung 287
Artfortschreibung 308
Atypische stille Gesellschaft 149
Außenanlage 394, 398–399, 404, 453
Außenprüfung 188
Aufhebung 316
– des Einheitswerts 316
– Nachfeststellung 318
– unterlassene 316
Aufhebungszeitpunkt 316
Auflage 14–15
Ausbauten 492
Ausgangs-Ertragswert 351
Auskunftspflicht 293
Ausschlagung 7

Ausstattung 7, 26–27
– bauliche 443

B

Bagatellflächen 336
Basiswert 184
Basiszinssatz 259
Bauabschnitte, Errichtung in 415
Bauantrag 413
Bauaufsichtsbehörde 402
Bauerwartungsland 404
Bauland 197
Baumängel 434
– behebbare 434
Baumartengruppe 219
Baunebenkosten 443
Baureifes Land 404
Bauschäden 434
Baustellencontainer 398
Bauwerk, Bestandteile 479
Bebautes Grundstück 405, 415
– Abgrenzung 405
– Bauabschnitte 483
– Begriff 485
– Bewertung 405
– Bewertungsmethoden 415
– sonstige 415
– wirtschaftliche Einheit 485
– Zuordnung 483
Bebauung 298
Bebauungsplan 197
Bedarfsbewertung 177
– Feststellungszeitpunkt 177
– für bestimmte Fälle der Bedarfsbewertung 179
– gesonderte Feststellung 179
– Grundlagenarbeit 234
– Grundvermögen 231
– Gutachterausschuss 234
– tatsächlichen Verhältnisse 177
– verfahrensrechtliche Durchführung 179
– verfahrensrechtliche Vorschrift 174
– Zeitpunkt 177
Bedarfswert
– Abrundung 188
– gesonderte Feststellung 184
– land- und forstwirtschaftliches Vermögen 190
– Zurechnung gesondert festzustellender 181

Bedingung 128
Befristung 129
Behaltensfrist 185
Behelfsbauten 416
Beherbergung von Fremden 196, 203, 328
Bereicherung 34, 63
Berliner Testament 11
Besatzkapital 215
Beschränkung 125
– dingliche 125
Bestandteile 398
– sonstige 398
– wesentliche 398
Bestattung 68
– des Erblassers 63
– Kosten 63, 68
Beteiligungen 138
Betrieb, gemischter 201
Betrieb der Land- und Forstwirtschaft 190, 322, 377
– Bestandteil 204, 331
– Bewertungsmaßstäbe 343
– Bewertungsstichtag 343
– Gliederung 204, 331
– Umfang 204, 331, 377
– Wohnteil 339
– Zusammensetzung des Einheitswerts 360
Betriebsfinanzamt 186
– Mitteilung des 185
Betriebsform 206, 218
Betriebsgröße 218
Betriebsgrößenklasse 218
Betriebskosten 424
Betriebsmittel 205, 296, 333
– stehende 205, 333
– Überbestand 193
– umlaufende 205, 296, 325, 333
Betriebsvermögen 259
 s. Verschonung des Betriebsvermögens
– Behaltensregeln 77
– Übernahmen 78
– Verschonung 74
Betriebsvorrichtung 394, 398
Betriebswohnung 185, 196, 211
– Bewertung 227
Bewertung 128, 231
– Aufgabe 96
– bebautes Grundstück 237
– Bedingung 128
– Befristung 128, 133
– Begriff 96
– Bemessungsgrundlage 96
– im Ganzen 114–115

– unbebautes Grundstück 236
– verfassungsgemäße 231
Bewertungsbeirat 368
Bewertungsgegenstand 99, 106
– Begriff 474
– Grundvermögen 474
Bewertungsgesetz 97
– Bedeutung 99
– Durchführungs-Verordnung 97
– Entstehung 96
– Entwicklung 96
– Geltungsbereich 99
– Verwaltungsanordnungen 98
Bewertungsmaßstab 99, 119, 121
– abgeleiteter 121
– Bedarfsbewertung 178
Bewertungsmethode 99, 119, 121, 345
Bewertungsstelle 278, 283, 292
Bewertungsstichtag 65, 99, 212, 294
Bewertungsstützpunkte 346, 348
– Angleichung der Betriebe 348
Bewertungsvorschriften 96, 278
– Abgrenzung nach Belegenheit 103
– Abgrenzung nach Steuerarten 101
– Abgrenzung nach Vermögensarten 102
– allgemeine 100
– besondere 101
– sachlich-rechtliche 278
Bewirtschaftungsflächen 332
Bewirtschaftungskosten 243, 417–418
Bezugsfertigkeit 402
Bindungswirkung 181, 289
– Verfahrensstufen 288
Bodenbewirtschaftung 209
Bodenertragsanteil 419
Bodenpreiskarten 404
Bodenschätze 394
Bodenschätzung 348, 378
Bodenwert 243, 441, 503, 530
– Richtlinien 125, 404
– Vergleichswertverfahren 243
Bodenwertanteil 419, 422
– schematische Darstellung 255
Bruchteilseigentum 115
Buchführungspflicht 280
Buchwertabfindung 38

D

Damnum 148
Darlehen, partiarisches 151
Dauerkleingartenland 193, 328
Dauerwohnrecht 466
Dienstleistungsgeschäft 202

Dienstwohnung 407
Dingliche Wirkung 318
Dingliches Recht 458
DM-Währung 344, 402
Doppelbewertung 298
Doppelhäuser 397
Dreißigster 40
Duldungsauflage 54
Durchschnittsmiete 426
Dürftigkeitseinrede 25

E
Ecklage 404
Ehegatte 5, 7
– Ausstattung 8
– Erbrecht 5, 7–8
– unbenannte Zuwendungen 26
Eigenbesitz 118
Eigenbesitzer 109, 118
Eigenerzeugnis 208
Eigentum 108
– einheitliches 108, 397
– gemeinschaftliches 108
– wirtschaftliches 117
Eigentümer 116
– bürgerlich-rechtlicher 116
– wirtschaftlicher 116
Eigentumsübergang 291
Eigentumsvorbehalt 116
Eigentumswechsel 309, 318
Eigentumswohnung, baulich verbundene 415
Einfamilienhaus 239, 409, 443, 488, 508
– Besonderheit bei Bewertung 508
– Gemeiner Wert 509
Einheitsbewertung 278, 281, 292, 394
– Allgemeines 278
– Begriff 278
– Bewertungsgegenstand 321
– gesonderte Feststellung 281
– Grundvermögen 394, 470
– land- und forstwirtschaftliches Vermögen 321, 369
– Wertermittlung 281
– Wertfeststellung 281
– Zuständigkeit 292
– Zweck 278
Einheitswert 278–279, 316, 493
– Aufhebung 316
– Aufteilung 284
– Bedeutung 279
– Ermittlung 494
– Feststellung 493

– Gebäude auf fremdem Grund und Boden 526
– Gegenstände 283
– gesonderter 283
– Grund und Boden 526
– Grundsatz für Anwendung 472
– unterlassene Aufhebung 316
Einheitswertbescheid 282, 286, 316–318
– Erteilung 316
– Feststellung 286
– Inhalt 286
– Wertfeststellung 286
Einheitswertfeststellung 281, 283–284, 288–289, 291
– Abrundung 286
– Änderung 289, 317
– Aufhebung 289, 317–318
– dingliche Wirkung 291
– einheitliche 284
– Einwendung 289
– Gegenstände 283
– gesonderte 284
– keine bei fehlendem steuerlichem Interesse 284
– unrichtige 289
– Verfahrensstufen 288
Einheitswertverfahren 282, 286
Einliegerwohnung 412–413
Einspruch 291
Eintrittsklausel 17, 93
Einzelertragswert 358
– Nebenbetrieb 335
Einzelertragswertverfahren 121, 221, 346
– Durchführung 358
Einzelrechtsnachfolge 292, 318
Einzelunternehmen 261
Einzelveräußerungspreis 122
Energieerzeugung 204
Enterbung 7, 13
Erbausschlagung 41
Erbbaurecht 252, 440, 458, 460, 480, 516
– Abbruchverpflichtung 461
– Außenanlagen 461
– auf mehreren wirtschaftlichen Einheiten 462
– Behandlung des Erbbauzinses 463
– Behandlung Heimfallanspruch bzw. Heimfallverpflichtung 463
– Bewertung 254
– Bewertung, Verteilung des Gesamtwerts 459
– Erlöschen 460
– Ermittlung eines Gesamtwerts 458
– Feststellungsarten 462

- Gesamtwert 458, 520
- wirtschaftliche Einheiten 516

Erbbauzins 253, 461, 463

Erbe 24
- Ausschluss 13
- Einsetzung 12
- Erben 3, 12
- Fiskus 5
- gesetzliches 3–4
- Haftung 24
- Haftungsbeschränkung 24

Erbeinsetzung 12

Erbengemeinschaft 23, 92, 109
- Auseinandersetzung 23

Erbfall 3, 33

Erbfolge 3, 9, 33, 53
- Bereicherung 34
- gesetzliche 3, 33
- gewillkürte 9, 33
- vorweggenommene 53

Erbrechtliche Ordnung 4

Erbschaftskauf 24

Erbschaftsteuer 29–30, 70–71, 73, 81, 84, 87, 91, 94
   s. *Verschonung des Betriebsvermögens*
   s. *Verschonung des Grundvermögens*
- Abrundung 70
- Anzeige des Erwerbs 94
- Bereicherung 65
- Bewertungsstichtag 65
- Entstehen der Steuer 61
- Familienheim 71
- Freibetrag 84
- frühere Erwerbe 81
- Härteausgleich 87
- mehrfacher Erwerb desselben Vermögens 91
- Nachlassverbindlichkeit 63
- Nießbrauchslast 92
- persönliche Steuerpflicht 30
- Rentenlast 92
- Steuerbefreiung 70
- Steuererklärung 94
- Steuerfestsetzung 94
- Steuerklasse 84
- Steuerpflicht 30
- Steuerpflicht, beschränkte 31
- Steuerpflicht, erweiterte beschränkte 31
- Steuerpflicht, unbeschränkbare 30
- steuerpflichtiger Erwerb 62
- Steuersätze 87
- Steuerschuldner 94
- Tarifbegrenzung § 19a ErbStG 89
- Verbindlichkeiten 69
- Versorgungsfreibetrag 85

Erbschein 25

Erbunwürdigkeit 7

Erbvertrag 11

Erbverzicht 60
- Abfindung 60

Ergänzungsbilanz 266

Erklärungspflicht 292

Erneuerungsrücklage 418

Ersatzbemessungsgrundlage 279, 472
- Grundvermögen 472

Ersatzwirtschaftswert 282, 383
- Bewertungsverfahren 385
- Ermittlungsverfahren 383

Ertragsbedingungen 344, 347, 364

Ertragsfähigkeit
- Ermittlung 346
- nachhaltige 216
- natürliche 217
- objektive 214

Ertragsklassen 219

Ertragsmesszahlen 218, 348

Ertragswert 120, 343–344, 382
- Begriff 344
- mit festen Wertansätzen 358

Ertragswert des Wirtschaftsanteils 345
- Bewertungsverfahren 345

Ertragswertverfahren 121, 240, 415, 417, 492, 494, 528
- Anbauten 431
- außergewöhnliche Grundsteuerbelastung 432
- Aufstockung 432
- baldiger Abbruch 435
- Bauteiletabellen 434
- Bedeutung 417
- Beeinträchtigungen durch Lärm, Rauch oder Gerüche 433
- Betriebskosten 424
- Bewertung bebauter Grundstücke 417
- Bewirtschaftungskosten 424
- Bodenertragsanteil 422
- Bodenwertanteil 422, 429
- durchschnittliches Baujahr 432
- Durchschnittsmiete 426
- Entschädigung 436
- Erhöhung des Grundstückswerts 437
- Ermäßigung des Grundstückswerts 433
- Gebäudewertanteil 422
- Hochhaus 437
- Jahresrohmiete 423, 496
- Mietspiegel 425

- nicht behebbarer Baumängel oder Bauschäden 431
- Reinertragsvervielfältiger 418
- Rohertragsvervielfältiger 419
- Schönheitsreparaturen 424, 426–427
- selbstständige Gebäude 431
- sonstige wertmindernde Umstände 436
- typisierende 214
- Umstufung in andere Gemeindegrößenklassen 430
- vereinfachtes 259, 261
- Vergleichsmieten 425
- Vervielfältiger 417, 429, 496
- wirtschaftliche Einheit 494
- Wohn- oder Nutzfläche 426

Erwerb 39, 41, 129
- auflösend bedingt 130
- aufschiebend bedingt 129
- desselben Vermögens 91
- früherer 81
- mehrmaliger 184
- vermächtnisgleicher 39
- Vertrag zu Gunsten Dritter 40
- von Todes wegen 32, 41

F

Fabrikgrundstück 441, 443, 515
Festsetzungsfrist 187, 285, 302
Feststellung 180
Feststellungsart 293, 396
- Umbewertung des Grundvermögen 396
Feststellungsbescheid 180, 282, 286
Feststellungsfrist 186, 285, 296
Feststellungsverfahren 232, 278
- Beteiligte 187
- gesondertes 282
Feststellungsverjährung 187, 285, 301, 315
Feststellungszeitpunkt 177, 294
- tatsächliche Verhältnisse 294
- Wertverhältnisse 294
Flächennutzungsplan 197
Folgeänderung 305
Folgebescheid 181, 289–290
Forderung 147, 151–152, 155
- hoch verzinsliche 149
- niedrig verzinsliche 155
- uneinbringliche 151
- unverzinsliche 152
- zweifelhafte 152
Forstwirtschaft 321
Forstwirtschaftliche Nutzung 366
- Besonderheiten 365
Fortführungswert 213, 215, 224

- Ansatz 224
- Ermittlung 224
Fortschreibung 302, 305, 311, 315, 423
- Arten 303
- Begriff und Wirkung 303
- derselben Art 303
- fehlerbeseitigende 311
- Nachholung 315
- Sinn und Zweck 302
- von Amts wegen 305
- Zeitpunkt 313
- zur Beseitigung von Fehlern 311
Fortschreibungsarten 303
Fortschreibungsbescheid, kombinierter 319
Fortschreibungszeitpunkt 313
Fortsetzungsklausel 38, 93
Freibetrag 84
- Erbschaftsteuer 84
- Versogungsfreibetrag 85
Freiflächen 404
Freigebige Zuwendung 53
Fremdbesitz 119
Fußstapfentheorie 319
Futtererzeugung 203, 209

G

Garagengrundstück 397, 510, 527
- Bewertung 510
Gärtnerische Nutzung 321
- Besonderheiten 367
Gebäude 397, 399, 402–403, 432
- Aufstockungen 432
- Begriff 399
- Einrichtung in Bauabschnitten 402
- für den Bevölkerungsschutz 401
- Scheinbestandteil 398
- sonstige Bestandteile 398
- untergeordnete Bedeutung 403, 482
- Verfall 403
- wesentliche Bestandteile 398
Gebäude auf fremdem Grund und Boden 257, 396, 401, 466, 468, 480, 522
- Abbruchverpflichtung 468
- Abgrenzung und Grundstücksart 467
- Bewertung der wirtschaftlichen Einheit »Gebäude auf fremdem Grund und Boden« 468
- Bewertung der wirtschaftlichen Einheit »Grund und Boden« 467
- Einheitswert 523
- entschädigungsloser Übergang des Gebäudes 468

- Errichtung eines Gebäudes auf mehreren wirtschaftlichen Einheiten 469
- Feststellungsarten 468
- Sachleistungsanspruch 468
- Sachleistungsverpflichtung 468
- Scheinbestandteil 466
- schematische Übersicht 524
- wesentlicher Bestandteil 466
- wirtschaftliche Eigentümer 466
- wirtschaftliche Einheit 522
- zivilrechtlicher Begriff 522

Gebäudeertragswert 245
Gebäudegruppe, Zuordnung 516
Gebäudeklasseneinteilung 443
Gebäudenormalherstellungswert 442
Gebäudesachwert 251, 442, 449, 453
- Angleichung gemeiner Wert 454
- Erhöhung 449, 453
- Ermäßigung 449
- Lage des Grundstücks 450
- Struktur der Wertermittlung 251
- übermäßige Raumhöhe 452
- unorganischer Aufbau 452
- vorzeitiger Abbruch 451
- wirtschaftliche Überalterung 450

Gebäudewert 442, 504, 530
- Alterswertminderung 507
- Beeinträchtigungen 505
- Lärmbelästigung 504

Geldforderung 147, 194, 324
Geldschulden 324
Gelegenheitsgeschenke 74
Gemeiner Wert 120, 122, 172, 404, 531
Gemeinschaftliche Tierhaltung 364
Gemeinschaftliches Eigentum
- Miteigentumsanteil 465
- Sondereigentum 465

Gemischte Schenkung 53
Gemischtgenutztes Grundstück 406, 487
Geringstland 208, 332
Gesamtbewertung 354
Gesamthandseigentum 115
Gesamthandsvermögen 266
Gesamtrechtsnachfolge 3, 23, 292, 318–319
Gesamtvermögen 279
Geschäftsgrundstück 406, 443, 515
- gemischtgenutztes 487
- Gruppe von Geschäftsgrundstücken 416

Geschäftsguthaben 324
Geschäftsverkehr, gewöhnlicher 123
Gesonderte Feststellung 281
- Erklärungspflicht 186
- Feststellungsfrist 186
- Verfahrensvorschrift 186
- Zuständigkeit Finanzamt 185

Gewerbegrundstück 514
Gewerbesteuer 279
Gewohnheit, örtliche 110
GmbH-Anteile 138
Gräben 217, 332, 336
Grabpflege 63, 68
Grenzraine 217, 332, 336
Grundbesitz 102, 283, 394, 474
Grundbesitzkataster 349
Grundbesitzwert
- Betrieb der Land- und Forstwirtschaft 228
- Verzicht auf gesonderte Feststellung 184

Grundbuchamt 293
Grunddienstbarkeit 192, 322, 398
Grundlagenbescheid 180, 288
Grundrissebene 249
Grundsteuer 279, 493
- Aufhebung der Veranlagung 275
- Berücksichtigung Wertveränderung 473
- Erhebung 276, 472, 493
- Ersatzbemessungsgrundlage 277, 472
- Festsetzung 276
- Haftung 273
- Hauptveranlagung 274
- Messbescheid 274, 288
- Messbetrag 273–274, 290
- Nachholung Fortschreibung 473
- Nachveranlagung 275
- Neuveranlagung 275
- Steuerbefreiung 271
- Steuerbegünstigung 271
- Steuergegenstand 271
- Steuermessbetragsverfahren 273
- Steuerpflicht 271
- Steuerschuldner 272
- Stichtag 272
- Vergünstigung 272
- Zerlegung Messbetrag 275

Grundsteuer A 271
Grundsteuer B 271
Grundstück 394, 397–398, 403, 443, 458, 474, 477
- Abgrenzung Betriebsvorrichtungen 398, 478
- als wirtschaftliche Einheit des Grundvermögens 396
- Art 287, 406, 422
- baureifes 403
- Bestandteile 477
- Einbeziehung von Anteilen an anderen Grundstücken 400
- einzelne Bestandteile 397

- Erwerb von Tode wegen 185
- gemischtgenutztes 443
- mit Gebäuden von untergeordneter Bedeutung 403
- mit zerstörten oder dem Verfall preisgegebenen Gebäuden 403
- sonstiges bebautes 443
- unbebautes 231, 235, 402, 481
- Zubehör 477
- Zustand der Bebauung 258, 458

Grundstücksgemeinschaft 284
Grundstücksgleiche Rechte 480
Grundstückshauptgruppe 287, 486
Grundstücksschenkung 55–56, 184
- mittelbare 55–56

Grundstückswert 422, 433, 437, 497
- Erhöhung 437, 497
- Ermäßigung 433, 497
- Lärm 433
- nicht bebaute Fläche 437, 499
- Rauch 433
- Reklamenutzung 438
- vorzeitiger Abbruch 498
- wertmindernde Umstände 436

Grundvermögen 394, 470, 474–475
- Abgrenzung land- und forstwirtschaftliches Vermögen 394, 475
- Begriff 394, 474
- Berechnungsgrößen 401
- Bewertungsmaßstab 401
- Bewertungsmethoden 415
- Einheitsbewertung 470
- Mindestwert 417
- neue Bundesländer 470
- Umfang 394
- wirtschaftliche Einheit 476

Gutachterausschuss 234, 348, 368, 404
Güter, immaterielle 107
Gütergemeinschaft 42, 59
- fortgesetzte 42

H

Handelsgeschäft 202
Hauptbewertungsstützpunkt 348
Hauptfeststellung 294–296, 422, 472
- Aufgabe 294
- Begriff 294
- Grundvermögen 472
- Nachholung 296
- Zeitpunkt 295
- Zeitraum 295

Hausgarten 197
Haushalt, eigener 409
Hausrat 70
Hebesätze 276
Hecken 217, 332, 336
Heimfallanspruch 463
Heimfallverpflichtung 463
Heizölvorrat 398
Hektarwert 351
Herausgabeanspruch 116
Hinterland 404
Hof- und Gebäudefläche 217, 332, 336
Hofstelle 197, 339, 395
Holzlast 324
Hopfen 207

I

Immaterielle Güter 107
Industrieland 404
Inlandsvermögen 279
Insolvenzverfahren 24
Intensivnutzung 361
Inventar
- lebendes 205
- totes 205

Investmentzertifikate 138, 147
- Bewertung 147

J

Jahresertrag 262
Jahresrohmiete 419, 422–423, 495–496
- Kaltmiete 423
- Preisbindung 423
- tatsächliche 423

K

Kapitalforderung 147
- Begriff 147
- Damnum 148
- Nennwert 148
- Steuererstattungsansprüche 155
- stille Gesellschaft 149
- Versicherungsansprüche 157

Kapitalisierungsfaktor 263
Kapitalschuld 147, 156
- Begriff 147
- Bewertung 156
- Geldschulden 156

Kapitalversicherung 157
- nicht fällige Ansprüche 157

Kaufpreis 123
Kaufpreissammlung 404
Kind
- Adoptivkind 4
- eheliches 4

– nichteheliches 4
Kirchensteuer 280
Kleingartenland 193, 328
Kurswert 139, 142, 268

L

Lagefinanzamt 185, 273, 292
Lagegemeinde 273
Land- und Forstwirtschaft
– Begriff 321
– sonstige 321
Land- und forstwirtschaftliche Nutzung, Besonderheiten 367
Land- und forstwirtschaftliches Vermögen 372, 374, 377, 386
– Abgrenzung 190, 321
– Abgrenzung Betriebsvermögen 199, 329, 375
– Abgrenzung der Wirtschaftsgebäude 327
– Abgrenzung Grundvermögen 195, 326, 374
– Abgrenzung sonstiges Vermögen 330, 376
– Bagatellflächen 379
– Begriff 190, 321–322, 372
– Betriebsmittel 379
– Bewertungsmaßstäbe 382
– Bewertungsstichtag 382
– Hof- und Wirtschaftsgebäude 378
– intensiv genutzte Flächen 361
– Inventar 379
– Nebenbetriebe 379
– nicht dazu gehörende Wirtschaftsgüter 324
– Nutzungseinheit 371, 376–377
– Sonderkulturen 387
– wirtschaftliche Einheit 190, 322
– Wirtschaftsgüter 323
– Wohnteil 380
Landwirtschaftliche Nutzung 364
– Besonderheiten 364
Lärmbelästigung 504
Last 131
– auflösend bedingt 132
– aufschiebend bedingt 131
Lebenspartner, eingetragener 5
Lebensversicherung 40, 157
– noch nicht fällige Ansprüche 157
– Vertrag 15
Leibrente 168
Leistung 165, 167–168, 170–171
– immerwährende 165
– lebenslänglich 168, 170–171
– unbestimmte Dauer 167
Leistungsauflage 54

Letztwillige Verfügung
 s. Testament
Liegenschaftskataster 349
– Bestandsblätter 349
Liquidationswert 185, 214, 216, 225
– Ermittlung 226
Liquidationswertverfahren 216, 225
Lohnsummenfrist 185
Luxusvillen 415

M

Marktpreis 122
Materialwert 127
Miete
– Ausfälle 424
– übliche 422, 425
– Vergleichsmiete 425
Mietpreisbindungen 423
Mietspiegel 425
Mietwohngrundstück 406, 443, 486
Mindestbewertung 403, 492
Mindestgröße 191
Mindestwert 214–215, 240, 417, 422
– Ab- und Aufrundung 224
– Ermittlung 221
– Stückländerei 223
Mindestwertverfahren 215
Miteigentum 108
– nach Bruchteilen 108
– zur gesamten Hand 108
Miteigentumsanteil 527
Musterbetrieb 217

N

Nachbewertung 185
Nachbewertungsvorbehalt 214, 216, 225
Nacherbe 13, 42
Nacherbschaft 46
– Wahlrecht 47
Nachfeststellung 297, 299–301, 318, 422
– Änderung 318
– Aufgabe 297
– Begriff 297
– Beseitigung von Fehlern 299
– Nachholung 301
– Zeitpunkt 300
Nachfeststellungsbescheid
– Änderung 318
– Aufhebung 318
Nachfolgeklausel 17, 93
– einfache 93
– qualifizierte 93
Nachlass 24

Nachlassinsolvenz 24
Nachlassverbindlichkeit 24, 63
– Erbschaftsteuer 63
Nachlassverwaltung 24
Nasciturus 4
Nebenbetrieb 200, 202, 208, 334
Nebenerwerbstelle 341
– landwirtschaftliche 212, 323
Nebengebäude 423, 485
Nennwert 148
Neubauten 418
Nießbrauch 92, 159, 161, 163
Nottestament 10
Nutzfläche 426
Nutzung 165, 167–168, 170–171, 366, 389, 391
– forstwirtschaftliche 207
– gärtnerische 207, 366, 389
– immerwährende 165
– landwirtschaftliche 206
– lebenslängliche 168, 170–171
– sonstige 391
– sonstige land- und forstwirtschaftliche 207, 367
– tatsächliche 192
– unbestimmte Dauer 167
– weinbauliche 207, 366, 388
Nutzung und Leistung 165
 s. wiederkehrende Nutzung
– Bewertung 158
– immerwährende 165
– lebenslängliche 168
– von unbestimmter Dauer 166
– wiederkehrende 158, 172
Nutzungsart 206, 219–220
Nutzungsbeschränkung 124, 404
Nutzungseinheit 114, 282
Nutzungsteil 220
– Baumschulen 220
– Blumenpflanzenbau 220
– Gemüsebau 220
– Obstbau 220
– Zierpflanzenbau 220

O
Oberflächenbeschaffenheit 404
Öffnungsklausel 215
Örtliche Gewohnheit 110
Örtliche Zuständigkeit 185

P
Pachtpreis 222
Partiarische Darlehen

– niedrige verzinsliche Forderung 155
– unverzinsliche Forderung 152
Patronatslast 324
Pensionsverpflichtung 325
Pensionsvieh 205, 333
Personeneinheit 109
Personengesellschaft 64
– Buchwertabfindung 38
– einfache Nachfolgeklausel 39
– Eintrittsklausel 93
– Fortsetzungsklausel 38, 93
– Nachfolgeklausel 93
– qualifizierte Nachfolgeklausel 39, 93
– vermögensverwaltende 64, 268
Pfandrecht 117
– besitzloses 117
Pflichtteil 13, 19, 22, 27, 36, 41
– Anspruch 36
– Ehegatten 19
– erbunwürdig 20
– Ergänzungsanspruch 27
– Geltendmachung 22
– kleiner 21
– Nacherbe 20
– nichteheliches Kind 19
– Verzicht 41
– Wert 20
– Zugewinngemeinschaft 21
Preissteigerungen 308
Produktivvermögen 89
– Tarifbegrenzung 89

R
Raum, umbauter 442
Räumlicher Zusammenhang 397
Raummeterpreis 443, 509, 512–513
Realsteuer 271
Recht 458
– dingliches 458
– grundstücksgleiches 458
– subjektiv dingliches 398
Rechtsbehelf 291
Rechtsbehelfsbefugnis 188
Rechtsbehelfsbelehrung 286
Rechtsbehelfsentscheidungen 291
Rechtsbehelfsfrist 286, 289, 291–292
Rechtsbehelfsverfahren 289
Rechtsnachfolger 291
Rechtsvorgänger 291
Regelertragswertverfahren 214
Reihenhaus 397
Reinertrag 214, 344, 417
Reingewinn 214

- forstwirtschaftliche Nutzung 219
- gärtnerische Nutzung 220
- Geringstland 221
- kapitalisierter 217
- landwirtschaftliche Nutzung 217
- nachhaltiger 216
- Sondernutzung 220
- sonstige land- und forstwirtschaftliche Nutzungen 221
- weinbauliche Nutzung 219

Reingewinnverfahren 214
- Ermittlung Wirtschaftswerte 216

Reinvestitionsklausel 214, 216, 227
Reklame 438, 453
Rente 92
- Zeitrenten 164
Rentenlast 92
Rentenversicherung 157
- noch nicht fällige Ansprüche 157
Richtwertkarten 404
Rohbauland 404
Rohertrag 418
Rücknahmepreis 147

S

Sachforderung 324
Sachleistungsanspruch 57, 147, 324
- Übertragung Grundbesitz 57
Sachwertverfahren 121, 247, 415, 440, 444, 492, 502
- Abschlagsvariationen 504
- Alter des Gebäudes 447
- Alterswertminderung 507
- Angleichung an den gemeinen Wert 454
- Ausgangswert 454
- Ausstattungen 444
- bauliche Mängel 449
- Baumängel 505
- Beeinträchtigung 505
- Bergschäden 505
- Bewertung bebauter Grundstücke 440
- Bewertung Garagengrundstück 510
- Bodenwert 441, 503
- Bürogebäude 511
- Einfamilienhaus 508
- Einheitswert 503
- Erbbaurecht 516
- Erhöhungen des Gebäudesachwerts 453
- Ermäßigungen des Gebäudesachwerts 450
- Ermittlung 503
- Ermittlung des Gebäudewerts 511
- errechneter Wert 442
- Fabrikgebäude 446
- Fabrikgrundstück 515
- Gebäude auf fremdem Grund und Boden 522
- Gebäudewert 442, 503–504
- gemeiner Wert Einfamilienhaus 509
- Gewerbegrundstück 514
- gewöhnliche Lebensdauer 445
- Grundstücksbelastung 505
- Herstellungskosten, tatsächliche 444
- Hotelgebäude 511
- Lärmbelästigung 504
- Nutzungsdauer 445
- Raummeterpreis 443, 513
- Regelfall 445
- schematische Darstellung 250
- Tankstellengrundstück 514
- Teileigentum 530
- umbauter Raum 442
- Verkürzung gewöhnliche Lebensdauer 448
- Verlängerung Lebensdauer 448
- Verwaltungsgebäude 511
- Warenhausgrundstück 515
- Wert der Außenanlagen 453
- Wertminderung 444, 449
- Wertzahl 454
- wirtschaftliche Einheit 502, 515–516, 522
- Zusammentreffen mehrerer Ermäßigungsgründe 453
- Zuschläge 444
Schätzungsmethode 125
Schecks 138
Scheinbestandteil 119, 394, 398
Schenkung 25–27, 37, 52–53, 56–58, 63
- Anteilsschenkung 57
- auf den Todesfall 15, 37
- Bereicherung 63
- Durchgangsschenkung 58
- Forderungsschenkung 56
- gemischte 53, 63
- Grundstück 184
- Gütergemeinschaft 59
- Kettenschenkung 58
- mehrfacher Erwerb 91
- mit Buchwertklausel 57
- mittelbare Grundstücksschenkung 55
- unter Auflage 54
- unter Lebenden 52
- unter Widerrufsvorbehalt 58
- Versprechen 24–26
- Zinsschenkung 56
Schenkungsteuer 70–71, 74, 81, 84, 87, 94
   s. Erbschaftsteuer
- Bereicherung 63

- Bewertungsstichtag 65
- Entstehen der Steuer 61
- Freibetrag 84
- frühere Erwerbe 81
- Härteausgleich 87
- Steuerbefreiung 70
- Steuererklärung 94
- Steuerfestsetzung 94
- Steuerklasse 84
- Steuersätze 87
- Steuerschuldner 94
- Übernahme durch den Schenker 64
- Versorgungsfreibetrag 85

Schenkungsversprechen 26
Schönheitsreparaturen 422, 424, 426–427
Schuldverschreibung 136
Selbstbewirtschaftung 216
Selbstkosten 126
Sicherungsübereignung 117
Sonderbetriebsvermögen 267
Sonderbilanz 266
Sonderkulturen 364
Sonstige bebaute Grundstücke 415
Sonstige land- und forstwirtschaftliche Nutzung 207
Standarddeckungsbeiträge 218
Steuerbefreiung 70
- ErbSt 71, 74
- SchenkSt 71, 74
Steuerbilanzwert 120
Steuererklärung 94
Steuerfestsetzungsverfahren 278, 281
Steuerlicher Einheitswert, Bedeutung 279
Steuermessbetrag 274
Steuermesszahl 274
Stichtagsprinzip 294
Stiftung 41, 60
Stille Gesellschaft 149
Streuungsrecht 322
Stückländerei 192, 208, 322, 348, 357
- Besonderheiten 357
- einzelne 371
- Grundstück 371
- unechte 348
Stuttgarter Verfahren 125
Substanzbetrieb 208, 332, 334
Substanzwert 261, 264

T

Tankstellengrundstück, Bewertung 514
Tarifbegrenzung § 19a ErbStG 89
Teilauseinandersetzung 24
Teileigentum 464, 480, 527

- Bewertung 528
- Einheitswert 528
- Ermittlung 528
- Ertragswertverfahren 528–529
- Feststellungsart 528
- Grundstückshauptgruppe 527
- Sachwertverfahren 530
- zivilrechtlicher Begriff 527

Teilerbbaurecht 463
Teilungsanordnung 23, 34–35
Teilungserklärung 464
Teilwert 120, 125–126
- Grenzwerte 126
- Vermutungen 127
Testament 9–10
- Anfechtung 18
- Berliner Testament 10
- gemeinschaftliches 10
Tierbestand 194, 325, 364
- Abgrenzung 209
- Halbierung des Zuschlags 356
- Zweig des 210
Tierhaltung 203, 209, 364
- gemeinschaftliche 211, 323, 364
Tierzucht 203, 209
Treuhandverhältnis 117
Trümmergrundstück 404
Typische stille Gesellschaft 149

U

Überbaurecht 398
Überdachung 442
Übung, tatsächliche 110
Umbauten 492
Unanfechtbarkeit 291
Unbebautes Grundstück 402, 404, 481, 483
- Abgrenzung 402
- Bewertung 402, 404, 483
- wirtschaftliche Einheit 482
- zusammenfassende Übersicht 484
Unland 208, 332
Unrentabilität 126
Unrichtigkeit, offenbare 289
Unternehmensnachfolge 16
- Kapitalgesellschaft 17
- Personengesellschaft 17

V

Verarbeitungsbetrieb 208, 334
- verpachtet 335
Veräußerungspreis 122
- erzielbarer 122
Verbindlichkeit 193

– für steuerfreie Wirtschaftsgüter 69
Verfahrensbeteiligter 180
Verfahrensrechtliche Vorschriften 278
Verfügungsbeschränkung 124
– vertragliche 124
Vergleichendes Verfahren 121, 231, 345, 354
– Ertragsbedingungen 347
– Ertragsfähigkeit 346
– mit Hilfe von Vergleichszahlen 345–346
– ohne Vergleichszahlen 345, 354
Vergleichsverkauf 268
Vergleichswert 351, 354
– als Gesamtwert 354
– Ermittlung 351
– Korrektur 354
– Kürzung 352
Vergleichswertverfahren 239
– Einfamilienhaus 239
– Wohnungs- und Teileigentum 239
– Zweifamilienhaus 239
Vergleichszahlen 346, 348–349
– Ermittlung 346, 349
Verhältnisse
– persönliche 124
– ungewöhnliche 124
Verkaufsbeschränkung 124
Verkehrsanschauung 110
Verkehrswert 122, 231
– Streubreite 232
Vermächtnis 14, 35
– Geldvermächtnis 36
– Nießbrauchsvermächtnis 36
– Rentenvermächtnis 36
– Sachvermächtnis 36
– Verschaffungsvermächtnis 36
– Wohnrechtsvermächtnis 36
Vermächtnisnehmer 36
Vermögen
– ausländisches 180
– inländisches 279
Vermögensart 102, 113, 179, 287
– Abgrenzung für die Bedarfsbewertung 179
– einheitliches 113
Vermögensteuer 279
Verpächterwohnung 212
Verpachtete Flächen 323
Verschonung des Betriebsvermögens
– Anteile an Kapitalgesellschaften 74
– Behaltensregeln 77
– inländische Betriebsvermögen 74
– Lohnsummenregel 78
– Optionsabschlag 75
– Regelverschonung 75

– Übernahmen 78
– Verwaltungsvermögen 75
– Wirtschaftsteil des Vermögens 74
Verschonung des Grundvermögens 79
Versorgungsbezüge, Gesellschafter 40
Versorgungsfreibetrag 85–86
Versprechen 26
Vertrag zu Gunsten Dritter 40
Vervielfältiger 417, 422, 429–431, 496
– abweichende 422
– Bedeutung 417
– regelmäßiger 422, 429
– unterschiedliches Alter 431
– Veränderung Lebensdauer 430
– verschiedene Bauart 431
Verwaltungsvermögen 75
Verwertungsform 219
Vorausvermächtnis 14, 34–35
Vorderland 404
Vorerbe 13
Vorerbschaft 46
Vorschriften, verfahrensrechtliche 278
Vorweggenommene Erbfolge 53

W

Warenhausgrundstück 515
Wechsel 138
Wegerecht 192, 322, 398
Wegeunterhaltungslast 324
Weidebetrieb 333
Weiderecht 192, 322
Weil'sches Verfahren 502
Weinbau 321
Weinbauliche Nutzung, Besonderheiten 366
Wertermittlung 281
Wertermittlungsverordnung 231
Wertfeststellung 281–282
Wertfortschreibung 305–306, 308
– Begriff 305
– Fehlerbeseitigung 308
– Wertabweichung 305
– Wertgrenzen 305
– Wertverhältnisse 308
Wertfortschreibungsgrenzen 306
Wertgrenzen 305
Wertminderung 442
– bauliche Mängel 442
– wegen Alters 442
Wertpapiere 136, 142, 324
– Begriff 136
– Bewertungsmaßstäbe 139
– Forderungspapiere 136–137
– Freiverkehr 142

- gemeiner Wert 144
- Kurswert 142
- Stichtag 139
Widerrufsrecht 26
Wiederbeschaffungskosten 126
Wiederkehrende Leistung 159–160, 172
- Ermittlung 159
- gemeiner Wert 172
- Jahreswert 159
Wiederkehrende Nutzung 159–160, 172
- Begrenzung Jahreswert 161
- Ermittlung 159
- gemeiner Wert 172
- Jahreswert 159
Wirtschaftgut, immaterielles 206
Wirtschaftliche Einheit 106–108, 190, 232, 236, 283, 297, 476, 479, 482, 494, 515–516, 522, 527
- bebautes Grundstück 485
- Einbeziehung anderer Grundstücke 479
- Entstehung 297
- Erbbaurecht 516
- Grundstück 476, 479
- Teile von 283
- Teileigentum 527
- unbebautes Grundstück 482
- Wohnungseigentum 527
Wirtschaftliches Eigentum 109
Wirtschaftsgebäude 196
Wirtschaftsgut 106, 123, 127
- Beschaffenheit 123
- bewegliche 194
- der Ehegatten 109
- einzelner Beteiligter 338
- gebrauchtes 127
Wirtschaftsteil 185, 204, 331
- Begriff 206
- Bereich 206
- Bewertung 213
- Bewertungsmaßstab 213
- Fortführungswert 213
- Gliederung 206
- Wertermittlungsverfahren 213
Wirtschaftswege 217, 332, 336
Wirtschaftswert 213, 224, 344
- Zusammensetzung 345
Wochenendhäuser 415
Wohneinheit 409
Wohnfläche 426
Wohngebäude 357, 375, 489
- der Arbeitskräfte 333
- Mitbenutzung 489
- Unterbestand 357

Wohngrundstück 397
Wohnteil 185, 196, 212, 339
- Bewertung 227
Wohnung 409, 413, 426, 489
- Abstellraum 410
- Bad 410
- Begriff 409, 491
- des Hauspersonals 409, 413, 489
- Dusche 410
- Einliegerwohnung 412
- freifinanzierte 426
- Kochgelegenheit 410
- Küche 410
- Mindestgröße 410
- Mitbenutzung zu anderen Zwecken 413
- Nutzung zu Wohnzwecken 410
- öffentlich geförderte 426
- öffentliche Zwecke 413
- steuerbegünstigte 426
- Toilette 410
- Treppenhaus 410
- Verkehrsauffassung 411, 414
- von untergeordnete Bedeutung 413
- Waschbecken 410
- Zugang 410
Wohnungs- und Teileigentum
- Abgrenzung 464
- Bewertung 464
- Bewertungsverfahren 464
- Erfassung des gemeinschaftlichen Eigentums 465
- Feststellungsarten 466
- Grundstücksart 464
- Wertermittlung 465
Wohnungseigentum 464, 480, 527
- Bewertung 528
- Einheitswert 528
- Ermittlung 528
- Ertragswertverfahren 528–529
- Feststellungsart 528
- gemeinschaftliches 464
- Grundstückshauptgruppe 527
- Sachwertverfahren 530
- wirtschaftliche Einheit 527
- zivilrechtlicher Begriff 527
Wohnungserbbaurecht 463
Wohnungswert 343–344
- Begriff 344
- Ermittlung 358
Wohnzwecke 410

Z

Zahlungsmittel 324

Zerlegung des Grundsteuermessbetrag 275
Zubehör 398
Zubehörräume 423
Zugewinn 44
– Ausgleich 6, 44
– Ausgleichsanspruch 44
– Gemeinschaft 21, 44
Zurechnung 116
Zurechnungsfeststellung 287, 309
Zurechnungsfortschreibung 291, 309, 318
– allgemeine Voraussetzung 309
– Änderung 318
– Aufhebung 318
Zurechnungsfortschreibungsbescheid 310
– Bekanntgabe 310
– Feststellungswirkung 310

Zusammengehörigkeit, wirtschaftliche 111
Zuständigkeit
– örtliche 292
– sachliche 292
Zuwendung
– freigebige 53
– unbenannte 26, 53
Zweckbestimmung 110–112, 192
– dauernde 193
– einheitliche 110
– geteilte 112
– örtliche Gewohnheit 110
– tatsächliche Übung 110
Zweckzuwendung 61
Zweifamilienhaus 409, 443